HEBRÄISCHES UND ARAMÄISCHES LEXIKON ZUM ALTEN TESTAMENT

HEBRÄISCHES UND ARAMÄISCHES LEXIKON

ZUM ALTEN TESTAMENT

VON

LUDWIG KOEHLER † UND WALTER BAUMGARTNER †

DRITTE AUFLAGE

NEU BEARBEITET VON

WALTER BAUMGARTNER † UND JOHANN JAKOB STAMM

UNTER MITARBEIT VON

ZE'EV BEN-ḤAYYIM, BENEDIKT HARTMANN
UND PHILIPPE H. REYMOND

LIEFERUNG III

ראה – נבט

LEIDEN
E. J. BRILL
1983

Publikation unterstützt durch den Schweizerischen Nationalfonds
für wissenschaftliche Forschung

ISBN 90 04 07022 2

PRINTED IN THE NETHERLANDS

VORWORT

Das Erscheinen der 3. Lieferung unseres Lexikons hat sich länger hinausgezögert, als wir beim Erscheinen der 2. im Jahre 1974 erwartet hatten. Das hängt vor allem damit zusammen, dass nicht mehr nur ein von Baumgartner geschriebenes Manuskript herauszugeben war, wir vielmehr zum grösseren Teil ein neues Manuskript zu erarbeiten hatten. Zwar standen uns für die ersten Teile noch Vorlagen von Baumgartner zur Verfügung, doch von עֵדוּת an schrieben wir den Text neu. Mit dieser Aufgabe wurde J. J. Stamm betraut.

Wie es von Anfang an zum Lexikon gehörte und es für Baumgartner ein besonderes Anliegen war, messen wir bei den einzelnen Vokabeln ihren Entsprechungen in den anderen semitischen Sprachen grosse Bedeutung bei. Hierzu stehen uns wertvolle Hilfsmittel zur Verfügung, wie das inzwischen vollendete „Akkadische Handwörterbuch" von Sodens und die Namenwörterbücher von F. L. Benz zu den phönizisch-punischen und von J. K. Stark zu den palmyrenischen Eigennamen. (Im einzelnen siehe die Ergänzungen zum Abkürzungsverzeichnis in Lieferung II u. III).

Beim Ugaritischen sind die Wörterbücher von Aistleitner und Gordon noch immer unentbehrlich, doch ist die Forschung seither weitergegangen. An die Stelle kurzer Hinweise auf diese beiden Werke musste daher vermehrt die Berücksichtigung vieler Einzelinterpretationen in der zugehörigen Literatur mit ihren oft verschiedenen Auffassungen treten.

Das Schwergewicht unserer Arbeit lag natürlich beim Hebräischen. Hier bestimmte uns ein grundsätzliches Vertrauen dem überlieferten Text gegenüber. Darum haben wir manche Konjektur, die unsere Vorgänger erwähnten, nicht mehr aufgenommen und im beschränkten Mass auch ältere durch neuere ersetzt. Die erwähnte Haltung dem hebräischen Text gegenüber mahnte uns auch zur Vorsicht in Bezug auf eine Tendenz, mit Hilfe der verwandten Sprachen — jetzt besonders des Ugaritischen — neue Wörter oder Formen ins Lexikon einzuführen; jedoch verstanden wir uns dazu, wo es wirklich berechtigt schien.

Die neuere wissenschaftliche Literatur, wie sie in Kommentaren, Monographien und Aufsätzen niedergelegt ist, haben wir nach Möglichkeit berücksichtigt, wobei wir uns bewusst sind, wie unvollständig das geschah und dass bei der Fülle des Stoffes Lücken wohl unvermeidlich sind. Im ganzen ist es unsere Absicht, den Auffassungen der Exegeten mehr, als es früher der Fall war, Raum zu geben. So sehr in einem Wörterbuch die Möglichkeiten zu abwägender Diskussion beschränkt sind, so darf doch nicht der Schein von Sicherheit erweckt werden, wo eine solche nicht besteht. Eine Abweichung von unseren Vorgängern ergibt sich auch daraus, dass wir grundsätzlicher als sie unterschieden haben zwischen Substantiven, die von einem Verbum abgeleitet sind, und solchen, bei denen das nicht zutrifft, da sie sogenannte Primärnomina sind, vgl. zum obigen auch ZAW 90, 1978, 112-114.

Ende 1971 ist E. Y. Kutscher, unser geschätzter Mitarbeiter für das Mittelhebräischen und Jüdisch-Aramäische, gestorben. Im Einvernehmen mit dem Verlag Brill haben die Redaktoren Dr. Z. Ben-Ḥayyim, Professor an der hebräischen Universität von Jerusalem und Mitglied der Akademie für die hebräische Sprache, als Mitarbeiter gewinnen können. Er betreut seitdem, d.h. für die vorliegende Lieferung, die gleichen hebräischen und aramäischen Sprachstufen, für die Prof. Kutscher zuständig war. Bei Ben-Ḥayyim kommt natürlich das Samaritanische hinzu, und zwar sowohl das Material aus dem samaritanischen Pentateuch als auch das aus dem samaritanisch-aramäischen Dialekt.

In einzelnen, besonderen Fällen durften wir uns für das Akkadische an Wolfram von Soden in Münster und für die Septuaginta an Robert Hanhart in Göttingen wenden. Beide Herren gaben uns bereitwillig Auskunft, und wir möchten ihnen auch an dieser Stelle herzlich danken.

Im Altorientalischen Seminar der Universität Bern fand J. J. Stamm beim Lesen von Büchern und Zeitschriften die Unterstützung der dort einander als Hilfsassistenten ablösenden Studierenden. Es sind das cand. theol. Konrad Haldimann, cand. theol. Elisabeth Schaedeli und cand. theol. Brigitte Stoll. An der Universität Leiden hat drs. S. M. Moors bei den Korrekturen geholfen. Auch ihnen sei für ihre Hilfe aufrichtig gedankt.

Die Fortsetzung des Lexikons wurde wiederum durch die Unterstützung des ,,Schweizerischen Nationalfonds zu Förderung der wissenschaftlichen Forschung" ermöglicht. Wir möchten es nicht unterlassen, seinen Behörden für ihr Verstandnis unserer Aufgabe gegenüber verbindlich zu danken.

Während diese 3. Lieferung gedruckt wurde, haben wir mit der Arbeit an der 4. und letzten begonnen. Ueber den Zeitpunkt ihres Erscheinens wagen wir keine sichere Voraussage, doch hoffen wir gerne, die Frist werde kürzer sein als die zwischen der 2. und 3. Lieferung.

Bern, im Frühling 1983 DIE HERAUSGEBER

ABKÜRZUNGEN (ERGÄNZUNG)

Abb.	Abbild
Act. Th. Dan.	Acta Theologica Danica
Aharoni Arad	I. Aharoni: Arad Inscriptions (Hebr.). Jerusalem 1975
Albertz Frömmigkeit	R. Albertz: Persönliche Frömmigkeit und Offizielle Religion. Stuttgart 1978
altbab.	altbabylonisch
Albr. AmmH	Notes on Ammonite History, in Miscellenea Biblica B. Ubach. Montserrat (Spanien) 1954
ammon.	ammonitisch
ArchOF	Archiv für Orientforschung. Graz
ARMT	Archives royales de Mari, Transcriptions/Traductions
Arsl.	siehe auch NESE 2, 17ff.
ATDA	J. Hoftijzer u. G. van der Kooy: Aramaic Texts from Deir Alla (Documenta et Monumenta Antiqua XIX). Leiden 1976
Barthélemy Konkordanz Sir	J. D. Barthélemy: Konkordanz zum hebräischen Sirach. Göttingen 1973
BCh	The Book of Ben Sira. Text, Concordance and Analysis of the Vocabulary. Jerusalem 1973
BET	Beiträge zur biblischen Exegese und Theologie. Frankfurt a. M., Bern
BHK	Biblia Hebraica, ed. R. Kittel, 3. Aufl.
Bibl(ica)	Biblica, Rom
BiSt	Biblische Studien, Neukirchen
BN	Biblische Notizen. Beiträge zur exegetischen Diskussion. Bamberg 1976ff.
Bright Jer.	J. Bright: Jeremiah (Anchor Bible). New York 1965
©	Codex Cairensis, s. Würthwein[2]
Canaan Dämonengl.	T. Canaan: Dämonenglaube im Lande der Bibel. Leipzig 1929
CAT	Commentaire de l'Ancien Testament. Neuchâtel
Childs Exodus	B. Childs: The Book of Exodus. Philadelphia 1974
CML[2]	J.C.L. Gibson: Canaanite Myths and Legends. Edinburgh 1978
CRB	Cahiers de la Revue Biblique. Paris 1964ff.
CTA	Corpus des tablettes en cunéiformes alphabétiques découvettes à Ras Shamra-Ugarit de 1929 à 1939. Paris 1963
Dahood Ps.	M. Dahood: Psalms I-III (Anchor Bible). New York 1966-70
Degen Altaram. Gr.	R. Degen: Altaramäische Grammatik der Inschriften d. 10.-8. Jh. v. Chr. Wiesbaden 1969
EAE	Encyclopaedia of Archeological Excavations in the Holy Land, I-. London-Jerusalem 1975
emend.	Emendation, emendiert
frt.	fortasse (vielleicht)
Fschr. AAlt II	Leipzig 1953/54
Fschr. MABeek	Travels in the World of the Old Testament. Assen 1974
Fschr. Botterweck	Bausteine biblischer Theologie. Festgabe für G.J. Botterweck (BBB 50) 1977
Fschr. Cazelles	Mélanges bibliques et orientaux en l'honneur de M. H. Cazelles, Neukirchen 1981 (AOAT 212)
Fschr. Fohrer	Prophecy. Essays presented to G. Fohrer on his sixty-fifth birthday 6. September 1980 (BZAW 150) 1980
Fschr. Gerlmann	Festschrift G. Gerlmann Leiden 1978 (=ASTI XI)
Fschr. CGordon	Orient and Occident. Neukirchen 1973 (AOAT 22)
Fschr. Kornfeld	Studien zum Pentateuch W. Kornfeld zum 60. Geburtstag. Wien 1977
Fschr. V. Maag	Kultur, Kulturkontakt und Religion. Gesammelte Studien zur allgemeinen und alttestamentlichen Religionsgeschichte. Göttingen u. Zürich 1980

Fschr. JMMyers — Old Testament Studies in Honour of J.M.M. Philadelphia 1974

Fschr. A. van Selms — De fructu oris sui. Leiden 1971

Fschr. JJStamm — Beiträge zur hebräischen und altorientalischen Namenkunde. Fribourg (CH) u. Göttingen 1980 (OBO 30)

Fschr. Würthwein — Textgemäss. Aufsätze und Beiträge zur Hermeneutik des Alten Testaments. Festschrift für E. Würthwein zum 70. Geburtstag. Göttingen 1979

Fschr. JZiegler — Wort, Lied und Gottespruch 1-2. Würzburg 1972

Fschr. WZimmerli — Beiträge zur alttestamentlichen Theologie. Göttingen 1977

Gray KRT² — J. Gray: The KRT Text in the Literature of Ras-Shamra. Leiden 1964

HAL — Hebräisches und aramäisches Lexikon zum Alten Testament, dritte Auflage. Leiden 19ff.

hapleg. — hapax legomenon

Hatra — cf. Syria 29, 30, 32, 40, 41

Hdt. — Herodot

Hehn v. — s. VHehn

Helck Beziehungen — W. Helck: Die Beziehungen Aegyptens zu Vorderasien im 3. und 2. Jahrhundert vor Christus. Wiesbaden 1962, ²1971

Herrmann Geschichte — S. Herrmann: Geschichte Israels in alttestamentliche Zeit. München 1971

Keel Visionen — O. Keel: Jahwe-Visionen und Siegelkunst. Stuttgart 1977 (SBS 84/85)

Keel Bildsymb. — O. Keel: Die Welt der altorientalischen Symbolik und das Alte Testament. Zürich-Einsiedeln-Köln 1972

isy. — inschriftlich Syrisch

jif. — jif'il

Knierim — R. Knierim: Die Hauptbegriffe für Sünde im Alten Testament. Gütersloh 1965

keilschr. (klschr.) — keilschriftlich

Kornfeld Onomastica — W. Kornfeld: Onomastica aramaica aus Ägypten. Wien 1978

KTU — M. Dietrich-O. Loretz-J. Sanmartín: Die keilalphabetischen Texte aus Ugarit, Teil I. Neukirchen 1976 (AOAT 24)

LA — Lesart

Lemaire IH — A. Lemaire: Inscriptions hébraïques, 1-2. Paris 1977-

Liddel-Sc. — H. G. Liddel and R. Scott: A Greek-English Lexicon. Revised by H. St. Jones. Oxford 1925-1940

Lingua di Ebla — La Lingua di Ebla (atti del convegno internazionale, Napoli 21-23 aprile 1980, Napoli 1981), Istituto universitario orientale, Seminario di studi asiatici, Series minor XIV

Lkš — hinzufügen: Lemaire IH 1, 83-143

LOT — s. BCh.

Mettinger SSO — T.N.D. Mettinger: Solomonic State Officials. Lund 1971

Michel Grundl. heSy. — D. Michel: Grundlegung einer hebräischen Syntax, 1. Neukirchen 1977

Mittmann Beiträge — S. Mittmann: Beiträge zur Siedelungs- und Territorialgeschichte des nördlichen Ostjordanlandes. Wiesbaden 1970

MSL — B. Landsberger: Materialien zum sumerischen Lexicon. Roma 1937ff.

nb. — neubabylonisch

NAG — Nachrichten der Akademie der Wissenschaften in Göttingen

OBO — Orbis Biblicus et Orientalis. Fribourg (CH) u. Wiesbaden

Ostr. Sam. — hinzufügen: Lemaire IH 1, 29-81, 245-250

part., pt. — partizip

PBT — Probleme biblischer Theologie (s. Fschr. von Rad)

pc. — pauci (wenige)

Pope Job — M.H. Pope: Job³ (Anchor Bible). New York 1973

Rost Credo — L. Rost: Das kleine Credo und andere Studien zum Alten Testament². Stuttgart 1972

Salonen Agricultura — Agricultura mesopotamica. Helsinki 1968;

Jagd	Jagd und Jagdtiere im alten Mesopotamien. Helsinki 1976;
Möbel	Die Möbel alten Mesopotamiens. Helsinki 1963;
Vögel	Vögel und Vogelfang im alten Mesopotamien. Helsinki 1973;
Ziegeleien	Die Ziegeleien im alten Mesopotamien. Helsinki 1972
Sarauw	Chr. S. Sarauw: Über Akzent u. Silbenbildung in der älteren semitischen Sprachen. 1939
SBS	Stuttgarter Bibelstudien
SEÅ	Svensk Exegetisk Årsbok
Speiser Gen.	E.A. Speiser: Genesis (Anchor Bible). New York 1964
syr.-ar.	syrisch-arabisch
T.-Arad	I. Aharoni: Arad Inscriptions. Jerusalem 1975; A. Lemaire: Inscriptions hébraïques, 1. Paris 1977
Targ.	Targum
Teol. Tidskr.	Teologisk Tidskrift. Kopenhagen
text. (txt.)	textus (Text)
ThB	Theologische Bücherei, München
Th. St. Zürich	Theologische Studien, Zürich
ThQ	Theological Quarterly
ThQ(S)	Theologische Quartalschrift
Tomback Lexicon	R.S. Tomback: A Comparative Semitic Lexicon of the Phenician and Punic Languages. Scholars Press, Missoula, Montana 1978
TOML	A. Caquot-M. Sznycer-A. Herdner: Textes ougaritiques, mythes et légendes, Tome I. Paris 1974
TSSI	J.C.L. Gibson: Textbook of Syrian Semitic Inscriptions, 1-2. Oxford 1971, 1975
Vattioni sig.	F. Vattioni: I sigilli ebraici, Biblica 50, 1969, 357-388, nr. 1-252
de Vaux Histoire	R. de Vaux: Histoire ancienne d'Israël, I-II. Paris 1971/73;
Lebensordnungen	Das Alte Testament und seine Lebensordnungen, 1-2. Freiburg, Basel, Wien 1964/66
BiO	La Bible et l'Orient. Paris 1967
Vet. Lat.	Vetus Latina s. Würthwein[2] 67ff, [4]90ff
vgl.	vergleiche
vs.	Vers
Weippert	M. Weippert: Edom. Tübingen 1971 (in Maschinenschrift)
Wolff Anthropologie	H. M. Wolff: Anthropologie des Alten Testaments. München 1973
WSPN	M.D. Coogan: West Semitic Personal Names in the Murasu Documents. Harvard Semitic Monograph, Nr. 7, 1976
Wüst Untersuchungen I	M. Wüst: Untersuchungen zu den siedlungs-geographischen Texten des Alten Testaments I: Ostjordanland. Wiesbaden 1975
Zimmerli Ges. Aufs.	W. Zimmerli: Gesammelte Aufsätze I-II. München: I 1969, II 1974 (ThB 19, 51);
GatTh	Grundriss der alttestamentlichen Theologie. Stuttgart 1972

Unlust, cj. 1S 2$_{32}$ (Stoebe KAT VIII/1, 117); d) c. לְ Ps 104$_{32}$ Hi 28$_{24}$, gehorsamen Ps 74$_{20}$; e) c. עַל Hab 2$_{15}$ (↗ מָעוֹר); — 3. c. acc. **schauen, erblicken** Nu 12$_8$ 23$_{21}$ 1S 17$_{42}$ Js 38$_{11}$ Hi 36$_{25}$ Hab 1$_3$ (l c. S T אַבִּיט) betrachten Sir 51$_{19}$, Js 5$_{12}$ Ps 119$_{15.18}$; sehen (sbj. Gott) Kl 3$_{63}$ (↗ Rud.); — 4. kultisch = **gnädig annehmen** Am 5$_{22}$ (neben רָצָה, שָׁמַע u. הֵרִיחַ, Hentschke BZAW 75, 1957, 76ff, c. Lit.); — ? Ps 10$_{14}$. Der. מַבָּט, n. m. נְבָט.

נְבָט: G Ναβατ/θ, Josph. Ναβαταῖος (NFJ 89) n. m.; נבט, Kf. qal pr. hif. „Er (יְהוָֹה/אֵל) sah an" Noth N. 36. 186 :: Gray Kings^2 292 „El brings, or may El bring to light"; asa. in PN: *nbṭʾil, nbṭʿlj, nbṭʿm*; Kf. *nbṭ* (Ryckmans 1, 236 u. 134; Müller ZAW 75, 1963, 311): Vater v. Jerobeam, nur in Verbindung mit s. Namen 1K 11$_{26}$ etc. — ? Dazu n. p. nab. נבטו (Eph. 2, 74, 26) Nabatäer ar. Stamm (die Inschriften aram.) s. Cant. Nab.; BHH 1270, Glueck Deity and Dolphins, New York 1965, IDB 4, 491ff, M. Lindner Die Könige von Petra, Ludwigsburg 1968, nicht = נְבָיוֹת!

נָבִיא (315 ×), Sam. *nēbi*, denom. נבא, BL 470n; Lkš הנביא, ba. ja. נְבִיָּא, cp. sam. sy. md. (MdD 288a), Fschr. I. Bakoš, 1965, Bratislava sonst im Sem. Lw.; ar. *nabīʾ* (HwbIsl. 563); qatab. äth. *nabij* (Ulldff. EthBi. 123); etym.: a) volksetym. Deutung: hif. von בוא (Curtis VT 29, 1979, 491-93); b) zum akkad. Verb *nabû* nennen, berufen (AHw. 699b); von da aus bedeutet נָבִיא entweder in aktivem Sinn „Sprecher, Verkünder" oder (wahrscheinlicher) in passivem „Berufener" (s. THAT II, 7). Duhm Israels Propheten^2, 1922, Hölscher Die Propheten 1914, J. Lindblom Prophecy in Ancient Israel, 1962, BHH 1496ff, Rendtorff ThWbNT VI 796-815, J. Jeremias THAT II, 7-26, Fohrer GiR 222ff; z. Frage d. Kultproph.: Mow. PsSt. 3, Haldar Associations of Cult Prophets among the Ancient Semites, 1945; Johnson CPr.; Würthwein Wort und Existenz, 1970, 68ff; Gunneweg FRLANT 73, 1959, 81ff; Lehming ZThK 55, 1958, 145ff; de Vaux Inst. 1, 249ff = Lebensordnungen 2, 222ff; Propheten in Mari: Noth GesSt. 234ff; Malamat VTSu 15, 1966, 207ff; Ellermeier Prophetie in Mari u. Israel, 1968; Huffmon BA 31, 1968, 1014; Heintz VTSu 17, 1969, 112ff; Koch UF 4, 1972, 53ff; Anbar (Bernstein) UF 7, 1975, 517f: נְבִיאֲךָ, נְבִיאֲכֶם, נְב(י)אִים, נְבִיאֵי, נְבִיאַי/אֶיךָ/אַיִךְ/אָיו/אֶיהָ/אֵנוּ/אֵיכֶם/אֵיהֶם: **Prophet** Dt 13$_2$ 1K 22$_7$; נָ׳ לַי׳ 1K 18$_{22}$ 22$_7$ 2K 3$_{11}$ 2C 28$_9$; Aaron נָ׳ f. Mose Ex 7$_1$, sein פֶּה 4$_{16}$ (v. Rad Th. 2^5, 58); מַרְאֶה u. חֲלוֹם Nu 12$_6$ l נָבִי בָכֶם (BHS) :: Johnson CPr 46^7); אִישׁ נָ׳ Ri 6$_8$, נֶאֱמָן לְנָ׳ bestellt zu 1S 3$_{20}$; הֵקִים לִנְבִיאִים Am 2$_{11}$; הֵקִים נָ׳ Dt 18$_{15.18}$; חֹזֶה || נָ׳ 2S 24$_{11}$ 2K 17$_1$, Mi 3$_{5.7}$; נָ׳ = רֹאֶה 1S 9$_9$ (s. Budde KHC VIII 61, Lindblom 95, Fohrer GiR 228f); חֶבֶל נְבִיאִים 1S 10$_{5.10}$, לַהֲקַת הַנְּ׳ 19$_{20}$ (↗ לַהֲקָה*); מָשַׁח לְנָ׳ 1K 19$_{16}$, עָנָה בַּנְּבִיא(י)ם/בְּיַד הַנְּ׳ 1S 28$_{6.15}$; מְשִׁיחַי || נְבִיאַי Ps 105$_{15}$ 1C 16$_{22}$; כָּל־עַם י׳ נְבִיאִים Nu 11$_{29}$, נְבִיאֵי י׳ 1K 18$_{4.13}$ 19$_{10.14}$, נְ׳ הַבַּעַל 1K 18$_{19.22.25.40}$ (450 Mann), 2K 10$_{19}$; נְ׳ הָאֲשֵׁרָה 1K 18$_{19}$ (400 Mann); בְּנֵי הַנְּבִיאִים (↗ בֵּן 6) Glieder v. Gilde 1K 20$_{35}$ 2K 2$_{3.5.7.15}$ 4$_{1.38}$ (H. Chr. Schmitt Elisa 1972, 162ff), 9$_1$; ihre Frauen 2K 4$_1$; נְבִיאִים eines Königs 1K 22$_{22f}$ || 2C 18$_{21f}$, 2K 3$_{13}$, einer Königin 2K 3$_{13}$, Israels Ez 13$_{2.4.16}$ 38$_{17}$, Samarias Jr 23$_{13}$, Jerusalems 23$_{14ff}$ Zef 3$_4$, נְבִיאֵי מִלִּבָּם Ez 13$_2$, אִישׁ הָרוּחַ || נָבִיא Hos 9$_7$, עֲבָדַי הַנְּ׳ Jr 7$_{25}$ 25$_4$ 26$_5$ 29$_{14}$ 35$_{15}$ 44$_4$ Zch 1$_6$, ↗ Am 3$_7$; נְ׳ הַשֶּׁקֶר Jr 23$_{26}$, vgl. 14$_{14}$ (Klopfst. 95ff); נָבִיא in ungünstigem Sinn Dt 18$_{20}$ Am 7$_{14}$ Jr 23$_{37}$ Zch 13$_{3-5}$; נָבִיא/נְבִיאִים als Verkünder von שָׁלוֹם Mi 3$_5$ Jr 23$_{16f}$ 28$_9$

Ez 13$_{9f}$ (Eisenbeis BZAW 113, 1969, 164ff); — הנביא Lkš 3$_{20}$ 16$_5$ (s. KAI II S. 193, H. P. Müller UF 2, 1970, 240-42); — als Propheten werden bezeichnet: אַבְרָהָם Gn 20$_7$, מֹשֶׁה Dt 18$_{15}$ 34$_{10}$ Hos 12$_{14}$, אֲחִיָּה 1S 22$_5$ 2S 24$_{11}$ (+חֹזֶה), נָתָן 2S 7$_2$, גָּד 1K 11$_{29}$, יֵהוּא 16$_7$, אֱלִישָׁע 2K 6$_{12}$, יוֹנָה 14$_{25}$, חֲבַקּוּק יִרְמְיָהוּ Jr 20$_2$, חֲנַנְיָה 28$_1$, יְשַׁעְיָהוּ 19$_2$, Hab 1$_1$, חַגַּי Hg 1$_1$, זְכַרְיָהוּ Zch 1$_1$, אֵלִיָּה Mal 3$_{23}$ 2C 21$_{12}$, שְׁמַעְיָה 2C 12$_5$, עִדּוֹ 13$_{22}$, עֹדֵד 15$_8$, שְׁמוּאֵל 35$_{18}$; Tempelmusiker 1C 25$_1$ K (ℱ נבא nif. 1 Q הַנִּבְּאִים). — Jr 23$_{26}$ pr. וּנְבִיאֵי l וְנִבְּאֵי (BHS), Ez 22$_{25}$ pr. נְבִיאֶיהָ l נְשִׂיאֶיהָ (BHS).
Der. נבא, נְבִיאָה, נְבוּאָה.

נְבִיאָה, Sam. *nēbijjå*: f. v. נָבִיא; mhe., ja. נְבִיאֲתָא; sam. (BCh 2, 523b), cp. md. *ʿnbjhʾ* (MdD 288a): **Prophetin** (BHH 1513) מִרְיָם Ex 15$_{20}$, חֻלְדָּה 2K 22$_{14}$ 2C 34$_{22}$, d. Frau v. Jes. Js 8$_3$ (wohl eine Kult-/Tempel-'נ, Jepsen ZAW 72, 1960, 267f, Johnson CPr 66[2], Bernhardt VTSu. 22, 1972, 25[2], Wildberger BK X 317f); נוֹעַדְיָה Neh 6$_{14}$, דְּבוֹרָה אִשָּׁה נְ' Ri 4$_4$, cf. לחן u. לחנה זי יהו (BMAP Pap. 12, 1f u. S. 101. 274). †

נְבָי(וֹ)ת, G Ναβαιωθ, Josph. Ναβαιωθης (NFJ 88): (n. m.) n. p.: S. v. Ismael Gn 25$_{13}$ 28$_9$ 36$_3$ 1C 1$_{29}$, מַחֲלַת Schw. v. 'נ Gn 28$_9$ 36$_3$; ar. Stamm, klschr. *Nabaite*, *Nabajātai* VAB VII 66[4], 799; nicht Nabatäer (נָבָט ! GTT § 174): s. Mtg. ArBi 31[11], Starcky RB 63, 1956, 273, Winnett Fschr. H. G. May 194, BHH 1294: Js 60$_7$. †

*נבך: ja. sy. md. *nbg* (MdD 288a) u. ar. *nabağa* hervorsprudeln; ug. *nbk* u. *npk* ℱ *נֵבֶךְ u. *מַבָּךְ; Dahood Biblica 48, 1967, 436, Landes BASOR 144, 1956, 30ff.
Der. נֵבֶךְ, מַבָּךְ.

*נֵבֶךְ: נבך; ug. *nbk* u. *npk* (UT nr. 1597. 1675, Aistl. 1738. 1819; PRU III S. 266b (*eqil*) *nap(a)ki-ma/i* ...; Ug. V S. 247, 8: *napku*: נִבְכֵי: **Quellen** נְ' יָם Hi 38$_{16}$ (Reymond 60), cf. 1Q Hod 3$_{15}$ נבוכי מים; Pr 8$_{24}$ pr. מַעְיָנוֹת (BHS) נִבְכֵי מָ' prop. נִכְבַּדֵּי מָיִם gl?); ℱ מַבָּךְ. †

I נבל: mhe. welken, pi. abwerfen (? = II נבל):

qal: pf. נָבֵל, נָבְלָה; impf. יִבּוֹל, תִּבֹּל (Sam. *tibbål*), יִבּוֹלוּן, יִבֹּלוּ; inf. נָבֹל, נָבֵל; pt. נֹבֵל, נֹבֶלֶת (Js 1$_{30}$): — 1. **welken** u. **abfallen** (AuS 1, 100) Laub Js 1$_{30}$ 34$_4$, cj. 64$_5$ (l וַנִּבֹּל pr. וַנָּבֶל), Jr 8$_{13}$ Ez 47$_{12}$ Ps 1$_3$; Blumen Js 28$_{1.4}$ (vs. 4 צִיצַת נֹבֵל s. GK § 128 w, BM § 97, 6 :: Driver JSS 13, 1968, 48); Js 40$_{7f}$; Gras Ps 37$_2$; — 2. **zerfallen** Erde Js 24$_{4a}$ (? dl. G)$_{.b}$, Menschen Ex 18$_{18}$ 2S 22$_{46}$/Ps 18$_{46}$; — Pr 11$_{28}$ pr. יִפֹּל, prop. יִבֹּל; Hi 14$_{18}$ pr. נוֹפֵל יִבּוֹל prop. נָפוֹל יִפּוֹל. †
Der. נְבֵלָה, נֹבֶלֶת.

II נבל (= I J. Barth WU 28f, Lex.[1], Gerleman VT 24, 1974, 147ff) s. GB, BDB, Driver JSS 13, 1968, 54; v. Soden in Studia orientalia in memoriam Caroli Brockelmann (WZUH XVII 1968) 175ff; ja. verächtlich sein, pa. sy. mhe. pi. schänden; ar. *nabal* elendes Zeug, *nabula*, *nabila*, edel sein ℱ II נָבָל (? gegensinnig, Nöldeke NB 94f, cf. tigr. wünschen, Wb. 329b), ar. V, tigrin. krepieren:

qal: pf. נָבַלְתָּ: **nichtig**, **töricht sein** (so mit Lex.[1] u. Gemser Spr.[2] 106 :: GB verächtlich handeln) Pr 30$_{32}$. †

pi. (Jenni 41. 84): pf. נִבַּלְתִּיךְ; impf. יְנַבֵּל, תְּנַבֵּל; pt. מְנַבֵּל (in deklarativem Sinn): als nichtig erklären, für nichtig halten (s.Gerlemann VT 24, 1974, 144) Dt 32$_{15}$ Jr 14$_{21}$ Mi 7$_6$ Nah 3$_6$. †
Der. I נָבָל, n. m. II נָבָל, נְבָלָה, נַבְלוּת.

I נָבָל: II נבל: נְבָלִים, נְבָלוֹת: trad. töricht (intellektuell u. moralisch; Caspari NKZ 39, 1928, 668ff, Lex.[1], Caquot RHR 155, 1959, 1ff, Gerlemann VT 24, 1974, 153: נָבָל ist, wer in irgendeinem Lebensbereich negativ dasteht, nicht gibt, nicht hilft, nicht ehrt, nichts ist :: נָדִיב; :: Roth VT

10, 1960, 394ff: **nichtig**, (sozial) **wertlos**, **gottlos** (THAT II 26ff): — 1. Volk: Isr. Dt 32_{6} (|| לֹא חָכָם), törichtes Volk (cf. Targ. עמא טפשא), 32_{21} (|| לֹא עָם Unvolk), Ps 74_{18}; d. Samaritaner Sir 50_{26}; — 2. e. Einzelner: **Taugenichts** 2S 3_{33} Jr 17_{11} Hi 30_{8} Pr 17_{21}, Nicht-Geber = **Geizhals** (:: נָדִיב) Js 32_{5f} Pr 17_{7} 30_{22}; d. gegenüber Gott negativ eingestellte: **Tor**, **Gottleugner** Ps 14_{1} || 53_{2} 39_{9} 74_{22}; dazu wohl הַנְּבָלוֹת Hi 2_{10}; הַנְּבָלִים nutzlose Menschen von üblem Ruf 2S 13_{13}, vgl. adj. הַנְּבִיאִים הַנְּבָלִים Ez 13_{3}; ↗ II u. נְבָלָה. †

II **נָבָל**: II נבל: n. m. G Ναβαλ, Josph. Νάβαλος (NFJ 88); lihj. *ʾanbal* geschickt (Ryckmans 1, 135), pun. *nbl* (KAI Nr. 105, 3 = PNPhPI 358): Mann v. Abigail 1S 25_{3-39} 27_{3} 30_{5} 2S 2_{2} 3_{3} (J. Barr BJRL 52/1, 1969, 24ff); Name 1S 25_{25} erkl. = I נָבָל, so Noth N. 229 mit Hinweis auf עִקֵּשׁ als Namen. Ausserdem ist zu erwägen a) נָ׳ ist ein Über- oder Spottname, der den ursprüngl. Namen verdrängte, b) נָ׳ ist nur in Umdeutung = I נָבָל; eigentlich bedeutet es „edel" zu ar. *nabula* (↗ II נבל) oder „geschickt" zu lihj. *ʾanbal* (noch andere Vorschläge bei Barr l. c., s. zum Ganzen Fschr. Stamm 205ff). †

I **נֵבֶל**: ug. *nbl[m?]* „Krug" od. „Harfe" (Ug. 5, 1968, S. 558, 3; UT nr. 1598); mhe. Lederflasche, Dir. 357; pun. (DISO 173) sy. *nbl/nʾbl* νεβελ (LS 411b); äth. *nĕbāl/nĕbēl* (Dillm. 650) e. Flüssigkeitsmass; etrusc. *naplan* Krug (Masson 69[3]): נְבָלִים, נִבְלֵי, נִבְלֵיהֶם: (Vorrats-) **Krug** (Kelso § 60, Honeyman 84f, P. Welten Die Königsstempel, 1969, 54f; BRL[1] 324, BRL[2] 182ff, BHH 1016) f. Wein, Öl, Korn, Mehl: am יָתֵד aufgehängt Js 22_{24}, irden Kl 4_{2}, zerbrechlich Js 30_{14} (נֵ׳ יוֹצְרִים); Jr 48_{12} (pr. וְנִבְלֵיהֶם l c. G וּנְבָלָיו); f. Wein 1S 1_{24} 10_{3} 25_{18} 2S 16_{1} Jr 13_{12}; kosmisch נִבְלֵי שָׁמַיִם Himmelskrüge (d. h. Vorratskrüge als Bild f. d. Wolken) Hi 38_{37} (Tur-Sinai, Hiob 513. 535; Reymond 149), נבלי מרום Sir 43_{8}; ug. *nbl* [*šmm*...] UF 3, 1971, 82 u. 88, ↗ מַבּוּל. †

II **נֵבֶל** (6 ×) u. נֶבֶל (2 ×): ? = I; mhe., ja. נִבְלָא Harfe; sy. *nablā*, G ναβλα/η > grie. νάβλας u. ναῦλον (Boisacq 655), lat. *nablium* (Ern.-Meill. 428, Lewy Fw. 161, Mayer 330, Masson 67ff): נֶבֶל, נְבָלִים, נְבָלֶיךָ: Saiteninstrument Am 6_{5}; ? **Harfe** (BRL[1] 390f, Kolari 58ff, Wegner 42f, BHH 648, ANEP 204ff. 795; Keel Bildsymb. Nr. 465ff; Ellermeier Fschr. Galling 80) נֵ׳ עָשׂוֹר m. 10 Saiten Ps 33_{2} 144_{9}, cf. 92_{4}; aus Holz gemacht 1K 10_{12} 2C 9_{11}, 1S 10_{5} 2S 6_{5} Js 5_{12} (profaner Gebrauch), Am 5_{23} 6_{5} Ps 33_{2} 57_{9} 71_{22} (כְּלִי־נֶ׳), 81_{3} 92_{4} 108_{3} 144_{9} 150_{3} Neh 12_{27} 1C 13_{8} $15_{16.20.28}$ 16_{5} (כְּלֵי נְבָלִים), $25_{1.6}$ 2C 5_{12} 20_{28} 29_{25} Sir 39_{15} (|| כלי מינים) 40_{21}; — Js 14_{11} הֶמְיַת נְבָלֶיךָ Klang deiner Harfen, 1Q Js[a] ה׳ נבלתך (: נְבֵלָה), so Θ πτῶμα (ZAW 52, 1934, 179) u. V *cadaver*, pr. הֶ׳ e. Form v. מות Σ (ZAW ib.), S u V; s. Talmon ASTI 1, 68f, Driv. JSS 13, 1968, 43. †

נְבָלָה: II נבל; Sam. *nå̄bå̄la*; mhe. u. ja. נְבַלְתָּא Hässliches: — 1. a) **Dummheit** (mit d. Nebensinn d. Verfehlung gegen Gott, s. Maag ThZ 21, 1965, 290f) 1S 25_{25}; b) **Schimpfliches** Hi 42_{8}; — 2. **arge Sünde**, Sakrileg: c. דִּבֶּר Js 9_{16} 32_{6}; c. עָשָׂה qualifizierte Verfehlung (Boecker 141) Ri $19_{23.24}$ (לָאִישׁ), 2S 13_{12}, + בְּיִשְׂר׳ Gn 34_{7} Dt 22_{21} Jos 7_{15} Ri 20_{6} Jr 29_{23}; Noth Syst. 104f, Roth VT 10, 1960, 401ff, Boecker 18f, H. Schüngel-Straumann SBS 67, 1973, 52[49]. †

נְבֵלָה, Sam. *nēbīla*: I נבל, BL 466j; mhe. u. ja. נְבֵילְתָא, sam. (BCh. 2, 526a. 529a), ar. *nabīlat*, akk. *nabultu* (AHw. 700a); Roth VT 10, 1960, 398ff: נִבְלַת, נִבְלָתְךָ, נִבְלָתוֹ/תָהּ, נִבְלָתָם: — 1. **Leichnam** v. Menschen Dt 21_{23} Jos 8_{29} 1K $13_{22.30}$ 2K 9_{37} Jr 26_{23}

36$_{30}$, coll. Dt 28$_{26}$ Js 5$_{25}$ 26$_{19}$ (?), Jr 7$_{33}$ 9$_{21}$ 16$_{4}$ 19$_{7}$ 34$_{20}$ Ps 79$_{2}$; — 2. **Aas** v. Tieren Lv 5$_{2}$ 7$_{24}$ 11$_{8.11.24-40}$ 17$_{15}$ 22$_{8}$ Dt 14$_{8.21}$ Ez 4$_{14}$ 44$_{31}$; — 3. v. Götzen Jr 16$_{18}$; 1Q Js^a 14$_{11}$ pr. נבלתך ≠ II נֵבֶל. †

נַבְלוּת: ? II נבל; :: VG 1, 382b dissim. < *ma- ? √בלה/בלל; BM § 40, 5: < *מַבְלוּת √blt, ? cf. akk. *bāltu* < *bāštu* (v. Soden GAG § 54k); mhe. Hässlichkeit > concr. (GK § 83c) (weibl.) **Scham** Hos 2$_{12}$ (:: Rudolph 70: Scham od. Torheit, letzteres bei I. Willi-Plein BZAW 123, 1971, 122). †

נְבַלָּט, G Ναβαλλατ: n. l.; ? בלט; in Benj., *Beth-Nebala* 7 km. n. Lydda (Abel 2, 397, GTT § 1090) Neh 11$_{34}$. †

נֹבֶלֶת: I נבל pt. f. sbst. (cf. GK § 122s): **welke Frucht** (ja. נָבְלָא pt.) Js 34$_{4bγ}$; :: Driver JSS 13, 1968, 54: Feige, die unreif vom Baum fällt. †

נבע: mhe. ja. cp. sy. md. (MdD 254a.b) u. ar. *nbʿ/ġ* sprudeln; äth. tigr. (Wb 330b) weinen; akk. *nambaʾu* Quelle (AHw. 726b):
qal: pt. נֹבֵעַ, נֹבֵעַ: **sprudeln** (Bach) Pr 18$_{4}$; metaph. מוסר שכל Sir 50$_{27}$ (pi. = qal, BCh. Trad. 116). †
hif: impf. יַבִּיעַ, אַבִּיעָה, יַבִּ֫יעוּ, יַבִּיעוּן, תַּבַּעְנָה: — 1. **sprudeln lassen**: Geist Pr 1$_{23}$ Sir 16$_{25}$, Rede Ps 19$_{3}$, חִידָה 78$_{2}$, תְּהִלָּה 119$_{171}$, זֵכֶר 145$_{7}$, cj. Pr 10$_{32}$ (יַבִּיעוּן pr. יֵדְעוּן), אִוֶּלֶת Pr 15$_{2}$, רָעוֹת 15$_{28}$, אָוֶן cj. 19$_{28}$ (l יַבִּיעַ), חֶרְפָּה Ps 59$_{8}$ (pr. חֲרָבוֹת l חֲרָפוֹת), גְּבֻרוֹת cj. Ps 71$_{16}$ (l אַבִּיעַ); Hilfsverb neben דִּבֵּר Ps 94$_{4}$ sprudelnd; — 2. **gären** Koh 10$_{1}$ (Driver VT 4, 1954, 231f, TOB). †
Der. מַבּוּעַ.

נִבְשָׁן: n. l. הַנּ׳; בשן, ? < *מִבְ׳ dissim. (Ruž. 77), im S. d. Gaus v. Jericho, in d. *Buqēʿah* ö. *Ch. el-Mird*, GTT § 320, 4, Cross BASOR 142, 5-17: Jos 15$_{62}$. †

***נגב**: mhe. ja. sy. nam. (Bgstr. Gl. 63f *nkb*), sam. trocken sein, soq. austrocknen. Der. נֶגֶב.

נֶ֫גֶב: נגב; Sam. *nēgəb*; mhe. trockener Boden, Südland; ja. נֶגְבָּה Trockenheit; ? ar. *ǧanūb* Süden (Guill. I 11); ? ug. *ngb* (Gray LoC² 15. 137³), ? äg. ETL 208, Noth ZDPV 61, 1938, 294; Abel 1, 418ff, Aharoni IEJ 8, 26ff. 231ff, 18, 14ff, Glueck RiD 131ff, HUCA 32, 11ff, Noth WdAT 52, BHH 1287, Bächli ZDPV 89, 1963, 9, V. Fritz Israel in der Wüste 1970, 103ff: loc. נֶגְבָּה: n. t. **Negeb**, d. regenarme Senke südl. d. jud. Gebirges, deren N.-Grenze je nach d. Regenperiode schwankt: — 1. d. **Trockenland** Jos 15$_{19}$ (:: גֻּלֹּת מַיִם), Südland d. Negeb: אֶרֶץ הַנּ׳ Gn 24$_{62}$ Nu 13$_{29}$ Ri 1$_{15}$; c. אַרְצָה Gn 20$_{1}$; הַנּ׳ Nu 21$_{1}$ Dt 34$_{3}$ Jos 10$_{40}$ 11$_{16}$ Ri 1$_{9}$ Jr 17$_{26}$ Ob 19 Zch 7$_{7}$ 2C 28$_{18}$; עָרֵי הַנּ׳ Jr 13$_{19}$ 32$_{44}$ 33$_{13}$ Ob 20; בַּנּ׳ Nu 13$_{17.22}$ 33$_{40}$ Dt 1$_{7}$ Jos 12$_{8}$ Js 21$_{1}$ Ps 126$_{4}$; נֶגְבָּה Jos 15$_{1f}$, הַנֶּגְבָּה Gn 12$_{9}$ 13$_{1}$, בַּנֶּגְבָּה Jos 15$_{21}$; נֶגֶב d. Südland von: יְהוּדָה 1S 27$_{10}$ 2S 24$_{7}$, עֲרָד Ri 1$_{16}$, הַקֵּינִי u. הַיְּרַחְמְאֵלִי 1S 27$_{10}$, כָּלֵב u. הַכְּרֵתִי 30$_{14}$ (cf. Aharoni ZDPV 91, 1975, 124); נֶגֶב Negeb Gn 13$_{3}$ 1S 30$_{1}$ Js 30$_{6}$ Ez 21$_{3.9}$; — 2. הַנֶּגֶב d. Südland = **Ägypten** Da 11$_{15.29}$, מֶלֶךְ הַנֶּגֶב = d. über Ägypten herrschende Ptolemäer Da 11$_{5f.9.11.14.25.40}$; — 3. נֶגֶב **Süden** (Himmelsrichtung): פְּאַת נֶ׳ Südseite Nu 34$_{3}$ 35$_{5}$ Ez 48$_{16}$ = פְּ׳ נֶגְבָּה Jos 18$_{15}$ Ez 48$_{33}$, c. תֵּימָנָה Ex 26$_{18}$ 27$_{9}$ 36$_{23}$ 38$_{9}$ Ez 47$_{19}$ 48$_{28}$; גְּבוּל נֶגֶב Südgrenze Nu 34$_{3}$ Jos 15$_{2.4}$ 18$_{19}$, שַׁעַר נֶגֶב Ez 46$_{9}$; נֶגֶב c. gen. südlich von Zch 14$_{10}$; נֶגְבָּה nach Süden Gn 13$_{14}$ 28$_{14}$ Ex 40$_{24}$ Jos 15$_{2}$ 18$_{13f.16.19}$ 1K 7$_{25}$ Ez 47$_{19}$ 48$_{10.17}$ Zch 14$_{4}$ Da 8$_{4}$ 1C 9$_{24}$ 26$_{15}$ 2C 4$_{4}$, = לַנֶּגְבָּה 1C 26$_{17}$; נֶגְבָּה לְ südlich von Jos 17$_{9f}$, = מִן נֶ׳ 18$_{14}$ = מִנֶּגֶב לְ Nu 34$_{4}$ Jos 15$_{3.8}$ 18$_{13}$ Ri 21$_{19}$ Ez 47$_{1}$; מִנֶּגֶב im Süden Jos 18$_{5}$ 19$_{34}$ 1S 14$_{5}$; אֶל־הַנֶּגֶב nach Süden Da 8$_{9}$, קֵדְמָה מִמּוּל נֶגֶב 1K 7$_{39}$ = קֵ׳ מִ׳ נֶגְבָּה 2C 4$_{10}$ gegen S.; — Jos 11$_{2}$ l מִנֶּגֶד; נֶגְבָּה 15$_{1}$? Gl. z. מִקְצֵה תֵימָן (s. Noth Jos. 82); 1S 20$_{41}$ l הָאַרְגָּב vgl. 19b

BHS, Ez 21₂ l יַעַר הַנֶּ׳; 40₂ gew. l מִנֶּגֶד, :: Zimmerli 983, ℱ n. l. רָמוֹת נֶגֶב. †

נגד: Lkš (DISO 174), mhe. mitteilen, ja. af. zu überzeugen versuchen, L. Prijs ZDMG 117, 279; aram. ziehen, sy. md. (MdD 288b) auch führen, intr. fliessen, gehen, ja. נָגוֹדָא u. נַגְדָּא, sy. *nāgōdā* Führer, aam. (DISO, KAI II 268. 314); ar. überragen, II benachrichtigen, äth. tigr. (Wb. 342b), amh. Handel treiben:

hif. (335 ×): pf. הִגַּדְתָּ, הִגִּידָה, הִגִּיד; impf. יַגִּיד (Sec. *ιεγγιδ, Brönno 91f), תַּ/יַג(י)ד, וָאַגֵּד, אַגִּידָה, תַּגִּיד, יַגֶּד־ (BL 367), נַ/אַגִּידֶנּוּ, יַגֶּדְךָ Dt 32₇ (BL 367), יַג(י)דֶהָ/דָה; imp. הַגִּידָה/די, הַגֵּד/גֶד־ (or. הִ, BL 367); inf. הַגִּיד, לְגִיד (< לְהַ 2K 9₁₅ K, BL 228a), הַגּ(י)ד; pt. מַגִּיד, מַגֶּדֶת: e. Sache hoch u. deutlich vor jmd hinstellen, (Elliger BK XI 81f: jmdm etwas gegenüber stellen, ihn mit etwas konfrontieren): — 1. **vorbringen, berichten, mitteilen** (THAT II 35 nr. 4); c. לְ d. Person: הִגִּיד לְךָ teilte dir mit Gn 3₁₁; c. אֶל 1S 3₁₅, c. בְּאָזְנֵי Js 36₂₀, c. לִפְנֵי 1S 17₃₁, c. acc. 2K 7₉.₁₁ Ez 43₁₀; c. acc. rei הַמַּרְאָה 1S 3₁₅, מִלִּין Hi 26₄ (אֶת־מִי mit wessen Hilfe bringst du (deine) Worte vor), 31₃₇ 36₃₃ (c. עַל); mit 2 acc. (pers. u. rei) Ez 43₁₀; c. כִּי dass Gn 31₂₀ = merken lassen, Gn 3₁₁, c. אֲשֶׁר Est 3₄, c. מָה was Gn 29₁₅ Am 4₁₃, c. הֲ ob Gn 43₆; דִּבְרֵי פִ׳ auf jmds Frage antworten 2C 9₂; עָוֹן bekennen Ps 38₁₉ (? l אגור: II גור); מַגִּיד Bote, Melder 2S 15₁₃ Jr 51₃₁; kundtun Js 41₂₂ 44₇; u. geradezu vorhersagen Js 41₂₃.₂₆ 42₉ etc. vergl. Elliger BK XI 317; bekannt machen, verkünden Js 42₁₂ 43₉ 45₂₁ 48₂₀ Mi 1₁₀ (cj. ? cf. BHS); etw. (vor Gericht) **anzeigen** (Seeligm. HeWf. 261f) Lv 5₁ Pr 29₂₄, jmd denunzieren Jr 20₁₀, cj. Dt 13₁₀ (l הַגֵּד תַּגִּידֶנּוּ, ℱ G); — 2. c. חֲלוֹם Gn 41₂₄ u. c. חִידָה Ri 14₁₂ **deuten auflösen** (ℱ ba. חוה haf.); — 1S 24₁₉ l הִגְדַּלְתָּ u. 2S 7₁₁ הִגְדִּילְךָ; Js 48₆ l תָּעִיד(וּ); Mi 6₈ l הֻגַּד G; Zch 9₁₂ l מִגְרָיִךְ (s. BHS); Ps 75₁₀ l אָגִיל.

hof: pf. הֻגַּד; impf. וַיֻּגַּד; inf. abs. הֻגֵּד (Bgstr. 2, 106n): **mitgeteilt werden** Dt 17₄ Ri 9₂₅ 2S 10₁₇ 1K 10₇ Js 21₂ 40₂₁ 1C 19₁₇ 2C 9₆, c. לְ an Gn 22₂₀ Rt 2₁₁ (הֻגֵּד הֻגַּד alles zu Ohren gekommen), ins. וַיֻּגַּד Ri 16₂ G; c. I אֵת (acc.! HeSy. § 35d) Gn 27₄₂ Jos 9₂₄ 2S 21₁₁ 1K 18₁₃, c. לֵאמֹר (dass) Gn 22₂₀ 38₁₃.₂₄ Jos 10₁₇ 1S 15₁₂ 19₁₉ 2S 6₁₂, cj. 15₃₁, 1K 1₅₁ 2K 6₁₃ 8₇ Js 7₂; c. כִּי dass Gn 31₂₂ Ex 14₅ Ri 9₄₇ 1S 23₇.₁₃ 27₄ 1K 2₂₉.₄₁, c. הִנֵּה 2S 19₂, c. מָה cj. Mi 6₈.

Der. נֶגֶד, נָגִיד.

נֶגֶד (150 ×), or. *nägäd* Ps 101₃: נגד, < **nigd* (Brönno 242f); mhe. gegenüber, entsprechend, ? soq. *ʾegidoh* (Leslau 33): loc. נֶגְדָּה (ohne dag., BL 567g), נֶגְדּוֹ/דְּךָ/דָּם, pl. נְגִידִים, ? cj נְגָדִים Pr 8₇: — 1. urspr. sbst. **Gegenüber**, **Entsprechung** nur in כְּנֶגְדּוֹ wie s. Gegenstück > zu ihm passend Gn 2₁₈.₂₀; pl. נְגִידִים Gerades, Richtiges Pr 8₆ (cf. Phil 4₈ Grollenberg RB 59, 40f); 2. > praep. c. gen. od. sf. (zum Gebrauch von נֶ׳ in den Ps. vgl. Bardtke Fschr. Ziegler II 17-27): a) **angesichts**, **vor**: נֶ׳ אַחֵינוּ Gn 31₃₂, נֶ׳ עֵינֵינוּ vor unseren Augen Jl 1₁₆, נֶ׳ הַשֶּׁמֶשׁ am hellen Tag Nu 25₄ 2S 12₁₂ (cf. ug. *ina šamši ūmi* PRU III 226, BMAP 185f) 1S 16₆ (Stoebe KAT VIII/1, 301); b) **gegenüber von** Ex 19₂ Jos 3₁₆ Ez 40₂₃ Neh 3₁₀ (l נֶגֶד), 1C 8₃₂ (:: Rudolph sec. e); c) רָעָה נֶ׳ פְּנֵיכֶם ihr habt Böses im Sinn Ex 10₁₀, נֶ׳ פְּנֵיהֶם nach ihrem eigenen Urteil Js 5₂₁, נֶגְדּוֹ n. seinem Urteil Js 40₁₇; d) נֶגְדּוֹ **gerade vor** sich Jos 6₆.₂₀ Jr 31₃₉ Am 4₃ Neh 12₃₇, נֶגְדּוֹ gerade aus Jr 31₃₉ (prop. נֶגְבָּה); e) **entsprechend** Ez 40₂₃ 2C 7₆; f) **wider**, **gegen** Hi 10₁₇ Koh 4₁₂; — 3. לְנֶגֶד: a) von ... her Gn 33₁₂; b) gegenüber, vor 2K 1₁₃ Hab 1₃ Da 10₁₆ (Var. כְּנֶ׳); c) לְנֶגְדִּי gegen meinen Willen Nu 22₃₂; d) לְנֶגְדִּי mir gegenwärtig 2S 22₂₃ Ps

16$_{8}$ 18$_{23}$; לְנֶגְדְּכֶם vor euren Augen Js 1$_{7}$; e) לְנֶגֶד vor ... hin Ps 54$_{5}$ 86$_{14}$ 90$_{8}$ 101$_{3}$; f) לְנֶגְדָּם gerade vor sich hin Neh 12$_{37}$; g) לְנֶגֶד hinsichtlich Neh 11$_{22}$; — 4. מִנֶּגֶד adv.: a) **gegenüber** Gn 21$_{16}$ Dt 28$_{66}$ 32$_{52}$ 2K 2$_{7.15}$ 3$_{22}$ 4$_{25}$, cj. Ez 40$_{21}$ Ps 38$_{12}$? l מִנֶּגֶד od. מִנֶּגְדִּי, Neh 3$_{19}$; b) **abseits** 2S 8$_{13}$ Ob$_{11}$; — 5. מִנֶּגֶד Praep.: a) fort von Js 1$_{16}$ Am 9$_{3}$ Jon 2$_{5}$ HL 6$_{5}$; b) fern von 1S 26$_{20}$ Ps 10$_{5}$ 31$_{23}$; הִשְׁלִיךְ נַפְשׁוֹ מִנֶּגֶד (l מִנֶּגְדּוֹ) wagt s. Leben daran Ri 9$_{17}$; c) **gegenüber** Neh 3$_{5.27}$; d) מִנֶּגֶד לְ: c. הלך aus d. Weg gehen Pr 14$_{7}$, c. בוא vor Ri 20$_{34}$, מִנֶּגֶד סָבִיב לְ rundum Nu 2$_{2}$; — 6. עַד־נֶגֶד bis gegenüber Neh 3$_{16.26}$; נֶגְדָה־נָּא angesichts Ps 116$_{14.18}$.

נגה: mhe. hif. scheinen lassen; ug. *ngh* (UT nr. 1605b, Aistl. 1743); cp. sy. md. (MdD 288a) hell (ja. auch dunkel) werden; tigr. (Wb. 341a) strahlen; ? akk. *na/egû* jubelnd singen (AHw. 712a); Schnutenhaus ZAW 76, 1964, 9f:

qal: pf. נָגַהּ; impf. יִגַּהּ: **leuchten**, **glänzen** Hi 18$_{5}$; c. עַל Js 9$_{1}$ Hi 22$_{28}$. †

hif: impf. יַגִּיהַּ: **leuchten lassen** c. acc. Js 13$_{10}$; 2S 22$_{29}$/Ps 18$_{29}$ (חָשְׁכִּי) erhellen. †

Der. I נֹגַהּ, II n. m.; נְגֹהוֹת.

I **נֹגַהּ**: נגה; mhe. ba. ja. sy. נוּגְהָא; Deir Alla 1, 8f *ngh* (ATDA 196); md. (MdD 297a) *nihga* Tagesanbruch, ja. auch Abenddämmerung, mhe. sy. Venus, Morgenstern: נָגְהָם: **Glanz**, **heller Schein** 2S 22$_{13}$/Ps 18$_{13}$ Js 4$_{5}$ 50$_{10}$ 60$_{3.19}$ (d. Mondes), 62$_{1}$ Ez 1$_{4.13.27f}$ 10$_{4}$ Am 5$_{20}$ Jl 2$_{10}$ 4$_{15}$ (d. Sterne), Hab 3$_{4}$ (l וְנָגְהוֹ).$_{11}$ Pr 4$_{18}$ (AuS 1, 602), cj. pr. מְנֻדָּח l מִנֹּגַהּ ohne Glanz Js 8$_{22}$; — 2S 23$_{4}$ l מֵגִיחַ (גיח). †

II **נֹגַהּ**, Josph. Φαλναγέης (NFJ 122); asa. *nght* n. f. (Müller ZAW 75, 1963, 311): n. m.; = I: S. Davids 1C 3$_{7}$ 14$_{6}$. †

נְגֹהוֹת: נגה, GK § 93r, 124e: pl. v. נֹגַהּ; asa. *nght* n. f. (Müller ZAW 75, 1963, 311; Mlaker 38 n. f.): **Lichtglanz** Js 59$_{9}$. †

נגח: mhe. ja.: ar. *ngḥ* I Glück haben, IV besiegen:

qal: impf. יִגַּח/גָּח: **stossen** (Rind) Ex 21$_{28.31f}$, cf. נגף 21$_{35}$. †

pi. (Jenni 208): impf. יְנַגַּח, תְּנַגְּחוּ, נְנַגֵּחַ; pt. מְנַגֵּחַ: (**nieder**-) **stossen** Dt 33$_{17}$ 1K 22$_{11}$ Ez 34$_{21}$ Ps 44$_{6}$ Da 8$_{4}$ 2C 18$_{12}$. †

hitp: impf. יִתְנַגַּח: **zusammenstossen** mit (עִם), Krieg führen Da 11$_{40}$. †

Der. נַגָּח.

נַגָּח: נגח, BL 479l; mhe. ja. נַגְחָנָא: **stössig** (Rind) Ex 21$_{29.36}$. †

נָגִיד: נגד, BL 470n (akt. u. pass.); Lkš. äga. ph. (BASOR 208, 1972, 14f), aam. *נגד (DISO 174), mhe., auch נָגוֹד Führer, „praepositus" (ar. *nağ(ī)d* tapfer v. d. Ploeg RB 57, 45ff): ein in der Notzeit berufener Führer (W. Richter BZ NF 9, 1965, 71ff; Zimmerli GatTh 74, Stoebe KAT VIII/1, 195f; Kl. Seybold FRLANT 107, 1972, 30f; Lipiński VT 24, 1974, 497ff, THAT II 34) od. der (von J.) Kundgegebene (Alt KlSschr. 2, 23[2]) Mettinger King and Messiah 1976, 151ff; Fritz ZAW 88, 1976, 351ff: נְגִ(י)ד, נְגִידִים: Vorsteher, Anführer, Fürst; — 1. **Fürst**: a) || מַלְכֵי אֶרֶץ Ps 76$_{13}$; b) v. Tyrus Ez 28$_{2}$ (Zimmerli 665f), sg. coll. v. אַשּׁוּר 2C 32$_{21}$; — 2. in kleinerem Bereich: a) **Offiziere** im ass. Heer neben שַׂר (cf. Cross Caananite and Hebrew Epic [Cambridge USA] 1973, 220[5]) 2C 32$_{21}$, bei David 1C 13$_{1}$ (⟶ לְ 20), Stadtkommandanten 2C 11$_{11}$; b) **Hofbeamte**: נְ׳ הַבַּיִת נָ׳ עַל הָאוֹצָרוֹת 1C 26$_{24}$, (Palast, ? = אֲשֶׁר עַל־הַבַּיִת, de Vaux Inst. 1, 199 = Lebensordnungen 1, 210) 2C 28$_{7}$, נָ׳ לְבֵית יְהוּדָה 19$_{11}$ (Bright History of Israel[2] 248[62]); c) **Familienoberhaupt** 1C 27$_{16}$ 2C 11$_{22}$ (cf. Barklett JThS 19, 1968, 13[1]), Vornehme Hi 29$_{10}$ 31$_{37}$ Pr 28$_{16}$; — 3. **Kultbeamte**: נָ׳ בְּבֵית י׳ d. Hohepriester (de Vaux Inst. 1, 199 = Lebensordnungen 1, 210), Jr 20$_{1}$, נְ׳ בֵּית הָאֱלֹ׳ Neh 11$_{11}$ 1C

911 2C 3113, pl. 358; Oberaufseher über d. Abgaben 2C 3112, Vorsteher d. Torhüter 1C 920; — 4. der v. J. bestellte **Führer** Israels (cf. Alt l. c.; Soggin ZAW 75, 1963, 58ff; W. Richter l. c. 71ff): Saul 1S 916 101 (dazu gesalbt), David 1314 cj. 166 (? l נָגִד pr. נֶגֶד), 2530 2S 53 (:: מֶלֶךְ), 621 78 1C 52 112 177 284 2C 65 Js 554, Salomo 1K 135 1C 2922 (מָשַׁח), Jerobeam 1K 147, Hiskia 2K 205, Jehu 1K 162, d. Könige Israels Sir 4613; — 5. Versch.: מָשִׁיחַ נָ׳ Da 925 u. עַם נָ׳ (l עִם)26, Antiochus IV Epiphanes od. Onias III, s. Komm. u. Brownlee BASOR 132, 13f; נְ׳ בְּרִית „Bundesfürst" Da 1122 d. Hohepriester; — 1C 274 dl. †

***נְגִינָה** u. נְגִינַת Ps 611 (BL 510v): נגן, BL 471 o; mhe. ja.: נְגִינָתָם, נְגִינ(ו)ת, נְגִינוֹתַי/תָי Js 3820 u. Hab 319 pl.-Endung (BL Nachtrag III p. I zur S. 203q): — 1. **Saitenspiel** Js 3820 Kl 514, נגינות שיר Saiteninstrument f. d. Lieder (ANEP 199. 202) Sir 479; — 2. **Spottlied** Ps 6913 (? l יְנַגְּנוּ בִי G S V), Hi 309 (|| מִלָּה), Kl 314 (|| שְׂחוֹק); — 3. musikalischer tt. בִּנְגִינוֹת Hab 319 (-תָי), Ps 41 61 541 551 671 761, עַל-נְגִינַת 611; — Ps 777 l וְהָגִיתִי. †

***נגל**: ar. *naǧala* abhäuten, sy. pa. entfernen (s. Schulthess HW 37f), md. (MdD 289a) hervorstehen.

Der. מַגָּל (?).

נגן: mhe. u. ja. Instrument spielen:

qal: pt. נֹגְנִים: **Saitenspieler** Ps 6826. †

pi. (Jenni 162): pf. נִגֵּן; impf. יְנַגֵּן; inf. נַגֵּן; pt. מְנַגֵּן: **e. Saiteninstrument spielen** 1S 1616a (? l מְנַגֵּן18 :: HeSy. § 103a)16b.17f.23 (בְּיָד), 1810 199 2K 315 Js 2316 3820 Ez 3332 Ps 333, Sir 94 מנגינות pt. pl. f. pa. Musikantinnen. †

Der. מַנְגִּינָה*, נְגִינָה.

נגע: mhe. 1QM VII 4, 1Q Sa 23-5 pt. pu., cf. mhe. מְנֻגָּע aussätzig; äga. (DISO 174), ja. berühren, md. (MdD 288a) schlagen, äth. Leslau 33:

qal (107 ×): pf. נָגַע, נָגְעָה, נָגְעוּ, נְגָעֲנוּךָ; impf. יִגַּע, יִגְּעוּ, תִּגְּעוּ; imp. גַּע; inf. נְגוֹעַ, לִנְגֹּעַ/וֹעַ, לָגַעַת, נָגְעוֹ (נגועו 1Qp Hab 91), נָגְעֵךְ; pt. נֹגֵעַ, נֹגַעַת, נֹגְעֹת, נָגוּעַ: — 1. **berühren**: a) c. בְּ Gn 33 Ex 1912 Dt 148 u. o., c. אֶל 1K 627, c. אֶל u. בְּ Hg 212, c. עַל Js 67, c. acc. 5211, abs. Hi 67 (cf. Horst, Fohrer z. St; Eitan 9f); b) geschlechtlich: e. Frau c. אֶל Gn 206, c. acc. Rt 29, c. בְּ Pr 629 (H. Schulz BZAW 114, 1969, 104; G. Schmitt ZAW 85, 1973, 155); — 2. feindlich: **m. Gewalt berühren**, c. בְּ Gn 3226.33, v. Sturm Ez 1710 Hi 119, von Gott Am 95 Ps 10432 1445; feindlich schlagen, Leid antun c. בְּ Gn 2611 Jos 919 2S 1410 Jr 1214, c. sf. Gn 2629 Rt 29; mit Plagen schlagen, v. Gott c. בְּ 1S 69, c. אֶל Hi 25; נָגוּעַ angerührt, getroffen || מֻכֵּה Js 534 (cf. Seybold BWANT 99, 1973, 25), Ps 7314; — 3. **reichen bis** נָ׳ עַד Js 168 Jr 410, c. עַל Ri 2034, נָ׳ אֶל rühren bis an Jr 519; וַיִּגַּע הַחֹדֶשׁ d. Monat kam herbei, traf ein Esr 31 Neh 773; וַיִּגַּע הַדָּבָר אֶל kam bis zu Jon 36; 2S 58 (Simons 171f, F צִנּוֹר, u. Stoebe ZDPV 73, 1957, 73ff).

nif: pf. נגע; impf. וַיִּנָּגְעוּ: — 1. **geschlagen werden** Sir 3014; — 2. (militär.) **sich schlagen lassen** (GK § 51c) c. לִפְנֵי Jos 815. †

pi: pf. נִגְּעוֹ; impf. וַיְנַגַּע: (m. Krankheit, cf. הִכָּה 4, Seybold BWANT 99, 1973, 25) **schlagen**, treffen (sbj. J.) Gn 1217 2K 155 2C 2620. †

pu: impf. יְנֻגָּעוּ: **betroffen, geplagt werden** Ps 735, Js 538 1Q Jsa נוגע pr. נֻגָּע. †

hif: pf. הִגִּיעַ, 2. f. הִגַּעַתְּ (BL 360r :: BM § 17, 1: Mischf.), הִגִּיעוּ, הִגַּעְתֶּם, הִגַּעְתִּיהוּ; impf. יַגִּיעַ, וַיַּגַּע, יַגִּיעוּ, יַגִּיעֶנָּה; inf. הַגִּיעַ, הַגִּיעֵנוּ; pt. מַגִּיעַ, מַגִּיעֵי, מַגַּעַת: — 1. **berühren, reichen an**: c. acc. Gn 2812, c. אֶל Zch 145, c. עַל Js 67 Jr 19, c. לְ Hi 206 2C 311.11.12, nahe an Ps 884, c. עַד Js 88 Ps 10718, c. עַד לְ 2C 289; — 2. **berühren lassen**: c. אֶל Ex 1222, c בְּ Js 58, c. עַד Sir

13$_{22}$ nahebringen, (משפטיו das ihm Gebührende) Sir 50$_{19}$; — 3. **stürzen, werfen**: לָאָרֶץ Js 25$_{12}$ Kl 2$_{2}$, c. עַד Js 26$_{5}$, c. אֶל Ez 13$_{14}$ (cf. KAI 202 B 16. 19: Lešonenu 35, 1970/71, 252); — 4. etw. **erreichen, gelangen zu**: c. acc. Js 30$_{4}$ Est 4$_{3}$ 8$_{17}$; c. אֶל 1S 14$_{9}$ Ps 32$_{6}$, c. לְ Est 4$_{14}$ (מַלְכוּת königliche Würde), Jahre Da 12$_{12}$, c. אֵצֶל Da 8$_{7}$; Sir 11$_{10}$; c. אֶל jmd treffen Koh 8$_{14.14}$, zustossen Est 9$_{26}$; הַגִּיעַ תֹּר c. acc. die Reihe kommt an Est 2$_{12.15}$; — 5. **eintreffen**: (Zeit) Ez 7$_{12}$ HL 2$_{12}$ Koh 12$_{1}$; Menschen Est 6$_{14}$; — 6. Versch.: c. inf. c. לְ: לְהֵעָשׂוֹת sollte ausgeführt werden Est 9$_{1}$; תַּגִּיעַ יָדוֹ er kann es sich leisten Lv 5$_{7}$. †
Der. נֶגַע.

נֶגַע: נגע; mhe., DSS auch נגיע (im sg. nicht belegt), 4Q 184, 1, 5 נגוע: נֶגַע, נִגְעוֹ, נִגְעֶךָ, נְגָעֵי, נְגָעִים: — 1. **Krankheitsbefall** in allgemeinem Sinn (Seybold BWANT 99, 1973, 25): a) **Berührung**, **Plage**, **Heimsuchung** Gn 12$_{17}$ Ex 11$_{1}$ 1K 8$_{37f}$ Ps 39$_{11}$ 89$_{33}$ 91$_{10}$, cj. 30$_{6}$, 2C 6$_{28f}$; syr. Ps 31$_{2}$ (DJD IV p. 71); b) Mahl, Hautkrankheit: נֶ׳ הַצָּרַעַת Berührtwerden, ,,Befall'' v. צ׳ (Ell. Lev. 180) Lv 13$_{2-59}$ vs.$_{4f}$ נֶ׳ der Befallene ?, < אִישׁ הַנֶּ׳ ?) 14$_{3.34f.54}$; — 2. **Schlag**, **Gewalttat** Dt 17$_{8}$ 21$_{5}$ 2S 7$_{14}$ (|| שֵׁבֶט, als Strafe), Pr 6$_{33}$; — Ps 38$_{12}$? l c. G מִנֶּגְדִּי נָגְשׁוּ; ? Js 53$_{8}$, נֶ׳ Aussatz (Lindbl. ZAW 63, 1952, 244f); 1Q Js^{a} נוגע = נוּגַע*, od. eher נוּגַּע pf. pu. u. dazu לַמָּוֶת G, Volz KAT IX 1932, 171; H. Hegermann Jesaja 53 in Hexapla, Targum u. Peschitta, 1954, 86; Brownlee BASOR 127, 18; Westermann ATD 19, 205; Kutsch BiSt 52, 1967, 28f. †

נגף: mhe. Sam. auch pass. qal Lv 26$_{17}$, ja. sam. aram; äth. tigr. (Wb. 343a) *nagafa* (ab-)schütteln; ar. *nakafa* zurückstossen u. *n/wağafa* schütteln, fällen (Nöldeke NB 197); akk. *nakāpu* stossen (AHw. 718a):

qal: pf. נָגַף, נְגָפוֹ, נְגָפָנוּ; impf. אֶ/יִגֹּף, יִגָּפֵנוּ, וַיִּגְּפֵהוּ (BL 303g; Ⓑ יִגֳּ׳, BL 367) 1S 26$_{10}$; inf. נְגֹף, נָגְפוֹ, לִנְגֹּף; pt. נֹגֵף: — 1. **durch Stoss verletzen** Ex 21$_{22}$ (im Streit).$_{35}$ (שׁוֹר, ↗ נגח; Gesetz v. Ešnunna in ANET 163, 53-55); — 2. **schlagen** metaph. (cf. Welten WMANT 42, 1973, 121 u. 133): a) Jahwe m. Plage Ex 7$_{27}$ 12$_{23a.b.27}$ Jos 24$_{5}$ Js 19$_{22}$ Zch 14$_{12.18}$; b) m. Tod 1S 25$_{38}$ 26$_{10}$ Ps 89$_{24}$ 2C 13$_{20}$; c) m. Krankheit 2S 12$_{15}$, בְּמֵעָיו 2C 21$_{18}$; d) m. Niederlage Ri 20$_{35}$ 1S 4$_{3}$ 2C 13$_{15}$ 14$_{11}$ 21$_{14}$; — 3. (Fuss) **sich stossen an** c. בְּ Ps 91$_{12}$, abs. Pr 3$_{23}$. †

nif: pf. נִגַּף, נִגְּפוּ, נִגְפוּ; impf. וַיִּנָּגֶף, יִנָּגְפוּ; inf. הִנָּגֵף, נִגֹּף; pt. נִגָּף: **geschlagen werden** c. לִפְנֵי vor = von Lv 26$_{17}$ Nu 14$_{42}$ Dt 1$_{42}$ Ri 20$_{32.36.39}$ 1S 4$_{2.10}$ 7$_{10}$ 2S 2$_{17}$ 10$_{15.19}$ 18$_{7}$ 1K 8$_{33}$ 2K 14$_{12}$ 1C 19$_{16.19}$ 2C 6$_{24}$ 20$_{22}$ 25$_{22}$; נָתַן י׳ נִגָּף/נִגָּפִים e. **Niederlage erleiden lassen** Dt 28$_{7.25}$ (לִפְנֵי = durch). †

hitp: impf. יִתְנַגְּפוּ: **sich stossen an** c. עַל Jr 13$_{16}$. †
Der. מַגֵּפָה, נֶגֶף.

נֶגֶף: mhe[2]: נגף; נֶגֶף: — 1. **Anstoss**: אֶבֶן נֶ׳ Stein des Anstosses || צוּר מִכְשׁוֹל (s. BHH 95) Js 8$_{14}$, בדרך מוקשת || בנגף פעמים Sir 32/35$_{20}$, gew. פַּעֲמַיִם zweimal (↗ G, = doppelt; besser: Anstoss d. Füsse [Echter]; ↗ פַּעַם); — 2. **Stoss, Heimsuchung** (cf. Seybold WMANT 99, 1973, 26) Ex 12$_{13}$ 30$_{12}$ Nu 8$_{19}$ 17$_{11f}$ Jos 22$_{17}$. †

נגר: mhe. (nif.); ja. fliessen, ? ני/נוגרא Dauer (BL 130[1]); sy. pa. lange dauern; md. (MdD 289a) lang ziehen, hemmen:

nif: pf. נִגְּרָה; pt. נִגָּרִים, נִגָּרוֹת ↗ נֻגֶּרֶת*: **rinnen, sich ergiessen** 2S 14$_{14}$ (מַיִם), Kl 3$_{49}$ (עַיִן); (lange) **ausgestreckt sein** (Hand) Ps 77$_{3}$, cf.$_{3a\alpha}$ GB u. Kraus BK XV/1 z. Stelle :: Gkl. †

hif: pf. הִגַּרְתִּי; impf. וַיַּגֵּר, יַגִּירֵהוּ; imp. הַגִּירֵם: c. acc. hingiessen, Wein Ps 75$_{9}$; herabstürzen, Steine Mi 1$_{6}$; metaph.

überliefern, Menschen עַל־יְדֵי חֶרֶב Jr 18₂₁ Ez 35₅, Ps 63₁₁ l יַגִּירֻמוֹ pr. יַגִּרֻהוּ :: G S: hof. †

hof: pt. מֻגָּרִים: hingegossen Mi 1₄, cj. מֻגָּרֵי Ez 21₁₇; cj. Ps 63₁₁ l יֻגְּרוּ (G S). †

Der. *נִגֶּרֶת.

***נִגֶּרֶת**: נגר, pt. nif. f. > sbst.: נִגָּרוֹת: Sturzbach, sich ergiessendes Wasser (Dhorme Job, Hölscher, Fohrer, Reymond 76) Hi 20₂₈. †

נגשׂ: ↗ נגשׁ; ug. *nġṯ* suchen (UT nr. 1612, CML 156b :: Ulldff JSS 7, 1962, 340, Aistl. 1750, vgl. Margulis UF 2, 1970, 136); mhe. drängen, pt. Aufseher, md. (MdD 289b); ar. *naǧaša* Wild verscheuchen, asa. *ngš* Tribut auferlegen (Conti 184a u. Beeston JSS 22, 1977, 57); äth. *nagša*, tigr. (Wb. 341b) *nagsa* König (*negūs*) sein:

qal: pf. נָגַשׂ; impf. יִגֹּשׂ, תִּנְגְּשׂוּ Js 58₃ (BL 363c); pt. נֹגֵשׂ, נֹגְשִׂים, נֹגְשָׂיו/שֶׂיהֶם: — 1. (Wild) **aufjagen** Hi 39₇; — 2. (Abgaben) **eintreiben** 2K 23₃₅; pt. Steuereintreiber Da 11₂₀; — 3. (Menschen) **z. Arbeit treiben** c. בְּ Ex 5₆ Js 9₃; pt. Treiber, **Vogt** Ex 3₇ 5₁₀.₁₃f Zch 9₈ Hi 3₁₈ 39₇; — 4. (den Schuldner) **drängen** Dt 15₂f Js 58₃; — 5. pt. a) **Gewalthaber** Js 14₂.₄ Zch 10₄, cj. Hi 40₁₉; b) pl. **Obrigkeit** Js 3₁₂ 60₁₇.

nif: pf. נִגַּשׂ: — 1. **sich drängen** c. בְּ gegen Js 3₅; — 2. **bedrängt werden** 1S 13₆ Js 53₇; — 1S 14₂₄ Ⓑ נִגַּשׂ drängten sich (?), in Bedrängnis geraten (?), so Schottroff, Der israelit. Fluchspruch, WMANT 30, 1969, 212, Ⓛ נִגַּשׂ, s. Komm., BHS. †

נגשׁ: mhe. nahen: ja. נְגִישָׁא (ev. Var. zu עגישא) u. נַגְשָׁנָא stössig (Jastrow 876b); ug. *ngš* u. *ngṯ* (UT nr. 1611/12, Aistl. 1749/50); kan. *nagāšu* angreifen (Albr. JPOS 1932, p. 179 nr. 60, cf. BASOR 94, 22[63]); akk. *nagāšu* hingehen (AHw. 710b):

qal (pf. u. pt. durch nif. ausgedrückt, BL 367 :: Sam. wo pf. u. pt. erhalten, nif. fehlt): impf. יִגַּשׁ/יִגָּשׁ, יִגְּשׁוּ, יִגָּשׁוּ u. יִגָּשׁוּ (Hi 41₈, BL 233j), וַתִּגַּשְׁנָה; imp. גַּשׁ, גֶּשׁ־, גְּשָׁה, גְּשִׁי, גְּשׁוּ u. גֹּשׁוּ; inf. גֶּשֶׁת, גִּשְׁתּוֹ: — 1. abs. **herzutreten, sich nähern** Gn 27₂₁.₂₆f 29₁₀ 33₆f 45₄ Ex 24₂ Lv 21₂₁ Jos 3₉ 1S 14₃₈ 17₁₆ 2S 1₁₅ 1K 18₃₆ 20₂₈ 22₂₄ 2K 4₂₇ 5₁₃ Js 41₁ Jr 42₁ Ez 9₆ Jl 4₉ Rt 2₁₄ 2C 18₂₃ 29₃₁; גֶּשׁ־הָלְאָה mach dich fort Gn 19₉; — 2. c. praep. **sich nähern**: a) c. אֶל Gn 27₂₂ 43₁₉ 44₁₈ 45₄ Ex 34₃₀; Jr 30₂₁ (l אֶל, :: Guill. ATO 113f), Ez 44₁₃ (zu Gott); herantreten an Ex 24₁₄ Nu 32₁₆ Jos 14₆ 21₁ 1S 9₁₈ (? l אֶל pr. אֶת), 17₄₀ 30₂₁ (? l אֶל pr. אֶת), 1K 18₂₁.₃₀ 20₂₂ 2K 2₅ Js 50₈ Ps 91₇ (cf. Dahood Biblica 48, 1967, 436), Esr 4₂, an e. Sache Ex 28₄₃ 30₂₀ Lv 21₂₃ Nu 4₁₉ 8₁₉; c. אֶל־אִשָּׁה mit e. Frau zu tun haben Ex 19₁₅; c. בְּ zu nahe kommen Js 65₅; b) c. עַד nahe herankommen an Gn 33₃ Ri 9₅₂, cj. Am 9₁₀ (l תַּגִּשׁ ... תְּקַדֵּם); c) c. לְ: גְּשָׁה־לִּי mach mir Platz Js 49₂₀; d) c. בְּ sich anfügen an Hi 41₈; e) c. עַל Ez 9₆ 44₁₃; f) c. acc. Nu 4₁₉; — 3. im Rechtsleben, **sich wenden an** (Falk JSS 5, 1960, 353f, cf. nif. hif.): a) Kläger z. Richter Gn 18₂₃ 44₁₈ Ex 24₁₄; b) d. streitenden Parteien gegeneinander Js 50₈; — 4. militärisch: **anrücken** Jos 8₁₁, c. לַמִּלְחָמָה Ri 20₂₃ 2S 10₁₃ Jr 46₃ 1C 19₁₄; — 5. kultisch: a) sich Jahwe nähern Jr 30₂₁ Ez 44₁₃; z. Altar Ex 28₄₃ 30₂₀; z. Heiligtum Nu 8₁₉, um zu opfern Lv 21₂₁. †

nif. (steht für pf. u. pt. qal): pf. נִגַּשׁ, נִגְּשׁוּ; pt. נִגָּשִׁים: **sich nähern, herzutreten** a) Gn 33₇ Ex 34₃₂ Dt 20₂ 21₅ Js 29₁₃, c. אֶל Dt 25₉ 1K 20₁₃ Esr 9₁ Ex 20₂₁; c. בְּ jmd einholen Am 9₁₃; b) spez.: אֶל־הַמִּשְׁפָּט vor Gericht gehen (↗ qal 3) Dt 25₁, לַמִּלְחָמָה zum Kampf anrücken 1S 7₁₀, c. אֶל gegen Stadt 2S 11₂₀, Mauer 11₂₁; אֶל־י׳ sich nahen Ex 19₂₂ 24₂ Jr 30₂₁; 1S 14₂₄ ↗ Komm. †

hif: pf. הִגִּישׁוּ, הִגִּישׁ; impf. תַּגִּישׁ, יַגֵּשׁ,

וַיַּגֵּשׁ Ri 6_{19} (BL 330b; Driver ALUOS 4, 1962/3, 42), תַּגִּ(י)שׁוּן, יַגִּישׁוּ; imp. הַגִּישָׁה, הַגִּישׁוּ; pt. מַגִּישׁ, מַגִּ(י)שִׁים, מַגִּישֵׁי: — 1. **herbeibringen** (profan): c. אֶל Menschen Gn $48_{10.13}$, Volk 1S 14_{34}, Speise Gn $27_{25a.b}$ 1S 28_{25} 2S 13_{11} 17_{29}, Geschenk 1K 5_1, Geschirr 2K 4_{5f}; metaph. Js 45_{21}; herbeiführen (Jahr) cj. Am 6_3; — 2. im Rechtsverfahren: a) Menschen heranbringen Ex $21_{6.6}$; b) (Beweise) beibringen Js $41_{21.22}$ (al. cj. qal 3a); — 3. kultisch **darbringen**: a) Opfer Ex 32_6 Lv 2_8 8_{14} Ri 6_{19} 1S 13_9 14_{34} 15_{32} Am 5_{25} Mal 1_{7f} 2_{12} 3_3 2C 29_{23}; b) den אֵפֹד 1S 14_{18} (cj.), 23_9 30_7; — Am 9_{10} l תַּגִּשׁ; Hi 40_{19} l נֹגֵשׂ. †

hof: pf. הֻגָּשׁוּ; pt. מֻגָּשׁ: c. לְ: — 1. **an etw. gebracht werden** 2S 3_{34}; — 2. (Opfer) **dargebracht werden** Mal 1_{11}. †

hitp: imp. הִתְנַגְּשׁוּ: **sich heranmachen** Js 45_{20}. †

נֹד: נוד: נֹדִי: unstetes Leben = Elend (Gkl 245) Ps 56_9, :: √I נדד ↗ נְדֻדִים. †

נֵד: II *נדד, BL 454b; Sam. *nad*; ammon. (Horn BASOR 193, 1969, 4); akk. *nīdu* (AHw. 786b): **Damm** (Schwarzenbach 21f) Ex 15_8 (Albright BA 36, 1973, 61f), Jos $3_{13.16}$ Ps 78_{13}; — Js 17_{11} l נַד (I נדד); Ps 33_7 l כַּנֹּאד (נֹאד, mhe. *nd*) wie im Schlauch :: Ridderbos BZAW 117, 1972, 241[7] (↗ כְּ 4a). †

נדא: ja. abtrennen, pa. fernhalten; ar. erschrecken (trs.); äth. *nad'a* Vieh antreiben, tigr. (Wb 339b) wegtreiben: וידא 2K 17_{21}: l impf. qal וַיִּדָּא od. hif. וַיַּדֵּא (Q u. MSS sec. נדח: וַיַּדַּח hif.): c. מֵאַחֲרֵי abtrennen, **abspenstig machen** von, ↗ I נדה. †

נדב: mhe. qal, pi. u. nif., ja. pa. freiwillig tun, DSS pt. nif. 2 ×, u. hitp. 9 × sich freiwillig verpflichten: tt. d. Mitglieder der Gemeinschaft, πᾶς ὁ ἑκουσιαζόμενος τῷ νόμῳ 1 Mak 2_{42} u. ἑκούσιοι b. Philo: Bezeichnung d. Essener (Nötscher, Gottes- u. Menschenwege 1958, 85f; Fitzgerald CBQ 36, 1974, 495ff); pun. in nn. pr. (PNPhPI 359); ar. *nadaba* antreiben, *naduba* edel, geschickt, bereitwillig sein; jaud. נדב (DISO 174, KAI II, 222, 33); Pedersen Isr. 3/4, 671:

qal: pf. נָדַב, נְדָבָה; impf. יִדְּבֶנּוּ: **antreiben**, sbj. לֵב Ex 25_2 35_{29}, רוּחַ 35_{21}. †

hitp: pf. הִתְנַדֵּב; impf. וַיִּתְנַדְּבוּ; inf. הִתְנַדֵּב/דֶּב־; pt. מִתְנַדֵּב: — 1. **sich freiwillig entschliessen**, c. inf. Esr 2_{68} Neh 11_2; sich freiwillig stellen (z. Krieg) Ri $5_{2.9}$, (z. Kult) 2C 17_{16}; — 2. **freiwillig spenden**, c. acc. Esr 3_5 1C $29_{5.6}$, abs. Esr 1_6 1C $29_{9a.b.14.17}$. †

Der. נְדָבָה, נָדִיב, נְדִיבָה, נָדָב; n. m. נָדָב, נְדַבְיָה, עַמִּינָדָב, יְהוֹנָדָב, אֲחִינָדָב, אֲבִינָדָב.

נָדָב: נדב: n. m. Josph. Ναβαδος (NFJ 88); Kf. v. נְדַבְיָה od. ar. *nadb* tüchtig, schön; ug. *ndb* n. l., *ndbn* n. m. (UT nr. 1613, Aistl. 1752/54); amor. *Nadubum* (Ok. 78b, Noth AbLAk 2, 230[84], Buccellati The Amorites of the Ur III Period, 1966, 175); asa. נדב, נדבן (Ryckmans 2, 92): — 1. K. v. Isr. (BHH 1277) 1K 14_{20} $15_{25.27.31}$; — 2. S. v. Aaron (immer mit אֲבִיהוּא zus.) Ex 6_{23} $24_{1.9}$ 28_1 Lv 10_1 Nu $3_{2.4}$ 26_{60f} 1C 5_{29} 24_{1f}; — 3. 1C $2_{28.30}$; — 4. 1C 8_{30} 9_{36}. †

נְדָבָה: נדב, BL 463t; mhe., Sam. *nådåba*, sam. נדבה (abs.), ja. נְדַבְתָּא: נִדְבַת, נְדָבוֹת, נִדְבוֹת, נִדְב(וֹ)תָם/תֶיךָ/תֵיכֶם: — 1. **freier Antrieb**: בִּנְ׳ aus freiem A. Ps 54_8, = נְ׳ (adv. acc., GK § 118q) Hos 14_5; גֶּשֶׁם נְדָבוֹת ausgiebiger Regen Ps 68_{10} (AuS 1, 304; al. sec. 2: e. Regen v. Gaben); — 2. **freiwillige** (spontan gegebene) **Gabe** (de Vaux Inst. 2, 294f = Lebensordnungen 2, 262f :: נֶדֶר Lv 7_{16}, Ell. Lev. 100) Ex 35_{29} 36_3 Lv 7_{16} $22_{18.23}$ 23_{38} Nu 29_{39} Dt $12_{6.17}$ 23_{24} Ez 46_{12} Am 4_5 Ps 119_{108} Esr 1_4 3_5 8_{28} 2C 31_{14}; לִנְ׳ als freiwillige Gabe Lv 22_{21} 2C 35_8, = בִּנְ׳ (Sam., S נְ׳, acc. adv.) Nu 15_3; נִדְבַת יָדְךָ freiw. G. deiner Hand Dt 16_{10}; ?

עַמְּךָ נְדָבֹות Ps 110$_3$ (? ist willig, GK § 141c, cf. Ri 5$_2$, Stoebe Fschr. Baumgtl. 184ff; G עִמְּךָ, s. Komm.). †

נְדַבְיָה: n. m.; נדב + יה ,,J. ist freigiebig" (Noth N. 193); ihe. T.-Arad 39, 3 נדביהו; ammon. *ndbʾl* (Garbini JSS 19, 1974, 165, Bordreuil-Lemaire Sem. 26, 1976, 59); cf. moab. *Kamusu-nadbi* (KAI II 170); aam. (Nimrud) *ndbʾl*; ihe. נדבאל (Dir. 189. 352, Moscati Ep. 64); palm. (PNPI 39. 99); klschr. *Nadbija* (APN 165a; BASOR 149, 1958, 36); G[AL] Ναδαβια(ς), Νεδεβαῖος; mhe. נדביא: 1C 3$_{18}$. †

נִדְגָּלוֹת: HL 6$_{4.10}$; II דגל pt. nif. pl. s. HAL S. 205a); :: ,,Die Gezeichneten", bestimmte Stern- od. Tierkreisbilder (Rudolph KAT XII/1-3, 162), Bannerscharen (Würthwein, HAT 18[2], 59 zu דֶּגֶל). †

I **נדד**: mhe. wackelig sein (Zahn), fliehen (Schlaf), bewegen (Berg), pi. bewegen, vertreiben (Schlaf); ja.[t] fliehen, ja.[g] Schlaf fliehen (auch DISO 174); cp. pa. bewegen, Kopf schütteln; sam. √ נדנד wanken, sich bewegen; sy. af. vertreiben; md. (MdD 290a) bewegen, fliehen; ug. *ndd* (UT nr. 1615, Aistl. 1755) gehen, wandern, eilen (TOML 154[1]), hin u. her gehen (Lipiński UF 2, 1970, 77f); ar. *nadda* fliehen; spbab. *nadādu* weichen (< aram., v. Soden Or. 37, 261, AHw. 700b; Salonen, Vögel u. Vogelfang im alten Mesopotamien 1973, 359); ↗ נדא, נוד, I נדה:

qal: pf. נָדְדָה, נָדְדוּ/דָדוּ; impf. יִדּוֹד, וַתִּדַּד, יִדּוֹדוּן, וַנִּדֹּד; inf. נְדֹד (BL 430o); pt. נ(וֹ)דֵד, נוֹדֶדֶת, נוֹדְדִים: — 1. **fliehen, flüchten** Gn 31$_{40}$ Js 10$_{31}$ 16$_{2f}$ 21$_{14f}$ 22$_3$ 33$_3$, cj. 17$_{11}$ (l נַד), Jr 4$_{25}$ 9$_9$ 49$_5$, cj. Ez 31$_{12}$ (l וַיִּדְּדוּ), Hos 7$_{13}$ 9$_{17}$ Nah 3$_7$ Ps 31$_{12}$ 55$_8$ 68$_{13}$ (,,die Könige der Heerscharen fliehen" cj. hif. יְנִדּוּן verscheuchen, subj. צְבָאוֹת Isr.s. Gkl., :: Kraus, BK XV ad loc., ändert den MT nicht), Pr 27$_8$ Est 6$_1$ cj. Da 2$_1$ (? l נָדְדָה pr. נִהְיְתָה); — 2. **umherirren** c. לְ nach Hi 15$_{23}$ (al. מוֹעָד ist er bestimmt [יעד hof. G]), Js 38$_{15}$ 1Q Js[a] אדודה (אֶדּוֹדָה) pr. אֶדַּדֶּה Driv. JSS 13, 1968, 56f; — 3. **bewegen**: כָּנָף m. d. Flügeln schlagen, flattern Js 10$_{14}$. †

po: pf. נוֹדֵד, l נוֹדְדוּ bzw. יְנוֹדְדוּ: **flüchten** Nah 3$_{17}$. †

hif: impf. יְנִדֻּהוּ: **verjagen** Hi 18$_{18}$, cj. Ps 68$_{13.13}$ (יְנִדּוּן). †

hof. (BL 433f): impf. יֻדַּד; pt. מֻנָּד: **verscheucht werden** Hi 20$_8$ (Traum), מֻנָּד, ↗ קוֹץ verwehte Dochtabfälle (Lex.[1]) 2S 23$_6$ (cf. Richardson JBL 90, 1971, 257ff). †

Der. נְדֻדִים.

II *__נדד__: sy.; ? ar. *nadda* urinieren. Der. נֵד, נִדָּה.

נְדֻדִים: I נדד, BL 472z; pltt: **Unrast** Hi 7$_4$, cj. Ps 56$_9$ (l נְדֻדַי schlaflose Nächte ?). †

I **נדה**: mhe. pi. ausstossen, in d. Bann tun, hitp. pass., Sir 6$_{11}$ sich trennen, fernhalten (:: G, s. Smend); ug. *ndj* (UT nr. 1616, Aistl. 1756) vertreiben; ja. sich abtrennen, verbannt sein, pa. ausstossen; md. (MdD 289b) abschütteln; asa. (Müller ZAW 75, 311) vertreiben; tigr. *nadʾa* (Wb. 339b) wegschicken; akk. *nadû* werfen, niederlegen (AHw. 705b); cf. נדא, נדד, נוד:

pi. (Jenni 239): pt. מְנַדֵּיכֶם, מְנַדִּים: — 1. wegdrängen, **ausschliessen** (Westermann ATD 19, 330) Js 66$_5$; — 2. **verdrängen**, fern wähnen (Lex.[1]), c. לְ Am 6$_3$ (:: Maag 87 u. 170f wegbeschwören, verscheuchen. vgl. Wolff BK XIV/2, 320 :: Dahood Biblica 43, 249[2]: zu entkommen suchen, לְ von). †

II *__נדה__: ar. *nadā[w]* freigebig sein. Der. נֵדֶה.

נֵדֶה, Var. נֵדֶא: II *נדה, BL 579q: ? ar. *nadan* (√*ndy*) Freigebigkeit: **Geschenk**, **Lohn** Ez 16$_{33}$ (|| נָדָן). †

נִדָּה: II *נדד, BL 455e; mhe. ↗ 2; Sam. *niddå*; DSS metaph; sy. *nedd[e]tā* Schmutz, *n[e]dī*-

dūtā Abscheuliches: נִדָּה, נִדַּת: — 1. **Blutgang, Menstruation** d. Frau (Ell. Lev. 198f) Lv 12 2.5 15 19-33 (9 ×) 18 19 Ez 22 10 36 17; מֵי נ׳ bei d. Menstr. gebrauchtes Wasser Nu 19 9.13.20f 31 23; אִשָּׁה נ׳ (נ׳ appos., GK § 131c, Brockelm. HeSy § 62), Ez 18 6: — 2. **Ausscheidung, Abscheuliches, Befleckung** Lv 20 21, אֶרֶץ נ׳ beflecktes Land Esr 9 11aα, בְּנִדַּת עַמֵּי הָאֲרָצוֹת Esr 9 11aβ (? doppelter pl., GK § 124q), 2C 29 5 (Götzendienst); הָיָה לְנ׳ als Unrat gelten Ez 7 19 Kl 1 17, נָתַן לְנ׳ z. U. machen Ez 7 20; לְחַטָּאת וּלְנ׳ gegen Sünde u. Befleckung Zch 13 1 (↗ לְ 7c); — Kl 1 8 ↗ נִידָה. †

I נדח: Sam. nur qal pf. *nådå*, pt. *nēdåk*; mhe. hif. verführen, ja. wegstossen; äth. tigr. *nadḥa* stossen (Wb. 338b, Dillm. 679f); ar. *nadaḥa* I erweitern, V, VIII (Schafe) sich auf d. Weide zerstreuen; Driver WdO 1, 1950, 408f:

nif: pf. נִדְּחוּ, נִדַּחְתָּ, נִדְּחָה; impf. (↗ nif. דחח u. דחה); pt. נִדָּח, נִדָּחוּ u. נִדַּחֲךָ/כֶם (BL 548z), נִדְּחֵי, נִדָּחִים u. Js 11 12 56 8 Ps 147 2 נִדְחֵי (BL 220m), נִדָּחֵי, נִדָּחָה u. נִדַּחַת: — 1. **versprengt werden**: Tiere Dt 22 1 Ez 34 4.16 cf. Joh 11 52 διασκορπίζω, Mi 4 6; Menschen Dt 30 4 2S 14 13f Js 16 3.4 (gew. 1 נִדְּחֵי :: Rudolph Fschr. Driver 136: מוֹאָב gl), 27 13 Jr 30 17 40 12 43 5 49 5.36 Zef 3 19 Neh 1 9; נִדְחֵי יִשְׂר׳ Js 11 12 56 8 Ps 147 2 Sir 51 12; verscheucht werden Hi 6 13; — 2. **sich abbringen, verleiten lassen** Dt 4 19 30 17. †

[**pu**. pt. מְנֻדָּח: ? 1 מֻגָּה Js 8 22. †]

hif: pf. הִדִּיחַ, הִדַּחְתִּי, הִדִּיחוּ, הִדִּיחֲךָ, הִדַּחְתִּיו/תִּים; impf. וַיַּדַּח, יַדִּיחוּ, אַדִּיחֵם, וַתַּדִּיחוּם; inf. לְהַדִּיחַ, הַדִּיחִי, הַדִּיחֲךָ, הַדִּיחֵמוֹ (sf. 3. pl., BL 253z): — 1. **versprengen, auseinanderjagen**: Tiere, c. acc. Jr 23 2f 50 17; Leute, Volk Dt 30 1 Jr 8 3 16 15 23 8 24 9 27 10.15 29 14.18 32 37 46 28 Ez 4 13 Jl 2 20 (c. אֶל), Ps 5 11 Da 9 7 2C 21 11; — 2. **fortstossen** c. מִן: טובה Sir 8 19, cj. Jr 51 34 (l וְהִדִּיחַנִי pr. MT ↗ דוח/√ HAL 207b); verstossen (Priester) 2C 13 9; — 3. **abbringen**: a) vom Weg c. מִן Dt 13 6; b) c. מֵעַל v. Gott Dt 13 11; c. מֵאַחֲרֵי 2K 17 21Q וַיַּדַּח (f. älteres וידא ↗ נדא); — 4. **verführen**: a) Frau d. Liebhaber Pr 7 21; b) religiös Dt 13 14 Ps 62 5. †

hof: pt: מֻדָּח (Bl 364k): **verscheucht** (Gazelle) Js 13 14. †

Der. מַדּוּחִים.

II נדח: ? zu I:

qal: inf. לִנְדֹּחַ: (Axt) **schwingen** gegen, c. עַל Dt 20 19. †

nif: pf. נִדְּחָה: (Hand) ist an die Axt **gelegt**, c. בְּ Dt 19 5. †

hif: pf. הִדִּיחַ: (Unheil) **bringen** über, c. עַל 2S 15 14. †

[נֹדִי: Ps 56 9: 1 נְדֻדִי (↗ נְדֻדִים). †]

נָדִיב: נדב, BL 470n; Sam. *nēdəb*: נְדִיב נְדִיבָה, נְדִיבִים/בֵי, נְדִיבֵמוֹ Ps 83 12 (sf. 3. pl., BL 253z); — 1. **willig** רוּחַ נְדִיבָה (od. sbst. ?) Ps 51 14, לֵב Ex 35 5.22, כָּל־נְדִיב לֵב wer wollte 2C 29 31, כָּל־נָדִיב בְּחָכְמָה jeder in s. Kunstfertigkeit Bereitwillige 1C 28 21; — 2. der aus freiem Entschluss Spendende, **d. Edle** (Kaiser ATD 18, 257; Gerleman VT 24, 1974, 156ff; v. d. Ploeg RB 57, 1950, 53ff): 1S 2 8 Js 13 2 (פִּתְחֵי נְדִיבִים), 32 5 (:: נָבָל).8 Ps 83 12 107 40 113 8 u. 118 9 (Grill ThZ 18, 1962, 243: Engel !), 146 3 Pr 8 16 17 7 (:: נָבָל).26 19 6 25 7 Hi 12 21, 21 28 u. 34 18 (:: רָשָׁע); בַּת־נ׳ Fürstentochter HL 7 2, נְדִיבֵי הָעָם Nu 21 18 Ps 47 10 (עַמִּים), 113 8; — ? HL 6 12 מַרְכְּבוֹת עַמִּי נָדִיב, G^A עַמִּינָדָב, Rudolph 166, :: Würthwein HAT 18², 61f. — Der. נְדִיבָה.†

נְדִיבָה: f. v. נָדִיב 2: נְדִיבָתִי, נְדִיבוֹת: — 1. pl. v. נָדִיב oder v. נְ׳ (GK § 415e): **Edles** Js 32 8; — 2. **Würde** Hi 30 15, cj. pr. נִדְבַת prop. נדבת Ps 110 3. †

I *נָדָן: mhe., ja. נִדְנָא u נדנהא (GnAp. II 10), ↗ ba. נִדְנֶה; persisches Lw. (skr. *nidhāna* Behälter, Nöldeke, Göttinger

Gelehrte Anzeigen 1884, 1022, s. Wagner nr. 183): נְדָנָהּ: **Scheide** 1C 21₂₇. †

II *נָדָן: ja. נְדוּנְיָא, Lw. < akk. *nudunnû* (Zimmern 46, AHw. 800b, cf. akk. *nadānu* Gabe, Ehegabe, Mitgift AHw. 701a): נְדָנַיִךְ: **Geschenk, Liebeslohn** Ez 16₃₃ (s. Neufeld 113f). †

נדף: mhe., ja. sich verbreiten (Duft); ug. *ndp* (TOML 522p, Rosenthal Or. 8, 1939, 222); ar. *nadafa* schlagen, treiben, stossen (Guill. 2, 25), (Baumwolle) krempeln; äth. *nadafa* werfen:

qal: impf. תִּנְדֹּף (BL 198l), תִּ/יִנְדְּפֶנּוּ: verwehen, **zerstreuen** Ps 1₄; wegwehen Hi 32₁₃ (Fohrer KAT XVI, 448. 451 :: Dhorme, Hölscher, die יְאַלְ׳ < יְלַפְּנוּ „er wird uns belehren" lesen); Ps 68₃ Caquot RHR 177, 1970, 149³: תִּנְדֹּף 2. m. sg. (subj. Gott) :: ℱ nif. †

nif: pf. נִדָּף; inf. הִנְדֹּף Ps 68₃ (l כְּהִנָּדֵף (BHS) pr. כְּהִנְדֹּף עָשָׁן תִּנְדֹּף עָשָׁן יִנָּדְפוּ, cf. BL 367, al. Mischf. m. נְדֹף, Bergstr. 2, 92ᵏ); pt. נִדָּף: **verweht werden** Lv 26₃₆ (Sam. qal *nǡdəf*) u. Hi 13₂₅ (עָלֶה), Js 19₁ (:: Guill. JThS 14, 1963, 382f = ar. *nadufa* vertrocknen) 41₂ (קַשׁ); — Pr 21₆ l רֹדֵף pr. נִדָּף. †

נדר: mhe. (auch hif. u. hof.), ja.; ug. *ndr* UT nr. 1618, Aistl. 1758; Brockelm. VG I 237dα), נדר ph. pun. (ναδωρ ZDMG 107, 286), aam. äga. palm. (DISO 174f), ja. sam. (BCh. 2, 446), sy. md. (MdD 290a); ar. *naḏara*; soq. tigr. (Wb. 338b) *naddara*; akk. *nazāru* (AHw. 772b) verfluchen; ℱ נזר u. נָזִיר; Garbini SNO 195:

qal: pf. נָדַר, נָדָרָה, נָדַרְנוּ; impf. תִּ/יִדֹּר, וַיִּדַּר (BL 303c), תִּדְּרוּ; imp. נִדְרוּ Ps 76₁₂ (BL 208s); inf. לִנְדֹּר; pt. נֹדֵר: e. **Gelübde** (Versprechen, e. besondere Leistung) **tun** (Stade Th. 1, 154f, Koehler Th. 180f, Pedersen Isr. 3/4, 324ff, BHH 541, THAT II 39ff); נָדַר נֶדֶר Gn 28₂₀ Nu 6₂.₂₁ 30₃f Dt 12₁₇ Ri 11₃₉ 1S 1₁₁ 2S 15₈ Jr 44₂₅, c. לְ gegenüber Gn 31₁₃ Nu 21₂ Dt 12₁₁ 23₂₂ Ri 11₃₀ 2S 15₇ Js 19₂₁ Koh 5₃; נָדַר נְדָרִים Jon 1₁₆; > נָדַר (ohne נֶדֶר) **geloben** Lv 27₈ Nu 6₂₁ 30₁₁ Dt 23₂₃f Jon 2₁₀ Mal 1₁₄ Ps 76₁₂ Koh 5₃f, c. לְ gegenüber Ps 132₂. †

Der. נֶדֶר.

נֶדֶר (5 ×) u. נֵדֶר (20 ×): נדר, BL 574y: mhe., Sam. *nēdår*; ug. *ndr*, נדר ph. pun. äga. (DISO 175), ja. נִדְרָא, sy. *nedrā*, *nᵉdārā*, md. (MdD 281b. 297a) *na/idra*: נְדָרֶיהָ, נְדָרִים, נְדָרָי/רֵי, נִדְרוֹ, נֶדֶר, נִדְרֵיכֶם: **Gelübde**: — 1. Formeln (c. נדר) Gn 28₂₀ 31₁₃ Nu 21₂ 30₃f Ri 11₃₀.₃₉ 1S 1₁₁ 2S 15₈, ℱ נֶדֶר נָדַר u. נְדָרִים ;נְ׳ נֵדֶר :: נְדָבָה Lv 7₁₆ 22₁₈; נְדָרִים u. קֳדָשִׁים Dt 12₂₆; נֵדֶר :: שְׁבֻעַת אִסָּר Nu 30₁₃f; נְ׳ in Reihen Lv 23₃₈ Nu 29₃₉ Dt 12₆.₁₁.₁₇; — 2. sachlich: נְ׳ נָזִיר Nu 6₂.₅.₂₁, נְ׳ אַלְמָנָה Nu 30₁₀, נְ׳ v. geretteten Seefahrern Jon 1₁₆; Objekt: עֹלָה u. זֶבַח Lv 7₁₆ 22₂₁, נְפָשׁוֹת 27₂, זֶבַח Nu 15₈; verkrüppelte Tiere Lv 22₂₃ u. Prostitutionsgelder Dt 23₁₉ als נְ׳ verboten; קָם נֵדֶר d. Gelübde gilt Nu 30₅.₈.₁₂; הֵקִים נְ׳ lässt gültig sein Nu 30₁₄f, hält es aufrecht Jr 44₂₅; הֵפֵר נְ׳ hebt es auf Nu 30₉; עָשָׂה נְ׳ vollzieht es Ri 11₃₉ (לָהּ an ihr), Jr 44₂₅; זָבַח ... אֶת־נְ׳ 1S 1₂₁; שִׁלֵּם נְ׳ erfüllt Dt 23₂₂ 2S 15₇ Js 19₂₁ Nah 2₁ Ps 22₂₆ 50₁₄ 61₉ 65₂ 66₁₃ 116₁₄.₁₈ Hi 22₂₇ Pr 7₁₄ Koh 5₃; אַחַר נְדָרִים nachdem die Gelübde gesprochen sind Pr 20₂₅; בַּר נְדָרַי (ug. *bn ndr*, UT nr. 1618) Sohn bei dessen Geburt ich Gel. getan habe Pr 31₂; נְדָרֶיךָ Gel. gegenüber dir Ps 56₁₃; ℱ Nu 15₃ 30₅₋₇ 1S 1₁₁ Ps 61₆. †

נֹהַּ Ez 7₁₁: trad. I נהה od. נוה (ar. *nāha* hoch erhaben sein, Ges. Thes. 860): unerkl., vgl. Zimmerli 162f u. Eichrodt ATD 22/1, 40⁴. †

I נהג: mhe. ja. führen, gebräuchlich sein, pflegen; ar. *nahaǧ* Weg, *nahaǧa* Weg einschlagen; äth. ʾ*anhaga* Vieh treiben :: Leslau 33; ? lib. irrig reisen (Rössler ZA 50, 136):

qal: pf. נָהַג, נָהֲגוּ; impf. יִנְהַג/הַג, יִנְהֲגוּ/הָגוּ, אֶנְהָגְךָ; imp. נְהַג; pt. נֹהֵג, נֹהֲגִים: — 1. **treiben**: Vieh Gn 31_{18} Ex 3_{1} 1S 30_{20} Ps 80_{2}, נָ׳ וְהָלַךְ treibt u. geht neben her 1S $30_{2.22}$ 2K 4_{24}; wegtreiben: Vieh 1S 23_{5} Hi 24_{3}, Gefangene Js 20_{4} Kl 3_{2}, cj. נְהוּגוֹת Kl 1_{4}; Pferd antreiben 2K 9_{20}; — 2. **leiten**: Menschen Js 60_{11} (l נֹהֲגִים), HL 8_{2}; Wagen, c. acc. 2S 6_{3}, c. בְּ 1C 13_{7}; c. בְּ Leiter (v. Tieren) sein Js 11_{6}; anführen 1C 20_{1} 2C 25_{11}; ? abs. leiten c. בַּחָכְמָה (al. s. Komm.) Koh 2_{3}, cf. Sir 3_{26}. †

pi. (Jenni 201): pf. נִהַג, נִהַגְתָּ; impf. יְנַהֵג, וַיְנַהֲגֵם(וְ), יְנַהֶגְךָ, יְנַהֲגוּ, וַיְנַהֲגֵהוּ וַתְּנַהֵג: — 1. **fortführen** (Menschen) Gn 31_{26} Dt 4_{27} 28_{37}; — 2. **leiten** (Menschen) Js 49_{10} 63_{14} Ps 48_{15} 78_{52}; e. Wagen (בִּכְבֵדֻת) mühsam fahren Ex 14_{25}; — 3. **wehen lassen** (Wind) Ex 10_{13} Ps 78_{26}. †

cj. **pu**: pt. מְנֻהָגוֹת (BL 355 l): **fortgeführt** Nah 2_{8} (ins. הֻגוּת [הגה] et cjg. c. 8b; al. II נהג). †

II **נהג**: sy. schreien, brüllen, ar. *nahiǧa*, soq. keuchen; akk. *nagāgu* schreien (AHw. 709b); ↗ נהק:

pi. (Jenni 247): pt. מְנַהֲגוֹת: **schluchzen** Nah 2_{8} (al. I נהג pu.). †

I **נהה**: nsy. *nhj* stöhnen (Maclean 210a); äth. *nehja* sich erleichtern (Dillm. 632):

qal: pf. נָהָה; imp. נְהֵה: **wehklagen** Ez 32_{18}, c. נְהִי Mi 2_{4}, cj. Ps 102_{8} (l אֶנֱהֶה pr. אֶהְיֶה); Sir 38_{16}. †

Der. נְהִי.

II **נהה**: sphe. u. ja.[t] eifrig nachfolgen (Jastrow 881b, Barr CpPh. 264f); ar. *nahaʾ*, *nuhija* (Nachricht) gelangen zu:

nif: impf. וַיִּנָּהוּ: c. אַחֲרֵי **sich halten zu** 1S 7_{2} :: Stoebe KAT VIII/1, 168 zu I, :: Weinfeld ZAW 88, 1975, 20[12]: akk. *nêʾu* sich (in anderer Richtung) wenden (AHw. 783). †

נְהִי: I נהה, BL 457p: נֶהִי: **Wehklage** Jr $9_{9.17-19}$ 31_{15} Am 5_{16} Mi 2_{4} (H.-J. Krause ZAW 85, 1973, 22; Rudolph KAT XIII/3, 52: ? נִהְיָה Steigerung zu נְהִי); ↗ *נִי. †

נהל: mhe. pi. leiten; ar. *nahila* trinken, IV tränken, *manhal* Tränkplatz; akk. *naʾālu* befeuchten (AHw. 694a):

pi. (Jenni 239): pf. נֵהַלְתָּ; impf. יְנַהֵל, יְנַהֲלֵם, וַיְנַהֲלוּם, וַיְנַהֲלֵנִי, יְ/תְנַהֲלֵנִי; pt. מְנַהֵל; — 1. (sorglich) **geleiten** (↗ נחה qal, hif.) c. אֶל z. Weide Ex 15_{13}, Js 40_{11}, c. עַל zu Wasser 49_{10}, c. לְ 51_{18} (die Trunkene v. 17, ug. UT 2 Aqht I 31f, cf. Gaster[2] 336[4]), Ps 23_{2} 31_{4}; — 2. בַּחֲמֹרִים auf Eseln **befördern** 2C 28_{15}, c. בַּלֶּחֶם m. Nahrung **versorgen** (cf. v. Rad ATD 2-4[9] 336) Gn 47_{17} (= כִּלְכֵּל 47_{12}); — 2C 32_{22} l וַיָּנַח לָהֶם (נוח hif. I). †

hitp: impf. אֶתְנַהֲלָה (Ⓑ -נַהֲלָה, BL 355k): **weiterziehen** c. לְאִטִּי (↗ אַט) Gn 33_{14}. †

Der. n. l. נַהֲלֹל, נַהֲלָל I u. II.

נַהֲלָל: n. l.; נהל, BL 483q; „Wasserplatz" ↗ I נַהֲלֹל: in Zebulon, ? *T. en-Naḥl* s. Akko, Abel 2, 394, Garstang JJ 396f :: GTT p. 182, § 337, 40: Jos 19_{15} 21_{35}, = II נַהֲלֹל, s. Noth Jos. 115f. †

I ***נַהֲלֹל**: נהל, BL 483u: נַהֲלֹלִים: **Tränkstelle, Wasserplatz** (Reymond 98 :: AuS 2, 323, Rüthy 16, Wildberger BK X/1, 302: Pflanzenart, Dorngehege) Js 7_{19}; ↗ II. †

II **נַהֲלֹל**: = I; n. l. = נַהֲלָל Ri 1_{30}. †

נהם: mhe. ja. sy. md. (MdD 291b) knurren, girren, brummen, seufzen; ar. *nahama* brüllen; äg. *nhm* jauchzen (Humbert ZAW 62, 1950, 201); ↗ נאם:

qal: pf. נַהַמְתָּ, נְהַמְתֶּם; impf. יִנְהֹם; pt נֹהֵם: — 1. **knurren** (Löwe) Js 5_{29} (:: שׁאג), Pr 28_{15} cj Js 30_{6} pr. מהם l נֹהֵם; — 2. **stöhnen** Ez 24_{23} Pr 5_{11} (:: Gemser: gierig sein); — 3. **tosen** (Meer) Js 5_{30}. †

Der. נַהַם, נְהָמָה.

נַהַם: נהם, BL 568 l: **Knurren** (des כְּפִיר) Pr 19_{12} 20_{2}. †

נְהָמָה: נהם, BL 463t; DSS, mhe.; ja.

נהומ(י)תא, sam. ניאמתון (m. sf.) BCh. LOT 2, 530b; sy. n^{e}*hāmā*, *nūhāmā* u. *nehmetā* Brüllen, md. (MdD 291b) (*a*)*n-himtā* Stöhnen: — 1. **Knurren** (des cj. לָבִיא) Ps 38$_{9}$; — 2. **Tosen** (d. Meeres) Js 5$_{30}$. †

נהק: ug. *nhqt* (UT nr. 1622, Aistl. 1761, RSP I p. 274 nr. 378) Eselsgeschrei; mhe. ja. (qal u. pa.), ar. *nahaqa* (Esel) brähen; äth. *nehqa* brähen, *nehka*, *nahaka* seufzen, tigr. (Wb. 324b) *naḥaqa* brähen (Leslau JAOS 89, 1969, 21); akk. *nâqu* aufschreien (AHw. 744b):

qal: impf. יִנְהַק, יִנְהָקוּ: **schreien** Hi 6$_{5}$ (פֶּרֶא), 30$_{7}$ (Gesindel). †

I **נהר**: ja. אתנהר strömen, ? denom. v. נָהָר, ar. *nahara* strömen, fliessen:

qal: pf. נָהֲרוּ; impf. יִנְהֲרוּ: metaph. **hinströmen** (Reymond 109) Js 2$_{2}$ (c. אֶל)/Mi 4$_{1}$ (c. עַל) (cf. Wildberger BK X/1, 83), Jr 51$_{44}$ (c. אֶל). †

Der. מִנְהָרָה.

II **נהר**: mhe.[2] < aram. = he. נור, he. u. aram. Nf. יהר, Nöld. NB 189, aLw. 184; ja. cp. sy. md. (MdD 291b); ar. *nahār* Tag:

qal: pf. נָהֲרוּ, נָהַרְתְּ: metaph. (vor Freude) **strahlen** Js 60$_{5}$ Jr 31$_{12}$ Ps 34$_{6}$ (l וּנְהָרוּ). †

Der. נְהָרָה.

נָהָר (120 ×), Sam. *nắr*, or. נַהַר (Kahle MTB 73); mhe. ja. cp; ug. *nhr* (UT nr. 1623, Aistl. 1762, RSP I S. 203 Nr. 233, S. 274 Nr. 379, S. 428 Nr. 81), auch n. d. = *Jm*; ph. *nhrm*; mhe.; נַהֲרָא ja. sam. (BCh. 2, 518b), sy. md. (MdD 281b); ar. *nahr* u. *nahar* (Frae. 285; BM § 50, 2d), asa. *nhr*; akk. *nāru* Fluss, Wasserlauf, Kanal; *nārtu* Graben (AHw. 748): נְהַר, נְהָרִים (7 ×), נְהָרוֹת (33 ×: Michel Grundl. heSy. 1, 48; auch mhe. u. akk. beides), נַהֲרוֹת u. נַהֲרֵי, נַהֲרֹתָם/תַיִךְ, du. נַהֲרַיִם (v. *nahr !): ständiger Wasserlauf, Reymond 85f: — 1. **Fluss, Strom**: a) allgemein Nu 24$_{6}$ etc., pl. Js 41$_{18}$ HL 8$_{7}$ etc., מֵי נְהָרוֹת Jr 2$_{18}$, מֵי הַנָּ׳ Js 8$_{7}$, נָ׳ צָר Js 59$_{19}$, ℱ נַהֲרוֹת אֵיתָן (GK § 128w) ständig wasserführende Ps 74$_{15}$, ℱ עֵבֶר הַנָּ׳ 1K 5$_{4}$; נָ׳ Strömung im Meer (ug. cf. Eissfeldt KlSchr. 2, 253) Js 44$_{27}$ Jon 2$_{4}$ Ps 24$_{2}$ (Reymond 169); || תְּהוֹם Ez 31$_{4.15}$ Hab 3$_{9f}$; b) c. vb. α) als obj.: פתח Js 41$_{18}$, רפס Ez 32$_{2}$, β) als subj.: c. בוא Js 18$_{2.7}$, c. עשק Hi 40$_{23}$, c. שׁטף HL 8$_{7}$, c. חרב u. יבשׁ Js 19$_{5}$; werden z. אִיִּים Js 42$_{15}$ (? txt.), wird z. רָאשִׁים Gn 2$_{10}$, z. מִדְבָּר Js 50$_{2}$, umgekehrt Js 41$_{18}$ 43$_{19}$ (1Q Js^{a} נתיבות pr. נְהָרוֹת, s. Trever BASOR 121, 13ff. 123, 33f. 126, 26ff) Js 43$_{20}$, נְ׳ in צִיּוֹת Ps 105$_{41}$; נְ׳ erheben ihre Stimme u. ihr ℱ דֳּכִי Ps 93$_{3}$, klatschen in d. Hände u. jubeln 28$_{8}$; Gl. z. יְאֹרִים Js 33$_{21}$; — 2. kosmologisch: נָ׳ יֹצֵא מֵעֵדֶן Gn 2$_{10}$ (? d. pers. Golf, Speiser Fschr. Friedrich 474f); J. stellt d. Erde auf נְהָרוֹת Ps 24$_{2}$, trocknet sie aus Nah 1$_{4}$ u. Ps 74$_{15}$ (Kaiser 108f, Emerton VTSu. 15, 1966, 122ff); נְ׳ im Erdinnern Hi 28$_{11}$ (Reymond 169), שַׁעֲרֵי הַנְּהָרוֹת Nah 2$_{7}$, נָ׳ פְּלָגָיו um (? unter) d. Gottesstadt Ps 46$_{5}$ (H. Schmid ZAW 67, 1955, 187ff); — 3. (namentlich) bestimmte Flüsse: a) ℱ חִדֶּקֶל, חָבוֹר, גִּיחוֹן, אַהֲוָה, אֲבָנָה, נַהֲרוֹת; (נַהֲרֵי) כּוּשׁ ℱ, פְּרָת, פַּרְפַּר, פִּישׁוֹן, כְּבָר, בָּבֶל Ps 137$_{1}$; b) הַנָּ׳ הַגָּדוֹל = פְּרָת Gn 15$_{18}$ Dt 1$_{7}$ 11$_{24}$ Jos 1$_{4}$, = d. Tigris Da 10$_{4}$ (Gl. !); הַנָּ׳ = פְּרָת Gn 31$_{21}$ 36$_{37}$ 2S 8$_{3K}$ (ℱ Q), = נָ׳ Mi 7$_{12}$ Zch 9$_{10}$ (:: אַפְסֵי אָרֶץ), מֵי נָ׳ Jr 2$_{18}$ (s. Rudolph 18); עֵבֶר הַנָּ׳ 1K 5$_{4a.b}$, עֵבֶר לַנָּ׳ 1K 14$_{15}$ ö. d. Eufrats; נְהַר מִצְרַיִם (:: נְהַר פְּרָת) Gn 15$_{18}$, oft cj. נַחַל (ℱ נַחַל 6), eher = Nil, GnAp. 21, 11 (Gkl., Fitzmyer GnAp. 131f); — Ez 32$_{2}$ l בְּנַחֲרֹתֶךָ; Hi 20$_{17b}$ l יִצְהָר (cjg. c. 17a) nicht darf er Rinnsale von Öl schauen (Fohrer KAT XVI 324f) :: Tur-Sinai 314: בְּפַלְגֵי תַנְהִר cf. ar. *tanwīr* (Öl für) Beleuchtung; Dahood Biblica 48, 437: cj. *נַהֲרֵי.

Der. I נהר, נַהֲרַיִם.

נְהָרָה: II נהר, BL 463t; aram. נְהוֹרָא ba. ja.

cp. sy. md. (MdD 291a), נוּהְרָא ja. sy. Licht(schein); palm. n. m. (PNPI 99); ar. *nahār* heller Tag, Morgen; aLw. 185: **Licht**, heller Schein Hi 3$_{4}$. †

נַהֲרַיִם: נַהֲרַיִם, Josph. Μεσοποταμία (NFJ 86): n. terr., immer אֲרַם נ׳; äg. *nhrn* (Noth AbLAk 2, 201), *nhrjn* (Giveon VT 14, 1964, 246, Albr. Voc. 45 :: ETL 17); klschr. EA *mātNa(ḫ)rima* (VAB 2, 1579): du. (:: de Vaux Patr. 30^{3}), O'Call. AnOr 26, 141ff, Finkelstein JNES 21, 73ff, Fontinoy UF 3, 1971, 39: *mātum ina birit narDiqlat u narPuratti, māt birītim, birit nārim*; aram. בֵּין נַהֲרַיִן, G Μεσοποταμία, Ri 3$_{8}$ G^{A} Συρία ποταμῶν; zunächst das v. d. grossen Eufratschleife umgebene Gebiet v. Aleppo bis z. חָבוּר, später auf Syrien erweitert, P-W XV 1106ff, EncIsl. II 523f. d. Čezire, BHH 119, de Vaux Histoire I 188: Gn 24$_{10}$ Dt 23$_{5}$ Ri 3$_{8}$ Ps 60$_{2}$ 1C 19$_{6}$. †

נוא: Dam. 16$_{10-12}$ hif. e. Eid aufheben, Yadin Temple Scroll, Jerusalem, 1977, 53, 20-21, mhe. n. actionis hif. הנאה, Sam. hif. *anni, janni*; akk. *nêʾu* umwenden (GAG § 106w, AHw. 783f):

[**qal**: impf. תְּנִיאוּן: K תְּנוּאוּן, l Q תְּנִיאוּן ↗ hif. Nu 32$_{7}$. †]

hif: pf. הֵנִיא; impf. יָנִיא, וַיָּנִיאוּ, תְּנִיאוּן: — 1. c. acc. jmdm. **wehren** (:: הֶחֱרִישׁ 2) Nu 30$_{6.9.12}$; c. מִן 32$_{7Q.9}$; — 2. (Pläne) **vereiteln** Ps 33$_{10}$ (cf. Loewe JSS 13, 1968, 138ff); — Ps 141$_{5}$ יָנִי, mlt. MSS יָנִיא, ? l יָנָא (נאה pi.). †

Der. תְּנוּאָה.

נוב: 1QHod 8$_{13}$ pol. sprossen lassen, mhe. hif. sich bewegen, ja.^{t} נוב Frucht; ? pun. נוב wachsen (DISO 175); ar. *nūb* reichliger Regen, *njb* II Wurzel schlagen; Driver WdO 1, 1950, 406f; ↗ נוף:

qal: impf. יָנוּב, יְנוּבוּן: **gedeihen** Ps 62$_{11}$ 92$_{15}$, cj. יָנוּבוּ 58$_{10}$, c. acc. (? GK § 117z) zu חָכְמָה Pr 10$_{31}$. †

pol: (DSS): impf. יְנוֹבֵב: **gedeihen lassen** Zch 9$_{17}$ (s. Saebö ZAW 80, 1968, 235ff, WMANT 34, 1969, 206^{4}; dl בַּחוּרִים u. בְּתֻלוֹת). †

Der. תְּנוּבָה.

[**נוֹב** Js 57$_{19}$: l Q נִיב.]

[**נֹובָי** Neh 10$_{20}$: ↗ Q נֵיבָי, K נוֹבָי.]

[***נוג**: BL 443k; ? ug. *nwg* (UT nr. 1624); נוגות Kl 1$_{4}$: ↗ I יגה, nif. pt. pr. נוּגוֹת; נוּגֵי Zef 3$_{18}$ l כְּיוֹם מוֹעֵד G :: Rudolph KAT XIII/3 293.]

נוד: mhe. ja. qal beweglich sein, bedauern, af. bedauern, aufschrecken; cp. sy. md. (MdD 293a) schwanken; ar. *nwd*; tigr. (Leslau 33):

qal: pf. נָדוּ; impf. וַיָּנֻדוּ, יָנוּד, תָּנֹד; imp. נֻדוּ, Ps 11$_{1}$ K נוּדוּ, Q נוּדִי; inf. לָנֹד; pt. נָד: — 1. **schwanken** (Schilf) 1K 14$_{15}$; — 2. **ziellos, heimatlos sein/werden** Gn 4$_{12}$ (נָע וָנָד).$_{14}$ Jr 4$_{1}$ (l לֹא pr. וְלֹא), 49$_{30}$ 50$_{3.8}$, cj. Kl 4$_{15}$ (l נָדוּ pr. נָצוּ), Sir 36$_{30}$, Vögel Ps 11$_{1}$ Pr 26$_{2}$; — 3. יָנוּד לוֹ jmdm durch Kopfschütteln **Teilnahme bekunden** (sc. רֹאשׁוֹ, intr. od. acc. adv.), Beileid bezeigen Js 51$_{19}$ u. Hi 42$_{11}$ (|| נִחַם) Jr 15$_{5}$ 16$_{5}$ 22$_{10}$ 48$_{17}$ Nah 3$_{7}$ Hi 2$_{11}$ Ps 69$_{21}$ (l לָנֻד). †

hif: impf. יָנִיד, תְּנִידֵנִי; inf. הָנִיד: — 1. **heimatlos machen** 2K 21$_{8}$ Ps 36$_{12}$; — 2. (↗ qal 3) c. בְּרֹאשׁוֹ **den Kopf schütteln** Jr 18$_{16}$. †

hitpol: pf. הִתְנוֹדְדָה; impf. תִּתְנוֹדֵד, יִתְנוֹדָדוּ (BL 208r); pt. מִתְנוֹדֵד: — 1. **hin u. her schwanken** Js 24$_{20}$; — 2. **sich** (abweisend) **schütteln** Jr 48$_{27}$ (בְּ über), Ps 64$_{9}$; — 3. **sich selber beklagen** Jr 31$_{18}$. †

Der. נוֹד, נִיד, מָנוֹד; n. t. נוֹד.

נוֹד, Sam. *nad*, G Ναιδ, Josph Ναιδα (NFJ 89). אֶרֶץ נוֹד Gn 4$_{16}$ n. terr. ign. im Osten, verstanden nach נוּד (Westermann BK I 427f); sy. md. (MdD 284a) Unrast; > ar. Berg *Naud* im Land Hind = Indien (Klinke 56f). †

נוֹדָב: (n. m.) ar. Stamm 1C 5$_{19}$, G Ναδα/ι/-

βαῖοι; 1C 1₃₁ Gn 25₁₅ dafür II קֵדְמָה; GTT § 121, 11, Albr. Fschr. G. Levi dVida 1, 13.†

I **נוה**: ar. *nawāʾ* hinwandern (Weidewechsel der Nomaden); ↗ נָוֶה, Nöld. NB 189f.

qal: impf. יִנְוֶה: ? z. Ziel kommen, Erfolg haben Hab 2₅, prop. יִרְוֶה vel יִבְנֶה. †

Der. נָוֶה, *נָוָה.

II **נוה**: Nf. v. נאה; mhe. pi. hif. schmücken, preisen; ar. *nawwaha* laut rufen Nöld. NB 191[5]:

hif: impf. אַנְוֵהוּ (prop. pi. אֲנַוֵּהוּ) Sam. pi. (II) *ēnåbēʾu*: **preisen** Ex 15₂ (|| רוֹמֵם). †

נָוֶה: I נוה, BL 461m, 465f: mhe.; Sam. *nåbe*; ar. *nawan, nijjat* Reiseziel; akk. *naw/mûm* Weidegebiet, Steppe (AHw. 771), ARM XV 237, Huffmon 237, s. Malamat JAOS 82, 147f, u. „Les congrès et colloques de l'Université de Liège", Vol. 42, 1967, 135ff, Kupper 12f, Edzard ZA 53, 1959, 168ff, Noth Ex. 99f, AbLAk 2, 252: Wanderziel des (halb-)nomadischen Stammes > Weide > Aufentshaltsort, Wohnstatt: נְוֵה, נָוֵהוּ, נָוֵךְ, נְוֵהֶם, נְאוֹת (BL 215g); ↗ *נָוָה: — 1. **Weideplatz** (:: מִרְעֶה d. Tatsache, dass man weidet) 2S 7₈ Kl 2₂ Hi 5₂₄ 1C 17₇, für צֹאן Js 65₁₀ Jr 23₃, cj. 4₂₅ (l רָאִיתִי הַנָּוֶה), 49₂₀ 50₄₅, Ez 34₁₄ (נְוֵהֶם), für Kamele Ez 25₅; נָוֶה טוֹב Ez 34₁₄, נְ׳ אֵיתָן Js 33₂₀, נְ׳ שַׁאֲנָן Jr 49₁₉ 50₄₄, נְוֵה רֹעִים Js 27₁₀, נְ׳ מְשֻׁלָּח וְנֶעֱזָב Jr 33₁₂, הַלְּנָוֶה מְעֻנָּג l Jr 6₂ cj. Hos 9₁₃, שְׁתוּלָה בְנָ׳ (BHS); — 2. **Aufenthaltsort, Wohnstätte**: a) v. Tieren Js 34₁₃ 35₇; b) = Haus Hi 5₃.₂₄ (|| אֹהֶל), 18₁₅ Pr 3₃₃ 21₂₀ 24₁₅; c) Palästina נְ׳ v. Isr. Jr 50₁₉ Ps 79₇, נְאוֹת יַעֲקֹב Kl 2₂, Jr 10₂₅; נְוֵה שָׁלוֹם Js 32₁₈, נְאוֹת חָמָס Stätten der Gewalttat Ps 74₂₀; נְ׳ צֶדֶק Jr 31₂₃ 50₇, נְ׳ צַדִּיק Pr 24₁₅, נְ׳ צַדִּיקִים 3₃₃, נְ׳ חֲכָם 21₂₀, נְ׳ אֱוִיל Hi 5₃, נְ׳ רָשָׁע 18₁₅; d) נְ׳ קָדְשׁ: Ex 15₁₃; Jerusalem/Zion 2S 15₂₅ Jr 25₃₀; — ↗ *נָוָה. †

***נָוָה**: f. ↗ נָוֶה; sy. *nāwītā* (LS 420a) Weideplatz: pl. cs. נְוֹת Zef 2₆ > נְאוֹת (BL 215g): — 1. **Weideplatz**; pl. נְאוֹת מִדְבָּר Jr 9₉ 23₁₀ Jl 1₁₉f 2₂₂, cj. Mal 1₃, Ps 65₁₃, נְ׳ רֹעִים Am 1₂ Zef 2₆, נְ׳ דֶּשֶׁא Ps 23₂ (reich an Gras, cf. akk. *pargāniš* auf grüner Weide [AHw. 833a]); — 2. **Wohnstätte**: נְוַת צִדְקֶךָ e. dir gebührende Wst. Hi 8₆; נְ׳ הַשָּׁלוֹם Jr 25₃₇, נְ׳ אֱלֹהִים Ps 83₁₃; Jr 6₂ ↗ נָוֶה; — ? נְוַת בַּיִת Ps 68₁₃ ? Hausflur, Mow. ANVAO 1953, 1, 36f; Kraus BK XV/1, 465 u. 466; al. v. נָאוֶה d. Schöne(n) d. Hauses Caquot RHR 177, 1970, 158ff, LPs; l בֵּית נְכֹת יְחַלֵּק Schatzhaus (Gkl.); בִּנְוֹת יִתְחַלֵּק in d. Auen, Albr. HUCA 23, 1950/51 21f; Dahood Ps II 131. 141); ↗ נָוֹת. †

נָוֹת, Ⓛ 1S 20₁; נָוִית 19₁₈f, Q u. Ⓑ נָיוֹת, K נָוַיִת: G ναυιωθ, ναυαθ (cf. Stoebe KAT XIII/1, 365); Josph Γαλβουαθ (NFJ 31), V *naioth*; urspr. נות (Delitzsch LSF § 57b): nicht n. l. sondern appell. ↗ נָוֶה, sy. *nāwītā* (LS 420a); ar. *nawan* Bestimmungsort (Nöld. NB 189f); akk. *naw/mû* (AHw. 771a); amor. ARM XV 237, Huffmon 237: Weideland :: Stadt, Haldar 142[1], Kupper 12f, Edzard ZA 53, 168ff, Malamat JAOS 82, 146, Stoebe KAT VIII/1, 365: **Weideplatz, Wohnstadt**. †

I **נוח**: mhe., ja. cp. sy. md. (MdD 293a); ug. *nḫ* (UT nr. 1625, Aistl. 1772); amor. **nwḫ* (Huffmon 237); kan. *nuḫti* (EA); ph. ינח kaus. (DISO 176); asin. *nḫ* (Albr. PrSinI 42); akk. *nâḫu* (AHw. 716a, s. Eissfeldt KlSchr. 3, 124ff); ar. asa. (ZAW 75, 1963, 312) *nāḫa* niederknien (Kamel); äth. *nōḫa*; Berry JBL 50, 207ff. ↗ II נחה:

qal: pf. נָחָה, וְנָחָה Js 11₂, נַחְתִּי Hi 3₂₆; וְנָחוּ Js 7₁₉, וְנָחְנוּ; impf. יָנוּחַ, וַיָּנַח (= hif.); inf. לָנוּחַ, I נַחַת, נֹחָה, נֻחֶךָ 2C 6₄₁ (Rudolph Chr. 215, vgl. zu נוֹחַ): — 1. c. בְּ od. עַל: **sich niederlassen** (:: נסע) Gn 8₄ Ex 10₁₄ Jos 3₁₃, רוּחַ Nu 11₂₅f 2S 21₁₀ 2K 2₁₅ Js 7₁₉ 11₂, cj. Ps 38₃ (וַתָּנַח); — 2. niedergelassen bleiben, **ruhen** Nu 10₃₆ (Morgenst.

AET 98[167]), Sir 4423 Js 2510 (יַד־י׳), Ps 1253 Sir 56 (רגז־י׳), עַל־מִשְׁכָּבוֹ Js 572 (cf. Sir 4619); — 3. **ausruhen** Ex 2011 (י׳), 2312 Dt 514 Js 147 (|| שׁקט), c. בְּ in Pr 1433 1216 Koh 79 Est 917f.22 Da 1213; — 4. unpersönlich: יָנוּחַ לִי ich habe Ruhe Hi 313, c. לֹא Js 2312, כְּנוֹחַ לָהֶם Neh 928; persönlich Hi 317.26; — 5. ruhen = **abwarten** 1S 259 Hab 316 (vgl. J. Jeremias WMANT 35, 1970, 87[2]; ? ↗ II נוח); Js 72 נָחָה אֲרָם עַל (Wildberger BK X/1, 265; H. P. Müller VTSu 26, 1974, 33[1] :: ↗ אחה u. Rowland VT 9, 1959, 189); Est 916-18 ↗ נוֹחַ. †

hif. (2 Formen, Sam. 2. Form im pf.; impf. nur *janni*): הֵנִיחַ u. הִנִּיחַ, BL 400):
I. pf. הֵנִיחַ, הֲנִ(י)חֹ(וֹ)תִי; impf. יָנִיחַ, וַיָּנַח (↗ qal !), יְנִיחֵנִי, תְּנִיחֶנּוּ; imp. הָנִיחוּ; inf. הָנִיחַ, הֲנִיחִי; pt. מֵנִיחַ: — 1. **sich lagern lassen** Js 3032 Ez 371 402, בְּרָכָה Ez 4430, cj. יַד Ps 383 (l וַתָּנַח; sinken lassen :: הֵרִים) Ex 1711; — 2. **Rast**, **Ruhe verschaffen** (P. Welten WMANT 42, 1973, 17. 49f) Ex 3314 Dt 320 1210 2519 Jos 113.15 2144 224 231 2S 71.11 1K 518 Js 143 2812 1C 229.18 2325 2C 145f 1515 2030, cj. 3222 (l וַיָּנַח לָהֶם); — 3. **beschwichtigen**, **befriedigen**: Ez 513 1642 2122 2413 Zch 68, Freude machen Pr 2917. †
II. pf. הִנִּ(י)חַ, הִנַּחְתָּ, וְהִנַּחְתָּ/תָּם, הִנִּיחוּ, הִנִּיחוֹ/חָם, הִנַּחְתּוֹ/תִּיו, הִנִּיחוּךָ; impf. יַנִּיחַ, וַיַּנַּח, יַנִּיחוּ, וַיַּנִּ(י)חוּם, וַיַּנִּ(י)חֻהוּ, אַנִּחֶנּוּ, הַנִּיחֵנוּ; imp. הַנַּח, הַנִּיחוּ, הַנִּיחָה; inf. הַנִּיחוֹ; pt. מַנִּיחַ: — 1. (wohin) **stellen**, **setzen**, **legen** Gn 215 3916 Ex 1633f Lv 1623 Nu 1719.22 199 Dt 264.10 Jos 623 Ri 618.20 1S 618 1025 1K 89 1329-31 2K 1729 Js 141 467 Ez 3714 4042 4213f 4419, cj. Zch 511, 2C 48; beiseite legen Ex 1623f Lv 715, hinterlegen Dt 1428; c. בְּמִשְׁמָר in Gewahrsam legen Lv 2412 Nu 1534, (Truppen wohin) legen 2C 114 925, cj. 1K 1026; c. לָאָרֶץ zu Boden werfen Js 282 Am 57; — 2. **an Ort u. Stelle belassen** (Stoebe ZAW 65, 1953, 191): a) jmd Gn 1916 4233 Nu 3215 Jos 43.8 2S 1621 203 1K 193 Jr 149 2711 436 Ez 1639; b) etw. Js 6515 u. Sir 448 שֵׁם, Ps 1714; c) **hinterlassen** c. לְ Ps 119121 Koh 218; d) zulassen: c. לְ c. inf. Ps 10514 1C 1621, c. לְ Koh 511; e) **bestehen lassen** Ri 223 31 1K 747 Est 38; f) machen-, handeln lassen Ex 3210 Ri 1626 2S 1611 2K 2318; — 3. Versch. הִנִּיחַ יָדוֹ מִן lässt s. Hand von Koh 718 116; הִ׳ מְקוֹמוֹ s. Platz aufgeben Koh 104 (Hertzberg KAT XVII/4-5, 184; Galling HAT 18[2], 115); הִ׳ חֲטָאִים ungeschehen machen 104b; — Js 6314 l תַּנְחֶנּוּ u. Ez 402 תַּנְחֵנִי (↗ Wernb.-M. VT 8, 1958, 306); Ez 2220 l וְנֶפַּחְתִּי; ? Hos 417 s. Rudolph KAT XIII/1, 107f. †

hof. (cf. hif.): I: pf. הוּנַח: c. לְ u. לֹא man lässt uns keine Ruhe Kl 55 (:: Ehrl., Rudolph KAT XVII, 256f יְגִיעֵנוּ u. הֻנַּח was wir mühsam erworben, lässt man uns nicht; — II. aramais. (BL 403, Bgstr. 2, 150°): pf. pass. הֻנִּיחָה: Zch 511 l וְהִנִּיחֻהָ (hif. I); pt. ↗ מֻנָּח. †

Der. נוֹחַ (?), נוֹחָה, נִיחֹחַ, הֲנָחָה, מֻנָּח; II u. III (n. m.) מָנוֹחַ, נַחַת I u. II (n. m.), מְנוּחָה, n. l. יָנוּחַ.

II נוח: Nf. v. אנח: ug. *nḥ* (UT nr. 1630a, Aistl. 1766, :: Dahood UHPh 66: *nḥn*); ar. *nāḥu* seufzen, girren; akk. *naḫû* (AHw. 717a):

qal: impf. אָנוּחַ: **seufzen** nach c. לְ Hab 316 (Driver JThS 34, 1933, 377, :: J. Jeremias WMANT 35, 1970, 87[2]. †

נֹחַ: נוח, BL 451n; mhe. adj. (:: קָשֶׁה), DSS קול נוֹחֶךָ: — 1. **Ruhe** Est 916-18; — 2. **Ruhestatt** 2C 641 (:: Rudolph Chr. 214f: נוח inf. nif. abs. u. cs.); — Est 916 l נָחוֹם sich Trost verschaffen (↗ נחם inf. abs. nif. :: נָקוֹם Würthwein HAT 18[2], 194). †

נוֹחָה: נוח, f. v. נוֹחַ, BL 451n, cs. נוחת עולם Sir 3017: — 1. n. m. (! ↗ קֹהֶלֶת; ? klschr. *Nuḫā* u. ä. Gustavs ZDPV 51, 203): 1C 82; — 2. cj. n. l. Ri 2043 מְנוּחָה ἀπὸ Νουα G[B] pr. מְנוּחָה (Moore JCC 443 :: Budde KHC 138, Hertzberg ATD 9, 246 „ohne ihm Ruhe zu lassen").†

נוט: ug. *nṭṭ* wanken (UT nr. 1641, Aistl. 1777, RSP I S. 26f, Nr. 20); ja. af. aufschrecken; sam. etp. (BCh. LOT 2, 449; 3/2, 50); ar. *nwṭ* hemmen; ? = מוט:
qal: impf. תָּנוּט: **wanken** Ps 99$_{1}$ (Jeremias WMANT 10[2], 1977, 87[2]). †

נְוָיֹת 1S 19$_{18f.22f}$ 20$_{1}$: F נָוֹת.

I *__נול__: ja. נְוַל weben (Jastrow 885a): Der. נָוֶל.

II *__נול__: ar. *nwl* geben, schenken, *naul* Gabe; F מָנוֹל.

cj. *__נָוֶל__: ? I נול, BL 456n; ja. sy. נַוְלָא, md. ניולא (MdD 297b) Gewebe, Webstuhl: Ez 37$_{11}$ l נִגְזַר נוֹלֵנוּ pr. נִגְזַרְנוּ לָנוּ (Begrich PsHi. 31f), **Lebensfaden**, ja. נְוַל חַיַּא (:: besser Fohrer, Zimmerli 887: MT unverändert). †

נום: mhe., ja. cp. (auch נהם), sy. md. (MdD 294a); ug. *nhmmt* „Schlummer" (UT nr. 1621; RSP I S. 215, Nr. 260; S. 350, Nr. 540; Dietrich-Loretz Fschr. Elliger 35; ar. *nwm*; äth. *nōma* schlafen; akk. *nâmu* (AHw. 729b):
qal: pf. נָמוּ (BL 398e); impf. יָנוּם; inf. נוּם: **einnicken**, **schlummern** (G νυστάζειν): נָמוּ שְׁנָתָם Ps 76$_{6}$, cj. 2S 4$_{6}$ (l וַתָּנֹם) m. folgendem יָשֵׁן; || יָשֵׁן Js 5$_{27}$ (d. Assyrer schlafen nicht), cj. Nah 3$_{18}$ (? l יָשְׁנוּ pr. יִשְׁכְּבוּ s. BHS? Todesschlaf); J. schläft nicht Ps 121$_{4, cf 3}$; metaph. כְּלָבִים Js 56$_{10}$. †
Der. נוּמָה, תְּנוּמָה.

נוּמָה: נום, BL 452r; mhe.; ug. *nhmmt* (TOML 508[v]); ja. (Zauberschlaf AJSL 57, 18, 2 נומא) נוּמִיתָא, md. נאומא (MdD 282a); ar. *naumat*: **Schläfrigkeit** Pr 23$_{21}$ Sir 31/34$_{2}$ (|| שנה). †

נוּן u. נוֹן 1C 7$_{27}$: G, Josph Ναυῆ (NFJ 89) (NAUH < NAUN): n. m. „Fisch" (Noth N. 230); ug. (UT nr. 1654) *Nn*; äga. palm. (DISO 176), Kandahar 4; ja. sam. (BCh 2, 444a), cp. sy. md. (MdD 294a); ar., akk. *nūnu* (AHw. 803b) auch n. m. *Nūnu* (APN 177a); ar. *ḏu l-nūn* = Jona: Vater v. Josua יְהֹ׳ בִּן־נוּן Ex 33$_{11}$ Nu 13$_{8.16}$ Dt 32$_{44}$ 34$_{9}$. †

נוס: mhe. fliehen: ug. *ns* (CML[2] 153a); aam. u. äga. haf. הנס (DISO 68, KAI III 38a), sy. zittern; ar. *nws* in Bewegung sein, baumeln; F נסס:
qal (150 ×): pf. נָס, נָסָה, נַסְתֶּם, נַסְנוּ; impf. יָנוּס, וַיָּנָס, וַיָּנֹס, יָנֻ/נוּסוּ יְנוּסוּן, נָנוּס; imp. נֻסוּ; inf. נוּס, 2 × נֻס, נוּסָם/סְךָ, נוֹס; pt. נָס (הַנָּס Jr 48$_{44}$ = Q הַנָּס K הֵנִיס): **fliehen** c. אֶל, עַל, לְ, עַד, לִקְרַאת, לִפְנֵי, מִפְּנֵי, מִן :: ברח (Jenni Or. 47, 1978, 351-59, cf. Grossfeld ZAW 91, 1979, 107ff): Menschen Gn 19$_{20}$, cj. Nah 3$_{13}$ (l נָשִׁים = נָסִים Ell. ATD 25, 18 :: Horst HAT 14[2], 164: MT unverändert); Meer Ps 114$_{3}$, Schatten HL 2$_{17}$, cj. Ps 4$_{7}$ (אוֹר) נָס מֵעָלֵינוּ (Gkl.), cf. Dahood Psalms I 26, Kummer Js 35$_{10}$, metaph. Dt 34$_{7}$ לֵחַ Lebenssaft; fliehen vor: Feind Ex 14$_{25}$, cj. נְסָכָה dein Fliehen 1C 21$_{12}$, vor der Blutrache Ex 21$_{13}$ Nu 35$_{6.11.15.25f.32}$ etc. (cf. H. Schüngel-Straumann, Tod u. Leben in der Gesetzesliteratur des Pentateuch, 1969, 47), vor Tieren Am 5$_{19}$, Gefahr 1S 19$_{10}$, Ehebruch Gn 39$_{12}$, Gottes Schelten Ps 104$_{7}$, etc; נָס לוֹ er flieht Js 31$_{8}$; — Zch 14$_{5}$ (Var. in östl. MSS) 3 × נְסַתֶּם √סתם; Jr 46$_{15}$ (cj. F II חַף :: BHS = MT).
pol: pf. נוֹסְסָה: c. בְּ etw. **vorantreiben** Js 59$_{19}$. †
hif: pf. הֵנִיס; impf. יָנִיסוּ; inf. הָנִיס: — 1. **in d. Flucht treiben** Dt 32$_{30}$; — 2. **fliehen** (BL 284b) Ri 7$_{21}$ u. Jr 48$_{44k}$ (s. Dahood Fschr. Tisserant I 87); — 3. etw. rasch in Sicherheit bringen Ex 9$_{20}$ Ri 6$_{11}$ (Driver ALUOS 4, 1962/63, 12). †
hitpol: inf. הִתְנוֹסֵס: **sich in Sicherheit bringen** c. מִפְּנֵי Ps 60$_{6}$; — Zch 9$_{16}$ F נצץ. †
Der. נִיס, מְנוּסָה, מָנוֹס.

נוע: ug. *nʿ* (?, UT nr. 1626); ja. sich bewegen, mhe. u. ja. נענע, auch äth. (Leslau 33) schütteln; ar. *nāʿa* schwanken (Zweig), *naʿnaʿa* baumeln, *nauʿat* frisch gepflückte Früchte:

qal: pf. נָעוּ, וְנָעוּ (BL 398f); impf. תָּנוּעַ, וַיָּנַע (BL 401m), יְנוּעוּן, יָנוּעוּ Ps 59_{16K}; inf. נוֹעַ (BL 399), לָנוּעַ; pt. נָע, נָעוֹת: — 1. **schwanken** Ex 20_{18} (vor Furcht), Js 6_4 (Türzapfen), 7_2 (Bäume), cj. 9_{18} (Erde, l נָעַת־ם, :: Wildberger BK X/1, 206 nach G נִצְּתָה ist versengt), 19_1 24_{20} 29_9 Jr 14_{10} (G, L, V לָנִיעַ < לְהָנִיעַ*) Ps 107_{27}, Hilfesuchende Am 4_8 8_{12}, Blinde Kl 4_{14} (Plöger HAT 18^2, 155); baumeln (Bergleute) Hi 28_4; beben (Lippen) 1S 1_{13}; c. עַל schweben über Ri $9_{9.11.13}$ = herrschen ?, Ehrl. Gressm.: umherziehen bei; — 2. **ohne Obdach u. Heimat umherschweifen** Ps 59_{16} 109_{10} (|| שׁאל pi.), Pr 5_6 Kl 4_{15}, cj. Zch 10_2 (l יָנֻעוּ pr. יִסְעוּ); נָע וָנָד Gn $4_{12.14}$ etc. (|| נוד); — 2S 15_{20} ↗ hif.; Ps 4_7 pr. נְסָה l נָס מֵעָלֵינוּ (Gkl; Kennedy 62 :: Kraus BK XV 31). †

nif: impf. יְנוּעוּ, יִנּוֹעַ: **geschüttelt werden** (Korn, Feigen) Am 9_9 (im Sieb), Nah 3_{12}. †

hif: pf. הֵנִיעָה, וַהֲנִעוֹתִי; impf. יָנִיעַ, יָנַע, יָנִיעוּ, יְנִיעוּן, אָנִיעָה, Ps 59_{16Q} (↗ qal), יְנִעֵם, אֲנִיעֲךָ, תְּנִיעֵנִי 2S 15_{20}; imp. הֲנִיעֵמוֹ (BL 346v): — 1. **hin u. her ziehen lassen, unstet machen** Nu 32_{13} (Sam. qal) 2S 15_{20Q}, Ps 59_{12} (:: הרג); — 2. **aufrütteln** 2K 23_{18} (Knochen, cf. Widengren Iranische Geisteswelt, 1961, 217), Da 10_{10} (einen Menschen); — 3. **schütteln**: a) d. Kopf (z. Hohn) 2K 19_{21} Js 37_{12} Ps 22_8 109_{25} Hi 16_4 Kl 2_{15} Sir 12_{18}, cf. Mk 15_{29}, = בְּרֹאשׁ Sir 13_7; b) d. Hand (apotrop.) Zef 2_{15} Sir 12_{18}; c) metaph. Israel Am 9_9. †

Der. מְנַעַנְעִים.

נוֹעַדְיָה: n. m. et f.; יעד nif. + J. „J. hat sich treffen lassen" (Lex[1]): — 1. Levit Esr 8_{33}; — 2. Profetin Neh 6_{14} (nach G ein Prophet ! s. Rudolph EN 136f, Stamm HFN 312). †

I **נוף**: ja. sich hin u. her bewegen, af. u. sy. af. u. mhe. nif. hif. schwingen, sy. pe. sich beugen; soq. *nwf* mit d. Hand winken (Leslau 33); akk. *nâpu* schwanken (AHw. 742); cf. mhe. נפה, ja. נפא, äth. *nafaja*, tigr. (Wb. 347b) sieben:

hif. (Milgrom IEJ 22, 1972, 34f): pf. הֵנִיף, הֲנֵפֹתָ, הֲנִיפוֹתִי; impf. וַיָּנֶף, תָּנִיף, יְנִיפֵהוּ; imp. הָנִיפוּ; inf. הָנִיף (cf. BCh. LOT 5, 160), הֲנִיפְכֶם; pt. מֵנִיף (1Q Js[a] 19_{16} מהניף, ↗ Ku. LJs 149): — 1. **hin u. her bewegen, schwingen**: בַּרְזֶל Dt 27_5 Jos 8_{31}, מַשּׂוֹר Js 10_{15}, חֶרֶב Ex 20_{25}, חֶרְמֵשׁ Dt 23_{26}, כידון Sir 46_2, שׁלג ausschütten Sir 43_{17}; יָד c. אֶל (heilend) 2K 5_{11} (s. Dup.-S. VTSu 7, 1960, 251^1; Fitzmyer GnAp. 124f), strafend (c. עַל) Js 11_{15} 19_{16} Zch 2_{13} Sir $36/33_3$, drohend Js 13_2 Hi 31_{21} (1QM 18_9), ידו על קלע zum Schleuderwurf Sir 47_4; — 2. kultisch: a) c. תְּנוּפָה vor d. Altar **hin u. her bewegend d. „Webeopfer" darbringen** (P, Ell. Lev. 102, Wildberger BK X 732) Ex $29_{24.26}$ 35_{22} Lv 7_{30} (d. Bruststück חָזֶה), $8_{27.29}$ 9_{21} 10_{15} $14_{12.24}$ 23_{20} Nu 6_{20} $8_{11.13.15.21}$; b) c. עֹמֶר Lv 23_{11f} (s. Ell. Lev. 314) u. מִנְחַת הַקְּנָאֹת Nu 5_{25} **schwingend darbringen**; — 3. (Berge) **erschüttern** Sir $^{MVI\ 9}$ (B[Rd] 43_{17} זעם hif.). †

hof: pf. הוּנַף; weihend **hin u. her geschwungen werden** Ex 29_{27}. †

pol: impf. יְנֹפֵף (1Q Js[a] יניף): c. יָד s. Hand drohend schwingen Js 10_{32}. †

Der. הֲנָפָה, I נָפָה, תְּנוּפָה.

II **נוף**: ar. *naffa* bestreuen, *ʾanfāf* Sprühregen; äth. tigr. (Wb 347b) *nafnafa* besprengen (Driver ZAW 50, 1932, 142f, Leslau 33); ↗ נוב:

qal: pf. נַפְתִּי: **besprengen** Pr 7_{17}. †

hif: impf. תָּנִיף: (Regen, Schnee) **fallen lassen** Ps 68_{10} (:: Lipiński Biblica 48, 1967, 202f: reichlich spenden), Sir 43_{17} (↗ I נוף). †

Der. נֹפֶת.

III ***נוף**: ug. *np* Höhe (TOML 178^c); ar.

nwf hoch, erhaben sein; ja.; sam.; ja. **נוֹפָא** Wipfel; asa. *nwfn* u. *jnf* in PN. Der. **נוֹף**, II *נפה, **נֶפֶת**.

נוֹף: III *נוף, BL 451n; ug. *np šmm* Zenith (Lökkegard Fschr. Pedersen 230[115], CML 157b :: Aistl. 1926) „Höhe": mhe., ja. **נוֹפָא** Baumwipfel; ar. *nauf* Gipfel d. Kamelhöckers, *nāf* Joch: **Höhe**, **יְפֵה נ׳** schön an Höhe, hochragend (GK § 128x) Ps 48$_3$ (ug. *np šmm* Lipiński Syria 50, 1973, 36 :: Eissfeldt BZ 16[2] = Schwung, I **נוף**). †

נוּץ: ar. *nwṣ* vermeiden, fliehen (Driver JThS 34, 378), ? äth. (Leslau 33; s. Rudolph KAT XVII/1-3, 249):

qal: pf. **נָצוּ** (BL 398e): **sich entfernen** Kl 4$_{15}$; ? l **נָדוּ** sie wankten unstet (Plöger HAT 18[2], 155). †

נוֹצָה: **נצה**, BL 590h; mhe. Gefieder; ar. *nāṣiyat, nuṣṣat* Stirnlocke, *nāṣāt* (Rabin AWAr. 196); akk. *nāṣu* Gefieder (AHw. 758a): **Gefieder** des **נֶשֶׁר** Ez 17$_{3.7}$, der **חֲסִידָה** Hi 39$_{13}$; ? so auch cj. **נֹצָתוֹ** (pr. **־תָהּ**) Lv 1$_{16}$ (Ell. 26f; gew. d. Gewöll im Vogelkropf, T, S Unrat, **יצא** pt. nif. f.). †

[**נוק**: hif: **וַתְּנִיקֵהוּ** Ex 2$_9$: ↗ **ינק** hif.]

נור: ↗ II **נהר**: ug. *nr* (UT nr. 1644. 1702, Aistl. 1850, RSP I S. 281, Nr. 392), ja. cp. **נוּרָא**, palm. (in n. pr. PNPI 99) Licht, sy. md. (MdD 294b) Feuer; ammon. PN (Sgl.) **מנר** (Sem. 26, 1976, 62f); ar. asa. (Conti 185a) *nwr* glänzen; akk. *naw/māru* u. *nūru* νωρ (AHw. 768, 805): Der. **מְנוֹרָה**, I **נִיר**, I **נֵר** u. II n. m., **נֵרִיָּה(וּ)**, **סַנְוֵרִים** (?).

[**נושׁ**: **וָאָנוּשָׁה** Ps 69$_{21}$: l **וַאֲנוּשָׁה**: **אָנוּשׁ** cjg. c. **בָּשְׁתִּי וּכְלִמָּתִי** 20aβ (so Gkl u. Kraus (↗ **אָנוּשׁ**) :: Klopfenstein AThANT 62, 1972, 99).]

נזה: mhe. hif., ja. sy. *ndj* (be)sprengen; ? Deir Alla (ATDA 258); ar. *nḏḏ* urinieren; ? äth. *nazḫa*, tigr. (Wb. 336a) *nazḫa*; akk. *nezû* (AHw. 784a) spritzen; Vriezen OTSt 7, 1950, 201ff:

qal: impf. **יִזֶּה**, **וַיִּז** 2K 9$_{33}$, cj. **וַיִּז** Js 63$_3$ (BHS, GK § 76c): **spritzen** (intr.): c. **אֶל** 2K 9$_{33}$, c. **עַל** Lv 6$_{20}$ Js 63$_3$. †

hif. (cf. 1QS 3$_9$ 4$_{21}$): pf. **הִזָּה**, **הִזֵּיתָ**; impf. **יַזֶּה** (s. u.), **וַיַּז**; imp. **הַזֵּה**; pt. cs. **מַזֵּה**: — 1. **sprengen**: Nu 19$_{21}$; c. **עַל** auf Ex 29$_{21}$ Lv 5$_9$ 8$_{11.30}$ 14$_7$ 16$_{14f.19}$ Nu 8$_7$ 19$_{18f}$, c. **אֶל** Lv 14$_{51}$ Nu 19$_4$, c. **לִפְנֵי** Lv 14$_{16.27}$ 16$_{14f}$; — 2. c. acc. etw. **besprengen** mit Lv 4$_{6.17}$; — ? Js 52$_{15}$: **יַזֶּה** ? l **יִרְגְּזוּ**, s. Komm., J. Lindblom, Servant Songs, 1951, 38ff; Kaiser, Der königliche Knecht[2] 1962, 86. 91 :: Driver BZAW 103. 1968, 92. †

נָזִיד, Sam. *nazzəd*: **זיד**, BL 486l, R. Meyer Gr. § 40, 5: **נְזִיד**: **gekochtes** (cf. **הֵזִיד** Gn 25$_{29}$) **Gericht** 2K 4$_{38.40}$ (**בַּשֵּׁל**), Hg 2$_{12}$, Linsen Gn 25$_{29.34}$; **הַנָּ׳** ↗ **סִיר** Kochtopf 2K 4$_{39}$. †

נָזִיר, Sam. *nēzər, nēzīråk* (Lv 25$_5$): **נזר**, BL 470n; mhe., ja. **נְזִירָא**: **נְזִיר**, **נְזִירֶךָ**, **נְזִ(י)רִים**, **נְזִ(י)רֶיהָ**: **geweiht, Geweihter**: — 1. **עִנְּבֵי נְזִירֶךָ** (GK § 128w) adj., im Sabbathjahr dem freien Wachstum überlassene u. nicht geerntete Reben, **Freiwuchs** (s. Ell. Lev. 349f) Lv 25$_{5.11}$ (**סְפִיחֶיהָ** :: **נְזִרֶיהָ** Nachwuchs); — 2. subst. **Naziräer** (Avigad IEJ 21, 1971, 196f), Gott Geweihter, **נְזִיר אֱל׳** Ri 13$_{5.7}$ 16$_{17}$ mit der Verpflichtung d. Haar frei wachsen zu lassen u. Wein zu meiden Nu 6$_{2.8.13.18-21}$, cf. **בַּר נְדָרִים** Pr 31$_2$; ? ug. *bn ndr* (UT nr. 1618); Am 2$_{11f}$, ↗ **נזר** hif, s. Josph Antt. 5, 278, Stade Th 1, 132f, B. Duhm Die Gottgeweihten, 1905, 28ff, Budde ChrW. 1930, Nr. 14; Smith RS 482, Noth ATD 7, 50f, de Vaux Inst. 2, 361f = Lebensordnungen 2, 319ff, BHH 1288, Zimmerli GatTh 72; THAT II 50ff; — 3. **Geweihter, Fürst**, d. Josephstamm gegenüber d. anderen Gn 49$_{26}$ Dt 33$_{16}$ (Zobel BZAW 95, 1965, 24f); — Kl 4$_7$ l **נְעָרֶיהָ** (s. Rudolph KAT XVII/1-3, 248; Plöger HAT 18[2], 155). †

נזל: ug. *nzl* (UT nr. 1629, Aistl. 1765), mhe. ja. fliessen, **מזל שפתים** (KQT 119b =

מוֹצָא שׁ׳ Wallenstein ThZ 9, 1953, 102f) Ausfluss; ar. *nazala* hinabsteigen, absteigen; asa. (ZAW 75, 1963, 312) hinabsteigen; tigr. (Wb 336a, s. Leslau 34); n. l. Ναζαλα *נזלי (Alt Fschr. Eissf. I 1947, 7ff); sy. pa. (Haar) herunterlassen:

qal: impf. יִזַּל, יִזְּלוּ; pt. נוֹזְלִים: **rieseln, fliessen**: Nu 24$_7$ (Reymond 55), Dt 32$_2$ (Sam. *tijjåzål*: ‏√ אזל) Js 45$_8$ Jr 9$_{17}$ 18$_{14}$ Ps 147$_{18}$ Hi 36$_{28}$ HL 4$_{15f}$; versinken Ri 5$_5$ (H. P. Müller BZAW 109, 1969, 17[6a]) :: l c. G נָזֹלּוּ (זלל nif). †

hif: pf. הִזִּיל: **fliessen lassen** Js 48$_{21}$. †

Der. *נֹזֵל.

***נֹזֵל** u. נוֹזֵל: נזל, pt. נֹזְלִים, נ(וֹ)זְלִים, נֹזְלֵיהֶם: pl. **Bäche, Rinnsale** (Schwarzenbach 59f, Reymond 70) Ps 78$_{16.44}$ HL 4$_{15}$, Js 44$_3$ u. Pr 5$_{15}$ ‖ מַיִם; Wogen Ex 15$_8$ ‖ תְּהֹמֹת. †

נֶזֶם, Sam. *nēzåm*: II זמם, m. praef. *n* BL 486l, 491k); mhe. נֶזֶם Ohrring; mhe. זְמָם, ja. sy. md. (MdD 168b) זְמָמָא Maulkorb, Nasenring, Zügel; ar. *zimām* Nasenring: נִזְמֵי, נְזָמִים, נִזְמָהּ: **Ring** (BHH 1603, 1706, BRL² 284ff) Ex 35$_{22}$ Hos 2$_{15}$ Pr 25$_{12}$, Nasenring (d. Frau) Gn 24$_{22}$ (זָהָב).$_{30\cdot47}$ Js 3$_{21}$ Ez 16$_{12}$ Pr 11$_{22}$, Ohrring (d. Frau) Gn 35$_4$ Ex 32$_{2f}$, (d. Mannes) Ex 32$_{2f}$ Hi 42$_{11}$, Tracht d. Ismaeliten Ri 8$_{24\text{-}26}$. †

***נזק**: mhe. nif. u. hif; ph., bes. aram. Schaden leiden, caus. schädigen, ↗ ba.; dazu DISO 176, DJD II 19, 9, Gevirtz VT 11, 1961, 141⁴; ar. *nzq* rücksichtslos sein; akk. *nazāqu* sich ärgern (AHw. 772a) *šuzzuqu* ärgern, H. L. Ginsberg HeWf. 81: Der. נֵזֶק.

נֵזֶק, Ⓑ נֵזֶק: נזק, BL 574y; mhe. נֵ/נֶזֶק, ja. נִזְקָא; aLw 186: **Belästigung** Est 7$_4$. †

נזר: ↗ נדר; Grdf. *n̲dr*; mhe. ja. sich enthalten, Albr. BASOR 87, 26 :: Ginsberg in L. Ginzberg Jub. Vol. I, 1945, 161[8]); iam. Gelübde tun, denom. Naziräat geloben; ar. *nad̲ara* geloben u. weihen, *nad̲ira* auf d. Hut sein; asa. VIII bereuen (Conti 184) *nzr*; sy. nsy. *nzr* (Maclean 212a, LS 422b) Nazir sein, sich enthalten; :: akk. *nezāru* beschimpfen, verfluchen (AHw. 772b) u. äth.ᴳ beissen *nzr* (Dillm. 677); s. Wellh. RaH. 142f, Smith RS 482f; Grdb. dem üblichen Gebrauch entziehen, aussondern;

nif: impf. יִנָּזֵר, inf. הִנָּזֵר: — 1. Enthaltungen auf sich nehmen, **sich e. Gottheit weihen** Hos 9$_{10}$ (? ironisch, Rudolph 185); — 2. c. מֵאַחֲרֵי sich jmdm entziehen, **sich abwenden** Ez 14$_7$; — 3. **m. Ehrfurcht behandeln** מִן gegenüber Lv 22$_2$; — 4. **fasten,** הִנָּזֵר adv. (GK § 113r) unter Fasten Zch 7$_3$ (צום u. ספד vs. 5). †

hif: pf. הִזִּיר, הִזַּרְתֶּם (s. u.); impf. יַזִּיר; inf. הַזִּיר, הַזִּירוֹ: — 1. c. מִן **sich zurückhalten von** (BL 294b) Lv 15$_{31}$? l וְהִזְהַרְתֶּם (so auch Sam.): זהר hif. warnen vor, Ell. 192); — 2. cj. 1S 14$_{24}$ (l וְשָׁאוּל הִזִּיר נֵזֶר, Klostermann 1887, Budde KHC 1902 :: Stoebe KAT VIII/1, 267, TOB) **e. Enthaltungsgebot erlassen**; — 3. (denom.) **als Naziräar leben** c. לי׳ für Jahwe d. Naziräat auf sich nehmen Nu 6$_2$ (‖ לִנְדֹּר נֶדֶר נָזִיר).$_{5f.12}$, c. מִן sich enthalten von 6$_3$. †

Der. נֵזֶר, נָזִיר.

נֵזֶר: נזר; Sam. *nēzår*: נִזְרוֹ: — 1. **Weihe, Weihung**: d. Priesters Lv 21$_{12}$, d. נָזִיר Nu 6$_{7.21}$, cj. הזיר נזר Nu 6$_{4.8.12f}$; נֶדֶר נִזְרוֹ s. Weihgelübde Nu 6$_5$, רֹאשׁ נִזְרוֹ s. geweihtes Haupt (-haar) 6$_{9.18}$, > נִזְרוֹ 6$_{12.19.21}$; נִזְרֵךְ das der Weihung zufolge lange Haupthaar Jr 7$_{29}$ (Σ, s. BHS); — 2. **Kranz, Diadem, Stirnreif** aus Edelmetall m. Bindelöchern, als Zeichen d. Geweihtseins, BRL² 288ff, BHH 999f, ↗ I עֲטָרָה :: Noth Ex. 184f. 225, Ell. Lev. 117: „Weihung", d. Blume vorn am Kopfbund, ANEP 72, = צִיץ Ex 28$_{36\text{-}38}$ (:: Görg BN 3, 1977, 26; 4, 1977, 7f Zushg. mit d. äg. Schlangengöttin *n̲tr.t*): d. Königs 2S 1$_{10}$ 2K 11$_{12}$ 2C 23$_{11}$ Ps 89$_{40}$ 132$_{18}$, d. Hohenpriesters Ex 29$_6$ 39$_{30}$ Lv 8$_9$; אַבְנֵי נ׳ d. Edelsteine d. Stirnreifens

Zch 9$_{16}$ (Ell. ATD 25^{6}, 151^{6}: falsche Gl. zu d. אַבְנֵי קֶלַע vs.$_{15}$); oft cj. pr. ↗ עֵזֶר Ps 89$_{20}$; — ? Pr 27$_{24}$, ? l אוֹצָר (Gemser). †

נֹחַ, Sam. *nå*; G, NT Νωε (Sperber 130), Josph Antt. Νωχος (NFJ 91); akk. *nuḫḫu* beruhigt (AHw. 801a): n. m. erkl. Gn 5$_{29}$ m. נִחֵם (? יְנִיחֵנוּ G); palm. *Nḥ/j* (PNPI 39. 99), sy. inschr. *bdnḥj*, *mtnḥj* (BSOAS 16, 1954, 29); arab. Gott *Nuḫai* (ANET 291); ? Kf. d. churr. *Naḫmulel* (ArchOTSt 79, Lit.): jedenfalls vorisr. Traditionsgestalt, deren Name für ein hebr. Ohr an das Verb נוּחַ anklang, cf. die amor. (cf. Noth VT 1, 1951, 254ff) u. die akk. PN, welche das Verb *nwḫ/nâḫu* enthalten (Huffmon 237, AHw. 716): **Noah**, Sohn v. לֶמֶךְ, Vater v. שֵׁם, חָם u. יֶפֶת, Sintflutheld u. erster Weinbauer, Gn 5$_{29-32}$ 6$_{8}$-9$_{29}$ (Rost Das kleine Credo … Heidelberg 1965, 44ff, BHH 1317), 10$_{1.32}$ Js 54$_{9}$ (כִּימֵי נֹחַ Ⓛ 1QJs, Ⓑ כִּי מֵי), Ez 14$_{14.20}$ 1C 1$_{4}$. †

נַחְבִּי, Sam. *nåbbi*, G^{B} Ναβα/ει: n. m., „Furchtsam" (ar., Noth N. 229 :: Barr BJRL 52, 1969, 23^{2}): Naftalit Nu 13$_{14}$. †

I **נחה**: mhe. leiten; ar. *nḥw* nach e. Seite blicken/gehen, asa. *mnḥj* gegen … hin (Conti 186a); THAT II 53ff:

qal: pf. נָחִיתָ, נָחֲךָ, נָחַנִי/חָם; impf. ↗ hif.; imp. נְחֵנִי, נְחֵה: **führen**, **leiten** (cf. נהל Ps 31$_{4}$): sbj. Menschen Ps 60$_{11}$ (l יַנְחֵנִי c. BHS :: Dahood Biblica 49, 1968, 357f), Ps 108$_{11}$; sbj. Jahwe Gn 24$_{27}$ Ex 13$_{17}$ 15$_{13}$ 32$_{34}$ Js 58$_{11}$ Ps 5$_{9}$ 27$_{11}$ 77$_{21}$ (כַּצֹּאן), 139$_{24}$. †

hif: pf. הִנְחַנִי, הִנְחִיתָם; impf. תַּנְחֶה (Pr 6$_{22}$ or. pi.), יַנְחוּנִי, אַנְחֶנָּה, יַנְחֵנִי/חֵנִי; inf. לְהַנְחֹתָם > לַנְחֹ' Ex 13$_{21}$ (BL 228a): **führen**, **leiten**, Terminus der Führung in der Wüste (cf. Coats VT 22, 1972, 289f); — 1. sbj. Menschen Nu 23$_{7}$ Ps 43$_{3}$ 60$_{11}$ Pr 6$_{22}$ 11$_{3}$ 18$_{16}$ Hi 31$_{18}$ 38$_{32}$; — 2. sbj. Jahwe Gn 24$_{48}$ Ex 13$_{21}$ (Sam. *linēttimma* zu √נוח), Dt 32$_{12}$ Ps 23$_{3}$ 31$_{4}$, cj. 60$_{11}$, 67$_{5}$ 73$_{24}$ 78$_{14.53.72}$ 107$_{30}$ 143$_{10}$ Neh 9$_{12.19}$; — 1S 22$_{4}$ u. 1K 10$_{26}$ u. 2K 18$_{11}$ l וַיַּנִּחֵם; Js 57$_{18}$ l וַאֲנַחֲהוּ; Ps 61$_{3}$ l תַּנְחֵנִי; Hi 12$_{23}$ l וַיַּנִּחֵם; Ps 139$_{10}$ prop. תִּקָּחֵנִי pr. תַּנְחֵנִי. †

II **נחה** Js 7$_{2}$, Lex.[1], ↗ אחה u. I נוח qal 5, cf. Emerton ZAW 81, 1969, 188f u. ug. *nḥ(w)* sich wohin begeben (UT nr. 1631, Aistl. 1767); ar. *nḥw* sich wohin wenden; akk. *na/e'û* (AHw. 768b):

qal: pf. נָחָה: c. עַל **sich stützen auf** Js 7$_{2}$. †

נַחוּם: n. m. Josph Ναοῦμος (NFJ 89), ihe. נחם, T.-Arad 16, 10 17, 1. 8, Sgl. (Weippert ZDPV 95, 1979, 175^{7}): entweder Kf. v. נחם + n. d. (Noth N. 38. 175, BL 480t) „(Gott) tröstet" od. (profan) typ. קַטּוּל (Stamm HEN 421b) „Tröster" (Nöldeke BS 99); pun. (PNPhPI 146. 359f); ↗ נַחַם: Profet **Nahum** (BHH 1282) Nah 1$_{1}$. †

[**נְחוּם**: n. m. Neh 7$_{7}$: l רְחוּם Esr 2$_{2}$ (Noth 251).]

נִחוּמִים* Hos 11$_{8}$: ↗ נִחֻמִים.

נָחוֹר: n. m. Josph Ναχώρης (NFJ 89); Sam. *nā'or*; akk. *Naḫara*, *Niḫaru* u. ä. (APN 166a. 173a), n. l. *Naḫur Til Naḫīri* b. חָבוּר (AfO 18, 20, Th. L. Thompson BZAW 133, 1974, 306, Parpola AOAT 6, 1970, 354), *nāḫiru* „Schnauber" e. Meertier, Schwertwal (AHw. 714b), ug. *'nḫr* (UT nr. 246, Aistl. 1774); ar. *nāḫiru* Schwein; Kraeling ZAW 40, 1922, 153f, Albr. JBL 43, 386, de Vaux P. 30f, Histoire I 145f, Lewy Or. 21, 280ff: **Nahor**: — 1. Vater v. תֶּרַח Gn 11$_{22-25}$ 1C 1$_{26}$; — 2. Sohn v. תֶּרַח Br. v. Abraham Gn 11$_{26-29}$ 22$_{20.23}$ 24$_{15.24.47}$ 29$_{5}$ 31$_{53}$ Jos 24$_{2}$, עִיר נָ' Gn 24$_{10}$ (RSP II p. 305 nr. 71 *nḫry* und l. c. p. 359 nr. 171 *Naḫraya*); Mazar BA 25, 99. †

נָחוּשׁ: נְחֹשֶׁת, adj. BL 471u: **ehern** :: בָּשָׂר Hi 6$_{12}$. †

נְחוּשָׁה (9 ×) u. נְחֻשָׁה (Lv 26$_{19}$, Ⓑ auch Hi 40$_{18}$): II נחש, BL 472v; DJD 1, 28b, V 26

נחושה; Sam. *nāšša* (< **naḥša*); ar. *nuḥās* Kupfer: **Kupfer, Bronze,** = ↗ נְחֹשֶׁת; Lv 26$_{19}$ Hi 28$_{2}$ 41$_{19}$; als gen. „aus Bronze, ehern", Bogen 2S 22$_{35}$/Ps 18$_{35}$ (:: Dahood Biblica 45, 110: wunderbar) Hi 20$_{24}$, Türen Js 45$_{2}$, Röhren Hi 40$_{18}$, Hufe Mi 4$_{13}$, Stirn Js 48$_{4}$. †

נְחִילוֹת: אֶל־נְ׳ Ps 5$_{1}$: unerkl., hymnischer od. musikalischer tt.; „z. Flötenspiel" (חָלִיל); od. „gegen Krankheit", cj. נְחוֹלוֹת (: חלה); s. Komm. u. Mow. PIW II 210. †

*נָחִיר: נחר, BL 470n; mhe. Öffnung, ja. sy. נְחִירָא, md. (MdD 291b) (ʿ)*nhīrā* Nasenloch, sy. pl. Nase; soq. *naḥrīr*; akk. *naḫīru* Nasenloch (AHw. 714b, JAOS 89, 1969, 21); ar. *manḫar* Nasenloch; Landsbg. F. 142: du. נְחִירָיו: **Nüstern** Hi 41$_{12}$, cj. Ez 32$_{2}$ (l בִּנְחִרוֹתֶיךָ, BL 516p). †

נחל: Sam. verdoppelt Nun im Impf. (entspricht hitp.); mhe. in Besitz nehmen; ug. *nḥl* Erbsohn, *nḥlt* Besitz (UT nr. 1633, Aistl. 1769; RSP I p. 221 nr. 272; Noth AbLAk 2, 254ff. 270), ph. (DISO 176, KAI I 3, 3); akk. *naḫālu* besitzen (AHw. 712b); ar. *naḥala* (Guill. 4, 10) u. asa. *nḥl* schenken; Malamat JAOS 82, 147ff:

qal: pf. נָחַל, נָחֲלָה, נְחַלְתֶּם, נְחַלְתָּם; impf. יִנְחַל, תִּנְחַל, תִּנְחָלוּ/חָלוּ, יִנְחָלוּ/לוּם, יִנְחָלוּהָ; inf. נְחֹל; — 1. abs. **(als) Besitz erhalten** Nu 18$_{20}$ 26$_{55}$ 32$_{19}$ Jos 16$_{4}$ 19$_{9}$ Ri 11$_{2}$; = נָ׳ נַחֲלָה Nu 18$_{23f}$ 35$_{8}$ Dt 19$_{14}$ Jos 17$_{6}$; — 2. נָ׳ אֶרֶץ, Land **in Besitz nehmen** Ex 23$_{30}$ 32$_{13}$ Jos 14$_{1a}$ Js 57$_{13}$ Ez 47$_{14}$ Zch 2$_{16}$ Ps 69$_{37}$; sonst: c. שֶׁקֶר Jr 16$_{19}$, c. כָּבוֹד Pr 3$_{35}$, c. רוּחַ 11$_{29}$, c. אִוֶּלֶת 14$_{18}$, c. טוֹב 28$_{10}$, c. רמה Sir 10$_{11}$; — c. עֵדוּת ? cj. Ps 119$_{111}$ l נַחֲלָתִי; beerben Zef 2$_{9}$; — 3. Gott: c. בְּ (Völker) als Eigentum haben Ps 82$_{8}$, (Isr.) als E. annehmen Ex 34$_{9}$; — 4. **Erbbesitz geben, verteilen** Nu 34$_{17f}$ Jos 19$_{49}$ (wie in Mari *inḫilu*, Malamat l. c. 148, gew. cj. pi. cf. Noth AbLAk 2, 254). †

pi. (Jenni) 213: pf. נִחַל, נִחֲלוּ; inf. נַחֵל: jmdm **(als) Erbbesitz anweisen** (↗ qal 4) c. בְּ Nu 34$_{29}$ u. Jos 13$_{32}$ 14$_{1b}$ cj. 2a (? בַּגּוֹרָל נִחֲלוּ אוֹתָם, s. BHS, Noth 78); c. נְחָלוֹת u. לְ Jos 19$_{51}$ Besitz zuteilen. †

hif. (BL 362a): pf. הִנְחַלְתִּי; impf. יַנְחִ(י)ל, תַּנְחִילֶנָּה, יַנְחִילֵם/לְךָ; inf. cs. הַנְחִיל u. הַנְחֵל Dt 32$_{8}$ (BL 367); pt. מַנְחִיל: — 1. **als Erbbesitz geben**: a) c. 2 acc. Dt 1$_{38}$ 3$_{28}$ 12$_{10}$ 19$_{3}$ 21$_{16}$ 31$_{7}$ Jos 1$_{6}$ Jr 3$_{18}$ 12$_{14}$ Zch 8$_{12}$ 1S 2$_{8}$ Pr 8$_{21}$ 13$_{22}$, Sir 44$_{21}$; b) c. 1 acc.: rei: Js 49$_{8}$; personae: jmd ausstatten aus מִן Ez 46$_{18}$; — 2. **vererben** 1C 28$_{8}$ Sir[Adl.] 33$_{24}$; — 3. (Völker) als Besitz verteilen Dt 32$_{8}$ (|| הִפְרִיד, Steuernagel, Dhorme :: Driver VT 2, 1952, 356f: II נחל, ar. *naḫala* sieben; gew. z. 1 b). †

hof: pf. הָנְחַלְתִּי c. לִי (GK § 119s, dl ?) u. acc. **Besitzer werden von** = musste ich erben Hi 7$_{3}$. †

hitp: pf. הִתְנַחַלְתֶּם, הִתְנַחֲלוּם (BL 344h); impf. תִּתְנַחֲלוּ, תִּתְנֶחָלוּ (BL 355m); inf. הִתְנַחֵל: — 1. **Erbbesitz erhalten** (qal; durativ, Speiser 508) c. acc. (GK § 117w) אִישׁ הָאָרֶץ בְּגוֹרָל Nu 33$_{54a}$ 34$_{13}$ Ez 47$_{13}$; נַחֲלָתוֹ Nu 32$_{18}$; abs. Nu 33$_{54b}$ Sir 36/33$_{16}$; — 2. als Besitz **vererben** Lv 25$_{46}$; — 3. c. לְ sich jmd zu eigen machen Js 14$_{2}$. †

Der. נַחֲלָה.

I נַחַל (140 ×), Sam. *nēl*: ug. *nḫl*, auch n. l. (UT nr. 1636, Aistl. 1773, RSP I p. 276 nr. 383, cf. *mnḫl* UF 2, 1970, 264); mhe., נַחְלָא ja. sam. cp. sy., md. (MdD 281b) *nahlā*; akk. *naḫlu* u. *naḫallu* Bachtal (AHw. 712a); Schwarzenb. 30ff, Reymond 105. 265: נָחַל, loc. נַ֫חְלָה Nu 34$_{5}$, Ps 124$_{4}$ (BL 528t.u, GK § 90f), נַ֫חְלָה Ez 47$_{19}$ 48$_{28}$ (BL 527q); נַחֲלֵי, נַחֲלֶיהָ, נְחָלִים; du. נַחֲלַיִם Ez 47$_{9}$ l נַחֲלָם od. הַנַּחַל; ↗ III נַחֲלָה: — 1. **Bachtal**, *Wadi* mit perennierendem, häufiger nur winterlichem Wasserlauf (Dalm. JG. 7f, DJD 3, 240) Gn 26$_{19}$ 2K 3$_{17}$, חַלְּקֵי נַחַל Js 57$_{6}$, צוּר נְחָלִים Hi 22$_{24}$, עֹרְבֵי נַחַל Pr 30$_{17}$, עַרְבֵי־נָחַל Lv 23$_{40}$, הָעִיר

אֲשֶׁר בַּנַּחַל Dt 2$_{36}$ Jos 13$_{9.16}$ 2S 24$_{5}$ (das Arnontal, Noth Jos. 79) etc.; — 2. **Bach**, = יַבֹּק Gn 32$_{24}$ Lv 11$_{9f}$ Koh 1$_{7}$ Kl 2$_{18}$, נַחַל נֹבֵעַ Pr 18$_{4}$, נַחֲלֵי מַיִם Dt 8$_{7}$ 10$_{7}$ Jr 31$_{9}$ (Bäche voll Wasser), נַחַל אֵיתָן Dt 21$_{4}$ Am 5$_{24}$, v. Regen gespeist 1K 17$_{7}$, נַחַל שֹׁטֵף Js 30$_{28}$, פְּרָת in 7 Bäche zerteilt Js 11$_{15}$, מַעְיָן וָנָחַל Ps 74$_{15}$; Weide am נ׳ Sir 50$_{12}$; — 3. **Schacht, Stollen** (= ? ar. *ḫll*, Guill. 4, 10): d. Grabschächte, in deren Boden od. Wände d. Gräber eingehauen sind (Hölscher Hiob 54, Fohrer KAT XVI 338, Watzinger 1, 71ff. 104) Hi 21$_{33}$ (Grab :: Tur-Sinai Job 333), Neh 2$_{15}$ (? l חָלָל pr. לַיְלָה, d. Schacht b. d. Marienquelle, Galling ATD 12, 220); im Bergbau Hi 28$_{4}$ (l נְחָלִים עַם גָּר, Hölscher l. c. 69f, Fohrer l. c. 390 :: Stier 319) cf. auch Js 2$_{19}$ 7$_{19}$ Hi 22$_{24}$ M. Weise ZAW 72, 1960, 29ff); — 4. kosmisch: נַחֲלֵי בְלִיַּעַל 2S 22$_{5}$/Ps 18$_{5}$, נַחַל גָּפְרִית Js 30$_{33}$, נַחֲלֵי שָׁמֶן (Ströme v. Öl) Mi 6$_{7}$, נַחַל עֲדָנֶיךָ Ps 36$_{9}$, נַחֲלֵי דְבַשׁ וְחֶמְאָה Hi 20$_{17}$; — 5. נ׳ bei Orts- u. Flussnamen: ↗ אַרְנוֹן, III אֶשְׁכֹּל, בְּשׂוֹר, גַּעַשׁ, גְּרָר, זֶרֶד, יַבֹּק, כְּרִית, I u. II עֲרָבָה, קִדְרוֹן, קִישׁוֹן, קָנָה, שׂוֹרֵק, שִׁטִּים; — 6. נ׳ מִצְרַיִם: klschr. *naḫal māt Muṣri* (Delitzsch Par. 310f, Borger 132), n. l. $^{(alu)}$*naḫal M.* (AfO 14, 42f; Alt KlSchr. II 157), = *W. el-ʿArīš*, Dalm. PJb 20, 54ff; Abel 1, 301; Alt l. c. 160ff; GTT § 70; Saebø ZDPV 90, 1974, 30 (gegen d. Deutung auf d. pelusinischen Delta-Arm s. Galling ZAW 73, 1961, 114; Bar-Deroma PEQ 92, 1960, 37ff = Nil): Nu 34$_{5}$ Jos 15$_{4.47}$ 1K 8$_{65}$ 2K 24$_{7}$ Js 27$_{12}$ (G Ῥινοκόρουρα, s. Seeligm. 80 u. III נַחֲלָה), 2C 7$_{8}$; oft cj. pr. נְהַר מִצְרַיִם Gn 15$_{18}$, aber GnAp 21, 11, = Nil (↗ נָהָר 6).

II נַחַל: ar. *naḫl* Dattelpalmen, n. un. *naḫlat*, asa. *nḫl* Palmenhain (Conti 186a), (BDB 636b; letzlich doch zu I ?): נְחָלִים: **Dattelpalme** (↗ תָּמָר) Nu 24$_{6}$ cf. נטה nif. (:: meist I) HL 6$_{11}$ (s. Rudolph 166 u. Gerleman BK XVIII 188), ? Hi 29$_{18}$, Sir 50$_{12}$. †

Der. נַחֲלִיאֵל.

I נַחֲלָה (222 ×, 46 × in Nu u. 50 × in Jos); Sam. *nå̄:la*: נחל, Grdf. **niḥlat* (Brönno 139f, R. Meyer Gr. § 52, 2b), Sec. νεελαθαχ Ps 28$_{9}$; mhe. ar. *niḥlat*; ug. *nḥlt* (UT nr. 1633, Aistl. 1769, RSP I S. 275 Nr. 380); amor. *niḫlat* (ARM XV 230, Noth AbLAk 2, 270): נַחֲלַת, נַחֲלָתוֹ/תְךָ/תָן, נַחֲלַתְכֶם, נַחֲלַת Ps 16$_{6}$ pr. נַחֲלָתִי (BL 603g): — 1. **unveräusserlicher Erbbesitz**, bei Eroberung, Erbteilung dem Einzelnen od. der Familie zufallende Beute an Boden, Habe u. sonstigem Gut, s. Horst Fschr. Rudolph 135ff; v. Rad GSt 87ff; Wildberger Jahwes Eigentumsvolk 1960, 78f; Hermisson WMANT 19, 1965, 107ff; Zimmerli GatTh 55; Malamat JAOS 82, 1962, 149f; THAT II 55ff; Gerleman ZAW 89, 1977, 313-25: Wohnsitz, Wohnrecht; Ebach BN 1, 1976, 35ff; חֶבֶל נ׳ Dt 32$_{9}$ (↗ II חֶבֶל 3), נַחֲלַת אֲבֹתַי 1K 21$_{3f}$; נ׳ שָׂדֶה וָכֶרֶם Nu 16$_{14}$; Hiobs Töchter haben נַחֲלָה wie ihre Brüder Hi 42$_{15}$; e. Toter hinterlässt נַחֲלָתוֹ Rt 4$_{5.10}$; erobertes Land wird verteilt, daher חֵלֶק || נ׳ 2S 20$_{1}$ 1K 12$_{16}$ Jr 10$_{16}$ Hi 27$_{13}$ etc.; חֵלֶק וְנ׳ Gn 31$_{14}$ Nu 18$_{20}$ Dt 10$_{9}$ 12$_{12}$ etc.; ↗ I נחל u. II חלק; נָתַן לְנַחֲלָה Nu 18$_{21.24}$ 2C 6$_{27}$, נָתַן בְּנ׳ Nu 36$_{2}$, הֶעֱבִיר נ׳ לְ Dt 4$_{21}$, נָתַן אֶרֶץ נ׳ übergehen lassen an Nu 27$_{7f}$, תִּפֹּל אֶרֶץ בְּנ׳ fällt (als Erbe) zu Nu 34$_{2}$ Ri 18$_{1}$ Ez 47$_{14.22}$, הִפִּיל בְּנ׳ לְ Jos 13$_{6}$ Ez 45$_{1}$, הִבְדִּיל לְנ׳ als Besitz absondern 1K 8$_{53}$, בָּחַר לְנ׳ Ps 33$_{12}$, נֶהֶפְכָה נ׳ לְ fällt an Kl 5$_{2}$, etc.; — 2. Besonderes: יהוה ist חֵלֶק וְנַחֲלָה für אַהֲרוֹן Nu 18$_{20}$, der Leviten Dt 10$_{9}$ 18$_{2}$ Jos 13$_{33}$; d. Leviten haben kein נ׳ Nu 26$_{62}$; כְּהֻנַּת י׳ ist [נַחֲלַת לֵוִי] Jos 18$_{7}$; נַחֲלַת י׳ Dt 32$_{9}$ 1S 10$_{1}$ Ps 78$_{71}$ Js 19$_{25}$ 47$_{6}$, 1S 26$_{19}$ 2S 20$_{19}$ 21$_{3}$; נַחֲלַת אֱלֹהִים 2S 14$_{16}$; Israel ist עַם נַחֲלָה für Gott Dt 4$_{20}$, ist עַמְּךָ וְנַחֲלָתְךָ Dt 9$_{26.29}$ 1K

8_{51}; מְנוּחָה || נַחֲלָה Dt 12_{9}; נַחֲלָתִי (v. ׳י) Jr 2_{7} $12_{7-9.14}$, cj. 12_{10a}, 16_{18} 50_{11} Jl 4_{2}, נַחֲלָתְךָ (v. ׳י) Jl 2_{17} Ps 79_{1} (יְרוּשָׁלַ‍ִם); Söhne sind ׳י נַחֲלַת (= gegeben von ׳י) Ps 127_{3}; צֹאן נַחֲלָתֶךָ Mi 7_{14}; Besitz schlechthin Pr 20_{21} c. Q מְבֹהֶלֶת (בהל pu. Gemser 78 u. 79), K בחל pu. s. HAL; — Jos 14_{2} l נִחֲלוּ אוֹתָם (נחל pi.); Ez 46_{17b} l נַחֲלַת; Ps 68_{10} l נַחְלָה (: חלה pt. nif.); cj. Ps 119_{111} l נַחֲלָתִי pr. נָחַלְתִּי.

II נַחֲלָה: = נַחְלָה: I חלה nif. pt. > sbst. :: ar. *naḥila* abmagern (Driver JSS 13, 1968, 45): **Siechtum** Js 17_{11}. †

III נַחֲלָה: Ez 47_{19} u. 48_{28}, am הַיָּם הַגָּדוֹל: f. v. I נַחַל; n. l. wie ug. ? u. Νεελ = Ῥινοκόρουρα (Gressm. ZDPV 47, 244f); gew. cj. נַחְלָה, = נַחַל מִצְרַיִם. s. Zimmerli 1205f. †

נַחֲלִיאֵל: II נַחַל + אֵל ,,Palmenhain Els": Wüstenstation ign. in Moab: Abel 2, 217, v. Zyl 58f, Zorell 510a :: Noth AbLAk 1, 89f: Nu 21_{19}. †

נֶחֱלָמִי: gntl. v. *נֶחֱלָם Rudolph Jer.³ 187 (:: Yaure JBL 79, 1960, 297ff: חלם: ,,d. Träumer", I חלם nif. pt.): Jr $29_{24.31f}$. †

נחם: mhe. pi. trösten, nif. hitp. sich trösten, bereuen; ug. *mnḥm* = *munaḫimu* (UT nr. 1634, Aistl. 1770) u. *jnḫm* = *janḫamu* (PRU III 261a, EA in VAB 2, 1562, Campbell in BA 23, 16ff); amor. *na/uḫm, niḫmatum* (Huffmon 237f); ph. pun. in n. pr. (PNPhPI 359f) *mnḥm*; ? äga. (DISO 176); ja. sam. (BCh. 2, 520a), cp. trösten, sy. pa. auferwecken (LS 423b); ar. *nḥ/ḫm* keuchen (Pferd); trösten u. bereuen aus ähnlicher Gemütsbewegung: (sich) erleichtern, cf. רחם; Grdb. ar. Nöld. NB 86; Ulldff. CpBi 14, Scharbert Schm. 62ff, Barr Semantics of Biblical Language 1961, 116f (:: Jenni 247), J. Jeremias Die Reue Gottes BiSt 65, 1975, 16, THAT II 52ff:

nif. (48 ×): pf. (↗ pi.!) נִחַם/נֶחָם, נִחַמְתִּי; impf. יִנָּחֵם, וַיִּנָּחֶם, אֶנָּחֵם, יִנָּחֲמוּ; inf. הִנָּחֵם; pt. נִחָם: — 1. **bereuen**: a) reuig werden Ex 13_{17} Ri 2_{18} (מִן wegen), 1S 15_{29} Jr 4_{28} 15_{6} 20_{16} Ez 24_{14} Jl 2_{14} Jon 3_{9} Zch 8_{14} Ps 106_{45} 110_{4}; b) נִחַם עַל sich etw. reuen lassen Ex $32_{12.14}$ Js 57_{6} Jr 8_{6} $18_{8.10}$ Jl 2_{13} Am $7_{3.6}$ Jon 3_{10} 4_{2} 1C 21_{15}; = נִחַם אֶל 2S 24_{16} Jr $26_{3.13.19}$ 42_{10}; c) abs. bereuen Hi 42_{6} (:: Dale Patrick VT 26, 1976, 369ff); — 2. **es reut einem**, sich etw. leid sein lassen: a) (Gott) Ps 90_{13} (עַל wegen); c. כִּי dass Gn 6_{6f} 1S $15_{11.35}$; b) (Menschen) c. אֶל Ri 21_{6}, c. לְ 21_{15}, abs. Jr 31_{19}; — 3. **sich trösten**: a) Trost finden Gn 24_{67} Ez 31_{16}, c. עַל wegen 2S 13_{39} Ez 14_{22} 32_{31}; b) נִחַם מִן sich Genugtuung verschaffen, sich letzen an Js 1_{24} (|| נקם nif.); cj. נֹחַם (inf. abs.) pr. נוֹחַ Est 9_{16} (Bardtke 386, Würthwein HAT 18², 194); c) die Trauerzeit halten Gn 38_{12}; d) Beendigung der Trauerriten (Scharbert Schm. 80) sich trösten lassen Jr 31_{15} Ps 77_{3}; NB: Gott ist immer Subjekt ausser Gn 24_{67} 38_{12} Ex 13_{17} Ri $21_{6.15}$ 2S 13_{39} Jr 8_{6} $31_{15.19}$ Ez 14_{22} 31_{16} 32_{31} Ps 77_{3} Hi 42_{6}; G braucht für 47 Stellen 16 verschiedene Übersetzungen (Ez 14_{22} fehlt in G). †

pi. (51 ×): pf. (↗ nif.!) נִחַם, נִחֲמוּ, נִחַמְתַּנִי, נִחַמְתִּים; impf. יְנַחֵם, יְנַחֲמוּן, יְנַחֲמֵנִי, יְנַחֲמֻנִי, אֲנַחֶמְכֶם; imp. נַחֵם, נַחֲמוּ; inf. נַחֵם, לְנַחֲמֵנִי, נַחֲמוֹ; pt. מְנַחֵם, מְנַחֲמִים, מְנַחֶמְכֶם: (m. Worten) **trösten**; ,,Trösten bedeutet nicht bemitleiden, sondern ermutigen" (Elliger BK XI 13): — 1. b. Todesfall Gn 37_{35} (c. acc.), Jr 16_{7} (עַל־מֵת, c. cj. לֶחֶם u. כּוֹס תַּנְחוּמִים), sein Beileid aussprechen durch Boten 2S 10_{2f} (c. אֶל), 1C 19_{2f} (c. עַל); der Sterbende die Angehörigen Gn 50_{21} (|| דִּבֵּר עַל־לֵב); als Abschluss d. Trauerzeit 2S 12_{24} (↗ nif. 3 d u. hitp.), Ps 23_{4} sie geben mir Mut (Koehler ZAW 68, 1957, 234); — 2. sonst Js 22_{4} 40_{1} 51_{19} (l ׳יְנ), 61_{2} 66_{13} (Mutter ihr Kind), Ez 14_{23} 16_{54} Nah 3_{7} Ps 69_{21} 23_{4} (l יְנַהֲגֵנִי ?), Hi 2_{11}

713 2925 4211 Rt 213 (Bekümmerte), Kl 12.9.16f.21 Koh 41a.b (? l מְנַקֵּם, Komm. :: Dahood Biblica 48, 438), 1C 722; c. הֶבֶל nichtig Zch 102 Hi 2134, מְנַחֲמֵי עָמָל lästige Tröster Hi 162; — 3. Gott tröstet Js 121 Ps 7121 8617 11982, s. Volk Js 4913 529 6613, Zion 513 Zch 117, d. Seinen Js 5112 Jr 3113 (|| שִׂמַּח) Kl 213; Gottes חֶסֶד Ps 11976; — Gn 529 ? l יְנִיחֵנוּ G. †

pu: pf. נֻחָמָה; impf. תְּנֻחָמוּ: **getröstet werden** Js 5411 6613 (1Q Js^a תתנחמו, JSS 3, 1958, 249). †

hitp: pf. וְהִנֶּחָמְתִּי < וְהִתְנ׳* (BL 198g); impf. וָאֶ/יִתְנֶחָם; inf. הִתְנַחֵם; pt. מִתְנַחֵם: — 1. c. לְ **auf Rache sinnen** gegen Gn 2742, sich Rache verschaffen Ez 513b (dubl. z. 13a, s. Zimmerli 98); — 2. **es sich leid sein lassen**, anderen Sinnes werden (↗ nif. 2), c. עַל Nu 2319, Dt 3236 Ps 13514; — 3. **sich trösten lassen** als Ende d. Trauerzeit (↗ nif. 3 d, pi. 1), sich getrösten Gn 3735 Ps 11952. †

Der. נֹחַם, נֶחָמָה, נִחֻמִים, תַּנְחוּמִים, תַּנְחוּמוֹת; n. m. נַחַם, נְחֶמְיָה, נַחֲמָנִי, מְנַחֵם, נַחוּם, תַּנְחֻמֶת.

נַחַם: n. m.; נחם, „Trost" (Stamm HEN 422a, :: Noth N. 175: Kf.); ihe. (Dir. 124f, Pritchard 27); ph. (Harris Gr. 123, PNPhPI 359f): Vater v. קְעִילָה 1C 419. †

נֹחַם: נחם, BL 460i, 568l; amor. *Nuḥm-* (Huffmon 238): **Mitleid** Hos 1314. †

***נֶחָמָה**: נחם, < **naḥḥamat*, BL 479m, aram. inf; mhe. Strafe, Rache, Pes. 54b parallel mit מיתה, (Tarbiz 15, 1944, 75): נֶחָמָתִי: **Trost, Ermutigung** Ps 11950 Hi 610, cj. 3028 pr. ↗ חֵמָה. †

נְחֶמְיָה: n. m. Josph Νεεμία (NFJ 90); ihe. T.-Arad 11, 5 [*n*]*ḥmyhw*, u. 40, 1f; ug. PN *ilnḥm* (Sem. 27, 1977, 9); נחם (qal pr. pi.) + י׳, „Jahwe tröstete" (Noth N. 175, Stamm HEN 420b): Nehemia: — 1. (s. BHH 1279ff) Neh 11 89 102 1226.47; — 2. Neh 316; — 3. Esr 22 Neh 77. †

נִחֻמִים: נחם, BL 480v; mhe. נִחוּם: Michel Grundl. heSy. 1, 88 Abstraktplural; נִחוּמָי: Tröstung Js 5718 (1QJs^a d. jüngere תנחומים, Ku. LJs XI 486), Zch 113 (דְּבָרִים נ׳ appos. Brockelm. HeSy. § 62g); Hos 118 ? l רַחֲמַי Θ (:: Wolff BK XIV/1^2, 249, Rudolph KAT XIII/1, 212). †

נַחֲמָנִי: n. m., נחם, m. doppelter Endung (BL 501y, s. Noth N. 39): Neh 77. †

נַחְנוּ: pron. pers., > jüngerem אֲנַחְנוּ; Grdf. *niḥnū* (VG 1, 299, Rosenth. Or 11, 183); ar. *naḥnu*, pal.-ar. *ʾiḥna* (BASOR 187, 1967, 53), äth. *neḥna*, akk. *nīnu* (Moscati CpGr § 13, 1): נַחְנוּ: **wir** Gn 4211 Ex 167f Nu 3232 2S 1712 Kl 342. †

נֵחַנְתְּ, Jr 2223: pf. 2. f, Ⓑ תִּי–, BL 351 (אנח), Bgstr. 2, 15a, 27°: gew. erkl. metath. od. corr. < נִנְחַתְּ* < נֶאֱנַחַתְּ* (: אנח nif.) **stöhnen** G, S, V; :: I חנן nif. sec. ar. (Rudolph HAT 12^3, 144) :: Dahood UHPh 66: נחן* stöhnen; ug. ? *ktnḥn* (UT nr. 1630a :: Aistl. 1766, CML 156^{10}). †

נחץ: ja. נְחִיצָא Antreibung, Drängung; Deir Alla 1, 10 *nḥṣ* „distress" (ATDA 202); ? ar. *naḥaḍa* drängen (?, s. GB, cf. לחץ):

qal: pt. pass. דְּבַר הַמֶּלֶךְ נָ׳ נָחוּץ: 1S 219 dringend (?) Ges. Th. 874, Vrss. (cf. Stoebe KAT VIII/1, 394 :: Guill. 1, 27f: vertraulich). †

נחר: schnauben: mhe. ja. sy. md. (MdD 292b); ar. *naḫara*, äth. *neḫra*, tigr. (Wb. 332a) *manḫar* Blasebalg; akk. *naḫāru* (AHw. 713a), *nāḫiru*; ug. *ʾnḫr* (UT nr. 246, Aistl. 1774) Delphin; ↗ I נער:

qal: pf. נָחַר: **schnauben** (Blasebalg) Jr 629. †

? **pi**: pf. נִחֲרוּ: HL 16 c. בְּ al חרה pf. nif. **zürnen**, s. Rudolph KAT XVII 123. †

Der. נַחַר*, נַחֲרָה*, נַחִיר*, נָחִיר, נַחְרַי (?).

***נַחַר**: נחר; sy. *nḫārā*, md. (MdD 293b) נוהרא: **Schnauben** (d. Pferdes) Hi 3920. †

***נַחֲרָה**: f. v. נַחַר, BL 456k; ja. נַחְרְתָא: cs,

נַחְרַת: d. **Schnauben** (des Pferdes) Jr 8_{16}, cj. בְּנַחֲרָתְךָ (des תַּנִּין) Ez 32_{2}. †

נַחְרַי, Var. נַחֲרַי: n. m.: נחר: akk. *nuḫḫuru* (AHw. 801a) abgemagert sein, zu *naḫāru*[I] verdorrt sein, od. ar. *niḥr* „fleissig, intelligent" (Noth N. 228): Waffenträger Joabs 2S 23_{37} 1C 11_{39}. †

I **נחשׁ**: mhe. pi. ja, sy. wahrsagen, md. (MdD 292b, נ/לאש = he. לחשׁ), u. im sbst. *neḥšā* auch sy., ferner Beschwörung murmeln; ar. *naḥusa* unheilvoll sein, s. Wellh. RaH. 200f, O. Sauermann Wortgruppe נ׳, 1952, dazu v. Soden WZKM 53, 157ff: *lḥš* u. *nḥš* zu trennen, Gray Kings[2] 649 zu נְחֹשֶׁת: wahrsagen mit Hilfe von Metall:

pi. (Jenni 272): pf. נִחֵשׁ, נִחַשְׁתִּי; impf. יְנַחֵשׁ; inf. נַחֵשׁ; pt. מְנַחֵשׁ: **Vorzeichen suchen u. geben**, **wahrsagen** Lv 19_{26} (|| עוֹנֵן), Dt 18_{10} 2K 17_{17} 21_{6} 2C 33_{6} (neben קָסַם, עוֹנֵן, כִּשֵּׁף), aus dem גָּבִיעַ Gn $44_{5.15}$, cf. $_{20.12.16f}$, Becherwahrsagung (cf. Meissner BuA 2, 275ff, RLA 1, 467, BHH 209; Anzeichen haben für (R. Meyer Gr. III § 114, ? 2a) G, T Gn 30_{27} (:: Waldman JQR 55, 1964, 164f: ich bin reich geworden, cf. akk. *naḫāšu*, AHw. 713b); als gutes Zeichen nehmen 1K 20_{33} (↗ חלט, Ginsburg 438f). †

Der. נַחַשׁ.

II ***נחשׁ**: ↗ I נָחָשׁ, נְחֻשְׁתָּן.

III ***נחשׁ**: ↗ נָחוּשׁ, נְחוּשָׁה, II נָחָשׁ, I נְחֹשֶׁת.

IV ***נחשׁ**: akk. *naḫāšu* üppig sein, *naḫšu*, *nuḫšu* (AHw. 713b), PN *Naḫšu* (AHw. 715b), *Nuḫšānu* (AHw. 801b), ↗ II נְחֹשֶׁת, נְחֻשְׁתָּא; ? I-IV, doch letzlich eine √, Manabegriff; Mow. Fschr. Driver 58ff, Frankena OTSt 17, 1972, 59 u. Fschr. Beek, 1974, 45: *naḫāšum*, *niḫḫaš*; BiOr 28, 1971, 348.

נַחַשׁ: I נחשׁ; mhe., Sam. *nāʾəš*, ja. נַחְשָׁא; sy. *neḥšā*, md. (MdD 290b) נהאשא Omen, נחשא טבא Hatra (DISO 177), נחש טב „gut Glück" Eissf. KlSchr. 4, 73ff, OLZ 57, 34ff; ar. *niḥsat* (böses) Omen, *naḥs* Unglück: נַחַשׁ, נְחָשִׁים: **Zauberfluch** (:: Segen) Nu 23_{23}, **Vorzeichen** 24_{1}. †

I **נָחָשׁ**: Etym. I od. II נחשׁ ?; ug. *nḥš* (UT nr. 1634a, Eissf. NKT 47; RSP I S. 183 Nr. 193, S. 275 Nr. 381, S. 428 Nr. 82); mhe.; sam. (Peterm. 59a), Sam. *nāš*; ar. *ḥanaš* (VG 1, 275 :: Barr CpPh 97); äth. im Buchstabennamen *nahās* f. נוּן, Nöld. BS 132f); bab. Schlangengott *Šaḫan* (Metath.!) Landsbg. F. 61[1]; Vriezen 107ff; J. Hehn Fschr. Merkle, 1922, 145ff, Tallqvist AkGE 440: נְחַשׁ, נְחָשִׁים masc. (Michel Grundl. heSy. 1, 74): **Schlange** (BHH 1699ff; BRL[2] 280f; K. R. Joines, Serpent in the OT, 1967 [ZAW 80, 1968, 107]): frisst עָפָר Js 65_{25} Mi 7_{17}, beisst Nu $21_{6.9}$ Am 5_{19} Pr 23_{32} Koh $10_{8.11}$, lauert am Weg Gn 49_{17}, auf Felsen Pr 30_{19}, in d. Wand Am 5_{19} Koh 10_{8}; ↗ Ex 4_{3} 7_{15} Nu 21_{7} (coll.), Js 14_{29} Ps 140_{4}, חֲמַת נָ׳ Ps 58_{5}; die Schlange (he. masc.!) im Paradies Gn $3_{1\text{-}4.13f}$; ↗ נָחָשׁ שָׂרָף Dt 8_{15}, pl. Nu 21_{6}; ↗ נָחָשׁ בָּרִחַ Js 27_{1} Hi 26_{13}, ↗ נְחָשִׁים צִפְעֹנִים Jr 8_{17}, (cj. זֹחֵל cf. BHS) נָחָשׁ Jr 46_{22}; נָחָשׁ im Meer (Aharoni, Osiris 5, 473: = *crocodilus vulgaris*) Am 9_{3}; bronzenes Schlangenbild Nu $21_{9.9}$ 2K 18_{4}; ↗ n. m. III נָחָשׁ und n. m. נַחְשׁוֹן u. adj. עֲקַלָּתוֹן. †

II **נָחָשׁ**: III נחשׁ, ↗ IV נָחָשׁ; Josph Ναάσης (NFJ 88); n. l. עִיר נָחָשׁ 1C 4_{12}; G πόλις Ναας; äga. נחש Bronze (DISO 177); ar. *nuḥās*, tigr. (Wb. 324a) *naḥās*; ? „Bronzestadt"; = *Dēr Naḫḫās* 9 km. n. Lydda (Abel 2, 251, GTT § 322, 24, Milik DJD II 127f :: Frank ZDPV 57, 1934, 216ff Glueck II 26ff: *Ch. en-Naḥās* am N.-Ende d. עֲרָבָה). †

III **נָחָשׁ**, Josph. Ναάσης: n. m.; I נָחָשׁ „Schlange" (Noth N. 230), iam. (Taima) *nhstb* (NESE, 94 Nr. 14); asa. (ZAW 75, 1963, 312) *Nḥsn*: — 1. K. v. Ammon 1S

11 1f 12 12 2S 10 2 1C 19 1f; — 2. Vater v. אֲבִיגַיִל u. צְרוּיָה 2S 17 25 (G^L יִשַׁי); — 3. Ammoniter, Vater v. שֹׁבִי 2S 17 27; — 4. עִיר נ׳ 1C 4 12 G, Rudolph Chr. 32 (? n. l. ↗ II). †

נַחְשׁוֹן, Sam. *nēššon*, G u. NT Να(α)σσων: n. m.; I נָחָשׁ + *ān* (BL 500 q.u, cf. GAG § 56r) „Schlänglein", cf. Stamm ArchOr 17, 1949, 381): נָשִׂיא Ex 6 23 Nu 1 7 2 3 7 12.17 10 14 Rt 4 20 1C 2 10f. †

I נְחֹשֶׁת (ca. 140 ×), Sam. *nāššət*: III נחשׁ, < *nuḫušt* BL 608g; kan. *nuḫuštum* EA 69, 28, Gl. zu *erû*; ph. (DISO 177); ↗ נְחוּשָׁה; aram. **nuḥāš* ↗ ba. נְחָשׁ; md. (MdD 290b); ar. *nuḥās*; äth. *nāḥes*, tigr. (Wb. 324a) *neḥās* u. amh. (Ulldff. 111b) < ar.; kein Zushg. m. nordsyr. n. terr. *Nuḫašše* (Noth AbLAk 2, 147[60]): נְחָשְׁתִּי, נְחֻשְׁתָּה, du. נְחֻשְׁתַּיִם (BL 608l): Kupfer, m. Zinn legiert > Bronze, auch Messing (Forbes JbEOL 2, 747ff, BHH 273, BRL² 221ff, B. Rothenberg, Timna, d. Tal der bibl. Kupfermine, Bergisch Gladbach, 1973): — 1. נ׳ in Reihen v. Metallen: כֶּסֶף וּנ׳ Gn 4 22, בַּרְזֶל וּנ׳ Dt 33 25, נ׳ וּבַרְזֶל Ex 35 24; Reihe v. 3 Metallen Ex 25 3 2S 8 10 1C 18 10, u. 4 Met. Jos 6 19 1C 22 16 Ez 22 18, u. 5 Met. Ez 22 20, v. 6 Met. Nu 31 22; — 2. נ׳ als Stoff: Ex 27 2 2S 8 8 1K 7 14.16 (מֻצָק נ׳ Bronzeguss).45 (נ׳ מְמֹרָט), 2K 25 13 Js 60 17 Ez 40 3 Zch 6 1 1C 18 8 22 3 Sir 48 17 (Driver PEQ 1970, 86: Kupfermineral); Herkunft u. Bearbeitung v. נ׳ Dt 8 9 1K 7 14.16.45 2C 4 16; Beschreibendes Dt 28 23 Ez 1 7 40 3 Da 10 6 Esr 8 27 נ׳ מֻצְהָב (Driver WdO 2, 1954, 24; — 3. Geräte aus נ׳: קַרְסֵי נ׳ Ex 26 11, אַדְנֵי נ׳ 26 37, כִּיּוֹר נ׳ u. 30 18, מִזְבַּח הַנּ׳ 38 30, יָם הַנּ׳ 2K 25 13 Jr 52 17 1C 18 8 etc.; כֵּן נ׳ נ׳ הַתְּנוּפָה Ex 38 29; Fesseln aus Bronze Kl 3 7 (? l נְחָשְׁתָּי, s. Rudolph), du. Ri 16 21 2S 3 34 2K 25 7 Jr 39 7 2C 33 11 36 6; ↗ נְחוּשָׁה, נָחוּשׁ, נְחֻשְׁתָּא (?), נְחֻשְׁתָּן.

II נְחֹשֶׁת: נְחָשְׁתֵּךְ Ez 16 36 || עֶרְוָה: etym. u. semant. inc.; weibl. Scham: I נ׳ mhe. kupferner Boden (v. Gefässen etc., Jastr. 893f, Geiger 391ff); eher < akk. *naḫšātu* Menstruation pl. f. zu *naḫšu* füllig, üppig (AHw. 715b): Menstruation (cf. Zimmerli 339. †

נְחֻשְׁתָּא: n. f. Josph Νοόστη (NFJ 91); IV נחשׁ, „Üppige" :: Noth N. 225: l נְחֹשֶׁת „Eherne", Stamm HFN 323f: Mutter v. K. יְהוֹיָכִין 2K 24 8. †

נְחֻשְׁתָּן, G^A Νεσθαν, G^L Νεεσθαν: der v. K. Hiskia zerschlagene נְחַשׁ הַנְּחֹשֶׁת 2K 18 4; Mischbildung aus I נָחָשׁ u. I נְחֹשֶׁת + *-ān* (BL 500r, cf. v. Soden GAG § 56r), ? eig. „Erzbild": d. eherne Schlange, bronzenes Schlangenidol, v. Mose in d. Wüste angefertigt Nu 21 4-9, ätiol.; aus d. Wüstenzeit mitgebracht (Schlangenplage im *W. Sirḥan*, T. E. Lawrence, The Seven Pillars of Wisdom, chap. 47); od. kan. (Pedersen Isr 3/4, 452); Gressm. Mose 284ff. 453ff, BRL² 208ff, BHH 371, Zimmerli Ges. Aufs. II 254ff u. GatTh 1972, 106, Fritz, Israel in der Wüste, 1970, 94, Aharoni RB 82, 1975, 94 u. Abb. VI b). †

נחת: ug. *nḥt* (UT nr. 1635, CML 156a :: Aistl. 1771); ph. pehl. äga. nab. palm. Uruk (DISO 177); ba. ja. sam. (BCh. 2, 531b), cp. sy. md. (MdD 292b); ? aLw. 187:

qal: impf. (BL 198j.k) יֵחַת, תֵּחַת (BL 367): — 1. militär. tt. (sy.) **hinabziehen**, c. עַל Jr 21 13, cj. 2K 6 8 u. 9 (l. תִּנְחֲתוּ u. נְחִתִּים, ZATU 228³); — 2. **hinabfahren** (in שְׁאוֹל) cj. Hi 17 16 (l נֵחַת) u. 21 13 (l יֵחָתוּ); — 3. **tief eindringen**, c. בְּ (Scheltrede) u. c. מִן mehr als Pr 17 10; — Ps 38 3b ? l וַתָּנַח od. וַתִּכְבַּד :: TOB c. MT. †

nif: pf. נִחֲתוּ (Pfeil) **eindringen in** בְּ (cf. qal 3) Ps 38 3a. †

pi. (Jenni 67f): pf. נִחַת 2S 22 35 u. נִחֲתָה Ps 18 35 (3. f. sg., GK § 145k, od. 3. pl. f.,

BL 315 o; Sec. ναaθα, Brönno 65 qal); inf. נַחַת: — 1. (Bogen z. spannen) **herabdrücken** 2S 22₃₅/Ps 18₃₅; — 2. (Erdschollen) **senken, ebnen** Ps 65₁₁. †

hif: imp. הַנְחַת (Bgstr. 2, 116e): **herabführen** (militär. tt., Gaster Iraq 4, 28[13]) Jl 4₁₁. †

Der. I נַחַת, נְחִתִּים.

I נַחַת: נחת, aLw. 188: **Herniederfahren** (des זְרוֹעַ) Gottes || הוד קוֹלוֹ, G θυμός) Js 30₃₀; :: S. Rin BZ 7, 1963, 24f. †

II נַחַת, 4Q46 נוחת = *nōḥat (Muilenburg BASOR 135, 25, cf. Fschr. Eissf. II 29), נוח, BL 450g; ug. nḥt (UT 1640, Aistl 1772, M. Metzger UF 2, 1970, 157f), ph. נחת (DISO 177) Ruhe, Frieden: **Ruhe, Gelassenheit** (cf. Lescow ZAW 85, 1973, 318) Js 30₁₅ Pr 29₉ Koh 4₆ (:: עָמָל) 6₅ 9₁₇ Sir 11₁₉ 12₁₁ (הלך בנחת); — Hi 17₁₆ l נֵחַת: נחת qal; ? 36₁₆ (? Rest e. Halbzeile, al. del.). †

III נַחַת: n. m., = II, :: Noth N. 228: „Lauter"; Sam. nåt; ar. naḥt: — 1. Enkel Esaus Gn 36₁₃.₁₇ 1C 1₃₇; — 2. Nachk. Levis 1C 6₁₁ (6₁₉ תּוֹחַ, 1S 1₁ תֹּוחוּ); — 3. Levit 2C 31₁₃. †

נְחִתִּים 2K 6₉: נחת: ? sg. *נַחַת (BL 558c) herabsteigend, l נֹחֲתִים (↗ ZATU 228[3]). †

נטה: mhe. ja.; ar. naṭāw ausstrecken; ? äth. Leslau 34; ? akk. naṭû schlagen (AHw. 768b):

qal (ca. 130 ×): pf. נָטָה, נָטִיתָ, נָטִתִי, נָטוּ, נָטָיו, Ps 73₂ Q (BL 411v, K נָטוּי); impf. יִטֶּה (Sam. jēṭi), אֶט, וַיֵּט, יֵט, וַיֵּט־, וַיִּטּוּ Hi 23₁₁ = אַטֶּה hif. cf. Js 30₁₁); imp. נְטֵה; inf. נְטוֹ(ו)ת, נְטוֹתִי; pt. נֹ(ו)טֶה, נוֹטֵיהֶם, Js 42₅ (sg., BL 586i), pass. נָטוּי, נְטוּיָה, נְטוּוֹת K u. נְטוּיוֹת Q Js 3₁₆ (BL 599. 441e, 1QJs[a] נטוות): — 1. **ausstrecken**: Stab Ex 9₂₃, Schwert Ez 30₂₅, Hand (cf. tarāṣu qāta AHw. 909a) Ex 7₁₉, יָמִין 15₁₂, נְטוּוֹת גָּרוֹן mit gerecktem Hals Js 3₁₆ (GK § 128x); Gott handelt (Keel, Wirkmächtige Siegeszeichen im AT, 1974, 154ff) בְּיָד נְטוּיָה Jr 21₅ Js 14₂₆, בִּזְרוֹעַ נְטוּיָה Ex 6₆, ↗ זְרוֹעַ, וְעוֹד יָדוֹ נְטוּיָה Js 9₁₁.₁₆.₂₀ 10₄, cf. 14₂₇; נָטָה יָדוֹ בְּמַטֵּהוּ streckte d. Hand mit d. Stab aus Ex 8₁; > נָטָה בַּכִּידוֹן streckte d. Lanze aus Jos 8₁₈.₂₆; — 2. **ausspannen** (Zelt) Gn 12₈, cj. (l אָהֳלוֹ) Da 11₄₅, ellipt. ohne אֹהֶל Jr 14₈, שַׁפְרִיר 43₁₀, נ׳ קָו Messschnur spannen Js 44₁₃; שָׁמַיִם (:: hif. 4) Gott breitet d. Himmel aus (wie e. Zelt) Js 40₂₂ 42₅ 44₂₄ 45₁₂ 51₁₃.cj.₁₆ (l לִנְטֹת), Jr 10₁₂ 51₁₅ Zch 12₁ Hi 9₈, צָפוֹן Hi 26₇, *חוג Sir 43₁₂; ausbreiten, z. Auswahl vorlegen 1C 21₁₀ (MSS G נוֹטֵל, 2S 24₁₂); — 3. **nach unten neigen**: שְׁכֶם Gn 49₁₅, שָׁמַיִם 2S 22₁₀/Ps 18₁₀ Ps 144₅ (cf. J. Jeremias WMANT 10[2], 1977, 25[2] u. 168f); Hi 9₈ ? cf. Koch ZAW 86, 1974, 521[70]; קִיר נָטוּי überhängende Mauer Ps 62₄; — 4. intr.: a) **sich ausstrecken**, lang werden: צֵל 2K 20₁₀ Ps 109₂₃, צֵל נָטוּי 102₁₂; c. אֶל sich neigen Ps 40₂; נָטָה לְ sich hinziehen gegen Nu 21₁₅; נ׳ רֶגֶל Bein neigt sich, gleitet aus Ps 73₂; נְטוֹת יוֹם d. Tag neigt sich Ri 19₈; נ׳ sich anstemmen Ri 16₃₀; b) **abbiegen** (↗ סור qal 3): יָמִין nach rechts Nu 20₁₇ Hi 31₇, c. בְּ in hinein Nu 21₂₂, c. inf. 2S 2₁₉ Jr 14₈ (al. sec. 2); c) בְּ sich abwenden Nu 22₃₃b, c. לִפְנֵי 22₃₃a; d) sich zuwenden: c. עַד Gn 38₁, c. אֶל 38₁₆, c. אַחֲרֵי hinter = zusammen mit Ex 23₂, hinter ... her 1S 8₃, zu Ri 9₃, c. לְ sich zuwenden (l לְבָבְךָ נֹטֶה לוֹ) 1S 14₇ (:: Stoebe KAT VIII/1, 257. 259 ohne Änderung des MT); c. לְ c. inf. geneigt sein zu Ps 119₁₁₂; נָטָה sich wenden (l וַיֵּט לְבַב) 2S 19₁₅; metaph. c. אֶל Js 66₁₂, feindlich c. עַל Ps 21₁₂ 1C 21₁₀ (2S 24₁₂ נוֹטֵל); — Ps 17₁₁ ? לְהַטּוֹת.

nif: pf. נִטָּיו (↗ qal); impf. יִנָּטֶה, יִנָּטוּ: — 1. **gespannt werden** (קָו) Zch 1₁₆; — 2. **sich lang hinziehen**: Abendschatten Jr 6₄, נְחָלִים Nu 24₆ gew. Bachtäler (Vrss), :: Dattelpalmen (II נַחַל cf. Rudolph zu HL

6₁₁), eher Ausfall e. Wortes || גְּנוֹת anzunehmen (Noth ATD 7, 149, :: Zobel ZAW 85, 1973, 287: l נָטָה יהוה wie Täler, die Jahwe gebreitet). †

hif. (75 ×): pf. הִטָּהוּ, הִטִּיתִי, הִטָּה, הִטִּיתֶם, הִטּוּ, הִטַּתּוּ; impf. (s. BL 413f) יַטֶּה, יַטּוּ, וָאַט, אַט, תֵּט, וַיֵּט, Hi 23₁₁ (*F* qal), יַטֵּנּוּ/טֶּךָּ, וַיַּטֵּהוּ; imp. הַטֵּה, הַט, הַטֵּה, הַטִּי; inf. הַטּוֹתָהּ, הַטּ(ו)ת; pt. מַטֶּה, מַטִּים: — 1. **ausstrecken**: Hand Js 31₃ c. עַל gegen Jr 6₁₂ 15₆; — 2. **ausbreiten**: שַׂק 2S 21₁₀; הִטָּה mhe. MiBer. I 3 a.b, ellipt. ohne 'מ sich ausstrecken, hinlagern Am 2₈ יְרִיעוֹת, Js 54₂ (l הַטִּי), אֹהֶל aufschlagen (*F* qal) 2S 16₂₂; — 3. **zuwenden**: חֶסֶד עַל Esr 7₂₈ 9₉, חֶסֶד אֶל Gn 39₂₁ (l וַיֵּט); — 4. her/hinabneigen: שָׁמַיִם (:: qal 2) Ps 144₅, כַּד Gn 24₁₄, לֵב Jos 24₂₃, אֹזֶן von Jahwe 2K 19₁₆ Ps 31₃ Da 9₁₈; von Menschen Js 55₃ Jr 7₂₄ Ps 49₅; — 5. **beugen**: אֹרַח Pr 17₂₃, מִשְׁפָּט Ex 23₂.₆ Dt 16₁₉ 24₁₇ 27₁₉ Kl 3₃₅ (Liedke WMANT 39, 1971, 93); — 6. **seitwärts lenken, ablenken**: אָתוֹן Nu 22₂₃, לֵב Pr 2₁₁ (cf. T.-Arad 40, 4), (Lade) beiseite führen 2S 6₁₀, wegdrängen den צַדִּיק v. Recht (? *F* בְּ 13), Pr 18₅ (al. unterdrücken im Gericht), Js 10₂ 29₂₁, d. Armen בַּשַּׁעַר Am 5₁₂, מִדֶּרֶךְ Hi 24₄, d. גֵּר Mal 3₅; abweisen d. עֶבֶד Ps 27₉, Ermahnungen Sir 32/35₁₇; (Ordnung) stören Jr 5₂₅; — 7. **verführen** Js 44₂₀ Hi 36₁₈ Pr 7₂₁; — 8. **hinlenken** zu c. אֶל Ps 119₃₆, c. לְ 141₄ Pr 2₂, אַחֲרֵי 1K 11₂.₄; c. לֵב gefügig machen 2S 19₁₅, c. אֶל Jos 24₂₃ 1K 11₂; — 9. **abweichen** (BL 294b) Js 30₁₁ Hi 23₁₁; — ? Hos 11₄ ? l וָאַט (Rudolph 210).

hof: pt. מֻטֶּה, מֻטּוֹת (BL 364k): — 1. **ausgespannt** (*F* hif. 2) Js 8₈; — 2. **abgewiesen** (*F* hif. 6) Ez 9₉. †

Der. מַטֶּה, מַטָּה, מִטָּה, מֻטֶּה; n. l. יוּטָּה.

נְט(ו)פָתִי: gntl. von n. l. נְטֹפָה: 2S 23₂₈f 2K 25₂₃ Jr 40₈ 1C 11₃₀ 27₁₃.₁₅, coll. Neh 12₂₈ 1C 2₅₄ 9₁₆. †

***נָטִיל**: נטל, BL 470n: נְטִילֵי: **darwägend**, נְ׳ כֶסֶף Zef 1₁₁. †

***נָטִיעַ**: נטע, BL 470n; mhe. נְטִיעָה: נְטִיעִים **Pflanzenreis** (Rüthy 9) Ps 144₁₂. †

נְטִיפָה Ri 8₂₆: *F* נְטִפָה.

***נְטִישָׁה**: נטשׁ, BL 470n; pltt. נְטִישׁוֹתֶיהָ: **Ranken** (d. Rebe; Rüthy 59) Js 18₅ Jr 5₁₀ 48₃₂. †

נטל: mhe. äga. (DISO 178) ba. ja. aufheben, sy. auch überwiegen, *naṭṭil* schwer; akk. *naṭālu* schauen (AHw. 766b) eig. d. Augen erheben, cf. ba. Da 4₃₁; :: Rabin AWAr. 32; < נָטָה יָדוֹ אֶל (!):

qal: pf. נָטַל; impf. יִטּוֹל; pt. נֹטֵל: — 1. **auferlegen** Kl 3₂₈ (cf. Gordis JQR 58, 1967/8, 22), 2S 24₁₂ 1C 21₁₀ (*F* נטה s.o.); — 2. **wiegen** Js 40₁₅ l יִטֹּ(ו)לוּ cf. Elliger BK XI 42, u. W. Thomas BZAW 103, 1968, 218f; oder „aufheben" (cf. mhe. Dam. 11, 10, TOB). †

pi. (Jenni 191): impf. וַיְנַטְּלֵם: **aufheben** Js 63₉. †

Der. *נֵטֶל, נָטִיל.

נֵטֶל: נטל; ja. Schwere (e. Gewicht): **Last** Pr 27₃. †

נטע: mhe.; ug. *mṭʿt* (UT nr. 1643, Aistl. 1778); amor. in PN. (Huffmon 139); asa. *nṭʿ* (Conti 186a):

qal: pf. נָטַע, נָטַע/טָע Pr 31₁₆ (l Q נָטְעָה, K נָטַע od נָטְעָה: *F* נְטַע), נָטַעְתָּ, נְטַעְתֶּם; sf. יִטָּעוּ/טָעוּ, יִטַּע, תִּטְּעִי; impf. נְטַעְתִּים, נְטַעְתָּם, תִּטָּעֵמוֹ, וַיִּטָּעֵהוּ (BL 346v); imp. נִטְעוּ; inf. נְטֹעַ, לָטַעַת u. Koh 3₂ (BL 363e), לִנְטֹעַ (BL 343b, al: נְטֹעַ); pt. נֹטֵעַ, cs. נוֹטֵעַ, נֹטְעִים, נָטוּעַ, נְטוּעִים: — 1. **pflanzen** (cf. שׁתל, Engnell Fschr. Pedersen 93f): abs. Js 65₂₂ Jr 1₁₀ 18₉ 31₅.₂₈ 45₄ Koh 3₂; c. acc.: גַּן Gn 2₈ Jr 29₅.₂₈ Ps 80₁₆ (cj. גַּנָּה), כֶּרֶם Gn 9₂₀ Dt 6₁₁ 20₆ 28₃₀.₃₉ Jos 24₁₃ 2K 19₂₉ Js 5₂ 17₁₀ 37₃₀ 65₂₁ Jr 31₅ₐ (l נֹטְעֵי נְטָעִים), 35₇ Ez 28₂₆ Am 5₁₁ 9₁₄ Zef 1₁₃ Ps 107₃₇ Pr 31₁₆ Koh 2₄, אֶשֶׁל Gn 21₃₃, עֵץ Lv 19₂₃ Koh 2₅, אֲהָלִים Nu 24₆, זַיִת Dt 6₁₁

Jos 24$_{13}$ Jr 11$_{17}$, אֹרֶן Js 44$_{14}$, גֶּפֶן Ps 80$_{9}$, שֹׂרֵק Jr 2$_{21}$, אֶרֶז Ps 104$_{16}$, אֲשֵׁרָה Dt 16$_{21}$; bepflanzen Ez 36$_{36}$; — 2. Nägel **einschlagen** Koh 12$_{11}$; — 3. **pflanzen**, metaph. אֹזֶן Ps 94$_{9}$, Menschen Jr 11$_{17}$ 12$_{2}$ 24$_{6}$ 32$_{41}$ 42$_{10}$ Am 9$_{15}$; e. Volk einpflanzen Ex 15$_{17}$ 2S 7$_{10}$ Ps 44$_{3}$ 1C 17$_{9}$; c. אֹהֶל aufschlagen Da 11$_{45}$ — Js 51$_{16}$ l לִנְטוֹת. †

nif: pf. נִטָּעוּ: **gepflanzt werden** (mhe. 6Q11, 6) Js 40$_{24}$. †

Der. מַטָּע, *נָטִיעַ, נֶטַע, n. l. נְטָעִים.

נֶטַע: נטע: נֶטַע, cs. נְטַע (BL 573x), נִטְעֵךְ (ꜰ נטע qal), נִטְעֵי: — 1. **Pflanzung** Js 5$_{7}$ 17$_{10f}$, cj. (נְטָעִים) Jr 31$_{5}$; — 2. **Pflanzenreis**, **Pflänzling** Hi 14$_{9}$ (Rüthy 9), Sir 3$_{9}$. †

נְטָעִים, G ’A/’Εταειμ: n. l. in d. שְׁפֵלָה; ? *Ch. en-Nuwēti*ᶜ (Albr. JPOS 5, 50f, Rudolph Chr. 37, :: GTT § 322, 35) 1C 4$_{23}$. †

נטף: mhe. ja. (? טְפָא u. טִפְטֵף), sam. sy. md. (MdD 295b); Deir Alla 2, 35f (ATDA 251f); ar. *naṭafa*, asa. (Conti 186a) tröpfeln; äth. tigr. (Wb 343b. 344a) *naṭafa* filtern u. *naṭba* tropfen (:: Leslau 34); ? äg. *df* (cf. Ward ZÄS 95, 1969, 70ff:

qal: pf. נָטְפוּ/טָ֫פוּ; impf. תִּטֹּף, תִּטְּפוּ, תִּטֹּפְנָה; pt. נֹטְפוֹת: **tropfen**, **triefen** Ri 5$_{4}$ u. Ps 68$_{9}$ (s. Vogt Biblica 46, 207f: l נָטָיו :: Lipiński Biblica 48, 1967, 185ff), metaph. Hi 29$_{22}$ (מִלָּה), c. acc. von etw. Jl 4$_{18}$ Pr 5$_{3}$ HL 4$_{11}$ 5$_{5.13}$. †

hif: pf: הִטִּיפוּ; impf. תַּטִּיף, אַטִּף, יַטִּיפוּן, תַּטִּפוּ; imp. הַטֵּף; pt. מַטִּיף: — 1. **triefen/fliessen lassen** Am 9$_{13}$; — 2. metaph. Worte fliessen lassen (Dam. 1, 14), **geifern** = ekstatisch prophezeien Ez 21$_{2.7}$ Am 7$_{16}$ Mi 2$_{6a}$, c. לְ über 2$_{6b.\ 11}$, cj. (תַּטִּיף) Pr 15$_{2}$. †

Der. נָטָף, *נֶטֶף, נְטִ(י)פָה, טוֹטָפוֹת (?), n. l. נְטֹפָה.

נָטָף: נטף, Michel Grundl. heSy. 1, 70; Sam. *nāṭəf*; mhe., ja. נְטָפָא, sy. *nṭaftā* (LS 426a) wohlriechendes Harz; sy. *nṭuftā*, md. (MdD 298a) *niṭupta*; ar. *nuṭfat* Tropfen; ? > νετωπον Öl bitterer Mandeln (Boisacq 665): **Stakte-Tropfen**, Harz v. *Pistacia Lentiscus* (AuS 1, 541f, Harrison 46): Ex 30$_{34}$. †

***נֶטֶף**: נטף: נִטְפֵי: **Tropfen** Hi 36$_{27}$ (l נְטָפִים מִיָּם). †

***נְטִפָה**: נטף, BL 471r (cf. Michel Grundl. heSy. 1, 70): נְטִ(י)פוֹת: ar. *naṭafat* Ohrring, Wellh. RaH 165[6], cf. σταλάγμιον: **Ohrgehänge** (AOB 636/7, BRL[1] 398f, BRL[2] 285ff, BHH 1709, ANEP 4. 26. 74f) Ri 8$_{26}$ Js 3$_{19}$. †

נְטֹפָה: נטף, *qaṭul* od. *qa/i/uṭāl*; n. l. in Juda, etym. cf. *Bēt-Nettif* (GB), gew. = *Ch. Bedd- Fālūḥ* zw. Betlehem u. תְּקוֹעַ, Abel 2, 399, BHH 130; Gray Kings[3] 771; Kob ZDPV 94, 1978, 119-134, hier 119[6] weitere Lit. :: Mazar Journal of the Jewish Palestine Exploration Society 1935, 4-18; Avi-Yonah The Holy Land (Grand Rapids, Michigan 1966) 20, cf. AfO 20, 1963, 227ff: *Ramat Rachel*; ꜰ בֵּית הַכֶּרֶם (בַּיִת I B, 23): Esr 2$_{22}$ Neh 7$_{26}$; gntl. נְטֹ(וֹ)פָתִי.

נטר: aram. Nf. v. נצר; mhe. DSS, Dam, ꜰ ba. äga. pehl. nab. palm. (DISO 178) ja. cp. sam. (Peterm. 59a), sy. md. (MdD 295b); aLw. 189; ar. asa. (Conti 186b) *nẓr* ausschauen; Palache 48:

qal: pf. נָטַ֫רְתִּי; impf. יִנְטֹ(וֹ)ר (BL 198 l), אֶ/תִּטּוֹר; pt. ,נֹטֵר, נוֹטֵר, נֹטֵרָה (BL 593 o), נֹטְרִים: — 1. **bewachen**, **bewahren** HL 1$_{6}$ 8$_{11f}$; — 2. נָטַר אַפּוֹ s. Zorn bewahren, **dauernd zürnen** (cf. שׁמר 3) cj. Am 1$_{11}$ (l וַיִּטֹּר); ellipt. c. לְ Nah 1$_{2}$; etw. nachtragen: den בְּנֵי עַמֶּךָ Lv 19$_{18}$ (Sam. *tiṭṭor*: √טור, cf. BCh. LOT 5, 113 u. Anm.[67.267]) c. אֶת; von J. c. neg. Jr 3$_{5.12}$ (|| שׁמר) u. Ps 103$_{9}$ [:: Driver JThS 33, 361f, Lex.[1]: hier II נטר zürnen; akk. *nadāru* wüten, AHw. 703b; ar. *nadura* seltsam sein; tigr. heftig brennen, II wüten (Wb. 338b, Leslau 34)]. †

נטשׁ: mhe. ja. hinstrecken, aufgeben; akk. *naṭāšu* < aram. (v. Soden Or. 37, 261; AHw. 767b):

qal: pf. נָטַשׁ, נָטַשְׁתָּה, נְטַשְׁתָּה/תִּיךְ, נְטָשָׁנוּ; impf. יִטֹּשׁ, וַיִּטֹּשׁ, נִטֹּשׁ, יִטְּשֵׁנוּ, יִטְּשֵׁהוּ; imp. נְטוֹשׁ; pt. נְטֻשִׁים: sich selber überlassen, aufgeben (Wildberger BK X/1, 97f): — 1. אֶרֶץ unbestellt, **brach liegen lassen** Ex 23$_{11}$ (hinter שׁמט); — 2. **hinwerfen** (Zimmerli 704; al. liegen lassen, sec. 1.) Ez 29$_{5}$ 31$_{12}$ (c. אֶל), 32$_{4}$ (c. בְּ); — 3. חֶרֶב נְטוּשָׁה **gezücktes** (s. mhe. ja.) Schwert Js 21$_{15}$; — 4. c. עַל jmdm **überlassen** 1S 17$_{20.28}$, = c. עַל־יַד 17$_{22}$; (Blutschuld) c. עַל lasten lassen Hos 12$_{5}$ (Wolff BK XIV/1², 281f); — 5. etw. **aufgeben**, sich nicht mehr kümmern um: a) der Mensch seinen Gott Dt 32$_{15}$ Jr 15$_{6}$, cj. (l תִּטְּשֵׁנִי) Js 44$_{21}$; b) Gott s. Volk Ri 6$_{13}$ 1S 12$_{22}$ 1K 8$_{57}$ 2K 21$_{14}$ Js 2$_{6}$ Jr 7$_{29}$ 23$_{33.39}$ Ps 27$_{9}$ 94$_{14}$; c) נַחֲלָתִי (Gott) Jr 12$_{7}$, מִשְׁכַּן (Gott) Ps 78$_{60}$, אֶת־דִּבְרֵי die Sache mit 1S 10$_{2}$; d) נְטֻשִׁים aufgelöst גְּדוּד 1S 30$_{16}$; — 6. **unbeachtet lassen** Pr 1$_{8}$ 6$_{20}$ Sir 8$_{8}$; — 7. **ablassen** v. etw. (Barr CpPh 257) Pr 17$_{14}$, c. acc. verzichten auf Neh 10$_{32}$ (? ins. וּתְבוּאַת) cf. Ex 23$_{10f}$ (Rudolph EN 177); — 8. c. acc. jmdm. **d. Möglichkeit geben** zu Gn 31$_{28}$; — Nu 11$_{31}$ l וַיָּטָשׁ (↗ טושׁ) pr. וַיִּטֹּשׁ = Sam. *wyiṭṭåš*; ? 1S 4$_{2}$, cj. וַיֵּט (נטה), וַתִּקֶשׁ (קשׁה) :: Lex.¹, cf. auch Stoebe KAT VIII/1, 129. †

nif: pf. נִטְּשָׁה; impf. וַיִּנָּטְשׁוּ: sich selber überlassen sein: — 1. **umherstreifen** Ri 15$_{9}$ 2S 5$_{18.22}$: **wuchern** (Ranken) Js 16$_{8}$; schlaff hangen (Tau) 33$_{23}$; — 2. **unbeachtet liegen** Am 5$_{2}$. †

pu: pf. נֻטָּשׁ: **unbeachtet sein** Js 32$_{14}$. †

Der. נְטִישׁוֹת.

[***ני**: בְּנֵיהֶם Ez 27$_{32}$ (G, S בְּנֵיהֶם): ? Var. od. Gl. z. מִנָּה, ? בִּבְנֵיהֶם ↗ נְהִי.]

***ניא**: ar. *nj*ʾ ungekocht sein.

Der. II נָא.

נִיב, נוֹב Js 57$_{19}$K u. Sir 32/35$_{5}$ Rd: נוב, BL 452q; ja. נוֹבָא: נִיבוֹ: **Frucht**, metaph. נִ׳ שְׂפָתַיִם Js 57$_{19}$, mhe. Oberlippe; ניב זהב e. Schmuckstück Sir 32/35$_{5}$; — ? Mal 1$_{12}$ Frucht, Ertrag ? (GB), s. Komm. †

נֵיבָי Neh 10$_{20}$ Qere = V, Ketib = G^A נובי (? *o-a* dissim. > *ē*: VG 1, 255f): n. m., נוב od. gntl. v. נוֹב; palm. נבי (NE 321). †

נִיד: נוד, BL 452q; ↗ נִידָה: **Kopfschütteln**, Gestus des Beileids, נִ׳ שְׂפָתַי Lippentrost Hi 16$_{5}$ (↗ חשׂך 3). †

נִידָה: f. v. נִיד: **Kopfschütteln**, hier Gestus des Spottes, cf. הֵנִיעַ 3, הָיָה לְנִ׳ z. Gespött werden Kl 1$_{8}$ (s. Rudolph 206f; al. נִדָּה Abscheu v. 17). †

נָיוֹת: ↗ נָוֹת.

נִיח(וֹ)חַ, Sam. *nijjå̄ʾ*: נוח, eig. inf. polel (BL 475t, de Boer VTSu. 23, 1972, 45), dissim. < *nuḫuḫ* (ZDMG 71, 410f); cf. akk. (inf. D) *nuḫ libbi*: נִיחֹחִי, נִיחֹחֲכֶם, נִיחֹחֵיהֶם: **Beschwichtigung** (cf. הֲנִחוֹתִי חֲמָתִי Ez 5$_{13}$); immer רֵיחַ (הַ)נִּ׳ (mhe., DSS auch קטורת/ כפורי נ׳, DJD IV col. XVIII 9-10, p. 64; de Boer l.c. S. 37ff) G ὀσμὴ εὐωδίας, V *odor suavitatis* **Beschwichtigungsgeruch**: c. נתן, עשׂה, הקטיר, הקריב, שׂים; ↗ Ell. Lev. 35f: Gn 8$_{21}$ (וַיָּרַח י׳), sonst attr. od. in cs.-Verbindung m. ↗ אִשֶּׁה: Ex 29$_{18.25.41}$ Lv 1$_{9.13.17}$ 2$_{2.9.12}$ 3$_{5.16}$ 4$_{31}$ 6$_{8.14}$ 8$_{21.28}$ 17$_{6}$ 23$_{13.18}$ 26$_{31}$ Nu 15$_{3.7.10.13f.24}$ 18$_{17}$ 28$_{2}$ (l אִשֵּׁי לְרֵיחַ)$_{.6.8.13.24.27}$ 29$_{2.6.8.13.36}$ Ez 6$_{13}$ 16$_{19}$ 20$_{28.41}$ Sir 45$_{16}$; c. ליהוה Lv 1$_{9}$ u. 23 ×, cj. 3$_{16}$; Ringgren IR 154, Koehler Th. 175f, cf. Epos Gilgameš XI 160-163. †

נין: Ps 72$_{17}$ יִנֹּן: Q יִנּוֹן, nif. (BL 393g) od. K יָנִין hif. od. pi. יְנַיֵּן (Dahood Biblica 49, 1968, 362); 1 MS יִכּוֹן = G διαμενεῖ (cf. ‖ יְהִי לְעוֹלָם): sprossen, **Nachkommenschaft bekommen**. †

Der. נִין, od. denom. v. נִין.

נִין: נין (s. o.), BL 451p; mhe.; ? ph. PN. *ʾbnn* (PNPhPI 361); soq. (Leslau 34): נִינִי: Nachkomme, „Sprössling" (s. Johnson

SKsh 12[8]) Gn 21 $_{23}$ Js 14 $_{22}$ Hi 18 $_{19}$ Sir 41 $_{5}$ 47 $_{22}$ (stets || נֶכֶד), cj. Nu 21 $_{30}$; — ? Ps 74 $_{8}$, ? l נִינָם נַכְחִיד (Gkl). †

נִינְוֵה, Sam. *Nīnābe*; G Νινευη/ι, Josph Νῖνος (NFJ 91); ass. *Ninua*, *Ninu(w)a*, gr. Νινος (b. Hdt., Diodor) u. Νινυας (b. Ktesias, s. ZATU 298f); **Ninive** (V), spätere Hauptstadt v. Ass. am linken Ufer d. Tigris, gegenüber Mossul; P-W XVII 635ff, BRL 396f, BHH 1315, A. Parrot Ninive et l'AT [2]1955: Gn 10 $_{11f}$ 2K 19 $_{36}$/Js 37 $_{37}$ Nah 1 $_{1}$ 2 $_{9}$ 3 $_{7}$ Zef 2 $_{13}$ Jon 1 $_{2}$ 3 $_{3-7}$ 4 $_{11}$. †

נָיס Jr 48 $_{44}$: Q נָס; נוס pt. (K נִיס sbst. inf., ? cf. BL 452q), „**Flucht**". †

נִיסָן: Josph Νισᾶν (NFJ 91); akk. *Nisannu/ānu* (v. Soden § 20d, AHw. 794b); mhe., äga. (AP 299b), nab. palm. (NE 323a), sy. md. (MdD 299a); > ar. *nīsān* April (Syrien, Iraq); cf. Ellenbogen 113: **Nisan**, 1. Monat d. jüdischen Kalenders = März-April, = älter אָבִיב (BHH 1233): Est 3 $_{7}$, cj. Esr 7 $_{9}$ (ins. post הוּא, Rudolph EN 66f) Neh 2 $_{1}$. †

נִיצוֹץ: נצץ, BL 475t; mhe.: **Funke** Js 1 $_{31}$ Sir 11 $_{32}$ Sir[M] V 12. †

I ***נִיר**: ↗ מָנוֹר.

II **נִיר**: mhe.; ug. *nr* (cf. Aistl. 1851, CML 157b):

qal: imp. נִירוּ: erstmals pflügen, **urbar machen** Jr 4 $_{3}$ Hos 10 $_{12}$; ↗ II נִיר. †

I **נִיר**: נור, BL 452q; Sam. pl. *nīrot*; amor. *niru* (Huffmon 243); ar. *nūr*; BRL[2] 198ff: **Leuchte, Lampe** 1K 11 $_{36}$ (v. Rad Theol. I[6] 353, Noth BK IX/1, 243f), 15 $_{4}$ 2K 8 $_{19}$ 2C 21 $_{7}$, Pr 21 $_{4}$ נִר (MSS Edd Vrss נֵר ? zu II s. Gemser 81). †

II **נִיר**: II נִיר; mhe. ja; ? ug. *nr[t]* (Aistl. 1851, CML[2] 153 a, cf. TOML 561[m]), sy. md. (MdD 299b), > ar. *nīr* (Frae 131): **Neubruch**, erstmals umgebrochener Acker (AuS 2, 137) Jr 4 $_{3}$ Hos 10 $_{12}$ Pr 13 $_{23}$ (s. Gemser 64). †

***נִירִי** 2S 22 $_{29}$: ↗ I נֵר.

נִירָם Nu 21 $_{30}$: Sam. *wnīrâm*: √ירם. Nf. zu √רמה; ↗ I ירה qal (:: Hanson HThR 61, 1968, 310ff: נִיר = Joch).

נכא: Nf. v. נכה, DSS adj. נכאים; ar. *naka'a* verwunden, töten:

nif: pf. נִכְּאוּ: **hinausgepeitscht werden** aus (מִן) Hi 30 $_{8}$; Ps 109 $_{16}$ נִכְאֵה ↗ נָכֵא. †

Der. *נָכָא, *נָכֵא.

***נָכָא**: נכא: נְכָאִים: **zerschlagen** Js 16 $_{7}$. †

***נָכֵא**: נכא: cs. נְכֵא, f. נְכֵאָה: **zerschlagen**, לֵב שָׂמֵחַ רוּחַ נְכֵאָה Pr 15 $_{13}$ 17 $_{22}$ 18 $_{14}$ (:: לֵב שָׂמֵחַ); נְכֵה־רוּחַ zerschlagenen Geistes (GK § 128x) Js 66 $_{2}$, 1QJs[a] pl. נכאי (כאה, s. Ku. LJs. 200), cj. Ps 109 $_{16}$ l נִכְאֵה לֵבָב נְכֵא/ה Var. †

נְכֹאת, Sam. *nēkât*: ? ph. נכאת (DISO 178); ar. *naka'at* = **naka'at* (GB) Pflanzenblüte; Koehler ZAW 58, 1940/41, 233: **Ladanumharz** der Cistusrose (BHH 649, cf. BRL[2] 138) Gn 37 $_{25}$ 43 $_{11}$. †

נֶכֶד, Sam. נגד: Sir 41 $_{5}$, Sam. Gn 21 $_{23}$ *walnigdi*; äth. *nagd* Stamm, Geschlecht (Dillm 695), ? ar. *nağl* Kind (GB); mhe.: נֶכְדִּי, BL 567g: **Nachkommen** (|| נִין) Gn 21 $_{23}$ Js 14 $_{22}$ Hi 18 $_{19}$. †

נכה: Nf. נכא; Siloah 4; Sam. qal; sam. (BCh. LOT 3/2, 134); aam. (DISO 178); mhe. ja. cp. sy. pi./pa. abziehen, hif./af. schlagen; md. ניאכא (MdD 296b) Schaden; ar. *nkj/'*, asa. *nkj* Wunde (Conti 186); äth. *nakaja*, tigr. (Wb. 333b) *nak'a* verletzen (Leslau 34); soq. *monke* Schlag; ? äg. Götze BASOR 151, 31 nr. 7; akk. wsem. Lw. *nakû* (AHw. 724a):

nif: pf. נִכָּה **getroffen werden** (↗ Hif. 2b) וְנִכָּה וָמֵת 2S 11 $_{15}$. †

pu: pf. נֻכּוּ, נֻכְּתָה: **zerschlagen werden** (Korn durch Hagel) Ex 9 $_{31f}$. †

hif. (480 ×): pf. הִכָּה, הִכִּית(ה), הִכֵּיתִי, הִכִּיתָנוּ, הִכִּיתוֹ, הִכָּנִי/כָּנִי, (וְ)הִכָּהוּ, הִכּוּ, וְהִכִּיתָךְ, וְהִכִּ(י)תִיו, הִכִּיתִיךְ/תִיו, וְהִכִּיתֶם, וָאַךְ, וָאַכֶּה, וַתַּ/יַךְ, יַכֶּה, הִכּוּם/כּוּנִי; impf.

וַיַּכֵּהוּ, וַיַּכּוּ u. וַיַּכּוּ (BL 442e), יַכֶּכָּה, אַכֶּנּוּ, נַכֵּהוּ; imp. הַכֵּה, הַךְ, הַכּוּ, הַכֵּ(י)נִי (BL 442e), הַכֵּהוּ; inf. הַכּוֹת (abs. 2K 3$_{24}$, BL 278j), הַכֹּתָם, הַכֵּה; pt. מַכֶּה, cs. מַכֵּה, מַכֵּהוּ, מַכִּים: — 1. **schlagen** (H. Schüngel-Straumann, Tod u. Leben in der Gesetzesliteratur des Pentateuch, 1969, 55ff): a) Ex 21$_{11.13}$ (:: הרג 12 !), 1K 20$_{35}$, הַכּוֹת מֵאָה 100 mal schlagen Pr 17$_{10}$; Gott schlägt: alles Lebendige Gn 8$_{21}$, d. erstgeborenen Ex 12$_{12}$, Länder Nu 32$_4$ 1S 4$_8$, sein Volk Jr 2$_{30}$ 14$_{19}$, etc. Ein Mensch schlägt, bzw. Menschen schlagen Gegner Gn 14$_5$, Wasser 7$_{20}$, Tier 22$_{28}$, e. Land 1S 27$_9$, e. Stadt 2K 13$_{19}$, e. Volk 14$_7$, e. Schweifende HL 5$_7$ etc., בֶּן הַכּוֹת wer Schläge verdient Dt 25$_2$; b) c. בְּ auf jmd. bzw. etw. schlagen Ex 17$_6$ Nu 22$_6$ (↗ יכל qal 2 a :: ? pi. inf.), 1S 18$_7$; = strafen 2S 24$_{17}$; c. בְּ mit etw.: בַּמַּטֶּה Ex 7$_{17}$, בַּסַּנְוֵרִים Gn 19$_{11}$ (Seybold BWANT 99, 1973, 26), בְּנִפְלְאוֹת Ex 3$_{20}$, בַּדֶּבֶר 9$_{15}$, בְּאֶבֶן 21$_{18}$, בֶּחָרֶב Jos 11$_{10}$ etc.; Gott בְּעֶבְרָה Js 14$_6$, בְּקֶצֶף 60$_{10}$; c. עַל Ex 7$_{17}$; c) abs. dreinschlagen Ez 9$_7$ (l הַכּוּ); — 2. **erschlagen**: a) Ex 21$_2$ (= הרג 14 :: 11.13, ↗ 1a), Gn 4$_{15b}$ (= הרג 15a), מַכֵּה רֵעֵהוּ בַּסָּתֶר Dt 27$_{24}$; בָּרָד Ex 9$_{25}$; Tiere erlegen 1S 17$_{36}$; b) **treffen, verwunden** (↗ nif.) 2S 10$_{18}$, mit Pfeil 1K 22$_{34}$ 2K 9$_{24}$, m. Schleuder 1S 17$_{49}$ 2K 3$_{25}$; niederschiessen 2K 9$_{27}$; c) c. acc. treffen, **stechen**: Sonne, Mond Js 49$_{10}$ Ps 121$_6$ Jon 4$_8$ (עַל־רֹאשׁ); stechen (Wurm e. Pflanze) Jon 4$_7$, stossen Da 8$_7$; d) zerschlagen: Haus Am 3$_{15}$ 6$_{11}$, Stadt 2K 15$_{16}$; — 3. Gott schlägt (cf. נגע pi.): a) m. Krankheit c. acc. u. בְּ Nu 14$_{12}$ 1S 5$_{6.12}$ Js 53$_5$, cf. Gn 19$_{11}$ Js 1$_5$, m. Misswachs Am 4$_9$ Hg 2$_{17}$, m. strafenden Wundern Ex 3$_{20}$, מַכַּת אוֹיֵב Jr 30$_{14}$, m. חֵרֶם Mal 3$_{24}$; b) absolut: züchtigen Js 60$_{10}$ Jr 2$_{30}$ 14$_{19}$ Ps 69$_{27}$; — 4. Versch.: a) הִכָּה נֶפֶשׁ jmdm ans Leben gehen (GK § 117 ll) Gn 37$_{21}$, totschlagen Lv 24$_{18}$ Dt 19$_6$; הִכָּה לֶחִי auf d. Backe schlagen 1K 22$_{24}$ Ps 3$_8$ Hi 16$_{10}$ cf. akk. *lēta maḫāṣu* (AHw. 546a); הִכָּה בְּ in ... hinein stossen 1S 2$_{14}$ 19$_{10}$; הִכָּה בַּיָּם hineinwerfen Zch 9$_4$; b) הִכָּה מַכָּה בְּ (od. גְּדוֹלָה רַבָּה) Nu 11$_{33}$ m. schwerer Plage schlagen, Ri 11$_{33}$ 2C 13$_{17}$ schwere Niederlage beibringen; e. grosses Blutbad anrichten הִכָּה מַכַּת חֶרֶב בְּ Est 9$_5$; c) ה׳ אַרְצָה auf d. Boden schlagen 2K 13$_{18}$, ה׳ כַּף מִיַּד aus d. Hand schlagen Ez 39$_3$, ה׳ אֶל־כַּף in d. Hände klatschen Ez 21$_{19.22}$ u. ה׳ כַּף 2K 11$_{12}$ u. ה׳ בְּכַף Ez 6$_{11}$, ה׳ בְּדָוִד וּבַקִּיר David an d. Wand spiessen 1S 18$_{11}$ (cf. Stoebe KAT XVIII/1, 350), cf. 26$_8$; ה׳ שָׁרָשִׁים Wurzel schlagen Hos 14$_6$ (VG II 288f); ה׳ לֵב־דָּוִד אֹתוֹ David schlug d. Gewissen 1S 24$_6$ 2S 24$_{10}$; — 1K 20$_{21}$ gew. cj. וַיִּקַּח :: Mtg.-G. 328.

hof: pf. הֻכּוּ, הֻכֵּיתִי, הֻכְּתָה, הֻ/וּכָּה; impf. תֻּכּוּ, וַיֻּכּוּ; pt. מֻכֶּה, cs. מֻכֵּה, מֻכִּים/כֵּי: — 1. **geschlagen werden** Ex 5$_{14.16}$ 22$_1$, Js 1$_5$ Zch 13$_6$, עָם Hos 9$_{16}$, von Krankheit 1S 5$_{12}$; מֻכֵּה אֱלֹהִים v. Gott geschlagen Js 53$_4$; — 2. **erschlagen werden** (↗ hif. 2) Nu 25$_{14f.18}$; מֻכֵּה חֶרֶב Jr 18$_{21}$; (Stadt) ist genommen Ez 33$_{21}$ 40$_1$, לֵב getroffen Ps 102$_5$ (v. d. Sonne, ↗ hif. 2. c); — ? Dt 33$_3$ תֻּכּוּ (Sam. *tåku* qal von תוך√ sich unterwerfen; LOT V 110) s. Komm., Stummer Fschr. Nötscher 265ff, Komlós VT 6, 1956, 435f. †

Der. מַכָּה, I נָכוֹן, *נָכֶה.

*נָכֶה, od. *נֵכֶה: נכה, BL § 73; mhe. נָכֶה lahm: cs. נְכֵה, נְכִים, BL 465d: geschlagen: — 1. נְכֵי רַגְלַיִם **gelähmt** 2S 4$_4$ 9$_3$ 1QSa 2$_5$; — 2. **zerschlagen**, zerschlagenen Geistes c. רוּחַ Js 66$_2$, ↗ *נָכֵא; — Ps 35$_{15}$ pr. נֵכִים l (כְּ)נָכְרִים :: W. Thomas JThS 12, 50f. †

נְכֹה in 2K u. נְכוֹ Jr 2C: n. m., Josph Νεχαώς (NFJ 90); äg. *Nkʾw*; klschr. *Nik(k)ū* (Steindorff BzA 1, 346f, MélSyr. 931), G Νεχαω, grie. Νεκως (Hdt. u. Diodor): d.

Pharao **Necho** II (609-594, BHH 1297, Malamat, The Journal of the Ancient Near Eastern Society of Columbia University 5, 1973, 273ff) 2K 23₂₉.₃₃-₃₅ Jr 46₂ 2C 35₂₀.₂₂ 36₄. †

I **נָכוֹן**: נכה, BL 498f: **Stoss**, „Fusstritt" Hi 12₅ (cf. Fohrer KAT XVI 237; al.: II, „bereit"). †

II **נָכוֹן**: ↗ כון, nif. pt.

III **נָכוֹן**, G^B Νωδαβ, Josph Χειδῶνος (NFJ 126): n. m., ? = II; in n. l. גֹּרֶן נ׳ 2S 6₆, = גֹּ׳ כִּידוֹן 1C 13₉ (s. Rudolph 112). †

נכח: gerade aus, gegenüber sein; ? Nöld. NB 190f: ? sy. *nakkīḥ* sanft; ? ar. *naǧaḥa* Erfolg haben; ↗ נֹכַח, *נָכֹחַ.

נֹכַח, Sam. *nēka*: נכח, BL 569n: נִכְחוֹ, BL 215k: — 1. sbst. **Gegenüber**, נִכְחוֹ das ihm Gegenüberliegende Ez 46₉; — 2. praep. (BL 634a): a) **gegenüber** Ex 14₂ (נִכְחוֹ) 26₃₅ 40₂₄ Jos 18₁₇ Ri 20₄₃ 1K 20₂₉ 22₃₅ Est 5₁ 2C 18₃₄: נֹכַח לְ Jos 15₇; gegensätzlich חיים u. מות Sir^Adl 30/33₁₄; b) **vor** (metaph.): נ׳ י׳ wohlgefällig Ri 18₆, נָתַן/שָׂם נ׳ פָּנָיו vor sich hinstellen = wohlgefällig betrachten Ez 14₃f.₇, Jr 17₁₆ Kl 2₁₉; הלך נ׳ פניו seinem Kopf nachgehen Sir 8₁₅; c) c. praep: אֶל נ׳ in d. Richtung gegen Nu 19₄, cj. (אֶל־נִכְחוֹ) 1S 26₄; לְנ׳ gerade vor Gn 30₃₈, (bitten) für 25₂₁, adv. gerade vor sich hin Pr 4₂₅; עַד נ׳ bis gegenüber von Ri 19₁₀ 20₄₃ Ez 47₂₀. †

***נָכֹחַ**: נכח, BL 535a: נְכֹחִים/חוֹת ,נְכֹחָה ,נְכֹחוֹ: — 1. **geradeaus liegend**: sbst. הָלַךְ נְכֹחוֹ geht s. geraden Weg (נֹכַח 2) Js 57₂; — 2. a) adj. **gerade recht** (cf. יָשָׁר) 2S 15₃ Pr 8₉ 24₂₆; נ׳ בעיניו leicht Sir 11₂₁, (Weisheit) zugänglich 6₂₂; b) sbst. נְכֹחָה das Gerade, Rechte Js 59₁₄ Am 3₁₀, = נְכֹחוֹת (Recht) Js 26₁₀, (Wahrheit 30₁₀ 1QH 2₁₅ :: חלקות). †

נכל: ja. (נְכֵיל); sam., Sam. Nu 25₁₈ qal; sy. md. (MdD 300b) arglistig sein, täuschen; ar. *nakala* zurückschrecken, misshandeln, asa. *nkl* kunstvolle Herstellung (ZAW 75, 1963, 312); äth. (Leslau 34, JAOS 89, 1969, 21); akk. listig ersinnen (< aram., AHw. 717b, v. Soden Or. 37, 261):

qal: pt. נוֹכֵל: **geschickt**, **arglistig** handeln Mal 1₄. †

pi. (Jenni 228): pf. נִכְּלוּ: **arglistig handeln** (לְ an) Nu 25₁₈. †

hitp: impf. וַיִּתְנַכְּלוּ; inf. הִתְנַכֵּל: **sich arglistig benehmen** gegen c. acc. (GK § 117w) Gn 37₁₈, c. בְּ Ps 105₂₅. †

Der. נֵכֶל.

נֵכֶל, Sam. *nēkål*: נכל; ja. md. (MdD 298a), sy. *neklā*; akk. *niklu* kunstvolles Tun (AHw. 789b), *nikiltu* kunstvolle, listige Gestaltung (AHw. 788a): נִכְלֵיהֶם: **Arglist** Nu 25₁₈, 1Qp Hab 3, 5 || מרמה. †

נְכָסִים: mhe. pltt. sphe. auch sg. נֶכֶס; pehl. äga. (DISO 179), ba. sy; sg. sphe. נִכְסָא Viehherde, -besitz; ja. נִכְסְתָא, u. sam. נכס, נכיסה inf. schlachten; cp.; asa. *nsk* (Conti 187b); < akk. *nikkassu*, < sum. *níg-ka₉* Abrechnung, Vermögen (Zimmern 20, Eilers AfO 17, 335, AHw. 789a; nicht zu akk. *nakāsu*- נכס, cf. Zimmern 20² u. aLw. 191): **Vermögen** Jos 22₈ Koh 5₁₈ 6₂ 2C 1₁₁f Sir 5₈. †

I **נכר**: mhe. hif., ja. u. cp. af. erkennen, mhe. pi. u. ja. pa. als fremd behandeln, sy. md. (MdD 301a) u. ar. nicht kennen, abweisen, letzteres auch tigr. (Wb. 332b); äth. *ʾankara* sich wundern; lib. anders werden (Rössler ZA 50, 137); asa. schädigen, *nkr* Feind (Conti 187a); akk. *nakāru* anders, feindlich sein (AHw. 718b, Rössler 55); ug. verlassen (?) (Ug. V 570, 63); Grdb. genau betrachten > 1. positiv (an)erkennen, 2. negativ nicht als das Seinige anerkennen: Fschr. P. Humbert 117, Stamm in „Der Flüchtling in der Weltgeschichte", Bern 1974, 31ff; Annahme v. 2 Wurzeln (BDB, GB) also nicht nötig:

[? **qal**: impf. וָאֶכְּרֶהָ Hos 3₂; ↗ II כרה.†]

nif: pf. נִכְּרוּ; impf. יִנָּכֵר: — 1. **sich verstellen** Pr 26₂₄; — 2. (als fremd genau betrachtet u.) **erkannt werden** Kl 4₈ Sir 11₂₈. †

pi: pf. נִכַּר; impf. תְּנַכֵּרוּ, יְנַכְּרוּ: — 1. verkennen, **falsch darstellen** Dt 32₂₇; — 2. **entstellen** (מָקוֹם) Jr 19₄; 1S 23₇ c. בְּיַד übergeben (ja. entfernen; Driv.-M. BL 2, 196[1]; cf. Honeyman VT 5, 1955, 222 sub voce מכר; Gray KRT[2] 44; Stoebe KAT VIII/1, 419); Sir 11₃₄ c. acc. u. בְּ entfremden; — 3. **genau betrachten** Hi 21₂₉ 34₁₉. †

hif: pf. הִכִּיר (Da 11₃₉ Q יַכִּיר), הִכִּירוּ, הִכִּירָהּ, וַיַּכִּירָהּ; impf. יַכִּיר, וַיַּכֵּר, וְאַכִּירָה, הִכִּירוּהוּ, וַיַּכִּירֵם, יַכִּירֶנּוּ Js 63₁₆ (BL 337n, 1QJs[a] הכ׳, Dahood Biblica 43, 351 :: Gordon Jb kleinasiat. Forsch. 2, 50: ph. pf. *j*- kaus.), יַכִּירֻנּוּ, יַכִּירוּם; imp. הַכֶּר־, הַכִּירֵנִי; inf. הַכֵּר־ Ⓑ (הַכֶּר־), הַכִּירֵנִי; pt. מַכִּיר, מַכִּירִים, מַכִּירֵךְ: — 1. (als unbekannt) **untersuchen**, richterlich feststellen/entscheiden (Boecker 127) Gn 31₃₂ 37₃₂f 38₂₅f; — 2. **erkennen** Gn 27₂₃ 42₇f 1K 18₇ 20₄₁ Js 61₉ Hi 2₁₂ (s. Lohfink VT 12, 1962. 263[3]), 4₁₆ Rt 3₁₄ Esr 3₁₃ (c. acc. u. לְ), Neh 6₁₂; קוֹל e. Stimme Ri 18₃ 1S 26₁₇; הִכִּיר פָּנִים d. Person ansehen, parteiisch sein Dt 1₁₇ 16₁₉ Pr 24₂₃ 28₂₁ (Seeligmann HeWf. 271f); c. לְטוֹבָה zu Gutem, freundlich ansehen Jr 24₅, ohne לְט׳ Ps 142₅ Rt 2₁₀.₁₉; — 3. erkannt haben, **kennen** Dt 33₉ Js 63₁₆ Hi 24₁₇ 34₂₅, wissen von Ps 103₁₆ Hi 7₁₀; (nicht) kennen wollen, Hi 24₁₃, anerkennen Da 11₃₉ (K הִכִּיר, Q יַכִּיר); abs. erfahren 2S 3₃₆ (:: Boecker 39: als rechtsgültig feststellen); — 4. c. לְ u. inf. verstehen zu, **können** (frz. *savoir*) Neh 13₂₄; — Dt 21₁₇ l frt. יְבַכֵּר pr. יַכִּיר. †

hitp: impf. וַיִּתְנַכֵּר/נַכֵּר; pt. מִתְנַכֵּרוֹת (BL 593p): — 1. **sich unkenntlich machen** 1K 14₅f; — 2. **sich fremd stellen** Gn 42₇; — 3. **sich erkennen lassen** Pr 20₁₁. †

Der. מַכָּר (?), נֵכָר, נֵכֶר u. *נֹכֶר, נָכְרִי, *הַכָּרָה.

? II נכר: Nf. v. II כרה kaufen (s. Rudolph KAT XIII/1, 85) oder Sam. נכר hif. kaufen:

qal: impf. אֶכְּרֶהָ **kaufen** Hos 3₂. †

נֵכֶר, Ⓑ נֶכֶר (BL 574y) u. *נֹכֶר: I נכר: נָכְרוֹ: Gefühl d. Fremdheit > **Missgeschick** (|| אֵיד) Hi 31₃, Ob₁₂. †

נֵכָר: I נכר, BL 467t (qital); Sam. *nēkår*; ug. *nkr* (UT nr. 1649, Aistl. 1786) fremd; akk. *nakru, nakiru* feindlich, Feind (AHw. 723); 4Qp Nahum: גוי נכר (IEJ 21, 1971, 6): נֵכַר־ Dt 31₁₆ (BL 239p. 554z): **Fremde, Ausland** (THAT II 66ff): — 1. a) אַדְמַת נ׳ ausländischer Boden Ps 137₄; b) אֵל נ׳ ausländischer Gott Dt 32₁₂ Mal 2₁₁ Ps 81₁₀, pl. אֱלֹהֵי נ׳ Gn 35₂.₄ Dt 31₁₆ Jos 24₂₀.₂₃ Ri 10₁₆ 1S 7₃ Jr 5₁₉, אֱלוֹהַּ נ׳ Da 11₃₉ 2C 33₁₅ (אֱלֹהֵי הַנּ׳), הַבְלֵי נֵכָר Jr 8₁₉; c) מִזְבְּחוֹת הַנֵּכָר ausländ., fremde Altäre 2C 14₂; כָּל־נֵכָר alles, was Ausland ist = alle Ausländischen Neh 13₃₀; — 2. בֶּן־נ׳ (↗ בֵּן 7, DSS) **Ausländer** Gn 17₁₂.₂₇ Ex 12₄₃ Lv 22₂₅ Js 56₃ (הַנּ׳), Ez 44₉, בְּנֵי נ׳ 2S 22₄₅f/Ps 18₄₅f Js 56₆ (הַנּ׳), 60₁₀ 61₅ 62₈ Ez 44₇ Ps 144₇.₁₁ Neh 9₂. †

נָכְרִי, Sam. *nikri*, sam. נכראי, abs. נכראה det., (BL 215k): I נכר; *נֹכֶר (BL 501x); mhe. ja. נוּכְרָאָה, cp. sy. md. (MdD 293b) *nukrājā*; äga. palm. נכרי (DISO 179); akk. *nukru* fremdländisch (wsem. Albr. BASOR 77, 31[48]): נָכְרִיָּה, נָכְרִים (BL 562u), נָכְרִיּוֹת: ausländisch, fremd (:: ↗ גֵּר, זָר; Gutmann HUCA 3, 1ff, Fschr. P. Humbert 117, THAT II 67f): — 1. **ausländisch**: גֶּפֶן Jr 2₂₁, עַם Ex 21₈, מַלְבּוּשׁ Zef 1₈; אֶרֶץ נָכְרִיָּה Ausland Ex 2₂₂ 18₃; — 2. **Ausländer** (O. Bächli, Israel u. die Völker 1962, 43ff; Sehmsdorf ZAW 84, 1972, 554ff) אִישׁ נָכְרִי Dt 17₁₅, > נָכְרִי (3 × || זָר) Dt 14₂₁ 15₃ 23₂₁ 29₂₁ Ri 19₁₂ (coll., ? l pl., s. Moore ICC 416), 2S 15₁₉ 1K 8₄₁.₄₃ Pr 5₁₀

Koh 6$_2$ 2C 6$_{32f}$, pl. Js 2$_6$ Ob$_{11}$ Pr 20$_{16K}$, cj. 27$_{13}$ (G), Kl 5$_2$; נָשִׁים נָכְרִיּוֹת Ausländerinnen 1K 11$_{1.8}$ Esr 10$_2$ cj.$_{3.10f.14.17f.44}$ Neh 13$_{26f}$, נָכְרִיָּה Ausländerin Pr 2$_{16}$ 5$_{20}$ 6$_{24}$ 7$_5$ 23$_{27}$ Rt 2$_{10}$, pl. Gn 31$_{15}$; — 3. **fremd** (s. Hoftijzer VT 7, 1957, 390f) Ps 69$_9$ (|| מוּזָר), cj. 35$_{15}$ (כְּנָכְרִים), Hi 19$_{15}$ Pr 27$_2$; fremdartig, befremdlich Js 28$_{21}$ (|| זָר). †

נְכֹת, G νεχωθα: < akk. *bīt nakāmti* (Zimmern 8, AHw. 721b, Ellenbogen 114): בֵּית נְכֹתֹה: **Schatzhaus** 2K 20$_{13}$ Js 39$_2$ (1QJs^a בית נכתיו, Rubinstein JSS 4, 1959, 130ff = sg., Ellenbogen 114), cj. Ps 68$_{13}$. †

[**נלה**: כַּנְּלֹתְךָ Js 33$_1$: cf. BHS l כְּכַלֹּתְךָ (נ :: כ, Kennedy 84, Delitzsch LSF § 120b; 1QJs^a, Ku. LJs p. XI). †]

[**נִמְבְזָה** 1S 15$_9$: l נִבְזָה (בזה nif. pt. fem.). †]

נְמוּאֵל: n. m., Josph Ἰούμηλος (NFJ 64); Sam. *nåmuwwəl*; ? נמה :: Barr CpPh 182, ? = F לְמוּאֵל (? VG I 228): — 1. Rubenit Nu 26$_9$ dl c. Noth Syst. 124[1] u. BHS); — 2. Simeonit Nu 26$_{12}$ 1C 4$_{24}$, = יְמוּאֵל Gn 46$_{10}$ Ex 6$_{15}$; gntl. נְמוּאֵלִי Sippe Nu 26$_{12}$. †

נְמָלָה: < *namlat (Albr. BASOR 89, 31[14]); mhe.; pun. n. pr. *nml* u. *nmlm* (PNPhPI 360f); ar. *naml*; sy. *nmālā* Ameisennest; akk. *nam(ā)lu* (AHw. 725b) u. *lamattu* (AHw. 533a): **Ameise**, Bodenh. AM 115: *messor semirufus*, Pr 6$_6$ 30$_{25}$, beliebt in d. Spruchweisheit (BHH 80, Albr. VTSu. 3, 1955, 7). †

[**נָמֵס**: נְ׳ אֹתָהּ 1S 15$_9$: l נִמְאֶסֶת (מאס nif.).]

I ***נמר**: ar. *namira* fleckig sein, mhe. pi. denom. fleckig machen; sam. (BCh. LOT 2, 522. 598b); F נָמֵר.

II ***נמר**: akk. *naw/māru*. F נור: F n. l. נִמְרָה.

נָמֵר, Hier. *nemer* (Sperber 242): I נמר; mhe., ja. נִמְרָא; Deir Alla 1, 17 *nmr*; aam. äga. (DISO 179), sy. *nemrā*, md. (MdD 298b) נימרא; pun. n. pr. (PNPhPI 361); ar. *namir*, asa. *nmr* (Conti 187b); äth. *namer*; akk. *nimru* (AHw. 790a): נְמֵרִים: **Leopard**, **Panther**, *felis pardus* (Bodenh. AM 20ff, Aharoni ZDPV 49, 251, BHH 1390) Js 11$_6$ Jr 5$_6$ 13$_{23}$ Hos 13$_7$ Hab 1$_8$ HL 4$_8$; ? נִמְרָה u. נִמְרִים. †

נִמְרֹ(וֹ)ד: G Νεβρωθ, Josph Ναβρώδης (NFJ 89); n. m.; Sam. *nimrod*: S. v. כּוּשׁ Gn 10$_{8f}$ 1C 1$_{10}$; Jagdheld u. Herrscher v. בָּבֶל, אֶרֶךְ, אַכַּד u. כַּלְנֵה, gründet נִינְוֵה, רְחֹבֹת, כֶּלַח u. רֶסֶן; אֶרֶץ נְ׳ = אַשּׁוּר Mi 5$_5$ (ArchOTSt. 59); ? n. d. **Ninurta**, ass. Jagd- u. Kriegsgott, Böhl OpMin. 17, WbMy 1, 114f, v. Soden RGG 4, 1496 :: Albr. JBL 58, 99f; al. ass. König, **Tukulti-Ninurta** I 1235-1198 (Speiser ScrHieros. 5* 32ff = Fschr. Speiser 44ff; BHH 1314). †

נִמְרָה, G$^{B (A)}$ Ναμ(β)ρα, Josph Βηθενναβρίς (NFJ 27); Sam. *nimra*: II נמר, BL 456j; n. l. in Moab Nu 32$_3$; בֵּית נְ׳ (F בֵּית B 32); ? asa. נמרי Bassin m. klarem Wasser (Conti 187b); ar. *namīr* wasserreich :: Plöger KAT XVIII 109: < נָמֵר. †

נִמְרִים, G Νεμηριμ, Νεβριμ u. ä, Josph Βηθενναβρίς (NFJ 27): n. terr. מֵי נְ׳ in Moab: *Sēb en-Numēra*, Abel 2, 399, GTT § 1256/58, Rudolph Jer.[3] 287; Schottroff ZDPV 82, 1966, 200f :: Plöger KAT XVIII 109: < נָמֵר: Js 15$_6$ Jr 48$_{34}$. †

נִמְשִׁי, G^L Ναμεσσι, Josph Ναμεσαῖος (NFJ 90), V *Namsi*: n. m.; OstrSam. (Dir. 47); ug. PN *nmš* (UT nr. 1653, Aistl. 1791); ? etym: ar. *nims* Ichneumon, Marder, Wiesel (Noth N. 230), od. klschr. *Nummušu* (APN 169, 324 :: AHw. 803b: „wohl falsch"): Vater v. Jehu 1K 19$_{16}$ 2C 22$_7$ (? Grossvater) 2K 9$_{2.14.20}$, BHH 1315. †

נֵס: BL 454b: Sam. *nås*, c. sf. *nåsi*; Nu 26$_{10}$ Sam. *alnos* |/נוס Var. zu נֵס; mhe., ja. cp. auch Wunder נִסָּא, sy. *ni/essā* (LS 427b, Black 217): נִסִּי: — 1. **Signalstange** (m. Tuchfetzen, ZDPV 9, 232): Nu 21$_{8f}$ Js 30$_{17}$ (|| תֹּרֶן) Jr 4$_{21}$; נָשָׂא נֵס Js 5$_{26}$ 11$_{12}$

13₂ Jr 46.21 18₃ 50₂ 51₁₂.₂₇, הָרִים נֵ׳ Js 49₂₂ 62₁₀; הָיָה לְנֵ׳ Mahnzeichen Nu 26₁₀; — 2. **Feldzeichen, Standarte** (BRL[1] 160f, BRL[2] 77ff, Yadin BA 20, 43, BHH 194f, Wildbg. BK X/1, 223, נס אל 1QM 3, 15) י׳ נִסִּי Name e. Altars Ex 17₁₅.₁₆ pr. ↗ נֵס יָהּ l כֵּסְיָה (Komm. Gradw. VT 12, 1962, 491ff; Weippert ZAW 84, 1972, 489[136]; Fritz, Israel in d. Wüste, 1970, 57, Childs Exodus 311f), Js 31₉ (v. נֵס hinweg = fahnenflüchtig, ↗ מִן 1. d), עָמַד לְנֵס עַמִּים Js 11₁₀; Flagge G σημεῖον; ? Segel (T. Saadia :: Driver JSS 13, 1968, 54) Js 18₃ 33₂₃ Ez 27₇; — Ps 60₆ ↗ II נסס, al. cj. מָנוֹס. †

[נְסִבָּה Ez 41₇: ? סבב nif., BL 431t; Sam. Gn 19₄ *wnåsåbu* (qal); l מְסִבָּה T, s. Zimmerli 1030.]

נְסִבָּה: סבב, pt. nif., BL 431tv, > sbst.: Wendung, **Fügung** נְ׳ מֵעִם הָאֱלֹ׳ 2C 10₁₅; סִבָּה 1K 12₁₅ (Rudolph Chr. 228). †

***נסג**, יַסֵּג Mi 2₆ ↗ נשג; נָסוֹג, יִסֹּגוּ, etc. ↗ סוג.

נסה: mhe. pi., נסיון Versuchung Sir 6₇ 41₇; ug. *nsy* ? (Aistl. 1799, van Selms UF 2, 1970, 264); ja. sam. cp. (Schulth. Gr. 139a), sy. (LS 433b) u. md. (MdD 301b); ar. *nsj*; äth. **nasawa* (Dillm. 642):

nif. (:: trad. piel): pf. נִסָּה, נִסְּתָה, נִסֵּיתִי: **wagen**, c. inf. Dt 4₃₄ 28₅₆ (KAI I 193, 9), 1S 17₃₉ Hi 4₂ (Budde GHK II/1[2], 17f, Horst BK XVI/1, 60. 66, al. l. נשׂא qal od. nif.). †

pi: pf. נִסָּה, נִסְּתָה, נִסִּיתִי, נִסָּהוּ, נִסִּיתוֹ, אֲנַסְּכָה, אֲנַסֶּנּוּ, תְּנַסּוּן, וַיְנַסּוּ, אֲנַסֶּה; impf. נִסּוּנִי; imp. נַס, נַסֵּנִי; inf. נַסּוֹת, נַסֹּתוֹ/תָם; pt. וַיְנַסֵּם מְנַסֶּה: — 1. jmdn **auf d. Probe stellen** (Ruppert VT 22, 1972, 55-63; Ruprecht ZAW 86, 1974, 280[28]; THAT II 69ff): a) Jahwe לֵוִי Dt 33₈, d. Königin v. Saba Salomo 1K 10₁ 2C 9₁; Da 1₁₂.₁₄; d. eigene נֶפֶשׁ Sir 37₂₇; ? man prüft חֹק וּמִשְׁפָּט Ex 15₂₅ (Liedke WMANT 39, 1971, 184; Nielsen 118; b) „**versuchen**" Menschen Gott (Fritz, Israel in der Wüste 1970, 118f) Ex 17₂.₇ Nu 14₂₂ Dt 6₁₆ Js 7₁₂ Ps 78₁₈.₄₁.₅₆ 95₉ 106₁₄; c) Gott die Menschen Gn 22₁ Ex 16₄ 20₂₀ Dt 8₂ (לָדַעַת um zu erfahren).₁₆ 13₁₄ 33₈ (↗ III מַסָּה), Ps 26₂ 2C 32₃₁; — 2. Erfahrung geben, **einüben** (Greenberg JBL 79, 273ff, Eissfeldt KlSchr. 3, 356f; Zobel BZAW 95, 1965, 30) c. בְּ des Mittels: Ex 20₂₀ Ri 2₂₂ 3₁.₄ 2C 9₁, etw. üben 1S 17₃₉a.b; — 3. e. **Versuch machen**: a) c. בְּ mit etw. Ri 6₃₉ Koh 2₁ (BHS prop. אֲנַסְּכָה :: Hertzb. KAT XVII/4, 79 l. MT); b) c. acc. etw. Koh 7₂₃; — Hi 4₂, ↗ nif.; 36₃₂ pr. נִסָּה l כִּסָּה = נִשָּׂא. †

נְסָה Ps 4₇: meist = נְשָׂא = שָׂא (BL 441c) :: s. Gkl, Dahood Psalms I 26: נָסָה (נוס). †

נסח: mhe., aam. pehl. (DISO 180, C. F. Andreas Bruchstücke einer Psalmenübersetzung 1933, 140); sam. akk. *nasāḫu* ausreissen; ja. sy. md. (MdD 302a); ar. *nasaḫa* tilgen, abschaffen, kopieren; akk. *nisḫu* > ja. md. (MdD 302a) נוסחא Kopie; ar. *nusḫat* (Zimmern 29, Rosenthal 90[7], AHw. 795a); ↗ נסע, Palache 49f:

qal: impf. יִסַּח, יִסָּחֲךָ: — 1. (Haus) **abreissen** Ps 15₂₅; — 2. (Mensch) **herausreissen** aus מִן Ps 52₇; — יִסְּחוּ Pr 2₂₂ || יִכָּרֵתוּ, l or. יִסָּחוּ.

nif: pf. נִסַּחְתֶּם: **ausgerissen werden** Dt 28₆₃ ? cj. Pr 2₂₂ (pr. יִסְּחוּ l יִנָּסְחוּ) Sir 48₁₅ (|| פוץ). †

cj. **hof**: impf. יֻסְּחוּ Pr 2₂₂ **ausgerissen werden**, ↗ qal mut. u. nif. cj.

Der. מַסָּח.

I ***נָסִיךְ**: I נסך, BL 470n, ? pl. zu I נֶסֶךְ: נְסִיכֵיהֶם, נְסִיכָם: — 1. **Weinspende, Trankopfer** (mhe. נֶסֶךְ, ja. נִסְכָּא, sy. *neskᵉtā*, > ar. *nasīkat* Opfer, Frae. 152) Dt 32₃₈; — 2. **Gussbild, Götterbild** (cp. sy. *nsīkā*) Da 11₈. †

II ***נָסִיךְ**: ? I נסך; mhe., äga. (DISO 180) Fürst, akk. (wsem., AHw. 754a) Aramärfürst: נְסִיכֵי, נְסִיכֵיהֶם, נְסִיכֵמוֹ (BL 257p): **Anführer, Stammesfürst** (v.d. Ploeg RB 57, 1950, 57; Zimmerli Ez. 791) Jos 13$_{21}$ Ez 32$_{30}$ Mi 5$_4$ Ps 83$_{12}$. †

I נסך: mhe. schmelzen, spenden; ug. *nsk* schütten, ausgiessen, schmelzen (UT nr. 1662, Aistl. 1801, CML 157a, RSP I S. 276 Nr. 384, RSP II S. 61f Nr. 26), ja. sam. (qal, pa. etp.) ph. aam. (DISO 180), sy. giessen; ar. ausgiessen, opfern; akk. *nasāku* flach hinwerfen, (AHw. 752a); ↗ יסך, סוך ?:

qal: pf. נָסַךְ/סָךְ; impf. יִסְּכוּ; inf. נְסֹךְ: — 1. **ausgiessen**: Wein Hos 9$_4$, נֶסֶךְ Ez 30$_9$, מַסֵּכָה Js 30$_1$, רוּחַ 29$_{10}$ (c. עַל); — 2. **giessen**, e. Gussbild herstellen Js 40$_{19}$ (1QJsª מסך, ? pt. hif.), 44$_{10}$; — Ps 2$_6$ ↗ nif. u. II סכך.

nif: pf. נִסַּכְתִּי: cj. Ps 2$_6$ pr. נָסַכְתִּי l נִסַּכְתִּי מַלְכּוֹ (unter Trankopfer) **geweiht, gefürstet werden** (↗ II נָסִיךְ, Gkl 11); Gese, Von Sinai zum Zion 1974, 138f ↗ II סכך. †

pi. (Jenni 199, 256, Degen WdO 6, 1971, 54): impf. וַיְנַסֵּךְ: (Wasser) **als Weihgabe ausgiessen** 1C 11$_{18}$ (hif. 2S 23$_{16}$). †

hif: pf. הִסִּכוּ; impf. וַיַּסִּיכוּ, וַיַּסֵּךְ, אַסִּיךְ; inf. cs. לְהַסֵּךְ Jr 44$_{11.25}$ (BL 332t), abs. הַסֵּ(י)ךְ (BL 367): c. נֶסֶךְ **Trankopfer spenden** Gn 35$_{14}$ (c. עַל; Sam. *wyåsåk*: √סוך hof. impf.; Ex 25$_{29}$ Sam. LA. qal: *yissåku*), Nu 28$_7$ (הַסֵּךְ inf. abs., GK § 113bb c. לְ für), 2K 16$_{13}$, c. pl. Jr 7$_{18}$ 19$_{13}$ 32$_{29}$ 44$_{17.19.25}$ Ez 20$_{28}$ Ps 16$_4$; מַיִם als Spende ausgiessen 2S 23$_{16}$. †

hof: impf. יֻסַּךְ: **als Libation gespendet werden** Ex 25$_{29}$ 37$_{16}$. †

Der. I נָסִיךְ, I. II נֶסֶךְ, I מַסֵּכָה.

II נסך: Nf. II סכך; mhe. ↗ II מַסֵּכָה u. מַסֶּכֶת; ja. נִיסְכָא e. Handgriff b. Weben (Jastrow 917b); äga. נסך (DISO 180); ar. *nasağa* (ג: כ!) weben:

qal: pt. pass. נְסוּכָה: **flechten, weben** (מַסֵּכָה) Js 25$_7$. †

nif: pf. נִסַּכְתִּי: **gewoben, geformt sein** Pr 8$_{23}$ (Gemser 111, O. Keel Die Weisheit spielt vor Gott, 1974, 17f, cf. רקם pu., I עצר pi.). †

Der. II מַסֵּכָה, מַסֶּכֶת.

I נֶסֶךְ u. נֵסֶךְ (3 ×), Sam. *nēsək*: I נסך mhe. נֶסֶךְ u. נְסִיכָה nom. act. qal: das Spenden, ja. נִסְכָּא; ? pehl. (DISO 180) נסך u. sy. *neskᵉtā* u. *nsākā* Trankopfer: נֶסֶךְ, נִסְכּוֹ/כֹּה, נְסָכִים, נִסְכֶּיהָ, נִסְכֵּ(י)הֶם (BL 252r): **Trankopfer, Libation**, Ps 16$_4$ v. Blut, sonst Wein; neben anderen Opfern, Wendel 39ff. 112ff; Smith RS 229ff. 580; BHH 1348; Rendtorff WMANT 24, 1967, 169ff: הִסִּיךְ נֶסֶךְ עַל Gn 35$_{14}$; in unstatthaften Kulten Js 57$_6$ (שׁפך), Jr 7$_{18}$ 19$_{13}$ 32$_{29}$ 44$_{17.19.25}$ Ez 20$_{28}$; im rechten Kult Ex 29$_{40}$ 30$_9$ Lv 23$_{13.18}$ Nu 4$_7$ 15$_{5.7.10}$ 28$_7$ (נֶסֶךְ שֵׁכָר)$_{.8-10.15.24}$; c. מִנְחָה Ex 29$_{41}$ Nu 6$_{15.17}$ 15$_{24}$ 29$_{31.33f.38}$ Ez 45$_{17}$ Jl 1$_{9.13}$ 2$_{14}$, c. עֹלָה Nu 28$_{10.15.24}$ 29$_{16.22.25.28}$ 2C 29$_{35}$, c. אִשֶּׁה Nu 28$_8$, in e. Reihe Lv 23$_{37}$ Nu 29$_{39}$; v. König dargebracht 2K 16$_{13.15}$; נִסְכֵּיהֶם Nu 28$_{14.31}$ 29$_{6-37}$ (9 ×), 1C 29$_{21}$. †

II *נֶסֶךְ: I נסך; mhe., ja. נִסְכָּא, pun. נסכה gegossenes Metall, Gussbild (DISO 180): נִסְכּוֹ, נִסְכֵּיהֶם/כֶם (BL 581): **Gussbild**, BRL² 219ff. 105. 121, BHH 570, ANEP 133ff, ↗ I מַסֵּכָה, Js 41$_{29}$ 48$_5$, Jr 10$_{14}$ u. 51$_{17}$ l נְסָכָו (G). †

I נסס: akk. *nussusu* schütteln (AHw. 806a), *nissatu* Unrast, ? äth. tigr. (Wb. 326a, Leslau 34) *nasnasa* besprengen; ar. *naznaza* d. Kopf bewegen (Kind), schaukeln; ↗ נוס:

qal: pt. נֹסֵס: **schwanken, verzagen** (?) Js 10$_{18}$ (Wildbg. BK X/1, 406). †

II נסס: denom. v. נֵס (J. Lewy ArchOr. 11, 39):

hitpo: inf. הִתְנוֹסֵס; pt. מִתְנוֹסְסוֹת: **sich um d. Banner sammeln** (al. v. נוס Zuflucht suchen) Ps 60$_6$; — מִתְנוֹסְסוֹת Zch 9$_{16}$ ↗ נצץ. †

נסע: mhe. ja. fortziehen; ug. *nsʿ* (UT nr. 1663, Aistl. 1803) herausreissen, reisen, ph. (DISO 180) herausreissen; ar. ? *nazaʿa* (VG I 153) herausziehen u. *nasaʿa* reisen (Guill. 1, 28); äth. *nazʿa* (Dillm. 678); nicht zu akk. *nesû* fern sein, sich entfernen (AHw. 781 :: GB, Lex.[1]); ↗ נסח:

qal (136 ×): pf. נָסַע, נָסְעוּ/סָעוּ; impf. יִסְעוּ (BL 367), יִסָּעוּ, וַנִּסַּע, וַנִּסְעָה, יִסָּעֵם; imp. סְעוּ; inf. נְסֹעַ, נָסְעָם; pt. נֹסֵעַ, נֹסְעִים: — 1. **herausreissen**: Torflügel Ri 16$_{3}$, Pflock 16$_{14}$ Js 33$_{20}$; — 2. Zeltpflöcke ausreissen > Lager abbrechen > aufbrechen (cf. akk. *nasāḫu* 23, AHw. 751a), **weiterziehen** Gn 33$_{12}$ u. ö.; (Heer) abziehen 2K 3$_{27}$; (Wind) losbrechen Nu 11$_{31}$; נֹסְעֵי בַעֵדֶר (sic l) Jr 31$_{24}$ die mit d. Herden ziehen; — Zch 10$_{2}$ meist cj. נִתְעוּ od. תָּעוּ :: MT, Otzen 248; Delcor VT 25, 1975, 313.

nif: pf. נִסַּע: **herausgerissen werden** Js 38$_{12}$ Hi 4$_{21}$. †

hif: impf. יַסַּע (Bgstr. 2, 117a, GK § 109k), וַיַּסְּעוּ, תַּסִּיעִי, תַּסִּיעַ; pt. מַסִּיעַ: — 1. (Pflanze v. ihrem Platz) **wegnehmen** Ps 80$_{9}$ (cf. RSP I S. 161 Nr. 144α), Hi 19$_{10}$, (Steine) brechen 1K 5$_{31}$ Koh 10$_{9}$, (Krüge) wegstellen 2K 4$_{4}$; — 2. **aufbrechen lassen** Ex 15$_{22}$ Ps 78$_{52}$, (Wind) losbrechen lassen Ps 78$_{26}$. †

Der. מַסַּע, מַסָּע.

נִסְרֹךְ: Name e. ass. Gottes, unerkl., ? deform.; ? Marduk, Josph ʼΑράσκη (NFJ 15), de Liagre-Böhl Fschr. Vriezen 218[3] (נ׳ = eine Kontamination aus Assur u. Marduk); Gray Kings[3] 694[b]: Marduk od. eher Nusku (cf. RE XIV 120ff; ATAO 597; Kraeling JAOS 53, 335ff; Lettinga VT 7, 1957, 105f; BHH 1316; cf. UF 13, 1981, 162): 2K 19$_{37}$/Js 37$_{38}$. †

נֵעָה: n. l. in Zebulon, b. Tabor; Dir. 54f נעה; Abel 2, 63: Jos 19$_{13}$ הַנֵּ׳. †

נֹעָה, Sam. *nijja*: n. f. (Stamm HFN 333), Dir. 54f: T. v. ↗ צְלָפְחָד Nu 26$_{33}$ 27$_{1}$ 36$_{11}$ Jos 17$_{3}$. †

נַעֲוַת 1S 20$_{30}$: ↗ עוה nif.

נְעוּרִים: נַעַר, Abstraktpl. (Michel Grundl. heSy. 1, 83. 88, BL 472y); Sam. *nā:rəm*; mhe., ph. (DISO 181): נְעוּרֵי, נְעָרַי, נְעָרָיו, נְעוּרַיִךְ, נְעוּרֶיכִי (BL 534), נְעוּרֵיהֶם: — 1. d. Altersstufe **Jugendzeit** Jr 31$_{19}$ Ps 25$_{7}$ 103$_{5}$ 127$_{4}$ Hi 13$_{26}$; בִּנְעֻ׳ solange einer jung ist Kl 3$_{27}$, מִנְּעֻ׳ seit meiner, deiner usw. Jugend Gn 8$_{21}$ 46$_{34}$ 1S 12$_{2}$ 17$_{33}$ 2S 19$_{8}$ 1K 18$_{12}$ Js 47$_{12.15}$ Jr 3$_{24f}$ 22$_{21}$ 48$_{11}$ Ez 4$_{14}$ Zch 13$_{5}$ Ps 71$_{5.17}$ 129$_{1f}$ Hi 31$_{18}$; — 2. d. Zeit, wo d. נַעֲרָה ledig u. nicht verlobt ist (Lex.[1]): כִּנְעֻ׳ wie in ihren ledigen Tagen Lv 22$_{13}$, solange sie ledig ist Nu 30$_{4.17}$, als sie noch ledig Ez 23$_{3.8}$; אֵשֶׁת נְעֻ׳ die als ledige (unberührte) Geheiratete Js 54$_{6}$ Mal 2$_{14f}$ Pr 5$_{18}$; בַּעַל נְעֻ׳ d. Mann (verlobte), der die Ledige geheiratet hat Jl 1$_{8}$, אַלּוּף נְעֻ׳ Vertrauter der als ledig Geheirateten Jr 3$_{4}$ Pr 2$_{17}$; נְעוּרִים ledige Zeit einer Frau Jr 2$_{2}$ Ez 16$_{22.43.60}$ 23$_{19.21}$ Hos 2$_{17}$; — Ps 144$_{12}$ l בַּעֲרוּגֹתָם = in ihren Beeten, pl v. עֲרוּגָה. †

נְעִיאֵל, G[B] Ιναηλ, G[A] Ανιηλ: n. l. in Asser; Lage ?, s. Abel 2, 398, GTT p. 191, Saarisalo JPOS 9, 36[1]: Jos 19$_{27}$. †

נָעִים: I נעם, BL 470n; ug. *nʿm* (UT nr. 1665, Aistl. 1806), ph. נעם gut, schön (Pferde, Glück; DISO 181); mhe. ja. נְעִימָא; äg. Pap. Anastasi I *mahir* (↗ מָהִיר) *naem* (Gressm. ZAW 42, 1924, 295, ANET 477b), amor. *naḫm* (Huffmon 237f); ar. *nāʿim* weich; n. l. (Jastrow 919b) > Ναιν Lk 7$_{11}$, Dalm. OW 206f, BHH 1283: נְעִים, נְעִ(י)מִים, נְעִמוֹת: **angenehm lieblich, hold**: Freunde 2S 1$_{21}$, דוֹד HL 1$_{16}$, כִּנּוֹר Ps 81$_{3}$, Zustand Ps 133$_{1}$, Gottes Name 135$_{3}$, ↗ Ps 147$_{1}$ Pr 22$_{18}$ 23$_{8}$ 24$_{4}$; נְעִים זְמִרוֹת יִשְׂר׳ Liebling d. Lieder Isrs. 2S 23$_{1}$ (cf. ug. n. pr. TOML 156[8]; H. N.

Richardson JBL 90, 1971, 257ff); pl. sbst. נְעִמִים neben חֲבָלִים: guter Boden (= S) Ps 16_{6}; **Glück** Hi 36_{11} (|| טוֹב), נְעִמוֹת Ps 16_{11}. †

נְעִימָה (tradit. I נעם „Wohllaut"): II נעם; mhe. (זְמְרָה), ja. נְעִימְתָא, Gesang, Ton; sy. *neʿmetā* Ton, Lied; ar. *naġ(a)m(at)* Melodie, > gr. νεῦμα, „Neume/a" Tonzeichen (Encyclop. de la Musique III, 1961, 283ff), s. E. Hommel, Untersuch. z. he. Lautlehre, 1917, 74f. 159: לתת נעימה || קול בצעדיו lieblicher Klang Sir 45_{9}. †

נעל: 1. mhe. verschliessen; 2. denom. v. נַעַל: ug. *nʿl* binden, schliessen (Ug. V 576, 31; Astour JNES 27, 1968, 33); Arslantaš verriegeln (NESE 2, 29 Z. 7); mhe. aram. (Gaster BASOR 209, 1973, 19); ja. Schuhe anziehen, sy. md. (MdD 283a); ar. *naʿala* Pferde u. Kamel beschlagen:

qal: pf. נָעַל/עָל; impf. וָאֶנְעָלֵךְ; imp. נְעֹל; pt. נָעוּל, נְעֻלוֹת: — 1. (Tür mit Riemen) **zubinden** Ri 3_{23f} 2S 13_{17f} (c. אַחֲרֶי), (Gartentor) zubinden HL 4_{12}; — 2. c. 2 acc. jmdm etw. **als Sandale unterbinden** (sy. pa.) Ez 16_{10}. †

hif: impf. וַיַּנְעִלוּם: jmd **m. Sandalen versehen** 2C 28_{15}. †

Der. מִנְעָל*, מַנְעוּל; ↗ נַעַל.

נַעַל, Sam.[M140] *nāl*: ug. *nʿl* (UT nr. 1664, Aistl. 1805); mhe., sy. *naʿlā*, md. *nala* (MdD 283a); ar. *naʿl*, soq.: נָעַל, נַעֲלוֹ, נַעַלְךָ Jos 5_{15} (BL 572, MSS S pl.), du. נַעֲלַיִם (נעלם) Sir 46_{19}, ? txtf., Smend 447 :: Segal (נְעָלָם), pl. נעלם, נְעָלָיו, נַעֲלֵיכֶם, נְעָלוֹת Jos 9_{5} (Michel Grundl. heSy. 1, 58f) fem.: **Sandale**, G σανδάλιον, m Riemen fest gebunden Gn 14_{23} (BRL[2] 203, BHH 1738, AuS 5, 289ff, Hönig 82ff, Yadin Finds I 165ff, DJD II 25) :: סְאוֹן: Gn 14_{23} Ex 12_{11} Dt 29_{4} 1K 2_{5} Js 5_{27} $9_{5.13}$ 11_{15} 20_{2} Ez 24_{23} HL 7_{2}, auf heiligem Boden abgelegt Ex 3_{5} Jos 5_{15}; נַעֲלַיִם „e. Paar S." = etw. Wertloses Am 2_{6} 8_{6} Sir 46_{19}, כֹּפֶר וְנ׳ Schweigegeld (↗ IV כפר 1) u. ein Paar Schuhe 1S 12_{3}, G Sir 46_{19}, Speiser 151ff; symbolisch הִשְׁלִיךְ נ׳ עַל f. Besitznahme Ps 60_{10} 108_{10} (Gkl. Ps. 257f, BRL[1] 81), חָלַץ נַעֲלוֹ bei Weigerung d. Schwagerehe (> tigr. Wb. 335b: Schwägerin) Dt 25_{9f} Rt 4_{7f} Testament d. Zwölf Patriarchen, Test. Zebulon 3_{2-5}; ↗ יבם. †

I נעם: mhe. hif. freundlich sein; ar. *naʿima*, asa. gut. glücklich sein; ug. *nʿm* (UT nr. 1665, Aistl. 1806, RSP I S. 277 Nr. 385); u. ph. נעם (DISO 180; in nn. pr.: PNPhPI 362) gut, lieblich; amor.; ↗ נָעִים.

qal: pf. נָעֵמוּ, נָעַ/נָעֲמְתְּ, נָעֵמָה; impf. יִנְעָם: — 1. **lieblich sein** Gn 49_{15} (Sam. *nēmma*, sbst.), Ez 32_{19} (c. מִן comp.), Ps 141_{6} HL 7_{7}; — 2. c. לְ **angenehm, erfreulich sein** Ps 2_{10}, gut schmecken (|| מתק) 9_{17}; — 3. c. לְ **einem hold sein** 2S 1_{26}; — 4. unpers. יִנְעַם לְ es geht ihm gut Pr 24_{25}. †

Der. מַנְעַמִּים, נַעֲמָנִים, נֹעַם, נָעִים; n. m. נַעֲמָן, נַעַם*; n. f. נָעֳמִי; n. l. נַעֲמָה; gntl. נַעֲמָתִי, אֲחִי/אֲבִינֹעַם; n.m. נַעֲמִי.

II *נעם (s. GB, BDB), ar. *naġama* leise reden, singen, mhe. hif. u. sy. singen; cf. נהם, נאם: I נַעֲמָה (?), נְעִימָה.

*נַעַם, נָעַם, G[B] Νοομ: n. m.; I נעם; Lieblichkeit", Kf? cf. אֶלְנֹעַם (Noth N. 166); ihe. נעמאל (Vattioni sig. 95); palm. *nʿm*, cf. Mari (Huffmon 237ff); nab. אנעם (NE 222): 1C 4_{15}; ↗ נֹעַם. †

נֹעַם, G in אֲבִי/אֲחִינֹעַם -νααμ, νεεμ, Onom. -νοεμ (Sperber 242): I נעם, BL 460i, ↗ נַעַם*, ? ug; n. f. ph. בת נעם (KAI II 16); ? n. d. (Noth N. 166[2], ↗ נַעֲמָן): (Gottes) **Freundlichkeit** (cf. χάρις, *gratia*) Ps 27_{4} c. חָזָה בְּ (eig. Schönheit: Mow. Scr. IV 1, 70f; Nötscher, Das Angesicht Gottes schauen, 1924, 150f), 90_{17}; Name e. Stabes Zch $11_{7.10}$; דַּרְכֵי נ׳ Pr 3_{17} u. אִמְרֵי נ׳ 15_{26} 26_{24} freundliche Wege, Worte. †

Der. n. f. נָעֳמִי.

I נַעֲמָה, Sam.[M141] *nēmma*, Josph Νααμά

(NFJ 88): I נעם. n. f. „Lieblichkeit" (Stamm HFN 323); mhe. נַעֲמִית u. ursprünglicher נְעָמִית, ja. נַעֲמִיתָא; cf. pun. n. pr. *nʿmt* (PNPhPI 362); od. Kf. wie נַעַם (Noth N. 166), od. II נעם „Sängerin" (Gabriel Biblica 40, 418), od. Straussin (mhe. ja. נַעֲמִית weibl. Strauss, ar. *naʿāmat*): — 1. G Νοεμα: Frau v. לֶמֶךְ (s. Mow. ANVAO 1937, 2, 82) Gn 4_{22}; — 2. הָעַמֹּנִית, G^{B} 2C Νοομα, 1K Μααχαμ (s. NFJ 88): Mutter v. Rehabeam 1K $14_{21.31}$ 2C 12_{13}, ☞ II נָעֳמִי †

II **נַעֲמָה**: I נעם; n. l.; n. m. asin. (Albr. PrSinI 42); — 1. bei לָכִישׁ; Abel 2, 393, :: Albr. BASOR 18, 10; GTT § 318 B 15: Jos 15_{41}; — 2. in Arabien ?, ☞ נַעֲמָתִי Hi 2_{11}. †

נָעֳמִי, G^{BA} Νωεμειν, Josph. Ναάμις (NFJ 88): n. f.; zu **nuʿmu* (☞ נֹעַם) + *ī* (Noth N. 166, Rudolph KAT XVII/1, 38, Stamm HFN 323, :: H. Bauer ZAW 48, 1930, 76[1]); palm. (PNPI 39. 100), ug. appell. *nʿmy*: Schwiegermutter v. Rut Rt 1_{2}-4_{17}. †

נַעֲמִי, Sam. *nēmmåni*, G^{AF} Νοεμανει: gntl. v. I נַעֲמָן, Nu 26_{40b}. †

נַעֲמָן, Sam. *nēmmån*, Josph. Νεεμάνης (NFJ 90): n. m., (trad.) I נעם („schön" Wettermann ZAW 75, 1963, 183; ? n. d.; UT nr. 1665, Aistl. 1807, Jirku VT 7, 1957, 201) + *ān*, masc. zu נָעֳמִי, „der mit Schönheit Versehene" (J. Lewy HUCA 18, 438[58]); ug. **naʿamānu* (PRU III 251a, Gröndahl 163), amor. *Naḫmānu* (Huffmon 238); äg. Albr. Voc. 44: **Naeman**; n. d. Adonis (WbMy. 1, 234f, ? > Anemone Baud. AE 88[3], Albr. JAOS 60, 297ff): — 1. Nachk. v. Benjamin Gn 46_{21} Nu 26_{40a} (G Νοεμαν) (☞ נַעֲמִי), 1C $8_{4.7}$ (G Νοομα); — 2. General d. Königs v. Damaskus 2K 5_{1-27} (G Ναιμαν, Νεεμαν), BHH 1279. †

נַעֲמָנִים: I נעם + *ān* (BL 500q. 558c), pl. v. *naʿmān(ī)* od. doppelter pl. (BL 517v); missverstanden f. *naʿmān-ma* < ug. Mimation (Aistl. 1494), Jirku VT 7, 1957, 201; Wildbg BK X 638: נִטְעֵי נ׳, 'Αδώνιδος κῆποι „Adonisgärtchen" (☞ נַעֲמָן) Baud. AE 88f. 138ff; ZATU 247ff; Galling BZAW 77, 1958, 59ff; Kaiser ATD 18, 69[17]; Wildbg BK X 657ff: Js 17_{10}. †

נַעֲמָתִי: gntl. v. II נַעֲמָה 2: Heimat d. צוֹפַר Hi 2_{11} (G ὁ Μιναίων βασιλεύς), 11_{1} 20_{1} 42_{9} (ὁ Μιναῖος), n. p. ign. ? in Arabien (südlich od. nördlich v. Palästina), s. Hölscher 2, Horst 33, Fohrer 106. †

***נעץ**: mhe. ja. sam. (LOT II 576) hineinstecken; Der. נַעֲצוּץ.

נַעֲצוּץ: *נעץ, BL 483w; ja. נעצוצא; ar. *nuʿḍ* Dorngewächs (Guill. 1, 11): נַעֲצוּצִים: **Kameldorn**, *Alhagi camelorum* (Löw 2, 416f, Rüthy 15f), Js 7_{19} (|| נַהֲלֹלִים), 55_{13} (|| סִרְפַּד). †

I **נער**: mhe. schreien (Esel) נער ja. sam.; sy. (Esel, Löwe), ar. *naʿara* schnarchen, schnarren, sehr zornig sein, brüllen (Rindvieh); ☞ נחר:

qal: pf. נָעֲרוּ: knurren (Löwe) Jr 51_{38}. †

Der. ? נַעַר.

II **נער**: mhe. pi., ja. pa. schütteln; sam. (BCh. LOT II 522); mhe. auch nif.; ? äga. (DISO 181); ug. *nʿr* abschütteln (Ug. V S. 571, 65, JNES 27, 1968, 25); ar. *naʿara* sich in Aufregung versammeln; tigr. (Wb 335b) aufwiegeln:

qal: pf. נָעַרְתִּי; pt. נֹעֵר: **abschütteln** (Laub) Js 33_{9} (:: ar. *ǵarina* vertrocknen), schütteln, (abwehrend) d. Hände (c. מִן) Js 33_{15}, pass. ausgeschüttelt werden חוּץ Neh $5_{13a.b}$ (☞ pi. 2). †

nif: pf. נִנְעַרְתִּי; impf. אִנָּעֵר, יִנָּעֲרוּ: — 1. **sich los/freischütteln** Ri 16_{20}; — 2. **abgeschüttelt werden** Ps 109_{23} (Heuschrecken) Hi 38_{13}. †

pi. (Jenni 136f): — 1. **abschütteln** (בְּ in ... hinein) Ex 14_{27} Ps 136_{15}; — 2. **ausschütteln** (☞ qal) Neh 5_{13a}, cf. Sir 11_{1}. †

hitp: imp. הִתְנַעֲרִי: **sich losschütteln** c. מִן (↗ nif.) Js 52₂. †

Der. נְעֹרֶת, n. l. III נַעֲרָה u. נַעֲרָן.

נַעַר (ca. 239 ×): Sam. *nār*, mhe.; ihe. Ostr. Sam. (Lemaire IH 1, 81: Intendant); ug. (UT nr. 1666, Aistl. 1808, RSP I S. 277 Nr. 386; II S. 62 Nr. 27) *nʿrm* Knabe, Sohn, Diener, Glied e. Berufsklasse (Cutler-Macdonald UF 8, 1976, 27-35); ph. (DISO 181, Dir. 126); äg. *naʿaruna*, coll. (Albr. AfO 6, 221); ? Etym. ? I נער, eher Primärnomen: נַעֲרֵי ,נְעָרִים ,נַעַרְךָ ,נַעֲרוֹ ,נָעַר, נַעֲרֵיהֶם: d. mannbare, männliche Mensch, solange er ledig ist; H. P. Stähli, Knabe, Jüngling, Knecht, Studien zum hebr. Wort *nʿr*, 1978: — 1. **Knabe**, **Jüngling** (:: זָקֵן) Gn 19₄, (:: יָשִׁישׁ) Hi 29₈, Knabe Gn 22₁₂, jung Jr 1₆, עוֹדֶנּוּ־נַעַר Ri 8₂₀, = עֶלֶם 1S 20₂₁, נַעַר קָטוֹן 1S 22₃₅ 2K 5₁₄, נ׳ קָטָן 1K 11₁₇, pl. 2K 2₂₃; נ׳ וָרָךְ 1C 22₅; — 2. **junger Mann**, pl. junge Leute: Gn 14₂₄ Ri 8₁₄ 1S 25₅, 400 אִישׁ־נַעַר 30₁₇, Absalom 2S 18₅.₁₂; ↗ אָצִיל Talmon Textus 2, 25f; Soferim VI 4 (Fschr. Alt II 22); — 3. **Bursche**, **Knecht**, **Gefolgsmann** (cf. παῖς, *puer*; de Vaux Inst. 1, 133 = Lebensordnungen 1, 140): v. אַבְרָהָם Gn 22₃, v. בִּלְעָם Nu 22₂₂, v. גִּדְעוֹן Ri 7₁₀; Waffenträger Ri 9₅₄ 1S 14₁; אֲדֹנָיו :: נ׳ Ri 19₁₁; הַנְּעָרִים d. Knechte Hi 1₁₅; נַעֲרוֹ מְשָׁרְתוֹ 2S 13₁₇; נַעֲרֵי הַמֶּלֶךְ Est 2₂, אִישׁ וְנַעֲרוֹ Neh 4₁₆; נ׳ bringt Briefe Neh 6₅, kann schreiben Ri 8₁₄ (s. Galling ZDPV 56, 215[1]); militärisch (de Vaux Inst. 2, 19f = Lebensordnungen 2, 22f, Gray Kings[3] 424f) 1S 22₃.₅ Js 13₁₈ Neh 4₁₀; Verwalter (= עֶבֶד) נ׳ בֵּית שָׁאוּל 2S 19₁₈ (Mettinger SSO 88), Dir. 126 נ׳ יוכן (Albr. JBL 51, 82ff); — 4. נַעֲרָ Mädchen Gn 24₁₄.₁₆.₂₈.₅₅.₅₇ 34₃.₁₂ Dt 22₁₅f.₂₁.₂₃-₂₉: Q נַעֲרָה, K נַעַר (נַעֲרָה in Ps 22₁₉ †), Ges. Thes. 894; VG 1, 416f; הַנְּעָרִים d. Mädchen einschliessend Rt 2₂₁ (s. Rudolph) u. Hi 1₁₉; — 1S 1₂₄: corr., 4Q Sam. u G, s. Cross BASOR 132, 19. 26, Stoebe KAT VIII/1, 99 cj. נָזִיר; Zch 11₁₆ cj. הַנֶּעְדֶּרֶת (↗ II עדר nif.), :: Guill 2, 25: ruhelos (ar. *naʿir* durch Fliegen aufgestörtes Vieh, Otzen Deut. Zach. 258f zu I נער).

Der. נֹעַר, I u. II נַעֲרָה, נְעוּרִים, *נְעֻרוֹת, נַעֲרַי, n. m. נְעַרְיָה.

נֹעַר: נַעַר, BL 568 l: Jugend Ps 88₁₆ Pr 29₂₁ Hi 33₂₅ 36₁₄. †

I **נַעֲרָה** u. נַעֲרָ (↗ נַעַר 4): f. v. נַעַר, BL 601c; Sam. *nā:ra*, mhe.; ug. *nʿrt* Dienerin (UT nr. 1666): נְעָרוֹת, cs. נַעֲרוֹת, נַעֲרוֹתֶיךָ: — 1. **mannbares**, **ledigеs Mädchen** 1S 9₁₁ 1K 1₃f Hi 40₂₉ (:: W. Thomas VT 14, 1964, 115f), Rt 2₆.₈.₂₂f Est 2₄.₇-₉.₁₂f ↗ נַעַר 4; נַעֲרָה בְתוּלָה 1K 1₂, coll. Ri 21₁₂ Est 2₃; נְעָרוֹת בְּתוּלוֹת Est 2₂; — 2. **Jungverheiratete** heisst f. d. Eltern נ׳ (H. P. Stähli s. v. נַעַר) Dt 22₁₉ Ri 19₃-₆.₈f; jung verwitwet Rt 2₆ 4₁₂; — 3. **Dienerin** (im Gefolge e. anderen) Gn 24₆₁ Ex 2₅ 1S 25₄₂ 2K 5₂.₄ Pr 9₃ 27₂₇ 31₁₅ Rt 3₂ Est 4₄.₁₆; — 4. **Dirne** (? cf. *puella*) absichtlich derb profan Am 2₇ (:: Maag Amos 88 u. Rudolph KAT XIII/2, 142: Hausmagd; M. Fendler EvTh 33, 1973, 42: Schuldsklavin :: Wolff BK XIV/2, 202f); ↗ II נַעֲרָה. †

II **נַעֲרָה**: n. f.; = I, Noth 221, Stamm HFN 327: 1C 4₅f. †

III **נַעֲרָה**: n. l.; G Ναaραν, Josph Νεαρα (NFJ 90): II נער; sy. *nāʿōrā/rtā* Wassermühle, > ar. *nāʿūrat* (Frae. 134) > Noria (M. Oppenheim, Vom Mittelmeer z. pers. Golf, 1899, 1, 333f Abb., Lokotsch nr. 1561): „Wassermühle": loc. נַעֲרָתָה: *T. el-Ğisr* bei *ʿĒn-ed-dūq*, Abel 2, 393f, GTT p. 163, Noth Jos. 105, Ran Zadok ZAW 89, 1977, 266: Jos 16₇, = נַעֲרָן 1C 7₂₈. †

***נְעֻרוֹת**: נַעַר, BL 472v: נְעֻרֹתֵיהֶם: **Jugend** Jr 32₃₀; cf. נְעוּרִים u. Sir 30₁₂ 51₁₄. †

נַעֲרַי: n. m.; ? Kf. < נְעַרְיָה (Noth N. 107[2].

139); palm. (PNPI 100); 1C 11₃₇; = פַּעֲרַי (נ: פ, Kennedy 99f) 2S 23₃₅. †

נְעַרְיָה: n. m.; נַעַר + יָ ,,Knappe J.s" (Noth N. 139. 107[2], cf. Dumermuth ThZ 19, 1963, 166): — 1. 1C 3₂₂f; — 2. 1C 4₄₂. †

נַעֲרָן: n. l. Josph Νεαρά (NFJ 90); II נצר; äg. *nꜥrn*, Burch. II 84: 1C 7₂₈; = III נַעֲרָה Jos16₇a. †

נְעֹרֶת: II נער, BL 474n, R. Meyer Gr. § 37, 3; mhe., ja. נְעוֹרְתָא; ? ug. *nꜥr* (UT nr. 1667, Dahood UHPh 66): das beim Hecheln d. Hanfs Abgeschüttelte, **Werg** (AuS 5, 28, BHH 2166) Ri 16₉ Js 1₃₁. †

נַעֲרָתָה Jos 16₇: ↗ III נַעֲרָה.

נֹף: n. l. **Memphis**, ↗ מֹף, EG 2, 63, GTT § 1663; ph. (Harris Gr. 124): Js 19₁₃ (cf. Wildbg. BK X 722f), Jr 2₁₆ 44₁ 46₁₄.₁₉ Ez 30₁₃.₁₆ cj. ₁₅ G (Zimmerli 725). †

נֶפֶג: n. m. G Ναφεκ/αγ, Josph Ναφής (NFJ 89); Sam. *nāfåg*; ar. *nufuǧ* schwerfällig, *naffāǧ* Prahlhans (Noth N. 227): — 1. Ex 6₂₁; — 2. 2S 5₁₅ 1C 3₇ 14₆. †

I ***נָפָה**: I נוף, BL 589c; mhe. Mehlsieb, sy.-ar. *nafāwe* Boden d. Korbes (Barthélemy 842); äth. *napaya* sieben: cs. נָפַת; **Schwinge**, נְ' שָׁוְא Unheilsschwinge Js 30₂₈ (cf. Wildbg. BK X 1208. 1219). †

II **נָפָה**; III נוף, BL 589c; ar. *nāf* Joch; Ginsberg JQR 22, 143ff: cs. נָפַת u. cs. pl. נָפוֹת: **Joch**, nur in נָפַת דּוֹר Jos 12₂₃, auch G^A 11₂ pr. נָפוֹת, u. ↗ כָּל־נָפַת דֹּאר 1K 4₁₁: d. hüglige Hinterland um Dor, Abel 2, 308, GTT § 510, 29, BHH 1287, Noth Kge. 69f. †

נְפוּסִים gntl.; Esr 2₅₀ Q, K נְפִיסִים, u. Neh 7₅₂ נְפוּשְׁסִים (Mf. שׁ: ס u. Q י: K ו): בְּנֵי נְ' Nachkommen v. Kriegsgefangenen aus d. ismaelitischen Stamm נָפִישׁ (Rudolph EN 12 :: Honeyman JBL 63, 48. †

נְפוּשְׁסִים Neh 7₅₂ ↗ נְפוּסִים.

נפח: mhe. ja. cp. sam. Sam. hif. md. (MdD 303a); ug. ↗ מַפֻּחַ; sy. blasen, ar. *nafaḫa* blasen, *nafaḥa* duften, asa. *npḫ*, äth. *nafḫ/ḥa*, tigr. (Wb. 346a); akk. *napāḫu* (AHw. 732a), *nappāḫu* Schmied > ,,chald." *npḫ* (BASOR 128, 40) u. mhe. ja. נַפָּח; ↗ I פוח:

qal: pf. נָפַחְתִּי, נְפָחָהּ; impf. וַיִּפַּח; imp. פְּחִי; inf. פַּחַת; pt. נֹפֵחַ, נָפוּחַ: — 1. **blasen** Gn 2₇ Js 54₁₆, c. בְּ anblasen Ez 37₉ Hg 1₉ (s. dazu hif.), c. עַל 1K 17₂₁ (G וַיִּפַּח pr. וַיִּתְמֹדֵד); נָפוּחַ Jr 1₁₃ angeblasen (v. Wind, Lindblom ZAW 68, 1956, 223) ↗ סִיר; — 2. **anfachen** (AuS 4, 28) Ez 22₂₀f; דּוּד נָפוּחַ (G כּוּר) Hi 41₁₂, Sir 43₄ כור נופחים 1QH 5₁₆ Ofen d. Schmelzer; — 3. **keuchen** Jr 15₉. †

pu. (qal pass., BL 287n): pf. נֻפָּח: Feuer **angefacht werden** Hi 20₂₆ (Hölscher l נֻפְּחָה od. נֻפְּחָה :: Fohrer KAT XVI 326). †

hif: pf. הִפַּחְתִּי, הִפַּחְתֶּם: metaph. **in Wut bringen**, **missachten** (Berger UF 2, 1970, 13 so auch Hg 1₉) Mal 1₁₃; seufzen machen Hi 31₃₉. †

Der. מַפָּח, מַפֻּחַ, תַּפּוּחַ.

נֹפַח, Sam. LA. הנפח *ånåfå* (s. BCh. 3, 76b): ? n. l. in Moab, ign., ? corr: s. Ginsburg 326ff, dl GTT p. 263[230] Noth ATD 7, 141[4]: Nu 21₃₀. †

נְפִילִים u. נְפִלִים Gn 6₄: נפל, pltt; sam. *(an-)nēfīləm*; mhe. נָפִיל Riese, DJD I 36: 16, 3] נפילי בש; u. ja. נְפִילָא Riese, Fehlgeburt; mhe. pl. + בֵּן Salamander; ja. pl. Orion; נפל mhe. hif. u. ja. af. abortieren: **Riesen**, aus Fehlgeburten hervorgehend od. vom Himmel herabgestürzt (Koehler HeMe 38) :: H. Gese, Vom Sinai zum Zion, 1974, 110[47]: im Kampf heldenhaft Gefallene; riesenhafte Urbevölkerung Palästinas Nu 13₃₃aβ (Gl., die sie mit d. עֲנָקִים zusammen bringt, GnAp 2, 1, Fitzmyer[2] 81), mythischen Ursprungs Gn 6₄, G γίγαντες (A. Schmitt ZAW 86, 1974, 152f); Morgenst. HUCA 14, 76ff; Albr. VSzC 295; Humbert Fschr. W. Vischer 70ff. 76; BHH 1601; Stolz BZAW 118, 1970, 97; Westermann BK I 510f. †

נְפִיסִים Esr 2_{50} K: ↗ נְפוּסִים.

נָפִישׁ, Sam. *nēfəš*, G Ναφες, Josph. Νάφαισος (NFJ 89): (n. m.) ? נֶפֶשׁ; Sohn v. Ismael, n. ar. Stamm neben יְטוּר u. קֵדְמָה Gn 25_{15} 1C 1_{31}, 1C 5_{19} neben יְטוּר u. נוֹדָב z. d. הַגְרִים gestellt; GTT § 121, 11; ↗ נְפוּסִים. †

נֹפֶךְ, Sam. *nēfək*; mhe. ? kleine Münze, Edelstein: grüner, am Sinai gefundener **Halbedelstein**; ? äg. *mfkꜣt* EG 2, 56, Lambdin 152: Türkis od. Malakit, od. Granat (s. Zimmerli 630. 674) od. farbloser Stein (Harris ALUOS 5, 1963/5, 50ff) Ex 28_{18} 39_{11} Ez 27_{16} 28_{13} Sir 35/32_5 Rd; ↗ פּוּךְ. †

נפל: mhe. auch pi. u. wahrscheinlich nif. (BCh. LOT 5, 156[151]); ug. *npl* (UT nr. 1676, Aistl. 1820, RSP I p. 269 nr. 367; p. 278 nr. 387); kan. *nupul* imp. EA 252, 25, Albr. BASOR 89, 32; äga. nab. palm. (DISO 181), ja. sam. (BCh. 2, 520b), cp. md. (MdD 303a); ar. *nafala* II als Beute verteilen, VIII freiwillig leisten (Nöld. NB 180[2]), lib. (Rössler ZA 50, 1952, 137); akk. *napālu* (Greenfield HUCA 29, 215, AHw. 733b, 734a: Ausgleichszahlung leisten, ↗ ar. tigr. [Wb. 345b] Zins tragen); Palache 50:

qal (367 ×): pf. נָפְלוּ ,נָפְלָה ,נָפַל/נָפָל; impf. תִּפֹּלְנָה ,יִפְּלוּ/פּוֹלוּ ,וַיִּפֹּל־ ,יִפּ(וֹ)ל; imp. נִפְלוּ; inf. נְפֹל ,נְפוֹל u. נָפְלוֹ ,נִפְלֹה (BL 368), נָפוֹל; pt. נֹפֵל ,נֹפֶלֶת ,נֹפְלִים: **unabsichtlich fallen**: — 1. Ri 5_{27} Dt 22_4 Nah 3_{12} Zch 11_2 Gn 15_{12}, c. לָאָרֶץ Am 3_{14} etc; c. מִן herunterfallen Dt 22_8; — 2. im Kampf fallen 1S 4_{10}, בַּחֶרֶב 2S 1_{12}; fallen stürzen (Juda/Babel) Js 3_8 21_9, zu Fall kommen Js 8_{15} Pr 11_{28} (l יִפֹּל pr. יִבּוֹל), c. עַל an (Jerusalem) Js 54_{15}, c. מִן wegen Ps 5_{11}, c. מֵעַל jmdm entfallen 2K 2_{13}; c. בְּ hineinfallen Ps 57_7; c. לְ jmdm zufallen Nu 34_2, versagen (cj. יִפּוֹל לֵב) Ps 45_6; zur Erde fallen > (auf der Erde) liegen 1S 5_{3f}, cf. Lk 10_{18} (Kuhn ZThK 49, 220[2]); — 3. **abfallen** gegen, zurückstehen hinter c. מִן Hi 12_3 13_2; ausfallen Rt 3_{18} (כִּלָּה || דָּבָר); וַיִּפְּלוּ בְּעֵינֵיהֶם verging ihnen ihr Hochmut Neh 6_{16}; — 4. **einstürzen**: אֹהֶל Ri 7_{13}, חוֹמָה 1K 20_{30}, לְבָנוֹן Js 10_{34}, הַר Hi 14_{18}, קִיר Ez 13_{12}, סֻכָּה Am 9_{11}, פֶּרֶץ Js 30_{13}; einfallen, schrumpfen: יָרֵךְ Nu 5_{21}; נֹפֵל hingesunken Nu $24_{4.16}$; metaph. נָפַל דָּבָר wird hinfällig, verfällt unerfüllt (so Stoebe KAT VIII/1, 121f; cf. hif. 7) Jos 21_{45} 1K 8_{56} 2K 10_{10}; יָמִים verfallen, nicht zählen Nu 6_{12}; — 5. **geboren werden** Js 26_{18} (:: Whitley ZAW 84, 1972, 215f; ↗ hif. 8, נֵפֶל ,נְפִילִים, ar. *nāfilat* Enkel); — 6. **zu liegen kommen**: נָ׳ לְמִשְׁכָּב bettlägerig werden Ex 21_{18}, נֹפֵל אַרְצָה auf d. Erde gefallen (GK § 116d) Ri 3_{25}; — 7. (absichtlich) **sich fallen lassen**, **sich hinwerfen**: c. עַל־פָּנָיו sich auf s. Gesicht werfen, sich mit d. Gesicht zur Erde hinlegen Gn 17_3, c. אַרְצָה 44_{14}; c. מֵעַל absteigen von Gn 24_{64} 2K 5_{21} (cf. Delcor VT 25, 1975, 313f); c. עַל־צַוָּארוֹ um d. Hals fallen Gn 33_4; sich legen auf Ez 8_1 (יַד י׳), 11_5 (רוּחַ), Koh 9_{12} (רָעָה); פָּנִים s. Antlitz senken = finster brüten Gn 4_{5f} (Sam. *wjå̊fålu*: √פול), cf. akk. *pānūšu maqtū* „sein Antlitz ist gefallen" (Frankena Fschr. Beek 1974, 47); תְּחִנָּה c. לִפְנֵי dringen zu Jr 36_7 37_{20} 42_2 (↗ hif. 3); — 8. militärisch: c. אֶל בְּ herfallen über Jos 11_7, einfallen c. אֶל 2K 7_4, abfallen zu 1S 29_3; c. עַל od אֶל übergehen zu Jr 21_9 37_{13} 1C 12_{20} (= נִבְדַּל 12_9); daher נֹפְלִים Überläufer (= akk. *maqtū*, AHw. 608a) Jr 39_9 52_{15}; נָ׳ absol. e. Einfall (Raubzug) machen Hi 1_{15}; נָ׳ עַל־הַחֶרֶב sich ins Schwert stürzen 1S 31_4; נָ׳ עַל־פְּנֵי sich festsetzen gegenüber Gn 25_{18}; נָ׳ בְּ gelagert sein in Ri 7_{12} (cf. Delcor VT 25, 1975, 313f); — Ex 15_{16} prop. וַתִּפֹּל (JNES 14, 249); 2S 20_8 ? txt. corrupt. s. BHS; Ez 32_{27} prop. נְפִלִים, s. Zimmerli 778; Pr 11_{28} l יִבּוֹל; 13_{17} l יַפִּל.

[**pilp**. (GK § 55f, BL 281 l): pf. נִפְלַל Ez 28$_{23}$ Tf. l נָפַל. †]

hif: pf. הִפִּילוֹ, הִפִּילוּ, הִפַּלְתָּ, הִפִּ(י)ל, הִפַּלְתִּיו; impf. יַפִּילוּ, תַּפֵּל, וַיַּפֵּל, יַפִּיל, יַפִּילוּן, נַפִּילָה, יַפִּילֵם; imp. הַפִּילוּ; inf. לְהַפִּיל, לַנְפִּיל (BL 228. 368; לפיל 4Qp Ps 37$_{14}$) Nu 5$_{22}$ (Sam. [*al-*]*nibbål* impf. 1. pl.; BCh. LOT 5, 156[151]), הַפִּלֶה, הַפִּילְכֶם; pt. מַפִּיל, מַפִּילִים: — 1. **fallen lassen** Gn 2$_{21}$ Nu 35$_{23}$ 2K 6$_5$ Jr 15$_8$ 1S 18$_{25}$ (בְּיַד, so u. a. Hertzberg ATD 10², 127, :: Stoebe KAT VIII/1, 342 „den David durch Philisterhand zu Fall bringen", cf. auch Stoebe 346, cf. sub 2.), Ps 73$_{18}$ (בְּ in), 78$_{28}$ 140$_{11}$ Pr 19$_{15}$ (תַּרְדֵּמָה), cj. יַפִּיל בְּרָע Pr 13$_{17}$; c. לְ an Jos 13$_6$ Ez 45$_1$ 47$_{22a}$, cj. $_{22b}$ 48$_{29}$ Jos 23$_4$; — 2. **zu Fall bringen** Ez 32$_{12}$ Ps 37$_{14}$ 106$_{26}$ Pr 7$_{26}$ Da 11$_{12}$, fällen (עֵץ) 2K 3$_{19.25}$ 6$_5$; c. בַּחֶרֶב 2K 19$_7$ Js 37$_7$ Jr 19$_7$ 2C 32$_{21}$; — 3. **hinfallen lassen** Ez 6$_4$; hinlegen תַּחֲנוּנִים c. לִפְנֵי Da 9$_{18.20}$ (*F* qal 7); — 4. **hinlegen lassen** Dt 25$_2$, c. עַל־הָאֵשׁ sinken lassen in Jr 22$_7$; c. מִיַּד aus d. Hand schlagen Ez 30$_{22}$ 39$_3$; c. גּוֹרָל Loos werfen Ps 22$_{19}$, c. לְ für Js 34$_{17}$ Pr 1$_{14}$ Jon 1$_7$ Neh 10$_{35}$ 11$_1$ 1C 24$_{31}$ 25$_8$ 26$_{13f}$, c. פּוּר Est 3$_7$ 9$_{24}$, ohne גּוֹרָל Hi 6$_{27}$ (עַל um), c. . . . בֵּין וּבֵין d. Loos entscheiden lassen 1S 14$_{42}$; c. acc. u. בְּחֶבֶל mit d. Messschnur verteilen Ps 78$_{55}$; — 5. (Sterne) **hinabwerfen** Da 8$_{10}$; (Zahn) ausschlagen Ex 21$_{27}$; — 6. (Mauer) **zum Einsturz bringen** 2S 20$_{15}$ (*F* qal 4); (Hüfte) schwinden lassen Nu 5$_{22}$; פָּנָיו בְּ finster, ungnädig blicken auf Jr 3$_{12}$ (cf. qal Gn 4$_{5f}$), אוֹר פָּנִים Hi 29$_{24}$ (*F* אוֹר 4); — 7. c. מִן **unterlassen, aufgeben** Ri 2$_{19}$ Est 6$_{10}$; דָּבָר c. אַרְצָה unerfüllt bleiben, verfallen lassen 1S 3$_{19}$ (cf. qal 4); — 8. fallen lassen = **gebären** (cf. qal 5, mhe. hif.; ja. af. abortieren) אֶרֶץ die רְפָאִים Js 26$_{19}$ (Kaiser ATD 18, 173ff, Humbert ThZ 13, 1957, 487ff); — Ps 106$_{27}$ l לְהָפִיץ. †

hitp: pf. הִתְנַפַּלְתִּי; impf. וָאֶתְנַפַּל; inf. הִתְנַפֵּל; pt. מִתְנַפֵּל: — 1. c. עַל **herfallen über** (*F* qal 8) Gn 43$_{18}$; — 2. **sich niederwerfen** Dt 9$_{18\text{-}25}$, pt. kniefällig Esr 10$_1$. †

Der. מַפֶּלֶת, מַפָּלָה, מַפָּל, נֵפֶל, נְפִילִים.

נֵפֶל: נפל; mhe., ja. נִפְלָא: **Fehlgeburt** (*F* נפל qal 5, hif. 8) Ps 58$_9$ Hi 3$_{16}$ Koh 6$_3$; *F* נְפִילִים. †

I **נפץ**: ja. (auch נפע), pa. sy. (pe. ǀ a.), md. (MdD 303b) נפץ; ar. *nafaḍa* (Nöld. MG 240³) schütteln; akk. *napāṣu* (AHw. 735b):

qal: inf. נָפוֹץ; pt. נֹפֵץ: **zerschlagen**: כַּדִּים Ri 7$_{19}$; pt. pass. zerschlagenswert (gerundivisch, BL 278 l): עֶצֶב Jr 22$_{28}$); cj. Da 12$_7$ (l יַד נֹפֵץ). †

pi. (Jenni 186): pf. נִפַּצְתִּי, נִפֵּץ, נִפַּצְתִּים; impf. תְּנַפְּצֵם, יְנַפֵּצוּ: **zerschlagen**: נְבָלִים Jr 48$_{12}$ 13$_{14}$ (= Menschen $_{12f}$), כְּלִי Jr 51$_{20\text{-}23}$ Ps 2$_9$, עוֹלָלִים Ps 137$_9$, Flösse auseinanderschlagen 1K 5$_{23}$; — Da 12$_7$ *F* qal. †

pu: pt. מְנֻפָּצוֹת: **zerschlagen** אַבְנֵים Js 27$_9$. †

cj. **hif**: pt. מַפִּיץ der Zerstörer Nah 2$_2$ (pr. מֵפִיץ; *F* פוץ hif. 3). †

Der. נֶפֶץ, מַפָּץ*, מַפֵּץ.

II **נפץ**: gew. z. I :: BDB, Guill. 1, 11. 29; äth.[G] (Dillm. 713), tigr. (Wb 348a) *nafṣa* sich zerstreuen, fliehen (Leslau 34); akk. *napāṣu* ausleeren (v. Soden Or. 37, 261 u. AHw. 736a: < aram.). he. פוץ, ar. *faḍāʷ*:

qal: pf. נָפַץ, נָפְצָה, נָפֹצוּ: **sich zerstreuen** (mhe. streuen, trs.), **zerstreut werden** 1S 13$_{11}$ (c. מֵעַל, cf. Stoebe KAT VIII/1, 245), Js 33$_8$; **sich verteilen** Gn 9$_{19}$ (Westermann BK I 644f). †

נֶפֶץ: I נפץ: **Prasseln** (d. Regens) נ׳ וָזֶרֶם Js 30$_{30}$ (1QHod 2$_{27}$ נ׳ זרם! Reymond 266). †

נפש: atmen: Sam. Ex 31$_{17}$ pi. II *wyēnåfəš*; mhe. נָפַשׁ, Var. נפוש aufatmend, sam. נפוש verständig (BCh. 2, 528a), sy. etpe. atmen; asa. erleichtern (ZAW 75, 1963, 312), ar. *nafasa* V atmen, I jmdm schaden

(Hauchzauber; Wundt, Völkerpsychologie IV², 1910, 138ff), *nafusa* wertvoll sein; äth. tigr. (Wb. 346b) *nafsa* atmen, blasen; ja. viel sein/werden, md. (MdD 304b) gross, zahlreich sein; akk. *napāšu* blasen, (auf-)atmen; weit werden (AHw. 736):

nif: impf. וַיִּנָּפֵשׁ/פָשׁ (BL 320f 2): **auf-atmen, sich erholen** (Noth ATD 5, 154. 198; Wolff, Anthropologie 205f) Ex 23$_{12}$ 31$_{17}$ 2S 16$_{14}$. †

Der. נָפִישׁ, נֶפֶשׁ.

נֶפֶשׁ, Sam. *nåfəš*, 754 ×, Ps 144 × (alle Stellen b. Briggs JBL 29, 482ff); G 600 × ψυχή (Bratsiotis VTSu. 15, 1965, 58ff, cf. Scharbert Fschr. Ziegler I 121ff); pl. 44 ×; mhe. DSS; Ebla *na-pu-uš-tu-um* (Pettinato BA 39, 1976, 50); mhe. auch: die Seele des Gewebes (Dalman AuS 5, 102) u. Grabmal; ug. *npš* (UT nr. 1681, Aistl. 1826); ph. aam. äga. nab. palm. Hatra (DISO 183, zu Hatra auch NESE 3, 1978, 92); iam. *Taimā'* „Grabstele" (NESE 2, 88ff); ja. sam. cp. sy. md. (MdD 285a); ar. *nafs*, asa. (Conti 189a), äth.^{G}, tigr. (Wb. 347a) *nafs*; akk. *napištu* (AHw. 738a) Kehle, Leben; amor. *napš* Atem, Leben (Huffmon 240): Grdf. *nafš* (:: VG 1, 337: *nafiš*); נבשׁ ihe. (Tell Arad, 24, 18); jaud. (KAI I nr. 24, 13), Sefire (DISO 183, Dup.-Som. p. 146f, Fitzmyer p. 187b), palm. 1 × נמשׁא, ? Tf. :: Cantineau Gr. 39: Grdb zum Atmen geöffneter Schlund, Kehle, Hals (Dürr ZAW 43, 1925, 262ff) > Verlangen, Atem, (Atem-) Seele, Leben, Selbst; — Lit. H. W. Robinson PaB 353ff, Pedersen Isr. 1/2. 97ff (d. Mensch als Ganzes e. נֶ׳ !). A. R. Johnson Vit. 3ff, Sander ZAW 77, 1965, 329ff, D. Lys Nephesh (Paris 1959), BHH 1755f, Wolff Anthropologie 25ff, THAT II 71ff und Lit. 72: נֶפֶשׁ, נַפְשִׁי (Sec. νεφσι, Brönno 135), נַפְשֶׁךָ, נַפְשֵׁנוּ (נַפְשֵׁינוּ Kl 5$_9$, s. Rudolph), נְפָשׁ(וֹ)ת, נַפְשׁוֹת, נַפְשֹׁתֵינוּ/תֵיכֶם, נַפְשֹׁתָם: — 1. **Kehle** (ug. akk.): || פֶּה Js 15$_4$ Ps 63$_6$; c. הִרְחִיב Js 5$_{14}$ Hab 2$_5$, c. רֵיקָה Js 29$_8$, c. רְעֵבָה Ps 107$_9$ Pr 27$_7$, c. יְבֵשָׁה Nu 11$_6$, c. דָּאֲבָה Jr 31$_{25}$, c. הִשְׂבִּיעַ Js 58$_{11}$, c. שְׂבֵעָה Pr 27$_7$, c. תִּמָּלֵא Koh 6$_7$, || גַּרְגְּרֹתֶיךָ Pr 3$_{22}$ cf. ug. *npš* || *gngn* (RSP I S. 278 Nr. 387α); ↗ Gn 42$_{21}$ Nu 21$_5$ 1S 23$_3$ (l לְהָדִיב), 28$_9$ Js 32$_6$ 51$_{23}$ (|| גֵּו), 55$_2$ 58$_{10}$ Jr 2$_{24}$ 31$_{12.14.25.25}$ Ps 44$_{26}$ 107$_{9.18}$ 119$_{25}$ 143$_6$ Pr 10$_3$ (|| הַוָּה), 16$_{24}$ 25$_{25}$; — 2. **Hals** Ps 105$_{18}$ (:: רַגְלָיִם), עַד־נֶ׳ Jon 2$_6$, c. עַל Ps 69$_2$ 124$_{4f}$; — 3. **Atem** (cf. ug.) Hi 41$_{13}$, Hauch, was Mensch und Tier zu lebenden Wesen macht Gn 1$_{20}$ (so ca 250 ×), Seele (streng zu unterscheiden vom Begriff der Seele bei den Griechen); der Sitz d. נֶ׳ ist das Blut (↗ דָּם 1, cf. ug. *dm* . . . *npš* RSP I S. 166, Nr. 155) Gn 9$_{4f}$ (Westermann BK I/1 623), Lv 17$_{11}$ Dt 12$_{23}$; מִנֶּפֶשׁ וְעַד בָּשָׂר Js 10$_{18}$ „mit Stumpf u. Stiel" (Wildbg. BK X/1 405f); — 4. נֶפֶשׁ חַיָּה (s. Johnson Vit. 19²) **lebendes Wesen**: Gn 1$_{20.24}$ (= Tiere), 2$_{19}$ (Glosse ?), 2$_7$ 9$_{10.16}$ (בְּכָל־בָּשָׂר), Lv 11$_{10.46}$ Ez 47$_9$ (כֹּל allerlei); — 5. **Mensch(en), Leute** (ug. PRU V nr. 106, 1, ar.): a) נֶ׳ אָדָם (einzelner) Mensch Lv 24$_{17}$ Nu 9$_{6f}$ 19$_{11}$ 31$_{35}$ (מִן־הַנָּשִׁים)$_{.40.46}$ 1C 5$_{21}$ Ez 27$_{13}$ (Sklaven); הֹרֵג נֶפֶשׁ wer e. Mensch tötet Nu 31$_{19}$, = c. מַכֵּה 35$_{11.15.30}$ Jos 20$_{3.9}$ ↗ Dt 27$_{25}$, c. עָנָה בְ Nu 35$_{30}$, c. גֹּנֵב Dt 24$_7$; אַבֵּד נְפָשׁוֹת Menschenleben vernichten Ez 22$_{27}$ 13$_{18\text{-}20}$ Menschenleben (Personen) fangen (Selbie ET 15, 1903/4, 75, Zimmerli 297, :: Frazer FOT 2, 510ff, Saggs JSS 19, 1974, 1ff); כָּל־נַפְשׁוֹת בֵּיתוֹ alle Leute s. Hauses Gn 36$_6$, כָּל־נֶ׳ בֵּית אָבִיךָ 1S 22$_{22}$; אֶחָד נֶ׳ je ein c. מִן Nu 31$_{28}$ (Sam. אַחַת, ? dl נֶ׳); נֶ׳ בְּהֵמָה e. Stück Vieh Lv 24$_{18}$; עָשָׂה נֶ׳ Leute erwerben, (Sklaven ?) Gn 12$_5$, קָנָה נֶ׳ jmd (e. Sklaven) kaufen Lv 22$_{11}$; הַנֶּפֶשׁ d. Leute, Menschen Gn 14$_{21}$, נְפָשׁוֹת Menschen Lv 27$_2$ Jr 2$_{34}$; b) Seelenzahl: כָּל־נֶ׳ אָדָם irgend e.

Mensch Lv 24$_{17}$; כָּל־נֶפֶשׁ alle Seelen = alle Leute, alle Gn 46$_{15}$, ↗ 46$_{22.25.27}$ Nu 31$_{35}$ Ex 1$_5$ Jr 52$_{29f}$, נֶפֶשׁ Gn 46$_{18}$, 100.000 נֶ׳ אָדָם 1C 5$_{21}$; מִכְסַת נְפָשֹׁת Ex 12$_4$, נַפְשֹׁתֵיכֶם 16$_{16}$; — 6. **Persönlichkeit** (ca. 220 ×; aram. [Delcor, Muséon 80, 1967, 300ff], ar.): a) נַפְשִׁי betont ich (selber) Gn 27$_{4.25}$ Js 1$_{14}$ (Gott), Ri 5$_{21}$ Lv 26$_{11.30}$ u. oft; נַפְשְׁךָ Gn 27$_{19.31}$ Js 43$_4$ u. נַפְשֵׁךְ 51$_{23}$ du, נַפְשֵׁנוּ wir Ps 124$_7$; נַפְשְׁכֶם ihr Lv 26$_{15}$; נַפְשָׁם sie Js 46$_2$ 47$_{14}$; b) umschreibt wie im Akk. das Reflexiv; oft betont = **selber**: עַל־נַפְשָׁהּ Nu 30$_{5-12}$, כְּנַפְשׁוֹ wie sich selber 1S 18$_3$, = אַהֲבַת נַפְשׁוֹ 20$_{17}$ (Frankena OTSt 14,144), נַפְשׁוֹ Js 53$_{10}$ sich selber (al. s. Leben, ↗ 7), Js 46$_2$ 47$_{14}$ Hos 9$_4$ für sie selber (:: בֵּית י׳, s. Rudolph), לְנַפְשָׁהּ Dt 21$_{14}$, לְנַפְשָׁם Jr 34$_{16}$ nach ihrem Belieben, zu ihrer Verfügung (Weippert BZAW 132, 1973, 87, עַנּוֹת נֶ׳ Selbstdemütigung, Kasteiung Nu 30$_{14}$, ↗ II עָנָה pi; c) כָּל־נֶפֶשׁ **jedermann** (ca. 220 ×) Ex 12$_{16}$, כָּל־נֶפֶשׁ אֲשֶׁר jeder, der = הַנֶּפֶשׁ אֲשֶׁר wer immer Lv 7$_{27}$ 17$_{15}$ 23$_{29}$; הַנֶּפֶשׁ derjenige, der Lv 7$_{20.27}$ Nu 15$_{30}$; הַנֶּפֶשׁ c. part. derjenige, der Lv 7$_{18}$ Nu 15$_{28}$ 19$_{22}$; נֶפֶשׁ אֲשֶׁר einer, der Lv 5$_2$ 22$_6$, נֶפֶשׁ כִּי wenn jemand Lv 2$_1$ 4$_2$ 5$_{1.4.15.17}$ (l וְנֶפֶשׁ).$_{21}$ 7$_{21}$; נֶפֶשׁ אַחַת ein Einzelner Lv 4$_{27}$ Nu 15$_{27}$; d) || רוּחַ Js 26$_9$ Hi 7$_{11}$ 12$_{10}$ Ps 143$_{6f}$ Pr 29$_{10f}$ (RSP II S. 30f Nr. 57); — 7. **Leben** (ca. 280 ×; THAT II 84ff), im NT ψυχή (Mk 8$_{36}$!), akk. *dīn napištim*: נֶפֶשׁ הָאָדָם Gn 9$_5$; עַל־נַפְשֶׁךָ es geht um dein Leben Gn 19$_{17}$, = בְּנַפְשׁוֹ הוּא Pr 7$_{23}$, נֶ׳ עוֹלָלַיִךְ Kl 2$_{19}$, בִּקֵּשׁ נֶ׳ nach dem Leben trachten 1S 20$_1$ 1K 19$_{10}$ Jr 4$_{30}$ (30 ×, Js 53$_{10}$ ↗ 6b), אִבֵּד נֶ׳ Ez 22$_{27}$, מַפַּח נֶ׳ aushauchen d. Lebens Hi 11$_{20}$; בְּצֵאת נַפְשָׁהּ als ihr Leben (Atem) entfloh Gn 35$_{18}$, בְּנֶפֶשׁ אָחִיו für d. Leben s. Bruders 2S 14$_7$; רָצַח נֶ׳ totschlagen Dt 22$_{26}$, = הִכָּה נֶ׳ Gn 37$_{21}$ Dt 19$_{6.11}$ (+ וָמֵת) Jr 40$_{14f}$; נֶ׳־הַיֶּלֶד (Atem) Leben 1K 17$_{21f}$; נָשָׂא נֶ׳ d. Leben wegnehmen (Gott) 2S 14$_{14}$; בְּנַפְשֵׁנוּ unter Lebensgefahr Kl 5$_9$ (Rudolph 258); בְּנַפְשֹׁתָם um d. Preis ihres Lebens 2S 23$_{17}$ 1C 11$_{19}$; הֵשִׁיב נֶ׳ neues, frisches Leben geben Rt 4$_{15}$ Kl 1$_{11.16.19}$; נְפָשׁוֹת Leben Pr 11$_{30}$ †; בְּנַפְשֵׁךְ du allein Est 4$_{13}$ (G :: Bardtke 327f: mit deinem Leben); — 8. **Seele** als Sitz u. Träger v. Gefühlen u. Empfindungen: a) Verlangen, Gier (THAT II 75ff): HL 1$_7$ 3$_{1-4}$ 5$_6$ Hi 23$_{13}$ Koh 6$_3$; נָשָׂא נֶ׳ אֶל Verlangen haben nach Hos 4$_8$ (pr. נַפְשׁוֹ l נַפְשָׁם), c. pi. Jr 22$_{27}$ 44$_{14}$, בַּעַל נֶ׳ ihr Verlangen Ez 24$_{25}$; מַשָּׂא נַפְשָׁם gierig Pr 23$_2$, רְחַב נֶ׳ habgierig 28$_{25}$; נֶ׳ d. Feinde = Hassgier Ps 17$_9$ 27$_{12}$ (בְּנֶ׳); Eifer, Leidenschaft Pr 19$_2$; נֶ׳ liebt HL 1$_7$ 3$_{1-4}$, begehrt Hi 23$_{13}$, wird nicht satt Koh 6$_3$ (Dahood Biblica 43, 1962, 357f || ug), gestillt Jr 31$_{25}$; b) Stimmung, wie einem zumute ist: des גֵּר Ex 23$_9$, d. Viehes Pr 12$_{10}$; אַגְמֵי־נֶ׳ Js 19$_{10}$, עֲמַל נַפְשׁוֹ Js 53$_{11}$, 61$_{10}$ 66$_3$ Jr 13$_{17}$ Ez 25$_6$; צָרַת נֶ׳ Seelennot Gn 42$_{21}$; c) Empfinden, Geschmack Nu 21$_5$ Jr 14$_{19}$ Zch 11$_8$ Jr 6$_8$ Ez 23$_{17f.22}$; d) Wille: יֵשׁ אֶת־נַפְשְׁכֶם ihr seid Willens Gn 23$_8$ 2K 9$_{15}$; — 9. **Toten-Seele**, Toter, Leichnam (cf. 4; Lods Vie Fut. 1, 58ff, Ell. Lev. 288f, Johnson Vit. 23) eig. Körper (↗ 5 b > Leiche, wie engl. *corpse* :: holl. *lichaam*): שֶׂרֶט לָנֶ׳ Lv 19$_{28}$ Einrizung wegen e. Toten (? urspr. für d. Totengeist, Stade Th. 1, § 68, 1; ? apotrop. Blutopfer Ell. Lev. 261f; M. Seligson The meaning of נֶפֶשׁ מֵת Helsinki 1951; ↗ אוֹב u. אֱלֹהִים 3 c); נֶפֶשׁ מֵת Lv 21$_{11}$ (cj. pr. נַפְשׁוֹת (Ell. Lev. 288), Nu 6$_6$; נֶ׳ macht unrein Lv 21$_1$, טְמֵא־נֶ׳ 22$_4$ Nu 9$_{10}$ Hg 2$_{13}$, טָמֵא לָנֶ׳ Nu 5$_2$, טְמֵאִים לָנֶ׳ 9$_{6f}$; חָטָא עַל הַנֶּ׳ verfehlt sich mit Nu 6$_{11}$; — 10. Versch. a) בָּתֵּי הַנֶּ׳ Js 3$_{20}$ ↗ בַּיִת I 2; b) Grabmal (nicht im AT), N. Avigad Ancient Monuments in the Kidron Valley, 1954: mhe., 2Q 15 I 5 (DJD III 247 nr. 85) > gr. ψιχη (= ψυχή) Alt Inschr. d. Pal. Tertia, 1921, 25;

nab. palm. (DISO 183f), || μνημεῖον, στήλη, cf. A. Negev IEJ 21, 1971, 115: נפשא :: קברא = Memorialgrab :: eig. Grab; cf. DictBi Su 7, 951f); cf. ar. *nāwūs*, Wellh. RaH 179; asa. (Conti 189b; Ryckmans Mus. 71, 1958, 132ff), jemen. נפש (BiOr 12, 193f), sy. (Mus. 28, 46ff).

***נֶפֶת**: III נוף: הַנָּפֶת: ? **Hügel** Jos 17_{11} (? Gl. zu דֹּאר, s. Noth 98). †

נֹפֶת: II נוף, BL 509r; ? od. ar. *nafaṯa* speien, auswerfen, *nafṯ* Speichel; Driver ZAW 50 1932, 142f; mhe., ? pun. (DISO 184); ug. *nbt* (UT nr. 1602, Aistl. 1733) *yn* || *nbt* (RSP I S. 209 Nr. 246): *nbt* || *šmn* (RSP I S. 173 Nr. 376, cf. RSP I S. 427 Nr. 80); akk. *nūbtu* Biene (AHw. 800a); äth.^{G} (Dillm. 631), tigr. (Wb. 323b) *nehb* Biene (:: Leslau 34): **Honigseim**, Schleuderhonig (Armbruster, Arch. f. Bienenkunde 13, 1ff, AuS 1, 548) Ps 19_{11} (נ׳ צוּפִים || דְּבַשׁ), Pr 5_{3} u. 27_{7} (|| שֶׁמֶן), 24_{13} HL 4_{11}, Ps 119_{129} (11Q Ps^{a} [DJD III 33] פלגי נפת pr. פְּלָאוֹת). †

נֶפְתּוֹחַ: n. l., Josph Ἀφθία (NFJ 21); pr. מֵי נֶ׳ Jos 15_{9} 18_{15}, G πηγὴν ὕδατος Ναφθω, l מֵי נֶפְתַּח „Quelle d. (Pharao) Merneptah" (1234-ca. 1220), Graf Calice OLZ 6, 224, Vycichl 88, Borée 113f, Noth Jos. 88; = *ʿēn lifta* 4 km. nw. Jerus., Abel 2, 398. †

***נַפְתּוּלִים**, Sam. *niftåli*: פתל, < מַפְתִּ׳, VG 1, 382 :: Gordis JNES 9, 45, R. Meyer Gr. § 40, 5: *na-* präf.: נַפְתּוּלֵי, ? pltt: **Kämpfe**, נַ׳ אֱלֹהִים (Plautz ZAW 75, 1965, 23) Gn 30_{8}. †

נַפְתֻּחִים, Sam.^{M149} *naftā'əm*, G Νεφταλ(ι)ειμ, Josph Νέθεμος (NFJ 90); n. p., S. v. מִצְרַיִם, klschr. *Naṯḫū*, Hdt. II 165 Ναθω (Steindorff BzA 1, 600f), äg. (Spiegelberg OLZ 9, 277f, Vycichl 88f: d. Bewohner v. Mittelägypten, :: Westermann BK I/1 693: die Unterägypter ?: Gn 10_{13} 1C 1_{11}. †

נַפְתָּלִי, G NT Νεφθαλ(ε)ιμ, Josph Νεφθαλίς/λεις (NFJ 90); Sam. *niftåli* (cstr.): ? פתל; erkl. Gn 30_{8}; ? < *נַפְתָּל < *נַפְתָּן, z. נֶפֶת „Hügelbewohner" (J. Lewy HUCA 18, 452[122]): **Naftali**: — 1. Sohn v. Bilha, Leibmagd Rahels Gn 30_{8} 35_{25} 46_{24} 49_{21} Ex 1_{4} 1C 2_{2}; — 2. d. Stamm N. (GTT § 333/35, Mow. Fschr. Eissfeldt II 148, Noth WdAT 68, BHH 1287, Zobel BZAW 95, 1965, 104ff): Nu 1_{15} Dt 27_{13} 33_{23} 34_{2} Ri 1_{33} 4_{10} 5_{18} 6_{35} 7_{23} 1K 4_{15} Ez 48_{3} 1C $12_{35.41}$ 27_{19} 2C 34_{6}, c. מַטֵּה Nu 1_{43} 2_{29} 13_{14} Jos $21_{6.32}$ 1K 7_{14} 1C $6_{47.61}$, c. בְּנֵי Nu 1_{42} 2_{29} 7_{78} 26_{48} Jos 19_{32} 1C 7_{13}, c. מַטֵּי בְנֵי Nu 10_{27} 34_{28} Jos 19_{39}, c. מִשְׁפְּחוֹת Nu 26_{50}, c. אֶרֶץ 1K 15_{20} 2K 15_{29} Js 8_{23}, c. גְּבוּל Ez 48_{4}, c. הַר Jos 20_{7}, c. עָרֵי 2C 16_{4}, c. שַׁעַר Ez 48_{34}, c. שָׂרֵי Ps 68_{28}, c. קֶדֶשׁ Ri 4_{6}. †

I **נֵץ**, Sam. *naṣṣ-*, Gn 40_{10} *nåṣṣå* (fem.); ja. נִצָּנַיָּא: נצץ, BL 454b; mhe., ja. נִצָּא: נִצָּה, pl. נִצָּנִים (BL 517v, Rüthy 68; al. zu ↗ נִצָּה, GB) HL 2_{12}: **Blütenstand** (Rüthy 67f) Gn 40_{10} Sir 50_{8} (G ὡς ἄνθος ῥόδων), HL 2_{12}. †

II **נֵץ**, Sam. *nåṣ*: נצץ, BL 454b; mhe., ja. בַּר נִצָּה u. נִצְּצָה, sam. נצצה, sy. *neṣṣā*; ug. *nṣ* (UT nr. 1684, CML^{1} 157a :: Aistl. 1829: = I; RSP I S. 429 Nr. 83, zu I od. II); ph. אינצם = *אי נצם = Enosin Plin. 3, 13, Ἱεράκων νῆσος b. Sardinien (KAI II S. 80); palm. n. f. *Nṣ'* (PNPI 100, cf. Nöld. BS 86); ar. *naṣṣat* Spatzenweibchen; G ἱέραξ, V *accipiter*: **Falke**, *falco peregrinus*, Nicoll. 366; Hölscher Hiob^{2} 99, BHH 620; Lv 11_{16} Dt 14_{15} Hi 39_{26}, unreiner Raubvogel; ↗ II נִצָּה. †

[**נצא**]: **qal**: inf. abs. נָצֹא Jr 48_{9} l נָצֹה (↗ II נצה). †]

I **נצב**: davon nif. u. hif., hitp. v. Nf. יצב; Sam. qal, auch pi., aber kein nif.; Deir Alla 1, 8 *nṣb* nif. sich versammeln (ATDA 172); aufstellen ug. *nṣb* (UT nr. 1685, Aistl. 1831, RSP I S. 50 Nr. 38), kan. EA (VAB II 1483), Alalaḫ (Albr. BASOR 146, 27[1a]), amor. (Huffmon 241); akk. <

wsem. (AHw. 755a, AOAT 8, 1970, 74); aram. pflanzen, aam. nab. palm. (DISO 184), ja. cp. sy. md. (MdD 305a); ar. *naṣaba* aufrichten:

nif: pf. נִצַּבְתָּ, נִצְּבָה/נִצָּבָה; pt. נִצָּב, נִצָּבִים (MSS נְצִ(י)בִים, cf. Sam. *nēṣībəm* 1K 45.7 923 2C 810Q), נִצָּבוֹת, נִצֶּבֶת: — 1. **sich hinstellen** Ex 179 3321 342 Js 218; — 2. hingestellt sein, **stehen** (cf. עמד, Ap-Thomas VT 6, 1956, 226f) Nu 2223.31 Ri 1816f Ps 4510 821 11989 Pr 82, c. עַל vor Gn 182 2413.43 2813 451 Ex 1814 Nu 236.17 1S 420 1920 226f.9.17 2S 1331 Am 77 91, c. לִפְנֵי Dt 299, c. עִם bei 1S 126; fest sein (Hand) Kl 24 (Ploeger HAT I/18[2], 141, al. חֵץ בִּימִינוֹ); — 3. **stehen bleiben** Gn 377 Ex 158 338 Nu 1627; — 4. **entgegentreten** Ex 520 715 Nu 2234; — 5. **dastehen** Ps 396 (l c. S כְּהֶבֶל :: W. Thomas Fschr. Segal 10ff); pt. c. לְ u. inf. bereit etw. zu tun Js 313; — 6. pt. c. עַל **vorgesetzt über** Rt 25f; sbst. **Vorsteher**, Vorgesetzter 1S 1920 (Stoebe KAT VIII/1, 365f), Vogt, **Statthalter** 1K 45.7 57 2248 (prop. נְצִב מֶלֶךְ, cf. G[A], Noth Kge. 219, ↗ I נְצִיב); שָׂרֵי הַנִּצָּבִים Obervögte 1K 530 923 2C 810Q;

hif: pf. הִצִּיב, הִצַּבְתָּ, הִצִּיבוּ; impf. יַצִּיב, וַיַּצֵּב, וַיַּצֶּב־, וַיַּצִּיבֵהוּ; imp. הַצִּיבָה; inf. הַצִּיב, הַצִּיבִי; pt. מַצִּיב: **hinstellen, aufrichten**: מִזְבֵּחַ Gn 3320, מַצֵּבָה 3514.20 2S 1818 2K 1710 (וַאֲשֵׁרִים), Denkstein יָד 1S 1512, Steinhaufen 2S 1817, יָדוֹ s. Herrschaft 1C 183; (Türe) einsetzen Jos 626 1K 1634; aufstellen: כְּבָשׂוֹת Gn 2128f, יְקוּשִׁים Jr 526, צִיֻּנִים 3121, עַמּוּד cj. Pr 91 (l הִצִּיבָה); c. sf. als Ziel nehmen Kl 312; (Grenze) fest legen Dt 328 Ps 7417 Pr 1525; z. Stehen bringen (Wasser) Ps 7813; c. לִפְנֵי: (Gott) stellt vor sich hin Ps 4113; ? 1S 1321, gerade machen AASOR 21, 33; Spitze ansetzen Bork AfO 13, 330. †

hof: pf. הֻצַּב; pt. מֻצָּב: **hingestellt werden** (סֻלָּם) Gn 2812; Ri 96 l הַמַּצֵּבָה (BHS); Nah 28 l וְהֻצְּאָה (BHS :: C. Keller VT 22, 1972, 411 u. CAT XIb 122). †

Der. נִצָּב, I u. II נְצִיב, מַצָּב, מֻצָּב, מַצָּבָה, מַצֵּבָה, I u. II מַצֶּבֶת.

II **נצב**: ar. *naṣiba* elend, schwach, krank sein. Barth ZAW 36, 117ff:

nif: pt. נִצָּבָה: **d. elende, erschöpfte** (Tier) Zch 1116, :: Otzen 259. †

I **נִצָּב**: ↗ I נצב pt. nif. 6.

II **נִצָּב**: I נצב, BL 474i, < **niṣāb* (ar.) mit sekd. Verdoppelung: **Griff**, Heft d. חֶרֶב (Bonnet 49ff. 74ff, BRL[2] 59f, BHH 1750, ANEP 159. 181) Ri 322. †

נְצִבֵי 1S 105: ↗ I נְצִיב

נצג: hif. הִצִּיג, ↗ יצג.

I **נצה**: Sam. qal u. pi., hitp. (= nif. II), mhe. hitp., ja. sam. sy. md. (MdD 305a) pe. zanken, streiten; ar. *nṣj* VI sich b. Schopf nehmen, denom. *nāṣijat* Stirnhaar; äth.[G] *naṣaja* Haare ausreissen (Dillm, 703, Leslau 34):

nif: impf. יִנָּצוּ (אל תינץ) Sir 83, pt. נִצִּים: (sich) **streiten** Ex 213 2122 Lv 2410 Dt 2511 2S 146 Sir 83. †

hif: pf. הִצּוּ; inf. הַצּ(ו)תוֹ/תָם: **Streit führen**: c. אֶת mit Ps 602, gegen c. עַל Nu 269; cj. 2S 1339 לְהַצּוֹת* > לָצֵאת (BL 228a). †

Der. II מַצָּה, מַצּוּת.

II **נצה**: asa. *nḍw* zerstören (Conti 190a), ar. *nḍw*; König, Lex.[1]: = I נצה.

qal: impf. תִּצֶּינָה: **verfallen**: Städte Jr 47, cj. 489 (l נָצֹה תִצֶּה pr. נָצֹא תֵּצֵא, ↗ נָצוּ Rudolph Jer.[3] 275); — Kl 415 prop. נָצוּ (v. נוץ), al. נָדוּ (נוד), s. Rudolph KAT XVII/3 249). †

nif: pf. נִצְּתָה Jr 215 K, Q נִצְּתוּ: **zerstört, verheert sein** 2K 1925 Js 3726 Jr 911 4619, Land Jr 215, cj. נִצּוּ 99. †

נִצָּה: f. v. I נֵץ; ? ph. *nesso* (Schröder 126): נִצָּתוֹ: **Blüte, Blütenstand** (Rüthy 68) Js 185 Hi 1533; cj. Gn 4010 (l נִצָּה vel נִצָּתָהּ, BHS).

I **נֹצָה***: Lv 116 ↗ נוֹצָה*.

II נָצָה, G νεσσα; fem. v. II נֵץ, ja. נוֹצִיצְיָה Falke; A ἱέραξ, V *accipiter*: **Falke** Hi 39_{13} (Hölscher^{2} 99). †

נְצוּרָה: I נצר: **Wache**, **Wacht**, c. עִיר Js 1_8, s. Duhm GHK III/I^{4} 27 :: al. cj. ↗ I צור nif.; ? pl. ↗ נְצוּרִים. †

נְצוּרִים: I נצר, BL 471u, ? sg. נְצוּרָה: Js 65_4 geheime Orte, Höhlen (G); (Wachthütten, Duhm), prop. בֵּין צוּרִים BHS, cf. Dahood CBQ 22, 408f, Scullion UF 4, 1972, 127. †

I נצח: ↗ ba.; DSS מתנצח andauernd od. erfolgreich, auch streiten, diskutieren (Kriegsrolle); mhe. auch qal überwältigen, siegen; so auch aram. neben mächtig sein Kriegsrolle המלחמה מתנצחת Krieg ist heftig. ja. sam. cp. pe. pa. überwältigen, siegen, sy. auch glänzen, נציח GnAp. 20, 2 herrlich; ph. siegen (Friedr.^{2} § 151), äga, sich auszeichnen (DISO 184); ar. *naṣaḥa* u. äth. *naṣḥa* lauter sein; ? asin. Albr. BASOR 110, 18^{63}:

nif: pt. נִצַּחַת (BL 233n, 614), in 1QM 16_9 17_{15} pt. hitp.: dauernd (↗ I נֵצַח) מְשֻׁבָה נ׳ Jr 8_5 immerwährender Fehlgang (Rudolph Jer.^{3} 58; al. adv. BL 632m). †

pi. (Jenni 233): — 1. **beaufsichtigen**, c. עַל Arbeiten u. Tätigkeiten in Zusammenhang mit d. Tempel (Rudolph Chr. 118f) Esr 3_{8f} 1C 23_4 2C $2_{1.17}$ (c. לְ + Inf.), abs. 1C 15_{21} 2C $34_{12.13}$ (c. לְ); — 2. לַמְנַצֵּחַ in Überschrift (55 ×) Ps 4-6. 8f. 11-14. 18-22. 31. 36. 39-42. 44-47. 49. 51-62. 64-70. 75-77. 80f. 84f. 88. 109. 139f, in Unterschrift Hab 3_{19}; inc.; trad. „für d. Musikmeister", G sbst. εἰς τὸ τέλος (↗ נֶצַח), T inf. לְשַׁבָּחָא zum Preisen; s. Komm. u. Lexica, Mow. PsSt. 4, 17ff, Rudolph Chr. 118, Dalglish 234-38, Delekat ZAW 76, 1964, 283ff; — 3. glänzen machen Sir $43_{5.13}$. †

Der. I נֵצַח; n. m. נְצִיחַ.

II *נצח: ar. *naḍaḥ/ḫa* (be)spritzen, *naḍaḥa* = I, IV verwunden (Ehre), asa. *nḍḫ/h* (Conti 190a.b), ? tigr. (Wb. 345a) *nasga*; Nöldeke NB 194: Der. II נֵצַח.

I נֵצַח (4 ×) u. נֶצַח (37 ×): I נצח; mhe. נֶצַח, DSS, ihe. (DISO 184), mhe. נִצְחָן, נִצָּחוֹן Macht; aram Targ. נצחן קרביא Kriegsstärke; u. ja. נִצְחָנָא Sieg (> G εἰς νῖκος); asin. *nṣḥ* Dauer (Albr. BASOR 110, 18^{63}; superlat. W. Thomas JSS 1, 1956, 106ff): נִצְחִי, נְצָחִים: — 1. **Glanz**, **Ruhm** (Gottes) 1C 29_{11}, J. als נ׳ יִשְׂרָ׳ 1S 15_{29} (Stoebe KAT VIII/1, 291: der beständige Ruhm. cf. נצח אל 1QM 4_{13}); Js 63_6 (↗ II נ׳); Kl 3_{18} (:: Rudolph 231 cj רַחְצִי mein Vertrauen); — 2. **Dauer** (DSS c. דור, חיים, קץ): a) נֵצַח נְצָחִים alle Ewigkeit (cf. Da 7_{18}) Js 34_{10}, מַשֻּׁאוֹת נ׳ irreparable Ruinen (1QH 7_{31f}) Ps 74_3; הָיָה נ׳ endlos werden Jr 15_{18}; b) adv. (GK § 100c) für immer Am 1_{11} (Wolff BK XIV/2, 195), Ps 13_2 16_{11}; = c) c. לְ: לָנֶצַח (KAI I nr. 193, 10; 1QM VIII 1. 9. 12, IX 2; cf. H. P. Müller UF 2, 1970, 238^{27}; immer negiert od. fragend) 2S 2_{26} Js 13_{20} 25_8 28_{28} 33_{20} 57_{16} Jr 3_5 50_{39} Am 8_7 Hab 1_4 (cf. Keller ZAW 85, 1973, 160), Ps 9_{19} 10_{11} 44_{24} 49_{10} 52_7 68_{17} $74_{1.10.19}$ 77_9 79_5 89_{47} 103_9 Pr 21_{28} Hi 4_{20} 14_{20} 20_7 23_7 36_7 Kl 5_{20}; = עַד־נֶצַח Ps 49_{20} Hi 34_{36}; — 3. (jurist.) לָנֶצַח **erfolgreich**, c. פִּלֵּט Hi 23_7, c. שׁוֹמֵעַ Pr 21_{28} (Driver ZAW 50, 1932, 144f); — ? Ps 9_7, ? נְתַשְׁתָּ עָרֵיהֶם (sic l Gkl.). †

II נֵצַח: II נצח: **Saft** (Rüthy 42f) = Blut Js $63_{3.6}$ (TOML 260^{m} :: Scullion UF 4, 1972, 122 „Ruhm" = I נ׳). †

I נְצִיב, Sam.^{M149} *nēṣeb*: I נצב, BL 470n, VG 1, 357^{1}; G να/νεσιβ Onomastikon *nasib* (Sperber 242); mhe. Bürger, Posten; ja. Setzling (↗ I נצב aram.), äga. Stele (DISO 184, Degen Altaram. Gr. 46): נְצִ(י)בִים: — 1. (Salz-)**Säule** Gn 19_{26}; — 2. (↗ נצב nif. 6) **Vogt**, **Statthalter** cj. 1K 22_{48} (pr. נִצָּב A B Hex. S), Sir 46_{18} נציבי צר (||

II סֶרֶן); in allen anderen Fällen ev. auch **Posten**, Besatzung 1S 10_{5} (? c. G, S, V נְצִיב, Stoebe KAT VIII/1 198) 13_{3f} 2S $8_{6.14}$ 1K 4_{19} 1C 11_{16} cj. 18_{6} (pr. מַצַּב 2S 23_{14}) 2C 8_{10K} 17_{2}; ↗ II. †

II נְצִיב: n. l. in Juda; I נצב; „Säulen" (Nöldeke SGr. § 202, ↗ I נְ׳ 1), > Nisibis in Syrien (Dussaud Top. 490ff): *Ch. Bēt Nasif*, 30 km. sw. Jerus., Abel 2, 299, Noth Jos 95, GTT § 318 C6: Jos 15_{43}. †

נְצִיחַ: n. m.; I נצח „treu" (ar. *naṣīḥ*, Noth N. 228), od. „siegreich", „berühmt" (נציח äga. DISO 184, cj. neben שפיר GnAp. 20_{2}, sy. *naṣṣīḥā*): Esr 2_{54} Neh 7_{56}. †

[*נָצִיר: נְצִירֵי Js 49_{6} = Q נְצוּרֵי, ↗ I נצר.]

נצל: mhe. DSS, ihe. (Lkš. nr. 1, 1 הצליהו); ammon. *hṣlʾl.*, pehl. äga. (DISO 185, n. m. הצול Vincent 399), ja. sy. af. wegnehmen, retten; asin. *nṣl* (Albr. PrSinI 42); ar. *naṣala* I entkommen, IV herausziehen; äth. *naṣala*, tigr. (Wb. 344b) abtrennen (Leslau 34f); — THAT II 96ff:

nif: pf. נִצַּלְנוּ; impf. יִנָּצֵל, תִּנָּצֵלִי, אִנָּצְלָה, יִנָּצְלוּ/צֵלוּ; imp. u. inf. הִנָּצֵל: — 1. **gerettet werden**, in Sicherheit sein Gn 32_{31} 2K 19_{11} Js 20_{6} (מִפְּנֵי), 37_{11} Jr 7_{10} (Wolff ThB 22^{2}, 1973, 66f), Ez $14_{16.18}$ Am 3_{12} Mi 4_{10} Ps 33_{16} 69_{15}; — 2. **sich retten** Dt 23_{16} c. אֶל, Hab 2_{9} Pr $6_{3.5}$ (מִן von). †

pi. (Jenni 240, Vriezen JEOL 23 [1973/4] 1975, 394): pf. (↗ nif.?) נִצַּלְתֶּם; impf. יְנַצְּלוּ: — 1. c. acc. **ausrauben** (ar. V) Ex 3_{22} 12_{36}, c. לְ refl. an sich raffen 2C 20_{25}; — 2. herausreissen, **retten** Ez 14_{14}. †

hif. (191 ×): pf. הִצִּיל, הִצַּלְתָּ, הִצַּלְנוּ, הִצִּילַנִי, הִצִּלָם/לָנוּ; impf. יַצִּיל, יַצֵּל, וַיַּצֵּל, יַצִּילְךָ, וַיַּצִּ(י)לֵהוּ/לֵם, וָאַצִּיל; imp. הַצֵּל, הַצִּילָה, הַצִּילֵנִי; inf. הַצִּיל, הַצִּילוֹ, הַצִּילְךָ/לֶךָ, הַצֵּל; pt. מַצִּיל: — 1. **entreissen** Ri 11_{26} Am 3_{12} (? tt. aus d. Hirtenrecht, Seeligm HeWf 254[1]), Pr 2_{12}; — 2. **entziehen**, **wegnehmen** Gn 31_{9f} (הִצִּיל ... נתן cf. aram. *hnṣl ... ntn*, BMAP nr. 2_{13f} 4_{20f} 10_{10}; u. akk. *našû ... nadānu*, AHw. 764b, cf. Vriezen l. c. 396f, cf. Rabinowitz VT 11, 1961, 71), Gn 9_{16} Ps 119_{43}; — 3. a) **herausreissen** 2S 20_{6} (s. Crüsemann WMANT 49, 1978, 109. 172) Ex 5_{23} u. ö.; b) **herausreissen**, retten (Elliger BK XI 288 zu Js 42_{22}) הִצִּיל נַפְשׁוֹ rettet sich selbst Js 44_{20} Ez 3_{19}, מַצִּיל נְפָשׁוֹת Lebensretter Pr 14_{25}; trop. וְאֵין מַצִּיל ohne dass einer rettet, rettungslos Ri 18_{28} Js 5_{29} u. oft; הִצִּיל לְ (aram.) Jon 4_{6}; abs. retten 1S 12_{21} 30_{8} 2S 14_{6}; אִם תַּצִּיל wenn du retten willst Pr 19_{19}; sichern (חֶלְקָה Rudolph Chr. 96) 2S 23_{12} 1C 11_{14}; שָׁלָל 1S 30_{22}; 2S 20_{6} c. עֵינֵנוּ Sinn unsicher: Aussreissen des Auges od. entreissen der Quelle ? Cf. Hertzberg ATD 10^{2}, 304 :: TOB u. Budde KHC VIII 1902, 298; — Js 31_{5} l הַצֵּיל;

hof: pt. מֻצָּל: **entrissen werden** Am 4_{11} Zch 3_{2}, cj. Hi 21_{30} (l יֻצָּל). †

hitp: impf. וַיִּתְנַצְּלוּ c. acc. (GK § 117w) (Sam.: + praep.) **sich einer Sache entledigen** Ex 33_{6}. †

Der. הַצָּלָה.

נִצָּנִים: HL 2_{12}, pl. v. ↗ I נֵץ; cf. sam. נצנץ (BCh. LOT 2, 587).

נצע hif. hof.: ↗ יצע.

נצץ: mhe. blühen, pilp. u. ja. palp. glänzen (? ↗ II נסס); sam. (LOT 2, 587); ug. PN *nṣṣn* (UT nr. 1690, Aistl. 1837) cf. Lipiński UF 3, 1971, 82 u. 85 zu Ug. V S. 557 Nr. 3, 6 (Verb. *nṣṣ* „glänzen"); ar. *nāḍa* glänzen, Nf. mhe. ja. II נוץ, mhe. II נצה:

qal: pt. נֹצְצִים: **funkeln** Ez 1_{7}. †

hif: pf. הֵנֵצוּ (BL 437, Bgstr. 2, 139p); impf. cj. יָנֵץ pr. יָנֵאץ (Koh 12_{5}): **blühen** HL 6_{11} (:: Rudolph 166: qal + הֲ: הֲנָצוּ II נוץ blühen ↗ mhe. ja.), 7_{13} Koh 12_{5}, ינצו 11Q 2sy. Ps (DJD IV, col. XXIV (14), p. 71). †

cj. **hitpo**: pt. מִתְנֹצְצוֹת pr. מִתְנוֹסְסוֹת Elliger ATD 25^{6}, 151^{6}, cf. Marti KAC XIII 1904, 432: נוס: **funkeln** Zch 9_{16}. †

Der. I נֵץ, נִיצוֹץ, נִצָּה.

I נצר: mhe.; ihe. PN נצראל (Vattioni sig. 102); ug. *nġr* (UT nr. 1670, Aistl. 1811; v. Soden HeWf 291ff), kan. Taanach 2, 35, 3 *liṣṣur*; נצר ph. aam. (DISO 185); נטר pehl. äga. nab. palm. (DISO 178), ja. cp. sam. (BCh 2, 654b), sy. md. (MdD 295b, 306a); ar. *nẓr* mit den Augen wahrnehmen, sehen u. sich kümmern um, beistehen; ar. u. asa. *nṣr* helfen; äth. *naṣara* schauen (Dillm. 701); akk. *naṣāru* bewachen, schützen, bewahren (AHw. 755); sem. Grdb. „hinsehen" cf. v. Soden ANOr 47, 22, GAG § 102b;

qal: pf. נָצַרְתִּי, נָצְרוּ, נְצַרְתֶּם; impf. אֶ/תִּצֹּר, (G$^{E\beta\rho}$ θεσαρ, Sperber 242), אֶצְּרָה/צֹּרָה, נִצְּרָה, תִּצֹּרְנָה, יִנְצֹרוּ (BL 363c), יִצְּרוּ, תִּצְּרֶנּוּ, תִּצְּרֵנִי Ps 32$_{7}$, תִּנְצְרֵנִי Ps 140$_{2.5}$ (BL 198 l), יִצְּרֶנְהוּ (BL 339s), אֶצָּרְךָ תִּנְ/תִּצְּרֶכָּה, אֶצְּרֶנָּה (BL 208r, Ⓑ — צְ —, 1QJs^{a} אצורנה), אֶצּוֹרְךָ Jr 1$_{5}$ (Q אֶצָּרְךָ), יִצְּרוּנִי, יִנְצְרוּהוּ (zu den ינצר -Formen cf. Fitzgerald ZAW 84, 1972, 90-92); imp. נְצֹר, נִצְּרָה u. נִצְּרָה (dag. dir; BL 368t); inf. נְצֹר, נָצוֹר; pt. נֹצֵר, נֹ(ו)צְרִים, נֹצְרֵי, נֹצְרָה, נְצוּרָה, נְצֻרַת, נְצוּרֵי Js 49$_{6}$ Q, נְצֻרוֹת; synon. שׁמר: — 1. **Wacht halten, bewachen, behüten** Nah 2$_{2}$ Dt 32$_{10}$; Js 42$_{6}$ u. 49$_{8}$ (al. √יצר); Ps 12$_{8}$ 25$_{21}$ 31$_{24}$ 32$_{7}$ 40$_{12}$ 61$_{8}$ 64$_{2}$ 140$_{2.5}$ Pr 2$_{11}$ 4$_{6.13.23}$ 5$_{2}$ 13$_{3.6}$ 16$_{17}$ 20$_{28}$ 22$_{12}$ 23$_{26}$ 27$_{18}$ Sir 7$_{24}$, c. כֶּרֶם Js 27$_{3}$, c. לָשׁוֹן Ps 34$_{14}$; נֹצְרִים Wächter 2K 17$_{9}$ 18$_{8}$ Jr 31$_{6}$ Hi 27$_{18}$ (:: RSP I p. 155 nr. 132); Gott ist נֹצֵר הָאָדָם Hi 7$_{20}$; cj. נֹצֵר Pr 20$_{27}$; — 2. **bewahren**: חֶסֶד לְ Ex 34$_{7}$, שָׁלוֹם Js 26$_{3}$; — 3. **befolgen**: מִצְוֹת Ps 78$_{7}$ 119$_{115}$ Pr 3$_{1}$ 6$_{20}$, תּוֹרָה Ps 105$_{45}$ 119$_{34}$ Pr 28$_{7}$, עֵדֹתָיו Ps 119$_{2}$, חֻקִּים 119$_{22.33.129.145}$, פִּקֻּדֶיךָ 119$_{56.69.100}$, אָרְחוֹת מִשְׁפָּט Pr 2$_{8}$, תֻּשִׁיָּה 3$_{21}$; beobachten: נֶפֶשׁ Pr 24$_{12}$; innehalten Dt 33$_{9}$ Ps 25$_{10}$; — 4. נָצוּר aufbewahrt (|| נִשְׁאָר) Ez 6$_{12}$ Js 49$_{6Q}$, נְצֻרוֹת Aufgespartes Js 48$_{6}$; נְצֻרַת לֵב (GK § 128x) verschmitzten Herzens Pr 7$_{10}$; — Js 1$_{8}$ (belagert ?; Dahood JBL 80, 271) נְצוּרָה (: צור nif. :: Wildberger BK X 19); Jr 4$_{16}$ pr. נֹצְרִים prop. צָרִים od. נְמֵרִים :: Rabin Textus 5, 44ff: lärmende Menge (aram. !); — Nazareth (BHH 1291f), Ναζαρά, Ναζαρέτ/θ, Ναζαρηνός: נְצֶרֶת; he. *נָצֶרֶת: ihe. נצרת ErIsr 7, 24ff; Albr. JBL 65, 397ff, E. Schweizer BZNW 26, 1964, 90ff; Ναζωραῖος Mt 2$_{23}$; md. נצוראיא (MdD 306a, K. Rudolph Md. 1, 112ff). †
Der. נְצוּרִים (?), מָצוֹר.

II *נצר: ar. *naḍura* glänzen, grünen; asa. PN *nẓrn* „schön".
Der. נֵצֶר.

נֵצֶר: II *נצר; mhe., ja. נִצְרָא; ar. *naḍrat* Blüte: **Spross, Schössling** (Rüthy 47f): Js 11$_{1}$ 60$_{21}$ (נֵ׳ מַטָּעַו, K מַטָּעוֹ, Q u. T, S, V מַטָּעֵי, l מַטַּע י(הוה) = Pflanzung J. s (Koehler Trtjs 209, 1Q Js^{a} מטעי י׳); Da 11$_{7}$ l נֵצֶר מִשָּׁרָשֶׁיהָ G; נ׳ חמס Gewächs d. Frevels Sir 40$_{15}$ Rd. Sir^{M}; נֵ׳ נִתְעָב Js 14$_{19}$ (T יַחַט Fehlgeburt, G νεκρός < trskr. *νεσρ, Seeligm. 30), sich zersetzende Leiche :: Nestle ZAW 24, 127ff: נֵצֶל mhe. Fehlgeburt (↗T), Wildberger BK X 536 l נֵפֶל „Fehlgeburt". †

נִצְּרָה: ↗ I נצר qal imp.

נקב: mhe. ja. cp. md. (MdD 306a); nab. (DISO 185); asin. *nqb* (Albr. PrSinI 42); denom. ar. *naqaba* u. nsy. e. Loch bohren; äth. sich trennen, tigr. (Wb. 328a) abreissen; akk. *naqābu* deflorieren (AHw. 743a, Landsberger, Symbolae Martino David dedicatae II, 1968, 45f); ug. *nqbn* Teil d. Pferdegeschirrs (UT nr. 1693, Aistl. 1839); הנקבה Sil. 1. 4 ↗ נֶקֶב; ↗ יקב u. קבב:

qal: pf. נָקַבְתָּ, נְקָבָהּ; impf. (↗ קבב) תִּ/יִקּ(וֹ)ב, יִנְקָב־ (BL 198 l), יִקֳּבֶנּוּ (BL 208r), יִקְּבֵהוּ; imp. נָקְבָה; pt. נֹקֵב, נָקוּב, נְקֻבֵי: — 1. **durchbohren** 2K 12$_{10}$ 18$_{21}$ Js 36$_{6}$ Hab 3$_{14}$ (l בְּמַטֵּה רֹאשׁ); נָקוּב löcherig Hg 1$_{6}$ Hi 40$_{24.26}$ (ANEP 447); — 2. **punktieren, festsetzen**: Lohn Gn 30$_{28}$, Name Js 62$_{2}$;

— 3. **bezeichnen**, auszeichnen (s. u. nab.): a) günstig נְקֻבֵי Vornehme Am 6₁ (Rudolph KAT XIII/2, 215f, Wolff BK XIV/2, 318; b) ungünstig: auszeichnen durch magische Durchbohrung (TOB 1476[b]) > verwünschen Hi 3₈ Pr 11₂₆; **lästern** c. הַשֵּׁם Lv 24₁₁, שֵׁם יי 16a, 16b שֵׁם (G, V + יי, Sam. הַשֵּׁם), urspr. überall יי, Geiger 273f, Ell. Lev. 330, 333f; Mittwoch VT 15, 1965, 386ff; nach Schotroff WMANT 30, 1969, 28 ist נקב hier Nf. z. קבב. †

nif: pf. נִקְּבוּ: **bezeichnet werden** (nab. נקובין בשמהן mit ihren Namen, Rabinowitz BASOR 139, 14) Nu 1₄₇ (Sam. *nēqību* pass. qal), Esr 8₂₀ 1C 12₃₂ 16₄₁ 2C 28₁₅ 31₁₉. †

Der. מַקֶּבֶת, נְקֵבָה, נֶקֶב.

נֶקֶב: נקב; mhe., ja. נִקְבָא (auch נְ), sy. *neqbā*, md. (MdD 299b) *niqba* Loch, asin. (Albr. PrSinI 42) *nqb* Tunnel, *nqbn* Mineur; ar. *naqb* Durchgang, Tunnel; Engpass: — 1. unterirdischer **Gang**, **Mine** (↗ נקבה Siloah 1. 4, od. inf. nif. sf. EHO 49f), asa. (Conti 190b); ? asin *nqbn* (Albr. BASOR 110, 13, :: Zimmerli 675) Ez 28₁₃; — 2. n. l. in Naftali אֲדָמִי הַנֶּקֶב, „roter Ort am Engpass" (Noth Jos. 142); Abel 2, 398, GTT § 333 B, 334 A (2 Orte !, G) Jos 19₃₃. †

נְקֵבָה: נקב, BL 465i, „perforata": Sam. *nåqåba*; mhe., äga. nab. (DISO 185), ja. md. (MdD 294a) נוקבתא, sam. (BCh. 2, 520a), cp. sy. *neqbᵉtā* (LS 444b): **Weib, weiblich** (als Geschlechtswesen :: אִשָּׁה Nu 31₁₅) Dt 4₁₆ Jr 31₂₂ (Rudolph 198f) u. in P: Gn 1₂₇ 5₂ Lv 12₅.₇ 15₃₃ 27₄₋₇ Nu 5₃ 31₁₅, v. Tieren Gn 6₁₉ 7₃.₉.₁₆ Lv 3₁.₆ 4₂₈.₃₂ 5₆. †

I ***נקד**: mhe. stechen, punktieren, hif. u. ja. sy. af. נקז z. Ader lassen; sy. *nqaz* (*nuqzā* Punkt) u. ar. *naqada* picken, hacken, *naqaṭa* punktieren: Der. נָקֹד נְקֻדָּה, n. m. ↗ נְקוֹדָא III; נִקֻּדִים.

II ***נקד**: ja. sy. md. (MdD 306a) rein sein, glänzen; äga. pa. reinigen (DISO 186); ar. *nqḏ* befreien, retten: Der. n. l. מַקֵּדָה.

III ***נקד**: mhe. נוֹקֵד; ar. *naqad* e. schlechte Schafart G. Jacob, Altar. Beduinenleben 1, 1892, 82f), *naqd* Geld; cf. קְשִׂיטָה Gn 33₁₉ (cf. BCh. LOT 2, 584), talmud. Schaf u. kleine Münze, u. lat. *pecus-pecunia* (P-WKl. IV 578 s. v. *pecunia*); palm. ערפן = κέρμα (DISO 222); mhe. נֹקֵד Lamm, ug. *maqqadu* Weiderecht (f. Schafe, PRU III p. 225); akk. *naqādu* in kritischer Lage sein (AHw. 743a): zu I (נָקֹד !). Der. נֹקֵד.

נָקֹד, Sam.[M150] *nēqod*: I *נקד, BL 466f. n. o; mhe. נקד gesprenkelt; sy. *nuqzānājā* punktiert: נְקֻדּוֹת, נְקֻדִּים: **gesprenkelt** (צֹאן; Gradwohl 54ff) Gn 30₃₂f.₃₅.₃₉ 31₈.₁₀.₁₂; ↗ נְקוֹדָא n. m. †

נֹקֵד, G νωκηδ: III *נקד; mhe.; ug. *nqd* Hirt (UT nr. 1694, Aistl. 1840), auch Titel eines hohen Beamten (RSP II S. 63f Nr. 28; Dietrich-Loretz UF 9, 1977, 336f u. Cutler-Macdonald ibid. 25. 27); < akk. *nāqidu* (Zimmern 41, AHw. 744a, Salonen Hipp. 237 u. AfO 23, 1970, 96: *nāqidu* urspr. „Schafhirt" neben *rēʾû* „Rinderhirt"; ar. *naqqād*: נֹקְדִים: **Schafhirt, -züchter**; gegen kultische Deutung (Leberschauer, Bič VT 1, 1951, 293ff) s. Murtonen ib. 2, 1952, 170f, Stoebe WuD 5, 160ff, Ellenbogen 115, Segert HeWf. 279f: Am 1₁ (:: בּוֹקֵר 7₁₄), K. Mesa 2K 3₄. †

***נְקֻדָּה**: I *נקד; mhe. Punkt, sy. *nuqdᵉtā*: נְקֻדּוֹת, BL 467 o: Kügelchen aus Silber HL 1₁₁: Glasperlen, viell. kugelrunde od. tropfenförmige Anhänger der Ohrringe (Gerleman BK XVIII 105. 108; cf. Mettinger JSS 16, 1971, 6). †

נִקֻּדִים: I *נקד, BL 467 o; ? pltt: — 1. **Krümeln**, verkrümeltes Brot Jos 9₅.₁₂; — 2. **kleines Gebäck** (AuS 4, 72), durchlochtes od. getüpfeltes Gebäck (Gray Kings^{3} 336) 1K 14_{3}. †

נקה: Sam. qal u. hitp. (= nif. II); äga. (DISO 186), mhe. pi. ja. cp. pa. reinigen; ba. sam. sy. md. (MdD 286a) opfern, pehl. Frah. (DISO 186) ausgiessen, < akk. *naqû* ausgiessen, opfern (Zimmern 65, AHw. 744f); ar. *nqj* rein sein:

qal: inf. abs. נָקֹּה: Jr 49_{12} z. nif. יִנָּקֶה (Brockelm. HeSy. § 93c); ? cj. Ps 99_{8} pr. וְנֹקֵם l וְנִקָּם ,,u. er reinigte sie" (BHK u. Whitley ZAW 85, 1973, 227-29). †

nif: pf. נִקֵּיתִי, נִקֵּיתָ, נִקְּתָה/נִקָּתָה, נִקָּה; impf. יִנָּקֶה, תִּנָּקוּ; imp. הִנָּקִי; inf. הִנָּקֵה; — 1. c. מִן **frei**, **ledig sein** von (Liedke WMANT 39, 1971, 47f): eidlicher Verpflichtung Gn 24_{8}, Fluch 24_{41}, Schuld Nu 5_{31}, Schuld u. Strafe Ex 21_{19}, Wirkung d. Fluchwassers Nu $5_{19.28}$; — 2. **ohne Schuld sein** Ri 15_{3} Jr 2_{35} Ps 19_{14}; — 3. **straflos bleiben** (Schuld u. Strafe, ↗ עָוֹן) 1S 26_{9} (al. sec. 2), Jr 25_{29} 49_{12} (c. inf. abs. qal), Zch 5_{3} (fragend, cj. מִי זֶה Horst HAT 14^{2} 232, s. BHS), Pr 6_{29} 11_{21} 16_{5} $17_{5.9}$ 28_{20}; — 4. **entleert sein**: Stadt (ohne Männer) Js 3_{26} (Wildberger BK X 148); 1QJs^{a} 65_{3} ינקו ידים pr. מְקַטְּרִים u. אבנים pr. לְבֵנִים sich entleeren (↗ אֲבָנִים u. יָד 1 e, Tsevat HUCA 24, 109ff). †

pi. (Jenni 41): pf. נִקֵּיתִי, ↗ Jl 4_{21}; impf. יְנַקֶּה, תְּנַקֵּנִי, אֲנַקֶּךָּ; imp. נַקֵּנִי; inf. נַקֵּה: äga. entlasten (DISO 186): — 1. **ungestraft lassen** Ex 20_{7} 34_{7} Nu 14_{18} Dt 5_{11} 1K 2_{9} Jr 30_{11} 46_{28} Nah 1_{3}; Jl $4_{21a\alpha\beta}$? l וְנִקַּמְתִּי $_{21a\alpha}$ (G, S) :: Wolff BK XIV/2, 88. 102; — 2. **für straffrei erklären** (c. מִן hinsichtlich) Ps 19_{13} Hi 9_{28} 10_{14} (Horst BK XVI/1, 152). †

Der. נִקָּיוֹן, נָקִי(א).

נְקוֹדָא: n. m. = נָקֹד, BL 467p, ,,gesprenkelt" (Noth 225); akk. *niqūdu* ,,Sumpfhuhn" (AHw. 793b, Stamm 371): Esr $2_{48.60}$ Neh $7_{50.62}$. †

נָקְטָה Hi 10_{1}: ↗ קוט nif.

נָקִי u. נָקִיא Jl 4_{19} Jon 1_{14} (so oft in DSS, Martin ScrCh. 1, 307ff): נקה, BL 470n; Sam. *nēqi*, pl. *nēquwwəm*; ug. *nqj*; mhe; ba. ja. cp. sam. (BCh. 2, 467b), md. (MdD 286a) נְקָא; *Naqi'a* aram. Frau Sanheribs, VAB VII, p. CCXXVI[3], 712; THAT II 101ff: נְקִי(י)ם, נָקִי: — 1. c. מִן **ledig**, **frei** v. Gn 24_{41} Dt 24_{5} Jos $2_{17.20}$, אֵין נָ׳ niemand (war) ausgenommen 1K 15_{22}; — 2. **schuldlos** Ex 21_{28} 23_{7} Jos 2_{19} 2S 14_{9} Ps 10_{8} 15_{5} Pr 1_{11} Hi 4_{7} 17_{8} $22_{19.30}$ 27_{17}, pl. Gn 44_{10} Jr 2_{34} Hi 9_{23}; c. מִן gegenüber Nu 32_{22} 2S 3_{28}; — 3. c. דָּם: דָּם נָ׳ Dt 19_{10} 2K 24_{4}; דַּם־הַנָּקִי Jr 22_{17}; Dt 19_{13} (l הַדָּם Sam. G, cf. 21_{9}), 2K 24_{4}, דַּם נְקִיִּם Jr 19_{4}, דַּם נָקִי Dt 21_{8f} 27_{25} 1S 19_{5} 2K 21_{16} 24_{4} Js 59_{7} Jr 7_{6} 22_{3} 26_{15} Jl 4_{19} Jon 1_{14} Ps 94_{21} (l תָּם וְנָקִי al. אָדָם נָ׳), 106_{38} Pr 6_{17}; — 4. נְקִי כַפַּיִם wer reine Hände hat Ps 24_{4}. †

נִקָּי(וֹ)ן: נקה, BL 498c; Sam. *anqijjon*: cs. נִקְי(וֹ)ן: — 1. Sauberkeit, **Blankheit** (d. Zähne = nichts zu beissen; cf. C. M. Doughty 1, 366) Am 4_{6}; — 2. **Schuldlosigkeit**, (im kultischen Sinn) **Reinheit**: c. לֹא יָכֹל Hos 8_{5} unfähig zu Reinheit (Wolff BK XIV/1^{2}, 168 u. 181f, cf. I. Willi-Plein BZAW 123, 1971, 165, :: Rudolph KAT XIII/1, 156. 158; ↗ יָכֹל 1 b); רָחַץ בְּנִ׳ כַּפַּיִם Ps 26_{6} 73_{13} u. בְּנִקְיוֹן כַּפַּי Gn 20_{5}, < *מֵי נִ׳ (↗ רֵיחַ נִיחוֹחַ). †

נָקִיק*: נקק, BL 470n; mhe.; ? pun. נק (DISO 185), äth. *neqāq* (Dillm. 645): נְקִיק, נְקִיקֵי: **Spalte** (Schwarzenbach 47), immer c. סֶלַע Js 7_{19} Jr 13_{4} 16_{16}. †

נקם: Sam. Lv 19_{18} *tiqqom*: √קום (BCh. LOT 5, 113. 267); mhe.; ug. ph. aam. (DISO 186); ug.? in *Nqmd*, *Niqmad*: *nqm* + *(H)adad* (UT nr. 1698, Aistl. 1845, Friedr. ZDMG 96, 479f, Groendahl 168, cf. Noth AbLAk 2, 231[86]); ph. n. pr. *nqm'l* (PNPhPI 363); ja. cp. sy; nicht akk. (Dossin Syr. 20, 174f); amor.

(Huffmon 241f, ARM XV 153: *Niqmi* :: Albr. ZAW 80, 1968, 404); ar. asa. (Conti 191a); äth. *qīm* Rachedurst, *taqajjama* Rache brüten (Dillm. 458); Pedersen Isr. 1/2, 388ff, THAT II 106ff:

qal: pf. נְקַמַנִי; impf. תִּ/יִקֹּ(וֹ)ם; inf. נְקֹם, נָקֹם; pt. נֹקֵם, נֹקֶמֶת; qal pass. יֻקַּם ↗ hof: Rache nehmen, **sich rächen** Lv 19_{18} Nah $1_{2.2}$, נָקֹם נָקָם Lv 26_{25} Ez 24_{8} 25_{12} (s. Zimmerli 586).$_{15}$ (בִּנְקָמָה, s. Zimmerli 586), נְקֹם נִקְמַה Nu 31_{2}; c. acc. etw. rächen Dt 32_{43}; c. acc. u. מִן an 1S 24_{13} Jos 10_{13} (l מִגּוֹי), = c. מֵאֵת Nu 31_{2}; c. עַל Ps 99_{8} (cj. ↗ נקה qal); cj. 1K 25 Gᴸ וַיִּקֹּם pr. וַיָּשֶׂם (s. Mtg-G. 98f :: Noth Kge. 30, ↗ Dt 22_{8}). †

nif: pf. נִקַּמְתִּי, נִקְּמוּ; impf. אִנָּקְמָה, יִנָּקֵם, יִנָּקְמוּ; imp. הִנָּקְמוּ, הִנָּקֵם; inf. הִנָּקֵם: — 1. **gerächt werden** (Blutrache ?) Ex 21_{20} (H. Schüngel-Straumann, Tod u. Leben in der Gesetzesliteratur des Pentateuch, 1969, 61f; v. d. Ploeg VTSu. 22, 1972, 78ff; Scharbert Solidarität 119ff); — 2. **sich rächen** Ez 25_{12} u. $_{15}$ (s. qal); c. בְּ an Ri 15_{7} 1S 18_{25} Jr 50_{15}, c. מִן an Ri 16_{28} 1S 14_{24} Js 1_{24} Jr 46_{10} Est 8_{13}, cj. 9_{16} (l וְנָקוֹם); c. לְ u. מִן sich rächen für jmd an Jr 15_{15}; cj. Est 9_{16}. †

pi: pf. נִקַּמְתִּי: etw. **rächen** 2K 9_{7}, cj. Jl $4_{21.21}$ pr. נִקֵּיתִי; c. נְקָמָה Rache üben (für) Jr 51_{36}. †

hof. (qal pass., BL 286m): impf. יֻקַּם/יֻקָּם: — 1. **gerächt werden** Gn 4_{24}; — 2. **der Rache verfallen** Gn 4_{15} Ex 21_{21}. †

hitp: impf. תִּתְנַקֵּם; pt. מִתְנַקֵּם: **seine Rache nehmen** Jr $5_{9.29}$ 9_{8}; rachsüchtig Ps 8_{3} u. 44_{17}. †

Der. נָקָם, נְקָמָה.

נָקָם, Sam. *nēqâm*: נקם, sam. (Peterm. Gl. 60) u. cp.; amor. *niqmu* (Dossin Syr. 20, 174f): cs. נְקַם; cf. נְקָמָה: — 1. menschliche **Rache** Ri 16_{28} (נְקַם אַחַת מִשְּׁתֵי עֵינַי R. f. eines), Ez 25_{12} Pr 6_{34}; — 2. göttliche **Vergeltung** (G. Sauer Die strafende Vergeltung Gottes in d. Pss. 1962) Ps 58_{11}; יוֹם נ׳ Js 34_{8} 61_{2} 63_{4}, cj. Dt 32_{35} pr. לִי נ׳ (cf. Rö 12_{19} He 10_{30}), l לְיוֹם, Sam. G, לָקַח נ׳ Js 47_{3}, נָקַם נ׳ Ez 24_{8}, עָשָׂה נ׳ Mi 5_{14}, הֵשִׁיב נ׳ Dt $32_{41.43}$; בְּרִית נ׳ Bundesrache Lv 26_{25} (Ell. Lev. 376); בִּגְדֵי נ׳ Js 59_{17}; — Js 35_{4} ? l נֹקֵם (Torrey SecIs 297); c. עשׂה Ez 25_{15a} ↗ נקם qal. †

נְקָמָה: f. v. נָקָם; mhe., ja. נִקְמְתָא, sy. *nqamtā*, ar. *naqmat*: נִקְמַת, נִקְמָתְךָ, נְקָמוֹת, נִקְמָתֵךְ/תָם: — 1. menschliche **Rache** (BHH 1546): לָקַח נ׳ Jr 20_{10}, עָשָׂה בִנ׳ Ez 25_{15a} (s. Zimmerli 586), נִקְמָתָם ihre Rachgier Kl 3_{60}; — 2. göttliche **Vergeltung**: נִקְמַת דָּם Verg. f. Blut Ps 79_{10}, נָקַם נ׳ Nu 31_{2}, נָקַם נ׳ Jr 51_{36}, נָתַן נִקְמַת י׳ Nu 31_{3}, נָתַן נ׳ Ez 25_{14}, עָשָׂה נ׳ Ps 149_{7}, רָאָה נ׳ Jr 11_{20} 20_{12}, נִקְמַת י׳ Jr $50_{15.28}$ 51_{11}, יוֹם נ׳ Jr 46_{10}, עֵת נ׳ Jr 51_{6}: pl. נְקָמוֹת gründliche Rache (Ampflikativplural, Michel Grundl. heSy. 1, 88f): אֵל נְקָמוֹת Ps 94_{1}, c. עָשָׂה נ׳ Ri 11_{36} 2S 4_{8} 22_{48} Ez 25_{17}, c. נָתַן Ps 18_{48}. †

נקע: Nf. v. ↗ יקע u. נקק; mhe. נֶקַע Vertiefung, sy. *neqʿā* Höhle; ar. *naqaʿa* einweichen, mürbe machen; äth. (Dillm. 647) gespalten werden, Risse bekommen, tigr. (Wb. 328b) bersten:

qal: pf. נָקְעָה: נֶפֶשׁ c. מִן u. מֵעַל **sich** (aus Liebesüberdruss) **loslösen**, **abwenden** Ez $23_{22.28}$ (Ez $23_{17.18}$ von יקע). †

I **נקף**: mhe. ja. stossen, schlagen; sam. רקף (BCh. LOT 3/2, 300); ar. *naqafa* d. Kopf zerschlagen, äth. tigr. (Wb. 329b) schälen, abblättern:

pi: pf. נִקַּף, נִקְּפוּ: — 1. (Gestrüpp) **abhauen** (Löw 2, 416) Js 10_{34}; ? schinden zerfetzen (Haut) ? אַחַר עוֹרִי נִקְּפוּ זֹאת Hi 19_{26} die, sie (= man, GK § 144f., rel.) zerschunden, al. cj. sg. nif. נִקַּף כְּזֹאת geschunden, Budde GHK II/1^{2}, 108, Hölscher Hiob^{2} 48, Fohrer KAT XVI 308. †

Der. נֹקֶף.

II **נקף**: ug. *nqpt* Kreislauf (d. Jahres; UT nr. 1700, Aistl. 1847, cf. Watson VT 22, 1972, 463, RSP I S. 364 Nr. 573); mhe. nif. u. hof. umgeben sein; hif. u. ja. umgeben; sam. anstossen, verbunden sein (BCh. LOT 3/2, 199) auch af.; sy. anhaften; ar. *waqafa* stehen bleiben (M. Höfner ZDMG 87, 256, Ryckmans Fschr. Caskel 259; ↗ תְּקוּפָה, Nf. קוף:

qal: יִנְקֹפוּ (BL 198 l :: Rössler ZAW 74, 1962, 135[8]): **kreisen** (Feste des Jahres) Js 29_{1}. †

hif: pf. הִקִּיפוּנִי, הִקַּפְתֶּם, הִקִּיפָה, הִקִּיף; impf. וַיַּקֵּף (BL 368t), יַקִּיפוּ, וַיַּקִּפוּ; imp., הַקִּיפוּהָ; inf. הַקֵּ(י)ף; pt. מַקִּיפִים: — 1. **umkreisen**: עִיר Jos $6_{3.11}$ Ps 48_{13}; im Kreis herumgehen (Tage) Hi 1_{5}, im Kreis umgeben 1K 7_{24} Ps 22_{17} 2C 4_{3} 23_{7} Sir 43_{12} 50_{12}; umgeben m. 2. acc. Kl 3_{5}; rings durchdringen (Geschrei) Js 15_{8}; — 2. (militärisch) c. עַל **umzingeln** 2K 6_{14} 11_{8} Ps 17_{9} 88_{18} Hi 19_{6} 1QpHab IV 7; — 3. (פֵּאָה) **rundum stutzen** Lv 19_{27} (Ell. Lev. 261). †

Der. נִקְפָּה.

נֹקֶף: I נקף: mhe. pl.; **Abschlagen** (d. Oliven v. Baum, AuS 4, 194f, L. Bauer, Volksleben im Lande d. Bibel, 1903, 161f, cf. grie. Vasenbilder, s. J. D. Boardman, Athenian Black Figure Vases, 1974, Abb. 186) Js 17_{6} 24_{13}. †

נִקְפָּה: II נקף, BL 601b; ug. *nqbn* (UT nr. 1693, Aistl. 1839) Pferdegeschirr, äth. *neq^{w}ebat* Schürze: **Strick** (um d. Leib, Hönig 77) Js 3_{24}; ↗ II חֶבֶל, מֵיתָר. †

נקק: ↗ נָקִיק.

נקר: mhe.; Deir Alla 2, 12. 14 geblendet (ATDA 237); ja. sam. sy. ausstechen; sam. (sbst. BCh. 2, 528b); md. sbst. *nāqūrā* Pickerschnabel (MdD 286a); ar. asa. (ZAW 75, 1963, 312) *naqara* aushöhlen; äth, tigr. (Wb. 327b) aushacken, einäugig sein; akk. *naqāru* (AHw. 743a) herauskratzen (Nöldeke NB 184f):

qal: impf. יִקְּרוּ; inf. נְקֹר: — 1. **ausstechen**, blenden (Auge, zwecks Kampfunfähigkeit u. Entehrung, v. Soden Iraq 25, 137; in Byzanz: H. Hunger Reich der neuen Mitte 1965, 199f) 1S 11_{2}; — 2. **aushacken** (Raben ein Auge) Pr 30_{17}. †

pi. (Jenni 139): pf. נִקַּר; impf. תְּנַקֵּר: — 1. (d. Augen) **ausstechen** Nu 16_{14} Ri 16_{21}; — 2. (Knochen) **ausboren** Hi 30_{17} (sbj. Gott od. לַיְלָה; ? l עָלַי נִקָּרִים nif. pt. werden mir ausgebohrt, Dho. 402, Hölscher 75 :: Gray ZAW 86, 1974, 345). †

pu: pf. נֻקַּרְתֶּם: **ausgebrochen werden** (aus Steinbruch, || חֻצַּבְתֶּם) Js 51_{1}. †

Der. *נְקָרָה.

***נְקָרָה, *נִקְרָה**: נקר; mhe. נִקְרָה, DJD III p. 241; ja. נִקְרְתָּא u. נַקְרְתָּא; sam. נקר, נקירה (abs. BCh. LOT 2, 528); sy. *nqārā*; ar. *nuqrat* Höhlung: נִקְרַת, pl. cs. נִקְרוֹת: Kluft (Schwarzenbach 46) c. צוּר Ex 33_{22} Js 2_{21}. †

נקשׁ: Nf. v. יקשׁ u. קושׁ; mhe. qal:

[**qal**: pt. נוֹקֵשׁ Ps 9_{17} l c. BHS נוֹקַשׁ, nif. v. יקשׁ, Sir 41_{2}. †]

nif: impf. תִּנָּקֵשׁ: **sich fangen, verstricken** Dt 12_{30}. †

pi. (Jenni 208f): impf. וַיְנַקְשׁוּ (BL 328a, Ⓑ — קְ —): **Schlingen legen** Ps 38_{13}; — 109_{11} l יְבַקֵּשׁ. †

hitp: pt. מִתְנַקֵּשׁ: c. בְּ (? Umgangssprache = pi.) **Fallen stellen** 1S 28_{9}. †

I **נֵר**: נור, BL 464c; mhe.; Sam. sg. *nor*, pl. *nīrot*; ug. *nr* Leuchte u. *njr* Beleuchter (UT nr. 1644, Aistl. 1850), *nrt ilm* epith. der Sonnengöttin *Špš*; aam. Sfire I A 9 (Dup.-S. 32 :: KAI 2, 245); pun. n. pr. *bʿlnr* (PNPhPI 363): נֵירִי 2S 22_{29}, נֵרָהּ, נֵרֹתֶיהָ/תֵיהֶם, נֵרֹ(וֹ)ת: — 1. **Leuchte**, kleine Tonlampe m. Öl gefüllt, meist nur 1 Schnauze f. d. Docht; auch kunstvollere Formen, BRL[2] 198ff, Smith BA 29, 2ff, Kelso § 62, BHH 1046: im Haus Jr 25_{10} Zef 1_{12} Hi 21_{17} Pr 13_{9} 20_{20} 24_{20} 31_{18}, im

Zelt Hi 18$_6$, im אֹהֶל מוֹעֵד Ex 25$_{37}$ 27$_{20}$ 30$_{7f}$ 35$_{14}$ 37$_{23}$ 39$_{37}$ 40$_{4.25}$ Lv 24$_{2.4}$ Nu 4$_9$ 8$_{2f}$, im Tempel 1K 7$_{49}$ 1C 28$_{15}$ 2C 4$_{20f}$ 13$_{11}$ 29$_7$; נֵר אֱלֹהִים in Silo 1S 3$_3$; בַּמַּרְאֶה Zch 4$_2$; — 2. (metaph.) d. Sonne (ug. *špš nrt ilm*) Sir 39$_{17}$ 49$_7$ (Smend :: Peters), d. Mond נר חפץ liebliche Leuchte Sir 43$_7$; נֵר יִשְׂרָ׳ = David 2S 21$_{17}$; נֵר = Gott 2S 22$_{29}$ Ps 18$_{29}$; = sein Wort Ps 119$_{105}$, als Lämpchenaufschrift ? (J. B. Bauer ZAW 74, 1962, 324); = Gottes Huld Hi 29$_3$; = מִצְוָה Pr 6$_{23}$, נֵר d. מָשִׁיחַ, des in Jerus. gesalbten Königs Ps 132$_{17}$ (Kraus BK XV 887f, v. Rad Theol. I[6] 353); cf. נִיר 1K 11$_{36}$; — Pr 20$_{27}$ l נֹצֵר. †

II נֵר: n. m. Josph Νῆρος (NFJ 90f); = I od. Kf. (Noth 37. 167f); äga. נרי AP 300a: — 1. Vater v. אֲבְנֵר Genealogie unsicher cf. Rudolph Chr. 81: 1S 14$_{50f}$ 26$_{5.14}$ 2S 2$_{8.12}$ 3$_{23.25.28.37}$ 1K 2$_{5.32}$ 1C 8$_{33}$ 9$_{6.39}$ 26$_{28}$. †

נִר Pr 21$_4$: = I נִיר Licht od. II נִיר Neubruch, s. Gemser Spr. 81. †

נֵרְגַל: n. d.; G[B] (Ν)εργελ, G[Ra] Νηριγελ, G[L] Νιριγελ u. ä.; äga. (BMAP Pap. 8, 9) נ׳ שזב, palm. *Nrglzbd* PNPI 100); akk. **Nergal**, Stadtgott v. כּוּת, KAT[3] 412ff, Tallqvist AkGE 389ff, WbMy. 1, 109f; E. v. Weiher Der bab. Gott N. 1971 AOAT 11; sy. *Nrjg*, md. (MdD 299b) (נירִיג(יל: 2K 17$_{30}$; s. Rudolph 162 zu HL 6$_4$; ↗ n. m. נֵרְגַל שַׂר־אֶצֶר. †

נֵרְגַל שַׂר־אֶצֶר, Var. נ׳ שַׂרְאֶצֶר Josph Νηριγλίσαρος (NFJ 90): n. m.; akk. *Nergal-šar(ra)-uṣur* „N. schütze d. König", hoher Beamter am Hof d. Nebukadnezar II, wohl identisch m. d. gleichnamigen König Νεριγλισσαρος (559-56 v. Chr., Schnabel 273f, NFJ 90); E. Unger, Babylon 1931, 282ff. IV 22; ANET 308a; v. Soden ZA 62, 1972 85f; Sack ZA 68, 1978, 129ff; Rudolph Jer.[3] 245; BHH 1302: Jr 39$_{3,13}$. †

נֵרְדְּ: G, NT gr. ἡ νάρδος (Masson 56, Boisacq 657), lat. *nardus*; mhe., ja. נַרְדָּא, md. (MdD 286b), sy. *nardīn/dōn*; akk. *lardu* (AHw. 538b); ar. pers. *nardīn* (weiter Lokotsch nr. 1548); < skr. *nalada*, *Nardos tachys Jatamansi*, aromatische als Parfüm beliebte Droge v. e. im Himalaja wachsenden Pflanze (Löw 3, 482f, Harrison 48f, K. Hummel Mitt. d. Deutschen Pharmazeutischen Gesellschaft 37, 1967, 113ff); נֵרְדְּ ,נִרְדִּי ,נְרָדִים: **Narde** HL 1$_{12}$ 4$_{14}$, 4$_{13}$? cj. pr. נְרָדִים prop. וְרָדִים (↗ וֶרֶד*) Rose. †

נֵרִיָּה: n. m.; Josph Νῆρος (NFJ 90f); < נֵרִיָּהוּ: Pritchard 11, Lkš, äga.: — 1. Vater v. בָּרוּךְ 1, Jr 32$_{13.16}$ 36$_{4.8}$ 43$_3$ 45$_1$; — 2. Vater v. שְׂרָיָה Jr 51$_{59}$. †

נֵרִיָּהוּ: n. m.; I נֵר + י׳ (Noth N. 167) „Jahwe ist meine Leuchte"; Dir. 352; keilschr. *Nirijau* APN 176b, *Niriāma* 168; T.-Arad 31, 4 נריהו; Lakiš 1, 5 נרי (Mosc. Ep. 53, 4 u. II נֵר); cf. אלנר Nimr. Ostr. (Albr. BASOR 149, 1958, 33, 1) u. אדנינר (JbEOL 11, 79), יהונור (Cross BA 26, 112): Jr 36$_{14.32}$ 43$_6$ (= נֵרִיָּה 1). †

נשׂא: mhe. (auch נסא); ja. palm. נסא; sam. (BCh. LOT 3/2, 83), cp.; ug. *nšʾ* (UT nr. 1709, Aistl. 1859), kan. *naššā*, *jinašši* VAB 2, 148$_4$ u. AOAT 8, S. 85; RA 19, 99), amor. *Jas(s)i-* (Huffmon 239f), mo. aram. (mehr u. mehr durch נסב verdrängt), aam. (Degen Altaram. Gr. 72f), äga. (DISO 186), palm. n. pr. (PNPI 100); ba.; ar. *našaʾa*, hinausschieben, wachsen, sich erheben, asa. *nsʾ*, *nšʾ* (Conti 191a), äth.[G] *našʾa*, tigr. (Wb. 326a) *nasʾa*, amh. *našā* (Ulldff. Chr. 111b); akk. *našû* (AHw. 762a):

qal (597 ×): pf. נָשָׂא, נָשְׂאָה, נָשָׂאתָ, (לִשָּׂא (+ Ps 139$_{20}$ 3. pl. Ⓑ נָשׂוּא, נָשְׂאוּ/שָׂאוּ, נָשָׂאךְ, Ⓛ נָשְׂא < נָשׂוּ Ez 39$_{26}$ (BL 441c), נְשָׂאתִים, נְשָׂאתַנִי, נְשָׂאתָנִי (2. f., Ez 16$_{58}$); impf. יִשָּׂא, יִשְׂאוּ (BL 220m), יִשָּׂאוּ, תִּשָּׂאוּן,

תִּשֶּׂאנָה, תִּשֶּׂאינָה u. תִּשֶּׂנָה (BL 441c), יִשָּׂאוּנְךָ, יִשָּׂאוּם, יִשָּׂאֶנָּה, יִשָּׂאֵהוּ/אֶהָ (BL 338p), וַיִּשָּׂאֵהוּ; imp. שָׂא, נְשָׂא Ps 10_{12} (GK § 66c), שְׂאוּנִי, שָׂאֵהוּ, שְׂאִי/אוּ (Ps 4_7 נְסָה l נְס F נוס vel BHS); inf. (BL 441c, pun. *nasot*, Sznycer 937, Friedr. § 180), לָשֵׂאת, בִּשְׂאֵת, שְׂאֵת, שְׂאֵתִי (Sec. σαθι Ps 89_{51}, Brönno 57, R. Meyer Gr. § 81, 1b), 3 × נְשׂ(וֹ)א, נְשָׂאִי, Ps 28_2, מַשְּׂאוֹת Ez 17_9 ? aram., BL 441c, s. Zimmerli 375; pt. נֹשֵׂא, f. נֹשְׂאֵת > נֹשֵׂאת, pass. cs. נְשָׂא, נְשׂוּא u. נְשׂוּי (BL 441c): — 1. **tragen**: F סָבַל 1K 5_{29} (Noth Kge. 87, Held JAOS 88, 1968, 95f, Rainey IEJ 20, 192[5]), יֶלֶד 2K 4_{19}, עֹל Kl 3_{27}, אֲרוֹן 2S 6_{13}, חֶרְפָּה Jr 15_{15} (עַל wegen), חֶסֶד Est 2_9 (davontragen, gewinnen), חֵן 2_5 5_2; tragen helfen c. בְּ Hi 7_{13} Nu 11_{17} Koh $5_{14.18}$; c. אֵת mittragen Ex 18_{22}, שָׁלוֹם Ps 72_3 Koh 5_{18}; נָ׳ פְּרִי Frucht bringen Ez 36_8; — 2. **heben, hochheben**: נֵס Jr 4_6, תֵּבָה Gn 7_{17}, כָּנָף Ez 10_{16}, רַגְלַיִם (= sich auf d. Weg machen) Gn 29_1; ellipt. 1S 17_{20} (cf. akk. *našû* [*šēpīn*] Frankena Fschr. Beek 47; AHw. 762 I 2a; Driver WdO 2, 1954, 19 :: Stoebe KAT VIII/1, 321ff; Hertzberg ATD 10[2], 114); כַּנְפֵי שַׁחַר Ps 139_9 (AuS 1, 603), Dt 33_3 (l יִשְּׂאוּ, Seeligm. VT 14, 1964, 80[2]); אַשְׁפָּה um den Köcher zu leeren Js 22_6; als Levitation d. Profeten 1K 18_{12} Ez $3_{12.14}$ 8_3 $11_{1.24}$ 43_5, s. Widengren Literary ... Aspects, 1948, 103ff; — 3. נָ׳ יָד/כַּף d. **Hand erheben** (akk. *qāta wabālu ana* die Hand legen an [AHw. 909a]): בְּ gegen 2S 20_{21} Ez 20_{23} (J. Lust EphThLov 43, 1967, 517ff), z. Schlag Ps 10_{12}, zum Schwur (vgl. RSP II S. 387f Nr. 25) Dt 32_{40} Ex 6_8 Ez 20_6, zur Bitte Ps 28_2 z. Gebet Ps 63_5 (F מַשְׂאֵת), נָ׳ תְּפִלָּה 2K 19_4 (aam. KAI 202 A 11, akk. *našû qāta*, *nīš qāti* Gebet, Meissner BuA 2, 80, AHw. 762b, 797), אֶל־מִצְוֹתֶיךָ Ps 119_{48} ? l אֵלֶיךָ (u. dl אֲשֶׁר אָהַבְתִּי), z. Befehl Js 49_{22}; — 4. a) נָ׳ רֹאשׁ **d. Kopf hochheben/-tragen**, Ausdruck d. Unabhängigkeit Zch 2_4 Sir[Adl.] 33_{26}; forensisch: Ausdruck des Freigesprochenen Hi 10_{15} 11_{15} (H. Vorländer, Mein Gott [AOAT 23, 1975] 266): akk. *rēša našû* ,,sich kümmern um" (AHw. 762b); ,,(einem Kranken) die Kräfte wiedergeben" (Ug. V 271); im Aeg. Zeichen der Genesung nach Krankheit (Zandee Fschr. Beek 277f), = נָ׳ פָּנִים cf. Gn $40_{13.19f}$ (B. D. Redford VTSu 20, 1970, 54), 2K 25_{27} (Seeligm. HeWf. 270f); b) d. Kopfzahl erheben (akk. *rēša našû* OLZ 23, 153; Speiser 177f; || פקד) Ex 30_{12} Nu 1_2 26_2 = נָ׳ מִסְפָּר Nu 3_{40} 1C 27_{23}; — 5. נָ׳ פָּנָיו s. **Gesicht erheben** (cf. πρόσωπον λαμβάνειν L. v. Rompay Orientalia Lovaniensia periodica VI/VII 1975/6, 569-75): drückt Gewissheit, Heiterkeit aus Hi 11_{15}, ohne פָּנִים (:: נָפְלוּ פָנָיו Gn 4_6) Gn 4_7, c. אֶל zu 2K 9_{32}, = jmdm unter d. Augen treten 2S 2_{22}; v. Gott: jmdm geneigt sein Nu 6_{26} (cf. akk. altbabyl. *būnī našûm ana* PN ,,das Antlitz erheben zu", Frankena Fschr. Beek 47, cf. AHw. 138b); נָ׳ פָּנִים neg.: benachteiligen (Schwartz BiZ 19, 1975, 100); c. אוֹר פָּנֶיךָ Ps 4_7, F נוס; — 6. a) jmd **freundlich aufnehmen**, **gewogen sein** (ja. נְסַב אַפֵּי) Gn 32_{21} Mal 1_8 (||רצה), Hi 22_{26} 42_9 1S 25_{35}; od. forensisch wie נָ׳ רֹאשׁ (F 4), eig. nach Freispruch Gn $40_{13.19f}$ 2K 25_{27} = Jr 25_{31} cf. A. Philips, Ancient Israels Criminal Law, 1970, 27; b) achten Kl 4_{16}, נְשׂוּא פָנִים geachtet, hochstehend 2K 5_1 Js 3_3 u. 9_{14} (Pedersen Isr. 3/4, 73: activisch sec. 4; 1QJs[a] נשא, s. Wernb.-M. JSS 3, 1958, 254); etw. genehmigen כֹּפֶר Pr 6_{35}; c) Person ansehen, begünstigen (> πρόσωπον λαμβάνειν, προσωποληψία G, NT ThWbNT 6, 780; THAT II 112): בַּתּוֹרָה b. Erteilen v. Weisung Mal 2_9, בַּסֵּתֶר Hi 13_{10}; דַּל Lv 19_{15} (:: הָדַר פְּנֵי גָדוֹל), רְשָׁעִים Ps 82_2, Gott tut es nicht Dt

17$_{10}$ (|| nimmt nicht שֹׁחַד); — 7. נָ׳ עֵינַיִם (akk. *našû ēnē* die Augen [begehrlich] richten auf [AHw. 762 I 2c], *niš ēnē* [freundliche] Augen-Erhebung [AHw. 797b], *nīšīt ēnē* Auserwählung [AHw. 796b]): **aufblicken zu** Gn 13$_6$, z. d. גִּלּוּלִים Ez 18$_6$ (s. Zimmerli 405); — 8. נָ׳ קוֹל **d. Stimme erheben** (cf. Elliger BK XI, 209; ? äth. *ʾawšeʾa* reden, Nöldeke NB 193f): zum Ruf Ri 9$_7$, z. Jubel Js 24$_{14}$, z. Weinen Gn 27$_{38}$; ohne קוֹל Nu 14$_1$ (s. BHS), Js 3$_7$ 42$_{2.11}$ (|| צוח, RSP II S. 24 Nr. 43, ? cj. c. G S יָשְׂשׂוּ), Hi 21$_{12}$ (z. Begleitung v. תֹּף וְכִנּוֹר); — 9. c. מָשָׁל anstimmen Nu 23$_7$, זִמְרָה Ps 81$_3$, קִינָה Am 5$_1$, תְּפִלָּה Js 37$_4$, מַשָּׂא 2K 9$_{25}$; אָלָה e. Eid auferlegen, od. Fluch aussprechen 1K 8$_{31}$ (Noth Kge. 173. 186) u. 2C 6$_{22}$ Var Ⓑ :: Mtg.-G. 202; Ⓛ נשא, s. Rudolph Chr. 212f); c. שֵׁם Ex 20$_7$ Dt 5$_{11}$ aussprechen (:: Jepsen ZAW 79, 1967, 291f: schwören); c. שֵׁמַע Ex 23$_1$, c. חֶרְפָּה Ps 15$_3$; — 10. נָ׳ עַל־פִּיו in d. Mund nehmen Ps 50$_{16}$, עַל־שְׂפָתָי (cf. KAI 224, 14-16) 16$_4$ **aussprechen**; נָ׳ בְּשָׂרוֹ בְשִׁנָּיו s. Fleisch in d. Zähne nehmen = s. Leben in d. Schanze schlagen (Hölscher 37 :: Tur-Sinai 225: בָּשָׂר = לָשׁוֹן) Hi 13$_{14}$; נ׳ בכתב schriftlich aufnehmen Sir 44$_5$; — 11. נָ׳ נַפְשׁוֹ verlangen nach (Wolff Anthropologie 33f); c. אֶל Dt 24$_{15}$ Hos 4$_8$ (l נַפְשָׁם), Pr 19$_{18}$; c. לְ Ps 24$_4$ (l נַפְשׁוֹ); c. אֶל־י׳ Ps 25$_1$ 86$_4$ 143$_8$, cj. Hi 27$_8$ (l יִשָּׂא לְ, Hölscher 64); — 12. נְשָׂאוֹ לִבּוֹ s. Herz treibt ihn, er ist willig Ex 35$_{21.26}$ 36$_2$ (akk. *niš libbi(m)* ,,Begierde'', AHw. 797b) :: נְשָׂאֲךָ לִבֶּךָ d. Herz erhebt, verleitet dich 2K 14$_{10}$; — 13. נָ׳ **fassen** (↗ כול hif. 1) Ez 45$_{11}$ (richtiges Mass, s. Fohrer Ez. 251, de Vaux Inst. 1, 305f = Lebensordnungen 1, 329, Zimmerli 1153); — 14. **ertragen** Gn 13$_6$ 36$_7$ Dt 1$_9$ Mi 7$_9$ Hi 21$_3$; abs. ,,es'' Js 1$_{14}$ Jr 44$_{22}$ Pr 30$_{21}$; — 15. נָ׳ עָוֹן u. ä. (akk. — ass. — *ḫiṭa našû* ,,ein Vergehen auf sich laden'' = sich straffällig machen'' [Weidner AfO 17, 1956, 270]; *arna u ḫiṭa našû* ,,Schuld u. Verfehlung (mit)tragen [Driver-M. AL Tablet I, 32]; cf. Zimmerli BK XIII 306, der noch auf altbab. *ḫiṭītam našûm* hinweist): a) d. eigene Schuld auf sich laden עֲוֹנוֹ Ex 28$_{43}$, Lv 5$_1$ 7$_{18}$ 17$_{16}$ 19$_8$, חֶטְאוֹ 20$_{20}$ 22$_9$ Nu 9$_{13}$ (Zimmerli ThB 19, 1963, 160ff u. BK XIII 306f); abbüssen Ex 28$_{38}$ Nu 14$_{34}$ 18$_1$ Ez 44$_{13}$ (כְּלִמָּה), = נָ׳ זִמָּה Ez 23$_{35}$; abs. die Folgen tragen Pr 9$_{12}$; b) eines anderen Schuld, נָ׳ חֵטְא עָלָיו (seinetwegen) Lv 19$_{17}$ Js 53$_{12}$; עָוֹן Ez 4$_{4-6}$, c. בְּ 18$_{19f}$; כְּלִמָּה Ez 16$_{52.54}$ 32$_{24f.30}$ etc. (Zimmerli 932); זְנוּת Nu 14$_{33}$; נָ׳ עֹנֶשׁ Busse zahlen Pr 19$_{19}$; — 16. a) **bringen** רוּחַ Heuschrecken Ex 10$_{13}$, Schiff Waren 1K 10$_{11}$; hinschaffen Dt 14$_{24}$; b) darbringen (Gabe, Opfer) Ez 20$_{31}$ Ps 96$_8$; — 17. wegtragen > **nehmen** Gn 27$_3$ 45$_{19}$ Ri 16$_{31}$ 1S 17$_{34}$ Hos 5$_{14}$ Ps 102$_{11}$; נָ׳ אִשָּׁה (älter לָקַח) für sich e. Frau nehmen Rt 1$_4$ Esr 10$_{44}$ 2C 11$_{21}$ 13$_{21}$ 24$_3$, für d. Söhne Sir 7$_{23}$, ohne אִשָּׁה heiraten Esr 9$_{2.12}$ Neh 13$_{25}$; mhe.; — 18. **wegnehmen**: a) Ri 21$_{23}$ 2S 5$_{21}$ Mi 2$_2$ HL 5$_7$ Da 1$_{16}$; רֹאשׁ d. Kopf, enthaupten (Wtsp. m. ↗ 6) Gn 40$_{19}$ cf. $_{13.20}$; b) **jmds Schuld** (u. Strafe) **wegnehmen** (αἴρειν, *tollere*; Zimmerli ThB 19, 157ff; Knierim 50ff. 114-119. 193f. 203f. 218ff) נָ׳ עֲוֹן פּ׳ Lv 10$_{17}$ Ps 85$_3$, ebenso c. פֶּשַׁע Gn 50$_{17}$ Hi 7$_{21}$, c. חַטָּאת Ps 32$_5$, לְפֶשַׁע hinsichtlich Gn 50$_{17}$ Ex 23$_{21}$ Jos 24$_{19}$, ↗ Ps 25$_{18}$; > נָ׳ לְ d. Schuld wegnehmen, vergeben Gn 18$_{24.26}$ Js 2$_9$ Hos 1$_6$ (? al. verwerfen, beseitigen, Luther; od. dl bβ, s. Komm.), 14$_3$ (? כָּל־ völlig, al. II בַּל s. Rudolph KAT XIII/1 247), Sir 16$_7$, cj. 2S 13$_{19}$ l וַתֵּכֶל רוּחַ הַמֶּלֶךְ לָשֵׂאת לְאַבְשָׁלוֹם (Würthwein Theol. St. 115, 1974, 46[80]), אֵל נֹשֵׂא Ps 99$_8$, daher נְשׂוּא עָוֹן dem d. Schuld vergeben ist Js 33$_{24}$ u. נְשׂוּי פֶּשַׁע Ps 32$_1$; — Nah 1$_5$ l וַתִּשָּׁא (I שׁאה

nif. verwüstet werden); Hab 3_{10f} l מוֹעֲדָיו נָשָׂה שֶׁמֶשׁ; Ps 10_{12} נְשָׂא יָדֶךָ u. dl אֵל :: Gkl.; 62_5 pr. מִשְּׂאֵתוֹ cj. מַשְּׂאוֹת Täuschungen (Gkl.); 89_{10} l בְּשְׂאֹן; Hi 34_{31} l נִשֵּׂאתִי (: נשׂא) war betört (Hölscher);

nif: pf. נִשָּׂא; impf. יִנָּשְׂאוּ/שֵׂאוּ, אֶ/יִנָּשֵׂא, תִּנָּשֶׂאנָה; imp. הִנָּשְׂאוּ inf. הִנָּשֵׂא, הִנָּשְׂאָם, abs. נִשֵּׂאת 2S 9_{43} (GK § 76b); pt. נִשָּׂא, f. נִשָּׂאָה u. נִשֵּׂאת Zch 5_7 u. 1C 14_2 (s. Rudolph Chr. 114, BL 612x), נִשָּׂאִים/אוֹת; — 1. **getragen werden** Ex 25_{28} (בְּ an; Sam. qal), Js 49_{22} 60_4 1QJs[b] תשינה pr. תֵּאָמַנָה (s. Robinson ZAW 73, 1961, 266f, BHS), 66_{12} Jr 10_5 (l יִנָּשְׂאוּ), weggeschafft, weggeschleppt werden 2S 19_{43} 2K 20_{17} Am 4_2 (nif. od. pi. s. Rudolph KAT XIII/2, 161; Wolff BK XIV/2, 241. 244), Js 39_6 Da 11_{12}; — 2. a) **sich erheben** (|| קוּם) Js 33_{10} Ez 1_{19-21} Ps 7_7 (בְּ gegen), 94_2, cj. 139_{20} (l נִשְּׂאוּ Gkl. :: Mow. PsSt 1, 52); b) **sich in die Höhe heben** Ps 24_7, cj.$_{.9}$ (Tore), Js 40_4 (Tal), Zch 5_7 (Bleideckel); — 3. **hochgebracht sein**: מַלְכוּת Nu 24_7 (cf. BHS), 1C 14_2; (Berg) überragen Js 2_2/Mi 4_1 (c. מִן), Js 52_{13} Jr 51_9, pt. Js 2_{12-14} 30_{25} 57_7, Sir 11_6 hochgestellt; erhaben Js 6_1 u. 57_{15} (Gott, || רָם); hoch gezogen sein (Wimpern) Pr 30_{13}. †

pi. (Jenni 191): pf. נִשְּׂאוּ, נִשֵּׂא, נִשָּׂא (:: qal impf.); impf. יְנַשְּׂאוּהוּ, יְנַשְּׂאֵם, יְנַשְּׂאֵהוּ; imp. נַשְּׂאֵם; pt. מְנַשְּׂאִים: — 1. **hoch heben** Am 4_2, herausheben cj. Ps 69_{15} (pr. מְנַשְּׂאַי l מִנֹּשְׂאַי); — 2. **in d. Höhe bringen** (מַמְלֶכֶת) 2S 5_{12}, im Rang erhöhen Est 3_1 5_{11}; — 3. **tragen** (Gott d. Volk) Js 63_9 Ps 28_9; unterstützen 1K 9_{11} (בְּ mit), Est 9_3 Esr 1_4 8_{36}; — 4. נִ׳ נַפְשׁוֹ c. לְ u. inf. **Verlangen tragen zu** Jr 22_{27} 44_{14} (F qal II). †

hif: pf. הִשִּׂיאוּ; pt. משאת (מַשְׂאֵת*), Bgstr. 2, 157c. d) Sir 42_1: — 1. c. 2 acc. jmdm etw. **aufladen** Lv 22_{16}; — 2. tragen, **bringen** Sir 42_1; — 3. **in d. Höhe heben** cj. Ez 17_9 (unsicher s. Zimmerli 375); — 2S 17_{13} ? l יָשִׂימוּ. †

hitp: impf. תִּ/יִתְנַשֵּׂא > תִּ/יִנַּשֵּׂא Nu 24_7 2C 32_{23} u. יִנַּשְּׂאוּ Da 11_{14} (BL 441c :: Bgstr. 2, 99d); inf. הִתְנַשֵּׂא; pt. מִתְנַשֵּׂא: **sich erheben** Nu 23_{24} (כַּאֲרִי), 1K 1_5 Ez 17_{14} Pr 30_{32} Da 11_{14} 1C 29_{11} (וְהַמִּתְנַשֵּׂא ... (לְ)רֹאשׁ ,,u. der du dich als Haupt erhebst'', :: Rudolph Chr. 192: aramais. sbst. Erhabenheit, G[L] ἔπαρσις); c. עַל Nu 16_3 Ez 29_{15}, cj. Pr 30_{31} (l מִתְנַשֵּׂא, F זַרְזִיר). †
Der. נְשׂוּאָה*, I II נָשִׂיא, I II מַשָּׂא, מַשֹּׂא, מַשָּׂאָה, מַשְׂאֵת, I II שְׂאֵת, שִׂיא*, n. montis שִׂיאֹן.

נשׂג: sam. נשג (BCh 3, 1, 131): aram. (Caquot Fschr. Dup.-S. 9ff); ar. *našağa* erjagen (Guill. 2, 26):

hif: pf. הִשִּׂיג, הִשִּׂיגָה, הִשִּׂיגוּ, הִשִּׂיגָנוּ, הִשַּׂגְתָּם, הִשִּׂיגוּם; impf. יַשִּׂיג, וַיַּשֵּׂג, וַיַּשִּׂגוּ, יַשִּׂיגוּן, וַיַּשִּׂ(י)גֵם, תַּשִּׂיגֵהוּ, אַשִּׂיגֶנּוּ, תַּשִּׂיגוּם; inf. הַשֵּׂג, השגת (? הַשֶּׂגֶת) Sir 14_{13} $32/35_{12}$; pt. מַשִּׂיג, מַשֶּׂגֶת, מַשִּׂיגֵהוּ: — 1. **einholen**, **erreichen** Gn 31_{25} $44_{4.6}$ 47_9 Ex 14_9 15_9 Lv 26_5 Dt 19_6 Jos 2_5 1S 30_8 2S 15_{14} 2K 25_5 Js 59_9 Jr 39_5 52_8 Hos 2_9 10_9 Ps 7_6 18_{38} 40_{13} Pr 2_{19}, cj. 13_{21} (l יַשִּׂגֵם), Kl 1_3 Sir 12_5; subj. בְּרָכָה Dt 28_2 Sir 3_8, קְלָלָה Dt $28_{15.45}$, חֶרֶב Jr 42_{16} Hi 41_{18} (l MT, GK § 116w), 1C 21_{12} (לְמַשֶּׂגֶת pt. od. sbst. ,,z. Einholen'', Rudolph), רעה Sir 6_{12}, חָרוֹן Ps 69_{25}, בַּלָּהוֹת Hi 27_{20}, דִּבְרֵי י׳ Zch 1_6, כְּלִמּוֹת (cj. יַשִּׂג) Mi 2_6; — 2. **ausreichen**, **aufbringen** (immer c. יָד) Lv 5_{11} $14_{21f.30-32}$ $25_{26.49}$ 27_8 Nu 6_{21} Ez 46_7, Sir 14_{13} $32/35_{12}$ הש(י)גת יד soweit man kann (cf. mhe., השג יד); תַּשִּׂיג יָד zu Besitz kommen (:: מוּךְ) Lv 25_{47}; — 3. Versch.: sich einstellen (:: נוס) Js 35_{10} 51_{11}; השיג Worte/Ermahnung annehmen Sir $31/34_{22}$ 1QS 6_{14}, ellipt. Dam. 6_{10}; — Hi 24_2 יַשִּׂיגוּ = יַסִּיגוּ (סוג); 1S 14_{26} l מֵשִׁיב. †

נְשׂוּאָה*: נשׂא, BL 472v: נְשֻׂאֹתֵיכֶם **Lasten** (tragbare Götterbilder) Js 46_1. †

I נָשִׂיא, Sam. *anši*, pl. *anšijjā'əm* (BCh. LOT 5, 213): נשׂא, BL 470n; mhe., DSS נשי(א), DJD II p. 293, meist נסיא; Deir

Alla 1, 14 *nś'* Führer (ATDA 214); ph. נשא, ihe. נש(י)א (DISO 187); der Geachtete (cf. נְשֻׂא פָנִים) od. „Sprecher" ↗ נשא 8, so Noth, Syst. 151f; GI 95; cf. Dunbrell VT 25, 1975, 332-335, Seebass ZAW 90, 1978, 206f :: נָשִׂיא Stammesscheich o.ä. Fschr. Hempel 261[12]; v. d. Ploeg RB 57, 47ff; Cazelles 138; de Vaux Inst. 1, 23 = Lebensordnungen 1, 26; Histoire II 32ff; Speiser CBQ 25, 11ff u. Oriental u. Biblical Studies 1967, 113ff: „duly elected chieftain"; Mayes VT 23, 1973. 151-170, bes. 161f: נְשִׂאֵי, נְשִׂ(י)אִים, נְשִׂיא: 130 ×; Nu 62 ×, Ez 37 × P. 80 ×, ? älteste Belege Ex 22_{27} Gn 34_2; cj. Nu 7_{12}, Ez 22_{25} 37_{22}, נָשִׂיא in Ismael Gn 25_{16}, (Abraham) נְשִׂיא אֱלֹ׳ Gn 23_6 (Gottstein VT 3, 1953, 298f), נְ׳ מִדְיָן 34_2, נְשִׂיא הָאָרֶץ Nu 25_{18}, pl. Jos 13_{21}, נְשִׂיאֵי הַיָּם Ez 26_{16}, נְ׳ קֵדָר 27_{21}. in מִצְרַיִם 30_{13}, in אֱדוֹם 32_{29}, Gog נְ׳ רֹאשׁ 38_2; sonst in Isr. הַנְּשִׂאִים: נְשִׂיאֵי יִשְׂר׳ Nu 7_{84}, Ez 21_{17} 7_{27} $12_{10.12}$ (: Zedekia), נְ׳ עֵדָה Nu 16_2 = נְ׳ הָעֵדָה Ex 16_{22} u. הַנְּשִׂאִים בָּעֵדָה 34_{31}, הַנְּשִׂאִם Nu 27_2; נְשִׂיא לִבְנֵי יְהוּדָה u. d. anderen Stämme Nu 2_{3-29}, נְ׳ לִבְנֵי זְבוּלֻן usw. 7_{24-78}; נְשִׂיאֵי מַטּוֹת אֲבוֹתָם 1_{16}; נְשִׂיאֵי לְמַטֵּה בְנֵי דָן נְ׳ 7_2, usw. 34_{22-28}, הַמַּטּוֹת נְ׳ אֶחָד נְ׳ נְ׳ בֵּית־אָב לְמִשְׁפְּחֹת הַקְּהָתִי 3_{30}; רָאשֵׁי 34_{18}, נְ׳ אֶחָד לַיּוֹם 7_{11}; אֶחָד מִמַּטֵּה 1C 7_{40}; שֵׁשְׁבַּצַּר הַנָּ׳ לִיהוּדָה Esr 1_8 הַנְּשִׂאִים (Galling Fschr. Rudolph 75, Stud. 81f; Gese Der Verfassungsentwurf des Ezechiel, 1957, 116ff); Bezeichnung des neuen (wiederkehrenden?) David Ez 34_{24} 37_{25} u. des Hauptes im Bereich der endzeitlichen Heilsverwirklichung Ez 44_3-48_{22} (Zimmerli 1227-1230; Kellermann BZAW 120, 1970, 148).

II *נָשִׂיא: נשא, ↗ I; ar. *naśī'* schwebende Wolken (Reymond 13): נְשִׂאִים Nebelschwaden Jr 10_{13} 51_{16} Ps 135_7 Pr 25_{14}. †

נשק: mhe. hif. הסיק ja; äga. נשק, haf. תהנשק (DISO 188) verbrennen (Bgstr. 2, 124g :: BDB 969b, BL 368u: שׂלק, ↗ ba. סלק):

nif: pf. נִשְּׂקָה: **sich entzünden** (Feuer) Ps 78_{21}. †

hif: pf. הִשִּׂיקוּ; impf. יַשִּׂיק: **anzünden** Js 44_{15} Ez 39_9 (? ug. TOML 135[1]), Sir 43_4 (Rd יסיק pr. ידליק) in Brand setzen.$_{21}$ ישיק versengen. †

*נשׂר: mhe. ja. cp. sy. md. (MdD 302b) נסר; ar. *našara* sägen; Nöldeke NB 182: Der. מַשּׂוֹר.

I נשׁא, eig. II נשׁה: mhe. leihen, ? > ar. *nasa'a* m. Stundung verkaufen (Zimmern 17), asa. (Conti 187b) *ns'*; < akk. (neubab.) *rāšû* Gläubiger (AHw. 962b), *rašûtu* Guthaben; > mhe. רשה, ja. רשא befugt sein, leihen, hif./af. ausleihen, äga. klagbaren Anspruch erheben, mhe. ja. רַשַּׁי berechtigt, verpflichtet; s. Horst Privilegrecht 60ff (= ThB 12, 1961, 83ff):

qal: pf. נָשׁוּ־, נָשִׁיתִי Jr 15_{10}; pt. נֹשֶׁא (1S 22_2 Js 24_2, BL 441c) u. נֹשֶׁה 5 ×, נֹשְׁאִים Neh. 5_7 K (Q נֹשִׁים); — 1. **ausleihen** (an c. בְּ) Dt 24_{11} Jr 15_{10} Neh 5_{10f}; abs. Jr 15_{10}; c. בְּ von jmdm leihen Js 24_2; — 2. pt. Gläubiger, berufsmässiger **Geldverleiher** 1S 22_2 2K 4_1, Js 24_2 50_1; Wucherer Ex 22_{24} Ps 109_{11}; — 3. נָ׳ מַשָּׁא בְּ׳ **Wucher treiben** an Neh 5_7; — 4. נָ׳ אָלָה בְּ׳ 1K 8_{31} 2C 6_{22} jmdm e. Reinigungseid zuschieben (König Wb., Rudolph; al. ↗ I נשׂא qal 9; Jr 23_{39} l נָשֹׁא ... וְנָשִׁיתִי (= וְנָשָׂאתִי) (Rudolph Jer.[3] 154). †

hif: impf. תַּ/יַשֶּׁה; pt. ↗ *מַשֶּׁה: c. בְּ pers. u. acc. rei etw. an jmdn ausleihen Dt 24_{10}; — Dt 15_2 (an beiden Stellen Sam. qal) vor מַשֶּׁה haplgr. ausgefallen מַשֶּׁה (↗ HAL 607b). †

Der. מַשָּׁאָה, מַשֶּׁה, מַשָּׁא, *נְשִׁי.

II נשׁא: ? Nf. v. שׁוא: ar. *našija* berauscht sein:

nif: pf. נִשְּׁאוּ: **sich falschen Hoffnungen**

hingeben Js 19_{13} (|| יאל nif.), cj. Da 11_{14} (יִנָּשְׂאוּ). †

hif: pf. הִשִּׁיאֲךָ, הִשִּׁיאַנִי, הִשֵּׁאתָ, הִשִּׁיא, הִשִּׁיאוּךָ; impf. יַשִּׁיאֲךָ, יַשִּׁיאוּ, יַשִּׁ(י)א; inf. הַשֵּׁא: **betrügen, täuschen** c. acc. Gn 3_{13} (cf. R. Meyer Gr. § 91, 2a u. 92, 4b), 2K 19_{10}/Js 37_{10} Jr 49_{16} (l הִשִּׁיאַתְךָ), Ob $_{3.7}$, cj. Ez 39_{2} (l וְהִשֵּׁאתִיךָ); הִשִּׁיא נַפְשׁוֹ sich selber Jr 37_{9}, cj. Kl 1_{19} (l וַיַּשִּׁיאוּ Rudolph 208); c. לְ 2K 18_{29} Js 36_{14} Jr 4_{10} 29_{8}; — Nu 21_{30} prop. וַנַּשֵּׁם אֵשׁ; Ps 89_{23} l יִשָּׂא kein Feind wird sich gegen ihn erheben (Dahood Psalms II 317f; RSP I S. 69 Nr. 56), cf. נשא nif; Ps 55_{16Q} s. Komm. †

Der. *מַשּׁוּאָה, מַשָּׁאוֹן, מַשֻּׁאוֹת, מְשׁוּאָה.

נשב: Nf. v. נשם u. נשף (s. Ruž. 90); Sam. (LA נשבת) pi.; sam. (BCh. LOT 2, 590); mhe. ja. cp. sy. blasen; ar. *nsb* IV wehen (s. Lex.[1]); akk. *našāpu* (AHw. 758b) fortblasen:

qal: pf. נָשְׁבָה: **wehen** (רוּחַ) Js 40_{7}. †

hif: impf. יַשֵּׁב, Sir 43_{20} יַשִּׁיב; — 1. **wehen lassen** Ps 147_{18} Sir 43_{20}; — 2. **verscheuchen** Gn 15_{11} (:: Barr CpPh 174: ישב hif.). †

Der: אֶשְׁנָב.

I **נשה**: mhe.; ? ug. *nšj* (Aistl. 1863, CML 157a); ? aam. (DISO 187); ph. in n. pr. PNPhPI 363f), ja. sy.; ar. *nasija* vergessen, asa. (ZAW 75, 1963, 312); tigr. (Wb. 326b) *nasā* aus d. Gedächtnis entschwinden, äth. *tanāsaja* (Leslau 35) vergessen; akk. *mašû* (AHw. 631b, VG 1, 160):

qal: pf. נָשִׁתִי: **vergessen** Kl 3_{17}; cj. Dt 32_{18} תִּשֶּׁא (Sam. *tišša*), u. Hab 3_{10} (l נשא = נשה BHS). †

nif: impf. תִּנָּשֵׁנִי: **vergessen werden**, c. לֹא du bist mir unvergessen Js 44_{21} (BL 344h; auch aram. mit obj. sf., id. Sam. nif.: Lešonenu 15, 1947, 78f) :: BHS activ תִּשֵּׁנִי. †

pi. (Jenni 228): pf. נַשַּׁנִי (BL 442e): **vergessen lassen** Gn 41_{51}. †

hif: pf. הִשָּׁה; impf. יַשֶּׁה: **vergessen lassen** Hi 39_{17} (:: Dahood Biblica 50, 1969, 337f), c. לְ pers. et מִן rei jmdn vergessen lassen v. etw. Hi 11_{6} (txt. ? cf. Hölscher[2] 32). †

Der: נְשִׁיָּה; n. m. מְנַשֶּׁה, יִשִּׁיָּה(וּ).

II **נשה**: ↗ I נשא; Der. מַשֶּׁה.

נָשֶׁה: Sam. *nēši*, mhe., ja. נַשְׁיָא; ? ug. *ʾnš* (CML[2] 141b); sy. *gennešjā* (< גִּיד נַשְׁיָא, LS 126a); ar. *nasan*: גִּיד הַנָּשֶׁה an כַּף הַיָּרֵךְ (Hüftpfanne), d. **Hüftnerv**, *nervus ischiadicus*, Hauptnerv d. Hüftgegend, s. AuS 6, 92, Wellh. RaH 168[3], Horst GsR 88ff, Otto ZAW 89, 1977, 85[77], Ulldff EthBi. 102 u. Komm.: Gn 32_{33}. †

***נְשִׁי**: I נשא/ה, BL 457p: נִשְׁיְכִי (K נְשַׁיְכִי, Q נִשְׁיֵךְ): **Schuld** 2K 4_{7}. †

נְשִׁיָּה: I נשה, BL 457p: **Vergessen**, אֶרֶץ נ׳ das v. J. vergessene Land, d. Totenwelt (s. F. Quell, Auffassung d. Todes in Isr. 1925, 32f; BarthET 79) Ps 88_{13}, cf. Koh 9_{5f}. †

נָשִׁים: Sam. *inšəm*; dient als pl. zu. ↗ אִשָּׁה: **Frauen**, akk. *nišū* Menschen, Leute (AHw. 796b).

***נְשִׁיקָה**: I נשק; mhe., ja. נְשִׁיקְתָא u. נוּשְׁקְתָא, sy. *nušqᵉtā*, md. (MdD 307b) *nušaq*, *nišuqtā*: נְשִׁיקוֹת: **Kuss** Pr 27_{6} HL 1_{2} (מִן 2. obj. partitiv., Rudolph KAT XVII/2, 122: mit [einigen] Küssen). †

I **נשך**: mhe. u. נכש hif; ug. *nṯk* (UT nr. 1719, Aistl. 1875, Ug. V S. 601b, cf. RSP I S. 19 Nr. 13, S. 283 Nr. 397; pun. äga. *nks* (DISO 179); ja. נכש u. נכת; sam. נכש u. נגש (BCh. LOT 2, 655); cp. (Schulth. Gr. p. 139a), sy. u. md. (MdD 301b) נכת; ar. asa. (Conti 187b) *nakaṯa*; äth. (Leslau 35) *nasaka* u. *nakasa*, tigr. (Wb. 333a) *nakaša*; akk. *našāku* (AHw. 758a); VG 1, 277:

qal: pf. נָשְׁכוֹ, נָשַׁךְ; impf. יִשֹּׁךְ, יִשַּׁךְ (BL 303g), יִשְּׁכֶנּוּ; pt. נֹשֵׁךְ, נֹשְׁכֶיךָ, נָשׁוּךְ: **beissen**: — 1. (sbj. Schlange) Gn 49_{17} Nu 21_{8f} (cf. E. T. Lawrence 7 Pillars of Wisdom, ch.

47, im *Wadi Sirhan*), Am 5_{19} 9_{3} Pr 23_{32} Koh $10_{8.11}$; — 2. (sbj. Menschen) Mi 3_{5} (abs. etw. zu essen haben), metaph. Hab 2_{7}. †

pi. (Jenni 147f): pf. נִשְּׁכוּ; impf. יְנַשְּׁכוּ: **beissen** (Schlange) Nu 21_{6} Jr 8_{17}. †

Der.: נֶשֶׁךְ.

II נשׁך: denom. v. נֶשֶׁךְ (trad. zu I):

qal: impf. יִשַּׁךְ; pt. נֹשְׁכֶיךָ: **gegen Zins leihen** (= II לוה qal, BDB 675a) Dt 23_{20b}; Hab 2_{7} pl. נֹשְׁכֶיךָ diejenigen, welche von dir Zins nehmen (cf. C. Keller CAT XIb 162 u. J. Jeremias WMANT 35, 1970, 59 u. 70 :: נֹשֶׁיךָ „deine Gläubiger" (Elliger ATD 25[6], 42). †

hif: impf. תַּשִּׁיךְ: c. נֶשֶׁךְ u. לְ **auf Zins geben**, Zins nehmen von (= II לוה hif.) Dt 23_{20a}, ohne נ׳ 23_{21}. †

נֶשֶׁךְ: Sam. *nēšək*, mhe.; G τόκος lat. *fenus*; I נשׁך; ug. *nṯk* (UT nr. 1719, Aistl. 1875; cf. Dahood Biblica 50, 1969, 339); ↗ תַּ/מַרְבִּית (Löwenstamm JBL 88, 1969, 78ff): **Abzug, Zins** (Zimmerli BK XIII 405f), f. Geld Ex 22_{24} (s. Cazelles 80), Dt 23_{20} Ps 15_{5} (neben שֹׁחַד), f. Speise u. a. Dt 23_{20}, c. הִשִּׁיךְ $_{20f}$ (nur v. d. Nichtisr.), נָתַן בְּנ׳ Lv 25_{37} Ez $18_{8.13}$, שִׂים נ׳ עַל Ex 22_{24}; neben תַּ/מַרְבִּית Lv 25_{36} Ez $18_{8.13.17}$ 22_{12} Pr 28_{8} (s. Zimmerli loc. c., de Vaux Inst. 1, 260f = Lebensordnungen 1, 274f, Alth.-St. ArAW II 223f, BHH 2187); — Denom. II נשׁך. †

נִשְׁכָּה = לִשְׁכָּה, ↗ ל > נ (VG 1, 228); moab. (Milik Studi biblici franciscani, liber ann. 9, 1958/59, 331ff; Fitzmyer JBL 78, 1959, 60ff): נִשְׁכֹּת, נִשְׁכָּתוֹ: **Halle, Zelle** Neh 3_{30} 12_{44} 13_{7}.†

נשׁל: mhe. abfallen, pi. hif. u. ja. af. abwerfen; sam. (BCh. LOT 2, 528. 615); Sam. Dt 19_{5} *jēšā'əl*: √שׁחל, cf. HeWf. 16; ar. *nasala* auszupfen, ausfallen (Federn, Haare), ↗ I נתר:

qal: pf. נָשַׁל; impf. יִשַּׁל; imp. שַׁל (BL 363e): — 1. **lösen** (Sandale) + מֵעַל abziehen Ex 3_{5} Jos 5_{15}; — 2. (Völker) **vertreiben** c. acc. u. מִפְּנֵי Dt $7_{1.22}$; — 3. (intr.) **sich loslösen** Dt 19_{5} (Eisen vom Stiel), 28_{40} Oliven. †

pi. (Jenni 144): impf. יְנַשֵּׁל: **vertreiben** 2K 16_{6}. †

נשׁם: ja. sam. qal (BCh. LOT 2, 537) u. etp.; cp. sy. md. (MdD 307a) atmen; etp. ja. u. cp. genesen; palm. n. pr. *nš(w)m* (PNPI 100); ar. *nasama* sanft wehen; ↗ נשׁב, נשׁף, נפשׁ:

qal: impf. אֶשֹּׁם: **schnauben** Js 42_{14} (1QJs[a] אשמא, ? שׁמם, Wernb.-M. JSS 3, 1958, 263; Elliger BK XI 261); cj. Dt 33_{21} כִּי יִשֹּׁם lechzen nach (Cross- Freedm. JBL 67, 1948, 208[71]). †

Der. תִּנְשֶׁמֶת, נְשָׁמָה.

נְשָׁמָה: Sam. *nåšēmå*: נשׁם, BL 463t; mhe., palm. (DISO 187), ba. sam. cp. נשׁמא (Schulth. Lex. 129a), ja. נִשְׁמְתָא, sy. *nšamtā*, md. (MdD 300a); ar. *nasamat* Atem; Mitchell VT 11, 1961, 177ff, Johnson Vit. 27ff, Scharbert SBS 19, 1967², 22ff; ↗ נֶפֶשׁ: נִשְׁמַת, נִשְׁמָתוֹ, נְשָׁמוֹת: — 1. das **Wehen**: נִשְׁמַת רוּחַ 2S 22_{16}/Ps 18_{16}; — 2. a) **Atem** 1K 17_{17} Js 2_{22} (Wildberger BK X 114), 42_{5} Hi 27_{3} (Dahood Biblica 50, 1969, 339f: sein Atem!), 34_{14} Pr 20_{27} Da 10_{17} Sir 9_{13}; נִשְׁמַת מִי wessen Odem Hi 26_{4}; b) נִשְׁמַת חַיִּים Lebensodem Gn 2_{7}, נִשְׁמַת רוּחַ חַיִּים (נ׳ u. ר׳ Var. ?) Gn 7_{22} (cf. EA *šār balāṭi* AHw. 1193a); c) נִשְׁמַת אֵל **Gottes Odem** Ringgren IR 108f, ↗ רוּחַ) Hi 37_{10}, נ׳ אֱלוֹהַּ 4_{9}, נִשְׁמַת שַׁדַּי 32_{8} 33_{4}, נ׳ יהוה Js 30_{33}; — 3. a) **Lebewesen** כָּל־נְשָׁמָה alles, was Atem hat Dt 20_{16} 1K 15_{29} Jos $11_{11.14}$, = כָּל־הַנְּשָׁמָה Jos 10_{40} Ps 150_{6} Sir[Adl.] 33_{21}; b) נְשָׁמוֹת **Atem** (Westermann ATD 19, 260) od. beseelte Wesen Js 57_{16} Sir 9_{13}. †

נשׁף: Nf. v. נשׁב, נשׁם; cp. blasen, sy. s. LS 451b; akk. *našāpu* (AHw. 758b):

qal: pf. נָשַׁף, נָשַׁפְתָּ: — 1. **blasen** Ex 15₁₀ (Sam. *naššibtâ* pi., BCh. Trad. 112ff, ScrHieros. 4, 209); — 2. c. בְּ **anblasen** Js 40₂₄. †
Der. יַנְשׁוּף, נֶשֶׁף.

נֶשֶׁף, Hier. *neseph* u. *nesepha* (Sperber 243, = *נְשָׁפָה): mhe. Zeit eines bestimmten Windes; ja. נִשְׁפָּא Dämmerung; נֶשֶׁף, נִשְׁפּוֹ: — 1. **Dämmerung**: a) abendliche (AuS 1, 502f. 594. 623f) 2K 7₅.₇ Js 5₁₁ (:: בֹּקֶר), 21₄ (נֶ׳ חִשְׁקִי die mir liebe Däm., GK § 128p), 59₁₀ (כַּנֶּ׳ wie in d. Däm. ⸗ כְּ 4 a) Hi 24₁₅ Pr 7₉; b) morgendliche (:: AuS 1, 640f) 1S 30₁₇ Ps 119₁₄₇ Hi 3₉ (|| שַׁחַר), 7₄ (nach d. נְדֻדִים d. Nacht); — 2. (allgemein) **Dunkel** Jr 13₁₆ (הָרֵי נֶ׳ Berge im Dunkel), Sir 32/35₁₆. †

I נשׁק: ug. *nšq* (UT nr. 1713, Aistl 1866; RSP I S. 174 Nr. 172; S 282 Nr. 395); mhe. ja. cp. sam. (BCh 2, 524b), sy. md. (MdD 307b) küssen; ar. *našiqa* riechen; akk. *našāqu* (AHw. 758f, GAG § 102):

qal: pf. נָשַׁק, נָשְׁקָה, נָשְׁקוּ; impf. יִשַּׁק/שָׁק, יִשָּׁקוּן, יִשְׁקוּ, אֶשָּׁקָה־, BL 208t), אֶשְׁקָה (Ⓑ) יִשָּׁקֵנִי; imp. וּשְׁקָה־ (BL 208r); inf. נְשָׁק־: — 1. **küssen**: a) c. acc. Gn 33₄ 1S 10₁ 20₄₁ Pr 24₂₆ HL 1₂ 8₁; b) c. לְ Gn 27₂₆f 29₁₁ 48₁₀ 50₁ Ex 4₂₇ 18₇ 2S 14₃₃ 15₅ 19₄₀ 20₉ 1K 19₁₈ Rt 1₉.₁₄; — 2. Küsse gibt man: dem Vater Gn 27₂₆f 50₁, אָב u. אֵם 1K 19₂₀, בֵּן 2S 14₃₃, der Gattin Gn 29₁₁, אָח 33₄ Ex 4₂₇, בְּנֵי־בֵן Gn 48₁₀, Schwiegervater Ex 18₇, רֵעַ 1S 20₄₁ 2S 20₉, Schwiegermutter Rt 1₁₄, Sohnsfrauen Rt 1₉, e. Volksgenossen 2S 15₅, Liebhaber HL 8₁ Pr 7₁₃, Samuel d. neugesalbten Saul 1S 10₁; z. Abschied 2S 19₄₀ 1K 19₂₀ Rt 1₁₄; kultisch 1K 19₁₈ Hos 13₂ (ANEP 622), wirft dem Mond Kusshand zu Hi 31₂₇ (AuS 1, 10ff), נָ׳ עַל־פִּי פְ׳ jmdm gehorchen (G, V) Gn 41₄₀ (K. Baltzer Die Biographie d. Propheten 1975, 151[523] :: GB, Kopf VT 9, 1959, 266f: zu II, qal 1 u. עַל־פִּי gemäss); Dam. 13₃ (od. II נ׳); — Ps 85₁₁ (|| נִפְגָּשׁוּ cj. nif.). †

cj. **nif**: Ps 85₁₁ (pr. נָשָׁקוּ l נִשְּׁקוּ): **einander küssen**. †

pi. (Jenni 148f): impf. וַיְנַשֵּׁק, וַיְנַשֶּׁק־; imp. נַשְּׁקוּ; inf. נַשֵּׁק: **küssen** Gn 29₁₃, küssen der Reihe nach 31₂₈ 32₁ 45₁₅; Fusskuss c. בְּ cj. בְּרַגְלָיו Ps 2₁₁f (⸗ I בַּר; akk. *našāqu*/*nuššuqu šēpē* (AHw. 758f), Östrup 40f; b. Götterbild, BWL 301 Nr. 90. †
Der. *נְשִׁיקָה, II נֵשֶׁק.

II נשׁק: ar. *nasaqa* (Perlen) aufreihen, aneinander fügen; äth. *nesūq* geordnet (Dillm. 641); Kopf VT 9, 1959, 266f, cf. ערך:

qal: impf. יִשַּׁק; pt. נֹשְׁקֵי: — 1. ? sich in eine Reihe stellen, **sich fügen** Gn 41₄₀ (⸗ I qal); — 2. נֹשְׁקֵי קֶשֶׁת **sich wappnen** mit 1C 12₂ 2C 17₁₇, Ps 78₉ neben רֹמֵי־קֶ׳ (? gl., Driver ATO 138, txt. ?). †

hif: pt. מַשִּׁיקוֹת: **sich** (m. Geräusch ?, Flügel) **berühren** Ez 3₁₃, cj. 1₂₃ (pr. יְשָׁרוֹת, Zimmerli 7). †
Der. (?) I נֵשֶׁק.

I נֵשֶׁק (4 ×) u. *נֶשֶׁק (2 ×): II נשׁק (?); mhe.; ug. *nṯq* (UT nr. 1721, Aistl. 1876, RSP I S. 333 Nr. 506), ? *nšq* (Aistl. 1867), ? kan. *nazāku* EA (DISO 188) gl. zu *narkabāti* Kriegswagen: נֶשֶׁק, cs. נֵ/נֶשֶׁק: — 1. **Rüstzeug**, **Waffen** 2K 10₂ Js 22₈ נֵ׳ בֵּית הַיַּעַר cf. עֲלֹת הַנֶּ׳ Aufstieg zu Neh 3₁₉ (Simons 117/119, Rudolph EN 118), Ez 39₉f (wird verbrannt), Hi 20₂₄ (נֵ׳ בַּרְזֶל); — 2. **Schlacht**(**ordnung**) Ps 140₈ Hi 39₂₁ (cf. :: מִלְחָמָה Ps 76₄). †

II נֵשֶׁק: I נשׁק riechen: **Wohlgerüche** 1K 10₂₅ u. 2C 9₂₄ neben בְּשָׂמִים, G στακτή Myrrhen; ? l נֵשֶׁק (Rudolph). †

נֶשֶׁר, Sam. *nēšår* u. *anšår*; ug. *nšr* (UT nr. 1714, Aistl. 1868, RSP I S. 282 Nr. 396); Deir Alla 1, 10 *nšr* Adler, *nšrt* Raubvogel (ATDA 200. 204); mhe., nab. נשׁר (DISO 188), ba. sam. ja. cp. md. (MdD 300b)

נְשְׁרָא, sy. *nešrā*; palm. n.m. *nšry* (PNPI 100); akk. *naš/sru* (AHw. 761b: Adler; Landsbg MSL 8/2, 130: Lämmergeier), wsem. Lw.; ar. *na/isr*, asa. *nsr*; äth. *nesr*, kopt. *nosr*: נֶשֶׁר, נְשָׁרִים, נִשְׁרֵי masc. (Michel Grundl. heSy. 1, 75): **Adler** u. **Geier** (Aharoni Os. 5, 471: *Gyps fulvus*, Driver PEQ 90, 1958, 56f; Keel FRLANT 121, 1978 S. 69): Ex 194 Dt 2849 3211, cj. 1S 2620, 2S 123 (קלל), Jr 413 4840 4916.22 Ez 110 1014 173.7 Hos 81 (כַּנֶּשֶׁר ein Adlergleicher, Rudolph 155. 157 :: G. J. Emerson VT 25, 1975, 700ff: ar *naššār* Herold), Ob4 Mi 116 (קָרְחָה), Hab 18 Pr 235 3017.19 Hi 926 3927 Kl 419; unrein Lv 1113 Dt 1412; lassen Flügel wachsen Js 4031 u. erneuern ihre Jugend (nach d. Mauserung?), Ps 1035 (s. Tur-Sinai Hiob 415[1]). †

נשׁת: sam. שנת verderben (BCh. LOT 3/2, 144); ar. *sanitu, sanītu* trocken, dürr:

qal: pf. נָשְׁתָה/נָשַׁתָּה (BL 219f.g): **austrocknen, versiegen** Js 4117 (לְשׁוֹן) (BL 368t), metaph. גְּבוּרָה Jr 5130, cf. יָבֵשׁ. †

nif: pf. נִשְּׁתוּ; impf. יִנָּשְׁתוּ: **ausgetrocknet werden** (Wasser) Js 195 cj. Jr 1814 (l יִנָּשְׁתוּ pr. יִנָּתְשׁוּ). †

נִשְׁתְּוָן: ba. u. äga. (DISO 188; Taxila *hwnštwn* [KAI nr. 273, Z. 8], Wagner aLw. 193) < ape. *ni-štā-van* Dekret, Anordnung (Mayrhofer HbAP 135, Ellenbogen 116, W. In der Smitten BiOr 28, 1971, 309ff): **Brief** Esr 47 711. †

*נתב: ug. *ntb* u. (pl. ?) *ntbt* (UT nr. 1715, Aistl. 1870) Pfad; Der. נָתִיב, נְתִיבָה.

נְתוּנִים u. נְתֻנִים: נתן; Esr 817 K: trad. = Q נְתִינִים; besser (Rudolph EN 80) pt. **stationiert**, wie Nu 39 316. †

נתח: mhe. pi. zerlegen, ja. pa. wegreissen; ar. *nataḥa* enthaaren; tigr. (Wb. 331a) *natḥa* ausreissen, Nöldeke NB 197:

pi: pf. נִתַּח; impf. וַיְנַתַּח, תְּנַתֵּחַ, וַיְנַתְּחֵהוּ, וַאֲנַתְּחֶהָ, וַיְנַתְּחֵהוּ: (Fleisch) **in Stücke schneiden** Ex 2917 Lv 16.12 820 Ri 1929 (לְ bis auf), 206 1S 117 1K 1823.33. †

Der. נֵתַח.

נֵתַח: נתח: Sam. *nētīm*: נְתָחִים, נְתָחָיו/חֶיהָ: (Fleisch-) **Stück** Ex 2917 Lv 16.8.12 820 913 Ri 1929 Ez 244.6, cj. 245, Sir 5012. †

נָתִיב: *נתב, BL 470n; ug. *ntb*; mhe.: cs. נְתִיב: **Pfad**, poet. für דֶּרֶךְ Ps 7850 11935 Hi 1810 287 4124, cj. נְתִיבָה Pr 218. †

נְתִיבָה: *נתב f. v. נָתִיב, ja. נְתִיבְתָּא: נְתִיבָתִי, נְתִיבוֹת, נְתִיבֹ(ו)תָיו, נְתִיבוֹתֵיהֶם: **Pfad** Ri 56 Js 4216, 4316 cj. 19 (pr. נְהָרוֹת 1QJs[a] נתיבות radiert z. נתיבים, Orlinski BASOR 123, 33; Martin 1, 245), Js 5812 (l נְתִיצוֹת BHS), 598 Jr 616 1815 Hos 28 Ps 119105 1424 Hi 198 2413 3013 3820 Pr 115 317 725 820 Kl 39; בֵּית נְתִיבוֹת Kreuzwege Pr 82 (cj. בֵּין, cf. 2613); — Pr 1228 l מְשׁוּבָה od. תּוֹעֵבָה (:: צְדָקָה; :: Dahood Biblica 50, 1969, 340). †

*נָתִין: נתן, BL 470n; ug. *jtnm* e. Gilde (UT nr. 1169; RSP II S. 53f Nr. 16 :: Aistl. 1255: Abgabe); Hatra (AfO 16, 1952/53, 147, Nr. 21) נתינא epith. d. Königs (geweiht ?); ba. נְתִין ? = נְתוּנִים Nu 39 186 (Sam. *nētīnəm*: pl. pass.): נְתִינִים: „Geschenkte", **Tempelsklaven**, -hörige (נתן qal 3, Rudolph EN 23; de Vaux Inst. 1, 139; 2, 247f = Lebensordnungen 1, 147; 2, 221; Levine JBL 82, 1963, 207-12 u. Fschr. Gordon 101-07; :: J. P. Weinberg ZAW 87, 1975, 355ff: urspr. Handwerker in königlichem Dienst) Esr 243.58.70 77 817 Q.20 Neh 326.31 746.60.72 1029 113.21 1C 92. †

cj. *נְתִיצָה: נתץ: נְתִיצוֹת: **Niedergerissenes** Js 5812 pr. נְתִיבוֹת. †

נתך: mhe., ja. schmelzen; mhe. מַתֶּכֶת, מתכות, מתך Zorneserguss Dam. 328, mhe. ja. מַתְּכוֹת u. ja. מַתְּכָא מַתַּכְתָּא Guss; ug. *ntk* (UT nr. 1716, Aistl. 1871); jaud. נתך giessen (DISO 188), ? KAI 214, 23; akk. *natāku* tropfen (AHw. 765b):

qal: impf. וַיִּתְּכוּ, תִּתַּךְ: **sich ergiessen**:

שְׁאָגוֹתָי מַיִם Hi 3$_{24}$, אַף Jr 42$_{18}$ 44$_6$, אָלָא Da 9$_{11}$, נֶחֱרָצָה 9$_{27}$, חֵמָה 2C 12$_7$ 34$_{25}$. †

nif: (Sam. qal): pf. נִתַּךְ, נִתְּכָה, נִתַּכְתֶּם; pt. נִתֶּכֶת: — 1. **sich ergiessen**: מָטָר Ex 9$_{33}$, מַיִם 2S 21$_{10}$, חֵמָה, אַף Jr 7$_{20}$ 42$_{18}$ Nah 1$_6$ 2C 34$_{21}$ (בְּ gegen); — 2. **z. Schmelzen gebracht werden** Ez 22$_{21}$ 24$_{11}$. †

hif. pf. הִתַּכְתִּי, הִתִּיכוּ; impf. וַיַּתִּיכוּ, תַּתִּיכֵנִי: inf. הַנְתִּיךְ (BL 368): — 1. **hingiessen** (wie Milch) Hi 10$_{10}$; (Geld) hinschütten od. einschmelzen (s. Eissf. KlSchr. 2, 109) 2C 34$_{17}$ cj. $_9$ (l וַיַּתִּכוּ Rudolph 320), 2K 22$_9$ (so Mettinger SSO 14 :: Hoftijzer Fschr. Beek 92f: herbeibringen), cj. $_4$ (l וַיַּתֵּךְ pr. וַיַּתֵּם); — 2. **z. Schmelzen bringen** Ez 22$_{20}$. †

hof: impf. תֻּתְּכוּ: **geschmolzen werden** Ez 22$_{22}$. †

Der. הִתּוּךְ.

נתן: mhe.; aram. d. pf. nur jaud., aam. u. äga. (DISO 188); asin. *tn* (Albr. PrSinI 44) sonst durch יהב ersetzt; impf. Znğ. T. Halaf, pehl. äga. AD, nab. palm, ꟻ ba. ja. sam. (BCh. 2, 655b), md. (MdD 307b), cp. *jtl* u. sy. *nettel* < *j/netten l*^{e} (VG 1, 291); *jtn* ug. (UT nr. 1169, Aistl. 1255; cf. RSP I S. 23 Nr. 17; RSP II S. 15. Nr. 22f, S. 22 Nr. 37; daneben *ntn* UT nr. 1716a, Dahood UHPh 66) u. ph. (Harris Gr. 108f, Friedr. § 158-160); amor. *Jantin-*, selten *Jatin-* (Huffmon 244); akk. *nadānu* (AHw. 701a); kan. *judanu* u. ä. (Böhl Spr. § 30c.d) u. Taanach (Albr. BASOR 94, 23 Z. 20); fehlt ar; asa. nur PN *ntn* (Conti 191b) u. äth. (Leslau 35); Nöldeke NB 192f: urspr. 2 radikalig, *n* ist Wurzelaugment, s. GAG § 102, b; R. Meyer Gr. § 16, 3b:

qal (ca. 1919 ×): pf. נָתַן/תָּן, נָתְנָה/תָּנָה, נָתַתָּ(ה) (sic l 2S 22$_{41}$), נָתַתְּ (נָתַתִּי Ez 16$_{18}$, BL 310k), נָתַתִּי, נָתַנּוּ (נָתָנוּ Ez 27$_{19}$, BL 218c), נְתַתִּיהוּ/תִּיו, נְתָנַנִי, נְתָנְךָ, נְתָנוֹ, נְתַנּוּ, נְתַתֶּם; impf. וַיִּתֵּן (Sec. ουιεθθεν, Brönno 25. 27), נִתֵּן (נִתַּן) Ri 16$_5$ GK § 66h, יִתֶּן־, וְאֶתְּנָה Bgstr. 2, 123d), יִתְּנֵנוּ, יִתֶּנְךָ, תִּתְּנוֹ Ex 22$_{29}$ (BL 337n); imp. (־)תֵּן, תֶּן־, תְּנִי, תְּנִי Js 43$_6$ (R. Meyer Gr. § 76, 3 b), תְּנוּ, תְּנֵהוּ/נֵם, תְּנָּה; inf. נָתַן־, נָתֹן, meist תֵּת < **tint*, לָתֵת, לָתֶת־, לְתִתֵּן (1K 6$_{19}$ l לָתֵת od. *לָתֶנֶת), תִּתּוֹ, תִּתִּי, תִּתְּנוּ, zu תְּנָה Ps 8$_2$ cf. Donner ZAW 79, 1967, 324f, נֹ(ו)תֵן; pt. נֹ(ו)תֵן, נֹתֶנְךָ, נָתוּן, נְתוּנוֹת, נְתֻ/תוּנִים; qal pass. ꟻ hof.: cf. THAT II 117ff: — 1. **geben**, c. לְ jmdm Gn 3$_6$, Geschenk 23$_{11}$, Zahlung Ps 49$_8$, c. אֶל an Gn 18$_7$ (cf. Labuschagne Fschr. Beek 179f), abliefern Ex 15$_{18}$, in Tausch geben Pr 31$_{24}$; — 2. c. 2 acc. jmd. m. etw. beschenken Jos 15$_{19}$ Js 27$_4$ Jr 9$_1$ Esr 9$_8$; überlassen 1K 18$_{26}$ Ez 45$_8$, verkaufen Gn 23$_{4.9.13}$ :: 11 (cf. Lehmann BASOR 129, 15ff); verursachen Pr 10$_{10}$ (Kummer), 13$_{10}$ (Streit); c. אוֹת אֶל anbieten Dt 13$_2$, c. מַשְׂאַת gewähren Est 2$_{18}$, c. שֵׁלָה (Q שְׁאֵלָה) erfüllen 1S 1$_{17}$, c. חֵילוֹ ergeben, bringen Jl 2$_{22}$, c. פִּרְיוֹ Zch 8$_{12}$ Ps 1$_3$, c. יְבוּלָהּ Zch 8$_{12}$, c. עַנְפְּכֶם treiben Ez 36$_8$; — 3. c. תְּרוּמָה Ex 30$_{14}$, זֶבַח Koh 4$_{17}$, Sohn ליהוה 1S 1$_{11}$ darbringen; pt. pass. c. לְ (ꟻ 12) bestimmt, bestellt für Nu 3$_9$ 8$_{16}$ 1C 6$_{33}$; — 4. נָתַן לְאִשָּׁה zur Frau geben Gn 30$_4$; נָתַן לְ überlassen Est 3$_{11}$; נָ׳ לִפְנֵי vorlegen Jr 44$_{10}$; נָ׳ עִמָּד׳ beigesellen Gn 31$_2$; נָ׳ לְ vergelten Jr 17$_{10}$; נָ׳ בַּכֶּסֶף in Geld umsetzen Dt 14$_{25}$; נָ׳ בְּ hingeben für Jl 4$_3$ Ez 27$_{16}$. cj. $_{13}$ (l נֶפֶשׁ u. בְּמַעֲרָבֵךְ) cj. $_{14}$ (l נָ׳ = בְּעִזְבוֹנָיִךְ). cj. $_{17}$ (l חִטֵּי u. בְּמַעֲרָבֵךְ), ישׁב בְּעַד Hi 2$_4$; — 5. c. שִׁבְתּוֹ Ex 21$_{19}$ ꟻ 3 b; c. יָד ꟻ יָד 2 a; c. שְׁכָבְתּוֹ etc. Lv 18$_{20.23}$ 20$_{15}$ Nu 5$_{20}$ ꟻ *שְׁכֹבֶת; — 6. מִי יִתֵּן (Brockelm. HeSy § 9) wer gibt ? = o, dass doch (nicht = akk. *mannu inamdin*, s. BWL 241 Z. 45-47 u. S. 247); Jongeling VT 24, 1974, 32ff): מִי יִתֵּן עֶרֶב wäre es doch Abend! Dt 28$_{67}$, מִי יִתֶּן־לִי gäbe mir doch jemand ! Ps 55$_7$, מִי יִתְּנֵנִי gäbe man mir doch ! Jr 9$_1$, מִי יִתֵּן מוּתֵנוּ wären wir doch tot ! Ex 16$_{3}$ etc.; anders Hi 14$_{4}$ 31$_{31}$ wer bringt (weiss) einen der ? (Fohrer Hiob 424 u. 426 :: Jongeling l. c.); — 7. **überliefern** (Kenntnis) Pr 9$_{9}$, ankündigen מוֹפֵת 1K 13$_{3.5}$; — 8. c. acc. u. לְ c. inf. **erlauben** (kan. Youngblood BASOR 168, 1962, 26): נְתַתִּיךָ לִנְגֹּעַ liess dir zu, dass du Gn 20$_{6}$ ↗ 31$_{7}$ Ex 3$_{19}$ Nu 22$_{13}$ Jos 10$_{19}$, ? cj. Jr 39$_{14}$ (Rudolph³ 245); l לַעֲבֹר Nu 20$_{21}$ u. 21$_{23}$, l יִתְּנוּם Hos 5$_{4}$; יַתְּנֵנִי הָשֵׁב רוּחִי lässt mich Atem schöpfen Hi 9$_{18}$; = נָתַן לְ c. לְ c. inf. Est 8$_{11}$ Ps 55$_{23}$ (ohne לְ), 2C 20$_{10}$; נָתַן בְּיַד c. לְ c. inf. trug ihm auf, zu 1C 16$_{7}$; — 9. c. לְ jmdm **preisgeben** Kl 3$_{30}$; cf. Mari *ana qāt X mullû* in d. Hand von jmdm übergeben, ausliefern (AHw. 598, Heintz VTSu 17, 1969, 125ff), נָתַן בְּכַף liefern in Ri 6$_{13}$, = נָ׳ בְּיַד Ri 3$_{28}$ 4$_{7}$ u. ö., cf. v. Rad Der heilige Krieg, 1951, 4-9; W. Richter BBB 18², 21ff, O. Keel Wirkmächtige Siegeszeichen im AT, 1974, 47¹, Stolz AThANT 60, 1972, 21f; נָ׳ לִפְנֵי preisgeben an Dt 23$_{1}$ Ri 11$_{9}$; נָ׳ c. acc. ausliefern Ps 44$_{12}$ Mi 5$_{2}$; נָ׳ לִבּוֹ u. נָ׳ נַפְשׁוֹ c. לְ c. inf. sich hingeben, um zu 1C 22$_{19}$; — 10. נָ׳ רֵחוֹ s. Geruch von sich geben HL 1$_{12}$, נָ׳ עֵינוֹ s. Glanz geben Pr 23$_{31}$; נָ׳ תֹּף d. Paucke schlagen Ps 81$_{3}$; — 11. נָ׳ פָּנָיו אֶל (cf. ug. *ntn pnm* [TOML 120]; akk. *nadānu pāna ana* [AHw. 702b], *pānī/pānam šakānu ana* + inf. [AHw. 819b. 15]) richtet sein Gesicht auf Da 9$_{3}$, c. בְּ gegen Lv 17$_{10}$; נָ׳ רֹאשׁ c. לְ c. inf. setzt sich in d. Kopf zu Neh 9$_{17}$; :: abs. נָ׳ רֹאשׁ sich e. Führer geben Nu 14$_{4}$; נָ׳ לִבּוֹ c. לְ c. inf. sich vornehmen zu Koh 1$_{13.17}$ 8$_{16}$, c. לְ Acht haben auf 7$_{21}$ 8$_{9}$; נָ׳ תִּפְלָה לְ Ungehöriges vorbringen Hi 1$_{22}$; — 12. **setzen, stellen, legen**: נָ׳ עַל־פִּיהֶם er steckt ihnen etw. in d. Mund Mi 3$_{5}$; נָ׳ בֶּעָפָר פֶּה (= demütig schweigen) Kl 3$_{29}$; נָ׳ אֶל־לֵב ins Herz geben Neh 7$_{5}$, = בְּלֵב Esr 7$_{27}$, נָ׳ אֶל־לִבּוֹ sich zu Herzen nehmen Koh 7$_{2}$; נָ׳ נֹכַח פָּנָיו vor sich hinstellen = wohlgefällig betrachten Ez 14$_{3}$ (|| שִׂים v. 4); כִּסֵּא Jr 1$_{15}$, אֲרוֹן 2C 35$_{3}$ (s. Rudolph 326), בֵּית הָאֵסוּר Jr 37$_{15}$, c. בֵּין Ex 30$_{18}$, שָׁמָּה 30$_{18}$, c. בְּ Gn 1$_{17}$ 9$_{13}$, לְרֹאשׁ sich auf d. Kopf stellen Pr 4$_{9}$; aufrichten Lv 26$_{1}$; c. בְּ bringen in Gn 41$_{48}$; stecken in Dt 15$_{17}$, nehmen in Ps 10$_{14}$, anlegen (Feuer) Ez 30$_{8.14}$, ansetzen gegen 26$_{9}$; c. עַל Nu 5$_{18}$, c. אֶל Jr 29$_{26}$; c. עַל beifügen Lv 2$_{15}$; נָתַן קוֹל **die Stimme erheben**: a) v. Menschen Gn 45$_{2}$ Ps 104$_{12}$ u. ö., b) v. Jahwe: donnern 2S 22$_{14}$; Jr 25$_{30}$ Jl 4$_{16}$ Am 1$_{2}$ u. ö. (ohne קוֹל Jr 10$_{13}$ 51$_{16}$), cf. akk. *nadānu rigma* (EA 147$_{13}$), ug. *(j)tn ql* (RSP I S. 23 Nr. 17); auch נָתַן בְּקוֹל von Gott Ps 46$_{7}$, 68$_{34}$, vom Volk Jr 12$_{8}$, vom Löwen Jr 2$_{15}$; נָתַן קוֹל לְ rufen Pr 2$_{3}$, c. עַל im feindlichen Sinn Jr 4$_{16}$; נָ׳ קְהִלָּה hält e. Versammlung ab Neh 5$_{7}$; נָ׳ תּוֹעֵבָה עַל legt (Strafe für) Greuel auf Ez 7$_{3}$; נָ׳ דָּם בְּ bringt Blut auf Dt 21$_{8}$; נָ׳ עַל (Völker) ansetzen gegen Ez 19$_{8}$ (Zimmerli 419), נָ׳ דָּם עַל Blut einem anrechnen Jon 1$_{14}$; hinbringen (v. Dyck VT 18, 1968, 21ff) = Blut ausgiessen auf Ez 24$_{8}$ (|| שִׂים u. שָׁפַךְ v. 7) 1K 2$_{5}$, Regen Ps 105$_{32}$; נָ׳ תַּחַת anstelle von setzen 1K 2$_{35}$; *נָתוּן stationiert, wohnend Esr 8$_{17K}$ s. Rudolph 80); al. c. Q ↗ *נָתִין; ev. gl; — 13. c. 2 acc. jmd zu etw. machen (|| שִׂים) אַב־הֲמוֹן גּוֹיִם נְתַתִּיךָ z. Vater v. Gn 17$_{5}$, נָ׳ תָּמִים דַּרְכִּי m. Bahn macht tadellos Ps 18$_{33}$ (:: 2S 22$_{33}$ וַיַּתֵּר, נתר, ? l וָאֶתֵּר); ↗ Ex 7$_{1}$ Dt 28$_{7}$ Jr 1$_{5}$; c. acc. u. לְ: נְתַתִּיו לְגוֹי Gn 17$_{20}$ 48$_{4}$ Js 49$_{6}$ Jr 1$_{18}$ etc.; נָ׳ לְאָלָה zur Fluchformel werden lassen Nu 5$_{21}$ Jr 24$_{9}$, לְמָשָׁל zum Gespött 2C 7$_{20}$; c. acc. u. כְּ: נָ׳ כְּרָחֵל Rt 4$_{11}$, Js 41$_{2}$ (l יִתְּנֵם), 1K 10$_{27}$; c. acc. u. לִפְנֵי (= לְ ?) 1S 1$_{16}$ (cf. Stoebe KAT VIII/1, 91); נָ׳ לְרַחֲמִים לִפְנֵי jmd. Erbarmen finden lassen 1K 8$_{50}$ Ps 106$_{46}$ Neh 1$_{11}$, נָ׳ לְחֶסֶד וּלְרַחֲמִים Da 1$_{9}$; — Jr 10$_{13}$ u. 51$_{16}$ l נִתַּךְ (נתך nif.); Ps 72$_{15}$ u.

Pr 13$_{10}$ l וַיֻּתַּן (F hof.); Pr 12$_{12}$ F II יתן, al. בְּאֵיתָן.

nif. (83 ×): pf. נִתַּן, נִתְּנָה, נִתְּנָה (Neh 13$_{10}$, 3. pl. f., BL 315 o, Bgstr. 2, 15b), נִתַּנּוּ, נִתַּתֶּם; impf. יִנָּתֵן, יִנָּתֶן Lv 24$_{20}$ 2S 21$_{6K}$; inf. הִנָּתוֹן, הִנָּתֵן; pt. נִתָּן: — 1. **gegeben werden** Ex 5$_{16}$ Js 33$_{16}$; מְנָיוֹת Neh 13$_{10}$; (Gesetz) erlassen werden Est 3$_{14}$; jmd. in die Hand (Gewalt) gegeben werden Gn 9$_{2}$ u. oft.; נִתְּנָה לְאִשָּׁה לְ zur Frau gegeben werden Gn 38$_{14}$ 1S 18$_{19}$; נ׳ סֵפֶר עַל אֲשֶׁר eine Schriftrolle Js 29$_{12}$; c. עַל־יַד eingehändigt werden 2K 22$_{7}$, c. לְ als, bzw. zu ... gegeben werden Ez 11$_{15}$ 15$_{4}$; c. לְ jmd. aufgetragen werden 2C 2$_{13}$, = c. בְּיַד 2C 34$_{16}$; — 2. **dahingegeben werden** als Js 51$_{12}$ (:: Gerleman VT 21, 1971, 523f), preisgegeben werden Ez 31$_{14}$, c. לְ gemacht werden Ez 47$_{11}$, c. עַל gelegt werden auf Da 8$_{12}$; — 3. Versch.: bewilligt werden Est 2$_{13}$, gewährt werden Est 5$_{3.6}$; gelegt, untergebracht sein Ez 32$_{23}$; Hos 8$_{10}$ pr. יִתְנוּ l (?) נִתְּנוּ (cf. I. Willi-Plein BZAW 123, 1973, 167).

pass. qal (trad. hof.) (kan. s. o., BL 286 l. m.): impf. יֻתַּן: **gegeben werden** Nu 26$_{54}$ 32$_{5}$ (c. acc., Brockelm. HeSy § 35d) 2S 21$_{6Q}$ 2K 5$_{17}$, Hi 28$_{15}$, cj. Js 53$_{9}$; יֻתַּן לְאִשָּׁה (c. אֶת !) zur Frau gegeben werden 1K 2$_{21}$; c. עַל darauf gegeben werden Lv 11$_{38}$; cj. יֻתַּן gewährt werden Pr 10$_{24}$; cj. Hi 37$_{10}$; — 2S 18$_{9}$ (l וַיִּתָּל: תלה nif. ל :: נ F Kennedy 89). †

Der. *נָתִין, אֶתְנַן, I. II מַתָּן, I מַתָּנָה, *מַתַּת; n. m. נָתָן, אֶלְנָתָן, יְהוֹנָתָן, יוֹנָתָן, מַתְּנַי, מַתַּנְיָה(וּ); נְתַן־מֶלֶךְ, נְתַנְיָה(וּ), נְתַנְאֵל, מַתִּתְיָה(וּ), מַתַּתָּה; n. l. II מַתָּנָה.

נָתָן, G Ναθαν, NT Ναθαμ, Josph. Ναθας (NFJ 89): נתן, n. m.; Kf. v. יְהוֹ/אֶלְנָתָן, „Er (Gott) gab" (Noth N. 170. 251b); keilschr. *Natan* (APN 168b); äga., palm. *ntny* (PNPI 101); asa. (Conti 191b), tham. (Ryckmans 2, 96f); cf. ph. *Itn*, keilschr. *Jatuna*, Ιατονις, *Iatunes* (Harris Gr 108), pun. *ntn(bʿl)* (PNPhPI 364): **Nathan** — 1. d. Profet (S. Herrmann, Fschr. Alt II 40, BHH 1289, Haag Fschr. Galling 135ff, Gese Vom Sinai zum Zion, 1974, 122f) 2S 7$_{2-4.17}$ 12$_{1.5.7.13.15.25}$ 1K 1$_{8-45}$ 1C 17$_{1-3.15}$ 29$_{29}$ 2C 9$_{29}$ 29$_{25}$ Ps 51$_{2}$; — 2. Sohn Davids 2S 5$_{14}$ 1C 3$_{5}$ 14$_{4}$; — 3.-9. 2S 23$_{36}$; 1K 4$_{5}$; 1C 2$_{36}$; 11$_{38}$ (2S 23$_{36}$ יִגְאָל 2, Rudolph Chr. 102); Esr 8$_{16}$ 10$_{39}$; Zch 12$_{12}$. †

נְתַנְאֵל: n. m.; נתן + אֵל (Noth 170), cf. אֶלְנָתָן; G NT Ναθανεηλ, Josph. Ναθανάηλος (NFJ 89); Sam. *nātån'īl*; keilschr. *Natan(ni)-ili* (APN 160, NbNb 75a, WSPN 31, 78f) :: akk. *Iddin-^{D}NN* (Stamm 136f); cf. יַתְנִיאֵל; asa. יהבאל (Ryckmans 2, 53): — 1. Nu 1$_{8}$ 2$_{5}$ 7$_{18.23}$ 10$_{15}$; — 2. Verschiedenes: Esr 10$_{22}$ Neh 12$_{21.36}$ 1C 2$_{14}$ 15$_{24}$ 24$_{6}$ 26$_{4}$ 2C 17$_{7}$ 35$_{9}$. †

נְתַנְיָה: n. m.; < נְתַנְיָהוּ: — 1. 1C 25$_{2}$ = נְתַנְיָהוּ 1; — 2. 2K 25$_{23.25}$ Jr 40$_{14f}$ 41$_{1f.6f.10-12.15f.18}$ = נְתַנְיָהוּ 2. †

נְתַנְיָהוּ: n. m.; נתן + יו׳, „J. gab" (Noth 170; Dir. 191f, cf. נְתַנְאֵל) > נְתַנְיָה u. נָתָן; keilschr. *Natanu-jāma* (APN 169a, s. Eissfeldt KlSchr. 2, 81ff); ihe. T.-Arad 23, 9 u. 56, 1-2: *ntnyhw*: — 1. 1C 25$_{12}$ = נְתַנְיָה 1; — 2. Jr 40$_{8}$ 41$_{9}$ = נְתַנְיָה 2; — 3. Jr 36$_{14}$; — 4. 2C 17$_{8}$. †

נְתַן־מֶלֶךְ: n. m.; נתן + n. d. F מֶלֶךְ: סָרִיס d. K. Josia 2K 23$_{11}$. †

נתס: Nf. v. נתץ; ? ug. (cf. TOML 135^{h}):

qal: pf. נָתְסוּ: **aufreissen** Hi 30$_{13}$. †

נתע: gew. = נתץ; ? aam. (DISO 189), aLw. 194; aber mit *ḍ* nicht zu belegen; darum ? sy. *ntʿ* wegreissen; naram. (Bgstr. Gl. 65), syr.-ar. *nataʿa* (Barthélemy 814), ar. *taʿtaʿa* (Zahn) ausziehen; äth. *natʿa* (Dillm. 660) fliehen, tigrin. gespalten sein (Leslau 35):

nif: pf. נִתָּעוּ: (Zähne v. Jungleu) **ausgeschlagen werden** Hi 4$_{10}$ (Ps 58$_{7}$ נתץ). †

נתץ: mhe.; F נתע, auch נתשׁ/ס: nab.:

qal: pf. נָתַץ/תָּץ, נָתְצוּ/תָצוּ; impf. אֶ/יִתֹּץ וַתִּתְצוּ (Js 22_{10} m. Raphe, BL 125y. 220m, R. Meyer § 14, 6), יִתְּצֵנִי, תִּתֹּצוּן, תִּתֹּצוּ, יִתָּצֵךְ, יִתְּצֵהוּ; imp. נְתֹץ; inf. לִנְתֹּץ (BL 210f); pt. נֹתְצִים: **niederreissen, abbrechen**: a) Sachen מִזְבֵּחַ Ex 34_{13} Dt 7_5 Ri 2_2 $6_{30\text{-}32}$ 2K $23_{12.15}$, בַּיִת Lv 14_{45} 2K 10_{27} 11_{18} 23_7 Js 22_{10} Jr 33_4 Ez 26_{12} 2C 23_{17}, מִגְדָּל Ri $8_{9.17}$ Ez 26_9, עִיר Ri 9_{45}, cj. Ps 9_7, מַצֵּבֶת 2K 10_{27}, בָּמָה 2K $23_{8.15}$, חוֹמָה 2K 25_{10} Jr 39_8 52_{14}; abs. Jr 1_{10} 18_7 31_{28}; b) Personen Ps 52_7 Hi 19_{10}; c) zerschlagen: שִׁנַּיִם v. Jungleu Ps 58_7 (↗ נתע Hi 4_{10}). †

nif: pf. נִתְּצוּ: **eingerissen, zerstört werden** Ez 16_{39} Jr 4_{26}, cj. 2_{15}; Nah 1_6 (l נִצְּתוּ: יצת nif.). †

pi. (Jenni 184): pf. נִתַּץ, נִתַּצְתֶּם; impf. יְנַתְּצוּ: **niederreissen**: מִזְבֵּחַ Dt 12_3 2C 31_1 $34_{4.7}$, בָּמָה 2C 33_3, niederlegen חוֹמָה 2C 36_{19}. †

pu: pf. נֻתַּץ: **niedergerissen werden** Ri 6_{28}. †

pass. qal (hof.): impf. יֻתַּץ, BL 364 l: **abgerissen werden** (Ofen, Herd) Lv 11_{35} (Sam. *jittåṣu* qal pl. pass.). †

Der. cj. *נְתִיצָה.

נתק: mhe. ja. losreissen, sam. (BCh. LOT 2, 522b. 530) pt. *nåtoq*; cp. abschütteln; Deir Alla 5, c4 *ntq* itp. (ATDA 256); nab. ar. *ntq* ablösen, schütteln; äth. *nataqa* wegnehmen (Leslau 35):

qal: pf. נְתַקְּנֻהוּ Ri 20_{32} (Dag. dir., BL 368); impf. אֶתְּקֶנְךָּ Jr 22_{24} (GK § 58k, BL 198 l); pt. נָתוּק: — 1. **wegreissen** (Ring v. Finger) Jr 22_{24}, Hoden Lv 22_{24}; — 2. (militär., ↗ nif. 3, hif. 2) **fortlocken** Ri 20_{32}. †

nif: pf. (↗ pi !) נִתַּק, נִתְּקוּ/תָּקוּ; impf. יִנָּתֵק, יִנָּתְקוּ/תֵקוּ: — 1. **entzweigerissen werden**: פְּתִיל Ri 16_9, שְׂרוֹךְ Js 5_{27}, חֶבֶל Js 33_{20}, חוּט Koh 4_{12}, cj. 12_6 (חֶבֶל), מֵיתָר Jr 10_{20}; Hi 17_{11a} cjg. c. vs. b, ↗ II *מוֹרָשׁ; — 2. **losgetrennt werden** Jr 6_{29} Hi 18_{14}; — 3. (militär., ↗ qal 2, hif. 2) **sich fortlocken lassen** Jos 8_{16}; — 4. **sich loslösen** (Füsse) Jos 4_{18}. †

pi. (Jenni 183): pf. (↗ nif. !) נִתַּקְתִּי, נִתְּקוּ; impf. אֲנַתֵּק, יְנַתֵּק, תְּנַתְּקִי, נְנַתְּקָה, וַיְנַתְּקֵם: — 1. **zerreissen**: יְתָרִים Ri 16_9, עֲבֹתִים 16_{12}, מוֹסֵרוֹת Jr 2_{20} 5_5 30_8 Nah 1_{13} Ps 2_3 107_{14}, מוֹטָה Js 58_6, Brüste Ez 23_{34}; — 2. **ausreissen**: Wurzel Ez 17_9. †

hif: imp. הַתִּקֵם; inf. הַתִּיקֵנוּ: — 1. **lostrennen, aussondern** (צֹאן לְטִבְחָה) Jr 12_3; — 2. (militär. ↗ qal 2, nif. 3) **fortlocken** Jos 8_6. †

hof: pf. הָנְתְּקוּ (BL 199 l): (militär. ↗ qal 2) **fortgelockt werden** Ri 20_{31}. †

Der. נֶתֶק.

נֶתֶק: Sam. *nētəq*; äg. *nšśq* (Ebbell ZÄS 59, 56f); nab. n. m. נתק: als ↗ צָרַעַת registrierte Hautkrankheit; ? Krätze; G θραῦσμα: Kopf- u. Bartflechte, Trichophytie (Ell. Lev. 184) Lv $13_{30\text{-}37}$ 14_{54}. †

I **נתר**: ja. sam. (BCh. LOT 2, 529b. 530), cp. sy. md. (MdD 308a); mhe. נשר; ar. *naṯara* herabfallen (Laub, Sterne), soq. e. Wort fallen lassen:

? **hif**: impf. יַתֵּר: c. יָדוֹ Hi 6_9 **lösen**, = abziehen (Hölscher, Fohrer; z. Bedeutung cf. äga. נתר haf. AP nr. 15_{35} [אהנ]תר: „and I shall have no sight to take away" — cf. Fitzmyer Fschr. Albright 1971, 166; DAE p. 38 „enlever"). †

II **נתר**: ar. *natala* aus d. Ruhe springen:

qal: impf. יִתַּר: — 1. **auffahren** (Herz, || חרד) Hi 37_1. — 2. **davonspringen** cj. 2S 22_{33} u. Ps 18_{33} (l דְּרָכַי Q). †

pi. (Jenni 153): **hüpfen** (שֶׁרֶץ הָעוֹף) Lv 11_{21}. †

hif: impf. וַיַּתֵּר: **auffahren machen**: Völker Hab 3_6. †

III **נתר**: ar. *ntr* wegreissen, akk. *nutturu* zerreissen (Driver Fschr. Robinson 70f; AHw. 806b):

hif: impf. (וַ)יַּתֵּר, וַיַּתִּירֵהוּ; imp. הַתֵּר; pt. מַתִּיר: **zerreissen lassen**: (|| פתח): Fesseln

Js 58₆, Gefangene freilassen Ps 105₂₀ (Pharao den Joseph); 146₇ אֲסוּרִים; cj. 79₁₁ (l הַתֵּר). †

נֶתֶר: mhe., ja. נִתְרָא, sam. (BCh. LOT 2, 655), sy. *netrā*, ? nab. (DISO 189); ar. *naṭūr*, *naṭrūn* (Guill. 1, 12); < äg. *ntrj* (Lambdin 152f, Ellenbogen 117), > akk. *nit(i)ru* (Zimmern 61, AHw. 798a) > νίτρον, λίτρον (Boisacq 67, Lokotsch nr. 1567): **Natron**, Mineral z. Seifenbereitung (AuS 5, 155; R. Steuer, Das wohlriechende N ... 1937; Bossert FuF 1955, 208ff, Ellenbogen 117) Jr 2₂₂ Pr 25₂₀. †

נתשׁ: mhe., ja. sam. (LOT 2, 655), sy. נתשׁ, äga. נדשׁ (DISO 175); > ar. *ntš* herausziehen/reissen (Frae. 137); äth.[G] *naš/sata*: ꜰ נתס, נתע, u. נתץ:

qal: pf. נָתַשׁ, נְתַשְׁתִּים; impf. אֶתּוֹשׁ, נִתּוֹשׁ, נִתְּשִׁי, וַיִּתְּשֵׁם; inf. לִנְתֹשׁ (BL 210f !), pt. נֹתֵשׁ, נֹתְשָׁם: ausreissen (Kraus BK XV 76: eig. von Pflanzen, auf Völker u. Länder übertragen, zu tt. für Deportation geworden): — 1. **ausreissen** (Sachen): Gott אֲשֵׁרִים Mi 5₁₃ (‖ הִשְׁמִיד), Sir 3₉; — 2. **austreiben** (Völker) Dt 29₂₇ 1K 14₁₅ Jr 12₁₄f.₁₇; abs. Jr 1₁₀ 18₇ 24₆ 31₂₈ 42₁₀ 45₄; — Ps 9₇ l נָתַצְתָּ. †

nif: impf. יִנָּתֵשׁ, יִנָּתְשׁוּ: **ausgerissen werden** Jr 31₄₀ Am 9₁₅, (e. Reich) zerbrochen werden Da 11₄; — Jr 18₁₄ pr. יִנָּתְשׁוּ l יִנָּשְׁתוּ. †

pass. qal (trad. hof.: BL 303h): impf. וַתֻּתַּשׁ: **ausgerissen werden** Ez 19₁₂. †

ס

ס: סָמֶךְ, G Ps 119, Kl σαμχ, grie. Σιγμα; Sam. *sing/kăt* (LOT 5, 265), sy. *samkā*, *semkat* u. äth. *samkēt* (Nöld. BS 130f). Bildwert Stütze od. eher Fisch (Driver SWr 165f. 171. 184). Später Zahlzeichen 60. Lautlich urspr. v. שׂ unterschieden (VG 1,43), später (ausser in Sam., wo שׂ = שׁ !) zusammengefallen, in d. Schrift meist ס für שׂ eingetreten, ꜰ סער, שׂתם, שׂתר, ꜰ ba. ס, umgekehrt I ספח. Das asa. Zeichen deckt nach der Buchstabenform ס, u. entspricht gelegentlich auch lautlich z.B. ספר; meist aber entspricht es lautlich wie in ar. שׁ: שׁאל, שׁחר, שׁלם, שֵׁם, שָׁמַיִם, שׁמע, שׁקה, שׁתה; in Mischna u. Targum kann jedes שׂ als ס erscheinen (Wagner S. 128f). Wechselt sonst innerhe. m. שׂ (ꜰ סִבֹּלֶת); ausserhe. mit צ (ꜰ סֶלַע) cf. VG 1, 169.

סְאָה, G NT Gr. > σάτον: ꜰ נשׂא 12, BL 450j; mhe. ja. sy. סָ(א)תָא, äga. *סא, ija. (DISO 189); cp. *סון (Schulth. Gr. § 15); soq. *se* Mass (Leslau 35); ? < akk. *sūtu* (AHw. 1064, Salonen, Hausgeräte 297, Ellenbogen 118): pl. סְאִים (cf. Sam. *sīm*), du. *סְאָתַיִם > סָאתַיִם: **Sea**, Getreidemass (mhe. auch f. Flüssigkeit, auch Gewicht); abk. ס (DJD II p. 88[1]); 1½ ital. μόδιον (Josph. Antt. IX 4, 5) = אֵיפָה, = שָׁלִישׁ Drittel Js 40₁₂; ca. 15 l. (DJD III 37ff, de Vaux Inst. I, 304ff = Lebensordnungen I 321ff, BHH 1163ff): Gn 18₆ 1S 25₁₈ 1K 18₃₂ (בֵּית סְאָה Fläche v. 1 Sea), 2K 7₁.₁₆.₁₈. †

סְאוֹן: ? ug. *sin* (CML[1] 146b :: UT nr. 1725, Aistl. 1880, Gray LoC[2] 67[2]: Kleiderzipfel), ? *šant* KTU 1. 4. 392, 2 (s. Del Olmo Lete UF 10, 1978, 50: Radreifen): pehl. Frah. 7, 6 14, 3 מסאן u.? äga משׁאן (DISO 169); ja. סֵינָא, מס(א)נא, sam. מסן (LOT 2, 521b), sy. *sʾūnā*, *ms(ʾ)ānā*, md. (MdD 276a) **msania*, äth. *šāʾen*

(Dillm. 255), tigr. (Wb. 191a) *se'en*; < akk. *šēnu* (AHw. 1213f; auch Fischname wie σανδάλιον > ja. sy. md. סַנְדָּל; cf. lat. *solea*) u. *mešēnu* (AHw. 648b): **Stiefel**, d. hohe Schnürschuh d. Assyrer (:: Halbschuh cf. DAE 195q) :: נַעַל Sandale (Meissn. BuA 1, 258, AOB 141. 151, Salonen Fussbekl. 53ff, BHH 671. 1738) Js 94 (Kl. Seybold FRLANT 107, 1972, 79[1]); ↗ סאן. †

סאן: denom. v. סְאוֹן, sy; akk. *šênu* denom. v. *šēnu* „Schuhe anziehen" (AHw. 1214a):

qal: pt. סֹאֵן: **einherstiefeln** Js 9, 4. †

***סאסא**: denom.: Zuruf an d. Kleinvieh, ar. *sa'sa'a* Vieh antreiben m. d. Ruf *sa'* (Schulthess ZS 2, 1923, 15, Driver JThS 30, 1928, 371ff); ↗ סַאסְאָה.

סַאסְאָה: Js 278, בְּסַאסְּאָה (Ⓛ בְּס׳, Q MSS סאסא, בְּסַסְּאָה; eig. inf. palp. (GK § 55f, BL 282 o): Aufscheuchen, Aufscheuchung (Wildbg. BK X 1013. 1014), בְּשַׁלְחָהּ (? חָהּ-) dazu Gl. †

סבא: denom. v. סֹבֶא; mhe. ja. zechen; akk. *sabû* Bier bereiten (AHw. 1000a); ar. *saba'a* Wein importieren (Frae. 157f):

qal: impf. נִסְבְּאָה; inf. סָבְאָם; pt. סֹבֵא: **zechen** Js 5612, סָבְאָם d. Zechen m. ihnen (den Götzen) Hos 418 (Rudolph KAT XIII/1, 108), dem Trunk (↗ סֹבֶא) ergeben sein Dt 2120 Pr 2320 (סֹבְאֵי־יַיִן).21, cj. Ps 496 (? סֹבְאִים); — Ez 2342K dl (dttgr.); Nah 110 pr. סְבוּאִים (? סְבוּכִים ↗ *סָבָא). †

Der. ? סֹבֶא.

סֹבֶא: ↗ denom. סבא, J. J. Hess MGWJ 78, 6ff; ar. *sibā'* Wein; akk. *sību* e. Bier (AHw. 1039b); ar. *sabī'ah*: סָבְאֵךְ: e. Getränk, Wein (GV) od. Weizenbier (Lex[1]); BRL[2] 48f, BHH 1557; Js 122, ↗ מהל Hos 418 סָבְאָם ihr Zechen (Wolff BK XV[2] 89f. 115, G. J. Emmerson VT 24, 1974, 497). †

***סָבָא**: Nah 110 כְּסָבְאָם סְבוּאִים: G ὡς σμῖλαξ περιπλεκομένη u. ctxt. führen auf כְּסְבָכִים סְבוּכִים :: Rudolph KAT XIII/3, 153 סְבָכִים וּכְסָכִים: סֹבֵב (סבב) **Winde**, **Convolvulus** (Löw 1, 450, Lex[1]); — Ez 2342 סוֹבָאִים, Q סָבָאִים u. K סוֹבָאִים, ? סבא pt. (G „Trinker"), corr., s. Zimmerli 535. †

סְבָא G Σαβα, Sam. *såba*: (n. m.), n. p.: — 1. S. v. כּוּשׁ, Josph. Σαβᾶς (NFJ 104) Gn 107a 1C 19a; — 2. Volk u. Land v. כּוּשׁ abstammend, סְבָאִים d. Leute v. S., Josph. Σαβαῖοι (NFJ 103): **Saba**, asa. *sb'* (Conti 192b); BHH 1632, Westerm. BK I/1, 683, Elliger BK XI 297f, Js 433 u. cf. 4514 (↗ סְבָאִי) neben מִצְרַיִם u. כּוּשׁ, also N.-Afrika, G Syene; Ps 7210 neben שְׁבָא in Arabien (G); Gn 107b 1C 19b, Enkel v. כּוּשׁ; G[Gen.] f. beides Σαβα; beide verwandt (BHH 1752), wenn nicht urspr. identisch (Hölscher Erdk. 48); seit Josph. Antt. II 10, 2 meist in Μερόη gefunden; H. v. Wissmann - M. Höfner Beitr. z. histor. Geogr. d. islam. S.-Ar. 1953, 9ff; Winnett Fschr. H. G. May 173f. ↗ *סְבָאִי. †

***סְבָאִי**: gntl. v. סְבָא: pl. סְבָאִים (BL 562u): d. Leute v. Saba Js 4514. †

סבב: ug. (UT nr. 1727, Aistl. 1883) herumgehen um; ihe. Lkš תסבת (DISO 332), T.-Arad 2, 5-6; moab. סבבת (BASOR 193, 1969, 2ff); mhe. umhergehen, hif. sich zu Tisch legen, סוֹבֵב Umgang, Galerie; aram. stark zurückgedrängt durch סחר: aam. einkreisen (DISO 189, Degen Altaram. Gr. 72. 79), cf. aram. חזר; md. > סוב (MdD 320b); Sam. סבב u. סוב qal u. hif.; ar. *sabab* Seil, *sabīb* Locke, *sibb* Turban; tigr. (Wb. 216b) *šababa* betreten, *šabīb* Haupthaar, Schnur, Zügel (Leslau 35f):

qal: pf. סָבַב, סָבְבוּ, סַבּוֹתִי, סַבּוֹתֶם, סְבָבוּנִי/בוּם, סְבָבֻהוּ (Ps 1711 Q נוּ-), (1K 517, s. Noth Kge 86); impf. (BL 427c u. 433h :: BM § 79, 3a: יִסּוֹב nif.!), תִּסֹּב, וַיִּסֹּ(וֹ)ב u. יָסֹב, וַיָּסֹבּוּ, נָסֹב, וַנָּסָב, תְּסֻבֶּינָה, יְסֻבֻּנִי/בֻּהוּ, Ps 496 Sec. ισοββουνι (Brönno 25), יְסֻבּוּהוּ; imp. סֹב, סֹבִּי/בּוּ; inf. (BL 430 o) סֹב,

לָסֹב, לִסְבֹב (BL 210f); pt. סֹ(ו)בֵב, סֹ(ו)בְבִים: Grbd. im Kreis gehen: — 1. **sich drehen, umwenden**: a) sich drehen, wenden: דֶּלֶת Pr 26$_{14}$, רוּחַ Koh 1$_{6}$; sich umsehen Koh 7$_{25}$; sich umdrehen, abwenden 1S 15$_{12}$, cj. 14$_{21}$ (סָבְבוּ), Jr 41$_{14}$ 1S 15$_{27}$ 1C 16$_{43}$ Gn 42$_{24}$ 1S 17$_{30}$, cj. 1C 14$_{14}$ (l סֹב :: הסב wie mhe. החזיר trans. u. intrans.); b) sich wandeln zu, c. כְּ (ug.) Zch 14$_{10}$ (l וְתִסּוֹב BHS); — 2. **herumgehen um**: a) d. Runde machen 1S 7$_{16}$ Hab 2$_{16}$ Js 23$_{16}$ HL 3$_{2}$ 5$_{7}$ Koh 12$_{5}$ 2Ch 17$_{9}$ 23$_{2}$; b) **d. kultischen Umlauf vollziehen** (cf. RGG VI 1116f, HwbIsl. 743) Gn 37$_{7}$ Jos 6$_{3f.7.14f}$, cj. 6$_{11}$ Ps 48$_{13}$, so auch ug. *jsb* (CTA nr. 19, Z. 61. 68, cf. H. P. Müller UF 1, 1969, 92) ferner AuS 7, 221f; c) **sich zu Tische setzen/legen** (mhe. hif, מֵסֵב Polster, Gelage u. מְסִבָּה Tafelrunde) 1S 16$_{11}$ (:: Stoebe KAT VIII/1, 302: „wir wollen nicht eher weggehen"; Hertzberg ATD 10[2], 1960, 107 „wir schliessen den Kreis nicht"; cf. Groenbaek Act. Theol. Dan. X, 1971, 69f), HL 2$_{17}$ Sir 9$_{9}$ 32/35$_{1}$; d) **umgeben** 2S 22$_{6}$ 1K 5$_{17}$ 7$_{15.23f}$ 2K 6$_{15}$ Jr 52$_{21}$ Hos 7$_{2}$ 12$_{1}$ Ps 17$_{11}$ 18$_{6}$ 22$_{13.17}$ 49$_{6}$ (cf. BHS) 88$_{18}$ 109$_{3}$ 118$_{10-12}$ Koh 9$_{14}$ Hi 40$_{22}$ 2C 4$_{2f}$ 18$_{31}$ 33$_{14}$; c. עַל Hi 16$_{13}$; **umschwirren** (Bienen) Ps 118$_{12}$; e) **umstellen** Ri 16$_{2}$ (ellipt.), 20$_{5}$, **umzingeln** 2K 8$_{21}$ 2C 21$_{9}$ Ps 118$_{10-12}$; f) **umfliessen** Gn 2$_{11.13}$; g) (ausweichend) **umgehen** Nu 21$_{4}$ Dt 2$_{1.3}$ Ri 11$_{18}$; auf d. Seite treten 1S 18$_{11}$ 2S 18$_{30}$; c. לְאָחוֹר zurückfluten Ps 114$_{3.5}$; c. אֶל־אַחֲרֵי in jmds Gefolge treten 2K 9$_{18f}$, c. דֶּרֶךְ 2K 3$_{9}$; jmd. im Rücken umgehen cj. 2S 5$_{23}$ (l סֹב :: סבב wie mhe. החזיר trans. u. intrans.); — 3. die Richtung ändern (↗ nif. 1): **sich wohin wenden** 2S 14$_{24}$, cj. 24$_{6}$ (l וַיָּסֹבּוּ), 1S 5$_{8}$ Nu 36$_{7.9}$ Ez 42$_{19}$ Koh 2$_{20}$; **durchstreifen** (cf. סחר qal 1): עִיר Js 23$_{16}$, דֶּרֶךְ 2K 3$_{9}$; hintreten 1S 22$_{17f.22}$ (feindlich) c. בְּ gegen (de Boer OTSt 6, 1949, 43, Stoebe KAT VIII/1, 408f. 410f) 2S 18$_{15}$ 2K 3$_{25}$; HL 2$_{17}$; sich wenden cj. Hi 10$_{8}$ (l אַחַר סַבּוֹתָ), סָבַב וְהָיָה לְ in jmds Besitz übergehen (↗ nif. 3) 1K 2$_{15}$; Zch 14$_{10}$ l וְתִסּוֹב (BHS); Ps 71$_{21}$; 2C 33$_{14}$ l וְסָבִיב (Rudolph Chr. 316, Welten WMANT 42, 1973, 72f). †

nif.: pf. נָסַב, נָסַבָּה (BL 431t), נָסַבּוּ; impf. יִסּוֹב (R. Meyer § 79, 3a), יִסַּבּוּ: — 1. **d. Richtung ändern**, umbiegen (↗ qal 3) Nu 34$_{4f}$ Jos 15$_{3.10}$ 16$_{6}$ 18$_{14}$ 19$_{14}$ Jr 31$_{39}$ Ez 1$_{9.12.17}$ 10$_{11.16}$ (cf. Bächli ZDPV 89, 1973, 6); — 2. **umzingeln** c. עַל Gn 19$_{4}$ Jos 7$_{9}$, c. אֶל Ri 19$_{22}$; — 3. **in jmds Besitz übergehen** (↗ qal 3) Jr 6$_{12}$, c. אֶל Ez 26$_{2}$; — Ez 41$_{7}$ l מְסִבָּה. †

pi: inf. סַבֵּב: c. אֶת־פְּנֵי einer Sache **e. anderes Gesicht geben** 2S 14$_{20}$. †

po: impf. יְסֹבְבֶנְהוּ, יְסֹבְבֵנִי, אֲסֹבְבָה, תְּסוֹבֵב (BL 339s), תְּסֹבְבֶךָּ: — 1. **schützend umwandeln** Dt 32$_{10}$ Ps 32$_{7.10}$, umschirmen Jr 31$_{22}$ (s. Holladay VT 16, 1966, 236ff, Rudolph Jer[3] 198f, Jacob Fschr. Zimmerli 179ff, txt. ?) Ps 55$_{11}$; — 2. **kultisch umwandeln** Ps 26$_{6}$; — 3. Versch. umstehen Ps 7$_{8}$, umfliessen Jon 2$_{4.6}$; **durchstreifen** Ps 59$_{7.15}$, cj. Am 3$_{11}$ (l יְסֹבֵב), c. בְּ HL 3$_{2}$. †

hif: pf. הֵסֵב, הֲסִבֹּתָ, הֵסַבּוּ; impf. וַיַּסֵּב, וַיַּסֵּבּוּ, נָסֵב, וַיְסִבֵּנִי; imp. הָסֵבִּי; inf. הָסֵב; pt. מֵסֵב: d. Bewegungsrichtung ändern: — 1. räumlich: a) **herumgehen lassen** (↗ qal 2) Jos 6$_{11}$, e. Mauer herumziehen 2C 14$_{6}$; b) **abschwenken lassen** Ex 13$_{18}$ Ez 47$_{2}$ 2C 13$_{13}$; abschwenken 2S 5$_{23}$; jmd **auf d. andere Seite bringen** 2S 3$_{12}$ 1C 10$_{14}$ 12$_{24}$; — 2. **fortschaffen** 1S 5$_{8-10}$ 2S 20$_{12}$ Sir 9$_{6}$, herholen (c. אֵלֵינוּ) 1C 13$_{3}$, 2K 16$_{18}$ (? l מְבֵית), Waffen umdrehen Jr 21$_{4}$ (H. Weippert ZAW 82, 1970, 396ff, bes. 407); — 3. **abwenden**: d. Blick HL 6$_{5}$, d. Gesicht 1K 21$_{4}$ 2K 20$_{2}$/Js 38$_{2}$ Ez 7$_{22}$ 2C 29$_{6}$ 35$_{22}$; = sich umwenden Ri 18$_{23}$ 1K 8$_{14}$

1C 14$_{14}$ 2C 6$_3$; — 4. **ändern**: jmds לֵב 1K 18$_{37}$ Esr 6$_{22}$, e. Namen (s. Eissf. Kl. Schr. 5, 68ff) 2K 23$_{34}$ 24$_{17}$ 2C 36$_4$. †

hof. (pass. qal): impf. יוּסַב; pt. מוּ/מֻסַבּוֹת: — 1. (Rad) **z. Drehen gebracht werden** Js 28$_{27}$, Tür Ez 41$_{24}$ ausdrehbar (Zimmerli 1052; GK § 116e); — 2. **geändert werden** (ℱ hif. 4) Nu 32$_{38}$ (Name); — 3. **eingefasst werden**: אֲבָנִים Ex 28$_{11}$ 39$_{6.13}$, Schild 1QM V 5. †

Der. נְסִבָּה ,מְסִבָּה* ,מֵסַב ,סָבִיב ,סִבָּה.

סִבָּה: סבב, BL 454c: **Wendung**, **Fügung** (מֵעִם י״ Mtg.-G. 250, vRad Th.^{6} 1, 65): 1K 12$_{15}$ = נְסִבָּה 2C 10$_{15}$. †

סָבִיב (ca. 330 ×): סבב, BL 471p; mhe., Sam. *sȧbəb, sȧbībât*: cs. סְבִיב, ℱ mut.; סְבִיבֵי ,סְבִיבָיו u. סְבִיבֹ(ו)ת (mhe.) סְבִיבֹ(ו)תָיו/תֵינוּ/תֵיהֶם/תָם: I sg.: — 1. sbst. הַסָּבִיב ? **Umkreis** 1C 11$_8$ (:: 2S 5$_9$) :: Galling ATD 12, 40: Ringmauern, s. Rudolph Chr. 94; — 2. abs. **ringsum** c. עָשָׂה Ex 25$_{11}$, c. זָרַק Lv 1$_5$, c. שָׁלַח 1S 31$_9$, etc.; סָבִיב סָבִיב ringsherum Ez 8$_{10}$ 37$_2$ 40$_5$ 41$_{10.16}$ 2C 4$_3$; — 3. מִסָּבִיב von allen Seiten, סָבִיב לְ ringsum Nu 16$_{27}$ Dt 12$_{10}$ u.ö.; — 4. rund um ... her Ex 16$_{13}$ u.ö.; — II pl.: — 1. masculin.: a) **Umgebung**: סְבִיבֵי יְרוּשׁ׳ Jr 32$_{44}$ 33$_{13}$ (Noth ThB 6^3, 1966, 180^{11}), סְבִיבֶיהָ Jr 21$_{14}$; b) **rings um** Ps 50$_3$ 97$_2$; c) persönlich: **Umwohner**, Nachbarn Jr 48$_{17.39}$ Ps 76$_{12}$ 89$_8$ Kl 1$_{17}$; — 2. feminin. a) **Umgebung** Ex 7$_{24}$ Gn 41$_{48}$ Jr 17$_{26}$; b) **rings um** Nu 11$_{24}$ 1S 26$_5$ Hi 41$_6$; c) **Nachbarschaft** (|| שְׁכֵנִים) Ps 44$_{14}$; d) **Kreis(lauf)** d. Windes: עַל־סְבִיבֹתָיו Koh 1$_6$ z. s. Kreisen = immerfort kreisend od. wohin er dreht (Hertzb. 71) :: Dahood Biblica 47, 265: von s. Kreisen (ℱ עַל); — 1S 14$_{21}$ l סָבְבוּ גַם; 2S 24$_6$ l וַיָּסֹבּוּ; Ez 43$_{17}$ l הַסֹּבֵב; Am 3$_{11}$ l יְסוֹבֵב (BHS); Hi 10$_8$ l סַבּוֹתָ od. תְּסֹב; Jr 21$_{14}$ l סְבִכָהּ (BHS).

סבך: ℱ mhe. שׂבך; mhe. ja. verflechten, sy. sich an etw. festmachen; akk. *sabāku* (ver-)flechten (AHw. 999a); ar. *šabaka* verflechten, tigr. *šäbläka* herumbinden (Leslau 51):

qal: pt. pass. סְבֻכִים: verflochten (Dornen) Nah 1$_{10}$ (:: Elliger ATD 25^6, 11; cf. BHS). †

pu: impf. יְסֻבָּכוּ: verflochten werden Hi 8$_{17}$. †

Der. סְבַךְ ,*סְבֹךְ.

סְבַךְ, MSS סְבָךְ: סבך, BL 580s; mhe. סְבָךְ, ja. סִבְכָא Gestrüpp, Haarnetz, Sam. *sābåk*, sy. *sbākā* ? > σαβακάθιον Haarbinde (Hesych, Lewy Fw. 88, Mayer 341); akk. (nur in Listen) *šabikû* eine Kopfbinde (AHw. 1119b); ar. *šubbāk, šubkat* Netz: סִבְכֵי: **Gestrüpp** Gn 22$_{13}$, סִבְכֵי הַיַּעַר Js 9$_{17}$ (4Q 161, 8/10, 2 [DJD V 13] im Text ebenso, Z. 6 im פֵּשֶׁר: סובכי: **subk*) 10$_{34}$; ℱ סְבֹךְ†.

סְבֹךְ*: ℱ סְבַךְ; סבך, BL 468z; mhe. סוֹבֶךְ ℱ סְבַךְ: cs. סְבֹךְ (BL 208s), סֻבְּכוֹ (dag. dir., BL 580s): **Gestrüpp** Jr 4$_7$ cj. 21$_{14}$ (ℱ סָבִיב), Ps 74$_5$. †

סִבְּכַי, (? dag. dir. BL 212k): Etym. ? n. m. G Σεβοχα (Ra.), Josph. Σαββηχης (NFJ 104): Recke Davids aus ℱ חוּשָׁה: 2S 21$_{18}$, cj. 23$_{27}$ G ^{MSS} pr. ℱ מְבֻנַּי, 1C 11$_{29}$ 20$_4$ 27$_{11}$. †

סבל: mhe.; äga. unterhalten (DISO 189), ja. cp. sam. (Peterm. 61, BCh 2, 522b) md. (MdD 316b) tragen; tigrin. *sablala* beladen (Leslau 36); akk. *zabālu* spez. v. Ziegeln (Salonen, Ziegeleien 199f, Held JAOS 88, 1968, 90ff), ℱ זבל; Wagner HeWf. 362:

qal: pf. סְבָלָם ,סְבָלְנוּ; impf. אֶ/יִסְבֹּל, יִסְבְּלֵהוּ; inf. לִסְבֹּל (Sam. $^{M\ 156}$ *lisbal*): — 1. **tragen**: Lasten Gn 49$_{15}$ (cf. W. H. Schmidt BK II, 35), Götzenbilder Js 46$_7$ (|| נשׂא), Schmerzen Js 53$_{4.11}$, Strafe Kl 5$_7$; — 2. **unterhalten**: d. Alten Js 46$_4$ (äga., Rabinowitz JBL 73, 237). †

pu: pt. מְסֻבָּלִים: beladen, **trächtig** (GAΣ fett) Rinder Ps 144$_{14}$ (MT ! Brckelm. HeSy. § 16a) :: Ziegler, Fschr. Elliger 196f: אַלֻּפֵינוּ מְסֻבָּלִים „unsere Gaue ohne Lasten". †

hitp: impf. וְיִסְתַּבֵּל: Koh 12₅: חָגָב Heuschrecke G V dick werden, sich dahinschleppen, od. sich vollpacken, s. Komm. †

Der. סֵבֶל, *סֹבֶל, סַבָּל, *סִבְלוֹת.

סֵבֶל: סבל; mhe. sphe. סִבְלָה, äga. סבל Unterhalt; Sam. *sābål*; sy. *sbālā*; md. (MdD 324b): *sibla* Last; akk. *sablum* (Mari) Arbeitsgruppe (Noth AbLAk 2, 270; AHw. 999b) :: — 1. **Last**, ס׳ שִׁכְמוֹ Ps 81₇, הַנֹּשְׂאִים בַּסֵּ׳ d. Lastträger Neh 4₁₁; — 2. gew. Frondienst = ↗ מַס Mettinger SSO 137ff (:: Lasttragedienst Noth GI 189[1]/Kge 257) 1K 11₂₈. †

***סֹבֶל**: סבל, äga (DISO 190) סבול: סֻבֳּלוֹ (dag. dir., BL 581): **Last** Js 9₃ 10₂₇ 14₂₅ (Wildbg. BK X/1, 375; ANEP 114f. 427. 450). †

סַבָּל: סבל, BL 479 l; mhe. sy.: סַבָּלִים: **Lastträger**: נֹשֵׂא סַ׳ 1K 5₂₉ (נ׳ ? Gl., cj. סֵבֶל, Mtg.-G. 139 :: Noth Kge. 87 appos. „Träger u. zwar Lastträger"), Neh 4₄ 2C 2₁.₁₇ 34₁₃. †

***סִבְלוֹת**: סבל, pltt. od. pl. zu סֵבֶל; mhe. סִבְלָה, sy. *sbālā*: cs. pl. סִבְלוֹת, סִבְלֹתָם/תֵיהֶם **Lasttragen**, **Fronarbeiten** Ex 1₁₁ 2₁₁ 5₄f 6₆f (W. H. Schmidt BK II 35). †

סִבֹּלֶת: efraimit. Aussprache v. I שִׁבֹּלֶת Ri 12₆: s. Driver Fschr. Nötscher 59f, Garbini SNO 45f, Kutscher HeWf. 174. †

סִבְרַיִם Ez 47₁₆; n. l. an d. Nordgrenze zwischen Damaskus u. Hamath; ? keilschr. *Šabara'in* (Albr. RI 247[123]), od. = ↗ סְפַרְוַיִם (Abel 2, 456 :: GTT p. 102). †

סַבְתָּא 1C 1₉ u. סַבְתָּה Gn 10₇: n. p. od. n. t. in S. Ar.; S. v. כּוּשׁ, G Σάβαθα, Josph. Σαβάθης (NFJ 103), gr. Σοββαθα, lat. *Sabotha*, Sam. *sābtå* Hauptstadt v. חֲצַר־מָוֶת, Hö. Erdk. 52, GTT § 218, Winnett Fschr. H. G. May 181: = Schabaka; ↗ סַבְתְּכָא. †

סַבְתְּכָא, G Σαβακαθα, Josph. Σαβάκτας (NFJ 104), Sam. *sabbitka*: S. v. כּוּשׁ Gn 10₇ 1C 1₉; n.p. od. t. in S. Ar.; ign. (= äthiop. K. Sabaka, Astour JBL 84, 422ff), Winnett Fschr. H. G. May 181 = Schabataka; ↗ סַבְתָּא. †

סגד: ↗ ba. äga. (DISO 190), Wagner 85 nr. 195; ja. cp. sam. (BCh. 2, 516a), sy. md. (MdD 318a; s. Rudolph Md. 2, 204ff); > ar. *sağada* (Schwally ZDMG 52, 134, *masğid* Moschee), > äth.[G] *sagada* Dillm. 398, *sagʷada* Nöld. NB 36; Vollzug d. Proskynese; Vincent 324f, Hwb. Isl. 639a:

qal: impf. יִסְגָּד־, יִסְגּוֹד־ (K יִסְגּוֹד) Js 44₁₇, אֶסְגּוֹד, יִסְגְּדוּ: **sich** (anbetend) **beugen**, לְ vor, Js 44₁₅.₁₇.₁₉ 46₆ (|| הִשְׁתַּחֲוָה). †

סְגוֹר: I סגר, BL 473h; mhe. סֶגֶר Schloss, 1QM V 7. 9 Tülle des רֹמַח (Bardtke ThLZ 1955, 406; Yadin ScrW. 136f; Maier 2, 120); ja. סְגוֹרָא Verschluss, sy. md. (MdD 321a) *sūgārā* u. ar. *sāğūr* Hundehalsband (denom. *sağara*) s. auch סוּגַר; ? < akk. *šigaru* Halsstock f. Gefangene u. Hunde, Tor- Türverschluss, Riegel (Salonen, Türen 86ff, AHw. 1230f: **Verschluss**, ס׳ לִבָּם Hos 13₈ d. Herzkammer (s. Rudolph KAT XIII/1, 243); cj. סְגוֹרוֹ חוֹתַם צֹר Hi 41₇; — Hi 28 ₁₅ l סָגוּר :: סְגֹר †

סָגוּר: immer זָהָב סָ׳ (exc. cj. Hi 28₁₅); ? ug. *sgrt* (s. Tsevat UF 11, 1979, 766 zu KTU 1. 100 Z. 70 :: Young ibid. 844); akk. *ḫurāṣu sag(i)ru* verschlossenes, gediegenes Gold (Zimmern 30, AHw. 1003a, Ellenbogen 119): — 1. dünngehämmertes **Plattengold** (BRL[1] 381, Noth Kge. 100f) 1K 6₂₀f, Gray Kings[3] 170: refined gold; — 2. lauteres, feines Gold 1K 7₄₉f 10₂₁ 2C 4₂₀.₂₂ 9₂₀, cj. pr. סְגוֹר Hi 28₁₅. †

סָגִים: ↗ סִיג.

***סגל**: mhe. pi, ja. pa. aufhäufen, sam. pt. pass. qal סגיל, af. אסגל (LOT III/2, 327. 342) denom. v. סְגֻלָּה (vSoden WdO 2, 88).

סְגֻלָּה: סגל: mhe. ja. סְגֻלְּתָא, Sam. *sēgūla*; ug. **sglt* (UT nr. 1735 = PRU V nr. 60, 7, 12, Huffmon BASOR 184, 37, 2, RSP II S. 24 Nr. 44, Dijkstra UF 8, 1976, 437[6]); aram. *sgyl* (סגיל, cf. סגל) Name des Šamš-Tempels zu Hatra (R. Degen JbEOL 23 (1973/4) 1975, 408f; asa. n. f. *sglt* (Mlaker 38); akk. *sug/kullu* Herde (AHw. 1053f) u. *sikiltu* (heimlicher) Erwerb (AHw. 1041a). Letzteres wird wie ס׳ im profanen und in PN *sikiltu* *ᴰNN* auch in religiösem Sinn gebraucht (cf. Greenberg JAOS 71, 1951, 172ff, Speiser Or NS 25, 1956, 1ff, Held JCS 15, 1961, 11f: סְגֻלָּתוֹ, סְגֻלַּת: persönliches **Eigentum**: — 1. profan (G περιουσιασμός, V *peculium*): Davids 1C 29$_3$ (vgl. dazu 27$_{25-31}$), der Könige u. Provinzen מְדִינוֹת Koh 2$_8$; — 2. theol.: Israel als J.s ס׳ (H. Wildberger, J.s Eigentumsvolk, 1960, 74ff; Bächli Israel u. die Völker 1962, 142ff; THAT II 142ff; ↗ חֵלֶק u. נַחֲלָה): Ex 19$_5$ Mal 3$_{17}$ Ps 135$_4$, עַם ס׳ Dt 7$_6$ 14$_2$ 26$_{18}$. †

***סֶגֶן** od. ***סָגָן**: ↗ I סכן; ph. äga. סכן (Leander § 53b); mhe. סֶגֶן, סְגַן, סָגָן (Kahle MdW I Seite ז Z. 14: *sägän*, ↗ II 20*); äga. (DISO 190) Gouverneur; ba. *סְגַן, ja. סִגְנָא Gehilfe d. Hohenpriesters, md. (MdD 328a) **singiānia*; klschr. (aram. ?) *Ilu-sagania* (MAOG I 1, 47. 113, *sagānu* AHw. 1002b); Lw. < bab. *šaknu*, ass. *saknu* Statthalter, (AHw. 1141; Rainey UF 3, 1971, 171; Lipiński UF 5, 1973, 204f): סְגָנִים, סְגָנֶיהָ, Elliger BK XI 189. — 1. **Statthalter**, Beamter d. bab. Reiches Js 41$_{25}$ Jr 51$_{23.28.57}$ Ez 23$_{6.12.23}$; — 2. **Vorsteher** d. jüd. Gemeinde Esr 9$_2$ Neh 2$_{16}$ 4$_{8.13}$ 5$_{7.17}$ 7$_5$ 12$_{40}$ 13$_{11}$. †

I **סגר**: mhe. ug. *sgr* (UT nr. 1738, Aistl. 1890) *sgrt* (KTU 1. 100, 70; cf. Astour JNES 27, 1968, 26; Lipiński UF 6, 1974, 170. 174; Young UF 11, 1979, 844. 847 :: Tsevat ibid. 766: zu סָגוּר), ph. (DISO 190) verschliessen; ba. ja. (auch GnAp. 22, 17) cp. sy. md. (MdD 318a), sam.; ar. *šağara* entfernen; akk. *sekēru* absperren (AHw. 1035):

qal: pf. סָגַר, סָגַרְתְּ, סָגְרוּ/גֵרוּ; impf. יִסְגֹּר, נִסְגְּרָה; imp. סְגֹר, סִגְרוּ; inf. לִסְגֹּר; pt., סֹגֵר, סֹגֶרֶת, סָגוּר: — 1. **schliessen** :: פתח: a) etw. c. acc., דֶּלֶת Gn 19$_6$ (c. אַחֲרֵי).$_{10}$ Jos 2$_5$ Ri 3$_{23}$ 2K 4$_{4f.33}$ 6$_{32}$ Js 26$_{20}$ Mal 1$_{10}$ Ps 17$_{10}$ Hi 3$_{10}$ Neh 6$_{10}$ 2C 28$_{24}$ 29$_7$, שַׁעַר Jos 2$_{5.7}$ Ez 46$_{12}$, prop. סֹגְרִים Torhüter pr. סְגָנִים Neh 2$_{16b}$ (Galling ATD 12, 220[3]), רֶחֶם 1S 1$_5$, פֶּרֶץ 1K 11$_{27}$; b) c. בְּעַד hinter Gn 7$_{16}$ Ri 3$_{22}$ (Fett d. Wunde).$_{23}$ 9$_{51}$ 1S 1$_6$ 2K 4$_{4f.21.33}$ Js 26$_{20}$; ס׳ בָּשָׂר תַּחַת verschloss es m. Fleisch Gn 2$_{21}$; c) abs. zuschliessen Js 22$_{22}$ Ez 44$_{1.2.2}$ 46$_1$; Stadt סֹגֶרֶת וּמְסֻגֶּרֶת versperrend (den Weg hinein) u. versperrt (für den, der hinaus will, Noth HAT VII[2] 34) Jos 6$_1$; — 2. c. עַל jmd. **einschliessen** Ex 14$_3$ (Sam. pt. qal *sēgər*) Hi 12$_{14}$; — זָהָב סָגוּר ↗ סָגוּר; Ps 35$_3$ ↗ סְגֹר; Hi 41$_7$ l סְגֹרוֹ (↗ סְגוֹר). †

nif: pf. נִסְגַּר; impf. יִסָּגֵר, יִסָּגְרוּ; imp. הִסָּגֵר: — 1. **geschlossen werden**: Türen Neh 13$_{19}$; Tore Js 45$_1$ 60$_{11}$ Ez 46$_2$; — 2. **sich einschliessen** 1S 23$_7$ Ez 3$_{24}$; — 3. c. מִן **ausgeschlossen werden** Nu 12$_{14f}$. †

pi. (Jenni 199): pf. סִגַּר, סִגְּרַנִי; impf. יְסַגֶּרְךָ: jmd. **ausliefern** (cf. II סכר pi.) c. בְּיַד 1S 17$_{46}$ 24$_{19}$ 26$_8$; abs. 2S 18$_{18}$ (GnAp 22$_{17}$); ↗ hif. †

pu: pf. סֻגַּר, סֻגְּרוּ; pt. מְסֻגֶּרֶת: **verschlossen werden** Jos 6$_1$ (↗ qal 1c), Js 24$_{10.22}$ Jr 13$_{19}$ Koh 12$_4$. †

hif: pf. הִסְגִּיר, הִסְגַּרְתִּי, הִסְגִּירוּ, הִסְגַּרְתַּנִי; impf. תַּסְגִּיר, תַּסְגֵּר, יַסְגִּרוּ, יַסְגִּירֻנִי/רֵנִי; inf. הַסְגִּיר, הַסְגִּירָם: — 1. a) in jmds Gewalt geben, **ausliefern** (↗ pi. cf. aam. u. Reichs-

aram. *skr* (haf.) ausliefern, DISO 193; Degen Altaram. Gr. 70; Wolff BK XIV/2, 191; ph. *sgr* (jifil) ausliefern, DISO 190; Friedr.² § 146, KAI nr. 14, 21): Ob 1_4; c. אֶל Dt 23_{16} Hi 16_{11}, c. בְּיַד Jos 20_5 1S $23_{11f.20}$ 30_{15} Ps 31_9 Kl 2_7; c. לְ Am $1_{6.9}$ Ps $78_{48.50.62}$; b) **preisgeben** Dt 32_{30} Am 6_8; c) **festnehmen** (zuhanden d. Rechtsgemeinde, Horst BK XVI 170) Hi 11_{10}; — 2. **absondern** (↗ נֶגַע 3) Lv 13_{4-54} (9 ×), (e. Haus) absperren $14_{38.46}$. †
Der. סְגוֹר, I מַסְגֵּר, מִסְגֶּרֶת, ↗ סוּגַר.

II *סגר: ar. *sağara* m. Wasser füllen, Ofen heizen, (III ?) Feuer anzünden; sy. *sagrā* u. sam. אסגר heftiger Regen; Mtg.-G. 558; Der. II מַסְגֵּר, סַגְרִיר.

סְגֹר: Ps 35_3: (Vrss. u. noch Neuere Verbalform v. סגר) urspr. סֶגֶר ?; sbst. || חֲנִית (GB 536b); meist cj. *סָגָר, σάγαρις d. skytische Doppelaxt, Hdt. 1, 215; 1QM V 7 סגר, Tülle od. Griff d. Lanze, s. Yadin ScrW. 136f, Dahood Psalms I 210f, Keel Bildsymb. 199b, Maier 2, 120; :: סְגוֹר. †

סַגְרִיר: II *סגר, BL 483v; mhe. ja. sy. *sagrā*: **Regenguss** (Klein ZDPV 37, 227, AuS 1, 189, Reymond 23) Pr 27_{15}. †

סַד, or. סַד (Kahle MTB 37): *סדד, BL 453w, mhe., ja. cp. sy. md. (MdD 309b) סַדָּא Block; ar. *sadd* Sperre, Damm, asa. *śdn/m* Damm, *śdm* Wegsperre (Müller ZAW 75, 1963, 312); ? aLw. 196: **Fussblock, Pflock**, in dessen Kerben eiserne Riegel des Gefangenen Füsse festhalten (↗ Hölscher HAT I/17², 35, Horst BK XVI 204) Hi 13_{27} u. 33_{11} :: Fohrer: (m. Kalk) färben, KAT XVI 235. 253 bes. 238f (l בַּסִּיד, ↗ *סיד). †

*סדד: ar. *sadda* verschliessen, sperren: Der. סַד.

סָדִין: mhe., ja. cp. סְדִינָא, ? > ar. *sadīn* (:: Frae. 48), ? > σινδών (Lewy, Fw. 84f., Mayer 331) > sy. *seddōnā* (LS 460a); ar. *sidn, sada/ān* Vorhang, Schleier; ? < akk. *š/saddinu*, EA *satinnu* e. Kleidungsstück (Zimmern 36f, Ellenbogen 121, AHw. 1001b, cf. Rainey UF 6, 1974, 308), gr. σινδών (Masson 26): סְדִינִים: Untergewand, ? Hemd (Hönig 41f, AuS 5, 168. 219) Ri 14_{12f} Js 3_{23} Pr 31_{24} (G σινδών). †

סְדֹם, Sam. *sådəm* G Josph. Σόδομα (NFJ 114), DSS meist סודם, GnAp 21_{32} סודום = *sōdom*, j. Talm. gntl. pl. סודמין; zur Aussprache u. Vokalisation Baumg. Fschr. Eissfeldt 1958, 29, cf. R. Meyer VTSu 22, 1972, 182f), loc. סְדֹמָה, Sam. *sidma*: **Sodom**, n.l.; ug. *sudumu* (Gröndahl 184), *šdmj* form. gntl. (UT nr. 1742, Aistl. 1895); 15 × zus. m. ↗ עֲמֹרָה Gomorrha, auch m. ↗ אַדְמָה u. ↗ צְבֹאִים ↗ מַהְפֵּכַת; BRL¹ 491, BHH 1817, Schatz 175ff, Westermann BK 1/2, 365f: אַנְשֵׁי ס׳ Gn 13_{13} 19_4, מֶלֶךְ ס׳ Gn $14_{2.8.10.17.21f}$; רְכֻשׁ ס׳ 14_{11}, גֶּפֶן ס׳ Dt 32_{32}, קְצִינֵי ס׳ Js 1_{10}, עֲוֹן ס׳ Ez 16_{49}, חַטַּאת ס׳ Kl 4_6; ↗ Gn 10_{19} $13_{10.12}$ 14_{12} $18_{16.20.22.26}$ $19_{1.24.28}$ Dt 29_{22} Js $1_{9.cj.7}$ 3_9 13_{19} Jr 23_{14} 49_{18} 50_{40} Ez $16_{46.48.53.55f}$ Am 4_{11} Zef 2_9; Sap. 10_7, Josph. Antt. IV 8, 5. †

*סדר: mhe. reihen, ordnen (Sir 10_1 50_{14}), ja. sam. (sammeln) so auch gelegentlich mhe. sphe. u. ja., cp. sy. md. (MdD 318b); ? ug. *sdrn* (Gröndahl 184); amh. *säddära* ordnen (Leslau 36); akk. *sadāru* reihen (AHw. 1000b), *sidru sidirtu* (AHw. 1039b) (Schlacht-)Reihe; ↗ שׂדר; Der. סֵדֶר.

*סֵדֶר: mhe. Reihenfolge, Ordnung, Lektionsabschnitt, DSS Ordnung, ja. סִדְרָא, sy. *sedrā*, md. (MdD 310a) *sadrā*; sam. סדר, det. סדרא Versammlung, Menge, ja. סדרא רובא grosse Synagoge: סְדָרִים, **Ordnung**, לֹא סְדָרִים in d. Totenwelt „ohne O." Hi 10_{22} (:: Fohrer KAT XVI 201 l לֹא נְהָרָה, ↗ G οὐκ ἔστιν φέγγος; vgl. Driver VTSu 3, 1955, 76; Barr CpPh 242, 331). †

*סהר: ? ug. *shr* (Aistl. 1896, CML¹ 146b)

rund sein; ar. *swr* II ummauern, *sūr* Stadtmauer, *siwār* Ring; sam. זהרה (LOT 2, 485): Der. סֹהַר, סַהַר.

סַהַר: סהר; mhe. runde Hürde, ja. סַהֲרָא Mond: Rundung ? runde Einfriedigung ? Metaph. אַגַּן הַסּ׳ **runde Schale** HL 7₃ (s. Rudolph KAT XVII/2 169). †

סֹהַר: סהר, Sam. *sår* Einschliessung, G ὀχύρωμα, cf. B. D. Redford VTSu 20, 1970, 47. בֵּית הַסֹּ׳ Gefängnis Gn 39₂₀-40₅ (8 ×). †

סוֹא, G^B Σηγωρ, G^A Σωα, Josph. Σώας (NFJ 117), V *Sua*, S *Seʾō*: מֶלֶךְ מִצְרַיִם 2K 17₄ 1. entweder Titel eines hohen äg. Beamten (*ṯ3*) cf. Yeivin VT 2, 1952, 164ff, Debus, Die Sünde Jerobeams 1967, 96¹. (cf. Kraus BN 11, 1980, 29-31: סוֹא Äquivalent einer äg. Bezeichnung f. König) od. 2. wahrscheinlicher: Name der Deltastadt Sais, äg. *Sʾw* (*Saʾu*), ass. = *Sa-a-a*, cf. Herrmann Geschichte 310 (zur früheren Deutung cf. Borger JNES 19, 1960, 49-53, Galling Tb² 62¹ u. Herrmann Geschichte 315).

I **סוג**: ⚡ שׂוג; ? mhe. hif.; ar. *swǧ* behutsam gehen:

qal: pf. סָג; impf. נָסוֹג (BL 399); inf. סוּג; pt. od. Verbal adj. סוּג (GK § 72p): **abweichen, abtrünnig sein** c. מִן Ps 53₄ 80₁₉; סוּג לֵב (GK § 128 x) abtrünnigen Herzens Pr 14₁₄. †

nif: pf. נָסוֹג Var. z. נָשׂוֹג 2S 1₂₂, נְסוּגוֹתִי (BL 193q), נָסֹגוּ; impf. יִסֹּגוּ; inf. נָסוֹג; pt. נְסוּגִים: — 1. c. אָחוֹר **zurückweichen, sich davon machen** 2S 1₂₂ (l נָסוֹגָה), Js 42₁₇ 50₅ Jr 38₂₂ 46₅ (pt.), Ps 35₄ 40₁₅ 70₃ 129₅ (Elliger BK XI 265); — 2. **abtrünnig werden** Ps 78₅₇, c. אָחוֹר 44₁₉, c. מֵאַחַר Js 59₁₃, c. מֵאַחֲרֵי Zef 1₆; Mi 2₆ l יִסַּג = יַשִּׂג (נשׂג). †

hif: impf. תַּסִּיג, תַּסֵּג, יַשִּׂיגוּ (שׂ !), pt. מַסִּיג, מַסִּיגֵי: — 1. c. גְּבוּל Grenze **verrücken** (L. Haefeli, D. Beduinen v. Beerseba, 1938, 177; Fschr. Hempel 47⁹, HbAbgl. 3, 1157f) Dt 19₁₄ 27₁₇ Hos 5₁₀ Ps 22₂₈ 23₁₀ Hi 24₂; — 2. תַּסֵּג וְלֹא תַפְלִיט Mi 6₁₄ **in Sicherheit bringen**; Var. u. Targ. weisen auf שׂוג (s. Rudolph KAT XIII/3, 114. 117). †

hof: pf. הֻסַּג (BL 400i): **zurückgedrängt werden** (|| עמד מֵרָחֹק) Js 59₁₄. †

Der. סִיג.

II **סוג**: ? letzlich doch zu I; mhe. סְיָג, ja. sam. sy. ar. *sijāǧ* Zaun: sy. *sjāgā*:

qal: pt. pass. f. סוּגָה: c. בְּ **umzäumt** HL 7₃. cj. Ps 48₁₄ pr. פַּסְּגוּ ? l פַּ· סֹגוּ (Dahood Psalms 1, 293). †

סוּג Ez 22₁₈: ⚡ Q סִיג.

סוּגַר: I סגר, BL 475s; סְגוֹר?; mhe. sy. md. (MdD 321a) *sugārā* Halseisen, Kette, > ar. *sāǧūr* (Frae. 114) u. *sawāǧīr* Hundehalsband (denom. *saǧara*); < akk. *šigāru* ⚡ סְגוֹר, :: Albr.: äg. (Voc. 61. 65): **Halsholz/-eisen** (Zimmerli 426f) Ez 19₉. †

***סוד**: ⚡ Nf. II יסד; ? denom; Sir 7₁₄ תסוד (qal od. pi.) schwatzen, hitpa. ת/הסתי(י)ד עם 8₁₇ 9₁₄ sich beraten, 9₄ 42₁₂ vertraulich verkehren; ar. *swd* III heimlich reden.

Der. סוֹד.

סוֹד: סוד, mhe. Geheimnis, Rat, in DSS auch als יסוד; sam. סוד (LOT 2, 499, als Übersetzung von לֵב; ? ug. *sd* (CTA 20 A 4: *wtʿrb sd*: TOML 477 „geheimer Ort"); sy. *swādā* u. *suwwādā*; ar. *sawād* vertrauliches Gespräch, asa. *mśwd* Ratsversammlung (Müller ZAW 75, 1963, 312); s. Palache 24f; I. Willi-Plein VT 27, 1977, 70; Fabry Festgabe für G. J. Botterweck [BBB 50]; THAT II 144ff: סֹדָם, סוֹדוֹ/דִי: — 1. **vertrauliche Besprechung**: a) im Rate Jahwes Jr 23₁₈.₂₂ Hi 15₈; b) unter Menschen Gn 49₆ (sam. בסהדון cf. sy. סָוָדָא), Ps 64₃ Jr 6₁₁ 15₁₇ Ps 111₁; — 2. **Plan, Geheimnis** (als Folge od. Ergebnis d. Besprechung): a) von Gott gegenüber

Menschen (Propheten, Frommen) Am 3$_7$, cf. Jr 23$_{18.22}$ Ps 25$_{14}$ (Barr CpPh 251), Pr 3$_{32}$ Sir 3$_{19}$; b) unter Menschen Ps 83$_4$ Pr 11$_{13}$ 20$_{19}$ 25$_9$ Sir 8$_{17}$ 42$_1$; — 3. **Kreis von Vertrauten** (Pedersen Isr. 1/2, 307, Koehler HeM 88ff, H. J. Franken The Mystical Communion with JHWH in the Book of Psalms 1954, 39ff): a) Kreis der Heiligen (Engel) Ps 89$_8$; b) Kreis des Volkes Ez 13$_9$; c) Kreis Einzelner im Volk Hi 19$_{19}$; הִמְתִּיק ס׳ vertraute Gemeinschaft pflegen Ps 55$_{15}$; בעל ס׳ Vertrauter Sir 6$_6$, cf. ferner die Belege zu 1b; — Hi 29$_4$ l סוּךְ (סכך inf.) :: Dahood Biblica 50, 1969, 342. †

Der. בְּסוֹדְיָה, סוֹדִי.

סוֹדִי: סוֹד; n. m. Sam. *sūdi*; ug. *sdj* (UT nr. 1741): Nu 13$_{10}$. †

***סוּה**: F מַסְוֶה, *סוּת.

***סוח**: F סוּחָה, n. m. סוּחַ.

סוּחַ: *סוח; n. m. (trib.?); abab. *suḫum* (H. Ranke, Early Bab. Personal Names, 1905, 166); *Suḫu* Name einer mittelbab. Landschaft (Kupper 16. 110f. 116, etc.): 1C 7$_{36}$. †

סוּחָה: סוח, BL 452r; ja. ס(ו)חותא, סְחִיתָא (√סחי); ar. *suwāḫ* Morast: Unrat Js 5$_{25}$ (Targ. ed. Sperber סְחִוּתָא u. סְחָוָתָא), Ps 80$_{17}$ (wie Kehricht, :: cj. כְּסָחוּהָ F כסח), cj. Hi 9$_{31}$ (l בְּשָׂחוֹת = בַּסּ׳, G). †

סוֹטַי Neh 7$_{57}$ u. סֹטַי Esr 2$_{55}$, G Σατει, Σου/ωται: n. m.; ? ש/סוט od. Kf. v. ש/סטה: בְּנֵי ס׳ Familie d. Sklaven Salomos (s. Rudolph EN 23). †

I **סוּךְ**: mhe. pilp. anstossen, ansengen, ar. *šwk* stechen, verletzen, durchbohren; *šauk* Dornen, Stacheln = äth. *šōk*; tigrin. *saksaka* aufhetzen (Leslau 36):

pilp. (BL 282 o): pf. סִכְסַכְתִּי; impf. יְסַכְסֵךְ: **aufreizen**, בְּ gegen Js 9$_{10}$ 19$_2$. †

Der. מְסוּכָה.

II **סוּךְ**: Nf. v. נסך; mhe. ja. bestreichen; pun. תיסך, nif. gegossen werden (DISO 109, יסך, Friedr. Gr.[2] § 158. 162); ar. *swk* reiben, II polieren:

qal: pf. סַכְתָּ, סָכְתִּי; impf. תָּסוּךְ, תָּסוּכִי, וַיְּסֻכוּם, וָאָסֻכֵךְ; inf. סוּךְ (BRL[2] 260ff): — 1. סוּךְ שֶׁמֶן **sich** mit Öl (GK § 117y) **einfetten, salben** (nur für das kosmetische Salben des Körpers :: משח cf. Kutsch BZAW 87, 1963, 7) Dt 28$_{40}$ 2S cj. 12$_{20}$ (? l וַיָּ֫סָךְ), 14$_2$ Mi 6$_{15}$, = ohne שֶׁמֶן Rt 3$_3$ Da 10$_3$ 2C 28$_{15}$; — 2. סוּךְ בַּשֶּׁמֶן **jmd salben** Ez 16$_9$; — 2K 4$_2$ l פַּךְ. †

hif: impf. וַיָּ֫סֶךְ: **sich salben** (? l וַיָּ֫סָךְ) 2S 12$_{20}$. †

hof. (pass. qal ?): impf. יִיסָךְ: (BL 286m) Ex 30$_{32}$, יִסָּךְ 37$_{16}$, Sam יוסך, = יוסך Sam [M 160] *juwwåsåk* √סוך: **versalbt werden** Ex 30$_{32}$; — 37$_{16}$ יִסַּךְ ist hof. zu √נסך. †

Der. אָסוּךְ.

סְוֵנֵה: n.l., Ez 29$_{10}$ 30$_6$ מִמִּגְדֹּל סְ׳ von מ׳ bis ס׳; G[B] Συήνη; V *Syene*, ? l סְוֵ֫נָה (Michaelis, Ges.), 30$_{16}$ (G pr. סִין, s. Zimmerli Ez. 737); cj. סִינִים pr. סְוֵנִים Js 49$_{12}$; äga. סון, gntl. סונכן, äg. *Swn*, kopt. *Suan*, mod. *Aswān*, **Assuan**: südl. Grenzstadt Äg.s am 1. Katarakt, P-W IV 1018ff, Enz. Isl. 1, 511f, GTT § 1429, BMAP 21ff, BHH 1896. †

I **סוּס** (ca. 140 ×), Sam. [M 160] *sos*: mhe.; Deir Alla 2, 15 *ssh*; ug. *śś/ssw* (UT nr. 1780, Aistl 1933, RSP I S. 284 Nr. 398), kan. *zūzima* (VAB 2, 1545); ph. סס, aam. סוסה, äga סוסיה (-*ē*, Milik RB 61, 594, ev. ססיה f. (cf. Degen Altaram. Gr. 48) Aḥqr 38 st. abs.), pehl. (Frah. 7, 1), nab. palm. סוסי(א) (DISO 195); סוּסָא ja. sam. (BCh. 2, 538a); סוּסְיָא ja. cp. sy. md. (MdD 322b, Gr. 201, Z. 12); akk. *sisû sisā'u* (AHw. 1051f); ar. u. sar. *sīsī* Pony, M. A. Littauer Iraq 33, 1971, 24ff *sā'is* Pferdeknecht; s. Albr. AfO 6, 218[4], Driver AD[2] 73[2], Salonen Hipp. 21f, Nagel ZA 55, 191f; BRL[2] 250ff, BHH 1438, Ellenbogen 123;

spez. Mayrhofer Indo-Iranian Journal 4, 144, IndAr. 27: סוּסֶיהֶם ,סוּסַי ,סוּסִי ,סוּסִים; ↗ f. סוּסָה: **Pferd**: in Reihen Gn 47_{17} Ex 9_3 Zch 14_{15} Esr 2_{66}, Beschreibung Hi 39_{19-25}, Farben Zch 1_8 $6_{2f.6}$; Futter 1K 5_8; Preis e. Pf. 10_{29}; סוּס וָפֶרֶד 18_5; Pferde in מִצְרַיִם Gn 47_{17} Ex 9_3 $14_{9.23}$ $15_{1.19.21}$ Dt 11_4 17_{16}, eingeführt aus מִצְרַיִם Dt 17_{16} Ez 17_{15}, סוּסִים von אַשּׁוּר 2K 18_{23} Js 5_{28} 36_8, v. בָּבֶל Jr 4_{13} 6_{23} Ez $26_{7.10f}$, von הַכְּנַעֲנִי Jos $11_{4.6.9}$ Ri 5_{22}, von אֲרָם 1K 20_1 2K 5_9 6_{14f} $7_{7.10.13}$, von שְׁלֹמֹה 1K $5_{6.8}$ $10_{25.28f}$ 2C $9_{24f.28}$, von יְהוּדָה 1K 22_4 2K 3_7, von יִשְׂרָאֵל 1K 22_4 2K 3_7 9_{33} 10_2; 736 Pf. der גּוֹלָה Esr 2_{66}; Pf. als falsche Sicherheit Js $31_{1.3}$ Hos 1_7 14_4 Hg 2_{22} Ps 20_8 33_{17}; Pferdereichtum getadelt Js 2_7; Pf. ausgerottet Mi 5_9 Zch 9_{10}; Wagenpferde Ex 14_9 Jos 11_4 1K 20_1 2K 6_{15} etc.; Reitpferd 1K 20_{20} Jr 46_9 Est 6_{8-11}; Postpf. Est 8_{10}; סוּסֵי אֵשׁ 2K 2_{11} (H. Chr. Schmitt, Elisa 1972, 111ff mit Hinweis auf Zch 6_{1-8}); מְבוֹא הַסּוּסִים 2K 11_{16} u. מ׳ שַׁעַר הַסּ׳ 2C 23_{15} ↗ מָבוֹא; ↗ *סוּסָה.

II **סוּס** Js 38_{44} Jr 8_7 K^or.: ↗ סִיס.

***סוּסָה**: f. v. I סוּס; mhe.: סוּסָתִי HL 1_9 **Stute**, gew. cj. סוּסֹתַי (cf. BL 516q); :: Rudolph HAT XVII/2, 127: sg. coll. + י compaginis; n. l. חֲצַר ס׳ Jos 19_5 ↗ חָצֵר B 3; T.-Arad 32, 1 (Bedtg. = „Stuttgart"). †

סוּסִי: n. m.; Sam. *sūsi*; סוּס, Noth N. 230; palm. סוסא (PNPI 40. 101), ug. *ss(n/w)* Gröndahl 186f, ? ph. (PNPhPI 368): Manassit Nu 13_{11}. †

סוף: mhe. qal pi.; ba. ja. pe. (auch trans.) pa. af., sam. (LOT II 486), aram. ba. ja. cp. sy. md. (MdD 323a) zu Ende, zugrunde gehen; ar. *swf* an Epidemie sterben:

qal: pf. סָפוּ ,וְסָפוּ; impf. יָסֻפוּ ,יָסוּף: e. **Ende finden** Js 66_{17} Am 3_{15} (od. zu ספה), Ps 73_{19} Est 9_{28}, c. מִן bei; cj. Sir 43_{27} (l נסוף pr. נוסף, Smend); cj. Nu 11_{25} (l יָסָפוּ) u. Ps 12_2 (l סָפוּ). †

[**hif.**: impf. אֲסִיפֵם Jr 8_{13} l אָסֹף אֲסִיפֵם (= אֶאֱסֹף), s. Rudolph u. אָסֹף Zef $1_{2.3.3}$ l אֹסֵף (= אֶאֱסֹף).]

? **šaf.**: impf. יְשַׁסֵּף (Dahood Biblica 54, 1973, 362): 1S 15_{33} ↗ שׁסף.†

Der. סוֹף, I סוּפָה.

סוֹף: סוף; mhe. auch סוֹפָה; ja. סוֹפָא, sy. md. (MdD 311a); :: he. קֵץ; aLw. 199 (:: G. W. Ahlström VTSu 21, 2): סוֹפוֹ: — 1. **Ende** (:: ראשׁ 4) Koh 3_{11} 7_2 12_{13} 2C 20_{16}, 11Q Ps^a Sir (DJD IV p. 80) עד סופה 51_{14}; — 2. (milit.) **Nachhut** (:: פָּנִים) Jl 2_{20}. †

I **סוּף**, Sam. *sâf*: mhe. u. ja. nur in יַם סוּף (↗ 2); cp. (Frae. ZA 20, 445); sam. סוף (LOT II 538) cp.; Sam. (*yâm*) *sof*; äg. *ṯwf(j)*, kopt. *žouf*, Albr. Voc 65; EG V 359, Lambdin 153a, Schilf; Helck Beziehungen² 525 nr. 286, W. A. Ward VT 24, 1974, 339, 349, Schmidt BK II 70; > ar. *ṣūf* (*al-baḥri*): — 1. **Schilf** Ex $2_{3.5}$ Js 19_6, Wasserpflanzen (äg. Scullard ExpT. 42, 286f) Jon 2_6; — 2. יַם־סוּף, loc. יָמָּה סוּף Ex 10_{19} (BL 199n), G ἡ ἐρυθρὰ θαλάσση u. ἡ θ. ἡ ἐρ., G^B θαλ. Σειφ Ri 11_{16}: d. **Schilfmeer** Ex 10_{19} $15_{4.22}$ 23_{31} Nu 14_{25} 21_4 33_{10f} Dt 1_{40} 2_1 11_4 Jos 2_{10} 4_{23} 24_6 Ri 11_{16} 1K 9_{26} Jr 49_{21} Ps $106_{7.9.22}$ $136_{13.15}$ Neh 9_9; — verschieden lokalisiert: (1) trad. d. Bucht v. Suès (cf. Noth GI 109f, AbLAk 1 108ff, Reymond 165f) spez. **Birket et-Timsāḥ** ö. *W. Tumilat* (s. BHH 169f; Mow. Teol. Tid. 1948, 94ff; (2) d. **Busen v. Aqaba** 1K 9_{26} Jr 49_{21} (Gressm. Mose 414ff, Hö. Erdk. 27); (3) **lacus Sirbonicus**, *sebḫat Berdawīl* ö. Pelusium, Ex 14_2 (Eissfeldt BZ 55ff. 60, Beer HAT 3, 77, Cazelles RB 62, 1953, 321ff. 340ff; s. GTT § 209. 417, Zorell 548b, BHH 1623); (4) zurückhaltend in der Lokalisierung (Noth AbLAk 1, 102ff; A. H. J. Gunneweg Geschichte Israels 1972, 22; Herrmann Geschichte Israels 1973, 95f; de Vaux Histoire I 354-56; cf. auch V. Fritz

Israel in der Wüste, 1970, 38f); (5) mythisch am östl. Erdrand (Hölscher Fschr. Bultmann 1949, 129f, Snaith VT 15, 1965, 395ff); [GnAp. (Fitzmyer^{2} 153f) als ים שמוקא ,,totes Meer" d. pers. Golf u. d. ind. Ozean]. †

II **סוּף**: Sam. *sof*; n.l. ign.; מוֹל סוּף Dt 1_{1}, G πλησίον τῆς ἐρυθρᾶς; abk. ? < יַם־סוּף in Moab Παπυρών Josph. BJ I 6, 3, (E. G. Kraeling JNES 7, 201); al. = II סוּפָה, GTT p. 255^{223}. †

I **סוּפָה**: סוּף; loc. (BL 528t) סוּפָ֫תָה; סוּפָתְךָ, סוּפוֹת: **Sturmwind**, **Windsbraut** (Mow. Sternn 9^{2}; AuS 1, 317ff: Schirokko; Wolff BK XIV/2, 196: zerstörerisches Stürmen): c. עָבַר Pr 10_{25}, c. גָּנַב forttragen Hi 21_{18} 27_{20}, בַּגָּנֶב Js 21_{1}, v. Sternen bewirkt Hi 37_{9} (AuS 1, 15f. 224); *F* Js 5_{28} 17_{13} 29_{6} 66_{15} Jr 4_{13} Hos 8_{7} (:: רוּחַ), Am 1_{14} Nah 1_{3} Ps 83_{16} (Jahwes), Pr 1_{27} Sir 43_{17}. †

II **סוּפָה**: Sam. *sūfa*; וָהֵב בְּסוּפָה Nu 21_{14}, n. l./terr. in Moab, ? II סוּף; ? *Ch. sūfa* s. Madeba (Musil AP 1, 211; GTT p. 261^{229}). †

סֹפֶ֫רֶת: Neh 7_{57}: *F* סֹפֶ֫רֶת.

סור: mhe.; ja. pe. pa. untersuchen; sam. סור entfernen; ug. n. pr. *bʿlsr* (Gröndahl 184), ph. caus. entfernen (DISO 191); asa. *śwr* abtrennen (Müller ZAW 75, 1963, 312); akk. *sâru* kreisen, tanzen (AHw. 1031f):

qal (159 ×): pf. סָר, סָ֫רָה, סַ֫רְתִּי, סָ֫רוּ, סַרְתֶּם; impf. יָסוּר (12 ×), יָסֻר (2 ×), וַיָּ֫סַר (BL 207i, cf. 401 hif.), אָסֻרָה, אָ/תָּסוּר, נָסוּרָה, נָסוּר, תָּסֻ֫רוּ (1 ×), תָּ/יָסוּרוּ (3 ×); imp. סוּר, סוּרָה, סוּרָ֫ה (u. סוּרָה אֵלַי Ri 4_{18}, BL 398c), סוּרוּ u. סֻ֫רוּ (1 ×); inf. סוּר, סוֹר, סָ֫רַת, סָרָ֫ה, סָר, שׂוּרִי Hos 9_{12} (BL 404); pt. סָר, סָרָה, Pr 11_{22} (BL 188p), סָרֵי: Grdb.: von d. Richtung abbiegen: — 1. **abbiegen**: a) vom Weg Ex 32_{8} Jr 5_{23} 15_{5}, שְׂמֹאל/יָמִין Dt 2_{27} 1S 6_{12}; c. שָׁם sich dorthin wenden Ri 18_{3} 19_{15}, c. עַל sich gegen jmd wenden 1K 22_{32}; b) סוּרָה komm herüber Rt 4_{1}; סָר לְבֵיתוֹ heimgehen Ri 20_{8}; c. אֶל einkehren bei Gn 19_{2}, cj. Sir 51_{23}; c) militärisch: aus d. Reihe treten 1K 20_{39}; — 2. **weggehen**, **weichen**: a) c. מִן Gn 49_{10} Ex 8_{27} Ri 16_{19} (כֹּחַ), 1S 6_{3}, c. מֵעִם 1S 16_{14}, מִלְּבָב Dt 4_{9}, c. מֵעַל Nu 12_{10} 14_{9} (צֵל); b) (jmdm) aus d. Weg gehen Kl 4_{15}; c) (im Streit) nachgeben cj. Hi 40_{2} (pr. יִסּוֹר l יָסוּר u. pr. הָרֹב l הָרֶב, Dho., Hö.); — 3. **abfallen**: a) politisch Js 7_{17}; b) theolog.: abs. von Gott Dt 11_{16} Ps 14_{3}; c. מֵאַחֲרֵי 1S 12_{20} 2K 18_{6} Hi 34_{27} 2C 25_{27}; abs. abtrünnig werden: לֵבָב Dt 17_{17}; v. rechten Weg d. Religion abweichen Ex 32_{8} Dt 9_{12}; — 4. **ablassen** von: c. מֵאַחֲרֵי 2S 2_{21-23} 2K 10_{29}; — 5. **sich fernhalten** von Js 59_{15} Hos 9_{12} Pr $13_{14.19}$ $14_{16.27}$ 15_{24} $16_{6.17}$ Hi 1_{8} 2_{3} 28_{28}; — 6. **aufhören**: מִרְזַח Am 6_{7}, סֹבֶא Hos 4_{18} (cf. hif. 1, 1S 1_{14}), קִנְאָה Js 11_{13}, מַר־הַמָּוֶת 1S 15_{32} (s. Talmon VT 11, 1961, 457), verschwinden בָּמוֹת 1K 15_{14} 22_{44}; — 1S 22_{14} l וְשַׂר כָּל־; 2S 7_{15} l אָסִיר c. Vrss. u. 1C 17_{13}; Jr 6_{28} dl וְסָרֵי; Hi 15_{30} l וִיסֹעַר.

hif. (134 ×): pf. הֵסִיר, הֵסִ֫ירָה, הֱסִירָה/רְךָ, וַהֲסִרֹ֫תִי, הֲסִ(י)רֹ(וֹ)תִי; impf. יָסִיר, וַיָּסַר, יָסֵר (*F* qal !), אָסִירָה, אָסִיר, וַיְסִירוּ, וַיְסִירֵהוּ/רֵנּוּ; imp. הָסֵר, הָסִ֫ירִי, הָסִירוּ; inf. הָסִיר, הֲסִירָהּ/רְכֶם; pt. מֵסִיר (1Q Js^{a} 3_{1} מהסיר, aram., Ku. LJs. 149): — 1. etw. **wegschaffen**, c. מִן, מֵעַל, spez. עֹלָה beiseite legen 2C 35_{12} (s. Rudolph 327); Kleider ablegen Gn 38_{14} 1K 20_{41}, Rüstung 1S 17_{39}, יַיִן von sich geben 1S 1_{14}, חֻקּוֹת von sich schieben Ps 18_{23}, cj. (pr. הָפֵר; cf. BHS) c. כַּעַס fahren lassen Ps 85_{5}, רֹאשׁ abhauen 1S 17_{46}, אַף u. אָזְנַיִם abschneiden Ez 23_{35}, מְשׂוּכָּה einreissen Js 5_{5}; entziehen: מִשְׁפָּטוֹ Hi 27_{2}, חַסְדּוֹ 2S 7_{15}, rückgängig machen דָּבָר Js 31_{2}, abschaffen תָּמִיד Da 11_{31}, פָּנִים wegwenden 2C 30_{9}, בָּמוֹת beseitigen 2K $18_{4.22}$ cf. 23_{19}, גְּבוּרֹת Js 10_{13}, רֶגֶל v.

Bösen fernhalten Pr 4_{24}; אֲרוֹן zu sich bringen lassen 2S 6_{10}; — 2. jmdn **entfernen**: a) (Gott ist Subj.) מֵעַל פָּנָיו/נַי Israel 2K $17_{18.23}$, Juda u. Israel 2K 23_{27}, Juda 2K 24_3, Jerusalem Jr 32_{31} (cf. W. Dietrich FRLANT 108, 1972, 99f); b) (mit menschlichem Subj.): α) fremde Götter Gn 35_2 Jos $24_{14.23}$ Ri 10_{16} 1S 7_3; בְּעָלִים 1S 7_4; גִּלּוּלִים 1K 15_{12} (cf. Keel VT 23, 1973, 326ff; ANEP nr. 538); β) einen Menschen (aus der Nähe eines anderen): Abimelech Ri 9_{29}, David (c. מֵעִם) 1S 18_{13}; γ) (aus seiner bisherigen Stellung) die Königsmutter 1K 15_{13} 2C 15_{16}; Könige 1K 20_{24} 2C 36_3; δ) entfernen = abwendig machen von Jahwe: deine Söhne Dt 7_4; c) Versch.: cj. מִמַּעֲשֵׂהוּ von seinem Tun abbringen Hi 33_{17}; vom Gehen auf dem Weg des Volkes Js 8_{11} cj.; מִסֵּבֶל שִׁכְמוֹ befreien Ps 81_7; milit.: fortlocken 2C 33_8 cj. 2C 18_{31} (l וַיְסִירֵם c. GVT); — Ex 14_{25} l וַיֶּאְסֹר.

hof: pf. הוּסַר; impf. יוּסַר; pt. מוּסָר: — 1. **entfernt werden** v. מֵעַל Lv $4_{31.35}$, c. מִן cj. 1S 21_7 (l הַמּוּסָר); — 2. **aufgehoben werden**: הַתָּמִיד Da 12_{11}; — 3. מוּסָר מֵעִיר ? l מוּסָרָה, Wildberger BK X 634f: hört auf e. Stadt zu sein Js 17_1. †

pol: pf. סֹרֵר: Kl 3_{11}: trad. abweichen lassen, Plöger HAT 18^2, 147; ? denom. v. סִיר m. Dornen sperren (Rudolph KAT XVII/3, 230 :: Driver Fschr. Bertholet 139f).

Der. I *סוּר, I סָרָה.

I ***סוּר**: סור (BL 542r): סוּרָה, סוּרִים, סוּרֵי: abtrünnig Jr 17_{13} (l וְסוּרֶיךָ); — Js 49_{21} l אֲסוּרָה (|| גּוֹלָה); Jr 2_{21} l לְסוּרִיָּה (F BHS). †

II **סוּר**: שַׁעַר סוּר 2K 11_6, l vielleicht שׁ׳ סוּס Rudolph Chr. 270, Gray Kings[3] 570[d]; cf. 2C 23_5 שַׁעַר הַיְסוֹד. †

cj. ***סוּרִי** od. סָרִי: *סרה, BL 577i: סוּרִיָּה: stinkend, faulig, cj. Jr 2_{21} pr. סוּרֵי הַגֶּפֶן l סוּרִיָּה גֶ׳. †

סות: mhe. hif: Nf. נסת; vSoden WZUH 17, 181f; *יַ/הַסִּית ? √נסת:

hif: pf. הֵסִית, הֵסַתָּה (BL 396t), הֲסִיתְךָ/הֶן, הֲסִיתוּךָ (BL 400i); impf. יַסִּית, וַיָּסֶת, יְסִיתְךָ, (cf. Sam. *yassītåk* Dt 13_7), וַיְסִיתֵם, וַתְּסִיתֵהוּ; pt. מַסִּית: — 1. **verleiten, anstiften** Dt 13_7, Jos 15_{18}/Ri 1_{14} (? l c. GV וַיְסִתָהּ, :: Noth Jos.[2] 86), 1K 21_{25} 2K 18_{32} Js 36_{18} Jr 38_{22} Hi $36_{16.18}$ (|| הִטָּה), 1C 21_1 2C 18_2 32_{11} (hinters Licht führen, Rudolph).$_{19}$; — 2. c. מִן **fortlocken** 2C 18_{21} (Rudolph 255); — 3. **aufreizen** gegen c. בְּ 1S 26_{19} (י״), 2S 24_1 (אַף־י״), Jr 43_3 Hi 2_3. †

***סוּת**, Sam. **kassot*: *סוה; ? < **s^ewūt* (s. EHO 17; Joüon Biblica 21, 58 **sawīt*), ph. סות u. סויה (DISO 191): סוּתֹה: (Sam. Vers כסותו **Gewand** (|| לְבוּשׁוֹ, Hönig 16) Gn 49_{11}. †

סחב: mo. schleppen (DISO 192); *sḥb* ar. äth.[G] tigr. (Wb. 171a):

qal: pf. סְחָבוּנוּ; impf. יִסְחָבוּם; inf. לִסְחֹב, סָחֹב: — 1. **fortschleppen** Jr 15_3 22_{19}, Sir 31_6 (Tarbiz 29, 131 pr. מלקח); — 2. e. Stadt **schleifen** 2S 17_{13}; — Jr 49_{20} u. 50_{45} pr. יִסְחָבוּם cj. nif. יִסָּחֲבוּ. †

cj. **nif**: impf. יִסָּחֲבוּ: **umhergezerrt werden** Jr 49_{20} 50_{45}. †

Der. סְחָבוֹת.

סְחָבוֹת: סחב, BL 594v; **zerschliessene Kleider, Lumpen** (Hönig 149) Jr 38_{11f} (|| מְלָחִים). †

סחה: ja. סְחוּתָא u. סוּחִיתָא Unrat; Nf. סוח; ar. denom. *sḥj* wegfegen; ? amh. *saha* Makel (Leslau 36):

cj. **nif**: impf. יִסָּחוּ pr. יִסְּחוּ (or. יִסָּחוּ ? pass. qal :: Dahood Biblica 50, 1969, 343: √נסח) **weggefegt werden** Pr 2_{22} (|| יִכָּרֵתוּ) od. l יִנָּסְחוּ (BH). †

pi: pf. סִחֵיתִי: **wegfegen** Ez 26_4; cj. יְסַחֲךָ pr. יִסָּחֲךָ Ps 52_7. †

Der. סְחִי.

סְחִי: סחה, BL 458x. 576g: **Kehricht** Kl 3_{45}. †

cj. **סְחִיפָה** (pr. סְפִיחֶיהָ): סחף, BL 471r; ar. *saḥīfat*, den Boden wegschwemmender Regen, AuS 1, 207, Reymond 23: **Gussregen** Hi 14₁₉. †

סָחִישׁ: סחשׁ: **was** (nach d. Getreideernte im 2. Jahr) **von selbst nachwächst** (AuS 2, 203) bzw. Getreide, das auf unangebautes Land fällt, wo man es nicht erntet (Gray Kings³ 692) 2K 19₂₉; ℱ II סָפִיחַ u. שָׁחִיס. †

סחף: mhe. ja. sam. sy. md. (MdD 320a), akk. *saḫāpu* (AHw. 1004) niederwerfen, fortschwemmen, zerstören; ar. *sḥf* wegtragen:

qal: pt. סֹחֵף: **fortschwemmen** (Regen) Pr 28₃. †

nif: pf. נִסְחַף: **weggeschwemmt, niedergestreckt werden** Jr 46₁₅ :: ℱ II חַף. †

Der. cj. סְחִיפָה.

סחר: mhe. סֹחֵר Krämer, ja. sam. herumgehen, Handel treiben, GnAp 21₁₅ (c. acc. || חזה, 16f|| אזל), cp. u. sy. pa. als Bettler herumgehen; ug. n. pr. *sḥr(n)* (Gröndahl 184); pun. סחר, f. סחרת (DISO 192), md. (MdH 596ᵇ) *sahura* Bettler; Sefîre III 7 סחרת; ja. sam. (LOT III/2, 71) **sērrắt* Umgebung; ar. *saḥira* früh aufstehen, gehen; *saḥara* zaubern; asa. *śḥr* (Höfner RA 348²⁵⁴); akk. *saḫāru* (AHw. 1005; Landsbg. HeWf. 176ff; Schulthess HW 41ff, Speiser BASOR 164, 26ff, OrBiSt 97ff):

qal: pf. סָחֲרוּ; impf. תִּסְחָרוּ, יִסְחָרוּ; imp. סְחָרוּהָ; pt. סֹ(ו)חֵר, סוֹחֲרִים, סֹחֲרֵי, סֹחֲרֵיהָ/רַיִךְ, f. סֹחַרְתֵּךְ: — 1. c. acc. הָאָרֶץ als Hirten **durchziehen** (:: ישׁב) Gn 34₁₀.₂₁ 42₃₄ (:: als Händler, Gordon JNES 17, 20ff, Albr. BASOR 163, 44 :: Speiser ib. 164, 23ff; de Vaux RB 72, 17ff, Histoire I 219f; Thompson BZAW 133, 1974, 183f), umherirren Jr 14₁₈; — 2. סוֹחֵר (Sam. pl. *sērrəm*) **Händler, Aufkäufer**, Grosshändler, = akk. *tamkāru* (> mhe. תַּגָּר, cj. 1K 10₁₅, aram. ja. sam. cp. תַּגָּרָא, md. *tangārā*: ℱ מכר) :: רֹכֵל Kleinhändler, akk. *saḫḫiru* sich herumtreibend, Hausierer (AHw. 1009a) u. *sāḫiru* Kaufmann ? (AHw. 1009b), sy. ar. *msaḥḥer* der, der im Ramadan von Haus zu Haus zieht, um die Leute zu wecken („Wecker") Barthélemy 336: Gn 23₁₆ 37₂₈ Ez 27₃₆ 38₁₃ Pr 31₁₄ 2C 9₁₄, סֹחֲרֵי הַמֶּלֶךְ Aufkäufer im Dienste d. Königs 1K 10₂₈ 2C 1₁₆; ס׳ צִידֹן aus צ׳ Js 23₂.₈ (שָׂרִים Handelsherren); סֹחַרְתֵּךְ Aufkäuferin für dich Ez 27₁₂.₁₆.₁₈.₂₁ u. סֹחֲרֵי יָדֵךְ ℱ *סְחֹרָה; — Js 47₁₅ l שֹׁחֲרַיִךְ (Duhm: deine Zauberer, cf. H. P. Müller WdO 8, 1975, 74⁵⁸ ℱ II שׁחר). †

peʿalʿal (BL 282n): pf. סְחַרְחַר: sich ständig hin u. herbewegen, heftig **pochen** (Herz :: Dahood Psalms I 236) Ps 38₁₁, cf. Wolff Anthropologie 71. †

Der. סַחַר, סֹחֵרָה, *סְחֹרָה, *סֹחֶרֶת.

סַחַר: סחר: cs. סְחַר (BL 573x), סַחְרָהּ: **Handelsgewinn** Js 23₃.₁₈ 45₁₄ (ℱ 1Q Jsᵃ) Pr 3₁₄ 31₁₈, cj. 11₂₇, cj. 1K 10₁₅ (l מִסַּחַר pr. מִסְחַר). †

***סְחֹרָה**: סחר, BL 589d: mhe. u. ja. סְחֹרְתָּא Handel, akk. *sāḫertum, saḫartum* eine Handelsware (AHw. 1008b): סְחֹרַת: **Aufkäuferschaft**, ℱ סֹחֵר, סְחֹרַת יָדֵךְ Ez 27₁₅ = an deiner Seite (ℱ יָד 5a), סֹחֲרֵי יָדֵךְ, ? l dies od. סֹחַרְתַּיִךְ (cf. 12), s. Zimmerli 630; zum kollektiven Sinn des Wortes, cf. Mettinger JSS 16, 1971, 11. †

סֹחֵרָה: סחר; sy. *shartā* Burg, md. (MdD 310b) *sahrā* Turm, ? < akk. *siḫirtu* Umkreis, Umgebung, Gesamtheit (AHw. 1040a), *igar siḫirti* Umfassungsmauer (Zimmern 14, Driver Fschr. Nötscher 52f, AHw. 366b): **Mauer** Ps 91₄ (|| צִנָּה) :: Macintosh VT 23, 1973, 56-62: (übernatürlicher) Schutz. †

***סֹחֶרֶת**: סחר; ar. *šuḫḫār* schwärzliche Erde; äg. *sḥrt* Mineral f. Figuren u. Amulette (EG 4, 208): סֹחָרֶת: **Mineral** neben anderen Steinen in kostbarem Mosaikfussboden Est 1₆. †

*סחשׁ: ? akk. *suḫuššu* junge Dattelpalme (AHw. 1055): Der. סָחִישׁ.

*סֵט: סוט (= שׂוט) od. סטה, BL 392y: סֵטִים: **Abirrung, Übertretung** (Vrss.) Ps 101$_{3}$ (|| דְּבַר בְּלִיַּעַל); Hos 5$_{2}$ l שֵׂטִים (s. Rudolph KAT XIII/1, 116). †

סִיג, Ez 22$_{18}$ K סוּג, I סוג; pt. pass. „Weggetanes", mhe. Schlacke: ס(י)גים, סִיגַיִךְ: (trad. Schlacke) **Bleiglätte, Silberschaum** (Koehler ThZ 3, 1947, 232ff, Bleioxyd, Fohrer 129f, Zimmerli 516f, BHH 256) Js 1$_{22a}$ (כַּסְפֵּךְ ... הָיָה לְס׳; s. Komm.).$_{25}$ (בֹּר als Schmelzmittel); Pr 25$_{4}$ (c. II הגה); metaph. Ez 22$_{18a.19}$, Ps 119$_{119}$ (c. cj. חשׁב, 11 Q Ps, DJD IV p. 32); — Pr 26$_{23}$ כֶּסֶף סִיגִים l כְּסַפְסִיגִים ↗ סַפְסִיג. †

cj. *סִיד, Hi 13$_{27}$ || 33$_{11}$ pr. סַד: mhe. ja. = שִׂיד: **Kalk Mörtel.** †

סִיוָן: mhe. äga. BMAP 1$_{1}$ 51, ptolem. AANL 17, 258ff (s. ZAW 75, 1963, 324), nab. Cant. 2, 123a, md. (MdD 325b) סיון; Hesych Σιόαν (Schnabel 260), < akk.-sum. *simānu, simannu* (AHw. 1044b, Ellenbogen 124) ? √*wsm* feste Zeit od. Reife (J. Lewy ArchOr. 11, 39f): d. 3. Monat (Mai/Juni BHH 1233) Est 8$_{9}$. †

סִיח(ו)ן, Sam$^{M\,160}$ *sijjon*, G Ση/ιων, Josph. Σιχών (NFJ 114), V *Sehon*: n. m.; *Šiḥān* n. montis in Trsjd., Horsfield RB 41, 417ff, m. Flachbild e. Königs od. Gottes AOB 617, Albr. RI 57: **Sichon** (Noth AbLAk 1, 414ff, BHH 1792, de Vaux Bible et Orient, 1967, 118ff, Bartlett VT 20, 1970, 257ff, Wüst Untersuchungen I 10ff): מֶלֶךְ הָאֱמֹרִי Nu 21$_{21-34}$ (8 ×) 32$_{33}$ Dt 1$_{4}$ 2$_{24}$-4$_{46}$ (8 ×) 29$_{6}$ 31$_{4}$ Jos 2$_{10}$ 9$_{10}$ 12$_{2.5}$ 13$_{10.21.27}$ Ri 11$_{19-21}$ 1K 4$_{19}$ Jr 48$_{45}$ (l מִבֵּית) Ps 135$_{11}$ 136$_{19}$ Neh 9$_{22}$; עִיר ס׳ = חֶשְׁבּוֹן Nu 21$_{27f}$. †

cj. *סִימָה: Sir 40$_{18}$[Rd.] u. 41$_{12}$ (סומות). 14[Rd.] שימה Sir[M] III 16 pr. אוֹצָר: שׂים, mhe. ס/שִׂימָה, ja. sy. md. *simta* (MdD 327b), aLw.: **Schatz.** †

I סִין: n.l. in Äg.; s. GTT § 1434, Zimmerli 736f, Wüst Untersuchungen I 35^{120}, BHH 1800; Ez 30$_{15}$ (מָעוֹז מִצְרָיִם, G Σάιν).$_{16}$; **Sais**, Heimat d. XXVI äg. Dyn. (P.-W. I 1758f); od. Vulgata$_{15f}$ *Pelusium*: *T. Faramā* u. *T. Faḍḍa*, 30 km. ö. Port Said, Grenzfeste (P.-W. XIX 1, 407ff, Alt KlSchr. 3, 179); G$_{16}$ ↗ Συήνη, ↗ סְוֵנֵה u. ↗ אֶרֶץ סִינִים Js 49$_{12}$. †

II סִין: Sam. *sen*; מִדְבַּר סִין zw. אֵלִים u. מִדְבַּר סִינַי Ex 16$_{1}$ 17$_{1}$ Nu 33$_{11f}$, im G = ↗ מִדְבַּר צִן; s. GTT § 428, Noth ATD 5, 106. †

סִינִי: (n. m.) n. p.: Sam. *sīni*; הַסִּינִי, S. von כְּנַעַן, Josph. Σειναῖος (NFJ 109) Gn 10$_{17}$ 1C 1$_{15}$: neben חִוִּי u. עַרְקִי: n.l. *Sinna*, Strabo XVI 218, Hier. *Quaest. in Gen. civitas Sini*; ug. *sjn, sijanna* (UT nr. 1750. Gröndahl 184f; PRU IV S. 255b, cf, Cazelles VT 8, 1958, 103, Westermann BK I/1 697, Ugaritica V 130, Biblica 53, 1972, 195) Stadtstaat s. Ugarit, keilschr. *š/siannu* (Delitzsch Par. 282) *Sijāno* 4 km. ö. *Ǧeblē-Gabala* (Forrer 58) :: Dussaud Top. 88f., Dossin Mus. 61, 38f: *Šēn* ssö. *Ḥalba*. †

סִינַי, סִינָי, סִינַי, Sam$^{M\,160}$ *sīni* (= סִינִי) Josph. Σιναῖον ὄρος (NFJ 114): n. montis: **Sinai** Ex 16$_{1}$ Nu 1$_{19}$ 9$_{5}$ 10$_{12}$ 26$_{64}$ 33$_{15f}$ Sir 48$_{7}$; מִדְבַּר סִינַי Ex 19$_{1f}$ Lv 7$_{38}$ 27$_{34}$ Nu 1$_{1}$ 3$_{4.14}$ 9$_{1}$; הַר סִינַי Ex 19$_{11.18.20.23}$ 24$_{16}$ 31$_{18}$ 34$_{2.4.29.32}$ Lv 7$_{38}$ 25$_{1}$ 26$_{46}$ Nu 28$_{6}$ Neh 9$_{13}$; י׳ kommt מִסִּינַי || שֵׂעִיר Dt 33$_{2}$; l בָּא מִסִּינַי Ps 68$_{18}$; זֶה ס׳ Ri 5$_{5}$ Ps 68$_{9}$, ↗ זֶה II; ? Etym.: zu akk. asa. Mondgott Sin (WbMy. 1, 101f. 534, Perlitt Fschr. Zimmerli 302ff u. bes. 310ff od. zu סְנֶה Berg d. Gesetzgebung in J u. P, ↗ חֹרֵב; Lokalisierungsversuche (ältere: Guthe RE 18, 381ff), Oberhummer Mitteilungen d. Geogr. Gesellschaft Wien 1911, 628ff; Bodenheimer u. Theodor D. Ergebnis d. Sinai Expedition d. He. Univ. Jerus., 1927; s. Albr. BASOR 109, 5ff, Hölscher

Fschr. Bultmann, 1949, 127ff, Ubach, El Sinai, Montserrat 1955; B. Rothenberg Sinai, Bern 1979; J. Koenig RHPhR 43, 2ff. 44, 200ff, RHR 166, 121ff. 167, 129ff, RGG[3] VI 44f, BHH 1801, de Vaux Histoire I 398ff. Es bestehen 3 Möglichkeiten zur Lokalisierung des Sinai: 1) einer der Gipfel des Bergmassivs im Süden der Sinaihalbinsel (Herrmann, Geschichte 101f, u. (zögernd) de Vaux, Histoire I 409); 2) im Ḥarra-Gebiet östl. des Golfes von Aqaba (Noth AbLAk 1, 55ff; Gese Von Sinai zum Zion, 1974, 49ff bes. 61 (:: Davies VT 22, 1972, 152ff); Gunneweg Geschichte 27f, vor allem auch J. Koenig l. c.); 3) einer der Berge in der Landschaft um קָדֵשׁ (*Ǧebel Halāl* ?) (Kittel I[7] 346; Beer HAT 3, 25; Mowinckel ZAW 59, 1942/3, 205; Rothenberg-Aharoni-Hashimshoni Die Wüste Gottes, 1961, 55f; cf. auch Gray, Kings[3] 408f). †

סִינִים: n. t., Land aus dem Exilierte heimkehren werden Js 49_{12}; (trad. China, Ges.-Thes. 948ff), G γῆ Περσῶν, V *terra australis* (Seeligmann 79); ar. *Ṣin*, cj. סְוֵנִים (Torrey Dtj. 385, Hölscher Erdk. 25, Westermann ATD 19, 175) bestätigt durch 1Q Js[a] סוניים, (Beegle BASOR 123, 28, ↗ סְוֵנֵה; Lambert NRTh 75, 1953, 965ff). †

סִיס Jr 8_7 Q (K סוּס) u. Js 38_{14} K[or]. (Ⓑ Ⓛ סוּס), Θ σις ↗ II סוּס; Vogelname lautmalend wie Kuckuck: d. **Mauersegler**, *Apus apus*, ar. *sis* nach s. Ruf *si-si-si* (Koehler KL 35ff, JSS 1, 1956, 13f, Driver PEQ 87, 131, als semit. PN im Aegypten des Neuen Reiches erwähnt cf. Helck Beziehungen[2] 353). †

סִיסְרָא: n. m.; Josph. Σισάρης (NFJ 114); ? Name illyrisch, Alt ZAW 60, 1944, 78[3], luwisch *zi-za-ru-wa* (PRU IV 286), Albr. YGC 218 :: H. Bauer ZAW 51, 1933, 83[4] cf. pun. *ssr* (PNPhPI 148. 368): **Sisera**: — 1. Stadtfürst v. חֲרֹשֶׁת הַגּוֹיִם, Führer e. kan. Städtebundes Ri $4_{2\text{-}22}$ $5_{20\text{-}30}$ 1S 12_9 Ps 83_{10}, sekd. General d. Jabin v. חָצוֹר (↗ Jos 11) Ri 4_2 1S 12_9; BHH 1811, de Vaux Histoire I 608; — 2. Heimkehrer Esr 2_{53} Neh 7_{55}. †

***סיע**: mhe. pi., ja. cp. u. sy. pa. helfen: Der. n. m. סִיעָא u. סִיעֲהָא.

סִיעָא: סיע: n. m. Neh 7_{47} = ↗ סִיעֲהָא.

סִיעֲהָא Esr 2_{44}: Mf. v. *סִיעָה u. סִיעָא (Noth N. 252, Rudolph EN 12), cf. palm. *sy*ʿ*wn*ʾ, *sy*ʿ*n*ʾ (PNPI 101); n. m. Kf. v. סיע + n. d.: בְּנֵי ס׳ Tempelsklaven, ↗ *נָתִין. †

סִיר: mhe. Topf; Sam. *ser*; ? äg. *swr* Trinkschale (EG 3, 429); kan. *sīru* || akk. *ruqqu* als kan. Glosse in EA 297, 12 (Rainey UF 5, 1973, 251[82]), ? äga. (DAE 158[e]), AuS 6, 137; 7, 210f, ANEP 357; > ar. *zīr* grosser Krug; Ton- u. Metallschale (Kelso § 63), d. weitmäulige Kochtopf (Honeym. 85): סִירֹתָיו, סִיר(וֹ)ת: — 1. **Kochtopf** (f. Fleisch) Ex 16_3 2K $4_{38\text{-}41}$ Ez $11_{3.7.11}$ 24_3 (l בָּהּ)$_{.6}$ Mi 3_3 Hi 41_{23} Koh 7_6 (Wtsp. m. סִירָה 2 :: Barr CpPh. 153) 2C 35_{13}; סִיר נָפוּחַ Jr 1_{13} (cj. כּוּר Lex.[1] :: Lindbl. ZAW 68, 1956, 223f, Rudolph Jer[3] 8, Sauer ZAW 78, 1966, 59f) Sir 43_4; — 2. **Wanne**, Waschbecken f. d. Füsse; cf. BRL[2] 31f, Jirku Welt d. Bibel, 1957, Tafel 96: a) metaph. סִיר רַחְצִי Ps 60_{10} 108_{10}; b) (kultisch) f. Asche Ex 27_3 38_3 1K $7_{45.\text{cj}.40}$ 2K 25_{14} Jr $52_{18\text{f}}$ Zch $14_{20\text{f}}$ 2C $4_{11.16}$; — Ps 58_{10} יָבִ֫ינוּ סִּירֹתֵיכֶם. †

***סִירָה** (trad. II סִיר): mhe. סִירָה, ja. סִירְתָא Dornbusch: סִירוֹת Am 4_2, sonst סִירִים (4 ×) (BL 515 l): — 1. trad. allgemein Dorn, spez. Löw 3, 191f, allgemeiner Rüthy 25f :: AuS 1, 372f. 319f, Kaiser ATD 18, 284[30]) d. dornige strauchartige **Becherblume**, *Poterium* (ποτήριον = סִיר !) *spinosum* Js 34_{13} Hos 2_8 Nah 1_{10} Koh 7_6 (↗ סִיר); — 2. Dorn > **Haken, Angel** (v. 1. genommen, AuS 6, 360) Am 4_2 (|| צִנּוֹת);

cf. Maag 179, Wolff BK XIV/2, 245: kaum Angelhaken, eher eine Art Harpune; — בּוֹר הַסִּירָה 2S 3₂₆ ↗ סִרָה; סִירֹתֵיכֶם Ps 58₁₀ l סִירֹתֵיהֶם cf. Kraus BK XV 415. †

***סָךְ**: ? I סכך, BL 453w; בַּסָּךְ c. עבר: Ps 42₅, l אַדִּירִים d. Vornehmen, d. h. im Gedränge der V.; od. l בְּסֹךְ אַדִּיר im Zelt des Herrlichen (Kraus BK XV 316/7; od. c. G u. bes. S, unter dem Schutz des Herrlichen, cf. BHS.

cj. ***סֵךְ**: **Dorn** Nah 1₁₀ ↗ *שֵׂךְ. †

***סֹךְ** u. Kl 2₆ שֹׂךְ: III סכך, BL 455g; ↗ סֻכָּה; mhe. סוֹךְ u. סוֹכָה Gezweig, ja. סוֹכָא; sam. pl. סכין/ם (LOT II 482b. 577b. 596b); cp. *swk* Hütte (? < he.), soq. *saq* Dach; ar. *sikkat* Baumallee: סֻכָּה, סוֹכָה — 1. **Dickicht**, Lager d. Löwen Jr 25₃₈ Ps 10₉; — 2. **Hütte**, Schutz Ps 27₅ (K G סֻכָּה, || סֵתֶר), cj. 42₅, 76₃ (|| מְעוֹנָה); ? Kl 2₆ סֻכּוֹ (seine Hütte pr. שֻׂכּוֹ seinen Zaun, Plöger HAT 18², 141) || מוֹעֲדוֹ, d.i. hier d. Tempel; — 3. Laubdach, unter dem das Nilpferd sich birgt, cj. Hi 40₂₂ (Fohrer KAT XVI 522f). †

סֻכָּה: f. v. סֹךְ; III סכך, BL 455f; mhe.: סֻכַּת, סֻכָּתוֹ, סֻכֹּ(ו)תוֹ (Sam. *sakkot*): — 1. **Dickicht**, Lager d. Löwen, Hi 38₄₀ (|| מְעוֹנָה); — 2. **Hütte** (BHH 754, BRL² 202), aus Zweigen u. Matten (Alt KlSchr. 3, 233ff, bes. 239ff): a) f. Feldfrüchte Hi 27₁₈ (AuS 2, 61; 4, 333f), im Weinberg Js 1₈ (AuS 2, 55f), gegen d. Sonne Js 4₆ (|| חֻפָּה), Jon 4₅; für Vieh Gn 33₁₇, f. Wanderer Lv 23₄₃, im Feldlager 2S 11₁₁ (f. d. Lade), 1K 20₁₂.₁₆ (:: Gray, Kings³ 423f: n. l. סֻכּוֹת), f. d. Gottesfürchtigen Ps 31₂₁ (|| סֵתֶר); f. Gott Ps 27₅ (K סֹךְ), Wolke 2S 22₁₂ || Ps 18₁₂ (? l כְּסֻתוֹ); metaph. Davids Reich Am 9₁₁ cf. H. N. Richardson JBL 92, 1973, 375ff; תְּשֻׁאוֹת als ס׳ f. Gott Hi 36₂₉ (s. BHS); b) am חַג הַסֻּכּוֹת **Laubhüttenfest** (Mi Sukka II 6, de Vaux Inst. 2, 397ff = Lebensordnungen 2, 354ff, Elliger Lev. 321ff, BHH 1052f, J. Maier Geschichte d. Jüd. Religion, Berlin 1972, 32⁵², Merendino BBB 31, 1969, 138): Lv 23₃₄.₄₂f (wie in d. Wüste), Dt 16₁₃.₁₆ 31₁₀ Zch 14₁₆.₁₈f Esr 3₄ 2C 8₁₃ wohnt man 7 Tage lang im סֻכּוֹת aus belaubten Ästen Neh 8₁₅-₁₇ (AuS 6, 6f. 61f) auf Dächern u. in Höfen Neh 8₁₆; ↗ סֻכּוֹת; — Ps 27₅ l. Q סֻכּוֹ pr. סֻכֹּה. †

Der. n. l סֻכּוֹת.

סֻכּוֹת: n.l., III סכך; Sam. *sakkot*, G Σοκχωθ(α), Gn 33₇ Σκῆναι, id. Josph (NFJ 114); סֻכָּה: סֻכֹּתָה (Sam. *sakkūta*): — 1. in Trsjd., im Mündungsgebiet d. יַבֹּק; = *T. Dēr ʿAllā* (= Talmud *Terʾela* od. *Derʾela*; Glueck 4, 347ff, BHH 1887, Sauer ZAW 81, 1969, 145ff, Wüst Untersuchungen I 131) :: H. J. Franken Excavations at Tell Deir ʿAlla I, Leiden 1969, 8f u. EAE I 321ff: *T. Aḫṣaṣ* (cf. auch Abel 2, 470, GTT § 415): Gn 33₁₇ (Name erklärt), Jos 13₂₇ Ri 8₅-₁₆ 1K 7₄₆ 2C 4₁₇; עֵמֶק ס׳ Ps 60₈ 108₈ = *el-Ghor* (Noth WdAT 13); — 2. in Äg.; d. erste Lagerplatz b. Auszug, Ex 12₃₇ 13₂₀ Nu 33₅f; *T. el-Masḫuta* im W. Tumilat ö. v. פִּתֹם (GTT § 420); d. Name hebrais. < äg. *Ṯkw* (Albr. JBL 58, 186f; Fritz Israel in der Wüste, 1970, 39; W. H. Schmidt BK II, 36). †

סֻכּוֹת בְּנוֹת, G Σοκχωθ Βουνειθει u. ä.: n. d. bab., deform. < *Ṣarpanītu* ,,d. Glänzende'' > *Zer-bānītu* ,,d. Samenschaffende'' (Mtg.-G. 473f. 479; Eissfeldt KlSchr. 3, 365²; WbMy. 1, 119 :: Gray Kings² 653f. urspr. Text *ṣarpānīt*, בְּנוֹת dittgr. der 2. Hälfte von *ṣarpānīt*); Gattin d. מְרֹדַךְ: 2K 17₃₀. †

סִכּוּת: Am 5₂₆ neben ↗ כִּיּוּן Saturn; n. d. Ass.; vocal. sec. שִׁקּוּשׁ, eig. סַכּוּת; epith. d. Ninib-Ninurta (Tallqvist AkGE 439); in ctxt. Rüge f. einstmalige Verfehlung (G V) od. wie.₂₇ Strafandrohung, ev. m. Lesung סֻכַּת u. appell. כִּיּוּן od. כֵּן ,,Gestell'',

Morgenstern AET 109f, Maag 157 :: Lipiński UF 5, 1973, 202f; s. Komm., BHH 1792, von der Osten Sacken ZAW 91, 1979, 423-35, cf. Dam. VII 14f, S. Gewirtz JBL 87, 1968, 267-76. †

סֻכִּיִּים: n. p.; G Τρωγλοδυται „Höhlenbewohner"; zw. לוּבִים u. כּוּשִׁים, als Söldner im äg. Heer 2C 12₃: = סכיא äga. Ostr., s. Vincent 265f, DAE 374[e] ?, Albr. OTMSt 18, Rudolph Chr. 234, GTT § 247/8. †

I **סכך**: Nf. שׂוּךְ, שׂכך; ar. *sakka*; md. (MdD 330b) verstopfen; akk. *sakāku* (AHw. 1010b); tigr. *šäkšäka* (Wb. 223b, Leslau 36) verstopft sein; סכך ja. pa. einhegen (Jastrow), sy. pa. denom. festnageln, md.:

qal: pf. וְסַכּוֹתִי; impf. יָסֹכּוּ, יְסֻכֵּהוּ; pt. סֹכְכִים ,ס(ו)כֵךְ: — 1. **schirmend absperren**: a) c. עַל d. Keruben d. Lade Ex 25₂₀ 37₉ 40₃ 1K 8₇ 1C 28₁₈, abs. Ez 28₁₄.₁₆ 1C 28₁₈ (s. Rudolph); d. Zelt d. Frommen cj. Hi 29₄ (l בְּסֹךְ); b) J. d. Frommen c. לְרֹאשׁ (? III) Ps 140₈, c. בְּעַד Hi 1₁₀ (שׂכך). 40₂₂ cj. ☞ סֹךְ 3; c) sich verhüllen Kl 3₄₄ c. לָךְ = dich (Rudolph); — 2. etw. **absperrend, anbringen**, c. עַל vor Ex 40₃ (Vorhang). †

hif. (? auch qal, BL 428e, BM § 79, 2a): impf. תָּסֵךְ, יָ֫סֶךְ־לָךְ, וַיָּסֶךְ; inf. הָסֵךְ; pt. מֵסִיךְ: **absperren, unzugänglich machen**, c. בְּ Hi 38₈, c. עַל Ex 40₂₁ (Sam. qal *yissåk*), Ps 5₁₂, = c. בְּעַד Hi 3₂₃, = c. לְ Ps 91₄. †

Der. סֹךְ (?), סֹכֵךְ.

II **סכך**: Nf. נסך; mhe. hif., ja.? pe. pa. weben, flechten:

qal: impf. תְּסֻכֵּנִי: **weben, formen** (בְּבֶטֶן || אִמִּי II קנה; cf. *dāmī lukṣur* Enuma eliš 6, 5) Ps 139₁₃. †

nif.: pf. נִסַּכְתִּי (Bgstr. 2, 136i) od. cj. נְסַכֹּתִי: **geformt, gebildet werden** Pr 8₂₃, cj. Ps 2₆ (pr. נָסַכְתִּי, cf. Gese Von Sinai zum Zion, 1974, 139). †

po: impf. תְּסֹכְכֵנִי (Var. z. תְּשֹׂ): **durchflechten** Hi 10₁₁ (בַּעֲצָמוֹת וְגִידִים); ☞ II מַסֵּכָה. †

III **סכך**: mhe. pi. po. hif. decken, bedecken, Dach (mhe. ja. סְכָךְ) aus Zweigen od. Matten: ar. *skk* VIII dicht belaubt sein; zu II BDB, Lex.[1], Frae. 90 :: GB:

qal: pf. סַכֹּ(ו)תָה: **verhüllen** c. acc. cj. Kl 3₄₃ (l אַפֶּךָ, Rudolph KAT XVII/3, 232), c. לָךְ 3₄₄ (☞ לְ 20); cj. (inf. בְּסוֹךְ pr. בְּסוֹד) c. עַל schirmend decken Hi 29₄. †

hif. inf. הָסֵךְ; pt. מֵסִיךְ (BL 437) v. סוך√: **bedecken**: אֶת־רַגְלָיו seine Füsse (mit dem Gewand) bedecken, euphem. für: seine Notdurft verrichten (Josph. Antt. 6, 13, 4; Budde KHC VII 31; Stoebe KAT VIII/1, 434; AuS 7, 81 :: Lex.[1]) Ri 3₂₄ 1S 24₄. †

Der. *מְסֻכָּה, סֻכָּה, סֹךְ; n. l. סֻכָּכָה, סֻכּוֹת.

סֹכֵךְ: I od. II סכך: **Sturmdach** (Billerbeck BzA III 1, 101, Benzinger 310) Neh 2₆. †

סְכָכָה: Jos 15₆₁, G Σοχοχα: III סכך; n. l. in dem v. Jericho bis Engedi reichenden Gau; (ה)סככא auf d. Kupferrolle 3Q 15, IV 13; V 2. 5. 13 (DJD III p. 263. 288f); jetzt vermutet in *Ch. es-Samra*, Hauptruine d. *Buqēʿa* (☞ עָכוֹר; GTT § 320, 2, Cross BASOR 142, 6. 9ff); al. = Qumran (s. ThR 33, 1968, 197. 201[2]). †

סכל: ja. (Dalm. Wb. סכל II; = he. I שׂכל), sam. (BCh. 2, 538a), cp. sy. md. (MdD 331a) töricht sein u. handeln; ar. *šakela* zweifelhaft, zweideutig sein; akk. *saklu* einfältig, schwerfällig, töricht (AHw. 1012b):

nif: pf. נִסְכַּלְתָּ, נִסְכַּלְתִּי: **sich töricht verhalten** (Roth VT 18, 1968, 69ff, bes. 74; Stoebe KAT VIII/1, 465: eine im Gegensatz zu חָכְמָה stehende Fehlentscheidung) 1S 13₁₃ 2S 24₁₀ 1C 21₈ 2C 16₉ (c. עַל betreffs). †

pi: impf. יְסַכֵּל; imp. סַכֶּל־: — 1. töricht machen, **vereiteln**: Rat 2S 15₃₁; — 2. z. Gespött machen Js 44₂₅ (|| הוֹלֵל 25a), cj. Hi 12₁₇ (l יְסַכֵּל = יְשַׂכֵּל Duhm, Hölscher מוֹלִיךְ; ☞ הלך hif. mut.). †

hif: pf. הִסְכַּלְתִּי: **töricht handeln** Gn 31₂₈ (c. עֲשׂוֹ Brockelm. HeSy. § 93k), 1S 26₂₁ (Stoebe KAT VIII/1, 462: ich habe wie ein Narr gehandelt). †

Der. סָכָל, סֶכֶל, שִׂ/סִכְלוּת.

סָכָל: סכל, akk. *saklu* ↗ סכל; ja. sam. סוכיל (LOT II 537b. 522b), md. (MdD 312a) סַכְלָא, cp. ס(י)כיל (Schulthess Lex. 136a), sy. *seklā*: סְכָלִים: **töricht**, **Tor** Jr 4₂₂ 5₂₁ Koh 2₁₉ (:: חָכָם), 7₁₇ 10₃ (Q כְּשֶׁסָּכָל; G, K כְּהַסָּכָל) 14. †

סֶכֶל: סכל: **Torheit** > das Törichte u. der Tor (abstr. > konkr., GK § 83c, Dahood Biblica 47, 278f, Hertzberg KAT XVII/4, 184 :: Vrss. סָכָל, so u. a. Galling HAT 18², 116) Koh 10₆. †

סִכְלוּת: סכל: Koh 1₁₇ שׂ׳, MSS ס׳; or. סַ׳ (Kahle MTB 76); sy. *saklūtā*, BL 605f: **Torheit** Koh 1₁₇ 2₃.₁₂f 7₂₅ 10₁.₁₃. †

I **סכן**: ja. in Gefahr geraten, pa. u. mhe. pi. gefährden; ug. sbst. *skn* Gefahr (Gray LoC² 79. 194¹; Dietrich-Loretz-Sanmartín UF 6, 1974, 43 nr. 6 u. S. 465; zu dem in Bedeutung u. Interpretation unsicheren Verb *skn* s. UF 6, 42f nr. 4; cf. ferner UT nr. 1754, Aistl. 1908); EA *sakānu* sorgen für (AHw. 1011a); Grdb. erfahren, Gefahr laufen (Palache 51f):

qal: impf. יִסְכֹּ(וֹ)ן (EA *liskin*, Bgstr. 2, 80h), יִסְכָּן־: **nützen** (|| הוֹעִיל) Hi 15₃; abs. Hi 35₃; c. לְ Hi 22₂ₐ 35₃ (l לִי), c. עַל 22₂ᵦ, c. בְּ c. inf. dadurch dass Hi 34₉. †

nif: impf. יִסָּכֶן: **in Gefahr kommen** G, Koh 10₉ (:: Driver VT 4, 1954, 239 denom. v. שַׂכִּין: sich schneiden). †

hif: pf. הִסְכַּנְתָּה/תִּי; imp. הַסְכֶּן־; inf. הַסְכֵּן: — 1. sorgfältig umgehen mit > **d. Gewohnheit haben** c. inf. c. לְ Nu 22₃₀; — 2. **vertraut sein** mit c. acc. Ps 139₃; — (zu 1. u. 2. :: Lipiński UF 5, 1973, 194) — 3. **sich vertragen** mit c. עִם Hi 22₂₁ (|| שְׁלָם ? cf. ug. *šskn mʿ* :: UF 6, 1974, 42f *š*- imp. zu √*nsk* + *n* ,,lass giessen''). †

Der. סֹכֵן (?), סֹכֵן.

II ***סכן**: ↗ מְסֻכָּן Js 40₂₀ u. Trudiger VT 17, 1967, 220ff.

III ***סכן**: מִסְכְּנוֹת.

סֹכֵן: I סכן, qal pt., cf. סֶגֶן; ug. *skn* (UT nr. 1754, Aistl. 1909, UF 6, 1974, 41, Gröndahl 185, RSP II S. 64f Nr. 29) u. *sākinu* *sakinnu, sakkinu* (UF 6 l.c., AHw. 1012a) Präfekt; *sākinu* als Titel auch in Alalach (cf. G. Giacumakis, The Akkadian of Alalach, 1970, 98); in EA *sūkinu*, kan. Gl. zu *rābiṣu* Kommissar (AHw. 1055b); *sākinu* etc. ist im Akk. = *šakin māti* ,,Verwalter des Landes'' (PRU III 235, UF 1, 1969, 160); zu diesem Titel spez. in Ugarit cf. Alt KlSchr. 3, 186ff, ferner AHw. 1141 sub *šaknu*; ug. *skn bt mlk* ,,overseer of the house (= palace) of the king'' (RSP II S. 86 Nr. 14); ph. aram. (DISO 193, PNPhPI 365f) cf. Nimrud Elfenbein (NESE 2, 49): f. סֹכֶנֶת: — 1. **Verwalter** (de Vaux Inst. 1, 200f = Lebensordnungen 1, 212: Oberster Beamter des Reiches, Wildbg. BK X 836: = אֲשֶׁר עַל הַבָּיִת) Js 22₁₅ (cf. Hamat *skn byt mlkh*; ug. *skn bt mlk*, Lipiński Syr. 50, 1973, 40); 2S 8₁₈ cj. סֹכְנִים pr. כֹּהֲנִים so wegen G und 1C 18₁₇ (G. J. Wenham ZAW 87, 1975, 79-82); — 2. fem. **Pflegerin** :: Mulder VT 22, 1972, 43-54, bes. 53f: Verwalterin bestimmter Rechte der Hauptfrau 1K 1₂.₄.†

סכסך: ↗ I סוך.

I **סכר**: mhe., äga. (DISO 193), ja. cp. sy. md. (MdD 331a) verschliessen, verstopfen; akk. *sekēru* (AHw. 1035), *sikkūru* Riegel (AHw. 1042, Salonen Türen 83ff; ARM 13, S. 158); ar. *sakara* abdämmen, sy.-ar. II m. Holzriegel schliessen; tigr. (Wb. 191a) verhindern:

nif: impf. יִסָּכֵר, יִסָּכְרוּ: **verstopft werden**: מַעְיְנֹת תְּהוֹם Gn 8₂ (Sam. *wyissakkåru*, entspr. hitpa. (= nif. II), פֶּה Ps 63₁₂. †

II **סכר**, gew. zu I !: aam. סכר af. (DISO 193, Degen Altaram. Gr. S. 70), pa. Ben-Hayyim Leš. 35, 35, ↗ I סגר ausliefern:

pi. (Jenni 240): pf. סִכַּרְתִּי: **ausliefern** c. בְּיַד Js 19 4 (s. Rowland VT 9, 1959, 189f). †

III סכר = שׂכר.

qal: pt. סֹכְרִים: dingen = **erkaufen**, **bestechen**, c. acc. u. עַל Esr 4 5. †

סכת: ? amor. *Jaskit-ilu* (Ok. 30. 81) Huffmon 44. 253: l *Jasqiṭ-ilu* (AN) ? zu שׁקט; akk. *sakātu*, ar. *sakata* schweigen; ↗ שׁקט:

hif: imp. הַסְכֵּת: **still sein** (Speiser 492) Dt 27 9. †

סַל: Sam. *sâl*, pl. *salləm*, mhe. ja. cp. sy. md. (MdD 312a) סַלָּא, akk. *sallu* (AHw. 1016a); ar. *sall*; f. ja. סְ/סַלְּתָא, > ar. *sallat* (Frae. 75): סַל, סַלִּים, סַלֵּי: **Korb** (ANEP 45. 502, BRL[2] 188) Gn 40 16-18 Ex 29 3.23.32 Lv 8 2.26.31 Nu 6 15.17.19 Ri 6 19. †

סלא: ar. *salaʾa*, asa. *ślʾ* bezahlen (Müller ZAW 75, 1963, 312):

pu: pt. מְסֻלָּאִים (|| יְקָרִים): ? l מְמֻלָּ/בְּפָז: Kl 4 2: mit Feingold **bezahlt**; cf. Sir 7 18 cj. אח תלוי בזהב אופז (s. Ginzberg Fschr. Nöldeke 617, Charles Apocr. I 340).†

Der. nn. mm. סַלּוּא, סָלוּא, סַלּוּ, סַלָּא.

סַלָּא: Sam. *sillu*: Neh 11 7 u. סַלּוּ Neh 12 7 u. סָלוּא Nu 25 14 u. סַלּוּא 1C 9 7: n. m.; f. äga. סלא, סלוא, סלואה, u. סלוה (AP 301b); BL 480 nr. 9, Noth 174f, Stamm HFN 334 ,,der/die Wiedererstattete". †

סִלָּא 2K 12 21: ? n. l. im Jerus., od. n. m., s. Mtg.-G. 433; cj. Gray Kings[3] 590[a]: cf. S; וְהוּא יֹרֵד מְסִלָּא. †

סלד: mhe. aufspringen ↗ סלל:

pi. (Jenni 246): impf. אֲסַלְּדָה: **hüpfen** (aus Freude) Hi 6 10. † Der. סֶלֶד.

סֶלֶד: n. m.; סלד ? (Noth N. 252): 1C 2 30. †

I **סלה**: ja. sy. md. (MdD 331b) verschmähen (cf. akk. *salāʾu* AHw. 1015a); ja. סלא af. wegwerfen; akk. *š/salû* (weg)schleudern (AHw. 1152):

qal: pf. סָלִיתָ: **als wertlos behandeln** (sbj. Gott) Ps 119 118. †

pi. (Jenni 226): pf. סִלָּה: **verwerfen** Kl 1 15. †

II **סלה**: = סלא:

pu: impf. תְּסֻלֶּה: **bezahlt werden** Hi 28 16.19. †

סֶלָה: Hab 3 3.9.13 u. 70 × (G 92 !) in Ps 3. 4. 7. 9. 20. 21. 24. 32. 39. 44. 46-50. 52. 54. 55. 57. 59-62. 66-68. 75-77. 81-85. 87-89. 140. 143, Ps 55 20 l כֻּלּוֹ, 68 33 l סֹלּוּ: ungedeutet: ev. < pers. *salā* = Lied, Stimmen der Saiten (B. Hemmerdingen JThS 22, 1971, 152); wohl nachträglich zugefügter tt. f. Musik od. Rezitation. Deutungsversuche: 1. סלל, Erhebung d. Stimme, höhere Tonlage, l סֹלּוּ; 2. A. u. Hier.: als ,,immer" (= נֶצַח ?) verstanden; 3. Pause (G διάψαλμα Zwischenspiel d. Instrumente); 4. Notarikon: a) = סִימָן לְשַׁנּוֹת הַקּוֹל Zeichen d. Stimmänderung; b) = סֹב לְמַעְלָה הַשָּׁר ,,*da capo*". Lit: Erdmans OTSt 4, 1947, 80ff, Mow. OS 494f (PIW 2, 211), Snaith VT 2, 1952, 43ff, RGG IV 1204, BHH 1761. †

סַלּוּ, **סַלּוּא** u. **סָלוּא**: ↗ סַלָּא.

סַלּוֹן: סלה, BL 498c; ja. md. (MdD 326b) סִלְוָא, sy. *salwā*, ar. *sullāʾ* Dorn, akk. *ṣ/sillû* ,,Dorn" (AHw. 1101): סַלּוֹנִים: **Dorn** (Rüthy 65) Ez 2 6 (s. Zimmerli 10), 28 24 (|| קוֹץ). †

סלח: mhe. ja. sam. (BCh. 2, 537b) verzeihen, sy.-ar. Lösegeld auferlegen, ar. *slḫ* abstreifen; ? ug. *slḫ npš* (UT nr. 1757, Gray LoC[2] 193; ? זלח besprengen, mhe. ja. sy. md. (MdD 163a. 168b), akk. *salāḫu* (AHw. 1013, Stamm Erl. Vgb. 57f, THAT II 150f); ? äth. *zalḥa* schöpfen:

qal: pf. סָלַחְתָּ(ה); impf. אֶ/יִסְלַח, אֶסְלוֹחַ Jr 15 7 (Q אֶסְלַח, K -לוֹחַ, BL 361a); imp. סְלָחָה, סְלַחָה; inf. סְל(וֹ)חַ; pt. סֹלֵחַ: **Nachsicht üben**, **verzeihen** (sbj Gott), Koehler Th. 207, Stamm Erl. Vgb. 47ff, THAT II 150ff, Brueggemann VT 19, 1969, 396f, BHH 2081; cf. נָשָׂא, כִּפֶּר 18a: abs. Nu

1420 1K 830.39 2K 244 Js 557 Am 72 Kl 342 Da 919 2C 621.30; c. לְ pers. Nu 306.9.13 Dt 2919 1K 850 2K 518 Jr 51.7 5020 2C 639; c. לְ rei Ex 349 Nu 1419 1K 834.36 Jr 3134 338 363 Ps 2511 1033 2C 625.27 714; c. לְ pers. et בְּ rei 2K 518. †

nif: pf. נִסְלַח: c. לְ ihm **wird verziehen** (nur P) Lv 420.26.31.35 510.13.16.18.26 1922 Nu 1525f.28. †

Der. סְלִיחָה, סַלָּח.

סַלָּח: סלח, BL 478h: **zu verzeihen bereit** (Gott) Ps 865. †

סַלַּי: n. m.; ? = סַלּוּ (Noth N. 39. 174 :: BM § 41, 7b): Neh 127.20 Priester; — Neh 118 l חַיִל (BHK, s. Rudolph EN 183). †

סְלִיחָה: סלח, BL 471r; mhe. DSS; ja. סְלִיחוּתָא: סְלִ(י)חוֹת: (Gottes) **Verzeihung** Ps 1304 = pl. Da 99 Neh 917. †

סַלְכָה: n. l. od. terr.; G Σελχα: gew. = nab. צלחד = ar. Ṣalḫad im Ǧ. Druz auf Ausläufer d. Hauran (Abel 2, 440, Noth AbLAk 1, 446[52] :: Noth Jos. 71: ign.): Dt 310 (Sam. *silka*) (zu äusserst in בָּשָׁן), Jos 125 1311 1C 511 (Wüst Untersuchungen I 43). †

סלל: mhe. springen, schwingen, nif. sich erheben; Wvar. סול cf. Sam. *måsīla* = מְסִלָּה; pi. Unzucht treiben; pilp. schwingen (trs.), hochheben:

qal: impf. וַיָּסֹלּוּ; imp. סֹלּוּ, סָלּוּהָ; pt. סֹלְלוּלָה: — 1. e. **Strasse aufschütten, anlegen**: מְסִלָּה Js 6210, cj. 5714 (1Q Js[a], > MT), דֶּרֶךְ Jr 1815 Hi 1912, אֹרַח Pr 1519, אֹרְחָה Hi 3012, c. לְ (unter Gesang) e. Weg herrichten für Ps 685 (:: F 3); — 2. (Garben) **aufhäufen** Jr 5026; — 3. **erheben, loben** Ps 685, cj.33 l סֹלּוּ pr. סֶלָה (:: F 1) s. Caquot RHR 177, 1970, 151. †

pilp. (BL 282 o. 432 z, Bgstr. 2, 108[c]): imp. סַלְסְלֶהָ metaph. **hochhalten, hegen** Pr 48 || חבק, s. Gemser 32. 111: liebkosen). †

hitpol. (BL 283t, Bgstr 2, 108[b]): pt. מִסְתּוֹלֵל **sich hochfahrend, frech benehmen**, c. בְּ gegen Ex 917; Sir 4028 d. Bettler (Sir[M II 20] dafür חצף mhe. hif., ja. sy. md. [MdD 152a] frech sein). †

Der. סֻלָּם, מַסְלוּל, מְסִלָּה, סֹלְלָה (?).

סֹלְלָה, 1 × סוֹלְלָה: סלל, BL 475q: סֹלְלוֹת: **Sturmrampe**, cf. akk. *arammu*, röm. *agger* (Waschow 46ff) erhalten bei Maṣada (Y. Yadin, Masada, 1967, 226ff) u. persisch bei Dura-Europos, M. Rostovtzeff, Caravan Cities, Oxford 1932; Dura 153ff; cf. דָּיֵק: immer m. שׁפך, 2S 2015 2K 1932 Js 3733 Jr 66 Ez 42 1717 2127 268 Da 1115; pl. Jr 3224 334. †

סֻלָּם, Sam. *sallәm*: סלל + *ām*, BL 504j :: 478e, Baumg. ThZ 7, 465f; mhe.; ph. סלמה (DISO 193), pl. (?) wie mhe.; ja. סֻלְּמָא, sam. (BCh. 2, 535b), md. (MdD 322a) *sumbiltā* u. **siblā*, sy. *sebbeltā*; > ar. *sullam*; sar. *sallā/ūm*, tigr. amh. *mäsalal* (Leslau 37); ? < akk. *simmiltu* (Landsbg. ZA 41, 230f, AHw. 1045) ANEP 96. 306. 359: aufsteigende Reihe von Steinen, **Stufenrampe**, **Stiege** Gn 2812, (:: Houtmann VT 27, 1977, 337-51: Zugangsweg, :: K. Jaroš Orbis Biblicus et Orientalis 4, 1974, 191: Stufenturm). †

סַלְסִלָּה: סַלְסִלּוֹת Jr 69 = F זַלְזַלִּים Js 185, III זלל, BL 482e; ja. סלסלין Targ. Jr 69; ar. *zalzala* u. *ḏalḏala* schwanken, *silsilat* Kette: (Reben) **Ranken** (Rüthy 60f). †

סֶלַע: Sam. *sīla*; mhe., ja. סַלְעָא, sy. *sa/elʿā* Fels; pehl. *šl(l)ʾ* Frah. 16, 3 Stein, Gewicht; e. Münze nab. u. palm. (DISO 193), mhe. ja. sy.; ug. n. l. *sila*, *silḫana*, n. pr. *silʿānu*, *slʿy/n* (Gröndahl 185); ar. *salʿ* Spalte (*ṣalaʿa* spalten), *ṣullaʿ* u. äth. *ṣolaʿ* (VG 1, 168 δ) Fels: סַלְעִי ,סֶלַע (or. סְ׳, Kahle MTB 68; Sec. σελει, Brönno 135), סְלָעִים: I — 1. alleinstehender **Fels** (F צוּר; Schwarzenbach 24) Ri 1513 1S 2325 Ps 403 1379; Wasser aus d. Felsen Nu 208.10 Neh 915 Ps 7816, Honig Dt 3213, Fleisch u. Mazzen auf Felsen Ri 620; für

Grabkammer Js 22$_{16}$; verbunden mit *סֶלַע כָּבֵד ,צְחִיחַ ,סְעִיף ,נְקִיק ,חָגוּ Js 32$_{2}$, חזק מִסֶּלַע Jr 5$_{3}$, שֵׁן הַסֶּלַע Felszahn 1S 14$_{4}$ Hi 39$_{28}$, רֹאשׁ הַסֶּ׳ Felsgipfel 2C 25$_{12}$; — 2. **Felsen** a) sg. coll: Nu 24$_{21}$ Js 42$_{11}$ Jr 23$_{29}$ 48$_{28}$ Am 6$_{12}$ Hi 39$_{28}$ Pr 30$_{26}$ HL 2$_{14}$; b) pl. 1S 13$_{6}$ 1K 19$_{11}$ Js 33$_{16}$ Jr 51$_{25}$ Ps 104$_{18}$; — 3. ? milit. סַלְעוֹ Js 31$_{9}$ (|| שָׂרָיו, T שִׁלְטוֹן, he. ba.): Offizier (Driver JSS 13, 52; ar. *ǧabal* auch Stammesführer); — 4. Gott ist סֶ׳ (D. Eichhorn Gott als Fels, Burg u. Zuflucht, 1972, 92ff): 2S 22$_{2}$/Ps 18$_{3}$ 31$_{4}$ 42$_{10}$ 71$_{3}$; — II סֶלַע n. l.: — 1. הַסֶּלַע in Edom Ri 1$_{36}$ (dl מֵ; G Πετρα) u. 2K 14$_{7}$, סֶ׳ Js 16$_{1}$ (Wildberger BK X 619f: Felslandschaft der an Moab angrenzenden Wüste), 42$_{11}$, (?) = Petra (:: K. Elliger BK XI 247f: Fels), eig. Name ↗ רֶקֶם; GTT § 923, spez. *Umm el-Bijjāra* im *W. Musa* (? = הַסֶּ׳ 2C 25$_{12}$); A. B. W. Kennedy, Petra, London 1925, Hammond BASOR 159, 26ff, Gray Kings^{3} 605f, J. M. Myers Fschr. Albright 1971, 387ff, Weippert 429-31, BHH 1430, M. Lindner, Petra und das Königreich der Nabatäer, 1974^{2} :: Winnet BASOR 156, 6: *Silᶜ* 8 km. nw. *Tafile*; — 2. סֶ׳ הַמַּחְלְקוֹת im מִדְבַּר מָעוֹן 1S 23$_{28}$, cf. 25: Abel 2, 453; Stoebe KAT VIII/1, 425f: **Schlupfwinkel**; — 3. סֶ׳ (הָ)רִמּוֹן in Benjamin, Onom. Ρεμμων, Josph. ʿΡοά (NFJ 102), *Rammūn* 5 km. ö. Betel, Ri 20$_{45.47}$ 21$_{13}$, Abel 2, 437, GTT § 638, DJD II p. 140; — ? Ps 141$_{6}$.

סָלְעָם, or. סָ׳ (Kahle MdD 107): mhe.; äg. *snḥm* ? EG 3, 461 :: Vycichl ZÄS 84, 147: essbare **Heuschrecke** (Aharoni Os. 5, 477f :: Bodenh. AL 320) Lv 11$_{22}$. †

סלף: mhe. (Tempelrolle 49, 13) pi, ja. qal u. itpe. umdrehen; ar. *salafa* eggen:

pi. (Jenni 244): impf. יְסַלֵּף; pt. מְסַלֵּף: — 1. **verdrehen** (דָּבָר Sache) Ex 23$_{8}$ Dt 16$_{19}$; f. falsch erklären Sir 11$_{7}$; — 2. **irreführen**: דֶּרֶךְ Pr 19$_{3}$; **zu Fall bringen** (:: נצר) Pr 13$_{6}$, רְשָׁעִים 21$_{12}$, אֵתָנִים Hi 12$_{19}$ (so Hölscher HAT 17^{2}, 34 :: Fohrer KAT XVI 233. 237, cf. Lex.^{1}), דָּבָר Worte Pr 22$_{12}$. †

Der. סֶלֶף.

סֶלֶף: סלף: **Verkehrtheit**, **Falschheit** Pr 11$_{3}$ (:: תֻּמָּה), 15$_{4}$ (der Zunge) Bühlmann Vom rechten Reden und Schweigen 1977, 280. †

סלק: mhe. ja. sam. (LOT II 542b); wie ar. II, V *salaqa* < aram. סלק, ↗ ba. aLw. 202, v. Soden WZUH 17, 178 = he. עלה:

qal: impf. אֶסַּק < *ʾislaq (BL 368u) **hinaufsteigen** Ps 139$_{8}$. †

סֹלֶת, Sam. *sålət*: mhe., ja. סוּ/סוֹלְתָא; ? < akk. *siltu* ein Gries (AHw. 1044a); > ar. *sult* Gerste ohne Hülse, geröstetes Getreide, > äg. *trt* Feinmehl, ? äth. (Leslau 37): סָלְתָּהּ: **Weizengries**, feingemahlenes **Mehl** (AuS 3, 292f, BRL^{2} 3) Gn 18$_{6}$ (? Gl. z. קֶמַח, AuS 3, 291) Ex 29$_{2.40}$ Lv 2$_{1.4.7}$ 5$_{11}$ 6$_{13}$ 14$_{10.21}$ 23$_{17}$ 24$_{5}$ Nu 6$_{15}$ 7$_{13-79}$ (12 ×) 8$_{8}$ 15$_{4.6.9}$ 28$_{5-28}$ (7 ×) 29$_{14}$ 1K 5$_{2}$ 2K 7$_{1.16.18}$ Ez 16$_{13.19}$ 46$_{14}$ 1C 9$_{29}$ 23$_{29}$.

***סַם**: mhe., ja. sam. (LOT II 539), sy. md. (MdD 312b) סַמָּא Pulver, Medizin; sy. md. auch Gift, > ar. *samm* (> äth. Leslau 37); akk. *šammu* (Heil-)kraut: סַמִּים: **Spezereien** cf. בֹּשֶׂם, Ex 30$_{34}$ (? Gl.); קְטֹרֶת (הַ)סַּמִּים **wohlreichendes Räucherwerk** (Haran VT 10, 1960, 124ff, Elliger Lev. 213) Ex 25$_{6}$ 30$_{7}$ 31$_{11}$ 35$_{8.15.28}$ 37$_{29}$ 39$_{38}$ 40$_{27}$ Lv 4$_{7}$ 16$_{12}$ Nu 4$_{16}$ 2C 2$_{3}$ 13$_{11}$ Sir 38$_{4}$ 49$_{1}$. †

סַמְגַּר־נְבוֹ: Jr 39$_{3}$, nach dem MT ein PN, G Σαμαγωθ, od. Εισσαμαγαθ, Josph. Σεμέγαρος (NFJ 110) u. Ναβώσαρις (NFJ 89); wahrscheinlich jedoch = bab. *simmagir* (AHw. 1045a), die Bezeichnung einer Funktion, die נֵרְגַל שַׂר־אֶצֶר (Neriglissar) als hoher Beamter des Nebukadnezar II. ausübt (v. Soden ZA 62, 1972, 85f, AHw. 1045a).

סְמָדַר, ־דָר: mhe., ja. sy. סְמָדְרָא, md. (MdD 327a) *simadra* Blüte, akk. *samādiru*

< aram. (AHw. 1016); in חָצוֹר auf Weinkrug (BASOR 20, 40; Yadin, Hazor II, Jerusalem 1960, 73f; Albr. Fschr. Driver 2[5]: e. Weinsorte ?): **Blütenknospe d. Rebe** HL 2₁₃ (acc. adv. GK § 118m) u·15 7₁₃ (Löw 1, 72, s. Etym. unmöglich, ? Fw.; aLw 203, Rüthy 69). †

סמך: Nf. שׂמך; mhe. ja. (auch intr.), sam. sy. md. (MdD 333a), äga. (DISO 194), nab. palm. (RTP 146f), ja. sy. md. (MdD 313a) סָמְכָא u. סֶמְכָא, sy. md. auch Lager, Tischgesellschaft; akk. *samāku* überdecken (AHw. 1017a); ar. hoch erhaben sein, asa. (Müller ZAW 75, 1963, 312) *simāk* Stütze; äth.[G] *samaka* (*ʾasmaka*) auflegen, sich stützen; ✝ סְמִיכָה:

qal: pf. סָמַכְתִּיו, סְמָכַתְהוּ, סָמְכוּ, סָמַךְ; impf. תִּסְמְכֵנִי ,יִסְמֹךְ; imp. סָמְכֵנִי; pt. סוֹמֵךְ, סֹמְכֵי, סָמוּךְ (Hier. *samuch*), סְמוּכִים: — 1. (THAT II 160-62) c. acc. **stützen**, auch im Sinne von **unterstützen, helfen** (Barth. Errettung 136f) Js 59₁₆ 63₅ Ez 30₆; (Gott) Ps 3₆ 37₁₇.₂₄ 54₆ 119₁₁₆, > שׂמך stützen, laben cj. Koh 2₃ (l לִשְׂמוֹךְ pr. לִמְשׁוֹךְ); abs. Sir 12₁₇ 51₇; > סָמַךְ לְ stützen Ps 145₁₄; c. acc. pers. et rei (mit) Gn 27₃₇ Ps 51₁₄; סָמַךְ יָדוֹ עַל sich lehnen an Am 5₁₉; — 2. a) סָ׳ יָדוֹ עַל **s. Hand** (weihend) **legen auf** (mhe. סְמִיכָה, Stade Th. 1, 100. 157, de Vaux Sacr. 29, BHH 632ff, Péter VT 27, 1977, 48ff) Nu 27₁₈.₂₃ Dt 34₉; b) סָ׳ יָדַיִם (יָדוֹ) עַל־רֹאשׁ d. Hände auf d. Kopf d. Opfertieres legen (de Vaux Sacr. 29; de Vaux Inst. 2, 292 = Lebensordnungen 2, 260; R. Schmid Das Bundesopfer in Israel, 1964, 28ff; Rendtorff WMANT 24, 1967, 214ff; THAT II 161f) Ex 29₁₀.₁₅.₁₉ Lv 1₄ 3₂.₈.₁₃ 4₄.₁₅.₂₄.₂₉.₃₃ 8₁₄.₁₈.₂₂ 16₂₁ Nu 8₁₂ 2C 29₂₃, (auf den Kopf eines, der gesteinigt wird) Lv 24₁₄; עַל־הַלְוִיִּם Nu 8₁₀; — 3. סָמַךְ־עַל intr. (cf. sy.) **kommen über** Ez 24₂, (Gottes Zorn) Ps 88₈; — 4. סָמוּךְ (wie ja. sy. סְמִיךְ) aufgestemmt, **fest**, unerschütterlich Ps 111₈ Sir 5₁₀; Js 26₃ (יֵצֶר) DSS auch קול 1QM VIII 14, KQT 151c, Ps 112₈ (לֵב). †

nif: pf. נִסְמָכוּ, נִסְמַכְתִּי; impf. יִסָּמֵךְ: c. עַל **sich stützen, stemmen auf** Ri 16₂₉ 2K 18₂₁ Js 36₆ 2C 32₈, auf Gott Js 48₂ Ps 71₆. †

pi. (Jenni 139; 4Q 161, 8/10, 18 יסומכנו = po.): imp. סַמְּכוּנִי: **erfrischen** HL 2₅. †

Der. סְמִיכָה, n. m. סְמַכְיָהוּ, יְסַמַכְיָהוּ, אֲחִיסָמָךְ.

סְמַכְיָהוּ: n. m.; סמך + יָ׳ „J. stützte" (Noth N. 252), > סמכי AP u. סמך BASOR 86, 27; 165, 35[7]; Lachis סמכיהו hebr. Siegel N. Avigad ErIsr. 9, 1969, 3 (KAI II 194); klschr. *Samaku, Samak-ilu* APN 191a, *Samakujāma* MélSyr. 928, PNPhPI 367: 1C 26₇. †

סֶמֶל, סֵמֶל, סֶמֶל: ? Etym.; Sam. *sằməl*, mhe. Bild, ph. Statue (DISO 194), n. m. *pnsmlt* (PNPhPI 176. 367): **Götterbild**, פֶּסֶל תְּמוּנַת כָּל־סָ׳ Dt 4₁₆; סֵמֶל הַקִּנְאָה (הַמַּקְנֶה) Ez 8₃₍₅₎ Eiferbild, s. Zimmerli 192. 212ff, bes. 214: Vollskulptur einer Toreingangsfigur (s. auch M. Rose BWANT 108, 1975, 200-203): 2C 33₇.₁₅ (= פֶּסֶל 2K 21₇) **Bild, Skulptur** (der Aschera). †

סמם/שׂ (Wagner S. 128f) denom. v. סַם: ar. *samma* vergiften, Duft riechen; sy. pa. af., md. af. (MdD 332b), vergiften; Löw ZS 1, 153; J. Blau On Pseudo-Corrections in Some Semitic Languages (Jerusalem 1970) 119-120:

hif: impf. וַתָּשֶׂם, תָּשֵׂם: m. Paste, Duftstoff bestreichen, **schminken, färben** (G T) 2K 9₃₀ :: Hi 13₂₇ 33₁₁ שׂוּם (s. Gradw. 63f, gegen Löw u. Lex.[1]). †

סמן: נִסְמָן Js 28₂₅ ? pt. nif.; unerkl. †

סמר: Nf. שׂמר (Wagner S. 128f): denom., jaud. סמר, ph. ija. (DISO 195); mhe. pi., ja. cp. pa., ar. *sammara* nageln, akk. *samrūtum* Nagel (AHw. 1019a):

qal: pf. סָמַר: Hühnerhaut haben (בָּשָׂר), **erschauern** Ps 119120. †

pi. (Jenni 51): impf. תְּסַמֵּר: erschauern, od. besser **erschauert, gesträubt machen** (s. auch Dahood Biblica 50, 1969, 344) Hi 415 (sbj. שַׂעֲרָה). †

Der. מַשְׂמֵרָה, מַסְמֵר, סָמָר.

סָמָר: סמר: **borstig** (Heuschrecken) Jr 5127. †

***סנא**: ? = שׂנא: auch סְנוּאָה u. סְנָאָה.

סְנָאָה: n. tr. od. l.; סנא; BL 463t.u; בְּנֵי ס׳ Esr 235, בְּנֵי הַסְּ׳ Neh 33 738; benjaminit. Familie, Mi Taʿanit IV 5 (Rudolph EN 9. 183); cj. הַסְּ׳ Neh 119 (Rudolph). †

סַנְבַלַּט (Var. סַנְבַ׳); G Σαναβαλ(λ)ατ, Josph. Σαναβαλλετης (NFJ 106), äga. AP סנאבלט, akk. *Sin-uballiṭ* ,,Sin hat gesund gemacht" (Stamm 187 cf. סַנְחֵרִיב): **Sanballat**, Statthalter v. Samaria, הַחֹרֹנִי Neh 210.19 333 41 61f.5.12.14 1328, Noth GI 290³, BHH 1666; Sohn u. Enkel in derselben Stellung in neuen aram. Papp, Cross Jr. BA 26, 1963, 110. †

סַנָּה: ↗ קִרְיַת־ס׳ Jos 1549, n. l.: ס׳ = akk. *sinnu* Bronzegegenstand (AHw. 1048a). †

סְנֶה, Sam. *såni*, mhe. pl. סנאים u. סניים, ja. cp. sy. סַנָּא, ja.ᵗ אֲסַנָּא u. אַסַּנָּא; ar. *sanan*, *sanā* > Senepflanze (Lokotsch nr. 1822), verschiedenfarbiger Brombeerstrauch, *Cassia obovata* (s. Löw 3, 183f, Lex.¹, AuS 2, 321f, Rüthy 16f): **Dornstrauch** eine Brombeerart (Tournay VT 7, 1957, 410ff, Noth ATD 5, 27) Ex 32-4, שֹׁכְנִי סְנֶה Dt 3316 ? = זֶה סִינַי Ri 55 Ps 689 (↗ זֶה 11) Eissfeldt ZDMG 112, 260f, Beek OTSt 14, 1965, 155ff; Sir$^{M\ VI\ 13}$ כסנה pr. כספיר (s. Yadin 32). †

סֶנֶּה (Var. סֶנֶה, BH) Bedtg. unsicher: der Scheinende, Glänzende, od. eher Schlüpfrige (Stoebe KAT VIII/1, 258f): n. top., Felszacke zw. גֶּבַע u. מִכְמָשׂ, *Qurnet ḫallet el-ḥaij* PJb 7, 12 :: Abel 2, 328; :: gangbare Wege von beiden Seiten zum *W. eṣṣuweinīt* (Tournay VT 7, 1957, 412, Stoebe l. c.): 1S 144. †

סְנוּאָה Neh 119 בֶּן־הַסְּ׳ (S, G *סְנָאָה) u. בֶּן־סְנֻאָה 1C 97 (G^{L} V = סְנָאָה): benjaminit. Geschlecht 1 ↗ הַסְּנָאָה (? שׂנא, Rudolph EN 183). †

סַנְוֵרִים: Sam. *sinnuwwårəm*; נור mit *sa-* als Präformativ (R. Meyer Gr. § 40, 6; Abstraktplural, Michel Grundl. heSy. 1, 88), eig. Erhellung als Euphemismus gebraucht (Gray Kings³ 517); ja. סַנְוֵר blenden (:: Rundgren ActOr. 21, 325ff: עִוֵּר, Ges.): **Blendung** Gn 1911 2K 618 (:: פקח עֵינַיִם 620). †

סַנְחֵרִיב, ־רִב 2K 1920: akk. *Sin-aḫḫē-erība* ,,Sin (↗ סַנְבַלַּט) hat mir die Brüder ersetzt" (APN 196b, Ungnad ZA 38, 191f, Stamm 290); AP ס/שנחאריב; G Josph. Antt. Σενναχηριβος / -χηρειμ (NFJ 110), Hdt. Σαναχάριβος: **Sanherib**, ass. K., 704-681 (BHH 1668) 2K 1813 1916-20.36 Js 361 3717.21.37 2C 321f.9f.22. †

סַנְסַנָּה: n. l. in Juda; *Ch. eš-šamšānījāt* 15 km. nö. Beerseba (Abel 2, 447, Noth Jos.² 93, Fritz ZDPV 91, 1975, 32⁸, :: GTT § 317, 31); ? ↗ סַנְסַנָּה: Jos 1531. †

***סַנְסִנָּה**: mhe. סנסן, ja. סַנְסְנָא, sy. *sīsānā*, ar. *sinsin* Rückgratswirbel (JSS 11, 125), ug. *ssnm* (pl.) Ug. V S. 571, 66 = JNES 27, 1968, 25 (RSP I S. 429 Nr. 84), akk. *sissinnu* (AHw. 1051): סַנְסִנָּיו: **Dattelrispe** (Löw 2, 236, Rüthy 74 Würthwein HAT 18², 64) :: Σ A S Zweige (Rudolph KAT XVII/2, 174) HL 79. †

סְנַפִּיר, Sam. *sånåfər*: II ספר, BL 485g; mhe., ar. *šufr* Wimpern: **Flosse**, **Flossfeder** (G πτερύγια) Lv 119f.12 Dt 149f. †

סָס: סוס, BL 451 o; mhe. Holzwurm, ja. auch Motte, so aam. (DISO 195, Degen Altaram. Gr. S. 45) sy. md. (MdD 313b), ? palm. n. m. *ssn* (PNPI 102), pun. *ss* (PNPhPI 148. 368), akk. *sāsu* (AHw. 1032b), sum. *ziz*, ar. *sūs*, äth. *ḏāḏe*; tigr.

(Wb. 649b); > grie. σής (Lewy Fw. 16f, Mayer 320, Brown JSS 13, 173f, Masson 93; ThWbNT 7, 275, BHH 1245): **Kleidermotte** Js 51₈, cj. Pr 25₂₀ G (s. BH, Gemser).

סִסְמָי, G[B] Σοσομαι, G[L] Σασαμει: n. m., ug. *ʿbd-ssm* (UT nr. 1801, Aistl. 1935), ph. **עבד סס(ם)** (BMB 20, 1967, 47. 51), **ססמי** (PNPhPI 148. 162. 368), klschr. *šašmaj* (APN 219b); Gröndahl 187, WbMy 1, 276, KAI II S. 44, W. Fauth ZDMG 120, 1970, 229ff: 1C 2₄₀. †

סעד: mhe. stützen; aram PN **סעדת** (NESE 2, 67f), jaud. äga. (DISO 195) **סעדני**, klschr. *issidanni*, *essedannu* (API 341, Rössler 33, v. Soden Or. 37, 266), ug. *sid* (TOML 153[d]); ja. sam. cp. (sbst. *sʾdwn*), nab. n. m. **שעדאלהי** Eph. 2, 73A, asa. *sʿd* (Conti 198b), ar. *saʿida* III, IV, *sāʿid* Unterarm, *saʿādat* u. tigr. *saʿd* (Wb. 195a) Glück:

qal: pf. **סָעַד**; impf. **יִסְעַד**, **יִסְעָדֻנּוּ/דֶךָ**, **תִּסְעָדֵנִי**; imp. **סְעָד־** Ri 19₅.₈ (o!, BL 354c, ? l **סְעַד**), **סְעָדֵנִי/דָה**, **סַעֲדוּ**, **וּסְעָדָה**; inf. **סַעֲדָה**: — 1. **stützen**, **aufrecht erhalten**, in Bezug auf den bedrängten Einzelnen auch unterstützen, helfen (Barth ET 136f) Js 9₆ Ps 18₃₆ 20₃ 41₄ 94₁₈ 119₁₁₇ Pr 20₂₈; — 2. (m. Speise) **stärken** (cf. mhe. **סעודה** Mahlzeit, ja. sam. (LOT II 593) **סעד** speisen), RSP II S. 19f Nr. 32; **לֵב**, des Menschen Ps 104₁₅, d. eigene (= sich) Gn 18₅ Ri 19₅.₈, ohne **לֵב** 1K 13₇. †
Der. **מִסְעָד**.

סעה: Etym. unsicher; akk. *seʾû* (etwa) nieder-/unterdrücken (AHw. 1038b), sy. *sʿā* angreifen (LS² 487b); ar. *sʿy* eilen, rennen; äth. *šaʿja* worfeln (Dillm. 26); ug. *sʿt* (CTA 14 III 113, V 195. 214) wenn dieses zu einem Verb *sʿj/w* dahinstürmen, dahinfegen gehört (CML² 153b, Gray LoC² 142 u. KRT² 47, Dahood UF 1, 1969, 20 u. Psalms II 33, J. C. Greenfield ErIsr 9, 1969, 63 :: Aistl. 1937):

qal: pt. **סֹעָה**: **dahinfegen**, **-stürmen**, **רוּחַ** Ps 55₉ (:: Lex.¹; cj. **מֵרוּחַ סְעָרָה** [**סעה** dittgr.] BHS). †

I ***סָעִיף**, 1Q Js[a] 57₅ **ש׳**: I **סעף**, BL 470m; ar. *šiʿb* Kluft (Schwarzenbach 48f): **סְעִיף**, **סְעִיפֵי**: Spalt, immer m. **סֶלַע**, überhangender Fels u. Raum darunter, „**Balm**", Ri 15₈.₁₁ Js 2₂₁ 57₅ (c. **תַּחַת**, cf. Targ. S, Weise ZAW 72, 1960, 28f). †

II ***סָעִיף**: ↗ I **סעף** (> II **סעף**); ar. *saʿaf* Palmzweig, ʿöteb. (Lex.¹) *es-saʿaf* Federn d. Palmwedels: **סְעִיפֶיהָ**: **Zweig** (Rüthy 58) Js 17₆ (l **סְעִיפֵי הַפֹּרִיָּה**, cf. 1Q Js[a]) 27₁₀. †

I **סעף**: ar. *šaʿaba* spalten, *šuʿbat* Zweig, u. *saʿifa* I u. V gespalten sein (Finger und dergl.), asa. *šʿb* Stamm (Conti 250b; cf. **מַטֶּה**), ↗ Rüthy 58f, Schwarzenbach 49; Der. I, II ***סָעִיף**, ***סֵעֵף**, ***סְעַפָּה**, **סְעִפִּים**, ***סַרְעַפָּה**.

II **סעף**: denom. v. II ***סָעִיף**:

pi: pt. **מְסָעֵף**: (Zweige) **abhauen**, **stutzen** Js 10₃₃. †

***סֵעֵף**: I **סעף**, < *siʿʿif*, BL 447b: ar. *saʿf* gemein, verächtlich: **סֵעֲפִים**: geteilt, **zwiespältig**, **wankelmütig** (Deissler 212) Ps 119₁₁₃. †

***סְעַפָּה**: I **סעף**, BL 558c, > ***סַרְעַפָּה** (Ruž. 231, BL 484y): **סְעַפֹּתָיו**: (dünner) **Zweig** (Rüthy 58) Ez 31₆.₈. †

סְעִפִּים: I **סעף**, BL 484a; pltt.; G ἰγνύαι Kniekehlen, Mtg.-G. 310, Gray Kings³ 396, Keel ZAW 84, 1972, 428: (aus Ästen gefertigte) **Krücken** 1K 18₂₁ :: zur Wahl gestellte Alternativen (Gerleman ZAW 88, 1976, 411f). †

I **סער**: älter II **שׂער**; ihe. T.-Arad Nr. 31, 4 **סעריהו**; hif. Sir 47₁₇ in Erregung bringen, mhe. stürmen (Meer), **מסערה** Seesturm Sir[Adl] 33₂; ja. af. heimsuchen, md. (MdD 314b) erschreckt sein; ar. *sʿr* (Feuer) entfachen, *suʿr* Wahnsinn; akk. *šāru* Wind, Sturm; äg. PN *jasʿar-kuna* (Helck Beziehungen 59):

qal: pt. סֹעֵר: **stürmen** (Meer) Jon 1 11.13; — Hab 3 14 pr. יִסְעֲרוּ l pu. :: Keller CAT XIb, S. 174. †

nif: impf. יִסָּעֵר: **bewegt werden** (Herz) 2K 6 11. †

pi. (Jenni 200): impf. אֲסָעֲרֵם (aram. BL 357, Joüon 117) **im Sturm verwehen** Zch 7 14. †

[**po**: impf. יְסֹעֵר: Hos 13 3 l יְסֹעַר (pu.). †]

pu: pf. סֹעֲרָה (Bgstr. 2, 96f) od. pt. (BL 288q): **verweht, weggetrieben werden** Js 54 11 (1Q Jsa סחורה, wechselnd m. סעורה pt. pass.), cj. Hos 13 3 (l יְסֹעַר) u. Hi 15 30 (l וִיסֹעַר) u. Hab 3 14 (l יְסֹעֲרוּ). †

Der. סְעָרָה ,סַעַר.

II סער: ↗ I שׂער hif.

סַעַר: I סער; ↗ II שׂער (urspr.): סַעַר, סַעֲרֶךָ: **Sturmwind** Jr 23 19 30 23 Am 1 14 (Wolff BK XIV/2, 196), Ps 55 9 (cj. ↗ √סעה).10 83 16 (J.s 'סְ); ס' גָּדוֹל Jr 25 32, Jon 1 4.12 (L. Schmidt BZAW 143, 1976, 65[40]: Tosen): ↗ סְעָרָה. †

סְעָרָה: ↗ I סער; BL 594w, älter שְׂעָרָה; mhe. Sir[Adl] 33 2 מסערה: סְעָרוֹת ,סַעֲרַת, סַעֲרוֹת: **Sturmwind** 2K 2 1.11 Js 40 24 41 16 Ps 107 29 Hi 38 1 40 6; סַעֲרַת י' Jr 23 19 30 23, סוּפָה וּס' Js 29 6 Sir 43 17; רוּחַ סְעָרָה Ez 1 4 Ps 107 25 148 8, רוּחַ סְעָרוֹת Ez 13 11.13, סַעֲרוֹת תֵּימָן Zch 9 14, cj. רוּחַ סְעָרָה Ps 55 9 pr. ↗ סֹעָה. †

I **סַף**: ar. *suffat* Körbchen aus Palmblättern; mhe., ug. *sp* Krug (UT nr. 1788, Aistl. 1942) meist Hohlmass, minoisch *su-pu* (Gordon Or. 32, 293); sam. ספה ,סף (LOT II 536. 604b); ph. סף (DISO 196); akk. *s/šappu* ein Metallgefäss (AHw. 1027, Salonen Hausgeräte 124ff), gr. σιπύη (Masson 44f): סַף, סִפִּים u. סִפּוֹת 2K 12 14, סַפּוֹת 2S 17 28 s. u.: (kultische) **Schale** aus Metall (Kelso § 64, Honeyman JThS 37, 56ff; AuS 7, 228) Ex 12 22 (Sam. *såf*), 2S 17 28 (Wolle, Pelz, cf. Nowack GHK I 4, 1902, 220) 1K 7 50 2K 12 14 cj. Hab 2 15 (pr. מְסַפֵּחַ l מִסַּף), im Tempel Jr 52 19; סַף רַעַל Taumelschale Zch 12 2 (Lutz WMANT 27, 1968, 17 :: Driver ZAW 80, 1968, 178ff; — ? Schwelle, I. Willi-Plein BBB 42, 1974, 86); — Hab 2 15 l מִסַּף חֲמָתְךָ ↗ ספח pi. †

II **סַף**: mhe., ja. סִפָּא, 5Q 16, 1. 4 אספה u. 4Q אסיפה (DJD III p. 187), cp. **sp*, sy. *seppā*, md. (MdD 329a) סִיפָּא, Uruk 2 *sippa*; ? nab. (DISO 196); akk. *sappu* (AHw. 1027) vgl. *šappu* (AHw. 1175b); Salonen Naut. 63, Türen 62ff, *sippu* AHw. 1049: (Tür)-pfosten, Laibung, Gewände, usw.): סַף, סִפָּם, סִפִּים: der **untere** wagrechte **Stein des Türgefüges**, in dem die אַמּוֹת Zapfen der Flügel sich drehen, u. die, wenn sie aus Basalt sind, geschlagen dröhnen Js 6 4 (Wildberger BK X/1, 232. 251), Am 9 1 (Doughty I 12, AuS 7, 68); **Schwelle** (BHH 1749) Ri 19 27 1K 14 17 Ez 40 6f 41 16 43 8 Zef 2 14 2C 3 7 Sir 6 36 (בסיפו), cf. Zef 1 9; — שֹׁמֵר הַסַּף **Schwellenhüter** — 1. a) hohes Priesteramt in Jerus. (de Vaux Inst. 2, 242 = Lebensordnungen 2, 216) 2K 12 10 22 4 23 4; 25 18 = Jr 52 24; Jr 35 4 (ihrer drei); b) in Chron. levitische Torhüter 2C 34 9, שֹׁמְרֵי הַסִּפִּים (GK § 124q, pl. doppelt ausgedrückt ?) 1C 9 19, שְׁעָרִים 9 22, שַׁעֲרֵי הַסִּ׳ ,בַּסִּ׳ 2C 23 4; — 2. Torhüter am pers. Königspalast (πυλουροί Hdt. III 77. 118) Est 2 21 6 2; — Ez 41 16aα pr. סִפִּים l סְפֻנִים getäfelt u. cjg. c. 15bβ; ↗ ספף. †

III **סַף**: n. m.; 2S 21 18, = סִפַּי 1C 20 4; einer der riesenhaften יְלִידֵי הָרָפָה; bab. n. m. *Sippē/ai* c. aram. Beischrift, APN 183. †

***ספא**: ug. *sp'* essen (UT nr. 1789, UF 7, 1975, 139, cf. Donner ZAW 79, 1967, 341, Aartun WdO 4, 1968, 285, AOAT 21/1, 1974, 53. 69); ja.[gb] zu essen geben; Der. מִסְפּוֹא.

ספד: sam.; ug. *mšspdt* Klagefrauen (UT nr. 1790, Aistl. 1944, RSP I S. 143 Nr.

106), mhe., ja. cp. sy. md. (*spr* !, MdD 335b) klagen, betrauern; ? äth. (:: Leslau 37); akk. *sapādu* (AHw. 1024a); Scharbert, Schm. 60f; Wildberger BK X 614; Grdb. ? sich auf die Brust schlagen, cf. Js 52_{12}, cp. sy. (THAT 1, 30, ANEP 459:)

qal: pf. סָפְדוּ, סָפְדָה (סִפְדוּ ? cj. Js 15_{3a}, cf. Wildberger BK X 591); impf. תִּסְפֹּד, אֶסְפְּדָה; imp. סִפְדוּ ,סְפֹד, סְפֹדְנָה; inf. לִסְפֹּד; abs. סָפוֹד; pt. pl. סֹפְדִים: — 1. (im speziellen u. eigentlichen Sinn): **die Totenklage anstimmen, einen Verstorbenen betrauern**, c. לְ Gn 23_2 (|| בכה) 1S 25_1 28_3 1K 13_{30} $14_{13.18}$ Jr 16_6 22_{18} 34_5; c. עַל 2S 11_{26} Zch 12_{10}; abs. 2S 1_{12} (|| בכה) 1K 13_{29} Jr 16_5 Ez 24_{16} (|| בכה).$_{23}$ Zch 12_{12} Koh 3_4 (:: רקד) 12_5 (הַסֹּפְדִים); c. לִפְנֵי vor 2S 3_{31}; סָפַד מִסְפֵּד Gn 50_{10}; — 2. **klagen** (in einem weiteren Sinn), über ein kommendes od. geschehenes Unglück, c. עַל Js 32_{12} (s. Wildbg. BK X 1263. 1269); abs. Jr 48 49_3 Mi 1_8 Jl 1_{13} Zch 7_5. †

nif: impf. יִסָּפְדוּ: **betrauert werden** Jr 16_{14} 25_{23}. †

Der. מִסְפֵּד, סַרְפַּד (?).

ספה: mhe. zerteilen, wegraffen, ja. sam. (LOT 2, 458), sy. sammeln, vernichten, ja. auch umkommen, etpe. ja. u. md. (MdD 334b) erschreckt sein; ar. *safāw* Staub aufwirbeln u. forttragen, asa. (Conti 198b) zerstören; ↗ אסף, יסף, סוף:

qal: impf. תִּסְפֶּה; inf. סְפוֹת (Sam. Dt 29_8 *sabbot*, pi.), לִסְפוֹתָהּ: — 1. **wegnehmen, dahinraffen** Gn 18_{23f} Js 7_{20} Ps 40_{15}; — 2. intr. **dahinschwinden** Dt 29_{18} (:: Blau VT 7, 1957, 99f l שׁפה/√, ar. *šfy* heilen, Durst stillen); = pi; cf. 1Qp Hab XI 13f, 1Q S II 14) Jr 12_4 Am 3_{15} (od. zu סוף); — Nu 32_{14} l לָסֶפֶת u. Js 30_1 l סֶפֶת (יסף !). †

nif: pf. נִסְפָּה; impf. תִּסָּפֶה/אֶ, תִּסָּפוּ; pt. נִסְפֶּה: **weggerafft werden** Gn $19_{15.17}$ Nu 16_{26} 1S 12_{25} 26_{10} 27_1, Pr 13_{23} (נִסְפֶּה pers. od. ntr. ?) Sir 5_7 8_{15}; Js 13_{15} spez. weggerafft d. h. (aus einer Schar von Fliehenden) aufgegriffen werden (cf. Wildberger BK X 503; Kaiser ATD 18, 10. 19); — 1C 21_{12} l c. 2S 24_{13} נְסֻכָה (נוס). †

[**hif**: impf. אַסְפֶּה Dt 32_{23} l אֹסְפָה (יסף hif.)]

I **ספח**: mhe. pi. hinzufügen, intr. sich anschliessen, Dam. IV 11 hitp. השתפח (שׁ !); ? äth. *safḥa* sich ausbreiten (Dillm. 402, Leslau 37):

qal: imp. סְפָחֵנִי: c. acc. u. אֶל **zugesellen** zu 1S 2_{36}. †

nif: pf. נִסְפְּחוּ: c. עַל **sich anschliessen** (|| נִלְוָה) Js 14_1 (Wildberger BK X 526). †

[**pi**: pt. מְסַפֵּחַ (Sam. *amsabbēt* Lv 13_{6-8} :: LOT 5, 144) Hab 2_{15} l מִסַּף (I סַף, Ell. ATD 25^6. 42; J. Jeremias WMANT 35, 1970, 60). †]

pu: impf. יְסֻפָּחוּ: **sich zusammenfinden** Hi 30_7. †

hitp: inf. הִסְתַּפֵּחַ: c. בְּ **teilhaben an, zugehörig sein** 1S 26_{19}, Dam. (s. o.). †

Der. I סָפִיחַ.

II ***ספח**: ↗ שׂפח pi. grindig machen; ↗ סַפַּחַת, מִסְפַּחַת.

III ***ספח**: äth. tigr. (Wb 201a) *safḥa* ausbreiten; Der. מִסְפָּחָה.

סַפַּחַת: II *ספח, BL 477z; Sam. *sabbēt*, mhe. Schuppenflechte: **Schuppen** (Elliger Lev. 181) Lv 13_2 14_{56}. †

סַפַּי: n. m. 1C 20_4 = III סַף 2S 21_{18}. †

I **סָפִיחַ**: I ספח, BL 471p; 4Q 177, 5/6, 2 שפיח; Sam. *sēfi*, mhe. סֶפֶה, סָפִיחַ: סְפִיחַ, סְפִיחֶיהָ: was im Sabbatjahr ungesäht, aus ausgefallenen Körnern nachwächst, **Nachwuchs**, ↗ סָחִישׁ (AuS 2, 203f, Elliger Lev. 349f; Gray Kings³ 693) Lv $25_{5.11}$ 2K 19_{29}/Js 37_{30}. †

II ***סָפִיחַ**: סְפִיחֶיהָ Hi 14_{19}: ↗ cj. סְחִיפָה. †

סְפִינָה: סְפַן, BL 471 o; mhe. סַפָּן Schiffer (auch ja.), ja. sam. (BCh. 2, 610a) sy. md. (MdD 334b) סְפִינְתָא, äga. (DISO 196), > nbab. *sapīn(a)tu* (v.Soden Or. 37, 265,

AHw. 1027a) u. ar. *safīnat* Schiff (Frae. 216, J. Lewy Or. 19, 18[1], aLw. 204, Salonen Wfz. 19f, BRL[2] 276ff): **Schiff** (m. Deck) Jon 1₅. †

סַפִּיר: Sam. *sēfər*, Ex 24₁₀ *sā̊fər*, mhe., sam. ספירה det. (Ex 24₁₀) ja. סַמְפִּירְנָא/נוֹן (s. unten gr.), sy. *sappīlā*, äth. *sanpīr*, tigr. (Wb. 190a) u. *sofor* (Leslau 37), ja. סַמְפִּרִינוֹן; < skr. *sanipriya* „der langsam sich bewegende Saturn" (ZATU 231[5]), > gr. σάπφειρος (Masson 66[2], Boisacq 853, σαπφίρινος u. Saphir (Lokotsch 1830, Ellenbogen 125, Keel Visionen 295ff: סַפִּירִים: **Lapislazuli, Lazurstein**, akk. *uqnû* (AHw. 1426 b), ug. *iqnu* (UT nr. 323, CML[2] 142b), leichter zu schleifen als d. Saphir (Lex.[1], Quiring 200f, Zimmerli BK XIII 674, Nicholson VT 24, 1974, 92[4]): Ex 24₁₀ 28₁₈ 39₁₁ Js 54₁₁ Ez 1₂₆ 10₁ 28₁₃ Hi 28₆.₁₆ HL 5₁₄ Kl 4₇ Sir 43₁₉ (dafür Sir[M VI 13] סנה Dornstrauch !). †

סֵפֶל: mhe., ja. cp. sy. סִפְלָא, > ar. *sifl* (Frae. 67); < akk. *saplu* (AHw. 1027a, Salonen Hausgeräte 111), ug. *spl*, *saplu* (UT nr. 1791, Aistl. 1945, RSP I S. 260 Nr. 352g) grosses Metallgefäss: **Schale** f. Wasser, Milch (Kelso § 65, Honeyman 85f, AuS 7, 228) Ri 5₂₅ 6₃₈. †

ספן: ph. מספנה Dach (DISO 161), ar. *sfn* abschälen; ? mhe. ja. achten, respektieren; ? akk. *sapānu* einebnen, niederwalzen (AHw. 1025):

qal: impf. וַיִּסְפֹּן; pt. סָפֻ/פוּן, סְפוּנִים: **decken, täfern** 1K 6₉ 7₃.₇ Hg 1₄ (zur Bedtg. s. Rudolph KAT XIII/4, 29 „als gedeckten" HeSy. § 81f), cj. Jr 22₁₄ (l סָפוּן, BHS); — Dt 33₂₁ (l וַיִּתְאַסְּפוּן pr. סָפוּן וַיֵּתֵא; cf. Zobel BZAW 95, 1965, 40[67]).† Der. סִפֻּן, סְפִינָה.

סִפֻּן: ספן, BL 480v: **Decke** (e. Raumes) 1K 6₁₅; ? ins. וְיִפֹּל הַסִּפּוּן Am 9₁ (Rudolph KAT XIII/2, 240f). †

cj. ***סַפְסִיג**: (cf. BL 484e): **Glasur**, ug. *spsg* (UT nr. 1792, Aistl. 1946, RSP I S. 429f Nr. 85) :: Dietrich-Loretz-Sanmartín UF 8, 1976, 37-40: Gegenstand ev. Schale, od. ? unsem.: כְּסַ׳ Pr 26₂₃ pr. כֶּסֶף סִיגִים (Ginsberg-Albr. BASOR 98, 21[55]. 24, VTSu 3, 1955, 12f, Kelso § 108, Rabin Or. 32, 139, Barr CpPh. 219). †

ספף, denom. v. II סַף:

hitpo.: inf. הִסְתּוֹפֵף: als Bettler auf der Schwelle liegen (s. Gkl, A. Robinson VT 24, 1974, 380f) Ps 84₁₁. †

I **ספק**: I שׂפק; mhe. (שׂ/ס), ja. (שׂ/ס); ar. *safaqa* klatschend schlagen; ? äth. (Dillm. 1321), tigr. (Wb. 650b) *ṣäfᶜa* (Leslau 37, VG 1, 156cα):

qal: pf. סָפְקוּ, סָפְקָם; impf. יִסְפֹּ(וֹ)ק; imp. סְפֹק: — 1. **die Hände** (כַּפַּיִם) **zusammenschlagen** (aus Schadenfreude od. apotropäisch, s. Rudolph KAT XVII/3, 225) Nu 24₁₀ Kl 2₁₅, c. עַל wegen, bzw. über Hi 27₂₃ (l עָלָיו כַּפַּיִם); —2. c. עַל־יָרֵךְ **sich** (in Abscheu, Trauer, s. Rudolph Jer.[3] 197, od. apotropäisch) **auf die Hüfte schlagen** Jr 31₁₉ Ez 21₁₇; — 3. (als Strafe) **schlagen** Hi 34₂₆ (Dhorme Job, cf. Hölscher :: Stier 336, Tur-Sinai Job 483); — 4. Hi 34₃₇ inc. ספק = סָפַק כַּפַּיִם (cf. 1.; Budde GHK II/1[2], 222; Fohrer KAT XVI 465; :: ספק = aram. pa. Zweifel veranlassen, Zweifel erheben (cf. Dalm. Wb. 298b; Hölscher HAT 17[2], 83). †

II **ספק**: älter ↗ II שׂפק; mhe. ja. sam. cp. sy. md. (MdD 335a), nass. spbab. aram. Lw. (AHw. 1026a) genügen, überfliessen, sy. pa. ausspeien, (sich) erbrechen; asa. *šfq* (Conti 251a):

qal: pf. סָפַק (or שׂ׳); impf. יִסְפּוֹק: **sich erbrechen** בְּקִיאוֹ (? dl) Jr 48₂₆ (Rudolph Jer.[3], 278. †

Der. *סֶפֶק.

***סֶפֶק**: II ספק: סֶפֶק (Ⓑ שֶׂ׳), סִפְקוֹ: Genügen, **Überfluss** Hi 20₂₂ 36₁₈ (al. Höhnen cf. I ספק, 1). †

I ספר: ? denom. v. I סֵפֶר; zählen, schreiben, ug. (UT nr. 1793, Aistl. 1947, RSP I S. 284f Nr. 399, 401, II S. 65f Nr. 31); mhe. pi. u. sy. pe. > erzählen (Palache 52), auch schreiben, md. (MdD 335a) u. ar. (Lw Frae. 247); akk. *šapāru* schicken, schreiben; äth.^{G} tigr. (Wb. 201a) > messen, asa. *sfrt* Mass (Conti 199a):

qal: pf. סָפַר, סְפַרְתֶּם; impf. יִסְפּוֹר, תִּסְפָּר־, אֶסְפְּרֵם; imp. סְפֹר, סִפְרוּ; inf. לִסְפֹּר; pt. ↗ סֹפֵר: — 1. **(auf-)zählen**: כּוֹכָבִים Gn 15$_{5}$, יָמִים Lv 15$_{13.28}$ 23$_{15f}$ 25$_{8}$ Dt 16$_{9}$ Ez 44$_{26}$, יְרָחִים Hi 39$_{2}$, עָם 2S 24$_{10}$ Ps 139$_{18}$ 1C 21$_{2}$ 2C 2$_{1.16}$, cj. Nu 23$_{10}$ (מִי סָפַר), cj. 26$_{3}$ (l וַיִּסְפְּרוּ), בָּתִּים Js 22$_{10}$, מִגְדָּלִים Js 33$_{18}$ Ps 48$_{13}$, צְעָדִים Hi 14$_{16}$ 31$_{4}$; > abmessen (Getreidemengen) Gn 41$_{49}$, Pein Ps 56$_{9}$; — 2. בִּכְתָב (? בִּכְתוֹב) schriftlich aufzählen, **aufschreiben** Ps 87$_{6}$ (Völker); — 3. etw. **darzählen** c. acc. u. לְ Esr 1$_{8}$; — 4. **schreiben** nur im pt. סֹפֵר Schreiber (Begrich ZAW 58, 1940/41, 8ff = ThB 21, 1964, 75ff: äg. *sš* (*nsw*) „(königlicher) Schreiber"; cf. Helck, Zur Verwaltung des mittleren u. neueren Reiches, 1958, 61, u. R. J. Williams VTSu 28, 1975, 235f) Jr 8$_{8}$ 36$_{23}$ Ez 9$_{2f}$ Ps 45$_{2}$ (Begr. ZAW 58, 11^{5} = ThB 21, 78^{25}); ↗ סֹפֵר; Schreibgerät BRL^{2} 289ff, BHH 1718ff, Würthwein 6ff; ↗ קֶסֶת, עֵט, דְּיוֹ, תַּעַר, לִשְׁכַּת הַסֹּ׳. †

nif: impf. יִסָּפֵר, יִסָּפְרוּ: — 1. **gezählt werden** 1C 23$_{3}$; — 2. **sich zählen lassen** Gn 16$_{10}$ 32$_{13}$ 1K 3$_{8}$ 8$_{5}$ Jr 33$_{22}$ Hos 2$_{1}$ 2C 5$_{6}$. †

pi. (Jenni 218f): pf. סִפַּרְתִּי, סִפְּרוּ; impf. יְסַפֵּר, וַיְסַפֵּר, וַיְסַפֶּר־, אֲסַפֵּר, אֲסַפְּרָה, יְסַפְּרוּ, וַיְסַפְּרוּם, אֲסַפְּרֶנָּה, וַיְסַפְּרָהּ, וַנְּסַפֶּר־; imp. סַפֵּר, סַפְּרָה, סַפְּרוּ/פֵּרוּ; inf. סַפֵּר; pt. מְסַפֵּר, מְסַפְּרִים: — 1. **abzählen**, **nachzählen** Ps 22$_{18}$ Hi 28$_{27}$ 38$_{37}$; — 2. **aufzählen** Js 43$_{26}$ Ps 40$_{6}$ 50$_{16}$ 73$_{15}$ 119$_{13}$; prahlend Est 5$_{11}$. — 3. **bekannt machen**, **verkünden** (Elliger BK XI 358): שְׁמוֹ (Gottes) Ex 9$_{16}$ Ps 22$_{23}$ 102$_{22}$, תְּהִלַּת־י׳ Js 43$_{21}$ Ps 9$_{15}$ 79$_{13}$, גְּדֻלּוֹת י׳ Ps 145$_{6}$, מַעֲשֵׂה (Gottes) Jr 51$_{10}$ Ps 66$_{16}$ 107$_{22}$ 118$_{17}$, נִפְלָאוֹת (Gottes) Ps 9$_{2}$ 26$_{7}$ 73$_{28}$ 75$_{2}$, כָּבוֹד (Gottes) Ps 19$_{2}$ 96$_{3}$ 1C 16$_{24}$, צְדָקָה (Gottes) Ps 71$_{15}$ Sir 42$_{15}$ (|| זכר) Sir$^{M\ V\ 1}$ (|| שנן); c. אֶל Ps 2$_{7}$ (↗ חֹק 9b, Liedke WMANT 39, 1971, 172^{5}) u. 69$_{27}$; — 4. **berichten**, **erzählen** Gn 24$_{66}$ Nu 13$_{27}$ u. 28 ×, Js 43$_{26}$ (Elliger BK XI 381: Bericht des Geschädigten); c. מִן Ps 59$_{13}$, c. בְּאָזְנֵי vor Ex 10$_{2}$, c. אֶל vor Gn 37$_{10}$, c. עַל von Jl 1$_{3}$; — Ps 64$_{6}$ l יַחְפְּרוּ; 69$_{27}$ l יֹסִפוּ (G יסף hif.).

pu: pf. סֻפַּר; impf. יְסֻפַּר: **erzählt werden** Js 52$_{15}$ Hab 1$_{5}$ Ps 22$_{31}$ (לְ betr.), 88$_{12}$ Hi 37$_{20}$. †

Der. I סֵפֶר, סֹפֵר, I סְפָר, סִפְרָה, סֹפֶרֶת.

II ספר: ↗ סַנְפִּיר.

I סֵפֶר (ca. 190 ×). Sam. *asfår*; ug. *spr* (UT nr. 1793, Aistl. 1947, RSP I S. 238f Nr. 308) Schrift, Brief, Liste; ph. aam. (Degen Altaram. Gr. S. 46. 52), äga. Inschrift Brief, Dokument (DISO 196f); ba. ja. cp. סִפְרָא, sy. *sefrā*, sam. md. (MdD 29a. 329a) *aspar* u. *sipra*; > ar. *sifr* Buch (Frae. 247), asa. *spr* Mass (Conti 199a), saf. *sfr* Schriftspur (Grimme 86, 152f); < akk. *šipru* Sendung, Botschaft, Arbeit, Werk (AHw. 1245f, Ku. WaH 67, THAT II 162ff, BRL^{2} 289ff): סְפָרִים, סִפְרִי/רְךָ: — 1. **Inschrift** כָּתַב בַּסֵּפֶר Ex 17$_{14}$ (Mtg. ArBi 165^{7}), Js 30$_{8}$ חַקֹּק עַל־סֵ׳ || לוּחַ, Hi 19$_{23}$ חָקַק בַּסֵּ׳, cf. zu dieser Bedeutung von סֵפֶר Aḥrm Z. 2, ferner Liedke WMANT 39, 1971, 156f (:: Stamm ThZ 1, 1945, 331); — 2. **Schriftstück**, **Brief**, **Buchrolle** (Galling Fschr. W. F. Albright 1971, 217ff): a) Technisches: כָּתַב עַל־סֵ׳ schriftlich aufzeichnen Dt 17$_{18}$ u. 14 ×; כָּתַב בַּסֵּ׳ Nu 5$_{23}$ Dt 28$_{58}$ 1S 10$_{25}$; כָּתַב סֵ׳ Ex 32$_{32}$ Hi 31$_{35}$ (d. Anklageschrift); כָּתַב סֵ׳ אֶל 2S 11$_{14}$, כָּתַב סְפָרִים 2K 10$_{1}$, כָּ׳ עַל 12$_{20}$, כָּ׳ בַּסְּפָרִים in e. Brief schreiben 1K 21$_{9}$, עָשָׂה

סְפָרִים Koh 12$_{12}$, מָחָה מִסֵּ׳ Ex 32$_{32f}$; שָׁלַח ס׳ אֶל 2K 5$_5$, = c. סְפָרִים 1K 21$_8$ 2K 20$_{12}$ = Js 39$_1$ (Gray Kings[3] 701, Kaiser ATD 18, 323), חָתַם ס׳ 1K 21$_8$, הֵבִיא ס׳ אֶל 2K 5$_6$, נָתַן ס׳ אֶל 2K 22$_8$, = c. לְ 2K 22$_{10}$, לָקַח סְפָרִים מִיַּד 2K 19$_{14}$; נָגֹל כַּסֵּפֶר Js 34$_4$; פָּתַח ס׳ Neh 8$_5$, קָרָא ס׳ Ex 24$_7$, קָרָא בַּסֵּ׳ Jr 36$_8$, דָּרַשׁ מֵעַל ס׳ Js 34$_{16}$; ס׳ חָתוּם u. גָּלוּי Jr 32$_{11.14}$ (↗ גלה qal 1), מְגִלַּת ס׳ Jr 36$_2$; שָׁמַע מֵעַל ס׳ Jr 36$_{11}$, הֵשִׁיב סְפָרִים (rückgängig machen) Est 8$_5$; אָמַר עִם ס׳ (mit schriftlicher Ausfertigung) Est 9$_{25}$; b) Arten v. סְפָרִים: הַסְּפָרִים Da 9$_2$; ס׳ בְּרִית Ex 24$_7$ 2K 23$_2$, ס׳ זִכָּרוֹן Mal 3$_{16}$, ס׳ חָזוֹן Nah 1$_1$, ס׳ חַיִּים d. Lebens od. der Lebendigen (I חַי B 3 u. II 2, s. Nötscher RQ 1, 405ff) Ps 69$_{29}$, ס׳ יַחַשׂ Neh 7$_5$, ס׳ הַיָּשָׁר Jos 10$_{13}$, ס׳ כְּרִיתֻת Dt 24$_1$ (Phillips VT 23, 1973, 354f), ס׳ הַמִּקְנָה Jr 32$_{11f.14.16}$, ס׳ תֹּלְדֹת Gn 5$_1$ (Westermann BK I 481f); ס׳ יהוה Js 34$_{16}$ Ps 139$_{16}$ (סִפְרְךָ); ס׳ מִלְחֲמוֹת י׳ Nu 21$_{14}$; ס׳ הַתּוֹרָה Dt 28$_{61}$, ס׳ תּוֹרַת מֹשֶׁה Jos 8$_{31}$, ס׳ ת׳ אֱלֹהִים Jos 24$_{26}$, ס׳ ת׳ הָאֱ׳ Neh 8$_{18}$, ס׳ ת׳ יהוה Neh 9$_3$; ס׳ מֹשֶׁה Neh 13$_1$ 2C 25$_4$ 35$_{12}$ (DJD III p. 90 nr. 25: 1, 3); ס׳ דִּבְרֵי הַיָּמִים Buch der Tagesereignisse (↗ יוֹם 6, Regierungszeit, Meyer GAt III § 27, Bardtke KAT XVII/5, 313f) Est 2$_{23}$ 10$_2$, cf. 6$_1$, Neh 12$_{23}$, cj. 22 (Rudolph EN 194); ס׳ לְמַלְכֵי יִשְׂר׳ 1K 14$_{19}$ — 2K 15$_{31}$ (18 ×); ס׳ לְמַלְכֵי יְהוּדָה 1K 14$_{29}$ — 2K 24$_5$ (14 ×), ס׳ לְמֶלֶךְ דָּוִד cj. 1C 27$_{24}$; ס׳ דִּבְרֵי שְׁלֹמֹה 1K 11$_{41}$; ס׳ מַלְכֵי יִשְׂר׳ 1C 9$_1$ 2C 20$_{34}$; ס׳ מַלְכֵי יְהוּדָה וְיִשְׂר׳ 2C 25$_{26}$, ס׳ מַלְכֵי יִשְׂר׳ וִיה׳ 2C 27$_7$; ס׳ הַמְּלָכִים לִיה׳ וְיִשְׂר׳ 2C 16$_{11}$; מִדְרַשׁ ס׳ הַמְּלָכִים 2C 24$_{27}$; c) α) allgemein **Schrift**: (לֹא) יָדַע ס׳ (nicht) lesen können, G γράμματα, V *litteras*, Js 29$_{11f}$ (הַסֵּפֶר GK § 126q, Joüon § 137m); β) ס׳ וּלְשׁוֹן כַּשְׂדִּים Schrift(-tum) u. Sprache Da 1$_4$, כָּל־ס׳ וְחָכְמָה 1$_{17}$.

Der. I ספר (?), I סְפָר, סֹפֵר, סִפְרָה, סְפֹרוֹת, סֹפֶרֶת, I מִסְפָּר, n. l. קִרְיַת ס׳.

[II סֵפֶר überholte Herleitung aus akk *siparru* Bronze (Zimmern 59, GB 551b) ↗ I סֵפֶר 1: Ex 17$_{14}$ Js 30$_8$ Hi 19$_{23}$.]

סֹפֵר: ↗ I ספר qal pt., > sbst. oder denom. v. I סֵפֶר (Mettinger SSO 25ff); mhe., ja. sam. (LOT 2, 600b), sy. md. (MdD 314a) סָפְרָא, palm. n. m. *spr* (PNPI 102); akk. *sepīru* „Übersetzer-Schreiber" < aram. *sfīrā* (AHw. 1036b): — 1. **Schreiber, Sekretär** (Hermisson WMANT 28, 1968, 98f; Galling Fschr. Albright 1971, 222f) 2C 26$_{11}$ (Rudolph Chr. 282; Welten WMANT 42, 1973, 100[112]), Neh 13$_{13}$; הַסֹּ׳ שַׂר הַצָּבָא 2K 25$_{19}$, Jr 52$_{25}$ (s. Rudolph Jer.[3] 322); ס׳ מָהִיר Ps 45$_2$ (↗ מָהִיר), Esr 7$_6$ ס׳ מָהִיר בְּתוֹרַת מֹשֶׁה (s. Rudolph EN 67); בָּרוּךְ הַסֹּ׳ ↗ בָּרוּךְ Jr 36$_{26.32}$; — 2. **Staatsschreiber**, Sekretär d. Königs (Begrich ZAW 58, 1ff = ThB 21, 67ff; de Vaux Inst. 1, 195-98 = Lebensordnungen 1, 206-210) ס׳ הַמֶּלֶךְ 2K 12$_{11}$ 2C 24$_{11}$, pl. Esr 3$_{12}$ 8$_9$ (? auch königlicher Bote, cf. Crown VT 24, 1974, 366-70); Namen solcher Schreiber: שְׂרָיָה 2S 8$_{17}$; ↗ שַׁוְשָׁא (< שָׁמְשָׁא, bab., s. de Vaux l. c.) 2S 20$_{25}$ 1C 18$_{16}$; ↗ אֱלִיחֹרֶף (Ägypter) u. אֲחִיָּה 1K 4$_3$; שֶׁבְנָה 2K 18$_{18.37}$ 19$_2$ Js 36$_{3.22}$ 37$_2$; שָׁפָן 2K 22$_{3.8-12}$ Jr 36$_{10}$ 2C 34$_{15.18.20}$; אֱלִישָׁמָע Jr 36$_{12.20f}$; בָּרוּךְ Jr 36$_{26.32}$; יְהוֹנָתָן Jr 37$_{15.20}$ 1C 27$_{32}$; שְׁמַעְיָה 1C 24$_6$; לִשְׁכַּת הַסֹּ׳ Jr 36$_{12.20f}$; — 3. עֶזְרָא הַסֹּפֵר **Sekretär f. jüd. Angelegenheiten** (Schaeder Esr. 39ff, BHH 439) Esr 7$_{11}$ Neh 8$_{1.4f.9.13}$ 12$_{26.36}$; — 4. **Schriftgelehrter** (Schürer 2, 372 ff, BHH 1736, cf. סִפְרָה 2) Esr 7$_6$ (s. o. 1)$_{.11}$, pl. 2C 34$_{13}$, מִשְׁפְּחוֹת סֹפְרִים 1C 2$_{55}$ (↗ סֹפְרִים); Ri 5$_{14}$.†

I **סְפָר**: I ספר, BL 470 l; aLw 204a; mhe. sam.: **Zählung** 2C 2$_{16}$. †

II **סְפָר**: ? ja. sy. ספרא Ufer, Küste, ar. *šafīr*; n. terr. od. loci in Ar. Gn 10$_{30}$; loc. סְפָרָה; Sam[M 158] *sifra*, G Σωφηρα, = Σαπφαρα, Josph. Σηρία (NFJ 111), trad.

Ẓafār Hafenstadt in Oman, GTT § 136 :: in Jemen, Forrer Sar. 165, B. Thomas, Arabia Felix 1932, 8ff; oder *Iṣfar* im Süden v. Hadramaut, Westermann BK I/1 704; cf. Winnett, Fschr. H. G. May 182. †

סְפָרַד: G^A Σεφραθα, G^Q Σφραθα (s. Rudolph ZAW 49, 1931, 226); iam. KAI Nr. 260, 2 (cf. Wolff BK XIV/3, 47f): Ob $_{20}$; n. l. mit Verbannten aus Jerusalem; Lokalisierung lange strittig, s. BHH 1772; V *Bosporus*, S, T Spanien (daher seit Mittelalter סְפָרְדִּים Bezeichnung d. spanischen Juden, Neumann JNES 22, 128ff); Gegend v. Benghazi = die Hesperiden d. Alten (Gray ZAW 65, 1953/4, 57ff); **Sardes**, Stadt u. Provinz d. pers. Grossreiches (W. Kornfeld Fschr. A. Robert 180-86; Rudolph KAT XIII/2, 315), ape. *Sparda*, bab. *Saparda* (VAB III 154, HbAP 142), lyd. *Sfard*, gentl. *Spardija*, *Sfarda* (R. Gusmans, Lydisches Wb., 1964, 202), gr. Σάρδεις (im Lydischen wechselt *sp* mit *s*, siehe Pisani, Sprache 5, 145); Ausgrabungen Hanfmann BASOR 154, 5ff, 186, 17ff, 191, 2ff; BA 29, 37ff., kl. Pauly IV, 1551f. †

סִפְרָה: fem. v. I סֵפֶר, sam. ספרות Schrift, d. h. die Thora, vgl. sy.: בְּסִפְרָתֶךָ: — 1. **Buch**, himmlisches Merkbuch (ba. סְפַר Da 7_{10}) Ps 56_{9}; — 2. **Schriftgelehrsamkeit** (ꟳ סֵפֶר 4) Sir 444 (Rd. u. Sir^M VII 10 pr. מספרת). †

סְפַרְוַיִם, 1Q Js^a 36_{19} u. 37_{13} ספריים (Beegle, BASOR 123, 28), G Σεπφαρουαιν: n. l., von den Ass. erobert 2K $17_{24.31}$ (K רים–, Q רוים–) 18_{34}/Js 36_{19} u. 2K 19_{13}/Js 37_{13}, gntl. סְפַרְוִים 2K 17_{13a}; sy. *sfrwjm* bei Jakob v. Sarug (MVAeG 21, 115f); inc. (Sarsowsky ZAW 32, 1912, 146f, BHH 1772), = ꟳ סִבְרַיִם Ez 47_{16}, so Albr. RI 247[123]; Gray Kings[3] 652; Zimmerli BK XIII 1216; M. Weinfeld UF 4, 1972, 149[128] :: Driver ErIsr. 5, 1958, 19 = d. bab. *Sippar*, heute *Abu Habba*. †

סְפֹרוֹת: I ספר, BL 589d; mhe. Zahl (Ben Yeh. VIII 4191), S *safrūtā*, G γραμματεία, V *litteraturam*/*litteraturas*: **Schreibkunst** Ps 71_{15} :: Beyerlin ZAW 79, 1967, 218: Schriftrollen; cj. לְסֹפֵר BHS. †

סִפְרִים: 1C 2_{55}: n. l. (Ehrl); l סֹפְרִים gntl. v. קִרְיַת סֵפֶר (Rudolph Chr. 22. 25). †

סֹפֶרֶת: I ספר: בְּנֵי־הַסֹּפֶרֶת Esr 2_{55}, בְּנֵי־סוֹפֶרֶת Neh 7_{57}: gebildet wie קֹהֶלֶת cf. H. Bauer ZAW 48, 1930, 80, Lex.[1] Trad. n. m. :: appell.: Hofamt der Schreiber. Fohrer Fschr. D. W. Thomas 98: ס׳ bedeutet urspr. das „Amt des Schreibers" dann den, welcher diese Tätigkeit ausübte und wurde zuletzt ein PN. :: Galling Fschr. W. F. Albright 1971, 219: בְּנֵי (הַ)ס׳ Nachkommen des mit der Leder (= Schriebmaterial)-Bereitung Betrauten. †

cj. **סֶפֶת**: Nu 32_{14} pr. לִסְפֹּת u. Js 30_{1} pr. סְפוֹת, ꟳ יסף.

סקל: mhe. ja.; m. Steinwürfen töten, cf. רגם m. Steinen zudecken, R. Hirzel, Die Strafe d. Steinigung, 1909; eine spezifische Strafe des Jahwerechts für Vergehen gegen das Heilige (Alt KlSchr. 1, 313, Clemen Islamica 10, 170ff); BHH 1861; Boecker WMANT 14, 1964, 148f; Liedke WMANT 39, 1971, 49f; H. Schüngel-Straumann, Tod u. Leben in der Gesetzesliteratur des Pentateuch, Bonn 1969, 131ff; :: ירה.

qal: pf. סְקָלוּהָ, סְקַלְתּוֹ/תֻם, סְקַלְתֶּם; impf. יִסְקְלוּ, יִסְקְלֻנִי; imp. סְקָלֻהוּ; inf. סָקֹל u. סָקוֹל: — 1. **steinigen** a) בָּאֲבָנִים Dt 13_{11} 17_{5} $22_{21.24}$ Jos 7_{25} 1K 21_{13}; b) ohne בָּאֲ׳ Ex 8_{22} 17_{4} 19_{13} 21_{28} 1S 30_{6} 1K 21_{10}. †

nif. impf. יִסָּקֵל **gesteinigt werden** (formelhaft, Tiere, Boeker 148f) Ex $21_{28f.32}$ (Tier), 19_{13} (Tier od. Mensch). †

pi. (Jenni 209): impf. וַיְסַקֵּל, וַיְסַקְּלֵהוּ; imp. סַקְּלוּ: — 1. **m. Steinen (be)werfen** 2S 16_{13}, c. acc. pers. 16_{6}; — 2. a) **v. Steinen säubern** c. acc. Js 5_{2}; b) St. wegräumen מֵאֶבֶן Js 62_{10}. †

pu: pf. סֻקַּל: **gesteinigt werden** 1K 21_{14} (Mensch). †

סַר: I סרר, BL 557a, 559k; akk. *sarru* falsch, unzuverlässig (AHw. 1030) (:: *kēnu*): f. סָרָה: **missmutig** 1K 21_5 (רוּחַ), סַר וְזָעֵף 20_{43} 21_4; — Jr 6_{28} ? l שָׂרֵי pr. סָרֵי cf. BHS. †

*סרב: mhe. (Sir 4_{25}) pi. u. ja. pa. sy. pe. widersprechen; ar. *srb* frei weiden: Der. *סָרָב.

*סָרָב: *סרב, < **sarrab*, BL 479l; mhe. סַרְבָּן, ja. *sarbānā*, sy. *sārōbā*; aLw. 205: סָרָבִים: **widerspenstig** Sir 41_2 (Rd. אפס המראה, Sir^M III 2 א׳ המרה der Aussicht bar, || תקוה, p. 17); — Ez 2_6 || סַלּוֹנִים stachliges Gewächs (Rüthy 21f, ZüBi) :: al. l סֹבְבִים (BHS, Zimmerli 10). †

סַרְגוֹן, Ⓑ סַרְגּוֹן, A Σ Σαραγων: altakkad. u. assyr. Königsname: *šarru-kīn/kēn* „d. König ist legitim"; zur Schreibung des Namens Hirsch AfO 20, 1963, 1f; AHw. 439a u. zum Sinn Stamm 45ff. (hier S. 143f. 149f. 176. 218f Belege für PN, die mit dem impf./imp./pt. des D-Stammes von *kânu* (*kunnu*) gebildet sind); aram. שרכן KAI 233, 15, סרגן Sgl. AJSL 49, 53f; ? verschrieben f. סרגין (Ungnad T. Halaf, Berlin 1940, 50): **Sargon** II, K. v. Assyrien, 722-705 (VAB 7, 723, BHH 1672): Js 20_1. †

סֶרֶד, Sam. *sårâd*, Josph. Σαράδος G Σερεδ (NFJ 107): n. m.; ? Etym.: ug. *bn srd* (UT nr. 1794, Aistl. 1949, Gröndahl 186), cf. auch akk. *sāridu* Packmeister (für Esel; AHw. 1029b): S. von זְבֻלוּן Gn 46_{14} Nu 26_{26}; gntl. סַרְדִּי, Sam. *sårâdi*: Nu 26_{26}. †

*סרה: ja. cp. sy. md. (MdD 336b) stinken; ? aLw; Der. *סוּרִי.

I סָרָה: סור, BL 465e; mhe. Abweichen: **Aufhören** Js 14_6: מַכַּת בִּלְתִּי סָרָה pausenloser Schlag (Wildberger BK X 531. 534). †

II סָרָה: I סרר, < **sarrat* (BL 453x); mhe. DSS (KQT 152) c. דבר; akk. *sartu*, pl. *sarrātu(m)* Falsches, Lüge, Verbrechen (AHw. 1031): das Folgende nach briefl. Mitteilungvon E. Jenni (jetzt in Mélanges H. Cazelles, Paris 1981): — 1. **Widerspenstigkeit** Js 1_5 31_6; — 2. **Falschheit**, c. דִּבֶּר Falsches reden Dt 13_6 (Sam. *sårå* √סור, id. sam. aram. arab. Targ.) Js 59_{13} Jr 28_{16} 29_{32}, = akk. *sarrātim dabābu* Lügen sagen (AHw. 147a. 1031b), cf. ba. Da 3_{29} cj אמר שלה* על; c. I ענה (vor Gericht) Falsches aussagen Dt 19_{16}.

סִרָה: in n. l. בּוֹר הַסּ׳ 2S 3_{26} (↗ בּוֹר II 1), = *סִירָה 1. †

סָרוּחַ: I סרח, BL 471u, pt. od. adj. Sam. *sāru*: סְרוּחֵי, סְרֻחִים, סְרוּחִים: **überhangend** Ex 26_{13}, **herabhangend** Ez 23_{15} (↗ טְבוּלִים). **hingeräkelt** Am $6_{4.7}$, cf. Wolff BK XIV/2, 316 u. 320. †

I סרח: mhe. ja. herabhangen, sy. md. (MdD 336b) schneiden; ar. *saraḥa* freiweiden lassen; asa. *šrḥ* (Conti 252b) u. äth. *šarḥa* gedeihen:

qal: impf. תִּסְרַח; pt. סֹרַחַת: — 1. **überhangen** c. עַל (Teppich) Ex 26_{12} (Sam. nif. *tissårå*); — 2. **wuchern** (Reben) Ez 17_6. †

Der. סֶרַח, סָרוּחַ.

II סרח: mhe. verderben, stinken, Sir 42_{11}, Rd. שם סרח stinkender Name (Charles Apocr. I 470, Sir^M p. 43); ja. verwesen; sam. (LOT 2, 458b. 536); ? ph. KAI 10, 15; ? äth. tigr. *rasḥa* schmutzig sein (Dillm. 278, tigr. Wb. 149b, Leslau 37):

nif: pf. נִסְרְחָה: **stinkend, verderbt werden** Jr 49_7. †

סֶרַח: I סרח, Sam. *sårå* : das **Überhängende** Ex 26_{12}. †

*סִרְיוֹן, MSS שִׁרְיוֹן: ja. ס/שִׁרְיָנָא/יוֹנָא, sy. *šerjānā*, md. (MdD 463b); ar. *šarija* strahlen, ↗ חֶרְמוֹן = שִׁרְיוֹן, H. Bauer OLZ 38, 477 :: akk. *sari(j)am, sir(i)jam* Panzer-

(hemd) f. Krieger u. Pferde (AHw. 1029b), heth. *šarian(n)i* (Friedr. HWb. 324a), urspr. churr. *šarian(ni)* (v. Brandst. ZA 46, 1940, 104f) mit variablem *s*-Laut; > äg. *ṯrjn* (EG 5, 386, Albr. Voc. 36): סִרְיֹנֹת, סִרְיֹנוֹ: **Schuppenpanzer** (BRL[2] 248, BHH 1626, ANEP 161. 789) Jr 46₄ 51₃, cj. c. G סִרְיֹנוֹ pr. רִסְנוֹ Hi 41₅ (:: Tur-Sinai Job 569). †

סָרִיס: mhe. (pl. סֵירוּס, סְרִיסִים kastrierten), Sam. *sårəs*; aam. (Degen Altaram. Gr. S. 46. 52) u. äga. סרס (DISO 197), ja. cp. sy. סְרִיסָא; denom. kastrieren, mhe. pi. ja. cp. sy. md. (MdD 338a); > ar. *sarīs*; < akk. *ša rēši* „der zu Häupten" (pl. *šūt rēši* GAG § 46d, MSL VIII/1, 74) d.h. u.a. Haushofmeister, Vorsteher, später Eunuch (AHw. 974a): סְרִיס, סָרִיסִים, סְ/סָרִיסֵי, סָרִיסָיו: — 1. **hoher politischer** od. **militärischer Beamter** (de Vaux Inst. 1, 186 = Lebensordn. 1, 197; Koehler HeMe 26f; Selmsdorf ZAW 84, 1972, 557): a) im assyr. Heer שַׂר/רַב־סָרִיס 2K 18₁₇ Jr 39₃.₁₃ trad. Obereunuch doch vgl. dagegen Rudolph Jer[3] 245; b) am babyl. Hof „Hofbeamter" Dan 1₃.₇-₁₁.₁₈ (cf. Plöger KAT XVIII 39); c) in Jerusalem 2K 23₁₁ 24₁₂.₁₅ 25₁₉ Jr 29₂ 34₁₉ 38₁₇ 41₁₆ 52₂₅; d) in Israel 1S 8₁₅ 1K 22₉ 2K 8₆ 9₃₂; e) bei David 1C 28₁ 2C 18₈; — 2. **Eunuch** (Neufeld 220ff, BHH 448): a) am babyl. Hof 2K 20₁₈ = Js 39₇; b) am äg. Hof Gn 37₃₆ 39₁ 40₂.₇; c) am pers. Hof (Bardtke KAT XVII/5, 284) Est 1₁₀.₁₂.₁₅ 2₃.₁₄f 4₄f 6₂.₁₄ (S רָצֵי, 1 MS וְשָׂרֵי) 7₉; d) in d. nachexil. Gemeinde Js 56₃f Sir 30₂₀. †

I *סֶרֶן: ja. sy. סַרְנָא: סַרְנֵי: **Radachse** 1K 7₃₀. †

II *סֶרֶן (?): ? ug. *s/śrn* (UT nr. 1797, Aistl. 1952), äga. KAI II S. 325 Nr. 271 A סרן; Ellenbogen 126f: סַרְנֵיכֶם, סַרְנֵי, סְרָנִים: d. **Stadtfürsten** d. 5 Philisterstädte: philist., ? = τύραννος (Klostermann), **ts-ran* Albr. Studies Presented to D.M. Robinson, 1951, 228[3], F. Staehelin, Die Philister 1918, 20. 40; Maclaurin VT 15, 1965, 472ff; Stoebe KAT VIII/1, 140: Jos 13₃ Ri 3₃ 16₅.₈.₁₈.₂₃.₂₇.₃₀ 1S 5₈.₁₁ 6₄.₁₂.₁₆ 7₇ 29₂.₆f 1C 12₂₀ Sir 46₁₈. †

*סַרְעַפָּה: I סעף, < *sa"apat* (ד סְעַפָּה), BL 558c, Ruž. 230; sy. *sarʿef.* sprossen (lassen), *surʿāfā* Verzweigung; šḫ. *ṣeġlif*, meh. *śarġaif*, Palm-, Blumenblatt (Leslau 37), Rüthy 54; aLw 206: סַרְעַפֹּתָיו: **Zweig** (v. אֶרֶז) Ez 31₅. †

סרף: ד שׂרף:

pi: pt. מְסָרְפוֹ: Am 6₁₀: trad. (Ges. 973b): ד שׂרף, danach: Verwandter mit Bestattungs- bzw. Verbrennungspflicht (so Maag 164-166): Da Leichenverbrennung in Israel ungewöhnlich war, ist das unwahrscheinlich. Kutscher, Hebrew and Aramaic Studies (Jerusalem 1977) 338 erklärt סרף: salben (vgl. שְׂ/סָרָף Balsam); מסרפו wer den Toten mit Oel salbt. (cf. MiŠabb 23₅) Der hebr. Text scheint verderbt; Vorschläge zur Besserung bei Rudolph KAT XIII/2, 222f; unter diesen als Möglichkeit: וַיִּשָּׁאֲרוּ נוֹדְדֵי מִסְפָּר „und es wird nur eine (geringe) Zahl von Flüchtlingen übrig bleiben"; anders Wolff BK XIV/2, 325 (nach G): וְנָשְׂאוּ דוֹדוֹ וּמְצָרוֹ „Und man nimmt seinen Verwandten und zwingt (ihn)". †

סִרְפָּד, 1Q Js[a] סרפוד (R. Meyer ZAW 70, 1958, 44), Hier. *sarphod* (Sperber 244): ? ספד, < **sippad*, Ruž.136) od. **sappad* (BL 476x, VG 1, 360b); G κόνυζα Flohkraut, V *urtica* (Rüthy 16); aram. n. m. NE 331: **Brennessel** Js 55₁₃. †

I **סרר**: mhe. (nimmt in DSS auch d. Bedeutung von סור an: סוררי דרך); ug. *srr* (TOML 218[t]); ar. *šarra* (Guill. 3, 6) böse sein; akk. *sarāru* unbeständig ... lügnerisch sein (AHw. 1028f):

qal: pf. סָרַר; pt. סוֹרֵר (Sam. *sūrår*), סֹרֶרֶת, סֹ(ו)רֶרֶת, סֹרֵרָה: **störrisch sein**: פָּרָה

Hos 4_{16} (בהמה Dam. 11, 7), כָּתֵף Zch 7_{11} Neh 9_{29}, אָדָם Dt $21_{18.20}$ Js 1_{23} Hos 9_{15}; gegen Gott Js 30_1 65_2 (1Q סורה pr. סוֹרֵר), Jr 6_{28} Ps 66_7 $68_{7.19}$ 78_8, cj. סָרֹר יָסוּרוּ Hos 7_{14}; לֵב Jr 5_{23}; אִשָּׁה Pr 7_{11}. † Der. סַר, II סָרָה.

II סרר F יָסֹר, 1C 15_{22} c. בְּמַשָּׂא n. agentis zu יָסַר **Unterweiser** (cf. GK § 84k, BL 470jα. kα) und nicht impf. zu שׂרר (יָשַׂר) cf. Rudolph Chr. 119. †

סְתָו, (Q סְתָיו, BL 473g, 587k, Gordis 92): < *sitāw; mhe., aam. שתו (DISO 322, Degen Altaram. Gr. S. 48), sam. אסתב (LOT 2, 461b), ja. u. md. (MdD 330a) *sitwā*, sy. *satwā*, ar. *šitāʾ*, denom. *šatāʷ* überwintern: **Regenzeit**, **Winter** (Reymond 19; Eilers Symbolae de Liagre Böhl, 1973, 132[8]; Lemaire VT 25, 1975, 23; Targ. cp. für חֹרֶף, AuS 1, 35f. 172ff :: קַיִץ) HL 2_{11}. †

סְתוּר, Sam.[M 168] *sittor*, G Σατθουρ: n. m.; סתר, BL 473a, Kf. (Noth N. 38. 158); Keilschr. *Satturu*, ihe. סתרה (Dir. 173): Nu 13_{13}. †

סתם: verschliessen, verstopfen, verbergen mhe., sam. זדם (LOT 2, 600b), ja. sy. md. (MdD 318a) *sdm*; ? äga. (DISO 98 חתם I); F שׂתם:

qal: pf. סתם; impf. תִּסְתְּמוּ, וַיִּסְתְּמוּ; imp. סְתֹם; inf. לִסְתֹּ(וֹ)ם; pt. סָתֻם, סְתֻמִים: — 1. (Wasserstellen) **verstopfen**, **unkenntlich machen** (Reymond 158) 2K $3_{19.25}$ 2C $32_{3f.30}$; — 2. (Worte, Gesichte) verschliessen, **geheimhalten**: a) מַרְאָה Da 8_{26}, דְּבָרִים 12_4, || חתם 12_9; b) סָתוּם **Geheimes** Ez 28_3 (F עמם); בְּסָתֻם || בַּטֻּחוֹת, ? insgeheim Ps 51_8 (s. Komm. u. Dalglish 57. 123ff). †

nif: inf. הִסָּתֵם: **verstopft**, **verschlossen werden**: Breschen (in der Mauer) Neh 4_1, Tal cj. Zch 14_5 (נִסְתַּם 3 × pr. נַסְתֶּם). †

pi. (Jenni 204) Sam. qal: pf. סִתְּמוּם; impf. וַיְסַתְּמוּם: (Brunnen) **verstopfen** Gn $26_{15.18}$. †

סתר: mhe. DSS נסתרות verborgene Dinge 1QS V 11f; ? ug. *ztr* unterbringen ? (UT nr. 830, Albr. BASOR 94, 35[30], CML[2] 153b, Gray VTSu. 15, 1966, 173[3], LoC[2], 109[3], cf. Koch ZA 58, 1967, 214f :: Tsevat UF 3, 1971, 352); mhe. sam. (LOT III/2, 170) verbergen und zerstören, ja. sy. md. (MdD 338b; pe. bedecken) סתר, ar. äth. tigr. (Wb. 185b) *satara* verbergen, asa. schützen, n. f. *str* (Kf. Müller ZAW 75, 1963, 312), äg. *mśtrt* Schurz (EG II 152); Dahood Psalms III 389 סור/√ mit infigiertem ת, ähnlich Moroder UF 6, 1974, 261; THAT II 173ff; Balentine VT 30, 1980, 137-153, bes. 142ff:

nif: pf. נִסְתַּר, נִסְתְּרָה/תָּרָה, וְנִסְתַּרְתָּ/תִּי, נִסְתַּרְנוּ/תָּרְנוּ; impf. תִּסָּתֵר, אֶ/יִסָּתֵר Sec. θεσθερ Ps 89_{47} (Brönno 104), תִּסָּתְרוּ; imp. הִסָּתֵר; inf. לְהִסָּתֵר; pt. נִסְתָּר, נִסְתָּרִים, נִסְתָּר(וֹ)ת: — 1. **sich verbergen** (מִן vor) Gn 4_{14} Dt 7_{20} 1S $20_{5.19.24}$ 1K 17_3 Js 28_{15} Jr 16_{17} 23_{24} 36_{19} Am 9_3 Ps 55_{13} 89_{47} (subj. Gott), Pr 22_3 27_{12} 28_{28} Hi 13_{20} 34_{22}; — 2. **verborgen sein** (מִן vor) Gn 31_{49} Js 40_{27} 65_{16} Hos 13_{14} Ps 19_7 38_{10} Hi 3_{23} 28_{21}; unentdeckt bleiben Nu 5_{13}, geborgen bleiben Zef 2_3; pt. f. (pl.) **Verborgenes** Dt 29_{28} Sir 3_{22} 42_{19}, öfter in DSS; verborgene Fehler Ps 19_{13}, s. J. Milgrom JQR 58, 1967-68, 120. †

pi: imp. סַתְּרִי: **verbergen** Js 16_3. †

pu: pt. f. מְסֻתֶּרֶת, מסותרת Sir 41_{14} Rd.: **geheim gehalten** Pr 27_5 (אַהֲבָה, :: תּוֹכַחַת מְגֻלָּה), Sir 41_{14} (אוצר). †

hif: pf. הִסְתִּיר, הִסְתַּרְתָּ (Sec. Ps 30_8 εσθερθα Brönno 88 < *hastarta*), הִסְתִּירוּ, הִסְתִּירָנִי; impf. יַסְתִּיר, וַיַּסְתֵּר, אַסְתִּירָה, יַסְתִּירֵנִי, וַיַּסְתִּירוּ; inf. הַסְתִּיר, לְסַתִּיר Js 29_{15} (< לְהַסְתִּיר, BL 333j); imp. הַסְתֵּר; pt. מַסְתִּיר: — 1. **verbergen**: a) etwas: דָּבָר („Sache") 1S 20_2 Pr 25_2, עֵצָה Js 29_{15}, עָמָל (Menschenleid) Hi 3_{10}; מִצְוֹת (c. neg. als Bitte) Ps 119_{19}; b) jmd.: α) ein Mensch verbirgt einen andern (Joseba den Joas) 2K 11₂ 2C 22₁₁; β) Jahwe verbirgt jmdn. vor seinem Zorn Hi 14₁₃, vor Verfolgern Js 49₂ Jr 36₂₆ (G = וַיִּסָּתְרוּ s. Rudolph Jer.[3] 214), vor Feindschaft, die sich insbesondere in (falscher) Anklage äussern kann Ps 17₈ 27₅ 31₂₁ 64₃; — 2. הִסְתִּיר פָּנִים: a) α) ein Mensch an heiliger Stätte Ex 3₆; β) Js 53₃ (F מַסְתֵּר); vor Beschimpfung Js 50₆; b) Gott gegenüber Sünde in ihren versch. Formen (Reiss ZAW 58, 1940/41, 88ff) :: שָׁמַע, עָנָה: α) vor dem Volk/der Gemeinschaft Dt 31₁₇f 32₂₀ Js 8₁₇ 54₈ 57₁₇ 59₂ 64₆ Jr 33₅ Ez 39₂₃f Mi 3₄; Ez 39₂₉ (Hoffnung, dass Gott s. Antlitz nicht mehr verberge); β) vor einem Einzelnen Ps 10₁₁ 13₂ 22₂₅ 27₉ 30₈ 44₂₅ 51₁₁ 69₁₈ 88₁₅ 102₃ 143₇ Hi 13₂₄ 34₂₉; c) Gott vor den Tieren der Erde Ps 104₂₉. †

hitp: impf. תִּסְתַּתָּר; pt. מִסְתַּתֵּר: **sich verborgen halten** 1S 23₁₉ 26₁ Js 29₁₄ 45₁₅ (Gott), Ps 54₂. †

Der. סֵתֶר, סִתְרָה, מִסְתּוֹר, מַסְתֵּר, מִסְתָּר; n. m. סִתְרִי, סְתוּר.

סֵתֶר: סתר; Sam. *sētår*, mhe. ja. סִתְרָא; sy. *setrā*, md. (MdD 330a) *sitara* Schleier; akk. *šitru* Schleier ? (Römer AOAT 12, 71[2]; Bottéro ARM XIII, 162; AHw. 1252a): סָתֶר Pr 25₂₃ (BL 574y), סִתְרִי, סְתָרִים: — 1. **Versteck** 1S 19₂; im drohenden Gericht Js 28₁₇ (oder zu 3), in Rohr und Sumpf Hi 40₂₁ (G παρὰ πάπυρον: cf. Fohrer KAT XVI 522), in der Felswand HL 2₁₄ (F מַדְרֵגָה). — 2. **Hülle**, die Finsternis Ps 18₁₂; בְּסֵתֶר רַעַם im Donnergewölk (:: Dahood Psalms II 262. 265) Ps 81₈; ס׳ פָּנִים Gesichtshülle, d. i. ein Schleier od. das aufgehobene Gewand Hi 24₁₅ (cf. Budde GHK II/1[2], 143); — 3. **Schutz** durch einen Berg 1S 25₂₀, vor dem Verderben Js 16₄, vor dem Unwetter Js 32₂, bei Jahwe Ps 27₅ 31₂₁ 32₇ 61₅, bei עֶלְיוֹן Ps 91₁; — 4. **Heimlichkeit** דְּבַר ס׳ Wort im Geheimen Ri 3₁₉, לֶחֶם ס׳ heimliches Brot Pr 9₁₇, לְשׁוֹן ס׳ heimliches Geschwätz Pr 25₂₃; מַתָּן בַּסֵּ׳ heimliche Gabe Pr 21₁₄; בַּסֵּתֶר heimlich, im Verborgenen (mhe. :: בַּגָּלוּי) Dt 13₇ 27₁₅.₂₄ 28₅₇ 1S 12₁₂ Js 45₁₉ 48₁₆ Jr 37₁₇ 38₁₆ 40₁₅ Ps 101₅ 139₁₅ Hi 13₁₀ 31₂₇. †

סִתְרָה: f. v. סֵתֶר, 3, Sam. *sitra*: **Schutz** Dt 32₃₈. †

סִתְרִי: n. m.; סתר, Sam. *satri*: Kf. (Noth N. 38. 158) „(J.) ist m. Schirm"; ihe. סתרה (Vattioni sig. 12); äga. AP; asa. *str* (Müller ZAW 75, 1963, 312): Ex 6₂₂. †

ע

ע: עַיִן, mhe.; G Ps 119 u. Kl 5 Αιν, Gr. Οὖ (BL 67t); Sam. *īn* (BCh. LOT 5, 265); äth. *ʿĀin* (Dillm. Gramm. d. äth. Sprache, 1899 = Graz 1959 § 9). Bildwert Auge (Driver SWr. 153), später Zahlzeichen für 70. He. ע deckt zwei im ug, ar. u. sar. verschiedene stimmhafte spirantische Laute: 1) d. laryngale ʿ: עבד, u. 2) d. velare *ġ* (*gh*): עֶלֶם, עֶרֶב, מַעֲרָה, d. später in d. Aussprache u. dann auch in d. Schrift zusammenfielen. Dass noch G den Unterschied gehöhrt habe (VG I 125 lβ, Lex.[1]) ist zweifelhaft, da d. öftere Wiedergabe d. ע mit γ nur teilweise urspr. *ġ* trifft (Bgstr. 1, 36d, G. Lisowsky Die Transkription d. he. Eigennamen, 1940, 148; :: Gd AfO 12, 1937-38, 111, 29/30. Zur Aussprache des ע nach Hier. cf. Sutcliffe Biblica 29, 1948,

181 u. J. Barr JSS 12, 1967, 20f, E. Brønno, Die Aussprache d. hebr. Laryngale nach Zeugnissen des Hieronymus, 1970, 5. 194: ע ist eine stärkere Form des Knacklautes ʾ. ע wechselt innerhe. (u. aram.) mit א: II גאל, II תאב (ausserhebr. עטר), G ersetzt es oft behilfsmässig durch Vokal: Βαλααμ für בִּלְעָם, Γεδεων für גִּדְעוֹן, sonst wechselt es innerhe. mit ק: II נקע, לעע; ausserhe. F ba. אֲרַע u. äga. ערק (Ku. ScrHieros 4, 8^{34}), wechselt ausserhe. mit *ḫ*: F II עבט, ? F עֲנָה. Im Akk. ist ʿ>ʾ abgeschwächt (v. Soden Gr. § 23c); keilschr. wird es mit *ḫ* od. gar nicht ausgedrückt: F עַזָּה, עַכּוֹ, עָמְרִי.

I עָב 1K 7_{6} u. *עֹב (?), ? *עבב, cs. עָב עֵץ (? spr. *ʿob*) Ez 41_{25}, עֻבִּים (BL 534) Ez 41_{26}; mhe. עוֹב Balken (jT B bat 15a); ? cj. palm. עובא (Dura Inscr. 135f): tt. archt. inc., e. hölzerner Bauteil im Palast 1K 7_{6} u. im Tempel Ez 41_{25f}; Vorschläge zur Deutung: Gatter ?, Kranzleiste ? etc. , bei Zimmerli BK XIII 1052f; vgl. ferner Noth Kge. 131, Gray Kings³ 179, :: Görg BN 11, 1980, 10ff: (cf. äg. *ʿpy* einen Ort durchschreiten) Eingangstor; Ez 41_{26} ? Seitenflügel. †

II עָב: עיב/עוב; Deir Alla 1, 8 (ATDA 195f); mhe. עָב (DSS: KQT 154); ja. עֵיבָא Wolke; sam. עבב Nu 14_{14}; vgl. ar. *ġāba* dunkel od. verhüllt sein (Ug. V S. 590); ug. *ġb/ġbm* Wolke, (zwei) Wolken (RSP II S. 134 Z. 8; S. 142 A Z. 6, B. Z. 1); ? auch *ġb* Dunkel (RSP II S. 142 Z. 3); akk. (wsem. Fw.) *ebūbatu* Wald (AHw. 183b); sy. *ʿābā* Wald (LS 514b): cs. עַב Ex 19_{9}, עָב Js 18_{4} Pr 16_{15}, עָבִים (13 ×), עָבֵי, עָבָיו u. עָבוֹת (s. Michel Grundl. heSy. 1, 51): — 1. a) sg. **Gewölk**, **Wolke** (Reymond 11ff) 1K 18_{44} Js 14_{14} 19_{1} 25_{5} 44_{22} 60_{8} Hi 20_{6} 30_{15} 36_{29} $37_{11.16}$ 38_{34}; עָב טַל Tauwolke Js 18_{4}, עָב מַלְקוֹשׁ Regenwolke im Frühling Pr 16_{15}; b) pl. Wolken: α) עָבִים Ri 5_{4} 1K 18_{45} Js 5_{6} Ps 18_{13} 104_{3} 147_{8} Hi 22_{14} 26_{8} Koh 11_{3f} 12_{2}; β) עָבוֹת 2S 23_{4} Ps 77_{18}, cj. Ez $31_{3.10.14}$ (pr. עֲבֹתִים l עָבוֹת, BHS), cj. Hab 3_{10} (pr. עָבַר l עָבוֹת); — 2. a) **Dichtigkeit**: עָבֵי שְׁחָקִים 2S 22_{12}/Ps 18_{12} u. עַב הֶעָנָן Wolkendichte Ex 19_{9} (Sam. Vers. עבי, sam. עבה BCh. LOT 2, 553) l עֲבִי; b) Wald, Dickicht עָבִים || כֵּפִים, G ἄλση Jr 4_{29}. †

*עבב: Der. ? I עָב.

עבד: Deir Alla 2, 6 (ATDA 223); mhe., DSS (KQT 154) dienen, verehren; ug. *ʿbd* (UT nr. 1801, Aistl. 1956, CML² 153b) dienen; ph. aam. äga. nab. palm. (DISO 201), ba. ja. cp. sam. sy. md. (MdD 2b) machen, arbeiten; asa. (Conti 200b) unterwerfen; ? äth. *ʿabaṭa* Frondienst auferlegen (Leslau 37, Dillm. 988); ar. dienen, verehren, II versklaven; tigr. anbeten (Wb. 471a); — ? Grdb. ackern (Palache 53); J. Riesener Der Stamm עבד im AT (BZAW 149, 1979):

qal (ca. 271 ×): pf. עָבַד, עָבַדְתָּ, עָבְדוּ/בָדוּ; sf. עֲבָדָהּ, עֲבַדְתַּנִי, עֲבָדוּךָ/דוּם; impf. יַעֲבֹד, אֶעֱבֹד, יַעַבְדוּ/בְדוּ, תַּעַבְדוּן, נַעֲבֹד, נַעַבְדָה, sf. יַעַבְדֻנִי, אֶעֱבָדְךָ, יַעַבְדֶנּוּ, נַעַבְדֶךָּ; imp. עֲבֹד, עִבְדוּ, עָבְדוּ, עָבְדֻהוּ; inf. (לַ)עֲבֹ(וֹ)ד, עֲבֹד־, לְעָבְדוֹ, עָבְדָם, עָבְדְךָ/; pt. עֹבֵד, עֹבְדִים/דֵי, עֹבְדָיו, דֵנוּ: — 1. **bearbeiten** c. acc.: a) **bestellen** (Acker) Gn 2_{5} $4_{2.12}$ 2S 9_{10}; עֹבֵד אֲדָמָה Gn 4_{2} Zch 13_{5} pl. Js 30_{24}; גַּן Gn 2_{15}, כֶּרֶם Dt 28_{39}, פִּשְׁתִּים Js 19_{9}; b) עָבַד בְּ arbeiten mit (Tier) Dt 15_{19}; — 2. abs. **arbeiten** Ex 5_{18} 20_{9} 34_{21} Dt 5_{13}; הָעֹבֵד d. Arbeitende Koh 5_{11} (:: עָשִׁיר); — 3. c. לְ **arbeiten** für jmd, **dienen** 1S 4_{9}, cj. Pr 12_{9} וְעֹבֵד לוֹ arbeitend für sich selber; c. לִפְנֵי dienen vor 2S 16_{19}; c. עִם Gn 29_{25} u. *עִמָּד 29_{27} dienen bei; — 4. c. acc. jmd. **als Sklave dienen** Ex 21_{6} Dt $15_{12.18}$ Jr 34_{14}; vom Sohn gesagt Mal 3_{17}, v. יַעֲקֹב Gn $29_{15.18}$ $30_{26.29}$ 31_{6}, v. Tier

Hi 39$_{9}$; politisch: Stamm Gn 25$_{23}$, König 2K 18$_{7}$, Volk Gn 15$_{14}$ Ex 14$_{5}$ Dt 28$_{48}$ 2K 25$_{24}$ u. oft; abs. Sklave sein Ex 21$_{2}$; jmd. zu Willen sein 1K 12$_{7}$, abs. sich unterwerfen Hi 36$_{11}$ (|| שׁמע); מַס עֹבֵד ↗ מַס 3 u. Mettinger SSO 131f; עֹבֵד הָעִיר in d. Stadt arbeitend Ez 48$_{18f}$; — 5. c. בְּ: a) dienen für (um zu erwerben) Gn 29$_{20.25}$ 30$_{26}$ 31$_{41}$ Hos 12$_{13}$; Ez 29$_{20}$; b) jmdn. im Dienst halten, arbeiten lassen Lv 25$_{46}$ Jr 22$_{13}$ 25$_{14}$, cj. 11, 30$_{8}$ 34$_{9f}$ Ez 34$_{27}$; < עָבַד עֲבֹדָה בְּ jmdn. Sklavenarbeit tun lassen Ex 1$_{14}$ Lv 25$_{39}$; — 6. **ausführen, tun** Nu 4$_{26}$ (|| עשׂה nif.), c. חפץ Geschäft Sir 11$_{26}$ (Var. Tarbiz 29, 1959/60, 129 עשׂה); — 7. (kultischen) **Dienst tun** Nu 8$_{25}$ < עָבַד עֲבֹדָה Ex 13$_{5}$, Nu 3$_{7f}$ 16$_{9}$, c. בְּ an Nu 4$_{23}$, c. עֲבֹדַת י׳ Nu 8$_{11}$ Jos 22$_{27}$; עָבַד אֶת י׳ Jahwe-Dienst leisten = J. opfern Ex 10$_{26a.b}$, עָבַד זֶבַח וּמִנְחָה Js 19$_{21}$; — 8. einem Gott **Kult leisten, dienen**, ihn **verehren** (Floss BBB 45, 1975) Ex 3$_{12}$ Mal 3$_{14.18}$ 1C 28$_{9}$, יהוה (56 ×) Ex 4$_{23}$ Dt 6$_{13}$ Ri 2$_{7}$ 1S 7$_{3}$ Jr 2$_{20}$ Ps 100$_{2}$, Götter (41 ×) Ex 23$_{33}$ Dt 4$_{28}$ Jos 23$_{7}$ Ri 2$_{19}$ Jr 5$_{19}$, Gestirne Dt 4$_{19}$ 2K 21$_{3}$ Jr 8$_{2}$ 2C 33$_{3}$, שַׁדַּי Hi 21$_{15}$, בְּעָלִים Ri 2$_{11}$.(לְ)$_{13}$ 3$_{7}$ 10$_{6.10}$ 1S 12$_{10}$, בַּעַל v. Tyrus 1K 16$_{31}$ 22$_{54}$ 2K 10$_{18f.21-23}$ 17$_{16}$, גִּלֻּלִים 2K 17$_{12}$ 21$_{21}$ Ez 20$_{39}$, פֶּסֶל Ps 97$_{7}$, פְּסִילִים 2K 17$_{41}$ 2C 33$_{22}$, עֲצַבִּים Ps 106$_{36}$ 2C 24$_{18}$; — Ps 22$_{31}$ s. Komm.;

nif: pf. נֶעֱבַדְתֶּם, נֶעֱבַד; impf. יֵעָבֵד: (Boden) **bestellt werden** Ez 36$_{9.34}$ Dt 21$_{4}$ (|| זרע nif.); Koh 5$_{8}$ מֶלֶךְ לְשָׂדֶה נֶעֱבָד (Hertzbg. KAT XVII/4, 119): ein König, der dem Ackerland dient. †

pu: pf. עֻבַּד (pass. qal, Sam. pass. qal *ʿābəd*): — 1. c. בְּ es wird gearbeitet mit (:: Driver VT 2, 1952, 356) Dt 21$_{3}$; — 2. c. בַּעֲבֹדָה (1Q Js^{a} עבדו) Sklavenarbeit wird getan Js 14$_{3}$ (vgl. Wildbg. BK X 533). †

hif: pf. הֶעֱבִיד, הֶעֱבַדְתַּנִי/תִיךָ, וְהַעֲבַדְתִּיךָ; impf. וַיַּעֲבֵד, וַיַּעֲבִדוּ; inf. הַעֲבִיד; pt. מַעֲבִדִים: — 1. **arbeiten lassen**, zur Arbeit anhalten (s. W. H. Schmidt BK II 41) Ex 1$_{13}$ 6$_{5}$ 2C 2$_{17}$, c. עֲבֹדָה Ez 29$_{18}$; c. לַעֲבֹד z. Dienst anhalten 2C 34$_{33}$; — 2. dienen lassen, in Pflicht nehmen: Jahwe das Volk m. Opfern Js 43$_{23}$, d. Volk Jahwe m. s. Sünden belasten (|| הוֹגִיעַ) 43$_{24}$; — 3. **dienstbar machen** Jr 17$_{4}$, cj. pr. הֶעֱבִיר Gn 47$_{21}$ u. 2S 12$_{31}$ u. Jr 15$_{14}$. †

hof: impf. תָּעָבְדֵם, נָעָבְדֵם (Bgstr. 2, 79^{g}, Stamm ThR 27, 1961, 203^{2}) c. sf. obj: sich z. jmds. Kult bringen lassen Ex 20$_{5}$ 23$_{24}$ Dt 5$_{9}$ 13$_{3}$ (:: cj. וְנַעַבְדֵם qal). †

Der. I עֶבֶד, עֲבָד*, עֲבֹדָה, עֲבֻדָּה, עַבְדוּת*, מַעְבָּד*; n. m. II עֶבֶד, עֹבֵד־אֱדוֹם, עֹ(וֹ)בֵד, I עַבְדִּיאֵל, עַבְדְּאֵל, עַבְדָּא, עֶבֶד־מֶלֶךְ, עַבְדּוֹן, עַבְדִּי, עֹבַדְיָה(וּ), עֲבֵד נְגוֹ.

I **עֶבֶד** (800 ×, G 340 × παῖς, 310 × δοῦλος, 42 × θεράπων, zu anderen Wiedergaben s. van d. Ploeg VTSu 22, 1972, 74f), Sam. *ʿābəd*; mhe., DSS (KQT 154); ug. *ʿbd* (UT nr. 1801, Aistl. 1956, RSP II S. 66f Nr. 32, Ug V 245 Z. 4 *ab-du*); ph. (DISO 201) n.m. Αβδος (Wuthnow 8); amor. *ḫabdu* (Huffmon 189); akk. *abdu* (wsem. Lw., AHw. 6a, echt akk. (*w*)*ardu*); aram. aam. äga. palm. עבדא (DISO 201), ba. ja. cp. sam. sy. md. (MdD 3a); ar. *ʿabd*, asa. (Conti 200b); fehlt äth.; Bedtg. meist Sklave u. (kultischer) Verehrer (C. Lindhagen, The Servant Motif in the OT, 1950; de Vaux Inst. 1, 125ff = Lebensordnungen 1, 132ff; van d. Ploeg VTSu 22, 1972, 72ff; THAT II 182ff): עֲוֶבֶד, עַבְדּוֹ, עַבְדְּךָ (2S 14$_{22}$ K עַבְדּוֹ, Q u. MSS עַבְדֶּךָ), עֲבָדִים, עַבְדֵי, עֲבָדָיו, עֲבָדֶיךָ (Ps 89$_{51}$ MSS Sec. αβδαχ sg.? Brönno 137f :: R. Meyer Gr. § 52, 1b), עַבְדֵיהֶם, m., fem. עַבְדָּה* fehlt, ↗ אָמָה u. שִׁפְחָה; cf. THAT II 187: — 1. (leibeigener) **Sklave**: עַבְדּוֹ וַאֲמָתוֹ Gn 12$_{16}$, עֲבָדִים וּשְׁפָחוֹת Ex

20_{17}, עֶבֶד :: אֲדֹנָיו Dt 23_{16} Js 24_{2} Mal 1_{6}, עֶבֶד עוֹלָם Dt 15_{17} 1S 27_{12} Hi 40_{28} (ug. *ʿbd ʿlm*); עֶבֶד || יְלִיד בַּיִת Jr 2_{14}; עֶבֶד kann sein יְלִיד בַּיִת oder מִקְנַת־כֶּסֶף Gn 17_{12}; בֵּית עֲבָדִים (ug. PRU II 151, 9) Sklavenzwinger (trad. „Sklavenhaus") Ex 13_{3} Dt 5_{6} 6_{12} 7_{8} 8_{14} $13_{6.11}$ Ri 6_{8} Jr 34_{13} Mi 6_{4}; לָקַח לְעֶבֶד Gn 43_{18}, נָתַן עֶבֶד 1K 9_{22}, קָנָה עֶבֶד Koh 2_{7}, נִמְכַּר לְעֶבֶד Ps 105_{17}, מִמְכֶּרֶת עֶבֶד Lv 25_{42}; entlaufen 1K 2_{39} bzw. geflüchtet Dt 23_{16}, שִׁלַּח עֶבֶד Jr 34_{9}, הֵשִׁיב 34_{16}, עֶבֶד חָפְשִׁי מֵאֲדֹנָיו Hi 3_{19}; F Gn 24_{34} 26_{19} 39_{17} 1K 11_{17} 2S 9_{10} (20 עֲבָדִים); עַבְדֵי [בְּנֵי] שְׁלֹמֹה Staatssklaven (Mendelsohn BASOR 85, 1942, 14ff) 1K 9_{27} 2C 8_{18} 9_{10} Esr $2_{55.58}$ Neh $7_{57.60}$ 11_{3}; — 2. Knecht (auf Zeit, nicht leibeigen) 1S 29_{3}; militärisch: Untergebener Gn 14_{15}; עֲבָדִים :: שָׂרִים 2S 19_{7} 1K 9_{22} 2C 32_{9}, עֲבָדָיו :: סָרִיסָיו 1S 8_{15}; politisch: Untertan Gn 20_{8} Ri 3_{24}, עֲבָדִים לְדָוִד (אֱדוֹם ,בְּנֵי עַמּוֹן ,מוֹאָב) 1C $18_{2.6.13}$; הָיָה עֶבֶד für 3 Jahre 2K 24_{1}; Unterwerfungsformel עֲבָדֶיךָ אֲנַחְנוּ 2K 10_{5}; — 3. Abhängiger im Vertrauensstellung verschiedenen Ranges: Knecht, Diener: שַׂר הַמַּשְׁקִים u. שַׂר הָאֹפִים Gn 40_{20} (W. Gross, Bileam 1974, 86), שַׂר הַטַּבָּחִים (hat selber עֶבֶד) 41_{12}; עֶבֶד הַמֶּלֶךְ (s. Eph. 2, 141ff, Albr. JBL 51, 1932, 79f; Sgl. Glueck BASOR 71, 1971, 16f, u. Sgl. des *šmʿ ʿbd jrbʿm* AOB 578; de Vaux Inst. 1, 184f = Lebensordnungen 1, 195f; THAT II 186) = **Minister**, **Berater**, **Offizier** (F עֹבַדְיָהוּ u. II עֶבֶד): 2K 22_{12} 2C 34_{20}, auch Neh $2_{10.19}$?, pl. 1K 1_{47}; נַעֲמָן עַבְדִּי 2K 5_{6}; die bab. Beamten 2K 24_{10f} 25_{24} Kl 5_{8} (Rudolph KAT XVII/1-3, 261); — 4. עֶבֶד in höflicher Selbsterniedrigung, s. Lande 68ff, Dahood UHPh 11: עַבְדְּךָ = ich Gn 18_{3} (29 ×), עַבְדְּכֶם = ich Gn 18_{5}, עַבְדּוֹ = ich Gn 33_{14}, עֲבָדֶיךָ = wir Gn 42_{10}, עֲבָדָיו = wir Gn 44_{19}; עֶבֶד אֲדֹנִי = ich Da 10_{17}; — 5. theol. a) עֶבֶד drückt (bald nach 1., bald nach 3.) die Stellung des Menschen zu Gott aus (H. Vorländer: Mein Gott, AOAT 23, 1975. 29ff; Wellh. RaH 2ff; עֶבֶד in PN, s. Lindhagen l. c. 276f, THAT II 182): עַבְדְּךָ Gn 24_{14}, עֲבָדַי Lv 25_{55}, || בְּחִירַי Js 65_{9}, cj. 43_{10}; trop. עַבְדִּי אַתָּה Js 41_{9} 44_{21} 49_{3}; עַבְדִּי Js 41_{8} $42_{1.19}$ 44_{2} 52_{13} 53_{11}, F d; die נְבִיאִים als עֲבָדַי Jr 7_{25} 26_{5} 35_{15} 44_{4} 2K 9_{7} 17_{13} Ez 38_{17} Zch 1_{6} (s. Wildbg. BK X 758), עֲבָדֶיךָ Da 9_{6} Esr 9_{11}, עֲבָדָיו Am 3_{7} Jr 25_{4} Da 9_{10}, Dt 32_{43} (G u. Var. 4Q, Skehan BASOR 136, 1954, 13 בניו); עַבְדֵי י׳ (:: עֹבְדֵי הַבַּעַל) 2K 9_{7} 10_{23}; b) עַבְדִּי u. עַבְדּוֹ: für Abraham Ps $105_{6.42}$, Abraham, Isaak u. Jakob Ex 32_{13} Dt 9_{27}; Kaleb Nu 14_{24}; Mose Ex 14_{31} Nu 12_{7} Dt 34_{5} Jos $1_{2.7}$ 9_{24} 11_{15} 24_{29} Ri 2_{8} 1K $8_{53.56}$ 2K 21_{8} Js 20_{3} Mal 3_{22} Da 9_{11} Neh 1_{7f} 9_{14} 10_{30} 1C 6_{34} 2C 24_{9}; Josua Jos 24_{29} Ri 2_{8}; Jesaja Js 20_{3}; Eljaqim Js 22_{20}; David 1K 8_{66} Js 37_{35} Ez 34_{23} 37_{24f} Ps 78_{70} $89_{4.21}$ 132_{10} 144_{10} 1C $17_{4.7.24}$ 2C $6_{15-17.42}$; Israel Js 41_{8} Ps 136_{22}; Jakob Js 44_{1f} 45_{4} 48_{20} Jr 46_{27f} Ez 28_{25} 37_{25}; Hiob Hi 1_{8} 2_{3} 42_{7f}; Achia 1K 14_{18} 15_{29}; Elia 2K 10_{10}; Jona 2K 14_{25}; Zerubbabel Hg 2_{23}; צֶמַח Zch 3_{8}; Tobia הָעֶבֶד הָעַמֹּנִי Neh 2_{10} (s. Rudolph EN 109 :: Albr. Fschr. Alt 1953 4^{5}, BHH 1996); Nebukadnezar Jr 25_{9} 27_{6}; c) עֶבֶד יהוה (Zimmerli ThWb(NT) V 655-672, Zevit JBL 88, 1969, 74ff, THAT II 191-195): Mose Dt 34_{5} Jos 1_{13} $8_{31.33}$ 11_{12} 12_{6} 13_{8} 14_{7} 18_{7} $22_{2.4f}$ 2K 18_{12} 2C 1_{3} 24_{6}; Josua Jos 24_{29} Ri 2_{8}; David Ps 18_{1} 36_{1}; d) עֶבֶד י׳ als Amt in Dtj.: Js $42_{1.19}$ (|| מַלְאָכִים, cf. RSP II S. 21 Nr. 36), 52_{13} 53_{11} (H. H. Rowley, The Servant of the Lord etc, London 1965; Press ZAW 67, 1955, 67ff; BHH 970ff; North, The Suffering Servant in Deutero-Isaiah^{2} 1956; e) עֶבֶד אֱלֹהִים Da 9_{11} Neh 10_{30} 1C 6_{34}; cj Gn 47_{21} pr. לֶעָרִים prop. c. G Sam. לַעֲבָדִים (BHS).

II עֶבֶד: n. m.: = I, od. Kf. v. עֹבַדְיָה, Noth N. 137f; ihe. Dir. 353, T. Arad 72, 5; amor. pun. (PNPhPI 148), cf. bab. PN mit *ʿabd* (WSPN 31f. 79f), asa. (Conti 200b), palm. (PNPI 41); —1. Ri 9_{26-35} (G^B Ιωβηλ corr. < (Ι)ωβηδ < עֹבֵד (Budde KHC VII, 1897, 74, Baud. Kyr. 3, 92[3], BHS) V. v. גַּעַל; — 2. Esr 8_6; — ↗ עֹ(וֹ)בֵד. †

*עֲבָד: עבד, BL 470 l; ja. sy. md. (MdD 1b); aLw. 208; עֲבָדֵיהֶם: **Taten**, **Tun** Koh 9_1. †

עֹבֵד אֱדֹם u. עֹבֵד־אֱדוֹם (2S 6_{10} 2C 25_{24}) G Αβεδδαρα Αβεδδαραμ, Αβδεδομ, Josph. Ωβαδαδομος (NFJ 127); pun. *ʿbd ʾdm* (PNPhPI 149); n. m. ↗ עבד 7 (:: G I עֶבֶד) + ↗ אֱדוֹם n. d.: — 1. Mann aus Gath, in dessen Haus die Lade stand 2S 6_{10-12} 1C 13_{13f} 15_{25}; — 2. Familienhaupt von Türhütern u. Sängern 1C $15_{18.21.24}$ $16_{5.38}$ $26_{4.8.15}$ 2C 25_{24}, cf. Rudolph Chr. 124 u. Gese, Vom Sinai zum Zion, 1974, 153f. †

עֶבֶד־מֶלֶךְ, G Αβδεμελεχ: n. m.; I עֶבֶד 5 u. n. dei ↗ מֶלֶךְ: ph. (PNPhPI 155), ug. (Gröndahl 105), nab. (Cant. 2, 114), keilschr. *Abdi-Milki* (APN 3): הַכּוּשִׁי, Freund u. Gönner d. Jer., Jr 38_{7-12} 39_{16}. †

עֲבֵד נְגוֹ: G, Josph. Αζαρίας, Αβδεναγω (NFJ 5); n. m.; עֲבֵד cs. v. aram. עַבְדָּא (BLA 182x) = he. עֶבֶד; נְגוֹ deform. m. d. folgenden Buchstaben d. Alphabets < I נְבוֹ :: Berger ZA 64, 1975, 225f: bab. n.d. *Nabû* (BHH 1295, WbMy. I 106), cf. äga. Aimé-G. 27; Ⓑ u. Var.[S] Da 3_{29} עֲבֵד (aram. = he. עֹבֵד) u. נְגוֹא: **Abed-Nego**, bab. Name d. עֲזַרְיָה Da 1_7 2_{49} 3_{12-30}. †

עַבְדָּא: n. m.; aram. = I עֶבֶד od. Kf. (Noth N. 38); keilschr. *Abda*(?) (APN 3), ph. (PNPhPI 148), nab. (Cant. 2, 125), palm. (PNPI 41); Αβδος (Wuthn. 8): — 1. 1K 4_6; — 2. Neh 11_{17} = עֹבַדְיָה 1C 9_{16}. †

עַבְדְּאֵל: n. m.; amor. *Abdi-/Ḫabdi-AN (ili/ēl)* (Bauer Ok. 9, 73; Huffmon 189); ug. *ʿbdil(m)*, *abdi-ili(-mu)*, *abdi-ilim* (Gröndahl 105 u. 316); ph. *ʿbdʾlm, Abdilius/lia* (PNPhPI 149 u. 267, Harris Gr. 128); = עַבְדִּיאֵל: Jr 36_{26}. Sinn des PN „Knecht/Diener Els" (THAT II 191), vielleicht auch „Verehrer Els" (Noth N. 137. 252b). †

עֲבֹדָה, in 1 u. 2C auch עֲבוֹדָה (140 ×); עבד, BL 474k; ihe. T. Arad 5, 14; Sam. *ēbīda*; mhe., DSS (KQT 154f): עֲבֹדַת, עֲבֹדַתְכֶם, עֲבֹדָתוֹ: — 1. **Arbeit** Ex 5_{11} 6_6 Ps 104_{23}, עֲבֹדָה || מַעֲשֶׂה Js 32_{17}; עֲבֹדַת עֶבֶד Sklavenarbeit Lv 25_{39}, עֲ׳ מַשָּׂא Arbeit des Tragens Nu 4_{47} (cf. Milgrom JQR 61, 1970/71, 132ff), עֲ׳ מַתָּנָה geschenkweise übertragene Arbeit Nu 18_7; רֹב עֲ׳ viel Arbeit Kl 1_3, עֲבֹדַת הָאֲדָמָה Feldarbeit 1C 27_{26}; seine (des Menschen) Arbeit || פָּעֳלוֹ Ps 104_{23}, sein (Gottes) Werk Js 28_{21} (v. Rad Th. II[5] 170ff, GSt II 236ff, Wildbg. BK X 189), עֲ׳ הַצְּדָקָה Js 32_{17}; עָרֵי עֲבֹדָתֵנוּ unsere Ackerbaustädte Neh 10_{38}, ↗ עבד qal. 1 a; עֲבֹדַת הַבֻּץ d. Byssusarbeit(er) 1C 4_{21}, הָעֲבֹדָה die Arbeiten Ex 39_{42}, מְלֶאכֶת עֲבֹדָה Arbeitsverrichtung Lv 23_7; **Fronarbeit** (W. H. Schmidt BK II 41, Wildbg. BK X 539) Ex 1_{14} 2_{23} $5_{9.11}$ 6_9 Dt 26_6 1K 12_4 Js 14_3 2C 10_4; — 2. **Dienst**, den man leistet: עֲבֹדַת יהוה Dienst (für) Jahwe Jos 22_{27}, עֲבֹדָתִי Dienst für mich Gn 30_{26} :: עֲבֹדַת מַמְלְכוֹת Dienst für (irdische) Reiche 2C 12_8, עֲ׳ הַמֶּלֶךְ 1C 26_{30}; עֲ׳ אֹהֶל Dienst am Zelt Ex 30_{16}, עֲ׳ בֵּית י׳ 1C 23_{24}, עֲ׳ הַמִּשְׁכָּן Nu 3_7; עָבַד עֲבֹדָה Dienst tun: c. עִמָּדִי Gn 29_{27}, c. אֵת 30_{26}, cj. 2S 19_{19} (l עָבְדוּ עֲבֹדַת־); עֲבֹדָה Bedienung c. הַלְוִיִּם Esr 8_{20}; — 3. **Gottesdienst**: a) Kult (de Vaux Inst. II 89f = Lebensordnungen II 85; BHH 595ff; Hermisson WMANT 19, 1965, 13f): כְּלֵי הָעֲ׳ die gottesdienstlichen Geräte 1C 9_{28}; עֲ׳ וַעֲ׳ die einzelnen gottesdienstlichen Handlungen 1C 28_{14} 2C 34_{13};

עֲבֹדַת עֲבֹדָה die Arbeit des Dienstes Nu 4_{47}, עָרֵי עֲבֹדָתֵנוּ Städte unseres Kultbereichs Neh 10_{38} (Rudolph EN 178, Galling ATD 12, 241, :: ↗ 1.; b) Kultbrauch Ex 12_{25f}, c. שָׁמַר 13_5; — Ps 104_{14} l עֲבֻדַּת; cj. Hi 24_{12} pr. מֵעִיר מְתִים prop. מֵעֲבֹדָתָם :: TOB.

עֲבֻדָּה, Sam. *wēbīda* (c. ו cop.): עבד, BL 467r, R. Meyer Gr. § 43, 7 (? pl. fractus): Dienerschaft, d. Sklaven Gn 26_{14} Hi 1_3, cj. Ps 104_{14} (:: Ehrlich 6, 180, Talmon JAOS 83, 1963, 187: Arbeitsvieh :: Zuchtvieh). †

I **עַבְדּוֹן**: n. m.; G, Josph. Ἀβδών (NFJ 1); I עֶבֶד + Diminutiv-Endung *ōn* (Noth N. 38. 137, Stamm ArchOr 17, 1949, 379-82): —1. letzter d. „Kleinen Richter" Ri $12_{13.15}$ (BHH 5); — 2. — 4. 1C 8_{23}; 8_{30}; 9_{36}; 2C 34_{20} (pr. עַבְדּוֹן l c. 2K 22_{12} עַכְבּוֹר). †

II **עַבְדּוֹן**: n. l. in Ascher; = I; *Ch. ʿAbde* 19 Km. nö Akko, Abel 2, 233, GTT § 337, 31, Noth Jos.[2] 129: Jos. 21_{30} 1C 6_{59}, cj. Jos 19_{28} pr. עֶבְרוֹן (G^B Ελβων). †

***עַבְדוּת**: I עֶבֶד + *ūt*, aLw. 211; mhe. ja: עַבְדֻתֵנוּ, עַבְדֻתָם: **Knechtschaft** Esr 9_{8f} Neh 9_{17}. †

עַבְדִּי: n. m.; Kf. < עַבְדִּיאֵל o.ä. (Noth N. 252); Dir. 124f; keilschr. *Abdī* (APN 3); ug. *ʿbdj, Abdi-ja* (UT nr. 1801, Aistl. 1968, PRU III 241b, Gröndahl 106. 316): — 1. — 3.: 1C 6_{29}; 2C 29_{12}; Esr 10_{26}. †

עַבְדִּיאֵל: n. m., I עֶבֶד + אֵל (עַבְדִּי) status cstr. mit י compaginis, s. Noth N. 33, BL 525j). Die ug. ph. amor. Parallelen ↗ עַבְדְּאֵל: 1C 5_{15}. †

עֹבַדְיָה: n. m.; < עֹבַדְיָהוּ; עֹבֵד eine Diminutiv-Form zu I עֶבֶד; G Οβδιας, V *Abdias*: **Obadja** (BHH 1323): — 1. Ob $_1$, d. Prophet; — 2. — 8.: Esr 8_9 Neh 10_6 12_{25}; 1C 8_{38} 9_{44}; 3_{21}; 7_3; 9_{16} = עַבְדָּא Neh 11_{17}; 1C 12_{10}; 2C 17_7. †

עֹבַדְיָהוּ, G Αβδιας, Josph. Ὠβεδίας (NFJ 127): n. m.; עֹבֵד + ״, ↗ עֹבַדְיָה „(kleiner) Knecht/Diener/Verehrer J.s" ↗ עַבְדְּאֵל; ihe. Dir. 230f, T. Arad 10, 4, עבדיו (BA 39, 1976, 8f); äga. (Cross HThR 55, 251): — 1. Haushofmeister des K. Ahab 1K $18_{3-7.16}$; — 2. 1C 27_{19}; — 3. 2C 34_{12}. †

עבה: mhe. nif. dick werden; ? äga. u. pehl. (DISO 198. 202), sy. (LS 507a), md. (MdD 1b) dicht sein; ug. *ġbn* Fülle (√ *ġbj*, UF 5, 1973, 96 nr. 64; UT nr. 1946); akk. *ebû* (AHw. 183b) dick sein; ar. *ʿbw/ʾ* II füllen, IV dicht machen, *ʿabija* beschränkt sein; asin. *ġbj* fett sein (Albr. PrSinI 43); äth. *ʿabja* (Dillm. 985f); *tigr.* (Wb. 470, Leslau 37) gross sein:

qal: pf. עָבִיתָ, עָבָה: **fett, dick werden** Dt 32_{15} (|| I שׁמן) 1K 12_{10}/1C 10_{10}. †

cj. **nif**: Pr 12_8: pr. נַעֲוֵה (cf. I שׁמן nif.) l pt. cs. נַעֲבֵה (G, BHS) **stumpfsinnig sein** (c. שֵׂכֶל :: לֵב). †

Der. עֲבִי, מַעֲבֶה.

עֲבוֹט, Sam. *ʿābot*; mhe: Lw. < akk. *ebuṭṭum* od. *ebuttum* (AHw. 184b: zinsfreies Darlehen): (Mobiliar-) **Pfand** (David OTSt 2, 1943, 79ff, Horst GsR 91ff, de Vaux Inst. 1, 262f = Lebensordnungen 1, 276f), c. הוֹצִיא, הֵשִׁיב Dt 24_{10-13}; ↗ I עבט, עֲרֻבָּה. †

Der. I עבט.

***עָבוּר**, **עֲבֻר**, Sam. *ēbor*: עבר; ? < akk. *ebūru* (AHw. 183b, CAD 4 E, 16ff) Ernte(ertrag), Sommer; ? ug. *ʿbrm* (UT nr. 1871, RSP I S. 430 Nr. 86); ihe. T. Arad עבר || חטם, mhe. עִיבּוּר, עֲבוּר; ja. עִיבּוּרָא, עֲבוּרָא; äga, ? pun. (DISO 202), sy. md. (MdD 340a) Getreide: cs. עֲבוּר: — I. **Ertrag**: עֲ׳ הָאָרֶץ Jos 5_{11f} (äga. עבור ארקתא AD 12, 6; cf. T. Arad: Aharoni BASOR 197, 1970, 36; de Geus Phoenix 18, 1972, 160); — II. c. בְּ: בַּעֲבוּר: mhe, DSS (KQT 155), ph. (DISO 202), asa. (Conti 201a); cf. GB :: al. eigene √: BDB, Lex.[1], Zorell: בַּעֲבוּרָה/רֶךָ/רֵךְ: — 1. Präp. a) **wegen, um ... willen**: c. sf. בַּעֲבוּרֶךָ/רֵךְ

deinetwillen Gn 3_{17} 12_{13}, בַּעֲבוּרָהּ ihretwegen 12_{16}, ↗ 18_{26} 1S 23_{10} Ps 106_{32}; b) **wegen** c. gen. Gn 8_{21} $18_{29.31}$f 26_{24} 1S 1_{6} (l ? חֶרְפָּתָהּ pr. הַרְּעִימָהּ, ↗ II רעם), 12_{22} 2S 5_{12} 6_{12} 7_{21} $9_{1.7}$ 13_{2} Mi 2_{10} Ps 132_{10}, cj. 7_{7}, 1C 14_{2} 17_{19} 2C 28_{19}; בַּעֲבוּר זֶה Ex 13_{8} u. בַּעֲב׳ זאת Ex 9_{16} Hi 20_{2} (l בַּעֲבוּרָהּ darob); c) um d. Preis von, für Am 2_{6} 8_{6}; — 2. conj. **damit**: a) c. impf. Gn 21_{30} $27_{4.19.31}$ 46_{34} Ex 9_{14} 19_{9} 20_{20} Ps 105_{45} Sir 38 (עבור!); b) בַּעֲבוּר אֲשֶׁר damit Gn 27_{10}; c) c. inf. damit Ex 9_{16} 2S 10_{3} 18_{18}; d) לְבַעֲבוּר c. inf. Ex 20_{20} 2S 14_{20} 17_{14}; — 2S 12_{21} l בְּעוֹד G^L T; 12_{25} l בִּדְבַר G^L Θ Stamm ThZ 16, 1960, 287f; (:: Ahlström VT 11, 1961, 122[4]) Jr 14_{4} MT dub. (s. Reventlow Liturgie u. prophetisches Ich bei Jeremia 1963, 149f) l ? בַּעֲבוּר ... חַתּוּ (:: BHS). †

I *עֲבוֹת: I *עבת, BL 469e: עֲבֹ(ו)תִים: **Ast** (Rüthy 52ff) pl. Ps 118_{27} Ez 19_{11}; — Ez $31_{3.10.14}$ l עָבוֹת (II עָב, Zimmerli BK XIII 748). †

II *עָבוֹת, עָבֹת: I *עבת, BL 466n; Sam. *ʿabbot*; mhe. dicht (belaubt), sy. *ʿabṭā*, *ʿabbūṭā* dicht, reich an Laub (Nöld. SGr. § 119, LS 506b); ar. *ġa/ibṭ* Garbe, *muġbaṭat* mit Vegetation bedeckt (Boden): עֲבֻתָּה: **astreich**, mit dicht verflochtenen Zweigen (Baum, Rüthy 55): Lv 23_{40} Ez 6_{13} 20_{28} Neh. 8_{15}. †

I עבט: denom v. ↗ עֲבוֹט; ja. itpe. gepfändet werden (Greenfield Or 82, 295ff); cf. akk. *ḫabātu* (zinslos) entleihen (AHw. 304a):

qal: impf. תַּעֲבֹט; inf. עֲבֹט: — 1. **entlehnen** Dt 15_{6}, cj. עֹבְטֵיכֶם euere Schuldner Js 58_{3} (BHS); — 2. e. **Pfand nehmen** c. acc. Dt 24_{10}. †

hif: pf. וְהַעֲבַטְתָּ (BL 348k); impf. תַּעֲבִיטֶנּוּ; inf. הַעֲבֵט: c. acc. gegen Pfand **ausleihen** Dt $15_{6.8}$. †

Der. עַבְטִיט.

II עבט: ar. *ḫbṭ* nachts v. Weg abkommen (Guill. 2, 27); ? akk. *ḫabātu* wandern (AHw. 304a):

pi: impf. יְעַבְּטוּן: c. אָרְחוֹתָם d. Weg verlieren Jl 2_{7} (cf. $7b\alpha.8a\beta$, G ἐκκλίνωσιν). †

עַבְטִיט, I עבט: 1Qp H עבטט: BL 483v, vokalis. als *עָב + טִיט! (s. Ell. HK 60. 145f), T תְּקוֹף חוֹבִין Stärke d. Verpflichtungen (Segert ArchOr. 22, 449f): Pfandschuld :: J. Jeremias WMANT 35, 1970, 70f (Mobiliar-) Pfand; de Vaux Inst. 1, 262 = Lebensordnungen 1, 276f: Hab 2_{6}. †

*עֳבִי u. *עֲבִי: עבה, BL 577j; mhe. עֲבִי, ja. עַבְיָא, sam. עבה; md. (MdD 4a); sy. *ʿubjā* Dicke; akk. (kan. Lw.) *ḫibbu* Dickicht (AHw. 344a): cs. עֳבִי, עָבְיוֹ (BL 583v): **Dicke** (Sam. Vers. Ex 19_{9}) 1K 7_{26}/2C 4_{5} Jr 52_{21}, v. Schildbuckel Hi 15_{26}; עֲבִי אֲדָמָה 2C 4_{17} (or. עֳבִי, 1K 7_{46} מַעֲבֶה, G ἐν τῷ πάχει τῆς γῆς, V *in argillosa terra*), s. Rudolph Chr. 21, 208, Glueck IV 345ff, Noth Kge. 164, Gray Kings[3] 199. †

*עבל, ↗ עוֹבָל, I. II עֵיבָל.

*עבץ: ar. *ʿbḏ* eilen; aam. עבק (DISO 202) > עובע GnAp. 20_{9}; Grelot JSS 2, 1957, 195, Fitzmyer GnAp.[2] 127; ja. אבע pa. Der יַעְבֵּץ.

I עבר: mhe, DSS (KQT 155); ph. jaud. aam. pehl. äga. Hatra (DISO 202), ja. sam. sy. md. (MdD 4b); ar. *ʿbr*, asa. (Conti 201a); ug. *ʿbr* (Aistl. 1990, RSP I S. 288 Nr. 407); akk *ebēru* (AHw. 182a); fehlt äth:

qal (465 ×): pf. עָבַר/בָר, עָבְרָה, עָבְרוּ/בָרוּ, עֲבָרוֹ; impf. תַּ/יַעֲבֹר/בָר־, תַּעֲבוּרִי (GK § 47g, Joüon § 44c), אֶעֱבֹר, אֶעְבְּרָה, נַעַבְרָה, נַעֲבֹר, תַּעֲבֹרְנָה, יַעֲבֹרוּן, יַעַבְרוּ/בֹרוּ, יַעַבְרֻנְהוּ, נַעְבְּרָה־נָּא, יַעַבְרֶנּוּ/רֶנְהוּ (BL 339s), (BL 338p); imp. עֲבֹרוּ, עִבְרִי/רוּ; inf. עָבוֹר, עֲבֹר/בָר־, sf. עָבְרוֹ/רְךָ, pt. עֹבֵר, עֹבְרִים/רֵי: — 1. **einherziehen** (Elliger BK XI/1, 96[10]), **seines Weges gehen, durch-**

ziehen: Ri 11_{29}, אָרְחָה Ps 8_9, דֶּרֶךְ einen Weg ziehen Js 35_8, שַׁעַר Mi 2_{13}, c. בְּ durchgehen durch Gn 12_6 30_{32} Js 62_{10}, Gott im Gericht Am 5_{17} Ex $12_{12.23}$, c. בֵּין zwischen Gn 15_{17}, c. תַּחַת unter Lv 27_{32}; c. בְּרַגְלָיו gerade aus Dt 2_{28}; c. אֶל, acc, לְ sich (durch ein Tal oder ein Wadi) hinziehen (vom Verlauf e. Grenze) Jos $15_{6.7.10}$ etc. (s. Bächli ZDPV 89, 1973, 6); umgehen, streifen (Löwe) Mi 5_7; durchdringen (Gebet zu Gott) Kl 3_{44}; — 2. **über jmd. hingehen** תַּעַר c. עַל Nu 6_5, רוּחַ c. בְּ Ps 103_{16}, c. מַיִם überströmen Js 8_8, גַּלִּים Jon 2_4, עִתִּים 1C 29_{30}, חָרֹן Ps 88_{17}; überlaufen פֶּה Ps 17_3, cf. Ps 73_7; überwältigen: יַיִן Jr 23_9, עֲוֹנוֹת Ps 38_5; — 3. a) c. עַל vorbeikommen bei Gn 18_5 1K 9_8 2K 4_8 Kl 4_{21}; b) c. עַל beitreten (den Gemusterten) Ex 30_{13f} (ꟳ פקד 7), בִּבְרִית, Dt 29_{11} (1QS 6 ×); c) c. עַל vorübergehen an: Schafe am Hirten Jr 33_{13}; Gott an der Sünde (פֶּשַׁע, d. h. er vergibt sie) Mi 7_{18}; der Einsichtige an einer Verfehlung (פֶּשַׁע) Pr 19_{11}; c. עַל־פְּנֵי Gn 32_{22} 2S $15_{18.23b}$, יהוה Ex 34_6 Js 45_{14} Hi 9_{11}; c. מֵעַל Gn 18_3; d) c. לְ bei jmdm. nicht (strafend) einschreiten Am 7_8 8_2, cf. Wolff BK XIV/2, 348; c. acc. 2K 6_9; עֹבֵר וָשָׁב hin - u. herausgehen Ex 32_{27}; — 4. **vorübergehen, vergehen** (ꟳ ba. עדה): a) יוֹם Gn 50_4, חֹדֶשׁ Am 8_5, עָב Hi 30_{15}, צֵל Ps 144_4, רוּחַ Hi 37_{21}, חֹק Ps 148_6; b) sich verlaufen: מַיִם Hi 11_{16}, Bäche 6_{15}, מֹר עֹבֵר flüssige Myrrhe HL 5_5 (s. Rudolph KAT XVII/1-3, 155); zerstieben: קַשׁ Jr 13_{24}, מֹץ Js 29_5 Zef 2_2 (l עֹבֵר); c) aufgehoben werden: Erlass Est 1_{19} 9_{28}; — 5. **hinübergehen, überschreiten**: a) נָהָר Gn 31_{21}, מַעֲבָר 32_{23}, Grenze Jr 5_{22}, cj. Mi 6_5 ins. עָבְרְךָ (בְּ) od. וַתַּעֲבֹר (BHS); abs. (über e. Fluss) übersetzen Jos 2_{23} Ri 12_5; hinwegschreiten über Js 51_{23}; c. אֶל hinübergehen zu, nach 1S 14_1 Jr 41_{10} Ri 11_{29} (l עָבַר אֶל־), übersiedeln nach c. בְּ Ri 9_{26}; c. acc. hinübergehen nach Jr 2_{10} Am 6_2; auf die andere Seite הָעֵבֶר 1S 26_{13}; b) (Fluss) über d. Ufer treten Js 8_8 u. Da 11_{10} || שׁטף, Flut שֶׁטֶף Nah 1_8 (Levenson VT 25, 1975, 793ff; Elliger ATD 25^6, 4); — 6. Standortveränderungen: weitergehen Pr 22_3; hinausgehen über c. acc. Gn 31_{52}, c. מִן HL 3_4; c. acc. überholen 2S 18_{23}; c. לִפְנֵי vorausgehen Gn 32_{17} 2K 4_{31}; c. אַחֲרֵי folgen 2S 20_{13}; c. מִן entgehen Js 40_{27}, sich entziehen Ps 81_7; c. תַּחַת הַשֵּׁבֶט hindurchgehen unter (Tiere b.d. Zehntenerhebung, Elliger Lev. 392; hif. Ez 20_{37}) Lv 27_{32}; c. בַּשְּׁעָרִים durch d. Tore hindurchziehen (Mow. ZAW 65, 1953, 171) Js 62_{10}; c. בַּשַּׁחַת zur Grube fahren Hi 33_{28}; c. בַּשֶּׁלַח 33_{18} ꟳ I שֶׁלַח; — 7. **übertreten** (mhe. DSS), Gesetz Da 9_{11} Hi 14_5, מִצְוָה 2C 24_{20} Sir 10_{19}; בְּרִית Jos $7_{11.15}$ 23_{16} etc. (Merendino Das Dtn Gesetz BBB 61, 1969, 173); פִּי י׳ den Befehl Jahwes Nu 22_{18}; — 8. Versch: עָבַר בְּמִסְפָּר abgezählt werden 2S 2_{15}; עֹבֵר יָם seefahrend Js 23_2; כֶּסֶף עֹבֵר לַסֹּחֵר f.d. Kaufmann gangbar Gn 23_{16} (:: 2K 12_5, ? l עֵרֶךְ G); גֵּי הָעֹבְרִים Ez 39_{11} (ꟳ גַּיְא II i); וַיַּעֲבֹר עָלָיו er kommt über ihn Hi 13_{13}; — Jos 5_1 l Q עָבְרָם; 2S 15_{23b} l עֹמְדִים; Js 23_{10} l עִבְדִי (BHS); Jr 8_{13c} pr. מְבַעֲרִים וּבְעָרוּם יַעַבְרוּם prop. (Rudolph Jer.³ 62 u. BHS :: Aberbach VT 27, 1977, 99-101); Jr 11_{15} l יַעֲבִרוּ abwenden (BHS, Rudolph Jer.³ 78 :: Wilhelmi VT 25, 1975, 119-121: l הַעֲבֵר schaff weg !); Hos 10_{11} l עֲבַרְתִּי; Hab 3_{10} l עָבוֹת; Ps 48_5 l חָבְרוּ (:: Dahood Psalms I 291).

nif: impf. יֵעָבֵר: **überschritten werden** Ez 47_5. †

pi: pf. עִבֵּר; impf. וַיְעַבֵּר: — 1. tt. archt. Raum (m. Ketten) durchziehen 1K 6_{21} (s. Noth Kge. 122); — 2. (Stier) den Samen übergehen lassen, bespringen

(Jenni 140; mhe. pi. [Bedtg. = qal, cf. Sam. u. Qumran, Ben-Hayyim, Mélanges de Philosophie et de Littérature Juives III-V, 1962, 119], hitp. s. Smend Sir 49, ja. itpe. pa.) Hi 21$_{10}$ (? aLw. 212); cj. Hos 10$_{11}$ l עִבַּרְתִּי. †

hif: pf. הֶעֱבִיר, הֶעֱבַרְתָּ, וְהַעֲבַרְתָּ, הַעֲבַרְתָּ Jos 7$_{7}$ (BL 352, GK § 63p), וְהַעֲבַרְתִּי, הֶעֱבַרְתִּי, הֶעֱבִירוּ, הֶעֱבַרְתֶּם, הֶעֱבִרַנִי; impf. יַעֲבִיר, תַּעֲבִירֵנוּ, וַיַּעֲבִירֵהוּ, אַעֲבִיר, וַיַּעֲבֵר/בֶר־, וַיַּעֲבִרֵהוּ, וַיַּעֲבְרוּם; imp. הַעֲבֵר/בֶר־, הַעֲבִירוּנִי; inf. הַעֲבִיר, לַעֲבִיר, לְהַעֲ' >) BL 228a), וְיַעֲבְרוּ, הַעֲבִירוֹ; pt. מַעֲבִיר, מַעֲבִרִים; 2S 19$_{41}$ = Q הֶעֱבִרוּ, K וַיַּעֲבִרוּ: —1. **hingehen lassen über** (Wind) Gn 8$_{1}$, cj. Ps 107$_{25}$, Tiere Ez 14$_{15}$; — 2. **überschreiten lassen** Gn 32$_{24}$ Nu 32$_{5}$ Jos 7$_{7}$ Ps 78$_{13}$; hinüberschaffen Jos 4$_{3.8}$ 2S 2$_{8}$ 19$_{16.19.41f}$; — 3. c. acc. u. עַל vorübergehen lassen Ex 33$_{19}$ 1S 16$_{8-10}$, vorbeiführen an Ez 37$_{2}$, hindurchführen 46$_{21}$ 47$_{3f}$ Ps 136$_{14}$, passieren lassen Neh 2$_{7}$, c. acc. u. תַּחַת durchgehen lassen unter Ez 20$_{37}$, überholen lassen 1S 20$_{36}$; — 4. c. בְּ etwas durchziehen lassen Dt 2$_{30}$ Da 11$_{20}$ (© מַעֲמִיד ↗ עמד hif. 4); c. acc. pers. über jmd. hinausschiessen 1S 20$_{36}$; — 5. **vorbeigehen lassen, übersehen**: Schuld 2S 12$_{13}$ 24$_{10}$ Hi 7$_{21}$ Zch 3$_{4}$ 1C 21$_{8}$ (Knierim 192, THAT II 204); (Zeit) verpassen Jr 46$_{17}$; — 6. auf andere übergehen lassen (Besitz) c. acc. Nu 27$_{7f}$ (c. לְ), Ez 48$_{14}$ Q; — 7. (Kinder-) **Opfer darbringen** (Wendel 154f. 209f, Ringgren IR 159f, Moscati s. ZAW 80, 1968, 413 :: Weinfeld UF 4, 1972, 140f. 154: eher Weihung als Opfer durch Verbrennen) Ez 16$_{21}$ 23$_{37}$, לַמֹּלֶךְ Lv 18$_{21}$ Jr 32$_{35}$, כָּל־פֶּטֶר רֶחֶם Ex 13$_{12}$ Ez 20$_{26}$, בָּאֵשׁ (cf. de Ward ZAW 89, 1977, 18) Dt 18$_{10}$ 2K 16$_{3}$ 17$_{17}$ 21$_{6}$ 23$_{10}$ (+ לַמֹּלֶךְ) Ez 20$_{31}$ 2C 33$_{6}$, cj. 28$_{3}$, cf. Plataroti VT 28, 1978, 286ff; — 8. c. מִן **wegnehmen** von 2S 3$_{10}$ Est 8$_{2}$, die Sünde wegnehmen Zch 3$_{4}$, c. מֵעַל vergeben 2S 12$_{13}$, wegschaffen 1K 15$_{12}$ Zch 13$_{2}$ Ps 119$_{39}$ 2C 15$_{8}$, cj. Jr 11$_{15}$; herunterschaffen 2C 35$_{23f}$; abwenden von Ps 119$_{37}$; ohne מִן Est 8$_{3}$; fernhalten von Koh 11$_{10}$; (Kleid) ablegen Jon 3$_{6}$; :: הֶעֱבִיר עֹל עַל auflegen cj. Hos 10$_{11}$; — 9. הֶעֱבִיר בָּאֵשׁ (בַּמַּיִם) reinigen Nu 31$_{23a.b}$; — 10. Versch.: הֶעֱבִיר קוֹל Ruf, Befehl ausgehen lassen Ex 36$_{6}$ Esr 1$_{1}$ 10$_{7}$ Neh 8$_{15}$ 2C 30$_{5}$ 36$_{22}$, שׁוֹפָר erschallen lassen Lv 25$_{9}$, cj. (יַעֲבִירוּ et ins. שׁוֹפָר) Mi 1$_{11}$; ins. ? יַעֲבִירֵם Nah 1$_{8}$ (Elliger ATD 25^{6}, 4); הֶעֱ' שְׁמֻעָה Gerücht in Umlauf setzen 1S 2$_{24}$; הֶעֱ' תַּעַר Schermesser gehen lassen über c. acc. u. עַל Nu 8$_{7}$ Ez 5$_{1}$; — Gn 47$_{21}$ l הֶעֱבִיד; Jr 15$_{14}$ l וְהַעֲבַדְתִּי. † Der. I עֵבֶר, עֲבָרָה*, עֲבָרִים, עִבְרִי, מַעֲבָר*, מַעְבָּרָה; n. m. II עֵבֶר.

II עבר: ja. תַּעֲבוּרָא Zorn; Etym. inc.: zu I, qal 5 überlaufen od. denom. v. עֶבְרָה; od. ar. *ġariba* schwarz sein, X aussergewöhnlich finden, missbilligen; *ġarb* Leidenschaft (Barth EtSt 5) od. ar. *ġabira* böswillig sein (cf. Emerton ZAW 81, 1969, 189), ? aam. (Sef.) pe. *yʿbrnh* er erzürnt ihn (KAI Nr. 224, 17), so Degen Altaram. Gr. § 57, S. 68 u. Anm. 54, nach anderen haf. zu I עבר, s. GB:

hitp: (sam. Dt 3$_{26}$ BCh. LOT 2, 546) pf. הִתְעַבַּרְתָּ, הִתְעַבֵּר; impf. יִתְעַבֵּר/בָּר; pt. מִתְעַבֵּר: **sich erzürnt zeigen, sich ereifern, aufbrausen**, 2 × c. בְּ, je 1 × c. עַל, עִם: Pr 14$_{16}$ 20$_{2}$ (מִתְעַבְּרוֹ wer sich seinen Zorn zuzieht, od. wer ihn [den König] erregt, G παροξύνων αὐτόν, cf. Frankenberg GHK II 3/1, 115), 26$_{17}$, cj. 24$_{21}$ (l תִּתְעַבָּר); Gott sbj. Dt 3$_{26}$ Ps 78$_{21.59.62}$ 89$_{39}$. † Der. עֶבְרָה.

I עֵבֶר, Sam.$^{M\ 23}$ *ēbår*: I עבר; mhe, DSS (KQT 155), ja. עִבְרָא, sam. sy. *ʿebrā*, md. (MdD 340b); ar. *ʿa/ibr*, *ʿabra* jenseits: עֶבְרוֹ, עֲבָרָיו, עֶבְרֵיהֶם: d. gegenüberliegende, andere Seite (Gemser VT 2, 1952,

349ff, THAT II 203, Lilley VT 28, 1978, 165-171): — 1. **die eine von zwei gegenüberliegenden Seiten** 1S 26$_{13}$ 31$_{7}$ (l MT !), 1K 4$_{12}$ Hi 1$_{19}$; מֵעֵבֶר הַלָּז dort drüben 1S 14$_{1}$ (Stoebe KAT VIII/1, 256 u. 258), מֵהָעֵבֶר מִזֶּה auf d. einen, auf d. anderen Seite, hüben u. drüben 1S 14$_{4}$; מִכָּל־עֲבָרָיו nach allen Seiten 1K 5$_{4}$ Jr 49$_{32}$; — 2. **Seite**, **Rand**: עֵ׳ הָאֵפוֹד der dem Ephod zugekehrte Rand Ex 28$_{26}$ 39$_{19}$ (Sam. Vers. חבר, *åbår* Verbindung); לְעֶבְרוֹ nach seiner S. hin Js 47$_{15}$; אֶל־עֵבֶר פָּנָיו gerade vor sich hin Ez 1$_{9.12}$ 10$_{22}$; עַל־עֵבֶר פָּנֶיהָ über (den Platz) vor ihm Ex 25$_{37}$; אֶל־עֵבֶר nach d. Seite von . . . hin Jos 22$_{11}$; מִשְּׁנֵי עֶבְרֵיהֶם auf ihren beiden Seiten Ex 32$_{15}$; לְעֵבֶר אֶחָד... לְעֵבֶר אֶחָד auf der einen Seite . . . auf der anderen Seite 1S 14$_{40}$; בְּעֶבְרֵי פִי־פָחַת ? an d. Wänden d. gähnenden Schlucht Jr 48$_{28}$ (Schwarzenbach 40f, Rudolph Jer.[3] 278); — 3. **Seite** v. Fluss od. Meer: **Ufer** > jenseits von: a) עֵ׳ הַיָּם Jr 25$_{22}$ Dt 30$_{13}$, מֵעֵבֶר לְנַהֲרֵי כוּשׁ im Umkreis der Ströme von Kusch (Wildbg. BK X 678) Js 18$_{1}$ Zef 3$_{10}$; b) עֵבֶר הַיַּרְדֵּן: α) Dt 4$_{49}$ Jos 12$_{1}$ 13$_{8.27}$ Js 8$_{23}$; β) בְּעֵ׳ הַיַּ׳ Gn 50$_{10f}$ Dt 1$_{1.5}$ 3$_{8.20.25}$ 4$_{41\cdot46f}$ 11$_{30}$ Jos 1$_{14f}$ 2$_{10}$ 5$_{1}$ 7$_{7}$ 9$_{1.10}$ 12$_{7}$ 22$_{4.7Q}$ 24$_{8}$ Ri 5$_{17}$ 10$_{8}$; γ) מֵעֵ׳ הַיַּ׳ Nu 32$_{19.32}$ Jos 22$_{7K}$, מֵעֵ׳ לְיַ׳ Nu 34$_{15}$ Jos 13$_{32}$ 20$_{8}$ 1C 6$_{63}$, מֵעֵ׳ לַיַּ׳ Nu 22$_{1}$ 32$_{19}$ 35$_{14}$ Jos 14$_{3}$ 17$_{5}$ 18$_{7}$ Ri 7$_{25}$ 1C 12$_{38}$ 26$_{30}$ alle = jenseits d. Jds, östlich od. westlich je nach Standpunkt d. Redenden (Gemser VT 2, 1952, 349ff, Reymond 101f); :: בְּעֵ׳ auch d. Gegend am Jordan Gn 50$_{10}$ Ri 7$_{25}$ 1S 31$_{7}$ u. ö. (Stoebe KAT VIII/1, 520. 521); c) בְּעֵ׳ אַרְנוֹן Ri 11$_{18}$, מֵעֵ׳ אַרְ׳ Nu 21$_{13}$; d) עֵ׳ לַיָּם jenseits v. (Toten) Meer 2C 20$_{2}$ (pr. מֵאֲרָם l מֵאֱדֹם, Rudolph 258); e) עֵ׳ הַנָּהָר jenseits d. Eufrat, keilschr. *eber nāri* < aram. עֲבַר נַהֲרָא (AHw. 181b, Or. 35, 8), πέραν Εὐφράτου Gadatasbrief 10 (HbAP 91ff) = Syrien (Noth WdAT 94, Malamat JNES 22, 1963, 1[2], HbAP 95; cf. ar. *ʿabr an-nahr*), westl. 1K 5$_{4}$ Esr 8$_{36}$ Neh 2$_{7.9}$ 3$_{7}$; aber = östlich Jos 24$_{2f.14f}$ 2S 10$_{16}$ 1K 14$_{15}$ Js 7$_{20}$ 1C 19$_{16}$; archt. ? לְעֵ׳ 1K 7$_{20}$ u. מֵעֵ׳ 7$_{30}$, s. Noth Kge. 144f.

II **עֵבֶר** n. m. und n. p., Sam. *ēbår*, G Εβερ, Josph. Ἕβερος (NFJ 40); ? I עבר „vorübergehend" (d. i. Nomade), „jenseitig", BHH 360; עֵבֶר unter 1. ist stets PN und vertritt darum nicht die Schicht der *Ḫābiru* (Westermann BK I 701), ℱ עִבְרִי: — 1. Urenkel v. שֵׁם Gn 10$_{22-24}$, בְּנֵי עֵ׳ die v. שֵׁם abstammenden Völker 10$_{21}$; V. v. פֶּלֶג u. יָקְטָן Gn 10$_{25}$ 1C 1$_{19}$, v. פֶּלֶג Gn 11$_{16}$ 1C 1$_{25}$, ℱ Gn 11$_{14f.17}$ 1C 1$_{18}$; nicht h. ep. der עִבְרִים Westermann l. c. (s. oben), doch vgl. de Vaux Hist. I 204f; Malamat Fschr. Speiser 166f; — 2. — 5. (MSS von G l עֶבֶד bzw. עֹבֵד s. Zorell 596a) Neh 12$_{20}$; 1C 5$_{13}$; 8$_{12}$; 8$_{22}$; — 6. n. p. neben אַשּׁוּר Nu 24$_{24}$ (Noth ATD 7, 169 :: Koch VT 19, 1969, 77f). †

עֶבְרָה: II עבר, BL 459z; Sam. c. ו cop. *wåbårå*; mhe., DSS (KQT 155): עֶבְרַת, עַבְרוֹת Hi 40$_{11}$, עֶבְרוֹת, עֲבָרוֹת, עֶבְרָתוֹ/תֶךָ (Sec. c. בְּ βεγαβρωθ) Ps 7$_{7}$ (BL 604g): — 1. **Überschreitung** > **Aufwallung**, Übermass Js 16$_{6}$ Jr 48$_{30}$ Pr 21$_{24}$ 22$_{8}$ (Wildbg. BK X 625); pl. עַבְרוֹת אַפֶּךָ Zornwallungen Hi 40$_{11}$; — 2. **Zorn**, **Wut** Js 13$_{9}$ 14$_{6}$ Hos 5$_{10}$ 13$_{11}$ Am 1$_{11}$ Hab 3$_{8}$ Zef 1$_{15}$ Ps 78$_{49}$ 90$_{9.11}$ Pr 11$_{4.23}$ 14$_{35}$ Kl 2$_{2}$ Sir 5$_{8}$; עֶ׳ קָשָׁה Gn 49$_{7}$ (Sam. *wåbårå-timma* Gemeinschaft, auch וחברתם geschrieben); v. יהוה: עֶבְרַת יְ׳ Js 9$_{18}$ 13$_{13}$ Ez 7$_{19}$ Zef 1$_{18}$, עַם עֶבְרָתִי Js 10$_{6}$, אֵשׁ עֶבְרָתִי Ez 21$_{36}$ 22$_{21.31}$ 38$_{19}$, שֵׁבֶט עֶבְרָתִי Kl 3$_{1}$, דּוֹר עֶבְרָתוֹ Jr 7$_{29}$, אָסַף עֶ׳ s. Zorn an sich halten Ps 85$_{4}$; Ps 7$_{7}$ בְּעַבְרוֹת צוֹרְרָי gegen das Zorneswallen m. Feinde (Kraus BK XV[5] 190) || אַף; יוֹם עֲבָרוֹת Zornestag Hi 21$_{30}$. †

*עֲבָרָה: I עבר, BL 594v; mhe.; akk. *abartu/ebertu* jenseitiges Ufer (AHw. 4a, 182a): pl. cs. עַבְרוֹת 2S 15₂₈ K: **Furt** (ד מַעְבָּרָה, מַעֲבָר, Schwarzenbach 75); zu 2S 15₂₈ K u. 17₁₆ K ד III עֲרָבָה; 19₁₉ (l וַיַּעַבְרוּ :: TOB Floss, nach rabb. Komm.). †

עִבְרִי: I עבר; Sam. *ibri*, fem. c. Art *åbrijja*; ja. עבראי, sam. עבראי u. עברנאי (BCh. LOT 2, 551); f. עִבְרִית (BL 562u), עִבְרִים /רִיִּים, עִבְרִיּ(ו)ת: gntl. z. II עֵבֶר; mhe. f. עִבְרִית, עִבְרִיָּה d. Sprache, Ἑβραϊς, Ἑβραϊστί (Sir.-Prolog s. WbNT III 391ff), G NT Ἑβραῖος: **Hebräer, Hebräerin.** Lit: Böhl JbEOL 17, 1963 (1964), 138ff, Alt KlSchr. 1, 168ff, Borger ZDPV 74, 1958, 122ff, de Vaux Patr. 44ff, JNES 27, 1968, 221ff, Hist. I 106ff, Gordon BeBi. 35ff, Jepsen AfO 15, 1945-51, 55ff, M. Greenberg The Ḫab/piru, Newhaven 1955, Rowley JJ 45ff, BHH 664, Weippert, Die Landnahme der israelitischen Stämme in der neueren wissenschaftlichen Diskussion, 1967, 66ff u. 85ff, Helck VT 18, 1968, 472ff, Koch VT 19, 1969, 37ff, Schatz 144ff, Stoebe KAT VIII/1, 247-49; — 1. Vorkommen: אַבְרָם הָעִ׳ Gn 14₁₃, G περάτης (: עבר), אִישׁ עִבְרִי Gn 39₁₄ u. 39₁₇ (יוֹסֵף) הָעֶבֶד הָעִבְרִי u. 41₁₂ נַעַר עִבְרִי v. Ägyptern genannt); Joseph sagt אֶרֶץ הָעִבְרִים 40₁₅ (s. Redford VT 15, 1965, 529ff); Israeliten zu Ägyptern אֱלֹהֵי הָעִבְרִים Ex 3₁₈ 5₃ 7₁₆ 9₁.₁₃ 10₃; Philister sagen הָעִבְרִים 1S 4₆.₉ 13₃ (₇ l ? עַם רַב :: Stoebe KAT VIII/1, 244) .₁₉ (s. Böhl l. c. 140, Soggin Kgt 53[57]), 14₁₁.₂₁ 29₃; der Erzähler sagt הָעִבְרִים (:: הַמִּצְרִים) Gn 43₃₂, הָעִבְרִיּת Ex 1₁₅f.₁₉ 2₇, אִישׁ עִבְרִי 2₁₁, אֲנָשִׁים עִבְרִים 2₁₃, הָעִבְרִים 2₆; im Gesetz עֶבֶד עִבְרִי (cf. Alt KlSchr. 1, 290ff, Noth ATD 5, 143f :: Lipiński VT 26, 1976, 120-123) Ex 21₂, אָחִיךָ הָעִבְרִי אוֹ הָעִבְרִיָּה (Sklaven) Dt 15₁₂, idem Jr 34₉ (עִבְרִי || יְהוּדִי) .₁₄; d. Prophet zu Ausländern עִבְרִי אָנֹכִי Jon 1₉; עִ׳ kommt also nicht sehr oft vor u. meist (exc. Gn 14₁₃ Ex 21₂ Dt Jr) gegenüber od. im Munde v. Ausländern also bezeichnet d. völkische Sonderart Israels u. seiner Ahnen (Böhl KH 67ff); — 2. Herkunft: zunächst die He. mit den *Ḫabiru*, ideogr. *SA.GAZ*, der EA gleichgesetzt, weil aber nach ug. *ʿprm*, *ḫapiru* (UT nr. 1899) u. äg. *ʿpr(w)*, e. Art fremdländischer Arbeiter (EG I 181) *p* statt *b* zu lesen ist, ist d. Identität in Frage gestellt (Borger), doch nicht unbedingt ausgeschlossen (Kraeling BASOR 77, 1940, 32f, Weippert l. c. 84). Die Ḫabiru sind im Bab., Mari, Nuzi, neuerdings auch in Alalach (Eissfeldt KlSchr. 3, 273ff) belegt als halbsesshafte, zu Arbeit od. militärisch eingesetzte Scharen. In der Deutung von *ḫab/piru* — עִבְרִי sind in der Forschung (s. Weippert l. c. 66ff, Schatz 144ff) fünf Ansichten zu erkennen: a) עִבְרִי = Volksname (so Jirku, Die Wanderungen der Hebräer im 3. und 2. vorchristlichen Jahrtausend, AO XXIV/2, 1924); b) עִבְרִי: Bezeichnung einer sozialen Schicht; erst sekundär wurde diese Bezeichnung zum Namen eines Volkes (so u. a. Alt KlSchr. 1, 290ff, Noth ATD 5, 143f, Weippert, l. c. 68ff, Helck VT 18, 1968, 472, Gunneweg, Geschichte 37f); c) עִבְרִי (ohne Zusammenhang mit *ḫab/piru*) = Israelit einer niederen Klasse in der vorexil. Gesellschaft (so Lipiński VT 26, 1976, 120-123); d) עִבְרִי = Bezeichnung einer ethnischen Grösse von lockerem Zusammenhang, die nicht einfach mit den Israeliten identisch ist, zu der diese aber gehörten (so Koch VT 19, 1969, 37ff, de Vaux Histoire I 106ff, Stoebe KAT VIII/1, 247ff); e) Vermittelnd zwischen a und b (d) sind: Jepsen AFO 15, 1952-53, 54ff, Rowley

JJ 45ff, vgl. auch Herrmann Geschichte 78[41].

עֲבָרִים, Sam. *ibrəm* (als pl. von עִבְרִי aufgefasst), G Αβαρειμ Josph. 'Αβαρεῖς (NFJ 1), n. t., n. l.; pl. v. *עֲבָר od. I עֵבֶר „jenseitige Gegend" (Michel Grundl. heSy. 1, 87f: Plural d. räumlichen Ausdehnung; cf. GK § 124b); — 1. n. t.: הַר הָעֲבָרִים Nu 27₁₂ Dt 32₄₉, הָרֵי הָעֲ׳ Nu 33₄₇f, cf. 2., n. l.; Bergkette a. W.-Rand der moab. Hochebene mit d. Berg Nebo (Abel 1, 378f, Noth AbLAk 1, 60f, GTT § 440); עֲבָרִים das ganze Hochland ‖ לְבָנוֹן u. בָּשָׁן Jr 22₂₀ cj 48₃ prop. מֵהַר עֲבָרִים pr. מֵחֹרוֹנַיִם (BHS, Rudolph Jer.³ 287); pr. הָעֹבְרִים (גֵּי) prop. הָעֲ׳ Ez 39₁₁, s. GTT § 1438, BHS; — 2. n. l.: Wüstenstation im Bereich v. 1.; עִיֵּי הָעֲ׳ Nu 21₁₁ 33₄₄, = ℱ עִיִּים 33₄₅: *Ch. ʿajj* sw. Kerak (Noth AbLAk 1, 63f). †

עַבְרֹנָה, Sam. *ēbirna* BCh. LOT 3, 177: n. l., Wüstenstation vor עֶצְיֹן־גֶּבֶר; Abel 1, 235, GTT § 430, Noth AbLAk 1, 69[52], ign.: Nu 33₃₄f. †

עבשׁ: ar. *ʿabisa* eintrocknen, einschrumpfen; cf. ? mhe. עפשׁ schimmelig werden:

qal: pf. עָבְשׁוּ: **eintrocknen** Jl 1₁₇. †

I ***עבת**: sy. md. (MdD 4a) *ʿbṭ* (ת :: ט, ℱ ט, s. Dalm. Gr. S. 58); ar. *ġbṭ* dicht sein (Alth.-St. ArAW 3, 62f). Der. I. II *עָבוֹת.

II **עבת**: wohl denom. v. ℱ עֲבֹת, vgl. ? akk. *ebēṭu* (*ebētu*) etwa binden (AHw. 183a) :: ar. *ʿafata* verdrehen:

pi. (Jenni 244): impf. וַיְעַבְּתוּהָ: Mi 7₃ **zusammendrehen** od. **zusammenspinnen** (von unguten Machenschaften gesagt), s. Rudolph KAT XIII/3, 122 u. 124f; al. verdrehen nach ar. oder cj. יְעַוְּתוּ vel יִתְעַבְּבוּ (BHS). †

עָבֹת: ℱ II *עָבוֹת.

עֲבֹת, Sam. *ʿabbot*, pl. *ʿābētot*: II עבת, BL 468z; mhe, DSS (KQT 155) עֲבוֹת Lenkseil; akk. *nēbettu* Binde (AHw. 774a): עֲבֹתוֹ, עֲבֹתִים, עֲבֹ(וֹ)תֹ(וֹ)ת (Joüon § 90e), עֲבֹתֵימוֹ (BL 253z): — 1. **Strick** Ri 15₁₃f 16₁₁f Js 5₁₈ Ez 3₂₅ 4₈ Hos 11₄ Ps 2₃ 118₂₇ (ℱ חַג 1) 129₄ Hi 39₁₀ (עֲבֹתוֹ acc. adv., GK § 118, 5, vel ins. בְּ: בַּעֲבֹתוֹ); — 2. **Schnur** Ex 28₁₄.₂₄f 39₁₇f; מַעֲשֵׂה עֲבֹת Schnurwerk Ex 28₁₄.₂₂ 39₁₅. †

עָג 1K 4₁₉: ℱ עוֹג.

עגב: ar. *ʿaǧiba* erstaunt sein, bewundern (s. GB), sar. (Leslau 38):

qal: pf. עָגְבָה/עָגְבָה; impf. וַתַּעְגַּב Ez 23₅.₁₆K, (Q וַתַּעְגְּבָה) wie 23₂₀, BL 302z); pt. עֹגְבִים: **sinnlich verlangen nach** c. עַל Jr 4₃₀ Ez 23₅ (c. אֶל) .7.9.12.16.20; pt. Liebhaber Jr 4₃₀. †

Der. עֲגָבָה, (עֲגָבִים).

עֲגָבָה: עגב; עַגְבָתָהּ (BL 595c), עֲגָבִים (BL 515l): **Liebesbrunst** Ez 23₁₁, pl. 33₃₁ (frt. l c. G S כְּזָבִים, s. Zimmerli Ez. 816), שִׁיר עֲגָבִים (כְּ) Liebeslied 33₃₂ (? l שָׁר Sänger, BHS :: Dahood Biblica 44, 1963, 531, cf. G, ug. *kṯr* geschickt im Flötenspiel, *Kōṯār* d. Schmiedegott, ℱ כשׁר). †

עֲגָבִים: ℱ עֲגָבָה.

עֻגָה, II עוג, Sam. pl. *iggot*; od. *עגג, BL 452t; mhe. עוּגָה (? < חוג, Ku.); akk. (Mari) *ḫu-gu* ein Gerstenbrot ? (ARM XI S. 133f; 12 S. 9f); pun. עגה (DISO 202); ar. *ʿuǧǧat* Eierkuchen: עֻגֹ(וֹ)ת, עֻגַת: kreisrunder, in Asche od. auf Glühsteinen rasch gebackener **Brotfladen** (AuS 6, 139), ℱ מָעוֹג, Gn 18₆ Ex 12₃₉ (עֻגֹת מַצּוֹת), Nu 11₈ 1K 17₁₃ 19₆ (עֻגַת רְצָפִים), Ez 4₁₂ (עֻ׳ שְׂעֹרִים), Hos 7₈. †

עָגוֹל 2C 4₂: ℱ עָגֹל.

עָגוּר: etym. inc. (s. BCh. LOT 4, 308f) < ? *עגר, BL 471u; ? gr. ἀγόρ ἀετός Κύπριοι Hesych. (s. GB, Lewy Fw. 8, Mayer 346, Masson 73): Kurzfussdrossel *Pycnonotus Reichenovi* (Koehler ZAW 54, 1936, 288f, KlLi 38f), Turmschwalbe (Driver PEQ 87, 131f), Wendehals (Christian OLZ 22, 208[3]), s. Rudolph Jer.³ 58: Js 38₁₄ (l וְעָגוּר), Jr 8₇. †

עָגִיל, Sam. *ʿāgəl*: *עגל, BL 470n: עֲגִילִים:

rundes Schmuckstück Nu 31₅₀ f. Männer, Ez 16₁₂ neben נֶזֶם f. Frau: **Ohrring** (BRL² 285, BHH 1706ff). †

cj. *עֲגִילָה: cj. c. G T עֲגָלוֹת pr. עֲגָלוֹת Ps 46₁₀: *עגל; ja. עֲגִילָא, Schild: **Rundschild** (BRL² 279, ANEP 37, 164, 184, etc., vgl. 1QM VI 15, Dahood Psalms I 281f). †

*עגל: mhe. e. Kreis ziehen, nif. u. ja. rund sein; sam. (BCh. LOT 2, 548); äth. ummauern (Dillm. 1013), tigr. (Wb. 487a) *ʿaggala* im Kreis schichten; > äg. *ʿgn* Reifen (EG I 236); ja. sy. עַרְגֵּל wälzen, cp. עגל pa; soq. (Leslau 38): Der. עָגִיל, cj. *עֲגִילָה, עָגֹל, ? עֲגָלָה, I מַעְגָּל.

עָגֹל: *עגל, BL 466n; mhe.: **rund** 1K 7₂₃/2C 4₂ (עָגוֹל), 1K 7₃₁.₃₅; — 1K 10₁₉ רֹאשׁ עָ׳ runder Kopf, cf. Noth Kge. 204. 231 (:: G, Josph. Antt. VIII 5, 2 רֹאשׁ/רָאשֵׁי עֵגֶל), cf. ANEP 415ff, ILN Dez. 1967, S. 28f. †

עֵגֶל: wohl Primärnomen; Sam. *ēgəl*; mhe., cf. DSS (KQT 155), ja. sam.; ug. *ʿgl* (UT nr. 1811, Aistl. 1995, RSP I S. 289, Nr. 408, S. 430f Nr. 87), ph. aam. (DISO 202), sy. cp. עֶ/עִגְלָא; ar. *ʿiğl* (:: Eilers WdO 3, 1964, 132: ar. *ʿağila* eilen); äth.G *ʾegʷel*, tigr. (Wb. 386a) *ʾegāl*; kopt. αγολ (Spiegelbg. 14): עֶגְלֵי, עֲגָלִים, עֶגְלֵךְ: — 1. männliches **Jungrind**, **Jungstier**: עֵגֶל בֶּן־בָּקָר Lv 9₂; > עֵגֶל 9₃.₈ 1S 28₂₄ Js 11₆ 27₁₀ Jr 31₁₈ 34₁₈f, cj. 50₁₁, Ez 1₇ Am 6₄ Mi 6₆ Ps 29₆, 68₃₁, cj. 1K 10₁₉ (F עָגֹל); F עֵגֶל מַרְבֵּק Jr 46₂₁ Mal 3₂₀; — 2. als Kultbild (cf. n. m. עגליו Ostr. Sam. Dir. 48, 39, Noth N. 150ff „e. Stier ist J.", Vincent 577²; palm. עגלבול, Ἀγλίβωλος, Février 84 ff, RTP 156, WbMy. 1, 420, Hoftijzer RA 35ff); sekd. diffamierend als „Kalb" verstanden, BHH 920, RGG 6, 372f; in der Wüste Ex 32₄.₈.₁₉f.₂₄.₃₅ Dt 9₂₁ (Eissfeldt KlSchr. 2, 282ff: als Kultstandarte; Beyerlin, Herkunft u. Geschichte der ältesten Sinaitraditionen, 1961, 144ff; Herbert Schmid BZAW 110, 1968, 81ff); in Bethel und Dan 1K 12₂₆₋₃₂ als Thronpostament d. unsichtbaren Gottheit (Noth Kge. 282-85; Weippert ZDPV 77, 1961, 93-117; Soggin ZAW 78, 1966, 201f; Seebass WdO 4, 1968, 163-182; Zimmerli Ges. Aufs. II 250f; BHH 1870 :: Fohrer GiR 124; cf. zum Ganzen Motzki VT 25, 1975, 470-485); in בֵּית אֵל Hos 10₅ l עֵגֶל pr. עֶגְלוֹת BHS :: Rudolph KAT XIII/1, 175: Abstr. Endung *-ōt/ūt* (BL 506t, 505 o); in Samaria Hos 8₅f; עֵ׳ מַסֵּכָה Ex 32₄ Dt 9₁₆ Neh 9₁₈, cf. 2K 17₁₆, עֶגְלֵי (הַ)זָּהָב 1K 12₂₈ 2K 10₂₉ 2C 13₈; עֲגָלִים 1K 12₃₂ Hos 13₂ Ps 106₁₉ 2C 11₁₅. † Der. I u. II עֶגְלָה, עֶגְלוֹן.

I עֶגְלָה: f.v. עֵגֶל (Michel Grundl. heSy. 1, 72f); Sam. *igla*; ja. sam. עגלתא; mhe., ug. *ʿglt* (UT nr. 1811, Aistl. 1995); ar. *ʿiğlat*; äth. *ʿegʷalt/ʿegʷelt*: עֶגְלָתִי, עֶגְלַת: **Färse, Jungkuh**: עֶגְלַת בָּקָר eine Färse v. den Rindern (Merendino BBB 31, 1969 S. 240 u. 241) Dt 21₃ 1S 16₂ Js 7₂₁; > עֶגְלָה Gn 15₉ Dt 21₄.₆; metaph. f. e. junge Frau Ri 14₁₈, f. e. Land Jr 46₂₀ (Ägypten), Hos 10₁₁ (Ephraim); עֶגְלַת שְׁלִשִׁיָּה Js 15₅ Jr 48₃₄ s. u. — Jr 50₁₁ l כְּעֶגְלֵי בַדֶּשֶׁא; Hos 10₅ עֶגְלוֹת F עֵגֶל; F II עֶגְלָה. †

II עֶגְלָה, GA Αγλα, Josph. Ἄιγλα (NFJ 5): n. f. = I, palm. n. m. *ʿgylʾ/w* (PNPI 43. 104); cf. gr. Δάμαλις (Nöld. BS 83; Stamm HFN 329): Fr. Davids 2S 3₅ 1C 3₃. †

עֲגָלָה, Sam. *ʿāgēla*: *עגל, BL 463u 595a: mhe.; ph. עגלת (DISO 202); ja. עֲגַלְתָּא, sy. cp. *ʿāga/eltā*, sam. md. (MdD 341a); ar. *ʿağalat* Rad; äg. * *ʿagarata* (Albr. Voc. 38), kopt. *agolte* (Erm.-R. 584): עֶגְלָתוֹ, עֲגָלוֹת, cs. עֶגְלוֹת: **Wagen, Lastkarren** (BRL² 356, ANEP 167. 367. 813) Gn 45₁₉.₂₁.₂₇ 46₅ Nu 7₃.₆₋₈ 1S 6₇ (v. Kühen gezogen) .₈.₁₀f.₁₄ 2S 6₃ 1C 13₇; **Dreschwagen** Js 28₂₇f Am 2₁₃ (BRL² 63f, BHH

356; ↗ III חָרוּץ :: Erntewagen Gese VT 12, 1962, 419f); — Js 518 כַּעֲבֹת הָעֲ׳ wie mit dem Wagenseil (Wildbg. BK X 176. 178); Ps 4610 l עֲגִלוֹת ↗ עֲגִילָה (cf. Bach PBT 16[11]). †

I עֶגְלוֹן, G Ἐγλωμ/ν, Josph. Ἐγλών (NFJ 41): n. m. עֵגֶל + Demin.-Endung — *ōn* (Stamm ArchOr 17, 1949, 379-382): „Kälbchen" :: Mowinckel ZAW 48, 1930, 253, cf. Täubler Biblische Studien 1958, 35[2]): K. v. Moab Ri 312.14f.17. †

II עֶגְלוֹן, G^B Οδολλαμ, Αιλαμ, G^A Εγλωμ, Αγλων: n. l. in Juda, wahrscheinlich = *Tell el-Ḥesi* (de Vaux Histoire I 506; cf. Fritz ZDPV 85, 1969, 145f), Abel 2, 311, Noth Jos. 95, GTT § 318 B 9, BHH 369: Jos 103-5.23.34.36f 1212 1539. †

עֶגְלַיִם Ez 4710, ↗ עַיִן B, 11.

עֶגְלַת שְׁלִשִׁיָּה: n. l. in Moab, „das dritte עֶגְלַת", G Δάμαλις, Αγλαθ, Josph. Ἀγαλλάθ (NFJ 3): Js 155 Gl. z. צֹעַר, Jr 4834 neben חֹרוֹנַיִם: ign. s. Rudolph Jer.[3] 287; Wildbg. BK X 588. 591; cj. עֵין עֶגְלַיִם ein Drittel bis Eneglajim (Fohrer, Das Buch Jesaja I[2] 205f). †

עגם: mhe. u. ja. pt. pass. gebeugt, betrübt sein; ug. ? *ʿgm* betrübt sein, klagen (Dietr.-Loretz Fschr. Elliger 34f zu KTU 1. 14 I 27); akk. *agāmu* wütend sein (AHw. 15a); Scharbert Schm. 60; ↗ III אגם:

qal: pf. עָגְמָה: **betrübt sein** (נֶפֶשׁ, c. לְ um) Hi 3025. †

עגן: mhe., ja. einschliessen, eine Frau verhindern, eine neue Ehe einzugehen, עֲגוּנָה verlassene, sitzen gebliebene Frau (Neufeld 187[1]), עִגּוּנָא Ehehindernis f. e. Frau, weil der Tod. d. Gatten nicht bewiesen ist (Dalm. Wb 305a), ja. itpe. pa.; ar. *ʿaǧama* einschliessen GB :: Guill. 2, 27: *ʿanaǧa* zurückhalten, zügeln; ? tigr. (Leslau 38), syr. *ʿgen* pe. liegen, hinabfallen, pa. hinabwerfen (LS 510a, vgl. GB);

nif: impf. תֵּעָגֵנָה 2. f. pl. < תֵּעָגַנָּה* BL 352, Bgstr. 2, 20a: sich einschliessen lassen, am Eingehen einer neuen Ehe gehindert werden, bzw. sich hindern lassen (Gerleman BK XVIII 19) Rt 113. †

*עגר: Sam. מעגרת (BCh. LOT 5, 308); ar. *ʿaǧira* dick, fett sein, VIII (Frau) sich d. Kopf verhüllen (m. Schleier): ? Der. עָגוּר.

I עַד: Sam. *ʿad*; mhe., DSS (KQT 155); ar. *ġad* (√*ġdw*) morgen, spätere Zukunft (Barth EtSt 64) od. עדה (Driver WdO 1, 1950, 412) od. II עַד; > עֶד in וָעֶד (Sam. *wād*) עוֹלָם (s. u., BL 548) THAT II 207-209; —

1. **dauernde Zukunft**, ↗ עוֹלָם: לָעַד für immer Js 648 Am 111 Mi 718 Ps 919 (|| לָנֶצַח), 1910 217 2227 3729 619 8930 1113.10 1123.9 Pr 1219 2914 Hi 1924 1C 289; עֲדֵי־עַד auf immer Js 264 6518 Ps 8318 928 13212.14; עוֹלָם וָעֶד dauernd u. immer Ex 1518 Mi 45 Ps 96 1016 215 457.18 4815 5210 1045 11944 1451f.21 Da 123; לָעַד לְעוֹלָם für immer, für dauernd Ps 1118 1486; עַד־עוֹלְמֵי־עַד auf immer dauernde Zeiten Js 4517; cj. Js 172 G (BHS) עֲזֻבֹת עַד für immer aufgegeben (vgl. ferner Wildberger BK X 635, der beim MT bleibt); הַרְרֵי עַד d. ewigen Berge Hab 36 cj. Gn 4926 (l הַרְרֵי pr. הוֹרַי), cj. Ps 765 (l עַד pr. טָרֶף); גְּבֶרֶת (שֹׁכֵן) עַד immer thronend Js 5715; עַד (sic !) Herrin für immer Js 477; אֲבִי עַד Js 95 Vater von Ewigkeit, Vater auf immer (Wildbg. BK X 383; THAT II 208; Carlson VT 24, 1974, 134) :: de Boer VTSu. 3, 1955, 58: Berater über die Zukunft, H. D. Preuss BWANT 87, 1963, 143 „Vater der Zukunft"; Duhm GHK III/1, 90: Vater der Beute; Fohrer, Das Buch Jesaja I[2] 137: Beutebesitzer ↗ II עַד; vgl. ferner M. Rehm, Der königliche Messias im Lichte der Immanuel-Weis-

sagungen des Buches Jesaja, 1968, 156ff; — 2. von d. Vergangenheit, **Urzeit**: מִנִּי־עַד seit jeher Hi 20$_{4}$; — Js 30$_{8}$ l לָעַד (BHS). †

II **עַד**: I עדה; Sam. Vers. Gn 49$_{27}$ עדי = *ʿādi*; mhe. ja. עֲדֵי, עֲדָאָה, עֲדִיתָא: **Beute** Gn 49$_{27}$; Js 9$_{5}$? ↗ I; — 33$_{23}$ prop. (BHS) חִלֵּק עִוֵּר שָׁלָל pr. חֻלַּק עַד שָׁלָל; Zef 3$_{8}$ l לָעַד. †

III **עַד** (ca. 60 ×): mhe., DSS (KQT 156); Sam. *ʿad*, sam. (BCh. LOT III/2, 54. 67. 237); Deir Alla 1, 9 (ATDA 200) *ʿd ʿlm*; ug. *ʿd* (UT nr. 1813, Aistl. 1997/98), ph. aam. (DISO 203), ba. ja. cp. sam. md. (MdD 6a), sy; asa. *ʿd*, *ʿdw/j* (Conti 202a), šḫ. *ʿad* (Leslau 38); akk. *adi* (AHw. 12a): ältere Formen עֲדֵי Nu 24$_{20}$ Ps 104$_{23}$ 147$_{6}$ Hi 7$_{4}$ 20$_{5}$ (Sir 43$_{9}$ hat Sir$^{M\ VI\ 2}$ עד); ↗ עֲדֵי־עַד (עַד I) u. בִּלְעֲדֵי: עָדַי/דֶיךָ/דָיו, עֲדֵיכֶם (BL 640g.h), עַד־הֵם 2K 9$_{18}$ (? l עֲדֵיהֶם, BL 641i); ↗ עֲדֶן; עַד bezeichnet den Abstand von, die Annäherung an, d. Hinbewegung auf etwas zu > bis, bis zu, bis auf; :: Ginsberg BASOR 124, 1951, 29f: oft auch nicht Richtung, sondern Position, ,,an, bei'' ? zu ar. *ʿinda*, Gn 13$_{12}$ 38$_{1}$ Dt 2$_{23}$ u. ö.:

A. praep: — 1. **bis zu**, örtlich: עַד חָרָן Gn 11$_{31}$, עַד צַוָּאר Js 8$_{8}$, עַד מָרוֹם Ps 71$_{19}$, עֲדֵי אֶרֶץ bis zur Erde Ps 147$_{6}$; so oft nach רָדַף Gn 14$_{14}$, בָּא Gn 50$_{10}$, הָלַךְ Ri 11$_{16}$, שָׁב Am 4$_{6}$, נָגַשׁ Ri 9$_{52}$, נִשְׁמַע Js 15$_{4}$, etc; — 2. zeitlich: a) **bis zu** עַד־הַבֹּקֶר Ri 6$_{31}$, עַד־עַתָּה Dt 12$_{9}$, עַד־גִּשְׁתּוֹ bis er trifft (seinen Bruder) Gn 33$_{3}$, עַד־הֵנָּה Gn 15$_{16}$, solange 1S 1$_{16}$, עַד־כֹּה bis heute Jos 17$_{14}$ (oder עַד örtlich od. modal); Formel וַיְהִי עַד־כֹּה וְעַד־כֹּה unterdessen 1K 18$_{45}$; עַד־אָן Hi 8$_{2}$ u. עַד־אָנָה Ex 16$_{28}$ (Ruprecht ZAW 86, 1974, 273) u. עַד־מָה Nu 24$_{22}$ u. עַד־מָתַי Ex 10$_{3}$ bis wann ? cf. akk. *adi mati* (AHw. 632b), עַד־עֵת auf (bestimmte) Zeit Da 11$_{24}$ (eschat. Mtg. Da. 452, al. eine Zeit lang); b) **noch bevor** = ehe, G πρό (cf. *adi* EA 96, 21, Youngblood BASOR 168, 25. 27) Ri 16$_{2}$ 1K 18$_{29}$; c) **während**: עַד־זְנוּנֵי (= solange als ... anhalten) 2K 9$_{22}$, עֲדֵי־רֶגַע e. Augenblick lang Hi 20$_{5}$, עַד הִתְמַהְמְהָם Ri 3$_{26}$ solange sie zögern, עַד־הֱיוֹתִי solange ich bin Jon 4$_{2}$; — 3. geistige Richtung: auf = אֶל, 1S 9$_{9}$ c. הָלַךְ (MSS אֶל), c. הֶאֱזִין Nu 23$_{18}$ Hi 32$_{11}$; — 4. drückt das Mass, den Grad aus: עַד־בְּלִי דָי bis zum Übermass Mal 3$_{10}$, cj. Ps 72$_{7}$ (Koehler KlLi 57ff); עַד־אֵלֶּה auch dann Lv 26$_{18}$; עַד־חֲצִי Est 5$_{3.6}$, עַד־מְאֹד 1K 1$_{4}$, עַד־לִמְאֹד 2C 16$_{14}$, עַד־מְהֵרָה überaus eilig Ps 147$_{15}$, עַד־אֵין מִסְפָּר Ps 40$_{13}$, לֹא...עַד־אֶחָד auch nicht einer Ri 4$_{16}$, עַד···לֹא nicht einmal Hg 2$_{19}$ Hi 25$_{5}$, עַד־לְמַעְלָה überaus gross, ausserordentlich 2C 16$_{12}$ 17$_{12}$ (Welten WMANT 42, 1973, 21), עַד־אֲבֹד Dt 7$_{20}$, עַד אֶפֶס Js 5$_{8}$, עַד־לְאֵין 2C 36$_{16}$; — 5. im Vergleich: לֹא הִרְבּוּ עַד wurden nicht so zahlreich wie 1C 4$_{27}$; וְעַד···לֹא־בָא kam nicht an ... heran = war nicht gleich 2S 23$_{19}$; — 6. a) c. Zahlwort: עַד־שֶׁבַע פְּעָמִים bis zu 7 Malen 2K 4$_{35}$ (akk. *adi šibišu*, v. Soden Gr. § 71a, AHw. 12b, 3d); b) mit praep. עַד־אֲלֵיהֶם bis zu ihnen hin 2K 9$_{20}$; עַד אַחַר bis nach Neh 13$_{19}$, עַד לִפְנֵי bis vor Est 4$_{2}$; מִן···וְעַד von ... bis (räumlich) Gn 13$_{3}$ Ex 23$_{31}$ Dt 11$_{24}$ Jos 1$_{4}$ Am 8$_{12}$, vgl. Saebø ZDPV 90, 1974, 14-37; akk. *ištu* ... *adi* (AHw. 12b), aam. Sef. *mn* ... *wʿd* (KAI Nr. 222 B 9-10, Degen Altaram. Gr. § 45 S. 52); (zeitlich) Ri 13$_{7}$; מִן···עַד···וְעַד (aufzählend) Gn 6$_{7}$; מִטּוֹב עַד־רָע weder ... noch Gn 31$_{24}$; c) (später) > עַד־: עַד־לַמְּצָד bis zum Versteck 1C 12$_{17}$, עַד־לְשִׂמְחָה m. Freuden 2C 29$_{30}$, עַד־לְבוֹא bis hinein nach Jos 13$_{5}$ u. ö., עַד־לְמֵרָחוֹק bis weit hinein (↗ מִן 3) Esr 3$_{13}$ 2C 26$_{15}$;

B. עַד wird conj.: a) c. vb. fin. (Ehrl. 6,

24f, R. Meyer Gr. § 121, 3b; Brockelm. HeSy § 145b, 163b; ug. Aistl. 1998, md.): עַד יִגְדַּל Gn 38_{11}, עַד־אָשִׁית Ps 110_{1} (Caquot Semitica 6, 1966, 35), עַד־אַרְגִּיעָה solange als Pr 12_{19} (:: Driver WdO 1, 1950, 412); עַד־לֹא עָשָׂה Jos 2_{22}; עַד־שָׁבוּ bis nicht = ehe Pr 8_{26} (sy. LS 511a); b) compos.: עַד אִם bis dass Gn 24_{19} = עַד אֲשֶׁר Gn 27_{44}, = עַד כִּי Gn 26_{13} 49_{10} Erfüllung, nicht Ende (Eissf. KlSchr. 3, 419f), = עַד אֲשֶׁר אִם Js 6_{11} Gn 28_{15}, = עַד שֶׁ* Ri 5_{7} (:: solange als HL 1_{12}); עַד בִּלְתִּי ehe Koh 12_{1}; עַד אֲשֶׁר לֹא bis dass nicht, bzw. solange (R. Meyer Gr. § 121c) Hi 14_{12}, sodass nicht Nu 21_{35}; c) c. לְ + inf. bis dass 1K 18_{29}; — Jos 17_{14} l עַל־אֲשֶׁר weil; 1S 2_{5} pr. חָדֵלּוּ עַד cj. ח׳ לָעַד auf immer, ח׳ עוֹד, ח׳ עֲבֹד darf noch rasten (s. Stoebe KAT VIII/1, 102); 1S 14_{19} pr. עַד דִּבֵּר (Brockelm. HeSy § 145b ζ) cj. עַד מְדַבֵּר vel עַד דַּבֵּר; 1S 20_{41} pr. עַד cj. עוֹד וְ (vgl. Stoebe l. c. 380 wo weitere cj. genannt sind; Mi 7_{12} pr. וְעָדַיִךְ l וְעָדֶיךָ, und pr. וְעָרֵי l וְעַד vel וַעֲדֵי (BHS); Hg 2_{19} l וְעֹד; ? Hi 1_{18} l עֹד; Esr 10_{14} l עַל־הַדָּבָר; Neh 7_{3} l וְעֹד.

***עָד** (od. *עֵד): יעד > ועד (Dup.-S. Sfiré 21, Fitzmyer Sef. 23f); akk. *adû* Eid (AHw. 14a), aam. עד(י) Vereinbarung, Bestimmung, Übereinkunft (KAI III 39a, DISO 203f): **Vertrag**, **Versprechen** (?): עָדַי meine Versprechungen Nu 23_{18} (so Dup.-S. l.c.), G (vgl. S) μάρτυς = עֵד, prop. עָלַי = אֵלַי (s. BHS); Js 33_{8} l עָדִים pr. עָרִים s. עֵד 1a; Gn 31_{44} ? l עָד pr. עֵד; גִּלְעָד > גַּלְעֵד (Garcia-Treto ZAW 79, 1967, 13. 17) Vertragshügel, ℱ עֵד 2.

***עד** (עֵד ?) ug. *ʿd* (UT nr. 1814): Thronraum, Thronsitz. Dahood Psalms II 81 findet dieses Wort an folgenden Stellen, an denen d. MT עַד (als Praep. bzw. Subst.) bietet: Ps 60_{11} 89_{30} 94_{15} 110_{1} Js 47_{7} 57_{15} Zef 3_{8}, ferner Ps 89_{38} pr. עֵד, 93_{5} pr. עֵדֹתֶיךָ, Jr 22_{30} pr. עוֹד; zu Ps 110_{1} vgl. auch Loretz UF 6, 1974, 232; UT nr. 1814 nennt noch Gn 49_{27} pr. עַד trad. = Beute. — Gesichert oder gar gefordert ist diese Auffassung für keine der obigen Belege, möglich allenfalls für Js 57_{15}.

עֵד: ℱ II עוד, BL 464c, zur Etymologie sy. *ʿhd* (LS 513b), vgl. ferner J. A. Thompson JSS 10, 1965, 222-40 u. THAT II 209f; Sam. *i/ed*, fem. *īda*; ug *ʿd* KTU 1.6 VI 48-49 = UT 62, 47-48, cf. Aartun AOAT 21/1, 51; ihe. *ʿd* (Lakiš 4, 8 ?, cf. KAI II 195); mhe.: עֵדִים, עֵדֵי, עֵדִי: Zeuge (Seeligmann HeWf 262ff, THAT II 211ff): — 1. a) wer einer Tatsache, einem Vorgang beiwohnt und diese/diesen im Zweifelsfall bestätigen kann: Js 8_{2} cj. 33_{8}, (l c. 1Q Js[a] *ʿdjm* pr. עָרִים, vielmehr עֵדִים s. BHS :: Fitzmyer CBQ 20, 1958, 456 l עָדִים „Verträge" ℱ *עָד); Jr $32_{10.12.25}$ Rt $4_{9.11}$ (THAT II 211f), Js 30_{8} (l עֵד pr. עַד) s. sub 3; b) wer vor Gericht eine Sache zu Recht oder Unrecht (s. sub 4) bestätigt: Ex 20_{16} 23_{1} Lv 5_{1} Nu 5_{13} 35_{30} Dt 5_{20} 17_{6f} 19_{15f} (Wevers BiOr 18, 1961, 97) .18 Js $43_{9f.12}$ 44_{8f} (THAT II 215), Ps 35_{11} Pr $14_{5.25}$ 19_{28} 21_{28} 24_{28} 25_{18} Hi 10_{17} 16_{8}; c) wer durch seine Bestätigung einen Rechtsstreit zur Entscheidung bringt Gn 31_{50}; d) wer durch sein Auftreten (als עֵד) Recht oder Unrecht einer Partei erweist Jos 24_{22} 1S 12_{5} Js 55_{4} (עֵד לְאֻמִּים ℱ אֻמָּה) vgl. Zimmerli ThB 51, 1974, 194[6], Seybold FRLANT 107, 1955, 155[13]; Hi 16_{19} (עֵד im Himmel || ℱ שָׂהֵד = גֹּאֵל 19_{25}); — 2. Sachen als Zeuge: בְּרִית Gn 31_{44} (:: cj. ℱ עָד); גַּל Gn $31_{48.52}$, מִזְבֵּחַ (u. מַצֵּבָה) Jos $22_{27f.34}$, Js 19_{20}, טְרֵפָה Ex 22_{12} (Fensham VT 12, 1962, 337-339), שִׁירָה Dt $31_{19.21}$, סֵפֶר הַתּוֹרָה 31_{26}, לוּחַ || סֵפֶר Js 30_{8} (l לְעֵד pr. לָעַד), עֵד בַּשַּׁחַק der Zeuge in den Wolken Ps 89_{38} (Eissfeldt KlSchr. 4, 134[2] = Regenbogen :: cj. בְּעֹד הַשַּׁחַק

so lange es Wolken gibt, BHS); — 3. Jahwe als Zeuge und d. h. als Richter bzw. Ankläger: Gn 31_{50} 1S 12_5, 12_6 u. 20_{12} ins. ? עֵד (:: Stoebe KAT VIII/1, 233 u. 374), Jr 29_{23} 42_5 Mi 1_2 Mal 3_5 Elliger ATD 25^6, 207), Zef 3_8 (l לְעֵד pr. לָעַד s. BHS), Hi 16_{19} s. sub 1d; — 4. Einzelnes: עֵד בֵּין...וּבֵן Gn $31_{44.48.50}$; nach G 1S 20_{23} בֵּין...וּבֵין עֵד, doch s. Stoebe KAT VIII/1, 377; עֵד Zeuge dafür Gn 31_{52}; עֵד בְּ Zeuge gegen Nu 5_{13} Dt $31_{19.26}$ Jr 42_5 Mi 1_2; עֵד כִּי Zeuge dafür, dass Jos 24_{22} 1S 12_5 Js 19_{20}; עֵד אֱמוּנִים Pr 14_5; עֵד נֶאֱמָן עֵד אֱמֶת וְנֶאֱמָן Jr 42_5 und Js 8_2 :: עֵד שֶׁקֶר Ex 20_{16} Dt 19_{18} Pr 6_{19} 14_5 25_{18}; עֵד שְׁקָרִים Pr 12_{17} $19_{5.9}$; pl. עֵדֵי שֶׁקֶר Ps 27_{12}; עֵד כְּזָבִים Pr 21_{28}; עֵד שָׁוְא Dt 5_{20} (Klopfst. 19ff); עֵד בְּלִיַּעַל ein nichtsnutziger Zeuge Pr 19_{28} (Gemser Spr.[2] 76); עֵד חִנָּם falscher Zeuge Pr 24_{28} (Gemser Spr.[2] 90), eig. Zeuge ohne Grund; עֵד חָמָס Zeuge der Gewalttat, d. h. Z. (oder Ankläger), der durch falsche Aussage den Schuldlosen der Strafgewalt ausliefert Ex 23_1 Dt 19_{16}, pl. Ps 35_{11} (Halbe FRLANT 114, 1975, 433[45], Seeligmann HeWf 263); עֵד מְמַהֵר (G ταχύς, V *velox*) schnellhandelnd, behende Mal 3_5; קוּם עֵד als Z. auftreten Dt 19_{15} Ps 35_{11}, cj. (s. sub 3) קוּם לְעֵד Zef 3_8 (Koehler HM 149, de Vaux Inst. 1, 240 = Lebensordnungen 1, 251); הֵעִיד עֵד zum Z. nehmen Js 8_2 Jr $32_{10.25}$; נָתַן עֵדִים Z. stellen Js 43_9; חִדֵּשׁ עֵדִים neue Z. stellen Hi 10_{17} :: Pope Job 81, TOB Angriffe (zu ar. *ʿdw*); לְפִי עֵדִים Nu 35_{30} u. עַל־פִּי עֵדִים Dt 17_6 19_{15} auf d. Aussage von Z. hin; — Formel d. Zeugenaufrufs (s. Boecker 82ff): אַתֶּם עֵדַי Js $43_{10.12}$ 44_8 Rt 4_{9f}, vgl. Dt 32_1 Js 1_2 Mi 1_2 6_2 (Koehler Dtjes 111ff :: Boecker 83f); Formel der Annahme der Zeugenschaft: עֵדִים Rt 4_{11}; gesetzl. Ordnung der Zeugenschaft: a) beim Todesurteil Nu 35_{30} Dt 17_6, vgl. 1K 21_{10} Mt 26_{59f}; b) bei allen Verfahren Dt 19_{15}, vgl. Mt 18_{16} (de Vaux Inst. 1, 239ff = Lebensordnungen 1, 250ff). †

Der. II עֵדָה; n. m. יוֹעֵד.

עֹד: ↗ עוֹד

עִדֹּא: n. m.; ↗ עִדּוֹא.

I ***עדד**: ug. *ʿdd* erzählen. berichten (Aistl. 2003, CML[2] 154a; Wili FRLANT 106, 1972, 221[23]), ar. *ʿadda* auf-, abzählen: Der. *עֵדָה.

cj II ***עדד**? ug. *ġdd* frohlocken (UT nr. 1947, Gray LoC[2] 43 :: Aistl. 2133, Aartun WdO 4, 1968, 297 zu KTU 1. 3 II 25f „fluten" = CML[2] 155a) cj. Hi 31_{29} pr. הִתְעֹרַרְתִּי prop. הִתְעֹדַדְתִּי (BHS) ich frohlockte :: ↗ רוע.

עֹדֵד: n. m. ↗ עוֹדֵד.

I **עדה**: ↗ ba.; mhe. hif. wegnehmen, ein Kleid ausziehen; äga. haf. wegnehmen (DISO 204); ja. pe. vorübergehen, hindurchgehen, af. wegnehmen, entfernen; cp. pe. weggehen; md. vorüber-/weggehen (MdD 6a); sy. pe. kommen über, af. rauben, entreissen; ar. *ʿdw* laufen, vorübergehen, überschreiten; sich stürzen auf, angreifen; asa. sich begeben (Conti 202a, Müller 78); äth. *ʿadawa* vorübergehen, cf. tigr. (Wb. 485a); ug. *ʿdj* pa. entfernen (?) (Ug V S. 571, 66, s. Astour JNES 27, 1968, 25; Lipiński UF 6, 1974, 173; Dietrich-Loretz-Sanmartín UF 7, 1975, 125, vgl. UT nr. 1820); im He. hif. aLw? (Wagner 214) :: he. עבר:

qal: pf. עָדָה c. עַל **beschreiten** (|| הִדְרִיךְ) Hi 28_8. †

hif: pt. מַעֲדָה: (Kleid) **abstreifen** Pr 25_{20} (20_a dittgr. von 19_b, fehlt in G, s. Gemser Spr.[2] 92). †

II **עדה**: mhe. עֲדִי, ja. עֲדִיתָא Schmuck; ug. n. pr. *ʿdj* und ? *ʿdjn* (UT nr. 1820, Aistl.

2006/7; Gröndahl S. 106); neupun. n. pr. fem. *ʿdjt* (KAI II Nr. 136): **qal**: pf. עָדִית; impf. תַּעְדֶּה, וַתַּעַד, (וְ)תַעְדִּי, וָאֶעְדֵּךְ, imp. עֲדֵה: — 1. c. acc. etwas als Schmuck anlegen, **sich schmücken** mit (cf. לָבֵשׁ Joüon § 125d): Js 61₁₀ Jr 4₃₀ 31₄ Ez 16₁₃ 23₄₀ Hos 2₁₅ Hi 40₁₀; — 2. c. zwei acc. jmdn **schmücken** mit Ez 16₁₁. †

Der. עֲדִי; n. f. עָדָה; n. m. עֲדִיאֵל, עֲדָיָה(וּ), אֶלְעָדָה, cj. יֶעְדּוֹ, יַעְדָּה.

[III *עדה. Zu einer cj. Wurzel III *עדה cf. Macintosh VT 24, 1974, 454ff.]

עָדָה: II עדה; Sam. *ʿāda*; vgl. ? n. f. min. u. masc. tham. עדת (Moritz ZAW 44, 1926, 84; Ryckmans 1, 157b: tham. עדה = *ʿIddah*, min. עדת = *ʿIddat*, n. pr. *ʿAddat*), saf. *ʿdʾ* (Weippert 250); Josph. Ἄδα (NFJ 4), G Αδα; der PN, wenn hebr., Kf. zu אֶלְעָדָה od. עֲדָיָה(וּ) (Stamm HFN 334): — 1. Fr. v. לֶמֶךְ Gn 4₁₉f.₂₃; — 2. Fr. v. עֵשָׂו Gn 36₂.₄.₁₀.₁₂.₁₆. †

I **עֵדָה** (149 ×, 83 × Nu); G meist συναγωγή s. ThWbNT VII 802; Rost BWANT 4/24, 1938, 122ff; יעד BL 450j; Sam. *īda*; mhe. ja. עדתא, DSS; ug. *ʿdt* (UT nr. 1816, Aistl. 1195, CML² 154a, Ug V S. 564 Nr. 7, 3 = UF 7, 1975, 121); äga. עד(תא) (AP 82, 5) s. בעד(ה) (DISO 39, BMAP 310a); sy. *ʿedtā* (< עֵדָה) Kirche (Rost, l. c. 32f; N. A. Dahl Das Volk Gottes, 1941, 61-76; THAT I 742-46): עֲדַת, עֲדָתִי, עֲדָתְךָ: **Versammlung**: — 1. **Schwarm**: עֲדַת דְּבוֹרִים Bienenschwarm Ri 14₈, Schwarm v. Vögeln Hos 7₁₂ :: prop. nach G (ל)עַל רָעָתָם s. BHS; — 2. **Schar, Rotte**: a) עֲדַת מְרֵעִים Ps 22₁₇, c. אַבִּירִים 68₃₁, עָרִיצִים 86₁₄, רשעים Sir 16₆, c. חָנֵף Hi 15₃₄; b) עֲ׳ קֹרַח Nu 16₅f.₁₁.₁₆ 17₅ 26₉f 27₃ Sir 45₁₈ u. עֲ׳ אֲבִירָם Ps 106₁₇f; — 3. im guten Sinn: כָּל־עֲדָתִי meine ganze Versammlung, d. i. der Kreis der Familie u. Freunde Hi 16₇ cf. Pedersen Isr 1-2, 506 (:: cj. רָעָתִי mein Unglück); עֲ׳ צַדִּיקִים Ps 1₅, ע׳ שער Sir 7₇ 42₁₁ (d. Rechtsgemeinde, Koehler HM 147f) = עדה Sir 4₇; — 4. d. **Volks-, Rechts-, Kultgemeinde** (Rost l. c. 41ff, BHH 542, THAT I 745): a) ausserhalb v. P, aber von P beeinflusst ? Ri 20₁ 21₁₀.₁₃.₁₆ 1K 8₅ || 2C 5₆ Jr 6₁₈ 30₂₀ Ps 111₁ || סוֹד יְשָׁרִים, Pr 5₁₄ Sir 44₁₅ 46₇.₁₄, neben עם (*ʿam*) 41₁₈; b) in P (Ex-Nu-Jos; :: קָהָל s. Rost l. c. 87ff, THAT II 615f): עֲ׳ בְּנֵי יִשְׂרָאֵל Ex 12₃-Jos 22₂₀ (9 ×), עֲ׳ יִשְׂרָאֵל Ex 16₁-Jos 22₁₂ (26 ×), הָעֵדָה Lv 8₄-Jos 20₉ (24 ×), כָּל־הָעֵדָה Lv 8₃-Jos 9₂₁ (30 ×), קְהַל עֲדַת יִשְׂרָאֵל Ex 12₆, קְהַל עֲדַת בְּנֵי יִשְׂרָאֵל Nu 14₅ (s. BHS); נְשִׂיאֵי הָעֵדָה Ex 34₃₁, הַנְּשִׂאִים בָּעֵדָה Ex 16₂₂-Jos 22₃₀ (8 ×), פְּקוּדֵי הָעֵדָה Ex 38₂₅, זִקְנֵי הָעֵדָה Lv 4₁₅ Ri 21₁₆, קְרִיאֵי הָעֵדָה Nu 1₁₆ 26₉, מִקְרָא הָעֵדָה Nu 10₂; — 5. d. himmliche עֵדָה: עֲדַת־אֵל Ps 82₁, cj ? לְאֻמִּים pr. עֲ׳ אֱלֹהִים Ps 7₈ (Budde, Gkl :: Kraus BK XV⁵ 191), ug. *ʿdt ilm* (UT nr. 1816, Aistl. 1195, cf. *pḫr* u. *mpḫrt* c. *bn ilm* (UT nr. 2037, Aistl. 2215) u. ph. מפחרת אל גבל קדשם (KAI Nr. 4, 4f); < akk. *puḫur-ilī* Versammlung d. Götter (AHw. 876b) u. ? *napḫar- ilī/ilāni* Gesamtheit d. Götter (AHw. 737b), s. G. Cooke ZAW 76, 1964, 22ff, H. P. Müller ZNW 54, 1963, 254-67, Ringgren IR 84f, RAAM 100, M. Tsevat HUCA 40/41, 1969/70, 126ff; — Jr 6₁₈ l דְּעָה pr. עֵדָה; Ps 132₁₂ עֵדֹתִי F עֵדוּת.

II **עֵדָה**: f. v. עֵד: mhe.: **Zeugnis** (v. Tieren u. Sachen) Gn 21₃₀ 31₅₂ Jos 24₂₇. †

***עִדָּה**: I *עדד zählen (BL 455e): mhe. sam. עִדָּן Zeit, Menstruation; ar. *ʿiddat*; äth. (Leslau 38): עִדִּים Monatsregel d. Frau Js 64₅; cj. בְּעֵת עִדִּים vel בָּעִדִּים (BHS) Ez 16₇ c. בּוֹא. †

עִדּוֹ: n. m.; Noth N. 39, 182: Kf. zu עֲדָיָה etc. :: Zevit VT 25, 1975, 786¹⁵ Kf. zu עוֹדֵד: — 1. Grossvater d. Proph. Sacharja

Zch 1_{1} = עִדּוֹא 2; — 2. חֹזֶה 2C 12_{15}, נָבִיא 13_{22} (dieselbe Person ?), = ? יֶעְדּוֹ 2C 9_{29}; — 3. Levit 1C 6_{6}. †

עִדּוֹא: n. m. (= עִדּוֹ): — 1. Zch 1_{7} Esr 5_{1} 6_{14} = עִדּוֹ 1; — 2. Haupt eines nachexil. Priestergeschlechts Neh 12_{4} (Var. עִדֹּא), ${}_{16}$ (Q, S עִדּוֹא, K G^{L} V עֲדָיָה); — 3. עִדֹּא V. eines Statthalters unter Salomo 1K 4_{14}. †

עֵדוּת u. עֵדֻת: II עוד, BL 505 o, Joüon § 97 Gb, Gulk. 38ff; Sam. *īdot*; mhe.: pl. עֵדוֹתָיו (BL 605h; R. Meyer Gr. § 56, 2b; cf. Dam. XX 31 עדוות), עֵדֹתַי Ps 132_{12} lässt die Wahl zw. sg. עֵדוּתִי u. pl. עֵדֹתַי, s. Johnson SKsh. 23[2]; עֵדוּת zu עֵד wie akk. *šību* Zeuge zu *šibūtu* Zeugenschaft; Koehler Th.[4] 198f, v. d. Ploeg CBQ 12, 1950, 256ff, B. Volkwein BZ NF 13, 1969, 18-40, THAT II 217ff: — 1. **Zeugnis**, **Bezeugung**: a) das Dokument, das dem jud. König bei der Krönung mit dem נֵזֶר überreicht wurde 2K 11_{12} 2C 23_{11} u. wohl auch Ps 132_{12}: entweder wie d. äg. *nḫb.t* d. Königsprotokoll (so v. Rad GSt I 205-13, de Vaux Inst. 1, 159f = Lebensordnungen 1, 167f, cf. Gray Kings[3] 574[1]; Fohrer BZAW 115, 1969, 341) oder die Urkunde über Bestimmungen des Davidsbundes (so Johnson SKsh 23-25, H. P. Müller VTSu 26, 1974, 52[4]; ähnl. nur allgemeiner Kutsch BZAW 131, 1973, 56[29] u. R. J. Williams VTSu 28, 1975, 235; :: Yeivin IEJ 24, 1974, 17ff); b) coll. sg. die schriftl. aufgezeichneten Bestimmungen d. Sinaibundes, c. נָתַן עַל/אֶל הָאָרוֹן Ex $25_{16.21}$ 40_{20}, הָאָרוֹן לָעֵ׳ Ex 31_{7}, אֲרוֹן הָעֵ׳ (cf. אֲ׳ הַבְּרִית) Ex 25_{22} 26_{33f} $30_{6.26}$ 39_{35} $40_{3.5.21}$ Nu 4_{5} 7_{89} Jos 4_{16}, לֻחֹת הָעֵ׳ Ex 31_{18} 32_{15} 34_{29}, אֹהֶל הָעֵ׳ Nu 9_{15} 17_{22f} 18_{2} 2C 24_{6}, כַּפֹּרֶת... עַל הָעֵ׳ Lv 16_{13}, פָּרֹכֶת עַל־הָעֵ׳ Ex 27_{21}, פָּרֹכֶת הָעֵ׳ Lv 24_{3}, לִפְנֵי־הָעֵ׳ Ex 16_{34} 30_{36} Nu $17_{19.25}$; מִשְׁכַּן הָעֵ׳ Wohnstatt (s. Rost Fschr. Baumgärtel 158) Ex 38_{21} Nu $1_{50.53}$ 10_{11}; c) ohne Bezug auf ein einzelnes und schriftlich niedergelegtes Dokument die feierlich gegebene u. übernommene Verpflichtung, mit der d. Erinnerung an Jahwes Heilstaten verbunden ist (THAT II 218): Ps 19_{8} 78_{5} (|| תּוֹרָה) עֵ׳ פִּיךָ Ps 119_{88}; d) Zeugnis im Sinne von Satzung שׂוּם עֵ׳ Ps 81_{6}, עֵ׳ לְיִשְׂ׳ 122_{4}; e) Zeugnis hinsichtlich des Rufes einer Person ע׳ טובו... ע׳ רועו Sir 31/34_{23f} u. als Bekenntnis zu Gott hinsichtlich seiner Schöpfung נתן ע׳ ל Sir 33/36_{20} (THAT II 218): — 2. pl. **Gesetze**, genauer **Gesetzesbestimmungen** (so Kutsch BZAW 131, 1973, 49f u. THAT II 219, Merendino Fschr. Botterweck 195 :: Volkwein l. c. 39f: Bundesbestimmungen) meist || מִצְוֹת, חֻקִּים etc., vgl. akk. *adû/adê* Vertragsbestimmungen (AHw. 14a, THAT II 219) u. aam. (Sef) *ʿdn/ʿdj/ʿdjʾ* (DISO 203f, KAI III 39a; Degen Altaram. Gr. S. 52): Dt 4_{45} $6_{17.20}$ 1K 2_{3} 2K 17_{15} 23_{3} Jr 44_{23} Ps 25_{10} 78_{56} 93_{5} 99_{7} 119_{2-168} (22 ×, vgl. Deissler Psalm 119 [118] und seine Theologie, 1955, 78f), Neh 9_{34} 1C 29_{19} 2C 34_{31} Sir 45_{5}; zu Ps 132_{12} s. sub. 1 a; — 3. In Psalmenüberschriften, Bedeutung unsicher: Ps 60_{1} עַל־שׁוּשַׁן עֵדוּת, 80_{1} אֶל־שֹׁשַׁנִּים עֵ׳ (cf. 45_{1} 60_{1}) s. Mow. PsSt 4, 31f, PIW 2, 214, Gkl.-Begr. 458, Rost l. c. 163. †

עֲדִי: II עדה, BL 457p; Sam. *ʿādi*, c. sf. *idjåk* etc.; mhe: עֲדִי, עֶדְיוֹ/יֵךְ, cj. עֲדָיִים: **Schmuck** (-stück) Ex 33_{4-6} 2S 1_{24} (vs. b sg. עֲדִי, vs. a pr. עֲדָנִים prop. nach G עֲדָיִים), Js 49_{18} Jr 2_{32} 4_{30}, Ez 7_{20} (MT עֶדְיוֹ, prop. עֶדְיָם :: Zimmerli 164), 16_{11} 23_{40}; עדי משריק Sir 43_{9} strahlender Schmuck (Smend 76. 79; Sir^{M} VI 2 עדו משריק), ע׳ שמים DJD I 153f, I 4; — Ez 16_{7} l עִדָּה F בְּעִדִּים pr. בַּעֲדִי עֲדָיִים; Ps 32_{9} עֶדְיוֹ לִבְלוֹם txt. corrupt. s. Castellino VT 2, 1952, 37-42: pr. עֶדְיוֹ l עָדוּי pt. pass. zu ↗ I עדה herangebracht, um gezäumt zu werden, so auch Seybold BWANT 99, 1973, 161g, jedoch sehr fraglich wegen d. Bedtg. von עדה; in BHS nach G cj. לְעֵיהֶם vel לְחַיֵּהֶם :: Mow. PsSt. 1, 52f: seine Kraft (von עֲדִי), ähnl. Dahood Psalms I 197; Kraus BK XV[5] 401 l עֻזּוֹ; Ps 103_5 pr. עֶדְיֵךְ prop. עָרְגֵּךְ od. עֹדְכִי od. עַד־דַּיֵּכִי (BHS). †

עֲדָיָא Neh 12_{16} K G^L V, Q S עִדּוֹא; ↗ עֲדָיָה.

עֲדִיאֵל, Αδουελ Tob 1_1: n. m. עֲדִי + אֵל „Gott ist Zier" (Noth N. 204); Dir. 353, Mosc. Ep. 60, 26; asa. saf. עדאל (Ryckmans 2, 104, Müller ZAW 75, 1963, 312); vgl. ? ug. *ʿdy* (Gröndahl 51, 106, 107, 176); ph. *ʿdʾ šmn* etc. (PNPhPI 165, 373): — 1. — 3.: 1C 4_{36}; 9_{12} (= עֲזַרְאֵל Neh 11_{13}); 27_{25}. †

עֲדָיָה: n. m.; < עֲדָיָהוּ „Jahwe hat (d. Namensträger) geschmückt" ↗ II עדה (Noth N. 182, Kornfeld Onomastica 65f), vgl. ↗ אֶלְעָדָה; keilschr. *Adija* (APN 12): — 1. — 8.: 2K 22_1; Esr 10_{29} (? l יְדַעְיָה od. יְעַדְיָה, s. Rudolph EN 99); 10_{39}; Neh 11_5 11_{12}; 1C 6_{26} 8_{21}; 9_{12} (MSS S עֲזַרְיָה). †

עֲדָיָהוּ: n. m. = עֲדָיָה; Mosc. Ep. 63, 35, Bordreuil-Lemaire Semitica 26, 1976, 50f, T. Arad 58, 1: 2C 23_1 (S עִדּוֹ). †

עִדִּים Js 64_5: ↗ עִדָּה.

I ***עָדִין**: I עדן; BL 470 n: f. עֲדִינָה: **üppig**, an Wohlleben gewöhnt (König Wb, ähnl. Zorell) :: Lex[1] 683b wohllustig; G τρυφερά, V *delicata* Js 47_8; — 2S 23_8 pr. עֲדִינוֹ l עוֹרֵר (חֲנִיתוֹ) cf. $_{18}$ u. 1C 11_{11}. †

II **עָדִין**: n. m.; = I; „wonnig", „üppig" (vgl. Noth N. 223); ? ug. *ʿdyn* (Gröndahl 107, 376a); cf. ? יְהוֹעַדָּן: Esr 2_{15} 8_6 Neh 7_{20} 10_{17}. †

עֲדִינָא: n. m.; = II עָדִין + hypokorist. Endung-*ā* (vgl. Noth N. 38): 1C 11_{42}. †

עֲדִיתַיִם, G^L Αγεθθαιμ: ? etym. ? „erhöhter Ort" (Noth Jos. 148); n. l. in Juda; ign.; Abel 2, 238, GTT § 318 A 13: Jos 15_{36}. †

***עדל**: < zwei verschiedene Wurzeln: 1. akk. *edēlu* verriegeln, abriegeln (AHw. 185b); 2. arab. *ʿadala* gerecht, billig handeln, *ʿadl* Geradheit, Gerechtigkeit (Wehr 537): Der. *עֲדְלָם, עַדְלַי.

***עַדְלַי**, עַדְלַי, G Αδαι, Αδλι: asa. עדל (Ryckmans 1, 157f) n. m., wohl zu ar. *ʿadala* + hypokor. Endung-*aj* (Noth N. 38), vgl. König Wb. 315b, Bauer ZAW 48, 1930, 78 :: Noth N. 231: 1C 27_{29}. †

עֲדֻלָּם: G Οδολλαμ, Josph. Ἀδολλαμη (NFJ 4): etym. wohl zu akk. *edēlu* (עדל + *ām*, BL 504j, Borée 56): „abgeschlossener Ort" (Noth Jos.[2] 148, Stoebe KAT VIII/1, 403): **Adullam** kan. Königsstadt, Abel 2, 239, GTT § 697, BHH 28; *T. Šeḫ maḏkur* 16 km. nw. Hebron, Name erhalten in *Idelmīje*, wie ein Quellbrunnen am Fuss des Tell, bzw. dieser selber genannt wird (Stoebe l. c.): Jos 12_{15} 15_{35} 1S 22_1 23_{13} Mi 1_{15} (prop. עַד עוֹלָם :: Rudolph KAT XIII/3, 37. 49), Neh 11_{30} 1C 11_{15} 2C 11_7. † Der. עֲדֻלָּמִי.

עֲדֻלָּמִי: gntl. v. עֲדֻלָּם; Sam. *ʿādillåmi*: Adullamiter Gn $38_{1.12.20}$. †

I **עדן**: mhe. pi. u. sy. pa. ergötzen, עִדּוּנִים Wohlleben, vgl. Sam. *ūdån* (BCh. LOT III/1, 35) u. sy. *ʿuddānā* (LS 512b), ar. *ġadan* Wohlleben, angenehme Lage mit einer gewissen Schlaffheit (GB 566b), Schlaffheit, Mattigkeit, Weichheit (Wehr 597a):

hitp. impf. וַיִּתְעַדְּנוּ: ein Wohlleben führen, es sich wohl sein lassen Neh 9_{25}. Der. I *עָדִין, I *עֵדֶן, עֶדְנָה, מַעֲדַנִּים, מַעֲדַנּוֹת (?); n. m. III עֵדֶן, II עָדִין, עַדְנָא, I *עֶדְנָה; ? n. f. יְהוֹעַדָּן; n. l. II עֵדֶן.

II **עדן**; Der. מַעֲדַנּוֹת.

I ***עֵדֶן** (od. *עֵדָן): I עדן, DSS (KQT 157): עֲדָנֶיךָ/נֵי, עֲדָנִים: — 1. **Wonne** Ps 36_9 Jr 51_{34} cj. מַעֲדַנַּי ↗ מַעֲדַנִּים; — 2. **Schmucksachen** (G μετὰ κόσμου ὑμῶν, V *in deliciis*,

S *ṣubʿānē* „bunte Stoffe") 2S 1_{24a} (cj. עֲדָיִים ↗ עֲדִי). †

II עֵדֶן, Sam. *ēdən*, G Εδεμ Gn $2_{8.10}$ 4_{16} n. t.; klingt an I עֵדֶן an und ist wohl auch von d. Wort abzuleiten: „Glücksland", „Wonneland". Schon wegen des versch. Anlautes ist die auch Lex.[1] vertretene Herleitung aus sum. akkad. *edinu* Steppe (AHw. 187b, CAD E(4) 27) wenig wahrscheinlich, s. Westermann BK I/1 286, wo weitere Lit.; ug. *ʿdn* (UT nr. 1824, RSP II S. 307 Nr. 75) bedeutet Ebene u. ist zugleich Name eines Ortes: **Eden** (Westermann l. c. 284-287, BHH 365f): גַּן בְּעֵדֶן Gn 2_8; > גַּן עֵדֶן (Name d. Landschaft auf den Garten übertragen, in der er lag) Gn 2_{15} 3_{23f} Ez 36_{35} Jl 2_3; עֵדֶן Gn 4_{16} Js 51_3, Ez 28_{13} (|| גַּן אֱלֹהִים), vgl. Zimmerli 684); Ez $31_{9.16.18}$ עֲצֵי עֵדֶן; Gedeihen wie Eden כעדן ברכה Sir 40_{27} (G παράδεισος, cf. Sir[M II 17]). †

III עֵדֶן: n. m.; = I, Noth N. 223: Levit 2C 29_{12} 31_{15}. †

עֶדֶן: n. terr. akk. *Bīt Adini*, Landschaft zu beiden Seiten d. mittleren Euphrat (Parpola AOAT 6, 1970, 75f): בְּנֵי־עֶדֶן (< בֵּית עֶ׳* בְּנֵי בֵית עֶ׳) 2K 19_{12}/Js 37_{12} = Am 1_5 (↗ בַּיִת B 33); עֶדֶן Ez 27_{23} (Zimmerli 657 :: Fohrer HAT 13, 1955, 157 = Aden, so v. Wissmann Saec. 4, 1953, 98f. 103). †

עֲדֶן, < עַד־הֵן*, Koh 4_3 (etym. inc. mhe, עדין, עדאן, עדאין u. עד אן, ja. עֲדַיִן) u. עֲדֶנָה 4_2 < עַד־הֵנָּה* (GB 567a :: Dahood Biblica 33, 1952, 48): **bisher, noch**. †

עַדְנָא, G Εδνααϛ, Josph. Εδναιος (NFJ 41): n. m. = III עֵדֶן; aram. od. hypokor. (Noth N. 38); keilschr. *Adnā* (APN 13); ↗ עַדְנָה*: — 1. Judäer in Mischehe Esr 10_{30}; — 2. Vorsteher d. Priesterklasse חָרִם Neh 12_{15}. †

I עַדְנָה: n. m.: = עַדְנָא: ihe. (Meshel and Meyers BA 39, 1976, 8f): Oberster (שַׂר) der Tausendschaften in Juda z. Zeit d. Josaphat 2C 17_{14} (Welten WMANT 42, 1973, 82-87). †

II עֲדֶנָה: ↗ עֲדֶן.

עֶדְנָה: I עדן, BL 459z; Sam. *idna*; ja. עדינתא* (GnAp $2_{9.14}$ Fitzmyer[2] 86): **Liebeslust** (Hempel ThLZ 13, 1957, 814[24]) Gn 18_{12}. †

עַדְנַח 1C 12_{21}: n. m., l עַדְנָה (so Var.[B], G Εδνα V *Ednas*) Helfer Davids aus Manasse. †

[עַדְעָדָה: n. l. in Juda, Jos 15_{22}: l עַרְעָרָה = *T. ʿarʿara* 21 Km. sö. v. Beerseba (Noth Jos.[2] 88 u. 93; Stoebe KAT VIII/1, 509; Abel 2, 250, GTT § 317, 6); G[B+MSS] Αρουηλ/ρ = עֲרֹעֵר s. 1S 30_{28}, dieses hier = עַרְעָרָה s. Stoebe l. c.]

עדף: Sam. qal pt. *ʿādəf*; mhe. überschüssig sein, vorspringen > sbst. עוֹדֶף, ja. עוּדְפָּא Überschuss; ar. *ġdf* reichlich sein:

qal: pt. עֹדֵף, עֹדֶפֶת, עֹדְפִים: **überschüssig sein**, pt. Überschuss, das Überschüssige: Speise Ex 16_{23}, Decken Ex 26_{12f}, Geld Lv 25_{27}, Leute Nu $3_{46.48f}$. †

hif: pf. הֶעְדִּיף: **Überschuss haben** (:: הֶחְסִיר) Ex 16_{18}. †

I עדר: mhe. (qal u. pi.) ja. (pal. und pa.) hacken:

nif: impf. יֵעָדֵר, יֵעָדֵרוּן: **behacken** Js 5_6 7_{25} vgl. AuS 2, 328. †

Der. מַעְדֵּר.

II עדר: mhe. nif. wegbleiben; ar. *ġdr* III weglassen:

nif: pf. נֶעְדָּר, נֶעְדָּרָה; pt. נֶעְדָּר, נֶעְדֶּרֶת: **vermisst werden** 1S 30_{19} 2S 17_{22} Js 34_{16} 40_{26} 59_{15} Zef 3_5; Zch 11_{16} pr. הַנִּצָּבָה cj. הַנֶּעְדֶּרֶת s. BHS :: I. Willi-Plein BBB 42, 1974, 23; Sir 42_{20}. †

pi. (Jenni 232): impf. יְעַדְּרוּ: **vermissen/ fehlen lassen** 1K 5_7. †

III עדר: Nf. zu ↗ עזר, s. Wagner Nr. 217: **qal**: inf. לַעֲדֹר: **helfen** 1C 12_{34}, aram. für לַעֲזוֹר (MSS G V s. BHS); pt. pl. עֹדְרֵי (עֹדְרֵי מַעֲרָכָה) 1C 12_{39} l c. MSS G[BAא]

עֹרְכֵי (:: Lex.[1] zu 1C 12$_{34.39}$ עדר sich scharen, denom. v. I עֵדֶר). †

Der. v. עדר = עזר n. m. II עֵדֶר, *עֶדֶר, עַדְרִיאֵל.

I **עֵדֶר**, Sam. *ʿå̊dår*; Primärnomen; mhe. ja. עֶדְרָא, äga.; äg. *idr* (EG 1. 154); ph. (DISO 205); > nbab. *ḫadiru* (AHw. 307a): Die unter einem Hirten vereinigte Gruppe von Rindern, Schafen und Ziegen (AuS 6, 246-49): עֶדְרוֹ, עֲדָרִים, עֶדְרֵי, עֶדְרֵיכֶם **Herde**: — 1. von Tieren Gn 29$_{2f.8}$ 30$_{40}$ 32$_{17.20}$ Ri 5$_{16}$ 1S 17$_{34}$ Js 17$_{2}$ 40$_{11}$ Jr 6$_{3}$ 31$_{10.24}$ 51$_{23}$ Ez 34$_{12}$ Jl 1$_{18a}$ (בָּקָר) .18b (צֹאן); Mi 2$_{12}$ 5$_{7}$ Zef 2$_{14}$ Mal 1$_{14}$ Ps 78$_{52}$ Pr 27$_{23}$ Hi 24$_{2}$ HL 1$_{7}$ 4$_{1}$ (עִזִּים) .2 6$_{6}$ 2C 32$_{28}$; — 2. von Menschen (THAT II 793): עֵ׳ יהוה Jr 13$_{17}$; עֶדְרוֹ (v. יהוה) Zch 10$_{3}$; הָעֵדֶר d. Herde von Zion/Jerusalem d. h. die Bewohner v. Juda Jr 13$_{20}$ (s. BHS und Rudolph Jer.[3] 92, 96); — 3. מִגְדַּל־עֵ׳ Mi 4$_{8}$ n. l. ↗ מִגְדָּל II 3; Js 32$_{14}$ pr. עֲדָרִים prop. עֲרָדִים vel עֲרֹדִים || פְּרָאִים, s. Kaiser ATD 18, 259[9]. †

II **עֵדֶר**: III עדר, n. m. aram. (Noth N. 63) < עדר; asa. *ʿḏr* (Conti 203b, Ryckmans 1, 158b), Kf. vgl. ↗ עַדְרִיאֵל (cf. Hatra עדרי Syr. 41, 1964, 257 Nr. 132; nab. עדרו NE 337): Levit aus dem Geschlecht Merari, S. v. מוּשִׁי 1C 23$_{23}$ 24$_{30}$. †

III **עֵדֶר**: bewässerter Ort (Noth Jos.[2] 148, Reymond 105); ar. *ġadīr* Teich, Wassertümpel: n. l. im Negeb, ign. Jos 15$_{21}$. †

***עֶדֶר**, עָדֶר: III עדר, n. m. = II עֵדֶר G^B Ωδηδ, G^A Ωδερ: Benjaminit 1C 8$_{15}$. †

עַדְרִיאֵל: III עדר; n. m. aram. (Noth N. 63; Stoebe BZAW 77, 1958, 232) < עדר, vgl. II עֵדֶר: „Gott ist meine Hilfe" (Noth N. 154), pauci MSS עזריאל, G Εσριηλ, G^L (1S 18$_{19}$) Εχριηλ < Εδριηλ; keilschr. *Iddirija-el*, BEUP IX 85, 19. 86, 4; *Adari-el* BEUP X 46, 2 (Gerh. Wallis, Die Soziale Situation der Juden in Babylonien zur Achämenidenzeit aufgrund von fünfzig ausgewählten babylonischen Urkunden, Diss. Phil, Berlin 1952, S. 14, 196, 203; WSPN 79f); äga. אתעדרי (*ʾatta* = ʿAnat), נשכעדרי (= *Nusku*), Kf. עדרי, עדר (Noth N. 63, DAE 464, 471, 483; sab. lihj. saf. tham. *ʿḏrʾil* (Ryckmans 1, 242a; Müller ZAW 75, 1963, 312); ↗ עַזְרִיאֵל: Schwiegersohn Sauls aus Mehola 1S 18$_{19}$ 2S 21$_{8}$. †

***עֲדָשָׁה**: Primärnomen; Sam. *ʿadšəm* (cf. BCh. LOT 2 543); mhe. עֲדָשָׁה, pl. עֲדָשׁוֹת u. עֲדָשִׁים/ן; mhe., pl., עֲדָשִׁין; ar. *ʿadas*: עֲדָשִׁים: **Linsen** (Löw 2, 442ff, AuS 2, 123 et passim, VHehn 212ff, BHH 1094) Gn 25$_{34}$ 2S 17$_{28}$ 23$_{11}$ Ez 4$_{9}$. †

עַוָּא: n. l. 2K 17$_{24}$ = עַוָּה. †

עוב, **עיב**: sy. af. verdunkeln; ja. עֵיבָא Wolke; asa. *ʿyb*:

hif: impf. יָעִיב (? עיב qal) ? l c. G הֵעִיב: Kl 2$_{1}$ verdunkeln, **umwölken** oder verschmähen (cf. ar. *ʿyb*; Bergler VT 27, 1977, 316f). † Der. II עָב.

עוֹבֵד, **עֹבֵד**: n. m.; Kf. עבד (+ n. d.) Verehrer (Jahwes; Noth N. 137); ug. *ʿbd-*, *abdi-* (UT nr. 1801, Gröndahl 104ff, RSP II S. 66f Nr. 32); ph. *ʿbd-* (PNPhPI 148ff, 365ff), palm. (PNPI 41f, 102f); amor. *ḫabdu-* (Huffmon 189); asa. (Conti 200b, Ryckmans 1, 155b); ar. *ʿabd-* (Wellhausen RaH 2ff, Smith RS 48f); vgl. akkad. *warad-* (Stamm 262): — 1. Vater v. יִשַׁי, G Ωβηδ, Josph. Ὠβήδης (NFJ 127) Rt 4$_{17.21f}$ (Eissfeldt KlSchr. 4, 270: עֹ׳ = Versorger), 1C 2$_{12}$; — 2. — 5. 1C 11$_{47}$; 23$_{7f}$; 26$_{7}$; 2C 23$_{1}$. †

עוֹבָל n. p. Gn 10$_{28}$, Sam. *ībål*, G Γαβαλ (Flashar ZAW 28, 1908, 213), Josph. Ἤβαλος (NFJ 50), u. 1C 1$_{22}$ עֵיבָל (G Γεμιαν, acc.); ar. *ʿUbāl* zwischen *Ḥodeida* u. *Ṣanʿa* (Philby Routes in Southwest Arabia, Simla 1915, 471. 477); *Banū ʿUbal* Stamm in Jemen (Tağ 10, 254, 1): Sohn v. יָקְטָן. †

I **עוג**: äg. *ʿwg* (EG I, 173 rösten):
qal: impf. תְּעֻגֶנָּה (Ⓑ ־גֶּנָּה, BL 404): denom. v. ↱ עֻגָה (H. P. Müller VT 21, 1971, 561): **backen** Ez 4_{12} (AuS 4, 20f. 34ff, BHH 189). †

II **עוג**: mhe. עוג einen Kreis ziehen; ar. *ʿāğa* (*ʿwğ*) gekrümmt sein/werden: cj. pu. pt. מְעֻוָּג pr. ↱ מָעוֹג, gekrümmt, verkrüppelt Ps 35_{16}. †
Der. עֻגָה (H. P. Müller VT 21, 1971, 561).

עוֹג, n. m; עֹג nur 1K 4_{19}, Sam. *ūg*, G Ωγ, Josph. Ὤγης (NFJ 128); ph. *hʿg* . . . *hʾdr* „der mächtige Og" (Inschr. aus Byblos 6./5. Jhr. v. Chr. Z. 2: eine Unterweltsgottheit (?), s. Röllig NESE 2, 1974, 2 u. 5f; H. P. Müller ZA 65, 1975, 122); Hatra *ʿgʾ* (NESE 3, 1978, 97); sar. *ġaig/ğ*, soq. *ʿaig* Mann (Leslau Lex. Soq. 307): **Og**, amor. K. v. בָּשָׁן den רְפָאִים zugerechnet (L'Heureux HThR 67, 1974, 273), Dt 3_{11} (s. de Moor ZAW 88, 1976, 337-340), Jos 12_4 13_{12}, Nu 21_{33} 32_{33} Dt 1_4 $3_{1.3.11}$ עֶרֶשׂ בַּרְזֶל Basaltdolmen (Karge 638; BHH 348), 4_{47} 29_6 Jos 9_{10} 12_4 13_{30} 1K 4_{19} Ps 135_{11} 136_{20} Neh 9_{22}; מַמְלֶכֶת עוֹג Dt $3_{4.10.13}$; ↱ Dt 31_4 Jos 2_{10} $13_{12.31}$ (Noth AbLAk 1, 441ff, GI 147f; de Vaux Histoire 1, 524; Bartlett VT 20, 1970, 257ff; BHH 1335; Wüst, Untersuchungen I 25ff). †

עוּגָב, Sam. *wāgåb* (c. ו cop.), BL 475s, ar. *ğaʿbat* Köcher: עֻגָבִי: Hi 30_{31} (Längs-) **Flöte** (BRL² 235, Kolari 36ff, Wegner 10ff, BHH 1258f, ANEP 200. 203. 208, Keel Bildsymb. 462-464) Gn 4_{21} Ps 150_4, 151_4 (11 Q Psᵃ, DJD IV S. 49), Hi 21_{12} 30_{31}. †

I **עוד**: ar. *ʿāda* zurückkehren, IV zurückbringen, wiederherstellen, instand setzen (Wehr 586); asa. *ʿwd* (Conti 203b), äth.ᴳ *ʿōda* herumgehen um, umkreisen (Dillm 999), tigr. (Wb. 478b); sbst. ar. *ʿādat*, sy. *ʿejādā* Gewohnheit (sy. pa. gewöhnen); palm. *ʿydʾ* Gewohnheit (DISO 207):
pi: pf. עִוְּדֻנִי: **umgeben**, **umfangen** Ps 119_{61}, vgl. אפף Ps 116_3 und äth. *ʿōda* (Dahood Psalms III 181). †
pol: impf. יְעוֹדֵד; pt. מְעוֹדֵד: **aufhelfen** Ps 146_9 147_6 (:: מַשְׁפִּיל), vgl. ar. *ʿāda* IV. †
hitpol: impf. וַנִּתְעוֹדָד: **einander aufhelfen**, aufrecht halten Ps 20_9. †
Der. עוֹדֵד, n. m. עוֹדֵד.

II **עוד**: denom. v. עֵד:
hif: pf. הַעִידֹתָ, הֵעִידָ(ה), הֵעִ(י)ד u. הַעִ(י)דֹתִי, הַעֲדֹתָה, הֵעִידוּ (BL 404); impf. וָאָעִיד/עֵד, תָּעִיד, וַתָּ/וַיָּעַד (Bgstr. 2, 149), אֲעִידֵךְ, וַיְעִ/וַיְעִדֵהוּ, וַיְּעִידוּ, וָ/וְאָעִידָה Kl 2_{13} (so Q, K qal, s. sub 4); imp. הָעֵד, הָעִידוּ; inf. הָעֵד; pt. מֵעִיד: — 1. a) **als Zeugen anrufen**: c. בְּ gegen Dt 4_{26} 30_{19} 31_{28} (c. עַל gegen mich DJD II p. 160 nr. 43, 3); absol. (Gott als Zeuge anrufen) Sir 46_{19}; b) **als Z. bestellen** c. לְ für Js 8_2 (1Q Jsᵃ והעד, l ? c. V וְאָעִידָה); Jr $32_{10.25.44}$; — 2. **bezeugen**, **Zeuge sein**: cj. Js 48_6 (l תָּעִידוּ pr. תַגִּידוּ); gegen c. acc. 1K $21_{10.13}$; Zeuge sein für, zugunsten von c. acc. Hi 29_{11}; בֵּין . . . וּבֵין Mal 2_{14}; zeugen lassen gegen c. Neh 9_{34}; — 3. a) c. בְּ **ermahnen** Gn 43_3 Jr 11_7 Ps 50_7 81_9 Neh $9_{26.29f.34}$ (s. auch bei b), 2C 24_{19} Sir 4_{11}; b) (ver)warnen Ex $19_{21.23}$ 1S 8_9 1K 2_{42} 2K $17_{13.15}$ Jr 42_{19} Neh $9_{26.29f.34}$ 13_{15} (s. BHS), $_{21}$; c) einschärfen (bei Ankündigungen, die zu bezeugen sind, Wolff BK XIV/2, 238; H. P. Müller WdO 8, 1975/6, 71^{44}) Dt 8_{19} 32_{46} Jr 6_{10} Am 3_{13} Zch 3_6; — zu 1. — 3. vgl. Boecker 73, Seeligmann HeWf 265, van Leeuwen THAT II 215ff, Dietrich Jesaja und die Politik, 1976, 223^9 :: Veijola UF 8, 1976, 343-351: הֵעִיד Bundesbestimmungen auferlegen; — 4. text. inc. Kl 2_{13}: אֲעוּדֵךְ K, l Q: אֲעִידֵךְ ? dir als Zeugnis, d. h. als Beleg, als Beispiel anführen, so Rudolph KAT XVII/3, 220; ähnl. Plöger HAT 18^2 141/142 (sf. dat. nach Bogaert vgl. ZAW 76, 1964, 337;

TOB) oder cj. אֶעֱרֹךְ ich lege vor (so ebenfalls Rudolph. l. c. und BHS). †

hof: pf. הוּעַד: **gewarnt werden** Ex 21_{29} :: Cazelles 57f: ידע hof. †

Der. אֶלְעָד, יוֹעֵד, תְּעוּדָה, n. m. עֵדוּת.

עוֹד (490 ×, 14 × עֹד), Sam. *ūd,* aber Gn 8_{22} *ʿad*: I עוד, vgl. ? BL 451n; mhe. T. Arad 1, 5; ph. aam. äga. (DISO 203), ba. ja. sam. (Hebr. Lw., s. BCh. LOT III/2, 246), cp. sy; äth. *ʿādī* wiederum, noch einmal (Dillm. 1008f): עוֹדִי, עוֹדְךָ, עוֹדֵךְ, עוֹדָהּ, עוֹדָם, עוֹדֶנּוּ/דֶנָּה/דֶנִּי (Übertragung des ן energicum, GK § 100 o. p. :: BL 634v. w, Brockelm. HeSy § 159c), עוֹדֶינָה Kl 4_{17} Q K^Or^ ־ינו, K^Oc^ ־ינה: Subst. Wiederholung, Dauer > adv. wiederum, noch (Übergang fliessend): — 1. a) sbst. **Dauer**: בְּעוֹד solange (? ph. *bodi,* Poen. 933. 941, Sznycer 105, Friedr.[2] § 248b), בְּעוֹד הַיּוֹם als es noch Tag war 2S 3_{35} = בְּעוֹד יוֹמָם Jr 15_{9}; בְּעוֹדִי solange ich bin Ps 104_{33} u. 146_{2} (|| בְּחַיָּי); während Gn 25_{6} 2S 12_{22} Hi $1_{16f.18}$ (BHS); בְּעוֹד שְׁלֹשֶׁת יָמִים binnen 3 Tagen Gn $40_{13.19}$ Jos 1_{11}; בְּעוֹד שְׁנָתַיִם יָמִים binnen zweier Jahre Jr $28_{3.11}$; בְּעוֹד שָׁנָה (l c. 1QJs^a^ בעוד שלוש שנים) Js 21_{16}; מֵעוֹדִי Gn 48_{15}, מֵעוֹדְךָ Nu 22_{30} mein/dein Leben lang, wörtlich: seit ich bin/du bist (R. Meyer Gr. § 121, 3c); וַיֵּבְךְּ עוֹד immerzu (acc. GK § 118k) Gn 46_{29}; עוֹד יְהַלְלוּךָ Ps 84_{5}; b) עוֹד: Übrigbleibendes, Rest: ומעוד הקמח הראשן und vom Rest des Mehls von bester Qualität (T. Arad, cf. Lemaire IH 1 p. 157); — 2. **noch**: a) vorangestellt: עוֹדִי עִמָּךְ solange ich noch Ps 139_{18}, כָּל־עוֹד solange (irgend) noch Hi 27_{3}, עוֹדֶנִּי חָזָק noch bin ich stark Jos 14_{11}, בְּעוֹד לַיְלָה noch bei Nacht Pr 31_{15}; בְּעוֹד שְׁלֹשָׁה חֳדָשִׁים noch drei Monate vor/bis (zur Ernte) Am 4_{7}; בְּעוֹדָהּ בְּכַפּוֹ während sie noch Js 28_{4}; עוֹדֶנּוּ הָאָרֶץ לְפָנֵינוּ solange das Land noch uns zur Verfügung steht 2C 14_{6} (s. Rudolph Chr. 240); עד עודך חי Sir ^Adl.^ 33_{21}; הַעוֹד לָנוּ haben wir noch ? Gn 31_{14}; הַעוֹד ob noch Hag 2_{19}; עוֹד מְעַט noch wenig Ex 17_{4} Js 10_{25} Jr 51_{33} Hos 1_{4} Ps 37_{10}; b) עוֹד nachgestellt: אַבְרָהָם עוֹדֶנּוּ während A. noch Gn 18_{22}; וְהַבָּשָׂר עוֹדֶנּוּ Nu 11_{33}; c) **erst** (al. sec. 2. b) Hab 2_{3} (:: Ehrl. 5, 302, Seeligmann 82^{22}: l עֵד) ? יָפֵחַ, Da 10_{14}; — 3. **nochmals**, wiederum Gn 4_{25} 24_{20} Ri 13_{8} Hos 1_{6} 3_{1} etc; — 4. **noch dazu**, **sonst noch** עוֹד מִי־לְךָ wen hast du sonst noch ? Gn 19_{12}; וַתְּהִי עוֹד מִלְחָמָה wieder einmal 2S 21_{15}; עוד כאלה nochmals so viele Sir 43_{27}; לֹא עוֹד nicht mehr, nicht wieder Gn 8_{21} Dt 34_{10}; הַאֵין... עוֹד gibt es sonst keinen ? 1K 22_{7}; הָאֶפֶס עוֹד gibt es gar keinen mehr 2S 9_{3}; — ? cj. 1K 12_{5} pr. עֹד c. G prop. עַד, vgl. Noth Kge. 267; Hi 34_{23} pr. עוֹד prop. מוֹעֵד (:: Tur.-Sinai Job 482, Weiser ATD 13, 224).

עוֹדֵד, **עֹדֵד**, G Ωδηδ, Josph. Ὠδηδᾶς (NFJ 128): am ehesten n. m.; I עוד pol. Kf.: „Er (Jahwe) hat aufgeholfen", vgl. Rudolph Chr. 245^{1} :: Noth N. 252 appell. nach aam. עדד (Zkr Z. 12 || חזין) „Orakeldeuter", vgl. KAI II, 208; DISO 204; Degen Altaram. Gr. S. 47 u. 52; Zobel VT 21, 1971, 97f; Willi FRLANT 106, 1972, 221^{23}; Ross HThR 63, 1970, 1ff: — 1. Vater d. Propheten עֲזַרְיָה 2C $15_{1.8}$ (Rudolph Chr. 244); — 2. e. Prophet 2C 28_{9}. †

עוה: mhe. verkehrt handeln, ja. abweichen, af. sich vergehen: akk. (abab. *ewûm* belasten mit, AHw. 267a); ar. *ġwj* irren (im Handeln: Guill. 3, 6; Wehr 616) :: *ʿawāj* beugen (GB, Wallenstein VT 7, 1957, 212); äth.^G^ *ʿajaja* u. *ʿāwa* (Leslau 38); s. Palache 53f; Zur Bedtg. d. Verbs im Hebr: Knierim 237f, THAT II 243:

qal: pf. עָוִינוּ, עָוְתָה: **sich vergehen** Est 1_{16} Da 9_{5}; †

nif: pf. נַעֲוֵיתִי; pt. cs. m. נַעֲוֵה, f. נַעֲוַת:

gebeugt, **verstört** (< verdreht) **sein** Ps 38₇ (|| שַׁחֹתִי), Js 21₃; נַעֲוֵה לֵב verstörten Herzens od. verkehrten Sinnes Pr 12₈ (GK § 128x :: G νωθροκάρδιος = נַעֲבֵה); בֶּן־נַעֲוַת הַמַּרְדּוּת „Bastard eines zuchtvergessenen Weibes" (Stoebe KAT VIII/1, 372, 378f; ↗ מַרְדּוּת) 1S 20₃₀. †

pi. (Jenni 106): pf. עִוָּה: **verdrehen**, d. Angesicht d. Erde Js 24₁; Pfade krümmen Kl 3₉. †

hif: pf. הֶעֱוִינוּ ,הֶעֱוֵיתִי ,הֶעֱוָה; inf. sf. הַעֲוֹתוֹ: — 1. **verdrehen** (Recht) Hi 33₂₇, c. דַּרְכָּם verkehrt wandeln Jr 3₂₁; — 2. abs. **sich vergehen** 2S 7₁₄ 19₂₀ 24₁₇ 1K 8₄₇ Jr 9₄ (l הֶעֱווּ), Ps 106₆ 2C 6₃₇. †

Der. I עַוָּה ,עָוֹן ,עִוְעִים ,עַי ,עִי.

I עַוָּה: עוה, BL 453x ↗ עִי ,עַי, **Trümmer** Ez 21₃₂ (Moran Biblica 39, 1958, 418ff, Zimmerli 494). †

II עַוָּה ,עַוָּא 2K 17₂₄, עִוָּה 18₃₄, 19₁₃ ↗ עַוִּים 2: n. l. vermutlich im syr. Raum: die ausserisr. Bezeugung ist unsicher, entspr. Vorschläge bei Gray Kings[3] 651; BHH 174: 2K 17₂₄ 18₃₄ 19₁₃/Js 37₁₃. †

עוז: ar. *ʿūḏ* Zuflucht suchen; nab. lihj. tham. saf. ar. šḫauri, soq. asa, in PNN (Müller 82);

qal: impf. יָעֹז (sec. עזז !); inf. (GK § 72q, Bgstr. 2, 145d): **Zuflucht nehmen** bei, sich in Sicherheit bringen (Huber BZAW 137, 1976, 154; THAT II 221ff) c. בְּ Js 30₂ Ps 52₉. †

hif: pf. הֵעִיזוּ; imp. הָעִ(י)זוּ ,הָעֵז: a) c. acc. trs. **in Sicherheit bringen** Ex 9₁₉; b) ellipt. (Brockelm. HeSy § 127b) sich bzw. seine Habe in Sicherheit bringen Js 10₃₂ Jr 46₆₁. †

עוז, ↗ II עֹז.

עֲוִיל: II עול, BL 471s; ja. עֲוִילָא; ar. *ʿawīl* Schmarotzer: עֲוִילֵיהֶם ,עֲוִילִים: **Knabe**, **Bube** Hi 19₁₈ 21₁₁; — Hi 16₁₁ l ? c. Vrss. עַוָּל. †

עַוִּים: n. p.: — 1. G Ευαῖοι :: Sam. *wå̄ʾibbəm* (c. ו cop. Dt 2₂₃); eine Völkerschaft, die vor den Philistern d. Küstengebiet bewohnte, ? e. Hyksosgruppe; Kittel I 32f, Noth Jos.[2] 75, Albr. JPOS 1, 1920/21, 187ff. 4, 1924, 134ff; de Vaux Histoire 1, 222; Dt 2₂₃ Jos 13₃; — 2. G Ευαῖοι d. Bewohner von II עַוָּה 2K 17₃₁; — 3. G[A] Αυιμ, G[B] Αιιν n. l. oder gntl. zu ↗ הָעַי? (Noth Jos.[2] 108) Jos 18₂₃. †

עֲוִית, G Γεθθαιμ (Flashar ZAW 28, 1908, 213); Sam. *ʿawwət*: n. l. in Moab od. Edom, ign. Abel 2, 257, GTT § 1634; ? nab. אויתו Cant. Nab. 2, 57; Littmann NIE 2, 228f: Gn 36₃₅ 1C 1₄₆ Q (K עיות s. Rudolph Chr. 9). †

I עול: mhe. pi. sy. af. ungerecht handeln, ja. עַוְלָא Frevel; ar. *ʿwl* (vom Rechten) abweichen; äth.[G] *ʿalawa*, tigr. (Wb 453a) verderben, treulos handeln, rebellieren; cf. äg. *ʿwn* (Ward ZÄS 99, 1969, 67f); ↗ עלל:

pi. (Jenni 270): impf. יְעַוֵּל; pt. מְעַוֵּל: **unrecht handeln** Js 26₁₀ Ps 71₄; cj. inf. (מְ)עַוֵּל pr. מֵעָוֶל Hi 34₁₀ (Fohrer KAT XVI, 464). †

Der. עַוְלָה ,עַוָּל ,עָוֶל.

II עול: Sam. Gn 33₁₃ *uwwå̄lå̄t* (pt. pass. qal pl.); mhe. עוּלָה Mädchen, ja. sy. עֲוִלָא Säugling; aam. על Fohlen (DISO 210, Degen Altaram. Gr. § 27 S. 45); ug. *ʿl* junges, säugendes Tier (Ug. V S. 551 Nr. 2 Z. 9; UF 7, 1975, 115 u. 118); sam. עילוס (BCh. LOT 2, 550) sy. *ʿīlā* u. äth. tigr. *ʿewāl* Tierjunges; ar. *ʿwl* nähren, *ʿajjil* Kleinkind, *ġwl* säugen (cf. Driver HeWf 60f); pun. *ʿl* Säugling (KAI II Nr. 61, S. 76f); cf. šḫ. saf. asa. *ʿl* Familie (Müller 84):

qal: pt. pl. fem. עָלוֹת: **säugen** (Muttertiere) Gn 33₁₃ 1S 6₇.₁₀ Js 40₁₁ Ps 78₇₁ (11 Q Ps עלה = Amme, DJD IV 80. 82, Z. 6). †

Der. עוּל ,עֲוִיל ,עוֹלֵל ,עוֹלָל.

עוּל, עֻל: II עול: Deir Alla 2, 13 (ATDA 239): עוּלָה: **Säugling** Js 49_{15} 65_{20}; cj. Hi 24_9 (l וְעֻל pr. וְעַל). †

עָוֶל, Sam. *ūl*: I עול BL 576e, 583w; mhe. ja. md. (MdD 10a) עַוְלָא; DSS עול (s. Huppenbauer AThANT 34, 1959, 22ff: cs. עָוֶל, עֶוֶל (Ez 28_{18} BL 583), sf. עַוְלוֹ; (THAT II 224-28): — 1. a) **Verkehrtheit, Unrecht** Ps 74 Ez $18_{8.cj.17}$; c. עָשָׂה Lv $19_{15.35}$ Dt 25_{16} Ez 3_{20} $18_{24.26}$ $33_{13.15.18}$; c. פעל Hi 34_{32}, שפט עָוֶל Ps 82_2; b) Gott ist אֵין עָוֶל Dt 32_4, vgl. Jr 2_5; — 2. **Unredlichkeit** im Handel Ez 28_{18}, אִישׁ עָוֶל Pr 29_{27}, cj. לֵב עָוֶל pr. לֵב עוֹלוֹת Ps 58_3; — Ps 53_2 l עֲלִילָה pr. עָוֶל (BHS); Hi 34_{10} l מֵעַוֵּל pr. מֵעָוֶל ↗ I עול. †

עַוָּל: I עול, BL 476x; ja. עַוָּלָא gottlos: **Übeltäter, Frevler** Hi 18_{21} 27_7 29_{17} 31_3; Zef 3_5 (Rudolph KAT XIII/3, 286); cj. Ps 12_8 pr. זוּ לְעוֹלָם l ? זוֹלֵל וְעַוָּל :: Kraus BK XV[5] 234, Dahood Psalms I 75; Ps 37_{28} l עַוָּלִים לְעוֹלָם נִשְׁמָדוּ (BHS). †

עַוְלָה: I עול: f. zu עָוֶל, BL 601b, Joüon § 26c[1]; l עוֹלָה = עַוְלָה Js 61_8 (BHS), Hi 36_{33} (pr. עוֹלֶה), עַוְלָה < עַלְוָה Hos 10_9 (BHS), mhe. DSS (s. Huppenbauer AThANT 34, 1959, 22ff; THAT II 227f): loc. עַוְלָתָה (BL 528t) Ez 28_{15} Hos 10_{13} Ps 125_3; Ps 92_{16} Hi 5_{16} K עֹלָתָה, Q עַוְלָתָה (R. Meyer Gr. § 22, 4c; BL 604g): **Schlechtigkeit Bosheit, Unrecht** (THAT II 224-28; Deissler Psalm 119 (118) und seine Theologie, 1955, 90): Js 59_3 61_8 Ez 28_{15} Hos 10_{13} Mi 3_{10} u. Hab 2_{12} (|| דָּמִים), Mal 2_6 Ps 107_{42} 125_3 Hi 5_{16} 6_{29f} 11_{14} 22_{23} 24_{20} 36_{33}; c. עשׂה Ps 37_1 Zef 3_5 (Gott), 31_3; c. פעל Ps 119_3 Hi 36_{23}; c. דבר Hi 13_7 27_4; c. הגה Js 59_3; c. זרע Pr 22_8; c. שׁתה Hi 15_{16}; bei Jahwe אֵין ... עַוְלָה 2C 19_7, vgl. Zef 3_5; לֹא עֹלָתָה בּוֹ Ps 92_{16} K; אִישׁ־מִרְמָה וְעַוְלָה Ps 43_1, בֶּן־עַוְלָה Ps 89_{23}, בְּנֵי עַ׳ 2S 3_{34} 7_{10} 1C 17_9 (4Q 174); — Ps 58_3 l עָוֶל; Ps 64_7 text. inc., pr. עוֹלֹת (pl. zu עַוְלָה ?) prop. תַּעֲלֻמוֹת (Kraus BK XV[5] 605) :: Dahood Psalms II 105f. †

I **עוֹלָה** Js 61_8: ↗ עַוְלָה.

II **עוֹלָה**: ↗ עֹלָה.

ע(וֹ)לֵל: II עול; < *ʿawlil* R. Meyer Gr. § 39, 1; ? ug. *ʿll* (Gröndahl BiOr 26, 1969, 106a): ע(וֹ)לְלִים, עֹלְלֵי Kl 2_{20} (R. Meyer Gr. § 13, 5), עֹלְלֵיהֶם: **Kind** ↗ עוֹלָל Ps 8_3 מִפִּי עוֹ׳ (s. Komm., Stamm ThZ 13, 1957, 470-78, Rudolph Fschr. Zimmerli 388ff :: Donner ZAW 79, 1967, 324-27), Ps 17_{14} Kl 2_{20}; neben יוֹנֵק Ps 8_3 Jr 44_7 Kl 2_{11}, מֵעֹ׳ וְעַד יוֹנֵק 1S 15_3 22_{19}; (am Felsen) zerschmettert רטשׁ pi. 2K 8_{12}, pu. Js 13_{16} Hos 14_1; tot geboren Hi 3_{16} (cf. Dahood, Questions disputées de l'AT, Louvain 1974, 27). †

עוֹלָל: II עול (↗ עוֹלֵל), <*ʿawlal*: עוֹלָלִים, עוֹלָלֶיהָ/לַיִךְ: **Kind**: Mi 2_9 Kl 2_{19}; :: זָקֵן Jl 2_{16}, :: בַּחוּרִים Jr 6_{11} 9_{20}; betteln um Brot Kl 4_4, gehen ins Exil 1_5, (am Felsen) zerschmettert Nah 3_{10} רֻטַּשׁ; Ps 137_9 נִפֵּץ. †

עוֹלֵלוֹת: ↗ עֹלֵלוֹת.

עוֹלָם (440 ×), 1 × עֹלָם, עֵילוֹם 2C 33_7 Tf. (Rudolph Chr. 314); Sam. *ūlåm*, Sec. λωλαμ (Brönno 171) Ps 89_{38}; ug. *ʿlm* (*ʿd ʿlm*, *ʿd ʿlm* ... *ʿlmt*, *ʿm ʿlm*, *pʿlmh*, *ʿbd ʿlm*, *ʿbd* ... *wdʿlm*, *mlk ʿlm*, *ʿlm* || *dr dr*) (UT nr. 1858, Aistl. 2036, RSP I S. 38 Nr. 27, S. 266 Nr. 363, S. 287f Nr. 405, S. 290 Nr. 411, S. 291 Nr. 413, S. 294f Nr. 425); Deir Alla passim (pl. *ʿlmn*), ph. n. d. Ουλωμός (Harris Gr. 133, Friedr.[2] § 78a, 79b, THAT II 236, WbMy I 309, RAAM 148, 203) u. appell. *ʿlm*; aam. (KAI Nr. 224, 24f; NESE 2, 87 Z. 7), mo. äga. nab. palm. u. Hatra (DISO 213), ba. עָלְמָא, ja. cp. sam. (BCh. 2, 498a), sy. md. (MdD 20b); ar. äth. *ʿālam*, asa. (Conti 207a: Schöpfung, Welt); Jenni ʿOlam ZAW 64, 1952, 197-248; 65, 1953, 1-35; THAT II 228-43); etym. inc., die entsprechenden Vorschläge bei Jenni ʿOlam 199ff; THAT II 228; sachlich = akk. *dāru* Dauer, Ewigkeit (AHw. 164), ↗ II דוֹר: עֹ(וֹ)לָמִים, עוֹלָמוֹ (mhe. ־וֹת), עוֹלְמֵי: — 1. **lange Zeit, Dauer** (gewöhnlich: ewig, Ewigkeit, aber nicht im philosophischen Sinn gemeint) THAT II 235f: עֶבֶד ע׳ auf Lebenszeit Dt 15_{17} 1S 27_{12} Hi 40_{28} (ug. *ʿbd ʿlm*), שִׂמְחַת ע׳ Js 35_{10}, הֲרַת ע׳ Jr 20_{17}, זֵכֶר ע׳ Ps 112_6, שֵׁם ע׳ Js 56_5, חֶרְפַּת ע׳ Jr 23_{40}; so steht ע׳ in vielen Verbindungen: c. בְּרִית Gn 9_{16} (16 ×), c. בְּרִית מֶלַח Nu 18_{19}, c. אֲחֻזַּת Gn 17_8, c. חֻקַּת (23 ×) Ex $12_{14.17}$. cj. Ez 46_{14} s. Zimmerli 1168, c. חָק־ (11 ×) Ex 29_{28} 30_{21}, c. כְּהֻנַּת Ex 40_{15} Nu 25_{13}, c. חֶסֶד ewige Güte Js 54_8; — 2. **zukünftige Zeit** (THAT II 232ff): a) עוֹלָם adv. (acc. GK § 118 q, MSS oft לְע׳) Ps 61_8 66_7 $89_{2.38}$, cj. $_{48}$; b) c. präp: לְע׳ Gn 3_{22} (164 ×), cj. Ps 87_5 (BHK :: BHS) u. 2C 33_7; עַד ע׳ (Deir Alla 1, 9, ATDA 200) Gn 13_{15} (60×) u. עַד לְע׳ 1C 23_{25} 28_7 (vgl. ug. *bʿd ʿlm*, *ʿd ʿlm ... ʿlmt*); לְע׳ || לְדֹר דֹּר Ex 3_{15}; [ל]ע׳ וָעֶד || לְדֹר וָדֹר Js 34_{17} (7 ×); עַד ע׳ Ex 15_{18} (15 ×); עַד־הָע׳ Ps 28_9 133_3; מֵעַתָּה וְעַד־ע׳ Js 9_6 (8×); עַד־עוֹלְמֵי עַד für alle Zeiten Js 45_{17}; לעולמי עד 1QH 1_8; לָעַד לְע׳ Ps 111_8 148_6; c) עוֹלָמִים die **kommenden Zeiten** Ps 77_8 1K 8_{13} = 2C 6_2 Ps 61_5 145_{13} Da 9_{24} :: die früheren Zeiten Koh 1_{10} (THAT II 241); — 3. **lange Zeit zurück**, graue Vorzeit (Pedersen Isr. 1-2, 491; THAT II 232): a) אֵיבַת ע׳ Ez 25_{15}, אַהֲבַת ע׳ Jr 31_3, גִּבְעֹ(וֹ)ת ע׳ Gn 49_{26} Dt 33_{15}, עַם ע׳ Ez 26_{20}, פִּתְחֵי ע׳ Ps $24_{7.9}$, יְמוֹת ע׳ Dt 32_7, יְמֵי ע׳ Mal 3_4, מֵתֵי ע׳ längst Verstorbene Kl 3_6, Ps 143_3, אֹרַח ע׳ Hi 22_{15} (:: Pope Job 166), נְתִבוֹת ע׳ Jr 6_{16}, שְׁבִילֵי ע׳ Jr 18_{15}, הֲלִיכוֹת ע׳ Hab 3_6, גְּבוּל ע׳ Pr 22_{28} 23_{10} (?); b) עוֹלָם Dt 33_{15} u. עוֹלָמִים Js 51_9 || קֶדֶם, ע׳ || דּוֹר וָדוֹר Dt 32_7; c) מֵעוֹלָם von jeher, seit alters (THAT II 231f): Gn 6_4 (15 ×, Mesa 10), Sir 42_{21} 51_8, cj. 2S 13_{18} (:: Hertzberg ATD 10², 264¹) u. Js 44_7; מִן הָע׳ Jr 28_8 Jl 2_2, מִן הָע׳ וְעַד הָע׳ Ps 41_{14}, מֵהָע׳ וְעַד הָע׳ Ps 106_{48}, מֵע׳ עַד־ע׳ Ps 90_2, מֵע׳ וְעַד־ע׳ Ps 103_{17}; — 4. v. Gott: אֱלֹהֵי ע׳ ewiger Gott Js 40_{28} (s. Seeligmann 98⁶), אֵל ע׳ Gn 21_{33} (THAT II 236f, Cross HThR 55, 1962, 236ff; asin. *ʾl ḏ-ʿlm*, Albr. PrSinI 13. 38, F. M. Cross Canaanite Myth and Hebrew Epic, 1973, 49f: „El lord of eternity"), מֶלֶךְ ע׳ Jr 10_{10} (vgl. ug. *mlk ʿlm*, THAT II 237), זְרֹעֹת ע׳ Dt 33_{27} (Cross-Freedm. JBL 67, 1948, 209⁸⁵, THAT II 236), צוּר עוֹלָמִים Js 26_4; חֵי הָע׳ Da 12_7 (= aram. חַי עָלְמָא Da 4_{31}) d. Ewiglebende (s. Baud. AE 486ff); — 5. Versch. בֵּית עוֹלָמוֹ s. Haus für immer = d. Grab Koh 12_5 (auch Deir Alla 2, 6. pun. palm. sy.; urspr. äg. s. THAT II 242, H. P. Müller ZDPV 94, 1978, 63); ע׳ den Menschen ins Herz gegeben Koh 3_{11} (THAT II 242; Barr Biblical Words for Time, London 1962, 117f⁴: dauernder Bestand hinsichtlich der Vergangenheit u. d. Zukunft; Gese Vom Sinai zum Zion, 1974, 177: Zeitenablauf :: Gray LoC² 274f), || הַכֹּל (↗ כֹּל 1, a, α); עולם „Welt" erst nachbibl. (THAT II 242f, Hertzberg KAT XVII/4, 100 u. 106f), palm. מרא עלמא Herr d. Welt, DJD I Nr. 20 II, Z. 5, S. 87 (THAT II 242f, Galling ZThK 58, 1961, 2ff); — 1S 27_8 pr. מֵעוֹלָם prop. מִטֵּילָם :: Stoebe KAT VIII/1, 474; Seebass VT 15, 1965, 389ff: עֵילָם, dasselbe ע׳ wie in Gn 14_1 (!), G Γελαμ[ψουρ]); Js 57_{11} l וּמַעְלִים; Js 64_4 pr. בָּהֶם עוֹלָם וְנִוָּשֵׁעַ prop. בְּהֵעָלֶמְךָ וַנִּפְשָׁע, al. וַנִּרְשָׁע (BHS :: Lex.¹, Westermann ATD 19, 310⁸); Jr 49_{36} K עולם l c. Q עֵילָם; Ps 12_8 זוּ pron. demstr., nicht rel. ?, vgl. GK § 126y (Kraus BK XV² 234 :: Dahood Psalms I 75); Pr 23_{10} pr. גְּבוּל עוֹלָם (so 22_{28}) l ? גְּ׳ אַלְמָנָה (BHS).

I **עון**: ar. ʿ*wn* II. IV helfen, X um Hilfe rufen, Qoran 15; tigr. (Wb. 478a) ʿ*āwana*; asa. ʿ*wn* (Conti 204a, Müller 84); Der. I מָעוֹן.

II **עון**: ar. *ġjn* IV bedecken (Wolke den Himmel), *ġajnā*ʾ dicht belaubt; Der. II מָעוֹן, מְעֹנָה.

III **עון**: ar. *ġny* wohnen, *maġnan* u. *ma*ʿ*ān* Wohnung, asa. *m*ʿ*wn* Wohnung (Conti 204b; Müller ZAW 75, 1963, 311:

qal: cj. pf. 3. masc. עָן (pr. עֵין) wohnen Dt 3328 (|| וַיִּשְׁכֹּן) (BHS); pf. 3. fem. pl. עָנָה Js 1322 (gew. zu IV ענה) (s. Wildbg. BK X 504f, Zorell 580a). †

עָוֹן (331 ×), עָווֹן 2K 79; Sam.[M 65] ʾ*ūn*; עוה, BL 498f: cs. עֲוֹן (Sec. αων Ps 496 Brönno 368), עֲווֹן 1C 218, עֲוֹנוֹ/נֵךְ, עֲוֹנְכִי (BL 251j), עֲוֹנָה (־נָה) Nu 1531, BL 252 l), עֲוֹנָם (Sec. αυωναμ Ps 8333 Brönno l. c.) עֲוֹנֹ(ו)ת, עֲוֹנֹתָם/תָיו, עֲוֹנֵ(י)נוּ/נֶיךָ, עֲוֹנֹתֵינוּ (zum pl. Michel Grundl. heSy. 1, 48f): Koehler Th.[4] 159: Ein Tun oder Verfehlen, welches ungerade, unrecht ist; ferner Knierim 186ff, bes. S. 236, 238, 242: „ein Begriff der Volkssprache, der vor allem auf die Realität der Tat mit ihren Folgen zielt"; THAT II 243-49: — 1. **Vergehen, Sünde**: 2S 2224/Ps 1824 Jr 1110 1322 3014f Hos 55 97 Mal 26, עָוֹן u. חַטָּאת Jr 363 → 338; עָוֹן || חַטָּאת Hos 48 813 99 1312; Sünden Ps 654 908 10717 Pr 522 Da 913 Esr 96 Neh 92; cj. עֲוֹן תְּרָפִים 1S 1523; — 2. **durch Sünde bewirkte Schuld** (und deren Folgen): עֲוֹן הָעָם Nu 1419, עֲ׳ הָאֱמֹרִי Gn 1516, עֲ׳ יִשְׂרָאֵל Jr 5020, עֲ׳ אֶפְרַיִם Hos 71 1312, cj. Hos 1010b (l עֲוֹנֹתָם Q Vrss.); עֲוֹנֵךְ Zch 34 (cf. Chr. Jeremias FRLANT 117, 1977, 207f); עֲ׳ אָבוֹת/אֲבוֹתֵינוּ/תָם Ex 205 || Dt 59 Ex 347 Lv 2640 Nu 1418 Js 1421 Jr 1420 3218 Ps 10914, עֲ׳ אָבִי/הָאָב Ez 1817-19 (s. Rost BWANT 101, 1974, 66-71), עֲ׳ [הָאָרֶץ] bevor Israel hineinkam (s. Elliger Lev. 242), עֲוֹנָה/הּ בָהּ (cf. BL 252, 256m) ihre Schuld auf ihr (d. נֶפֶשׁ d. Lästerers) Nu 1531; נָשָׂא עֲוֹנָהּ (d. Ehemann) trägt (haftet für) ihre Schuld Nu 3016, עֲ׳ הַמִּקְדָּשׁ Schuld, Verschuldung gegenüber dem Heiligtun Nu 181.23, בִּי־אֲנִי הֶעָוֹן 1S 2524, → בִּי (HAL 117), עָלַי... הֶעָוֹן 2S 149 auf mir (allein) liegt die Schuld (Knierim l. c. 187); עֲוֹן הָאִשָּׁה Verschuldung gegenüber der Frau 2S 38, נָשָׂא עָוֹן → נשׂא 15.a, b; 18. b; Knierim l. c. 219ff; → רצה, נקה, פקד, מצא, שׁלם, כבס, הִתְוַדָּה, סלח; — 3. **Strafe** (für Schuld): Gn 413 (Westermann BK I/1 420), Jr 516; עֲוֹן קֵץ Ez 2130.34 355; 4410.12; — 1S 313 בַּעֲוֹן אֲשֶׁר text. inc. s. Stoebe KAT VIII/1, 122; Ez 3227 pr. עֲוֹנֹתָם l צִנּוֹתָם vel צִנֹּתָם (BHS); Ps 3111 pr. בַּעֲוֹנִי l c. Vrss. בָּעָנְיִי vel בְּעָנְיִי; Ps 737 pr. עֵינֵמוֹ prop. עֲוֹנָמוֹ (BHS); Hi 3111 l עֲוֹן פְּלִילִים vel עֲוֹן פְּלִילִי s. vs. 28, → פָּלִיל.

עִוְעִים Js 1914, 1Q Jsa, Hod 623 75 עועיים: redupl. Bildung von עוה vgl. BL 481d → עוה, pltt. (Brockelm. HeSy § 19b, Michel Grundl. heSy. 1, 88: Abstrakt-plural): **Verwirrung** Js 1914. †

I **עוף**: ug. ʿ*p* (UT nr. 1833, Aistl. 2068, RSP I, S. 162 Nr. 146 u. S. 230 Nr. 292; mhe. ph. (KAI Nr. 27, 1. 19), aam ? (KAI Nr. 222 B 33, DISO 205), ar. ʿ*wf* (ʿ*āfa*) schweben über etwas (vom Vogel, s. GB); asa. n. pr. (cf. Müller 83); äg. ʿ*pj* (EG I 179, Vycichl ÄZ 84, 73); → II יעף:

qal: pf. עָפוּ; impf: יָעוּף, תָּעוּף Pr 235 (Q → hif.), יָעֻפוּ (יעופו), וַיָּעַף, וַיָּעֹף, אָעוּפָה, 1Q Hab 38), וַנָּעֻפָה, תְּעוּפֶינָה; inf. עוּף; pt. fem. עָפָה, עָפוֹת: — 1. **fliegen**: Vögel Dt 417 Js 315 Pr 235c (BHS), Heuschrecken Nah 316, שָׂרָף Js 66, → pol.); metaph. חֵץ Ps 915; כַּנֶּשֶׁר (Auge) Pr 235a; (Chaldäer) Hab 18; כַּדְּרוֹר Pr 262; (Betender) אֵבֶר כַּיּוֹנָה Ps 557; (Ephraim u. Juda) Js 1114; Gewölk Js 608; Schriftrolle Zch 51f (Dir. BA 12, 1949, 74 vergleicht die geflügelte Sonnenscheibe AOB 308-11, cf. ANEP 349c, 536, Keel Bildsymb. 170f); יהוה ... עַל כְּרוּב 2S 22_{11}/Ps 18_{11}; c. יַגְבִּיהַ hochfliegen (Funken) Hi 5_{7}; — 2. verfliegen (der Frevler): כַּחֲלוֹם Hi 20_{8}, (d. Mensch) Ps 90_{10}. †

hif: impf. תָּעִיף Pr 23_{5a} Q (K ↗ qal): **fliegen lassen**: d. Augen Pr 23_{5a} Q, Wolken Sir 43_{14}. †

hof. ? pt. מֻעָף Da 9_{21} ↗ II יעף :: Plöger KAT XVIII 133f zu עוף „in ermüdender Eile" oder מְעָף sbst. „Dunkelheit" (HAL 529b). †

pol: impf. יְעֹפֵף; (Sam. *jāffəf* עפף); inf. עוֹפְפִי; pt. מְעוֹפֵף: — 1. **fliegen**, flattern (Vögel) Gn 1_{20}, שָׂרָף מְעוֹפֵף Js 14_{29} 30_{6}; v. Flügelpaar, mit dem die שְׂרָפִים fliegen, d. i. über dem Thron Jahwes schweben Js 6_{2}; — 2. **fliegen machen** = schwingen (Schwert) Ez 32_{10} cf. GB :: Driver JThS 34, 1933, 375ff u. Lex.[1]: עפף verdoppeln. †

hitpol: impf. יִתְעוֹפֵף ,ויתעופפו; inf. התעופף: — 1. **fliegen**: Pfeile 1Q Hod 3_{27}, Wogen 8_{31}; — 2. auseinanderfliegen (Vogelschwarm) Hos 9_{11}. †

Der. עוֹף, n. m. עֵיפַי.

II עוף: belegt in cj. ↗ תְּעָפָה pr. תָּעְפָה Hi 11_{17} (BL 301v, 404; GK § 48d) (aber I עֵיפָה, מְעוּף u. מוּעָף ↗ II *עיף).

עוֹף, (70 ×): I עוף, BL 451n; mhe. ug. *ʿpt šmm* Vögel des Himmels (CTA 22 B 11, KTU 1.22 I 11) so Gray LoC[2] 128^{10}, Aistl. 2068 :: UT nr. 1833, CML[2] 154b; ja. ba. עוֹפָא, sam. sy. *ʿaupā*; ar. *ʿauf* Vogelschau > Schicksal (Wellh. RaH 202), *ʿāʾif* Vogelschauer; äth.[G] *ʿōf*, tigr. (Wb. 478b) Vogelflug; asa. (Müller 84); äg. *ʿff*, kopt. *ʿaf* Flüge; coll. G πετεινόν: **alles, was fliegt** (Driver PEQ 86, 1954, 5) ↗ צִפּוֹר: עוֹף הַשָּׁמַיִם was am Himmel, in der Luft fliegt Gn 1_{26} 1S 17_{44} Jr 4_{25} Ez 29_{5} Hos 2_{20}; עוֹף הָרִים Ps 50_{11}; עוֹף כָּנָף was mit Flügeln fliegt Gn 1_{21} Ps 78_{27}; עוֹף (in umfassendem Sinn): Flugtiere, „Geflügel" Gn 1_{20} (Westermann BK I/1, 190); Vögel als עֹלָה Lv 1_{14}; verbotene Arten Lv 11_{13-19}/Dt 14_{12-18}; שֶׁרֶץ הָעוֹף geflügeltes Kleintier, Insekten Lv 11_{20} Dt 14_{19} (Elliger Lev. 144f); עוֹף נוֹדֵד Js 16_{2}; im כְּלוּב gehalten Jr 5_{27}; עוֹף als Leichenfresser Dt 28_{26} 1S 17_{46} 2S 21_{10} 1K 14_{11} 16_{4} 21_{24} Jr 7_{33} 15_{3} 16_{4} 19_{7} 34_{20} Ez 29_{5} Ps 79_{2}; cj. Ps 11_{2} pr. בְּמוֹ־אֹפֶל prop. בְּמוֹ־עוֹף; Lit. s. Noth WdAT 34, BHH 2111.

עֵיפַי (Q: S, Targ. עֵיפַי; K: G, V עוֹפַי): n. m.; עוֹף + hypokor. Endung *-ai* (Noth N. 38 u. 230, cf. Müller 83); ihe. *Ch. el Kōm* עופי (Lemaire RB 84, 1977, 596. 597), Jr 40_{8}. †

עוֹפֶרֶת: ↗ עֹפֶרֶת.

עוץ: Nf. v. יעץ; Deir Alla itp. 2, 9 (ATDA 228); ja.:

qal: imp. עֻצוּ: c. עֵצָה **e. Plan fassen** Js 8_{10} (s. Saebö ZAW 76, 1964, 134. 136f), Ri 19_{30}. †

I עוּץ, G meist Ως auch Ωξ (G[B]), (VL *Uxos*), Josph. Οὔσης, Οὗξος (NFJ 94f); Sam. Gn 10_{23} 36_{28} *ūṣ*; Gn 22_{21} *oṣ*: n. m. (? zu ar. *ʿwḍ* als Ersatz geben, *ʿiwaḍ* Ersatz, Weippert 243); ar. *ʿūḍ* (n. d. WbMy I, 428) *ʿauḍ* (Moritz ZAW 44, 1926, 92), asa. *ʿwḍ*^{m} (Müller ZAW 75, 1963, 312), lihj. *ʿwṣ* (ALUOS 7, 1969-73, 11): — 1. S. v. אֲרָם Gn 10_{23} 1C 1_{17}; — 2. S. v. נָחוֹר u. Enkel v. שֵׁם Gn 22_{21}; — 3. S. v. דִּישָׁן im Lande שֵׂעִיר Gn 36_{28} (30) 1C 1_{42}, ↗ II עוץ 2. †

II עוּץ: n. terr. — 1. G ἐν χώρᾳ τῇ Αυσίτιδι Hi 1_{1}, ἐν μὲν γῇ ... τῇ Αυσίτιδι Hi 42_{17b}; fehlt in G Jr 25_{20}; Kl 4_{21} θύγατερ Ιδουμαίας ἡ κατοικοῦσα ἐπὶ γῆς: Heimat des Hiob Hi 1_{1}; Lage ungewiss, vom AT aus kommen in Frage: a) d. südl. Ostjordanland (Edom) Kl 4_{21} Jr 25_{20}, vgl. I

עוּץ 3, an d. Grenze v. Edom u. Arabien die Αὐσῖται, Ptolemaeus (Geogr. V 19, 2), rings um den *Ğof* wohnhaft; vgl. auch G zu Hi 42$_{17b}$ (siehe u. a. Dho. Job XIX. XXII, Peters 4ff, Hölscher Hiob² 2, Lex.¹, Zorell); b) d. nördl. Ostjordanland, in aram. Gebiet (Hauran u. *Ṣafā*), vgl. I עוּץ 1. u. 2., ferner Josph. Antt. I 6, 4 (siehe u. a. Horst BK XVI/1, 8f, Fohrer KAT XVI 72f, Fschr. Baumgärtel 54f); — 2. אֶרֶץ עוּץ in Edom Kl 4$_{21}$, danach Zusatz in Jr 25$_{20}$ אֶרֶץ הָעוּץ (Rudolph Jer.³ 164); zu 1. u. 2. ↗ BHH 2070, ferner Görg BN 12, 1980, 7-12. †

I עוק: Etym. u. Bedtg. unsicher: 1) ar. *ʿwq* hemmen (Lex.¹, Maag 182), asa. (Müller 84); 2) ar. *ʿjq* (*ʿajjaqa*) d. Stimme erheben, schreien (Marti KHC XIII, 170, H. P. Müller VT 21, 1971, 556ff); 3) ar. *ʿaqqa* (Ges. Thes. 1003) spalten, aufschlitzen; ? ug. *ʿqq* (UT nr. 1909, Aistl. 2089); mhe. עוּקָה Grube, Loch (Gese VT 12, 1962, 417ff, Wolff BK XIV/2, 160. 164. 208):

qal: impf. תָּעִיק (Koehler OLZ 20, 173): nach 1) behindert sein (KAT XIII/2, 138. 139f. 148f); nach 2) krachen; nach 3) spalten, zerfurchen, (hif ?) Am 2$_{13b}$. †

hif: pt. מֵעִיק: nach 1) schwanken lassen; nach 2) zum Krachen bringen (Geräusch des Erdbebens); nach 3) zerfurchen, aufspalten Am 2$_{13a}$. †

Der. ? I *עָקָה.

II עוק, aram. = he. צוק: eng in Not, bedrängt sein; ja. cp. sam. (BCh 2, 548b), sy. (LS 517a), md. (MdD 10b); ar. *ḍjq* eng, bedrückt sein; Der. ? I *עָקָה.

I עור: blind sein, mhe. pi, aram. pa. blenden, aam. äga. (DISO 205), ja. cp. sy. md. (MdD 11); äth.ᴳ tigr. *ʿōra* (Wb. 477a); ar. *ʿawira* einäugig sein, *ʾaʿwar* einäugig, asa. *ʿwr* (Müller 83);

pi. (Jenni 233. 235): pf. עִוֵּר; impf. יְעַוֵּר: **blenden** (BHH 256f): als Strafe (nur von Nicht-Israeliten angewandt) 2K 25$_{7}$/ Jr 39$_{7}$/52$_{11}$; metaph. blind machen Ex 23$_{8}$ Dt 16$_{19}$; ↗ סַנְוֵרִים. †

Der. עִוֵּר, עִוָּרוֹן, עַוֶּרֶת.

II עור: aufwachen, erregt werden, caus. wecken; ↗ יקץ: ug. *ʿr* (UT nr. 1849; UF 7, 1975, 364), *ʿrr* (UT nr. 1926, Aistl. 2092 :: Gray LoC² 249⁷), ? *ġr* erregt sein (Dietr.-Loretz WdO 4, 1968, 310); akk. *êru(m)* wach (AHw. 247a); aam ? Sef. II B 4 (DISO 205, Fitzmyer 86f, KAI II S. 260f, Degen Altaram. Gr. § 61 S. 76); ba. ja. sam. cp. sy. md. (MdD 10f); ar. *ʿarra* VI unruhig sein (auf dem Lager), *ġjr* eifern; šḥ. *ʿur* (Leslau 38):

qal: impf. יְעוֹרֵנוּ Q, K hif. יְעִירֶנּוּ (= Ⓑ) Hi 41$_{2}$; imp. עוּרִי (עוּרִ֫י) עוּרָה, Js 51$_{9}$, BL 398e): **wach sein, sich regen** Ri 5$_{12}$ Js 51$_{9}$ 52$_{1}$ Hab 2$_{19}$ Zch 13$_{7}$ (Schwert), Ps 7$_{7}$ u. 44$_{24}$ (יהוה), 57$_{9}$ 59$_{5}$ 108$_{3}$ HL 4$_{16}$ (Nordwind), 5$_{2}$ (Herz); — עֵר Mal 2$_{12}$ ↗ עיר. †

nif: pf. נֵעוֹר (GK § 72ee, BL 400i); impf. יֵעוֹר, יֵעֹ(ו)רוּ: — 1. **geweckt, erregt werden**: Volk Jr 6$_{22}$ 50$_{41}$ Jl 4$_{12}$, Sturm Jr 25$_{32}$, cj. Pr 28$_{2}$ pr. אֶרֶץ רַבִּים שָׂרֶיהָ prop. (G) עָרִיץ רִיבִים יֵעוֹרוּ, Schläfer Zch 4$_{1}$ Hi 14$_{12}$; — 2. **aufbrechen** Zch 2$_{17}$; cj. Ez 38$_{14}$ pr. תֵּדָע prop. (G) תֵּעֹר †,

pol: pf. עוֹרַרְתִּיךָ, עוֹרַרְתִּי, עֹרֵר (l ? עוֹרַרְתִּיךָ HL 8$_{5}$); impf. תְּעוֹרְרוּ, תְּעֹרֵר; imp. עוֹרְרָה; inf. עוֹרֵר: — 1. **wecken, in Bewegung bringen**: Ps 80$_{3}$ (גְּבוּרָה), Hab 3$_{9}$ (קֶשֶׁת) cj. pr. תֵּעוֹר prop. תְּעָרֶה vel תְּעֹרֵר (Rudolph KAT XIII/3, 235); HL 2$_{7}$ 3$_{5}$ 8$_{4}$ (אַהֲבָה), 8$_{5}$ (den/die Liebenden); — 2. **erregen, aufstören** Js 14$_{9}$ (רְפָאִים), Hi 3$_{8}$ (לִוְיָתָן), Pr 10$_{12}$ (מְדָנִים); — 3. in Bewegung bringen > **schwingen** 2S 23$_{18}$ 1C 11$_{11.20}$ (חֲנִית), Js 10$_{26}$ (שׁוֹט), Zch 9$_{13}$ (d. Söhne Zions); cj. 2S 23$_{8}$ (c. 1C 11$_{11}$) עוֹרֵר חֲנִיתוֹ. †

hif: pf. הֵעִיר, הַעִירוֹתִי, u. הַעִירֹ֫תִהוּ (BL 404); impf. יָעִיר, יָעֵר, וַיָּ֫עַר, אָעִירָה,

תָּעִירוּ, וַיְעִירֵנִי, Hi 41$_{2}$ K יְעִירֶנּוּ; imp. הָעִירָה, הָעִירוּ; inf. בָּעִיר Ps 73$_{20}$ (< בְּהָעִיר BL 228a); pt. מֵעִיר, מְעִירִים: — 1. **aufwecken:** a) Schläfer Zch 4$_{1}$, אֹזֶן Js 50$_{4}$, שַׁחַר Ps 57$_{9}$ 108$_{3}$, כֹּחַ Da 11$_{25}$, אַהֲבָה HL 2$_{7}$ 3$_{5}$ 8$_{4}$, חֵמָה Ps 78$_{38}$, קִנְאָה Js 42$_{13}$; (Feuer) erregen = schüren Hos 7$_{4}$ (Rudolph KAT XIII/1, 147f :: Barr CpPh 332, nr. 244); b) **erregen**, **in Bewegung**, zum Handeln **bringen** (Elliger BK XI 119; Bardtke BZAW 77, 1958, 12ff; H. M. Lutz WMANT 27, 1968, 57[6]): Js 41$_{2.25}$ 45$_{13}$ Esr 1$_{1}$ (כּוֹרֶשׁ); Js 13$_{17}$ Jr 50$_{9}$ 51$_{1.11}$ Ez 23$_{22}$ Hg 1$_{14}$ Esr 1$_{5}$ 1C 5$_{26}$ 2C 21$_{16}$ 36$_{22}$, cj. Ri 9$_{31}$ (pr. צָרִים prop. מְעִירִים); c) aufbieten Jl 4$_{9}$ (הַגִּבּוֹרִים), Da 11$_{2}$ (text. inc. s. BHS, Plöger KAT XVIII 152. 155); d) aufstören Jl 4$_{7}$, לִוְיָתָן (Krokodil) Hi 41$_{2}$ l יְעִירֶנּוּ, Dt 32$_{11}$ ↗ עיר; — 2. intr. (BL 294b, GK § 53d. e) aufwachen Ps 35$_{23}$ (הָעִירָה וְהָקִיצָה), Ps 73$_{20}$ Hi 8$_{6}$ (s. Fohrer KAT XVI 184 :: Gray LoC² 267 „er wird über dir wachen"). †

hitpol: pf. הִתְעוֹרַרְתִּי impf. יִתְעֹרֵר, imp. הִתְעוֹרְרִי, pt. מִתְעוֹרֵר: — 1. **sich aufraffen** Js 51$_{17}$ 64$_{6}$; — 2. **sich erregen** Hi 17$_{8}$; — cj. Hi 31$_{29}$ pr. הִתְעֹרַרְתִּי prop. הִתְעֹדַדְתִּי ↗ II *עדד vel הִתְרֹעַעְתִּי ↗ רוע. †

pilpel (GK § 72cc, BL 282 o. 404): Js 15$_{5}$ pr. יְעֹעֵרוּ prop. זְעָקָה יְעַרְעֵרוּ: rege halten :: Wildbg. BK X 591f l pol. יְעֹרֵרוּ vgl. BHS. †

Der. II עִיר.

עוֹר: ? √ עור als Nebenform zu ערה (BL 457n); Sam. *ūr*; mhe. ug. ? *ǵr* (Aistl. 2165, CML² 155b; Aartun WdO 4, 1967/8, 286; RSP I S. 435 Nr. 94; Ug.V S. 233, 6 [*ú* ?] *ru* = akk. *mašku*, S. 352a, cf. S. 232 II 6); pun. (DISO 221): עוֹרוֹ/רֵנוּ, עֹרָה, עֹ(וֹ)ר(וֹ)ת, m: **Haut des Menschen**: Ex 22$_{26}$ Lv 13$_{5-43}$ Jr 13$_{23}$ Ez 37$_{6.8}$ Mi 3$_{2f}$ Hi 7$_{5}$ 10$_{11}$ 30$_{30}$ Kl 3$_{4}$ 4$_{8}$ 5$_{10}$ (s. BHS); עוֹר בְּשָׂרוֹ Lv 13$_{2-4.11.38f}$, עוֹר בָּשָׂר 13$_{43}$ > עוֹר 13$_{4.39}$; עוֹר פָּנָיו Ex 34$_{29f.35}$; Hi 19$_{20a}$ pr. בְּעֹרִי וּבִבְשָׂרִי prop. בְּעוֹר־בְּשָׂרִי an meiner Hautschicht (Horst BK XVI/1, 278. 279); 19$_{20b}$ וָאֶתְמַלְּטָה בְּעוֹר שִׁנָּי d. h. entweder: „und ich entkam mit der Haut meiner Zähne" ↗ I מלט) = nur knapp (s. Budde GHK II/I², 100; Horst l. c.) oder „ich wurde kahl an der Haut meiner Zähne" (↗ II מלט), was auf die Abmagerung an Wangen oder Lippen gehen kann (s. Hölscher Hiob² 46, Fohrer KAT XVI 308); Hi 18$_{13}$ cj. pr. יֹאכַל בַּדֵּי עוֹרוֹ prop. יֵאָכֵל בִּדְוַי עוֹרוֹ vel יֹאכַל מַדְוֶה עוֹרוֹ (s. Horst BK XVI/1, 266); 19$_{26}$ ↗ I נקף; — 2. **Tierhaut**: des Rindes Ex 29$_{14}$ Lv 4$_{11}$ 8$_{17}$ Nu 19$_{5}$, des Opfertiers Lv 7$_{8}$ 9$_{11}$ 16$_{27}$, d. Krokodils Hi 40$_{31}$, des תַּחַשׁ Ex 25$_{5}$ 26$_{14}$ 35$_{7.23}$ 36$_{19}$ 39$_{34}$ Nu 4$_{6-14}$, v. אֵילִים Ex 25$_{5}$-26$_{14}$ 35$_{7.23}$ 36$_{19}$ 39$_{34}$; Fell (v. Zicklein) Gn 27$_{16}$, כָּתְנוֹת עוֹר Fellkleider Gn 3$_{21}$ (BHH 469); — 3. **Leder** (BRL² 203f, BHH 1061) Lv 11$_{32}$ 13$_{48-56}$ 15$_{17}$, מְלֶאכֶת עוֹר Lv 13$_{48}$, כְּלִי עוֹר 13$_{49-59}$ Nu 31$_{20}$; אֵזוֹר עוֹר 2K 1$_{8}$; — 4. trop. in d. Redensart עוֹר בְּעַד עוֹר Hi 2$_{4}$ Haut um Haut, eigentlich wohl eine Tierhaut für eine andere; „Es ist von einem Geschäftsabschluss die Rede, bei dem Gleiches für Gleiches bezahlt wird" (Fohrer KAT XVI 97; ferner Hölscher Hiob² 14f, Horst BK XVI/1, 24f. †

עִוֵּר, Sam. *ʿawwər*: I עור, BL 477b, 1Q Js^a 42$_{19}$ עואר, *ʿiwwār* s. BCh Trad. 113; mhe. ug. *ʿwr/ʿwrt* (UT nr. 1834, Aistl. 2020; Gray LoC² 123, Pardee UF 7, 1975, 372; ja. cp. sy. עֲוִירָא (sy. auch *ʿwārā*), md. (MdD 10a); ar. *ʾaʿwar* einäugig; äth. *ʿewīr/ūr* blind: (הָ)עִוֵּר, כַּ/הַ) עִוְרִים BL 263g, Joüon § 18m), עִוְרוֹת: **blind** (auf einem od. beiden Augen, BHH 257): Ex 4$_{11}$ (neben פִּקֵּחַ), Lv 19$_{14}$ 21$_{18}$ Dt 15$_{21}$

27$_{18}$ 28$_{29}$ 2S 5$_{6.8}$ Js 29$_{18}$, cj. 33$_{23}$ pr. חֻלַּק עַד prop. יְחַלֵּק עִוֵּר (Duhm, BHS); Js 35$_{5}$ 42$_{7.16.18.19}$ 43$_{8}$ 56$_{10}$ 59$_{10}$ Jr 31$_{8}$ Zef 1$_{17}$ Mal 1$_{8}$. cj. 13 (↗ גזל), Ps 146$_{8}$ Hi 29$_{15}$; — Kl 4$_{14}$ pr. עִוְרִים wie Blinde (Plöger HAT 18², 155) prop. דָּוִים pl. zu דָּוֶה, vel רְעֵבִים, vel עֲרוּם (Rudolph KAT XVII/3, 248f, BHS). †

עוֹרֵב: ↗ עֹרֵב.

עִוָּרוֹן: I עור: עִוֵּר + *ōn*, BL 498c; Sam. Dt 28$_{28}$ *wbēwwåron*; mhe.: **Erblindung**, Blindheit Dt 28$_{28}$ Zch 12$_{4}$ 1 QS 4, 11. †

עַוֶּרֶת: I עור: Sam. *ʿawwērət*; BL 607c: **Blindheit** Lv 22$_{22}$. †

עוּשׁ: hapleg. Jl 4$_{11}$. Deutung unsicher: 1) √ zu ar. *ġwṯ* IV helfen, n. pr. *ġawṯ*; asa. (Conti 215b, Ryckmans 1, 173b, Müller 87); nab. n. pr. *ʿwtw, ʿwtʾl*; tham. n. pr. *ġwṯ*, saf. n. pr. *ġ(w)ṯ, ġwṯʾl*; mehr. *ġōṯ* helfen (Müller 87): helfen (so u. a. Lex.¹, GB); ? ug. *ġwṯ* (UT Text 2064, 20); 2) zu ar. Subst. *ġawīṯ* Hilfsmittel, auch Hilfstruppen (:: Rudolph KAT XIII/2, 77); 3) text. corrupt. G συναθροίζεσθε, V *erumpite*, S T נועו bewegt euch !; pr. עושו prop. חושו vel עורו (BHS, Wolff BK XIV/2, 87). — עושו Jl 4$_{11}$ ist zu übersetzen: nach 1) „kommt zu Hilfe !"; nach 2) und 3) „eilet !" oder „eilt euch !" bzw. „regt euch!"; cf. עוּתַי. †

עות: mhe. pi. ja. pa. biegen, krümmen; ? sy. (P. Smith 3008) *ʿtt* betrügen; ? od. sekd. < עוה pi;

[**qal**: inf: לָעוּת Js 50$_{4}$: ? prop. לְעוּת, לְרְעוֹת, לַעֲנֹת, לְעַוֵּת; s. Reiterer Gerechtigkeit als Heil ..., Graz 1976, 49.]

cj. **nif**. Pr 27$_{6}$ pr. נַעְתָּרוֹת prop. נְעוּתוֹת **krumm, trügerisch**. †

pi. (Jenni 244): pf. עִוְּתוֹ, עִוְּתָנִי, עִוְּתוּנִי; impf. יְעַוֵּת/וֶּת־; inf. עַוֵּת: — 1. **krümmen**: d. Tun Gottes Koh 7$_{13}$ (:: תַּקֵּן), מִשְׁפָּט Hi 8$_{3}$ 34$_{12}$, דֶּרֶךְ Ps 146$_{9}$; מֹאזְנַיִם Am 8$_{5}$: **fälschen** (durch Veränderung d. Gewichtsteine oder Krümmen d. Wagebalkens, s. Maag 182f, Wolff BK XIV/2, 376); — 2. c. acc. pers. **krümmen** Hi 19$_{6}$ (subj. Gott); **unterdrücken** (im Rechtsstreit) Kl 3$_{36}$, fehlleiten Ps 119$_{78}$. †

pu: pt. מְעֻוָּת: **krumm** Koh 1$_{15}$ (:: תקן cj. הִתָּקֵן). †

hitp: pf. הִתְעַוְּתוּ: **sich krümmen** Koh 12$_{3}$. †

Der. *עַוָּתָה.

***עַוָּתָה**: עות; eig. aram. inf. *paʿel*, BL 479n: עַוָּתִי: die mir zugefügte **Rechtsbeugung, Bedrückung**, Kl 3$_{59}$ (:: מִשְׁפָּט). †

עוּתַי: n. m.: Kf. (Ableitung unsicher): 1) √ עות aram. = hebr. ↗ עוש helfen. nab. n. m. עותו (Cant. Nab. 2, 128b); 2) ar. *ʿtw* stolz sein, überragen (Noth N. 40. 191); ↗ עֲתָיָה: — 1. Esr 8$_{14}$; — 2. 1C 9$_{4}$. †

עַז: עזז, < *ʿazz, BL 453y; mhe. DSS (KQT 161); ug. *ʿz* (UT nr. 1835, Aistl. 2021, RSP I S. 291f Nr. 414-416), ph. (DISO 206): עַז, עַזָּה, עַזִּים, עַזֵּי, עַזּוֹת: — I sbst. (Nf. zu ↗ I עֹז): **Kraft, Stärke** Gn 49$_{3}$ u. ↗ עֲזִיאֵל; — II adj.: — 1. **stark** Ri 14$_{14.18}$ 2S 22$_{18}$/Ps 18$_{18}$ Js 19$_{4}$ Am 5$_{9}$ (cj. ? c. G pr. עַז prop. עֹז; Koch ZAW 86, 1974, 522⁷⁴: עִ(י)ר), Ps 59$_{4}$ Pr 30$_{25}$ 24$_{5}$ cj pr. בַּעוֹז prop. (G) מֵעָז; Volk Nu 13$_{28}$ Js 25$_{3}$; Wasserfluten Js 43$_{16}$ Neh 9$_{11}$; Wind Ex 14$_{21}$; Zorn Gn 49$_{7}$ Pr 21$_{14}$; עַזָּה כַמָּוֶת אַהֲבָה HL 8$_{6}$, ↗ עַזְמָוֶת; — 2. עַז נֶפֶשׁ gierig Js 56$_{11}$ Sir 40$_{30}$, עַז פָּנִים Dt 28$_{50}$ Da 8$_{23}$ trotzig, frech :: Lebram VT 25, 1975, 741: schamlos; adv. עַזּוֹת (BL 632m) frech Pr 18$_{23}$; — cj Nu 21$_{24}$ pr. עַז prop. יַעְזֵר (BHS); cj Ez 7$_{24}$ pr. גְּאוֹן עַזִּים prop. (G) גְּ׳ עֻזָּם (Zimmerli 165). †

עֵז: < *ʿanzu R. Meyer Gr. § 51, 2a, oder eher *ʿinzu Friedr.² § 195a (:: Lex.¹ < עזז); Sam. *az*; mhe. ba. עִזִּין; pun. palm. עז; äga. pehl. ענז (DISO 206), ja. עִזָּא, sam. (BCh. LOT 2, 547), sy. *ʿezzā*, cs. *ʿnez* (LS 535b); ar. *ʿanz*; ? äth. (Leslau

39); akk. *enzu, ezzu* (AHw. 221b); amor. *ḫazzum* (AHw. 339b, Noth AbLAk 2, 269); äg. *ʿnḫ(t)*: עֵז (ohne fem.-Endung wie רָחֵל, אָתוֹן, אֵם s. GK § 80b, BL 507d, Michel Grundl. heSy. 1, 69, von Soden GAG § 60a): עִזִּים, עִזֶּיךָ Gn 31_{38} (zur masc. pl.-Endung s. GK § 87c, BL 515 o; auch sy. Nöldeke SGr. § 84 und mhe. Jastr. 1060b): — 1. **Ziege** (AuS 6, 196ff, BHH 2237, Widgr. JSS 5, 1960, 397, Nagel ZA 55, 1962, 173ff; Ziege als Opfertier s. Ducos Syria 44, 1967, 375ff): שֵׂה עִזִּים Dt 14_{4} :: כֶּשֶׂב Lv 3_{7} :: Lv 3_{12}; in Reihe: שׁוֹר כֶּשֶׂב עֵז Lv 7_{23} 17_{3} 22_{27} Nu 18_{17}; בָּקָר כְּשָׂבִים עִזִּים Lv 22_{19}; גְּדִי עִזִּים Gn $38_{17.20}$ Ri 6_{19} $13_{15.19}$ 15_{1} 1S 16_{20}; pl. Gn $27_{9.16}$; עִזִּים :: תְּיָשִׁים Gn 32_{15}; צְפִיר עִזִּים Da $8_{5.8}$; צְפִירֵי עִזִּים 2C 29_{21}; שְׂעִיר עִזִּים Gn 37_{31} Lv 4_{23} 9_{3} 16_{5} 23_{19} Nu 7_{16-82} (12 ×), 15_{24} $28_{15.30}$ $29_{5.11.16.19.25}$ Ez 43_{22} 45_{23}; שְׁנֵי שְׂעִירֵי עִזִּים Lv 16_{5}; 12 שְׂעִירֵי עִזִּים Nu 7_{87}; שְׂעִירַת עִזִּים Lv 4_{28} 5_{6}; עִזִּים || רְחֵלִים Gn 31_{38}; עֵדֶר עִזִּים HL 4_{1} 6_{5}, חֲלֵב עִזִּים Pr 27_{27}; עֵז מְשֻׁלֶּשֶׁת Gn 15_{9}; בְּנֵי עִזִּים 2C 35_{7}; חֲשִׂפֵי עִזִּים 1K 20_{27} F *חָשִׂף; Gn $30_{32f.35}$ Ex 12_{5} Lv 1_{10} Nu $15_{11.27}$ 1S 25_{2}; — 2. **Ziegenhaar** (für Filz u. Gewebe) Ex 25_{4} 26_{7} $35_{6.23.26}$ 36_{14} Nu 31_{20}; כְּבִיר עִזִּים 1S $19_{13.16}$ F *כָּבִיר (Stoebe KAT VIII/1, 357f). †

I עֹז, עוֹז Pr 24_{5} 31_{17} †; Sam. *ʿaz*, sf. *bazzåk* Ex 15_{13}; Sec. οζ (Sperber 246, Brönno 122f): עזז, BL 455g; ug. *ʿz* (UT nr. 1835, Aistl. 2021, Ug. V S. 553 Z. 9, vgl. S. 602a, s. de Moor UF 1, 1969, 179; Craigie VT 22, 1972, 145f); ph. עז (DISO 205): עֹז Ri 5_{21} Hi 26_{2}, עָז־ in abs. Js 26_{1}, עֹז־וְ Pr 31_{25}; עָז Gn 49_{3} F zu Nf. *עַז (F Sam. !); cs. עָז־ (BL 562v) עֻזּוֹ/ה, עֻזִּי, עֻזֵּךְ, עֻזְּךָ/זֶּךָ, auch עָזִּי/זְּךָ (BL 559i), Or. עֹזְךָ u. עֹזוֹ (Kahle MTB 73), Sec. οζει (Sperber u. Brönno l. c.); עוּזֵּנוּ (Ps 81_{2}, BHS), עֻזָּמוֹ, עֻזְּכֶם (BL 252 o), THAT II 252ff: — 1. **Stärke**, **Kraft**: a) 1S 2_{10} Js 51_{9} 52_{1} Ez 19_{12} Ps 138_{3} Hi 41_{14} Pr 21_{22} $31_{17.25}$; בְּכָל־עֹז mit aller Macht 2S 6_{14} cj.$_{5}$ pr. בְּכָל־עֲצֵי בְרוֹשִׁים prop. c. 1C 13_{8} בְּכָל־עֹז וּבְשִׁירִים; cj. 2C 30_{21} pr. בִּכְלֵי־עֹז prop. בְּכָל־עֹז; b) adv. (BL 632m) in Kraft Ri 5_{21}; c) in Verbindungen = **befestigt**, **stark**, **fest gegründet**: מִגְדַּל־עֹז Ri 9_{51} Ps 61_{4} (יהוה), Pr 18_{10}; עִיר עֹז Js 26_{1}, קִרְיַת עֹז Pr 10_{15} $18_{11.19}$, מַטֵּה עֹז Jr 48_{17} Ps 110_{2}, מַטּוֹת עֹז Ez 19_{11}, sg. 19_{14}, הַרְרֵי עֹז Ps 68_{34}, קוֹל עֹז 26_{11}, מַצְּבוֹת עֹז Ps 30_{8}, מְרוֹם עֹז Jr 51_{53}; רְקִיעַ עֻזּוֹ Ps 150_{1} F sub 3, מִבְטַח־עֹז Pr 14_{26}, מַחֲסִי־עֹז Ps 71_{7} F sub 3; גְּאוֹן עֹז stolze Macht Lv 26_{19} Ez 24_{21} $30_{6.18}$ $33_{18.28}$ cj. 7_{24} (l עֻזָּם F עַז); עֹז פָּנָיו sein strenges Gesicht Koh 8_{1}; לֹא־עֹז kraftlos Hi 26_{2}; — 2. d. Wehranlage d. Stadt, **Bollwerke** (Hamp BZ NF 16, 1972, 117ff): c. יִסַּד Ps 8_{3} (Donner ZAW 79, 1967, 326: עֹז = Firmament :: trad. Vrss. Lob), c. הוֹרִיד Pr 21_{22} Am 3_{11} (cj. הוּרַד BHS); — 3. **Stärke Gottes** (cf. II !): הָבוּ לי׳ כָּבוֹד וָעֹז Ps 29_{1}, cf. ἐνισχυσάτωσαν αὐτῷ πάντες ἄγγελοι Θεοῦ Dt 32_{43} G (BHS), Ps 59_{17}; עֹז יהוה Mi 5_{3}, cj. Ps 68_{29} pr. עֻזְּךָ עוּזָּה אֱלֹהִים prop. עֻזְּךָ עֹז הָאֱ׳ (BHS); Gott handelt בְּעֻזּוֹ Ps 78_{26}, cj. Dt 33_{26} pr. בְּעֶזְרֶךָ prop. בְּעֻזֶּךָ (Seeligmann, s. auch BHS); בְּעָזְּךָ Ex 15_{13} Ps 21_{14} 74_{13}, זְרוֹעַ עֻזּוֹ Js 62_{8} Ps 89_{11}, חֶבְיוֹן עֻזֹּה Hab 3_{4} F חִבָּיוֹן; רֹב עֻזְּךָ Ps 66_{3}, אֲרוֹן עֻזֶּךָ Ps 132_{8} 2C 6_{41} = Ps 78_{61}, עֹז אַפֶּךָ Ps 90_{11}; cj. 76_{8} pr. מֵאָז אַפֶּךָ prop. מֵעֹז אַ׳; עֻזּוֹ וְאַפּוֹ Esr 8_{22}, רְקִיעַ עֻזּוֹ Ps 150_{1}; יהוה kommt עֹז zu Js 45_{24} Ps 29_{1}/1C 16_{28} Ps 62_{12} 63_{3} $68_{29.35}$ 93_{1} 96_{7} Hi 12_{16} 1C 16_{27}; יהוה וְעֻזּוֹ Ps 105_{4} 1C 16_{11}; יהוה ist עֹז Stärke (wenn I עֹז = II עֹז, s. die Belege dort); Gott gibt עֹז Ps 68_{36} 86_{16}; Gott lässt s. עֹז erfahren Ps 77_{15}; Gott ist מַחֲסִי־עֹז Ps 71_{7}, תִּפְאֶרֶת עֻזָּמוֹ 89_{18}; bei Gott ist עֹז יְשׁוּעָתִי Ps 140_{8} u. עֹז וְתוּשִׁיָּה Hi 12_{16} u. עֹז וְחֶדְוָה 1C 16_{27}; der Fromme findet עוֹז בָּךְ Ps 84_{6}; עֹז

וְתִפְאֶרֶת sind im מִקְדָּשׁ Ps 96₆; — 4. **Stärke**, Macht d. Königs: Ps 99₄: cj. ? pr. עֹז מֶלֶךְ prop. מֶלֶךְ עָז (Gkl. Ps. 431) vel וְעַז מָלַךְ (Kraus BK XV⁵ 580); — cj. Hi 37₆ pr. עֻזּוֹ prop. עֱזוּ (עזז imp.); Pr 24₅ l מֵעָז ↗ עַז II 1; ↗ II עֹז. †

II עֹז, Sam. ʿaz, c. sf. ʿazzi: עזו, BL 451n; txt. contam. mit I; עָזִּי (so BHK³; Ⓑ u. BHS עָזִּי) ist belegt Ps 59₁₈ u. dies (od. עֻזִּי s. R. Meyer Gr. § 23, 1c) ist herzustellen pr. עֻזִּי Jr 16₁₉ Ps 28₇ 62₈ u. pr. עָזִּי Ex 15₂ (:: Barr CpPh 29), Js 12₂ Ps 118₁₄ u. entspr. עֻזְּךָ/עָ׳ pr. עָזְּךָ Ps 21₂ עֻזֵּנוּ/עָ׳ pr. עוּזֵּנוּ Ps 81₂ (THAT II 221f): **Zuflucht**, **Schutz** (immer Gott) = II מָעוֹז: Jahwe ist עֹז Ps 28₈ 29₁₁; מַחֲסֶה וָעֹז 46₂; m. sf. mein Schutz Js 49₅ Jr 16₁₉ Ps 28₇ 59₁₈ cj. 10 pr. עֻזּוֹ prop. עֻזִּי (> עָזִּי), עָ׳ וְזִמְרָתִי Ex 15₂ Js 12₂, dein Schutz Ps 21₂, unser 81₂; ausser Ps 62₈ צוּר־עֻזִּי bleibt I עֹז nicht ausgeschlossen, s. Hamp BZ NF 16, 1972, 117ff. †

עֻזָּא, G οζα, Josph. ᾿Οζᾶ(ς) (NFJ 92): n. m.; עזה, Kf. v. I עֹז + n. d. (Noth N. 38. 160); ihe. Dir. 353a; ph. (PNPhPI 165; KAI III 51); aam. Nimr. Ostr. I 4 (Albr. BASOR 149, 1958, 33), ↗ עֻזָּה: — 1. S. v. אֲבִינָדָב Br. v. אַחְיוֹ 2 S 6₃, 6₆ (Mss עֻזָּה s. BHS), ins. ad 6₄ (וְאַחְיוֹ הֹלֵךְ) וְעֻזָּא; = עֻזָּה 6₇f; 1C 13₇.₉‑₁₁; — 2. גַּן עֻזָּא 2K 21₁₈.₂₆ u. 2C 36₈ G Γανοζα (BHS), s. Mtg-G 553, Gray Kings³ 710, Simons 203f. 205³. 207; — 3. 1C 8₇; — 4. Esr 2₄₉ Neh 7₅₁. †

עֲזָאזֵל: עזזאל 4Q 180, 1, 8 (DJD V p. 78); Sam. lēzâzəl; Lv 16₈.₁₀.₂₆; e. Wüstendämon; Dillm. D. Bücher Exodus und Leviticus³ 1897, 577f; H. Duhm Die bösen Geister im AT, 1904, 55ff; Bousset-Gressm. 332; Rost, Credo 101ff, bes. 107ff; de Vaux Inst. 2, 416ff = Lebensordnungen 2, 369ff; Ell. Lev. 212f; BHH 135; Tawil ZAW 92, 1980, 43-59: etym. inc.: < *עֲזָזְאֵל, s. Wyatt UF 8, 1976, 428f; Tawil l. c. 58f; md. אזאז(י)אל (MdD 11b) (: עזז); ar. ʿzz; ,,Gottes Trotzer'' (Canaan, Dämonengl. 28); < *עֲזָלְאֵז (Σ τράγος ἀπερχόμενος / ἀφιέμενος, V *caper emissarius*: Sündenbock); < *עֲזָלְאֵל (ar. ġzl entfernen, G ἀποπομπή/παῖος u. ἄφεσις [Dillm.]); e. depotenzierte Gottheit (cf. ʿΑξιξος RAAM 81, WbMy. I 428), ? Môt (Tawil l. c.), d. Verbindung m. d. Sühneritus sekd. ? :: Driver JSS 1, 1956, 97f: n. l. בית הדורא MiJo VI 8, Jastrow 333a, zur Identifikation: M. Avi-Jona, Historical Geography of Palestine (Hebr.) 104. †

I עזב: mhe. DSS (KQT 161f), Mt 27₄₆ || Mk 15₃₄ (D) ζαφθάνι :: ja. σαβαχθάνι (aram. שׁבק, s. WbNT⁵ 663); ar. ʿ*azaba* fern sein, ʿ*azab* ledig; äth.ᴳ *māʿsab* (Dillm. 973) verwitwet, unverheiratet; akk. *ezēbu* (AHw. 267b) verlassen, hinterlassen, *ušēzib* (šafʿel AHw. 286b) > ba. שֵׁיזִב retten, amor. *ḫzb* (**ḫazābu*) (Huffmon 192) retten:

qal (I u. II עזב 205 ×): pf. עָזַב/זָב, עָזְבָה, עָזַבְתִּי, עָזְבוּ; sf. עֲזָבוֹ, עֲזָבַנִי/בְנִי, עֲזַבְתֻּנִי, עֲזַבְתִּים, עֲזָבוּךָ; impf. יַעֲזֹב (pal. יַעֲזֹב), יַעֲזָב־, אֶעֱזְבָה, יַעַזְבוּ/זְבוּ Sec. ιεζεβου (Brönno 37, R. Meyer Gr. § 29, 2b), אֶעֱזָבְךָ/עֶזְבְךָ, תַּעַזְבֶהָ, יַעַזְבֶנּוּ; sf. נַעַזְבָה, עֲזֹב; imp. עִזְבוּ, עִזְבָה, עִזְבוּהָ; inf. עֲזֹב, יַעַזְבֶךָ, עֲזָבְכֶם, עָזְבֵךְ, עָזְבָה (2K 8₆, BL 316d), עָז(וֹ)ב; pt. עֹזֵב, cs. עֹזְבֵי Zch 11₁₇ (BL 525j), עֲזוּבָה, עֲזוּבַת, עָזוּב, עֹזְבֶיךָ: (THAT II 249ff): — 1. **verlassen**: a) 2K 2₂.₄.₆ 4₃₀ (= שִׁלַּח Gn 32₂₇); אָבִיו וְאִמּוֹ Gn 2₂₄ (Willi Fschr. Zimmerli 539), עִיר 1S 31₇, אֶרֶץ Jr 9₁₈, בָּקָר 1K 19₂₀, בֵּיצִים Js 10₁₄, אַלּוּף Pr 2₁₇; עֲזוּבָה verlassene Frau (akk. *ezēbu* Gatte/Gattin verlassen, sich scheiden, AHw. 267b) Js 54₆ 60₁₅ 62₄ (Willi l. c. 539²⁸); עֲזוּבָה nicht mehr bebautes Land Js 6₁₂, eine verlassene Stadt Zef 2₄;

b) Löwe verlässt sein Dickicht Jr 25$_{38}$; Bauleute verlassen Jerusalem Neh 3$_8$ (↗ II עזב, 1); כֹּחַ verlässt den Kranken Ps 38$_{11}$, חֶסֶד וֶאֱמֶת sollen den Schüler d. Weisen nicht verlassen Pr 3$_3$; im Stich lassen Jr 14$_5$, Dt 12$_{19}$, Ex 23$_{5a}$ (:: b ↗ II); c. לְ (= acc. ↗ לְ 21), cf. aber I עזב 2b; e. Rat nicht beachten, ihn ignorieren 1K 12$_{8.13}$; c) in religiösem Sinn (THAT II 251) verlassen: Gott den Menschen Gn 28$_{15}$ Ps 22$_2$ 119$_8$ (cf. akk. AHw. 267b, 1b), Zion (:: קִבֵּץ) Js 54$_7$, הָאָרֶץ Ez 8$_{12}$, בֵּיתִי (|| נַחֲלָתִי) Jr 12$_7$; Menschen ihre Götzen Ez 20$_8$, יהוה Js 1$_4$ (Willi Fschr. Zimmerli 539), Jr 17$_{13}$ Dt 28$_{20}$ (BWL 38, 20 *ezēbu*); Gott d. Menschen u. d. Menschen Gott 2C 24$_{20}$; d) Menschen verlassen תּוֹרָה Pr 4$_2$, חָכְמָה 4$_6$, בְּרִית יהוה Dt 29$_{24}$ 1K 19$_{10.14}$, מִצְוֹת יהוה (? dl. c. G מ׳) 1K 18$_{18}$, מִשְׁפַּט אֱלֹהָיו Js 58$_2$, פִּקֻּדִים Ps 119$_{87}$; Gott gibt seine דְּבָרִים (seine Worte/Dinge) nicht auf, bzw. er lässt nicht von ihnen Js 42$_{16}$, noch von צִיּוֹן Js 49$_{14}$ (cf. Elliger BK XI 163); d. Mensch gibt seinen Wandel auf 55$_7$; — 2. **zurücklassen**: a) etw. בֶּגֶד Gn 39$_{12}$, חֵלֶה 1S 30$_{13}$, אֹהֶל 2K 7$_7$, בָּנִים Ez 24$_{21}$; עזב c. דָּבָר בְּיַד jmd. etw. überlassen Gn 39$_6$ Neh 9$_{28}$; ע׳ חֵמָה s. Grimm fahren lassen Ps 37$_8$; רָעָה בְּפֶה loslassen Hi 20$_{12f}$; b) c. לְ jmdm. etw. überlassen (↗ לְ 7) Ex 23$_{5a}$ :: I עזב 1b (לְ = acc.); ohne לְ, aber im gleichen Sinn יְתֹמִים, Jr 49$_{11}$ (Willi l. c. 540f); c. לְ c. inf. jmd. belassen um zu 1C 16$_{37}$; c) Nachsicht üben Sir 31$_3$; c. acc. ? cj. Pr 6$_{30}$ (l יַעַזְבוּ pr. יָבוּזוּ :: Gemser Spr.[2] 40 u. Barucq Le livre des Proverbes, 1964, 80 mit MT); — 3. **übrig lassen** Lv 19$_{10}$ 23$_{22}$ Ri 2$_{21}$ Mal 3$_{19}$; — 4. **gehen lassen**: d. Klage freien Lauf lassen Hi 10$_1$ (cf. Fohrer KAT XVI 197 u. 200); jmd. liegen lassen Ez 23$_{29}$ Rt 2$_{16}$; freigeben (Gefangene u. Beute) 2C 28$_{14}$, gewähren lassen 2C 32$_{31}$; Neh 3$_{34}$ ↗ II עזב 1; etw. **aufgeben** Ez 23$_8$; etw. **überlassen** an c. אֶל Hi 39$_{11}$, c. לְ Ps 16$_{10}$ Hi 39$_{14}$, c. עַל Ps 10$_{14}$; c. מֵעִם pers. et acc. rei **versagen** Gn 24$_{27}$; — 5. Versch: ע׳ פָּנָיו Hi 9$_{27}$ e. anderes Gesicht machen ↗ II עזב, 3 (:: Driver VT Su. 3, 1955, 76[3]); ע׳ מַשָּׁא Schuld erlassen Neh 5$_{10}$; עָצוּר וְעָזוּב ↗ עצר.

nif: pf. נֶעֱזַב, נֶעֶזְבָה; impf. תֵּעָזֵב, תֵּעָזַב (Hi 18$_4$, BL 188p. 352), יֵעָזְבוּ; pt. נֶעֱזָב, נֶעֱזָבוֹת: — 1. **verlassen werden** Lv 26$_{43}$ (Sam. *tåzzåb* qal intr., cf. BCh. LOT V 166 § 2. 15. 7), Js 7$_{16}$ 27$_{10}$ 62$_{12}$ Ez 36$_4$ Hi 18$_4$; vernachlässigt werden Neh 13$_{11}$; im Stich gelassen werden Ps 37$_{25}$; — 2. a) c. לְ **überlassen werden** Js 18$_6$; b) cj. Hi 17$_1$ pr. נִדְעָכוּ/נִזְעָכוּ cf. BHS prop. נֶעֶזְבוּ (Hölscher, Fohrer z. St. :: Horst BK XVI/1, 240. 242: MT) übrig bleiben. †

pu: pf. עֻזָּב, עֻזָּבָה: **verlassen, verödet sein** Js 32$_{14}$ Jr 49$_{25}$. †

Der. עִזָּבוֹן*; n. f. עֲזוּבָה.

II עזב: mhe. מַעֲזִיבָה Estrich aus Astwerk u. Lehm; ug. *ʿdb* legen, zubereiten, machen (UT nr. 1818, Aistl. 2002); asa. *ʿdb* wiederherstellen (Conti 202b, Ulldff. JSS 7, 1962, 344):

qal: impf. תַּעֲזֹב (Ex 23$_{5b}$), וַיַּעַזְבוּ Neh 3$_8$), הֲיַעַזְבוּ (Neh 3$_{34}$), אֶעֶזְבָה (Hi 9$_{27}$); inf. עָזֹב (Ex 23$_{5b}$): — 1. pflastern Lex.[1], Galling ATD 12, 221 u. 223, ? wiederherstellen Neh 3$_8$ (obj. Jerusalem !), 34 (+ לָהֶם) :: Rudolph EN 116f zu vs. 8 l mit Ehrl. ויעזרו sie fassten ein, umfriedeten, ↗ עֲזָרָה; 122 zu vs.34 l pr. לָהֶם vielmehr לֵאלֹהִים: wollen sie es (in Ermangelung eigener Kraft) Gott überlassen?; TOB I עזב: zu vs. 8 ↗ 1. b verlassen, zu vs. 34 ↗ 4 gewähren lassen; — 2. in Ordnung bringen, arrangieren Ex 23$_{5b}$, (cf. Albright YGC 91; Dietrich-Loretz-Sanmartín UF 5, 1973, 94f; Halbe

FRLANT 114, 1975, 430[26]; Huffmon Fschr. J. M. Myers, Philadelphia 1974, 274 :: Noth ATD 5, 138 l עָזֹר תַּעֲזֹר (BHK); anders Cazelles 89; — 3. ע׳ פָּנִים d. Gesicht in Ordnung bringen = ein anderes Gesicht machen Hi 9₂₇, cf. Dahood JBL 78, 1959, 303. 309, Fohrer KAT XVI 199 :: Horst BK XVI/1, 138 ↗ I עזב qal 5; — 4. II עזב pr. I עזב wird noch erwogen bei 1C 16₃₇ Hi 10₁ 18₄ 20₁₉ 39₁₄, doch ist das sehr fraglich, cf. THAT II 249.

*עִזָּבוֹן: ? I עזב, BL 498c. 537f :: 517v; R. Meyer Gr. § 41, 1 a; VG I 450f: עִזְבוֹנַיִךְ/נַיִךְ u. עִזְ׳, cf. Qimḥi: **Handelsware** mit d. Funktion eines Depositums, was Karawanen oder Schiffe zurücklassen zum Austausch gegen Landesprodukte (Zimmerli 650f, THAT II 249, Willi Fschr. Zimmerli 541f); cf. I מַעֲרָב: Ez 27₁₂.₁₄.₁₆.₁₉.₂₂.₂₇.₃₃. †

עַזְבּוּק, G Αζαβουκ u. ä.: n. m., ? etym.; cf. Rudolph EN 118: בוק n. d. ?, entspr. גָּד in ↗ עַזְגָּד: Neh. 3₁₆. †

עַזְגָּד: n. m.; äga. AP: עז + גָּד (n. d.), cf. ph. עזבעל (PNPhPI 165. 374, BDB 739, Noth N. 126. 190); od. sy. *izgadda/ganda* Bote (LS 9b), md. (MdD 40a) *ašgandā*, spbab. *ašgandu* AHw. 80a); pe. Lw. (Widgr. Mesopotamian Elements in Manichaeism, 1946, 167f): — 1. בְּנֵי ע׳ Esr 2₁₂ 8₁₂ Neh 7₁₇; — 2. רֹאשׁ הָעָם (2. = 1. ?) Neh 10₁₆. †

*עזה: ar. *ġḏw* ernähren, Noth N. 203; Der. עֻזִּיאֵל, יַעֲזִיָּה, יַעֲזִיאֵל (?).

עַזָּה: n. l.; Sam. *ᶜazza*; keilschr. *ḫaz(z)a/itu/ti* (EA S. 1342f, Parpola AOAT 6, 1970, 159); äg. *gdt* (= *Qadata*, Albr. Voc. 58; Hdt 2, 159; 3, 5 Καδυτις); asa. *ġzt* (Mlaker 39. Alth.-St. ArAw 1, 70f); ar. *Ġazzat*; G Γάζα: loc. עַזָּתָה: **Gaza** (BRL² 86ff, BHH 516, Malamat Journal of the Ancient Near Eastern Society of Columbia University 5, 1973, 275ff, RLA 3, 153: Gn 10₁₉ Dt 2₂₃ Jos 10₄₁ 11₂₂ 15₄₇ Ri 1₁₈ 6₄ 16₁.₂₁ 1S 6₁₇ 1K 5₄ 2K 18₈ Jr 25₂₀ 47₁.₅ Am 1₆f Zef 2₄ Zch 9₅ 1C 7₂₈ Ⓑ MSS pr. עַיָּה; gntl. עַזָּתִי, עַזָּתִים (BL 501z, R. Meyer Gr. § 41, 4) Jos 13₃ Ri 16₂. †

עֻזָּה: n. m., T. Arad 72, 4: עזו, Kf. ↗ עֻזָּא: — 1. 2S 6₆₋₈ = עֻזָּא 1. 2S 6₃f; — 2. 1C 6₁₄. †

עֲזוּבָה: n. f.: I עזב, BL 472w: „die Verlassene"; G Αζουβα, Γαζουβα, Josph. Αβιδᾶ (NFJ 2); Stamm HFN 327: — 1. M. v. K. Josafat 1K 22₄₂ 2C 30₃₁; — 2. Fr. v. Kaleb 1C 2₁₈f. †

עֱזוּז: עזז, BL 473a (1Q Jsᵃ 42₂₅ ועזוז), cs, sf. Ps 78₄ עֱזוּזוֹ (Var. ע(ו)זו = עֻזּוֹ BHS; cf. Sam. עזוי c. sf. BCh. LOT 2, 544): **Stärke, Gewalt,** עֱ׳ מִלְחָמָה (von Gott über Isr. ausgegossen) Js 42₂₅; Ps 78₄ (Jahwes Stärke); Ps 145₆ (Stärke seiner Wundertaten). †

עִזּוּז: עזז, BL 480u; mhe. gewaltig (substantiviertes adj.): **Gewaltiger**: Ps 24₈ ‖ גִּבּוֹר (יהוה); coll Js 43₁₇ ‖ חַיִל (cf. Elliger BK XI 348). †

עזור: n. m. ↗ עַזֻּר.

עזז: mhe. hif. hitp; DSS qal (KQT 162); ja. itpa; sy. md. (MdD 12a); aam. pe. pa. (DISO 206, Degen Altaram. Gr. § 58); ug. *ᶜz* qal (auch sbst. u. adj.), pi. (UT nr. 1835, Aistl. 2021; Dietrich-Loretz-Sanmartín UF 7, 1975, 138; zum pi. in Briefen cf. Kaiser ZDPV 86, 1970, 19); asa., äth.ᴳ *azaza*; akk. *ezēzu* zürnen, in Wut geraten (AHw. 269f); ja. עַזִּיז stark; palm. n. m. *ᶜzyz(w)y* (PNPI 44. 105); ? Nf. יעז:

qal: impf. וַתָּעָז, תָּעֹז, יָעֹז; imp. עוּזָּה (> עוּזָּה, BL 429j): — 1. **sich stark erweisen** (THAT II 252ff) Ri 3₁₀ (עַל über), 6₂ Ps 68₂₉ 89₁₄ Hi 37₆ (pr. עֻזּוֹ prop. עֻזּוּ, BHS), Koh 7₁₉ (c. לְ) gibt Kraft (4Q, Muilenburg BASOR 135, 1954, 27, l תעזר wie MSS G Sʰ), Da 11₁₂; — 2. **trotzen** Ps 9₂₀; Pr 8₂₈ ↗ pi. †

nif: pt. נֹועָז **trotzig** (? l נוֹעֵז = לְעֵז BHS), Js 33₁₉. †

cj. **pi**: Pr 8₂₈ pr. בַּעֲזוֹז prop. cf. G בְּאַמְּצוֹ (Gemser Spr.[2] 46, BHS) || בְּעַזְּזוֹ :: Aartun WdO 4, 1968, 297: „als die Quellen der Tiefe fluteten" (zu ug. ǵdd in KTU 1. 3 II 25 „fluten", CML[2] S. 47). †

hif: pf. הֵעֵז, הֵעֵזָה (BL 437, Bgstr. 2, 139p): c. פָּנִים e. freches Gesicht zeigen, **frech auftreten** (cf. Gemser Spr.[2] 40; Lebram VT 25, 1975, 742) Pr 7₁₃, = c. בְּפָנִים 21₂₉. †

Der. עֱזוּז, עַז, I עֹז, מָעוֹז; n. m. עֻזָּא, עֻזָּה; עֲזוּז, עִזּוּז; n. m. עַזָּן, עֻזִּיָּהוּ, עֻזִּי, עֻזִּיָּא, עֲזִיאֵל, עָזָן, עֲזִיזָא, עֻזִּיָּה(וּ), עֻזִּיאֵל.

עָזָז: n. m. „Er (Jahwe) hat sich als stark erwiesen", Kf. v. עֲזַזְיָה(וּ) (Noth N. 190, zum qal anstelle des pi. cf. Noth N. 36); asa. ʿzz (Müller ZAW 75, 1963, 312); pun. עבדעזז (PNPhPI 162. 371f. 454, doch ist עזז hier wohl e. theophores Element, cf ar. ʿabd al-ʿāzīz): 1C 5₈. †

עֲזַזְיָהוּ (Var. in 1.-3. עֲזִיָּה(וּ)): n. m. עזז + יהוה „Jahweh hat sich als stark erwiesen" (Noth N. 190), > עָזָז: — 1. 1C 15₂₁; — 2. 1C 27₂₀; — 3. 2C 31₁₃, cf. Zorell 585b. †

עֻזִּי, G, Josph. Ὄζις (NFJ 92): עזז: n. m. עֻזִּי, Kf. v. עֻזִּיָּה(וּ) (Noth N. 38): — 1. — 7. (6. ?) Esr 7₄ 1C 5₃₁f 6₃₆; 1C 7₂f; 7₇; 9₈; Neh 11₂₂; 12₁₉; 12₄₂ (= 12₁₉ ?), cf. Zorell 585b. †

עֻזִּיָּא: n. m. עזז; Dir. 353; spät fem. עֻזִּיָּה: 1C 11₄₄. †

עֲזִיאֵל, or. עֻזִּיאֵל (Kahle MTB 79); G^BL Οζιηλ; < *עֻזִּיאֵל (ʃ I *עַזּ = עֹז) עזז oder *עזה (Noth N. 203); keilschr. Azilu (APN 48); cf. ? ph. n. fem. עזיבעל (PNPhPI 165, u. 374 zu ʿz Stärke, Schutz, gr. trskr. Ἀζβαλος) = keilschr. Azibaal (APN 48b): 1C 15₂₀, cj. 18 pr. יַעֲזִיאֵל, cf. Rudolph Chr. 116.†

עֻזִּיאֵל, Sam. ʿazzíl, G Οζιηλ, Αζιηλ: n. m. I עֹז od. II עֹז (Noth N. 160); asa. lihj. עזאל (Ryckmans 1, 243a; Müller ZAW 75, 1963, 312); amor. *U-zu-na-AN*, *A-bu-uz-zi* etc. (Huffmon 160, cf. G. Buccellati, The Amorites of the Ur III Period, 1966, 183): — 1. S. v. קְהָת, Enkel v. לֵוִי Ex 6₁₈.₂₂ Lv 10₄ Nu 3₁₉.₃₀ 1C 5₂₈ 6₃ 15₁₀ 23₁₂.₂₀ 24₂₄; — 2. Simeonit 1C 4₄₂; — 3. Benjaminit 1C 7₇; — 4. S. v. הֵימָן 1C 25₄.₁₈ (Var. u. G^B zu עֲזַרְאֵל); — 5. Levit, Nachkomme v. יְדוּתוּן 2C 29₁₄; — 6. Helfer d. Nehemia b. Mauerbau Neh 3₈; gntl. עָזִּיאֵלִי (Sam. ʿazzīli) zu 1.: Nu 3₂₇ 1C 26₂₃. †

עֻזִּיָּה: n. m.; < עֻזִּיָּהוּ, > עֻזָּא/ה; Dir 224: — 1. K. v. Juda 2K 15₁₃ (mlt. MSS G T V l עֲזַרְיָה) ₃₀ Hos 1₁ Am 1₁ Zch 14₅; ʃ עֻזִּיָּהוּ; — 2. Levit 1C 6₉; — 3. Priester Esr 10₂₁; — 4. Judäer aus d. Sippe פֶּרֶץ Neh 11₄. †

עֻזִּיָּהוּ: G, Josph. Ὀζιας (NFJ 92): n. m. I, II עֹז + יהוה (Noth N. 160) „J. ist meine Stärke/Zuflucht" (cf. עֻזִּיאֵל); Dir. 196; Vattioni 37, cf. עזיו 65. 67; T. Arad 20, 2: **Uzzia**: — 1. K. v. Juda = עֻזִּיָּה 1. u. עֲזַרְיָה 1., Grabschrift (Albr. BASOR 44, 1931, 8-10, Fitzmyer GnAp[2] 22[59], BHH 2068) 2K 15₃₂.₃₄ Js 1₁ 6₁ 7₁ 2C 26₁₋₂₃ 27₂; — 2. 1C 27₂₅; — 3. 1C 24₂₆f pr. יַעֲזִיָּהוּ prop. c. G עֻזִּיָּהוּ :: Rudolph Chr. 164. †

עֲזִיזָה: n. m.; עזז, feminin als Zärtlichkeitsform, cf. GAG § 60a; ? < *עָזִיז od. *עַזִּיז (ja. sy. md., MdD 12a); „Kräftig" (Noth N. 225) od. Kf. 'עַ + n. d.; keilschr. *Azizu* (APN 49), n. m. עזיז(ו) nab. palm. (NE 338a, PNPI 44. 105), Αζιζος (Wuthnow 13); n. d. WbMy I 428: Esr 10₂₇. †

I **עַזְמָוֶת**, G^AL, V, S עַזְמוֹת (BHS), n. m.; König Wb. „Todstark": stark wie der Tod (cf. HL 8₆, dazu auch H. P. Müller ZA 64, 1975, 303) oder „der Tod ist stark"; zur Situation, die vorausgesetzt sein kann, cf. akkad. n. pr. mit *Irra* bzw. *ilum* und d. Verb *šalālu* „rauben" (*Išlul-ilum*) (Stamm 291f); ? n. d. Mot (מָוֶת 3); ug. *Mtʿz* || *Bʿlʿz* (KTU 1. 6 VI 17-20 = UT 49 VI 17-20, RSP I S. 17f Nr. 11; Gordon BeBi 191, Rin VT 9, 1959, 324f) :: Noth N. 231; Lex.[1]: *עזם Pflanzenname; ar. *ʿazam*: — 1. Recke Davids aus Bahurim 2S 23$_{31}$ 1C 11$_{33}$, prob. id. 12$_{3}$ 27$_{35}$, cf. Zorell; — 2. Nachk. Sauls 1C 8$_{36}$ 9$_{42}$. †

II **עַזְמָוֶת**: n. l. in Benjamin: Neh 12$_{29}$, בֵּית עַ׳ Neh 7$_{28}$, בְּנֵי עַ׳ Esr 2$_{24}$ (:: Neh 7$_{28}$ אַנְשֵׁי בֵית עַ׳) 1C 12$_{3}$; ℱ בַּיִת B 34, Ell. ThB 32, 1966, 93[98]. †

עַזָּן, Sam. *ʿizzån*, G Οζα: n. m.; עזז, BL 500p; עַז + hypokorist. Endung *-ān*; Noth N. 190; ug. *ʿzn* (UT nr. 1837, Aistl. 2023); amor. *ʿizz-ān-um* (Buccellati, The Amorites of the Ur III Period, 1966, 161, cf. Huffmon 160); saf. עזן (Ryckmans 1, 161b) Nu 34$_{26}$. †

עָזְנִיָּה, Sam. c. art. *ʿåznijja*: e. unreiner Vogel Lv 11$_{13}$ Dt 14$_{12}$: G V See/Fischadler, d. schwarze Geier (Lex.[1]) od. d. Bartgeier (Driver PEQ 87, 1955, 10), Bodenh. AM 54. †

עזק: mhe. qal עזק, עזיקה aufgebrochener Boden, ar. *ʿazaqa* aufhacken, umgraben; äth.[G] *ʿazaqt* Zisterne (Dillm. 1003, Leslau 39); akk. *esēqu* einritzen (AHw. 249a):

pi. (Jenni 244): impf. וַיְעַזְּקֵהוּ: כֶּרֶם umgraben (GB, AuS 4, 323f, Wildbg. BK X 168 :: Lex.[1] behacken, jäten; :: Mutius BN 6, 1978, 16f: ummauern/mit einer Hecke umgeben [ar. *ʿzq*] = LXX καὶ φραγμὸν περιέθηκα καὶ ἐχαράκωσα [χαρακόω: mit Pfählen umgeben]): Js 5$_{2}$. † Der. עֲזֵקָה.

עֲזֵקָה, G, Josph. Αζηκά (NFJ 5): עזק, BL 594v, Krauss ZAW 28, 1908, 247f; n. l. in d. שְׁפֵלָה; keilschr. *Azaqā*, RLA 1, 325; Lkš Ostraka 4, 10: עזקה: **Azeka**, *T. Zakarīya*, 27 km. nw. v. Hebron; Abel 2, 257; GB; GTT § 318 A 11; Noth Jos. 94f; U. Lux ZDPV 90, 1974, 204; BHH 138: Jos 10$_{10f}$ 15$_{35}$ 1S 17$_{1}$ Jr 34$_{7}$ Neh 11$_{30}$ 2C 11$_{9}$. †

I **עזר**: sem. exc. akk, äth. (Leslau 39); äg. *dȝr*, *dr* (EG 5, 526); ar. *ʿḏr* (Grdf !) entschuldigen, v. Schuld freisprechen (Wehr 540); ug. *ʿḏr* (UT nr. 1831, Aistl. 2115; selten || *plṭ*, cf. RSP I S. 312 Nr 460); asa. *ʿḏr* (Conti 203a); amor. *ḫzr* (Huffmon 193); akkad. < kan./amor. Lw. *ḫāzirum* (AHw. 339a), *izirtu* Hilfe, kan. Fw. (AHw. 408b); aram. עדר ? Wvar. (Ulldff. JSS 7, 1962, 347); äga. (DISO 205) ja. ? cp. ? sy. hebr. || פלט Ps 37$_{40}$; (THAT II 256ff):

qal (I u. II עזר 76 ×): pf. עָזַרְתָּ, עֲזַרְתַּנִי, עֲזָרֻנוּ, עֲזָרְךָ, עֲזָרָנִי, sf. עֲזַרְתֶּם, עֲזָרוּ, וַיַּעַזְרוּ, יַעֲזָר־, impf. עֲזָרָם; עֲזַרְתִּיךָ/ךְ, יַעְזְרֻ(וּ)נִי, וַיַּעְזְרֵם, יַעְזְרֵהוּ, יַעְזְרֶהָ/ךָּ, יַעְזְרוּ, יַעְזְרֶכֶם; imp. עָזְרֵנִי, עָזְרֵנִי/נוּ; inf. (BL 348h) בְּעְזוֹר, לַעְזוֹר, לַעֲזוֹר; 2S 18$_{3}$ (K לַעזיר ℱ hif, Q לַעְזוֹר), לְעָזְרוֹ/רֵנִי/רֵנוּ; 1C 12$_{34}$ pr. לַעֲדֹר aram. l c. MSS לַעֲזֹר; pt. עֹזְרֶךָ, עֹזְרֵי/רֶיהָ, עֹזְרֵי, pass. עָזֻר: — 1. **helfen**, **beistehen** (:: Baisas UF 5, 1973, 41-52: befreien, retten, cf. ug. *ʿzr* || *plṭ*): a) Gott den Menschen Gn 49$_{25}$ (mit Gott als subj. sonst nur in d. jüngeren Schriften d. AT u. bes. in Chron., cf. Welten WMANT 42, 1973, 158), Ps 37$_{40}$ Hi 26$_{2}$; Götter den Menschen Dt 32$_{38}$ 2C 28$_{23}$; Gott Israel 1S 7$_{12}$, im Exil Js 41$_{10.13f}$; b) Menschen einander 2S 18$_{3}$ 1C 12$_{18}$, bei d. Arbeit Js 41$_{6}$, c. לְרָעָה zum Bösen Zch 1$_{15}$ (s. Barr CpPh 140 :: cj. הֶעֱזִירוּ „sie machen viel" zu ar. *ġzr* I Überfluss haben, IV „viel machen", Rudolph KAT XIII/4, 73); bei Beratung Esr 10$_{15}$; Israel den Brüdern Jos 1$_{14}$; e. Volk d. andern (im Krieg) Jos 10$_{4}$ 2S 8$_{5}$; zu Hilfe kommen (im Kampf od. Krieg) Könige ihrem Oberherrn 1K 20$_{16}$;

עזר abs. helfen 2C 14_{10} 20_{23} אִישׁ בְּרֵעֵהוּ gegenseitig (:: Rudolph Chr. 262: l עוֹרְרוּ, עור polal. wurden aufgereizt), 25_8; עוֹזֵר Helfer Js 31_3 63_5 Jr 47_4 Ps 10_{14} 30_{11} 107_{12}, pl. 118_7; עָזֻר einer, dem man hilft Js 31_3; עֹזְרֵי רָהַב Hi 9_{13} (cf. RSP II S. 105f Nr. 30), cj. עֹזְרָיו Ez 12_{14} (:: Gray LoC^2 263f: II עזר); עֹזְרֵי הַמִּלְחָמָה Helfer im Kampf 1C 12_1 ↗ II עזר; — 2. עָזַר לְ **zu Hilfe kommen** 2S 21_{17} 2K 14_{26} Js $50_{7.9}$ Hi 26_2 1C 22_{17} 2C 19_2 26_{13} 28_{16}; עָזַר עִם beistehen 1C 12_{22}, cj ? Ex 23_{5b} ↗ II עזב qal 2; עָזַר אַחֲרֵי zu jmdm. halten 1K 1_7; cj. Hi 30_{13} pr. עֹזֵר l עֹצֵר (cf. Barr CpPh 139 :: Baisas UF 5, 1973, 43: MT עֹזֵר = Befreier); cj. ? Js 30_5 pr. לְעֵזֶר prop. לַעְזֹר (Dietrich Jesaja und die Politik, 1976, 140[40]); cj. Hos 13_9 pr. כִּי בְעֶזְרֶךָ prop. מִי בְעֹזְרֶיךָ cf. Ps 118_7 (Rudolph KAT XIII/1, 238, Wolff BK XIV/1^2, 287);

nif: pf. נֶעֱזַרְתִּי; impf. יֵעָזְרוּ; inf. הֵעָזֵר: **Hilfe erfahren**: Ps 28_7 :: Dahood Psalms I 173 ↗ II עזר; c. acc. עֵזֶר Da 11_{34}, 1C 5_{20} c. עַל gegen; הִפְלִיא לְהֵעָזֵר erfuhr wunderbare Hilfe 2C 26_{15} :: Ginsberg JBL 57, 1938, 210[5] ↗ II עזר, so auch zu 1C 5_{20}, doch cf. Welten WMANT 42, 1973, 90[67]. †

hif: inf. לְהַעֲזִיר 2S 18_3 K לַעְזִיר < לַעְזוֹר (GK § 53q, BL 228a :: 468w) l Q לַעְזֹר; pt. ? מַעְזְרִים 2C 28_{23}, gew. cj. עֹזְרִים :: pi. מְעַזְּרִים (Ku. Leš. 30, 23f, auch sam). †

Der. עֵזֶר (I, II n. m.), ? עֵזֶר (I n. l., II n. m.), עֶזְרָה (I, III n. m.), u. nomina masc: עֵזֶר, עֶזְרָא, עֲזַרְאֵל, עֶזְרִי, עַזְרִיאֵל, עֲזַרְיָה(וּ), עַזְרִיקָם; n. l. יַעְזֵיר (?).

II עזר, ug. *ǵzr*, pl. *ǵzrm* Jüngling, Krieger, Held (UT nr. 1956, Aistl. 2138, cf. Dietrich-Loretz WdO 3, 1964-6, 189ff; äth. ? (cf. Ulldff. JSS 7, 1962, 347) *ʿazara/taʿazra* (Dillm. 1003: Bedtg. inc: entw. einen Angriff machen od. zerstreut, zersprengt werden, sich ergiessen; ar. ? (cf. Aistl. l. c.) *ǵazura* viel, reichlich sein; adj. *ǵazīr* viel, reichlich (Wehr 602a):

qal: pt. עֹזֵר Held, Krieger (so wahrscheinlich) 1C 12_1 cj. Ps 89_{20} l עֹזֵר pr. עֵזֶר, al. prop. נֵזֶר ↗ עֵזֶר; ferner vielleicht doch ↗ I עזר 1.: Ez 12_{14} 30_8 32_{21} 1C 12_1 Hi 9_{13}: mehr angebliche Belege bei Patrick D. Miller UF 2, 1970, 159-175; CML^2 155a, Rayney Fschr. Gordon 1973, 139-142 u. RSP II S. 74f Nr. 3, THAT II 257, hier auch weitere Lit. zu II עזר; — Finite Verbalformen (pf, impf.) fehlen bisher im ug., darum bleiben solche auch im hebr. sehr ungewiss, so auch Miller (l. c. besonders 174), der dennoch als mögliche Belege nennt: 1C 5_{20} 2C 26_{15} Da 11_{34} Ps 28_7 ↗ I עזר nif, ferner Ps 46_6 1C $12_{18.22}$ 2C 20_{23} 26_7 28_{23} ↗ I עזר hif, $32_{3.8}$ Ps 118_{13}; Der. ? II עֵזֶר, ? III *עֵזֶר II, עֶזְרָה.

III *עזר: Der. עֶזְרָה.

I עֵזֶר, Sam.^{M} 29 *ʿāzår*: I עזר, in compos. עֵזֶר (BL 574y), mhe; ug. *i-zi-ir* (Ug. V S 235 Nr. 131, 7), ph. äga. palm. (DISO 206), sy. *ʿedrā*: עֶזְרוֹ/רֹה, עֶזְרְךָ/רֵךְ, עֶזְרִי, עֶזְרָם, עֶזְרֵנוּ: **Hilfe**, **Beistand** Gn $2_{18.20}$ Js 30_5 cj. לַעְזֹר ↗ I עזר qal 2, Hos 13_9 Ps 121_1; Gott Ex 18_4 Dt $33_{7.29}$ Ps 20_3 115_{9-11} 121_2 124_8 (11Q Ps עוזרנו, DJD IV 25), 146_5 Da 11_{34}; — cj. Dt 33_{26} pr. בְּעֶזְרֶךָ prop. בְּעֻזּוֹ (BHS); Ez 12_{14} pr. עֶזְרֹה prop. עֹזְרָיו ↗ I עזר qal 1; cj. Hos 13_9 pr. בְעֶזְרֶךָ prop. בְעֹזְרֶיךָ ↗ I עזר qal 2.; Ps 70_6 MT עֶזְרִי MSS עֶזְרָתִי, cf. 40_{18}; cj. 89_{20} pr. עֵזֶר prop. עֹזֵר ↗ II עזר od. נֵזֶר (:: v. d. Woude OTSt 13, 1963, 135f). †

II עֵזֶר, עֶזֶר: n. m.: ? I, II עזר: „Hilfe" od. Kf. (Noth N. 154); Lkš 19, 1, T. Arad 22, 2, etc. *Ḫirbet el-Mšaš* 2 (Fritz ZDPV 91, 1975, 129-132), ihe. Dir. 205, Bordreuil-Lemaire Sem. 26, 1976, 49f), äga. עדר, עדרי (DAE 471); ? cf. lihj. *ʿḏrw* (ALUOS 7, 1969-73, 11):

A. עֵזֶר: — 1. 1C 4_4 (or. עֶזֶר, BHK); — 2.

1C 7₂₁ (or. u. Ⓑ 'עֶ); — 3. 1C 12₁₀; — 4. Neh 3₁₉. †

B. עֶזֶר, עֵזֶר, עָזֶר Neh 12₄₂, ℱ עזר 2. †

C. עֵזֶר in n. l. אֶבֶן הָעֶ' (ℱ II אֶבֶן II 3.) 1S 7₁₂; = הָאֶבֶן הָעֶ' 1S 4₁ (GK § 127h) u. אֶבֶן הָעֶ' 1S 5₁, Lage ungewiss: Abel 2, 309, GTT § 657/58, BHH 359, Stoebe KAT VIII/1, 129. †

III *עֵזֶר: ? II עזר: עֶזְרֵךְ Dt 33₂₆, עֶזְרֵנוּ Ps 33₂₀, עֶזְרָם Ps 115₉.₁₀.₁₁ **Stärke**, **Kraft** (Miller UF 2, 1970, 167f), עֶזְרֵךְ Dt 33₂₆ deine stürmische Eile (Gray LoC² 264).

עַזֻּר, עַזּוּר: n. m., I עזר, BL 480t) od. Kf, (Noth N. 175); äga. (DAE 466), „Helfer" od. „einer, dem geholfen worden ist" (:: Löw 3, 251, Lex.¹: Mispel, *Mespilus Azarolus*, cf. Noth N. 230f): — 1. V. d. Proph. Hananja Jr 28₁; — 2. V. eines Volksobersten (שַׂר הָעָם) Ez 11₁; — 3. Volksoberster Neh 10₁₈, ins. Esr 2₁₆ (s. BHS). †

עֶזְרָא: n. m., I עזר, aram. Endg. = II עֵזֶר/עֶזֶר od. eher Kf. zu עֲזַרְאֵל, עֲזַרְיָה(וּ); G Εσδρας, V *Esdra*; zur Form bei Epiphanius s. Jepsen ZAW 71, 1959, 118f; keilschr. *Idra'* (Tallqvist NbNb 75a, WSPN 79f): **Esra**: — 1. (BHH 439) Esr 7₁-10₁₆ Neh 8₁-₁₃ 12₂₆.₃₆; — 2. Haupt einer Priesterfamilie Neh 12₁.₁₃.₃₃ s. Zorell 587a. †

עֲזַרְאֵל: n. m., I עזר + אל (Noth N. 175f, Vattioni sig. 170); MSS u. G öfter עֲזָרִיאֵל; cf. bab. PN mit *ʿadar* = *ʿāzar* WSPN 32. 79f; lihj. *ʿdr-ʾl* (ALUOS 7, 1969-73, 11): — 1. 1C 12₇; — 2. 1C 25₁₈ (= עֻזִּיאֵל 4.); — 3. 1C 27₂₂; — 4. Esr 10₄₁; — 5. Neh 11₁₃ (= עֲדִיאֵל 2.); — 6. Neh 12₃₆ s. Zorell 587a. †

I עֶזְרָה: fem. v. I עֵזֶר; I עזר: עֶזְרַת (GK § 80g, BL 604; ? Endg. ph. s. O'Callaghan VT 4, 1954, 175) Ps 60₁₃ 108₁₃; עֶזְרַת, עֶזְרָתֵךְ; עֶזְרָתִי/תֵנוּ; loc. עֶזְרָתָה (BL 528t, u, Joüon § 93j): **Hilfe**, **Beistand** Kl 4₁₇ 2C 28₂₁; מִצָּר Ps 60₁₃ 108₁₃; Ps 40₁₈, 46₂ (Sec. εζρ Brönno 144), הָיָה) עֶזְרָתָה לְ) Ps 63₈ 94₁₇, הָיָה עֶזְרָה לְ Ps 27₉, קוּם עֶזְרָתָה לְ 44₂₇, קוּם בְּעֶזְרָתִי zu m. Hilfe (cf. Brockelm. HeSy. § 106a) 35₂; הָיָה בְּעֶזְרַת־ Nah 3₉, לְעֶזְרָה um Hilfe zu finden Js 10₃ 20₆ 31₁, um Hilfe zu bringen Ri 5₂₃ (cf. Halbe FRLANT 114, 1975, 362²³) ℱ II עֶזְרָה, Jr 37₇ Ps 22₂₀ 38₂₃ 40₁₄ 70₂ 71₁₂; concr. Helferschar עֶזְרַת פֹּעֲלֵי אָוֶן Js 31₂; Beistand im Gericht Hi 31₂₁; Kraft sich zu helfen 6₁₃, ℱ II עֶזְרָה. †

[II עֶזְרָה: fem. v. III עֵזֶר; II עזר: Stärke; Ri 5₂₃ Hi 6₁₃ 31₂₁ s. Miller UF 2, 1970, 167. 168. 172, doch sehr unsicher und die Zuweisung der Belege zu I עֶזְרָה viel wahrscheinlicher.]

III עֶזְרָה: n. m.; = I, ℱ עֶזְרָא: 1C 4₁₇. †

עֲזָרָה: III *עזר; mhe; ja. עֲזַרְתָּא Tempelhof; asa. *mʿḏr* Schutzmauer, ar. dial *maʿḏar* Staudamm (Lex.¹), *ʿaḏirat* Hof; ? akk. *edēru* umfassen, umarmen (AHw. 186b); — 1. **Einfassung** um den Altar Ez 43₁₄.₁₇.₂₀ 45₁₉ m. Unterscheidung v. „unter" (14a) u. „kleiner" u. „grösser" (14b) 'עֲ; s. Zimmerli 1093 :: Galling bei Fohrer HAT I/13, 1955, 239; — 2. **Vorhof** d. Tempels (f. d. Laien :: חֲצַר כֹּהֲנִים) 2C 4₉ 6₁₃ Sir 50₁₁ (עזרת מקדש). †

עֶזְרִי: n. m.; I עֵזֶר; „meine Hilfe" od. Kf. (v. PNN gebildet mit עָזַר od. עֵזֶר, Noth N. 154); 1C 27₂₆. †

עַזְרִיאֵל: n. m.; I עֵזֶר + אֵל; ℱ עַדְרִיאֵל: — 1. — 3.: Jr 36₂₆; 1C 5₂₄; 27₁₉. †

עֲזַרְיָה: n. m. < עֲזַרְיָהוּ; ihe. Dir. 353; Vattioni sig. 175; äga; lihj. *ʿzr-yh* (ALUOS 7, 1969-73, 11): — 1. K. v. Juda (= עֻזִּיָּה 1, 2K 15₁₃ s. Honeyman JBL 67, 1948, 20f) 2K 14₂₁ 15₁.₇.₁₇.₂₃.₂₇ 1C 3₁₂, ℱ עֲזַרְיָהוּ 1; — 2. 1C 6₂₁ (= עֻזִּיָּה 6₉); — 3. Jr 43₂, cj. 42₁ pr. יְזַנְיָה; — 4. 2C 21₂; — 5. Da 1₆f.₁₁.₁₉ 2₁₇; — 6. Verschiedene Esr 7₁.₃, Neh 3₂₃f 7₇ (Esr 2₂ שְׂרָיָה), 8₇

10$_{3}$ 12$_{33}$ 1C 2$_{8.38f}$ 5$_{35.37.39f}$ 6$_{21}$ 9$_{11}$ (Neh 11$_{11}$ שְׂרָיָה). †

עֲזַרְיָהוּ: n. m.; I עזר + יהוה „J. hat geholfen" (Noth N. 175. 253); G, Josph. Ἀζαρίας (NFJ 5); ihe. Dir. 353, Vattioni sig. 24. 40 etc, cf. עזריו 228; Pritchard 2 u. 10, T.-Arad 16, 6; ph. *ʿzr-bl/bʿl* u.ä PNPhPI 167ff. 375f); keilschr. *Azrijau* (APN 49); > עֲזַרְיָה u. עֶזְרִי (?): — 1. **Azaria** K. v. Juda 2K 15$_{6.8}$, = עֲזַרְיָה 1. u. עֻזִּיָּה 1; BHH 2068; ? = Azrijau K. d. n. syrischen Samʾal/Jaʾudi, ↗ יהודה, Noth GI 233[3], Galling Tb[2] 54f, Fitzmyer Sef. 62, Bright 252f, Eissfeldt KlSchr. 4, 121ff, Weippert VT 23, 1973, 436f u. ZDPV 89, 1973, 39ff, Kessler WdO 8, 1975/6, 53[19]; gegen die Gleichsetzung mit Azrijau Herrmann Geschichte 304; N. Naʾaman WdO 9, 1978, 235. 238; — 2. 1K 4$_{2}$ Priester; — 3. Vorsteher der נִצָּבִים 1K 4$_{5}$ (Noth Kge. 64); — 4. Profet 2C 15$_{1}$ (↗ עוֹדֵד); — 5. שַׂר מֵאָה 2C 23$_{1}$; — 6. Priester 2C 26$_{17.20}$; — 7. ראשׁ der Efraimiter 2C 28$_{12}$; — 8. u. 9. Leviten 2C 29$_{12}$; — 10. Hoherpriester 2C 31$_{10.13}$; — 11. Levit (MT עֲזַזְיָהוּ, V עֲזַרְיָה, nonn. MSS G^{BL} S עֻזִּיָּהוּ); — 2C 22$_{6}$ l אֲחַזְיָה; cj. 2C 21$_{2}$ pr. עֲזַרְיָהוּ prop. עֻזִּיָּהוּ s. Rudolph Chr. 264. †

עַזְרִיקָם, G Εσδρικαμ, Josph. Ἐρκάμ (NFJ 45): n. m. I עֵזֶר + קום „m. Hilfe erhob sich" (Noth N. 130. 176) od. „m. Hilfe ist (wieder) erstanden" (Stamm HEN 419a): — 1. Davidide 1C 3$_{23}$; — 2. Benjaminit 1C 8$_{38}$ 9$_{44}$; — 3. Levit Neh 11$_{15}$ 1C 9$_{14}$; — 4. Palastvorsteher unter Ahas 2C 28$_{7}$. †

עֶזְרָת Ps 60$_{13}$ 108$_{13}$: ↗ I עֶזְרָה.

עֶזְרָתָה: ↗ I עֶזְרָה.

עַזָּתִי ↗ עַזָּה.

עֵט: Targ. Jr 17$_{7}$ בע(י)ט; ? etym.: **Griffel** des סֹפֵר (u. ? Schreibrohr; Driver SWr. 85[5], Keel Bilsymb. S. 222) Jr 8$_{8}$ Ps 45$_{2}$, ↗ חרט; עֵט־בַּרְזֶל Jr 17$_{1}$, בְּעֵט־בַּרְזֶל וְעֹפֶרֶת Hi 19$_{24}$: mit eisernem Griffel und mit Blei GK § 119hh (die praep. vor וְעֹ׳ nicht wiederholt) und zur Sache s. Fohrer KAT XVI 317. †

I **עטה**: mhe.; ? cf. pun. n. f. עטהד (KAI Nr. 36, 1, Ginsberg JPOS 16, 1936, 145[24], PNPhPI 170. 376); ? reichsaram. עטי (DISO 206) u. md. (MdD 13a), sy. tilgen (für he. מחה); akk. *eṭû* finster sein (AHw. 266b); ar. *ġṭw* bedecken; Sir 11$_{4}$ מעטה:

qal: pf. עָטוּ, cj. pr. יַעְטֵנִי prop. עָטָנִי Js 61$_{10}$ ↗ hif.; impf. תַּעְטוּ, תַּעְטֶה, וַיַּעַט, יַעְטֶה; pt. עֹטֶה, עֹטְיָה HL 1$_{7}$ (GK § 75v) s. u.: — 1. עַל שָׂפָם den Lippenbart verhüllen (als Zeichen d. Trauer) Ez 24$_{17.22}$, (als Zeichen d. Unreinheit) Lv 13$_{45}$, (als Zeichen d. Scham) Mi 3$_{7}$ cf. Rudolph KAT XIII/3, 72; — 2. c. acc. **sich einhüllen**, sich mit etw. zudecken (Joüon § 125d): c. מְעִיל 1S 28$_{14}$, c. בֶּגֶד Ps 109$_{19}$, c. בגדי כבוד Sir 50$_{11}$, c. צניף 40$_{4}$ 47$_{6}$); metaph. (יהוה) c. אוֹר Ps 104$_{2}$, c. קִנְאָה Js 59$_{17}$, c. מְעִיל צְדָקָה Js 61$_{10}$ (cj. s. oben u. hif), (Feinde) Ps 71$_{13}$ 109$_{29}$; — 1S 15$_{19}$ u. Q 14$_{32}$ וַיַּעַט ↗ עיט (Barr CpPh 246f); HL 1$_{7}$ MT: wie eine Verhüllte (cf. Würthwein HAT 18[2], 40) prop. cj. כְּטֹעִיָּה wie eine Umherirrende (cf. (Rudolph KAT XVII/2, 125 u. BHS). †

hif: pf. הֶעֱטִיתָ; impf. יַעְטֶה, cj. יַעְטֵנִי Js 61$_{10}$: jmdn. **einhüllen** in, umhüllen mit c. 2 acc. Js 61$_{10}$ ↗ qal, c. acc. u. עַל Ps 89$_{46}$, c. 2 acc. bedecken mit 84$_{7}$ (GK § 117ee, Barr CpPh 249, Dahood Psalms II 281). †

Der. *מַעֲטֶה.

II **עטה**: ar. *ʿṭw* packen, nach etw. langen (v. Gall ZAW 24, 1904, 105ff; Driver JSS 13, 1968, 48f):

qal: pf. עָטָה; impf. יַעְטֶה Ⓛ, יַעֲטֶה Ⓑ; inf. עָטֹה; pt. עֹטְךָ (1Q Js^{a} עוטך): **entlausen** Js 22$_{17}$ Jr 43$_{12}$. †

***עָטוּף**: II עטף, BL 471u: עֲטֻ/טוּפִים: — 1. **verschmachtet** Kl 2₁₉; — 2. **schwächlich** (Tier) Gn 30₄₂. †

***עֲטִין**: עטן: mhe. עטינים/ן eingelegte Oliven, מַעְטָן Kufe für solche (so Levy 3, 634f u. 188f) :: Dalman Wb. 310 עֲטָן Oliven (zum Mürbewerden) aufhäufen, עֲטִין zum Mürbewerden hingelegte Oliven; l. c. 245 מַעְטְנָא/מַעֲטָן ein zu diesem Zweck aufgehäufter Olivenhaufe, so auch AuS 4, 248f: (מָלְאוּ חָלָב) עֲטִינָיו Hi 21₂₄ inc.: Essolive reich an Fett (Knauf BN 7, 1978, 22-24) :: G V Eingeweide :: Bamberg BN 4, 1977, 9-12: Brüste :: Trog (Duhm, Budde, Peters) :: al. cj. (Hölscher, Fohrer) עֲצָמָיו: ja. עֲ/עִ/עַטְמָא = he. עֶצֶם, sy. Schenkel (= he. יָרֵךְ) u. Hi 21₂₄ pr. חָלָב l חֵלֶב (Hölscher, Fohrer, Lex.[1]). †

***עֲטִישָׁה**: עטש, BL 471r; mhe.; ja. sy. *ʿṭāšā, ʿuṭāšā, ʿuṭšᵉṭā* Niesen; ar. *ʿuṭās*; äth.ᴳ *ʿeṭas* u. *ʿeṭās* (Dillm. 1017, Leslau 39); s. GB: עֲטִישֹׁתָיו: **Niesen** Hi 41₁₀ (? l עֲטִישָׁתוֹ). †

עֲטַלֵּף, Sam. *ʿåṭåləf*: I עטף: mhe. ja. עֲטַלֵּפָא; pun. ὀθολαβάθ (= עטלפת, Gesenius, Scripturae linguaeque Phoeniciae monumenta . . ., Leipzig 1837 Bd. 1, 391): I עטף c. ל insertum (Ruž. 173), *ʿaṭṭaf* > **ʿalṭaf*: „Manteltier": עֲטַלֵּפִים: **Fledermaus**, unrein, Lv 11₁₉ Dt 14₁₈ Js 2₂₀ (Bodenh. AL 91ff, Driver PEQ 87, 18, BHH 485. †

***עָטָם** ⟹ *עֲטִין cj. Hi 21₂₄ pr. עֲטִינָיו prop. עֲטָמָיו: Schenkel. †

***עטן**: mhe. Oliven pressen, einlegen; bzw. (zum Mürbewerden) aufhäufen ⟹ עֲטִין; ar. *ʿaṭana* einweichen (Haut, Fell bei d. Gerberei), mazerieren (Flachs), *ʿaṭina* faulen.

Der. *עֲטִין.

I **עטף**: mhe. ja. (sich) einhüllen, sam. מעטפתה (BCh. LOT 2, 553. 573); sy. u. md. (MdD 13b) auch sich wenden, zurückkehren, pun. עטפת (DISO 206) u. sy. *ʿṭāfā, ʿṭāftā* Überwurf, Mantel; ar. *ʿaṭafa* biegen, neigen, beugen; geneigt sein, zugetan sein, Mitleid haben od. fühlen; II falten (Wehr 558a), *ʿiṭāf* Mantel; äth.ᴳ *ʿetūf* Gewebe (Dillm. 1018, cf. Leslau 39):

qal: impf. יַעֲטֹף, יַעֲטָף־, יַעַטְפוּ: — 1. **abbiegen** Hi 23₉ (l אֶעֱטֹף); — 2. c. acc. (Joüon § 125d) **sich einhüllen** in Ps 65₁₄; — 3. c. לְ jmdn. **umhüllen** Ps 73₆. †

Der. עֲטַלֵּף, *מַעֲטֶפֶת.

II **עטף**: ar. *ʿaṭafa* ⟹ I עטף, danach Kopf VT 9, 1959, 269f u. Delekat ib. 14, 1964, 34f: auch im He. nur 1 Verb עטף :: Seybold BWANT 99, 1973, 28³⁹; II עטף kaum zu ar. *ʿaṭiba* zugrunde gehen, ruiniert werden (Wehr 557a) s. GB:

qal: impf. יַעֲטֹ(וֹ)ף; inf. עֲטֹף: **schwach, kraftlos sein/werden** Js 57₁₆ (? l רוּחָם), Ps 61₃ 102₁; ⟹ *עָטוּף. †

nif: inf. בֵּעָטֵף (< *בְּהֵעָטֵף, BL 228z, ? K eig. בַּעֲטֹף): **verschmachten** Kl 2₁₁. †

hif: inf. הַעֲטִיף: **schwächlich sein** Gn 30₄₂ (:: Delekat l. c. vom Spätwurf d. Tiere). †

hitp: impf. תִּתְעַטֵּף/טָּף; inf. הִתְעַטֵּף, בְּהִתְעַטֵּפָם: **sich schwach fühlen** Jon 2₈ Ps 77₄ 107₅ 142₄ 143₄ Kl 2₁₂. †

Der. *עָטוּף.

עטר: mhe. ph. (DISO 206) bekränzen, ja. umringen; ar. *ʿṭr* umgeben (Guill. 3, 6):

qal: impf. תַּעְטְרֶנּוּ; pt. עֹטְרִים: — 1. **umzingeln**, einschliessen 1S 23₂₆ (Stoebe KAT VIII/1, 423); — 2. **umringen** mit c. acc. (רָצוֹן) Ps 5₁₃ (⟹ pi.). †

pi. (Jenni 205): pf. עִטְּרָה, עִטַּרְתָּ, sf. תְּעַטְּרֵהוּ; pt. הַמְעַטְּרֵכִי (BL 548a, Brockelm. HeSy. § 73b): ? denom.: — 1. c. zwei acc. **bekränzen** mit Ps 8₆ 65₁₂ (שְׁנַת טוֹבָתֶךָ: d. Jahr deiner Güte od. l שָׁנָה als arch. st. abs, cf. Duhm z. St: das Jahr mit d. G.), Ps 103₄ (cf. DJD IV 77 Z. 8); l ? 5₁₃ pr.

qal pi. תְּעַטֵּ׳ cf. BHS; — 2. c. לְ pers. עִטֵּר עֲטָרָה e. **Kranz flechten** HL 3₁₁. †
hif: pt. מַעֲטִירָה: ? denom.: Kronen tragen od. Kronen verteilen (Tyrus, s. Rudolph Fschr. Baumgtl. 172, Kaiser ATD 18, 130[10], Wildbg. BK X 856. 865) Js 23₈. †
Der. I. II עֲטָרָה, n. l. עֲטָרוֹת.

I **עֲטָרָה**: עטר: mhe. sam. ph. (DISO 207): cs. עֲטֶרֶת cj. als sg. abs. Zch 6₁₁.₁₄ u. Hi 31₃₆ pr. pl. עֲטָר(וֹ)ת (Linpiński: *-āt* = archaïsche Endung d. Singulars, VT 20, 1970, 25ff :: Rudolph: pl. d. Ausdehnung KAT XIII/4, 128), עֲטָר(וֹ)ת: **Kranz, Krone, Diadem** (BRL² 287f, Keel Bildsymb. Nr. 348 u. S. 243, BHH 999) für Gottheit od. König (זָהָב, cf. ph. עטרת חרץ KAI 60, 3; UF 8, 1976, 21) 2S 12₃₀ 1C 20₂ (MT מַלְכָּם, LXX מִלְכֹּם), Ez 21₃₁ HL 3₁₁, aus כֶּסֶף וְזָהָב Zch 6₁₁.₁₄, פָּז Ps 21₄ Sir 45₁₂ (f. Hohenpriester), זָהָב Est 8₁₅ (f. מָרְדֳּכַי), Kranz (v. Blumen ?) für Zecher Js 28₁.₃, zum Fest Ez 23₄₂; עֲטֶרֶת תִּפְאֶרֶת Prunkkranz Js 62₃ (Zion), Jr 13₁₈ (גְּבִירָה, מֶלֶךְ), Ez 16₁₂ (Geliebte), Pr 4₉; שֵׂיבָה Pr 16₃₁, Sir 6₃₁; עֲטֶרֶת צְבִי ist יהוה Js 28₅; Zeichen d. Würde Kl 5₁₆ Hi 19₉ 31₃₆; עֲ׳ זְקֵנִים sind בְּנֵי בָנִים Pr 17₆, עֲ׳ בַּעְלָהּ ist die tüchtige Frau Pr 12₄; עֲ׳ חֲכָמִים ist ihre Klugheit (l עָרְמָתָם) Pr 14₂₄; ע׳ בנים e. Kranz von Söhnen Sir 50₁₂; ↗ II und n. l. עֲטָרוֹת. †

II **עֲטָרָה**: n. f.: = I (Stamm HFN 328): 1C 2₂₆. †

עֲטָרוֹת, Sam. *ʿāṭīrot*: n. l., pl. v. I עֲטָרָה Viehhürde (cf. עטר qal 1.); Abel 2, 55f, BHH 144: — 1. in Gad Nu 32₃.₃₄, Mesa 11 (עטרות) *Ch. ʿAṭārūs*, 10 km. nw. דִּיב(וֹ)ן, Glueck III 135f, v. Zyl 83f, GTT § 309, KAI II 175; — 2. in Ephraim Jos 16₇ *Ch. el-ʿōğa el-fōqa*, beim Austritt d. *ʿēn-faṣāʾil* ins Jordantal (Noth Jos. 105 :: Glueck IV 412. 419; cf. GTT p. 166); — 3. in Ephraim Jos 16₅ 18₁₃ cf. 16₂ עַטְרוֹת אַדָּר „Viehhürden (an) d. Tenne" (G^B pr. אַדָּר Ερωκ s. Albr. JBL 58, 1939, 179f) *Ch. ʿaṭṭāra* am Südfuss d. *T. en-Naṣbe*, ↗ מִצְפֶּה 2. (Noth Jos. 101, GTT p. 164); — 4. עַטְרוֹת בֵּית יוֹאָב in Juda 1C 2₅₄ in der Nähe v. Bethlehem (Rudolph Chr. 22, GTT § 322, 16); — 5. עַטְרוֹת שׁוֹפָן in Gad Nu 32₃₅, ign. Sam. *ʿāṭīrot šabbəm*, S *šwpm*, ? = שְׁפֻּ(י)ם 1C 7₁₂ (? ₁₅ 26₁₆), v. Zyl 84, cf. ug. n. l. *ṯpn* RSP II S. 339 Nr. 115. †

***עטשׁ**: mhe. ja. niesen; sy. nur sbst. *ʿṭāšā*, *ʿuṭāšā*, *ʿuṭšᵉtā* Niesen; ar. *ʿaṭasa* (Kowalski WZKM 31, 1924, 193ff); äth. (Dillm 1017), tigr. (Leslau 39): Der. עֲטִישָׁה.

עַי: n. l., immer עַי od. הָעַי, Sam *åʾī*, G Γαι u. Αγγαι, V *Hai*; עוה: „Trümmerstätte" ↗ עִי: (aram. ?) Nf. עַיָּה Neh 11₃₁ (Ⓑ עַיָּא) u. 1C 7₂₈ cf. Rudolph Chr. 72; עַיַּת Js 10₂₈; = *Ch. et-Tell*, 2 km. sö. Bethel: Abel 2, 239f, Noth AbLAk 1, 210ff, Wright Fschr. Galling 299ff, Kuschke Fschr. Elliger 115ff, Lux ZDPV 90, 1974, 208 u. Anm.[101] (Lit.), Rösel ibid 91, 1975, 163ff, Callaway BA 39, 1976, 18-63, BHH 52f, BRL² 5, Malamat Encyclopaedia Judaica, Year Book 1975/76, 171. 176ff: Gn 12₈ 13₃ Jos 7₂-12₉ (33 ×) Esr 2₂₈ Neh 7₃₂; ↗ עַיָּה; — Jr 49₃ pr. שֻׁדְּדָה־עַי 1 שֻׁדַּד עָלָה (BHS). †

עִי: עוה, R. Meyer Gr. § 33, 2, mo. pl. עין (DISO 207): pl. עִיִּים u. עִיִּין Mi 3₁₂ (BL 517t), Steinhaufen, die in der Wüste bei Wasserrinnen die Übergänge anzeigen (Musil ArPe 1, 319): **Trümmerhaufen** Jr 26₁₈ Mi 1₆ (? streiche עִי, so Fritz ZAW 86, 1974, 320[20] :: Rudolph KAT XIII/3, 33), 3₁₂ עִיִּין mit aram. pl. Endg, s. dazu Rudolph l. c. 67 u. 68: „Trümmer" :: RSP II S. 31f Nr. 61 zu ug. *ʿn* „Ackerland"; Ps 79₁; cj. pr. לְעִיִּין prop. עֶלְיוֹן (BHS) 1K 9₈ u. 2C 7₂₁; Js 14₂₁ txt. inc.

pr. עָרִים prop. עִיִּים vel צָרִים :: BHS : ?gl., s. Wildbg. BK X 536; — Hi 30_{24} pr. בְּעִי prop. בְּטֹבַע (BHS) ↗ טבע. †

I עֵיבָל, Sam. *ībål* (c. Altar bedeutet, dass auf dem Ebal ein Altar errichtet wurde): n. montis: G Γαιβαλ, Josph. Ἥβηλος (NFJ 50), V *Hebal*: **Ebal**, Abel 1, 361f. 369f, GTT § 87/8, BHH 359, n. Sichem, heute Ğ. *Islamīje*, „Berg des Fluches" (Dt 11_{29}); Dt 11_{29} 27₄ (m. Altar, Sam. liest hier ↗ גריזים, Eissf. Einl. § 118), Dt 27_{13} Jos $8_{30.33}$; ↗ II עֵיבָל. †

II עֵיבָל: n. m.; Sam. *ībål*; ? ↗ I: — 1. Edomiter, Sam. **ībal*, G Γαιβη/αλ (= ar. *ʿAibān*, Moritz ZAW 44, 1926, 91, Weippert 244: zu ar. *ʿabl* dick) Gn 36_{23} 1C 1_{40} (G^L S עובל); — 2. S. v. יָקְטָן 1C 1_{22} (= עוֹבָל Gn 10_{28}). †

עַיָּה: n. l.; fem. v. ↗ עַי; Neh 11_{31} (Ⓑ עַיָּא); 1C 7_{28} (Ⓑ MSS, G V T עַזָּה); עַיַּת Js 10_{28} (עיתה 4Qp Js[a] 3; 4Q 161, 5/6, 11): wohl altertüml. fem. Nf. (BL 510v) zu ↗ עַי = *et-Tell* (Donner ZDPV 84, 1968, 48; Wildbg. BK X 429 :: Lex.[1] *Ch. Ḥajjān*). †

עִיּוֹן: n. l. G Αιν, Ιων, Josph. Ἰώνη (NFJ 67); keilschr. *Ḫajani* (EA Nr. 256, 28; Albr. BASOR 89, 1943, 14); äg. *ʿjnw* (Albr. BASOR 83, 1941, 33; cf. Helck Beziehungen 127), nahe דָּן, erhalten in *Merğ ʿAjjūn*, Ebene zw. *Ḥaṣbani-* u. *Liṭanifluss*, עִיּוֹן = *T. Dibbīn* (Abel 1, 18, GTT § 888, Alt KlSchr. 2, 366, Noth ZDPV 72, 1956, 62, Gray Kings[3] 353f, BHH 760): **Ijjon** 1K 15_{20} 2K 15_{29} 2C 16_4, prop. pr. עֵין Nu 34_{11} (BHS); cj. Ps 133_3 pr. צִיּוֹן prop. עִיּוֹן. †

עיט: ar. *ʿjṭ* schreien: *ġjẓ* erzürnen; sy. *ʿajṭā* und md. *aiṭa* Zorn (MdD 14b):

qal: impf. וַיַּעַט, וַתַּעַט (sic l 1S 15_{19} pr. וַתַּעַט): — 1. c. בְּ **anschreien**, anfahren 1S 25_{14}; — 2. c. אֶל **schreiend herfallen** über 1S 15_{19}, cj. 14_{32} pr. K וַיַּעַשׂ, l Q וַיַּעַט (Barr CpPh 246f, Stoebe KAT VIII/1, 268); ↗ I עשׂה qal. †

cj. **hif**: impf. יָעִיטוּ pr. יָמִיטוּ: schreien (Unheil über) Ps 55_4, al. prop. יָטוּ vel יַמְטִירוּ (BHS) :: Dahood Psalms II 32: יָמִיטוּ = sie häufen auf, so auch Ps 140_{11} pr. יִמּוֹטוּ. †

Der. עַיִט, עֵיטָם.

עַיִט, Sam. *īṭ*: עיט, BL 575a; mhe., ? ug. *ʿṭ* (UT nr. 1838, essbarer Vogel): עַיִט, עֵיט: Raub- u. Stossvogel Js 46_{11} (metaph. f. Eroberer); coll. Gn 15_{11} Js 18_6 Jr $12_{9a.b}$ :: Driver PEQ 87, 1955, 139: in $_b$ הָעַיִט = „Raubvögel", in $_a$ jedoch Lager der Hyäne (G σπήλαιον zu ar. *ġāṭa* sich verbergen, mit zugehörigen sbst., darunter *ġawṭun* Höhlung, Vertiefung, so Barr CpPh 128 u. Emerton ZAW 81, 1969, 182-188 :: H. P. Müller ZAW 79, 1967, 225-228: pr. הָעַיִט prop. הָעַד (עַד = Beute); Ez 39_4 Hi 28_7. †

עֵיטָם: n. l. < עַיִט + *ām* (BL 504j), G Αιταμ/ν, in Ri Ηταμ, Josph. Ἀιτά (NFJ 6) „Raubvögel-Ort" (Noth Jos. 148); — 1. n. terr. in Juda, c. סְעִיף סֶלַע Ri $15_{8.11}$, e. Felsspalte in d. Gegend von ↗ לְחִי, s. Moore 342f, Hertzberg ATD 9, 230; — 2. n. l. in Juda = *Ch. el-Ḫoḫ* sw. Bethlehem, Abel 2, 321, GTT § 319 E 4; Noth Jos. 99, Kraus ZDPV 72, 1956, 152ff, Stoebe ZDPV 80, 1964, 15: 1C 4_3 Rudolph Chr. 30, 2C 11_6, v. Rehabeam ausgebaut; ins. c. G Jos 15_{59}; — 3. Gehöft in Simeon 1C 4_{32} (Rudolph Chr. 39). †

עִיִּים, cs. עִיֵּי: n. l. ↗ עַי: — 1. in Juda Jos 15_{29} (fehlt in 19_3 u. 1C 4_{29}, ? dittgr. Noth Jos. 88 :: Talmon IEJ 15, 1965, 238); — 2. in Moab Nu 33_{45} (Sam. [*mijj*]*ajjəm*) = עִיֵּי הָעֲבָרִים (↗ עֲבָרִים 2, Sam. *bajji å̊ʾibrəm* = הָעִבְרִים) 33_{44} 21_{11} (s. Noth AbLAk 1, 59⁷). †

עֵילוֹם 2C 33_7: l cum MSS G V S עוֹלָם.

עִילַי: n. m. (? cf. nab. עילו, NE 339) 1C 11_{29} = צַלְמוֹן 2S 23_{28} ? l צִילַי, Kf. v. צַלְמוֹן (Rudolph Chr. 100). †

עֵילָם: (n. m.) n. terr., n. p.: Sam. *īlâm* G

Αιλαμ, Ελαμ, Josph. Ἔλυμος, Ἐλυμαῖοι (NFJ 44): elam. *Ḫaltam/ti*, cf. sum. *Elam*, akk. *Elamtu*, gntl. *Elamû* (ba. *עֵלְמָיֵ) VAB VII 782; — 1. a) Sohn v. II שֵׁם Gn 10_{22} (Westermann BK I/1, 684) 1C 1_{17}, h. ep. von ↗ b; b) n. p. et terr. Elam, d. heutige SW-Iran, Σουσιάνα, Ἐλαμῖται Act 2_9; F. W. König Geschichte Elams AO 29/4, 1931; RLA II 324ff; W. Hinz Das Reich Elam, 1964; BHH 389: α) n. terr. Gn $14_{1.9}$ GnAp 21_{23} $22_{17.19}$ (de Vaux Histoire 1, 208ff, Schatz 87f), Js 11_{11} 21_2 Jr 25_{25} 49_{34-39} (Rudolph Jer.[3] 295ff) Ez 32_{24} Da 8_2; β) n. p. Js 22_6; — 2. a) benjaminit. Sippe in Jerusalem 1C 8_{24} (Rudolph Chr. 79); b) israelit. Sippe (? Heimkehrer aus Elam, od. ohne Zushg mit 1. Esr 2_7 8_7 $10_{2Q.26}$ Neh 7_{12} 10_{15} 12_{42}, Esr 2_{31} Neh 7_{34}; c) Torhüter 1C 26_3. †

עֲיָם: בַּעְיָם Js 11_{15}, c. רוּחוֹ: hapax leg. Sinn ungewiss, Vorschläge zur Erkl. b. Wildbg. BK X 464, daraus scheinen wichtig: 1) cj. pr. בַּעְיָם l בְּעֹצֶם (BHS), so nach G πνεύματι βιαίῳ, V *in fortitudine spiritus sui*, ähnl. S; 2) עֲיָם zu ar. *ġāma* bewölkt sein, von brennendem Durst geplagt sein; sbst. *ġajm* Wolke, Ärger, Durst (Wildbg. l. c., GB); nach 1) wäre zu übersetzen „mit der Gewalt seines Windes", nach 2) „in/mit der Glut seines Windes"; 1) dürfte den Vorzug verdienen. †

עין: denom. v. עַיִן; mhe. (pi.), ja. (pa.), sy. (pa. etpa.); עיני ja. (pal.), cp. sam. bewachen (Ben-Hayyim, Tarbiz 10, 1939, 368); ug. *ʿn* sehen, wahrnehmen (UT nr. 1846, Aistl. 2055a, RSP I S. 298 Nr. 432; ↗ רַע עַיִן u. mhe. צַר עַיִן missgünstig; tigr. *ʿjn* ausspähen, lauern (Wb. 481b):

qal: pt. עֹוֵן 1S 18_9, l Q עֹוֵין; ? l מְעַיֵּן: mit Argwohn betrachten. †

cj. **po**: pt. מְעֹיֵן pr. מָעוֹן 1S $2_{29.32}$ ↗ נבט hif. 2c. und G: scheelblickend. †

עַיִן (= Auge 866 ×, = Quelle 23 ×) wohl Primärnomen: Sam. *īn*: ja. sam., ug. *ʿn* (UT nr. 1846, Aistl. 2055, RSP I S. 299, Nr. 433 u. 435, II S. 396 Nr. 42); akk. *īnu* (AHw. 383); kan. gl. sf. *ḫinaia* EA, BL 22m; Deir Alla 1, 18 (ATDA 220); ph. ען; aam. jaud. äga. nab. palm. עין (DISO 207), md. (MdD 15a), cp. sy.; ar. *ʿajn*, asa. (Conti 205b); äth. tigr. (Wb. 482a); äg. *ʿjn* EG 1, 189: עָיִן, הָעַיִן, aber לַעַיִן Ez 12_{12}, u. לַעֵינַיִם 1S 16_7, Koh 11_7 (BL 263g), loc. הָעַיְנָה, עֵין, עֵינִי/נֵנוּ, עֵינְכֶם, עֵינֵיכֶם Ez 9_5 K עֵינֵיכֶם, Q עֵינְכֶם, עֵינָם, עֵינָמוֹ (sic l ? pr. עֵינֵמוֹ Ps 73_7); du. עֵינַיִם, עֵינָיִם, עֵינֵי, (Js 3_8 עֵינֶךָ) עֵינֶיךָ (עֵינֶי), עֵינַי (עיני 1Q Js[a]), עֵנֵי Dt 15_{18}), עֵינֶיךָ, עֵינָיו, עֵינֵיהוּ Hi 24_{23} (BL 253v), עֵינֶיהָ, עֵינֵינוּ, עֵינֵיכֶם, עֵינֵיהֶם; Quellen, Michel Grundl. heSy. 1, 70 עֲיָנוֹת, עֵינ(וֹ)ת, עִינוֹת Pr 8_{28} (BL 583v):

A. (THAT II 259ff) — 1. **Auge** Gn 27_1 29_{17} Hi 28_7, v. Gott (THAT II 266f s. auch 2) Dt 11_{12} 1K 3_{10} Jr 24_6 Ez 5_{11} $7_{4.9}$ 8_{18} 9_{10} 20_{17} Am 9_4 Mi 4_{11} (l sg. עֵינֵנוּ pr. pl, BHS cf. I. Willi-Plein BZAW 123, 1971, 87), Ps 32_8 33_{18} (? l עֵינַי G S od. עֵינָיו u. dl יהוה) etc; ↗ הַכְלִיל, דאב, אִישׁוֹן, פתח, פקח, עשׁשׁ, מַחְמָד*, לְבֵב, כְּסוּת, כהה, בַּת קרץ, רַךְ, שׁתם; בַּת־עַיִן (l כְּבַת od. dl בַּת gl) Ps 17_8, בַּת־עֵינֶךָ (? l בָּבַת) Kl 2_{18} (s. Rudolph KAT XVII/3, 220) Augapfel ↗ I בַּת 2; l עֵינִי pr. TiqqS בָּבַת עֵינוֹ mein Augapfel Zch 2_{12} ↗ בָּבָה; יְפֵה עֵינַיִם 1S 16_{12}, עֵינַיִם רָמוֹת Pr 6_{17}, רוּם עֵינָיו Js 10_{12}; נָשָׂא עֵנַיִם die Augen erheben = aufsehen, hinblicken Gn $13_{10.14}$ 18_2 etc. (THAT II 263) ↗ נָשָׂא 6; שָׂם עֵינוֹ עַל richtet sein A. auf Gn 44_{21}, שָׂם עֵינֶיךָ/עֵינִי עַל Jr 39_{12} 40_4 hat ein Auge auf; שָׂם עֵינִי לְטוֹבָה עַל Jr 24_6 zum Guten :: שָׂם פָּנַי לְרָעָה Jr 21_{10}; בֵּין עֵינַיִם zwischen den Augen: auf der Stirnmitte Ex $13_{9.16}$ Dt 6_8 11_{18} 14_1 Da $8_{5.21}$ (ug. *ʿnmbn* UT nr. 1846 u. § 10, 7); עַ׳ תַּחַת עַ׳ Ex 21_{24} Lv 24_{20} (Alt KlSchr. 1, 341-44, Elliger Lev. 335); עַ׳ בְּעַ׳ von

Angesicht zu Angesicht, Nu 14$_{14}$; לְעַיִן c. לֹא יֵרָאֶה (l nif. pr. qal) ,,von einem Auge", nicht ,,von keinem Auge" Ez 12$_{12}$ (Zimmerli 256); בְּעֵינֵי in d. Augen = nach dem Urteil Gn 19$_{14}$ (THAT II 264f); vor den Augen בְּעֵינֵי Pr 1$_{17}$ = לְעֵינֵי Gn 23$_{11}$; מֵעֵינֵי ohne d. A. = ohne Wissen Nu 15$_{24}$; לְעֵינַיִם (BL 263g) was vor Augen ist :: Stoebe KAT VIII/1, 300: auf die Augen 1S 16$_{7}$; לַי׳ עֵין אָדָם Zch 9$_{1}$ auf יהוה blickt d. Mensch (Elliger ZAW 62, 1950, 65[7] u. ATD 25[6] 144, I. Willi-Plein BBB 42, 1974, 5 :: Dahood CBQ 25, 1963, 123ff), al. cj. עֵין אָדָם (↗ B 2) od. עָרֵי אֲרָם (Lex.[1], vgl. HAL 14b; od. ? עָווּ אֲרָם BHS), טוֹב עַ׳ freundlich Pr 22$_{9}$; רַע עַ׳ missgünstig 23$_{6}$ 28$_{22}$ Sir 14$_{3}$; — 2. **Augen Gottes/Yahwes**: a) Gn 6$_{8}$ 38$_{7}$ Ex 33$_{12.13.16f}$ 34$_{9}$ Dt 9$_{18}$ 13$_{19}$ 17$_{2}$ Js 3$_{8}$ (עֵינֵי = עֲנֵי, cf. 1Q Js[a] עיני, dl. ?, BHS), Zch 4$_{10}$ 9$_{8}$ Ps 5$_{6}$ 11$_{4}$ 33$_{18}$ u. ö; b) Symbole göttl. Gegenwart: Augen (Nägel ?) auf d. Rädern d. Thronwagens Ez 1$_{18}$ 10$_{12}$ cf. Apk 4$_{8}$ (Zimmerli 67, Keel Visionen 267ff :: Auvray VT 4, 1954, 1ff: Glanzlichter); Stein mit 7 Augen Zch 3$_{9}$, s. Komm; Galling Fschr. Rudolph 92f u. Stud. 147, Eichrodt ThZ 13, 1957, 509ff, Rüthy ThZ 13, 523ff; — 3. a) **Aussehen, Schein** (Dhorme EM 75ff, THAT II 265): עֵין הָאָרֶץ Oberfläche d. Landes, eigentl. wohl: das, was davon sichtbar ist Ex 10$_{5.15}$ Nu 22$_{5.11}$; עֵינוֹ s. Aussehen Lv 13$_{55}$ (5 u. 37 l ? עֵינוֹ pr. עֵינָיו); עֵין הַבְּדֹלַח sah aus wie ↗ בְּדֹלַח Nu 11$_{7}$; b) Glanz, Funkeln v. חַשְׁמַל etc. Ez 1$_{4.7.16.22}$ (cf. akk. *ēnu* ,,Augenstein" als Gemme (RLA 2, 270b); der Wein נָתַן עֵינוֹ (|| הִתְאַדֵּם) funkeln Pr 23$_{31}$, cf. TOB; — 4. **Quelle** (ug. *ʿn* RSP I S. 149 Nr. 123, S. 299 Nr. 434, S. 300 Nr. 436, S. 328 Nr. 496; ar. Eilers Beitr. Nf. 224ff, Reymond 55ff, 208ff): a) עֵין הַמַּיִם Auge, Schein d. Wassers (> עַיִן Reymond 58[1]) Gn 16$_{7}$ 24$_{13.43}$; pl. עֵינֹת מַיִם Nu 33$_{9}$, עַיִן Gn 24$_{16.29.45}$; pl. Dt 8$_{7}$ 2C 32$_{3}$; עִינוֹת תְּהוֹם Pr 8$_{28}$ (BL 583v); b) שַׁעַר הָעַ׳ Quelltor Neh 2$_{14}$ 3$_{15}$ 12$_{37}$ gegen עֵין רֹגֵל hin (Simons 121ff, BRL[2] 158, BHH 843); — Dt 33$_{28}$ l עָן pr. עֵין ↗ III עוֹן; Kl 4$_{3}$ pr. K כַּיְעֵנִים l Q כִּי עֵנִים; **B**. עַיִן in nn. l. (*ʿn* in n. l. im ug. RSP II S. 309f Nr. 77): — 1. ? n. l.: a) הָעַיִן Nu 34$_{11}$ an d. N. Grenze d. isr. Kulturlandes (Abel 1, 304, GTT § 284a, BDB); al. appell. (Noth ATD 7, 213) od. cj. עִיּוֹן (BHS); b) עַיִן וְרִמּוֹן Jos 15$_{32}$, l עֵין רִמּוֹן; c) עַיִן Jos 21$_{16}$ Levitenort in Juda = *Ch. Ghuwēn* (*et-taḥta*), so fragend Alt KlSchr. 2, 294f :: Noth Jos. 124: l cum 1C 6$_{44}$ G[MSS] עָשָׁן (BHS); — 2. עֵין אָדָם Zch 9$_{1}$ d. i. *ed-Damieh* = *T. es-Saidiyeh* (Zolli VT 5, 1955, 90-92 :: ↗ **A**. 1.); — 3. עַיִן אֲשֶׁר בְּיִזְרְעֶאל 1S 29$_{1}$: die Quelle *ʿAin el Mīyite* (Stoebe KAT VIII/1, 498); — 4. עֵין גֶּדִי ,,Böckleinquelle", G Εγγαδδι Josph. ʼΕνγαδδαί u. ä. (NFJ 44); *T. el-Ǧurn* b. *En-Ǧidi*: **Engedi** am W.-Ufer d. Toten Meeres (Abel 2, 316f; Mazar u. a. En-Gedi, ʿAtiqot, English Series 5, 1966, ArchOTSt 223-230; Noth AbLAk 1, 335; Myers Fschr. Albright 1971, 391f; Stoebe KAT VIII/1 434; BHH 409): Jos 15$_{62}$ 1S 24$_{1f}$ Ez 47$_{10}$ HL 1$_{14}$, G Sir 24$_{14}$ (Αιγγάδος); 2C 20$_{2}$ irrig = חַצְצוֹן תָּמָר; — 5. עֵין גַּנִּים ,,Gärten-Quelle", G Ηνγαννιμ, Josph. Γιναία (NFJ 35): a) in d. שְׁפֵלָה; *ʾUmm Ǧinā*: Jos 15$_{34}$ (Abel 2, 317, GTT § 318 A 5 :: Noth Jos. 94; b) in Issachar: Jos 19$_{21}$ 21$_{29}$ 1C 6$_{58}$ = בֵּית הַגָּן 2K 9$_{27}$, *Genīn* ↗ בַּיִת B 12, 110 km. n. Jerus. Abel 2. 317, GTT § 330, 11 :: עָנֵם 1C 6$_{58}$ (Noth Jos. 126. 129, Rudolph Chr. 62); — 6. עֵין דֹּאר Ps 83$_{11}$, עֵין דּוֹר 1S 28$_{7}$, עֵין דֹּר Jos 17$_{11}$? ,,Quelle der Siedelung" (Reymond 106 :: ,,Quelle des früheren Geschlechtes", Ebach-Rüterswörden UF 9, 1975, 59[14]),

G Αενδωρ, Josph. Δῶρος (NFJ 40): **Endor**: a) 1S 28$_7$ in Issachar: *Ch. Ṣafṣafe* 5 km. s. von Tabor (GTT § 715, Stoebe KAT VIII/1, 485, BHH 409, Rösel ZDPV 92, 1976, 21f; nicht = *Indūr*, so u. a. Abel 2, 316); b) in Manasse Jos 17$_{11}$ = דּוֹר Ri 1$_{27}$ (Noth Jos. 105); — 7. עֵין חַדָּה in Issachar Jos 19$_{21}$: ? *el Hadalā*, 10 km. ö. Tabor (Abel 2, 318, GTT § 330, 12, Noth Jos. 117); — 8. עֵין חָצוֹר „Quelle v. חָצוֹר" in Naftali Jos 19$_{37}$; ? *Ch. Ḥasīre* (Abel 2, 318, GTT § 335, 11); — 9. עֵין חֲרֹד ↗ I חֲרֹד; — 10. עֵין מִשְׁפָּט „Rechtsquelle" Gn 14$_7$, ↗ קָדֵשׁ; — 11. עֵין עֶגְלַיִם Ez 47$_{10}$ מֵעֵין גֶּדִי וְעַד עֵין עֶג׳: am Westufer des Toten Meeres *ʿAin Fešḫa* (Abel 2, 316, GTT § 1441, Farmer BA 19, 1956, 21f) :: am Ostufer מחוז עגלתין (RB 61, 1954, 164f, u. 165, Z. 2; Yadin IEJ 12, 1962, 250f, Zimmerli Ez. 1197f); — 12. עֵין הַקּוֹרֵא „Rebhuhnquelle" ↗ I קרא Ri 15$_{19}$ (erkl. als „Ruferquelle", ↗ II *לְחִי; — 13. עֵין רֹגֵל „Walkerquelle" (in S u. T רֹגֵל = *qāṣrā* „Walker"), G πηγὴ Ρωγηλ, Josph. Ἐρωγή (NFJ 45), VetLat *Erogae*; *Bīr ʿAjjūb* b. der Vereinigung v. Hinnom- u. Qidrontal (AuS 5, 152, Dalm. Jerus. 163ff, Noth Kge. 6, Gray Kings[3] 83, Simons 158ff, BHH 833f) Jos 15$_7$ 18$_{16}$ 2S 17$_{17}$ 1K 1$_9$; — 14. עֵין רִמּוֹן „Granatapfelbaumquelle" Neh 11$_{29}$ (Jos 19$_7$ u. cj. 15$_{32}$ u. 1C 4$_{32}$ sic l pr. עַיִן ר׳) im Negeb, = רִמּוֹן Zch 14$_{10}$, *Ch. Umm er-Ramāmīn*, 18 km. nö. Beerseba (Abel 2, 318, GTT § 317, 34-35, Noth Jos. 113); — 15. עֵין שֶׁמֶשׁ „Sonnenquelle", in Juda Jos 15$_7$ 18$_{17}$, = *ʿēn el-Ḥōd* ö. Betanien (GTT p. 140, Dalm. Jerus. 156f, Noth Jos. 88); — 16. עֵין הַתַּנִּין „Drachenquelle" (vgl. ? ug. n. l. *tnnb* (RSP II S. 335f Nr. 109) u. *tunana* (RSP II S. 366 Nr. 193), G πηγὴ τῶν συκῶν = הַתְּאֵנִים, b. Jerusalem Neh 2$_{13}$? = עֵין רֹגֵל (Dalm. Jerus. 166, Simons 161f, Rudolph EN 111); — 17. עֵין תַּפּוּחַ „Quelle v. T." od. „Apfelquelle" Jos 17$_7$ in Manasse (Noth Jos. 103), ↗ n. l. III תַּפּוּחַ.

עֵינוֹן Ez 47$_{17}$: ↗ חֲצַר (חָצֵר B 4.). †

עֵינַיִם Gn 38$_{14.21}$, Sam. *īnəm*, G Αιναν V *in bivio itineris* (zu d. Vrss. u. neueren Erklärungen s. Emerton VT 25, 1975, 341-43: entweder nach G n. l. wohl = הָעֵינָם Jos 15$_{34}$ (Noth Jos. 94), oder nach V appell., so besonders Driver Fschr. A. Robert 72: an der Öffnung zweier Blickpunkte d. Richtungen; Emerton l. c. gesteht beide Möglichkeiten zu. †

עֵינָם: n. l. in Juda, הָעֵ׳ Jos 15$_{34}$; עַיִן + *ām* „Quellort" (BL 504j, Borée 56f); inc. nahe b. עֲדֻלָּם (Abel 2, 316, GTT § 318 A 7, Noth Jos. 94); ↗ עֵינַיִם Gn 38$_{14.21}$. †

עֵינָן: n. m.; עַיִן + *ān*, BL 500 q. u. (Noth N. 224, Reymond 59), Sam. *īnån*, G Αιναν, בֶּן־נַפְתָּלִי; Nu 1$_{15}$ 2$_{29}$ 7$_{78.83}$ 10$_{27}$; ↗ חֲצַר עֵ׳. †

I **עיף**: ↗ יעף u. עוף; mhe. 1Q Hod 8, 36 עאף (pt. ?), qal pt. עָף, ja. עפא; sy. *ʿāf*, √ *ʿwp* (LS 516b):

qal: pf. עָיְפָה, impf. וַיָּעַף (GK § 72t): **müde werden** 1S 14$_{31}$ 2S 21$_{15}$ Jr 4$_{31}$; Ri 4$_{21}$ mit וַיָּמֹת d. Bewusstsein verlieren (:: eigene √: Driver Fschr. A. Robert 74); — 1S 14$_{28}$ MT וַיָּעַף = וַיִּעַף (< וַיִּיעַף, √יעף, GK § 72t, vgl. Stoebe KAT VIII/1, 268) od. l וְעָיֵף (Lex.[1]). †

Der. עָיֵף.

II ***עיף**: Nf. II עוף; ar. *ġjb* untergehen (Sonne, Guill. 1, 13); akk. *apû* zudecken, adj. *apû/epû* umwölkt (AHw. 62).

Der. I עֵיפָה, עֵיפָתָה, מוּעָף, מְעִיף.

עָיֵף, Sam.[M] *īf*: I עיף; sy. *ʿajīf*: עֲיֵפָה, עֲיֵפִים: **müde, erschöpft** Gn 25$_{29f}$ Dt 25$_{18}$ 2S 17$_{29}$ Js 5$_{27}$ 28$_{12}$ (G. Pfeifer ZAW 84, 1972, 346), 29$_8$ Hi 22$_7$; pl. Ri 8$_{4f}$ 2S 16$_{14}$; cj. 1S 14$_{28}$ ↗ I עיף; f. coll. (Tiere) Js 46$_1$; נֶפֶשׁ lechzend Jr 31$_{25}$ Pr 25$_{25}$; אֶרֶץ עֲיֵפָה

erschöpftes Land Js 32_2 Ps 143_6, cj. 63_2 l כְּאֶרֶץ צִיָּה וַעֲיֵפָה (BHS). †

I עֵיפָה: II *עיף, BL 458v: עֵיפָתָה Hi 10_{22} eig. loc. (Barth EtSt 33, GK § 90g): **Finsternis** Am 4_{13} (:: שַׁחַר ↗ Koch ZAW 86, 1974, 508: עֵיפָה bezeichnet als acc. d. Produktes, d. Ziel „zur Finsternis", GK § 117ii), Hi 10_{22} (|| צַלְמָוֶת). †

II עֵיפָה, Sam. *īfa*, G Γαιφα, Josph. Ἠφας (NFJ 52): n. m., f. und tr.: ? keilschr. *Epā* (APN 75): — 1. S. v. מִדְיָן Gn 25_4 1C 1_{33}; neben מִדְיָן Js 60_6, ? keilschr. *Ḫaiappa* (Mtg. ArBi 43, Winnett Fschr. H. G. May 191f, s. ANET 283b, 286a; — 2. n. m. Nachk. v. Kaleb 1C 2_{47}; — 3. n. f. seine Nebenfrau 1C 2_{46}. †

עֵיפַי, Jr 40_8 ↗ עוֹפַי.

עֵיפָתָה, ↗ I עֵיפָה.

עיק, ↗ I עוק.

עיר: ug. *ǵr* (Gray LoC² 267, Hartmann HeWf 102ff :: UT nr. 1670, Aistl. 1811 *nǵr*, schützen, so in d. Grussformel d. Briefe: *ʾilm tǵrk tšlmk*: „mögen die Götter dich schützen u. unversehrt erhalten", s. Kaiser ZDPV 86, 1970, 16, Stamm ThZ 35, 1979, 5ff; ar. *ǵjr* ängstlich, besorgt sein; saf. *ǵjrt* Hilfe, n. m. *ǵjrʾl* = Γαιρηλος :: עור√ (GB, Lex.¹):

qal: impf. יָעִיר **schützen, behüten**, c. acc. (|| רחף) Dt 32_{11}, c. עַל (|| שָׁלֵם cf. ug.) Hi 8_6. †

Der. I עֵר; n. m. יָעִיר; ? I עִיר.

I עִיר (1092 ×): mhe. pl. עֲיָרוֹת, ug. *ʿr*, *ʿrm* (UT nr. 1847, Aistl. 2091), ? ph. ער (DISO 221), Lkš 4, 7 העירה: zur Stadt = Jerusalem (KAI Nr. 194, 7), ? id. auch Lkš 18, 2 (TSSI Vol. 1 S. 48), asa. *ʿr* Berg, Burg (Conti 213a, Ulldff. VT 6, 1956, 196); Etym. unsicher, Vorschläge: 1) zu sum. *uru/eri* Stadt (Zimmern 9); 2) zu קִיר und קִרְיָה ummauerte Siedelung (H. J. Dreyer Fschr. v. Selms 1971, 17-25); 3) zu ug. *ǵr* geschützter/beschützter Ort (Gray Kings³ 240). Davon scheint 3) am ehesten möglich: loc. הָעִ֫ירָה, sf. עִירִי, עִירָם, עִרוֹ/רֹה; pl. עָרִים (cf. Sam. *ʿarrəm*), עֲיָרִים Ri 10_4 (cf. mhe. עֲיָרוֹת :: BL 620r: Wtsp. mit ↗ עַיִר), עָרֵי, עָרַי, עָרָיו (pr. בֶּעָרֵינוּ Esr 10_{14} l בְּעָ׳, GK § 127i, BHS), עָרֵיכֶם/הֶם (zu sf. m., das sich 1K 9_{13} 2K 18_{13} auf d. f. pl. עָרִים bezieht, vgl. GK § 135 o, Noth Kge 202: m. pr. f.):

A. — 1. **Stadt** (s. Wallis ZAW 78, 1966, 133ff; THAT II 268ff), permanente Siedelung ohne Rücksicht auf deren Grösse (Bethlehem Rt 3_{15}; de Vaux Inst. 1, 105 = Lebensordnungen 1, 113) u. Rang; a) eine Siedelung ohne feste Mauer ist gemeint mit עָרֵי הַפְּרָזִי Dt 3_5 und עָרֵי הַפְּרָזוֹת Est 9_{19} Siedelungen d. offenen Landes/d. Landbevölkerung (↗ e), solche wohl = חֲצֵרִים Lv 25_{31}; b) befestigte Städte עָרִים בְּצֻרוֹת Lv 25_{29} u. עִיר חוֹמָה Dt 3_5, עִיר מִבְצָר 1S 6_{18} 2K 10_2 (? l עָרֵי מִ׳, cf. BHS), עִיר דְּלָתַיִם וּבְרִיחַ 1S 23_7, ↗ עָרֵי מִסְכְּנוֹת Ex 1_{11}; קִיר הָעִיר Nu 35_4, עִיר מִקְלָט 35_6 (vgl. Johnstone Ug. VI 1969, 315ff): עִיר mit zugehörigen חֲצֵרִים Jos 13_{23}, מִגְרָשִׁים Nu 35_2, Jos 21_{42}, שְׂדֵי עִיר Jos 21_{12}, pl. Neh 12_{44}, שְׂדֵה מִגְרַשׁ עָרֵיהֶם Lv 25_{34}; c) מֵעִיר was keine Stadt mehr ist Js 25_{2b}; עִיר וָעִיר je eine Stadt (Brockelm. HeSy. § 129a), Jos 21_{42}; 2K 6_{19} הָעִיר = die richtige Stadt (Lande 115); בֹּנֵה עִיר Gn 4_{17}, שַׂר הָעִיר Ri 9_{30}, אֲשֶׁר עַל הָעִיר 2K 10_5; zu Jr 2_{28} 11_{13} Ez 6_6 Hos 11_6 Mi 5_{13} cf. Nicholson VT 27, 1977, 113-116; d) עִיר עֲמָלֵק die Hauptstadt v. Amaleq 1S 15_5; עָרֵי הַכִּכָּר Gn 13_{12} 19_{29}; עָרֵי מָדַי 2K 17_6; עָרֵי הַשָּׂדֶה :: עִיר הַמַּמְלָכָה 1S 27_5; עִיר הַמְּלוּכָה 2S 12_{26}; עָרֵי הָרֶכֶב u. עָרֵי הַפָּרָשִׁים 1K 9_{19}; עִיר רֹכְלִים Ez 17_4; עָרֵי הַלְוִיִּם ↗ לֵוִי 4. u. Haran JBL 80, 1961, 45ff, 156ff; עִירִי meine (Heimat)stadt 2S 19_{38}, in Lex.¹ = wo ich lebe; עִירוֹ seine (Heimat-)Stadt, d. i.

Bethlehem f. David 1S 20_6; עִיר נָחוֹר wo N. wohnt Gn 24_{10}; e) עִיר für Nomadensiedelungen d. Jerachmeeliter u. d. Qeniter 1S 30_{29}, d. Amalekiter 15_5 u. für Siedelungen im מִדְבָּר (עָרָיו || חֲצֵרִים) Js 42_{11}, s. Elliger BK XI 242 u. 246f, cf. Zeltdörfer Jairs Ri 10_4 1C 22_{2f} ↗ I חַוָּה u. Rudolph Chr. 19; — 2. **Stadtteil**: עִיר הַמַּיִם v. Rabbat Ammon 2S 12_{27} Wasserstadt :: Gray LoC² 268: עִיר < ug. *ǵr* schützen, d. i. der Turm, welcher d. Wasser schützt. — Vs. $_{26}$ cj. pr. עִיר הַמְּלוּכָה prop. עִיר הַמַּיִם, doch s. Hertzberg ATD 10², 261; מְצֻדַת צִיּוֹן = עִיר דָּוִד 2S 5_7, cf. $_9$ 1C 11_5 = בַּמְּצָד 1C 11_7 = צִיּוֹן 1K 8_1 cf. 3_1 9_{24} u. Gesamtbezeichng. f. Jerusalem, im besonderen d. Südosthügels 2S $6_{10.12.16}$ 1K 2_{10} 3_1 8_1 etc. d. letztere auch in Chr., s. Welten WMANT 42, 1973, 197; — 3. **Stadtbevölkerung**: כָּל־הָעִיר 1S 4_{13} Rt 1_{19}, שַׁוְעַת הָעִיר 1S 5_{12}, עִיר עַלִּיזָה Zef 2_{15}, עִיר הוֹמִיָּה Js 22_2, עִיר יוֹנָה Zef 3_1; — 4. Versch. עִיר אֱמֶת Zch 8_3, עִיר הַדָּמִים Ez 22_2 $24_{6.9}$, עִיר הַצֶּדֶק Js 1_{26}, עִיר הַקֹּדֶשׁ Js 48_2 52_1 Neh $11_{1.18}$ Da 9_{24}, עִיר תְּהִלָּה Jr 49_{25}, עִיר־אֱלֹהִים Ps 46_5, עִיר הָאֱלֹהִים 87_3, עִיר אֱלֹהֵינוּ $48_{2.9}$, cf. עָרֵי אֱ׳ 2S 10_{12}, עִיר יהוה Js 60_{14} Ps 48_9 101_8; הָעִיר Ez 7_{23} u. Js 66_6 = Jerusalem; trop. לֹא־יָדַע לָלֶכֶת אֶל־עִיר (Hertzberg KAT VII/4, 196: עִיר = Regierungssitz ?) Koh 10_{15}; — Ri 20_{42} pr. מֵהֶעָרִים prop. cf. G מֵהָעִיר (BHS, s. Rösel ZDPV 92, 1976, 45: הָעִיר = Gibea); — Nu 22_{36} pr. עִיר prop. עָר; 24_{19} pr. מֵעִיר l מֵעָר (Albr. JBL 63, 1944, 220[91] u. D. Vetter Seherspruch und Segensschilderung, 1974, 44f) od. מִשֵּׂעִיר (Lex.¹); 2K 10_{25} pr. עִיר prop. דְּבִיר od. dl עִיר (dittgr. v. עַד); 2K 20_4 pr. K הָעִיר l c. Q הֶחָצֵר; Js 25_{2a} pr. מֵעִיר לְגַל prop. עִיר לְגַל (BHS u. Emerton ZAW 89, 1977, 64-67); Js 25_{2c} pr. מֵעִיר prop. מוּעָר hof. v. ↗ ערר (Emerton l. c. 70-73); Gn 47_{21} pr. לֶעָרִים prop. c. G Sam. לַעֲבָדִים; Js 33_8 pr. עָרִים prop. c. 1Q Js^a עֵדִים; Mi 5_{13} pr. עָרֶיךָ prop. צָרֶיךָ (↗ IV צִיר) od. עֲצַבֶּיךָ (BHS, :: Rudolph KAT XIII/3, 103: עֻזֶּיךָ deine Zufluchten; Mi 7_{12} pr. וְעָרֵי prop. /וְעַד וַעֲדֵי (BHS); Ps 31_{22} pr. מָצוֹר prop. בְּעִיר מָצוֹר/מָצוֹק = בְּעֵת מָצוֹר/מָצוֹק; 73_{20} בְּהָעִיר (II עור hif. 2, BL 228a); 139_{20} pr. עָרֶיךָ prop. עָלֶיךָ (BHS, Kraus BK XV⁵ 1092); Hi 24_{12} pr. מֵעִיר מְתִים prop. מֵעֲבֹדָתָם (Hölscher Hiob 59, Fohrer KAT XVI 369);

B. nn. l. cum עִיר: — 1. עִיר הַהֶרֶס in Aeg. Js 19_{18} (↗ הֶרֶס u. Wildbg. BK X 728f, 736; — 2. עִיר הַמֶּלַח am Toten Meer Jos 15_{62} = *Ch. Qumrān* (Noth AbLAk 1, 332ff); — 3. עִיר נָחָשׁ (↗ II נָחָשׁ); — 4. עִיר שֶׁמֶשׁ in Dan Jos 19_{41} = בֵּית שֶׁ׳, ↗ בַּיִת B 50, 2; — 5. עִיר הַתְּמָרִים: s. Mittmann ZDPV 93, 1977, 225ff: עִיר תְּ׳ = *T. ʿAin-ʿArūs*, ca. 10 km. ssö. d. Toten Meeres Ri 1_{16} 3_{13}, mit Jericho nachträglich identifiziert Dt 34_3 2C 28_{15}; — 6. הָעִיר אֲשֶׁר בַּנַּחַל Dt 2_{36} = הָעִיר אֲשֶׁר בְּתוֹךְ הַנַּחַל in Ruben Jos $13_{9.16}$ 2S 24_5 im Arnontal, das mit הַנַּחַל gemeint ist, so Noth Jos. 79, Abel 2, 250, GTT p. 116f, Mittmann Beiträge 235[82], cf. Steuernagel Das Dtn.², 1923, 60, Wüst Untersuchungen I 133ff; — Nu 22_{36} עִיר מוֹאָב, ↗ עָר.

II עִיר: II עור, BL 452q: **Erregung**, **Schreck** Jr 15_8 (|| בֶּהָלָה, G τρόμος), wohl auch Hos 11_9, so Wolff BK XIV/1², 249 (:: Rudolph KAT XIII/1, 212); nach Driver (JQR 28, 1937-38, 113) bedeutet עִיר an beiden Stellen ,,Überfall'' nach ar. *ġāra* eifersüchtig sein, eifern (Wehr 617b), was kaum wahrscheinlich. †

III *עַיִר: עִיר: עִירֹה: **Eselsfüllen** Gn 49_{11} (|| בְּנִי אֲתֹנוֹ); ↗ n. m. IV, עִירָא, עִירִי, עִירָם. †

IV עִיר: n. m., = III (Noth N. 230), asa. (Müller ZAW 75, 1963, 312), ↗ עִירָא: — 1. 1C 7_{12} pr. עִיר nach Gn 46_{23} prop. דָּן (Rudolph Chr. 67f :: Williamson VT

23, 1973, 375-79); — 2. cj. pr. עִירוּ prop. c. V (G) עִיר 1C 4₁₅. †

עַיִר, Sam. *īr*; c. sf. *īru* Gn 49₁₄, pl. Gn 32₁₆ (*w*)*īrəm*; ug. *ʿr* (UT nr. 1848, Aistl. 2090, RSP I S. 303 Nr. 445; S. 433 Nr. 90); akk. (wsem. Lw.) *ḫârum* (AHw. 328b), amor. (*ḫ*)*aiarum* (AHw. 328b, Salonen Hipp. 65, Noth AbLAk 2, 269, Ges. St.[2] 142ff); äg. *ʿȝ* (EG 1, 165); kuš. *ḫarru* Esel (Leslau 39); ar. *ʿair* Wildesel > Anführer (Humbert ZAW 62, 1950, 201): עֲיָרִים (Js 30₆, K עֲוָרִים BHK): **Hengst** (v. Esel) Gn 32₁₆ Ri 10₄ 12₁₄ Js 30₆.₂₄ Zch 9₉ (Koehler KlLi 52ff, u. cf. amor. *ḫâram mār atānim*, ARM II 37, 11), עַיִר פֶּרֶא Hi 11₁₂; ↗ III-IV עִיר. †

עִירָא: n. m., III-IV עִיר (Noth N. 230): — 1. Priester unter David 2S 20₂₆; — 2. Zwei Krieger Davids unter den Dreissig: a) 2S 23₂₆ 1C 11₂₈ 27₉; b) 2S 23₃₈ 1C 11₄₀. †

עִירָד: Sam. *īrȧd*; Josph. Ἰαράδης (NFJ 57), G Γαιδαδ (Flashar ZAW 28, 1908 214f: Der Name ist noch ungedeutet, Vorschläge b. Gabriel Biblica 40, 1959, 412f u. Westermann BK I/1, 445: ? zu עִיר Stadt, zu עָרוֹד Wildesel od. n. l. ↗ II עֲרָד „steinige Gegend" (Mow. ANVAO 1937, 2, 80); bei P (Gn 5₁₆₋₂₀ יֶרֶד): Sohn d. Henoch Gn 4₁₈. †

עִירוּ 1C 4₁₅ n. m. ↗ IV עִיר, 2.

עִירִי ↗ III עִיר: n. m.; G^BA Ουρι,, G^L Ουριας: Benjaminit: 1C 7₇. †

עִירָם: G Ζαφωιμ/Ζαφωει(ν)/Ηραμ; Sam. *īrȧm*; cf. ? ug. n. l. *ʿrm* und n. p. *ʿrmm* (RSP II S. 311 Nr. 80 u. S. 341 Nr. 122): n. m., ? III עִיר + *ām* (BL 504j, Noth N. 38, Weippert 254): edomit. Stammesfürst Gn 36₄₃ 1C 1₅₄. †

עֵירֹם (6 ×), עָרוֹם (3 ×) u. עֵרֹם (1 ×): ערה + *ōm* (Lex.[1], v. Soden ZA 41, 1933, 118[1] :: BL 464c: עור: *ʿawir* + *ōm*); mit sec. Nf. ↗ III ערם, עָרוֹם :: Barth Nb § 27g (auf S. 42[1]): pt. pass. von ערם; typ. *qittul*: עֵירֻמִּים: — 1. adj. **nackt, unbekleidet** Gn 3₇.₁₀f Ez 18₇.₁₆; — 2. sbst. **Blösse** Dt 28₄₈ (Sam. *wbārom*), Ez 16₇.₂₂.₃₉ 23₂₉, 4Qp Hos 2, 12 (DJD V 1, p. 32). †

עַיִשׁ Hi 38₃₂ u. III עָשׁ Hi 9₉: ja. יוּתָא Grosser Bär (Jastrow 1077 :: Levy 2, 232a das Siebengestirn od. d. kleine Bär, Dalm. Wb. 181b: ein Sternbild ↗ III עָשׁ); ar. *ʿaj*(*j*)*ūṯ* Löwe, sy. *ʿjūtā* (LS 523b): Sternbild d. weiblich gefassten Löwen, (s. J. J. Hess Fschr. Jacob 98f, Hölscher Hiob 31, Fohrer KAT XVI 198, Lex.[1], Driver JThS 7, 1ff); בָּנֶיהָ Hi 38₃₂ sind die ihm nachfolgenden „Hunde" (= kleinere Sterne) der Virgo (:: Tur-Sinai Job 160f: die Hyaden). †

עַיַּת Js 10₂₈: n. l. = עַיָּה.

עַכְבּוֹר, Sam. *ʿåkåbor*, G Αχοβωρ: n. m. = עַכְבָּר (Noth N. 253, H. Bauer ZAW 48, 1930, 74); ihe. (Vattioni sig. 25. 210): — 1. Vater eines edomit. Königs Gn 36₃₈f 1C 1₄₉; — 2. Höfling unter Josia 2K 22₁₂.₁₄ (2C 34₂₀ ↗ עַבְדּוֹן 2.) Jr 26₂₂ 36₁₂. †

עַכָּבִישׁ: ja. עַכּוּבִיתָא, ar. *ʿankabūt* u. *ʿukkāš*, jemen. *anqabūt*, tigr. *ʿankabot* (Wb. 474a, Leslau 39): **Spinne** (BHH 1835, v. d. Westhuizen Fschr. v. Selms 214-221): בֵּית עַ׳ קוּרֵי עַ׳ Spinnenfäden Js 59₅, Gewebe Hi 8₁₄, cj. 27₁₈ pr. כָּעָשׁ prop. (G, S) כָּעַכָּבִישׁ. †

עַכְבָּר: sem. Maus (Nöldeke BS 80f, Noth N. 253); mhe. ihe. (Dir. 185, IEJ 13, 1963, 322f); ammon. sgl. *ʿkbrj* (ZDPV 95, 1979, 36-38); ph. *ʿkbr* PNPhPI 171 u. 377), aam. (Nimr. Ostr. II 5; Albr. BASOR 149, 1958, 34); ja. עכברא, sam. עגברה, Sam. Vers. והעכבור *wåkåbor*; sy. *ʿagbĕrā* (LS 3b), *ʿuqbĕrā* (LS 542a), cp. עוכברא, md. *aubra*, *ʿubra* (MdD 10a); ar. *ʿakābir* (pl.), mehri *ʿikbār* (Landberg 2315); asa. n. f. *ʿkbr* (Mlaker 39); akk. *akbaru* Springmaus

(Landsbg. Fauna 109, AHw. 28b, als PN m. und f. häufig: *ʿa-k-ba-r* als PN in Aegypten d. Neuen Reichs s. Helck Beziehungen 359): **Maus** (BHH 1178), im AT unrein Lv 11_{29} 1S $6_{4f.11.18}$ Js 66_{17}; ↗ n. m. עַכְבּוֹר. †

עַכּוֹ: n. l.; DSS בקעת עכו (DJD V Nr. 161, 11) äg. *ʿk* (Noth AbLAk 2, 65) u. *ʿkj* (Albr. BASOR 83, 1941, 34); keilschr. (EA) *Akka* (VAB II 1571); neuass. *A-ku-u* (Borger § 69 III 19); ug. *ʿky* (UT nr. 1851 n. l. und PN m., adj. f. *ʿkyt*, cf. RSP II S. 308 Nr. 76); ph. (עכ(א, gntl. עכי (Eph. 1, 298; 3, 27f), G Ακχω, gr. Ακη; ar. *ʿakkā*, *ʿakat*; Endg. *-ō* für עַכָּה s. Friedr.[2] § 78 u. 79: **Akko** (BHH 55, Rinaldi Bibbia e Oriente 5, 1963, 216ff): Ri 1_{31} cj. Jos 19_{30} pr. עֻמָּה prop. עַכֹּה (BHS); zu Mi 1_{10} s. Elliger KlSchr. (ThB 32, 1966) 14[11]. †

עָכוֹר: n. terr.; עכר, G Αχωρ: immer עֵמֶק עָ׳ Jos $7_{24.26}$ 15_7 Js 65_{10} Hos 2_{17}, 3Q 15 I 1 u. עכון IV 6 (DJD III 262): e. Tal in d. Umgebung v. Jericho (Abel 1, 406), d. *Buqēʿa* (denom. zu ↗ בִּקְעָה) „Die kleine Ebene" zw. *Qumran* u. *Ch. el-Mird* (Cross u. Milik BASOR 142, 1956, 5ff; Noth ZDPV 71, 1955, 42ff; 73, 1957, 4f; Weippert FRLANT 92, 1967, 30[2]) od. d. *W. en-nuwēʿime* nw. Jericho (so Wolff BK XIV/1[2], 52f). †

עָכָן: G[B] Αχαρ wie MT 1C 2_7, G[A] Αχαν, Josph. Ἄχαρος (NFJ 22): **Achan**, Judäer (aus d. Sippe זֶרַח) Jos $7_{1.18-20.24}$ 22_{20} (Wtsp. m. עָכוֹר 7_{26}!) s. Rudolph Chr. 16, Noth Jos. 44, BHH 20. †

עכס: ar. *ʿks*: 1) den Kopf d. Kamels od. eines anderen Tieres zurückbinden, wenn man es zähmen od. töten will, 2) umkehren = ins Gegenteil verkehren, *ʿikās* Fussfessel d. Kamels (cf. Frae. 156):

pi. (Jenni 273): impf. תְּעַכַּסְנָה (Bgstr. 2, 95d, R. Meyer Gr. § 70, 1a): trad. mit d. Fusspangen (↗ עֶכֶס) **klirren** Js 3_{16} (Qoran 24_{31}, Doughty 1, 149) :: Driver VT 1, 1951, 241: hüpfen, cf. Wildbg. BK X 138f; Pr 7_{22} (pr. כְּעֶכֶס 1 כַּעֲכֹס od. כְּעַכֵּס BHS) hüpfen, so Driver l. c. und Gemser Spr.[2] 42; עכס = hüpfen auch in 11Q Ps[a] — Zionslied 5 (DJD IV 86f). †
Der. עֶכֶס, עַכְסָה.

עֶכֶס: עכס: pl. עֲכָסִים: **Fusspange** (d. Frauen; BRL[2] 288f, BHH 1709) Js 3_{18}; Pr 7_{22} ↗ עכס כְּעֶכֶס. †

עַכְסָה: n. f, n. un. (cf. GAG § 60a, BL 511z) v. עֶכֶס „Fusspange" (Stamm HFN 328): T. v. Kaleb Jos 15_{16f} Ri 1_{12f} 1C 2_{49}. †

עכר: Lkš Nr. 2, 5: *jbkr* „er begünstige" od. ? *jʿkr* „er strafe" (cf. KAI II S. 191 u. H. P. Müller UF 2, 1970, 234-37, TSSI Vol 1, 37f); pun. zerstören (DISO 208); mhe. ja. sam. cp. trüben; md. (MdD 17f) *ʿkr* I zurückhalten, *ʿkr* II trüben od. zurückhalten, sy. (im pe. nicht gebräuchlich, cf. P. Smith 2873) pa. zurückhalten, hindern, etpa. pass. (= ar. *ʿaqara*); ar. *ʿakira* trüb sein; asa. *ʿkr* es geschieht, es ereignet sich, *ʿtkr* (VIII) schädigen (Conti 205b):

qal: pf. עָכַר, עֲכַרְתִּי, עֲכַרְתֶּם, עֲכַרְתָּנוּ; impf. יַעְכָּרְךָ; pt. עֹכֵר, עֹכְרֵי: **verwirren, in Unordnung, ins Unglück bringen, zerrütten** (Stamm Or. 47, 1978, 339-350 :: Lex.[1] zum Tabu machen, mit Schwally HKr 41[1]) Gn 34_{30} (Sam. pi. *ʿakkertimma*), Jos 6_{18} 7_{25} 1S 14_{29} 1K 18_{17}f (Fohrer Elia[2] 1968, 13, Gray Kings[3] 392) Pr $11_{17.29}$ 15_{27} 1C 2_7 cj. Ri 11_{35} pr. הַכְרֵעַ הִכְרַעְתִּנִי (↗ HAL 475b) prop. עָכוֹר עֲכַרְתִּנִי; Hi 6_4 pr. יַעַרְכוּנִי prop. יַעְכְּרוּנִי :: BHS. †

nif: pf. נֶעְכַּר; pt. נֶעְכֶּרֶת (BL 323f): **aufgerührt werden** Ps 39_3 (כְּאֵבִי od. ? l כְּבֵדִי Gkl. Ps. 166), **zerrüttet werden** Pr 15_6 (תְּבוּאַת רָשָׁע), Sir 37_{12} Rd. יעכר (3. m. sg. impf. nif, G συναλγήσει σοι um dich trauert, Charles Apocr., Smend). †

hitp: impf. תתעכר G (μὴ) παρίδῃς, S *teštauḥar* = zögere (nicht) Sir 7_{10}: gehindert werden, sich hindern lassen, cf. sy. †
Der. n. l. עָכוֹר, n. m. עָכָר, עָכְרָן.

עָכָר: n. m.: עכר (Noth N. 253); 1C 2_7, MSS ⟶ עָכָן wie MT Jos 7_1 etc. †

עָכְרָן, Sam. *ʿakrån*: n. m. עכר (Noth N. 253) + *ān* (BL 500p) ,,kummervoll" (König Wb. 327a): Nu 1_{13} 2_{27} $7_{72.77}$ 10_{26}. †

עַכְשׁוּב: mhe. eine Spinnenart (Levy 3, 648a, Dalm. Wb. 313a; ar. *ʿikbāš* Hörnersprossen d. Gazelle: d. giftige **Hornviper**, *Cerastes cornutus*, beschrieben bei Seetzen 3, 459ff, Bodenheimer AL 190: Ps 140_4 (|| נָחָשׁ). †

I עַל: עלה, ? äga. (DISO 210): a) עָל: **Höhe**, שָׁמַיִם מֵעָל d. Himmel droben Gn 27_{39} 49_{25} Ps 50_4; הֻקַם עָל 2S 23_1 hochgestellt (GK § 29g) ⟶ I על b); Js 59_{18} txt. corrupt. ⟶ גְּמוּל 1. u. I על b; Hos 7_{16} pr. לֹא עָל prop. (cf. G) לַבְּלִיַּעַל vel לַבַּעַל (BHS) :: Rudolph KAT XIII/1, 152, Wolff BK XIV/1^2, 136 ⟶ I על b; Hos 11_7 pr. וְאֶל־עַל יִקְרָאֻהוּ prop. (וְהוּא) וְאֶל בַּעַל יִקְרָא (BHS, Wolff l. c. 248 :: Rudolph l. c. 212) ⟶ I צַל b; b) עָל der Hohe/Höchste, synonym mit עֶלְיוֹן od. Kf. dazu, kommt als selbstständiger Gottesname an folgenden Stellen in Frage (s. besonders Nyberg StHos. 57ff u. 89, ARW 35, 1938, 329ff, Driver ExpT 1, 1938/39, 92f): Dt 33_{12} (pr. עָלָיו prop. עֶלְיוֹן vel עָל (BHS); 1S 2_{10} (K עָלוֹ, Q עָלָיו, prop. עֶלְיוֹן vel עָל cf. Stoebe KAT VIII/1, 102); 2S 23_1 pr. הֻקַם עָל prop. הֵקִ(י)ם עָל (cf. Johnson SKsh. 18[1]); Js 59_{18} 63_7 (Nyberg l. c. 59: כְּעַל = nach Art des על bzw. wie על); Hos 7_{16} (l יָשׁוּבוּ לְעָל); 11_7 (l וְאֶל עָל יִקְרָאוּ); Ps 141_3 pr. נִצְּרָה עַל־דַּל שְׂפָתָי prop. Dahood Psalms III 310 עָל || יהוה in $3a$: ,,Guard o Most High" (נִצְּרָה imp. qal ⟶ נצר). Von diesen Belegen sind die aus Hos die unsichersten, aber auch die andere vermögen עָל als selbst. Parallelwort zu עֶלְיוֹן nicht zu erweisen; dasselbe gilt wohl von dem Element *ḥāl* in amor. PN, cf. Stolz BZAW 118, 1970, 135.

II עַל, עָל, עֶל 1S 20_{24} Q = אֶל, K עַל: sem. (Albr. PrSinI 42), mhe. Sam. *ʿal*, *ʿāli* (= עֲלֵי), ja; ug. *ʿl* (UT nr. 1852, Aistl. 2030, RSP I S. 292f, Nr. 417-420; Aartun AOAT 21/2, 1978, 54ff), ph. (על, עלי, עלת, Poen. 939 *aly* Sznycer 105f), Deir Alla 2, 17; aam. pehl. sogd. (DISO 208f), verdrängt im Ram. früh אֶל u. לְ (⟶ ba.), was sich auch im jüngeren He. auswirkt (cf. Brockelm. VG 2, S. 387 Anm; HeSy § 108c); ar. *ʿalāj*, akk. *eli*, äth. *laʿla*, *laʿal* (Leslau 39); עַל lautete im Altkanaan. wohl noch vokalisch aus (cf. UT § 10, 13, R. Meyer Gr. § 87, 3d), erhalten in d. älteren Form עֲלֵי Gn 49_{17} + 35 × (2S 18_{20} pr. K כִּי־עַל l c. Q כִּי עֲלֵי et ins. כֵּן, cf. Budde KHC VIII 1902, 286, BL 77n): עָלַיִ(כִי) עָלֶיךָ, עָלַיִךְ, עָלֶיךָ, עָלַי/לָי Ps 116_7 BL 255k), עָלָיו (עָלוֹ) 1S 2_{10} ⟶ I על b) 2S 20_8 l Q עָלָיו (K ? עָלוֹ, cf. Hertzberg ATD 10^2, 305^1, TOB), עָלֶיהָ (1S 9_{24} וְהֶעָלֶיהָ = Artikel הַ + praep. ,,was an ihr war" s. R. Meyer Gr. § 115, 3b), עָלֵינוּ, עֲלֵיכֶם/הֶם, עָלֵימוֹ, עֲלֵיכֶן/הֶן (BL 215j): drückt den Begriff v. Höhersein, Last, Übermacht aus (Brockelm. HeSy § 110, Bronger Fschr. Beek 39f): — 1. **auf**: a) עַל־הַמִּטָּה 2S 4_7, עַל־הַכִּסֵּא 1K 2_{24}, עַל־חוֹמָה Am 7_7, עֲלֵיהֶם אֲדָמָה Erde auf sich, d. h. auf dem Kopf Neh 9_1, Ärmelrock Gn 37_{23}, Mantel 1K 11_{30}; auf (auch = in) עַל־אֲדָמָה טְמֵאָה Am 7_{17}, cf. Js 14_2, עַל־הַסֵּפֶר הַזֶּה in dieser Schriftrolle 2C 34_{21}, 2K 22_{13} (pr. עָלֵינוּ l c. G^L עָלָיו); עַל־פִּי Ex 23_{13} Ps 50_{16} Koh 5_1, עַל־לְשׁוֹנוֹ Ps 15_3, עַל־לֵב Jr 31_6 73_1 ⟶ עלה qal 3h; b) **über** (im Deutschen = an/am) עַל־פַּלְגֵי Gn 24_{30}, עֲלֵי עָיִן 49_{22}, עַל־הָעַיִן מָיִם Ps 1_3, עַל נַהֲרוֹת בָּבֶל Ps 137_1, עַל־הַשָּׁמָיִם über d. Himmel od. am Himmel (⟶ d) Ps 8_2; עֲלֵי אָהֳלִי über meinem Zelt

Hi 29$_4$; c) **vor**: dienend, wenn einer steht u. d. andere sitzt (Torrey ZAW 65, 1953, 241f): c. עָמַד Gn 18$_8$ Ri 3$_{19}$; wartend Ex 18$_{13}$, umgebend Ri 6$_{31}$, schützend Da 12$_1$, עַל־נַפְשָׁם Est 8$_{11}$ 9$_{16}$; c. יֵשׁ da sein für, od. zur Seite stehen Hi 33$_{23}$, weitere, aber unsichere Belege f. עַל = *coram*, in der Gegenwart von, bei Suárez VbDom. 42, 1964, 71ff, Dahood Psalms III 396, cf. Dahood Psalms I, 257; d) v. Aufgaben, Leistungen, die jmdm. obliegen: Opfer Pr 7$_{14}$, Gelübde Ps 56$_{13}$; הַדָּבָר Esr 10$_4$, מַחְסוֹרְךָ עָלַי Ri 19$_{20}$; עָלַי c. לְ u. inf: es ist an mir zu, es obliegt mir 2S 18$_{11}$ cf. Ex 28$_{35}$ 1K 4$_{7b}$; tt. im Handel (äga; akk. *eli*; ug. *'l* UT nr. 1852); הִרְבָּה עַל noch so viel auferlegen Gn 34$_{12}$; הוֹצִיא עַל umlegen auf 2K 15$_{20}$, כָּתַב עַל jmdm. vorschreiben, zudiktieren Hi 13$_{26}$; e) von sinnlichen u. seelischen Empfindungen מָתוֹק עַל Pr 24$_{13}$, עָרַב עַל Ps 104$_{34}$, שָׁפַר עַל 16$_6$, מַחֲלִיק עַל jmd. schmeichelt ihm (seinem Nächsten) Pr 29$_{5a}$, הָמָה עָלַי Ps 42$_{12}$, נֶהְפַּךְ עָלַי Hos 11$_8$, הִתְעַטֵּף עָלַי Ps 142$_4$ 143$_4$ ↗ 7; auf = auf etwas gestützt: חָיָה עַל leben von Gn 27$_{40}$ Dt 8$_3$ Js 38$_{16}$; ↗ בטח, ↗ שׁען nif.; flehen עַל gestützt auf Da 9$_{18}$; f) **über = mehr als** (cf. מִן 5 b, und Dahood Biblica 33, 1952, 191): c. גבר Gn 49$_{26}$, c. חזק Da 11$_5$, c. הֶעֱלָה setzen über = höher schätzen als Ps 137$_6$, הוֹסִיף עַל־כָּל־ mehr als Koh 1$_{16}$; נוֹרָא עַל־כָּל־ Ps 89$_8$; עֶשֶׂר יָדוֹת עַל 10 mal mehr als Da 1$_{20}$; שְׁכֶם עַל einen Bergrücken mehr als (Brockelm. HeSy § 110 f) oder: vor ? Gn 48$_{22}$; Ps 16$_2$ בַּל־עָלֶיךָ keiner ist mehr als du, Dahood Psalms I 86 u. 88: keiner ist über dir; oft cj. כֻּלֹּה עָלֶיךָ oder בַּל בִּלְעָדֶיךָ (BHS); g) **zur Seite von, angelehnt an** (Welten WMANT 42, 1973, 64) עֲלֵי־דֶרֶךְ Pr 8$_2$, עַל־פֶּתַח Hi 31$_9$, עַל־שַׁעַר am Tor 2C 26$_9$, עַל־שַׁעֲרֵי Pr 14$_{19}$, עַל־עֵץ Jr 17$_2$, עַל־אֵבוּס an/bei d. Krippe Hi 39$_9$, עֲלֵי־זֶבַח beim Opfer Ps 50$_5$, עַל־זֶבַח תּוֹדַת Lv 7$_{13}$; — 2. **wegen** עַל Gn 20$_3$, עָלֶיךָ deinetwegen Ps 44$_{23}$ (= ug. *'lk* KTU 1.6 V 11-18), עַל־א(וֹ)דוֹת Gn 21$_{11.25}$; עַל־זֹאת deswegen 2C 16$_{10}$, hierin, in dieser Sache 2C 16$_9$; עַל־כֵּן (149 ×) deshalb, deswegen (s. Pedersen Isr. 1-2, 117f, Frankena Fschr. Vriezen 94ff), Gn 2$_{24}$ 10$_9$ 11$_9$ 19$_{22}$ 20$_6$ Js 52$_5$ 13$_7$ 16$_9$ Hab 1$_{17}$ (:: darüber 1$_{15}$) Ps 119$_{104}$ etc; עַל...רָעָתָם Jr 1$_{16}$; c. inf. עַל־רִיב weil sie Ex 17$_7$, עַל־צַדְּקוֹ weil er Hi 32$_2$; — 3. **in Hinsicht auf** עַל־הַגְּאוּלָּה Rt 4$_7$, c. inf. עַל הַשָּׁנוֹת (Sam. Vers. ועלה שׁנית) was das anlangt, dass Gn 41$_{32}$; Anlass zu (zum Zorn) Jr 32$_{31}$ (עַל hier verstärkt es לְ, Rudolph Jer.³ 210); — 4. **gemäss**: עַל־דִּבְרָתִי nach d. Art Ps 110$_4$ :: Caquot Semitica 6, 1956, 44: in betreff; עַל־תּוֹדָה in der Weise einer ת׳ Lv 7$_{12}$ (Hermisson WMANT 19, 1965, 32 :: Elliger Lev. 80: zum Dankbekenntnis); עַל־שֵׁם nach d. Namen u. עַל־כָּכָה dementsprechend Est 9$_{26}$; עַל צִבְאֹתָם nach ihren Abteilungen Ex 6$_{26}$; עַל־פִּי gemäss (↗ פֶּה 7 c); כְּעַל כֹּל gemäss allem Js 63$_7$ (Ps 119$_{14}$ l מֵעַל ↗ 7 d); — 5. a) **gegen** (in feindl. Sinn) c. בּוֹא Gn 34$_{27}$ Ri 18$_{27}$ (↗ בוא 2 g), c. עָלָה 1K 20$_{22}$, ? Ri 18$_9$ (cf. BHS), c. קוּם Ri 9$_{18}$ 2S 18$_{32}$ etc. (↗ קום), c. סָלַל Hi 19$_{12}$ 30$_{12}$, c. חָנָה 2S 12$_{28}$ 1K 16$_{15}$, c. צור Dt 20$_{12}$ 2S 11$_1$ 1K 15$_{27}$, c. קָשַׁר 1K 15$_{27}$, c. פָּצָה Ps 22$_{14}$; Hi 16$_{4.9.10}$; הִנְנִי עָלֶיךָ ↗ הִנֵּה 9; b) **gegenüber, entgegen**: עַל־זֹאת trotzdem Esr 10$_2$; ↗ פָּנֶה עַל־פְּנֵי D 8 d; c. inf. עַל־דַּעְתְּךָ obschon Hi 10$_7$; עַל כָּל־הַבָּא trotz allem, was Neh 9$_{33}$; עַל־מִשְׁפָּטִי obschon ich im Recht bin Hi 34$_6$; — 6. **hin zu**: a) (aram.) im Sinne v. אֶל, bes. in Chr. (Kropat 41f): c. בּוֹא 1C 12$_{23}$, c. שׁוּב 2C 15$_4$, c. שָׁלַח 1C 13$_2$, c. הָלַךְ Neh 6$_{17}$; c. עָלָה jmdm. z. Hilfe 2K 23$_{29}$ (:: G ἐπί, V *contra*), die oft vorgeschlagene Änderung von עַל in אֶל (so u. a. J. Lewy

MVAeG 29/2, 1925, 28² u. Noth GI 251¹) ist nicht nötig; c. נָתַן (עַל־מִזְבֵּחַ) Lv 1_{7}, c. הִמְטִיר (עַל־אֶרֶץ) Hi 38_{26}; b) **hinzu mit** (RSP II S. 144² = ug. *ʿlm* < *ʿl* + *m*), עַל־מְרֹרִים Ex 12_{8}; עַל־חָמֵץ Ex 34_{25} u. ähnl. Lv 2_{2} 3_{4} 4_{11} Nu 9_{11} Dt 16_{3}; עַל־זֶבַח הַתּוֹדָה Lv 7_{12}; עַל־הַדָּם Lv 19_{26} (cf. Ell. Lev. 261) u. Ez 33_{25} (s. Zimmerli 815. 819f) gew. cj. עַל הֶהָרִים, cf. 18_{6}, ↗ דָּם 1. u. J. M. Grintz ASTI 8, 1970/71, 78-105, zu 1S 14_{32} s. TOB 533[f]; c) **mitsamt** Gn 32_{12} Ex 35_{22} Nu 3_{18} 1K 15_{20b} (? l c. G עַד pr. עַל), Hos 10_{14} Am 3_{15} Hi 38_{32}; d) **hinzu, zu**: c. יסף Dt 19_{9}, c. נֶחְשַׁב 2S 4_{2}, שֶׁבֶר עַל־שֶׁבֶר Jr 4_{20}, יָמִים עַל־שָׁנָה über Jahr u. Tag Js 32_{10}; לָקַח עַל hinzunehmen Gn 28_{9} 31_{50}; — 7. **von . . . weg** (= ↗ 8 a מֵעַל); ph. KAI Nr. 1, 2; 181, 14, cf. KAI II S. 4: c. ברח weichen Aḥrm 1; c. אחז, ug. s. CML² 154a u. Driver JSS 9, 1964, 349; c. cj. נסה od. נֶסְעָה Ps 4_{7}; c. לקח Ps 15_{5}, c. פלט Ps 56_{8} (:: Kraus BK XV⁵ 566), c. יצא Ps 81_{6}, c. הִתְעַטֵּף Ps 142_{4} 143_{4} ↗ 1 e (Dahood Psalms III 396), ganz unsichere Belege sind Ps 48_{11} (pr. עַל l עַד BHS), Ho 11_{4} Hi 37_{22} (s. Fohrer KAT XVI 484, Dahood CBQ 16, 1954, 16ff); — 8. c. מִן > מֵעַל: a) **von . . . herab** Gn 24_{64} 1S 4_{18} Dt 9_{17}, **über . . . hinaus** Gn 40_{19} Hi 19_{9} Ps 108_{5} Est 3_{1}; **von . . . fort** Gn 38_{14} 48_{17} 2K 2_{3} Am 7_{11} Hi 30_{30}, לֵךְ מֵעָלַי geh mir vom Leib Ex 10_{28}; דָּרַשׁ מֵעַל erforschen aus od. von Js 34_{16}; מֵעֲלֵי עֵינָיו (Q) von s. Augen weg 1K 20_{41}; b) **über, auf** מֵעַל הָאָרֶץ Gn 7_{17}, מֵעַל הַשָּׁמַיִם Ps 148_{4}, מֵעַל לְ oben auf (Mauer) Neh 12_{38}, oberhalb von Jon 4_{6} Gn 1_{7} (:: מִתַּחַת לְ), עַד־מֵעַל bis oberhalb von Ez 41_{20}; c) מֵעַל neben 2K 25_{28} = מִמַּעַל לְ Jr 52_{32}, neben, vorbei an Neh $12_{37.39}$; d) comp. mehr als (↗ 1 f) c. גדל Mal 1_{5}, c. גָּדוֹל Ps 108_{5}, c. גָּבֹהַ Koh 5_{7}; Ps 119_{14} (pr. כְּעַל l מֵעַל: כָּל־הוֹן „mehr als über jeglichen Reichtum"); Pr 14_{14} pr. וּמֵעָלָיו prop. וּמִמַּעֲלָלָיו vel מִמַּעְגָּלָיו (BHK u. Gemser Spr.² 67 :: Driver HeWf 61f); — 9. עַל als conj: a) **weil**, c. vb. (Brockelm. HeSy § 145a) עַל־בְּלִי הִגִּיד weil er nicht Gn 31_{20}; עַל לֹא־שָׁמְרוּ Ps 119_{136}; c. inf. (R. Meyer Gr. § 102, 3) עַל־אָמְרֵךְ weil du sprichst Jr 2_{35}; עַל הוּסַד weil gegründet worden war Esr 3_{11}; b) עַל כִּי weil Dt 31_{17} Ri 3_{12} Jr 4_{28} Mal 2_{14} Ps 139_{14}; עַל־אֲשֶׁר deswegen weil Ex 32_{35} Nu 20_{24}, Jos 17_{14} pr. עַד אֲשֶׁר prop. עַל אֲ' (BHS), Jr 16_{11}, עַל־כָּל־אֹדוֹת אֲשֶׁר gerade weil Jr 3_{8}, עַל־דְּבַר אֲשֶׁר aufgrund dessen, dass Dt 23_{5}; in ähnl. Sinn עַל + הַ als pron. relat. (BL 265e, cf. R. Meyer Gr. § 115, 3b) עַל הַהֵכִין 2C 29_{36} darüber, dass (al. über das, was, Rudolph Chr. 298, ZüBi); c) עַל לֹא trotzdem, dass nicht; obschon Js 53_{9} Hi 16_{17}; עַל אֲשֶׁר trotz der Tatsache, trotzdem 1K 16_{7b} (so Gray Kings³ 361, Seebass VT 25, 1975, 175f :: Würthwein ADT 11/1, 192, ZüBi: und weil er); — 10. עַל in Psalmen(überschriften): 6_{1} 8_{1} (9_{1}) 12_{1} 22_{1} 46_{1} 48_{15} 49_{1}, ↗ עַלְמוּת 53_{1} 56_{1} 60_{1} 62_{1} 69_{1} 77_{1} 81_{1}, cj. 57_{1} 58_{1} 59_{1} 61_{1} 75_{1} 80_{1} 84_{1}; 1C 15_{21} c. May AJSL 58, 1941, 70ff, Gkl.-Begr. 455ff, Mow. PIW 2, 207ff, Delekat ZAW 76, 1964, 290ff; — Ri 20_{9} pr. עָלֶיהָ prop. c. G נַעֲלֶה, 1S 20_{8} pr. עַל (so Stoebe KAT VIII/1, 374) prop. c. Seb. עִם; Js 14_{12} pr. עַל l ? כָּל; Ez 9_{5} pr. עַל l Q אַל vel G S וְאַל; 41_{17} pr. עַל l c. T עַד (BHS); Hos 11_{7} ↗ I עַל b; Zef 2_{7} pr. עֲלֵיהֶם l ? עַל הַיָּם; Hab 2_{6} pr. עָלָיו prop. c. G u. 1Qp Hab עֻלּוֹ (J. Jeremias WMANT 35, 1970, 59); Ps 16_{2} בַּל עָלֶיךָ ↗ 1 f; 19_{7} u. 48_{11} pr. עַל prop. עַד (BHS); 64_{9} pr. וַיַּכְשִׁילוּהוּ עָלֵימוֹ prop. ־לֵמוֹ עֲלֵי (BHS); Kl 3_{41} pr. אֶל prop. עַל vel וְאַל (Plöger HAT 18², 147); 5_{5} pr. עַל צַוָּארֵנוּ prop. עֹל צַוָּ' „ein Joch liegt auf . . ." (Plöger l. c. 160) vel עַל אַרְצֵנוּ (BHS); 1C 5_{16} pr. עַל l עַד (BHS); Neh 5_{15} pr. עַל l ? עֹל (BHS, s. aber

Rudolph EN 132); עַל pr. אֶל u. invers. oft, ↗ 6.

עֹל, **עוֹל**; Jr 5₅ Ⓑ עוֹל, Sam. *ūl*: wohl Primärnomen; mhe.; ug. *ʿl* (Dietrich-Loretz-Sanmartín UF 7, 1975, 165); kan. EA Nr. 257, 15 *ḫul(l)u*, 296, 38 Gl. zu akkad. *nīru* (Salonen Hipp. 98, CAD Ḫ (6) 230, M. Held Fschr. Landsberger 399); ar. *ġullu* Halsring von Gefangenen: עֻלְּךָ, עֻלּוֹ, עֻלֵּנוּ, עֻלְּכֶם, עֻלָּם: **Joch**, Krummholz auf d. Nacken der Zugtiere (BRL² 255f, AuS 2, 93ff, BHH 869): Gn 27₄₀ Nu 19₂ Dt 21₃ 1S 6₇ 1K 12₄.₉-₁₁.₁₄ Js 9₃, 10₂₇ₐ u. 14₂₅ (|| סֻבֶּל), 47₆ Jr 2₂₀ 5₅ 27₈.₁₁f 28₂.₄.₁₁ 30₈ Hos 11₄, 10₁₁ pr. עָבַרְתִּי l ? הֶעֱבַרְתִּי עֹל (BHS) vel עִבַּרְתִּי עֹל (Rudolph KAT XIII/1, 201 :: Wolff BK XIV/1², 232 u. 240: MT); Sir 51₁₇.₂₆; Kl 3₂₇ 2C 10₄.₉-₁₁.₁₄ Sir 6₃₀; eisern Dt 28₄₈ Jr 28₁₄; מֹט(וֹ)ת עֹל Lv 26₁₃ Ez 34₂₇; — Js 10₂₇b pr. עֹל prop. עָלָה (Wildbg. BK X 424); Kl 1₁₄ pr. נִשְׂקַד עֹל prop. נִקְשָׁה עֹל (Plöger HAT 18², 134) vel נִקְשׁוּ עָלַי (Rudolph KAT XVII/3, 207 :: BHS: נִשְׁקַד עַל). †

עֻלָּא, G Ωλα 1C 7₃₉; txt. inc. s. Richter ZAW 50, 1932, 137; Rudolph Chr. 74; Noth N. 253; vs. 35 = עָמָל; — ? n. m. carit. zu עוּל „Kleiner", Nachk. v. אָשֵׁר. †

עַלְבוֹן: אֲבִי עַ׳ 2S 23₃₁ = אֲבִיאֵל 1C 11₃₂: einer der 30 Helden Davids. — אֲבִי עַ׳ (↗ HAL 6 a) wohl absichtlich entstellt aus urspr. אֲבִי בַעַל, das in Chron. in אֲבִיאֵל geändert ist, so Rudolph Chr. 100 u. Elliger ThB 32, 1966, 73³ :: Kopf VT 8, 1958, 189: עַלְבוֹן zu ar. *ġalaba* überwinden, überwältigen; vgl. d. palm. PN עלבן (PNPI 44b. 105b).

עִלֵּג: עלג, BL 477b; ? metath. < לעג :: Dahood Biblica 50, 1969, 349; ug. *tʿlgt* Gestammel (UT nr. 1854 = PRU V S. 173 Nr. 124, 1-3; KTU 1, 93, 1-3, s. Caquot UF 11, 1979, 102³); md. אלג (MdD 19a) neben לאג (227a), אלגא Stammler; ar. *ʿalaǧa*; tigr. (Leslau 39): עִלְּגִים: **Stammler** Js 32₄. †

עלה: < *עלי; ug. *ʿlj* (UT nr. 1855, Aistl. 2030, RSP I S 293f Nr. 422-424); mhe. ph. ihe. (DISO 211); akk. *elû*; im aram. weitgehend durch ↗ סלק verdrängt (zu Sefire I B 35, KAI II S. 256, III S. 40; s. Degen Altaram. Gr. S. 72⁶⁷: *ʿll*), sy. pa. erhöhen, nsy. (Maclean 239b); ja. erhaben sein; äg. *ʾʿr* (EG 1, 41); ar. *ʿalija* hoch, erhaben sein, asa. *ʿlj* ausgezeichnet, erstklassig, II in die Höhe führen (Müller 80, Conti 206a):

qal (612 ×): pf. עָלָה, עָלְתָה/לָתָה, עָלִיתָ, עָלִית, עָלִיתִי, עָלוּ, עֲלִיתֶם, עָלִינוּ; impf. יַעֲלֶה, יַעַל, וַיַּ/יַּעַל [? יַעֲלֶנָּה], תַּעֲלֶה, תַּעֲלִי, וַתַּעַל, תַּעַל, תַּעֲלוּ, תַּעֲלֶ(י)נָה, יַעֲלוּ, וָאַעַל, אֶעֱלֶה, וַתַּ/תַּעַל נַעֲלֶה; imp. עֲלֵה, עַל (T.-Arad 3, 3, Lemaire IH 1, 164), עֲלִי, עֲלוּ; inf. עֲלוֹ(ו)ת, עֲלֹתִי, עֲלֹ(ו)תוֹ/תָהּ, עֲלֹה; pt. עֹלֶה, עֹ(ו)לָה, עֹ(ו)לִים, עֹלֹ(ו)ת (THAT II 272ff; Brongers Fschr. Beek 30ff): — 1. a) **hinaufsteigen/gehen** (:: ירד): Mensch Js 14₁₄, Löwe Jr 4₇, Adler 49₂₂, Herde v. d. Schwemme HL 4₂ 6₆ (Rudolph KAT XVII/2, 144), Pflanze Gn 41₂₂, Geruch Js 34₃, Geräusch Jr 14₂, Rauch Gn 19₂₈, Staub Js 5₂₄, Morgenröte Gn 32₂₅.₂₇ Ri 19₂₅, Feuer Ri 6₂₁, Wasser (d. Brunnens) Nu 21₁₇, (d. Flusses) Js 8₇ Jr 46₈ 47₂, Meer Jr 51₄₂, Weg Ri 21₁₉, Falle Am 3₅, Zorn 2S 11₂₀ Ps 78₂₁, cj. יָגוֹן Jr 8₁₈; b) עַ׳ אֶל־מִזְבַּח י׳ Altardienst versehen 2K 23₉; c. עַל־הַמִּזְבֵּחַ 1K 12₃₂f ↗ hif 4 c; c. acc. ersteigen: מִשְׁכָּב Gn 49₄ Js 57₈, עִיר Pr 21₂₂, Baum HL 7₉; trop. עֲלֵה הֵנָּה nimm hier oben Platz Pr 25₇; — 2. **hinaufziehen** (THAT II 274): a) von Aegypten nach Palästina bzw. zu den Stationen auf dem Weg dorthin Gn 13₁ 45₂₅ Ex 12₃₈ 13₁₈ Nu 32₁₁ Ri 11₁₃.₁₆ etc.; b) von Babylonien nach Palästina (Heimkehr d. Verbannten) Esr 2₁.₅₉ 7₆.₇.₂₈ 8₁ Neh 7₅.₆.₆₁ 12₁; c) עָלָה tt. d.

Ladeprozession Ps 47$_{6}$ (↗ hif. 4 b) und für Wallfahrten Ex 34$_{24}$ 1S 1$_{3}$ 10$_{3}$ Js 2$_{3}$ Jr 31$_{6}$ Ps 122$_{4}$; d) עָלָה bezeichnet in Ortslisten e. sich aufwärtsziehenden Grenzverlauf Jos 15$_{6.8}$ 18$_{12}$ 19$_{11.12}$ (Bächli ZDPV 89, 1973, 6f); Neh 3$_{19}$ עֲלֹת הַנֶּשֶׁק: Aufstieg zum Zeughaus (Rudolph EN 118); — 3. Versch: a) c. מִשְׁכָּב zur Begattung Gn 49$_{4a.b}$ (? l עָלָה pr. עָלִיתָ); (Tier) bespringen Gn 31$_{10}$; b) hochspringen (Fuchs) Neh 3$_{35}$, sich bäumen (Pferd) Jr 46$_{9}$, ↗ hif. Nah 3$_{3}$; c) aufwachsen (יְהוּדָה = גּוּר) Gn 49$_{9}$ (:: Zobel BZAW 95, 1965, 11 u. 73f: emporsteigen); hochkommen (גֵּר) Dt 28$_{43}$, übertreffen Pr 31$_{29}$, c. לִקְרָאת entgegentreten 2K 1$_{3.6}$; d) militärisch: (Heer) heranziehen, anrücken (Bach WMANT 9, 1962, 63) Js 7$_{1}$ 21$_{2}$, c. עַל 1K 20$_{22}$, c. אֶל 1S 7$_{7}$, c. לִפְנֵי Mi 2$_{13}$; c. מֵעַל abziehen von 1K 15$_{19}$ || 2C 16$_{3}$ 2K 12$_{19}$ Jr 21$_{2}$ 34$_{21}$, c. מֵאַחֲרֵי 1S 14$_{46}$; (מִלְחָמָה) עָלְתָה wird immer heftiger 1K 22$_{35}$; e) עָלָה מִן aufsteigen von מִטֶּרֶף Gn 49$_{9}$ ↗ sub c); מִסֻּבְּכוֹ (Löwe) Jr 4$_{7}$; מִן־הָאָרֶץ Ex 1$_{10}$ Hos 2$_{2}$: aus dem Land heraufziehen (Ruprecht ZAW 82, 1970, 442-47, THAT II 278) :: Noth ATD 5, 9; Wolff BK XIV/1^{2}, 32: sich des Landes bemächtigen; f) בָּשָׂר bzw. אֲרֻכָה zieht herauf, d. h. wächst Ez 37$_{8}$ (vs. 6 hif.) Jr 8$_{22}$; (Wagschale) schnellt empor (inf. c. לְ GK § 114k) Ps 62$_{10}$; g) גּוֹרָל herauskommen Lv 16$_{9}$ Jos 18$_{11}$; h) עָלָה עַל רוּחַ einem in den Sinn kommen Ez 20$_{32}$ = עַל לֵב Js 65$_{17}$ u. Jr 3$_{16}$ (|| זכר qal) Sir 35$_{12}$; 2K 12$_{5}$: aus eigenem Antrieb tun (cf. sy. *sleq ʿal leb*); i) tt. des Handels: c. בְּ (Ware) kommt zu stehen auf 1K 10$_{29}$; — 4. nähert sich passivischer Bedeutung: a) Opfer steigen auf den Altar = werden dargebracht Lv 2$_{12}$ 1K 18$_{29}$ Js 60$_{7}$ Ps 51$_{21}$ (ph. CIS I 170, 2-3); b) עֹל kommt auf die Kuh Nu 19$_{2}$ 1S 6$_{7}$ Kl 1$_{14}$; Kleid an jmd. Lv 19$_{19}$; Schermesser an s. Haar Ri 13$_{5}$ 16$_{17}$ 1S 1$_{11}$; Ernte wird eingebracht Hi 5$_{26}$; in e. Buch (cj. בְּסֵפֶר) wird eingetragen 1C 27$_{24}$ (↗ hof. 3); — Gn 49$_{9}$ ↗ 3 c, ? cj. pr. מִטֶּרֶף בְּנִי עָלִיתָ prop. מִטֶּרֶף בְּנָוֶה עֹלֶה (Zobel BZAW 95, 1965, 11) :: Driver ALUOS 6, 1966-68, 43: יְצוּעִי עָלָה, cf. ar. *ʿallatu* Konkubine; Js 15$_{2}$ pr. עָלָה הַבַּיִת וְדִיבֹן prop. עָלְתָה בַּת דִּי׳ (BHS); Koh 3$_{21}$ pr. הָעֹלָה l הַעֹ׳ (: הֲ) :: הַיֹּרֶדֶת, BHS);

nif. (18 ×): pf. (s. BL 348k) נַעֲלָה, נַעֲלֵיתָ; impf. יֵעָלֶה, וַיֵּעָלוּ, וַתֵּעָלוּ (Ez 36$_{3}$ BL 425); imp. הֵעָלוּ; inf. הֵעָלוֹת, הֵעָלֹתוֹ: — 1. **sich erheben** Ex 40$_{36f}$ Nu 9$_{17.21f}$ 10$_{11}$ Ez 9$_{3}$; — 2. **erhaben sein** (Gott) Ps 47$_{10}$ 97$_{9}$; — 3. **sich entfernen** c. מֵעַל Nu 16$_{24.27}$; (Heer) abrücken, abziehen von Jr 37$_{5.11}$; c. מֵאַחֲרֵי sich zurückziehen = die Verfolgung einstellen 2S 2$_{27}$ (1QM 1$_{3}$ 14$_{2}$); — 4. hinaufgeführt werden Esr 1$_{11}$ ↗ qal 2 b (l ? pr. הֵעָלוֹת vielmehr הַעֲ׳); — 5. עַל־שְׂפַת לָשׁוֹן ins Gerede d. Zungen kommen Ez 36$_{3}$. †

hif. (255 ×): pf. הֶעֱלָה, > הֵעֲלָה Hab 1$_{15}$ (BL 425), הֶעֱלִיתָ/לֵית, וְהַעֲלִתָה (Sec. εελ(ι)θ, Brönno 88), וְהַעֲלִיתָ, וְהַעֲלֵיתָ, הֶעֱלִית, הֶעֱלִיתִי/לִ(י)תִי, וְהַעֲלִ(י)תִי, הֶעֱלוּ, וְהַעֲלִ(י)תֶם, הֶעֱלִתֶם, הֶעֱלָנוּ, sf. הֶעֶלְךָ, הֶעֱלִיתָנוּ, הֶעֱלִתִיךָ, וְהַעֲלִ(י)תִיךָ/תִיהוּ, וְהַעֲלִיתִם, הֶעֱלוּךָ, הֶעֱלִתָנוּ; impf. יַעֲלֶה, וַיַּעַל, וַיַּעַל, וַיַּעֲלוּ, וָאַעַל, (וָ)אַעֲלֶה, וַתַּעַל, תַּעֲלֶה, וַיַּעַל Esr 3$_{3}$ (Q וַיַּעֲלוּ, K וַיַּעַל), תַּעֲלוּ, sf. תַּעֲלֵנִי, וַיַּעֲלֵם, תַּעֲלֶנָּה, וַיַּ/וַתַּעֲלֵהוּ, וַיַּעֲלֵנִי, אַעַלְךָ, וַיַּעֲ/לוּהוּ; imp. הַעַל, הַעֲלִי, הַעֲלוּ, sf. הַעֲלֵהוּ, הַעֲלֹתְךָ/תוֹ; inf. הַעֲלֹ(וֹ)ת, הַעֲלֹ(וֹ)תִי, הַעֲלוֹתָם, abs. הַעֲלֵה; pt. מַעֲלֶה, מַעֲלֵה, הַמַּעַלְךָ Dt 20$_{1}$ Ps 81$_{11}$ (Brockelm. HeSy § 73b), מַעֲלָה, מַעֲלַת, מַעֲלִים, מַעֲלֵי: (THAT II 279) — 1. von Einzelnen gesagt: a) jmdn. **hin/heraufsteigen lassen**: auf e. Wagen 1K 20$_{33}$ 2K 10$_{15}$, auf e. Dach Jos 2$_{6}$, auf e. Mauer Neh 12$_{31}$; jmdn. heraufholen: aus e. Zisterne Jr 38$_{10.13}$, aus dem Wasser Js 63$_{11}$ (s. auch 2 a); b) einen

Toten/Kranken aus d. Unterwelt 1S 2$_{6}$ Joh 2$_{7}$ Ps 30$_{4}$ 40$_{3}$ 71$_{20}$ (Barth ET 53ff); einen Toten (durch Beschwörung) 1S 28$_{8.11.15}$ (akk. *šūlû*, KAT[3] 640f, AHw. 209a, 2a); Gebeine v. jmdm. 2S 21$_{13}$; e. Kranken (aus d. Leben) hinwegraffen Ps 102$_{25}$; c) **hinaufführen** (in e. Land, auf e. Berg etc.) Gn 37$_{28}$ Nu 20$_{25}$ 22$_{41}$ Jos 7$_{24}$; (im Sturm z. Himmel) 2K 2$_{1}$; — 2. v. einer Gemeinschaft od. v. dem Volk gesagt: a) **heraufführen** (aus Gräbern) Ez 37$_{12f}$, (aus Aegypten) Ex 32$_{1}$ Dt 20$_{1}$ Ri 6$_{13}$ u. ö. s. Wijngaards VT 15, 1965, 91-102; Vogels VT 22, 1972, 227-29, THAT II 287f; (aus d. Verbannung) Jr 16$_{14f}$ = 23$_{7f}$ Esr 1$_{11}$ (vgl. Ez 37$_{12f}$); (aus dem Meer יָם = Schilfmeer) Js 63$_{11}$ cj. pr. הַמַּעֲלֵם l c. 1Q Js[a], 2MSS ־לֵה; b) **herausführen** als tt. f. das Ausheben (von Fronarbeitern) 1K 5$_{27}$ 9$_{15}$ 9$_{21}$ || 2C 8$_{8}$ (Noth Kge. 92f); c) in d. Kampf führen (↗ qal 3 d) Jr 50$_{9}$ Ez 16$_{40}$ 23$_{46}$ 26$_{3}$ 2C 36$_{17}$; — 3. von Tieren gesagt: heraufsteigen lassen (Frösche) Ex 8$_{1}$; aus d. Wasser herausziehen (Fische) Ez 29$_{4}$ 32$_{3}$ Hab 1$_{15}$; steigen lassen, anspornen (Pferde) Jr 51$_{27}$ Nah 3$_{3}$; — 4. von Leblosem gesagt: a) **aufsteigen lassen**: Rauch Ri 20$_{38}$, Gestank Am 4$_{10}$, Wellen v. Meer Ez 26$_{3}$, Wolken Jr 10$_{13}$ 51$_{16}$ Ps 135$_{7}$ (↗ qal 1 a), Staub (über d. Haupt) Jos 7$_{6}$ Ez 27$_{30}$ Kl 2$_{10}$, Regengüsse Jr 10$_{13}$ 51$_{16}$; bringen über: Krankheit Dt 28$_{61}$ (Sam. *jāllǝm*: √ עלם so BCh. LOT III/1, 150); b) **heraufbringen** (die Lade Jahwes) 1S 6$_{21}$ 7$_{1}$ 2S 6$_{2.12.15}$ 1K 8$_{1}$ 2C 1$_{4}$ (↗ qal 2 c), d. Tempelgeräte Esr 1$_{11}$; Tribut 2K 17$_{4}$; c) Opfer auf dem Altar **darbringen** (↗ qal 4 a; ug. *šʿlj*, UT nr. 1855, Aistl. 2030, Gray LoC[2] 195, Dijkstra-de Moor UF 7, 1975, 175), s. Rendtorff WMANT 24, 1967, 110 u. 113: abs. 1K 12$_{32f}$ od. ↗ qal 1 b; עוֹלָה Gn 8$_{20}$ Ri 11$_{30}$ 2K 3$_{27}$ (de Vaux Sacr. 58), לְעֹלָה Gn 22$_{2}$, מִנְחָה Lv 14$_{20}$ Ri 13$_{19}$, זֶבַח Lv 17$_{8}$, פַּר Nu 23$_{2}$ Ps 51$_{21}$, בְּעֵינָיו הַטּוֹב 2S 24$_{22}$, קְטֹרֶת Ex 30$_{9}$, Jr 48$_{35}$ pr. עַל־הַבָּמָה l בָּמָה; d) hoch machen: Lampen in der Höhe anbringen Ex 25$_{37}$ 27$_{20}$ 30$_{8}$; c. עַל־לְבוּשׁ aufs Kleid heften 2S 1$_{24}$; זָהָב עַל mit Gold überziehen 1K 10$_{16f}$; hochbringen, d. h. aufziehen (↗ I גור) Ez 19$_{3}$; neue Haut wachsen lassen Jr 30$_{17}$ 33$_{6}$ Ez 37$_{6}$ (↗ qal 3 f); Federn Js 40$_{31}$; Zorn aufkommen lassen Ez 24$_{8}$ (חֵמָה), Pr 15$_{1}$ (אַף); Götzen (גִּלּוּלִים) in d. Herz (עַל/אֶל לֵב) hinaufkommen lassen = ihnen nachhängen Ez 14$_{3.4.7}$; heraufbringen: Fleisch aus d. Kessel 1S 2$_{14}$; Gekautes (cf. I גֵּרָה) = wiederkäuen Lv 11$_{3}$.

hof: pf. הֹעֲלָה (< *הָעֳלָה, BL 425), הֹעֲלְתָה: — 1. (Opfer) dargebracht werden (↗ hif. 4 c) Ri 6$_{28}$; — 2. ? weggeführt werden Nah 2$_{8}$ (txt. corrupt. ↗ BHS); — 3. עַל־סֵפֶר in e. Buch aufgenommen werden (↗ qal 4 b) 2C 20$_{34}$. †

hitp: impf. יִתְעַל Jr 51$_{3}$ trad. sich erheben, brüsten (ja, ↗ Komm.), ? l אַל־יִגַּע לִבְשׁ סִרְיֹנוֹ (Rudolph Jer.[3] 306); Ps 37$_{35}$ pr. וּמִתְעָרֶה prop. וּמִתְעַלֶּה (BHS). †

Der. I u. II עַל, עָלֶה, עֹלָה, II מַעַל, עֱלִי, תְּעָלָה, מַעֲלָה, II מַעֲלֶה, מֹעַל, *עִלִּי, עֲלִיָּה, עֶלְיוֹן, ↗ בְּלִיַּעַל; n. l. II עַלְיָה/עַלְוָה ?, ↗ אֶלְעָלֵא; n. tr. עַלְוָן, עַלְיָן, n. m. עֵלִי.

עָלֶה, עלה, BL 465f; Brongers Fschr. Beek 38: das Heraussprossende; Sam. *ʿāli*; meh. Blatt, ja. עַלְיָא, sam; cs. עֲלֵה u. עֲלֵי (BL 588), עָלֵהוּ, עָלֶהָ: **Laub, Blatt** (Rüthy 62) Gn 3$_{7}$ 8$_{11}$ Lv 26$_{36}$ Js 1$_{30}$ 34$_{4}$ 64$_{5}$ Jr 8$_{13}$ cj. 11$_{16}$ pr. עָלֶיהָ prop. בְּעָלֶהוּ (BHS), 17$_{8}$ Ez 47$_{12}$ Ps 1$_{3}$ Pr 11$_{28}$ Neh 8$_{15}$ Hi 13$_{25}$, Ps 74$_{5}$ pr. לְמָעְלָה prop. לוֹ עָלֶה (BHS). †

עֹלָה u. **עוֹלָה**, (287 ×): עלה, wohl Verkürzung für מִנְחָה עֹלָה „die (im Feuer) aufsteigende Huldigungsgabe" (Koehler

ZAW 54, 1936, 292 u. Th.[4] 175, Elliger BK XI 373); Sam. ʿāla, cs. auch ʿålåt; mhe., Albr. PrSinI 42 עלת; npun. *עלתא (Février RHR 1953, 17f); äga. עלוה, ba. pl. עֲלָוָן; ja. sam. cp., sam. pl. עלין, עלאן (BCh. LOT 2, 543); sy. ʿalātāʾ: עֹ(ו)לַת, עֹלָתֶיךָ, עֹ(ו)לֹ(ו)ת, עֹלָתָם, עֹ(ו)לָתוֹ, עֹ(ו)לֹתֶיךָ/תֶיךָ, עֹלֹתֵינוּ, עֹ(ו)לֹ(ו)תֵיכֶם/הֶם: aus Haustieren u. gelegentlich Vögeln bestehendes **Ganzopfer, das verbrannt wird**, G ὁλοκαυστόν/καύτωμα/καύτωσις, ὁλοκάρπωμα, ὁλοκάρπωσις (Koehler l. c., Stevenson Fschr. Bertholet 488ff, Elliger Lev. 34f; de Vaux Sacr. 28ff, 35; Inst. 2, 292ff = Lebensordnungen 2, 259ff; Rost Credo 112ff; BHH 1345f; Rendtorff WMANT 24, 1967, 31. 36. 74ff. 235; Gese Fschr. Zimmerli 148; Levine In the Presence of the Lord, Leiden 1974, 22ff; THAT II 274; הֶעֱלָה עֹלֹת Gn 8₂₀, הֶעֱלָה לְעֹלָה Gn 22₂, עָשָׂה ע׳ als Brandopfer Ez 46₁₃; c. הִקְטִיר 2K 16₁₃, c. שָׁחַט Lv 4₂₄, c. עָרַךְ 6₅; cj. c. הֵכִין (pr. וַיָּסִירוּ prop. c. G וַיָּכִינוּ) 2C 35₁₂; c. הֵבִיא Dt 12₆.₁₁, c. הִקְרִיב Lv 9₁₆, c. עָשָׂה Lv 9₇ (:: Ez 46₁₃ e. Lamm als עוֹלָה), ע׳ כָּלִיל 1S 7₉, ע׳ וְכָלִיל Ps 51₂₁, 𝔉 מִזְבַּח הָע׳ Ex 30₂₈; 𝔉 עֹלַת תָּמִיד Ex 29₄₂; עֹלַת הַבֹּקֶר Lv 9₁₇; ע׳ הָעָם Lv 16₂₄; עֹלַת שַׁבַּת בְּשַׁבַּתּוֹ (Sam. S T שַׁבָּת) als Sabbat-Brandopfer an jedem S. Nu 28₁₀, עֹלַת יוֹם בְּיוֹם בְּמִסְפָּר die Tag um Tag wechselnde Zahl des Br. Esr 3₄; — 1K 10₅ pr. עֹלָתוֹ l ? c. MSS, Q ־תָיו :: Gray Kings[3] 258c: עֲלוֹתוֹ; 2C 9₄ pr. עֲלִיָּתוֹ prop. וַעֲלוֹתוֹ vel וְעוֹלָתוֹ (Rudolph Chr. 222) ? עֲלִיָּתוֹ = sein Hinaufziehen, cf. nhe. (BHS); Js 61₈ pr. בְּעוֹלָה l c. Vrss. בְּעַוְלָה (BHS); Ez 40₂₆ txt. corrupt, prop. שֶׁבַע מַעֲלוֹתָיו (Zimmerli 989).

I עַלְוָה Hos 10₉: metath, od. corr. < עַוְלָה (MSS, s. Rudolph KAT XIII/1, 198). †

II עַלְוָה, Sam. alwe: G Γωλα, Flashar ZAW 28, 1908, 215; n. l. ign. in Edom Gn 36₄₀; 1C 1₅₁ עַלְיָה. †

*עֲלוּמִים: II עלם, BL 472y, Gulk. 27: pltt: עֲלוּמָ(י)ו (Hi 20₁₁, GK § 91k), עֲלוּמֶיךָ: **Jugendalter** Js 54₄ (:: Schoors VT 21, 1971, 503-505, VTSu 24, 1973, 82: Sklavenschaft, nach ug. ǵlm Diener, Sklave, Aistl. 2150); Ps 89₄₆ Hi 33₂₅, **Jugendfrische** Hi 20₁₁. †

עַלְוָן: n. tr.; Gn 36₂₃, Sam. ilwân, G Γωλων, Γωλαμ, Γωλα, Flashar ZAW 28, 1908, 215f; 1C 1₄₀ עַלְיָן, G Γωλαμ, Σωλαμ, Ιωλαμ: ? עלה, ʿlū || ʿlī (Weippert 244); ar. ʿalwān u. ʿaljān; lihj. (Moritz ZAW 44, 1926, 91); ug. ǵljn (UT nr. 1966, Aistl. 2145 :: churr. Feiler ZA 45, 1939, 221): Nachk. v. שֵׂעִיר. †

עֲלוּקָה: *עלק √, BL 472v, mhe. ja. עלקא, עלוקא, עלוקתא; sy. ʿelaqtā, ʿalūqā; ar. ʿalaq, n. unit. ʿalaqatu, ʿuliqa Blutegel aussetzen; äth.[G] ʿalaqt (Dillm. 952), tigr. (Wb. 452b), ʿaleq (Leslau 39); akk. ilqu; nab. n. m. עלק (OLZ 44, 435); ar. ʿauleg Dämon (Wellh. RaH 149, T. Canaan Dämonenglaube im Lande der Bibel, 1929, 29, Vattioni RB 72, 1965, 515ff): **Blutegel**, *Hirudo medicinalis*, Pr 30₁₅ (J. J. Glück VT 14, 1964, 367ff, Sauer 104f, Schneider Fschr. Junker, Trier 1961, 257ff, BHH 260). †

עלז = עלץ; mhe. עֲלִיזָה nom. verb. v. qal und עֲלִיזָה Freude, עַלִּיז lärmend, übermütig (Dalm. Wb. 314a); ? amor. PN *Alazum* (Kupper 94):

qal: impf. וַיַּעֲלֹז (Sec. ουαϊλεζ, Brönno 27), יַעֲלֹז, תַּעֲלֹזִי, וְאֶעְלֹז, אֶעְלֹזָה/אֶעֱלוֹזָה, יַעֲלֹזוּ, תַּעֲלֹזְנָה/תַּעֲלוֹזְנָה, יַעַלְזוּ; imp. עִלְזִי, עִלְזוּ (BL 306 l); inf. לַעֲלוֹז Ⓑ לַעֲלֹז, BL 348h): **frohlocken, triumphieren** 2S 1₂₀ Js 23₁₂ Jr 15₁₇ 50₁₁ Hab 3₁₈ Zef 3₁₄ Ps 28₇ 68₅ 94₃ 96₁₂ 149₅ Pr 23₁₆; — Jr 51₃₉ pr. יַעֲלֹזוּ l יְעֻלָּפוּ (BHS); 11₁₅ pr. אָז תַּעֲלֹזִי

prop. הִתְזְכִּי עַל־זֹאת od. (הַ)אֲזַכֶּה (Rudolph Jer.[3] 78 :: Wilhelmi VT 25, 1975, 121): אָז תַּעַל gl; Ps 60_8 || 108_8 pr. אֶעֱלֹזָה prop. אַעַל־זֶה (North VT 17, 1967, 242f, BHS). †
Der. עָלֵז, *עַלִּיז.

עָלֵז: עלז, BL 464a, R. Meyer Gr. § 35, 2: **frohlockend**, **triumphierend** (:: Brunet Essai sur l'Isaïe de l'histoire, Paris 1975, 292: übermütig) Js 5_{14} (zu vorgeschlagenen Emendationen, die nicht nötig sind, cf. Wildbg. BK X 177). †

***עלט**: ar. *ġaṭala* bewölkt sein (Himmel), *ġaṭila* finster sein (Nacht).
Der. עֲלָטָה.

עֲלָטָה: *עלט; Sam. *ʿålåṭå*: **Finsternis** Gn 15_{17} Ez $12_{6f.12}$. †

עֵלִי: n. m.; עלה; G Ηλι, Josph. 'Ηλείς (NFJ 51); ? < *ʿ*ilj* (ᚠ עֵלִי) erhaben, cf. עֶלְיוֹן od. Kf. cf. יהועלי (AP) ihe. עליהא (Moscati Ep. 64, 39), cf. n. f. עליה (Vattioni sig. 157); Noth N. 146; Dahood ThSt 14, 1953, 452ff; Stamm HFN 313f; asa. *ʿlj* (Müller 80 u. ZAW 75, 1963, 312; lihj. *ʿlj* (ALUOS 5, 1963-65, 9); nab. עלי(ו), palm. עליו; ar. *ʿAlijj*: **Eli**, Priester in Silo (Gunneweg FRLANT 89, 1965, 158-71; A. Cody, A History of Old Testament Priesthood, Rom 1969, 65-72, BHH 395) 1S 1_3-4_{16} 14_3 1K 2_{27}. †

עֱלִי: עלה, BL 460g; mhe.; akk. *elītu* (AHw. 202a, Zimmern 36): **Stössel** des Mörsers (AuS 3, 212ff, BHH 1239) Pr 27_{22}. †

***עִלִּי**: עלה, BL 480q, aram. עִלָּי ᚠ ba: עִלִּית, עִלִּיּוֹת: der **obere** (:: תַּחְתִּית) Jos 15_{19} Ri 1_{15}. †

עַלְיָה: n. l.: עלה, BL 601b, „Höhe": = II עַלְוָה 1C 1_{51}. †

עֲלִיָּה: עלה, BL 471 o; mhe. עֲלִיָּה u. עליאה 3Q X 1 (DJD III 295f), > ba. ja. עִלִּיתָ(א); sy. *ʿellītā*, palm. עליתא (DISO 212); > ar. *ʿi/ʿullijjat* (Frae. 20f); äg. *ʿrt* (EG 1, 213); tigr. *ʿalēli* (Wb. 451a) Söller: עֲלִיַּת, עֲלִיָּתוֹ, עֲלִיּוֹת, עֲלִי(וֹ)תָיו: (das auf dem Flachdach errichtete) **Obergemach**, **Raum im Oberstock** (AuS 7, 58f u. 85f, Kelso Nr. 85, BRL[2] 138ff): — 1. auf einem gewöhnlichen Haus 1K $17_{19.23}$, עֲ׳ קִיר e. gemauertes Obergemach (mit Bett, Stuhl u. Leuchter) 2K 4_{10f}; — 2. auf e. Palast: a) in Moab ᚠ עֲלִיַּת הַמְּקֵרָה Ri $3_{20.23-25}$; b) in Jerusalem cj. Js 38_8 (pr. עֲלִיַּת (אָחָז) מַעֲלוֹת 1Q Js[a] 1 עלית) ins. (BHS), ᚠ 2K 23_{12} gl., Jr 22_{13f} (zum pl. cf. GK § 124b, Brockelm. HeSy § 19d); c) in Samaria 2K 1_2 (Gray Kings[3] 462f); — 3. a) am Tempel 1C 28_{11} 2C 3_9; b) עֲ׳ הַשַּׁעַר über dem Stadttor 2S 19_1; — 4. Hochsitz Gottes in den himml. Fluten (s. AOB 322, ANEP 529) Ps $104_{3.13}$; cj. Am 9_6 pr. מַעֲלוֹתָו l עֲלִיָּתוֹ vel עֲלִיּוֹתָיו (BHS); — 5. n. l. עֲ׳ הַפִּנָּה „Ecksöller" in Jerusalem (Dalm. Jerus. 140, Simons 118) Neh 3_{31f}; — 2C 9_4 cj. pr. עֹלָה ᚠ עֲלִיָּתוֹ. †

עֶלְיוֹן: Sam. *illijjon* עלה, BL 500p, G ὕψιστος; mhe. DSS (KQT 164): עֶלְיוֹנָה, עֶלְיוֹנוֹת: A. — 1. **der obere** (:: תַּחְתּוֹן) Gn 40_{17} (Korb), Ez 42_5 (Zellen), 41_7 (Stockwerk); Tor d. Tempels 2K 15_{35} Jr 20_2 Ez 9_2 2C 27_3, 2C 23_{20} d. Palastes; Hof Jr 36_{10}, Turm Neh 3_{25}, בְּרֵכָה 1K 18_{17} Js 7_3 36_2; Ortslagen Jos 16_5 1C 7_{24} 2C 8_5 32_{30}; — 2. abs: d. Tempel 2C 7_{21}; (Mensch) überlegen Sir[Adl.] 33_{23}; David d. höchste König Ps 89_{28}; נָתַן עֲ׳ עַל erhöhen über Dt 26_{19} 28_1; — B. עֶלְיוֹן ug. *ʿlj* (UT nr. 1855, Aistl. 2030 auf S. 232), aam. *ʿljn* (KAI Nr. 222, 11, Stolz BZAW 118, 1970, 133) urspr. ein eigener u. von El unterschiedener Gott, so auch b. Philo von Byblos (Clemen MVAeG 42/3, 1939, 25-32: : ὁ "Υψιστος), cf. ThWbNT VIII 613-19, THAT II 285-87 (mit Lit.) — Im AT ist עֲ׳ keine besondere Gottheit mehr (:: Eissfeldt KlSchr. 3, 441-47 u. Rendtorff ZAW 78, 1966, 280ff), sondern e. Gottesepitheton, das entweder für sich (im Parallelismus) oder als Attribut auftritt (cf. Kraus BK XV/3, 27f); אֵל עֶ׳ Gn 14_{18-20}, יהוה אֵל עֶ׳ $_{22}$, (יהוה fehlt in G S, auch GnAp 22_{21}, s. Fitzmyer[2] 178f); asa. *ʾl tʿly* „El the Most High" (Oldenburg ZAW 82, 1970, 190), cf. Schatz 207ff, Ps 78_{35}; עֶלְיוֹן = Gott Nu 24_{16} (|| אֵל), Dt 32_8 2S 22_{14}/Ps 18_{14} (|| יהוה), Js 14_{14} Ps 9_3 21_8 (|| יהוה), 46_5 50_{14} (|| אֱלֹהִים), 73_{11} (|| אֵל), 77_{11} 78_{17} 87_5 91_1 (|| שַׁדַּי), 91_9 92_2 (|| יהוה), cj. Ps 106_7 pr. עַל־יָם prop. עֶלְיוֹן (BHS), 107_{11} (|| אֵל), Kl $3_{35.38}$ Sir 6_{39} 4_{14}; בְּנֵי עֶ׳ Ps 82_6; אֱלֹהִים עֶלְיוֹן Ps 57_3 78_{56}; יהוה עֶלְיוֹן 47_3; שֵׁם יהוה עֶלְיוֹן 7_{18}; יהוה ist עֶלְיוֹן עַל־כָּל־הָאָרֶץ 83_{19} 97_9 (|| מְאֹד נַעֲלֵיתָ עַל־כָּל־אֱלֹהִים); cj. 1S 2_{10} עֶלְיוֹן בַּשָּׁמַיִם ↗ I עַל b; — 1K 9_8 u. 2C 7_{21} l אֲשֶׁר הָיָה עֶלְיוֹן יִהְיֶה לְעִיִּין (s. Rudolph Chr. 217, Seeligm. VT 11, 1961, 205f, Noth Kge. 195). †

*עַלִּיז: עלז, BL 479 o; mhe. עַלִּיז ↗ עלז u. sbst. עֲלִיזָה; ↗ עַלִּיץ: עַלִּיזִים/זֵי; s. Bertram WdO 3, 1964, 37: **frohlockend** Js 24_8, עַלִּיזֵי גַּאֲוָתִי die frohlocken über m. Hoheit Js 13_3 (Wildbg. BK X 499 u. 502); ausgelassen, übermütig (cf. Brunet Essai sur l'Isaïe de l'histoire, Paris 1975, 290ff) Js 22_2 23_7 32_{13} Zef 2_{15}; hochmütig עַלִּיזֵי גַּאֲוָתֵךְ deine hochmütigen Prahler Zef 3_{11} ↗ גַּאֲוָה. †

עֲלִיל: II עלל, BL 471s: G δοκίμιον τῇ γῇ, S *ḥabbārā* Grube, T כּוּרָא (Schmelz-)Ofen: (Schmelz-)**Tiegel** (Kelso § 94), c. לָאָרֶץ im Tiegel zu Boden od. im Boden (Brockelm. HeSy § 107a) Ps 12_7 (wohl gl. zu כֶּסֶף צָרוּף). †

עֲלִילָה: I עלל, BL 471r, Sam. *ʿālīla*; sam. Dt $22_{14.17}$ עלו/א (BCh. LOT III/2, 62: אלילו); mhe. DSS (KQT 164); ja. עֲלִילְתָא Handeln, Ränke; ↗ עֲלִילִיָּה, מַעֲלָל; sy. *ʿellĕtā*, pl. *ʿellĕlātā* Vergehen, Anschuldigung, ↗ ba. עִלָּה: עֲלִ(י)ל(וֹ)ת, עֲלִילוֹתֶיךָ, עֲלִילוֹתָם, עֲלִיל(וֹ)תָיו/תֵיכֶם, עֲלִיל(וֹ)תַיִךְ: **Handlung, Tat** (THAT II 464): — 1. von Menschen: a) neutral c. הִשְׁחִית Zef 3_7 Ps 14_1, cj. 53_2 pr. עָוֶל; b) des Frommen Ez 14_{22f}; c) des Gottlosen 1S 2_3 Ez 20_{43f} 21_{29} 24_{14} $36_{17.19}$ Zef 3_{11} Ps 99_8 (:: Whybray ZAW 81, 1969, 237f: Taten, die ihnen angetan worden sind), 14_{14}; d) שִׂים עֲלִילֹת דְּבָרִים Dt $22_{14.17}$ Schändliches zur Last legen (Steuernagel GHK I/3[2], 133; v. Rad ATD 8, 100 u. 102, TOB 375; eig. Taten, die nur Worte [= unbegründet] sind, so König Wb. 330b :: Lex.[1]: Taten, die Gerede bringen); — 2. **Taten Gottes** (Wildbg. VTSu IX 1963, 94ff u. BK X 189) Js 12_4 Ps 9_{12} 77_{13} 78_{11} 103_7 105_1 1C 16_8 pl; sing. nur Ps 66_5. †

עֲלִילִיָּה: Jr 32_{19}; יהוה ist רַב הָעֲ׳ mächtig an Tat (zur Endung *-ijjā* cf. פְּלִילִיָּה ↗ יָה 2 b, u. Rudolph Jer.[3] 210 :: cj. עֲלִילָה Lex.[1]). †

עַלְיָן: עלה; n. m.; asa. *ʿlyn* (Müller ZAW 75, 1963, 312), = עַלְוָן 1C 1_{40}. †

cj. עַלִּיץ: mhe. pl. עליצים (Sefer Jeṣīrā 63); ursphe., sphe. (Ben-Jehuda, Thesaurus IX 1520): Ps 37_{35} prop. pr. עָרִיץ: **übermütig.** †

*עֲלִיצוּת: cj. עלץ, Gulk. 105: עֲלִיצֻתָם: Übermut Hab 3_{14} (:: Driver VT 1, 1951, 247 u. Eaton ZAW 76, 1964, 155: Kehle, nach ar. *ġalaṣa* die Kehle abschneiden). †

עַל־כֵּן (149 ×): עַל + II כֵּן: **darob, darum; daher kommt es, dass** (:: לָכֵן vor Strafandrohung, Rudolph KAT XIII/1, 101), s. Pedersen Isr. 1-2, 117f, Frankena Fschr. Vriezen 94ff: a) Gn 2_{24} 10_9 11_9 19_{22} 20_6 Js 5_{25} 13_7 16_9 Ps 119_{104} etc; b) כִּי־עַל־כֵּן (einräumend) denn ... ja Gn 18_5 19_8 33_{10} 38_{26} Nu 10_{31} 14_{43} Ri 6_{22} Jr 29_{28} 38_4; c) עַל אֲשֶׁר ... עַל־כֵּן weil ... darum 1K 9_9 2C 7_{22} = יַעַן אֲשֶׁר ... עַל־כֵּן Ez 44_{12}; — 2S 18_{20} ins. כֵּן post עַל K et l c. MSS Q עַל כֵּן; Hab 1_{17} עַל כֵּן (dl הַ, Jeremias WMANT 35, 1970, 79[3], BHS);

Hi 34_{27} pr. אֲשֶׁר עַל־כֵּן l entweder עַל־כֵּן אֲשֶׁר od. dl כֵּן.

I **עלל**: mhe. tätig sein; ar. *ʿalla*: a) die Kamele wiederholt tränken, b) irgendeine Handlung wiederholt tun, > äth. (Leslau 39):

cj. **qal**: Ob $_{16}$? l וְעָלוּ pr. וְלָעוּ: wieder und wieder (trinken) Gressm. Eschat. 132, Rudolph ZAW 49, 1931, 225 u. KAT XIII/2, 311 :: Wolff BK XIV/3, 41: bleibt mit Lex.[1] beim MT: √ II לעע, cf. HAL 506b; dafür spricht auch V: *absorbent*. †

poel: pf. עוֹלְלָה, עוֹלַלְתָּ; impf. תְּעוֹלֵל, יְעוֹלְלוּ, וַיְעֹלְלֻהוּ; imp. u. inf. עוֹלֵל; pt. מְעוֹלֵל (THAT II 464): — 1. c. לְ **handeln an** Kl 1_{22} 2_{20}; — 2. c. acc. **Nachlese halten an** (ja. pā., sam. po.) Lv 19_{10} Dt 24_{21}, metaph. Ri 20_{45} Jr 6_9 (pr. יְעוֹלְלוּ prop. imp. עוֹלֵל cf. BHS), Sir$^{\text{Adl.}}$ 33_{16}; — 3. **wehtun** c. לְ Kl 3_{51}; Böses antun Js 3_{12} (? coll; pr. מְעוֹלֵל prop. מְעוֹלְלִים „Leuteschinder", cf. Wildbg. BK X 129, :: Hummel JBL 76, 1957, 100). †

poal: pf. עוֹלַל: (Schmerz) jmdm. **angetan werden** Kl 1_{12}. †

hitp: pf. הִתְעַלַּלְתִּי, הִתְעַלַּלְתְּ, הִתְעַלֵּל, הִתְעַלְּלוּ; impf. וַיִּתְעַלְּלוּ: **mutwillig umgehen mit**, jmd. **übel mitspielen** c. בְּ Ex 10_2 (sbj. Gott), Nu 22_{29} Ri 19_{25} (mit e. Frau), 1S 6_6 31_4 Jr 38_{19} 1C 10_4. †

hitpo: inf. הִתְעוֹלֵל: c. עֲלִלוֹת **mutwillig handeln** Ps 141_4. †

Der. תַּעֲלוּלִים, מַעֲלָל, עֲלִלוֹת, עֲלִילָה.

II **עלל**: ug. *ǵll* eintauchen (UT nr. 1968, Aistl. 2147, Dijkstra-de Moor UF 7, 1975, 209f); ar. *ǵalla* hineinstecken; aram. (Torrey ZAW 65, 1953/54, 240f), Deir Alla 1, 7; 2, 7; aam. KAI Nr. 222 A 6, B 35, cf. Degen Altaram. Gr. S. 72[67]), äga. palm. Hatra (DISO 202), ba. ja. sam. sy. md. (MdD 20a) hineingehen, eintreten, > akk *ḫalālu* (v. Soden Or 35, 6, AHw. 309b); Wagner 219, 220:

po: pf. עֹלַלְתִּי **hineinstecken** (d. Horn in den Staub) Hi 16_{15} :: Gray LoC² 268: עֹלֵל = ug. *ǵly* „senken" (UT nr. 1965, Aistl. 2143; UF 7, 1975, 200 u. 201). †

Der. עֲלִיל.

עֹ(וֹ)לֵל(וֹ)ת: I עלל, BL 475q: mhe. עוֹלֵלָה/לֶלֶת, ja. עוֹלַלְתָּא: **Nachlese**: a) bei d. Traubenernte Ri 8_2 Jr 49_9 Ob$_5$ Mi 7_1 (AuS 4, 340f); b) bei d. Olivenernte Js 17_6 24_{13} (AuS 4, 194). †

I **עלם**: mhe. DSS (KQT 164) verborgen sein; ar. *ʿalama* bezeichnen, *ʿalima* wissen, lernen (Kopf VT 8, 1958, 189f); ug. *ʿlm* (Aistl. 2035: kennen ? :: Ug V S. 590 B 7, 12f, UF 7, 1975, 158 u. 528: dann, danach, sodann, cf. Aistl. 2030); äth. *ʿalama* bezeichnen (Dillm. 951), tigr. (Wb. 451b) II lehren; (gegensinnig, Barr CpPh 159, Nöldeke NB 67ff); Lit. Balentine VT 30, 1980, 137-153:

qal: pt. pass. עֲלֻמֵנוּ (MSS A Σ Hier. ־מֵינוּ): **Verborgenes**, d. h. verborgene Fehler Ps 90_8. †

nif: pf. נֶעְלָם, נֶעְלְמָה (Hier. *naalma*, Sperber 247); pt. נֶעְלָם, נַעֲלָמָה u. נַעֲלָמִים (BL 197n): **verborgen sein** (מִן vor) Lv 4_{13} 5_{2-4} Nu 5_{13} 1K 10_3 Hi 28_{21} Koh 12_{14} 2C 9_2 Sir 11_4; pt. pl. Verborgene, d. h. Hinterhältige, Heimtückische Ps 26_4 (|| מְרֵעִים), 1Q H 3_{28} (|| נעזבים), 4_{13f} נעלמים זמות בליעל יחשובו: F נַעֲלָם, Gordis JNES 9, 1950, 44f; — Nah 3_{11} נַעֲלָמָה: Bedtg. entweder: sich selbst verborgen = bewusstlos werden, cf. ar. *ǵušija ʿalaihi* (Keller CAT XIb 131, Rudolph KAT XIII/3, 182) oder: umnachtet werden, F II עלם (Jeremias WMANT 35, 1970, 38) :: cj. נֶעֱלָפָה Lex.[1]. †

hif: pf. הֶעְלִים, הֶעְלִימוּ; impf. יַעְלֵם, יַעְלִימוּ, אַעְלִים, תַּעְלֵם, תַּעְלִים; inf. הַעְלֵם, pt. מַעְלִים: — 1. **verbergen**, verheimlichen

Lv 20₄ 2K 4₂₇ (c. מִן); — 2. **verschliessen** (die Augen) cj. 1S 12₃ pr. וְאַעְלִים עֵינַי בּוֹ prop. (c. G נַעֲלַיִם u. Sir 46₁₉ נעלם): וְנַעֲלַיִם ↗ נַעַל עֲנוּ בִי Gordis l. c., Speiser 151ff, Js 1₁₅ Ez 22₂₆ Pr 28₂₇, cj. Js 57₁₁ pr. וּמֵעְלִים prop. (G) וּמֵעְלִים ellipt. und verhüllte (meine Augen), so wohl auch Ps 10₁ תַּעְלִים verhüllst du (deine Augen), al. l hitp. תִּתְעַלֵּם cf. akk *šaptē katāmu* die Lippen schliessen, eig. bedecken (AHw. 464a); — 3. die Ohren Kl 3₅₆; — Js 63₁₁ pr. הַמַּעֲלֵם l ־לֵה, ↗ עלה hif. 2 a. †

hitp: pf. הִתְעַלַּמְתָּ; impf. ־יִתְעַלֵּם, תִּתְעַלֵּם/לָם (BL 324c-e); inf. הִתְעַלֵּם: **sich verbergen** c. עַל (= ? אֶל) שֶׁלֶג Hi 6₁₆; sich verbergen = sich entziehen c. מִן vor Dt 22₁.₃f Js 58₇ Ps 55₂ cj. Ps 10₁ ↗ hif, Sir 42 38₁₆. †

Der. תַּעֲלוּמָה.

II עלם: ug. *ǵlm* dunkel sein/werden, od. sbst. Dunkelheit, Finsternis so Gray LoC[2] 133 u. Anm.[6], Dietrich-Loretz Fschr. Elliger 34 zu KTU 1. 14, I 19f: *ǵlm ym* (:: Aistl. 2149: erregt sein, tosen, ar. *ǵalima*); zu עלם = ug. *ǵlm* dunkel sein, cf. Dahood Biblica 33, 1952, 206, u. Scullion UF 4, 1972, 115, cf. v. Soden HeWf 291-94; akk. *ṣalāmu* schwarz, schwärzlich, dunkel sein/werden (AHw. 1076); äth.[G] *ṣalma/ṣalama* (Dillm. 1258); ↗ Wvar. צלם:

hif: pt. מַעְלִים: **verdunkelt, schwarz** sein/werden Hi 42₃ c. עֵצָה (Terrien CAT XIII 268); ist diese Bedtg. vielleicht auch für die Belege bei I עלם hif. (obj. עַיִן) anzunehmen ? Pope (Job 53f) findet sich ferner beim hitp. Hi 6₁₆ u. S. 151 mit cj. zu Hi 22₁₅, cf. Scullion l. c.

III *עלם: [ug. *ǵlm* erregt sein, Aistl. 2149 zu II עלם]; ja. pe. stark, kräftig sein; ar. *ǵalima* von starker Begier erfüllt sein/werden; ja. pa. stärken, kräftigen (Levy 3, 657a), sy. pa. jmdm. die Jugend zurückgeben (LS 528), sam. (BCh 2, 529a). Das vb. wohl durchwegs denom., cf. GB. Der. ? עֶלֶם, עַלְמָה.

עֶלֶם, ? III *עלם: ug. *ǵlm* (UT nr. 1969, Aistl. 2150), ph. *alam* (Poen. 948, Sznycer 128), aram. עלים (demin., cf. Degen Altaram. Gr. S. 47), aam. äga. nab. palm. (auch עלם; DISO 214); ja. עֲלֵימָא stark, עוּלֵימָא Jüngling, Knecht, 4 Q Or Nab. (R. Meyer GNbd 29); cp. *ʿoljm* (עֲלִים, Schulthess Lex. 147b); sy. *ʿlajmā*; ar. *ǵulām*, asa. (Conti 216a); :: Gerleman ZAW 91, 1979, 338-49: wurzelverw. mit ↗ עולם ist עֶלֶם = „unwissend, uniniziert": עֶלֶם: **junger Mann** 1S 17₅₆ 20₂₂; cj. 1S 16₁₂ pr. עִם prop. עֶלֶם :: Stoebe KAT VIII/1, 302. †

עַלְמָה, Sam. *ålīma*: f. v. עֶלֶם; mhe. DSS (KQT 164); ug. *ǵlmt* (UT nr. 1969, Aistl. 2150, RSP I S. 46ff Nr. 36) Mädchen, || *att* (RSP I S. 133 Nr. 86), auch n. deae (W. Herrmann BZAW 106, 1968, 7), cf. A. v. Selms Marriage and Family Life in Ugaritic Literature, 1954, 108ff; ph. עלמתה, pun. *alma* (Hier, s. Schroeder 174[1], Harris Gr. 133, Friedr.[2] § 229, DISO 214); עלימתה sam. (BCh. 2, 549b) u. äga, nab. palm. (auch עלמת; DISO 214); cp. עולימיתא, sy. *ʿlajmtā*; ar. *ǵulāmat*; :: Gerleman ZAW 91, 1979, 338-49 ↗ עֲלָמוֹת (H. M. Wolf JBL 91, 1972, 449-456; Brunet Essai sur l'Isaïe de l'histoire, Paris 1975, 35-100): — 1. a) **mannbares Mädchen** Gn 24₄₃ Ex 2₈ Ps 68₂₆, als Bezeichnung d. Geliebten HL 1₃ 6₈; b) e. **Mädchen, das verheiratet sein kann** Pr 30₁₉; c) d. **junge Frau** (Lex.[1] bis zur 1. Geburt :: Wildbg. BK X 290) Js 7₁₄ G παρθένος (> Mt 1₂₃), Α Σ Θ νεᾶνις, zur Deutung d. Stelle s. Wildbg. l. c. 290f, Gese Vom Sinai zum Zion, 1974, 142ff, Brunet l. c.; — 2. עַל־עֲלָמוֹת Ps 46₁ 1C 15₂₀, inc. nach Mädchenweise =

im Sopran (GB, Ulldff. EthBi 91), Delekat ZAW 76, 1964, 292f l עֲלָמִית; so auch Gkl.-Begr. 457 u. Rudolph Chr. 118, aber „nach der elamischen Weise" :: Mow. PIW 2, 215ff: Zushg. mit I עלם; cj. Ps 48₁₅ ⚡ עֲלָמוֹת 2. †

עַלְמוֹן „kleine Wegmarke" (Stamm ArchOr 17 (Teil 2), 1949, 379-82): n. l.: ar. *ʿalam* Wegmarke, du. *al-ʿAlamein*; tigr. *ʿelām* Banner, *ʿelem* Steinmal (Wb. 451b): — 1. Levitenstadt in Benjamin Jos 21₁₈ = עָלֶמֶת 1C 6₄₅ 7₈, = *Ch. ʿAlmīt* n. *ʿAnāt* = עֲנָתוֹת (Abel 2, 242, GTT § 337, 13, Noth Jos. 127); — 2. עַלְמוֹן דִּבְלָתָיְמָה „Wegmarke der 2 Feigen" in Moab Nu 33₄₆f = ? בֵּית דּ׳ Jr 48₂₂, ⚡ בַּיִת B 13 :: Fontinoy UF 3, 1971, 39: עַלְמוֹן דּ׳ und בֵּית דּ׳ eine Zwillingssiedelung und von daher der du. bei דִּבְלָה. †

עֲלָמוֹת: — 1. Ps 9₁, inc., mlt. MSS עַל־מוּת, G ὑπὲρ τῶν κρυφίων = עַל־עֲלָמוֹת cf. BHS; — 2. עַל־מוּת Ps 48₁₅ (füge ein עַל u. verbinde mit 49₁): ? l עַל עֲלָמוֹת (⚡ עַלְמָה 2). †

עָלֶמֶת: — 1. n. l. in Benjamin 1C 6₄₅; = עַלְמוֹן 1.; — 2. n. l. als Name eines nachexil. Geschlechtes 1C 7₈ = 1 (Rudolph Chr. 67); — 3. Nachk. Sauls, G Γαλεμεθ u. ähnlich n. l. als PN 1C 8₃₆ 9₄₂ (Rudolph Chr. 81f). †

I **עלס**: ar. *ʿls* I essen und trinken, II zu essen geben (Guill. 1, 24, ⚡ GB):

qal: impf. יַעֲלֹס c. בְּ (l בְּחֵיל pr. כְּחֵיל) etw. **geniessen** Hi 20₁₈ (|| בלע). †

hitp: impf. נִתְעַלְּסָה (BL 291 i): mit einander geniessen, sich gegenseitig geniessen Pr 7₁₈ (|| נִרְוֶה דֹדִים). †

II **עלס**: ar. *ʿaliza* unruhig sein/werden (von e. Kranken od. Begierigen):

nif: pt. נֶעֱלָסָה **sich unruhig od. lebhaft bewegen** (von d. Flügeln d. Straussenhenne) Hi 39₁₃, cf. TOB *bat allègrement*, Pope Job 302 *flap wildly*, GB u. a. lustig schlagen, wegen Zushg. mit עלז u. עלץ (GB). †

[**עלע**: יְעַלְעוּ Hi 39₃₀ (Ruž. 39): ? l יְלַעְלְעוּ: לעע pilp. gierig lecken. †]

עלף: mhe. pu. verhüllt sein, ohnmächtig werden, hitp. erschlaffen; ja.; ? ug. sbst. *ġlp*: 1) Schale, Hülse (KTU 1. 19 I, 19), 2) Purpurfarbe (v. *murex brandaris*, RSP I S. 435 Nr. 93; KTU 1. 19 IV 42; cf. auch UT nr. 1970, Aistl. 2154); ar. *ġlf* II verhüllen, V sich parfümieren:

cj. **nif**: pt. נֶעֱלָפָה pr. נַעֲלָמָה: ohnmächtig werden Nah 3₁₁ :: Rudolph KAT XIII/3, 182 ⚡ I עלם nif. †

pu: pf. עֻלְּפוּ; pt. מְעֻלֶּפֶת: — 1. (m. Edelsteinen) **bedeckt sein** HL 5₁₄; — 2. **in Ohnmacht fallen** Js 51₂₀, cj. Jr 51₃₉ l יְעֻלְּפוּ pr. יַעֲלֹזוּ; Ez 31₁₅ l עֻלְּפוּ pr. עֻלְפֶּה; Hab 2₄ l עֻלַּף (Humbert Hab. 74) pr. עֻפְּלָה (s. auch BHS). †

hitp: impf. תִּתְעַלַּפְנָה, וַתִּתְעַלַּף, וַיִּתְעַלָּף: 1. **sich verhüllen** Gn 38₁₄ (:: Driver Fschr. Robert 70: sich parfümieren, cf. ar.); 4Q 184, 1, 12 (DJD V p. 82) || התיצב; — 2. **ohnmächtig werden** Am 8₁₃ Jon 4₈. †

[עֻלְפֶּה Ez 31₁₅: l עֻלְּפוּ.]

עלץ: mhe. ug. *ʿlṣ* (UT nr. 1860, Aistl. 2039, CML² 154a, TOML 128ʰ: KTU 1. 2 I, 12); ? pun. עלץ (Harris Gr. 133, DISO 214); asa. *mʿlṣ* Freude (Conti 207b, Ulldff. VT 6, 1956, 196); akk. *elēṣu* (AHw. 200a) schwellen; jubeln, jauchzen; ⚡ עלז:

qal: pf. עָלַץ; impf. יַעֲלֹץ, תַּעֲלֹץ, יַעַלְצוּ, יַעְלְצוּ, אֶעֶלְצָה; inf. עֲלֹץ: **frohlocken, jauchzen** Ps 68₄, c. בְּ (= in, im Bereiche von, s. Kraus BK XV⁵ 180f) 1S 2₁ Ps 5₁₂ 9₃; c. לְ (= über, s. Kraus l. c.) Ps 25₂, Pr 11₁₀ 28₁₂ 1C 16₃₂. †

hif: impf. יעליץ **jauchzen machen** (Smend) Sir 40₂₀.

Der: cj. עָלִיץ, *עֲלִיצוּת.

עַם: עמם, BL 453w: A. עַם = Onkel väterlicherseits, lat. *patruus*; B. (väterliche) Verwandtschaft, Sippe, Clan; C. Volk. In A-C handelt es sich um dasselbe Wort, dessen anfänglichen Sinn in A. erhalten ist, cf. Rost Credo 90, de Vaux Histoire 1, 151f, THAT II 291 :: Lex.^{1}: I עַם Stammverwandter, II עַם Verwandter (in theophoren Namen), III עַם Volk, cf. GB. Vorkommen von A-C: 1868 ×.

A. *ʿam* = **Vatersbruder** (:: *ḫāl* Muttersbruder): — 1. in altsem. PN teils theophores Element und teils Bezeichnung des verstorbenen V., aber besonders letzteres in Ersatznamen: Deir Alla 1, 6 (ATDA 190); ug. *ʿm* (UT nr. 1864, Aistl. 2042, CML^2 154, Gröndahl 109), amor. **ḫamm* u. **amm* (Huffmon 196f), asa. *ʿm* (Ryckmans 2, 107f, Conti 208b), pun. (PNPhPI 61, 172, 379; ↗ auch 3.); — 2. profan, als appell. asa. (Conti l. c.), ar. *ʿamm*, *ʿammatu*, sy. *ʿammᵉṯa* Tante; tigr. *ʿammat* Tante (Wb. 455b), nab. *ʿm* (Cantineau Nab. 2, 131b); — 3. in hebr. PN wie in 1. (Noth N. 76ff, Fschr. Alt 1953, 132ff. 148; Stamm VTSu 7, 1960, 176ff u. HEN 418 u. 422): a) theophor. אֱלִיעָם, יִתְרְעָם (?), עַמִּיאֵל, עַמִּיזָבָד, עַמִּינָדָב, עַמִּישַׁדַּי; b) Ersatzname יָשָׁבְעָם, יָקְמְעָם, עַמִּיחוּר (?), עַמִּיהוּד, עַמּוֹן; c) zu יָרָבְעָם u. רְחַבְעָם s. Stamm Fschr. Albright 1971, 443-452; — Kl 3$_{14}$ pr. עַמִּי l c. Seb. mlt. MSS עַמִּים (BHS).

B. (väterliche) **Verwandtschaft**, **Sippe**, Clan (Rost l. c. 90, THAT II 295-98), ug. *ʿm* (UT nr. 1864, Aistl. 2042, bes. ? KTU 1. 17 I 27 etc. oder zu A.): sg. בֶּן־עַמִּי Sohn meines Verwandten/meiner Verwandtschaft Gn 19$_{38}$, coll (väterl.) Verwandtschaft 2K 4$_{13}$ (? l עַמִּי), Hi 18$_{19}$; Jr 37$_{12}$ u. Rt 1$_{10.16}$ (oder zu C. ?); pl. Verwandte v. Vater her Lv 19$_{16}$ 21$_{4.14f}$ Ez 18$_{18}$, Hi 17$_{6}$ ↗ C 3 b; נִכְרַת מֵעַמָּיו/מֶּיהָ Ex 30$_{33.38}$ Lv 17$_{9}$ Gn 17$_{14}$ Ex 31$_{14}$ Lv 7$_{20f.25.27}$ 19$_{8}$ 23$_{29}$ Nu 9$_{13}$ (s. Zimmerli BK XIII/1, 303ff, Liedke WMANT 39, 1971, 139); die gleiche Formel mit עַם sg. ↗ C 1 a; וַיֵּאָסֶף אֶל־עַמָּיו (Sam. *ʿammu* = עַמּוֹ) Gn 25$_{8.17}$ 35$_{29}$, cj. ? 49$_{29}$ (l עַמִּי pr. עַמַּי).$_{33}$ Nu 20$_{24}$ 27$_{13}$ 31$_{2}$ Dt 32$_{50}$, ↗ אסף nif. 1 c.

C. עַם: mhe. DSS (KQT 164f), ph. pun. mo. aam. äga. (DISO 216); ba. ja. cp. sam. (BCh 2, 544b), sy. nab. md. (MdD 21a); ? äg. *ʿmw*; akk. *ammum* (AHw. 44b, kan. Lw. doch s. akk. *ummānu(m)* [AHw. 1413b] Menschenmenge, Heer, Arbeitstruppe); Rost, Credo 89ff, Speiser JBL 79, 1960, 157-63; Bächli, Israel und die Völker, 1962, 114; THAT II 295ff (hier weitere Lit.): עָם (עַם וָעָם Est 1$_{22}$), הָעָם, cs. עַם, עַמִּי, עַמְּךָ/מֵּךְ, עַמּוֹ, pl. עַמִּים (Sec. ααμιν, Brönno 118f); עַמִּי Ps 144$_{2}$ l c. mlt. MSS, Seb. עַמִּים cf. Ps 18$_{48}$ :: BL 517w, עַמֵּי, עַמֶּיךָ, u. עֲמָמִים, עַמְמֵי, עַמְמֶיךָ, BL 564, 570t; Ex 5$_{16}$ ↗ BHK u. BHS: — 1. **Volk** (m. Betonung d. rel.-kultischen u. blutmässigen Zusammenhangs, s. Speiser l. c., THAT II 290ff): a) עַם יְהוּדָה 2S 19$_{41}$; עַם בְּנֵי יִשְׂר׳ Ex 1$_{9}$; הָעָם יִשְׂר׳ Esr 9$_{1}$; עַם אֶחָד Gn 11$_{6}$; עַם קָדוֹשׁ Dt 7$_{6}$; עַם סְגֻלָּה 14$_{2}$; עַם נַחֲלָה 4$_{20}$; עַם יהוה Ri 5$_{11.cj.13}$ (l עַם pr. עָם), 1S 2$_{24}$; ins. ? עַם י׳ c. G V 10$_{1}$ (:: Stoebe KAT VIII/1, 197), s. Lohfink Fschr. v. Rad 1971, 275ff; עַם כְּמוֹשׁ Nu 21$_{29}$; עַם אֱלֹהִים 2S 14$_{13}$; עַם קְדֹשִׁים Da 8$_{24}$; Volk mit Verehrung d. gleichen Gottheit Rt 1$_{10.16}$ (Zugehörigkeitserklärung e. Frau) ↗ B; Js 53$_{8}$ txt. corrupt. l ? c. 1Q Js^a עַמּוֹ pr. עַמִּי vel cj. נִכְרַת מִקֶּרֶב (לְעֵינֵי) מִפְּשָׁעֵינוּ/מִפְּשָׁעָם; עַמּוֹ/עַמָּהּ/עַמָּם Lv 17$_{4}$ 18$_{29}$ 20$_{17f}$ Nu 15$_{30}$; הִכְרִית מִקֶּרֶב (מִתּוֹךְ) עַמּוֹ/עַמָּהּ/עַמָּם Lv 17$_{10}$ 20$_{3.5.6}$ Ez 14$_{8.9}$ s. THAT II 297: עַם = Volks- u. Kultgemeinschaft :: עַמָּיו/מֶּיהָ sub B; b) הָעָם הַזֶּה (oft verächtlich gemeint :: Böhmer JBL 45, 1926, 134ff) Js 69f 2811 2913 :: עַמִּי Js 13 312 513 102, s. Wildbg. BK X 15: drückt Jahwes Herrschaftsrecht u. seine väterliche Zuneigung aus; לֹא עַמִּי Hos 19, לֹא־עָם Unvolk Dt 3221; Volk, zu dem man gehört: עַם מָרְדֳּכַי Est 36; בְּנֵי עַמֵּךְ/עַמָּם deine/ihre Volksgenossen Lv 1918 2017 :: אֶרֶץ בְּנֵי עַמּוֹ Nu 225 (MSS Sam. S V עַמּוֹן, :: Albr. n. terr. Aman BASOR 118, 1950, 15f. 20: ö. Aleppo, cf. BHS); c) v. Tieren: Ameisen עַם לֹא עָז Pr 3025, Klippschliefer עַם לֹא עָצוּם 3026; — 2. pl. עַמִּים **Völker** (Kl 118 l c. Q הָעַמִּים, GK § 17b): Dt 142 Ps 3310 (|| גּוֹיִם); יִקְּהַת עַמִּים ↗ יְקָהָה* Gehorsam der Völker (v. Rad ATD 2-4^9, 345) oder der Stämme (Zobel BZAW 95, 1965, 4 u. 13) Gn 4910; קְהַל עַמִּים Gn 283 484 (:: קְ׳ גּוֹיִם 3511); עַמֵּי הָאֲרָצוֹת ↗ 4 e; Js 313 u. Dt 333 pr. עַמִּים prop. עַמּוֹ; — 3. עַם nicht national: a) die Menschen Js 425 (:: 6., s. Stamm Fschr. v. Rad 1971, 510ff); b) Volk, Leute: הָעָם v. Bethlehem Rt 49, עַם יְרוּשָׁלַיִם 2C 3218, עַם כְּנַעַן Zef 111; die Leute um einen Einzelnen her Gn 328 1K 1921 2K 441; die Leute, die Ri 318; עַם רָב viele Leute Nu 216; בְּזוּי עָם von d. Leuten verachtet Ps 227, Gespött d. Leute Hi 176 (l לְמָשָׁל pr. לְמֹשֵׁל u. ? עַם pr. עַמִּים) ↗ B; c) d. Jungvolk Hos 414 (Rudolph KAT XIII/1, 107 u. 112 :: Wolff BK XIV/1^2, 111: mit d. Jungen das ganze Volk), die Stadtbevölkerung Jr 398 (pr. בֵּית, l בָּתֵּי, BHS cf. 5213), später d. Synagoge; d) Kriegsvolk 2K 137, d. Besatzung 2K 1826 || Js 3611, d. Heerbann Ri 2010 1S 1417 2S 226 1010 etc. (Rost, Credo 91 u. 100; Junge 4ff. 29ff, = צָבָא); e) wertend: d. rechten Leute Hi 122 :: Davies VT 25, 1975, 670f; d. arme u. bedrückte Volk עֲנִיֵּי עַמִּי Js 102, עֲ׳ עַמּוֹ 1432, עַם־עָנִי Ps 1828 || 2S 2228 (l ? עָנָו); הָעָם הַדַּלִּים Jr 3910; מתי עם das gemeine Volk Sir 716 (G ἁμαρτωλοί); — 4. עַם הָאָרֶץ (cf. ph. *ʿm ʾrṣ* KAI Nr. 10, 10 u. 11; s. Avishur UF 8, 1976, 21) s. Würthwein BWANT 69, 1936 u. BHH 81; de Vaux Inst. 1, 111-113 = Lebensordnungen 1, 119-121; Soggin VT 13, 1963, 187-195; Nicholson JSS 10, 1965, 59-66; Mettinger King and Messiah, 1976, 124ff; Malamat VTSu 28, 1975, 126f; Talmon VTSu 29, 1978, 334f; THAT II 299-301: a) die vollberechtigten, grundbesitzenden Bürger eines Territoriums: von Hebron Gn 237.12.13, von Juda 2K 1114.18.20, der Landbevölkerung ausserhalb Jerusalems 2K 2124 2330 2519; b) die Bewohner e. Landes: v. Ägypten Gn 426, v. Kanaan Nu 149, v. Juda 2K 155 1615 2335 2414 253 Jr 118 3419 372 4421 526 Ez 727 2229 Da 96; c) die ganze Bevölkerung (Juda u. Jerusalem) Ez 3913 4522 463.9; in ihrer Funktion als Rechts- u. Kultgemeinde Lv 427 202.4; d) die nachexil. jüd. Bevölkerung Hag 24 Zch 75; ein Teil derselben, der dem עַם יְהוּדָה gegenübergestellt ist Esr 44 s. Würthwein l. c. 57ff, Rudolph EN 33f, THAT II 301 :: Nicholson l. c.; e) עַמֵּי הָאָרֶץ 1C 525 2C 3219 Est 817 u. עַמֵּי הָאֲרָצוֹת Esr 33 91f.11 u.ö. bezeichnet mehrere nichtjüdische Völker „Heiden"; cf. 1Mak 618 723 d. hellenistischen Juden; — Ex 2224 dl אֶת־עַמִּי (Halbe FRLANT 114, 1975, 452^2); Dt 3243 pr. עַמּוֹ l ? עִם עַמּוֹ (BHS); Jos 89 pr. בְּתוֹךְ הָעָם prop. בְּ׳ הָעֵמֶק sicut 13 (BHS); 811 pr. הָעָם הַמִּלְחָמָה prop. עַם הַמִּ׳ sicut 3 (BHS); Ri 116 pr. הָעָם prop. הָעֲמָלֵקִי (BHS); 2K 137 pr. עָם l ? עֹצֶם (Gray Kings^3 596^a); Js 313 u. Dt 333 prop. עַמּוֹ ↗ 2; Js 187a pr. עַם l מֵעַם (BHS); Jr 399 pr. הָעָם l. c. 5215 הָאָמוֹן (? הָאָמָן) (BHS); Hos 44 pr. עַמְּךָ l עִמְּךָ (BHS); Jl 26 pr. עַמִּים l ? מֵעִים (Rudolph KAT XIII/2, 52 :: Wolff BK XIV/2, 43:

MT); Mi 6_{5} pr. עַמִּי prop. עִמּוֹ (BHS); Ps 47_{10} l ? עִם עַם (BHS); Ps 73_{10} (txt. corrupt.) pr. עַמּוֹ הֲלֹם prop. (יָשׁוּב) עָם אֲלֵיהֶם s. Kraus BK XV[5] 664 u. BHS :: Würthwein, Wort und Existenz, 1970, 172: l יָשִׁיב u. bleibt b. MT; Ps 74_{14} F עַמְלָץ; 110_{3} pr. עַמְּךָ l ? c. G עִמְּךָ (BHS); Hi 34_{20} pr. יְגֹעֲשׁוּ עָם prop. יִגְוְעוּ שׁוֹעִים s. Hölscher Hiob 82 u. Fohrer KAT XVI 464, BHS.

עִם, Sam. *am*, c. sf. *immi* etc. Sec. εμ (Brönno 244f); mhe., DSS; ug. *ʿm* und *ʿmn* (bedeutet auch „zu" UT § 10, 14 u. nr. 1863, Aistl. 2041; Pardee UF 8, 1976, 279; Aartun AOAT 21/2, 1978, 56ff; ug. *ʿm* = von, so u. a. Dahood Psalms II 287 u. III 396, ist unsicher s. Pardee UF 8, 215); aram. (DISO 215); עִם ba. ja. cp. (Schulthess Gr. § 134, 1), sam. (Peterm. Gl 65) *am* (BCh, LOT III/2, 137); sy; ar. *maʿa* u. *ʿam(ā)*; md. (MdD 351b); asa. *ʿm* (Conti 208a); VG II § 255: עִמְּךָ, עִמִּי, עִמָּךְ, עִמּוֹ, עִמָּהּ, עִמָּנוּ, עִמָּכֶם (sic Rt 1_{8}: 2. f. pl., s. Michel Grundl. heSy. 1, 86), עִמָּם, עִמָּהֶם (meist an jüngeren Stellen GK § 103c, BL 644b); 1048 × (THAT II 325-28): — 1. **in Gemeinschaft von, zusammen mit**: a) bei allen Worten, die Gemeinschaft, gemeinschaftliches Tun ausdrücken: אָכַל עִם 1S 9_{24}, הָלַךְ עִם Gn 18_{16}, עָזַר עִם 1C 12_{22}, עָלָה עִם Gn 44_{33}, עִם־הַמֶּלֶךְ = בִּמְלַאכְתּוֹ 1C 4_{23} (Rudolph Chr. 36); (הָיָה) עִם bei jmdm. vorhanden, d. h. in s. Sinn sein Hi 23_{14}, עִמָּנוּ הוּא er ist bei uns, d. h. er ist uns bekannt 15_{9}; b) Formeln z. Ausdruck des göttlichen Mitseins (Preuss ZAW 80, 1968, 139-173; THAT II 326f; W. H. Schmidt BK II 126f): α) als Verheissung u. Zusage (אֶהְיֶה) עִמְּךָ/עִמּוֹ/עִמָּם Gn $26_{3.24}$ 28_{15} 31_{3} u.ö.; β) im Munde v. Menschen als Verheissung, Zusage, Wunsch od. Frage יִהְיֶה/יְהִי יהוה/אֱלֹהִים עִמְּךָ/עִמּוֹ/עִמָּנוּ/עִמָּכֶם Gn 28_{20} 48_{21} Ex 18_{19} (Dt 20_{1}) 1K 8_{57} u.ö.; י׳ עִמָּכֶם als Gruss u. Segenswunsch Rt 2_{4} (Lande 11ff); י׳ עִמּוֹ als Segensformel hinter e. Namen 1C 9_{20} (Rudolph Chr. 86); γ) (etc.) יהוה (הָיָה) עִם im Rückblick Gn 21_{22} 31_{5} Dt 2_{7} u. ö; עִמּוֹ (הָיָה) אֵין 32_{12}; δ) F עִמָּנוּאֵל Js 7_{14}; c) עִם zur Angabe v. Gemeinschaft, auch wenn diese einseitig Gn 20_{9}, od. gegnerisch ist Ps 94_{16} Hi 9_{14} 10_{17} 16_{21}, cj. Pr 3_{34} pr. עִם־לֵצִים ;עִמִּי l אִם־לַלֵּצִים in meiner Gegenwart Est 7_{8}; d) advers. וְעִם־זֶה u. trotzdem Neh 5_{18}; — 2. a) **zugleich mit, so gut wie** Gn 18_{23} Ps 73_{5} 106_{6} Jr 6_{11} Hi 31_{4f} Koh 2_{16}; zudem עִם־יְפֵה עֵינַיִם und hatte zudem schöne Augen 1S 16_{12} (Hertzb. ATD 10[2], 107 :: Stoebe KAT VIII/1, 302: nicht erklärbar), cj. Lex.[1] pr. עֶלֶם l עִם (so auch 1S 17_{42}); b) **zusammen mit, gleichwie** cf. ug. *ʿm* (KTU 1. 3 V 30f; Pardee UF 8, 1976, 303 u. 317: *ḥkmk ʿm ʿlm*); Hi 9_{26} 1C 25_{8} (|| לְעֻמַּת); חָשַׁב עִם Ps 88_{5}, נִמְשַׁל עִם Ps 28_{1} 143_{7}; c) **im Vergleich mit** Koh 7_{11} (l ? מֵעִם, cf. Hertzb. KAT XVII/4, 148f), 2C 14_{10} 20_{6}; — 3. **gleichzeitig mit** (ug. cf. KTU 1, 17 VI 28f: *ʿm bʿl* || *ʿm bn il*), nähert sich dem וְ (F DSS, Ell. HK 108): עִם שֶׁמֶשׁ (mhe.) solange die Sonne scheint Ps 72_{5}, שָׁנִי עִם־עֲדָנִים mit Purpur u. Schmuck (F עֶדֶן 2) 2S 1_{24}; cj. Am 4_{10} pr. עִם שְׁבִי prop. עִם צְבִי (BHS); עִם־הַסֵּפֶר gleichzeitig schriftlich Est 9_{25}; — 4. c. מִן: מֵעִם (70 ×): a) **aus d. Zusammenhang mit = fort von, von . . . weg**: c. יָצָא Ex 8_{8} Lv 25_{41} 2S 3_{26}, c. הָלַךְ Gn 26_{16} 1S 10_{9}, c. בּוֹא 2S 1_{2} 15_{28}, c. פָּנָה Dt 29_{17}, c. נִפְרַד Gn 13_{14}, c. סוּר 1S 16_{14}, c. נָטָה 1K 11_{9}, c. קוּם 1S 20_{34}, c. יָרַד Ri 9_{37}, c. שָׁלַח Dt 15_{12}, c. לָקַח Gn 44_{29}, etc.; נָקִי מֵעִם schuldlos gegenüber (von ihm aus gesehen) 2S 3_{28}; כָּלְתָה הָרָעָה מֵעִם d. Unheil ist beschlossen vonseiten 1S $20_{7.9.33}$; מֵעִם יהוה vonseiten Jahwes 1K 2_{33} 12_{15} Js 8_{18} 28_{29} 29_{6} Ps 121_{2} Rt 2_{12};

מֵעִם הָאֱלֹהִים Gn 41$_{32}$; b) compar. ↗ מִן 5 b: רַב מֵעִמּוֹ mehr als bei ihm 2C 32$_{7}$; — Nah 3$_{12}$ pr. עִם prop. עָרַיִךְ vel עַמֵּךְ; Hi 21$_{8}$ l זַרְעָם נָכוֹן עִמָּם et dl לִפְנֵיהֶם gl. (Fohrer KAT XVI 337); 27$_{13}$ pr. עִם־אֵל prop. מֵאֵל cf. 20$_{29}$ (BHS); 28$_{4}$ pr. נַחַל מֵעִם prop. נְחָלִים עַם גָּר fremdes Volk; Da 11$_{39}$ pr. עִם prop. עַם (BHS) vel ? dl עִם (Plöger KAT XVIII 156).

עמד: mhe., DSS (KQT 166); akk. *emēdu* (AHw. 211) anlehnen, auferlegen; ar. *ʿmd* stützen, sich vornehmen (Wehr 576):

qal (435 ×): pf. עָמַד/מָד, עָמְדָה, עָמַדְתָּ/תִּי, עָמְדוּ/מָדוּ, עֲמַדְתֶּם, עָמָדְנוּ; impf. (וַ)יַּעֲמֹד, יַעֲמָד־ (Da 10$_{17}$ †), (וַ)תַּעֲמֹד, ־וֹד (Rt 2$_{7}$ †), וַתַּעֲמֹדוּן, יַ/תַּעַמְדוּ, (וַ)יַּעַמְדוּ, אֶעֶמְדָה, וָאֶעֱמֹד, נַעֲמֹד, וַתַּעֲמֹדְנָה, (יַעֲמֹדְנָה Da 8$_{22}$, BL 353), עִמְדוּ, עִמְדִי, עֲמָד־נָא, עֲמֹד; imp. נַעַמְדָה, עֲמָדְךָ, עָמְדִי, עֲמֹד, עֲמ(וֹ)ד; inf. עֲמֹד, sf. עֲמָדִי (BL 353), עָמְדוֹ (↗ *עֹמֶד); pt. עֹ(וֹ)מֵד (sic l Da 11$_{1}$ pr. עָמְדִי), עֹמֶדֶת/מֶדֶת, עֹמְדִים, עֹמְדוֹת; (THAT II 328-332): — 1. **hintreten**: a) Ex 33$_{9}$ Ez 22$_{30}$, sich hinstellen 2S 15$_{2}$ 2K 23$_{3}$, c. לִפְנֵי vor Lv 18$_{23}$, Aufstellung nehmen 2K 3$_{21}$ Neh 12$_{40}$, cj. Esr 3$_{10}$ l וַיַּעֲמְדוּ pr וַיַּעֲמִידוּ; sich hinstellen (z. Gebet) 2K 5$_{11}$ 2C 20$_{20}$; auftreten Esr 2$_{63}$ || Neh 7$_{65}$, Sir 47$_{1.11}$, c. acc. an den Platz (חק) treten (d. Sterne) Sir 43$_{10}$ (Smend, Sir[M]); aufstehen (v. Sitzenden) Neh 8$_{5}$, (v. zum Sterben Bestimmten) Da 12$_{13}$ (jünger קוּם); b) c. praep. od. nähere Bestimmung: c. בְּ (de Boer HeWf 25-29) eintreten in, (cf. בִּבְרִית י׳ Dt 29$_{11}$), בַּבְּרִית 2K 23$_{3}$, (↗ בְּרִית III 5), sich einlassen in od. beharren auf (בְּדָבָר רָע) Koh 8$_{3}$, c. אֶל herantreten an 1S 17$_{51}$ (pr. אֶל prop. עַל, BHS), an Land gehen Ez 27$_{29}$, c. יַחַד miteinander hintreten Js 50$_{8}$; c. לְ vertreten Esr 10$_{14}$, eintreten für Est 4$_{14}$, auf jmd. wartend sich hinstellen 1K 20$_{38}$, c. אֵצֶל neben Gn 41$_{3}$, c. עַל entgegentreten Esr 10$_{15}$ Da 8$_{25}$, stehen vor dem sitzenden Richter (Boecker 85) Ex 18$_{13}$, ↗ 2 b; sich stützen auf (d. Schwert) Ez 33$_{26}$ (cf. Gn 27$_{40}$ c. חיה); metaph. עַל־נַפְשׁוֹ sich für das Leben wehren Est 8$_{11}$, עַל־דַּם־ nach dem Leben stehen, d. h. trachten (Elliger Lev. 243 u. 258) Lv 19$_{16}$, c. לִפְנֵי standhalten Nah 1$_{6}$ Ps 147$_{17}$ Da 11$_{16}$ (c. נֶגֶד, בִּפְנֵי u. מִן ↗ 3 d), c. נֶגֶד u. לְנֶגֶד gegenüberstehen Jos 5$_{13}$ 8$_{33}$, c. מִן abstehen von, aufhören Jon 1$_{15}$, cj. Ps 17$_{5a}$ (Kraus BK XV[5] 272), c. inf. Gn 29$_{35}$ 30$_{9}$, abs. 2K 13$_{18}$, c. מִנֶּגֶד sich fernhalten von 2K 2$_{7}$ Ob 11 Ps 38$_{12}$ (txt. inc.), c. תַּחַת an jmds. Stelle treten Koh 4$_{15}$; — 2. **dastehen**: a) Ex 33$_{10}$ Js 11$_{10}$ 61$_{5}$ Mi 5$_{3}$ Da 10$_{11}$: c. עַל auf Jos 11$_{13}$ 2K 9$_{17}$ Hab 2$_{1}$ (מָצוֹר || מִשְׁמֶרֶת), cf. Jörg Jeremias WMANT 35, 1970, 106f, Otto ZAW 89, 1977, 77); bei Gn 24$_{30}$, neben (eig. über) 18$_{8}$ 41$_{17}$, an 1K 13$_{1}$; c. אֵת stehen bei Gn 45$_{1}$, c. אֶת־פְּנֵי (Sam. *at fâni*) 19$_{27}$, c. עַל־הָאָרֶץ ein Land bewohnen Ex 8$_{18}$; b) c. לִפְנֵי **ehrerbietig stehen vor** (THAT II 331, Keel Bildsymb. 293ff): α) als Diener vor d. Herrn Dt 1$_{38}$ 1S 16$_{21.22}$ 2K 5$_{15}$, cf. 2K 4$_{12}$; β) als Beauftragter vor d. König Gn 41$_{46}$ 1K 1$_{2}$ 10$_{8}$ Jr 52$_{12}$ (l עֹמֵד pr. עָמַד); γ) d. Königinmutter 1K 1$_{28}$; δ) d. himmlische Hofstaat vor Jahwe 1K 22$_{19.21}$; ε) als Beauftragter vor Jahwe, d. h. in s. Dienst stehen (Schickelberger, Die Ladeerzählungen des ersten Samuel-Buches, 1973, 143; Abba VT 27, 1977, 265f): Mose Dt 4$_{10}$, Priester Ez 44$_{15}$, cf. Ri 20$_{28}$: vor d. Lade, Leviten Dt 10$_{8}$, Propheten 1K 17$_{1}$ 18$_{15}$ 2K 3$_{14}$ Jr 15$_{19}$, Rekabiten Jr 35$_{19}$, d. zum Kult versammelte Gemeinde Jr 7$_{10}$ Lv 9$_{5}$ 2C 20$_{13}$, d. ganze Schöpfung Js 66$_{22a.b}$; c) c. אֶת־פְּנֵי vor d. Lade 1K 3$_{15}$, ↗ 2 b δ, vor Salomo 12$_{6}$ ↗ 2 b β; d) c. בְּ: α) örtlich Dt 4$_{10}$ Jr 19$_{14}$ 26$_{2}$ 28$_{5}$ Est 6$_{5}$, Jr 23$_{18.22}$ (בְּסוֹד); β) metaph. v. Dienst im Palast Da 1$_{4}$, cf. 2 b β; e) c. עַל Vorsteher sein über Nu 7_{2} 1S 19_{20a} (Ludw. Schmidt WMANT 38, 1970, 105); schützend stehen vor, eintreten für Da 12_{1} Est 8_{11}, cf. 4_{14} c. לְ ↗ 1 b; abs. amtieren (v. Priestern u. Leviten) Neh 12_{44} 1C 6_{18}, ↗ 2 b ε; — 3. a) **stehen bleiben**, **sich nicht bewegen** Gn 19_{17} 1S 20_{38} 2S 20_{12} Jr 4_{6} (Menschen), Jos 10_{13} (Mond), Hab 3_{11} (Mond, cf. Rudolph KAT XIII/3, 231 u. 236, l ? בִּזְבֻלֹה pr. זְבֻלָה); b) zum Stehen kommen: bewegtes Meer Jon 1_{15}, Wasser Jos 3_{16} cj. Ps 147_{17} pr. מִי יַעֲמֹד prop. מַיִם יַעַמְדוּ, fliessendes Öl 2K 4_{6}; c) bleiben Ex 9_{28} 2K 6_{31} Da 10_{17}, bestehenbleiben יִרְאַת י׳ Ps 19_{10}, עֲצַת י׳ Ps 33_{11}, הָאָרֶץ Koh 1_{4}, זֶרַע וְשֵׁם Js 66_{22}; c. לְ verbleiben Koh 2_{9}, erhalten bleiben Jr 32_{14}, unverändert bleiben Lv $13_{5.37}$ Jr 48_{11}, am Leben bleiben Ex 21_{21}, als gültig anerkannt werden דְּבָרִים, wörtl. stehen bleiben Est 3_{4}; d) standhalten Am 2_{15} Ez 13_{5} Hi 8_{15} (בַּיִת), c. בִּפְנֵי Jos 21_{44}, c. נֶגֶד Koh 4_{12}, c. מִן Da 11_{8}; — Da 11_{4} pr. כְּעָמְדוֹ prop. כְּעָצְמוֹ wie 8_{8} (BHS), 1C 20_{4} pr. וַתַּעֲמֹד prop. וַתְּהִי־עוֹד (G S wie 2S 21_{18}, BHS);

hif. (meist spät): pf. הֶעֱמַדְתָּ(ה), הֶעֱמִיד (Sec. εεμεδεθ, Brönno 89f, R. Meyer Gr. § 73, 1a), וְהֶעֱמַדְנוּ, הֶעֱמַדְתִּי, וְהַעֲמַדְתָּ (BL 312w), sf. הֶעֱמַדְתִּיךָ, וְהַעֲמַדְתִּיהוּ, הֶעֱמִידוֹ/דָהּ; impf. וָאַעֲמִיד/מִידָה, וַיַּעֲמֵד/מֶד־, יַעֲמִיד, (וַ)יַּעֲמִ(י)דֵנִי/דֵהוּ/דֶהָ/דֵם, sf. נַעֲמִיד, וַיַּעֲמִ(י)דוּ, וַתַּעֲמִדֵנִי; imp. הַעֲמֵד, הַעֲמִידָה; inf. הַעֲמִיד, sf. הַעֲמִידוֹ, הַעֲמֵיד (BL 332t); pt. מַעֲמִיד (85 ×): — 1. **zum Stehen bringen**, **hinstellen**: עַל־רַגְלָי Ez 2_{2} 3_{24}, עַל־עָמְדִי Da 8_{18}, עַל בָּמ(וֹ)תַי Ps 18_{34} ∥ 2S 22_{34}, c. בְּ: בַּמֶּרְחָב רַגְלָי Ps 31_{9}, c. תַּחַת an d. Stelle setzen Hi 34_{24}; — 2. **aufstellen** Lv 14_{11} Nu 3_{6} Ri 16_{25} 2C $23_{10.19}$ Ps 148_{6} (Gestirne), Js 21_{6} (מְצַפֶּה), Ez 24_{11} (Topf), Neh 4_{3} (מִשְׁמָר), 12_{31} (תּוֹדוֹת), Da $11_{11.13}$ (הָמוֹן רָב), 2C 33_{19} (אֲשֵׁרִים); 2C 25_{5} (Wehrfähige familienweise) ↗ 4; die Abteilungen (מַחְלְקוֹת) der Priester u. Leviten 2C 31_{2}; — 3. **stehen lassen**, **bestehen lassen** Ex 9_{16} 1K 15_{4} (יְרוּשָׁלַיִם), Bestand geben Pr 29_{4} (Land :: Gemser Spr.[2] 100: aufrichten), 2C 9_{8} (Israel); — 4. **hinstellen**, **bestellen** c. acc. 1K 12_{32} כֹּהֲנֵי הַבָּמוֹת, Ps 107_{25} רוּחַ סְעָרָה, c. לְ zu 2C 11_{22}, c. לִפְנֵי (als Diener) Est 4_{5}, c. בְּ über 1C 17_{14}; cf. Esr 3_{8} Neh 13_{19} 1C 6_{16}, etc.; Neh 6_{7}; aufstellen (Götter) 2 C 25_{14}, antreten lassen Neh 4_{7} 2C 25_{5} (↗ 2), 29_{25} 34_{32}; auftreten lassen Da 11_{20} (pr. Ⓛ מַעֲבִיר ↗ עבר hif. 4, bietet ein Fragment d. Kairo Geniza מַעְמִיד [s. BHS, Kahle MdW 2, 75], doch ist Ⓛ zu folgen); — 5. **aufrichten**, (wieder) herstellen Esr 9_{9} (Trümmer), 26_{8} 2C 24_{13} (Tempel); einsetzen (Türen) Neh $3_{1.6.13-15}$ 6_{1}; — 6. Versch.: c. לִפְנֵי vorstellen Gn 47_{7}, c. פָּנָיו entweder fest blicken auf (Hasael) od. starr vor sich hinblicken 2K 8_{11} (cf. Gray Kings[3] 531); bestätigen (בְּרִית) Ps 105_{10}; c. חָזוֹן erfüllen Da 11_{14}; c. עָלָיו מִצְוֹת sich Geboten unterziehen od. sich als Verpflichtung auferlegen Neh 10_{33}; c. לְ Land (אֲדָמָה) zuweisen an 2C 33_{8}; c. דָּבָר u. לְ c. inf. beschliessen zu 2C 30_{5}; ? intr. (Rudolph Chr. 255): Stellung machen = sich aufrecht halten 2C 18_{34} (? l ↗ hof. aufrecht 1K 22_{35}); — Ps 30_{8} pr. הֶעֱמַדְתָּה l ? הֶעֱמַדְתַּנִי vel הָעֳמַדְתִּי;

hof: pf. cj. הָעֳמַדְתִּי; impf. יָעֳמַד; pt. מָעֳמָד 1K 22_{35} **hingestellt werden/sein**: Lv 16_{10} (שָׂעִיר); cj. Ps 30_{8} ↗ hif. †

Der. *מַעֲמָד, עַמּוּד, עֶמְדָּה, *עִמָּד, *עֹמֶד, מָעֳמָד.

*עֹמֶד: עמד, BL 567i: עָמְדִי, עָמְדוֹ/דֶךָ, עָמְדָם (ohne dag. l, sec. inf. qal, BL 581): **Standort**, **Platz** Da 8_{17f} 10_{11} Neh 8_{7} 9_{3} 13_{11} 2C 30_{16} 34_{31} 35_{10}, cj. Hi 23_{10} pr. עִמָּדִי l ? עָמְדִי cf. Fohrer KAT XVI 363; 2C 23_{13} pr. עַמּוּדוֹ l c. G u. 34_{31} עָמְדוֹ; cf. ihe. n. f. עמדיהו (Vattioni sig. 61). †

*עִמָּד: nur mit sf. 1. sg. עִמָּדִי (Sam. *im-*

m°ådi) 45 ×, 2 × מֵעִמָּדִי 1S 10$_{2}$ 20$_{28}$ (= מִמֶּנִּי 20$_{6}$), = עִמִּי u. oft damit wechselnd: zu ar. *ʿindu, ʿandu, ʿundu* Seite, *ʿinda* bei GB 594b, 597b :: Joüon § 103j: עִם + יָדִי neben meiner Seite = mit mir, :: BL 644a, Murtonen 41: עמד; semantisch = עִם: — 1. a) **bei** Gn 31$_{32}$ Dt 32$_{34}$ 1S 22$_{23}$ Ps 23$_{4}$ Hi 28$_{14}$, גֵּרִים וְתוֹשָׁבִים אַתֶּם עִמָּדִי Lv 25$_{23}$; b) neben mir (kein anderer Gott) Dt 32$_{39}$, (Spott) mein Teil (wörtlich neben mir) Hi 17$_{2}$; denn nicht so bin ich bei mir, d. h. mir bewusst Hi 9$_{35}$ (c. אָנֹכִי, Hölscher Hiob 28 :: Fohrer KAT XVI 200 l הוּא pr. אָנֹכִי: denn nicht recht verfährt er bei mir); c) feindlich gegen mich Ps 55$_{19}$, (Pfeile) in mir Hi 6$_{4}$; — 2. c. vb: c. נתן mir beigesellen Gn 3$_{12}$; c. היה (Mittsein Gottes ↗ עִם 1 b) Gn 28$_{20}$ 31$_{5}$ 35$_{3}$ cf. Hi 29$_{5}$, c. ישׁב Gn 29$_{19}$ Ri 17$_{10}$ Ps 101$_{6}$, c. עבד Gn 29$_{27}$, c. עמד Dt 5$_{31}$; nach Ausdrücken des Antuns: mir: c. עשׂה Gn 20$_{9}$ Hi 13$_{20}$, עשׂה חֶסֶד Gn 19$_{19}$ 20$_{13}$ 21$_{23}$ 40$_{14}$ 47$_{29}$ 1S 20$_{14}$ 2S 10$_{2}$ Hi 10$_{12}$ Rt 1$_{8}$ ↗ II חֶסֶד 1 a; c. הֵרַע Gn 31$_{7}$; c. רִיב streiten mit Ex 17$_{2b}$ (= עִם $_{2a}$), Hi 13$_{19}$ 23$_{6}$ 31$_{13}$; c. הִרְבָּה כַעַשׂ gegen Hi 10$_{17}$; — cj. Hi 17$_{16}$ pr. בַּדֵּי l ? c. G הַעִמָּדִי :: BHS: בְּיָדִי; Hi 23$_{10}$ pr. עִמָּדִי l ? עִמְדִי ↗ *עֹמֶד; Hi 29$_{6}$ dele ? עִמָּדִי, dittgr. aus vs.$_{5}$. †

***עֶמְדָּה**: עמד, BL 459e; mhe. Erwägung, Ermessung: sf. עֶמְדָּתוֹ: Mi 1$_{11}$ **Standort**, cj. l ? עֶמְדָּה (Elliger ThB 32, 1966, 19f vel עֶמְדָּתְךָ (Rudolph KAT XIII/3, 35), cf. BHS. †

***עֻמָּה**, Sam. c. לְ *lāmət*: √ עמם עמת, BL 455g, mhe.: לְעֻמָּתָם, לְעֻמָּתוֹ, לְעֻמַּת, cj Ez 45$_{7}$ pr. לְעֻמּוֹת l ? לְעֻמַּת: עֻמַּת stat. cstr. v. *עֻמָּה „Verbindung" (R. Meyer Gr § 116, 2), stets c. לְ, > praep; Koh 5$_{15}$ pr. כָּל־עֻמַּת = l כִּלְעֻמַּת, cf. ba. (כָּל־)קֳבֵל: — 1. **dicht an, neben** Ex 25$_{27}$ 28$_{27}$ 37$_{14}$ 39$_{20}$ Lv 3$_{9}$, dicht neben 2S 16$_{13}$; מִשְׁמָר לְעֻ׳ מִשְׁמָר Abteilung neben Abt. Neh 12$_{24}$, ein Posten neben dem anderen 1C 26$_{16}$ (:: Rudolph Chr. 172: in Vbdg. mit vs. $_{17}$ die entsprechenden Posten; — 2. **entsprechend**: Ex 33$_{18}$ Ez 48$_{13}$, Sir[Adl.] 33$_{15}$ זה לעומת[זה]; genau wie Ez 1$_{20f}$ 3$_{8.13}$ 10$_{19}$ 11$_{22}$ 40$_{18}$ 42$_{7}$ 45$_{6f}$ 48$_{18.21}$ Koh 5$_{15}$ 7$_{14}$ 1C 24$_{31}$ 26$_{12}$; לְעֻמַּת כַּקָּטֹן כַּגָּדוֹל (Kropat 56) für die Jüngeren genau so wie für die Älteren 1C 25$_{8}$ (cf. Rudolph Chr. 166); — 1K 7$_{20}$ מִלְּעֻמַּת הַבֶּטֶן unerkl. s. Noth Kge. 144, cj. Gray Kings[3] 184[1] u. 186: מִלְּעֻבַּת oberhalb der Ausbauchung; Jos 19$_{30}$ pr. עֻמָּה l עַכּוֹ. †

עַמּוּד (111 ×, 2 × עַמֻּד): עמד, BL 480s; Sam. *ʿammod*; mhe., 3Q 15, DJD III 248 (cf. KQT 167); ph. äga. palm. (DISO 216f), ja. sam. (BCh. 2, 548b), cp. sy. עַמּוּדָא, > ar. *ʿamūd, ʿimād, ʿamīd*; akk. *imdu* (AHw. 375b Stütze); asa. *ʿmd* (Conti 209a) u. äth. *ʿamd* (Dillm. 957) Säule: cs. =, sf. עַמּוּדוֹ, pl. עַמּוּדִים/דֵי, sf. עַמּוּדָיו, עַמּוּדֶיהָ, עַמּוּדֵיהֶם: — 1. **Zeltstütze, Ständer** Ex 26$_{32.37}$ u. ö.; — 2. a) **Säule**, Pfeiler e. Gebäudes (BRL[2] 259f, BHH 1678) Ri 16$_{25f.29}$; עַמּוּדֵי אֲרָזִים (d. Libanonwaldhauses) 1K 7$_{2}$; d. Säulen d. אוּלָם: א׳ הָעַמּוּדִים Säulenhalle 1K 7$_{6}$; b) עַמּוּדֶיהָ שִׁבְעָה der Weisheit Pr 9$_{1}$: Bedtg. umstritten: entweder Säulen eines Hauses bzw. einer Halle od. (freistehend) Säulen auf e. Kultplatz od. kosmisch die 7 Planeten als Säulen d. Welt, s. Ringgren ATD 16/1, 42; — 3. a) freistehende **Säule**: die zwei ehernen Säulen יָכִין u. בֹּעַז vor d. Tempel 1K 7$_{15-22.41f}$ 2K 25$_{13.16f}$ Jr 27$_{19}$ 52$_{17.20-22}$ 1C 18$_{8}$ 2C 3$_{15-17}$ 4$_{12f}$ (Gray Kings[3] 186-89, Noth Kge. 153-55, Würthwein ADT 11/1, 75f, Lit.); b) Standort d. Königs im Tempelbereich bei Staatsaktionen, עַל־הָעַמּוּד entweder an oder auf der Säule, wenn diese ein säulenartiges Podest war (v. Rad GSt. 207, Metzger VTSu. 22, 1972, 162ff)

2K 11₁₄ 23₃ (:: 2C 34₃₁ עָמְדוֹ, sic prop. 2C 23₁₃ pr. עַמּוּדוֹ ‏F‏ *עָמְדוֹ); c) metaph. עַמּוּד בַּרְזֶל Jr 1₁₈ || חֹמוֹת נְחֹשֶׁת; — 4. Versch.: a) d. Füsse der Sänfte אַפִּרְיוֹן HL 3₉f; b) Schenkel wie עַמּוּדֵי שֵׁשׁ Alabaster HL 5₁₅ (Gerleman BK XVIII 177); — 5. a) Rauchsäule Ri 20₄₀; b) Feuersäule Ex 13₂₁f 14₂₄ Neh 9₁₂.₁₉, u. Wolkensäule (Reymond 37) Ex 13₂₁f 14₁₉.₂₄ 33₉f Nu 12₅ 14₁₄ Dt 31₁₅ Ps 99₇ Neh 9₁₂.₁₉ (s. Gressm. Mose 117ff, Kaiser 133f, Fohrer BZAW 91, 1964, 102, Noth ATD 5, 86, THAT II 353, BRL² 259f); — 6. kosmisch: Pfeiler d. Erde Ps 75₄ Hi 9₆; d. Himmels Hi 26₁₁.

עַמּוֹן (106 ×), Sam. *ʿammon*; G Αμμων, Αμμαν, Αμμανος, Josph. Ἀμμανῖται (NFJ 10): n. p., Name erklärt Gn 19₃₈ nach עַם B; ursprünglich wohl eher zu עַם A 3 b: עַם + demin.-Endung *-ōn* „kleiner Onkel" (Stamm ArchOr. 17 (Teil 2), 1949, 379-82 u. HEN 422) :: Koehler ThZ 1, 1945, 154ff u. Lex.¹ zu עַם C + *ōn*, BL 500q; ass. *Ammān* (Parpola AOAT 6, 1970, 16) u. *Bīt Ammān* (Parpola l. c. 76, cf. Ran Zadok WdO 9, 1977, 41): **Ammon**, die Ammoniter BRL² 258f, BHH 82f, GTT § 12, Albr. Notes on Ammonite History (Miscellanea Biblica B. Ubach, 1954, 131ff), Noth AbLAk 1, 464ff, Landes BA 24, 1961, 66-86, Stoebe ZDPV 93, 1977, 240f: עַמּוֹן 1S 11₁₁ Ps 83₈; sonst בְּנֵי ע׳ Nu 21₂₄ Dt 2₃₇ 3₁₆, cf. *bn ʿmn* in d. ammonit. Inschr. v. Tell Siran, Z. 1 u. 2 (H. O. Thompson and F. Zayadine BASOR 212, 1973, 5-11); בְּנֵי ע׳ c. אֶרֶץ Dt 2₁₉, c. גְּבוּל Nu 21₂₄, c. מֶלֶךְ Ri 11₁₂, c. שָׂרֵי 2S 10₃, c. גְּדוּדֵי 2K 24₂, c. (מֹלֶךְ) שִׁקּוּץ 1K 11₇; n. l. רַבַּת בְּנֵי עַמּוֹן (Sam. *ribbåt båni ʿammon*) Dt 3₁₁.
Der. עַמּוֹנִי.

עַמּוֹנִי, עַמֹּנִי: gntl. v. (בְּנֵי) עַמּוֹן (Sam. *ʿammūni*): f. עַמּוֹנִית, עַמֹּנִים (häufiger בְּנֵי עַמּוֹן), עַמֳּנִיּוֹת 1K 11₁ (pc. MSS Ed. עַמּ׳, Ⓑ עַמְּ׳), Neh 13₂₃ K עַמּוֹנִיּוֹת, Q עַמֳּ׳, BL 231d: **Ammoniter**, ammonitisch: Einzelne: Dt 23₄ 1S 11₁f 2S 23₃₇ Neh 13₁ 1C 11₃₉, Frauen 1K 14₂₁.₃₁ 2C 12₁₃ 24₂₆, pl. 1K 11₁ Neh 13₂₃, adj. Neh 2₁₀.₁₉ 3₃₅; coll. הָעַמֹּנִי Esr 9₁; pl. הָעַמֹּנִים Dt 2₂₀ 1K 11₅ Neh 4₁; הָעַמֹּנִי (K הָעַמֹּנִי, Q ־נָה) Jos 18₂₄ Ammoniterdorf in Benjamin, die Ortslage ist ungewiss (cf. GTT § 327 I 10, Schunk ZDPV 78, 1962, 146f u. 150f, Kuschke Fschr. Hertzberg 108); 2C 20₁ pr. מֵהָעַמּוֹנִים l nach 26₈ u. G מֵהַמְּעוּנִים (cf. Welten WMANT 42, 1973, 143 u. 160). †

עָמוֹס: n. m., עמס; ug. *ʿms*, PN *bn ʿms* (UT nr. 1872, Gröndahl 109 u. 377b), ph. u. pun. (PNPhPI 172f u. 379), amor *Yaḫmus-AN* (Huffmon 198, Noth JSS 1, 1956, 325 u. AbLAk 2, 237) Kf. vom Typ *qatul* (BL 466n-p) zu ‏F‏ עֲמַסְיָה: עָמוֹס: „der (von Jahwe) Getragene" (cf. Wolff BK XIV/2, 153; Stamm BZAW 150, 1980, 137ff); im akkad. ist parallel: *Šūzubu* der Gerettete zu *ᵈNergal-ušēzib* (Stamm 112, Noth N. 38. 178f): d. Prophet **Amos**: Am 1₁ 7₈.₁₀₋₁₂.₁₄ 8₂; BHH 85. †

עָמוֹק: I od. II עמק; n. m. G Αμουκ: עָמֹק „tief" u. „stark" (Ben Hayyim, Henoch Yalon Memorial Volume, Jerusalem 1974, 52ff); akk. *emqu* geschickt, gewandt, kunstfertig, klug (CAD E (4) 151f; Landsberger, Brief des Bischofs von Esagila an König Asarhaddon, 1965, 21²⁹, cf. AHw. 215a); Noth N. 228: weise, doch vielleicht wegen akkad. *emqu* eher: geschickt, klug: Neh 12₇.₂₀. †

עַמִּיאֵל, n. m., Sam. *ʿāmīl*; amor. *Ḫa-mu-AN* (Huffmon 34 u. 197), lihj. *ʾl-ʿm* (ALUOS 7, 1969-73, 10); עַם A 3 a + אֵל „Mein Vatersbruder (= Beschützer) ist Gott": — 1. Kundschafter aus Dan Nu 13₁₂; — 2. Vater d. Machir aus Lodebar 2S 9₄.₅ 17₂₇; — 3. Türhüter aus d. Sippe

Korah 1C 26₅; — 4. Vater d. Bathseba 1C 3₅ = אֱלִיעָם 2S 11₃. †

עַמִּיהוּד, n. m., Sam. *ʿammijjod*: עַם A 3 b + ? הוד: ,,Mein Vatersbruder ist Hoheit''; Noth N. 76ff u. 146 :: Jirku ZAW 75, 1963, 87: הוד = kan. n. d.: — 1. Vater d. Thalmai d. Königs v. Gesur 2S 13₃₇Q (K עַמִּיחוּר); — 2. Vater d. Elisama aus Ephraim Nu 1₁₀ 2₁₈ 7₄₈.₅₃ 10₂₂ 1C 7₂₆; — 3. Vater eines נָשִׂיא aus Simeon Nu 34₂₀; — 4. Vater eines נָשִׂיא aus Naphtali Nu 34₂₈; — 5. Vater eines im nachexil. Jerusalem wohnenden Judäers 1C 9₄. †

עַמִּיזָבָד: n. m.; עַם A 3 a + זבד ,,Mein Vatersbruder schenkte'' (Noth N. 46 u. 76ff): Sohn d. Benaja, dessen Abteilung מַחֲלֹקֶת er übernimmt 1C 27₆. †

עַמִּיחוּר cf. עַמִּיהוּד Nr. 1 u. II חוּר.

עַמִּינָדָב: n. m., Sam. *ʿammīnå̊dåb*; עַם A 3 a + נדב ,,Mein Vatersbruder zeigte sich freigebig'' (Noth N. 192f); Dir. 254; Ammonit. Inschr. *ʿmndb mlk bn ʿmn* (Veenhof Phoenix 19, 1973, 299ff; Thompson-Zayadine BA 37, 1974, 13-19; Krahmalkov BASOR 223, 1976, 55); keilschr. *Amminadbi* K. v. *Bīt-Ammāna* VAB VII 689; AfO 15, 1945-51, 168b: — 1. Vater d. נַחְשׁוֹן, eines נָשִׂיא aus Juda Nu 1₇ 2₃ 7₁₂.₁₇ 10₁₄, nach Ex 6₂₃ Schwiegervater d. Aaron, nach Rt 4₁₉f 1C 2₁₀ Vorfahre d. David; — 2. 1C 6₇ l יִצְהָר vs. ₃.₂₂f, s. Rudolph Chr. 54; — 3. Fürst (שַׂר) unter d. Nachk. d. Kehat 1C 15₁₀f (s. Rudolph l. c. 123; — 4. HL 6₁₂ var. pr. עַמִּי־נָדִיב. †

עַמִּי־נָדִיב, Ⓑ עַמִּי נָדִיב, G V עַמִּינָדָב, danach n. m. עַם A 3 a + adj. נָדִיב ,,Mein Vatersbruder ist freigebig'', HL 6₁₂, doch unsicher, s. Gerleman BK XVIII 189f :: Rudolph KAT XVII/2, 166. †

עָמִיר: עמר verb. denom; mhe., DSS (KQT 167), ja. עֲמִירָא, äga. (DISO 217, Segert ArchOr 24, 1956, 392: Grünfutter): **geschnittene Ähre** (AuS 3, 52. 58) Jr 9₂₁ Am 2₁₃ Mi 4₁₂ Zch 12₆, 1QM XI 10, cj. Ps 72₁₆ pr. וְיָצִיצוּ מֵעִיר prop. יָצִיץ וַעֲמִירוֹ (BHS). †

עַמִּישַׁדַּי, Q u. auch K Nu 10₂₅ עַמִּי שַׁדָּי, Sam. *ʿammīšiddi*: n. m., עַם A 3 a + ? שַׁדַּי, G Αμισαδε/αι, äg. *Sadde-Ammi* (Albr. The Biblical Period, 1950, 7): Nu 1₁₂ 2₂₅ 7₆₆.₇₁ 10₂₅ cf. Noth AbLAk 2, 230. †

***עָמִית**, Sam. *ʿammət*: עמה = עמם (Ges. Thes. 1040, s. GB); mhe., DSS (KQT 167), ja. עֲמִיתָא; ar. *ʿāmmat* Volk, bunte Masse, asa. *ʿmt* (Volks-)Gemeinschaft (Müller ZAW 75, 1963, 312; cf. ? akk. *emūtu* Familie des *emu* [Schwiegervater חָם] AHw. 217a): עֲמִיתִי, עֲמִיתְךָ/תֶךָ, עֲמִיתוֹ: — 1. **Gemeinschaft, Volksgenossenschaft**: גֶּבֶר עֲמִיתִי Zch 13₇ wörtlich: d. Mann m. Volksgenossenschaft (cf. Ina Willi-Plein BBB 42, 1974, 77), freier: d. Mann, der mir nahesteht (Dam. 19, 8), יסוד עמיתו 1QS 6, 26 die Grundlage s. Gemeinschaft; — 2. durch Wegfall v. גֶּבֶר = concr. (König Stil. 66) Gemeinschaftsgleich, Mitbürger (Elliger Lev. 241[19], THAT II 299, cf. אָח, רֵעַ) Lv 5₂₁ 18₂₀ 19₁₁.₁₅.₁₇ 24₁₉ 25₁₄f.₁₇. †

עמל: mhe.; aam. äga. palm. (DISO 217), ja. sam. (BCh. 2, 551b. 555a), cp. sy. md. (MdD 352b), tham. (ZDMG 107, 327); ar. *ʿamila* sich abmühen; äth. *māʿbal* Werkzeug; akk. *nēmelu* Erwerb (AHw. 776b); das Verb auch in e. aram. Grabinschrift aus Daskyleion (Delcor Muséon 80, 1967, 311); im AT eher spät:

qal: pf. עָמַל, עָמְלָה, עָמַלְתָּ, עָמַלְתִּי, עָמְלוּ; impf. יַעֲמֹל: **sich abmühen**: c. בְּ um Jon 4₁₀ Ps 127₁ Koh 2₂₁ 8₁₇ (בְּשֶׁל); c. לְ für Pr 16₂₆ Koh 5₁₅ 8₁₇ (לְבַקֵּשׁ), ? Koh 1₃ 2₁₉f 5₁₇; c. לַעֲשׂוֹת Koh 2₁₁. †

Der. I. II (n. m.) עָמָל, עָמֵל.

I **עָמָל**: עמל: Sam. *ʿå̊må̊l*; mhe., DSS (KQT 167), aam. äga. (DISO 217), ja., sam. (BCh. 2, 555a) cp. עמלא,

akk. *nēmelu*; ar. *ʿamal*: עֲמָלִי, עֲמַל, עֲמָלוֹ/לְךָ/לֵנוּ/לָם (THAT II 332-35): — 1. **Mühsal** Gn 41$_{51}$ Dt 26$_{7}$ Js 53$_{11}$ 59$_{4}$ Jr 20$_{18}$ Ps 25$_{18}$ 73$_{5.16}$ 90$_{10}$ 107$_{12}$ Pr 31$_{7}$ Hi 3$_{10}$ 5$_{7}$ 11$_{16}$ 15$_{35}$ 16$_{2}$ (c. מְנַחֲמֵי leidige Tröster), Koh 2$_{24}$ 3$_{13}$ 5$_{18}$; — 2. **Erworbenes** (akk. *nēmelu* AHw. 776b) Ps 105$_{44}$ 1QS 9$_{22}$; — 3. **Bemühung, Sichmühen** Koh 1$_{3}$ 2$_{10f.18-22}$ 4$_{4.6.8f}$ 5$_{14.17}$ 6$_{7}$ 8$_{15}$ 9$_{9}$ 10$_{15}$; — 4. **Not**: a) in der man ist od. war Dt 26$_{7}$ Ri 10$_{16}$ Jr 20$_{18}$ Ps 25$_{18}$ 107$_{12}$ Hi 7$_{3}$, cj Hi 20$_{22}$ l עָמָל pr. עָמֵל (BHS); b) die man anderen verursacht Js 10$_{1}$ Hab 1$_{3}$ Ps 10$_{7}$ 94$_{20}$ (cf. Fohrer Fschr. D. W. Thomas 102); — 5. **Unheil** Nu 23$_{21}$ Hab 1$_{13}$ Ps 7$_{15.17}$ 10$_{14}$ 55$_{11}$, עֲמַל שְׂפָתֵימוֹ 140$_{10}$, Pr 24$_{2}$: ihre Lippen sprechen עָמָל, Hi 4$_{8}$ 5$_{6}$; — 6. עָמָל וָאָוֶן Ps 10$_{7}$ 90$_{10}$, עָמָל ‖ אָוֶן Nu 23$_{21}$ (u. 8 ×); עָמָל וְיָגוֹן Jr 20$_{18}$; עָמָל וָכַעַס Ps 10$_{14}$; עֲמַל אֱנוֹשׁ Ps 73$_{5}$; עֲמַל הָאָדָם Koh 6$_{7}$; עֲמַל לְאֻמִּים Ps 105$_{44}$. †

II עָמָל: n. m. = I bes. 2, akk. *Nēmelum* „Gewinn" (Stamm 248); palm. *ʿmlʾ* PNPI 45. 106 ist mit J. K. Stark wohl als eine zum PN gewordene Berufsbezeichnung „Arbeiter" zu verstehen, cf. Noth N. 231; — unsicher ist d. edomit. ? PN *Qaus-ʿamal*, s. Vriezen OTSt 14, 1965, 331; THAT II 332: Asserit 1C 7$_{35}$. †

עָמֵל: עמל, BL 464z; mhe.: — 1. **mühebeladen** Hi 3$_{20}$; — 2. **sich mühend** Koh 2$_{18.22}$; c. בְּ 3$_{9}$; c. לְ für 4$_{8}$; c. acc. עָמָל 9$_{9}$; — 3. **Werkmann, Arbeiter** Pr 16$_{26}$, pl. Ri 5$_{26}$; cj. Hi 20$_{22}$ l ↗ I עָמָל 4 a. †

cj. *עֲמַלָּץ: מלץ, ar. *malīṣ* glatt, schlüpfrig: עֲ' < *ʾamlāṣ* (J. Löw MGWJ 68, 160f, Koehler OTSt 8, 1950, 151, :: Barr CpPh 236f): pl. עֲמַלְּצֵי: **Hai**, cj. (Löw) Ps 74$_{14}$ pr. לְעָם לְצִיִּים l vielmehr לְעַמַלְּצֵי יָם, (cf. Donner ZAW 79, 1967, 338[103]). †

עֲמָלֵק, Sam. *ʿåmåləq*; G Αμαληκ, Josph. Ἀμαληκῖται, Ἀμαλῆκος (NFJ 9): sprachl. Erklärung nicht möglich (Weippert 252, entspr. Versuche l. c. 594[796]): — 1. (n. m.) h. ep. v. 2., Enkel Esaus Gn Gn 36$_{12.16}$ 1C 1$_{36}$; — 2. n. tr. **Amalekiter**, zwischen Sinai u. d. Südwesten Palästinas; Abel 1, 270ff; GTT § 8, Fritz Israel in d. Wüste, 1970, 57. 103; Zobel BZAW 95, 1965, 45 u. VTSu 28, 1975, 273f; Stoebe KAT VIII/1, 283f; Schatz 116f; BHH 77: Ex 17$_{8-16}$ Nu 13$_{29}$ 24$_{20}$ Dt 25$_{17.19}$ Ri 3$_{13}$ 5$_{14}$ (s. Zobel l. c.; Cazelles VT 24, 1974, 236), Ri 6$_{3.33}$ 7$_{12}$ 10$_{12}$ 1S 14$_{48}$ 15$_{2-8.18.20.32}$ 28$_{18}$ 30$_{18}$, cj. 30$_{1}$ l עֲמָלֵק pr. עֲמָלֵקִי (cf. Stoebe KAT VIII/1, 509; ob auch 15$_{6.15}$ entsprechend zu ändern, ist fraglich, cf. Stoebe l. c. 284), 2S 8$_{12}$ Ps 83$_{8}$ 1C 4$_{43}$ 18$_{11}$; — Nu 24$_{7b}$ ins. ? מֵעֲמָלֵק (Zobel ZAW 85, 1973, 287[24]); 2S 1$_{1}$ ↗ עֲמָלֵקִי. †

עֲמָלֵקִי: gntl. v. עֲמָלֵק; Sam. *ʿåmålqi*: **Amalekiter**: — 1. coll. Gn 14$_{7}$ Nu 14$_{25.43.45}$ 1S 27$_{8}$, cj. Ri 1$_{16}$ txt. inc. pr. אֶת־הָעָם prop. אֶת־הָעֲמָלֵקִי :: Rose VT 26, 1976, 450; 2S 1$_{1}$ l ? הָעֲמָלֵקִי pr. הָעֲמָלֵק; עֲמָלֵקִי in 1S 15$_{6.15}$ 30$_{1}$ ↗ עֲמָלֵק 2.; הַר הָעֲמָלֵקִי in Ephraim Ri 12$_{15}$, GTT § 602-3; — Einzelner 2S 1$_{8}$; adj. 1S 30$_{13}$. †

עמם: ar. *ġamma* bedecken, mit acc. sf. er/es bekümmerte ihn, veranlasste ihn zu klagen oder traurig, unglücklich zu sein (Lane I 2289f), mhe. עמם, עמעם eig. bedecken, verhüllen u. von daher verdunkeln (Levy 3, 662b), ja. עֲמָא, עמם dunkel sein/werden (Levy l. c. 661f), cf. Driver Biblica 19, 1938, 177; Zimmerli BK XIII 663, H. P. Müller UF 1, 1969, 81 u. VTSu 22, 1972, 278[1] :: GB u. Lex.[1] I u. II עמם:

qal: pf. עֲמָמֻהוּ, עֲמָמוּךָ: — 1. Ez 28$_{3}$ verblüffen (Zimmerli), Kummer bereiten (Müller); — 2. Ez 31$_{8}$ gleichkommen (Zimmerli), :: Müller UF 1, 1969, 81[17]: überragen, von der Grundbedtg. „bedecken" aus (vielleicht ist diese beizubehalten): „die Zedern bedeckten/verhüllten ihn nicht".

hof: impf. יוּעַם: (Gold) verdunkelt werden, G ἀμαυρωθήσεται, V *obscuratum est* (*aurum*) Kl 4_1. †

עֲמָמִים, ✗ עַם C.

עִמָּנוּ אֵל, edd. u. 1Q Js^a עִמָּנוּאֵל: עִם + אֵל „Gott (ist) mit uns", cf. עמדיהו Dir 218 u. עמניה Kornfeld Onomasticon 67: eine im (Jerusalem.) Kult oder im heilig. Krieg beheimateten Heilszusage, die zum PN geworden ist. Zu Sinn und Herkunft s. Wildbg. BK X 292f (Lit.); Lescow ZAW 79, 1967, 176; Preuss ZAW 80, 1968, 152[48]; Crenshaw ibid. 208; Stolz BZAW 118, 1970, 156, Stamm ThZ 30, 1974, 11-22, bes. 21, BHH 761, Werner Berg BN 13, 1980, 7-13 (Lit): Js 7_{14} 8_8. †

עמס: mhe. aufladen, ja. zusammendrücken; Hi 16_9 (Var. עסי), ug. *ʿms* tragen, beladen (UT nr. 1872, Aistl. 2049, RSP I S. 297 Nr. 431, cf. Avishur UF 7, 1975, 27); ph. wegtragen (KAI Nr. 14, 5-6. 7. 21), pun. darbringen (KAI Nr. 69, 13 u. 74, 8; DISO 217); amor. *ḫms* (Huffmon 198 ✗ עָמוֹס); sy. zusammendrücken; ar. *ʿamisa* drückend sein; tigr. *ʿamsa* schwanger, trächtig sein (Wb. 456a, Leslau 40); ✗ עמשׂ (Cazelles in LgSem. 101f) und n. m. עֲמָשַׂי, עֲמָשָׂא (?):

qal: impf. יַעֲמָס־, יַעֲמֹס; pt. עֹמְסִים = עֹמְשִׂים Neh 4_{11}, עֲמֻסִים, עֲמֻסָה, עֲמוּסוֹת: — 1., c. עַל (auf e. Tier) **aufladen** Gn 44_{13} Neh 13_{15}, pass. Js 46_1; — 2. (Last) **tragen** Neh 4_{11}, Kinder auf den Armen Js 46_3; c. לְ, sbj. Gott Ps 68_{20} :: Dahood Psalms II 143f l יְעַמֵּס (pi. privativum, GK § 52h) er entlastete uns; ähnl. Gray JSS 22, 1977, 24 l עֻמַּס unsere Last ist von uns genommen; (Stein) stemmen Zch 12_3. †

hif: pf. הֶעֱמִיס: c. עַל (drückendes Joch) **auflegen** 1K 12_{11} 2C 10_{11}. †

Der. מַעֲמָסָה; n. m. עָמוֹס, עֲמַסְיָה u. wohl auch עֲמָשַׂי, עֲמָשָׂא.

עֲמַסְיָה: n. m.; עמס + י׳ „Jahwe hat (schützend) getragen" (Noth N. 178f), ✗ עָמוֹס; *ʿms* in ph. u. pun. PN s. PNPhPI 172f u. 379; Sgl. עמסאל (Avigad ErIsr 9, 1969, 8; 2 Vattioni sig. 380 Nr. 201; Horn BASOR 205, 1972, 43-45); keilschr. *Amsi* (APN 22): Heerführer (שַׂר) unter Josaphat 2C 17_{16}. †

עַמְעָד: n. l. ign. in Ascher, Abel 2, 66, GTT § 332 A, Noth Jos. 117f: Jos 19_{26}. †

I **עמק**: mhe. hif. u. ja. af. tief machen; amor. u. ug. ✗ I עֵמֶק; aam. (DISO 217, Degen Altaram. Gr. S. 70); sy. pe., md. pa.; ar. *ʿamuqa*, auch *ʿamiqa* (Rössler ZA 54, 1961, 172), dial. *ġamiqa*; äth.^{G} *ʿam(a)qa* (Dillm. 956), tigr. (Wb. 456a) ausgehöhlt sein; akk. *emēqu* (AHw. 213b), anstelle dieses Verbs bietet CAD E (4) 151f nur d. adj. *emqu* ✗ עָמוֹק:

qal: pf. עָמְקוּ: **tief, geheimnisvoll sein** (Gedanken מַחֲשָׁבוֹת Jahwes) Ps 92_6 (|| גָּדְלוּ מַעֲשִׂים). †

hif: pf. הֶעְמִיקוּ, הֶעֱמִיק; inf. הַעֲמֵק; pt. מַעֲמִיקִים: — 1. c. acc. **tief machen**: אוֹת Js 7_{14}, 31_6, cjg. c.cj וְשַׁחַת הַשִּׂטִּים/בַּשׂ׳ סָרָה (BHS) Hos 5_2; — 2. als Hilfsverb zur örtlichen Charakterisierung einer Handlung (GK § 120g): a) c. inf. c. לְ (GK § 114m) לַסְתִּיר (סתר hif.) Js 29_{15} um tief zu verbergen; לָשֶׁבֶת Jr $49_{8.30}$ in der Tiefe wohnen = sich verstecken; b) c. vb. fin. (GK § 120d.g) הִרְחִיב שִׁחֲתוּ Js 30_{33}, Hos 9_9; cj. Ps 73_8 pr. יָמִיקוּ sie höhnen (✗ מוק) l ? יַעֲמִיקוּ, so Gkl Ps. 311 u. 317. †

Der. I עֵמֶק, עֹמֶק, עָמֹק, *עָמֵק, *מַעֲמַקִּים, n. m. עָמוֹק.

II *עמק: ug. (UT nr. 1874, Aistl. 2050): 1) adj. *ʿmq* KTU 1. 17 VI, 45 stark :: H. P. Müller UF 1, 1969, 94 weise, 2) sbst. Stärke KTU 1, 7 I, 4 u. KTU 1, 3

II, 6 *bʿmq* = mit Kraft oder in der Ebene (wegen 1.3. II *ḫp[y]m* ist d. letztere wahrscheinlicher). Nach Margalit UF 8, 1976, 167 ist d. obige 1) ebenfalls sbst.: Stärke. — *am-qa[?]* gl. z. akk. *dimtu* Turm, Kastell (AHw. 170f) in PRU III S. 118, 12, cf. S. 217f; akk. *emūqu* Armkraft, Macht, Gewalt.

Der. II עֵמֶק; ? n. m. עָמוֹק.

I עֵמֶק (64 ×): I עמק; Sam. *ēməq*; mhe.; ph. pun. (DISO 217); ug. *ʿmq* (UT nr. 1873, Aistl. 2050, RSP I S. 298 Nr. 431a); amor. *ḫamqum* (ARM XV 203; Noth AbLAk 2, 269); kan. EA *Amqi* (VAB II 1112 u. 1571); äg. *ʿa-m-qu/Amqi* (Helck, Beziehungen 128 u. 272); ja. sam. (BCh. 2, 547a) עַמְקָא, cp. sy. md. (MdD 344b) *ʿumqā*: עִמְקֵךְ, pl. עֲמָקִים, עֲמָקַיִךְ:

A. **Talgrund** (Abel 1, 397; Schwarzenbach 33ff; Krinetzki BZ NF 5, 1961, 204-220), Ebene zwischen 2 Bergzügen od. zw. Berg u. Wasser (Gd. Intr. 179[1]), cf. גַּיְא, בִּקְעָה s. Stoebe KAT VIII/1, 316, I נַחַל, מִישׁוֹר: — 1. sg. Nu 14$_{25}$ Jos 8$_{13}$ 13$_{27}$ Ri 1$_{19.34}$ 5$_{15}$ 7$_{1.8.12}$ 1S 6$_{13}$ 31$_{7}$ Jr 21$_{13}$ (txt. inc. ↗ II עֵמֶק), 31$_{40}$ 48$_{8}$ 49$_{4}$ (l בְּעָמְקֵךְ, BHS ↗ II עֵמֶק), Hi 39$_{21}$ ↗ II עֵמֶק, 1C 10$_{7}$, אֶרֶץ הָעֵמֶק das ebene, flache Land Jos 17$_{16}$; — Jr 47$_{5}$ l ? pr. עִמְקָם c. G עֲנָקִים, ↗ II עֵמֶק; — 2. pl. **Tiefebenen, Täler** Js 22$_{7}$ Jr 49$_{4}$ ↗ II עֵמֶק, Mi 1$_{4}$ Ps 65$_{14}$ Hi 39$_{10}$ HL 2$_{1}$, 1C 12$_{16}$ 27$_{29}$; אֱלֹהֵי עֲמָקִים (:: אֱ׳ הָרִים) Gott d. Talebenen 1K 20$_{28}$;

B. עֵמֶק in nn. l.: — 1. בֵּית הָעֵמֶק Jos 19$_{27}$ in Asser in *Sahl el-Baṭṭof* w. See Genesareth, Abel 2, 272, Saarisalo JPOS 10, 1930, 6, GTT § 332; — 2. הַר הָעֵמֶק in Ruben Jos 13$_{19}$ s. Noth AbLAk 1, 428[159] u. Jos. 80; — 3. עֵמֶק אַיָּלוֹן Jos 10$_{12}$ ↗ אַיָּלוֹן; — 4. הָעֵמֶק אֲשֶׁר לְבֵית־רְחוֹב ,,das Tal v. B.-R.'', in ihm liegt לַיִשׁ Ri 18$_{28}$ ↗ בַּיִת 44; — 5. עֵמֶק הַבָּכָא ,,Baka-Tal'' Ps 84$_{7}$; e. bestimmtes Tal ? s. Gkl. Ps. 371 :: Kraus BK XV[5] 749f; — 6. עֵמֶק בְּגִבְעוֹן Js 28$_{21}$, ↗ גִּבְעוֹן; — 7. עֵמֶק בְּרָכָה in Juda, erkl.: 2C 20$_{26}$, *Ch. Berēkūt* w. תְּקוֹעַ, GTT § 995, Rudolph Chr. 262; — 8. עֵמֶק הָאֵלָה Terebintental 1S 17$_{2.19}$ 21$_{10}$: *W. es-Sanṭ* b. שׂוֹכֹה, 20 km südw. v. Bethlehem, Abel 1, 78. 405, GTT § 254, Stoebe KAT VIII/1, 316[2]; — 9. עֵמֶק הֶחָרוּץ ,,Tal der Entscheidung'' Jl 4$_{14}$ = Nr. 12 עֵ׳ יְהוֹשָׁפָט; — 10. עֵמֶק הַמֶּלֶךְ ,,Königstal'' (Sam. *ēməq amålək*) Gn 14$_{17}$ 2S 18$_{18}$, Dalm. Jerus. 91ff, Schatz 186f. 191, Westermann BK I/2, 230. 233 = ↗ עֵ׳ שָׁוֵה Gn 14$_{17}$, השוה 3Q 15 VIII 10. 15 (DJD III 274); — 11. עֵמֶק חֶבְרוֹן Gn 37$_{14}$ ↗ חֶבְרוֹן u. II רְחֹב; — 12. עֵמֶק יְהוֹשָׁפָט Jl 4$_{2.12}$; Ort d. endzeitl. Gerichts, geographisch nicht zu bestimmen; zu entspr. Versuchen s. Gressm. Mess. 115f. 139; H. M. Lutz WMANT 27, 1968, 55. 61; Wolff BK XIV/2, 91f. 97; — 13. עֵמֶק יִזְרְעֶאל ,,Tal Jesreel'' Jos 17$_{16}$ Ri 6$_{33}$ Hos 1$_{5}$, d. grosse Alluvialebene zw. d. samarischen u. galiläischen Gebirge, Abel 2, 364f, BRL[1] 307f, BHH 857, Noth WdAT 56; — 14. עֵמֶק סֻכּוֹת Ps 60$_{8}$ 108$_{8}$ = *el Ghor*, Noth WdAT 13; — 15. עֵמֶק עָכוֹר in Juda Jos 7$_{24.26}$ 15$_{7}$ Hos 2$_{17}$ Js 65$_{10}$, Abel 1, 406f, Noth WdAT 62, ZDPV 71, 1955, 42-55: d. *Buqeʿa* w. Jericho :: Wolff BK XIV/1[2], 52f: *Wādi en-Nuwēʿime* nw. Jericho; — 16. עֵמֶק קְצִיץ ,,Kiesebene'' Noth Jos. 111. 149, Ortschaft in Benjamin Jos 18$_{21}$ ign, Kuschke Fschr. Hertzberg 107; — 17. עֵמֶק רְפָאִים in Juda Jos 15$_{8}$ 18$_{16}$ 2S 5$_{18.22}$ || 1C 14$_{9.13}$ 2S 23$_{13}$ || 1C 11$_{15}$ Js 17$_{5}$, *el-Baqʿa* sw. Jerus., Karge 633ff, GTT § 211, Wildbg. BK X 648, BHH 1590f; — 18. עֵמֶק הַשִּׂדִּים (Sam. *ēməq aššiddəm*), G ἡ φάραγξ/ἡ κοιλὰς ἡ ἁλυκή, Josph. Ἁλυκὸς αὐλών (NFJ 9) Gn 14$_{3.8.10}$ =

vs. 3) יָם הַמֶּלַח (Abel 1, 407, Schatz 181f, Westermann BK I/2, 230. 133) = עמקא די סדיא GnAp. 21, 25, s. Fitzmyer² 163 = ? גֵּי הַמֶּלַח: mit vs. 3 (wohl gl.) ist vielleicht nicht die blosse Identifizierung gemeint, sondern auf die Lage von עֵ׳ שִׂדִּים in der Nähe des Toten Meeres hingewiesen, s. Schatz l. c. — 19. עֵמֶק שָׁוֵה, Sam. *ēmǝq aššēbi*, G Σαυη :: I שוה, ↗ שָׁוֵה „Talebene" Gn 14₁₇, = Nr. 10 עֵ׳ הַמֶּלֶךְ. †

? II **עֵמֶק**: II *עמק: Kraft, UT nr. 1874, Driver Fschr. Robinson 61, Albr. VTSu III 1955, 14; Dahood Biblica 40, 1959, 166, AnBibl. 10, 1959, 32; Schwarzenbach 35: Jr 21₁₃ יֹשֶׁבֶת הָעֵמֶק die in Machtfülle Sitzende :: Rudolph Jer.³ 138: יֹשֶׁבֶת הָעֹפֶל; Jr 47₅ שְׁאֵרִית עִמְקָם der Rest ihrer Kraft :: Rudolph Jer.³ 272: l עֲנָקִים, ↗ I עֵמֶק 1.; Jr 49₄ מַה־תִּתְהַלְלִי בָּעֲמָקִים זָב עִמְקֵךְ: was rühmst du dich deiner Stärke, deine Stärke ist verströmt, ↗ זוב, HAL 255b :: Rudolph Jer.³ 286: del. gl. בָּעֲמָקִים זָב עִמְקֵךְ (was rühmst du dich) deines Tales; Hi 39₂₁ בָּעֵמֶק (Pferd, c. I חפר) scharren (|| בְּכֹחַ) :: Fohrer KAT XVI 490. 494: im Talgrund; 1C 12₁₆ הָעֲמָקִים starke Männer (W. Watson Biblica 53, 1972, 196, cf. A. Wieder JBL 84, 1965, 162f :: Rudolph Chr. 104. 105: Täler; c. Vrss ? Talbewohner. — An keiner dieser Stellen ist II עֵמֶק gesichert, am allerwenigsten wegen I חפר Hi 39₂₁.

עָמֹק, Sam.[M42] *ēmeq*: I עמק, BL 466n; mhe., ja. cp. sy. עַמִּיק, md. (MdD 352b) *ʿmuq*; kan. EA *um-muq* = *ummuqu* (Rainey AOAT 8, 1970, Nr. 359, 29 u. S. 85); äth. *ʿmūq* (Dillm. 956); ar. *ʿamīq* tief: עֲמֻקָּה (BL 558c, Joüon § 18e), עֲמֻקּוֹת, עֲמֻקִּים: — 1. **tief**: כּוֹס Ez 23₃₂, שׁוּחָה Pr 22₁₄ 23₂₇, מַיִם Pr 18₄ 20₅, שְׁאוֹל Hi 11₈ (:: cj. גְּבֹהָה מִשָּׁמַיִם BHS); — 2. **tieflegend** (Hautstelle) Lv 13₃f.25.30-34 (Ben-Hayyim, Yalon Memorial Volume, Jerusalem 1974, 52ff: stark, cf. ug. u. akk.); — 3. metaph. **unergründlich, geheimnisvoll**, Ps 64₇ Hi 12₂₂ Koh 7₂₄ (|| רָחוֹק), cf. akk. *rūqū* (*šamû*)-*šupul-erṣeti* (Ug. V S. 293, 8. 10, RSP II S. 390 Nr. 30 u. S. 399 Nr. 49); ↗ n. m. עָמוֹק. †

עֹמֶק: I עמק: mhe. ja. sy. cp. md. (MdD 344b) עֻמְקָה; äth. *ʿmaq* (Dillm. 956): עִמְקֵי (BL 568j) **Tiefe** Pr 9₁₈ 25₃ (:: רוּם). †

***עָמֵק**: I עמק: BL 463y; pl. cs. עִמְקֵי: עִמְקֵי שָׂפָה unverständlich (in d. Sprache): von unverständlicher Sprache Js 33₁₉ (G βαθύφωνος, V *populum alti sermonis*), Ez 3₅f (G βαθύχειλος, V *populus profundi sermonis*). †

עמר: dieselbe √ bei vb. u. sbst. I עֹמֶר :: Lex.¹, GB I u. II עמר; mhe. pi. Getreide zusammentragen, zum Haufen machen; ja. pa. Getreide häufen (Levy 3, 665b), hitp. mhe. jmdn als Sklaven benützen (Dalm. Wb. 613b) od. brutal behandeln (cf. GB, BDB, Nachmanides, Ibn Ezra u. sphe.):

pi: pt. מְעַמֵּר (denom. v. I עֹמֶר u. עָמִיר): geschnittene Ähren sammeln (AuS 3, 46ff) Ps 129₇. †

hitp: pf. הִתְעַמֶּר־; impf. תִּתְעַמֵּר: c. בְּ **Handel treiben** mit Dt 21₁₄ (T° *tittaggar*), 24₇ (T° *wejittaggar*) s. David VT 1, 1951, 219-21: הִתְעַמֵּר ein der Geschäftssprache entlehntes Verb, das ursprünglich mit dem Getreidehandel zusammenhing; Alt VT 2, 1952, 153-59: etym. Zushg. mit ug. *ǵmr*(*m*) (UT nr. 1974, Aistl. 2157): die neu der Wehrpflicht Unterworfenen, Rekruten. Im AT geht die √ *ǵmr* auf e. angemassten Rechtsanspruch im Verhältnis zw. Individuen, im ug. auf e. Auswirkung der anerkannten Gewalt d. Staates über s. Untertanen. †

Der. I עֹמֶר; n. l. ? עֲמֹרָה.

I **עֹמֶר**, Sam. *ūmår* (BCh. LOT 5, 194 <

*עֲמָר), ja. sam. עומרא; ar. *ġumr* Garbe: עֳמָרִים: **Häufchen abgeschnittener Ähren** (Lex.[1], BRL[1] 184, cf. AOB 166, trad. Garben GB, AuS 3, 46ff) Lv 23_{10-15} Dt 24_{19} Hi 24_{10} Rt 2_{15}; $_{27}$ בָּעֳמָרִים entweder cj. l בָּעֲמִירִים (Rudolph KAT XVII/1, 46) oder del. als gl. (Gerleman BK XVIII 23; Würthwein HAT 18^2, 13). †

II עֹמֶר, Sam. *åmår* (< I עֹמֶר); G^{BA} γομορ 1S 16_{20} pr. חֲמוֹר cf. Stoebe KAT VIII/1, 308; ja. עֻמְרָא, äga. (DISO 218); ar. *ġumar* kleiner Trinkbecher: ein **Kornmass** Ex $16_{16.18.22.32f.36}$ = 1/10 אֵיפָה; BHH 1164, de Vaux Inst. 1, 305f = Lebensordnungen 1, 322f. †

עֲמֹרָה, 1Q Js[a] עומרה, Sam. *ēmirra*, G Γομορρα (Flashar ZAW 28, 1908, 218, Beegle BASOR 123, 1951, 29), GnAp. 21, 24. [31]. 32 עומרם (Fitzmyer[2] 162): **Gomorra** (|| סְדֹם) Gn 10_{19} 13_{10} 14_{11} 18_{20} $19_{24.28}$ Dt 29_{22} 32_{32} Js 1_{9f} 13_{19} Jr 23_{14} 49_{18} 50_{40} Am 4_{11} Zef 2_{9}; מֶלֶךְ עֲ׳ Gn $14_{2.8}$, 14_{10} l וּמֶלֶךְ עֲ׳. †

עָמְרִי, G Αμβρι, Hier. *Amri* (Siegfried ZAW 4, 1884, 37. 78), Josph. 'Αμαρῖνος (NFJ 9); Mesa עמרי (KAI Nr. 181, 7); cf. pun. *ʿmrn* (PNPhPI 173, 380); Bedtg. d. PN ungewiss, Vorschläge: a) zu ar. *ʿamara* „leben", Kf. zu *עָמְרִיָּהוּ „(Das) Leben, welches Jahwe (gegeben hat)" s. Gray Kings[3] 365, cf. Noth N. 63, 222^7, W. H. Schmidt ZDPV 78, 1962, 32^{11}; b) zu d. amor. Element *ḫamr*- in PN *Ḫamrurapi*, *Ḫamru*, *Ḫumrum* (Huffmon 198f), cf. akk. *ḫamru* heiliger Bezirk (des Adad) (AHw. 318a), danach wohl Gray Kings[3] 365 als Vorschlag neben a): „Pilger (zum Tempel) Jahwes", cf. Kornfeld ZAW 88, 1976, 112 :: G. Buccellati, The Amorites of the Ur III Period, 1966, 148: Der Eingeschrumpfte (*the shrunken one*); c) als Spottname (zu I עֹמֶר): Mann der Garbe, neben תִּבְנִי: Mann des Strohs (s. Gray Kings[3] 365). Von diesen Vorschlägen ist c) am unwahrscheinlichsten und b) wegen d. PN *Ḫumrum* am wahrscheinlichsten ohne dass a) ganz ausgeschlossen wäre; — keilschr. *Ḫumri*(*a*), *mār Ḫ*. für *mār bīt Ḫ*. (AOT 343, ANET 280b, Galling Tb[2] 57), = Israel, das Land od. d. Dynastie Omris (RLA 2, 43, Landsbg. Samʾal, 1948, 19); n. l. *bēt ʿu/imrīn* (H. W. Schmidt ZDPV 78, 1962, 30-33): — 1. K. v. Israel (BHH 1341) 1K 16_{16-30} 2K 8_{26} Mi 6_{16} 2C 22_{2}; — 2. נָגִיד in Issachar unter David 1C 27_{18}; — 3. Benjaminit 1C 7_{8}; — 4. Grossvater eines in nachexil. Jerusalem wohnenden Judäers aus d. Sippe d. Perez 1C 9_{4}. †

עַמְרָם: n. m.; עַם + רָם pt. qal v. ↗ רום „Der Vatersbruder ist erhaben" (Stamm HEN 418b, ↗ עַם A 3 b :: Noth N. 33. 77. 145: עַם e. theophores Element); Sam. *ʿåmråm*; G Αμ(β)ραμ, Josph. 'Αμαραμης (NFJ 9); keilschr. *Amramu* (APN 22); עמרם 4 Q Milik RB 79, 1972, 77 Z. 1, 97 Z. 9: Visions de ʿAmram et une citation d'Origène: — 1. Enkel Levis u. Vater v. Mose u. Aaron (BHH 87) Ex $6_{18.20}$ ↗ יוֹכֶבֶד Nu 3_{19} 26_{58f} 1C 5_{28f} 6_{3} 23_{12f} 24_{20}; gntl. עַמְרָמִי (Sam. *ʿåmråmi*) Nu 3_{27} 1C 26_{23}; — 2. mit einer ausländ. Frau verheirateter Judäer Esr 10_{34} (s. Noth N. 60^2). †

עַמְרָמִי, ↗ עַמְרָם 1.

עמשׂ = עמס:

qal: pt. עֹמְשִׂים Neh 4_{11} ↗ עמס. †

Der. n. m. עֲמָשַׂי.

עֲמָשָׂא, G Αμεσσα, Αμεσσει, Αμασειας, Josph. 'Αμασσας (NFJ 9): n. m., Kf. v. ↗ עֲמַסְיָה (Noth N. 38. 178); Sgl. Moscati Ep. 60_{25}: — 1. Milit. Führer unter Absalom 2S 17_{25} u. dann auch unter David 19_{14} $20_{4f.8-10.12}$ 1K $2_{5.32}$ 1C 2_{17}, nach 2S 17_{25} u. 1C 2_{17} Sohn d. Ismaeliters Jithra/Jether u. d. Abigail e.

Schwester Davids (BHH 79); — 2. ein Ephraimit 2C 28_{12}. †

עֲמָשַׁי: n. m. Kf. v. עֲמַסְיָה (Noth N. 178): עמשׂ/ס; keilschr. *Ammaši* (BEUP X 39): — 1. Haupt des „Dreissig" 1C 12_{19} (:: 12_{20} 2S 23_{18}); = ? עֲמָשָׂא 1. (Rudolph Chr. 107, Mazar VT 13, 1963, 313[1], Zeron ThZ 30, 1974, 258); — 2. Levit 1C $6_{10.20}$; — 3. Tempelmusikant 1C 15_{24}; — 4. Vater d. Leviten Machat 2C 29_{12} = ? 2. †

***עֶמְשָׁךְ**: **Krokodil**, < äg. u. bes. kopt. *emsaḥ* ↗ Driver Fschr. G. Levi della Vida I, 234ff u. J. V. Kinnier Wilson VT 25, 1975, 4: Hi 40_{15} cj. pr. אֲשֶׁר־עָשִׂיתִי עִמָּךְ :: Fohrer KAT XVI, 522: del. c. G אֲשֶׁר־עָשִׂיתִי.

עֲמַשְׁסַי: G Αμασαι, Αμασει; Mf. aus עמשׂ/ס (Noth N. 253b, Rudolph Chr. 184 = מַעְשַׂי 1C 9_{12}): Haupt e. Priestergeschlechtes im nachexil. Jerusalem Neh 11_{13}. †

עֲנָב: n. l. (BL 470 l), cf. עֵנָב: in Juda: „Weintraube"; *qrt* ʿ*n(b)* ETL 216, in EA *Ḫinianabi* (VAB II Nr. 256, 26; s. Alt KlSchr. 3, 402); *Ch.* ʿ*anēb*/ʿ*anāb*, 22 Km. s. Hebron, Abel 2, 243, GTT § 319 A 6: Jos 11_{21} 15_{50}. †

עֵנָב: BL 467t; Sam. *ēnåb*, pl. *ēnåbəm*; mhe.; ug. *ġnb(m)* (UT nr. 1976, Aistl. 2159) Trauben; pehl. u. äga. (DISO 218); ja. עִנְּבָא, sam. (BCh 2, 551b), cp. ʿ*nb*ʾ, sy. ʿ*enbeta*, pl. ʿ*enbē*, md. ʿ*n/mb*ʾ (MdD 352a, 353a); ar. ʿ*inab*, asa. ʿ*nb* Weingarten (Conti 209b); akk. *inbu/enbu* Frucht, Geschlechtskraft (AHw. 381b, Rössler ZA 54, 1961, 170): עֲנָבִים, עִנְּבֵי (dag. forte dir., R. Meyer Gr. § 14, 2b), c. sf. עֲנָבֵמוֹ (BL 215j, R. Meyer Gr. § 30, 3c): **Weinbeere** (:: אֶשְׁכֹּל Traube, Rüthy 72); c. עָשָׂה ansetzen Js $5_{2.4}$, c. הִבְשִׁיל zur Reife bringen Gn 40_{10}, c. שָׂחַט auspressen 40_{11}, אֶשְׁכֹּל עֲנָבִים Traube mit Beeren Nu 13_{23}; דַּם־עֵנָב Dt 32_{14} Sir 39_{26}, דַּם עֲנָבִים Gn 49_{11}, cf. ug. *yn* || *dm* ʿ*ṣm* (RSP I S. 208 Nr. 243); ↗ אֲשִׁישׁ, בִּכּוּרִים, דרךְ, *מִשְׁרָה; Lv 25_5 Nu 6_3 13_{20} Dt 23_{25} 32_{32} Jr 8_{13} Hos 3_1 9_{10} Am 9_{13} Neh 13_{15}; ↗ n. l. עֲנָב. †

ענג: mhe. pi. u. ja. pa. sam. (BCh 2, 556a) sich vergnügen; DSS (KQT 167) hitp.; ar. *ġaniğa* sich zieren, II verhätscheln; tigr. ʿ*anig* schön (Wb. 475a, nur f.); ? äth.[G] ʾ*a*ʿ*nūg* sbst. pl. Ohr/Nasenring (Dillm. 993):

pu: pt. מְעֻנָּגָה: verweichlicht, בַּת צִיּוֹן Jr 6_2 (:: Rudolph Jer.[3] 42 cj. sbst. *מַעֲנָג Lust: הַלְנָוֶה מַעֲנַג דָּמִתָה ist denn einer lustigen Aue gleich . . . ?). †

hitp: pf. הִתְעַנַּגְתֶּם, הִתְעַנְּגוּ; impf. תִּתְעַנַּג/נֵּג, תִּתְעַנָּגוּ; imp. הִתְעַנַּג (Bgstr. 2, 99e); inf. הִתְעַנֵּג (Sam. Vers. Dt 28_{56} מתענג *mittånnåg*, also תענג sbst.): — 1. **sich verzärteln** (|| רֹךְ) Dt 28_{56}; — 2. **seine Lust haben an**: c. בְּ Js 55_2; c. עַל Ps 37_{11} עַל־רֹב שָׁלוֹם, an Gott Js 58_{14} Ps 37_4 Hi 22_{26} 27_{10}; — 3. **sich erquicken** (|| מצץ) Js 66_{11}; — 4. **sich lustig machen** über c. עַל Js 57_4. †

Der. עֹנֶג, עָנֹג, תַּעֲנוּג, cj. ? *מַעֲנָג.

עֹנֶג: ענג, BL 460i: **Lust** Js 13_{22} 58_{13}. †

עָנֹג: ענג, BL 466n; Sam. *(w)ånnåg*, f. *(w)ånnågå*: עֲנֻגָּה, Dt 28_{56} Ⓑ ־גָה: **verwöhnt, verzärtelt** Dt $28_{54.56}$ (|| רַךְ u. רַכָּה), Js 47_1. †

ענד: mhe. umbinden (Dalm. Wb. 317a :: Jastrow 1092a):

qal: impf. אֶעֶנְדֶנּוּ; imp. עָנְדֵם: **umbinden**, metaph. סֵפֶר als עֲטָרוֹת Hi 31_{36}, Gebote/Weisungen d. Eltern um d. Hals Pr 6_{21} (|| קשׁר). †

Der. מַעֲדַנּוֹת.

I **ענה**: mhe., DSS; ug. ʿ*nj* (UT nr. 1883, Aistl. 2060; Pardee UF 7, 1975, 363, UF 8, 1976, 261, cf. RSP I S. 300 Nr. 437 u. 438, S. 363 Nr. 570); Deir Alla 1, 13 ʿ*nyh* (ATDA 212), aam. äga. palm,

(DISO 218), ja. sam. (Peterm. Gloss. 65), cp. sy. md. (MdD 24a); äg. ʿn(n) intr. umkehren (von), trs. etwas (z. B. Hände) zuwenden, etwas abwenden (EG I 188f); akk. *enû* umwenden, ändern (AHw. 220b); zu den versch. ענה s. Joüon Biblica 13, 1932, 309ff; Kutsch ZThK 61, 1964, 193ff; Delekat VT 14, 1964, 37f; THAT II 335f: Grdb. sich umwenden, sich wenden zu cf. THAT II 336:

qal (309 ×): pf. עָנוּ, עָנִיתָ/תִי, עָנְתָה, עֲנִיתֶם; sf. עָנָנִי, auch ausserhalb d. Pausa 1S 28_{15} Ps 118_{5} (GK § 59f), עָנָךְ, עָנָהוּ, עֲנִיתִיךָ, עֲנִיתָם, עֲנִיתָנִי, עָנָם; impf. (וַ)יַּעֲנֶה, וַיַּעַן, תַּעֲנֶה, וַתַּעַן, אֶעֱנֶה (auch אַעֲנֶה Hi 32_{17}, ↗ hif.), וַתַּעֲנֶינָה, תַּעֲנֶינָה, וַתַּעֲנוּ, וַיַּעֲנוּ, וָאַעַן, sf. (וַ)יַּעֲנֵנִי, (וַ)יַּעַנְךָ, יַעַנְךָ, וַיַּעֲנֵהוּ, יַעֲנֶנּוּ, יַעֲנֶנָּה, (וַ)יַּעֲנֵם, אֶעֱנֵם, אֶעֱנֵהוּ/נּוּ, אֶעֶנְךָּ, אֶעֱנֶךָּ, תַּעַנְךָ, וַתַּעֲנֵנִי, תַּעֲנֶהוּ, יַעֲנוּכָה; imp. עֲנֵה, עֲנוּ/עֱ (GK § 63 l, (BL 347g), sf. עֲנֵנִי; inf. cs. עֲנוֹת; pt. עֹ(וֹ)נֶה, עֹנִים, sf. עֹנֵהוּ, עוֹנֶךָ Hi 5_{1} (BL 345m): Delekat VT 14, 1964, 37-43; THAT II 335-41: — 1. **erwidern, antworten**: a) abs. Js 65_{12} Ps 38_{16} Hi 16_{3} Pr 15_{28}; וְאֵין עֹנֶה u. niemand antwortete od. u. niemand reagierte (THAT II 337, cf. Delekat VT 14, 1964, 41) Ri 19_{28} 1S 14_{39} 1K $18_{26.29}$ (:: Driver ALUOS 4, 1962-63, 19: sbst. עֹנֶה Antwort, cf. חֹזֶה, מַעֲנֶה*), Js 50_{2} 66_{4}; עֹנֶה Mal 2_{12} ↗ II ענה **A** qal 3; inf. c. sf. עֲנֹתְךָ dein Antworten = dein Zuspruch 2S 22_{36}, cj. Ps 18_{36} pr. עַנְוַתְךָ; b) c. acc. pers. Gn 23_{14} 1S 9_{19} 14_{39} 1K 2_{30}, cj. Js 10_{30} pr. עֲנִיָּה prop. (cf. S) עֲנִיהָ, HL 5_{6}; auf Gruss antworten 2K 4_{29} Neh 8_{6}, Bescheid geben Hi 20_{3} (od. hif: lässt mich antworten aus, cf. Fohrer KAT XVI 325); c. עַל 2S 19_{43}; metaph. c. acc. rei Hab 2_{11} s. Jeremias WMANT 35, 1970, 59. 72: in das Zetergeschrei miteinstimmen; c) c. acc. etwas: דָּבָר 1K 18_{21} 2K 18_{36} Js 36_{21}, שָׁלוֹם Günstiges Gn 41_{16}, friedfertig Dt 20_{11}, חֶלְקִי meinen Teil Hi 32_{17}, דַּעַת־רוּחַ windiges Wissen Hi 15_{2}, עַזּוֹת Pr 18_{23} u. קָשָׁה 1S 20_{10} 1K 12_{13} Hartes = adv. hart, נוֹרָאוֹת mit furchtbaren Taten Ps 65_{6}; d) וַיַּעַן וַיֹּאמֶר antwortete bzw. hob an (cf. ἀποκρίνομαι, ThWbNT III 946f) und sagte (Joüon l. c.) Gn 40_{18} Ex 4_{1} Nu 22_{18} $23_{12.26}$ u.ö., auch perf. cons. וְעָנוּ וְאָמְרוּ Dt 21_{7} 25_{9} 26_{5} 27_{14f}; — 2. rechtlich, **die Erwiderung der Gegenpartei** (Begr. Dtj. 32): **aussagen, zeugen** Js 65_{12} Hi 16_{3} Pr 15_{28}, עַל־רִיב im Rechtsstreit Ex 23_{2}, c. לְ für: Yavneh-Yam (KAI Nr. 200, 10. 11); c. בְּ für Gn 30_{33}, gegen Nu 35_{30} 1S 12_{3} 2S 1_{16} Mi 6_{3} (Boecker 103), Rt 1_{21} (Gerleman BK XVIII 16 lehnt die cj. עִנָּה בִּי nach G S V ab), cf. Delekat VT 14, 1964, 39; בְּפָנָיו gegen sich selber Hos 5_{5} 7_{10}; c. לְעֵד als Zeuge Dt 31_{21}, c. עֵד שָׁקֶר Ex 20_{16} Pr 25_{18}, c. עֵד שָׁוְא Dt 5_{20} (:: Stoebe WuD NF 3, 1952, 108ff: Anklage erheben, so auch 1S 14_{39}), c. ↗ II סָרָה Dt 19_{16}, c. שֶׁקֶר 19_{18} fälschlich beschuldigen; — 3. a) **auf d. Gesagte eingehen, willig folgen** Hos 2_{17} (Wolff XIV/1^2, 37. 53, Rudolph KAT XIII/1, 76, THAT II 337), c. acc. pers. willfahren 1K 12_{7}, c. acc. rei etwas gewähren (das Geld alles) Koh 10_{19} (Salters ZAW 89, 1977, 423-26); b) (sbj. Gott) **erhören**, eigentl. willig reagieren (s. Delekat VT 14, 1964, 40, THAT II 340): 1S 7_{9} 8_{18} Js 30_{19} Hos 2_{23} (Wolff l. c. 65f, Rudolph l. c. 82), 14_{9} Zch 10_{6} Ps 22_{22} עֲנִיתָנִי (Kraus BK XV^5 323, Kilian BZ 12, 1968, 173), 118_{21} u. ö, s. Delekat l. c. 40^2; — Hi 9_{15} pr. אֶעֱנֶה l c. G Θ S אֵעָנֶה; 40_{5} pr. אֶעֱנֶה prop. אֶשְׁנֶה.

nif: pf. נַעֲנֵיתִי; impf. יֵעָנֶה; pt. נַעֲנֶה: — 1. **sich zu e. Antwort bewegen lassen**: c. בִּי mich selber Ez 14_{7} (sic l etiam vs. 4 pr. K בָּה, BHS, s. Zimmerli 301) Ez $14_{4.7}$; — 2. **mit e. Antwort bedacht werden** Pr 21_{13} Hi 11_{2} 19_{7}, cj. 9_{15} l אֵעָנֶה. †

hif: impf. יַעֲנֵנִי; pt. מַעֲנֶה: — 1. ? caus.

Hi 20$_{3}$ (↗ qal 1 b); — 2. **Antwort geben**, darauf eingehen Pr 29$_{19}$ (od. ? sbst. I מַעֲנֶה), Hi 32$_{17}$ ↗ qal 1 c. †
Der. I מַעֲנֶה, מַעֲנָה; n. m. יַעְנַי (?), עֻנִּי, עֲנָנִי, עֲנָיָה, I עֲנָנְיָה.

II **ענה**.

A.: mhe. DSS (KQT 167) pi. ja. pa. quälen, demütigen; ph. pi. bedrücken, unterwerfen (KAI Nr. 26 A I 18. 19. 20), mo. pi. bedrängen (KAI Nr. 181, 5. 6, cf. DISO 218); ar. *ʿanā* (*ʿnw*) demütig, unterwürfig, gehorsam sein (Wehr 583a), asa. *ʿnw* demütig sein, sich unterwerfen (Conti 210a, Müller 81); im ug. ist die √ (bisher ?) nicht belegt :: a) CML² 154b zu KTU 1. 2 I 26, 28 u. KTU 1. 16 VI 58; b) van Selms UF 2, 1970, 259f zu KTU 1. 2 I [18]. 35, zu a) s. Aistl. 2060: *ʿnj* antworten u. zu b) Aistl. 2061a *ʿnn* Bote, cf. TOML 129q:

qal: pf. עָנִיתִי; impf. יַעֲנֶה, אֶעֱנֶה, יַעֲנוּ; pt. עֹנֶה Mal 2$_{12}$; — 1. (THAT II 341f) **elend, ausgemergelt sein** (Schafe ohne Hirten) Zch 10$_{2}$, cf. Rudolph KAT XIII/4, 190 :: Delekat VT 14, 1964, 42[1] u. I. Willi-Plein BBB 42, 1974, 15 l nif. יֵעָנוּ, al. cj. וְנָעוּ od. יָנוּעוּ, cf. BHS; — 2. **sich ducken** (Löwe vor Jäger) Js 31$_{4}$; **geduckt, gebeugt, elend, leidend sein** (d. Betende vor Jahwe) Ps 116$_{10}$ (↗ pu. 1), 119$_{67}$ l ? c. S אֲעֻנֶּה (cf. BHS); — 3. עֵר וְעֹנֶה Mal 2$_{12}$: Sinn umstritten s. THAT II 336: der Wachende u. d. Antwortende (GB 573b) :: Hartmann HeWf 104f: Beschützer und Bedrücker, Freund u. Feind, als polare Wendung eine Umschreibung für alles = mit Stumpf und Stil (ZüBi) ↗ עֵר zu עיר schützen (so auch Rudolph KAT XIII/4, 268, 269 :: Schreiner ZAW 91, 1972, 211), עֹנֶה = pt. pi. מְעַנֶּה :: Rudolph. l. c. עֹנֶה zu I ענה Antwortender = Gesprächspartner. †

nif: pf. נַעֲנֵיתִי, pt. נַעֲנֶה, f. נַעֲנָה; inf. לֵעָנֹת < לְהֵעָנֹת Ex 10$_{3}$ od. ? inf. qal לַעֲנֹת (BL 228z, 321e, GK § 51 l): — 1. **sich beugen** Js 53$_{7}$, cj. Hi 22$_{23}$ pr. תִּבָּנֶה l ? c. G וְתֵעָנֶה (cf. Fohrer KAT XVI 350. 351): vor שַׁדַּי, Ex 10$_{3}$ vor יהוה; — 2. **gebeugt werden/sein** Js 58$_{10}$ Ps 119$_{107}$; — 3. **schwach werden** cj. Ri 16$_{19}$ pr. וַתָּחֶל לְעַנּוֹתוֹ l ? c. G וַיָּחֶל לֵעָנוֹת; ↗ pi. 2 c. †

pi: pf. עִנָּה, עִנֵּיתִי, עִנּוּ, עִנִּיתֶם, עִנִּינוּ, sf. עִנָּה, עִנִּיתָהּ, עִנִּיתָנוּ, עִנִּתִךְ (Nah 1$_{12}$); impf. תְּעַנֶּה, וַאעַנֶּה 1K 11$_{39}$ (K וָאֲעַנֶּה BL 425), וַיְעַנֶּהָ, יְעַנֶּנּוּ, וַיְעַנְּךָ, וַיְעַנֵּנִי; sf. תְּעַנּוּ(ן), יְעַנּוּ, וַיְעַנּוּנוּ, אֲעַנֶּךָ, וּתְעַנֶּנּוּ, תְּעַנֵּנִי, וַתְּעַנֶּהָ, וַיְעַנֵּם; imp. עַנּוּ; inf. עַנּ(וֹ)ת, עַנּ(וֹ)תְךָ/תֶךָ, עַנּ(וֹ)תוֹ; pt. מְעַנַּיִךְ: — 1. **bedrücken**, Abhängigkeit fühlen lassen: a) Gn 15$_{13}$ 16$_{6}$ 31$_{50}$ Ex 1$_{11f}$ 22$_{21f}$ Dt 26$_{6}$, cj. 1S 12$_{8}$ ins. ? c. G וַיְעַנּוּם מִצְרַיִם, 2S 7$_{10}$ 2K 17$_{20}$ Js 60$_{14}$ Zef 3$_{19}$ Ps 89$_{23}$ 94$_{5}$ Kl 3$_{33}$ (Gott); demütigen Nu 24$_{24}$; Gott sbj. (cf. J. Jeremias WMANT 35, 1970, 15) Dt 8$_{2f.16}$ Js 64$_{11}$ Nah 1$_{12}$ Ps 90$_{15}$ 119$_{75}$ Hi 30$_{11}$; b) (e. Frau durch erzwungene Ehe) **demütigen** Dt 21$_{14}$ 22$_{24.29}$; c) עִנָּה נַפְשׁוֹ sich kasteien (Elliger Lev. 319, ↗ pu. 2) Lv 16$_{29.31}$ 23$_{27.32}$ Nu 29$_{7}$ 30$_{14}$ Js 58$_{3.5}$ Ps 35$_{13}$; — 2. **Gewalt antun**: a) e. Frau vergewaltigen Gn 34$_{2}$ 2S 13$_{12.14.22.32}$ Ri 19$_{24}$ 20$_{5}$ Kl 5$_{11}$; missbrauchen Ez 22$_{10f}$; b) עִנָּה מִשְׁפָּט d. Recht vergewaltigen, beugen Hi 37$_{23}$; c) jmdn überwältigen Ri 16$_{5f.19}$ ↗ nif. 3, כֹּחַ brechen Ps 102$_{24}$, Fuss in Fesseln zwängen 105$_{18}$ (:: W. Thomas JThS 16, 1965 (!), 444f); — cj. Ps 88$_{8}$ pr. עִנִּיתָ prop. ↗ אִנִּיתָ III אנה :: Dahood Psalms II 301. 305: bleibt beim MT „du quälst mich". †

pu: pf. עֻנֵּיתִי Ps 119$_{71}$ (:: 11Q Ps עניתני, DJD IV 30); impf. תְּעֻנֶּה; inf. עֻנּוֹתוֹ; pt. מְעֻנֶּה: — 1. **erniedrigt, gedemütigt werden** Js 53$_{4}$ Ps 119$_{71}$, cj. Ps 116$_{10}$ l ? c. G עֻנֵּיתִי ↗ qal 2; — 2. sich kasteien (↗ pi. 1 c) Lv 23$_{29}$ (Sam. *tijjanna* hitp., cf. mhe. Ps 107$_{17}$), inf. Kasteiung, Entbehrung Ps 132$_{1}$ (Eissfeldt KlSchr. 3, 485) od. l ? c. G

(S) עַנְוָתוֹ seine Demut, s. Johnson SKsh. 20[1], cf. M. Weinfeld JAOS 90, 1970, 187 :: Dahood Psalms III 243: l עַנְוֹתָיו (pl. zu *עַנְוָה) „seine Triumphe". †

hif: impf. תַּעֲנֵם, וַיְעַנֵּם, יַעֲנֶה: — 1. **demütigen** (= pi. 1 a) 1K 8_{35}/2C 6_{26} pr. תַּעֲנֵם l ? c. G V תְּעַנֵּם, Ps 55_{20} pr. וְיַעֲנֵם l ? c. G (S) וַיְעַנֵּמוֹ; — 2. dämpfen (Gesang) Js 25_5 pr. יַעֲנֶה l ? תַּעֲנֶה od. c. S יְעֻנֶּה. †

hitp: pf. הִתְעַנָּה, הִתְעַנִּיתָ; impf. יִתְעַנּוּ; imp. הִתְעַנִּי; inf. הִתְעַנּוֹת: — 1. **sich unterwerfen** Gn 16_9 (תַּחַת יָדֶיהָ), Not/Elend auf sich nehmen c. בְּ 1K 2_{26}, sich demütig beugen (לִפְנֵי אֱלֹ׳) Da 10_{12} Esr 8_{21}; — 2. **sich plagen** Ps 107_{17} (nach d. Zushg: sich plagen müssen) :: Lex.[1] geplagt werden. †

[**B**. Von dem ph. *ענה pi. bedrücken, unterwerfen aus postuliert Dahood Psalms I 116. 128 mit Belegen von I u. II ענה die Bedtg. „besiegen", „triumphieren (lassen)", „Triumph gewähren" so Ps 20_7 60_7 89_{23} 118_{21} Nu 24_{24} Dt 33_{27} Koh 10_{19}; dazu d. sbst. *עֲנָוָה „Triumph" Ps 18_{36}, pl. sf. עַנְוֹתָיו pr. עֲנוּתוֹ Ps 132_1 (Dahood Psalms III 243). Das zum vb. gehörende pt. findet B. Köhler VT 21, 1971, 370: l Zch 9_{9c} עֹנֶה „triumphierend" pr. עָנִי. — Diese Sonderbedtg. bleibt aber sehr unsicher und fragwürdig.]

Der. עָנִי, עָנָו, עֱנוּ, עֲנָוָה, עֱנוּת, תַּעֲנִית, ? עֹנֶה.

III **ענה**: mhe. ?; sy. *ʿnāʾ* sich bemühen um, *ʿnēʾ* beschäftigt (LS 534a), cp. pt. *ʿnjn* Beschäftigte, Sich Bemühende (Schulthess Lex. 149b); ar. *ʿanā* (*ʿnj*) am Herzen liegen, beunruhigen, ernstlich beschäftigen; *ʿanija* bekümmert, in Sorge sein, sich abmühen (Wehr 583b); asa. *ʿnj* sich plagen, mühen mit (Conti 210a, Müller 81); zu I Delekat VT 14, 1964, 38:

qal: inf. עֲנוֹת c. בְּ **sich plagen** um Koh 1_{13} 3_{10}. †

hif: pt. מַעֲנֶה, cj. l c. G מַעֲנֵהוּ: c. acc. u. בְּ jmdn. beschäftigt halten mit Koh 5_{19} (Hertzberg KAT XVII/4, 129; Galling HAT 18[2], 102). †

Der. עִנְיָן, עֹנֶה.

IV **ענה**: mhe. עִנּוּי u. ja. עִנּוּיָא Klagelied; sy. pa. (LS 533b) (im Wechselgesang) singen, af. anstimmen lassen, singen; Deir Alla 1, 10 (ATDA 202); ar. *ġnj* II singen (v. I ענה nicht immer scharf zu scheiden !) Jenni 219f:

qal: pf. עָנוּ; impf. יַעֲנֶה, (וַ)תַּעַן, (וַ)יַּעֲנוּ, וַתַּעֲנֶינָה; imp. עֱנוּ (BL 347g); inf. עֲנוֹת: **singen** 1S 18_7 21_{12} 29_5 Ps 147_7, besingen (אִמְרָה) Ps 119_{172}, zusingen Nu 21_{17}, anstimmen (ein Lied) Ex 15_{21} Esr 3_{11}, (Lied d. Sieges, Lied d. Niederlage) Ex $32_{18a,b}$, הֵידָד Jr 25_{30} 51_{14}; וְעָנָה Js 13_{22} ↗ III עון. †

pi: imp. עַנּוּ; inf. עַנּוֹת: — 1. c. לְ **zusingen** (dem Weinberg) Js 27_2; — 2. inf. a) abs. Ps 88_1 לְעַנּוֹת (Bedtg. unsicher): um zu singen (Kraus BK XV[5] 771) :: Mowinckel PIW 2, 212: zur Busse, eig. um (jmds. Seele) zu demütigen, cf. Seybold BWANT 99, 1973, 113f; b) Ex 32_{18c} קוֹל עַנּוֹת (Sam. *ūnot* = עֲוֹנוֹת) txt. inc. s. Sasson Fschr. Gordon (AOAT 22, 1973, 157, Childs Exodus 556f; Lit.): MT das Geräusch/d. Lärm von Singen (dies eine Verstärkung gegenüber den nach vs. a.b angestimmten Liedern) od. ist hinter קוֹל ein Wort ausgefallen bzw. weggelassen ?: G φωνὴν ἐξαρχόντων οἴνου (die Stimme derer, die mit Wein angefangen), S *qālāʾ dēn daḥṭītāʾ* (aber die Stimme der Sünde), cf. Beer HAT 3, 1939, 154: l עֲנוֹת עִנּוּג Geschrei Vergnügter eig. des Vergnügens :: Albright YGC 19[53]: Laute von Trunkenheit, :: Siegfried Mittmann BN 13, 1980, 41-45: עֲנוֹת מְחֹלֹת: Laut von Reigentanzen (ins. מְחֹלֹת aus vs. 19). †

עֲנָה, Sam. *ʿāne*: n. m.; in amor. u. anderen PN: *ʿAn(a)* n. d. (Huffmon 199, RAAM 159f, KAI Nr. 22 ph. *bnʿn*, Vincent

639ff), ↗ n. m. בַּעֲנָה, n. d. עֲנַמֶּלֶךְ: — 1. S. v. (↗ חִוִּי cf. BHS) צִבְעוֹן (l בֵּן pr. בַּת) Gn 36$_{2.14.18.24f}$ 1C 1$_{38.40f}$; etym. inc., s. Weippert 245 :: churr.: Ginsberg-Maisler JPOS 14, 1934, 257f, Feiler ZA 45, 1939, 221; — 2. edomit. Stamm Gn 36$_{20.24.29}$, wohl = 1, cf. Meyer Isr. 341, Vincent 641 :: Noth Syst. 44[1]. †

עֹנָה, Sam. c. ו cop. *wånåtå*; ? zu II od. III ענה od. עֵת s. GB: mhe. עוֹנָה eine bestimmte Zeit, ja. עוֹנְתָא ,עֻנְתָא Zeit, Stunde, übertragen Beiwohnung (Levy 3, 627 u. 628, Dalm. Wb. 318a: Zeit d. ehelichen Pflicht), עונתא GnAp 2, 10 (Fitzmyer[2] 87): עֹנָתָהּ: **Sexueller Verkehr**, Beiwohnung Ex 21$_{10}$ (Cazelles 49, North VT 5, 1955, 205f, Boecker Recht und Gesetz im Alten Testament und im Alten Orient, 1976, 138. 139:: S. M. Paul VTSu. 18, 1970, 56-61: in der Wortfolge שְׁאֵרָהּ כְּסוּתָהּ וְעֹנָתָהּ = altbab. *ipru, piššatu, lubuštu*: Verköstigung, Oel, Kleidung (AHw. 385a), entspricht עֹנָה *piššatu* in der sonst unbekannten Bedtg: Oel, Salbung, cf. E. Oren Tarbiz 33, 1953/4, 317 :: UF 13, 1981, 159f. †

עָנָו, Sam. *ʿānū*: II ענה, BL 462q, R. Meyer Gr. § 50, 2b; mhe. עָנָו (DSS KQT 167), עֲנָוָה u. עֲנָוְתָן, ja. עַנְוְתָנָא: sg. עָנָו (Q עָנָיו) nur Nu 12$_3$ (sam. עני), sonst 20 × pl. עֲנָוִים ,עַנְוֵי; in K u. Q mit עָנִי vermischt: K עֲנִיִּים/עֲנִיֵּי, Q עֲנָוִים/עַנְוֵי Js 32$_7$ Am 8$_4$ Ps 9$_{19}$ Hi 24$_4$; K עֲנִיִּים Q עֲנָוִים Ps 9$_{13}$ 10$_2$ Pr 3$_{34}$ 14$_{21}$ 16$_{19}$. Lit s. THAT II 342f u. dazu Martin-Achard ThZ 21, 1965, 349-57; THAT II 345f; Kraus BK XV/3, 188f; עָנָו nach d. Etym. „gedrückt", „gebeugt" kommt im Sinn עָנִי nahe und ist nicht grundsätzlich von diesem unterschieden. Nach Delekat VT 14, 1964, 35ff u. danach Rudolph KAT XIII/2, 139 wäre עֲנָוִים (eig. עֲנֻוִים) d. urspr. pl. zu עָנִי: **gebeugt**: עֲנָוִים: a) gegenüber Mächtigen u. Stolzen Js 32$_7$ K, Am 2$_7$ 8$_4$ K, Pr 16$_{19}$ Q, Hi 24$_4$ K; b) gegenüber e. sich erbarmenden Menschen Pr 14$_{21}$ Q; c) gegenüber od. vor Gott/Jahwe Js 11$_4$ 29$_{19}$ 61$_1$ Zef 2$_3$ Ps 9$_{13Q.19K}$ 10$_{12Q.17}$ 22$_{27}$ 25$_{9a.b}$ 34$_3$ 37$_{11}$ 69$_{33}$ 76$_{10}$ 147$_6$ 149$_4$ Pr 3$_{34}$ Q; d) sg. Nu 12$_3$ (Mose); bei a) und b) ist ע׳ = gebeugt, niedergedrückt, bei c) ist ע׳ ebenfalls gebeugt, aber im Sinne von demütig, fromm; das letztere gilt auch für d). †

עֻנּוֹ Neh 12$_9$: K עֻנּוֹ, ↗ Q עֻנִּי.

עָנוּב: n. m. „mit üppigem Haarwuchs" ?; cf. akk. *Ḫanbu, Ḫunābu, Ḫunnubtum* (Stamm 249), *Ḫannabu* (AHw. 321a) zu *ḫanābu* üppig spriessen (AHw. 319b), amor. (Huffmon 199): Nachk. Kalebs 1C 4$_8$ (Rudolph Chr. 33). †

עֲנָוָה: II ענה, BL 463u zu עָנָו; mhe., DSS (KQT Seite 167), auch עַנְוְתָנוּת, ja. עִנְוְתָנוּתָא, cp. *ʿnwtʾ*, md. *ʿnuta* (MdD 353b): **Demut** (Kutsch ענוה „Demut" Habilitationsschrift, Mainz 1960 u. RGG[3] II 77f): Zef 2$_3$ Pr 15$_{33}$ 18$_{12}$ 22$_4$; — cj. Ps 18$_{36}$ l c. 2S 22$_{36}$ עֲנֹתְךָ pr. עַנְוַתְךָ ↗ I ענה 1 a :: Dahood Psalms I 116 ↗ II ענה B; cj. Ps 132$_1$ ↗ II ענה A pu. 2. †

עַנְוָה Ps 45$_5$ hapleg. Bedtg. unsicher: ? = עֲנָוָה oder zu III ענה: Beschäftigung, Fürsorge, s. Zorell 614a: וְעַנְוָה־צֶדֶק txt. inc. cj. a) ins. c. G V וְ: וְצֶדֶק (Kraus BK XV[5] 486); b) pr. וְעַנְוָה l וְיַעַן: und um der Gerechtigkeit willen (u. a. Gkl. Ps. 194); c) cj. וַעֲנֵה הַצֶּדֶק verteidige den Armen ! (Dahood Psalms I 272). †

עֲנוּק Jos 21$_{11}$: n. m.; ↗ עֲנָק.

עֲנוּשִׁים: ענש, BL 472y; pun. *ʿnšm* (DISO 219); hapleg. Am 2$_8$; Bedtg. umstritten, drei Möglichkeiten: 1) pt. pass. qal v. ענשׁ: Gebüsste (Maag 92); 2) sbst. pltt. a) Bussgelder (Lex.[1]), b) Eintreibungen, cf. G ἐκ συκοφαντιῶν (M. Fendler EvTh 33, 1973, 36; Rudolph KAT XIII/2, 137, 139). †

עֲנוֹת: n. d. fem. עֲנָת; im n. l. בֵּית עֲ׳ Jos 15$_{59}$, ↗ בַּיִת B 36. †

*עֱנוּת: etym. inc.; II ענה, Barth Nb. § 260c, GB: status cstr. = abs.: Leiden, Not :: Dahood Psalms I 142: IV ענה: Gesang; al. cj. צַעֲקַת (BHS) od. לַעֲנוֹת zu antworten (I ענה) (Gkl. Ps. 97): Ps 22$_{25}$. †

עָנִי: II ענה, BL 470n, Joüon § 96 D c; Sam. *ʿanni*, mhe. DSS (KQT 167), ja. עַנְיָא (= he. *עָנֶה); aam. (DISO 218, KAI Nr. 202 A 2, demütig): עֲנִיָּה, sf. עֲנִיֵּךְ; pl. עֲנִיִּים, cs. עֲנִיֵּי, sf. עֲנִיֶּיךָ, עֲנִיָּו (75 ×) K u. Q ↗ עָנָו, dort auch d. Angaben zur Lit. (THAT II 342f, Kraus BK XV/3, 188f): arm, unselbständig: — 1. in soziolog. Sinn: **ohne** (ausreichenden) **Grundbesitz** u. darum v. anderen abhängig (Elliger BK XI 160) Ex 22$_{24}$ Lv 19$_{10}$ 23$_{22}$ (|| גֵּר), Dt 15$_{11}$ (|| אֶבְיֹן), 24$_{12}$ (אִישׁ עָנִי).$_{14}$ (שָׂכִיר עָנִי).$_{15}$, Js 3$_{14.15}$ 10$_{2}$ 32$_{7}$ Q, Jr 22$_{16}$ (|| אֶבְיוֹן), Am 8$_{4}$ Q; — 2. in allg. Sinn **arm, elend, in Not befindlich** u. damit — so bes. in Ps — auf Gott gewiesen: a) Js 26$_{6}$ (|| דַּלִּים), עֲנִיָּה = Jerus. 51$_{21}$ 54$_{11}$; Ps 10$_{2.9}$ 14$_{6}$ 22$_{25}$ 34$_{7}$ 35$_{10c}$ 68$_{11}$ 72$_{12}$ (|| אֶבְיוֹן), 88$_{16}$ 102$_{1}$ 140$_{13}$ (|| אֶבְיֹנִים), Hi 36$_{15}$; b) pl. Js 14$_{32}$ 41$_{17}$ 49$_{13}$ 58$_{7}$ Am 8$_{4Q}$ Ps 9$_{13K.19Q}$, 10$_{12K}$, 12$_{6}$ (|| אֶבְיוֹנִים), 72$_{2.4}$ 74$_{19}$ Hi 24$_{4}$ (|| אֶבְיוֹנִים), 34$_{28}$ 36$_{6}$ Pr 3$_{34K}$ 14$_{21K}$ ↗ עָנָו b, 30$_{14}$ (|| אֶבְיוֹנִים); c) עַם עָנִי 2S 22$_{28}$ Ps 18$_{28}$, עָנִי וָרָשׁ Zef 3$_{12}$; עָנִי וְכוֹאֵב Ps 69$_{30}$; וָדַל 82$_{3}$; יָחִיד וְעָנִי 25$_{16}$; d) עָנִי וְאֶבְיוֹן Ez 16$_{49}$ 18$_{12}$ 22$_{29}$; Ps 35$_{10a}$ 37$_{14}$ 40$_{18}$ 70$_{6}$ 74$_{21}$ 86$_{1}$ 109$_{16.22}$ Hi 24$_{14}$ Pr 31$_{9}$; — 3. Zu 1 oder 2 können gehören Ez 16$_{49}$ 18$_{12}$ 22$_{29}$ Hab 3$_{14}$ Ps 72$_{4.12}$ Zch 7$_{10}$ (גֵּר וְעָנִי), Hi 24$_{9}$ 29$_{12}$ Pr 15$_{15}$ 22$_{22}$ 30$_{14}$ 31$_{20}$ (אֶבְיוֹן || עָנִי); — 4. demütig (Abgrenzung gegen 2 u. עָנָו öfter schwierig !) Zch 9$_{9}$ (Messias) :: B. Köhler VT 21, 1971, 370 ↗ II ענה B; Dulder (ZüBi) od. Armer (Hertzb. KAT XVII/4, 128. 134f, Zimmerli ATD 16/1, 197. 199f) Koh 6$_{8}$; עָנִי || נְכֵה־רוּחַ Js 66$_{2}$; Gottes עֲנִיִּים Js 49$_{13}$ Ps 72$_{2}$ 74$_{19}$ ↗ 2 b; — cj. Js 10$_{30}$ pr. עֲנִיָּה prop. עֲנִיָּהּ ↗ I ענה qal 1 b; cj. Ez 18$_{17}$ pr. מֵעָנִי l c. G מֵעָוֶל (BHS); cj. Zch 11$_{7.11}$ pr. לָכֵן עֲנִיֵּי l c. G (לְ)כְנַעֲנִיֵּי, cf. I. Willi-Plein BBB 42, 1974, 19ff, Rudolph KAT XIII/4, 202. †

עֳנִי: II ענה, BL 577j; Sam. *ʿāni* u. *ʿanni*, ja. עַנְיָא Armut: עָנְיִי, sf. עָנְ(וֹ)נִי, עָנְיֵךְ, עָנְיָהּ (Delekat VT 14, 1964, 48f; THAT II 346): **Elend, gedrückte Lage** > Zustand d. עָנִי: — 1. Gn 16$_{11}$ (Hagar :: Sara), 31$_{42}$ (Jakob :: Laban), 29$_{32}$; Ex 4$_{31}$ Dt 26$_{7}$ 1S 1$_{11}$, cj. 2S 16$_{12}$ pr. K בַּעֲוֹנִי l c. G V S בְּעָנְיִי, Ps 9$_{14}$ 25$_{18}$ 31$_{8}$ cj. $_{11}$ pr. בַּעֲוֹנִי l ? c. Σ (cf. G S) בְּעָנְיִי, 44$_{25}$ (|| לַחַץ), 88$_{10}$ 107$_{41}$ 119$_{50.92.153}$ Hi 10$_{15}$ (|| קָלוֹן), 36$_{15.21}$ Kl 1$_{3}$ cj. $_{9}$ pr. עָנְיִי l ? עָנְיָהּ, 3$_{19}$ Neh 9$_{9}$ 1C 22$_{14}$; רָאָה עֳנִי Elend erleiden Kl 3$_{1}$; רְאֵה עָ׳ < *רָאֶה (BHS) Hi 10$_{15}$, al. cj. רְוֵה cf. Fohrer KAT XVI 200; יְמֵי עֹנִי Hi 30$_{16.27}$; עָנְיָהּ ׳י Kl 1$_{7}$; בְּנֵי עֹנִי Pr 31$_{5}$; אֶרֶץ עָנְיִי Gn 41$_{52}$; לֶחֶם עֹנִי Dt 16$_{3}$; כּוּר עֹנִי Js 48$_{10}$; עֳנִי יִשְׂרָאֵל 2K 14$_{26}$; עֳנִי עַמִּי (v. ׳י) Ex 3$_{7}$; cj. 1S 9$_{16}$ ins. c. G T עָנְיִי; עֳנִי מִצְרַיִם das in Äg. erlebte Elend Ex 3$_{17}$; — Zch 9$_{8}$ pr. בְּעֵינָי l ? בְּעָנְיוֹ (BHS) :: I. Willi-Plein BBB 42, 1974, 9 u. Rudolph KAT XIII/4, 169; — ? 2. עֳנִי = Gefangenschaft, cf. D. W. Thomas JThS 16, 1965 (!), 444f, Kopf VT 8, 1958, 190: zu ar. *ʿanija* zum Gefangenen werden (nach Lane I 2178 auch *ʿānī*: *ʿnw*): אֲסִירֵי עֳנִי וּבַרְזֶל in Gefangenschaft und/mit Eisen gebunden Ps 107$_{10}$; בְּחַבְלֵי עֹנִי (|| אֲסוּרִים בַּזִּקִּים) mit Stricken d. Gefangenschaft Hi 36$_{8}$, so vielleicht auch עֳנִי מִצְרַיִם, ↗ 1; doch ist bei 2 auch d. übliche Ableitung v. II ענה möglich u. עֳנִי = Elend. †

עֻנִּי, K עֻנּוֹ: n. m., I ענה: Sinn unsicher: entweder Kf. zu d. Satznamen עֲנָיָה, עֲנָנְיָה (Noth N. 39. 185) oder Bezeichnungsname dazu: der Erhörte, cf. akkad. *Šūzubu* „Der Gerettete" zu ᵈ*Nergal ušēzib* (Stamm 112), *ʿUnnā* (DJD II 10 I 3 p. 91): Ahne

(h. ep.) einer Levitenfamilie 1C 15$_{18.20}$ Neh 12$_{9Q}$ (K עֻנּוֹ). †

עֳנִי, Js 38: ↗ עַיִן A 2 a.

עֲנָיָה: n. m.; I עָנָה + יָה „Jahwe hat erhört" (Noth N. 185); cf. עֲנָנְיָה; ihe. Eph. 2, 196f, cf. ענאל (Albr. BASOR 149, 1958, 33 Z. 1; Nimr. Ostr. I 1, cf. bab. *ʿanāʾēl* (WSPN 32. 80): — 1. Helfer d. Esra, wohl ein Priester (Zorell 615a) Neh 8$_4$; — 2. Einer von den Häuptern d. Volkes (רָאשֵׁי הָעָם) Neh 10$_{23}$. †

עָנִים: n. l., in Juda; *Ch. ġuwēn et-taḥta*, 19 km. s. Hebron (Abel 2, 244; GTT § 319 A. 8; Alt KlSchr. 3, 402; Noth Jos. 97): Jos 15$_{50}$. †

עֲנִים, Kl 4$_3$: ↗ *יָעֵן Q.

עִנְיָן, Hier. *anian* (Sperber 248): III ענה, BL 500 o, Wagner 222: aram. Lw., mhe. ja. עִנְיָנָא, sam. (BCh. LOT 2, 479. 499), cp. *ʿnjn*, sy. *ʿenjānāʾ* Angelegenheit, Sorge: עִנְיָן, עִנְיָנוֹ: **Geschäft, Sache** Koh 2$_{23.26}$ 3$_{10}$; עִנְיַן רָע (GK § 128w) schlechtes Geschäft 1$_{13}$ 4$_8$, Unglück 5$_{13}$; Vielgeschäftigkeit (רֹב עִנְיָן) 5$_2$; coll Geschäfte 8$_{16}$. †

עָנֵם: n. l.: Levitenstadt in Issachar 1C 6$_{58}$ = עֵין־גַּנִּים (־)עֵין־עָנָם Jos 19$_{21}$ 21$_{29}$; 1 ? (Albright ZAW 44, 1926, 231f), cf. Noth Jos. 126. 129, Rudolph Chr. 62. †

עֲנָמִים, Sam. Vers. *inåməm*, G Ἐνεμετιϊμ, Αἰνεμετιειμ u. ä, Josph. Ἀναμία (NFJ 11) n. p. ?: S. v. מִצְרַיִם Gn 10$_{13}$ 1C 1$_{11}$, nicht gedeutet; äg. Völkerschaft ? cf. Albr. JPOS 1, 1920/21, 57. 187-194, Westermann BK I/1, 692f. †

עֲנַמֶּלֶךְ: 2K 17$_{31}$: G Αδραμελεχ, G^{BA} Ανη/Αμημελεχ; n. d.; in סְפַרְוַיִם neben אַדְרַמֶּלֶךְ verehrt; cum n. deae ↗ עֲנָת (Albr. AJSL 41, 73ff, Eissfeldt KlSchr. 3, 339: die ʿAnat des Melek, nämlich des Adrammelek) :: bab. n. d. *Anu* (Mtg.-G. 476, Gray Kings³ 655): עֲנַמֶּלֶךְ = Anu ist König. †

ענן: mhe. ja. Ableitung unsicher; Möglichkeiten cf. GB, Gray Kings³ 707 u. de Ward ZAW 89, 1977, 8f: 1) denom. v. עָנָן, so mhe. ja. (Dalm. Wb. 317b) die Wolken deuten, cf. Reymond 224, s. poel; 2) zu ar. *ʿanna* plötzlich erscheinen, sich zeigen, als Hindernis dazwischen treten (Kopf VT 8, 1958, 190): ע׳ Erscheinungen deuten, s. piel; 3) zu ar. *ġanna* summen, brummen (v. Personen od. Insekten): ע׳ mit leise summender Stimme wahrsagen; 4) zu ug. *ʿnn* (UT nr. 1885, Aistl. 2061a): zur Musik rezitieren: ע׳ Zaubersprüche rezitieren (Albright YGC 107^{30} bes. zu *ʿnn ʿaṯrt* KTU 1. 4 IV 59, cf. van Zijl AOAT 10, 1972, 22. 102ff); — von diesen Vorschlägen ist 4 am wenigsten wahrscheinlich.

pi. (Jenni 233): inf. sf. עַנְנִי (BL 220m. 437) :: Sam. qal *bånåni*: **in Erscheinung treten lassen** (עָנָן) Gn 9$_{14}$. †

po: (:: Sam. pi.): pf. עוֹנֵן; impf. תְּעֹנֵנוּ; pt. (Ruž. 89) מְעוֹנֵן, f. עֹנְנָה < *מְעֹנְנָה, עֹנְנִים > מְעֹ(וֹ)נְנִים (GK § 52 s), עֹנְנֵיכֶם: **Zeichen deuten, wahrsagen** Lv 19$_{26}$ 2K 21$_6$ 2C 33$_6$; pt. **Wahrsager** (ja. pe. עָנְנָא u. pa. מְעָנְנָא (!), Sam. pa. inf. בעַנּוני BCh. LOT 2, 546): Dt 18$_{10.14}$ Ri 9$_{37}$ Js 2$_6$ 57$_3$ Jr 27$_9$ Mi 5$_{11}$. †

? Der. I עָנָן, עֲנָנָה, n. m. II עָנָן.

I **עָנָן**: Etym ? ענן, cf. bes. ar. *ʿanna*, oder Primärnomen; Sam. *ʿånån*, sam. (BCh. LOT 2, 546); mhe. DSS (KQT 167); ja. ba. sy. md. (MdD 24a) עֲנַן; Grdf. eig. *ʿanān* (Sarauw 117f, BL 470 l): עֲנָנְךָ, עֲנַן, עֲנָנוֹ, pl. עֲנָנִים (87 ×), AuS 1, 110-14, Reymond 11-18. 29-31. 35-41, BHH 2181, THAT II 351-53, hier weitere Lit., dazu noch Stadelmann AnBibl 39, 1970, 99: Wolken, Gewölk (:: עָב cf. Reymond 14): — 1. a) **Gewölk** Gn 9$_{13f.16}$ Ez 1$_{28}$ Hi 26$_{8f}$ 37$_{11.15}$ 38$_9$ Kl 3$_{44}$; b) Morgengewölk (עֲנַן בֹּקֶר) Hos 6$_4$ 13$_3$ als Bild d. Vergänglichkeit; c) Licht seiner Wolken (אוֹר עֲנָנוֹ) =

Blitz Hi 37_{15}, cf. Reymond 13 :: עָנָן אוֹרוֹ lichtes Gewölk Hi 37_{11}, cf. Reymond 13^6; — 2. **Gewölk** im Bereiche göttlichen Seins u. Handelns: a) עָנָן Gottes Kleid Hi 38_9, s. Hülle Kl 3_{44}, d. Staub seiner Füsse Nah 1_3; עֲנַן י׳ Ex 40_{38} Nu 10_{34}; עֲנָנְךָ Nu 14_{14}; עֲנָנוֹ Hi 26_9, ↗ אוֹר עֲנָנוֹ 1 c; b) beim Hervortreten Gottes/Jahwes seine Gegenwart anzeigend u. zugleich verhüllend (THAT II 352) Ex 13_{21f} $14_{19f.24}$ 16_{10} $19_{9.16}$ $24_{15f.18}$ 33_{9f} 34_5 $40_{34.38}$ u. ö. Ps 78_{14} 99_7 105_{39}; b. endzeitl. Erscheinen Ps 97_2, b. Tag Jahwes: יוֹם עָנָן וַעֲרָפֶל Ez 30_3; 34_{12} Jl 2_2 Zef 1_{15}; עֲנָנִים Jr 4_{13}; — 3. Versch. עַמּוּד אֵשׁ וְעָנָן; עַמּוּד ↗ עַמּוּד עָנָן Ex 14_{24}; עָב הֶעָנָן Ex 19_9; עֲנַן הַקְּטֹרֶת Lv 16_{13} Ez 8_{11}; ↗ ? II עָנָן.

II עָנָן: n. m. ph. ʿnn (PNPhPI 174. 382), palm. ʿnn, ʿnyny (PNPI 45a), cf. ? asa. ʿnnn (Müller ZAW 75, 1963, 312) u. sab. *ġnn* (Ryckmans 1, 175b). Bedtg. ungewiss: Möglichkeiten: 1): a) zu ar. *ʿanna* plötzlich erscheinen, sich zeigen ↗ ענן: Jahwe hat sich offenbart, sich kundgetan (Noth N. 184, PNPhPI 382); b) zu ar. *ġanna* summen, brummen: der Brummler od. d. Näselnde (Ryckmans l. c.); 2) eine Kf. auf *-ān* (Noth N. 38) zu I עֲנָנְיָה; 3) zu I עָנָן: PNPI 106b übersetzt palm. ʿnn mit ,,Wolke'' (ʿnyny dimin. dazu): einer aus den רָאשֵׁי הָעָם Neh 10_{27}. †

עֲנָנָה: n. un. zu I עָנָן: **Regenwolke** Hi 35. †

עֲנָנִי, MSS ־נִּי: I ענה; n. m., äga. ענני (DAE 465f) u. bab. *ʿanani* (WSPN 32. 80): ,,Er (Jahwe) hat mich erhört'', Kf. zu I עֲנָנְיָה (Stamm HEN 414^6 :: Noth N. 184: zu ar. *ʿanna*, ↗ II עָנָן): Davidide aus den Nachk. des Serubbabel 1C 3_{24} (Rudolph Chr. 28). †

I עֲנָנְיָה, n. m.; G 'Ανανια(ς); äga. ענניה (DAE 466): I ענה + י׳ ,,Jahwe hat mich erhört'' (Kö. Wb. 340a, Stamm HEN 414^6 :: Noth N. 184: ,,Jahwe offenbarte sich'', nach ar. *ʿanna*): Grossv. eines unter Nehemia am Mauerbau Beteiligten Neh 3_{23}. †

II עֲנָנְיָה: cf. I, n. l. in Benjamin; G Ανανια: *Bēt Ḫanīna* 6 km. nw. Jerus. (BDB 778a) od. Bηθανια Bethanien (Dalm. OW 265ff, Abel 2, 243, GTT § 1086): Neh 11_{32}. †

עָנָף: Primärnomen, mhe. עָנָף, DSS (KQT 167); ja. cp. עַנְפָּא, ba. *עֲנַף, sy. *ʿnāfā* (Sarauw 117, cf. I עָנָן), vb. denom.: hitpo: mit Mähne versehen; sam. steril werden (BCh. LOT 2, 601); ug. ? cj. *ʿnp* pr. *ʿnh* (KTU 1. 101, 5), so Margulis ZAW 86, 1974, 5f: עֲנַף, עַנְפְּכֶם (BL 557e), עֲנָפֶיהָ: sg. coll. **Zweige, Gezweig** (Rüthy 55) Lv 23_{40} Ez $17_{8.23}$ 31_3 36_8 Mal 3_{19}; pl. Zweige Ps 80_{11} Sir 14_{26} cj. 50_8 (pr. כנץ בענפי prop. כנצני ענפים wie Blütenzweige, ↗ I נֵץ, cf. Smend, Peters, Segal), 50_{10}. †
Der. *עָנֵף.

*עָנֵף: adj. zu עָנָף (BL 464z): f. עֲנֵפָה: **reich an Zweigen** (Rüthy 55) Ez 19_{10}. †

ענק: denom. v. I עֲנָק (Albr. JPOS 8, 1928, 237f); ar. *ʿnq* II am Hals packen, III u. VIII umarmen, umhalsen; äth. *ʿanaqa* um den Hals legen (Dillm. 990, Leslau 40):

qal: pf. עֲנָקַתְמוֹ (BL 215j, R. Meyer Gr. § 30, 3c) metaph. גַּאֲוָה als sbj: den Hals schmücken; wörtl. Hoffart umgibt sie am Hals: H. ist ihr Halsgeschmeide (cf. Caquot Semitica 21, 1971, 37): Ps 73_6. †

hif: impf. תַּעֲנִיק; inf. הַעֲנֵק: c. acc. u. לְ jmdm. etwas um den Hals legen = jmdn. ausstatten mit Dt 15_{14}. †

I עֲנָק: mhe. ja. עִ/עֲנְקָא, sy. *ʿeqqā*, *ʿeqqᵉtā* Halskette; md. (MdD 27a) *anqia* Schleife ?, Loch ?; ar. *ʿunq* Hals, *ʾaʿnaq* mit langem Hals (Lane I 2176); akk. *unqu* Ring; *unqu* II Nacken, aram. Frw. s. v. Soden Or. 37, 269 (nur 1 × belegt, in d. Bezeichnung e. Art von Opferfleisch); ? äth. *ʿenqʷe* Edelstein (Der. v. √ *ʿnq*, s.

Dillm. 990): עֲנָקִים/קוֹת **Halskette**: a) der Frauen (BRL[1] 257ff, BRL[2] 286f, BHH 1709) Pr 1_{9}, cj. HL 4_{9} pr. עֲנָק prop. בַּעֲנָקִים od. בְּעֲנָקֵי (cs. vor מִן GK § 130a); b) an Kamelen Ri 8_{26}. †

Der. ענק.

II עֲנָק, הָעֲנוֹק Jos 21_{11} ? l הָעֲנָק, Sam. *ēnåq*, G Εναχ, Ενακ, Αινακ: n. p.; äg. (Ächtungstexte) *ja-ʿ-n-q* (Helck Beziehungen 46, Alt KlSchr. 3, 52, ANET 328f); ? ug. *ʿnqt* (RSP II S. 310 Nr. 78); kaum zum churr. PN *Ḫanakka/gga/qqa* (Gelb-Purves-MacRae, Nuzi Personal Names 1943, 53a), so de Vaux Patr. 33[1] :: Feiler ZAW 45, 1939, 225f: עֲנָקִים (? pl. d. gntl.): בְּנֵי עֲנָק Nu 13_{33}; בְּנֵי הָעֲנָק Jos 15_{14} Ri 1_{20}; אַרְבַּע יְלִ(י)דֵי הָעֲנָק Nu $13_{22.28}$ Jos 15_{14}; אֲבִי הָעֲנָק 15_{13} 21_{11} (s. oben); עֲנָקִים׳ Jos 11_{22} 14_{12}, cj. Jr 47_{5} pr. עִמְקָם c. G prop. עֲנָקִים; הָעֲ׳ Jos 11_{21}; בְּעֲ Dt $2_{10f.21}$ Jos 14_{15}; בְּנֵי הָעֲנָקִים Dt 1_{28} 9_{2}: **Enak** n. p. < h. ep.; etym. inc. v. I עֲנָק: a) „die Langnackigen" (Ges. Thes. 1054, BDB); b) „die Halskettenleute" (von den Ringen, die sie od. ihre Tiere um d. Hals trugen), so Noth Jos. 92 u. ATD 7. 94, cf. Fritz, Israel in der Wüste, 1970, 81; — vorisr. Bevölkerungsteil in Kanaan spez. um Hebron, Riesen: G γιγάντες Dt 1_{28}; ₣ 9_{2} :: Maclaurin VT 15, 1965, 468-74: עֲנָק zu gr. ἄναξ ein philist. Wort, das e. Amt bezeichnet; — Schwally ZAW 18, 1898, 139ff; Karge 691ff; Noth Jos. 92; de Vaux l. c. und Histoire 1, 131, 135; BHH 404; Lipiński VT 24, 1974, 41-55; ₣ תַּלְמַי, שֵׁשַׁי, אֲחִימַן die 3 Söhne v. עֲנָק Nu 13_{22} Jos 15_{14} Ri 1_{10} u. II רָפָה: רְפָאִים u. (יְלִ(י)דֵי הָרָפָה). †

I עָנֵר, Sam. *innīråm*, GnAp ערנם 21, 21; 22, 6 (Fitzmyer[2] 157); G Αυναν, Jub 13_{29}; Josph. Ἔννηρος (NFJ 45); n. m. Gn $14_{13.24}$ neben אֶשְׁכֹּל u. מַמְרֵא; — Lipiński VT 24, 1974, 52f; Schatz 126-29 ₣ II. †

II עָנֵר: n. l., Levitenstadt in Manasse 1C 6_{55}, G Αναρ (Ra.); Abel 2, 244, GTT § 337, 22: l תַּעְנָךְ c. Jos 21_{25}; s. Noth Jos. 126. †

ענשׁ: mhe., DSS (KQT 167f), ja. pe., sam. (BCh. LOT 2, 520), pun. nif, palm. af. (DISO 219): mit Busse/Strafe belegen; denom ? cf. pun. sbst. *ʿnšm* ₣ עֲנוּשִׁים; ? ug. *ġnṯ* KTU 1, 108, 11, Dietrich-Loretz-Sanmartín UF 7, 1975, 116. 118 zu he. ענשׁ :: de Moor UF 1, 1967, 178: akk. *ḫanāšu/kanāšu* (AHw. 320b; Liedke WMANT 39, 1971, 44):

qal: pf. וְעָנְשׁוּ; inf. עָנוֹשׁ, cs. עֲנוֹשׁ, עֲנָשׁ־; pt. pass. pl. עֲנוּשִׁים: jmdm. **eine Geldbusse auferlegen**, c. acc. pers. Pr 21_{11} (לֵץ), c. acc. pers. et rei (Betrag) Dt 22_{19} (de Vaux Inst. 1, 246 = Lebensordnungen 1, 257; mhe. pi., Sam. pi.), 2C 36_{3}, c. לְ pers. Pr 17_{26}, יֵין עֲנוּשִׁים Am 2_{8}: עֲ׳ vb. od. sbst. ₣ עֲנוּשִׁים. †

nif: pf. נֶעֶנְשׁוּ; impf. יֵעָנֵשׁ: **gebüsst werden** (pers.) Ex 21_{22} (Sam. hitp. *ijjannəš*): **büssen müssen**, zu Schaden kommen Pr 22_{3} 27_{12}. †

Der. עֹנֶשׁ, עֲנוּשִׁים.

עֹנֶשׁ: ענשׁ, BL 460i. l: mhe. ja. עֻנְשָׁא, ba. *עֲנָשׁ: **Geldbusse** 2K 23_{33}, c. נשׂא Busse bezahlen müssen Pr 19_{19}; cj. 1K 10_{15} pr. מֵעַנְשֵׁי l ? מֵאַנְשֵׁי (Noth Kge. 204, Würthwein ATD 11/1, 122): von den auferlegten Abgaben. †

עֲנָת, G Αναθ, Josph. Ἄναθος (NFJ 11); **ʿAnat** nordwestsem. n. deae, RAAM 156ff, Kapelrud The Violent Goddess 1969, Gray LoC[2] 174f, Widengren SKgt 12. 86[69.70], BHH 91, WbMy I 235ff. 333: n. m. שַׁמְגַּר בֶּן־עֲנָת Ri 3_{31} 5_{6}: PN nicht sicher erkl; Möglichkeiten, cf. de Vaux Histoire 2, 127f: — 1. theophor., cf. amor. *Bunu-anati*, *Šum-anati* (Huffmon 201); ug. *bn ʿnt* (Gröndahl 111. 378a), *bin-ʿanat* (l. c. 321b, cf. 118); ? Kf. dazu *A-na-ti*

(EA Nr. 170, 43); äga. PN ענתי (AP 22, 108) Kf, cf. ענתביתאל u. ענתיהו (AP l. c.), Vincent 625ff; — 2. בֶּן־עֲנָת verkürzt aus בֶּן־בֵּית עֲנָת u. bezeichnet d. Träger des Namens als Bürger (vielleicht Haupt ?) d. Stadt (Noth N. 123[1], Alt KlSchr. 1, 262[1]); בֵּית עֲנָת (F בַּיִת B 37) Jos 19₃₈ Ri 1₃₃ u. F עֲנָתוֹת. †

I עֲנָתוֹת, עֲנָתֹת 1K 2₂₆, G Αναθωθ, Josph. Ἀναθώθ (NFJ 139): n. l. Levitenstadt in Benjamin; עֲנָת + Endung *-ōt* nicht pl. BL 506t :: Kapelrud, The Violent Goddess, 1969, 10: verkürzt aus בֵּית עֲנָתוֹת, ־וֹת pl. d. Steigerung: „Haus d. grossen Anat"; Borée 49; *Rās el-Ḫarrūbe* sw. *ʿAnāta* (Abel 2, 243f, GTT § 337, 12; U. Lux ZDPV 90, 1974, 201 und l. c. Anm. 75 Lit; BHH 92): Jos 21₁₈ 1K 2₂₆ Js 10₃₀ Jr 1₁ 11₂₁.₂₃ 32₇₋₉ Esr 2₂₃ u. Neh 7₂₇ (אַנְשֵׁי עֲ׳), 11₃₂ 1C 6₄₅; F II u. עַנְתֹתִיָּה; gntl. עַנְּתֹתִי. †

II עֲנָתוֹת: n. m., = I: Name von Sippen d. nachexil. Zeit, die aus I עֲ׳ stammten (Rudolph Chr. 67) 1C 7₈; F עַנְתֹתִיָּה: — 1. Benjaminit. Sippe 1C 7₈; — 2. Einer aus den רָאשֵׁי הָעָם, der den Namen s. Sippe trägt (Rudolph EN 175) Neh 10₂₀. †

עַנְּתֹתִי Dag. dirim. (Bgstr. 1, 68v.w., R. Meyer Gr. § 14, 2b, fehlt in Ⓑ zu 2S 23₂₇ 1C 11₂₈ 12₃); gntl. zu I עֲנָתוֹת: 2S 23₂₇ Jr 29₂₇ 1C 11₂₈ 12₃ 27₁₂. †

עַנְתֹתִיָּה: 1C 8₂₄: n. m.: I עֲנָתוֹת + ? hypocorist. Endg. *-ja* (Rudolph. Chr. 78) l c. pauc. MSS cf. BHS ־תִיָּה: od. l ? c. S וַעֲנָתוֹת, so Noth N. 254a, = II עֲנָתוֹת. †

עָסִיס: עסס: mhe. ja. עֲסִיסָא; pehl. (DISO 209); cs. עֲסִיס: **Traubensaft**, Tr. der neuen Ernte, γλεῦκος Act. 2₁₃ (AuS 4, 372, Wolff BK XIV/2, 33): Js 49₂₆ Jl 1₅ 4₁₈ Am 9₁₃; עֲסִיס רִמֹּנִי mein Granatmost HL 8₂, sf. zum ganzen Ausdruck cf. Joüon § 140b :: BHS prop. c. mlt. MSS, Targ. ־נִים (AuS l. c.). †

עסס: mhe. עסה pi., עסס, ev. in Der. עִסָּה Teig; ja. עסא pa.; ? cf. ar. Palache 57:

qal: pf. עַסּוֹתֶם: **zertreten** Mal 3₂₁. † Der. עָסִיס.

[עער: impf. יְעֹעֵרוּ Js 15₅: l יְעֹרְרוּ (עור pilp.)]

*עֳפִי: *עפה, BL 577i; > mhe., 1 × DSS עפים 1Q H 7₁₀; ba. ja. עָפְיָא; sy. md. *ʿufjā* (MdD 10b); ar. *ʿifāt* langes, dichtes Haar; akk. *upû* Gewölk, zum vb. *apû* III zudecken (AHw. 62b), aLw. 223 = he. עָלֶה: pl. Q עֳפָאִים, עֳפָיִם, K עֳפָאִים, BL 579p: **dichtes Laub** Ps 104₁₂ (Rüthy 64). †

עפל: mhe. hif. vermessen sein; ar. *ġfl* leichtsinnig, vermessen sein:

pu: pf. עֻפְּלָה Hab 2₄ txt. inc. pr. עֻפְּלָה prop. עֻפָּל pt. pu. (< מְעֻפָּל) vel עָפֵל (BHS): der Vermessene, cf. עופלה 1Qp Hab :: cj. עֻלָּף (Humbert Hab. 74) vel עוּלָּף (Keller CAT XIb 158): **schwach werden, hinschwinden** F עלף :: Rudolph KAT XIII/3, 212: l פְּעֻלָּה verdiente Strafe. †

hif: (:: Sam. qal) impf. וַיַּעְפִּלוּ: c. לְ c. inf. **sich vermessen** zu Nu 14₄₄. †

I עֹפֶל: ar. *ʿafl* u. *ʿafal* (Lisān s. v., Auskunft von Franz Allemann, Bern): Fettpolster um die Testikel, Perinaeum, Gewebewucherung in d. vulva, Fleischverdickung im After; nicht = akk. *uplu*, da dieses nicht Beule (Lex. 1) bedeutet, sondern 1) Kopflaus (AHw. 1423b mit d. vb. *uppulu* lausen AHw. 1425a) und 2) (nur 1 Beleg, Borger AOAT 1, 1969, 6, 63) Räude (?): K בַּעְפָלִים, od. *בָּעֳפָלִים, (Sam. (*w*)*bå̊fåləm*), עֳפָלֶיכֶם, עָפְלֵי, עֳפָלִים, Q perpetuum טְחֹרִים, טְחֹרֵי, טְחֹרֵיכֶם F *טחר, Geiger 408f: eine Verdickung im Gewebe, trad. Beule, nach d. Q perpet. Hämorrhoiden Dt 28₂₇ (|| שְׁחִין), 1S 5₆.₉.₁₂ 6₄f (Stoebe KAT VIII/1 140 mit Lit.). † Der. II עֹפֶל.

II עֹפֶל, G Οφλα, Josph. Ὀφλᾶς (NFJ 95):

= I; Anschwellung, Buckel d. Erdoberfläche (Schwarzenbach 21), als Hügelbezeichnung > äg. *ʿpr wr* (Helck Beziehungen 131; mo. Mesa 22: העפל d. Akropolis in Qeriḥo): — 1. Stadtteil in Jerusalem: a) Das Verbindungsstück zw. Jebusiterstadt und dem salom. Palast u. Tempelbezirk (Welten WMANT 42, 1973, 75 mit Belegen aus Josephus) Js 32_{14}; b) Das Ganze, den Tempel, dessen Nebengebäude u. wohl auch die Häuser des Kultpersonals im weitesten Sinn umfassende Quartier (Welten l. c. 76. 77) Mi 4_{8} Neh 3_{26f} 11_{21} 2C 27_{3} 33_{14}; — cf. BRL^2 160b, Simons 64ff, BHH 1352; — 2. הָעֹפֶל 2K 5_{24}: genaue Lokalisierung unsicher, nach d. Zushg. wohl in Samaria gelegen, die Zitadelle od. Akropolis d. Stadt (Gray Kings^3 510, cf. TOB 685_{u}) :: ZüBi: der Hügel. †

עָפְנִי: הָעָ׳ Jos 18_{24}: n. l. in Benjamin, G, exc. G^L Ἀφνη; etym. inc. König Wb. 341b zu ar. *ʿafana* aufsteigen: עָפְנִי terrassenförmig u. ä; meist dl. Dittogr. v. הָעַמֹּנִי (K), s. Noth Jos. 108, Kuschke Fschr. Hertzberg 108f :: Abel 2, 401, GTT § 327, 11, Gray Joshua, Judges and Ruth (New Century Bible) 1967, 164: עָפְנִי vielleicht = *Jifneh* nw. v. Bethel. †

עַפְעַפַּיִם: ? עוּף, עפעף GB, BL 482d; mhe. Augenwimpern, cf. שיער בעפעפים Haarwuchs bei den Augenwimpern (Levy 3, 675); ug. *ʿpʿp*: *ʿpʿph sp ṯrml* (KTU 1. 14 III 43f VI 30), Bedtg. umstritten: UT nr. 1895 Auge(n), Aistl. 2072 Augenlid, so auch Gray KRT^2 14 Z. 148 u. LoC^2 144; TOML 525^e; — RSP I S. 301, Nr. 440: Pupille; Delekat UF 4, 1972, 20 § 24 u. Dietrich-Loretz BiOr 23, 1966, 131b Wimpern: עַפְעַפַּי, sf. עַפְעַפֶּיךָ, עַפְעַפַּי, עַפְעַפָּיו/פֶּיהָ, עַפְעַפֵּינוּ (THAT II 261) 10 ×: — 1. **Wimpern** (|| עַיִן) cf. mhe. Jr 9_{17} Ps 11_{4} 132_{4} Pr 4_{25} 6_{4} 30_{13}; עַפְעַפֵּי שָׁחַר Hi 3_{9}; — 2. **Augen** Hi 41_{10} Pr 6_{25}, c. הרים 4Q 184, 1, 13 (DJD V, S. 82); — 3. Wimpern od. Augen Hi 16_{16}; :: Lex.^{1}: Strahlen, blitzende Augen; Dahood Biblica 50, 1969, 351f u. Questions disputées de l'AT, Louvain 1974, 25; ähnlich RSP I l. c.: Pupille; jedoch Pupille = F אִישׁוֹן. †

עפף, F עוף pol. :: Lex.^{1}.

עפר: denom. עָפָר:

pi. (Jenni 273): pf. עִפַּר: בֶּעָפָר jmd. mit Erde bewerfen 2S 16_{13} (|| סִקֵּל בָּאֲבָנִים). †

עָפָר (110 ×), Sec. ἄφαρ (Ps 30_{10} Brönno 150. 407, BM Hebr. Textbuch, 1960, 71, Kahle CG 164): Sam. *ʿåfår*; mhe., DSS (KQT 168); ug. *ʿpr* (UT nr. 1898, Aistl. 2074, RSP I S. 124 Nr. 67: *arṣ* || *ʿpr*); EA *(ḫ)aparu*, kan. gl. zu akk. *ep(e)ru* (AHw. 222b, Böhl Spr. EA 82g); ja. cp. sam. (BCh. 2, 543b), sy. md. (MdD 32a), pehl. äga. (DISO 219); ar. *ʿafr*; äth. *ʾafer* (Leslau 11) F אֵפֶר: cs. עֲפַר, sf. עֲפָרְךָ, עֲפָרוֹ/רָהּ, עֲפָרָם, pl. cs. עַפְרוֹ(ו)ת (THAT II 353-56): — 1. die trockene, feine Erdkrume, **Staub**: a) עֲ׳ הָאָרֶץ Gn 13_{16} 28_{14} Ex 8_{12f} 2S 22_{43} Js 40_{12} 2C 1_{9}; עָפָר וָאֵפֶר Gn 18_{27} Hi 30_{19} F 42_{6}; אָבָק וְעָפָר Dt 28_{24}; דַּק לְעָ׳ zu Staub gemahlen Dt 9_{21}; עֲפַר רַגְלַיִם Js 49_{23}; הֶעֱלָה עָפָר עַל־רֹאשׁוֹ Jos 7_{6} Ez 27_{30} Kl 2_{10} = c. זרק Hi 2_{12}; b) als Ausdruck d. Erniedrigung יָשַׁב עַל־עָ׳ Js 47_{1}; לֶעָ׳ c. דבק Ps 119_{25}, c. הִשְׁכִּין Ps 7_{6}, c. שחח Ps 44_{26}, :: הֵקִים מֵעָ׳ 1S 2_{8} 1K 16_{2} (cf. Brueggemann ZAW 84, 1972, 1-18); עַד עָ׳ (steigernd hinter אֶרֶץ) bis in den Staub Js 25_{12} 26_{5}; wie Staub zertreten 2K 13_{7}; Mund בֶּעָ׳ (demütig vor Gott) Kl 3_{29}; c) metaph. (THAT II 354): α) עָ׳ Bild für Menge u. Überfluss Gn 13_{16} 28_{14} Nu 23_{10} (:: Guillaume VT 12, 1962, 335-37: עָפָר = Krieger zu ar. *ʿifr* stark, kräftig; u. *ʿifirrīn* ein kühner, entschlossener starker Mann), Js 40₁₂ u. ö; β) עָ׳ das Niedrige, Wertlose 1S 2₈ 1K 16₂ 2K 13₇ Zef 1₁₇ Ps 7₆; Edelgold zu עָ׳ werfen Hi 22₂₄ (= in Erdlöcher, s. Weise ZAW 72, 1960, 29f); γ) עָ׳ das Nichtige, Vergängliche Gn 3₁₉ Ps 103₁₄ Hi 4₁₉ 8₁₉ 10₉ Koh 3₂₀ 12₇; — 2. **Erdstoff, lose Erde**: a) als Teil „Substanz" d. Menschen Gn 2₇ 3₁₉ 18₂₇ (Westermann BK I/1 280f. 362), cf. 1 c γ; b) allg. עָ׳ als Element d. irdischen Bereiches (auch poet. = „Erde") Js 34₇ (|| אֶרֶץ) Ez 26₄.₁₂ Hab 1₁₀ Zch 9₃ Hi 14₈ 41₂₅, עַפְרוֹת תֵּבֵל Erdschollen Pr 8₂₆; עַל־עָ׳ auf Erden Hi 19₂₅ (Fohrer KAT XVI 319f) 41₂₅, אַדְמַת עָ׳ Staubland Da 12₂ (↗ 4b u. אֲדָמָה 3); — 3. Versch.: a) Schutt 1K 20₁₀ 2K 23₁₂ Ps 102₁₅ Neh 4₄ (:: לִבְנוֹת בַּחוֹמָה), עֲרֵמוֹת הֶעָ׳ Schutthaufen 3₃₄; b) Lehmbelag als Verputz e. Hausmauer Lv 14₄₁f. עֲפַר הַבַּיִת 14₄₅ cf. AuS 7, 27. 120; c) Staub e. zermalmten Kultbildes Dt 9₂₁, e. Aschere 2K 23₆, von Altären 23₁₂; d) Asche des verbrannten Sündopfers (חַטָּאת) Nu 19₁₇; e) עַפְרֹת זָהָב Goldstaub Hi 28₆; — 4. **Grab** u. **Totenwelt** (oft schwer zu scheiden) (THAT II 355): a) Grab שָׁכַב לֶעָ׳ Hi 7₂₁, שָׁכַב עַל־עָ׳ Hi 20₁₁ 21₂₆; b) Unterwelt נַחַת עַל־עָ׳ Da 12₂; (|| יְשֵׁנֵי אַדְמַת עָפָר שְׁאֹל) Hi 17₁₆; c) zu a) oder b) שֹׁכְנֵי עָ׳ Js 26₁₉ 1QH VI 34, יוֹרְדֵי עָ׳ Ps 22₃₀; עֲ׳ מָוֶת Ps 22₁₆; — Hi 7₅ גּוּשׁ/גִּישׁ עָ׳ del. עָפָר gl., ↗ גוּשׁ.

Der. II עֶפְרוֹן.

עֵפֶר: n. m. (Noth N. 230: Hirsch-, Reh-, Gazellenjunges) = ↗ עֹפֶר; G Αφερ u. ä., Josph. Ἀφέρας, Ἑώφρην (NFJ 21a, 47c): — 1. Midianiter Gn 25₄ (Sam. Vers. ואפר) 1C 1₃₃; — 2. Nachk. v. Juda 1C 4₁₇; — 3. Manassit 5₂₄ †

עֹפֶר: עֳפָרִים, von gleicher Bedtg. wie ↗ עֵפֶר; ar. *ġufr* das Junge d. Steinbockes (Nöldeke BS 84), öteb. *ġyfir* 4-5 Tage alte Gazelle (J. J. Hess): עֹפֶר הָאַיָּלִים Junges d. Damhirsches, ↗ אַיָּל, HL 2₉.₁₇ 8₁₄ (8₁₄ || צְבִי); metaph. für d. שְׁנֵי שָׁדַיִם HL 4₅ 7₄. †

Der. I עָפְרָה.

עַפְרָה: n. l., בֵּית לְעַפְרָה Mi 1₁₀, ↗ בַּיִת B 26.

I **עָפְרָה**: n. m. = עֹפֶר + Endung *-ā* mit vokativischer od. eher hypokorist. Bedtg., zu ersterer cf. Noth N. 38, u. letzterer (= akk. *-atu*) Stamm 11. 113. 253f, v. Soden GAG § 60, 1a: Nachk. v. קְנַז 1C 4₁₄. †

II **עָפְרָה**: n. l.; Erkl. unsicher: a) zu עָפָר = Staubort (Schwarzenbach 203); b) zu ar. *ʿufrat* „rötlich weisse Farbe d. Staubes", *ʿifr* Ferkel (n. d. Farbe): rötlich weisser Platz (Noth Jos. 149); c) zu עֹפֶר u. I עָפְרָה Reh-/Gazellenort: Ri 6₂₄ עָפְרָת Ⓛ, Ⓑ, Ⓒ ־רַת, BL 510v; loc. Ri 9₅ עָפְרָתָה: — 1. in Benjamin, G Αφ(α)ρα, Γοφερα, Josph. Ἐφρά (NFJ 47b); *et-Ṭaijibe*, 7 km n. v. Bethel (Abel 2, 402, GTT § 327, 9, Noth Jos. 111, Elliger KlSchr. 47f): Jos 18₂₃ 1S 13₁₇; — 2. in Manasse, G Εφραθα: Heimat Gideons; Lage ungewiss; Abel 2, 402f, GTT § 561, Albr. JPOS 11, 1931, 247ff, Alt PJB 24, 1928, 32ff, Keller ZAW 67, 1955/56, 154, BHH 1353, Herrmann Geschichte 154f, de Vaux Histoire 2, 109: nicht allzuweit entfernt von Sichem; ↗ II עֶפְרוֹן: Ri 6₁₁.₂₄ 8₂₇.₃₂ 9₅. †

I **עֶפְר(וֹ)ן**; עֹפֶר + demin. Endg. *-ōn* (Stamm ArchOr. 17 (Teil 2), 1949, 379-82); Sam. *ifron*, G Εφρων, Josph. Ἔφρεμος (NFJ 47c): n. m. Hethiter Gn 23₈-₁₇ 25₉ 49₂₉f 50₁₃. †

II **עֶפְרוֹן**: G Εφρων: עָפָר: „Staubort" (Schwarzenbach 203); n. t.: — 1. הַר עֶפְרוֹן Jos 15₉, Gebirgszug zw. Benjamin u. Juda; ign. Abel 1, 371f, GTT p. 140, Alt PJB 22, 1926, 25, PJB 28 1932, 8, Noth Jos. 88f; — 2. n. l. in Benjamin 2C 13₁₉K,

Q עֶפְרַיִם (mhe.); עָפְרָה 1. u. Ἐφραιμ Joh 11_{54} u. ? אֶפְרַיִם 2S 13_{23}, ↗ אֶפְרַיִם 6 (:: Seebass VT 14, 1964, 497-500); — Dalm. OW 231ff, JG 224f, Schunck VT 11, 1961, 188-200. †

עֹפֶרֶת u. 4 × עוֹפֶרֶת, Sam. *ūfårət*: עֹפָּרֶת: ? < akk. -sum. *abāru* Blei (AHw. 4a; Landsberger WZKM 56, 1960, 117 u. JNES 24, 1965, 285ff), > mhe. ja. אֲבָרָא, sy. *abārā*, sam. רברה (BCh. LOT 2, 552), md. (MdD 1b); ar. *ʾabār* (Frae. 152), Salonen ASKw. 5f, cf. Forbes JbEOL 2, 493; pun. עפרת (DISO 219), Friedr.[2] § 118a): **Blei** Nu 31_{22} Ez $22_{18.20}$ 27_{12}; כִּכַּר ע׳ Bleideckel Zch 5_7 = אֶבֶן הָע׳ das Bleigewicht 5_8; Ex 15_{10} Jr 6_{29}; בְּעֵט בַּרְזֶל וְע׳ mit eisernem Griffel u. mit Blei (ausgelegt) Hi 19_{24} (Fohrer KAT XVI 317). †

עֵץ (330 ×), Sam. *iṣ/eṣ*, c. art. *åʾiṣ*; Grdf. *ʿiḍ*: mhe. DSS (KQT 168) u. עצה Gehölz, Streu (Levy 3, 678); ug. *ʿṣ* (UT nr. 1903, Gr. § 8, 20; Aistl. 2078. 2079; RSP I S. 302f Nr. 441-443; Ug V 235, 8ʾ: *iṣ-ṣú*); pun. עץ (DISO 219); akk. *iṣu/iṣṣu* Baum, Holz (AHw. 390b); äga. עק (DISO 219), ba. ja. sam. (BCh. LOT 2, 542) אָע (< עע, BLA 50c. 179f), sonst aram. verdrängt durch אילן u. קיס(ם); ar. *ʿiḍat, ġaḍan* Baum; asa. *ʿḍ* Holz (Conti 211b); äth.[G] *ʿeḍ* Baum, Stange, Holz (Dillm. 1025f); Nöldeke NB 144f, Rüthy 10f. 41f: עֵצוֹ, עֵצָה, עֵצְךָ; pl. עֵצִים, עֲצֵי, sf. עֵצֵינוּ, עֵצֶיהָ, עֵצָיו, עֵצַיִךְ, עֵצֶיךָ (THAT II 356-59): — 1. coll. **Bäume (Holz, Gehölz)**: Gn $1_{11.29}$ 2_{9a} 18_4; עֵץ הַשָּׂדֶה Ex 9_{25}, עֵץ הָאָרֶץ Lv 26_{20}, עֵץ מַאֲכָל Ez 47_{12}, עֵץ רַעֲנָן Jr 17_2, עֵץ עָבוֹת dichtbelaubte Bäume Lv 23_{40}; עֵצָהּ ihr (einer belagerten Stadt) Baumbestand Dt 20_{19}, cj. Jr 6_6 pr. עֵצָה l c. Q[Or] עֵצָהּ (BHS) :: Dahood Biblica 50, 1969, 57f: *-ā* = archaische acc.-Endg., so auch עֵצָה Js 30_1: Holz = Idol :: ↗ I עֵצָה 3a u. THAT I 750; — 2. (einzelner) **Baum**: עֵץ (הַ)חַיִּים Gn 2_9 (↗ I חַי B 1; THAT II 357f, W. Bühlmann OBO 12, 1976, 280-83) Pr 3_{18} 11_{30} 13_{12} 15_4; עֵץ הַדַּעַת Gn 2_9 (THAT II 358f); כָּל־עֵץ irgendein Baum Dt 22_6; יַעַר וְכָל־עֵץ בּוֹ Js 44_{23}; עֵץ יָבֵשׁ Js 56_3 :: עֵץ לַח Ez 17_{24}; — 3. pl. **Bäume** עֵצִים וַאֲבָנִים Ex 7_{19} (s. 6b), cf. ug. *abn* + *ʿṣ* (RSP I S. 100 Nr. 9, TOML 378[8]) u. *ʿṣ* || *abn* (RSP I S. 302 Nr. 441); עֲצֵי יהוה Ps 104_{16}, עֲצֵי עֵדֶן Ez 31_9, כָּל־עֲצֵי הַשָּׂדֶה (גֶּפֶן, תְּאֵנָה, רִמּוֹן, תָּמָר, תַּפּוּחַ) Jl 1_{12}; — 4. a) **Baumart**: עֵץ הַזַּיִת Hg 2_{19}, עֵץ שֶׁמֶן (↗ שֶׁמֶן 4) Js 41_{19} Neh 8_{15} (Stieglitz JNES 29, 1970, 56); b) **Holzart**: עֲצֵי c. ↗ אַלְמֻגִּים 1K 10_{11f}; עֵץ c. אֶרֶז Lv 14_4 Nu 19_6, pl. 2S 5_{11}; עֵץ c. בְּרוֹשִׁים 2C 3_5, pl. 2S 6_5 (cf. Keel, Die Weisheit spielt vor Gott, 1974, 35f, BRL[2] 235 Nr. 3), 1K 5_{22}; עֵץ c. הַגֶּפֶן Ez $15_{2.6}$; עֲצֵי c. גֹּפֶר Gn 6_{14}; עֲצֵי c. לְבוֹנָה HL 4_{14}; עֲצֵי c. שִׁטִּים Ex 25_5; עֲצֵי c. שֶׁמֶן 1K 6_{32}; cf. עֵץ c. הַזְּמוֹרָה Rankenholz Ez 15_2; — 5. **Holz** (als Stoff): כָּל־עֵץ irgendwelches Holz Dt 16_{21}; עֵץ Holzart (die Wasser süsst) Ex 15_{25}; חֲרֹשֶׁת עֵץ Ex 31_5, ↗ I חֲרֹשֶׁת, חָרָשֵׁי עֵץ 2S 5_{11}; עֵץ וָאֶבֶן Dt 4_{28} 2K 19_{18} Ez 20_{32}, cf. pl. sub. 3; עֵץ הוּא Jr 10_8 (:: cj. מֵעֵצָה: sinnlos, BHS); עֵצוֹ sein hölzernes Gottesbild Hos 4_{12}, cf. הָעֵץ Jr 2_{27} 3_9 Hab 2_{19}; צִפָּה עֵץ mit Holz belegen 1K 6_{15}; — 6. a) **Bauholz**, cf. ug. *ʿṣm* (KTU 2. 26, 6. 8f. 17; UF 6, 1974, 453-54 u. Hetzer The Rural Community in Ancient Ugarit, 1976, 25f): (הָ)עֵץ Hg 1_8 1K 5_{32}; חֹטֵב עֵצִים Dt 19_5; חָרַשׁ עֵצִים Zimmermann Js 44_{13}; Holzwerk Ez 41_{16} Hab 2_{11}; עֵצָיו die Holzteile eines Hauses Lv 14_{45}; b) Gegenstand aus Holz כְּלִי עֵץ Lv 11_{32}, Holz- und Steingefässe Ex 7_{19}; כְּלִי עֵץ־יָד hölzernes Gerät in der Hand Nu 35_{18}; אֲרוֹן עֵץ Dt 10_1; הָעֵץ der Holzstiel 19_5; מִגְדַּל עֵץ Holzgerüst Neh 8_4; מוֹטֹת עֵץ hölzerne Jochbalken Jr 28_{13};

עֵץ חֲנִית Speerschaft 2S 21₁₉, so auch c. Vrss. et Q pr. K 'חֵץ חֲ 1S 17₇; עֵץ פִּסְלָם Holz ihres Götzen Js 45₂₀; עֵץ Richtpfahl Gn 40₁₉ Dt 21₂₂f Jos 8₂₉ (ℱ יקע hif.), Est 2₂₃ 5₁₄ 6₄ 7₉f 8₇ 9₁₃.₂₅, pl. Jos 10₂₆; — 7. **Holzstücke** Ez 37₁₆f.₁₉f Koh 10₉; שְׁנַיִם עֵצִים 2 Stückchen Holz 1K 17₁₂; עֲצֵי עֹלָה Scheiter für das Brandopfer Gn 22₃; הָעֵצִים עֵצִים Holzstoss Zch 12₆; בּוּל עֵץ Brennholz 1K 18₃₃ Neh 10₃₅, Holzklotz Js 44₁₉; — 8. פִּשְׁתֵּי עֵץ Flachsstengel (AuS 5, 24) Jos 2₆.

Der. III עֵצָה.

I **עצב**: mhe. pi. strecken, einrenken, sy. pe. verbinden (Wunde), wiederherstellen (Schiff), pa. binden, verbinden, cp. pa. verbinden (Wunde); ar. *ʿṣb* herumwickeln, wickeln, binden (Wehr 553); Scharbert Schm. 29ff:

pi. (Jenni 245): pf. עִצְּבוּנִי **flechten**, gestalten (cf. II נסך u. II סכך): Gottes Hände d. Hiob (|| וַיַּעֲשׂוּנִי) Hi 10₈. †

hif: inf. לְהַעֲצִבָה (= ־בָהּ, BL 252 l) **nachbilden** Jr 44₁₉. †

Der. *עָצָב, I עֶצֶב, I עֹצֶב, ? *עָצֵב.

II **עצב**: mhe. traurig sein, ja. itpe. sich betrüben, עֲצִיב betrübt; ba. ja; ar. *ʿṣb* schlagen, stossen, bewegungslos machen (Driver JBL 55, 1936, 115ff), *ġaḍiba* zürnen, *ʿḍb* schmähen beleidigen, *ʿaḍb* scharf (Zunge); äth. *ʿaṣ(a)ba* schlecht dran, in Schwierigkeiten, in Not sein (Dillm. 1019f, Leslau 40), tigr. (Wb. 491a); Scharbert Schm., 27ff:

qal: pf. עֲצָבוֹ; inf. עָצְבִּי (GK § 61a, 115c); pt. עֲצוּבַת: **tadeln, wehtun** 1K 1₆ 1C 4₁₀; עֲצוּבַת רוּחַ tiefbetrübt Js 54₆; cj. 2S 13₂₁ ins. ? c. G, VetLat, V וְלֹא עָצַב cf. Budde KHC VIII 1902, 262. †

nif: pf. נֶעֱ/נֶעְצַב (BL 348j); impf. יֵעָצֵב, תֵּעָצְבוּ/צֵבוּ: — 1. **bekümmert sein** 1S 20₃.₃₄ 2S 19₃ Neh 8₁₀f; — 2. **sich grämen** Gn 45₅; cj. 2S 13₃₉ pr. לָצֵאת אֶל־ prop. לְעָצֵב עַל־ (< לְהֵעָצֵב) BHK; — 3. **sich wehtun** (בְּ an) Koh 10₉. †

pi. (Jenni 132): pf. עִצְּבוּ; impf. יְעַצֵּבוּ: **kränken** Js 63₁₀; Ps 56₆ txt. corrupt. pr. דִּבְרוֹ יְדַבְּרוּ יִוָּעֲצוּ prop. דְּבָרַי יְעַצֵּבוּ od. עָצֵב (Gkl. Ps. 244, Kraus BK XV⁵ 566 :: Dahood Psalms II 43: l דִּבְרֵי pr. דְּבָרַי „meine Verleumder plagen mich"). †

hif: impf. יַעֲצִיבוּהוּ: **kränken** Ps 78₄₀. †

hitp: impf. וַיִּתְעַצְּבוּ, וַיִּתְעַצֵּב: **tief bekümmert sein** c. אֶל־לִבּוֹ (יהוה) Gn 6₆; sich gekränkt fühlen Gn 34₇. †

Der. ? *עָצֵב, II עֶצֶב, II עֹצֶב, עִצָּבוֹן, עַצֶּבֶת, מַעֲצֵבָה.

***עָצָב**: I עצב: עֲצַבִּים (mhe. cf. DSS : KQT 168), עֲצַבֵּיהֶם, עֲצַבֶּיהָ, עֲצַבֵּי (Chr. R. North BZAW 77, 1958, 154): — 1. **Götzenbild** (cf. I עֹצֶב) der Philister 2S 5₂₁, von Babel Js 46₁ Jr 50₂, von Samaria Mi 1₇, von Efraim Hos 8₄ 13₂, von Juda cj. Js 2₈ ins. וְאֵין קֵצֶה עֲצַבָּיו; von Israel cj. Mi 5₁₃ pr. עָרֶיךָ prop. עֲצַבֶּיךָ vel צִרֶיךָ (BHS) :: Rudolph KAT XIII/3, 103: עֻזֶּךָ deine Zufluchten; von גּוֹיִם Ps 115₄ 135₁₅; — 2. die durch das Bild dargestellte Gottheit, 'עֲ = **Götzen**: der Philister 1S 31₉ (l אֶת־ pr. בֵּית), 1C 10₉, von Efraim Hos 14₉, von Jerusalem Js 10₁₁ (|| אֱלִילִים), des Landes (Juda/Israel) Zch 13₂ (c. שְׁמוֹת), von כְּנַעַן und seinen גּוֹיִם Ps 106₃₆.₃₈; — 3. zu 1 od. 2 können gehören, wie überhaupt der Übergang zw. beiden Gruppen fliessend ist, cf. Rudolph KAT XIII/1, 114: Hos 4₁₇ 2C 24₁₈. †

***עָצֵב** od. ***עַצָּב**: I od. II עצב: עַצְּבֵיכֶם: wenn zu עָצֵב, צּ c. dag. forte dir. (BL 464 II), wenn zu עַצָּב, dag. forte (BL 479 l): schwer, hart Arbeitender (:: Driver JBL 55, 1936, 117 u. BHS cj. עֹבְטֵיכֶם (ℱ I עבט); euere Schuldner, d. h. diejenigen, die gegen ein Pfand etwas entliehen haben, s. Fohrer Das Buch Jesaja 3. Bd, 1964, 206): Js 58₃. †

I עֶצֶב: I עצב: **tönernes Gefäss** (s. Kelso § 66, Honeyman 86) Jr 22_{28} (cf. Held ErIsr 9, 1969, 76^{47}. 77). †

II עֶצֶב: II עצב: mhe.; ↗ II עֹצֶב: עֲצָבִים, עֲצָבֶיךָ: — 1. **Kränkung**: דְּבַר־עֶצֶב ein kränkendes Wort (:: מַעֲנֶה־רַּךְ): Pr 15_1; — 2. **anstrengende Arbeit** Pr 10_{22} (:: בִּרְכַּת י׳), 14_{23} (:: דְּבַר־שְׂפָתַיִם); pl. mühsam Erworbenes Pr 5_{10}, לֶחֶם הָעֲצָבִים d. mühsam erworbene Brot od. Brot d. Mühsal Ps 127_2, cj. Jr 11_{19} pr. עֵץ בְּלַחְמוֹ l ? עֶצֶב לַחְמוֹ (R. Houberg VT 25, 1975, 676f); — 3. **Schmerz** (der Gebärenden) Gn 3_{16} (Sam. בְּעִצָּבוֹן). †

I עֹצֶב: I עצב (= *עָצָב nach בֹּשֶׁת vocal. s. North BZAW 77, 1958, 154): עָצְבִּי: **Götze** Js 48_5, cf. *עָצָב 2; ? zu I ע׳ auch Ps 139_{24} דֶּרֶךְ עֹצֶב Götzendienst (דֶּרֶךְ = Kultübung), so Würthwein Wort und Existenz, 1970, 187f, al. zu II עֹצֶב; cj. Hos 10_6 pr. עֲצָתוֹ prop. עֲצַבּוֹ vel עָצְבּוֹ (BHS) :: Rudolph KAT XIII/1, 196: עֶצְתוֹ sein Holzstück, n. unit zu עֵץ ↗ II עֵצָה. †

II עֹצֶב: II עצב: ja. עֻצְבָּא; II עֶצֶב 3: — 1. **Mühsal, Beschwerde** Js 14_3 1C 4_9 Pr 15_1 or. (pr. II עֶצֶב); — 2. **Pein**, דֶּרֶךְ ע׳ Weg z. Pein Ps 139_{24} (:: דֶּרֶךְ עוֹלָם) ↗ I עֹצֶב. †

עִצָּבוֹן: Sam. *(b)åṣåbon*; mhe. עִצָּבוֹן: II עצב, BL 498c, R. Meyer Gr. § 41, 1a, v. Soden ZA 41, 1933, 115^4 auf S. 116: Endg. *-ōn* bezeichnet das Zeitweise d. Zustandes: עִצְּבוֹנֵךְ, עִצְּבוֹן: **Mühsal, Beschwerde** Gn 3_{16f} 5_{29}. †

עַצֶּבֶת: II עצב, BL 613b: עַצְּבֶת, עַצְבֹת, עַצְּבוֹתָם, עַצְּבֹתָי: **Schmerz, Plage, Kummer** Ps 16_4, cj. Ps 13_3 pr. עֵצוֹת prop. עַצֶּבֶת vel עַצָּבוֹת (BHS) ↗ I עֵצָה 3 :: Dahood Psalms I 76f: עֵצוֹת = Zweifel; Pr 10_{10}, 15_{13} עַצְּבַת־לֵב, cj. 27_9 pr. מֵעֲצַת prop. (cf. G) מֵעַצֶּבֶת (BHS), Hi 9_{28}, cj. 7_{15} l ? עַצְּבוֹתַי pr. עַצְמוֹתָי ↗ *עַצְמָה, Sir 36_{25}; Wunde Ps 147_3. †

*עצד: mhe. מַעֲצָד Axt, kleines Beil (Levy 3, 195a) ↗ HAL 581f; ug. *mʿṣd* Sense, Sichel (?; UT nr. 1904); vb. עצד ihe. Gzr 3 (KAI Nr. 182) עצד פשת ernten (von Flachs) durch Schnitt, so KAI II 181f, H. P. Müller UF 2, 1970, 229f (Lit) :: Albr. ANET 320, DISO 220: harken, TSSI 1, 2: raufen, ausreissen, bhe. ↗ עקר, נתש, נתץ, mhe. ja. תלשׁ cf. Finkelstein BASOR 94, 1944, 28f; äth. *ʿḍd* u. *ʿṣd* mähen, ernten: *māʿḍad* u. *māʿḍed* Sichel (Dillm. 1027), tigr. *ʿṣd* mähen, ernten, *maʿaṣad* Sichel (Wb. 491b); akk. *eṣēdu* ernten (AHw. 250f); — ja. cp. sy. pehl (Frah. 1813), sam. (BCh. LOT 2, 583) חצד u. ar. *ḥṣd* abschneiden, ernten; ar. *ḫdd* u. *ʿḍd* abschneiden, *miḥṣad* Sichel: ar. u. asa. *ḏ mḫẓdm* ein Monatsname (Conti 155b):

cj. **qal**: pf. עָצַד, cj. Js 44_{12} pr. מַעֲצָד prop. גֹּלֶם עָצַד (der Handwerker in Eisen) schmiedet die Urform aus, so Elliger Fschr. Albr. 1971, 114f = BK XI/1, 407. 426. †

Der. מַעֲצָד.

I עצה: ar. *ġḍw* IV d. Augenlider schliessen; äth.[G] *ʿaṣawa* Tür schliessen (Dillm. 1021), cf. ? [ʿ]*ẓn*, Albr. PrSinI 21, 43:

qal: pt. עֹצֶה c. עֵינָיו (d. Augen) zukneifen Pr 16_{30}, cj. pr. עֹצֶה l ? עֹצֵם, ↗ III עצם; cj. Ps 32_8 pr. אִיעֲצָה prop. (cf. G) אֶעֱצֶה (BHS) :: Kraus BK XV^5 400 mit MT: will dir raten — über dir ist mein Auge. †

II עצה: ja. bedrücken, erpressen, sam. (BCh. LOT 2. 560) u. cp. sich widersetzen, sy. *ʿṣʾ* (LS 539b), md. (MdD 28a. 355b) drücken, zwingen; ar. *ʿṣj* nicht gehorchen, sich widersetzen, VIII sich widersetzen, sich auflehnen (Wehr 556a); cf. ? äth.[G] *ʿaṣawa* (Dillm. 1023) abhauen, niederhauen; Driver WdO 1, 1947-52, 410f, JSS 13, 1968, 45:

nif: imp. היעצה streiten (|| נלחם) Sir 4_{28} (s. Smend 45f, N. Peters Das Buch Jesus Sirach S. 50). †

Der. II עֵצָה.

עָצֶה, Sam. *īṣå*: mhe. עצה (Dalm. Wb. 319b), ja. עִיצְיָא (Levy 3, 678b); sam. עצצה (Lv 3_9); ar. *ʿuṣʿuṣ, ʿuṣa/u/ūṣ*: **Steissbein** des Schafes, an dem der Fettschwanz hängt (AuS 6, 92, Elliger Lev. 52): Lv 3_9. †

I **עֵצָה** (88 ×): יעץ, BL 450j; Sam. *īṣūtīj-jima* (Dt 32_{28}); mhe. (oft in DSS: KQT 168f, Nötscher Term. 58ff); ja. עֵ(י)צְתָא (< he. = עֵיטְתָא); cp. ע(י)צתא (Schulthess Lex. 85b); Deir Alla 2, 9 (ATDA 228); asa. *ʿẓt* Ermahnung (Müller ZAW 75, 1963, 310): עֲצַת, sf. עֲצָתִי, עֲצָתְךָ, עֲצָתוֹ, עֲצָתָם, עֲצָתֶךָ Js 47_{13} (Mf. v. sg. u. pl., l עֲצָתַיִךְ, 1Q Js^a^ עצתך :: H. P. Müller UF 1, 1969, 81: l pl. als abstr. pr. concreto: „deine Ratgeber"; BL 253b, 600i: pl. sf. am sg.), pl. עֵצוֹת Dt 32_{28} Ps 13_3 (? ↗ II), Js 25_1 s. u.; cf. מוֹעֵצָה; de Boer VTSu. 3, 1955, 42ff; Wildbg. VTSu. 9, 1963, 89[2] u. BK X 188f; v. Rad Th 2[6], 1968f; THAT I 750f: — 1. **Rat**: a) α) gegebener Rat Ri 20_7 2S $15_{31.34}$ 16_{23} 17_7, des חָכָם Jr 18_{18}, der חַכְמֵי פַרְעֹה Js 19_{11} (↗ b), des Hiob Hi 29_{21}, der Weisheit Pr $1_{25.30}$ (↗ e), der זְקֵנִים Ez 7_{26} (s. Zimmerli 184), der זְקֵנִים u. der יְלָדִים 1K 12_8 2C 10_{13}, des רָשָׁע Hi 18_7, der רְשָׁעִים Hi 10_3 21_{16} 22_{18} Ps 1_1 (↗ b), der נִפְתָּלִים Hi 5_{13} (|| עֲרֻמִּים), der (schlechten) יוֹעֲצִים 2C 22_5; אֹבֵד עֵצוֹת (GK § 128x) dem es an Rat gebricht Dt 32_{28}; β) אִישׁ עֵצָה Ratgeber Js 40_{13} (Elliger BK XI/1, 52), אַנְשֵׁי עֲצָתִי meine Ratgeber Ps 119_{24}; b) עֲצַת רְשָׁעִים Hi 10_3 21_{16} 22_{18}; Ps 1_1 vielleicht nicht Plan der Gottlosen s. o, sondern Gemeinschaft/Gesamtheit d. Gottlosen (s. Bergmeier ZAW 79, 1967, 229-32; ähnl. Soggin ThZ 23, 1967, 84 [:: zu Ps 1_1 Anderson VT 24, 1974, 231-33]; in DSS עצה häufig = Gemeinschaft, s. Worrell VT 20, 1970, 65-74, THAT I 751); Js 19_{11} עֵצָה נִבְעָרָה entweder: ein törichter Rat (עֵצָה = als abstr. pr. concreto Ratsversammlung), so Duhm Das Buch Jesaia[4] 143 u. THAT l. c., oder die חַכְמֵי פַרְעֹה geben einen törichten Rat (l יָעֲצוּ pr. יֹעֲצֵי: Kaiser ATD 18, 81, BHS); c) Verbindungen c. הָלַךְ בְּ Ps 1_1 (s. o.), c. עָזַב 1K $12_{8.13}$, c. רָחַק מִן Hi 21_{16} 22_{18} (s. oben a und b), c. סכל pi. 2S 15_{31}, c. בער nif. (↗ IV בער) Js 19_{11}, c. הֵפֵר 2S 15_{34}, c. יעץ 2S 16_{23} Js 19_{11} (↗ b), Jr 49_{30}; d) d. erhaltene Rat: c. שָׁמַע Pr 12_{15} 19_{20}, c. הָלַךְ (c. ↗ בְּ 8, gemäss) 2C 22_5 (↗ a α); e) Rat als Ermahnung Pr $1_{25.30}$ (|| תּוֹכַחַת), 19_{20} (|| מוּסָר); f) Rat als Vorschlag od. Empfehlung Esr 10_3, als Beschluss 10_8; — 2. עֵצָה **Rat**, über den Gott verfügt Hi 12_{13} (|| תְּבוּנָה), Jr 32_{19} (|| עֲלִילִיָּה), der Messias (רוּחַ עֵצָה וּגְבוּרָה) Js 11_2, die Weisheit Pr 8_{14} (|| תּוּשִׁיָּה); — 3. **Plan** v. Menschen: a) עֵצָה וּגְבוּרָה לַמִּלְחָמָה 2K 18_{20}/Js 36_5 cf. Wildbg. BK X 449; c. בלע pi. Js 19_3, c. בושׁ hif. עֲצַת עָנִי der gegen den Armen gerichtete Plan Ps 14_6 (:: 53_6, s. Komm.); עֲצָתָם עָלַי לַמָּוֶת ihr gegen mich gerichteter Mordanschlag Jr 18_{23}; c. סתר hif. Js 29_{15}, c. עוץ Js 8_{10}, c. בּוֹשׁ Hos 10_6 (עֲצָתוֹ cf. Wolff BK XIV/1[2], 222 :: ↗ II u. III עֵצָה), c. מִלֵּא Ps 20_5, c. הֵפֵר Ps 33_{10} Esr 4_5 Neh 4_9, c. יָעַץ (עֲצַת־רָע) Ez 11_2, c. עָשָׂה Js 30_1 :: ↗ III עֵצָה, c. הִכְשִׁיל (sic l pr. הִשְׁלִיךְ) Hi 18_7; b) Verschiedenes: בְּעֵצָה mit Absicht 1C 12_{20} 1Q p Hab 3_5 (Maier 2, 143); עֲצַת שָׁלוֹם friedliches Einvernehmen Zch 6_{13}; עֵצוֹת בְּנַפְשִׁי Sorgen (cf. Pr 7_9) Ps 13_3 (|| יָגוֹן), oft cj. ↗ עַצֶּבֶת, aber Sir 30_{21} Rd. || דון (דָּוֺן) = Kummer, s. Smend S. 270, Charles); — 4. **Gottes Plan, Ratschluss**: a) עֲצַת י׳ Jr 49_{20} 50_{45} Ps 33_{11}, עֲצָתוֹ Mi 4_{12} Ps 106_{13}, עֲ׳ קְדוֹשׁ יִשְׂר׳ Js 5_{19}, עֲצַת עֶלְיוֹן Ps 107_{11}, גְּדֹל הָעֵצָה (יהוה) Jr

32_{19}, הָעֵצָה הַיְּעוּצָה d. Ratschluss, der beschlossen ist Js 14_{26}; עֲצָתוֹ (sic l pr. עֲצָתָם) sein Planen Ps 106_{43}, cf. Kraus BK XV[5] 898 :: ↗ II *עֵצָה; בַּעֲצָתְךָ תַנְחֵנִי Ps 73_{24}; עֲצַת מַלְאָכָיו der durch seine (Jahwes) Boten verkündete Plan Js 44_{26} (Duhm l. c. 339); אִישׁ עֲצָתוֹ der seinen Plan ausführen wird Js 46_{11}; b) absolut: α) עֵצָה Jahwes Plan/ sein Planen Js 28_{29}, β) Hi 38_2 42_3 der „Ratschluss" Jahwes, d. h. „seine Planung in Bezug auf seine Schöpfung", geradezu seine Providenz, so v. Rad Weisheit in Israel, 1970, 289, cf. Fohrer KAT XVI 500; c) Verbindungen: c. בוא Js 5_{19}, c. קום Pr 19_{21}, c. עָמַד Ps 33_{11}, c. עָשָׂה Js 25_1 (l פֶּלֶא עֵצוֹת) Wunder an Plänen, s. 1Q Js[a] אצות, s. Ku. LJs (1974) 221, c. שלם hif. 44_{26}; Menschen sbj.: c. בין hif. Mi 4_{12}, c. חשך hif. Hi 38_2, c. עלם hif. 42_3, c. נאץ Ps 107_{11}, c. (לֹא) חכה Ps 106_{13}, c. מרה hif. Ps 106_{43}, od. ↗ II.

II *עֵצָה: II עצה: Ps 106_{43} עֲצָתָם ihr Ungehorsam (|| עָוֹן) :: ↗ I עֵצָה 4 c; עֵצוֹת Ps 13_3 Auflehnung, Widerstreben :: ↗ I עֵצָה 3 b. so Lex.[1] mit Driver WdO 1, 1947-52, 411f; in JSS 13, 1968, 45 sucht Driver II עֵצָה auch noch: Js 16_3 Hos 10_6 Ps 14_6 Hi 10_3 12_{13} 18_7 Sir 11_9 30_{21} 1Q S VII 1; nötig ist es an keiner dieser Stellen, auch nicht Ps 106_{43} u. Ps 13_3; II *עֵצָה bleibt somit fraglich.

III עֵצָה: f. v. עֵץ; mhe. עֵצָה (Dalm. Wb. 319b): a) Stroh von Hülsenfrüchten; b) Stauden; ar. ʿiḍat Dornstrauch (Driver ZAW 55, 1937, 69): ? עֲצַת: — 1. coll. **Holz** Jr 6_6 (Var. עֵצָה, s. BHS, wohl sic l ↗ עֵץ 1 u. THAT II 356 cf. Dt 20_{19}: עֵצָה); ? עֲצַת נֶפֶשׁ Duftholz Pr 27_9 (Driver ZAW 52, 1934, 54) :: I עֵצָה; — 2. das des Goldüberzugs entkleidete Holzbild, das zum Holzstück geworden ist Hos 10_6 (Rudolph KAT XIII/1, 196 (n. un.). 197 :: ↗ I עֵצָה 3 a; Js 30_1 Dahood Bibl. 50, 1969, 57f :: I עֵצָה 3 a. Die Belege für diesen sbst. bleiben fraglich.

עָצוּם: עצם, BL 471u; Sam. ʿå̊som mhe.; ug. ʿẓm (UT nr. 1842, Aistl. 2083, CML[2] 154, Gray LoC[2] 77[10]; Kapelrud Ug. VI 320 Z. 24, 323 zu KTU 1, 12 I 24; RSP I S. 338 Nr. 516: rb + ʿẓm); ph. pl. עצמת gewaltige Taten (DISO 220, KAI Nr. 14, 19, Friedr.[2] § 197c, 307; cf. ar. ʿaẓīm gross, stark, gewaltig (Wehr 560): עֲצֻ/צוּמִים, sf. עֲצוּמָיו: **mächtig**: a) durch Menge (|| רַב) Gn 18_{18} Ex 1_9 Nu 22_6 Dt 9_{14} 26_5 Jl 2_2 Ps 35_{18}; pl. Dt 4_{38} 7_1 9_1 11_{23} Jos 23_9 Js 60_{22} (:: צָעִיר), Jl 1_6 2_5 Mi $4_{3.7}$; Zch 8_{22} Pr 7_{26} zahlreich (|| רַב); Tiervolk Pr 30_{26}, Vieh Nu 32_1, Könige Ps 135_{10}, Heer Da 11_{25}, Wasser Js 8_7, Sünden Am 5_{12}; sbst. Starke Js 53_{12} Pr 18_{18} Da 8_{24}; b) mächtig durch Stärke: Volk Isr. Nu 14_{12}, Nationen Dt 11_{23}, Volk der Heiligen Da 8_{24}, Js 53_{12} Jl 2_{11} Pr 18_{18}; pl. fem. Gewaltiges Sir 16_5; —Ps 10_{10} pr. בַּעֲצוּמָיו prop. בִּמוֹעֲצוֹתָיו (BHS), ↗ *מוֹעֵצָה. †

עֶצְי(וֹ)ן־גֶּבֶר, עֶ׳ גֶּבֶר, Sam. (b)iṣṣijjon gēbår, G Γασιωνγαβερ, V Asiongeber, Josph. Γασιωνγαβελ (NFJ 33): n. l.; ׳עֶ = ar. ġaḍiān, ġaḍa Gebüsch (Lane 2269a, Koehler ZDPV 59, 1936, 193ff); גֶּבֶר ?: **Ezeon-Geber** Hafenstadt im Golf von Elat, bzw. Aqaba = Ğeẓiret Faraʿūn, eine kleine Insel in diesem Golf, 275 m. vom Festland entfernt, s. Weippert 432f, auch ZDPV 82, 1966, 279-81; B. Rothenberg Timna, 1973, 201-207 u. danach Würthwein ATD 11/1, 116f :: T. Ḫlēfi 4 km. nw. Aqaba, so Abel 2, 320; Glueck II 46ff, OSJd 89ff; GTT § 832-33; BHH 461: Nu 33_{35f} Dt 2_8 1K 9_{26} 22_{49} 2C 8_{17} 20_{36}. †

עצל: mhe. hitp. (DJD IV, XVIII 2), aram. עטל, ja. sy. etp. sich als Schwierigen erweisen, beleidigt, gehindert sein, ar. ʿaṣala krümmen, ʿaṣila gekrümmt sein, II langsam, träge sein/werden (Lane I 2065)

od. *ʿaẓa/ila* fest an etwas kleben; akk. *eṣēlu* lähmen (AHw. 251a):
nif: impf. תֵּעָצְלוּ: **zaudern, zögern** Ri 18₉. †
Der. עֲצַלְתַּיִם, עַצְלוּת, עַצְלָה, עָצֵל.

עָצֵל: עצל, BL 464a: mhe. ja. עַטְלָא, sy. taub, schwer (Zunge), töricht; akk. *eṣlu* schwer, langsam beweglich (CAD E, Vol. 4, 350): **träg, faul** Pr 6₆.₉ 10₂₆ 13₄ 15₁₉ 19₂₄ 20₄ 21₂₅ 22₁₃ 24₃₀ 26₁₃-₁₆. †

עַצְלָה: עצל, BL 459yz: **Trägheit** Pr 19₁₅, c. עשׂה träg sein Sir[Adl.] 33₂₈. †

עַצְלוּת: עצל, BL 505 o (cf. Gulk. 52. 70): mhe. Nachlässigkeit, sy. *ʿaṭlūṯā* Schwere (d. Zunge), Torheit, Starrsinn: **Trägheit** Pr 31₂₇. †

עֲצַלְתַּיִם: Koh 10₁₈ c. בְּ: עצל: trad. = *עַצְלָתַיִם, du. v. עַצְלָה: „Doppelfaulheit", ? entsprechend dem du. יָדַיִם in 18b, cf. Hertzberg KAT XVII/4, 194 u. AuS 7, 119 (:: cj. עַצְלַת יָדַיִם, so Siegfried GHK II/3. 2, 1898, 72): **arge Faulheit**. †

I עצם: mhe. DSS (KQT 169) stark werden; ug. u. ph. ↗ עָצוּם; Deir Alla 1, 9 (ATDA 197. 284); ar. *ʿaẓuma* gross, mächtig sein; tigr. *ʿaṣma* (Wb. 490b, Leslau 40); ↗ I עֶצֶם:
qal: pf. עָצַם, עָצְמוּ, עָצֵמוּ; impf. וַיַּעַצְמוּ; inf. sf. עָצְמוֹ: —1. **mächtig sein** Da 8₈.₂₄ 11₂₃, c. מִן mächtiger sein als Gn 26₁₆, cj. Da 11₄ pr. וּכְעָמְדוֹ prop. וּכְעָצְמוֹ (BHS) :: Plöger KAT XVIII 155; עָצְמָה Nah 3₉ ↗ עֹצֶם; — 2. **zahlreich sein** Ex 1₇.₂₀ Js 31₁ Jr 5₆ 15₈ 30₁₄f Ps 38₂₀; c. מִן zahlreicher sein als Ps 40₁₃ 69₅, c. מִן u. inf. zu zahlreich sein, um Ps 40₆; abs. sich hoch belaufen (Summe) Ps 139₁₇. †
hif: impf. sf. וַיַּעֲצִמֵהוּ: c. מִן **mächtiger machen** als Ps 105₂₄. †
Der. I u. II עֹצֶם, *עֶצְמָה, עָצְמָה, עֲצֻמוֹת, עָצוּם, תַּעֲצֻמוֹת.

II עצם: denom. v. I עֶצֶם:
pi. (Jenni 267): pf. sf. עִצְּמוֹ: **Knochen abnagen** Jr 50₁₇. †

III עצם: mhe. hif. = mhe. pi., ja. sy. pe. עמץ d. Augen eines Toten schliessen, md. (MdD 22b); ar. *ġmḍ* II schliessen, verschliessen (die Augen vor):
qal: pt. עֹצֵם: (die Augen) **schliessen** Js 33₁₅, cj. Pr 16₃₀ pr. עֹצֶה (↗ I עצה) prop. עֹצֵם. †
pi. (Jenni 204): impf. וַיְעַצֵּם: (die Augen) **schliessen** Js 29₁₀. †

I עֶצֶם (123 ×), Primärnomen (BL 456f), Sam. *ʿāṣåm*: Grdf. *ʿaẓm*; mhe. DSS (KQT 169); ihe. (IEJ 3, 1953, 143); ug. *ʿẓm* (UT nr. 1841, Aistl. 2082, TOML 339f); ph. pun. עצם (DISO 220); ar. *ʿaẓm*; äth. *ʿaḍem* (u. *ʿaṣem* wie tigr. Wb. 491a); akk. *eṣemtu* (AHw. 251b); ja. עטמא/א Schenkel, Lende: sy. *ʿaṭmā* > טמא palm. u. ija. (DISO 101); sam. (BCh. LOT 2, 544. 548), ja. cp. טְמָא, isy. (Jenni ThZ 21, 1965, 384): עֶצֶם, sf. עַצְמִי/מְךָ, עַצְמוֹ/מְכֶם/מָם; pl. (Michel Grundl. heSy. 1, 49f) עֲצָמִים, sf. עֲצָמַי, עֲצָמָיו/מֶיהָ, עֲצָמֵינוּ, עֲצָמוֹת, constr. עַצְמוֹת (Ex 13₁₉ Sam. *ʿåṣåmåt* c. sf. *ʿåṣåmūti*), sf. עַצְמ(וֹ)תַי/תָי, עַצְמוֹתֵיכֶם, עַצְמֹתֵינוּ, עַצְמ(וֹ)תָיו, עַצְמ(וֹ)תֶיךָ, עַצְמוֹתָם, עַצְמ(וֹ)תֵיהֶם (Delekat VT 14, 1964, 49-52; THAT I 377): — 1. sing. **Knochen, Gebein**: a) von Menschen Gn 2₂₃ Ez 37₇; b) d. Knochen d. Opfertiere nicht gebrochen שָׁבַר Ex 12₄₆ Nu 9₁₂ (s. Henninger Fschr. Levi d. V. 1, 450ff, Dalglish 142ff, de Vaux Sacr. 13f); c) עֶצֶם אָדָם Nu 19₁₆ Ez 39₁₅ u. עֶצֶם Nu 19₁₈ Menschengebeine; d) Kl 4₇ (txt. inc.) עֶצֶם Leib (acc. d. Beziehung GK § 118m.n) od. cj. pr. אָדְמוּ עֶצֶם prop. אָדַם עוֹרָם (s. Rudolph KAT XVII/3, 248); — 2. pl. s. Delekat l. c.: der pl. m. = Glieder (Hab 3₁₆ pr. בַּעֲצָמַי l בְּעַצְמִי); der pl. f. = Knochen, Gebein, Leichnam; diese generelle Unterscheidung bleibt jedoch unsicher; a) pl. m.: α) עֲצָמִים d. Menschen Gn 2₂₃b Hab 3₁₆ (s. o.), Ps 6₃ 31₁₁ 32₃ 38₄ 141₇ Hi

30_{17} 33_{19} Koh 11_5 (Embryo); β) עֶ׳ d. Tieres Ez 24_4 Hi 40_{18} (בְּהֵמוֹת); γ) עֲצָמִים Knochen v. Toten Am 6_{10}, pl. zu עֶצֶם Nu 19_{18} ↗ I c; b) pl. f.: α) עֲצָמוֹת d. lebenden Menschen Js 58_{11} 66_{14} Ps 22_{18} :: Driver WdO I, 1947-52, 411 (↗ *עֲצָמָה), Ps 42_{11} 109_{18} Hi 21_{24} Pr 3_8 12_4 14_{30}; β) עֲ׳ eines Toten: עַצְמוֹת אָדָם Menschenknochen 1K 13_2 2K $23_{14.20}$; עֲצָמוֹת Knochen Gebeine (= Leiche, s. Rudolph Chr. 95) Gn 50_{25} Ex 13_{19} Jos 24_{32} 2S 21_{12-14} 1K 13_{31} Jr 8_1 Ez 6_5 $37_{1.4f.7.11}$; — 3. sg. u. pl. masc. u. fem. עֶ׳ als Sitz von Empfindungen (Pedersen Israel I, 172f, Eichrodt 2/3[4], 96) Jr 20_9 23_9 Ps 6_3 35_{10} 51_{10} 102_4 Hi 4_{14} 20_{11} $30_{17.30}$ Pr 3_8 16_{24}; — 4. עֶ׳ וּבָשָׂר drückt als Ausdruck der Verwandschaft wie ja. גַּרְמָא (↗ גֶּרֶם) die ganze Wesenheit aus (Pedersen Isr. I, 267ff) Gn 29_{14} Ri 9_2 2S 5_1 19_{13f} 1C 11_1; — 5. daher עֶ׳ = Ausdruck völliger Übereinstimmung (Joüon § 147a): בְּעֶצֶם תֻּמּוֹ gerade in seiner Kraft Hi 21_{23}; כְּעֶצֶם הַשָּׁמַיִם Ex 24_{10} genau wie der Himmel (cf. ועצ׳ שמים Sir 43_1); עֶצֶם הַיּוֹם הַזֶּה genau der Tag Ez 24_2, c. בְּ Gn 7_{13} $17_{23.26}$ Ex $12_{17.41.51}$ Lv $23_{21.28-30}$ Dt 32_{48} Jos 5_{11} Ez 40_1; — Ez 24_5 pr. הָעֲצָמִים l הָעֵצִים cf. Zimmerli 557; Ps 53_6 pr. עַצְמוֹת חֹנָךְ l ? עֵצוֹת ח׳ (Kraus BK XV[5] 245 zu Ps 14) cf. Ps 14_6 ↗ I עֵצָה 3 a und *עַצְמָה > ↗ II עצם.

II עֶצֶם, G^{BA} Ασο/εμ, G^{L} Αδεμ: n. l. in Simeon, ? *Umm al-ʿAẓām*, 25 km. sö. Beerseba; äg. *ʿê-sa-mê* (Helck Beziehungen 242), Noth AbLAk 2, 86, Jos. 93, GTT § 317, 25: Jos 15_{29} 19_3 1C 4_{29}. †

I עֹצֶם, Sam. Vers. עצום *ʿåṣom*: I עצם, BL 460i: **Stärke, Macht** Dt 8_{17} Hi 30_{21}, cj. Js 11_{15} pr. בַּעְיָם prop. בְּעֹצֶם, ↗ עַיִם; Nah 3_9 pr. עָצְמָה prop. עָצְמָהּ (4Q 169, 3/4 II: עוצמה). †

II עֹצֶם = I עֶצֶם, BL 460h: עָצְמִי: **Gebein** Ps 139_{15} (11Q Ps^{a} עצבי, DJD IV 41). †

*עָצְמָה: I עצם, BL 459y.z: ar. *ʿaẓīmat* grosses Ereignis, Unglück (Driver WdO I, 1947-52, 411): cs. pl. עַצְמוֹת, sf. עַצְמוֹתַי: — 1. **schlimme Taten** Ps 53_6 :: ↗ I עֵצָה 3 a und I עֶצֶם 5 (am Schluss); — 2. **starke Qualen** Hi 7_{15} (:: cj. עַצְּבוֹתַי, ↗ עַצֶּבֶת); Ps 22_{18} ↗ I עֶצֶם 2 b α. †

עַצְמוֹן, loc. עַצְמֹ(וֹ)נָה; I עֶצֶם + *ōn* „Knochenort" (Noth Jos. 149), Sam. *ʿåṣåmūna*, G Ασεμωνα: n. l. im Süden Judas bei *ʿAin el-Quṣeimeh* (GTT § 431, Fritz, Israel in der Wüste, 1970, 50[13]); ? = ↗ חַשְׁמֹנָה Nu 34_{4f} Jos 15_4. †

*עֲצֻמוֹת: I עצם pl. f. von עָצוּם; cf. ph. עצמת gewaltige Taten ↗ עָצוּם :: ar. *ʿaẓama* hindern, *ʿiṣmat* Verteidigung; mhe. hitp. streiten; sam. (BCh. LOT 2, 453); cp. sy. *ʿeṣam* streiten (LS 540b): עֲצֻמוֹתֵיכֶם: „starke Worte" > **Beweise** in d. Gerichtsrede Js 41_{21} (|| רִיב), cf. Elliger BK XI/1, 177ff; l. c. 172 gegen die cj. עַצְּבוֹתֵיכֶם od. עֲצַבֵּיכֶם; unnötig auch d. cj. מוֹעֲצוֹתֵיכֶם :: ↗ *מוֹעֵצָה. †

[הָעֶצְנוֹ 2S 23_8, ↗ חָצִין].

עצר: mhe. DSS (KQT 169); EA Nr. 138, 130 *ḫaziri*, kan. gl. zu *i-ka-al* (N zu *kalû*, VAB II 1416); ug. *ǵṣr* (Aistl. 2163) sbst. Grenze :: CML[2] 155: vb. umschliessen, begrenzen; ja. sam. (BCh. LOT 2, 482), sy. cp. md. (MdD 33a) auspressen; ar. *ʿṣr* auspressen, auswinden (Wehr 554); äth. *ʿaṣara* pressen, auspressen (Dillm. 1018f); tigr. *ʿṣr* Hindernis (Wb. 491a); s. Kutsch VT 2, 1952, 57-69:

qal: pf. עָצַר, עָצַרְתִּי, עָצְרוּ; impf. יַעְצֹר, יַעֲצָר־, תַּעְצֹר, תַּעֲצָר־, אֶעְצֹר Ⓑ, אֶעֱ׳ Ⓛ 2C 7_{13}, נַעְצֹר, sf. יַעַצָרְכָה, וַיַּעַצְרֵהוּ; inf. לַעְצֹר u. וַעְצֹר (BL 348h), עֲצֹר; pt. עָצֻר/עָצוּר, עֲצֻרָה: — 1. **zurückhalten** Ri 13_{15f} 1K 18_{44}; c. בְּ Rede Hi 4_2 29_9, Wasser 12_{15}; aufhalten c. לְ pers. jmd. לְרֹכֵב beim Reiten 2K 4_{24}; abhalten cj. Hi 30_{13} pr. עֹזֵר l עֹצֵר (BHS); — 2. **festhalten**, ver-

haften 2K 17_4, עָצוּר gefangen Jr 33_1 39_{15}. ferngehalten = vom Verkehr mit jmd, ausgeschlossen 1C 12_1; Jr 36_5 עָצוּר verhindert, d. h. bewacht, unter Polizeiaufsicht stehend, s. Kutsch l. c. 60, ähnl. Rudolph Jer.[3] 233: mit einem polizeilichen Tempelverbot belegt; Neh 6_{10} 'עָ verhindert (Rudolph EN 135f) :: Kutsch l. c. 59f: zum sbst. עֹצֶר: bedrückt, al. als Profet im Zustand ekstatischer Katalepse, gr. κάτοχος, Hölscher in Kautzsch II[4] 536[d], Kittel III/2, 630[2]; — 3. a) (THAT I 823): עצר כֹּחַ Kraft behalten (1Q H 10, 11f) Da $10_{8.16}$, Macht behalten 2C 13_{20}; im Stande sein, vermögen Da 11_6 1C 29_{14} 2C 2_5 22_9, ellipt. dir gegenüber 2C 14_{10}; b) עצר c. לְ c. inf. vermögen, können 2C 20_{37}; — 4. **verschliessen**: a) Mutterleib c. בְּעַד מִלֶּדֶת Gn 20_{18}, bild. Js 66_9, c. acc. u. einer Frau das Gebären versagen Gn 16_2; אִשָּׁה עֲצֻרָה (dem Verkehr mit dem Mann) versagt, entzogen 1S 21_6; b) den Himmel Dt 11_{17} 2C 7_{13} ↗ nif. 2; c) עָצֻר בְּעַצְמֹתָי (Feuer) verhalten/verschlossen in meinen Gebeinen Jr 20_9 pr. 'עָ prop. עֲצֻרָה, aber cf. GK § 132d (Rudolph Jer.[3] 130) :: :: Kutsch l. c. 58 l עֹצֶר; — 5. zurückhalten > zügeln > herrschen 1S 9_{17}, so Kutsch l. c. 57, Stoebe KAT VIII/1, 196 :: Seebass ZAW 78, 1966, 174[96] im Zaum halten, ebenso Richter FRLANT 101, 1970, 36[18] :: Seebass VT 25, 1975, 182: zurückhalten (die zum Jahwekrieg Tauglichen im Kriegslager); — 6. trop. עָצוּר וְעָזוּב zurückgehalten und los/freigelassen Dt 32_{36} 1K 14_{10} 21_{21} 2K 9_8 14_{26}, ein in s. Sinn umstrittener Ausdruck für 2 einander entgegengesetzte Gruppen der männlichen Bevölkerung in Israel, nämlich u. a. (Lit. mit noch weiteren Vorschlägen bei Kutsch l. c. 60-65; Gray Kings[3] 338, Noth Kge. 316, THAT II 250): a) Sklave und Freier (Ges. Thes. 1008a); b) „Die noch unter Tabu Stehenden und die Reinen" (Schwally HKr. 59f, Brockelm. HeSy. § 17); c) Beherrschter od. Höriger und Lastfreier od. Selbständiger (König Wb. 344a); d) milit. Eingezogener u. Zurückgestellter (Seebass VT 25, 182f); e) durch die Sippe geschützt und deren Schutzes beraubt, d. h. Sippengenosse und (ungeschützter) Gast (Driver BZAW 103, 1968, 94); f) Unter der väterlichen oder vormundschaftlichen Gewalt stehend und daraus entlassen = Unmündig u. Mündig (Kutsch l. c., Noth Kge. l. c., Willi Fschr. Zimmerli 540; von diesen Vorschlägen ist f) am wahrscheinlichsten, s. bes. Willi l. c.; zur lautlichen Eigenart d. Formel: Alliteration u. Assonanz, cf. Brongers OTSt 14, 1965, 111. †

nif: pf. נֶעֶצְרָה; impf. (וַ)תֵּעָצַר (GK § 22r); inf. הֵעָצֵר; pt. נֶעְצָר: — 1. **zum Stillstand gebracht werden** (מַגֵּפָה) Nu $17_{13.15}$ 25_8 2S $24_{21.25}$ Ps 106_{30} 1C 21_{22}; — 2. **verschlossen sein**: Frau Sir 42_{10b} (Smend 392); Himmel 1K 8_{35} 2C 6_{26} ↗ qal 4 a, b; — 3. נֶעְצָר לִפְנֵי יהוה 1S 21_8 (wörtlich): festgehalten vor Jahwe; Sinn ungewiss, s. Stoebe KAT VIII/1, 394: a) wegen eines Gelübdes (Mow. PsSt. 3, 24); b) wegen einer Bussübung (Hertzbg. ATD 10[2], 146); c) einen arbeitsfreien Tag vor Jahwe begehen, von עצר nif. von der Arbeit zurückgehalten werden, sich davon zurückhalten, feiern (Kutsch l. c. 66f). †

Der. מַעֲצוֹר, עֲצֶרֶת, עֲצָרָה, עֹצֶר, עֶצֶר, מַעְצָר.

עֶצֶר Ri 18_7, txt. inc. Sinn fraglich; Vorschläge: a) Bedrückung Lex.[1] u. Kutsch VT 2, 1952, 67f: ? יוֹרֵשׁ עֶצֶר/עֹצֶר ein Okkupant der Bedrückung, d. h. ein unterdrückender Eroberer; so auch Meek JBL 79, 1960, 328, ↗ עצר qal 5; b) cj. pr. עֶצֶר prop. עֹשֶׁר, cf. V *magnorumque opum*; c) cj. pr. יוֹרֵשׁ עֶצֶר prop. נוֹגֵשׂ וְעֹצֵר (keiner), der sie bedrückte und bedrängte, cf. G[B] κληρονόμος ἐκπιέζων θεσαυροῦ u. S *ʾaplā dʾāleṣ wamʿīq*; d) עֶצֶר „Wohlstand" zu ar. *ġadr* Wohlstand (Ges. Thes. 1059b, Guill. 1, 30, cf. GB); davon ist a) wohl am wahrscheinlichsten. †

עֹצֶר: עצר, BL 460i: — 1. **Verschlossenheit** d. רֶחֶם (↗ עצר qal 4 a) Pr 30$_{16}$; — 2. a) **Bedrückung**, **Druck** עֹצֶר רָעָה Druck d. Unglückes Ps 107$_{39}$ (|| יָגוֹן); b) Js 53$_{8}$ מֵעֹ׳ (וּמִמִּשְׁפָּט) לֻקָּח: 2 Möglichkeiten: α) Bedrängnis, Bedrückung cf. G ἐν/τῇ ταπεινώσει, V *de angustia*, so u. a. Duhm Das Buch Jesaia[4] 400; Koehler Dtjes. 50 u. Lex.[1]; Kutsch VT 2, 1952, 58; β) Gefangenschaft, Haft, S *men ḥebūšjā*, so u. a. Budde, Kautzsch AT I[4] 689, Volz Dtj. 178, Kaiser FRLANT 70[2], 1962, 112; North The Suffering Servant in Deutero-Isaiah[2] 1956, 122 u. 124; Westermann ATD 19, 205; Driver BZAW 103, 1968, 94; eine Entscheidung zwischen α) u. β) scheint schwierig. †

עֲצָרָה 2K 10$_{20}$ Js 1$_{13}$ Jl 1$_{14}$ 2$_{15}$ u. עֲצֶרֶת Lv 23$_{36}$ Nu 29$_{35}$ Dt 16$_{8}$ Neh 8$_{18}$, עֲצֶרֶת 2C 7$_{9}$, cs. עֲצֶרֶת Jr 9$_{1}$, עַצְּרֹתֵיכֶם Am 5$_{21}$ dag. dir. (BL 212k): עצר: Sam. *ʿåṣåråt*, mhe. עֲצֶרֶת, ja. עֲצַרְתָּא, sy. *ʿāṣartā* Opfer (LS 540b) he. Lw: עצר, BL 613c: Zurückhaltung v. d. Arbeit (↗ עצר nif. 3 c, Lex.[1], Kutsch VT 2, 1952, 65ff, Elliger Lev. 321 :: Seebass VT 25, 1975, 182[30]: das Sammeln unter Zurücklassung der Ungeeigneten): — 1. **Feiertag** Lv 23$_{36}$ Nu 29$_{35}$ Dt 16$_{8}$, c. קרא Jl 1$_{14}$ 2$_{15}$, cf. Wolff BK XIV/2, 38; — 2. **Feier**, **Festversammlung** Js 1$_{13}$, c. קַדֵּשׁ 2K 10$_{20}$, c. עשׂה 2C 7$_{9}$, c. לֹא אָרִיחַ בְּ Am 5$_{21}$; — 3. עֲצֶרֶת בֹּגְדִים (Versammlung >) eine Gesellschaft von Betrügern Jr 9$_{1}$. †

עֲצֶרֶת ↗ עֲצָרָה.

I **עקב**: denom. v. עָקֵב, mhe. hif. an d. Ferse fassen, auf d. Fuss folgen; ug. *ʿqb* (UT nr. 1907, Aistl. 2086): a) rauh, hügelig sein KTU 4, 645, 1f *šd* ... *ʿqb*, cf. UF 7, 1975, 364; b) KTU 1, 18 I 19: *mʿqbk* (pt. D) der dich betrügt (CML[2] 154b, Gray LoC[2] 115 :: Aistl. 2086: der dich zurückhält, hindert, ähnlich TOML 436 u. 436[g]); Hatra (NESE 3, 1978, 110f); ja. pe. letzter sein, pa. aufspüren, sam. (BCh. LOT III/2, 162), sy. pe. treten, folgen, pa. wie ja; ar. *ʿqb* jmd. auf d. Ferse schlagen; äth. tigr. ↗ II *עקב; mhe. ja. עִכּוּב (כ !) Hinhaltung, Verhinderung: (Guillaume JSS 9, 1964, 285f):

qal: pf. עָקַב; impf. Jr 9$_{3}$ יַעְקֹב (MS יַעְקֹב, Bgstr. 1, § 10x, Morag JSS 4, 1959, 227[1]), וַיַּעְקְבֵנִי; inf. עָקוֹב: an der Ferse packen, hintergehen (GB = eigentlich: hinter jmdm. herschleichen), **betrügen** Gn 27$_{36}$ (Sam. pi.), Jr 9$_{3}$ Hos 12$_{4}$, cj. Ps 49$_{6}$ pr. עֲקֵבַי prop. עֹקְבַי (BHS). †

pi. (Jenni 209): impf. יְעַקְּבֵם (or. qal, Kahle MTB 81): **hemmen** Hi 37$_{4}$ (Stadelmann AnBibl. 39, 1970, 111[591]: *-m* nicht sf., sondern *-m* encl. :: Fohrer KAT XVI 480: l וַיְעַקֵּב et ins. בְּרָקִים). †

Der. עָקֵב, עֲקֻבָּה.

II ***עקב**: asa. *ʿqb* (Conti 211b) u. amor. *ḫqb*/*ʿqb* (Buccellati The Amorites of the Ur III Period, 1966, 159. 171; Huffmon 203 u. Noth AbLAk 2, 225) schützen; äth.[G] *ʿaqaba* (Dillm. 977f), tigr. *ʿaqba* (Wb. 468a), harari (Leslau 30) beschützen, bewachen; das vb. *ʿqb* auch in aram. PN aus Hatra (Syr. 41, 1964, 266 Nr. 185f, etc., Thompson BZAW 133, 1974, 44), mehrfach in he. PN. aus Eleph. (AP 12, 9. 11, 54, 10 u. S. 299a, Vincent 410f) u. aus Babylonien (Noth N. 177f u. 254a, WSPN 80f), in nab. (Cant. 2, 134), in palm. PN (PNPI 10a. 107a. 108a), s. auch in sem. PN aus Ägypten (s. Thompson l. c. 43ff), in den atl. PN (Noth N. 177f. 197).

Der. n. m. יַעֲקֹב, יַעֲקֹבָה u. עַקּוּב.

עָקֵב: < *ʿaqib* BL 463y; Sam. *ēqəb*, pl.

ʿåqåbi (Gn 49₁₇); mhe. DSS (KQT 169); ug. *ʿqb*: KTU 1, 17. VI 20: Gray LoC[2] 112 l *ʿqbm* „Sehnen" c. Gordon UT S 248b :: de Moor UF 3, 1971, 349f l *tqbm* „Esche", so auch CTA 17 VI 20 u. KTU l. c., cf. UF 7, 1975, 186. 359, UF 9, 1977, 373 :: TOML 431 u. 431q *ṯqbm* „Riesen", bildl. f. Zedern; — KTU l. c. VI 23 *ʿqbt ṯr* Fersen des Stieres, pl. zu *ʿqb* (CML[2] 154b; UF 9, 1977, 373); TOML 431 Kniebug; ja. cp. md. (MdD 356b) עִקְבָא, sy. *ʿeqbā*; Sir 10₁₆ 13₂₅ *עקבה; ar. *ʿaqib*; tigr. *ʿeqeb* (Wb. 468a) Fuss, Bein: cs. עֲקֵב (BL 552 o), עֲקֵבוֹ, pl. cs. עִקְבֵי 2 × (dag. dir. s. R. Meyer Gr. § 14, 2b), עִקְבֵי 1 ×, sf. עֲקֵבַי Ps 49₆ Sec. ακοββαι (Brönno 155) cf. tib. עֲקֵבַי (Brönno 159), עֲקֵבֶיךָ u. עִקְבוֹתֶיךָ (BL 557f): — 1. **Ferse** Gn 3₁₅ 25₂₆ Jr 13₂₂ (euphemist für *pudenda* wie sonst רַגְלַיִם Rudolph Jer.[3] 92), Ps 56₇ Hi 18₉; — 2. **Hufe** עִקְבֵי סוּס Gn 49₁₇ (:: Rin BZ 11, 1967, 190: עֲקֵ׳ = Sehnen, cf. ug.), Ri 5₂₂; — 3. **Fusspur** Ps 77₂₀ 89₅₂ (c. II חרף pi.), HL 1₈ Sir 10₁₆; cj. Hos 6₈ pr. עֲקֻבָּה מִדָּם prop. עִקְבֵיהֶם דָּם (BHS): deren Fusspuren blutig sind; — 4. **Nachhut** (e. Heeres) Gn 49₁₉ pr. עָקֵב: מֵאָשֵׁר prop. עֲקֵבָם: אָשֵׁר Zobel BZAW 95, 1965, 5. 19), Jos 8₁₃; — 5. Ende e. Sache, Zukunft (|| אחרית) Sir 16₃ (עקבותם); — Ps 49₆ pr. עֲקֵבַי prop. עֹקְבַי (BHS, Dahood Psalms I 297) ↗ I עקב qal; Ps 41₁₀ pr. עָקֵב prop. עֵקֶב vel עֶקְבָּם et trsp. post vs. 11 (BHS ↗ עֵקֶב). †

Der. I עקב.

עֵקֶב *ʿiqb: < עָקֵב: Sam. *ēqəb*, ja. עִקְבָא, sam. (BCh. 2, 552a) u. cp., md. (MdD 356b), Ferse, Hinterteil, hinten; ar. *ʿaqb*, *ʿuqb* Ende: — 1. **das Hinterste, d. Ende**: עֵקֶב bis ans Ende Ps 119₃₃.₁₁₂ :: Deissler Psalm 119 (118) und seine Theologie, 1955, 129f. 211: zu 2, so auch TOB; עקובא od. עוקבא Hinterteil; — 2. > **Ergebnis, Lohn** Js 5₂₃ Ps 19₁₂ 119₃₃.₁₁₂ ↗ 1. Pr 22₄, cj. c. שָׁלֵם Ps 41₁₁ ↗ עָקֵב (am Ende); — 3. > conj. (R. Meyer Gr. § 120, 2a) עַל־עֵקֶב wegen, eig. zum Lohn für Ps 40₁₆ 70₄; עֵקֶב dafür, dass Nu 14₂₄ Dt 7₁₂ 8₂₀, = עֵקֶב אֲשֶׁר Gn 22₁₈ 26₅ 2S 12₆, = עֵקֶב כִּי 2S 12₁₀ Am 4₁₂. †

עָקֹב: I עקב, BL 466n; ja. äth.[G], tigr. (Wb. 468a) *ʿaqab*, amh. *ʿaqabat* (Leslau 40) Anhöhe, Abhang; ar. *ʿaqabat* Steilweg; äg. *ʿg/q*? (Salonen AfO 21, 1966, 97); ug. *ʿqb* rauh, hügelig, ↗ I עקב: cf. עֲקֻבָּה ↗ 3; — 1. **unebenes, höckeriges Gelände** (Schwarzenbach 5) Js 40₄ (:: מִישׁוֹר); — 2. **trügerisch, verschlagen** (Lex.[1]) schwierig: לֵב Jr 17₉ (G βαθεῖα ἡ καρδία) cf. Sir 36₂₅ לב עקוב (G καρδία στρεβλή); — 3. עֲקֻבָּה מִדָּם Hos 6₈ cj. ↗ עָקֵב 3. †

עָקְבָה: I עקב, BL 461j: **Arglist** 2K 10₁₉. †

עקד: mhe. ja. עקד die umgebogenen Hände od. Füsse binden (Levy 3, 682b) u. ? cf. mhe. ja. אגד zusammenbinden (Leslau 9); sy. fesseln; ar. *ʿaqada* knoten, binden; äth.[G] *ʿaqada* u. *ʿaqaṣa* binden, fesseln, knüpfen (Dillm. 981), tigr. *ʿaqda* (Wb. 486b) knoten (Leslau 40):

qal: impf. וַיַּעֲקֹד dem Opfertier die Beine zur Schlachtung fesseln (G συμποδίσας) Gn 22₉. †

cj. **pi**: Js 2₆ pr. מִקֶּדֶם prop. מְעַקְּדִים = Zauberer (nach ar.), so W. Thomas JThS 13, 1962, 323f u. ZAW 75, 1963, 88 :: Wildbg. BK X 93: l קֹסְמִים מִקֶּדֶם. †

Der. עָקֹד, n. l. עֵקֶד.

עָקֹד: עקד, BL 466n; Sam. *ēqod*, pl. *ēqūdəm*; mhe. geringelt, ar. *ʿaqad* eine knotenförmige Windung im Schwanz eines Schafes od. einer Ziege (Lane I 2106a): pl. עֲקֻדִּים (BL 558c): **gebändert, gestreift**, (s. Gradwohl 56; AuS 6, 194. 197 :: Lex.[1] mit gewundenem Schwanz) Gn 30₃₅.₃₉f 31₈.₁₀.₁₂. †

עֵקֶד: עקד; n. l. בֵּית־עֵקֶד (הָרֹעִים) 2K

10$_{12.14}$: ↗ בַּיִת B 38: Ort d. Sandhaufens (d. Hirten) :: Gray Kings[3] 556: Begegnungsort d. Hirten: עֵקֶד zu ar. *ʿaqada* V zusammentreffen. †

I *עָקָה: entweder a) zu I עוק qal 2, oder b) zu II עוק, BL 589c: cs. עָקַת Ps 55$_4$: a) Geschrei (מִקּוֹל אוֹיֵב ‖ מִפְּנֵי עָקַת רָשָׁע) so H. P. Müller VT 21, 1971, 558f); b) Bedrängnis (Lex.[1]), mhe. ja. עָקְתָא Drangsel, sam. (BCh. LOT 2, 573), sy. Schmerz, Not, md. (MdD 33a. 34a) Unglück, Elend; ↗ מוּעָקָה. †

cj. II *עָקָה, ug. *ʿq* (KTU 1. 14 III, 43, VI 29) Augapfel (Ginsberg BASOR Supplementary Studies 2-3, 1946, 17. 21; ANET 144 Z. 147; Gray KRT[2] 14 Z. 147, u. LoC[2] 144[3]; CML[2] 154b; H. P. Müller VT 21, 1971, 563; TOML 525[c] (:: UT nr. 1906: Augenbrauen, Aistl. 2085: Haar): Ps 6$_8$ pr. עָתְקָה (↗ עתק qal 2) prop. עָקָתִי mein Augapfel (Ginsberg l. c. 39, Gray l. c.) :: Dahood Psalms I 37. 38: עָתְקָה ist alt geworden. †

עַקּוּב: n. m.; II *עקב, BL 480t: Typus *qattūl* entweder a) aktiv. = „Schützender", od. b) passiv. = „Beschützter", cf. Stamm ThZ 16, 1960, 286 u. HEN 421b; bei a) kann עַקּ׳ Kf. sein zu עקביה bzw. *Aq(q)ab(b)i-El* (Noth N. 254a), bei b) ein selbst. Bezeichnungsname wie ↗ שַׁלּוּם; keilschr. *Aq(q)ubu* (s. Lex.[1]): — 1. Familie von Torhütern Esr 2$_{42}$ Neh 7$_{45}$ 11$_{19}$ 12$_{25}$ 1C 9$_{17}$; — 2. Tempelsklave Esr 2$_{45}$, fehlt in Neh 7$_{48}$; — 3. Levit Neh 8$_7$; — 4. Davidide unter d. Nachk. d. Serubbabel 1C 3$_{24}$; 1-4 s. Zorell 623a. †

עקל: ar. *ʿaqala* drehen, krümmen, *ʿaqila* einwärts gedrehte Füsse haben; mhe. עָקוּל gekrümmt, עִקֵּל u. עַקְלָן krummbeinig; ja. עקולא, sam. (BCh. LOT 2, 540); sy. *meʿaqqelā* verkehrt, verdreht, *ʿuqqālā* gewundener Weg, md. (MdD 356b):

pu: pt. מְעֻקָּל: **verdreht** (מִשְׁפָּט) Hab 1$_4$. †

Der. *עֲקַלְקַל, עֲקַלָּתוֹן.

*עֲקַלְקַל: עקל, BL 482i: עֲקַלְקַלּוֹת, sf. עֲקַלְקַלּוֹתָם: **krumm** (Weg) Ri 5$_6$; הַמַּטִּים עֲקַלְקַלּוֹתָם Ps 125$_5$: die ihre krummen Wege beugen, d. h. ihre Wege beugen, dass sie krumm werden (Gkl Ps. 550), ↗ נטה hif. 5. u. 6; in G und 11Q Ps[a], DJD IV 25 > sf. †

עֲקַלָּתוֹן: *עָקָל f. + *ōn*, BL 500r. 219f.g; ug. *ʿqltn* (UT nr. 1908, Aistl. 2088, RSP I S. 33 Nr. 25 u. S. 149 Nr. 121): **gewunden** (Schlange) Js 27$_1$. †

עֲקָן: √ inc. ↗ יַעֲקָן, Nachk. v. שֵׂעִיר Gn 36$_{27}$, + וְ Sam. *wåqån*, G Ουκαν; asa. *ʿqn* (Müller ZAW 75, 1963, 312) u. saf. (Moritz ZAW 44, 1926, 92); = ↗ יַעֲקָן (1C 1$_{42}$ l וַיַּעֲקָן vel וַעֲקָן, BHS), Nachk. v. Esau und n.l. (בְּאֵרוֹת) בְּנֵי יַ׳ Nu 33$_{31f}$ Dt 10$_6$. †

עקר: mhe. ba. ja. cp. sam. (BCh. LOT 2, 489), sy. md. (MdD 32) ausreissen, entwurzeln; saf. (s. Grimme TU 186a) zugrunde gehen; ar. verwunden, spez. einem Kamel am Grabe s. Besitzers die Sehnen d. Hinterbeine zerschneiden (Wellh. RaH[2] 181ff, Krebs ZAW 78, 1966, 359-61), *ʿaqara* III mit d. inf. *muʿāqarat* Zerschneiden der Fesseln d. Kamels im Wettstreit (Huizinga Homo Ludens, 1939, 109); sbst. ↗ cj. עָקָר:

qal: inf. עָקוֹר: **mit d. Wurzel ausreissen, jäten** (:: נטע) Koh 3$_2$ (:: Dahood Biblica 47, 1966, 270: ernten, ph. ? *ʿqrt* Speicher, KAI Nr. 26 A 6, cf. DISO 220). †

nif: impf. תֵּעָקֵר: **entwurzelt werden** Zef 2$_4$. †

pi. (Jenni 209): pf. עִקֵּר, עִקְּרוּ; impf. תְּעַקֵּר, וַיְעַקֵּר: ar. III s. o.: — 1. Stiere od. Pferde durch Zerschneiden d. Hinterfesseln lähmen (Krebs l. c.) Gn 49$_6$ (Sam. qal) (שׁוֹר), Jos 11$_{6.9}$ (סוּס); — 2. 2S 8$_4$ 1C

184 (רֶכֶב); zu 2) cf. Weippert 274, unbrauchbar machen. †

Der. ? עָקָר, I u. II עֵקֶר, cj. *עָקָר.

עָקָר: עקר; Sam. *ʿåqår*, f. *ʿåqrå*, mhe. ja. cp. sam. (BCh. LOT 2, 546), sy. md. (MdD 34b); ar. *ʿāqir* unfruchtbar, *ʿuqrat* Unfruchtbarkeit: עֲקָרָה, עֲקֶרֶת (BL 508k): **unfruchtbar**, **ohne Nachkommen** (s. v. Seters JBL 87, 1968, 401ff): Frau Gn 11₃₀ 25₂₁ 29₃₁ Ex 23₂₆ Ri 13₂f 1S 2₅ Js 54₁ Hi 24₂₁ (רֹעֶה ↗ II רעה), עָקָר וַעֲקָרָה Dt 7₁₄; עֲקֶרֶת הַבַּיִת die Unfruchtbare im Hause Ps 113₉. †

I **עֵקֶר**, Sam. c. לְ *lāqår*; עקר; aam. ija. (DISO 220) Wurzel, Nachkommenschaft (Degen Altaram. Gr. S. 47; soq. *eqre* (Leslau 40): urspr. Bedtg. Wurzel ↗ zu עקר, metaph. Abkömmling, cf. d. akkad. PN *Šuruš-kēn* „Die Wurzel ist stabil" (Stamm 295[3]): עֵ׳ מִשְׁפַּחַת גֵּר **Abkömmling** aus d. Sippe eines Schutzbürgers Lv 25₄₇. †

II **עֵקֶר**: n. m. = I: Deutungen: a) Noth N. 232 nach Lv 25₄₇ (s. I עֵקֶר, Noth N. 232); b) s. I: „der (den Bestand d. Familie sichernde) Abkömmling", cf. akkad. PN *Šuruš-kēn*: Judäer aus d. Sippe Jerahmeel 1C 2₂₇. †

cj. ***עָקָר**: עקר, BLA 192f; aam. עקר ↗ I עֵקֶר; ba. *עִקַּר, mhe. עִקָּר, Sir 37₁₇ Var. עקרת, ja., sam. (BCh. LOT 2, 592. 604) md. (MdD 33b) Wurzel; sy. *ʿeqqārā* Wurzel, Heilmittel; ar. > äth.[G] *ʿaqqār* Heilmittel: ins. עִקְּרֵי post עֹרְקִים (Fohrer KAT XVI 413): **Wurzel** Hi 30₃. †

עַקְרָב: wsem. Sam. *ʿåqråb*, mhe. ja. cp. עַקְרַבָּא, sy. *ʿeqqarbā*, aam. äga. (DISO 220) nab. palm. md. (MdD 39b) ארקבא (cf. VG 1, 269 ε); < akk. *aqrabu* (AHw. 62b); ar. äth.[G] *ʿaqrab*; tigr. (Wb 459b) *ʿarqab* u. *ʾarqab* (Leslau 40, cf. VG 1, 124i und l. c.); n. m. und f. asa. (Conti 212a), saf. ar. (Nöldeke BS 89f), palm. עקרב (NE 345a) u. *ʿqrbn* (PNPI 45b. 107), nab. (Cant. Nab. 2, 134), Hatra *ʿqrbn* (Degen JbEOL 23, 1973/74, 1975, 414 Nr. 255): עַקְרַבִּים: — 1. **Skorpion** (Koehler KL 22ff), 4 Arten *buthus* (Bodenh. AL 366. 369) Dt 8₁₅ Ez 2₆; — 2. metaph. besonders schmerzhafte Geissel 1K 12₁₁.₁₄ 2C 10₁₁.₁₄, s. Würthwein ATD 11/1, 155[7]; — 3. מַעֲלֵה עַקְרַבִּים „Skorpionenstiege" n. l. süd. Totes Meer, wohl d. Pass *naqb eṣ-ṣāfā*, GTT § 311, 538, Glueck II 6, Noth WdAT 82, Görg VT 24, 1974, 508f: äg. *ʿqrb(w)t*: Nu 34₄ Jos 15₃ Ri 1₃₆. †

עֶקְרוֹן: n. l., G, Josph. Ἀκ(κ)άρων (NFJ 7); keilschr. *Amqarrūna* (Parpola AOAT 6, 1970, 16) u. äg. *ʿngrn* (ETL 202 :: Noth AbLAk 2, 92[106]) führen alle auf urspr. *עַקְרוֹן (s. Maag 184); ? etym. עקר unfruchtbar sein + *ōn*; Lage am ehesten *Ch. el-Muqannaʿ* 18 km. ö. v. *T. ʿAšdôd* (BHH 385, Wolff BK XIV/2, 192, BRL[2] 66f, S. Timm ZDPV 96, 1980, 33f; weniger wahrscheinl. *Qaṭra* u. *ʿĀqir*, beide 7 km ö. von Jabneel, Abel 2, 319, GTT § 318 D 1, Alt KlSchr. 1, 226, Noth Jos. 75), eisenzeitliche Gründung der Philister: Jos 13₃ 15₁₁.₄₅f 19₄₃ Ri 1₁₈ 1S 5₁₀ 6₁₆f 7₁₄ 17₅₂ 2K 1₂f.₆.₁₆ Jr 25₂₀ Am 1₈ Zef 2₄ Zch 9₅.₇.

Der. עֶקְרוֹנִי. †

עֶקְרוֹנִי: gntl. v. עֶקְרוֹן: עֶקְרֹנִים: Jos 13₃ 1S 5₁₀. †

עֲקֶרֶת: ↗ עָקָר.

עקשׁ: mhe. verdrehen, עַקְשָׁן der Krummbeinige, ידים עקושות verdrehte Hände, mit seitwärts gebogenen Händen (Levy 3, 690a), sy. *ʿqīsā*, md. (MdD 356b) *ʿqisa* verdreht; ar. *ʿaqaṣa* flechten (d. Haar, Wehr 565); über die Wortpaar *tm* :: *ʿqš* s. Brueggemann ZAW 89, 1977, 234-58:

nif: pt. cs. נֶעְקַשׁ: c. דְּרָכִים (sic l pr.

דְּרָכַיִם) einer, der krumme Wege geht Pr 28$_{18}$. †

pi. (Jenni 235f): pf. עִקְּשׁוּ; impf. יְעַקֵּשׁ; inf. עַקֵּשׁ; pt. מְעַקֵּשׁ: — 1. **verdrehen** Mi 3$_{9}$ (:: הַיְשָׁרָה); — 2. c. נְתִיבָה ,דֶּרֶךְ seine Wege verkehren d. h. verkehrt, falsch handeln (GB) :: Lex.[1]: krumme Wege wählen, Js 59$_{8}$ Pr 10$_{9}$, cj. 2$_{15}$ pr. עִקְּשִׁים prop. מְעַקְּשִׁים vel מְעֻקָּשִׁים (BHS). †

hif: impf. וַיַּעְקְשֵׁנִי, Mischf. von pi. (so MSS) u. hif., wobei letzteres vorzuziehen (s. Jenni 236 :: BL 353v): **für krumm, schuldig erklären** Hi 9$_{20}$. †

Der. I u. II עִקֵּשׁ, *עִקְּשׁוּת, מַעֲקַשִּׁים.

I **עִקֵּשׁ**, Sam. *ʿåqåš*: עקש, BL 477b: pl. cs. עִקְּשֵׁי, s. Brueggemann l. c. zu עקש: **verdreht, falsch**: — 1. (ohne Zusatz) Dt 32$_{5}$ 2S 22$_{27}$ Ps 18$_{27}$ Pr 8$_{8}$ 22$_{5}$; — 2. (mit Zusatz): a) עִקֵּשׁ c. דְּרָכָיו vel דְּרָכִים (sic prop. pr. דְּרָכַיִם) Pr 28$_{6}$, c. לֵבָב Pr 11$_{20}$ 17$_{20}$, c. שְׂפָתָיו 19$_{1}$ (? :: cj. pr. שׂ׳ prop. c. 28$_{6}$ דְּרָכָיו); b) לֵבָב עִקֵּשׁ ein verkehrtes Herz Ps 101$_{4}$ (cf. Kraus BK XV[5] 860f), דֶּרֶךְ עִקֵּשׁ Weg d. Falschen Pr 22$_{5}$; — cj. ? Js 30$_{12}$ pr. בְּעֹשֶׁק prop. בְּעִקֵּשׁ (|| נָלוֹז); Ps 73$_{8}$ pr. עֹשֶׁק prop. עִקֵּשׁ vel עָתָק (BHS); cj. Pr 2$_{15}$ pr. עִקְּשִׁים ↗ עקשׁ pi. 2, cj. Pr 27$_{6}$ pr. נַעְתָּרוֹת prop. עִקְּשׁוֹת.

II **עִקֵּשׁ**: n. m.; = I, mhe.: Noth N. 229: verkehrt, verdreht; nach dem mhe. adj. עִקְּשָׁן (↗ עקשׁ) könnte עִקֵּשׁ als PN auch auf eine körperliche Anomalie gehen: Vater eines der Dreissig unter David 2S 23$_{26}$ 1C 11$_{28}$ 27$_{9}$. †

***עִקְּשׁוּת**: עקשׁ, BL 505o, Gulk. 126: cs. = **Verkehrtheit, Falschheit**: עִ׳ פֶּה Pr 4$_{24}$ (c. הֵסִיר), 6$_{12}$ (c. הלך). †

I ***עָר**: n. l.: Sam. *ʿår*, c. בְּ *bār*: — 1. e. Stadt in Moab = *er-rabba* Nu 21$_{28}$, cj. 22$_{36}$ pr. עִיר prop. עָר (:: Noth ATD 7, 147 mit MT: die moabit. Stadt, cf. GTT S. 117[79]), Js 15$_{1}$ עָר מוֹאָב || קִיר מ׳ (1Q Js[a] 2 × עיר), cf. Rudolph Fschr. Driver 1963, 133, Wildbg. BK X 611f; — 2. d. moabit. Landschaft Nu 21$_{15}$ Dt 2$_{18}$ (c. גְּבוּל).$_{29}$; Sitz d. בְּנֵי לוֹט Dt 2$_{9}$; cj Nu 21$_{28}$ pr. עָר prop. עָרֵי (BHS); — zu 1 u. 2 cf. Abel 2, 248, GTT 262[229], v. Zyl 71ff.†

II ***עָר**: mhe. עָר, Sir 37$_{5}$ 47$_{7}$; aram. = he. צַר; ba. ja.: עָרָךְ: **Feind** 1S 28$_{16}$ (T Σ, Hex: Field 1, 538[32]; gew. cj. צָר, S. R. Driver Sam.[2] 1913, 216f :: Stoebe KAT VIII/1, 486: MT, so auch TOB: Sir 37$_{5}$ (Gא,B πολέμου corrupt. f. πολεμίων, N. Peters, Das Buch Jesus Sirach 301), 47$_{7}$ (G ἐχθροί); — Ps 139$_{20}$ pr. עָרֶיךָ prop. עָלֶיךָ (BHS). †

I **עֵר**: עיר: **Beschützer**, עֵר וְעֹנֶה Mal 2$_{12}$ ↗ II A ענה qal 3. †

II **עֵר**: n. m. Sam. *ʿår*, c. לְ *lår*: a) = I Beschützer od. ? „Beschützter" (Bezeichnungsname z. Satzname ↗ יָעִיר Fschr. Stamm 199-203), b) „Wach(sam)" zu II עור (Noth N. 228); mhe. עִיר, ja. cp. sy. ↗ ba. עִיר Wächter > Engel, GnAp 2, 1 || נפילין u. קדידין (s. Fitzmyer GnAp.[2] 80); zu a) u. b) cf. äg. *ʿ( )rm* (Helck Beziehungen[2] 46, Albr. JPOS 8, 1928, 238): — 1. ältester Sohn v. Juda Gn 38$_{3.6f}$ 46$_{12}$ Nu 26$_{19}$ 1C 2$_{3}$; — 2. Sohn v. שֵׁלָה 1C 4$_{21}$. †

I **ערב**: mhe. ja. cp. Bürgschaft leisten; sam. (Gn 43$_{9}$); sy. verpfänden; ug. *ʿrb* (UT nr. 1915, Aistl. 2094; UF 6, 1974, 466f; Aartun AOAT 21/2, 1978, 20) bürgen; ph. pun. (DISO 221); asa. (Conti 212a); ar. *ʿrb* verpfänden; akk. *erēbu*, ↗ V ערב; dieses vb. in d. Wendung *ana qatāti erēbu* als Bürge eintreten (AHw. 235a, 4d, 911a); Donner Fschr. Albright 1971, 78; Ben Ḥayyim Leš. 44, 1980, 85ff:

qal: pf. עָרַבְתָּ ,עָרַב; impf. אֶעֶרְבֶנּוּ; imp. עֲרֹב ,עָרְבֵנִי; inf. עֲרֹב; pt. עֹרְבִים ,עֹרֵב, עֹרְבֵי: **Bürgschaft leisten für** (de Vaux Inst. 1, 261ff = Lebensordnungen 1,

276ff): — 1. c. acc. d. Schuldners Pr 11_{15} 20_{16} 27_{13} Sir 8_{13}, c. לְ Pr 6_{1}, c. לִפְנֵי u. עֲרֻבָּה Pr 17_{18}; c. acc. des Geschuldeten (מַשָּׁאוֹת) Pr 22_{26}; — 2. metaph. **für jmdn. verantwortlich sein, sich für jmdn. einsetzen** Gn 43_{9} 44_{32} Js 38_{14} Ps 119_{122} (pr. עַבְדְּךָ prop. דְּבָרְךָ :: Deissler Psalm 119 (118) und seine Theologie, 1955, 220f: MT); — 3. **verpfänden** Neh 5_{3}, cj. vs. 2 pr. רַבִּים l עֹרְבִים; metaph. sein Herz verpfänden = sein Leben wagen Jr 30_{21}; — 4. **(Tausch-) Handel treiben**, c. I *מַעֲרָב Ez $27_{9.27}$; — Hi 17_{3} pr. עָרְבֵנִי prop. עֵרָבֹנִי (BHS). †

hitp: imp. הִתְעָרֶב נָא: **eine Wette eingehen** mit (mit Hinterlegung e. Pfandes; ar. s. I. Goldziher Muhammedan. Studien, Halle 1889 [Hildesheim 1961] 1, 56; J. Huizinga Homo Ludens, 1939, 109f): c. אֶת־ 2K 18_{23} Js 36_{8}. †

Der. תַּעֲרוּבוֹת, I *מַעֲרָב, עֵרָבוֹן, עֲרֻבָּה.

II ערב: mhe. pi. DSS hitp. teilhaben an (KQT 169), äga. ba. ja. pa. ? etpa.; sam. (BCh. LOT 2, 464), sy. pe. pa. af., md. pe. pa. ? etpa. (MdD 35b):

hitp: pf. הִתְעָרְבוּ; impf. יִתְעָרַב, תִּתְעָרַב, יִתְעָרָבוּ; cj. Pr 14_{16} l pt. מִתְעָרֵב c. G pr. MT מִתְעַבֵּר, ↗ 2, עבר: (W. Bühlmann Vom rechten Reden und Schweigen, OBO 12, 1976, 244): — 1. **sich einlassen mit jmd.**, c. לְ Pr 20_{19}, c. עִם Pr 24_{21}, cf. Kopf VT 9, 1959, 281 :: cj. pr. תִּתְעָרֶב prop. תִּתְעַבָּר ↗ II עבר (Gemser Spr.^{2} 88. 89); abs. (ohne praep.) Pr 14_{16} c. G, s. oben; — 2. c. בְּ **sich vermengen mit** Ps 106_{35} Esr 9_{2}, sich verbinden mit (ברוח) 1Q H 16, 14; — 3. c. בְּ **sich einmischen** in Pr 14_{10}, c. עַל cj. Pr 26_{17} pr. מִתְעַבֵּר prop. c. S V מִתְעָרֵב (BHS, Gemser Spr.^{2} 94. 95). †

Der. I, II עֵרֶב, עָרֹב.

III ערב: mhe. angenehm sein; ar. dial hadram. *ʿaru/ib* es passt (Ben-Hayyim Leš. 44, 1980, 85ff):

qal: pf. עָרְבָה, עָרְבַתְּ, עָרְבוּ; impf. יֶעֱרַב/תֶּעֱרַב: — 1. **angenehm sein**: Schlaf Jr 31_{26} Pr 3_{24}, erfüllter Wunsch Pr 13_{19}; — 2. **gefallen**: a) Frau ihrem Buhlen Ez 16_{37}; b) Gott Opfer (als kulttechnischer Terminus, s. v. Rad Th. I^{6} 274^{78}): wohlgefällig sein Jr 6_{20} Mal 3_{4}, שִׂיחַ Ps 104_{34} (:: Dahood Psalms III 47: betreten, ug. *ʿrb* ↗ V ערב), Lobpreis 1Q Ps^{a} Zionslied 14 (DJD IV 86), 3Q 6, 1 (DJD III 98). †

hif: impf. יעריבו angenehm, lieblich machen (d. Lied) Sir 40_{21}. †

Der. עָרֵב.

IV ערב: asa. caus. Opfer darbringen (Conti 212a, Gaster MélSyr. 581f, Driver Fschr. Robinson 64f):

qal: impf. יֶעֶרְבוּ: c. זְבָחִים **darbringen** (|| נסך) Hos 9_{4}, cf. Rudolph KAT XIII/1, 172 :: Wolff BK XIV/1^{2}, 192. 193: III ערב, al. cj. c. 2 MSS יַעַרְכוּ (BHS). †

V ערב: ar. *ġrb* weg- fortgehen, untergehen (Sonne); akk. *erēbu* (AHw. 234f) eintreten, untergehen (Sonne); mhe. ערב hif. abends tun, mhe. u. ja. itpe. sich zum Abend neigen, untergehen; ug. *ʿrb* (UT nr. 1915, Aistl. 2093) eintreten, untergehen (Sonne); asa. *ʿrb*, sbst. *mʿrb* Westen (Conti 212a); sy. *ʿreb*; äth.^{G} *ʿarba* u. *ʿaraba*, cp. md. (MdD 35b) *ʿrb* untergehen; *ʿrb* u. *ġrb* ? Wvar. Nöldeke ZDMG 54, 155^{1} :: Rössler ZA 54, 1961, 171f, J. Loader Fschr. v. Selms 99ff:

qal: pf. עָרְבָה; impf. יערב Sir 36_{31}; inf. עֲרֹב: **Abend werden** Ri 19_{9} (יוֹם), cj. Pr 7_{9} pr. בְּעֶרֶב prop. בַּעֲרֹב (BHS); sich am Abend (irgendwo) befinden Sir 36_{31}; metaph. untergehen שִׂמְחָה Js 24_{11} (cj. עָבְרָה nicht nötig, s. Torrey ZAW 65, 1953, 240). †

hif: inf. הַעֲרֵב: **spät am Abend tun** (:: הַשְׁכֵּם, Solá-S. 88) 1S 17_{16}. †

Der. I עֶרֶב, II מַעֲרָב.

I עֶרֶב (134 ×), Sam. *ērəb*; Sec. c. בְּ

βααρβ (Brönno 125f): V ערב; mhe. DSS (KQT 169f); ihe. (DISO 221); ug. *ʿrb špš* (UT nr. 1915) = akk. *ereb dšamši* (*ereb* cstr. v. *erbu* AHw. 233b) (Sonnen-) Untergang: עֶרֶב; du. עַרְבַּיִם (s. u. :: adv. Endung, Torczyner Entst. 71. 190); masc. (1S 20_5 dl הַשְּׁלִשִׁית od. ungew. ausgedrücktes „zum dritten mal" mit fehlendem פַּעַם, s. Stoebe KAT VIII/1, 373); ? > ἔρεβος Dunkel d. Unterwelt (Lewy FW. 229, Gd. BeBi 269, Astour 130): **Sonnenuntergang, Abend** Gn 1_5 Ps 30_6 (:: בֹּקֶר), לְעֵת עֶרֶב Gn 8_{11}; עֶרֶב es ist Abend (R. Meyer Gr. § 90, 6a); בָּעֶרֶב am Abend Gn 19_1 (18 ×); עַד־הָעֶרֶב Lv 11_{24} (42 ×), עֲדֵי־עָרֶב Ps 104_{23}; לָעֶרֶב am Abend Ps $59_{7.15}$; לִפְנוֹת־עֶרֶב/עֶ׳ gegen Abend Gn 24_{63} Dt 23_{12}; בָּעֶרֶב־בָּעֶרֶב Abend um Abend 2C 13_{11}; מִבֹּקֶר Ps 65_9; בֹּקֶר וָעֶרֶב מִן־(הַ)בֹּקֶר עַד־(הָ)עֶרֶב Hi 4_{20}, לָעֶרֶב Ex 18_{13f}, עֶרֶב וָבֹקֶר וְצָהֳרַיִם Ps 55_{18}; coll. עַד עֶרֶב בֹּקֶר Da 8_{14} (bis zum) Abend u. Morgen, צִלְלֵי עָ׳ Abendschatten, ↗ צֵל Jr 6_4, מִנְחַת הָעֶ׳ מִנְחַת עָ׳ Ps 141_2 Da 9_{21}, 2K 16_{15} Esr 9_{4f}; cj. Pr 7_9 ↗ V ערב; בֵּין הָעַרְבַּיִם eig. zwischen den beiden Abenden, d. h. d. Zeit zw. Sonnenuntergang u. dem Herabsinken der Nacht, die Abenddämmerung (de Vaux Inst. 1, 278 = Lebensordnungen 1, 293, THAT I 709, Lit) Ex 12_6 16_{12} $29_{39.41}$ 30_8 Lv 23_5 Nu $9_{3.5.11}$ $28_{4.8}$ (AuS 1, 617ff), immer P., Schiaparelli 83f, s. Komm; „Abend", „in Zwielicht", unechter Dual, VG I 458, BL 518b בֵּין sekd. zugesetzt; — Hab 1_8 u. Zef 3_3 pr. זְאֵבֵי עֶרֶב ? l זְאֵבֵי עֲרָבָה (Elliger Fschr. Bertholet 158ff :: Humb. Hab. 35f; Sabottka, Zephanja, 1972, 104f: Wölfe am Abend).

II **עֶרֶב**: nur 2 Belege: — 1. Jr 25_{24} וְאֵת כָּל־מַלְכֵי הָעֶ׳ dittgr. v. וְאֵת כָּל־מַלְכֵי עֲרָב nicht sicher erkl.: a) עֶ׳ = II עֶרֶב (Rudolph Jer.[3] 164), b) = assyr. *urbi*, ein Gentilitium od. Appellat., s. Galling Tb.[2] 69^{16}, c) d. späteren Araber (Mtg. ArBi 61f); — 2. 1K 10_{15} וְכָל־מַלְכֵי הָעֶ׳ :: 2C 9_{14} עֲרָב (mit. MSS Edd. עֲרָב), danach auch 1K 10_{15} l הָעֲרָב, s. Noth Kge. 204 :: GTT § 18: l עֶרֶב = Beduinen od. andere Gruppen ohne staatl. Organisation. †

I **עֵרֶב**: II ערב; neben בֶּגֶד, עוֹר, פִּשְׁתִּים, צֶמֶר u. שְׁתִי Lv $13_{48f.51-53.56-59}$: Sam. *ērəb*, sam. mhe. u. ja. עִרְבָא Einschlag (:: שְׁתִי, Kette/Zettel) od. e. Art Gewebe, Gewirktes ? s. AuS 5, 104, Hönig 135^2, Elliger Lev. 185f. †

II **עֵרֶב**: II ערב: Sam. *ʿåråb*, mhe. עֵירוּב Vermengung, ja. עֵירַבְרְבָא Mischvolk; mhe. ja. עִרְבּוּב/בָא Verwirrung, Unordnung, sam. ערברוב (BCh. LOT 2, 495. 598), ja. עַרְבְּלָאָה Mischling: — 1. in Äg. עֵרֶב רַב (? l ערברב, Albr. RI 224^9) Ex 12_{38} = הָאסַפְסֻף Nu 11_4 (Sperber T רַבְרְבִין) Nichtisraeliten, die sich b. Auszug den Hebräern anschlossen; — 2. Menschen ausländ. Herkunft im nachexil. Juda Neh 13_3 (Rudolph EN 202); — 3. d. Völkergemisch in Babylon Jr 50_{37}, bzw. in Ägypten, d. h. Gruppen fremder Söldner Jr 25_{20} Ez 30_5, cf. Zimmerli 731f. †

עֲרָב: עֲרָב: n. p., G Ἄραβες, Ἀραβία Js 10_9 11_{11} (ar. *ʿarab*, älter *ʿarib*, pl. *ʾaʿrab*, auch asa. (Conti 212b); akk. *Arabu*, *Aribi* (RLA 1, 125f); ape. *arabāia* = Arabien (VAB III 138, Kent 169); a) etym. = ? עבר Nomade (Albr. JPOS 4, 1924, 205, Mtg. ArBi 27f); b) ausserhalb d. A.T. oft d. Ansässigen od. Halbnomaden gegenüber d. Beduinen (J. J. Hess 56f, Albr. RI 149f, Enc. Isl.[2] I 896ff); c) Bedtg. im AT (BHH 118): die Nomaden der syr.-arab. Wüste Jr 25_{24} כָּל מַלְכֵי עֲרָב ... הַשֹּׁכְנִים בַּמִּדְבָּר (BHS) עֲ׳; וְכָל־מַלְכֵי עֲרָב/עֲרָב 2C 9_{14}; Ez 27_{21} (עֲ׳ neben נְשִׂיאֵי קֵדָר), cj. 1K 10_{15} pr. הָעֶרֶב l הָעֲרָב c. 2C 9_{14}.

*עֲרָב: בַּעְרַב/רֶב (BL 637q) = III עֲרָבָה, **Wüste** (Galling Fschr. Weiser 60[35], Wildbg. BK X 797) Js $21_{13a.b}$. †

עָרֵב: III ערב, BL 464a; mhe.: **angenehm** Pr 20_{17} (Targ. עריב id. S Bürge !), HL 2_{14} Sir 6_5. †

I עֹרֵב u. עוֹרֵב (HL 5_{11}), Sam. *ʿārəb*: lautmalend, mhe., ja. עוֹרְבָא u. עוֹרְבְתָא, cp. sy. md. (MdD 346a) *ʿurba*; ar. *ġurāb*; äth. *qura(b)* (Leslau 40); akk. *āribu/ēribu* (AHw. 68a, cf. Landsbg. WdO 3, 1964-6, 249[16] u. Salonen, Vögel 124ff): עֹרְבִים, עֹרְבֵי: **Rabe**, *corvus*, alle Rabenarten (Driver PEQ 87, 1955, 12, Bodenh. AL 485, BHH 1545) Gn 8_7 1K $17_{4.6}$ (mittelalterliche Lexikographen: Handelsleute [עוֹרְבִים] od. Volksname), Js 34_{11} Ps 147_9 Pr 30_{17} Hi 38_{41} (Fohrer KAT XVI 493), HL 5_{11} (Locken: schwarz wie ein Rabe); unrein Lv 11_{15} Dt 14_{14}; = cj. Zef 2_{14} pr. חֹרֶב l c. G V עֹרֵב. †

II עֹרֵב u. עוֹרֵב: n. m. = I; G Ωρηβ, Josph. Ωρηβος (NFJ 128); *ġrb* saf. PN (Ryckmans 1, 176b); ar. *ġurāb* PN u. n. tr. (Nöldeke BS 85): שַׂר der Midianiter, urspr. wohl n. top. צוּר־עוֹרֵב Ri 7_{25} u. nachträglich PN (Richter BBB 18[2], 209; Rösel ZDPV 92, 1976, 16 u. 20; BHH 1354) Ri 7_{25} 8_3 Js 10_{26} Ps 83_{12}. †

עָרֹב, Sam. *ʿārəb*, ja. ערובא, sam. ערבה (BCh. LOT 2, 546): II ערב; sy. *ʿarrūbā* (< he. ?); ? akk. *urbattu*, Synonym von *tūltu* ,,Wurm" (Landsbg. F. 130): A πάμμ(ε)ικτος, G κυνόμυια, V *scinifes* (= gr. σκνῖπες, sg. σκνίψ) ein Insekt, das sich unter der Rinde von Bäumen findet (Liddell-Sc. 1968, 1612f), Hieronymus epistula 106, 86 ad Sunniam: *omne muscarum genus*: genaue Bedtg. ungewiss; entweder a) allg. Geschmeiss, Ungeziefer (Lex.[1]) oder b) spez. eine Fliegenart (:: זְבוּב) bes. Stechfliege, s. Dillmann-Ryssel Exodus und Leviticus, 1897, 91f, F. Michaeli CAT II, 1974, 73[7] (:: Bodenheimer AM 72f: Läuse) Ex $8_{17f.20.25.27}$ Ps 78_{45} 105_{31}. †

I עֲרָבָה, Sam. c. וְ *wā̊rā̊bi*; mhe. ja. ערבתא, pl. ערבין, so auch sam.; sy. *ʿarbᵉtā*, md. (MdD 346b) *ʿurbā*; akk. *ṣarbatu* (AHw. 1085) ,,Euphratpappel": עֲרָבִים, עַרְבֵי: — 1. Baum, gew. Weide (G 3 × ἰτέα nur Hi 40_{22} κλῶνες ἄγνου Zweige von Keuschlamm/Mönchspfeffer, d. i. ein weidenartiger Baum, V *salix*, Mi Sukka III 3), *Salix Babylonica* (BHH 2148), :: Euphratpappel (ar. *ġarab*), *Populus Euphratica* (Löw 3, 322f, AuS 1, 101, Elliger BK XI 391); nach Löw l. c. ist עֲ׳ zunächst d. Euphratp., kann aber auch die Weide sein: am Wasser Lv 23_{40} Js 44_4 Hi 40_{22}; in Babyl. Ps 137_2; — 2. n. fl. נַחַל הָעֲרָבִים ,,Pappelbach" in Moab Js 15_7 (1Q Js[a] נ׳ ערבי), G φάραγξ Ἄραβας, V *torrens salicum*, östl. Zufluss d. Jordan, wohl = d. *W. el-ḥesā* am Südende d. Toten Meeres (Abel 1, 408, GTT § 1256-8, Schottroff ZPDV 82, 1966, 183, Wildbg. BK X 616) :: Lex.[1]: *W. Ġarbeh*; s. GB, Zorell. †

Der. n. l. בֵּית הָעֲ׳ (↗ בֵּית B 39) u. gntl. עַרְבָתִי.

II *עֲרָבָה, ug. *ʿrpt* (UT nr. 1924, Aistl. 2102, Loewenstamm UF 3, 1971, 99f, RSP I S. 357 Nr. 557, Loader Fschr. v. Selms 100f); akk. *erpetu* (AHw. 243a); zum Austausch zwischen *b* und *p* im ug. ↗ פ; cf. עֲרִיפִים: pl. עֲרָבוֹת: **Wolke**, Ps 68_5 רֹכֵב בָּעֲרָבוֹת der auf den Wolken reitet, bzw. daherfährt (↗ רכב) cf. ug. *rkb ʿrpt* (KTU 1. 3 II 40), Epith. d. Baal (Dahood Psalms II 135f, III 456, P. D. Miller, Jr. The Divine Warrior in Early Israel (= Harvard Semitic Monographs V), Cambridge (Mass.), 1973, 105. †

III עֲרָבָה: Etym. ungewiss, Möglichkeiten: a) zu ar. *ġabara* Staub, u. äth.[G] *ʿabra* trocken, unfruchtbar sein (Dillm. 984), tigr. *ʿabra* öde, mager werden (Wb. 469b, Leslau 41, s. GB): עֲרָ׳ „das trockene, unfruchtbare Gebiet"; b) zu asa. u. ar. *ġrb* weggehen, sich entfernen, עֲרָ׳ „das abgelegene Gebiet" (Lex.[1], Schwarzenbach 99); a) dürfte wahrscheinlicher sein als b); BL 463t; mhe., DSS (KQT 170): loc. הָעֲרָבָתָה, sf. עַרְבָתָהּ, pl. עֲרָבוֹת, cs. עַרְב(וֹ)ת; Sam. *ʿårābå*, *ʿårābåt* kann sg. od. pl. sein (BCh. LOT 5, 217); siehe 2c β; G Αραβωθ Nu 26₆₃ (s. BCh. ScrHieros 4, 204f): **Wüste** (Noth WdAT 49f), **Steppe**, nicht immer sandig u. wasserlos (Mtg. ArBi 79f), Schwarzenbach 98ff; cf. מִדְבָּר u. יְשִׁימוֹן; — 1. pl. Wüstengebiete, die nach der geogr. Lage näher bezeichnet sind; BHH 118, Caroll ZAW 89, 1977, 184f; allgemein Js 33₉ 35₁ (|| מִדְבָּר וְצִיָּה).₆ 40₃ 41₁₉ 51₃ Jr 17₆ 50₁₂ Hi 24₅ 39₆ (|| מְלֵחָה); אֶרֶץ עֲרָבָה Jr 2₆ 51₄₃; cj. עַרְבוֹת הַמִּדְבָּר 2S 15₂₈ (Q. u. Vrss.) pr. עַבְרוֹת הַמִּ׳ (K), 2S 17₁₆ עַרְבוֹת הַמִּ׳ (Q), pr. עַבְרוֹת הַמִּ׳ (K, nonnull. MSS, Ⓑ), in beiden Fällen ist wohl dem K zu folgen, ↗ *עֲבָרָה; — 2. spez.: a) diesseits d. Jordan: (בְּ) מִדְבַּר מָעוֹן בָּעֲ׳ 1S 23₂₄ in der Steppe Maon in der Wüstenniederung (Stoebe KAT VIII/1, 423. 425), ↗ IV מָעוֹן, cf. n. l. בֵּית הָעֲ׳ ↗ בַּיִת B 39; b) הָעֲ׳ der Jordangraben, *el-ġōr*, seine einzelnen Teile u. seine Fortsetzung südlich des Toten Meeres (Abel 1, 423f, GTT § 137, Glueck II u. The River Jordan, 1946, Noth WdAT 12f) Dt 1₇ 2₈ 3₁₇ Jos 8₁₄ (Hertzberg ATD 9, 47: angesichts der Jordanaue), 11₂.₁₆ 12₈ 18₁₈ 2S 2₂₉ 4₇ 2K 25₄ Jr 39₄ 52₇ Ez 47₈ Zch 14₁₀; daher יָם הָעֲ׳ = Totes Meer Dt 3₁₇ 4₄₉ Jos 3₁₆ 12₃ 2K 14₂₅; c) jenseits des Jordan: α) כָּל־הָעֲ׳ בְּעֵבֶר הַיַּרְדֵּן Dt 4₄₉ (↗ עֵבֶר 3b); β) עַרְבוֹת מוֹאָב (Sam. immer sg., s. o.) das Ostufer des Jordan, v. *W. Nimrim* südwärts (Glueck IV 366ff, Noth AbLAk 1, 397ff, Schottroff ZPDV 82, 1966, 200ff) Nu 22₁ 26₃.₆₃ 31₁₂ 33₄₈₋₅₀ 35₁ 36₁₃ Dt 3₁₇ 34₁.₈ Jos 12₁ 13₃₂; d) עַרְבוֹת יְרִיחוֹ „die im Umkreis von Jericho gelegenen und vom Stadtstaat Jericho politisch beherrschten Teile des Jordangrabens" (Noth Jos. 30, cf. Schwarzenbach 98) Jos 4₁₃ 5₁₀ 2K 25₅ Jr 39₅ 52₈; zu den Lagebestimmungen in Dt 1₁ cf. Noth ÜSt. 28[3] und in 11₃₀ cf. Eissfeldt KlSchr. 5, 166f. 168ff; זְאֵב עֲרָבוֹת Jr 5₆ ↗ I זְאֵב; — 3. נַחַל הָעֲרָבָה Am 6₁₄ „Wüstenbach" :: לְבוֹא חֲמָת, cf. 2K 14₂₅, nicht = נַחַל הָעֲרָבִים Js 15₇ :: GTT § 266, 293, s. Wildbg. BK X 603; נ׳ הָעֲרָבָה entweder = *W. el-qelt* (Lex.[1]) od. *W. kefrēn*, s. Rudolph KAT XIII/2, 226 u. Wolff BK XIV/2, 335. †

עֲרֻבָּה: I ערב, BL 467r, Mettinger JSS 16, 1971, 2ff; mhe. עֲרֻבּוֹת, aam. ערבא (DISO 221 u. Donner Fschr. Albright 1971, 79f), sy. *ʿrābā* (LS 545b); ja. (Prov.), cp. sy. *ʿarrābūtā* Bürgschaft; ja. *ʿārᵉbā*, sy. *ʿarrābā* Bürge; akk. *erubbātum* pltt. (AHw. 248a) Pfand, ug.- akk. *e-ru-ub* (PRU III S. 139 Z. 17. 20, cf. S. 219. 220) Pfand; ug. *ʿrbn* Bürge (UT nr. 1915, Aistl. 2094, UF 6, 1974, 466f): — 1. **Bürgschaft** (de Vaux Inst. 1, 264 = Lebensordnungen 1, 278f), eigentl. Verbürgung (Horst BK XVI/1, 258) Pr 17₁₈; — 2. **Pfand**, Unterpfand „mit dem Abwesende bestätigen, etwas empfangen zu haben und am Leben zu sein" (Horst l. c.; cf. de Vaux Inst. 1, 261ff = Lebensordnungen 1, 276ff, Bronn JSS 13, 1968, 174ff, Mettinger l. c. 9f) 1S 17₁₈ (:: Stoebe VT 6, 1956, 403[4]: Handgeld, Sold, cf. Stoebe KAT VIII/1, 323). †

עֵרָבוֹן, Sam. *ʿårābon* (< עֲרָבוֹן, BCh. LOT 5, 214/5); mhe.; ja. עַרְבּוֹנָא, äga. ערבן (DISO 221) s. Donner Fschr. Albright 1971, 78f. > ar. *ʿarbān* (Frae. 190); äth.

ʿrabōn (Dillm. 742), tigr. (Wb. 460b) ʿerbūn; gr. ἀρραβών (Masson 30f), lat. *arr(h)abo, arrha* > frz. *les arrhes*: **Pfand**, spez. Verfallspfand (Horst ThB 12, 1961, 96) Gn 38$_{17f.20}$; — cj. Hi 17$_3$ pr. עָרְבֵנִי prop. עֶרְבֹנִי ↗ I ערב, ↗ עֲרֻבָּה. †

עַרְבִי: gentl. zu עֲרָב; mhe. עֲרָבִי u. עַרְבִי, ja. עַרְבָאָה, indet. עַרְבִי, sy. ʿ*urābā*, pl. ʿ*arbājē*, md. (MdD 36a); aram. n. m. ערבי (KAI 233, 2): עַרְבִיים, עַרְבִים 2C 26$_7$, עַרְבִיאִים 2C 17$_{11}$ (BL 564): **Araber**: — 1. in frühnachexil. Zeit ,,in erster Linie Edomiter, darüber hinaus auch Gruppen von Nomaden, die in Südjuda eingedrungen und dort sesshaft geworden waren'' (H. P. Rüger BHH 118, de Vaux Inst. 1, 17ff = Lebensordnungen 1, 20-35, Welten WMANT 42, 1973, 159) Neh 2$_{19}$ 6$_1$ (↗ II גֶּשֶׁם), pl. Neh 4$_1$ 2C 22$_1$ u. (zusammen mit פְּלִשְׁתִּים) 2C 17$_{11}$ 21$_{16}$; — 2. הָעַרְבִים הַיֹּשְׁבִים בְּגוּר־בָּעַל 2C 26$_7$ inc., s. Welten l. c. 159f u. 159[226]: eine Gruppe sesshaft gewordener Nomaden in d. Nähe von Asdod. ↗ עֲרָבִי. †

עֲרָבִי: gntl. v. עֲרָב, ↗ עַרְבִי; mhe.: Araber od. allgemeiner Beduinen (Wildbg. BK X 522f) Js 13$_{20}$, Jr 3$_2$ als Räuber (Hier. s. Abel 1, 432[4]). †

עַרְבָתִי: gntl. v. I בֵּית הָעֲרָבָה (↗ בַּיִת B 39, Elliger ThB 32, 1966, 91f) 2S 23$_{31}$ 1C 11$_{32}$. †

ערג: mhe. Schreien d. Hirsches; etym. inc. ? zu ar. ʿ*rǧ* hinaufsteigen, äth.[G], tigr. (Wb. 462b) hinaufsteigen s. Ulldff EthBi 129, Lex.[1], GB; Grdb. d. he. vb. nach Zorell: *sursum enisus est*:

qal: impf. תַּעֲר(ו)ג: c. עַל/אֶל **lechzen, verlangen nach** Ps 42$_{2a}$, metaph. nach Gott Jl 1$_{20}$ Ps 42$_{2b}$ :: Luther mit S u. Rabb.: schreien, s. GB. †

Der. *עֲרוּגָה.

I **עֲרָד**: n. m. (Noth N. 230); aram, = ↗ עָרוֹד, aLw. 224; sam. בר א/ערדאי (BCh. LOT 2, 535); akk. *ḫarādu* (AHw. 322b, wsem. Lw.) u. *aradi* (APN 271a); ug. PN *bn* ʿ*rd* (? ; UT Text 1035 rev. 13, Dahood ZAW 87, 1975, 220: *the son of the onager*; jedoch Lesung unsicher: KTU 4. 214 IV 13 *bn* ʿ*rb/d*); ba. *עֲרָד, äga f. ? ערדה (AP S. 219 Z. 204); ja. cp. sy. ʿ*rādā*; md. (MdD 35a) *arada*; ar. ʿ*ard*: ,,Wildesel'': Benjaminit 1C 8$_{15}$. †

II **עֲרָד**: Sam. ʿ*å̊råd*: n. l. im Negeb, = ? I: ihe. s. Aharoni Arad Inscriptions, Jerusalem 1975, cf. Lemaire IH, Nr. 24, 12: *T. Arad*, 35 km nö. Beerseba (Abel 2, 248, GTT § 317, 2. 430[222], BHH 119, EAE I 74-89, Crüsemann ZDPV 89, 1973, 211-224, BRL[2] 11f: Nu 21$_1$ (Noth ATD 7, 136), 33$_{40}$ Jos 12$_{14}$ Ri 1$_{16}$. †

ערה: mhe. pi, ja. af. ausleeren; sam. (BCh. LOT 2, 563); ph. pi. ערי blosslegen (DISO 221), Ram. עריה adj. f. nackt (AP S. 216 Z. 118, cf. GB); ug. ʿ*rw* (Dietrich-Loretz Fschr. Elliger 33 zu KTU 1 14 I 7: entblössen, ausgiessen, zerstören; L. Badre u. a. Syr. 53. 1976, 96f: entblössen, cf. UT nr. 1920, Aistl. 2097); akk. *erû/arû* (AHw. 247f) nackt sein, D entblössen; sy. adv. ʿ*arjat* nackt; ar. ʿ*arija* nackt sein; ↗ עור u. ערר Leslau 41:

qal: imp. ערו (= עֹרוּ < √ערר), 1Q Js[a] 32$_{11}$, ↗ ערר qal: **sich entblössen** (Wernb.-M. JSS 3, 1958, 250). †

nif: impf. יֵעָרֶה: **ausgegossen werden** (cf. pi. 2, hif.) רוּחַ Js 32$_{15}$. †

pi. (Jenni 231): pf. עֵרָה; impf. יְעָרֶה, תְּעַר, וַיְעָרוּ 2C 24$_{11}$ (BL 425); imp. עָרוּ Ps 137$_7$; inf. עָרוֹת (↗ 1): — 1. a) **entblössen** Js 3$_{17}$ ↗ פֹּת; d. Schild entbl., aus d. Hülle nehmen Js 22$_6$, den Bogen cj. Hab 3$_9$ pr. עֶרְיָה תֵעוֹר prop. עָרֹה תְעָרֶה (BHS); Zef 2$_{14bγ}$ txt. inc., del ? dittgr. von 15$_{aα}$ ↗ hif; b) **blosslegen** יְסוֹד cj. Hab 3$_{13}$ pr. עַד־צַוָּאר l עַד־צוּר (BHS), עָרוֹת ? inf. cstr. pr. inf. abs. (GK § 75n, BL 425, Rudolph KAT

XIII/3, 237) od. l עֵרִית (BHS); blosslegen bis zum Grund (עַד הַיְסוֹד) in ihr, d. i. Jerusalem Ps 137$_7$, cf. נִגְלָה Ez 13$_{14}$ u. גִּלָּה Mi 1$_6$; — 2. **ausleeren** Gn 24$_{20}$ 2C 24$_{11}$, ausschütten, metaph. נֶפֶשׁ Ps 141$_8$ (cf. שׁפך 3). †

hif: pf. cj. הֶעֱרָה ꟳ 1b, הֶעֱרוּ: —1. a) **entblössen** Lv 20$_{18f}$ (גִּלָּה עֶרְוָתָהּ || מְקֹרָהּ); b) blosslegen cj. Zef 2$_{14}$ bzw. pr. אַרְזָה עֵרָה prop. אֶרֶז הֶעֱרָה er legt die Zedern-(balken) bloss (Keller CAT XIb 203[8], cf. TOB); — 2. **ausschütten**, metaph. לַמָּוֶת נַפְשׁוֹ s. Leben (ꟳ נֶפֶשׁ 6 b) dem Tod hingeben Js 53$_{12}$. †

hitp: impf. תִּתְעָרִי; pt. מִתְעָרֶה: **sich entblössen** Kl 4$_{21}$; — cj. Ps 37$_{35}$ pr. וּמִתְעָרֶה prop. וּמִתְעַלֶּה der sich erhoben, ꟳ עלה hitp. :: Ridderbos BZAW 117, 1972, 276[10] ohne cj. nach MT: der sich schamlos ausbreitet, cf. Weiser ATD 14/15[7], 1966, 211: sich spreizen. †

Der. ? I מוֹרָה, עֶרְוָה, עֶרְיָה, מַעַר, ? עֵירֹם, ? תַּעַר, עָרוֹם.

***עָרָה**, äg. ʿr Binse od. ʿrt Stengel einer Pflanze (EG I 208): pl. עָרוֹת: **Binse** Js 19$_7$ (am Nil), cf. Lex.[1] u. Wildbg. BK X 701 (mit Lit.). †

***עֲרוּגָה**: ערג (mit s. Grdb. nach ar. u. äth.), BL 473c; mhe. Beet, ar. ʿarağat Gemüsebeet mit erhöhtem Rand (AuS 2, 174. 240): עֲרוּגַת, pl. עֲרֻג(ו)ת u. עֲרוּגוֹת: (terrassiertes) **Pflanzenbeet** Ez 17$_{7.10}$ HL 6$_2$, 5$_{13}$ (cj. pr. עֲרוּגַת l c. MSS u. Vrss. עֲרוּגֹת wie 6$_2$, BHS). †

עָרוֹד: ꟳ I עֲרָד; aLw. 224, mhe. ja. אָ/עָרוֹדָא, f. אָ/עָרוֹדְתָא: **Wildesel**, *asinus hemippus* Hi 39$_5$ (|| פֶּרֶא); cj. Jr 48$_6$ pr. כַּעֲרוֹעֵר prop. c. G כְּעָרוֹד, ꟳ I עֲרוֹעֵר. †

עֶרְוָה, Sam. *irbå*, ערה, BL 459d; mhe., DSS (KQT 170), עֶרְוָה u. עֶרְיָה; ja. עֶרְיְתָא; sam. ערוה; akk. *ūru* (AHw. 1435a) Blösse, (weibl.) Scham, *mērênu/mērânu* (AHw. 645) Nacktheit; ar. ʿ*urjatun* Blösse: עֶרְוַת, עֶרְוָתְךָ/תֵךְ, עֶרְוָתְן, עֶרְוָתוֹ/תָהּ: — 1. **Blösse**, Schamgegend von Mann u. Frau: c. כִּסָּה, גִּלָּה, רָאָה: Gn 9$_{22f}$ Ex 20$_{26}$ 28$_{42}$ (בְּשַׂר עֶ׳), Lv 18$_{6-19}$ (24 ×), 20$_{11.17-21}$ Ez 16$_{8.36f}$ 22$_{10}$ 23$_{10.18.29}$ Js 47$_3$, cj. Ez 16$_{57}$ pr. רָעָתֵךְ prop. nach vs. 37 עֶרְוָתֵךְ, Hos 2$_{11}$ Kl 1$_8$; Fluchformel לְבָשְׁתֵּךְ וּלְבֹשֶׁת עֶרְוַת אִמֶּךָ 1S 20$_{30}$: dir selber und dem Schoss deiner Mutter zur Schande; עֶרְוַת דָּבָר: a) etwas Unschickliches, Unziemliches Dt 23$_{15}$; b) etwas Missfälliges (an einer Frau) Dt 24$_1$, s. A. Phillips Ancient Israel's Criminal Law, 1970, 112 u. VT 23, 1973, 355; — 2. metaph. עֶרְוַת הָאָרֶץ die blossen, unverteidigten Stellen des Landes Gn 42$_{9.12}$, עֶ׳ מִצְרָיִם Js 20$_4$. †

עָרוֹם u. 4× עָרֹם: ערה od. III *ערם; sek. (?) Nf. zu עֵ(י)רֹם (s. dort zur sprachl. Ableitung); Sam. ʿ*ārom*, pl. ʿ*ārēməm*; mhe., DSS (KQT 170): עֲרוּמִים, עֲרֻמָּה (BL 558c, Bgstr. 1, 45e, R. Meyer Gr. § 11, 7): im Zustand ganzer od. teilweiser Nacktheit (Hönig 56[1], Mow. NTT 1948, 11f, BHH 1277): — 1. ganz **nackt**: Gn 2$_{25}$, bei d. Geburt Hi 1$_{21}$ Koh 5$_{14}$, in שְׁאוֹל Hi 26$_6$, in prophet. Verzückung 1S 19$_{24}$; als Folge der zur Bestrafung Entkleideten Hos 2$_5$; — 2. **leicht** (nur in Unterkleidern) **angezogen** Js 20$_{2-4}$, (s. Wildbg. BK X 756), 58$_7$ Mi 1$_8$ Hi 22$_6$ 24$_{6f.10}$ (sg. bei pl. GK § 118 o), 4Q 166 II 12 (DJD V S. 32); vom Beherzten, der (unter Zurücklassung der Rüstung) flieht Am 2$_{16}$ (cf. Maag 185). †

עָרוּם: II ערם, BL 471u; mhe.: עֲרוּמִים: — 1. **listig**: נָחָשׁ Gn 3$_1$ (G φρόνιμος, Mt 10$_{16}$), Hi 5$_{12}$ 15$_5$; — 2. **klug** (:: אֱוִיל, כְּסִיל, פֶּתִי) Pr 12$_{16.23}$ (Bühlmann Vom rechten Reden und Schweigen, Göttingen 1976, 232f: schlau), 13$_{16}$ (pr. כָּל־ l כֹּל), 14$_{8.15.18}$ 22$_3$ 27$_{12}$. †

I **עֲרוֹעֵר**: כְּעַ׳ בַּמִּדְבָּר Jr 48$_6$ cf. 17$_6$: כְּעַרְעָר

בְּעֲרָבָה, ? עֲרוֹעֵר Nf. zu עַרְעָר (s. RSP I S. 434 Nr. 92): **Wachholder**: in diesem Fall bedarf es keiner cj., auch nicht wenn עֲ' n. l. = II עֲ' sein sollte (TOB 984[f]); mögliche cj. sind: a) כְּעָרוֹד nach G ὥσπερ ὄνος ἄγριος; b) כְּעַרְעָר nach A (ὡς) μυρίκη (Duhm KHC XI, 1901, 346 u. Kuschke Fschr. Rudolph 185. 186[d] :: Rudolph Jer.[3] 274). †

II עֲרוֹעֵר: n. l. „Wachholdergebüsch" ꟻ עַרְעָר; Sam. Vers. ʿårʿår; im AT Name von 4 verschiedenen Orten, Abel 2, 250, BHH 131, Wildbg. BK X 635, Wüst Untersuchungen I 170ff: — 1. in Moab am Arnon (mo. Meša 26), *Ch. ʿarāʿir*, s. דִּיבוֹן, GTT § 920, Glueck I 49f, Noth AbLAk 1, 417f u. ZDPV 82, 1966, 259; Kuschke Fschr. Hertzberg 91, Wildbg. l. c. 644f: Nu 32_{34} Dt 2_{36} 3_{12} 4_{48} Jos 12_{2} $13_{9.16}$ Ri 11_{26} (pr. עַרְעוֹר l עֲרֹעֵר, BHS), 2S 24_{5} 2K 10_{33} Jr 48_{19} 1C 5_{8}; — 2. in Gad bei/gegenüber (עַל־פְּנֵי) Rabbat Ammon (GTT § 595 u. S 120, Noth Jos. 81) Jos 13_{25} Ri 11_{33}; — 3. in Juda, sö. von Beerseba 1S 30_{28} (pr. עֲרֹעֵר prop. עַרְעָרָה, nach Jos 15_{22}: l עַרְעָרָה pr. עַדְעָדָה Noth Jos. 88. 93) = *Ch. ʿarʿara*, cf. Abel l. c., GTT § 723, Stoebe KAT VIII/1, 509; [— 4. im Gebiet von Damaskus Js 17_{2}, txt. inc. pr. עֲזֻבוֹת עָרֵי עֲרֹעֵר prop. עֲזֻבוֹת עָרֶיהָ עֲדֵי עַד :: Wildbg. BK X 634. 635 bleibt b. MT, 17_{2} eine Glosse, die zu Js 15f, bes. 15_{9} gehört]. †

*עָרוּץ, MSS edd. עֲרוּץ, etym. inc.; ar. *ʿa/irḍ* Wand, *ʿurḍ* Seite einer Schlucht: cs. עֲרוּץ: **Hang** (Schwarzenbach 26), עֲ' נְחָלִים Hi 30_{6}. †

עָרוֹת Js 19_{7}: ꟻ *עָרָה.

עֵרִי, Sam. Vers. c. ד Gn 46_{16} *iddi*, Nu 26_{16} c. art. *ēddi*, G Ηδις, Josph. Ἀήρης (NFJ 5), Nu 26_{16} G (S) Αδδι: n. m. Bedtg. ungewiss, Möglichkeiten: a) zu II עור „wachsam" (Noth N. 228); b) zu עיר als Nf. zum PN ꟻ עֵר + hypokorist. Endg. -*i* (Stamm ThZ 35, 1979, 9); c) wegen Αδδι zu עדד, עוֹדֵד; am wahrscheinlichsten wohl b): Gadit Gn 46_{16} Nu 26_{16} auch gntl. †

עֶרְיָה: ערה, GK § 84a, c; mhe., DSS pl. עריות (KQT 170), ja. עֶרְיְתָא, ꟻ עֶרְוָה: **Blösse, Nacktheit**; עֵ(י)רֹם וְעֶרְיָה nackt und bloss (עֵר' abstr. pr. concr.) Ez $16_{7.22.39}$ 23_{29}; — Mi 1_{11} txt. inc. MT עֶרְיָה־בֹשֶׁת: **Entblössung**, (die) Schande (ist), d. i. in schmählicher Entbl. (GB); beschämt und nackt (TOB); cj. entweder מֵעִירָהּ לֹא יָצְאָה (Vuilleumier CAT XIb 21[6]) od. עִירָהּ לֹא תֵשֵׁב (Rudolph KAT XIII/3, 35); cj. Hab 3_{9} pr. עֶרְיָה תֵעוֹר prop. עָרֹה תְעָרֶה, ꟻ ערה pi. 1a. †

*עֲרִיסָה: ערס, BL 471r; Sam. Nu 15_{20} *ʿārissūtīkimma*; mhe. ערס pi. einrühren, sbst. עַרְסָן Brei aus Gerstengrütze, sy. *ʾarsānā* Gerstengraupen: עֲרִסֹתֵכֶם (BL 252r), עֲרִסוֹתֵיכֶם, עֲרִיסֹתֵינוּ: eine Opfergabe, die aus Schrotmehl od. Brotteig besteht, zu letzterem cf. G zu Nu 15_{20f}: φύραμα AuS 3, 271; 4, 52. 58; Eissfeldt Erstlinge u. Zehnten, 1917, 61-63; Rudolph EN 178, Noth ATD 7, 102; Zimmerli BK XIII 1121f. 1139: Nu 15_{20f} Ez 44_{30} Neh 10_{38}. †

*עֲרִיפִים: Js 5_{30} עֲרִיפֶיהָ (das sf. zu לָאָרֶץ ? oder l עֲרִיפִים :: בַּעֲרִיפֶיהָ BHS); Etym. u. Bedtg. unsicher; Möglichkeiten: a) zu I ערף, BL 470n: Geträufel (Lex.[1], Reymond 33); b) zu he. ꟻ עֲרָפֶל, akk. *erpetu* u. ug. *ʿrpt* ꟻ II *עֲרָבָה: Gewölk (RSP I S. 304 Nr. 447, Wildbg. BK X 207; s. GB). †

עָרִיץ: ערץ, **ʿarrīṣ*, BL 479 o, R. Meyer Gr. § 38, 6: mhe., DSS Gegner d. Qumran Gemeinde (Stegemann RQ N° 14, 1963, 259[138]); ug. Beiwort des *ʿAṯtr ʿrẓ* furchtbar (UT nr. 1919, Aistl. 2103, RAAM 138 :: Gray LoC[2] 66 u. 169 u. Craigie ZAW 85, 1973, 223f: der Leuchtende, zu ar. *ʿariṣa* blitzen, aufflammen, cf. Lane 1, 2001); sy. ʿrīṣā notwendig, ʿrāṣā Bedrückung: עָרִיצִים; — 1. adj. a) **gewaltig**, **mächtig** (יְהוָה) כְּגִבּוֹר עָרִיץ Jr 20_{11}; b) **gewalttätig**: α) sg. c. רָשָׁע Ps 37_{35} (cj. pr. עָרִיץ prop. c. G עַלִּיץ :: Ridderbos BZAW 117, 1972, 276^{10}: MT; β) pl. c. גּוֹיִם Js 25_3, עָרִיצֵי גוֹיִם die gewaltätigsten der Völker Ez 28_7 30_{11} 31_{12} 32_{12}; — 2. sbst. **Gewalthaber**, **Tyrann**: a) sg. Js 29_{20} 49_{25}, cj. $_{24}$ (pr. צַדִּיק), Hi 15_{20} (|| רָשָׁע), cj. Js 11_4 u. Pr 28_2 (pr. אֶרֶץ); b) pl. Js 13_{11} 25_{4f} 29_5 Jr 15_{21} (|| רָעִים), Ps 54_5 86_{14} (|| זֵדִים), Hi 6_{23} (|| צָר), 27_{13} (|| אָדָם רָשָׁע), Pr. 11_{16}. †

עֲרִירִי: ערר, BL 501x, zur Wortbildung cf. Alt KlSchr. 1, 293^1; Sam. *ērīri*; mhe. GnAp. 22, 33: ערטלי = עַרְטִלַּי nackt; Sam. (BCh. LOT 2, 547) u. sam. Targ.: עֲרִירִים **kinderlos** Gn 15_2 Lv 20_{20f} Jr 22_{30} (:: Maarsingh De Prediking van het Oude Testament, Leviticus 1974, 180f: wegen 1C 3_{17} עֲ׳ = entwürdigt; ähnl. Fitzmyer $GnAp^2$ 183: entblösst, beraubt; doch ist die übliche Wiedergabe beizubehalten, s. Rudolph $Jer.^3$ 143), Sir 16_3. †

ערך: mhe. Krieg führen, DSS (KQT 170); mhe. עֲרִיכָה nom. actionis, ja. עָרֵיךְ pt. qal: formend; ug. *ʿrk lb* (KTU 1. 114, 29) s. de Moor UF 1, 1969, 169 u. 174, u. UF 2, 1970, 319: ordnen v. Fleischstücken im Kochtopf :: Dietrich-Loretz-Sanmartín UF 7, 1975, 110: bereite ein Herz; *ʿrkm* (UT nr. 1920a, KTU 1, 105, 4): Sinn ungewiss; Vorschläge: a) Gebäude, Tempel (Gordon, Supplement to UT 554, Dahood Biblica 50, 1969, 355; b) Brote, die vor der Gottheit aufgereiht sind (Cazelles VT 19, 1969, 504; de Moor UF 2, 1970, 319); c) abs. pt. sg., +*m*: der Krieger (RSP II S. 142 Nr. 3 A), Ug V 1968, 590 *ʿrkm* = *hommes de guerre*; asin. *ʿrk* (Albr. PrSinI 43); ph. (DISO 221), ja. sy. herrichten, formen; ar. *ʿaraka* reiben, *ʿarika* stark im Kampf sein;

qal: pf. עָרַךְ, עָרְכָה, עָרַכְתָּ/תִּי, עָרְכוּ; impf. (וַ)(יַּ)יַ/תַּעֲרֹךְ־, אֶעֱרָךְ, אֶעֶרְכָה, וַיַּעַרְכוּ, נַעֲרֹךְ; sf. יַעַרְכֶנּוּ/נָּה, יַעַרְכֶהָ, יַעַרְכוּנִי; imp. עֶרְכָה, עִרְכוּ; inf. עֲרֹךְ, עָרֹךְ; pt. pl. עֹרְכִים, cs. עֹרְכֵי, pass. עָרוּךְ u. עֱרוּךְ (BL 539i), f. עֲרוּכָה, pl. עֲרֻכוֹת (Labuschagne 28f. 57): — 1. **in Schichten/Reihen legen**, **stellen**: Scheiter Gn 22_9 Lv 1_7 1K 18_{33}, Fleischstücke für d. Brandopfer Lv $1_{8.12}$, Flachsstengel Jos 2_6, Altäre Nu 23_4 (Sam. pi. *ʿarrikti*); עָרַךְ עֵרֶךְ in Schichten legen Ex $40_{4.23}$; — 2. a) **zurüsten**, **in Ordnung bringen** (für die Schaubrottische) לְבֹנָה u. לֶחֶם Lv 24_8, שֻׁלְחָן Js 21_5 65_{11} Ez 23_{41} Ps 23_5 78_{19} Pr 9_2, מָאוֹר Ex 27_{21} Lv 24_3, עֹלָה 6_5, נֵר Ps 132_{17}, נֵרוֹת Lv 24_4, cj. Js 30_{33} (pr. תָּפְתֶּה prop. תָּפְתֹּה ꟻ II תֹּפֶת); ellipt. Ps 5_4 (+ עֹלָה o. ä., s. Kraus BK XV^5 176 :: Seeligmann HeWf 278: beten, cf. 1Q H IV 24, Mansoor 127); b) **bereitstellen** מָגֵן וְצִנָּה Jr 46_3, צִנָּה וָרֹמַח 1C 12_9; (בְּרִית) עֲרוּכָה בַכֹּל וּשְׁמֻרָה in allem wohl geordnet u. bewahrt 2S 23_5 (Kutsch BZAW 131, 1973, 3); — 3. tt. עָ׳ מִלְחָמָה (1Q M II 9 Krieg führen) **d. Schlachtordnung aufstellen**, zum Kampf antreten Gn 14_8 Ri $20_{20.22}$ 1S $17_{2.8}$ 2S 10_8 1C $12_{34.36f}$ $19_{9.17}$ 2C 13_3 14_9, (ohne מִלְחָמָה) gegen c. אֶל Ri 20_{30}, c. לְ Jr 50_9, Hi 36_{19} (? ins. לוֹ), c. לִקְרַאת 1S 4_2 2S $10_{9f.17}$ 1C $19_{10f.17}$, c. עַל Jr 50_{14}, c. acc. antreten gegen Hi 6_4 (Horst BK XVI/1, 92 :: cj. יַעַרְכוּנִי, so u. a. Hölscher HAT 17^2, 20, Fohrer KAT XVI 160; doch ist wohl MT beizubehalten, so auch TOB; Dhorme Job 70, Pope Job 50 :: Driver VTSu 3, 1955, 73: II ערך abreiben, abnützen zu ar. *ʿaraka*, s. BHS); abs. Ri $20_{22b.33}$ 1S 17_{21}; עָרוּךְ לַמִּלְחָמָה zum Kampf aufgestellt Jr 6_{23} 50_{42}; עֱרוּךְ מִלְחָמָה Jl 2_5 (Wolff BK XIV/2, 54: in Schlachtordnung anrückend); עֹרְכֵי מִ׳ kampfgerüstet 1C $12_{34.36}$; — 4. **gegenüberstellen** Js 40_{18} 44_7, > vergleichen Ps 40_6, cj. Kl 2_{13} pr. אֲעִידֵךְ l c. V אֶעֱרֹךְ,

gegenüberstehen, gleich sein Ps 89$_{7}$ (|| דמה), Hi 28$_{17.19}$; — 5. gerichtlicher tt.: עָ׳ מִשְׁפָּט e. Rechtsfall vorbringen (Begr. Dtj 42, Seeligmann HeWf 266f :: Liedke WMANT 39, 1971, 91: Urteilsvorschlag „zum Kampf aufstellen", cf. Horst BK XVI/1, 202) Hi 13$_{18}$ 23$_{4}$, ellipt. Ps 50$_{21}$; ebenso עָ׳ מִלִּין Worte vorbringen Hi 32$_{14}$ (|| הֵשִׁיב), ellipt. 33$_{5}$ (|| הֵשִׁיב), 37$_{19}$ (|| אמר). †

hif: pf. הֶעֱרִיךְ, sf. הֶעֱרִיכוֹ; impf. יַעֲרִיךְ, יַעֲרִיכֶנּוּ: **gegenüberstellen, einschätzen** (cf. qal 4; Speiser OrBiSt 135ff. 141f): Lv 27$_{8.12.14}$ 2K 23$_{35}$. †

Der. עֵרֶךְ, מַעֲרָךְ, מַעֲרָכָה, מַעֲרֶכֶת.

עֵרֶךְ: ערך, BL 460g; Sam. *ʿårǻk*; mhe. Ordnung, Schätzung: עֶרְכְּךָ/כֵּךְ, עֶרְכִּי, עֶרְכּוֹ, עֶרְכָּה: — 1. a) **Schicht, Reihe**: עֵ׳ לֶחֶם Schicht von Schaubroten Ex 40$_{23}$; b) **Ausstattung, Ausrüstung** עֵ׳ בְּגָדִים Ausstattung mit Kleidern Ri 17$_{10}$; עֶרְכּוֹ seine Ausstattung, d. h. die entsprechende Herrichtung des Schaubrot-Tisches Ex 40$_{4}$; עֶרְכּוֹ seine (des Krokodils) Ausrüstung Hi 41$_{4}$ (s. Fohrer KAT XVI 525. 527, cf. ZüBi :: u. a. Hölscher HAT 17^{2}, 96: cj. אֵין עֵרֶךְ ohnegleichen); — 2. Akt u. Ergebnis d. Schätzung, s. mhe., **Schätzungswert**: a) α) אִישׁ כְּעֶרְכּוֹ jeder wie hoch er eingeschätzt ist 2K 23$_{35}$, cj. 12$_{5}$ pr. עוֹבֵר אִישׁ כֶּסֶף נַפְשׁוֹת עֶרְכּוֹ prop. עֵרֶךְ אִישׁ כְּעֶרְכּוֹ (Gray Kings³ 584ª, cf. BHS): die Einschätzung eines jeden Mannes gemäss seiner Einschätzung; β) אֱנוֹשׁ כְּעֶרְכִּי ein Mensch meinesgleichen Ps 55$_{14}$ (ZüBi); b) in P עֵ׳ = Schätzungswert d. i. die Geldsumme, „die nach den üblichen Massstäben die Arbeitsleistung eines Menschen aufwiegt" (Elliger Lev. 386f, Noth ATD 6, 36f. 178ff, Speiser OrBiSt 123ff), עֶרְכְּךָ Lv 5$_{15.18.25}$ 27$_{2-17}$ (21 ×), Nu 18$_{16}$, das sf. ist erstarrt, sodass d. Artikel (הָעֶרְכְּךָ Lv 27$_{23}$) od. e. gen. (הַכֹּהֵן durch den Priester 27$_{12}$) zutreten kann, עַל־עֶרְכְּךָ zur Schätzung hinzu 27$_{13}$, כֶּסֶף עֶרְכְּךָ der Schätzungsbetrag 27$_{15.19}$, כסף הערכים Schätzungsgeld 4Q 159 II 6; — cj. Hi 28$_{13}$ pr. עֶרְכָּהּ prop. c. G דַּרְכָּהּ den Weg zu ihr (der Weisheit) :: Labuschagne 28⁴ mit MT: ihren Gegenwert, TOB (:: Dahood, Biblica 50, 1969, 355: II *עֵרֶךְ = Gebäude, Haus, s. ug. bei ערך). †

ערל: denom. v. עָרְלָה u. עָרֵל, ar. *ġarila* unbeschnitten sein, adj. *ʾaġralu* u. *ʾarġalu* unbeschnitten:

qal: pf. עֲרַלְתֶּם (Sam. *wāreltimma*): als „Vorhaut" stehen lassen, **nicht abernten** Lv 19$_{23}$, s. Elliger Lev. 249. 260f, Noth ATD 6, 123. qal inf. 1Q H II 18 בערול שפה. †

nif: imp. הֵעָרֵל Hab 2$_{16}$ **die Vorhaut zeigen** (Rudolph KAT XIII/3, 218. 221 und TOB mit MT :: cj. הֵרָעֵל taumeln c. G V S, 1Qp Hab, s. Elliger HK 56, Segert ArchOr 22, 1954, 455f, cf. BHS).†

עָרֵל, Sam. *ʿārəl*: > ערל, עָרְלָה; mhe., DSS (KQT 170); sy. *ʿurlā*: cs. עֲרַל u. עֶרֶל Ez 44$_{9}$ (BL 552p, q), עֲרֵלָה, עֲרֵלִים, עַרְלֵי: — 1. mit Vorhaut versehen, **unbeschnitten** (de Vaux Inst. 1, 78ff = Lebensordnungen 1, 86ff): עָרֵל זָכָר Gn 17$_{14}$, כָּל־עָרֵל (vom Passah ausgeschlossen) Ex 12$_{48}$; עֲרֵלִים die jungen Israeliten in der Wüste Jos 5$_{7}$, die Philister Ri 14$_{3}$ 15$_{18}$ 1S 14$_{6}$ 31$_{4}$ 2S 1$_{20}$ 1C 10$_{4}$; sg. 1S 17$_{26.36}$; d. Angehörige eines nicht näher bezeichneten Volkes עָרֵל וְטָמֵא Js 52$_{1}$, עֶרֶל בָּשָׂר (|| בֶּן־נֵכָר) Ez 44$_{9}$, עַרְלֵי בָשָׂר (בְּנֵי נֵכָר) 44$_{7}$; cj. Jr 9$_{25b}$ pr. עֲרֵלִים prop. הָאֵלֶּה, so wegen d. Aufzählung beschnittener Völker in $_{25a}$ (Rudolph Jer.³ 69f); — 2. metaph: a) עֶרֶל/עַרְלֵי לֵב Ez 44$_{7.9}$ u. לְבָבָם הֶעָרֵל Lv 26$_{41}$ = unfähig zum Kontakt mit Gott (BHH 224f); b) **ungeübt** u. **ungeschickt** im Reden עֲרַל שְׂפָתַיִם Ex 6$_{12.30}$ (cf. qal ערל, 1Q H II 18), im Hören (עֲרֵלָה אָזְנָם) Jr

6$_{10}$; c) von Bäumen, deren Früchte (עָרְלָה, ↗ ערל qal) noch nicht zum Essen erlaubt sind Lv 19$_{23}$; — 3. spez. in Ez: עֲרֵלִים Ez 28$_{10}$ 31$_{18}$ 32$_{19-32}$ (9 ×) Bewohner d. Totenwelt (s. Lods CRAIBL 1943, 271-283; Eissfledt KlSchr. 3, 1-8; Zimmerli BK XIII 785f), cj. Ez 32$_{27}$ pr. מֵעֲרֵלִים l c. G מֵעוֹלָם.

עָרְלָה: > ערל, Sam. *ʿārillå*: BL 461j; mhe., DSS (KQT 161), ja. עָרְלְתָא, sam. (BCh. LOT 2, 548), sy. *ʿurlā* u. *ʿurlūṯ*; ar. *ġurlat* u. *ruġlat*; akk. *urullu* meist pl. f. (AHw. 1436b) Vorhaut; äg. *qrnt* (EG 5, 60; Widengren Fschr. Pedersen 383; Albr. Voc. 45: *qu-ur-na-ta*); G ἀκροβυστία, V *praeputium*: עָרְלַת, עָרְלָתוֹ, עָרְלָתָם, pl. עֲרָלוֹת (BL 604g), עָרְלוֹת, עָרְלוֹתֵיהֶם: **Vorhaut** am Männlichen Glied (BHH 223): a) Gn 34$_{14}$ Ex 4$_{25}$ Jr 9$_{24}$; = d. ganze Glied (Ilias 22, 74f) 1S 18$_{25.27}$ 2S 3$_{14}$; Abschneiden der ganzen Genitalien (s. Liebrecht, Zur Volkskunde, 1879, 94ff; Widengren l. c. 377ff); בְּשַׂר עָרְלָה Gn 17$_{11.14.23-25}$ Lv 12$_{3}$; b) metaph. (↗ עָרֵל 2): עָרְלַת לֵבָב Dt 10$_{16}$ Jr 4$_{4}$ (1Qp Hab XI 13 עורלת לבו); c) die עָ׳ eines Fruchtbaumes = seine Frucht (פִּרְיוֹ) Lv 19$_{23}$; d) n. l. גִּבְעַת הָעֲרָלוֹת Jos 5$_{3}$ (Gradwohl VT 26, 1976, 235-40), ↗ גִּבְעָה B 7. †

I **ערם**: mhe. anhäufen, sy. (Wasser) sich ansammeln; ar. *ʿarama* II aufhäufen, aufschichten (wohl denom. zu *ʿaramat*, ↗ עֲרֵמָה):

nif: pf. נֶעֶרְמוּ: (Wasser) **sich sammeln**, stauen Ex 15$_{8}$. †

Der. עֲרֵמָה.

II **ערם**: mhe. hif; ja. sy. af. hinterlistig sein; cp. sam. (BCh. LOT 2, 544), sy. *ʿrīm* listig; ar. *ʿaruma* böswillig sein:

qal: impf. יַעְרִם (GK § 63n, BL 296b); inf. sf. עָרְמָם, עָרוֹם (Pedersen Feschr. Mowinckel 166): **klug sein/werden** Pr 15$_{5}$ 19$_{25}$ Hi 5$_{13}$ Sir 6$_{32}$; **schlau sein** 1S 23$_{22}$ (:: al. hif: eine List im Schilde führen ZüBi, cf. Halbe VT 25, 1975, 625[72]. †

hif: impf. יַעֲרִימוּ: c. סוֹד eine listige Besprechung abhalten Ps 83$_{4}$.

Der. עָרְמָה, עָרוּם.

III ***ערם**: ↗ עָרוֹם, עֵירֹם.

עֵרֹם: ↗ עֵירוֹם.

עָרְמָה, Sam. c. בְּ *båråmå*; ja. sam. בערמו (BCh. LOT 2, 544) u. בעריםו (Targ. Ex 21$_{14}$): II ערם, BL 461j: mhe. DSS (cf. Nötscher Term. 61, KQT 170); Klugheit, die sich a) *in bonam* und b) *in malam partem* auswirken kann (Zimmerli ZAW 51, 1933, 183): a) **Klugheit** Pr 1$_{4}$ 8$_{5.12}$, cj. 14$_{24}$ pr. עָרְמָה l עָשְׁרָם vel עָרְמָתָם (:: Reider VT 2, 1952, 125, Gemser Spr.[2] 66. 112); b) **Hinterlist**, **Tücke** (Halbe VT 25, 1975, 625) Ex 21$_{14}$ Jos 9$_{4}$. †

עֲרֵמָה: I ערם, BL 465i; mhe., ja. עֲרֵימְתָא, עורמתא, pl. עורמן; ug. *ġrmn* (KTU 1. 3 II 11: Aistl. 2172, Gray LoC[2] 41[5]; Dietrich-Loretz UF 4, 1972, 30; TOML 159[1] :: de Moor AOAT 16, 1971, 90f; sy. *ʿramtā*; ar. *ʿaramat* (Frae. 135): עֲרֵמַת, עֲרֵמוֹת (auch cs., BL 597g, Joüon § 30g), עֲרֵמִים, zum pl. s. Michel Grundl. heSy. 1, 41f: — 1 a) **Getreidehaufen** Jr 50$_{26}$ Hg 2$_{16}$ Rt 3$_{7}$ HL 7$_{3}$ Neh 13$_{15}$; b) **Haufen**, Stapeln v. Früchten 2C 31$_{6-9}$, s. Rudolph Chr. 304. 307; vs. 6 עֲרֵמוֹת עֲרֵמוֹת Haufen neben Haufen GK § 123c; — 2. c. עָפָר Schutthaufen Neh 3$_{34}$. †

עַרְמוֹן: Sam. c. ו *warmon*: etym. inc. ? Primärnomen oder zu ar. *ʿrm* sich abschaben (Fleisch v. Knochen, Rinde v. Baum), *ʿurām* Rinde (Ges. Thes. 1071, cf. GB) :: Lex.[1]: zu I ערה: pl. עַרְמֹנִים: **Platane** (Vrss.), *Platanus orientalis*, bei der der Abfall d. Rinde allerdings strittig ist (Löw 3, 65ff, AuS 1, 102, BHH 1477): Gn 30$_{37}$ Ez 31$_{8}$ Sir 24$_{14}$ G S. †

עֵרָן: n. m. und gntl. עֵרָנִי, Sam. Vers. עדן u. עדני, *ēdən*, c. art. *ēdni*, S *ʿdān*/*ʿdn*, G

Εδεν/Εδενι, V *Heran*; Erklärung fraglich, Möglichkeiten: a) nach MT u. V zu ↗ עיר u. PN ↗ II עֵר + hypokorist. Endg. *-ān* (Noth N. 38), cf. ↗ עֵרִי); b) wegen Sam. S, G l עֵדֶן u. bzw. עֶדְנִי (cf. Noth N. 254a, Lex.[1]) = PN ↗ עֵדֶן „Wonne" (Noth N. 223), cf. ug. *ʿdn* (n. m. UT nr. 1825, Aistl. 2012: Ephraimit Nu 26_{36}. †

עַרְעוֹר: n. l. Ri 11_{26} l ↗ II עֲרוֹעֵר 1.

I **עַרְעָר**: ערר, BL 482i: Ps 102_{18} coll. entblösst, nackt, so mit A Σ, Hier: *vacui*, s. Seybold BWANT 99, 1973, 139^9: bezeichnet ... den bis auf das Sackgewand entblössten Büsser (:: G ταπεινοί, V *humiles*, S *meskenē*). †

II **עַרְעָר** Jr 17_6, DSS 1QH VIII 24: e. Baum od. Strauch, trad. Tamariske (BHH 1930); G V T Tamariske (μυρίκη); ug. *ʿrʿr* (UT Suppl. § 19. 1783 u. § 19. 1923a; RSP I S. 304 Nr. 446, S. 434 Nr. 92, II S. 311 Nr. 82, cf. UF 2, 1970, 326^{131}, UF 7, 1975, 124; Tsevat UF 11, 1979, 758f. 763. 765: Tamariske ?); sy. ערעורא *resina tamariscis*, ערא *tamarix* (LS 544); ar. *ʿarʿar* Wachholder, danach wohl auch עַרְעָר **Wachholder** *Juniperus oxycedrus* u. *Juniperus phoenicea* (Löw 3, 37, cf. Lex.[1]). †

cj. **עַרְעָדָה**: n. l. Jos 15_{22} prop. pr. עַרְעָדָה Ruinenhügel *Bir ʿArʿara* im *Wadi ʿArʿara* (Noth Jos. 93); 1S 30_{28} prop. pr. עֲרֹעֵר, ↗ II עֲרוֹעֵר 3.

עֲרֹעֵרִי: 1C 11_{44}, gntl. v. II עֲרוֹעֵר 3 (?). †

I **ערף**: > mhe. מערף ענן Geträufel der Wolken Sir 43_{22}; dazu ? akk. *erpetu* Wolke u. das wohl denom. vb. *erēpu* sich umwölken (AHw. 238a, CAD E [IV] 279); ug. adj. *ʿrp* (KTU 4. 721, 2: *lbšm ʿrpm*), UF 7, 1975, 165: *ʿrp* bezeichnet einen dunkeln schwarzen Farbton:

qal: impf. יַעֲרֹף: **triefen** Dt 32_2 33_{28}. † Der. עֲרָפֶל.

II **ערף**: denom. v. עֹרֶף (Leslau 41); ar. *ʿrp* die Mähne schneiden;

qal: pf. עָרְפוּ, sf. עֲרַפְתּוֹ; impf. יַעֲרֹף; pt. עֲרוּפָה, עֹרֵף (Hier. Christ, Blutvergiessen im Alten Testament. Diss. theol. Basel 1977. Bd. XII d. Theol. Dissertationen 184^{380}): d. Genick (eines Tieres) brechen Ex 13_{13} 34_{20} Dt $21_{4.6}$ Js 66_3; metaph. für d. Zerstören der Altäre (|| שֹׁדֵד) Hos 10_2. †

עֹרֶף, Sam. *ʿåråf*: > II ערף; mhe., DSS (KQT 161) ja. עָרְפָּא Nacken, sy. *ʿurpā* Hahnenkamm, ar. *ʿurfat* Mähne, Schopf: עֹרֶף Ps 18_{17} Sec. ορφ (Brönno 149), עָרְפִּי/פְּךָ/פּוֹ/פְּכֶם/פָּם: **Schopfgegend**, **Nacken** Gn 49_8 Js 48_4 Hi 16_{12}; eines Vogels Lv 5_8; הָפַךְ עֹרֶף c. לִפְנֵי jmd. den Rücken zuwenden Jos 7_8; פָּנָה עֹרֶף c. לִפְנֵי jmd. den Rücken zeigen 7_{12}, = c. אֶל Jr 2_{27} 32_{33}; הִפְנָה עֹרֶף den Rücken wenden Jr 48_{39}; הֶרְאָה עֹרֶף Jr 18_{17} (pr. אֶרְאֵם l אַרְ׳) u. נָתַן עֹרֶף 2C 29_6 den Rücken zeigen; נָתַן אֹתוֹ עֹרֶף אֶל macht, dass er den Rücken zeigen muss vor Ex 23_{27}, jmd. den Rücken kehren lassen c. לְ 2S 22_{41}/Ps 18_{41}; c. קָשֶׁה steif Dt 31_{27}, קְשֵׁה עֹרֶף steifnackig, widerspenstig Ex 32_9 $33_{3.5}$ 34_9 Dt $9_{6.13}$; הִקְשָׁה עֹרֶף den Nacken steifen, widerspenstig sein Dt 10_{16} 2K 17_{14} Jr 7_{26} 17_{23} 19_{15} Pr 29_1 Neh $9_{16f.29}$ 2C 30_8 36_{13}; ↗ עָרְפָּה. †

עָרְפָּה, G, Josph. Ὀρφᾶ (NFJ 93): n. f. Rt $1_{4.14}$ Bedtg. unsicher: Möglichkeiten s. Stamm HFN 334f: a) künstlich gebildet zu עֹרֶף: die Hartnäckige, Widerspenstige, b) zu ar. *ʿurfat* „Mähne": die mit reichem Haar Geschmückte, c) zu ar. *ʿarf(at)* „Duft": die Duftende, d) עָ׳ = ↗ עָפְרָה: Gazellenjunges; davon ist b) wohl am wahrscheinlichsten, aber auch a) ist nicht auszuschliessen; s. auch v. Zyl 185, Loader Fschr. v. Selms 103f, der b) bevorzugt. †

עֲרָפֶל, Sam. *ʿarfəl*: etym. inc.: a) I ערף + לְ, BL 503i; b) Grdf. *ġrpl* **ġfl*, zu ar. *ġfr* bedecken (LS 549b; Ruž. 105. 135f), ug. *ġrpl* dunkle Wolke (KTU 1. 107, 9. 19; UT nr. 1989a, Eissfeldt. NKT 47, Dahood Biblica 50, 1969, 356, Görg UF 6, 1974, 57); mhe., ja. ערפ(י)לא = עַרְפְלָא/עַרְפִּלָּא; sam. *ʿarfillå* (BCh. LOT III/2, 54); cp. sy. *ʿarpellā*, denom. *ʿarpel* einhüllen (LS 549b); md. (MdD 38b); ar. *arfal* > *ʿaffal* (Reymond 13f, Noth Kge. 182): — 1. **Wolkendunkel** :: אוֹר u. || צַלְמָוֶת Jr 13$_{16}$, || חֹשֶׁךְ Js 60$_{2}$, וַעֲרָפֶל Dt 4$_{11}$ Ez 34$_{12}$ Jl 2$_{2}$ Zef 1$_{15}$ Ps 97$_{2}$; — 2. עֲ׳ Gottes Umhüllung Ex 20$_{21}$ Dt 4$_{11}$ 5$_{22}$ 2S 22$_{10}$/Ps 18$_{10}$ 1K 8$_{12}$/2C 6$_{1}$ Ps 97$_{2}$ Hi 22$_{13}$ 38$_{9}$. †

ערץ: etym. inc.: a) ug. *ʿrẓ* ↗ עָרִיץ, mhe. qal DSS (KQT 170), hif. jmd. als furchtbar preisen; ar. *ʿariṣa* erregt sein; b) ar. *ʿaraḍa* plötzlich zustossen, ja. ארץ–ערע, sy. *ʾēraʿ* begegnen, sy. *ʿrṣ* zustossen, cf. Becker AnBibl 25, 1965, 11; äga. לערקה entgegen (DISO 222):

qal: impf. אֶעֱרוֹץ, תַּעֲרוֹצִי, תַּעֲר(וֹ)ץ, תַּעַרְצוּ(ן); inf. עֲרֹץ: — 1. intr. **erschrecken, sich fürchten** Dt 1$_{29}$ (מִן), 7$_{21}$ 20$_{3}$ (מִפְּנֵי), Dt 1$_{29}$ 31$_{6}$ (|| יָרֵא), Jos 1$_{9}$ (|| חתת), Hi 31$_{34}$ c. acc.; — 2. tr. **schrecken** Js 2$_{19.21}$ (al. intr. sbj. הָאָרֶץ); verscheuchen Js 47$_{12}$ Hi 13$_{25}$; — 3. zu 1 od. 2 gehört Ps 10$_{18}$ (s. TOB); zu 1: schrecken (Dahood Psalms I 61, GB); zu 2: ערץ > עָרִיץ: tyrannisieren, Gewalt üben (Gkl. Ps. 40, Kraus BK XV^{5} 216). †

nif: pt. נַעֲרָץ (BL 348k): **gefürchtet** Ps 89$_{8}$. †

hif: impf. יַעֲרִיצוּ; pt. מַעֲרִצְכֶם Js 8$_{13}$ ↗ qal 1: — 1. tr. a) **schrecken** Js 8$_{13}$ מַעֲרִצְכֶם der euch erschreckt :: cj. c. V מַעֲרַצְכֶם, ↗ *מַעֲרָץ (Wildbg. BK X 334. 335); b) **fürchten** Js 29$_{23}$ (|| הִקְדִּישׁ), oder zu 2; — 2. intr. **erschrecken, sich fürchten** vor c. acc. (BL 294b, Bgstr. 2, 102d) Js 8$_{12}$ 29$_{23}$ ↗ 1 b. †

Der. עָרִיץ, *מַעֲרָץ, מַעֲרָצָה.

ערק: sy. ar. *ʿrq* nagen; äga ? (DISO 222); zu ug. *ʿrq* (UT nr. 1925, Aistl. 2104) s. Dietrich-Loretz-Sanmartín UF 5, 1973, 107: sbst.:

qal: pt. הָעֹרְקִים (BL 263g), עֹרְקַי: **abnagen**, Hi 30$_{17}$ die an mir nagen = meine Schmerzen :: c. G τὰ νεῦρα, cf. ar. *ʿirq* Sehne; c. צִיָּה Hi 30$_{3}$ txt. inc. a) bildl: die abnagen die Dürre (Budde GHK II/1^{2} 178. 179, TOB; b) ins. עִקְּרֵי (Fohrer KAT XVI 413; c) nach ja. sy. cp. md. (MdD 38b); aam. קרק (DISO 266); ar. *ʿrq*: sie fliehen in die Wüste, so c. G T; a) u. b) scheinen möglich, c) unwahrscheinlich. †

עַרְקִי, Sam.Vers. ערוקי *ʿārūqi*, G, Josph. Ἀρουκαῖος (NFJ 17): cf. ? n. m. ערק (KAI Nr. 41, 3); n. p. keilschr. *Arqā*, *Irqata* (EA, RLA1, 153), gr. Ἄρκη, ar. *ʿirqā*, nw. Tripolis = *T. ʿArqa* (Dussaud Top. 80f, I. Lévy MélSyr. 539ff, Westermann BK I/1 697): Gn 10$_{17}$ 1C 1$_{15}$. †

ערר: Nf. v. ערה; aam. (DISO 222, KAI Nr. 222 A 41, s. Degen Altaram. Gr. § 58):

qal: imp. pl. f. עֹרָה (BL 305g. 425: ערה; Bgstr. 2, § 27e): **sich entblössen** Js 32$_{11}$, ↗ ערה qal. †

po: pf. od. imp. עֹרְרוּ: **blosslegen** (Paläste), **schleifen** Js 23$_{13}$ (txt. inc.). †

pilp. (BL 282 o, R. Meyer Gr. § 79, 4b): inf. abs. עַרְעֵר (GK § 113w) **schleifen** c. ↗ hitpal. Jr 51$_{58}$. †

hitpal: impf. תִּתְעַרְעָר: c. ↗ pilp. **geschleift werden** (Mauern) Jr 51$_{58}$. †

cj. **hof**: pt. מְעָר **zerstört**, prop. pr. מֵעִיר Js 25$_{2b}$ (Emerton ZAW 89, 1977, 70-73). †

Der. עֲרִירִי, I עַרְעָר.

עֶרֶשׂ, Sam. *ʿārəš*; mhe. DSS (KQT 170) עֶרֶשׂ Bett u. (s. Dalman Wb. 323b) עֲרִיסָה Kinderbett, Wiege, Trog; ug. *ʿrš* (UT nr. 1927, Aistl. 2105, RSP I S. 156

Nr. 134); akk. *eršu* (AHw. 246b, Salonen Möbel 110. 123ff, cf. ANEP 140, Mittmann ZDPV 92, 1976, 158, 161); ja. cp. sy. עַרְסָא, sam. (BCh. LOT 2, 513), md. *arsa* (MdD 38a); ar. *ʿa/ʿurš* u. *ʿariš* Thron, > äth. *ʿarīš* (Nöldeke NB 51f): עֶרֶשׂ, עָֽרֶשׂ, sf. עַרְשִׂי/שׂוֹ; pl. sf. עַרְשׂוֹתָם, ערשים* 4Q 184, 1, 5; fem. (s. Michel Grundl. heSy. 1, 76, sy. md.); Hi 7_{13} HL 1_{16} (BRL[1] 108-10, BRL[2] 229f, AuS 7, 185ff, BHH 235): **Bettgestell**, **Ruhelager**: Dt 3_{11} (ↁ עוֹג, BRL[1] 135), Am 3_{12} (ↁ דְּמֶשֶׁק :: Mittmann l. c. 155f: prop. בְּדַבֶּשֶׁת עָֽרֶשׂ „auf dem Sitzpolster d. Bettes"), Am 6_4 Ps 6_7 41_4 132_3 (ↁ יְצוּעִים), Pr 7_{16} Hi 7_{13} HL 1_{16} (aus Laubzweigen), cj. עַרְשׂוֹת מִשְׁכָּב 2S 17_{28} „Schlafunterlagen" (AuS 7, 186; ins. c. G עַרְשׂוֹת ante מִשְׁכָּב). †

עֵשֶׂב, Sam. *ēšəb*; √ akk. *ešēbu* üppig wachsen (AHw. 253b): mhe. ba. עִשְׂבָּא, sam. (BCh. LOT 2, 541), palm. *ʿšb* (DISO 222), ja. עִשְׂ/סְבָא, cp. sy. *ʿesbā*; ar. *ʿušb*; akk. *išbabtu* (AHw. 392a) Gras: Rüthy 29ff: sg. sf. עֶשְׂבָּם (BL 567g), pl. עִשְׂבוֹת (dag. dir. Bgstr. 1, § 10 v.w., BL 212k. 582u): **Kraut**, **Kräuter**; ar. *ʿešeb* Regenflora, nicht perennierende Pflanzen (Musil Rwala 17f): — 1. a) עֵ׳ שָׂדֶה 2K 19_{26} Js 37_{27}, עֵ׳ הַשָּׂדֶה Gn 2$_5$ ↁ d; b) עֵשֶׂב Tierfutter Gn 1_{30} (יֶרֶק עֵ׳), Dt 11_{15} Js 42_{15} Jr 14_6 Ps 106_{20}; pl. עִשְׂבוֹת הָרִים Pr 27_{25}; c) Speise für Menschen, Gemüse (AuS 1, 340ff) u. Getreidepflanzen (AuS 1, 335; 2, 305): עֵ׳ שָׂדֶה Gn 3_{18} Ex $9_{22.25}$ $10_{12.15c}$ Jr 12_4, עֵ׳ בַּשָּׂדֶה Zch 10_1, עֵ׳ הָאָרֶץ Ex 10_{15a} Am 7_2 Hi 5_{25}; עֵשֶׂב לַעֲבֹדַת הָאָדָם Ps 104_{14} et ins. c. G Ps 147_8 s. BHS; d) עֵשֶׂב allg. für Mensch u. Tier Gn 2$_5$ 9_3 Dt 29_{22} 32_2 Mi 5_6 Ps 105_{35}; e) gelehrter Terminus עֵ׳ מַזְרִיעַ זֶרַע Gn 1_{11f} u. עֵ׳ זֹרֵעַ זֶרַע 1_{29}; — 2. metaph.: עֵ׳ Bild für Vergänglichkeit Ps $102_{5.12}$, für reiches Wachstum Ps 72_{16} 92_8; טַל עַל־עֵשֶׂב Pr 19_{12}. †

I **עשה** (2627 ×), mhe., DSS (KQT 170f. u. THAT II 369); ug. *ʿšj* (UT nr. 1929a; Delekat UF 4, 1972, 23 § 29; Dijkstra-de Moor UF 7, 1975, 176f. 184); ? ph. in n. pr. (PNPhPI 385, Lidzb. Krug 19), mo. u. ihe. (DISO 222); asa. *ʿsj* (Conti 210b, Müller 79); etym. inc. ? zu ar. *ġšj* pressen, kneten, Palache 57f, Driver Fschr. Robinson 53f: mhe. עִשָּׂה, ja. עסא pi/pa, ↁ II עשה, semant. cf. יצר:

qal (2527 ×): pf. עָשָׂה, עָֽשְׂתָה, עָשָׂתָה u. עָשָׂה Lv 25_{21} (BL 410u), עָשִׂית, עָשִׂתָ, עָשִׂתִי, עָשׂוּ, עֲשִׂיתֶם/תֶן Rt 1_8 (־תֶם 2. f. pl. Michel Grundl. heSy. 1, 86), עָשִׂינוּ, sf. עֲשִׂיתָהּ, עֲשִׂיתָנִי, עָשָׂתְנִי, עָשָׂנוּ, עָֽשְׂךָ, עָשָׂנִי, עֲשִׂיתָם, עֲשִׂיתִיהוּ/תִיו, עֲשִׂתִינִי (l עֲשִׂיתִים Ez 29_3), עָשׂוּהוּ, עָשׂוּנִי; impf. (Abweichendes s. BL 425): יַעֲשֶׂה, יַעַשׂ, וַיַּעַשׂ (1Q Js[a] 54 וישה, R. Meyer Gr. § 22, 3 e), תַּעֲשֶׂה, (תַּעֲשֵׂה Jos 7_9 2S 13_{12} u. תַּעֲשֶׂ Jr 40_{16}, K תַּעַשׂ), וַתַּעַשׂ, אֶעֱשֶׂה, תַּעֲשִׂי, תַּעֲשִׂין Rt 3_4 (BL 409i), וָאַעַשׂ, יַעֲשׂוּ(ן), תַּעֲשֶׂינָה, נַעֲשֶׂה (וְנַעֲשֵׂה Jos 9_{24}); sf. תַּעֲשֶׂנּוּ, יַעֲשֶׂנָּה, תַּ/יַעֲשֶׂהָ, יַעֲשֵׂהוּ, נַעֲשֶׂנָּה, יַעֲשׂוּהָ, יַעֲשׂוּנִי, אֶעֱשֶׂנָּה, אֶעֶשְׂךָ, יַעֲשֵׂם; imp. עֲשֵׂה, עֲשׂוּ, עֲשִׂי, עֲשׂוּ; inf. עֲשׂוֹת, עֲשֵׂה, sf. עֲשׂ(וֹ)תְכֶם/תָם, עֲשׂוֹתִי/תְךָ/תֵךְ/תוֹ/תָהּ; (עֲשֹׂהוּ Ex 18_{18} ungewöhnl. f. עֲשׂוֹתוֹ); עָשׂוֹ, עָשֹׂה; pt. עֹ(וֹ)שֶׂה, cs. עֹ(וֹ)שֵׂה, f. עֹשָׂה, pl. עֹשִׂים, עֹשֵׂי, עֹשֵׂה Esr 3_9 1C 23_{24}, עֹשׂ(וֹ)ת; sf. עֹשֵׂנִי/נוּ, עֹשָׂי, עֹשֶׂךָ, עֹשַׂיִךְ, עֹשָׂיו, עֹשֵׂהוּ, עֹשָׂהּ, עֹשֶׂיהָ, עֹשֵׂיהֶם, zu den sf. pl. bei dem vb. ל״ה für den sg. s. GK § 93ss und § 124k; pass. עָשׂוּי > עָשׂוּ Hi 41_{25} (u. cj. 40_{19} pr. הָעֹשׂוֹ BL 251g :: BHS: MT = pt. mit sf. 3. p. sg.), עֲשׂ/שׂוּיָה, עֲשׂוּיִם, עֲשׂוּוֹת (Q ־יוֹת, GK § 75v, cf. Sam. Vers. Nu 28_6 auch העשו(א)ה = *ʿāšuwwā́*): semantisch cf. aram. עבד, akk. *epēšu*; — THAT II 359-70: — 1. a) **machen**, **anfertigen** Gn 3_{21} 8_6 1S 8_{12} 2K 12_{12}; e. Gott, Götter ? אֱלֹהַי Ri 18_{24}, cj.$_{27}$ (אֱלֹהִים (אֲחֵרִים 1K 14_9 2K 17_{29}, cf. $_{30f}$; עֲצַבִּים Hos 8_4, מַסֵּכָה 13_2, צְלָמִים* Ez 7_{20} 16_{17}; b) **anlegen** (גַּן) Am 9_{14}, בְּרֵכָה עֲשׂוּיָה künstlicher

Teich Neh 3$_{16}$; עָ׳ סְפָרִים Bücher schreiben, machen :: de Boer, A Tribute to Arthur Voöbus, Chicago 1977, 85-88: viel mit Büchern arbeiten Koh 12$_{12}$ :: Bücher erwerben, ↗ עשׂה 6; c) **ausführen**, veranstalten מִשְׁתֶּה 1K 3$_{15}$; — 2. **anbringen** c. עַל Ex 39$_{24}$, c. אֶל Ez 41$_{19}$, c. לְ 41$_{25}$, c. בֵּין 41$_{18}$, c. מִתַּחַת 46$_{23}$; — 3. **machen zu**: a) לְאֵל Js 44$_{17}$, לַבַּעַל Hos 2$_{10}$; c. acc. Ex 30$_{25}$ 2K 3$_{16}$ Hos 8$_4$ HL 3$_{10}$ (כֶּסֶף = silbern); b) **machen aus**: c. acc. rei u. acc. materiae Ex 37$_{24}$ 38$_3$, c. בְּ 1C 18$_8$; — 4. (von Gott) **erschaffen**, cf. W. H. Schmidt WMANT 17[2], 1967, 166 (tt. בָּרָא, ↗ יצר u. קנה): a) Himmel u. Erde Gn 2$_4$ 2K 19$_{15}$/Js 37$_{16}$, 66$_{22}$ Jr 32$_{17}$; עֹשֵׂה שָׁמַיִם וָאָרֶץ Ps 115$_{15}$ 121$_2$ 124$_8$ 134$_3$ 146$_6$, cf. Js 44$_{24}$ 45$_7$ (Wildbg. Fschr. Zimmerli 524f. 528); b) Teile/Bereiche von Himmel u. Erde: Gestirne Ps 104$_{19}$ 136$_{7-9}$, Meer Ps 95$_5$, Meer u. Festland Jon 1$_9$, den (festlichen) Tag Ps 118$_{24}$; c) Mensch: α) coll. Js 17$_7$ Hi 4$_{17}$ Pr 14$_{31}$ 17$_5$; Jr 27$_5$: Erde, Mensch, Tier, cf. Hi 41$_{25}$; β) Israel Hos 8$_{14}$ Ps 95$_6$; γ) Einzelne u. den Einzelnen: d. Armen Pr 14$_{31}$ 17$_5$ u. d. Reichen 22$_2$; עֹשֵׂנִי mein Schöpfer Hi 32$_{22}$, cf. nomina pr. (Noth N. 172) אֶלְעָשָׂה, עֲשָׂיָה(וּ), עֲשָׂהאֵל u. äga. ביתל עשני (Starcky Syr. 37, 1960 S. 100 B 1, u. S. 104); עֹשָׂי mein Erschaffer Hi 35$_{10}$ (cf. Michel Grundl. heSy. 1, 89), עֹשֵׂהוּ sein Erschaffer Js 17$_7$ 27$_{11}$ Hi 4$_{17}$; neutr. עֹשֶׂיהָ der es machte Js 22$_{11}$, cf. 37$_{26}$; Gott machte Mose u. Aaron 1S 12$_6$, s. Stoebe KAT VIII/1, 233; — 5. **bewirken, tun**: a) מוֹפֵת Ex 11$_{10}$, אוֹת Dt 34$_{11}$, מַעֲשִׂים 11$_3$; בָּנָה בַ׳ = עָ׳ בַּיִת ↗ בַּיִת A 4 c, W. H. Schmidt BK II 6 (ad Ex 1$_{21}$); c. אֲשֶׁר Ez 36$_{27}$, c. שֶׁ Koh 3$_{14}$; b) hervorbringen: Speise Hab 3$_{17}$, חָלָב Js 7$_{22}$, קֶמַח Hos 8$_7$, פִּימָה (Schmer) ansetzen Hi 15$_{27}$, (Frucht) tragen Gn 1$_{11f}$, (Zweige) treiben Hi 14$_9$; metaph. hervorbringen Js 19$_{15}$ (Wildbg. BK X 724); c) vollbringen, abs. 1S 26$_{25}$ Ps 22$_{32}$ Da 8$_{24}$ (|| הִצְלִיחַ); — 6. **erwerben**: a) חַיִל Macht, mächtige Taten Nu 24$_{18}$ Dt 8$_{17f}$ 1S 14$_{48}$ s. Stoebe KAT VIII/1, 275; Reichtum Ez 28$_4$; חַיִל Macht durch eine grosse Familie Rt 4$_{11}$ (Parker JBL 95, 1976, 23[2]), כָּבוֹד Gn 31$_1$, נֶפֶשׁ (Leute, Sklaven) Gn 12$_5$; שָׁרִים וְשָׁרוֹת Koh 2$_8$, רֶכֶב 1K 1$_5$, פְּעֻלָּה Lohn Pr 11$_{18}$, (cj. שָׂכָר) עֹשֵׂי שֶׂכֶר Lohnarbeiter Js 19$_{10}$, מִקְנֶה וְקִנְיָן Viehbesitz Ez 38$_{12}$; b) **sich verschaffen**: כְּנָפַיִם Pr 23$_5$; jmdm. verschaffen צְחֹק Gn 21$_6$, זֹאת Jr 2$_{17}$, אֵלֶּה 4$_{18}$; עָ׳ שֵׁם c. לְ sich einen Namen machen, d. h. sich bekannt, berühmt machen Gn 11$_4$ Js 63$_{12}$ Jr 32$_{20}$ Da 9$_{15}$ Neh 9$_{10}$; c. לְ einem anderen e. N. machen Js 63$_{14}$; ohne לְ 2S 8$_{13}$ (txt. inc.); — 7. (**zu**)**bereiten**: a) Speisen Gn 18$_{7f}$ Ri 6$_{19}$ 13$_{15}$, Brot Ez 4$_9$, ein Gastmahl Gn 19$_3$ 21$_8$; b) Opfer **zurichten** u. **vollziehen** (Widengren SKgt 90, Merendino BBB 31, 1969, 39) Ex 10$_{25}$ (לַי׳), Ex 29$_{36}$ u. ö. bis Nu 29$_2$ Dt 12$_{27}$ Ri 13$_{16}$ 1K 8$_{64}$ 18$_{23.25}$ 2K 5$_{17}$ 10$_{24f}$ Ez 43$_{27}$ 45$_{17.23}$ 46$_{2.12}$ Esr 3$_4$ 2C 7$_7$, ellipt. Ez 45$_{25}$ 46$_{13b}$; c. לְ Dienst tun bei (Priester bei den בָּמוֹת) 2K 17$_{32}$; c) **zurechtmachen, pflegen**: den Bart 1S 19$_{25}$, Füsse u. Bart (cj. ? und Hände, s. BHK) 2S 19$_{25}$, die Nägel (= beschneiden) Dt 21$_{12}$ (Gressm. Fschr. Budde 67f); — 8. a) „**machen**" in weitestem Sinn: c. שָׁלוֹם Frieden machen mit Js 27$_5$, cf. akk. *salīma epēšu* (AHw. 226b. 1015b); c. מִלְחָמָה Krieg führen Gn 14$_2$ Jos 11$_{18}$ 1K 12$_{21}$ Pr 20$_{18}$ 24$_6$ etc. (s. Welten WMANT 42, 1973, 88[53]); c. עֹשֶׁק Gewalt Ez 22$_7$ (cj. pr. עָשׂוּ prop. עָשְׁקוּ, s. Zimmerli BK XIII 503); c. חֵפֶץ e. Wunsch erfüllen 1K 5$_{22f}$, ↗ חֵפֶץ 2, cf. akk. *ṣibūta(m) epēšu* (AHw. 1099b); c. pl. חֲפָצֶיךָ Js 58$_{13}$ Geschäfte treiben s. Brongers ZAW 87, 1975, 213; c. נִפְלָאוֹת Wunderbares, wunderbare Taten (v.

Gott), ↗ פלא Jos 3_5 Jr 21_2 Ps 40_6 72_{18} 136_4 Hi 5_9; c. מְלוּכָה 1K 21_7, ↗ מְ׳; b) עָ׳ יָמִים Tage verbringen Koh 6_{12}; c. שִׂמְחָה (nochmals) e. Freudenfest feiern 2C 30_{23} (einige MSS בְּשׂ׳, dann „feiern"); — 9. **ausführen** (cf. akk. *awāta/amāta epēšu*, AHw. 225b): a) (THAT II 362) Satzung, Gebot (תּוֹרָה, מִצְוָה, פִּקּוּדִים, מִשְׁפָּט, חֹק) Lv 20_{22} Dt 15_5 Ps 111_8 2C 14_3, Verbotenes Lv $4_{13.22.27}$; נִפְלָאוֹת ↗ 8a; מַעֲשֶׂה Gn 20_9, דְּבָרִים Js 42_{16}, מַאֲמָר Est 1_{15}, עֵצָה Js 30_1, מְזִמּוֹת Ps 37_7, abs. 1S 26_{25} cf. Ps 22_{32}; b) in kult. Zushg. נֶדֶר erfüllen, vollziehen an c. לְ Ri 11_{39}; פֶּסַח begehen Ex 12_{48}; שַׁבָּת halten 31_{16}; — 10. forensisch: a) die Beschuldigungsformel מֶה הַדָּבָר הַזֶּה עָשִׂיתָ לָּנוּ Ri 8_1 u. ähnl. 2S 12_{11} Neh 13_{17}; kurz: מֶה עָשִׂיתָ Gn 4_{10}, מַה־זֹּאת עָשִׂינוּ Ex 14_5 (Boecker 26ff); b) die Beschwichtigungsformel des Angeschuldigten מֶה־עָשִׂיתִי Ri 8_2 1S 26_{18} (Boecker 31ff); — 11. Arbeit tun: עָ׳ מְלָאכָה ↗ מְלָאכָה 2 u. 3; עֹשֵׂי הַמְּ׳ Ex 36_8 (Sam. c. בעש(א)י ב = *bå̊šāʾi*, nom. actionis, cf. BCh. LOT 5, 155), Werkleute, Arbeiter 2K 12_{15f} $22_{5.9}$ 2C $24_{12(cj).13}$ $34_{10.17}$; abs. **arbeiten** Gn 30_{30} Hag 2_4 (Rudolph KAT XIII/4, 40) Pr 21_{25}; c. אָנָה Rt 2_{19}: eigentl. „wohin (bist du gegangen) und hast gearbeitet" (Gerlem. BK XVIII 24) :: ↗ IV עשׂה; c. בְּ arbeiten an Neh $4_{10.15}$; עָ׳ בְּתוֹךְ hineinarbeiten (verweben in) Ex 39_3; tätig sein Pr 31_{13} Esr 10_4 1C 28_{10} 2C 19_7; sich zu schaffen machen 1K 20_{40} ↗ IV עשׂה (:: cj. prop. c. G שֹׁעֶה, c. S פֹּנֶה); c. בְּ beschäftigt sein mit Ex 5_9; — 12. **tun**, **handeln**: c. לְ an: freundlich Js 64_3; c. I u. II אֵת (BL 642 o): freundlich Jr 21_2 Ez 20_{44} Ps 109_{21}; strafend Ez 7_{27} 17_{17} ↗ III עשׂה, 22_{14} etc. (Zimmerli BK XIII 375), Zef 3_{19}; c. עִם u. טוֹבָה freundlich verfahren mit Ri 9_{16}; strafend, feindlich handeln an c. בְּ Jr 18_{23} Da 11_7 Neh 9_{24}; abs. handeln Pr 13_{16} ↗ III עשׂה; machen (= sich verhalten od. etwas ausrichten) Jr 12_5; eingreifen 1S 14_6 (c. לְ zugunsten von), abs. Gn 41_{34} Ps 119_{126}; — 13. c. acc. abstr. c. מִשְׁפָּט וּצְדָקָה 2S 8_{15}/1C 18_{14}, צְ׳ וּמ׳ Gn 18_{19} s. H. H. Schmid Gerechtigkeit als Weltordnung, 1968, 85, c. חֹנֶף ruchlos handeln Js 32_6, c. חָמָס 53_9, c. נְבָלָה Gn 34_7 2S 13_{12}, c. טוֹב Koh 7_{20}, c. חֶסֶד עִם Gn 24_{12}, c. חַיִּים Leben bewirken Hi 10_{12}, c. נָקָם אֶת Rache nehmen an Mi 5_{14}; — 14. **tun**, **antun**, cf. ug. *ʿšj* in KTU 1. 17 I 29 etc. s. Delekat UF 4, 1972, 23 § 29: c. לְ an Js 5_4, = c. בְּ Est 6_6, c. לְ antun Gn 20_9, tun für 31_{43}, c. אֵת an Ez 22_{14}; Schwurformel כֹּה יַעֲשֶׂה־לְּךָ אֱלֹהִים 1S 3_{17} 2S 3_{35} (Hillers Treaty Curses and the OT, Rom 1964; Schottroff WMANT 30, 1969, 161; Lehmann ZAW 81, 1969, 80-82); c. 2 לְ für jemand tun hinsichtlich Ri 21_7; c. בְּעֹשֶׁק unter Anwendung von Gewalt Ez 22_7, cf. בְּחֵמָה 23_{25}, בְּשִׂנְאָה 23_{29}, בְּאַף וּבְחֵמָה Mi 5_{14}; — 15. עָ׳ טוֹב es sich wohl sein lassen (εὖ πράττειν) Koh 3_{12} (THAT II 362); — 16. Ex 32_{35} pr. עָשׂוּ prop. c. S (T) עָבְדוּ :: al. c. MT et dl (gl.) אֲשֶׁר עָשָׂה אַהֲרֹן; 1S 14_{32} Q וַיַּעַט ↗ עיט 2, K וַיַּעַשׂ ↗ IV עשׂה; 1K 6_{20b}[3] pr. וַיְצַף prop. וַיַּעַשׂ, s. BHS; Js 32_6 pr. יַעֲשֶׂה־אָוֶן prop. c. 1QJs[a] u. G חוֹשֵׁב אָ׳ (BHS); Ez 22_{29b} pr. עָשְׁקוּ l (cf. G et vs. 7) עָשׂוּ; Hi 23_9 pr. בַּעֲשֹׂתוֹ prop. c. S בִּקַּשְׁתִּי(ו) (BHS), ↗ IV עשׂה; 2C 4_{14} pr. 2 × עָשָׂה prop. c. 1K 7_{43} עֶשֶׂר u. עֲשָׂרָה.

nif. (99 ×): pf. נַעֲשָׂה, נֶעֶשְׂתָה/שָׂתָה, נַעֲשׂוּ; impf. יֵ/תֵּעָשֶׂה, (Ex 25_{31} mult. MSS תֵּיעָ׳ s. BL 425), תֵּעָשֶׂינָה, יֵעָשׂוּ, תֵּעָשׂ; inf. הֵעָשׂוֹת, sf. הֵעָשׂוֹתוֹ; pt. נַעֲשֶׂה, נַעֲשָׂה, נַעֲשִׂים, נַעֲשׂוֹת (THAT II 363f): — 1. **getan werden**: a) מַעֲשִׂים Gn 20_9, תּוֹעֵבָה verübt werden Dt 13_{15}, עֵצָה ausgeführt werden 2S 17_{23}, כֵּן derartiges Gn 29_{26} 34_7 2S 13_{12}, מְלָאכָה (Arbeit) Ex 12_{16}; vollendet werden (מְלָא׳) Neh $6_{9.16}$; מִצְוֹת befolgt werden Lv $4_{2.13.22.27}$

5_{17}; b) יֵעָשֶׂה לְ man tut ihm an, es geschieht mit ihm Ex 24 1S 11_7; לָהֶם es gibt damit zu tun Nu 4_{26}; כָּכָה יֵעָשֶׂה לְ so verfährt man mit Nu 15_{11}; יֵעָשֶׂה לִי es werde mir vergönnt Ri 11_{37}; יֵעָשֶׂה בָּהּ es geschieht ihr Est 2_{11} (MSS לָהּ pr. בָּהּ); gehandelt, getan werden Esr 10_3; — 2. **gemacht, angefertig, bereitet werden**: Speise Ex 12_{16} Neh 5_{18} (לִי auf meine Kosten), מְנֹרָה Ex 25_{31}, מִנְחָה Lv 2_{7f}, קָרְבָּן 6_{14}, מִזְבֵּחַ Ez 43_{18} etc., Jr 3_{16} אֲרוֹן: nicht mehr angefertigt werden (:: Cazelles VT 18, 1968, 157. 158: ausser Gebrauch kommen); פֶּסַח wird begangen 2K 23_{22f} 2C 35_{18f}; שָׁמַיִם ist gemacht = geschaffen Ps 33_6; Urteil פִּתְגָם wird vollstreckt (pr. נַעֲשָׂה l ־שֶׂה) Koh 8_{11}; יָמִים werden begangen Est 9_{28}; יֵעָשֶׂה לְ wird verwendet zu Lv 7_{24} Ez 15_5; יְקָר לְ jmdm. zuteil od. erwiesen werden Est 6_{3a}, c. עִם $_{3b}$.

pu. (? pass. qal): pf. עֻשֵּׂיתִי: **geschaffen werden** Ps 139_{15} ℱ II עשה pu. †

Der. מַעֲשֶׂה; n. m. יַעֲשִׂיאֵל, יַעֲשַׂי*, אֶלְעָשָׂה, עֲשָׂיָה, עֲשִׂיאֵל, עֲשָׂהאֵל, מַעֲשֵׂיָה(וּ), מַעֲשַׂי.

II עשה: mhe. עשׂ/סה pi. u. hif.; גֵּט מְעֻשֶּׂה (MiGit 9, 8) gezwungen; ja. pa. pressen, kneten; ? ug. *ʿšj* (TOML 430^{i} zu KTU 1. 17 VI 8: *jn ʿšy* ,,ausgepresster Wein'' :: Dijkstra-de Moor UF 7, 1975, 184: bereitgemachter Wein ℱ I עשה); ar. *ġšj*: [**qal**: inf. בַּעְשׂוֹת, Ⓑ בַּעֲ׳; Ez 23_{21}, l cf. $_8$ בַּעְשׂוֹת. †]

pi: pf. עִשּׂוּ: (Brüste) pressen Ez 23_8, vs.$_3$ pr. עִשּׂוּ l ? עָשׂוּ (|| מֹעֲבוּ). †

pu: pf. עֻשֵּׂיתִי Ps 139_{15} ℱ I עשה pu. :: Dahood Psalms III 284. 294: (versuchsweise) zu II עשה = ich wurde abgekniffen; cj. עָשׂוּ pr. עִשּׂוּ Ez 23_3 gepresst werden. †

III עשה: ar. *ġašija* bedecken, verhüllen:

qal: impf. יַעֲשֶׂה: **schützen, bedecken**: Ez 17_{17} (Barr CpPh 333 nr. 256), ℱ I עשה qal 12; Pr 13_{16}; 12_{23} יַעֲ׳ ersetzt durch כִּסָּה; darum ? עשה = כסה (Palache 58, Eitan 57f, Driver VT 4, 1954, 243; ℱ I עשה qal 12).

IV עשה: ar. *ġašāw/j* (Kopf VT 9, 1959, 270) kommen zu, sich wenden zu:

qal: pf. עָשִׂית; impf. וַיַּעַשׂ; inf. sf. בַּעֲשֹׂתוֹ; pt. עֹשֶׂה (pr. עֹשֶׂה s. GK § 116g-i): **sich wenden** zu 1S 14_{32} (K) ℱ I עשה qal 16, Rt 2_{19} ℱ I עשה qal 11; sich wenden (hierhin u. dorthin) 1K 20_{40} ℱ I עשה qal 11; Hi 23_9 בַּעֲשֹׂתוֹ: wenn er sich wendet; Eitan 56f, Driver Fschr. Robinson 53-55, Barr CpPh 246f. 333, Kopf VT 9, 1959, 270 (ℱ I עשה qal 16).

עֲשָׂהאֵל: n. m.; I עשה + אֵל, G Ασαηλ, Josph. Ἀσάηλος (NFJ 18); cf. אֶלְעָשָׂה, עֲשִׂיאֵל (u. עשיהו Vattioni sig. 27. 62. 109, עשי ibid. 243, עשיו ibid. 38): — 1. Bruder v. Joab 2S 2_{18-32} $3_{27.30}$ 23_{24} 1C 2_{16} 11_{26} 27_7; — 2. Vater eines Opponenten gegen Esra Esr 10_{15}; — 3. Levit z. Zeit d. Josaphat 2C 17_8; — 4. Levit z. Zeit d. Hiskia 2C 31_{13}. †

עֵשָׂו (95 ×), Sam. *īšåb*, G Ησαυ, Josph. Ἠσαῦς (NFJ 52); ? tam. עיסו (*ʿAysu*) (Ryckmans 1, 162b); nab. n. m. עסו (Eph. 2, 265 Ka.). [Zu Οὔσωος (Philo Bybl. I 10, 9) = עֵשָׂו s. GB :: Eissfeldt KlSchr. 2, 125: Οὔσωος < pl. n. l. *Ušu/Uzu*, u. RAAM 147^{346}]; etym. inc.; n. m. **Esau** (Th. Spiegel Fschr. L. Ginsberg 352f, Noth ÜgPt 105, BHH 437), = אֱדוֹם Gn 25_{30} $36_{1.8}$, אֲבִי אֱדוֹם $36_{9.43}$, בְּנֵי עֵשָׂו in שֵׂעִיר Dt $2_{4.12.22.29}$, אֵיד עֵ׳ Jr 49_8, הַר עֵ׳ Ob $_{8f.19.21}$, בֵּית עֵ׳ Ob $_{18}$; ℱ Gn $25_{25f.34}$ 26_{34} 27_{1-42} 28_{5-9} 32_{4-20} 33_{1-16} $35_{1.29}$ $36_{2.40}$ Dt $2_{5.8}$ Jos 24_4 Jr 49_{10} Ob $_6$ Mal 1_{2f} 1C 1_{34f}. †

עָשׂוֹר, Ex 12_3 עָשֹׂר, Sam. c. בְּ *bāšor*: עשר, BL 466n. 469f: mhe. DSS (KQT 171); äth. *ʿašūr* 10 Tage od. der 10. Tag (Dillm. 960, Gramm. § 159b): — 1. **Zehnzahl**: a) von Tagen Gn 24_{55}; b) נֵבֶל ℱ עָ׳ Harfe von

10 Saiten (Glaser ZS 8, 193ff, ANEP 203 u. S. 272) Ps 33_2 144_9 (1Q M 2 ×), עָ׳ || נֵבֶל Ps 92_4; — 2. Datenformel: בֶּעָשׂוֹר לַחֹדֶשׁ am 10. des Monats Ex 12_3 Lv 16_{29} 23_{27} 25_9 Nu 29_7 Jos 4_{19} 2K 25_1 Jr 52_4 Ez 20_1 24_1 40_1. †

עֲשִׂיאֵל: n. m.; I עשׂה + אֵל: he. Sgl. לעשי (N. Avigad ErIsr. 9, 1969, 4): Erkl. von עֲשִׂיאֵל unsicher, Möglichkeiten: 1) verk. aus Imperf. יַעֲשִׂי (mit aram. Endg. cf. GK § 75ii): a) Wunsch: „Gott möge handeln" ↗ I עשׂה qal 12 (Noth N. 206); b) Dank: „Gott hat (d. Kind) geschaffen" ↗ I עשׂה qal 4 b γ (Noth N. 172); 2) עֲשִׂי verk. aus עֲשׂוּי: Bezeichnungsname „Der von Gott Geschaffene": Simeonit 1C 4_{35}. †

עֲשָׂיָה: n. m.; I עשׂה + יָ׳; Dir. 353; עשיהו (Sgl.: Bordreuil-Lemaire Sem. 26, 1976, 48; Keel Visionen 103) „Jahwe hat (d. Kind) geschaffen" (Noth N. 172), ↗ עֲשִׂיאֵל u. מַעֲשֵׂיָה: — 1. עֶבֶד הַמֶּלֶךְ unter Josia 2K $22_{12.14}$, 2C 34_{20}; — 2. Simeonit 1C 4_{36}; — 3. Levit aus d. Sippe Merari 1C 6_{15} $15_{6.11}$; — 4. Judäer aus d. Geschlecht des Sela (l הַשֵּׁלָנִי pr. הַשִּׁילֹנִי) im nachexil. Jerusalem 1C 9_5 (Rudolph Chr. 83); Neh 11_5 = מַעֲשֵׂיָה. †

עֲשִׂירִי u. עֲשִׂרִי (4 ×): עֶשֶׂר, BL 628v.x; Sam. *ēšīri*, f. *ēšīrət*, *ēšīråt* Zehntel; akk. *ešrû* (AHw. 257f) Zehnter, Zehntel; VG 1, 491 γ: f. עֲשִׂירִית, עֲשִׂרִית u. עֲשִׂרִיָּה (BL 604b): — 1. **Zehnter**: Monat Gn 8_5 Jr 39_1 Ez 24_1 1C 27_{13}; בָּעֲ׳ im 10. Monat Gn 8_5 Ez 33_{21}; Tag Nu 7_{66} 1C 27_{13}; Jahr Jr 32_1 Ez 29_1; das 10. Stück (v. Rindern u. Schafen) Lv 27_{32}; Generation Dt 23_{3f}; der 10. in einer Reihe 1C 12_{14} 27_{13}, das 10. Los 24_{11} 25_{17}; — 2. Bruchzahl (BL 629a) (cf. עִשָּׂרוֹן) עֲשִׂ(י)רִ(י)ת u. עֲשִׂרִיָּה Zehntel Ex 16_{36} Lv 5_{11} 6_{13} Nu 5_{15} 28_5 Ez 45_{11} Js 6_{13}.

עשׂק: Sam. עשׂק u. עשׁק zusammengefallen. sam. Gn 26_{20} אתעשקו (BCh. LOT 2, 549); mhe. ja. sich beschäftigen mit, hitpa. u. itpa. sich streiten, sy. schwierig, beleidigt sein, md. (MdD 29b) sich mühen mit, cp. *ʿsīqā* (pe. pt. pass) = gr. ἀπαίδευτος (Schulthess Lex. 150a); ar. *ʿašiqa* in Liebe anhangen, asa. besorgen (Conti 213b):

hitp: pf. הִתְעַשְּׂקוּ c. עִם **sich streiten mit** Gn 26_{20} (|| רִיב). †

Der. עֵשֶׂק.

עֵשֶׂק, Sam. *ʿåšåq*, G Ἀδικία, Josph. Ἔσκον (NFJ 46): עשׂק; mhe. עֵסֶק (Sir. 4 × ס, 1 × שׂ), ja. עִסְקָא Geschäft, Beschäftigung, bei Sir. auch Mühe; sy. *ʿsāqā* Last; asa. *ʿšq* Arbeit (Conti 213b, Beeston JSS 22, 1977, 57); Name eines Brunnens, erklärt als „Zank" Gn 26_{20}. †

עשׂר: vb. denom. v. ↗ עֶשֶׂר etc.

qal: impf. יַעְשֹׂר: **mit dem Zehnten belegen** 1S $8_{15.17}$; pr. qal l ? pi. יְעַשֵּׂר, s. Stoebe KAT VIII/1, 186. †

pi. (mhe. ja. sy. cp.): impf. תְּעַשֵּׂר, אֲעַשְּׂרֶנּוּ; inf. עַשֵּׂר (לַעְשֵׂר (Sam. pi. *lāššår*)), Dt 26_{12} u. בַּעְשֵׂר Neh 10_{39}: typ. *qitil*, inf. qal, s. R. Meyer Gr. § 35, 6; anders: a) BL 228a, Lex.[1]: ungewöhnl. hif. - Formen (Sam. Gn 28_{22} hif. *ʿāššīrinnu*); b) Bgstr. 2, S. 82^m, Jenni 268f: Mf. von qal u. pi., prop. בַּ/לַעְשֵׂר od. (בְּ/לְעַשֵּׂר); pt. pl. מְעַשְּׂרִים: — 1. **verzehnten, den Zehnten entrichten** Gn 28_{22} Dt 14_{22} 26_{12} (Lex.[1] hif.); — 2. **den Zehnten erheben** Neh 10_{38f} (Rudolph EN 178). †

עֶשֶׂר (54 ×): Sam. *ʿåšår*; zusammen mit עֲשָׂרָה, עֶשְׂרֵה u. עָשָׂר ein primärer Zahlenbegriff, von dem d. vb. ↗ עשׂר abgeleitet ist :: GB: Grdb. v. עשׂר, ar. *ʿašara* „vereinigen, sammeln", cf. Lex.[1]; ug. *ʿšr*, ph. u. pun. עסר (Friedr.[2] § 46b u. 242), aam. äga. pehl. nab. palm. עשר (DISO 223): ס pehl (Frah. 29, 2); ba. עֲשַׂר, or. *ʿasar*, ja. שׂ u. ס, cp. sy. sam. md. (MdD 30a); ar. *ʿašr*, äth. *ʿašrū*; akk. *ešer* (AHw. 253b);

Grdf. ʿaśar; gemeinsem. s. Bgstr. Einführung in die semit. Sprachen 1928 [1963], 191, VG 1, 486f: עֶשֶׂר: **Gruppe von zehn**: עֶשֶׂר אֲתֹנֹת Gn 45_{23}, עֶ׳ עָרִים Jos 15_{57}, עֶ׳ מְנֹרוֹת 2C 4_{7}; Rundzahl עֶ׳ פְּעָמִים Neh 4_{6} cf. Brongers Fschr. Vriezen 30ff u. bes. 31; עֶ׳ בָּאַמָּה 10 Ellen 1K 6_{3}; ↗ vb. עֶשְׂרִים, עִשָּׂרוֹן, עֲשָׂרָה, עָשָׂר, עֲשִׂירִי, עֶשֶׂר; עֲשֶׂרֶת.

עָשָׂר (211 ×): Sam. ʿåšår; nur in Zusammensetzungen für 11-19 (BL 625m, Michel Grundl. heSy. 1, 31ff); mhe. DSS (KQT 171f); cf. עֶשְׂרֵה: **zehn**: אַחַד עָ׳ elf Gn 32_{23}, = עַשְׁתֵּי עָ׳ Nu 29_{20} elf, Dt 1_{3} u. 8 × elfter; שְׁנֵים עָ׳ zwölf Gn 35_{22} (81 ×), zwölfter 1K 19_{19} (13 ×); שְׁלֹשָׁה עָ׳ dreizehn Nu 29_{14}, dreizehnter Est 3_{12} (8 ×); אַרְבָּעָה עָ׳ vierzehn Gn 46_{22} (14 ×), vierzehnter Ex 12_{6} (18 ×); חֲמִשָּׁה עָ׳ fünfzehn Hos 3_{2}, fünfzehnter Ex 16_{1} (15 ×), חֲמֵשֶׁת עָ׳ fünfzehn Ri 8_{10} 2S 19_{18} †; שִׁשָּׁה עָ׳ sechzehn Ex 26_{25} (7 ×), sechzehnter 1C 24_{14}; שִׁבְעָה־עָ׳ siebzehn 1C 7_{11}, siebzehnter Gn 7_{11} (4 ×); שְׁמֹנָה/נַת עָ׳ achtzehn Ri 20_{44} (11 ×), achtzehnter 1C 24_{15} 25_{25} †; תִּשְׁעָה עָ׳ neunzehn 2S 2_{30} †, neunzehnter 1C 24_{16} 25_{26}; — 1K 22_{24} pr. K עָשָׂר l c. Q, Vrss. עָשָׂה.

עֶשְׂרֵה (135 ×), Sam. ʿåšårå, sam. (עסרה) עסרי (BCh. LOT 5, 232 § 5. 2. 1) u. ja.; mhe. DSS (KQT 172); cf. עֶשְׂרִים; ug. ʿšrh (UT nr. 1933, § 7, 20, Aistl. 2112) u. ʿšrt (UT nr. 1931, § 7, 18, Aistl. l. c.), cf. ph. ʿšrt, aram. ʿšrt u. ʿšrh (DISO 223); sy. ʿesrā, äth. ʿašartū, akk. ešeret (AHw. 253b): **zehn**: אַחַת עֶ׳ elf 2K 23_{36} (8 ×), elfter 1K 6_{38} 2K 9_{29}; עַשְׁתֵּי עֶ׳ elf Ex 26_{7} (5 ×); = elfter Jr 1_{3} (5 ×); שְׁתֵּים עֶ׳ zwölf Ex 24_{4} (32 ×), zwölfter 2K 8_{25} (7 ×); שְׁלֹשׁ עֶ׳ dreizehn 1K 7_{1} (10 ×), dreizehnter Gn 14_{4b} (3 ×); אַרְבַּע עֶ׳ vierzehn Gn 31_{41} (6 ×), vierzehnter 2K 18_{13} (4 ×); חֲמֵשׁ עֶ׳ fünfzehn 2K 14_{17} (10 ×), fünfzehnter 2K 14_{23} 2C 15_{10} †; שֵׁשׁ עֶ׳ sechzehn Gn 46_{18} (14 ×); שְׁבַע עֶ׳ siebzehn Gn 37_{2} (5 ×), siebzehnter 1K 22_{52} 2K 16_{1}; שְׁמֹנֶה עֶ׳ achtzehn Ri 3_{14} (7 ×), achtzehnter 1K 15_{1} (9 ×); תְּשַׁע עֶ׳ neunzehn Gn 11_{25} Jos 19_{38}, neunzehnter 2K 25_{8} Jr 52_{12}.

עֲשָׂרָה: Sam. ʿåšårå, mhe. DSS, 1 QM עשרה u. pl. עושרות s. Carmignac VT 5, 1955, 346; (KQT 172); akk. ešertu (AHw. 254a) Zehnergruppe; cs. ↗ עֲשֶׂרֶת, pl. עֲשָׂר(וֹ)ת:— 1. **Gruppe von zehn** Gn 18_{32} Am 5_{3} Hg 2_{16} Esr 8_{24} Neh 1_{11}; pl. שָׂרֵי עֲשָׂרוֹת Ex $18_{21.25}$ Dt 1_{15}; — 2. **zehn** עֲ׳ גְּמַלִּים Gn 24_{10}; עֲ׳ בָקָר 1K 5_{3}; פָּרִים עֲ׳ Gn 32_{16}; עֲ׳ [שֶׁקֶל] זָהָב Gn 24_{22} (10 ×).

עִשָּׂרוֹן, Sam. išron: עֶשֶׂר etc. (BL 537f); mhe., ja. עֶשְׂ/סְרוֹנָא: עֶשְׂרֹנִים: Zehntel (↗ עֲשִׂירִי) Ex 29_{40} Lv $14_{10.21}$ $23_{13.17}$ 24_{5} Nu $15_{4.6.9}$ 28_{9-29} 29_{3-15}. †

עֶשְׂרִים, Sam. ʿišrəm; BL 626r, R. Meyer Gr. § 59, 3 cf. Driver ZDMG 91, 350f, Rundgren Or. 11, 289: < urspr. du. *ʿaśrā, cf. akk. ešrā (AHw. 257b, v. Soden WZKM 58, 1962, 24ff; äth. ʿəśrā; ug. ʿšrm (UT nr. 1931, Gr. § 7, 31); pun. עסרם (auch ש); mhe. DSS (KQT 172), äga. palm. iam. עשרין (DISO 223), ja. עֶשְׂ/סְרִין, sam. cp. sy. md. (MdD 30a); ar. ʿa/išrūna, asa. ʿšrj du. (Höfner § 114, Conti 214a): — 1. **zwanzig**: עֶ׳ שָׁנָה Gn 31_{38}, עֶ׳ אִישׁ 1S 14_{14}, עֶ׳ אֲנָשִׁים 2S 3_{20}, עֶ׳ אֶלֶף 20000 1C 18_{4}, עֶ׳ בָּקָר 1K 5_{3}, תְּיָשִׁים עֶ׳ Gn 32_{15}, אַמּוֹת עֶ׳ 2C 3_{3}; höhere Zahlen ↗ Ri 10_{2} 1K 14_{20} Gn 11_{24} Ez 40_{21} Nu 7_{88} Jos 19_{30} 1K 9_{14} Esr 2_{32} Neh 7_{35} Nu 7_{86}; — 2. **zwanzigster** Nu 10_{11} 1K 15_{9}.

עֲשֶׂרֶת (50 ×); Sam. ʿåšåråt cs. zu עֲשָׂרָה, BL 625 l; mhe. DSS (KQT 172): **zehn**: עֲ׳ הַדְּבָרִים (d. Dekalog) Ex 34_{28} Dt 4_{13} 10_{4} cf. Stamm ThR 27, 1961, 196f, עֲ׳ [שֶׁקֶל] כֶּסֶף Ri 17_{10}, עֲ׳ אֲלָפִים Ri 1_{4}.

I **עָשׁ**: Primärnomen; mhe. DSS (KQT 172),

ja. sy. עָשָּׁא; ? ug. ʿṯ (Caquot-Masson Sem. 27, 1977, 18); ar. ʿaṯṯat, äth. ʿədē (Dillm. 1026); akk. ašāšu (AHw. 79b) Fischmotte: **Kleidermotte** (AuS 5, 7. 15f. 212; ThWbNT VII, 274-77; BHH 1245): — 1. zerstörend Js 50_9 51_8 Hi 13_{28} Sir 42_{13} (Sir[M] IV24 dafür סס, G σής; — 2. Bild der Hinfälligkeit Ps 39_{12} (Seybold BWANT 99, 1973, 129[4]), Hi 4_{19}; — Hi 27_{18} pr. כָּעָשׁ prop. c. G S כָּעַכָּבִישׁ (BHS) :: Barr CpPh 333 nr. 259: עָשׁ = ar. ʿuššun Vogelnest, s. GB u. Lex.[1]. †

II עָשׁ: ƒ עשש: ar. ġatta mager sein/werden, II Eiter ausscheiden; ġaṯīṯ mager, Eiter (Wehr 596b): **Eiter** Hos 5_{12} (Driver Fschr. Robinson 66f, Rudolph KAT XIII/1, 123f, Wolff BK XIV/1[2], 134, Barr CpPh S. 243f. 333 Nr. 258). †

III עָשׁ: Hi 9_9 = עַיִשׁ 38_{22}, **Sternbild des Löwen**. †

עָשׁוֹק: עשק, BL 470k, sy. ʿāšōqā (LS 552b, cf. Nöldeke SGr. § 107; Dalm. Gr. § 27, 5): **Bedrücker** Jr 22_3 (G S T עָשְׁקוֹ wie 21_{12}, sic l ? s. Rudolph Jer.[3] 140); cj. Hi 35_9 pr. ƒ עֲשׁוּקִים l עָשׁוֹקִים. †

עֲשׁוּקִים: עשק, BL 472x-z; pltt; DSS ? (KQT 172); **Bedrückung** Koh 4_{1a} :: $_{1b}$ עֲשֻׁקִים Bedrückte ƒ עשק; Am 3_9 עֲ׳ entweder c. G S: Bedrückung, od. c. T V: die Bedrückten (s. Rudolph KAT XIII/2, 159 u. Wolff BK XIV/2, 229. 231f); Hi 35_9 pr. עֲשׁוּקִים prop. c. Vrss. עֹשְׁקִים vel עָשׁוֹקִים.†

עָשׁוֹת: etym. inc., BL 466n: **bearbeitet** (Eisen), G εἰργασμένος, V *fabrefactum* Ez 27_{19}. †

עַשְׁוָת, G[BA] Ασειθ, G[L] Ασσουαθ; Var. m. שׂ: n. m. Noth N. 228: ,,blind'' nach ar. ʿašā oder zu ar. ʿašwatun ,,Mangel an Klugheit'': Asserit 1C 7_{33}. †

עָשִׁיר, Sam. ʿaššər, c. art. ʿāššər: I עשר, BL 470n; mhe., ja. sam. sy. cp. עַתִּיר, md. (MdD 188a): עֲשִׁירִם, עֲשִׁירֵי, עֲשִׁירֶיהָ: — 1. **begütert, reich**, :: דַּל Ex 30_{15} Pr 10_{15} 22_{16} 28_{11}, Rt 3_{10}; :: אֶבְיוֹן Ps 49_3; :: רָ(א)שׁ 2S $12_{1f.4}$ Pr 14_{20} 18_{23} $22_{2.7}$ 28_6; :: עֶבֶד Koh 5_{11}; — 2. **der Reiche** (als Typus) Jr 9_{22} Pr 18_{11} Koh 10_6, als Reicher/reich Hi 27_{19}; || מֶלֶךְ Koh 10_{20}; עֲשִׁירֶיהָ einer Stadt Mi 6_{12}; עֲשִׁירֵי עָם Ps 45_{13}; — Js 53_9 MT אֶת־עָשִׁיר s. Boyd Barrick VT 25, 1975, 580-88: עָ׳ coll. sg.: 1Q Js[a] עם עשיר(ים), cf. G T pl; cj. prop. אֶת־עֹשֵׂי רַע s. Elliger Fschr. Ziegler 2, 141-43 :: Albright VTSu. 4, 1956, 145f: אֶת־שְׂעִירִים; :: Driver BZAW 103, 1968, 95: עָ׳ = ar. ġutrun ,,Pöbel'', cf. Reider VT 2, 1952, 118. †

עשׁן: mhe. pi. (be)räuchern, pun. מעשן Verbrennungsurne (DISO 163); ar. ʿṯn (Rauch) aufsteigen; > ja. sy. md. (MdD 479) תנן pa. rauchen, ja. cp. תְּנָנָא, sy. *tennānā* Rauch (? תעתן, ? < עתן, LS 828a); tigr. *tanna* (Wb. 314b, Leslau 41) räuchern:

qal: pf. עָשַׁן; impf. יֶעְשַׁן: **in Rauch stehen, rauchen**: הָרִים Ex 19_{18} Ps 104_{32} 144_5; אַף־י׳ Dt 29_{19} (Sam. Vers. יחר), Ps 74_1; ohne אַף mit י׳ als subj. (= zürnen) Ps 80_5 s. Kraus BK XV[5] 718. 719; Eissfeldt KlSchr. 3, 223; Dahood Psalms II 254. 256 :: cj. עֲנַשְׁתָּ (Gkl. Ps. 354); [Hos 7_6 pr. יָשֵׁן prop. ƒ I יֶעְשַׁן, aber MT ist beizubehalten, l יָשֵׁן אַפֵּהֶם s. Rudolph KAT XIII/1, 148; Wolff BK XIV/1[2], 136]. †

Der. I u. II עָשָׁן, עָשֵׁן.

I עָשָׁן, Sam. ʿāšən, c. sf. ʿašnu; mhe. DSS (KQT 172): cs. עֲשַׁן Ex 19_{18} (R. Meyer Gr. § 50, 2e) u. עֲשָׁן, עֲשָׁנוֹ/נָהּ: — 1. aufsteigender **Rauch**: vom תַּנּוּר Gn 15_{17}, vom כִּבְשָׁן Ex 19_{18}, Rauch in der Nase Js 65_5, dringt heraus aus der Luke Hos 13_3, beisst in den Augen Pr 10_{26}, verrät Feindesnähe Js 14_{31} (s. Wildbg. BK X 574), Rauch einer brennenden Stadt Jos 8_{20f} Nah 2_{14} (s. Rudolph KAT XIII/3, 166. 169: mit Rauch[entwicklung] verbrennen), Rauch-Signal Ri 20_{38}, Rauchsäule 20_{40} Jl 3_3 HL 3_6, גֵּאוּת

עָשָׁן Js 9$_{17}$, Rauch vom brennenden Berg Ex 19$_{18}$, vom brennenden Land Js 34$_{10}$, Rauchfetzen Js 51$_6$; Rauch verweht Ps 37$_{20}$ (pr. כֶּעָ' l בְּעָשָׁן c. MSS, G, 4Qp Ps 37, Rd Q 14, 52), 68$_3$ (↗ נדף qal), 102$_4$; — 2. Rauch umhüllt Gott in d. Theophanie 2S 22$_9$/Ps 18$_9$ Js 4$_5$ 6$_4$; — 3. Rauch-Odem des Krokodils Hi 41$_{12}$; ↗ II. †

II עָשָׁן: n. l.; ? = I, :: „Ort mit wenig Pflanzen" (Noth Jos. 149, ar. *ʿasana* IV [Freytag Lex. Arabico-Latinum 3, 158b]) Jos 15$_{42}$ in Juda, 19$_7$ in Simeon, cf. 1C 4$_{32}$; Levitenstadt 6$_{44}$; = ↗ בּוֹר עָ' 1S 30$_{30}$: *Ch. ʿasan* b. Beerseba (GTT § 321, Stoebe KAT VIII/1, 509). †

עָשֵׁן: עשן: Sam. *ʿāšən* (subst.): עֲשֵׁנִים **rauchend**: Scheiter Js 7$_4$, Berg Ex 20$_{18}$. †

I עשק: ↗ עשק; DSS (KQT 172), aam. (DISO 223, Degen Altaram. Gr. S. 68 u. 79), ja. cp. sy. md. (MdD 41b) bedrücken; äg. *ʿšq* (EG 1, 230); ar. *ʿasiqa* eifrig verfolgen, *ʿasaq* Unrecht:

qal: עָשַׁק/עָשָׁק, עָשַׁקְתִּי, עָשְׁקוּ; sf. עֲשָׁקוֹ, עֲשַׁקְתָּנוּ; impf. תַּעֲשֹׁק, תַּעַשְׁקוּ; sf. יַעַשְׁקֻנִי; inf. עֲשֹׁק, עָשְׁקָם; pt. עֹ(ו)שֵׁק, עֹשְׁקוֹת, עֹשְׁקֵי, עֲשֻׁ(ו)קִים, עָשֻׁ(ו)ק, עֹשְׁקֵיהֶם, עֹשְׁקֵי: Sam. *ʿāšoq* Dt 28$_{29}$: — 1. a) c. acc. **bedrücken, ausbeuten** (den zahlungsunfähigen Schuldner, den wirtschaftlich Schwächeren) Lv 5$_{21}$ 19$_{13}$ Dt 24$_{14}$ 1S 12$_{3f}$ Js 52$_4$ Jr 7$_6$ 21$_{12}$ (pr. עוֹשֵׁק prop. c. Vrss. עוֹשְׁקוֹ), Am 4$_1$ Mi 2$_2$ Zch 7$_{10}$ Mal 3$_5$ c. שְׂכַר שָׂכִיר: den Lohn drücken (Elliger ATD 25^6, 205), Ps 105$_{14}$ 119$_{121f}$ Pr 14$_{31}$ 22$_{16}$ 28$_3$ 1C 16$_{21}$; b) abs. Hos 12$_8$ (s. Wolff BK XIV/1^2, 268), Ps 72$_4$ Hi 10$_3$; c) עֲשׁוּקִים, עָשׁוּק (politisch od. sozial) Unterdrückte(r) Dt 28$_{29.33}$ Jr 50$_{33}$ Hos 5$_{11}$ Ps 103$_6$ 146$_7$ Hi 35$_9$ (cj. ↗ sbst. עֲשׁוּקִים); d) עָשֻׁק בְּדַם נֶפֶשׁ mit Blutschuld belastet sein Pr 28$_{17}$; — 2. c. acc. **erpressen** Lv 5$_{21}$ Jr 21$_{12}$, ↗ 1a; עָשַׁק עֹשֶׁק Erpressung üben Lv 5$_{23}$ Ez 18$_{18}$ 22$_{29a}$ (|| גזל); — Js 38$_{14b}$ pr. עָשְׁקָה prop. sbst. ↗ עָשְׁקָה (Begr. PsHi 38f, Kaiser ATD 18, 316. 322); Ez 22$_{29b}$ pr. עָשְׁקוּ prop. עָשׂוּ ↗ I עשה qal 16. †

pu: pt. מְעֻשָּׁקָה **vergewaltigt** Js 23$_{12}$. †

Der. עֹשֶׁק, עָשְׁקָה, עָשׁוֹק, עֲשׁוּקִים, מַעֲשַׁקּוֹת.

II עשק: akk. *ešqu* stark (AHw. 257); ↗ חזק:

qal: impf. יַעֲשֹׁק: **stark sein** (Fluss) Hi 40$_{23}$ (Dho. Hölscher, cf. Reymond 86) :: al. cj. c. G יִשְׁפַּע (Fohrer KAT XVI 523). †

Der. ?. n. m. עֵשֶׁק.

עֵשֶׁק: n. m.; or. *ʿäšäq* (Kahle MTB 79), G Ασεκ; asa. (Conti 211a); Sinn fraglich, s. Noth N. 254a; vielleicht: a) zu ar. *ʿišq* leidenschaftliche Liebe (Rudolph Chr. 80), od. b) zu II עשק, akk. *ešqu* „stark": Benjaminit 1C 8$_{39}$. †

עֹשֶׁק, or. *ʿōšäq* (Kahle MTB 74.), Sam. Vers. Lv 5$_{23}$ העשוק = *åʿāšoq*: I עשק (BL 460i, Michel Grundl. heSy. 1, 67): mhe. DSS (KQT 172), ja. sy. md. (MdD 41b) עוּשְׁקָא; äga. (DISO 223): — 1. **Bedrückung, Gewalttätigkeit**: a) allgemein Jr 6$_6$ 22$_{17}$, Ps 119$_{134}$ (ע' אָדָם), Koh 7$_7$ Sir 10$_7$; b) speziell ע' gegenüber dem גֵּר Ez 22$_7$, den רֵעִים 22$_{12}$, dem רָשׁ Koh 5$_7$; — 2. **Erpressung** Lv 5$_{23}$ Ps 62$_{11}$ (= erpresstes Gut), Js 54$_{14}$ 59$_{13}$; עָשַׁק ע' Erpressung üben Lv 5$_{23}$ Ez 18$_{18}$ 22$_{29a}$, ↗ I עשק qal 2; — Js 30$_{12}$ Ps 73$_8$ pr. עֹשֶׁק prop. עִקֵּשׁ ↗ I עִקֵּשׁ; Ps 73$_8$ :: Caquot Sem. 21, 1971, 39: l MT, cf. Dahood Psalms II 186. 189; TOB. †

עָשְׁקָה, f. v. עֹשֶׁק (Michel Grundl. heSy. 1. 67: n. unit.), spr. *ʿo-* (1Q Js^a עושקה; z. Mätäg s. Begr. PsHi 39^1 u. ↗ I עשק): **Bedrängung** Js 38$_{14}$. †

I עשר: mhe.; cf. AP n. f. אבעשר (Stamm HFN 317); עתר äga. (DISO 224), ja. sy. cp. md. (MdD 43b); ar. u. asa. (Conti 214b) *ʿṯr*:

qal: pf. עָשַׁרְתִּי; impf. יֶעְשַׁר: **reich werden** Hos 12$_9$ Hi 15$_{29}$. †

hif: pf. הֶעֱשַׁרְתְּ; impf. יַעְשִׁ(י)ר, תַּעֲשִׁיר,

וַאעְשִׁר Q Zch 11₅ (= (וָאַעְ׳), K וָאַעְ׳ (GK § 19k, BL 353v, Rudolph KAT XIII/4, 202), וַיַּעְשִׁירוּ ,תַּעְשְׁרֶנָּה ,יַעְשְׁרֶנּוּ (hif. GK § 53n. 60g, BL 353v, oder ? Mischf. von pi. u. hif, die zur Wahl gestellt sind); inf. הַעֲשִׁיר; pt. מַעֲשִׁיר: — 1. c. acc. **reich machen** Gn 14₂₃ 1S 2₇ 17₂₅ Ez 27₃₃, Ps 65₁₀ ↗ II עשר, Pr 10₄ (al. zu 2); — 2. abs. es **zu Reichtum bringen** Jr 5₂₇ Zch 11₅ Ps 49₁₇ Pr 10₂₂ 21₁₇ 23₄ 28₂₀ Da 11₂. †

hitp: pt. מִתְעַשֵּׁר: **sich reich stellen** Pr 13₇. †

Der. עֹשֶׁר, עָשִׁיר.

? II **עשר**, ug. *ʿšr* bewirten || *šqj* (UT nr. 1932, Aistl. 2111, Gray LoC² 270f, zu KTU 1. 3 I, 9, cf. TOML 154j):

hif: impf. תַּעְשְׁרֶנָּה: **zu trinken geben** (dem Land) Ps 65₁₀, oder ↗ I עשר hif. 1. †

עֹשֶׁר, Sam. c. art. *ʿāššər*: I עשר; mhe. ja. GnAp. 22, 22, sy. cp. md. (MdD 347a) עותרא; äga. (DISO 224): עָשְׁרוֹ/רָם: **Reichtum** Gn 31₁₆ 1K 3₁₁.₁₃ 10₂₃ Jr 9₂₂ Ps 49₇ 52₉ Pr 11₁₆.₂₈ 13₈ Koh 4₈ 5₁₂f 9₁₁ Da 11₂b 2C 9₂₂; עֹ׳ רָב 1S 17₂₅ Da 11₂a; עֹ׳ גָּדוֹל Pr 22₁; עֹ׳ וְכָבוֹד Ps 112₃; הוֹן־וָעֹשֶׁר Pr 3₁₆ 8₁₈ 22₄ 1C 29₁₂.₂₈ 2C 17₅ 18₁ 32₂₇; כְּבוֹד עָשְׁרוֹ Est 5₁₁; cj. עֹ׳ וּכְבוֹד־ עָשָׂה עֹ׳ 1₄; es zu Reichtum bringen Jr 17₁₁; רֵאשׁ וָעֹ׳ Pr 30₈; (וְ)עֹ׳ (וּ)נְכָסִים Koh 5₁₈; עֹ׳ וּנְכָסִים וְכָבוֹד 2C 1₁₁f Koh 6₂; — Pr 14₂₄ cj. pr. עָשְׁרָם prop. עָרְמָה vel עָרְמָתָם ↗ עָרְמָה. †

עשׁשׁ: Bedeutung unsicher: Möglichkeiten: a) dunkel, getrübt werden, cf. cp. vb. *ʿš*, sbst. *ʿšš* Finsternis; sam. עששה Var. zu חשך Ex 10₂₂ (cf. mit Gegensinn mhe. עששית: 1) Barre, b) Lampe); ar. *ʿasʿasa* dunkeln; b) schwach werden, II עָשׁ u. ar. *ġṯṯ* mager, schwach sein (Lex.¹ zu Ps 6₈ 31₁₀); c) sich zersetzen, cf. II עָשׁ u. ar. *ġṯṯ* (Lex.¹ zu Ps 31₁₁); d) anschwellen s. Delekat VT 14, 1964, 52-55: mhe. hitp. seine Kraft zeigen (< sich aufblasen, sich dick machen, mit s. Muskeln rollen, Delekat l. c. 53f), ja. sich (m. geschwellten Muskeln) stark zeigen:

qal: pf. עָשְׁשָׁה Ps 31₁₀ Sec. ασσα (Brönno 19), עָשְׁשׁוּ: Ps 6₈ 31₁₀ c. עֵינִי (cf. 1QH V 34), Ps 31₁₁ c. עֲצָמַי; Bedtg. unsicher: a) dunkel, getrübt werden passt gut zu Ps 6₈ u. 31₁₀, auch b) schwach werden scheint hier nicht ausgeschlossen, c) sich zersetzen dürfte dagegen nur bei Ps 31₁₁ in Frage kommen; an allen Stellen ist d) anschwellen möglich und darum wohl zu bevorzugen; עֲצָמַי = meine Glieder (Delekat l. c. 53) ↗ I עֶצֶם 2. †

I **עשׁת**: aam. u. äga. (DISO 223) ba. ja. beabsichtigen, ja. itpa. planen; aLw. 225:

hitp: impf. יִתְעַשֵּׁת: c. לְ **sich entsinnen, gedenken an** Jon 1₆ (Rudolph KAT XIII/2, 339). †

Der. *עֶשְׁתּוֹן ,עֶשְׁתּוֹת.

II **עשׁת**: hapleg. Jr 5₂₈, Deutung unsicher s. GB, Lex.¹:

qal: pf. עָשְׁתוּ: || שָׁמְנוּ (Menschen) dick sein ? Jr 5₂₈ (Rudolph Jer.³ 40). †

Der. ? עֶשֶׁת.

***עֶשֶׁת**: ? II עשׁת: mhe. pl. עֲשָׁתוֹת Barre, Klumpen; DSS 3Q 15 I 5, II 4 עשת זהב „Barren aus Gold" (Gerleman BK XVIII 176): עֶשֶׁת שֵׁן HL 5₁₄: **Platte** aus Elfenbein, s. Gerleman l. c. †

***עֶשְׁתּוֹן**: I עשׁת, BL 499m; עשתוני Sir 32₄, ja. עֶשְׁתּוֹנִין Meinungen: עֶשְׁתֹּנֹתָיו: **Plan** Ps 146₄.†

עַשְׁתּוּת, MSS ־תּוֹת; hapleg. trad. (GB, Lex.¹): I עשׁת, BL 605f: c. לְ nach (↗ לְ 19 a) **Meinung** Hi 12₅ (לְעַשְׁ׳ שַׁאֲנָן: nach der Meinung der Sicheren) :: Horst BK XVI/1, 176. 179: לַעֲשָׁשׁוּת שְׁאָט dem Schwachsein die Verachtung (עֲשָׁ׳ zu ↗ עשׁשׁ: schwach sein); G εἰς χρόνον γὰρ τακτόν ... = לְעֵת ... נָכוֹן. †

עַשְׁתֵּי, Sam. *ʿaštī*: DSS (KQT 172); ug. *ʿšt ʿšr(h)* „elf" (UT nr. 1933, Aistl. 2112a); akk. *ištēn*, f. *ištiat* (AHw. 400a, GAG

§ 69b, Zimmern 65, Ellenbogen 129): *ištenšeret*/*ištēn ešret* (GAG § 69d); äga. עשתא (DISO 224); asa. *ʿst(n)*, f. *ʿst* (Conti 211a, Höfner § 110): **elf, elfter**: עַשְׁתֵּי עָשָׂר (auch äga. elf, elfter) Nu 7₇₂ 29₂₀ Dt 1₃ (:: אַחַד עָשָׂר 1₂), Zch 1₇ 1C 12₁₄ 24₁₂ 25₁₈ 27₁₄; עַשְׁתֵּי עֶשְׂרֵה Ex 26₇f 36₁₄f Jr 1₃ 39₂ 52₅ Ez 26₁ 40₄₉; cj. 32₁ pr. בִּשְׁתֵּי prop. בְּעַשְׁתֵּי (BHS). †

עַשְׁתֹּרֶת: n. deae; DSS עשתרת (KQT 172); kan. Göttin d. Fruchtbarkeit u. d. Krieges (WbMy. I 250ff, Albr. YGC 115ff. 197ff, Mulder 43ff, RAAM 62ff. 151ff); vokalis. diffam. sec. בֹּשֶׁת, Nöldeke Göttingische Gelehrte Anzeigen 1884, 1023, pr. עַשְׁתֶּרֶת < **ʿAštart*; G Ἀστάρτη (3 ×), = Josph. (NFJ 19), G ferner Ἀσταρται Ri 2₁₃, Ἀσταρωθ Ri 10₆ 1S 7₄ u. τὰ ἄλση 1S 7₃ 12₁₀; V *Ast(h)arthe* u. *Ast(h)aroth* (1K 11₃₃ 2K 23₁₃) Cicero *De natura deorum* III 59 *Astarte*; keilschr. *Astartu* (Borger S. 109 IV 18: *ᵈAs-tar-tú*); ug. *ʿṯtrt* (UT nr. 1941, Aistl. 2129, KTU 1. 108, 2 cf. de Moor ZAW 88, 1976, 326f); ph. עשתרת (Harris Gr. 135f); äg. *ʿst(a)rt* (ANET 17f; Albr. BASOR 56, 1934, 7f; Bonnet Reallexicon der aegypt. Religionsgeschichte 55ff); Deir Alla *ʿštr* 1, 16 (ATDA 273f); akk. *Ištar*; cf. n. dei *Aštar* (WbMy. I 249f) ug. *ʿaṯtr* (RAAM 137ff, Gray LoC² 169ff; Henninger Anthropos 71, 1976, 139ff); mo. עשתרכמש (RAAM 140, Gray l. c. 171); amor. *Attar* (Huffmon 173); asa. *ʿṯtr* (Conti 215a, RAAM 268ff, Henninger l. c. 131ff): **Astarte**, n. deae אֱלֹהֵי צִדֹנִים 1K 11₅.₃₃, צ׳ ‎ F שִׁקּוּץ 2K 23₁₃ (Eissfeldt KlSchr. 2, 276¹); pl. עַשְׁתָּרוֹת neben הַבַּעַל Ri 2₁₃ (G Ἀστάρται), neben הַבְּעָלִים 10₆ 1S 7₄ 12₁₀ u. אֱלֹהֵי הַנֵּכָר 1S 7₃; בֵּית עַשְׁתָּרוֹת, G Ἀσταρτεῖον 1S 31₁₀ (־וֹת entweder ein Hoheits- od. Herrschaft-Pl. [GK § 124g] od. eine fehlerhafte Schreibung d. Sing. s. Stoebe KAT VIII/1, 522), ein philist. Tempel unbestimmten Ortes (Askalon ?) s. Stoebe l. c. 530, in 1C 10₁₀ ע׳ ersetzt אֱלֹהֵיהֶם, ? „ihrer Göttin" (Rudolph. Chr. 92). Dt 1₄ F עַשְׁתָּרֹת. †

Der. *עַשְׁתֶּרֶת, n. l. עַשְׁתָּרֹת u. בְּעֶשְׁתְּרָה.

***עַשְׁתֶּרֶת**, עַשְׁתְּרֹת: pl. cs. ע׳ עַשְׁתְּרֹ(ו)ת: (שְׁגַר־אֲלָפֶיךָ || צֹאנֶךָ); cf. ug. KTU 1. 148, 31: *aṯtr š* ... *šgr w iṯm š* (de Moor UF 2, 1970, 308 u. cf. 312, RSP I S. 305 Nr. 447a): der Zuwachs des Kleinviehs (al. die Muttertiere, *Veneres gregis*): Dt 7₁₃ 28₄.₁₈.₅₁ (Sam. *ištårrot*), s. RAAM 111, Zimmerli GatTh 57, Delcor UF 6, 1974, 7-14. †

עַשְׁתָּרֹת, Sam. c. בְּ *bištårot* (*qarnəm*): n. l. עַשְׁתָּרֹת Dt 1₄, עַשְׁתָּרוֹת Jos 9₁₀ 12₄ 13₁₂.₃₁ 1C 6₅₆ in Basan, G Ἀστάρτη, keilschr. *Astartu*, s. AOB 133, ANEP 466, BRL¹ 41f, *Aštarti* EA (VAB II 1292; Albr. BASOR 89, 1943, 12³³); ug. n. l. *ʿṯtrt* (RSP II S. 313 Nr. 84): **Astaroth** und אֶדְרֶעִי Residenzen des Königs עוֹג; äg. urspr. sg. N. der Stadtgöttin (Borée 49), Helck Beziehungen 55 *ʿ-s- [ta] r-tum* = *Astartum* (Albr. BASOR 83, 1941, 33) = *T. Aštara*, 4 km. s. *Šēḫ Saʿad* (Abel 2, 255, GTT § 355), BRL² 111f, BHH 142, = קַרְנַיִם Am 6₁₃ s. Wolff BK XIV/2, 334): ע׳ קַרְנַיִם Gn 14₅ „A. bei Q", Wohnsitz der רְפָאִים; GnAp. 21, 28f: עשתרא דקרנין; Jub. 29, 10 „Q. u. A."; Lage ungewiss s. BRL¹ 41f, BHH l. c., ferner Schatz 169f: entweder ebenfalls: *T. Aštara* oder = *T. Aśʿari* nw. von *Derʿā* (GTT p. 124); F gntl. עַשְׁתְּרָתִי 1C 11₄₄. †

עַשְׁתְּרָתִי: gntl. v. עַשְׁתָּרֹת (pun. עשתרני, Eph. 2, 172) 1C 11₄₄. †

עֵת (296 ×), or. *at*, c. praep. *b/lēt* (Kahle MTB 68), G 162 × καιρός, 26 × ὥρα, 2 × χρόνος; mhe. DSS (KQT 172f); ihe. Lkš, ph. pun. (DISO 224); etym. inc. s. THAT II 370f, kein Zushg. mit angebl. akk. *inu*, *ittu*; ? **ʿidt*, √ יעד, cf. עֵדָה (BL 450j):

עֶת־ (עֵת־ Jr 51$_{33}$), עִתְּךָ/תֵּךְ, עִתּוֹ/תָּהּ, עִתָּם, pl. עִתִּים, עִתֶּיךָ u. עִתֹּ(ו)ת, עִתֹּתַי, zum pl. s. Michel Grundl. heSy. 1, 58f; s. auch Albrecht ZAW 16, 1896, 44f: Zeit (Barr BWT 1962, 82f [[2]1969]; Muilenburg HThR 54, 1961, 225-52; BHH 2210; J. Wilch Time and Event, 1969; THAT II 370-85, Lit. S. 380), cf. זְמָן: — 1. **Zeitpunkt** (THAT II 376), עֵת וָפֶגַע Zeit u. Zufall Koh 9$_{11}$, עֵת עֶרֶב Gn 8$_{11}$ 24$_{11}$, עֵת צָהֳרָיִם Jr 20$_{16}$, עֵת מַלְקוֹשׁ Zch 10$_{1}$ עֵת הַקָּצִיר Jr 51$_{33}$, עֵת צָרָה Ri 10$_{14}$, עֵת פְּקֻדָּה Jr 8$_{12}$, עֵת נְקָמָה Jr 51$_{6}$, cj. Ps 31$_{22}$ עֵת מָצוֹר/מָצוֹק, ↗ I עִיר A, עֵת אַפְּךָ Jr 18$_{23}$; עֵתפָּנֶיךָ die Zeit deiner (persönlichen) Gegenwart Ps 21$_{10}$, cj. עֵת רֶוַח Zeit des Aufatmens Jr 33$_{6}$ ↗ עֲתֶרֶת, עֵת רָצוֹן Js 49$_{8}$ Ps 69$_{14}$, עֵת דֹּדִים Ez 16$_{8}$; — 2. vor vb: a) vor inf. עֵת צֵאת die Zeit, da herauskommen Gn 24$_{11}$, עֵת הֵאָסֵף die Zeit, da gesammelt wird Gn 29$_{7}$; b) vor vb. fin. עֵת יֵחַם Gn 31$_{10}$, עֵת תָּמוּט Dt 32$_{35}$, עֵת פְּקַדְתִּיו Jr 49$_{8}$, cf. 51$_{33}$ 2C 20$_{22}$; c) vor vollständigem Satz עֵת יוֹלֵדָה יָלָדָה die Zeit, da die Gebärerin geboren hat Mi 5$_{2}$, cf. Ps 4$_{8}$ HL 2$_{12}$ 2C 24$_{11}$; — 3. c. לְ c. inf. עֶת־בֵּית י׳ לְהִבָּנוֹת die Zeit/die Gelegenheit, da ... wieder aufgebaut werde Hg 1$_{2}$ (THAT II 377), עֵת לָשֶׁבֶת 1$_{4}$, cf. Ps 102$_{14}$ 119$_{126}$ Koh 3$_{2.8}$, עֵת אֲשֶׁר zur Zeit, da Koh 8$_{9}$; — 4. **Mal** (cf. פַּעַם) רַבּוֹת עִתִּים Neh 9$_{28}$ (cf. Barr BWT 117, THAT II 378; zur Stellung von ר׳ s. Rudolph EN 164); — 5. c. praep. (THAT II 372f): a) c. בְּ: α) בְּעֵת c. vb. fin. Hi 6$_{17}$; β) בָּעֵת הַהִיא Gn 21$_{22}$ (66 ×; cf. בַּיּוֹם הַהוּא), בָּעֵת הַזֹּאת Est 4$_{14}$ (12 ×), בְּכָל־עֵת אֲשֶׁר solange als noch Est 5$_{13}$, בְּכָל־עֵת jederzeit Hi 27$_{10}$ (s. Fohrer KAT XVI 386f); γ) בָּעֵת (↗ 6) zur rechten Zeit Koh 10$_{17}$ (Sir 11$_{22}$ G), בְּלֹא עֶת־ ausserhalb der Zeit Lv 15$_{25}$, בְּלֹא עִתֶּךָ vor deiner Zeit Koh 7$_{17}$, = וְלֹא עֵת (MSS T בְּלֹא, BHS) vorzeitig Hi 22$_{16}$, cf. ph. נגזלת בל עתי (KAI Nr. 14, 2f; s. Greenfield Fschr. Albright, 1971, 260); in anderem Zushg. Sir 30$_{24}$; b) c. כְּ: α) כָּעֵת um diese Zeit = jetzt Nu 23$_{23}$ Ri 13$_{23}$ 21$_{22}$ (prop. כִּי עַתָּ(ה)), Js 8$_{23}$ txt. inc. s. THAT II 373; כָּעֵת מָחָר Ex 9$_{18}$ (8 ×) u. מָחָר כָּעֵת הַזֹּאת morgen um diese Zeit Jos 11$_{6}$; כָּעֵת חַיָּה übers Jahr um diese Zeit Gn 18$_{10.14}$ 2K 4$_{16f}$, cf. akk. *ana balāṭ* innerhalb eines Lebensraumes = im kommenden Jahr (AHw. 99a, 5; Loretz Biblica 43, 1962, 75ff; Kumpel Fschr. G. J. Botterweck, 162); β) כָּעֵת c. vb. fin. im Augenblick da Hi 39$_{18}$; כְּעֵת c. inf. im Zeitpunkt da, als 1S 4$_{20}$; c) c. לְ: לְעֵת כָּזֹאת für eine Zeit wie diese od. für einen Augenblick wie diesen Est 4$_{14}$; לְעֶת־יוֹם בְּיוֹם Tag für Tag 1C 12$_{33}$; d) c. מִן: מִן הָעֵת הַהִיא von der Zeit an Neh 13$_{21}$; מֵעֵת אֲשֶׁר von der Zeit an da 2C 25$_{27}$ (:: cj. pr. מֵאֵת prop. וּ(לְ)עֻמַּת cf. Rudolph Chr. 280, BHS); מֵעֵת עַד־עֵת von Zeit zu Zeit Ez 4$_{10f}$, מֵעֵת אֶל־עֵת von einem Termin zum andern 1C 9$_{25}$; מֵעֵת ... רָבּוּ mehr als zur Zeit da ... viel waren Ps 4$_{8}$; e) c. עַד (THAT II 374): עַד הָעֵת הַהִיא Neh 6$_{1}$ Da 12$_{1}$, וְעַד עֵת aber auf Zeit Da 11$_{24}$ (:: THAT II 375: bis zu einem [von Gott festgesetzten] Zeitpunkt); —6. die für ein Ereignis rechte Zeit (↗ 3): a) mit sbst. od. inf: הָעֵת גְּשָׁמִים es war Regenzeit (Brockelm. HeSy. § 14bε) Esr 10$_{13}$; עֵת גּוֹיִם Gerichtszeit für die Völker Ez 30$_{3}$; עֵת לְכָל־חֵפֶץ für jedes Geschäft Koh 3$_{1}$ (|| זְמָן), $_{2\text{-}8.11}$; עֵת לִדְרוֹשׁ Hos 10$_{12}$; עֵת לֶדֶת Wurfzeit der Steinböcke Hi 39$_{1}$; b) c. sf. sg. (21 ×; THAT II 376); בְּעִתּוֹ Regenzeit Dt 11$_{14}$ Jr 5$_{24}$, Erntezeit Hos 2$_{11}$ Ps 1$_{3}$; zu seiner Zeit Ps 104$_{27}$ (äg. Morenz Äg. R. 80); לֹא יָדַע אֶת־עִתּוֹ kennt seine Zeit/Stunde nicht Koh 9$_{12}$; בְּעִתָּהּ Js 60$_{22}$; בְּלֹא עִתֶּךָ Koh 7$_{17}$ ↗ 5 a γ; sf. pl. בְּעִתָּם Jr 33$_{20}$; עִתָּם Ps 81$_{16}$ (txt. inc.) ihre Unglückszeit, cf. Kraus BK XV[5] 726, ihr Los (Dahood Psalms II

267 u. TOB), al. cj. s. Kraus l. c. BHS; c) עֵת וּמִשְׁפָּט (hendiad.) der rechte Augenblick Koh 8₅ (Galling HAT 18², 110 :: Hertzberg KAT XVII/4, 162: Zeit und Gericht); — 7. **Gerichts-** bzw. **Endzeit** לָבוֹא עִתָּהּ Js 13₂₂ (von Babel), Ez 22₃ (von Jerusalem), עֵת אַרְצוֹ Jr 27₇; עֶת־קֵץ Da 8₁₇, = עֵת קֵץ 11₃₅.₄₀ 12₄.₉; בָּא הָעֵת Ez 7₇.₁₂, עֵת עֲוֹן קֵץ die Zeit der Endstrafe 21₃₀.₃₄ 35₅; — 8. pl. (THAT II 377f): a) בָּעִתִּים **Zeiten** (ferne) || יָמִים Ez 12₂₇; בָּעִתִּים הָהֵם Da 11₁₄ 2C 15₅; בָּעִתִּים zu den Zeiten Da 11₆ (zu vs.₇); עִ׳ מְזֻמָּנִים bestimmte Zeiten Esr 10₁₄ Neh 10₃₅ 13₃₁; עִתִּים (Gerichts-) Zeiten Hi 24₁; הָעִתִּים Est 1₁₃, לָעִתִּים 1C 12₃₃ Zeiten = Zeitläufte (cf. Rudolph Chr. 109); קֵץ הָעִתִּים שָׁנִים Da 11₁₃ (? שָׁ׳ var.); בְּצוֹק הָעִתִּים in der Bedrängnis d. Zeiten ↗ צוק Da 9₂₅; אֱמוּנַת עִתֶּיךָ sichere Zeiten Js 33₆ (Kaiser ATD 18, 267 ↗ אֱמוּנָה 6); b) Zeitereignisse, Schickungen 1C 29₃₀; c. pl. עִתּוֹת: α) Geschick לְעִתּוֹת עִתֹּתָי Ps 31₁₆; β) Zeiten בַּצָּרָה in Zeiten der Not Ps 9₁₀ 10₁; יאריח עתות Sir^M 43₆ der Mond bestimmt d. Jahrzeiten; — 2K 5₂₆ pr. הַעֵת לָקַחַת prop. וְעַתָּה לָקַחְתָּ (BHS) :: A. Rofé VTSu. XXVI 1974, 146³: MT עֵת = passende Zeit, Gelegenheit; Ez 27₃₄ pr. עֵת נִשְׁבֶּרֶת l c. Vrss. עַתָּה נִשְׁבַּרְתְּ (BHS); Zef 3₂₀ pr. וּבָעֵת הַהִיא אֲקַבֵּץ prop. וּבָעֵת קַבְּצִי (BHS); Hg 1₂ pr. עֶת־בֹּוא prop. עַתָּ בָא (BHS, s. Rudolph KAT XIII/4, 29); Ez 16₅₇ pr. כְּמוֹ עֵת prop. כְּמוֹ עַתָּ(ה) (Zimmerli BK XIII 341); Ps 62₉ pr. בְּכָל־עֵת prop. (cf. G) כָּל־עֲדַת; 2C 21₁₉ pr. וּכְעֵת צֵאת prop. וְכָל עֶמַת צֵאת (Rudolph Chr. 266, BHS) :: TOB c. MT.

Der. עַתָּה, עִתִּי, ? עֹנָה.

עתד: mhe. pt. pu. bereitgestellt; sy. *ʿted* bereit sein, ja. cp. sam. sy. pa. bereiten; äga. bereiten u. ? spez. (Vieh) aufziehen (DISO 224, hier auch nab.); md. (MdD 44b) *ʿtt* bereiten, bereit machen; ar. *ʿatuda* bereit sein:

pi: imp. עַתְּדָהּ: **besorgen** (מְלָאכָה) Pr 24₂₇. †

hitp: pf. הִתְעַתְּדוּ **bestimmt sein** für c. לְ Hi 15₂₈. †

Der. *עָתוּד, *עַתּוּד, עָתִיד.

עַתָּה (433 ×); Ez 23₄₃ (txt. ?) u. Ps 74₆ Q עַתָּ, K עֵת (:: Cross-Friedm. 52f: Kf *ʿat*); Sam. *ʿatta*; ug. *ʿnt* (UT nr. 1888, CML² 154b, Gray LoC² 122, Aartun AOAT 21/1, 1974 S. 14; RSP I S. 301 Nr. 439; TOML 453^h, Margalit UF 8, 1976, 177) = akk. *a(n)numma* (AHw. 55a, RSP II S. 209 Nr. 13); ihe. T.-Arad: עת Nr. 1, 2 u. 2, 1 etc.; TSSI vol. 1, S. 51 B 2; ועת S. 53 C 3, D 1); Lkš עת כים „eben jetzt" (KAI Nr. 192, 3, II S. 191) TSSI vol. 1, S. 37: „jetzt um diese Zeit"; H. P. Müller UF 2, 1970, 234⁶²: „gerade jetzt"; mhe. DSS (Dam. A/1, 1, cf. KQT 173): ועתה; 4Q Test. 11 Nu 24₁₇a^α: עתהא (cf. H. P. Rüger ZNW 60, 1969, 143); s. ferner Jenni ThZ 28, 1972, 6⁷; aam. כעת, äga. כען u. כענת (DISO 125), ba. כְּעֶנֶת, כְּעַן, כְּעֶת, ja. כְּעַן; ? urspr. loc. zu עֵת (VG 1, 464hα, cf. Joüon § 93g: acc. zu עֵת); THAT II 379 Lit.: — 1. (Jenni l. c. 5-12) **jetzt** (im gegenwärtigen Augenblick; 45 ×) Nu 24₁₇ Ri 11₈ Js 33₁₀, cj. Ez 27₃₄ pr. עֵת l עַתָּה ↗ עֵת; cj. Hg 1₂ pr. עֶת־בּוֹא prop. עַתָּ בָא ↗ עֵת; עַתָּה :: אָז damals :: jetzt Jos 14₁₁; — 2. **nun**: a) da es so ist (40 ×) Gn 19₉ 2K 18₂₀/Js 36₅ Hos 4₁₆; b) nach dem, was geschehen (9 ×) Gn 22₁₂ Ex 18₁₁: עַתָּה יָדַעְתִּי (Jenni l. c. 12³⁵); — 3. וְעַתָּה a) **und nun** (oft Einleitung e. neuen Gedankens od. Abschnittes 241 ×; Lande 46-52, Brongers VT 15, 1965, 289-99): Gn 3₂₂ Js 5₃.₅ Am 7₁₆; cj. pr. עַתָּה l וְעַתָּה Nu 22₁₁ Dt 2₁₃ Js 30₈, ins. c. G וְעַתָּה Jr 42₁₉; bei Brief od. Botschaft 1S 25₇ 2K 5₆ 10₂; b) unter diesen Umständen Gn 31_{30} Jr 2_{18} Da 10_{17} (l ? עַתָּה pr. מֵעַתָּה cf. Plöger KAT XVIII 146); Neh 6_{9} s. Rudolph EN 134 u. HAL 291a; c) **nun aber** (24 ×) Gn 32_{11} Dt 10_{22} Js 1_{21}; jetzt aber Js 43_{1} 44_{1} 47_{8} 48_{16} 49_{5} cf. Jenni l. c. 12[37] u. Elliger BK XI 292; d) **von nun ab**, künftighin Gn 11_{6} 2S 2_{6} 2K 12_{8}; e) vor einem imp. bzw. juss: auf, wohlauf, ach Ex 4_{12} 10_{17} Nu 31_{17} 2K 1_{14}, cf. Jenni l. c. 10; f) **dennoch**, **trotzdem** Js 64_{7} Hg 2_{4}; — 4. עַד־עַתָּה: a) bis jetzt (7 ×) Gn 32_{5} Ex 9_{18} Rt 2_{7} (ins. ? post וְעַד־עַתָּה: עַתָּה זֶה „soeben" s. Rudolph KAT XVII/1,47); b) bis dahin 2K 13_{23}; — 5. מֵעַתָּה: von jetzt an Js 48_{6} 2C 16_{9} Jr 3_{4} (txt. inc. pr. מֵעַתָּה prop. עַתָּה u. גַּם עַתָּה = „gleichwohl" (Rudolph Jer.³ 24); מֵעַתָּה וְעַד־עוֹלָם (8 ×), Js 9_{6} Mi 4_{7} (cf. ug. *lym hnd . . . ʿd ʿlm*, RSP II S. 415 Nr. 6); — 6. Versch. עַתָּה nun (schon) Ex 5_{5}; Ps 17_{11} (K) עַתָּה סְבָבוּנִי nun umringen sie mich (Kraus BK XV⁵ 271); nun, da, also Gn 31_{28} Dt 32_{39} 1S 9_{6}; nun einmal Gn 26_{29}; jetzt = sofort 1S 2_{16}, = schon Js 43_{19}; לֹא עַתָּה nun nicht (mehr) Js 29_{22}; וְאַתָּה עַתָּה du nun 1K 1_{24}; עַתָּה זֶה jetzt also 1K 17_{24}, eben jetzt 2K 5_{22}; מָה ... עַתָּה was ... denn nun ? Ri 8_{2} 1S 17_{29}; הֲ . . . עַתָּה etwa schon Ri $8_{6.15}$; עַתָּה הַפַּעַם nun endlich einmal Gn 29_{34} (cf. זֹאת הַפַּעַם Gn 2_{23}); עַ׳ מְהֵרָה jetzt bald Jr 27_{16}; גַּם עַתָּה nun also Gn 44_{10} 1S 12_{16} Hi 16_{19}, וְגַם עַתָּה und auch jetzt (noch) Jl 2_{12}; cj. 1S 9_{12} pr. עַתָּה כִּי הַיּוֹם prop. עַתָּה כְּהַיּוֹם eben heute od. ? gerade jetzt, cf. Lkš עת כים; וְעַתָּה אֲשֶׁר und nun ist es so, dass 2S 14_{15}; כִּי עַתָּה ja dann Gn 31_{42} 43_{10} Nu $22_{29.33}$ (:: W. Gross Bileam, München 1974, 340[18]: wahrlich jetzt/auf der Stelle), Hi 3_{13} (|| אָז), s. Dahood Questions disputées de l'AT, Louvain 1974, 26 u. TOB; denn nun, nun aber 1S 14_{30}; — עַתָּה fraglich: 2S 18_{3a} 1K 1_{18b} 2_{9a}; Hos 5_{3} pr. עַתָּה l אַתָּה; Hi 11_{16} 1C 28_{9} pr. אַתָּה l עַתָּה, cf. Jenni l. c. 6⁸; 1K $14_{14b.15a\alpha}$ txt. inc. s. Noth Kge 310: pr. MT prop. בַּיּוֹם הַהוּא וְגַם מֵעַתָּה וְהִכָּה/יַכֶּה יהוה (Kittel GHK I/5, 119, Gray Kings³ 335ᵇ); Ez 23_{43} עַתָּ txt. inc. s. Zimmerli BK XIII 535, cj. bei Fohrer HAT 13², 137; Ps 74_{6} K וְעֵת, Q MSS וְעַתָּה, G ἐξέκοψαν u. danach cj. גִּדֵּעַת (BHK³) vel כִּתְּתוּ u. a. (BHS) :: Dahood Psalms II 202: MT < vb. *עתת hapleg. niederhauen.

עִתָּה קָצִין, loc. v. עֵת* קָ׳ (BL 527q; cf. גִּתָּה חֵפֶר): n. l. in Zebulon s. Abel 2, 352, GTT § 329, Noth Jos. 115: Jos 19_{13}. †

עָתוּד: עתד, BL 472x: pl. עֲתוּדִים K Est 8_{13} (Q עֲתִי׳ cf. עֲתִידִים 3_{14}), עֲתֻדֹתֵיהֶם K Js 10_{13} (Q עֲתוּד׳); mhe., 1Q M (4 ×): — 1. **bereit** Est 8_{13}; — 2. pl. sf. **Vorräte** Js 10_{13}. †

***עַתּוּד**, Sam. pl. *ʿātūdəm*: עתד, s. Landsbg. Fauna 97: urspr. Form *עִתּוּד wie בִּכּוּרָה u. לִמֻּ(וּ)ד; mhe. pehl *ʾndwt* < **ʾddwt* (DISO 18); ar. *ʿatūd* (junger) Bock; akk. *atūdu, etūdu, dūdu* (nach Landsbg. l. c.: Bezeichnung einer Alterstufe d. Schaf- oder Ziegenbockes; AHw. 88b: Wildschaf, Schafbock :: Landsbg. JNES 24, 1965, 296[40] u. WdO 3, 1966, 265⁵: Wildschwein, so auch Salonen Vögel 137f, u. Jagd 184ff. 261f, ferner CAD Ṣ (16) 116a sub **ṣaṣāru*: עַתּוּדֵי, עַתֻּ(וּ)דִים: — 1. **Ziegen**- u. **Schafbock** Gn $31_{10.12}$ Dt 32_{14}; Leitbockwidder Jr 50_{8}; Schlachttier Jr 51_{40} Ez 39_{18}, Handelstier Ez 27_{21} Pr 27_{26}, Opfertier Nu 7_{17-88} (13 ×), Js 1_{11} 34_{6} Ez 34_{17} Ps $50_{9.13}$ 66_{15}; — 2. metaph. (cf. אַיִל) Anführer Js 14_{9} Zch 10_{3}, cf. P. D. Miller Animal Names as Designations in Ugaritic and Hebrew (UF 2, 1970) 177-86. †

עִתִּי, Sam. *ʿāti*: עֵת, BL 501w.x, R. Meyer Gr. § 41, 4: **bereitstehend** Lv 16_{21}. †

עַתַּי, עַתָּי: n. m. cf. palm. n. f. עתי = gr.

Αθθαια (PNPI 108a); Kf. v. עֲתָיָה (Noth N. 191): — 1. Judäer aus der Sippe Jerachmeel 1C 2₃₅f; — 2. Krieger, „Helfer" unter David, Gadit 1C 12₁₂; — 3. Sohn v. Rehabeam 2C 11₂₀. †

עָתִיד: עתד, BL 470n, ↗ עָתוּד; Sam. pl. Dt 32₃₅ *ʿātīdot*; mhe. (DSS ↗ עָתוּד); nab. ? DISO 224; ja. sam. (BCh. LOT 2, 469), sy. md. (MdD 358b) עֲתִיד bereit, zukünftig; ar. *ʿatīd* bereit, vorbereitet, zukünftig (Wehr 531b): pl. עֲתִדֹת, עֲתִידִים (Dt 32₃₅), עֲתִדֹתֵיהֶם K (Js 10₁₃), Q ↗ עָתוּד: **bereit** c. לְ für Hi 15₂₄ Est 3₁₄ 8₁₃ Q; c. inf. **fähig** Hi 3₈; pl. f: a) **Vorräte**, Schätze Js 10₁₃; b) **Künftiges** Dt 32₃₅. †

עֲתָיָה: n. m.; Bedtg. ungewiss: Möglichkeiten: a) Noth N. 191: „Jahwe hat sich als überragend erwiesen", nach ar. *ʿatā* „über das Mass hinausgehen"; doch ist das unsicher, da *ʿatā* meist e. negativen Sinn hat: „frech, widerspenstig sein" (Wehr 532a; s. Rudolph EN 182); b) עֲתָיָה < עֲתַלְיָה; zum Ausfall d. ל cf. Noth N. 40: Haupt eines judäischen Geschlechtes im nachexil. Jerusalem Neh 11₄. †

עָתִיק: עתק, BL 470n, ↗ עַתִּיק u. עָתֵק; ar. *ʿatīq* alt, saf. עתק (Ryckmans 1, 172): **ehrwürdig, prächtig** (Kleidung) Js 23₁₈. †

***עַתִּיק**: עתק, BL 479; mhe. alt; in derselben Bedtg.: äga. auch עטיק (DISO 224 s. v. עתק), ja. cp. sam. (BCh. 2, 483b), sy. md. (MdD 43a) ה/אתיק; äga. palm. (DISO 224), Ατικ (Wuthnow 28), aLw. 229: עַתִּיקִים, עַתִּיקֵי: — 1. trad. alt (↗ עָתִיק) 1C 4₂₂: וְהַדְּבָרִים עַתִּיקִים, V *haec autem verba vetera*, danach TOB *ce sont des choses anciennes*, cf. ZüBi. :: Rudolph Chr. 36 (und) die Worte sind weggerückt (gl), al. cj. s. Galling ATD 12, 23; — 2. **abgesetzt, entwöhnt** Js 28₉ (עַתִּיקֵי מִשָּׁדָיִם || גְּמוּלֵי מֵחָלָב) s. Pfeifer ZAW 84, 1972, 341-47. †

עֲתָךְ: n. l. ign. im Negeb; ? ug. *ʿtk* stossen an; ar. angreifen; 1S 30₃₀ (G^B Νοό, G^A Αθαγ) dafür ↗ עֶתֶר Jos 15₄₂ (G^B Ιθακ, G Αθερ), 19₇ (G^B Ιεθερ, G^A Βεθερ); welche Form d. urspr., ist ungewiss: urspr. עֲתָךְ > עֶתֶר Noth Jos. 90; Stoebe KAT VIII/1, 509; Zobel VTSu 28, 1975, 260; urspr. עתר > עֲתָךְ Fritz ZDPV 91, 1975, 35; Abel 2, 256; GTT § 321 p. 154; Noth Jos. 113f; 1C 4₃₂ ↗ תֹּכֶן. †

***עתל**, ↗ Der. *עָתָל, n. m. עַתְלָי, PN עֲתַלְיָה(וּ).

***עָתָל**: *עתל, ↗ PN עֲתַלְיָה(וּ), zu akk. *etellu, etelletu* Fürst, Fürstin (AHw. 260, CAD E [vol. 4] 381-83), cf. Noth N. 191, Stamm HFN 335; (ein vb. *etēlu* ist nach AHw. u. CAD nicht zu belegen); amor. *ḫatal* ist in s. Bedtg. unklar, s. Huffmon 205: cj. Nah 2₈ₐ pr. הֻעַלְתָה prop. הָעֲתָלָה [fem. zu *עָתָל] die Hochedle (Rudolph KAT XIII/3, 168); andere Vorschläge s. BHS. †

עַתְלָי: *עתל: n. m. Kf. v. עֲתַלְיָה(וּ): mit einer ausländ. Frau verheirateter Judäer Esr 10₂₈. †

עֲתַלְיָה: *עתל: n. m. und f. < עֲתַלְיָהוּ: — 1. n. m., G^A Γοδολιας, G^B Ογοθολια, G^L Γοθονιας, Benjaminit 1C 8₂₆; — 2. n. m. G Αθ(ε)λια, Αθελει, G^L Γοθονιου: Vater eines Familienhauptes aus d. Sippe ↗ עֵילָם Esr 8₇; — 3. n. f. = עֲתַלְיָהוּ 2K 11₁.₃.₁₃f 2C 22₁₂. †

עֲתַלְיָהוּ: *עתל, G Γοθολια, Josph. Ὀθλία (NFJ 92): n. f. ältester fem. Name mit יָהוּ; > עֲתַלְיָה u. עַתְלָי: עתל + י׳ „Jahwe hat seine Erhabenheit bekundet" (zu akk. *etellu* ↗ *עָתָל), Noth N. 191, Stamm HFN 335 (:: H. Bauer ZAW 48, 1930, 78: zu ar. *ʿadala* gerecht sein „Jahwe ist gerecht" :: Gray Kings[3] 536: zu ar. *ʿaṯala* reichlich, dick sein, im PN mit Beziehung auf ein robustes Kind :: Driver-M. BL 2, 137[3]): **Athalja**: a) nach 2K 8₂₆ 2C 22₂ Tochter Omris (so Begrich ZAW 53, 1935, 78f, Miller VT 17, 1967, 307[2], Jepsen BHH

144); b) nach 2K 8_{18} 2C 21_{6} Tochter Ahabs (so Noth GI 216[3], Herrmann Geschichte 278[8]); c) vermittelnd zw. a) und b) Katzenstein IEJ 5, 1955, 194-97, u. Gray Kings[3] 534: עֲ׳ Tochter d. Omri, aber als junge Waise an den Hof ihres Bruders Ahab gebracht, dort aufgezogen u. insofern auch Tochter des Ahab; d) im Falle von b) ist בַּת entweder = Enkelin (ZüBi), od. = weibl. Abkömmling, cf. Gray l. c.: 2K 8_{26} $11_{2.20}$ 2C $22_{2.10f}$ $23_{12f.21}$ 24_{7}. †

עתם: hapleg.

nif: pf. (הָאָרֶץ) נֶעְתַּם Js 9_{18} txt. inc. s. Wildbg. BK X 206; G συγκέκαυται, V *conturbata est*, T חרובת ist verwüstet, S *zā'at* ist erschüttert; Versuche zur Erkl.: 1) ohne cj.: a) zu ar. *'tm* dunkel, finster werden (Blau VT 5, 1955, 342f; v. Mutius BN 6, 1978, 17f), so schon die mittelalterliche Lexikographen, z. B. Ibn Ǧanāḥ u. Ibn Barun, b) נֶעְתַּם = 3. sg. f. zu נוע mit encl. Mēm „die Erde bebte" bzw. „krümmte sich" (Moran CBQ 12, 1950, 153f, ferner u. a. Kaiser ATD 17[3], 104); 2) mit cj.: a) נִתְעָה nif. pt. „ist ins Taumeln geraten (Lex.[1] cf. V), b) c. G נִצְּתָה „(das Land) ist versengt" (u. a. Donner VTSu. 11, 1964, 68f, Wildbg. l. c., Vollmer BZAW 119, 1971, 134); 1Q Js[a] u. 4Q 163 I 14: נִתְעַם ! †

עָתְנִי, G[A] Γοθνι, G[L] Οθνι: n. m.; Kf. v. ↗ עָתְנִיאֵל: Türhüter aus d. Geschlecht Obed Edom 1C 26_{7}. †

עָתְנִיאֵל, G Γοθονιηλ, Josph. Κενιαζος ! (NFJ 74. 92): n. m. *עֹתֶן + אֵל, Bedtg. von עֹ׳ ungewiss, s. Noth N. 254b; Möglichkeiten: a) zu ar. *'atana* heftig sein, pt. *'ātin*, pl. *'utūn* stark; adj. *'atūn* heftig, stark; lihj.- tham. n. m. *'tn* = *'atan* stark, mächtig (Ryckmans 1, 172b); he. PN „Gott ist (meine) Stärke"; b) עֹתֶן zu amor. *ḫtn* (Huffmon 206) schützen, akk. *ḫatānu* (AHw. 335f) schützen, cf. sbst. *ḫutnu* (AHw. 362a) Vormund (?); he. PN „Gott ist (mein) Schutz"; b) ist wegen der sprachl. Verwandschaft zu bevorzugen: **Otniel**, h. ep. eines s.-jud. Stammes u. Richter: Jos 15_{17} Ri 1_{13} $3_{9.11}$ 1C 4_{13} 27_{15}; BHH 1360. †

עתק: ug. *'tq*, UT nr. 1938: vorbeigehen; Aistl. 2119: weichen, vorübergehen; Pardee (UF 5, 1973, 229-34, cf. CML[2] 155a) zu KTU 1, 16 I 2. 5: fortgehen, alt werden, sterben (cf. Sanmartín UF 10, 1978, 453f) :: Gray KRT[2] 22 Z. 18: ist verändert, :: Margalit UF 8, 1976, 148; KTU 1, 6 II, 4f. 26: *'tq* vorübergehen (zeitlich) *ym ymm*; KTU 1. 16 VI 1f. 13: n. f. (deae ?) šaf: *š'tqt* „die vorbeigehen lässt, die entfernt" (?); mhe. hif. entfernen, ja. cp. sam. (BCh. LOT 2, 483. 528), sy. alt werden, sy. auch fortschreiten; ar. *'atuqa* u. *'ataqa* alt werden; asa. n. m. *'m'tq* (Conti 214b), saf. *'tq* = *'atīq* „alt" (Ryckmans 1, 172b); akk. *etēqu* (AHw. 260b) vorübergehen, passieren:

qal: pf. עָתְקָה, עָתְקוּ; impf. יֶעְתַּק: — 1. c. מִן **fortrücken** von Hi 14_{18} 18_{4}; — 2. aLw. 228. 230: a) **altern** Ps 6_{8} (עֵינִי), G ἐπαλαιώθην, V iuxta Hebr. *consumptus sum*, V iuxta LXX *turbatus est ... oculus meus* :: Delekat VT 14, 1964, 54 u. Seybold BWANT 99, 1973, 154[3]: hervortreten (|| עָשְׁשָׁה: anschwellen), :: cj. עָקָתִי mein Augapfel, ↗ II עָקָה; b) **alt werden** (|| גָּבְרוּ חַיִל) Hi 21_{7}. †

hif: pf. הֶעְתִּיקוּ; impf. וַיַּעְתֵּק (Sam. qal *wjåttåq*); pt. מַעְתִּיק: — 1. **weiterrücken** Gn 12_{8} 26_{22}; c. מִן pers. et acc. rei (מִלִּים) ausgehen, eigentl. weiter wandern Hi 32_{15}; — 2. etw. von seinem Platz **versetzen** Hi 9_{5}; — 3. **herübernehmen**, **übernehmen** Pr 25_{1} (Gemser Spr.[2] 91); — 4. cj. Ez 35_{13} l וְהַעְתַּקְתֶּם pr. וְהַרְתַּרְתֶּם (↗ עתר hif):

frech machen (Worte), vb. abgeleitet v. ↗ עָתָק. †
Der. עָתִיק, *עַתִּיק, עָתָק, עָתֵק.

עָתָק: עתק: vom Herkommen losgelöst, emanzipiert > **vorlaut**, **frech** 1S 2₃ Ps 31₁₉ 75₆ 94₄, cj. Ps 73₈ pr. עֹשֶׁק prop. עִקֵּשׁ ↗ I עִקֵּשׁ vel עָתָק (BHS). †

עָתֵק, or. עָתֹק: עתק, ↗ עָתִיק: **altehrwürdig** od. stattlich (הוֹן), G κτῆσις πολλῶν Pr 8₁₈. †

עתר: ar. *ʿatara* Opfer schlachten (Wellh. RaH 118. 142; GB): davon unterscheidet Wellh. l. c. 142[2] ar. *ʿaṯara* duften, das wegen ↗ II *עָתָר mit עתר verbunden worden ist, so Lex.[1]; doch bleibt das fraglich; ? ug. *ġtr* töten (Dietrich-Loretz-Sanmartín UF 7, 1975, 138 zu Z. 39), bitten (CTA 24, 28 u. KTU 1. 24, 28; s. Lit. in UF 7 l. c.), hier auch zur Entwicklung der Bedtg. von *ġtr* die Reihe: töten, schlachten, opfern, bitten; zu letzterem cf. Sabottka Zephania (BiblOr 25, 1972) 119; vom ar. *ʿatara* aus lässt sich für hebr. עתר als urspr. Bedtg. annehmen: durch Opfer erbitten (Lex.[1], v. Rad Th I[6], 392[23]); dafür können sprechen: das sbst. II *עָתָר u. Hi 33₂₆, wo kultische Zeremonien vorausgesetzt sein dürften, s. v. Rad l. c. 392, cf. dazu auch 2S 24₂₅; sonst aber zeigt עתר keinen Zushg. (mehr) mit Opfern, so mit Ap-Thomas VT 6, 1956, 240f u. THAT II 385f (hier auch weitere Lit.):

qal: impf. יֶעְתַּר: **beten**, **bitten**: c. אֶל Ex 8₂₆ 10₁₈ Ri 13₈ Hi 33₂₆; c. לְ Gn 25₂₁. †

nif: pf. נֶעְתַּר; impf. וַיֵּעָתֵר, וַיֵּעָתֶר; inf. הֵעָתֶר־, נַעְתּוֹר: **sich erbitten lassen**: לְ zugunsten von 2S 21₁₄ 24₂₅, c. לְ von (↗ לְ 24) Gn 25₂₁ (Sam. qal), 2C 33₁₃.₁₉ Js 19₂₂ 1C 5₂₀ Esr 8₂₃; — Pr 27₆ נַעְתָּרוֹת c. נְשִׁיקוֹת, sec. ctxt. :: נֶאֱמָנִים „trügerisch", cj. l נַעֲוֺתוֹת: עות nif. pt. oder עִקְּשׁוֹת (BHS); Versuche zur Erklärung ohne cj.: a) Eitan 59f עתר zu ar. *ʿaṯara* lügen נַעְתָּרוֹת נְשִׁיקוֹת falsche, trügerische Küsse (so fragend auch TOB) doch ganz unsicher, da *ʿaṯara* = „straucheln", „stolpern" nur idiomatisch im Ausdruck *ʿaṯara lisānuhu* „s. Zunge stolperte" den Sinn von „lügen" gewinnen kann (Auskunft von Franz Allemann, Bern); b) N. Waldmann JQR 67, 1976, 142f = עתר zu akk. *watāru* übergross sein u. (*w*)*atartu* Überschuss, Zufügung (CAD A [vol. 1, part II] 485-92, doch siehe AHw. 1493 a): נַעְ׳ נְשִׁי׳ übermässige, d. h. falsche Küsse; עתר lässt sich jedoch nicht mit *watāru* verbinden:

hif: pf. וְהַעְתַּרְתִּי (BL 349q); impf. אַ/תַּעְתִּיר; imp. הַעְתִּירוּ: **beten**, **bitten** (nicht in Ps, s. THAT II 386): c. אֶל Ex 8₄.₂₅ 9₂₈ Hi 22₂₇ Sir 37₁₅ 38₁₄, c. לְ = für Ex 8₅, c. לְ = zu 10₁₇, c. בַּעַד für 8₂₄; — cj. Ez 35₁₃ pr. וְהַעְתַּרְתֶּם prop. הֲרֵיעוֹתֶם (Lex.[1]) vel וְהַעְתַּקְתֶּם (Zimmerli BK XIII 853, BHS). †
Der. I *עָתָר.

I ***עָתָר**: hapleg. Zef 3₁₀: עֲתָרַי meine Verehrer, eigentl. meine Verehrerschaft; עָ׳ ein altes Kollektivum zum pt. עֹתֵר, so Gerleman 57 u. Rudolph KAT XIII/3, 291f; al. cj. עֹתְרַי. †

II ***עָתָר**: trotz des ת (↗ עתר) wohl zu ar. *ʿaṯara* duften, *ʿiṯr* Duft; äth.[G] *ʿaṯana* räuchern, sbst. *ʿṯan* (Dillm. 1018); asa. *ʿṯr* Duft; sy. *ʿṯar* räuchern, *ʿeṯrā* (auch cp.) Rauch: Ez 8₁₁ עֲתַר־ **Duft** (des Weihrauches), עֲנַן dazu gl. †

עֶתֶר: n. l.; etym. ign. ? II *עָתָר „Weihrauchort": im Negeb Jos 15₄₂ 19₇ ↗ עֶתֶר: עֲתָךְ :: ? *Ch. el-ʿAtar*, etwa 2 km nw. *Bēt Ǧibrīn* (Fritz ZDPV 91, 1975, 36[29]). †

עֲתֶרֶת: Jr 33₆: עֲ׳ שָׁלוֹם: txt. inc. ? < עתר aram. = עשר Reichtum cf. TOB; cj. prop. עֵת רֶוַח (Rudolph Jer.[3] 214, s. BHS). †

פ

פ, final ף (cf. BL 59f); Sam. *fī* (BCh. LOT 5, 265); b/j T פה/א; G Ps 118 φη; gr. πεῖ; äth. *af* (Nöldeke BS 132); ug. keilschr. [*p*]*u* (BASOR 160, 23f); sy. *pē*; ar. *fā*; später Zeichen für 80; Bildwert: Mund (Driver SWr. 157. 160). Ein stimmloser, bilabialer Explosivlaut *p* oder ein stimmloser, labiovelarer Spirant *f*. Die spirantische Aussprache nach Vokal ist jünger (cf. ב). פ entspricht in Sec. φ (פָּרַצְתָּ = φαρασθ Ps 89$_{41}$), in G meist φ (פָּרָן = Φαραν), selten π (יוֹסֵף = Ιωσηπος cf. Thakeray, A Grammar of the OT in Greek 106) cf. Kahle CG² 180; entspricht ausserhebr. sem. *p* und wechselt a) mit ב: II בעל, בקע, בַּרְזֶל; b) mit מ: שֶׁמֶשׁ; innerhebr. wechselt פ mit a) ב: נֶפֶשׁ (Tell-Arad נבש), פקד, נשף; b) מ: פלט; c) ן: פַּעֲרֵי (Kennedy 99f).

פ: prokl. ptcl.; Vokalisation ?; ar. *fa* dann, asa. *p* (Conti 217); sonst nur n.-w. sem. (Garbini 167f), jaud. (auch פא, Friedr. Fschr. Landsbg. 428), aam. äga. nab. palm. (DISO 225) פ, auch פא (KAI 3, 40a), ug. *p* (UT nr. 1991, UT Gr. § 12, 1; Aistl. 2178); Stellen für פ im AT nach Dahood, Biblica 38, 1957, 310-12; UHPh 53f u. Psalms III 410, vgl. ferner van Zijl AOAT 10, 1972, 101, ℱ auch אַף: Hos 4$_2$ 7$_1$ Ps 48$_{12}$ 50$_{10f}$ 60$_{3.4}$ 64$_8$ 72$_{16}$ 74$_3$ 139$_6$ Hi 9$_{12.20}$ Pr 25$_{7f}$ HL 3$_{10}$; ein überzeugender Nachweis für angebliches פ gelingt nirgends, und so ist wohl auf diese ptcl. für d. bibl. Hebr. zu verzichten, s. Driver JSS 10, 1965, 116.

פאה: ar. *f'w/j* spalten (mit Schwertschlag), asa. *p'j* (Conti 217) durchbohren, herausschlagen etc.:

hif: impf. 1. p. sg. cum sf. 3. p. m. pl. אַפְאֵיהֶם: **zerschlagen, ausrotten** s. BL 425, Lex.¹ cj. אֲפִיצֵם (cf. G διασπερῶ) :: ℱ אֶפֶס, cj. אֶפֶס הֵם (s. HAL 77a) Dt 32$_{26}$. †

I פֵּאָה (81 ×: 46 × Ez, 29 × P), Sam. *få*, pl. f. *fā'ot*, einkonsonant. √, cf. GAG § 54b; fem. zu פֶּה wie akkad. I *pû* zu *pātu* (AHw. 849a) Rand; ug. *pat* u. *pit*, pl. *pat* (UT nr. 1994, 1999; Aistl. 2181; UF 7, 1975, 128, 32); mhe. פיאה, DSS (KQT 174); ja. פָּאתָא; sam. פאה, pl. פואתה (BCh LOT 2, 565); sy. *pa'ṯā* u. *paṯā* Seite, Rand; ar. *fi'at* Schar, Kriegsheer; äth. ? amh. *fī't* (Leslau 41): פְּאַת, pl. פֵּאֹת, du. cs. פַּאֲתֵי (s. u.); nach Dhorme EM 71 bedeutet פֵּ׳ urspr. Seite, Richtung, Hauptpunkt: — 1. a) **Seite**, **Rand** v. Feld Lv 19$_9$ 23$_{22}$ :: ug. *pat mdbr* (UT nr. 641, Aistl. 2181), v. Bett Am 3$_{12}$: Seite des Bettes = Lehne (Mittmann ZDPV 92, 1976, 149ff u. bes. 158ff :: Gese VT 12, 1962, 427-32: Fusswand d. Bettes, so auch Wolff BK XIV/2, 234) :: ℱ II פֵּאָה; b) v. Kopf: α) Rand d. Kopfes = Haarrand Lv 19$_{27a}$, cf. 21$_5$ (Elliger Lev. 243. 261); β) קְצוּצֵי פֵאָה die am Haarrand = den Schläfen Gestutzten Jr 9$_{25}$ 25$_{23}$ 49$_{32}$ als Bezeichnung arab. Stämme (Hdt. III 8, Wellh. RaH 198); metaph. פְּאַת מוֹאָב die Schläfe Moabs (|| קָדְקֹד) Jr 48$_{45}$, c. du. פַּאֲתֵי מ׳ (|| cj. קָדְקֹד) Nu 24$_{17}$, nach G V T S = Regenten Moabs, s. Zorell

639a, ראש פאתי אויב/מואב Sir 36₁₀; γ) מִפְּאַת פָּנָיו an der Vorderseite (d. Kopfes) Lv 13₄₁; c) Rand des Bartes Lv 19₂₇b (Gressm. Fschr. Budde 63, Elliger Lev. 261); — 2. pl. פֵּאֹת **Ecken** an den Füssen d. Schaubrottisches, d. h. deren obere Enden (Noth ATD 5, 167) Ex 25₂₆ 37₁₃; — 3. **Seite** (v. den Himmelsrichtungen): a) פְּאַת נֶגֶב/נֶגְבָּה Südseite Ex 26₁₈ 27₉a (= לִפְאַה הָאֶחָת 27₉b), 36₂₃ 38₉ Nu 34₃ 35₅ Jos 18₁₅ Ez 47₁₉ 48₁₆.₂₈.₃₃ = פְּאַת תֵּימָנָה Ez 47₁₉; b) פְּאַת יָם/יָמָּה Westseite Ex 27₁₂ 38₁₂ Nu 35₅ Jos 18₁₄ Ez 45₇ 47₂₀ 48₂-₃₄ (15 ×), פְּאַת דֶּרֶךְ הַיָּם Seite nach Westen Ez 41₁₂; c) פְּ׳ קֵדְמָה Ostseite Ex 27₁₃ 38₁₃ Nu 35₅ Jos 18₂₀ Ez 45₇ = פְּ׳ קָדִים/קָדִימָה Ez 47₁₈ 48₁-₃₂ (16 ×); d) פְּ׳ צָפוֹן Nordseite Ex 26₂₀ 27₁₁ 36₂₅ 38₁₁ Nu 35₅ Jos 15₅ 18₁₂ Ez 47₁₅.₁₇ 48₁₆.₃₀; — 4. Neh 9₂₂ וַתְּחַלְּקֵם לְפֵאָה txt. inc: a) ohne cj.: לְפֵ׳ = als Randgebiete (Rudolph EN 160, cf. TOB); b) mit cj.: prop. לְפֵ׳ לְפֵ׳, s. BHK = Grenze um Grenze (Galling ATD 12, 237). †

? II **פֵּאָה**: *יפא = יפה; wie עֵצָה von יעץ: cs. פְּאַת: פְּאַת מִטָּה Pracht des Lagers = Prachtlager Am 3₁₂, so Lex.[1] und Maag 93 u. 185f; :: ⱶ I פֵּאָה 1 a. †

I **פאר**: denom. v. פֻּארָה, mhe. pi. (Jastrow):

pi. (Jenni 273): impf. תְּפָאֵר: (Zweige) **durchsuchen**, d. h. die Zweige des Oelbaumes durchsuchen, nachdem die Oliven zuvor abgeschlagen sind (ⱶ חבט) Dt 24₂₀. †

II **פאר**: denom. v. פְּאֵר, mhe. verherrlichen, preisen (DJD IV p. 64, 1, 17); THAT II 387-89:

pi: pf. sf. פֵּאֲרָךְ; impf. אֲ/יְפָאֵר; inf. פָּאֵר: **verherrlichen** (G δοξάζειν, Ps 149₄ ὑψοῦν; V *glorificare*, Ps 149₄ *exaltare*): d. Tempel Js 60₇.₁₃ Esr 7₂₇, Israel Js 55₅, d. Zion 60₉, die עֲנָוִים Ps 149₄. †

hitp: impf. אֶ/יִתְפָּאֵר, יִתְפָּאַר; imp. u. inf. הִתְפָּאֵר: — 1. a) **seine Herrlichkeit zeigen** (v. Gott), abs. Js 60₂₁ 61₃, c. בְּ an Israel Js 44₂₃ 49₃; b) **sich rühmen gegenüber**, c. עַל Ri 7₂ Js 10₁₅; abs. Sir 48₄, הִתְפָּאֵר בשם יהוה 50₂₀; — 2. Ex 8₅ imp. הִתְפָּאֵר עָלַי (Mose zu Pharao), wohl eine Höflichkeitsformel; α) G τάξαι πρός με, πότε . . ., V *constitue mihe quando* . . ., S *šal lāḵ zabnā lē'matj*, danach die Übers.: geruhe/beliebe, mir zu bestimmen, auf wann . . . (u. a. Noth ATD 5, 46, ZüBi, TOB, Lex.[1]), cf. ferner Childs Exodus 128, Michaeli CAT II 1974, 72; β) ? cj. הִתְבָּאֵר (ⱶ I באר): mache dich mir deutlich! s. GB u. Lex.[1]. †

Der. פָּארוּר, תִּפְאֶרֶת.

פְּאֵר Lw. < äg. *pjr* (EG I 502); Sam. pl. cstr. *fā'ēri*; mhe. sg. Kopfputz, pl. פְּאֵרוֹת Perlen ? (Dalm. Wb. 326); DSS (KQT 174) פאר (cf. פרי 1QM 7, 11); ? äga. (AP Nr. 81, 48: . . . פא, DAE p. 112ᵗ prop. פארין): פַּאֲרֵי, פְּאֵרִים, פְּאֵרְךָ (BL 580), פְּאֵרֵכֶם Ez 24₂₃ (nonn. MSS ־ריכם, cf. BHS): **Kopfbinde**, **Turban** (Hönig 93f, AuS 5, 258), als Kopfbedeckung d. Mannes Ez 24₁₇.₂₃ (vs. ₁₇: c. חָבַשׁ עַל), der vornehmen Jerusalemerinnen Js 3₂₀, der Priester Ex 39₂₈, Ez 44₁₈ (aus Leinen), des Bräutigams Js 61₁₀, in Trauer nicht getragen Ez 24₁₇.₂₃ Js 61₃. †

***פֹּארָה**: etym. inc. s. Rüthy 57f; identisch mit ⱶ פֻּארָה (Nöldeke NB 103³); mhe. DSS (KQT 174): pl. פֹּארוֹת Ez 17₆ (MSS u. Codex Aleppo s. Textus 1, 1960, 85: פראות), פֹּארֹתָיו: **Schosse**, der Rebe Ez 17₆; **Zweige** des Prachtbaumes (Weltenbaumes) Ez 31₅f.₈.₁₂f. †

פֻּארָה Q u. ca. 50 MSS (BHK) פּוּרָה; ⱶ פֹּארָה u. I פאר: coll. das **belaubte Astwerk** des Baumes, Gezweig Js 10₃₃. †

פָּארוּר: < *פַּאֲרוּר Röte BL 483w; etym. inc., Möglichkeiten: a) zu II פאר u. das sbst. eigentl. = Strahlenfülle (Kö. Wb. 356b), auch nach GB zu II פאר; b) zu

***פרר**, ? ar. *ʾfr* glühen, sy. *nfar* tosen, äth. *nafara* sieden, amhar. (Leslau 117b) sieden (Nöldeke NB 186) :: Gradw. 25f, cf. Görg BN 6, 1978, 12-14: mit G V T S פָּארוּר = ✝ פָּרוּר; doch cf. dagegen Rudolph HeWf 247 u. KAT XIII/2, 52: Röte od. Glut: Jl 2_6 Nah 2_{11}: כָּל פָּנִים (וּפְנֵי כֻלָּם) קִבְּצוּ פָּא׳, d. h. entweder: d. Antlitz sammelt Röte = errötet, bzw. glüht vor Erregung (Lex.[1], Keller CAT XIa 121, TOB, Schüngel BN 7, 1978, 29-31), oder sammelt die Röte ein, wird fahl (GB 699a, Haldar Studies in the Book of Nahum, 1947, 60); cf. Rudolph l. c., Rabin Fschr. Yeivin (Jerusalem 1969/70) 470f. †

פָּארָן: n. terr; Sam. Vers. פראן = *fårrån*; G Φαραν, Φαραθ (Ptolem. Geographia VI 7, 28), Namen erhalten in d. Oase *Fērān*; ar. n. tr. *Farrān* u. *Fārān*, s. GB: — 1. מִדְבַּר פָּ׳ Gn 21_{21} Nu 10_{12} 12_{16} $13_{3.26}$ 1S 25_1 (G[B] l Μαάν danach prop. מָעוֹן Lex.[1] :: Stoebe KAT VIII/1, 446: MT) = פָּארָן Dt 1_1 1K 11_{18}: nach 1K 11_{18} zwischen Midian u. Aegypten gelegen u. mit der Sinaihalbinsel gleichzusetzen, so Y. Aharoni bei Rothenberg Die Wüste Gottes, 1961, 156 und Fritz Israel in der Wüste, 1970, 85, cf. Noth Kge. 252; Abel I S. 434: Das Gebiet östlich des *Wādi el ʿArīš* :: Weippert 298f: Oase *Fērān*, unterhalb des *Ǧebel Serbāl*; cf. BHH 1445; — 2. הַר פָּ׳ Dt 33_2 Hab 3_3: nicht sicher zu lokalisieren, Name erhalten in *Ǧ. Fārān* an der Westseite des *W. el ʿAraba*, 80 km. w. von Petra (BHH 1445, cf. Zorell 640a); — 3. אֵיל פָּ׳ (Sam. *īl fårrån*) Gn 14_6, wohl = ✝ אֵילַת, so Aharoni bei Rothenberg l.c., BHH l.c., doch cf. Schatz 172f. †

***פַּג**, etym. inc., ? zu äth. *fagaga* stinken, pt. *fegūg* stinkend (Dillm. 1383a), tigr. *fagaga* faulen, vermodern (Wb. 675b), mhe. pl. פַּגִּין die nicht völlig reife Frucht, ja. פַּגְּתָא, פַּגִּין, ? davon n. l. Βηθφαγή Mk 11_1 = ✝ בֵּית פַּגֵּא GB, Bauer WbNT[5] 278b, VG 1, 454; sy. *paggā* unreife Feige (LS 555b); ar. *fiǧǧ* unreif, grün (Frucht); PN palm. (PNPI 47. 108) *pgʾ*: pl. sf. פַּגֶּיהָ: die **unreife Frucht** (des Feigenbaums) HL 2_{13}. †

פִּגּוּל: פגל, BL 480u; Sam. *fågol*; etym. Versuche, s. Görg BN 10, 1979, 7-10; mhe., ja. פִּגּוּלָא/פִּגּוּל Greuel, bes. von Opfergaben (Dalm. Wb. 327a); vom sbst. denom. vb. פגל mhe. pi, ja. pa. sam. ein Opfer über die vorgeschriebene Frist hinaus zum Genuss bestimmen und dadurch verwerflich machen (Dalm. Wb. l.c.); zur √ פגל cf. ar. *faǧula* schlaff, welk sein: pl. פִּגֻּלִים: **unrein gewordenes** (weil zu lange — bis zum 3. Tag aufbewahrtes-) **Opferfleisch** (Elliger Lev. 100) Lv 7_{18} 19_7; בְּשַׂר פִּגּוּל unreines Fleisch Ez 4_{14}; מְרַק פִּגֻּלִים (Q) unreine Opferbrühe Js 65_4: diese ist entweder mit unreinem Fleisch gekocht od. bis zum 3. Tag aufbewahrt worden (Zimmerli Ez. 126f). †

פגע: mhe., DSS (KQT 174), ja. sy. cp. sam. pun. äga. (DISO 225); פגשׁ (s. Rundgren ActOr. 21, 1953, 336-45); ar. *faǧaʾa* unversehens überfallen:

qal: pf. פָּגַע, (וּ)פָגַעְתָּ, sf. פְּגָעוֹ; impf. אֶפְגַּע, תִּפְגְּעִי, תִּפְגַּע, וַיִּפְגַּע (Js. 47_3 s. unten), יִ/תִּפְגְּעוּן, (וַיִּ)יִפְגְּעוּ, נִפְגַּע, sf. יִפְגָּעֶנּוּ; imp. פְּגַע, פִּגְעוּ; inf. לִפְגֹּעַ, sf. פִּגְעוֹ (BL 343b): — 1. a) c. בְּ: **auf jmd treffen** Gn 32_2 Nu $35_{19.21}$ Jos 2_{16}; b) c. acc. antreffen, begegnen Ex 5_{20} 23_4 1S 10_5 Js 64_4; c) c. בְּ auf einen Ort stossen Gn 28_{11}; — 2. a) **herfallen über** c. בְּ, um jmdn zu töten (Hier. Christ Blutvergiessen im AT, Bd. XII der Theol. Dissertationen Basel 1977, 15) Ri 8_{21} 15_{12} 18_{25} 22_{18} 1S 22_{17} 2S 1_{15} 1K $2_{25.29.31f.34.46}$; b) jmdn anfallen c. acc. Am 5_{19} (דֹּב), jmdn anfallen mit = schlagen mit (Pest u. Schwert) Ex 5_3; c) eine Frau belästigen Ru 2$_{22}$; — 3. a) **jmdn bittend angehen**, in ihn dringen c. בְּ Jr 7$_{16}$ 27$_{18}$ Hi 21$_{15}$ Rt 1$_{16}$; c. בְּ u. לְ jmdn für einen anderen bitten Gn 23$_{8}$; b) Js 47$_{3}$ txt. inc. MT וְלֹא אֶפְגַּע אָדָם ich komme niemandem entgegen = ich verschone niemand s. GB, Elliger BWANT 63, 1933, 13 und Fohrer Das Buch Jesaja 3. Bd, 1964, 104; cj.: α) וְלֹא יִפְגַּע אָדָם (BHS) und keiner kann (mich) bittend angehen; β) pr. אֶפְגַּע prop. nif. אֶפָּגַע u. pr. אָדָם prop. אָמַר et cjg. c. vs. 4: גֹּאֲלֵנוּ (u. a. Koehler Dtjes. 31, Lex.[1]) ich will/werde mich nicht erbitten lassen; — 4. פָּ׳ גְּבוּל die Grenze stösst an c. בְּ Jos 16$_{7}$ 17$_{10}$ 19$_{11a.22.26f.34}$, c. אֶל 19$_{11b}$ (Bächli ZDPV 89, 1973, 7; GTT p. 188[173]). †

? cj. **nif**: impf. אֶפָּגַע Js 47$_{3}$ ↗ qal 3bβ.

hif: pf. הִפְגִּיעוּ, הִפְגַּעְתִּי, הִפְגִּיעַ; impf. יַפְגִּיעַ; pt. מַפְגִּיעַ: — 1. c. acc. rei et בְּ pers. **etwas jmdn treffen lassen** Js 53$_{6}$; — 2. **sich jemandes annehmen, eintreten für jmdn** c. בְּ bei u. עַל/אֶל für (cj. pr. אֶת־) Jr 15$_{11}$ s. Rudolph Jer.[3] 104 u. BHS, c. לְ für Js 53$_{12}$, abs. 59$_{16}$; — 3. c. בְּ (bittend) **dringen** in Jr 36$_{25}$; cj. Hi 36$_{32}$ pr. מַפְגִּיעַ prop. בְּמִפְגָּע cf. 7$_{20}$ (BHS). †

Der. מִפְגָּע, פֶּגַע, ? n. m. פַּגְעִיאֵל.

פֶּגַע: פגע, BL 458u: **Widerfahrnis**, **Zufall** 1K 5$_{18}$ Koh 9$_{11}$. †

פַּגְעִיאֵל: n. m. פגע + אֵל, Sinn ungewiss s. Noth N. 254b; Sam. *fågā'əl*, G Φαγαιηλ, Φαγεηλ, cf. פגעכוס Ostr. Ezion Geber (BASOR 82, 1941, 13 Nr. 5) tham. פגע (Winnett 20f u. Ryckm. 1, 177: 1 *fâgi'* nach ar. *fāǵiḥ* furchtbar; doch ist sehr fraglich, ob d. he. PN danach = „El ist furchtbar" od. eher? ↗ פגע qal 3a „der von El Erbetene": Stammesfürst (נָשִׂיא) aus Asser Nu 1$_{13}$ 2$_{27}$ 7$_{72.77}$ 10$_{26}$. †

פגר: I mhe. pi, ja. pa. = פכר niederreissen, zerstören, so auch cp.; sam. (BCh. LOT 2, 612, Übersetzung von נתץ); II ja. pa. itpa. müssig gehen; aram. Deir Alla ? *pgr* schlaff sein (ATDA 257); sy. *b*[e]*gar* kraftlos, hinfällig sein (LS 58b, GB); ar. *fağara* zuchtlos sein:

pi: pf. פִּגְּרוּ: c. מִן u. inf.: **zu schlaff, zu müde sein, um** ... 1S 30$_{10.21}$. †

Der. פֶּגֶר.

פֶּגֶר: פגר, BL 456f: פֶּגֶר, pl. פְּגָרִים, פִּגְרֵי, פִּגְרֵיהֶם, פִּגְרֵיכֶם:

A. mhe., DSS (KQT 174), ja. sam. (BCh. LOT 2, 566) פִּגְרָא; aam. (KAI 222 B 30, 223 B 11; Degen Altaram. Gr. 47), ? äga., palm. (DISO 225) Leichnam; akk. *pagru* (AHw. 809) Körper, Leib, Leichnam; md. (MdD 359) Körper; sy. cp. Körper, Leichnam: **Leichnam**: a) von Menschen Nu 14$_{29.32f}$ Js 14$_{19}$ 34$_{3}$ 66$_{24}$ Jr 33$_{5}$ 41$_{9}$ Ez 6$_{5}$ 2C 20$_{24f}$; coll. Leichname Am 8$_{3}$ Nah 3$_{3}$, 1S 17$_{46}$ pr. פֶּגֶר prop. c. G פִּגְרְךָ וּפִגְרֵי; פְּגָרִים מֵתִים tote Leute = lauter Leichen (ZüBi) 2K 19$_{35}$/Js 37$_{36}$ (1QM 14, 3 פגרי האשמה); b) von Tieren Gn 15$_{11}$; c) von Tieren u. Menschen Jr 31$_{40}$;

B. akk. (Mari) *pagrā'um*, *pagrûm* (AHw. 809a) ein Schlachtopfer für Dagan ?, cf. ARM X Nr. 63, 15: Dagan = *bēl pagrê* „Herr der p.-Opfer"; ug. *pgr* Bedtg. umstritten: a) Stele (UT nr. 2005, Galling ZDPV 75, 1959, 11, Lipiński UF 5, 1973, 200f); b) Opfer cf. akk. *pagrûm* (Aistl. 2189, 2: Morgenopfer ?; Ebach UF 3, 1971, 365-68: [Toten-]Opfer ?; Dietrich-Loretz-Sanmartín UF 5, 1973, 289-91; Dijkstra-de Moor UF 7, 1975, 175); eine Entscheidung zwischen a) und b) ist schwierig. Beim n.d. *špš pgr* (KTU 1. 39, 12. 17; 102,12) dürfte b) vorliegen, während für UT Text 69 u. 70 sowohl a) als auch b) möglich sind: — 1. **Denkmal**, **Stele** (Neumann JBL 67, 1948, 55-60; Galling ZDPV 75, 1959, 1-13; de Vaux Inst. 2, 112 = Lebensordnungen 2, 105; Zimmerli Ez.

1082f) Lv 26_{30} (:: Elliger Lev. 377: Leichen), Ez $43_{7.9}$ (:: Galling HAT 13^2, 243: pr. פִּגְרֵי מַלְכֵיהֶם prop. c. G וּבְהָרְגָם u. וְאֶת־הַרְגֵיהֶם); — 2. ? **Totenopfer** (diese Bedtg. erwägt Ebach UF 3, 365-68 wegen akk. *pagrûm*, ug. *pgr*) Ez $43_{7.9}$. †

פגשׁ, ↗ פגע: mhe. nif. hitp. zusammentreffen, kämpfen:

qal: pf. פָּגַשְׁתִּי; impf. וַתִּפְגֹּשׁ, sf. יִפְגָּשְׁךָ Gn 32_{18} ↗ BHS, וַיִּפְגְּשׁוּם, אֶפְגְּשֵׁם; inf. כִּפְגֹשׁ, פָּגוֹשׁ: **jmdm begegnen, jmdn antreffen**: a) in neutralem Sinn, c. acc. Gn 32_{18} 33_8 Ex 4_{27} 1S 25_{20} 2S 2_{13} Js 34_{14} Jr 41_6; b) in feindlichem Sinn, c. acc. Ex 4_{24} Hos 13_8, c. בְּ Pr 17_{12}. †

nif: pf. נִפְגְּשׁוּ: **sich begegnen, einander antreffen** Ps 85_{11} Pr 22_2 29_{13}. †

pi: impf.: יְפַגְּשׁוּ: c. acc. **treffen auf** (חֹשֶׁךְ) Hi 5_{14} (|| יְמַשְׁשׁוּ). †

פדה: mhe. (DSS, Nötscher Term. 188f, THAT II 405f); ug. *pdj* (UT nr. 2013, Aistl. 2194): a) loskaufen, so PRU II Nr. 6, 2. 12 (= UT, Text 1006 = KTU 3. 4, cf. UF 11, 1979, 448ff), s. Yaron VT 10, 1960, 83-90; b) befreien, so in PN (*bn*) *pdj* u. ä. siehe THAT II 389f; pun. פדיחלץ (KAI Nr. 73, 4) und בעלפדא „Baal (er)-löste ihn" (KAI Nr. 103, 2; PNPhPI 97. 389 mit anderen Beispielen, auch myk.); ? äga. (Hermopolis 2, s. Donner Fschr. Albright 1971, 84); ar. *fdj* loskaufen; äth. *fadaja* (Dillm. 1378-80) bezahlen, zurückerstatten; asa. sbst. *pdjt* Lösegeld, Bezahlung; akk. *padû/pedû* (AHw. 808b) verschonen, loslassen; (Stamm Erl. Vgb. 7ff; Jepsen Fschr. Rud. Hermann 1957, 153-163; THAT II 389-406) :: ↗ גאל THAT II 397: „verglichen mit גאל ist פדה der weitere und in seinen Ursprüngen nicht in einem bestimmten Rechtsbezirk beheimatete Begriff" :: Gouders Fschr. Botterweck, 1977, 307: handelsrechtlicher Begriff:

qal (53 ×): pf. פָּדָה, פָּדִיתָ(ה) (Sec. παδιθ, Brönno 19f); c. sf. פְּדָם, פָּדְךָ, פְּדִיתִים, פְּדָ(י)תִיךָ; impf. וַיִּפְדּוּ, אֶ/תִּפְדֶּה, sf. תִּפְדּוּנִי, אֶפְדֵּם, וַיִּפְדְּךָ; imp. פְּדֵה, פְּדֵנִי; inf. הַפֹּדְךָ, פָּדֹה, פְּדוֹת; pt. פּוֹדֶה, פָּדָה (Dt 13_6 pt. c. sf. u. art. ! GK § 116f; פודך 11 Q, DJD IV Col. XXII 15), פְּדוּיֵי, c. sf. פְּדוּיָו: — 1. **auslösen**: a) **kultgesetzlich**: die Erstgeburten auslösen: α) von Menschen Ex $13_{13b.15}$ 34_{20b} Nu 18_{15a}; β) von Tieren Ex 13_{13a} 34_{20a} (חֲמ(ו)ר ... בְּשֶׂה), von unreinen Tieren (בְּהֵמָה) durch Geld Lv 27_{27} Nu 18_{15b}; γ) von Tieren und Menschen Nu 18_{16} (Sam. Vers. ופדיו *wfidju*, nomen c. suff.) פְּדוּיָו die davon auszulösenden (Noth ATD 7, 117); vs. $_{15b}$ u. $_{16}$ pr. תִּפְדֶּה prop. hif. תַּפְדֶּה ↗ THAT II 393f; δ) Erstgeb. von Tieren, die nicht ausgelöst werden können (שׁוֹר, כֶּבֶשׂ, עֵז) Nu 18_{17}; b) **sozial**: Auslösung eines Einzelnen: α) durch die Gemeinschaft (עָם) 1S 14_{45} s. THAT II 395; β) des Freundes durch den Freund Hi 6_{23}; — 2. **Gott löst aus**: a) den Einzelnen 2S 4_9 u. 1K 1_{29} (מִכָּל־צָרָה), Js 29_{22} (אַבְרָהָם), Jr 15_{21} (den Jeremia מִכַּף עָרִצִים), Ps 26_{11} 31_6 49_{16} (מִיַּד שְׁאוֹל), 55_{19} (בְּשָׁלוֹם), pr. פָּדָה c. G prop. יִפְדֶּה, BHS), 69_{19} (לְמַעַן אֹיְבַי), 71_{23} (נַפְשִׁי), 119_{134} (מֵעֹשֶׁק אָדָם), Hi 5_{20} (מִמָּוֶת), 33_{28} (מֵעֲבֹר בַּשַּׁחַת); b) das Volk Dt 7_8 u. 13_6 u. Mi 6_4 (מִבֵּית עֲבָדִים), Dt 9_{26} 2S 7_{23b} = 1C 17_{21b} (מִמִּצְרַיִם = מִשָּׁם Dt 24_{18}), cf. Dt 15_{15} 21_8 2S 7_{23a} = 1C 17_{21a}; Js 35_{10} 50_2 (pr. פְּדוּת l c. G פְּדוֹת), 51_{11} (pr. פְּדוּיֵי 1Q Jsª l פְּזוּרֵי s. Talmon Textus 4, 1964, 106, u. Jean M. Vincent Studien zur literarischen Eigenart und zur geistigen Heimat von Jesaja, Kap. 40-55: BET 5, 1977, 123[111]), Jr 31_{11} (יַעֲקֹב), Hos 7_{13} 13_{14} (מִיַּד שְׁאוֹל), Zch 10_8 Ps 25_{22} 34_{23} (נֶפֶשׁ עֲבָדָיו), 44_{27} 78_{42} (מִנִּי־צָר), 130_8 (מִכֹּל עֲוֹנֹתָיו), Neh 1_{10} — Ps 49_8 ↗ nif. †

nif: pf. נִפְדָּתָה, impf. יִ/תִּפָּדֶה: **losgekauft**,

ausgelöst werden: — 1. rechtlich-profan Lv 19_{20} (שִׁפְחָה): וְהָפְדֵּה לֹא נִפְדָּתָה pr. וְהָפְ׳ prop. וְהִפָּדֵה (BHS); — 2. kult-gesetzlich Lv 27_{29} (חֵרֶם); — 3. politisch-religiös Js 1_{27} (צִיּוֹן); — 4. cj. sich selber loskaufen (vom Todesgeschick) Ps 49_8 (pr. אָח l אַךְ und pr. יִפְדֶּה l יִפָּדֶה, BHS). †

hif: pf. c. sf. וְהֶפְדָּהּ: loskaufen lassen (d. Tochter eines Israeliten aus der Schuldsklaverei) Ex 21_8; cj. Nu $18_{15b.16a}$ pr. תִּפְדֶּה prop. תִּפָּדֶה ↗ qal 1 a. †

hof: inf. הָפְדֵּה Lv 19_{20}, cj. וְהִפָּדֵה ↗ nif. 1. †

Der. *פְּדוּיִם, פְּדוּת, פִּדְיוֹם, *פִּדְיוֹן; n.m. יִפְדְיָה, פְּדָיָה(וּ), פָּדוֹן, פְּדָהצוּר, פְּדַהְאֵל.

פְּדַהְאֵל, n. m. (Var. פְּדָ׳), Sam. *fādā'əl*, G Φαδαηλ: פדה + אֵל ,,Gott hat befreit'', Sgl. פדאל Mosc. Ep. S. 56 Nr. 13, Vattioni sig. Nr. 135; saf. פדאל Φαδαιέλου (Ryckmans 1, 245b); akk. *Ili- ipdianni* ,,Mein Gott hat mich verschont/befreit'' (AHw. 808b), wsem. *Pad(d)ū-ilu, Pa-di-i* (APN 178b): Fürst (נָשִׂיא) aus Naftali Nu 34_{28}. †

פְּדָהצוּר (Nu $7_{54.59}$ פְּדָה־צ׳); Sam. *fådåṣor* S *Parṣur* < *Padṣur*, G Φαδασ(σ)ουρ: פדה + ↗ I צור (Noth N. 129f u. AbLAk 2, 230): Vater eines Stammesführers (רֹאשׁ) in Manasse Nu 1_{10} 2_{20} $7_{54.59}$ 10_{23}. †

***פְּדוּיִם**, פְּדֻיִם, Sam. *fidwīm*; abstr. pltt. √ פדה nach *qatūl* od. *qutūl* (Barth Nb. § 82e, BL 472 u. 473, zum pl. auch GK § 124f): פְּדוּיֵי, פְּדוּיָיו **Auslösung** Nu $3_{46.48.51(Q)}$ 18_{16}; — Nu 3_{49} pr. פִּדְיוֹם prop. c. Sam. פְּדוּיִם. †

פָּדוֹן: n.m., Kf. zu פדה + n. d. (cf. פְּדָיָהוּ) (Noth N. 38. 180): Ahne eines Geschlechtes von Tempelsklaven (נְתִינִים) Esr 2_{44} Neh 7_{47}. †

פְּדוּת u. פְּדֻת Ex 8_{19}: פדה, BL 505 o, Gulk. 121, Sam. *fådot*, mhe. DSS (KQT 174): **Erlösung** Ps 111_9 130_7: Isr. = עם פדותו 1Q M 14, 5; — Ex 8_{19} txt. inc. G διαστολή, V *divisio*, S *puršānā*, T^O^ Targ. u. Sam. פו(ו)רקן: a) danach Übersetzung oft: Trennung, Unterscheidung, cf. ZüBi, Childs Exodus 129, Michaeli CAT II 1974, 73; cj. פְּלֻת zu פלה hif, Ex 8_{18} BHS, Lex.[1] :: Macintosh VT 21, 1971, 548-55 l פדת zu ar. *fadda* allein, getrennt sein, :: Davies VT 24, 1974, 489-92 l פרדת zum vb. ↗ פרד nif. u. hif; b) פְּדֻת zu פדה, so Dillmann-Ryssel Exodus und Leviticus 1897, 90: und ich setze eine Erlösung, cf. TOB: *un geste libérateur*. †

פְּדָיָה: n. m. < פְּדָיָהוּ: ihe. Kf. Sgl. פדה (Avigad ErIsr 9, 1969, 2; Vattioni sig. 236), פדי (Bordreuil-Lemaire Sem. 26, 1976, 52); bab. *padāyau* (WSPN 33. 81): — 1. Grossvater mütterlicherseite d. Jojakim 2K 23_{36}; — 2. Zeitgenosse d. Nehemia in Jerusalem Neh 3_{25}; — 3. Helfer d. Esra, wohl e. Priester Neh 8_4; — 4. Benjaminit Neh 11_7; — 5. Levit Neh 13_{13}; — 6. ein Sohn des Jojachin/ Jechonia 1C 3_{18f} s. Rudolph KAT XVIII/4, 31, Zorell 641b. †

פְּדָיָהוּ: n. m. פדה + י׳; ihe. פדיהו (Vattioni sig. 45, 235. 365): ,,Jahwe hat erlöst/ gerettet'' (Noth N. 180, THAT II 401); > פְּדָיָה u. פָּדוֹן; ug. u. pun. PN ↗ פדה; bab. *padāyau* WSPN 33. 81), akk. u. wsem. PN ↗ פְּדַהְאֵל; äga. פדי u. פדיה (DAE 484, Kornfeld Onomastica 68); s. ferner Avigad ErIsr. 9, 1969, 1; T. Arad 49, 15; Bordreuil-Lemaire Sem. 26, 1976, 52: Manassit 1C 27_{20}. †

פִּדְיוֹם: Nf. von *פִּדְיוֹן, BL 504j; **Auslösung** Nu 3_{49a} ↗ *פְּדוּיִם, $_{51(K)}$. †

***פִּדְי(וֹ)ן** od. ***פִּדְי(וֹ)ן**: פדה, BL 498f 537f, Sam. *fidjon*: cs. פִּדְי(וֹ)ן: **Auslösung** Ex 21_{30} פִּ׳ נַפְשׁוֹ Lösegeld für s. Leben, Ps 49_9 פִּ׳ נַפְשׁוֹ Loskauf s. Lebens/s. Seele ↗ THAT II 393 (pr. MT נַפְשָׁם l c. G נַפְשׁוֹ); ↗ פִּדְיוֹם. †

פַּדָּן: cs. פַּדַּן n.l. (nur P): בְּפַדַּן אֲרָם (Sam.

fåddån årâm) Gn 31_{18} 35_{26} 46_{15}, מִפַּ׳ אֲ׳ 25_{20} 33_{18} 35_{9}, loc. פַּדֶּנָה אֲרָם (BL 216 o) Gn $28_{2.5-7}$, מִפַּדָּן 48_{7} (Sam. G S + אֲרָם); שְׂדֵה אֲרָם = פַּ׳ אֲ׳ Hos 12_{13}; G Μεσοποταμία (Συρίας); der Name פַּדָּן vielleicht erhalten in *T. Feddān* (bei mittelalterl. ar. Geographen) e. Dorf bei *Carrhae* s. GB; GTT § 379, BHH 1361; etym. von פַּ׳ inc., Möglichkeiten s. de Vaux Histoire I, 189: a) zu akk. *padānu* (AHw. 807f) Weg, Pfad: in d. Bedtg. ähnl. *ḫarrānu* > n. l. Haran: פַּ׳ wäre d. urspr. Name d. Stadt; b) wegen שְׂדֵה אֲרָם Hos 12_{13} wäre פַּ׳ = Ebene, eine Bedtg, die *paddānā/faddān* im ja. sy. ar. haben soll. Nach den Wb. heisst jedoch nur: Joch, Gespann (v. Ochsen), Pflug; letzteres auch md. (MdD 359f); zu Joch-Feld cf. auch bei צֶמֶד und mhe. ניר (Feld), aram. נִיר (auch Feld); so ist a) gegenüber b) wahrscheinlicher. †

פדע: imp. c. sf. פְּדָעֵהוּ Hi 33_{24}, txt. inc. cj. entweder l פְּדֵהוּ: löse, befreie ihn (Weiser ATD 13, 218, Terrien CAT 13, 223[4]) oder l c. 2 MSS פְּרָעֵהוּ: lass ihn frei (Budde GHK II/1[2], 1913, 211; Fohrer KAT XVI 455; Lex.[1], BHS). †

פֶּדֶר: Sam. *fådår*, c. sf. *fidru*; mhe.; äg. *pdr* (EG I, 566): פֶּדֶר, פִּדְרוֹ: Nierenfett (G στέαρ, V Lv 8_{20} *adeps*) Lv $1_{8.12}$ 8_{20}. †

פֶּה (500 ×): sem. Sam. *fā*, cstr. *fī*; mhe. DSS (KQT 174); amor. *pû* (Huffmon 254), ug. *p* (UT nr. 1992, Aistl. 2180); akk. *pû(m)*, alt-akk, aAss. auch *pā'um*, *pīum* (AHw. 872); ph. pun. *pj*; ar. *fû*, gen. *fî* (cf. Nöldeke NB 171ff), auch *fam*, *famm*; äth. *'af*; aam. *pm*, ba. פֻּם; ja. פום u. פּוּם, פֻּמָּא (zur Gemination, cf. Ben-Hayyim, Studies in the Traditions of the Hebrew Language 1954, 149); äga. *pm*; pehl. פומה (Frah. 10, 4 u. Nyberg II 298), sy. *pummā*, nsy. *pūmā*, md. (MdD 368a) פּוּמָא, cp. md. ja.-pal. *p(j)m*, sam. *fam*; BL 620s, R. Meyer Gr. § 33, 1. 2: cs. פִּי, פִּיהוּ = פִּיו, פִּיךָ, פִּי (Sec. φι Ps 49_{4}, Brönno 183), פִּינוּ, פִּיהֶם, poet. פִּימוֹ (BL 215j), pl. פִּיּוֹת Pr 5_{4} (l ? c. 2 MSS פִּיפִיּוֹת, BHS), פִּיוֹת (Ri 3_{16}), ↗ פִּיפִיּוֹת; ↗ פִּים: (THAT II 406-411): — 1. a) **Mund** d. Menschen Ex 4_{16} Ez 3_{3}, neben לָשׁוֹן Sprechwerkzeuge Ps 73_{9} 78_{36} 126_{2} Pr 15_{2} 21_{23} 26_{28} 31_{26} cf. ug. *p* ‖ *lšn* (RSP I S. 309 Nr. 455); aAss. *ina pîm u lišānim* (AHw. 556a, 4a) mit allerlei Redereien; פֶּה :: כְּלָיוֹת Jr 12_{2}; b) **Maul** von Tieren אָתוֹן Nu 22_{28}, Rachen (Krokodil) Hi $41_{11.13}$, Schnabel e. Vogels Gn 8_{11} Js 10_{14}; — 2. **Mund, Öffnung**: a) der Erde Gn 4_{11}, d. שְׁאוֹל Ps 141_{7}, v. בְּאֵר Gn 29_{2} Jr 48_{28}; b) מְעִיל Ex 28_{32}, כֻּתֹּנֶת Hi 30_{18}, מִדּוֹת Ps 133_{2}, שַׂק Gn 42_{27}, אֵיפָה Zch 5_{8}, מְעָרָה Jos 10_{18}, קֶרֶת Pr 8_{3}; c) Mündung: פִּי יְאוֹר Js 19_{7} :: GB, THAT II 407: Rand; cf. akk. *pî nāri* (AHw. 874a E 2); d) inc. 1K 7_{31} פִּיהוּ (cj. prop. פִּיהָ) Mundstück (an d. מְכוֹנָה) s. Noth Kge 158; — 3. a) לְפִי חֶרֶב trad. mit der Schärfe des Schwertes, eigentl. mit dem Mund d. Schwertes, zur Erkl. s. THAT II 407 (Lit.), ferner Keel OBO 5, 1974, 77ff; auch Stolz AThANT 60, 1972, 18: c. הָרַג Gn 34_{26}, c. הִכָּה Nu 21_{24} Jos 10_{28}, c. חָלַשׁ Ex 17_{13}, c. הֶחֱרִים Dt 13_{16} Jos 6_{21}, c. נָפַל Jos 8_{24} Ri 4_{16} (15 gl.), cf. akk. *pî patrim* (AHw. 874b F), ↗ פִּיפִיּוֹת; b) בְּכָל־פֶּה mit vollem Maul Js 9_{11} (THAT II 408: gefrässig); — 4. Wendungen: a) פֶּה־אֶחָד einstimmig 1K 22_{13} = 2C 18_{12}, einträchtig Jos 9_{2} (Joüon § 126d) s. THAT II 408, cf. akk. *ana iltēn pî târu* u. ä. (AHw. 873a D 4) eines Sinnes werden; äga. כפם חד (BMAP Nr. 12, 11, DISO 229); פם חד GnAp XX 8 (Fitzmyer[2] 63. 127: wie *ein* Mann, sam. plötzlich (BCh. LOT 2, 567); b) פֶּה אֶל־פֶּה Nu 12_{8} u. פִּיהוּ אֶת־פִּיךָ Jr 32_{4} u. פִּיו עִם־פִּיו 34_{3} von Mund zu Mund; Heilgestus: שָׂם פִּיו עַל־פִּיו

2K 4_{34}; c) פֶּה לָפֶה 2K 10_{21} 21_{16} u. מִפֶּה אֶל־פֶּה Esr 9_{11} von einem Ende bis zum andern, eigentl. von einem Rande bis zum andern ↗ 2 c.: פִּי יְאוֹר; d) Gestus ehrfürchtigen Schweigens, auch äg. s. Couroyer RB 67, 1960, 197ff: שָׂם יָד לְמוֹ שָׂם יָד עַל־פֶּה Hi 40_{4}, שָׂם כַּף לְפֶה 29_{9}, פֶּה Mi 7_{16}, :: Ri 18_{19} (|| הֶחֱרִישׁ); e) Gestus klugen Abwartens יָד לְפֶה Pr 30_{32}; f) Kusshand als Gestus der Verehrung וַתִּשַּׁק יָדִי לְפִי Hi 31_{27} (Fohrer KAT XVI 438); — 5. Verbindungen (THAT II 407ff): a) פֶּה c. נשק 1K 19_{18} Hi 31_{27} ↗ 4 e, HL 1_{2}; c. פתח Ez 21_{27}, cf. Nu 22_{28}, פִּתְחוֹן פֶּה Ez 16_{63} 29_{21}; c. מלא qal Ps 10_{7}, pi. Ps 81_{11}, nif. Ps 71_{8} 126_{2}; c. פער Js 5_{14} Ps 119_{131} Hi 16_{10} 29_{23}, c. פצה Ri 11_{35}, c. הִרְחִיב Js 57_{4} Ps 35_{21} 81_{11}, c. סכר Ps 63_{12}, c. קפץ Js 52_{15} Ps 107_{42} Hi 5_{16}; — כְּבַד־פֶּה Ex 4_{10} ↗ I כָּבֵד 6; b) c. דבר (qal) Js 9_{16} ↗ 6 a; c. יצא (דָּבָר) Jos 6_{10} etc. s. THAT II 409; cf. יצא מִפֶּה Js 45_{23} u. ö; c. הגה Ps 37_{30} cf. Hi 37_{2}; c. ענה 2S 1_{16}; c. הִלֵּל Pr 27_{2}; c. סִפֵּר Ps 71_{15}; פִּי־קָרָאתִי rufen, anrufen Ps 66_{17}; קָרָא מִפִּיו diktieren Jr 36_{18}, cf. כתב מִפִּי Jr 36_{4}; מִפִּי בִקֵּשׁ Mal 2_{7}, c. שאל Gn 24_{57} Jos 9_{14} (↗ 6 a); c. שמע Ez 3_{17} 33_{7} Zch 8_{9}; c. מרה Jos 1_{18} u. ö. ↗ 7; c. עבר Nu 22_{18} 1S 15_{24} Ps 17_{3}; c. שכח nif. Dt 31_{21}; c. הִרְשִׁיעַ Hi 9_{20} (Horst BK XVI/1, 138. 140) :: al. cj. פִּיו, 15_{6}; c) sbj. יהוה: שִׂים בְּפֶה Nu 23_{12}, נתן בְּפֶה 1K 22_{23} Jr 1_{9}; — 6. a) פִּי יהוה Mund Jahwes, c. דִּבֶּר (↗ 5 b) Js 1_{20} 40_{5} Jr 9_{11}, דִּבֶּר בְּפִיו 1K $8_{15.24}$, cf. akk. *ina pîm qabûm*; מוֹצָא פִּי י׳ was aus Jahwes Mund kommt Dt 8_{3}, = הַמָּן, cf. v. Rad ATD 8, 51f; zum äg. Brunner VT 8, 1958, 428f, zum akk. *ṣīt pîšu* (AHw. 1106a A 4) sein (d. i. eines Gottes) Wort/Befehl; רוּחַ פִּיו Ps 33_{6}, שֵׁבֶט פִּיו Js 11_{4}; b) פֶּה Mund d. Götter(bilder) Ps 115_{5} 135_{16}; — 7. Mund = **Ausspruch**, **Befehl** Jahwes: a) פִּי יהוה u. פֶּה c. sf. mit שאל, שמע, מרה, עבר ↗ 5 b; ferner c. נקב bestimmen Js 62_{2}, c. צִוָּה Js 34_{16}; b) כְּפִי י׳ 1C 12_{24}, אֶל־פִּי י׳ Jos 15_{13}, עַל־פִּי י׳ Ex 17_{1} gemäss dem Befehl Jahwes; — 8. a) Mund = **Ausspruch** v. Menschen: פִּי מֹשֶׁה Ex 38_{21}, עַל־פִּיךָ Gn 41_{40} (von Josef), פִּי עֵדִים Zeugeaussage Nu 35_{30} Dt 17_{6}; ↗ 5 b קרא מִפִּי diktieren u. כתב מִפִּי; מִפִּי יִרְמְיָה nach dem Ausspruch d. Jer. Esr 1_{1}; b) עַל־פִּי הַנָּבֶל Am 6_{5} trad. nach G zum Klang der Harfe (Lex.[1] mit ?) :: Rudolph KAT XIII/2, 217: עַל־פִּי gemäss, nach, d. h. zur Harfe, ↗ 10 c.; — 9. **Mundvoll**, **Portion**: פִּי שְׁנַיִם, cf. akk. *šinip(u)*, fem. *šinipiat*, *šinipât* (AHw. 1242b), cf. Noth AbLAk 2, 255; ug. *šnpt* (UT nr. 2455, Aistl. 1072, Gray LoC[2] 192, UF 2, 1970, 324); Ram. סנב (DISO 195): das Mass von Zweien = 2 Teile von dreien = 2/3, G Dt 21_{17}, 2K 2_{9}: διπλᾶ, Zch 13_{8}: τὰ δύο μέρη (L. R. Fisher JSS 3, 1958, 116f); Dt 21_{17} (Anteil des Erstgeborenen), 2K 2_{9} Zch 13_{8}; Sir 12_{5} 18_{32} 48_{12}; — 10. פֶּה c. praep: a) α) כְּפִי, akk. *ana pī/kī pī* entsprechend, gemäss (v. Soden AnOr. 47, 1969, 25 zu GAG § 115 [t]): gemäss, entsprechend כְּפִי שָׁנָיו nach Massgabe seiner Jahre Lv 25_{52}; כְּפִי נַחֲלָתוֹ Nu 35_{8}; כְּפִי עֲבֹדָתוֹ Nu $7_{5.7f}$ 2C 31_{2}; כְּפִי אָכְלוֹ was er zu essen bedurfte Ex 16_{21} (Noth ATD 5, 104, Sam. Vers. לְפִי), m. folg. כֵּן Nu 6_{21}; β) wie = כְּ, כְּמוֹ: כְּפִי־אִישׁ wie jemand Zch 2_{4}; אֲנִי כְפִיךָ לָאֵל ich zu Gott wie du Hi 33_{6}; γ) כְּפִי אֲשֶׁר conj. demgemäss, dass Mal 2_{9}; b) לְפִי; ja. לְפוּם (Dalm. Gr. S. 233, sy. *lᵉpūt* LS 369b), sam. לפם *alfam* (BCh. LOT III/2, 108 Z. 55f); pun. לפי (Friedrich[2] § 252a): α) לְפִי הַטַּף nach der Anzahl der Kinder Gn 47_{12} (:: Driver Syr. 33, 1956, 70ff: nach dem Masse von, innerhalb eines Tropfens > in vollem Mass, II טַף); לְפִי אָכְלוֹ Ex 12_{4} $16_{16.18}$, לְפִי חֶסֶד Hos 10_{12}, לְפִי־שִׂכְלוֹ gemäss seiner Einsicht Pr 12₈, לְפִי דְבָרִי nach meinem Wort 1K 17₁; β) לְפִיהֶן ihnen entsprechend Lv 25₅₁, לְפִי רֹב je mehr sind u. לְפִי מְעַט je weniger sind Lv 25₁₆, לְפִי מְלֹאת erst wenn voll sind Jr 29₁₀; γ) לְפִי neben, eigentl. am Rand Ps 141₇b ↗ 2 c. (Burns VT 22, 1972, 245f); c) עַל־פִּי; mhe. Sir 13₂₄; ja. עַל פּוּם gemäss (Dalm. Gr. S. 233)· gemäss; עַל־פִּי הַשָּׁנִים im Verhältnis zu den Jahren Lv 27₁₈; עַל־פִּי אֲשֶׁר תַּשִּׂיג יַד־ im Verhältnis zu dem, was er vermag Lv 27₈, עַל־פִּי דַרְכּוֹ gemäss s. Lebensweg Pr 22₆ :: am Anfang seines Weges ↗ GB, עַל־פִּי הַדְּבָרִים wie die Dinge stehen (ZüBi) Gn 43₇, עַל־פִּי יהוה ↗ 7 b; — Js 34₁₆ pr. פִּי l ? c. 1Q Jsª u. pc. MSS פִּיהוּ; Ps 55₂₂ pr. פִּיו l ? c. G פָּנָיו; Hi 5₁₅ pr. מֵחֶרֶב מִפִּיהֶם prop. c. MSS V S T מֵ׳ פִּיהֶם :: Horst BK XVI/1, 62: pr. מִפִּיהֶם l מָפַּח (vb. zu sbst. פַּח) „wen man fing"; al. l יָתֹם od. עָנִי.

פֹּה, 54 ×, פּוֹ Ez 40₁₀₋₂₆, פֹּא Hi 38₁₁: Sam. *fā*; kan. *pū* (EA, VAB 2, 104, 53, s. Böhl Spr. EA § 34a); ug. *p* (UT nr. 1993, Aistl. 2179, CML[1] 162a, Aartun AOAT 21/1, 1974, S. 4); pun. *pho*, Poen. 932 (Sznycer 62f, Friedrich Gr.[2] § 248a); soq. šḥ, meḥ. *bo/bu/bû* (Leslau Or. 37, 1968, 361; Aartun l.c.); (alte demstr.-ptcl, die sich auch findet in ↗ אֵיפֹה אֵפוֹא ,אֵפוֹ): — 1. **hier, an diesem Ort** Gn 19₁₂ 22₅ 40₁₅ 1K 2₃₀ 2K 2₂ Js 22₁₆ Hi 38₁₁ u. ö; — 2. **hierher** Dt 5₃₁ 1S 16₁₁ 2S 20₄ 2K 2₂.₄.₆; — 3. מִפּוֹ/פֹּה...מִפּוֹ/פֹּה von hier und von dort aus = auf beiden Seiten Ez 40₁₀₋₄₉; — 4. עַד־פֹּא bis hierher Hi 38₁₁.

פּוּאָה, Sam. *fuwwa*, G Φουα, Josph. Φουᾶς (NFJ 124), n. m. Krapp od. Färberröte (Löw 3, 270f, AuS 5, 73ff. 87, Noth N. 225, Gradw. 80; cf. ? ug. *pw(t)* s. RSP I S. 438 Nr. 98): — 1. Vater d. Thola Ri 10₁; — 2. Sohn d. Issachar 1C 7₁ = פֻּוָּה Gn 46₁₃; so auch Nu 26₂₃ c. mlt. MSS Ⓑ; Ⓛ BHS פֻּוָּה. †

Der. gntl. ↗ פּוּנִי.

פוג: sam. פוג, פוגג trösten (BCh. LOT 2, 520) u. froh sein; mhe. qal schwinden, sich verlieren, pi. Sir 30₂₃ trösten, erquicken s. sy.; ja. pe. a) matt werden, wirkungslos sein; b) erkalten; sy. pe. erkalten, pa. abkühlen, erfrischen, cp. sbst. **pwg* Erleichterung (Schulthess Lex. 155a); ar. *fāǧa* (*fwǧ*) erkalten:

qal: impf. תָּפוּג, וַיָּפָג: — 1. **erkalten** Gn 45₂₆ (לֵב), metaph. Hab 1₄ (תּוֹרָה); — 2. **erschlaffen** Ps 77₃ (יָד ↗ נגר nif.); cj. Ps 88₁₆ pr. אָפוּנָה prop. אָפוּגָה (BHS) :: Dahood Psalms II 306f: אוֹפָנָה ↗ אוֹפַן od. אֶפְנֶה ↗ פנה. †

nif: pf. נְפוּגוֹתִי **erschlafft**, **kraftlos sein** Ps 38₉. †

Der. *פוּגָה, *הֲפֻגָה.

***פוּגָה**: פוג hapleg. Kl 2₁₈ (לָךְ) פוּגַת, st. abs. mit alter Endg. s. GK § 80f, BL 510v; al. c. T פּוּגוֹת: **Nachlassen** c. נתן: אַל־תִּתְּנִי פ׳ לָךְ gönne dir keine Ruhe (ZüBi). †

פֻּוָּה n. m. ↗ פּוּאָה gntl. ↗ פּוּנִי.

I **פוח**: mhe. ja. blasen, hauchen, sy. auch duften; ar. *fwḥ* Duft od. Wohlgeruch verbreiten, Duft ausströmen (Wehr 653a); *afjaḥ* duftend, wohlriechend, weit, ausgedehnt (Wehr 655); cf. auch *fwḫ* wehen (Wind), Duft verbreiten; *fjḥ* ausströmen lassen, fliessen (Lane 2469b); *faḫḫa* zischen (Viper); cf. נפח, יפח u. ↗ II פוח 2:

qal: impf. (הַיּוֹם) יָפוּחַ, gew. v. Wehen des Morgenwindes :: vom Aufkommen des kühlenden Windes am Nachmittag (AuS 1, 616, Rudolph KAT XVII/2, 135, ↗ לְרוּחַ הַיּוֹם Gn 3₈; Gerleman BK XVIII 128) HL 2₁₇ 4₆. †

hif: impf. אָפִיחַ; imp. הָפִיחִי: — 1. **anfachen** (בְּאֵשׁ עֶבְרָתִי) Ez 21₃₆; — 2. **durchwehen** (גַּן) HL 4₁₆ s. Gerleman BK XVIII 157 :: Lex.[1] duften lassen. †

II **פוח**: etym. wohl zu I bes. zu ar. *fwḥ* u. *fjḥ* cf. Pardee VT 28, 1978, 211: — 1. יָפִיחַ zu ug. *jpḥ* Zeuge (UT nr. 1129, Aistl. 1209, cf. UF 6, 1974, 467; Pardee l.c. 205f): יָפִיחַ כְּזָבִים Pr 6_{19} $14_{5.25}$ $19_{5.9}$ :: יָפִיחַ אֱמוּנָה Pr 12_{17}: יָפִיחַ: a) 3. p. impf. hif: aussagen (wer Lügen aussagt), so Berger UF 2, 1970, 17ff, auch Keller CAT XIb 156[4] u. ZAW 85, 1973, 159[18]: bezeugen; 3. p. pl. יָפִיחוּ (מִרְמָה) Pr 29_8; b) sbst. mit Präfix י Zeuge (BL 487q. 488r, cf. Koehler WdO 1, 1950, 404f), so Gordon bei Gemser Spr.[2] 38 u. Pardee l.c. 206ff; Miller VT 29, 1979, 495-500; zu a) und b) cf. auch Bühlmann OBO 12, 1976, 95f (95[3] Lit.); sbst. ist ↱ יָפֵחַ Ps 27_{12}, zu יָפֵחַ Hab 2_3 ↱ unten 2; — 2. Umstrittene Stellen, bei denen פוח I od. II möglich scheint: a) Ps 10_5 יָפִיחַ בָּהֶם: α) nach I פ׳ schnauben gegen (Lex.[1], Kraus BK XV[5] 75); β) nach II פ׳ zeugen gegen; b) Ps 12_6 אָשִׁית בְּיֵשַׁע יָפִיחַ לוֹ: α) nach I פ׳ gew. „der sich danach sehnt" (GB); besser „gegen den man schnaubt" (Kraus BK XV[5] 234. 238, Jeremias WMANT 35, 1970, 112) :: Mow. Ps. St. 1, 23. 54f; 2, 173: den man angeblasen hat (Hauchzauber); cj. מִתְיַפֵּחַ לוֹ der danach stöhnt, seufzt (Lex.[1] nach Gkl. Ps. 45); β) nach II פ׳: der für es (das Heil) aussagt (zeugt), so Berger UF 2, 17f; c) Hab 2_3 וְיָפֵחַ לַקֵּץ, 1Q Hab יפיח לקץ; α) nach I פ׳ es keucht, d. h. eilt nach d. Ende (GB) :: cj. וּפֵתַח „und Eröffnung" (Horst HAT 14[2], 176, Lex.[1]) oder c. G וְיִפְרַח: sie reift zum Ende (Elliger ATD 25[6], 38: I פרח) :: Humbert Hab. 44. 146[4]: II פרח; β) nach II פ׳ als vb: (die Vision) zeugt vom Ende (Keller CAT XIb 156[4] u. ZAW 85, 159); cf. auch Rudolph KAT XIII/3, 211. 212: und lautet auf das Ende; als sbst: und ein Beweismittel für eine festgesetzte Zeit (Berger UF 2, 16). †

פּוּט: n. l., Josph. Φούτης (NFJ 125), G Φουδ/θ, in Ez 27_{10} 38_5 Λίβυες, V *Libyes*; Sam.[M170] *foṭ*; ? äg. *pḏ.t* (EG 1, 570; Couroyer RB 80, 1973, 272); elam. *pu-ú-ti-ja-ap*; bab. [matu]*pu-u-ṭa*; altpers. *put*[*i*]*ja* (Weissbach VAB 3, 88. 89. 153), GnAp XII 11 (Fitzmyer[2] 100): wohl nicht = Punt, sondern **Libyen** (GTT § 149. 198. 1313, 1601, BHH 1533, Westerm. BK I/1, 682) Gn 10_6, cj. Js 66_{19} pr. פּוּל l c. G פּוּט (BHS), Jr 46_9 Ez 27_{10} 30_5 38_5 Nah 3_9 (|| לוּבִים s. GTT: in poet. Sprache e. doppelte Bezeichnung für Libyen), 1C 1_8. †

פּוּטִיאֵל: Sam. *fūṭīl*, G Φουτιηλ: n. m.; hybride Bildung (Noth N. 63), cf. äga. פטי u. פטיו = äg. *p3-dj* (Kf): Deutung umstritten s. Kornfeld Onomastica 88: 1) der, den (n. d.) gegeben hat, 2) den sie gegeben haben, 3) der gegeben wurde: פּוּטִי + אֵל: Schwiegervater von Eleasar, dem Sohne Aarons Ex 6_{25}. †

פּוֹטִיפַר: Sam. *fūṭīfår* Jos. Πεντεφρής (NFJ 97): n. m. < פּוֹטִי פֶרַע Gn 37_{36} 39_1. †

פּוֹטִי פֶרַע: > פּוֹטִיפַר; Sam. *fūṭīfårå*, G Πετεφρῆ, Πετρεφῆ, Joseph Πεντεφρής (NFJ 97): n. m. äg. *p3dj p3rʿ* „der, den Re gegeben hat" (Ranke, Die ägyptischen Personennamen I 1935, 123/11; Zorell 644a); weitere mit פט + n. d. gebildete Namen aus Aegypten bei Kornfeld Onomastica 87-89: Schwiegervater Josephs in Aegypten (Vergote Joseph en Egypte, Louvain 1959, 146ff, BHH 1481) Gn $41_{45.50}$ 46_{20}. †

פּוּךְ: √ פוך od. פכך = sy. *pak* zerstossen, ar. *fakka* zerstückeln, danach Grdb. des Sbst. „Pulver" s. Gradw. 80; mhe.; äg. sem. Lw. *fūk*(*ĕ*) *fūkă*(*3*), *fuka3at* (Lambdin 152): — 1. **Augenschminke**. Deren Beschaffenheit ist umstritten (Gradw. 80f): a) gew. schwarze Schminke, *Stibium* (Koehler ThZ 3, 1947, 314ff, Lex.[1], GB); b) ein roter Farbstoff gr. φῦκος „das aus Flechten gewonnene Orseille" (Löw 1, 19ff, Forbes Studies in Ancient Technology Bd. IV 1964, 108): שׂוּם עֵינַיִם בַּפּוּךְ 2K

9$_{30}$; c. קרע d. Augen aufreissen, d. h. grösser erscheinen lassen Jr 4$_{30}$ (Gradw. 81, AuS 5, 351), קֶרֶן הַפּוּךְ PN Hi 42$_{14}$ ↗ קֶרֶן; — 2. ? Hartmörtel Js 54$_{11}$ 1C 29$_{2}$ (Lex.[1]), doch unsicher: Js 54$_{11}$ pr. בַּפּוּךְ prop. c. G ἄνθρακα בַּנֹּפֶךְ; 1C 29$_{2}$ אַבְנֵי פוּךְ G λίθους πολυτελεῖς; pr. פּוּךְ prop. נֹפֶךְ s. Rudolph Chr. 190, oder פּוּךְ Nf. zu נֹפֶךְ s. GB. †

פּוֹל: mhe. ja. פּוֹלָא, Ram. פול (DISO 225); ar. äth. *fūl*; äg. *pr* (s. Calice ZÄS 63, 1928, 142); kopt. *phel* (Crum 514a): **Dickbohne** *Vicia Faba L.* (Löw. 2, 492ff; AuS 2, 265-268, BHH 267): 2S 17$_{28}$ Ez 4$_{9}$. †

[I פּוּל: n. p. Js 66$_{19}$ ↗ פּוּט. †]

II פּוּל: n. m.; G 2K 15$_{19}$ Φουλ, 1C 5$_{26}$ Φαλωχ, Josph. Φοῦλος (NFJ 124), ptolem. Kanon Πῶρος; akk. *Pūlu* (APN 182b, BHH 1470f) babyl. Name von Tiglatpilesar III; Spitzname ? (Stamm 11[1]); Name erwähnt in der bab. Königsliste A IV 8 u. nicht in zeitgenössischen assyr. Urkunden (Millard JSS 21, 1976, 10): 2K 15$_{19}$ 1C 5$_{26}$. †

[פון: Ps 88$_{16}$ אָפוּנָה cj. l אָפוּגָה ↗ פוג qal. 2.†]

[פּוֹנֶה: הַפּוֹנֶה 2C 25$_{23}$ l c. MSS, Vrss, 2K 14$_{13}$ הַפִּנָּה ↗ פִּנָּה 2. †]

פּוּנִי: n. gntl. v. פֻּוָּה/פֻּוָה, < פֻּוָּנִי* ?: Nu 26$_{23}$ (Sam. Vers. הפואי *affuwwā'i*) ↗ פּוּאָה.†

פּוּנֹן: n. l; Sam. *fīnån*, G Φινω, danach ↗ פִּינֹן die urspr. Form, = *fenān*, in Edom südl. d. Toten Meeres im Bereich v. Kupfer- und Eisenlagern (Glueck AASOR 15, 1934/5, 32-35; Noth AbLAk 1, 59. 65, Myers Fschr. Albright 1971, 389f; GTT § 439): Nu 33$_{42f}$. †

פּוּעָה: n. f; Sam. *fuwwa* (zur Etym. s. auch פצץ); = ug. appell. *pġt* (UT nr. 2081, Aistl. 2246) Mädchen (Lex.[1], Stamm HFN 327, Schmidt BK II 42 :: Noth N, 10. 204: zu יפע als künstlich gebildeter PN „Glanz", cf. Childs Exodus 20): hebr. Hebamme in Aegypten Ex 1$_{15}$. †

פּוּץ: ↗ נפץ; mhe. sich ausbreiten, DSS (KQT 176); ar. *fāḍa* (*fjḍ*) überfliessen, sich ergiessen (Kopf VT 8, 1958, 191):

qal: impf. יָפֻ(וּ)צוּ, וַיָּפֻצוּ, וַתְּפוּצֶינָה, תְּפוּצֶין־, נָפוּץ; imp. פֻּצוּ: — 1. **sich ausbreiten, sich zerstreuen** (Jenni 176): a) Menschen Gn 11$_{4}$ 1S 14$_{34}$ (Stoebe KAT VIII/1, 265); 2S 20$_{22}$ cj. 1S 13$_{8}$ pr. וַיָּפֶץ l ? וַיָּפָץ (Lex.[1], cf. Stoebe l.c. 244 zum hif.), Sir 48$_{15}$; c. מִן (d. Volk hinweg von seinem Grundbesitz, Lex.[1] = verdrängt werden) Ez 46$_{18}$; von besiegten Feinden Nu 10$_{35}$ 1S 11$_{11}$ Ps 68$_{2}$; b) eine Herde Ez 34$_{5}$ Zch 13$_{7}$; — 2. **überfliessen** (Humbert ZAW 62, 1950, 202, Kopf l.c.): מִטּוֹב Zch 1$_{17}$ (Elliger ATD 25[6], 116; Rudolph KAT XIII/4, 72. 73 :: Horst HAT 14[2], 220: glücklos, in Zerstreuung); מַעְיְנֹתֶיךָ Pr 5$_{16}$. †

nif: pf. נְפֹ(וֹ)צֹתֶם, נָפֹצוּ, נָפוֹצָה; pt. f. sg. נָפֹצֶת 2S 18$_{8}$ (Q), pl. נְפֹ(וֹ)צִים, נְפֻצוֹת: **zerstreut werden**: a) Völker Gn 10$_{18}$ (Sam. √ נפץ); Israel bzw. Juda 1K 22$_{17}$ = 2C 18$_{16}$ Js 11$_{12}$ Jr 40$_{15}$ Ez 11$_{17}$ 20$_{34.41}$ 28$_{25}$ 34$_{6.12}$; Aegypter Ez 29$_{13}$; Truppen (חַיִל) 2K 25$_{5}$ = Jr 52$_{8}$; b) Herde Jr 10$_{21}$, cf. 1K 22$_{17}$ = 2C 18$_{16}$ Ez 34$_{6.12}$; c) sich ausbreiten, sich verzetteln (v. Kampf) 2S 18$_{8}$; cj. Nah 3$_{18}$ pr. נָפֹשׁוּ prop. נָפֹצוּ (BHS). †

hif: pf. הֵפִיץ, הֲפִ(י)צֹ(וֹ)תִי, הֲפִ(י)צֹתֶם, sf. הֱפִיצָם, הֲפִ(י)צוֹתִים, הֲפִצוֹתִיךָ, הֱפִיצְךָ; הֱפִיצָהוּ; impf. יָפִיץ, יָפֵץ, וַיָּפֶץ, וָאָפִיץ, sf. וַיְפִיצֵם, תְּפִיצֵם, אֲפִיצֵם; inf. הָפִיץ, sf. הֲפִיצִי, הֲפִיצֵנִי; imp. הָפֵץ; pt. מֵפִיץ, pl. מְפִיצִים: **zerstreuen** (= eine Gruppe dazu veranlassen oder zwingen, dass sie sich zerstreut s. Jenni l.c.): — 1. a) Völker Gn 11$_{8f}$; Bewohner d. Erde Js 24$_{1}$; Aegypter Ez 29$_{12}$ 30$_{23.26}$; (besiegte) Feinde 2S 22$_{15}$ = Ps 18$_{15}$ Hab 3$_{14}$ (txt. inc., cj. ↗ BHS :: Rudolph KAT XIII/3, 238), Ps 144$_{6}$; Israel (c. בְּ unter) Dt 4$_{27}$ 28$_{64}$ Jr 9$_{15}$ Ez 11$_{16}$ 12$_{15}$ 20$_{23}$ 22$_{15}$ 36$_{19}$

Neh 1$_{8}$, cf. Gn 49$_{7}$; c. שַׁמָּה/שָׁם Dt 30$_{3}$ Jr 30$_{11}$; abs. Jr 13$_{24}$ 18$_{17}$; b) Herde Jr 23$_{1f}$; die Schwachen, Kranken aus ihr Ez 34$_{21}$; c) von Sachen: Samen Js 28$_{25}$; Berge (als Bild f. Feinde od. Widerstände, cf. Elliger BK XI 155) Js 41$_{16}$ (II זרה); Lichtgewölk, lichte Wolken Hi 37$_{11}$; Zornesflut Hi 40$_{11}$; — 2. **sich zerstreuen** (hif. innerlich intrans. Bgstr. 2 § 19d): die Leute (הָעָם) Ex 5$_{12}$ (Sam. qal: *wyåfåṣ*), 1S 13$_{8}$ F qal; der Ostwind Hi 38$_{24}$; — 3. in Beziehung auf e. Einzelnen: **fortdrängen, hetzen** (רָשָׁע) Hi 18$_{11}$ c. לְרַגְלָיו: entw. = dicht auf dem Fusse (Budde GHK II/1[2], 94 u. ähnl. Horst BK XVI/1, 265) oder auf Schritt und Tritt (Fohrer KAT XVI 296, cf. לְ 18 distributiv) :: Driver ZAW 65, 1953, 259f; — Nah 2$_{2}$ MT מֵפִיץ der Zerstreuer (Keller CAT XIb 119[1]; Schulz BZAW 129, 1973, 16[53]) :: cj. מַפִּיץ zu I נפץ, bzw. מַפֵּץ zu פצץ (Rudolph KAT XIII/3, 160) od. מְצַפֶּה (Lex.[1]). †
Der. *תְּפוּצָה.

פּוּצַי hapleg. Zef 3$_{10}$: בַּת פּוּצַי, txt. inc.; Deutungen: a) MT Tochter meiner Zerstreuten: פּוּצַי pt. pass. pl. c. sf., בַּת als Personifikation einer kollektiven Grösse F בַּת 3 (Gerleman 57, cf. TOB; Rudolph KAT XIII/3, 292, nach Rudolph פּוּ׳ vielleicht auch e. pl. abstr., GK § 124d: *פּוּצִים Zerstreuung); b) cj.: α) בַּתְּפוּצָה in d. Zerstreuung (Lex.[1]) oder ? im Überfluss F פוץ qal 2 (Keller CAT XIb 210[4]); β) pr. עֲתָרַי בַּת־פּוּצַי l ? עַד־יַרְכְּתֵי צָפוֹן (BHS). †

I **פוק**: mhe., ja. פַּקְפֵּק erschüttern, rütteln, mhe. פקק hitp. erschüttert, lose werden; ? ug. KTU 1. 114, 30 *w riš pqq* und der Kopf schwankte, wackelte (Loewenstamm UF 1, 1969, 77 :: de Moor UF 1, 169. 174):

qal: pf. פָּקוּ **taumeln** Js 28$_{7}$. †

hif: impf. יָפִיק (pr. sg. prop. pl. יָפִיקוּ, BHS) **taumeln** Jr 10$_{4}$. †

Der. פֶּק, פּוּקָה.

II **פוק**: (so mit Zorell, cf. GB :: Lex.[1] I u. II zusammen): ug. *pq* (UT nr. 2029 *pwq*; Aistl. 872 *wpq*; CML[2] 156a *pjq*; Loretz-Mayer UF 6, 1974, 493f *jpq*); Bedtg. umstritten: KTU 1. 4 III 41, VI 56; 5 IV 13 u. 4 VI 47-54 (caus.), UT nr. 2029: trinken, trinken lassen; Aistl 872: zubereiten, zubereiten lassen, liefern; CML[2] und Dijkstra-de Moor UF 7, 1975, 184 versehen sein mit; TOML 202[1]. 214. 247 verschlingen; caus. liefern; KTU 1. 14 I 12: UT 2030, Gray KRT[2] 11 Z. 12, S. 31, LoC[2] 132, CML[2]: erlangen, finden :: Aistl. 2256: übertreffen (ar. *fwq*), :: CML[1] 28. 157b: weggehen (cf. aram. *nᵉpaq*); Dietrich-Loretz AOAT 18, 1973, 32. 33f: wegschicken (*nᵉpaq, h* — caus.); *pq* (*jpq*) erlangen, finden, wohl auch KTU 1. 107, 35 (Astour JNES 27, 1968, 34; Dietrich-Loretz-Sanmartín UF 7, 1975, 128. 130); ph. פוק (DISO 226): qal od. *jifʿil* stossen auf (KAI Nr. 13, 3, Friedr.[2] § 166 :: Friedr.[2] § 152: *jifʿil* von *npq* „du bringst heraus"); *jifʿil* finden, erlangen lassen (KAI Nr. 50, 3, Friedrich[2] § 166); ? ar. *fwq* überragen, übersteigen (Kopf VT 8, 1958, 191f), asa. (Müller 90):

hif: impf. יָפִיק, וַיָּפֶק, תָּפֵק; pt. pl. מְפִיקִים: — 1. a) **erreichen, erlangen** Pr 3$_{13}$ 8$_{35}$ 12$_{2}$ 18$_{22}$ Sir 4$_{12}$ 35$_{15}$; b) caus. erreichen lassen, zur Ausführung kommen lassen (Kopf l.c. 192, Dahood Psalms III 303) Ps 140$_{9}$; — 2. **erlangen/finden lassen = darreichen** Js 58$_{10}$ (pr. נַפְשֶׁךָ prop. c. MSS, S לַחְמְךָ :: Kopf l.c. 193 c. MT: dein Mitgefühl; TOB deinen Bissen); finden lassen = spenden (von d. vollen Speichern) Ps 144$_{13}$. †

פּוּקָה: I פוק, BL 452t: **Anstoss**, d. h. „der

Anstoss auf dem Weg, der einen sicheren Schritt unmöglich macht" (Stoebe KAT VIII/1, 450), Stolpern (Lex.[1]) 1S 25₃₁. †

פור: Nf. v. פרר (zum Übergang von vb. ע״ע zu ע״ו ↗ GK § 67v, BL 438, Bgstr. 2 § 27q):

hif: pf. הֵפִיר: — 1. **brechen** (בְּרִית) Ez 17₁₉; — 2. **vereiteln** (עֵצָה) Ps 33₁₀; — cj. Ps 89₃₄ pr. אָפִיר prop. c. MSS, V *iuxta Hebr*, S אָסִיר. †

פּוּר: Lw. akk. *pūru* (AHw. 881f, Salonen Möbel 192[1]) Los; = hebr. גּוֹרָל Est 3₇ 9₂₄; zu הִפִּיל פּוּר vgl. ass. *pūra karāru* das Los werfen für das Eponymat (RLA 2, 412[2]; cf. ferner J. Lewy Revue Hittite et Asianique 36, 1939, 117-124); pl. פּוּרִים, פֻּרִים als Name des in Est begründeten Festes Est 9₂₆.₂₈f.₃₁f; zu Purim cf. Christian Fschr. Nötscher 33-37; Kraus Gottesdienst in Israel[2] 1962, 111f; de Vaux Inst. 2, 425-29 = Lebensordnungen 2, 377-80; weitere Lit. bei Bardtke KAT XVII/5, 272. †

פּוּרָה: √ *pwr* cf. ar. *fāra* (*fwr*) hervorsprudeln, hervorquellen, v. Wasser etc. (Wehr 653a, ? oder Primärnomen): **Keltertrog**, **Kufe** (AuS 4, 356; BRL[2] 362a) Js 63₃ Hg 2₁₆ (פּוּרָה entw. gl. zu הַיֶּקֶב, BHS, od. l מִפּוּ׳, cf. Rudolph KAT XIII/4, 45f). †

פּוֹרָתָא: n. m. persisch; Scheft. 50, Gehman JBL 43, 1924, 327: פּוֹ׳ der Freigebige, s. Bardtke KAT XVII/5, 383[12]: einer der Söhne Hamans Est 9₈. †

פּוּשׁ: ? ug. sbst. *pš* (KTU 1. 93, 3 Sprung, Satz, s. Caquot UF 11, 1979, 102ff):

qal: pf. וּפָשׁוּ (1Q Hab פשו), פִּשְׁתֶּם (BL 404); impf. תָּפוּשׁוּ Q, תָּפוּשִׁי K Jr 50₁₁: — 1. **einhersprengen** (Pferde) Hab 1₈; — 2. **hüpfen** (Kälber) Jr 50₁₁ Mal 3₂₀. †

nif: pf. נָפֹשׁוּ pr. MT prop. נָפֹצוּ: **zerstreut sein** (d. Volk auf d. Bergen) Nah 3₁₈. †

פּוּתִי: gntl. v. *פּוּת, Name einer Sippe aus Kirjat Jearim 1C 2₅₃. †

פַּז: wohl e. Primärnomen :: Macintosh VT 21, 1971, 552: zu √ ar. *fadda*/פדד, ↗ I פזז allein, getrennt sein, cf. König Wb; ja. פִּ(י)זָא u. פִּ(י)זּוֹזָא gediegenes Gold (Levy 4, 18f); ? ug. *pd* (KTU 1. 2 I 19. 35), die Deutung d. Stelle u. des Wortes ist umstritten, s. Vorschläge RSP I S. 437 Nr. 97, ferner van Selms UF 2, 1970, 260 u. Oldenburg The Conflict between El and Baal in Canaanite Religion 1969, 192, TOML 130r: פַּז: **gediegenes Gold**, **Feingold** (Gerleman BK XVIII 173 :: Lex.[1]: vielleicht Chrysolith) Ps 21₄ HL 5₁₅ Kl 4₂ Sir 30₁₅ 35₆; Ps 19₁₁ 119₁₂₇ Hi 28₁₇ (|| זָהָב); Pr 8₁₉ (|| חָרוּץ); Js 13₁₂ (|| כֶּתֶם); cj. HL 5₁₁ pr. כֶּתֶם פָּז prop. c. G כֶּתֶם וָפָז; dasselbe auch Da 10₅ pr. כֶּתֶם וָפָז, ↗ אוּפָז. †

I **פזז**: denom. v. פַּז:

hof: pt. מוּפָז c. זָהָב **mit gediegenem Gold belegt** 1K 10₁₈ (Noth Kge. 201. 204); 2C 9₁₇: pr. טָהוֹר l מוּפָז. †

II **פזז**: mhe. eilfertig sein, ja. פְּזִיזָא übereilt, sy. *paz* tanzen, *pazzīzā* leicht beweglich; ar. *fazza* aufgeschreckt werden (Gazelle):

qal: impf. וַיָּפֹזּוּ gelenk, regsam sein Gn 49₂₄: txt. inc. MT זְרֹעֵי יָדָיו die Kraft seiner Hände ? (Jenni 153); cj. l ? זְרֹעָיו וְיָדָיו seine Arme und seine Hände, cf. Zobel BZAW 95, 1965, 5. †

pi. (Jenni 153. 214): pt. מְפַזֵּז **tanzen** 2S 6₁₆. †

פזר: mhe. qal u. pi, ja. pa. neben בזר u. בדר, ↗ ba. בדר; cp. בדר, sam. sy. *bᵉdar* pe. u. pa.; ar. *badara* zerstreuen:

qal: pt. pass. פְּזוּרָה: **versprengt** (Schaf) Jr 50₁₇. †

pi: pf. פִּזַּר, פִּזַּרְתָּ, פִּזְּרוּ; impf. יְפַזֵּר, וַתְּפַזְּרִי; pt. מְפַזֵּר: — 1. **zerstreuen**: a) Menschen Jl 4₂ Ps 89₁₁; b) Gebeine Ps 53₆; — 2. a) abs. **ausstreuen**, im Sinne von (**reichlich**) **geben** Ps 112$_{9}$ (|| נתן), Pr 11$_{24}$; b) c. acc. deine Liebe (דּוֹדַיִךְ, sic prop. pr. דְּרָכַיִךְ, BHS :: Lex.[1]:) Jr 3$_{13}$; den Reif (כְּפוֹר) Ps 147$_{16}$. †

nif: pf. נִפְזְרוּ: **zerstreut werden** (Gebeine) Ps 141$_{7}$. †

pu: pt. מְפֻזָּר: **zerstreut, versprengt** (d. jüdische Volk in der Diaspora) Est 3$_{8}$. †

I **פַּח**: Primärnomen Typ *qall*, BL 453w; mhe. (DSS, KQT 176), ja.; cp. sy. *paḥḥā* Schlinge; äg. *pḥ3* (EG 1, 543); ar. *faḫḫ* Netz, Schlinge, Falle: פַּח, pl. פַּחִים das **Klappnetz** des Vogelstellers (AuS 6, 338, BHH 2111, Wildbg. BK X 339. 938, Keel Bildsymb. Nr. 110-120): Js 24$_{17}$ Jr 48$_{43}$ Hos 5$_{1}$ 9$_{8}$ Ps 91$_{3}$ 124$_{7}$ Pr 7$_{23}$ 22$_{5}$ (l c. G V S וּפַחִים; הָיָה לְפַח Jos 23$_{13}$ Js 8$_{14}$ Ps 69$_{23}$; טָמַן פַּח לְ Jr 18$_{22}$ Ps 140$_{6}$ 142$_{4}$; נָתַן פַּח לְ Ps 119$_{110}$; פַּח יָקְשׁוּ לִי Ps 141$_{9}$ (Dahood Psalms III 314); עָלָה פַּח Am 3$_{5}$; אָחַז פַּח Hi 18$_{9}$; אחוּז בַּפָּח Koh 9$_{12}$; פַּחִים סְבִיבוֹת Hi 22$_{10}$; נִלְכַּד בַּפָּח Js 24$_{18}$ Jr 48$_{44}$; ↗ יקשׁ; — cj. Ps 11$_{6}$ pr. פַּחִים prop. c. Σ פֶּחָם, od. ? פַּחֲמֵי (BHS) :: Dahood Psalms I 70: l *פָּחֵם Blasebalg). †

II ***פַּח**: Sam. pl. *fīm*, cstr. *fijji*; äg. *pḫ3* (Ellenbogen 130: äg. Lw.): pl. פַּחִים, cs. פַּחֵי: **dünne Platte** Ex 39$_{3}$ Nu 17$_{3}$. †

פחד: mhe. qal sich fürchten, pi. erschrecken (DSS, KQT 176b), ja. pe. sich fürchten; akk. *paḫādu* erschrecken, beben, kan. Lw. (AHw. 810a); (Joachim Becker Gottesfurcht im AT, AnBibl. 25, 1965 passim; THAT II 411-13): ursprüngl. Bedtg. d. vbs: zittern, beben (Becker l.c. 7, THAT II 411):

qal (22 ×): pf. פָּחַד, פָּחַדְתָּ, פָּחַדְתִּי, פָּחֲדוּ/פָּחֲדוּ; impf. אֶפְחָד, תִּפְחָד, יִפְחָד, אֶפְחַד, יִפְחָדוּ/יִפְחֲדוּ, תִּפְחֲדוּ: **zittern, beben**: — 1. vor Freude Js 60$_{5}$ (|| רָחַב לֵב), Jr 33$_{9}$ (|| רָגַז עַל כָּל־הַטּוֹבָה); — 2. vor Schrekken Dt 28$_{66}$ Js 33$_{14}$; **erschrecken** Js 12$_{2}$ 44$_{8.11}$ Jr 36$_{24}$ Ps 78$_{53}$ Pr 3$_{24}$; c. מִן Ps 27$_{1}$ 119$_{161}$ Hi 23$_{15}$ Sir 41$_{3}$; c. מִפְּנֵי Js 19$_{16}$ (|| חָרַד) $_{.17}$; verstärkend in d. *figura etymologica* פָּחַד פַּחַד im/vor Schrecken beben Dt 28$_{67}$ Ps 14$_{5}$/53$_{6}$ Hi 3$_{25}$; — 3. פָּחַד אֶל **zitternd jmdm entgegengehen** (THAT II 412) Hos 3$_{5}$ Mi 7$_{17}$, cj. Jr 2$_{19}$ pr. פַּחְדָּתִי אֵלַיִךְ prop. פָּחַדְתִּי אֵלַי (BHS, cf. R. Meyer Gr. § 64, 2b), cf. Jr 36$_{16}$; — 4. פחד אל vor Gott **beben** Sir 7$_{29}$; פחד פחדי מות vor dem Tod beben Sir 9$_{13}$; פחד על zittern für od. besorgt sein um (Smend) Sir 41$_{12}$. †

pi. (Jenni 224): impf. וַתְּפַחֵד; pt. מְפַחֵד: c. מִפְּנֵי (immer wieder od. beständig) **beben** Js 51$_{13}$; abs. **in Furcht sein, Scheu hegen** (vor Gott) Pr 28$_{14}$ Sir 37$_{12}$. †

hif: pf. הִפְחִיד **in Beben versetzen** Hi 4$_{14}$. †

Der. I פַּחַד, *פַּחְדָּה.

I **פַּחַד**: פחד, BL 458t; Sam. *fåd*, mhe. (DSS, KQT 176), ja. פַּחֲדָא; Deir Alla ? (*p*)*ḥd* 1, 12 (ATDA 208): פָּחַד, sf. פַּחְדּוֹ, פַּחְדְּךָ, פַּחְדָּם, פַּחְדְּכֶם; pl. פְּחָדִים (J. Becker Gottesfurcht im AT, AnBibl 25, 1965 u. THAT II 412. 413): — 1. a) **Beben, Schrecken** Jr 30$_{5}$ 48$_{44}$ Hi 4$_{14}$ 21$_{9}$; פַּחַד פִּתְאֹם plötzliches Beben/Erschrecken Pr 3$_{25}$ ↗ b, Hi 22$_{10}$; אֵימָתָה וָפַחַד Ex 15$_{16}$; || פַּ׳ יִרְאָה Dt 2$_{25}$, || פַּ׳ אֵיד Pr 1$_{26}$; פַּחַד || מוֹרָא 11$_{25}$ ↗ unten; פַּחַד וָפַחַת וָפָח Js 24$_{17}$ = Jr 48$_{43}$; פַּחַד וָפַחַת Kl 3$_{47}$; קוֹל הַפַּחַד Ton des Schreckens Js 24$_{18}$, = קוֹל־פְּחָדִים Hi 15$_{21}$; פָּחַד פַּחַד ↗ פחד qal 2; פַּחַד לְ Schrecken (Gegenstand des Schreckens) für Ps 31$_{12}$; c. gen. sf. obj. פַּ׳ אוֹיֵב Schrekken vor dem Feind Ps 64$_{2}$, פַּ׳ לַיְלָה Schrecken, den die Nacht bringt Ps 91$_{5}$; פַּ׳ בַּלֵּילוֹת HL 3$_{8}$ (Caquot Sem. 8, 1956, 30: Anspielung auf einen nächtlichen Angriff, cf. TOB 1602[v]); פַּ׳ רָעָה Schrecken vor dem Unheil Pr 1$_{33}$ ↗ b; פחדי מות Sir 9$_{13}$; פַּ׳ הַיְּהוּדִים vor den Juden Est 8$_{17}$, = פַּחְדָּם vor ihnen 9$_{2}$; פַּ׳ מָרְדֳּכַי 9$_{3}$; פַּחְדּוֹ vor ihm (David) 1C 14₁₇, פַּחְדְּךָ vor dir Dt 2₂₅ (|| יִרְאָתְךָ), פַּחְדְּכֶם vor euch Dt 11₂₅ (|| מוֹרַאֲכֶם); פַּחְדָּם vor ihnen (den Israeliten) Ps 105₃₈; בְּלִי־פָחַד פ׳ לְבָבְךָ Dt 28₆₇; un-bekümmert Hi 39₁₆; b) פַּחַד = **Gefahr** ist zu erwägen für Ps 53₆ 91₅ Hi 3₂₅ 39₂₂ Pr 1₂₆f.₃₃ 3₂₅ HL 3₈ (THAT II 412; Lit.); — 2. **Der von Gott gewirkte Schrecken**: a) im Zushg. des heiligen Krieges (v. Rad AThANT 20, 1951, 10ff. 63ff; THAT II 413): פַּחַד יהוה 1S 11₇ 2C 14₁₃ 17₁₀ cf. Jr 49₅; פ׳ אֱלֹהִים 2C 20₂₉ (Welten WMANT 42, 1973, 151); b) ausserhalb des Hl. Krieges: Hi 25₂ (|| הַמְשֵׁל); פ׳ יהוה Js 2₁₀.₁₉.₂₁ 2C 19₇ (|| יִרְאַת יהוה vs. 9); פ׳ אֱלֹהִים Ps 36₂, cj. Hi 31₂₃ pr. פ׳ אֵלַי prop. פ׳ אֵל (Fohrer KAT XVI 426); פַּחְדְּךָ Ps 119₁₂₀, פַּחְדּוֹ Hi 13₁₁; — 3. פַּחַד יִצְחָק Gn 31₄₂.₅₃ (THAT II 411 Lit.), Bedtg. umstritten: a) Schrecken Isaaks (Alt KlSchr. 1, 24-29; ferner u. a. H. P. Müller ZA 66, 1976, 309 u. BBB 14, 1980, 120); bzw. Gegenstand der Verehrung (Becker l.c. 177-79; Westermann BK I/2, 607: Schutz Isaaks); b) Verwandter Isaaks (Albright VSzC² 248. 434⁷¹: zu II *פַּחַד; RAAM 106); Deir Alla 2, 8 *pḥz* Clan, Stamm (ATDA 227); palm. *pḥz/d* u. *pḥwz* Clan, Familie (DISO 226); ar. *faḫid* kleiner Zweig eines Stammes; ug. *pḫd* Herde, so auch RSP I S. 438 Nr. 99 (mit Lit.) u. UT nr. 2035 :: Aistl. 2212: Tierjunges, cf. akk. *puḫādu* (AHw. 875) Lamm; CML² 155b: Tierjunges od. Herde :: TOML 428ʸ: Mehl, cf. akk *paḫīdu* (AHw. 811b); Litt. ferner u. a. Bright Early Israel in Recent History Writing 1956, 43² = AThANT 40, 1961, 45¹⁹; Jaroš OBO 4, 1974, 197; K. Koch Fschr. C. Westermann, 1980, 107ff; c) = II *פַּחַד; Hiller JBL 91, 1972, 90-92 (gegen Albright, s. oben). †

Der. ? n. m. צְלָפְחָד.

II *פַּחַד: ar. *faḫid, faḫd, fiḫd* (Wehr 625b); sy. *puḥdā* Schenkel, Keule; äg. (metath.) *ḫpdwj* Gesäss (NPCES 202f): pl. od. eher du, sf. פַּחֲדָו: **Schenkel, Keule** (d. Nilpferdes) Hi 40₁₇; ? dazu פַּחַד יִצְחָק (↗ I פַּחַד 3 c), so K. Koch, Fschr. Westermann, 1980, 107-115. †

*פַּחְדָּה: פחד; mhe.: sf. פַּחְדָּתִי (R. Meyer Gr. § 55, 1): **Schrecken** Jr 2₁₉, l פַּחְדְּתִי ↗ פחד qal 3). †

פֶּחָה (BL 599): Lw. akk. verk. aus *bēl pīḫāti/pāḫāti* (AHw. 120a Nr. 18; Klauber 99ff) Statthalter; ↗ äga. ba. פֶּחָה: abs. פֶּחָה Neh 5₁₄ u. פֶּחָה Neh 12₂₆, cs. פַּחַת 2K 18₂₄/Js 36₉, פַּחַת Hg 2₂₁, sf. פֶּחָתְךָ; pl. פַּחוֹת, cs. פַּחֲוֹת, sf. פַּחוֹתֶיךָ: **Statthalter** (unscharf gebrauchter Titel zur Bezeichnung versch. Ämter, s. Alt KlSchr. 2, 333²; zum späten [nachexil.] Gebrauch des Wortes s. Hans-Chr. Schmitt Elisa 1972, 70f): a) פ׳ der Assyrer 2K 18₂₄/Js 36₉; b) der Babylonier Jr 51₂₃.₂₈.₅₇ Ez 23₆.₂₃; c) der Perser Est 3₁₂ 8₉ 9₃: α) deren Statth. w. d. Euphrat Esr 8₃₆ Neh 2₇.₉ 5₁₅; cf. sg. 3₇; β) in Juda זְרֻבָּבֶל פַּחַת יְהוּדָה Hg 1₁.₁₄ 2₂.₂₁; Mal 1₈; נְחֶמְיָה הַפֶּחָה Neh 12₂₆; הַפּ׳ Neh 5₁₄.₁₈, cj. Neh 5₁₄ pr. פֶּחָם l פֶּחָה (BHS); d) des Salomo פַּחוֹת הָאָרֶץ 1K 10₁₅/2C 9₁₄; e) des Königs von Damaskus 1K 20₂₄; ↗ פַּחַת מוֹאָב. †

פחז: mhe. überschäumen, ausgelassen sein; ja. dasselbe u. anschwellen; sy. adj. *paḥzā* schamlos, vb. pa. *paḥḥez* ausschweifend sein; akk. aLw. *paḫāzu* (AHw. 811b); md. (MdD 360a) adj. *pahza* munter, fröhlich; ar. *faḫaza* stolz sein, sich brüsten:

qal: pt. פֹּחֲזִים: — 1. **frech, zuchtlos** sein Ri 9₄, Zef 3₄ (Propheten) :: Rudolph KAT XIII/3, 284. 286: sind Grossprecher; pt. f. פוחזה unzüchtig (Frau) Sir 42₁₁ Rd; — 2. **überwallen** (Wasser) cj. Gn 49₄ pr. פַּחַז prop. c. Vrss. פָּחַזְתָּ (BHS, Sam. Vers. פחזת *fāʾiztå*) :: GB ↗ פַּחַז. †

hif: pf. הפחיז Sir 8₂; impf. יפח[יז]ו Sir

192: **übermütig machen** 8₂; **zuchtlos machen** 192;

hitp: pt. מתפחז Sir 4₃₀ (Cod. ©) **übermütig auftreten.** †

Der. ? פַּחַז u. *פַּחֲזוּת.

פַּחַז: פחז, BL 456k: **Überschäumen** (כַּמַּיִם) Gn 49₄ (abstr. pro concr. s. GB, König Wb. :: Zorell 647a: adj. in Glut der Leidenschaft aufschäumend; al. cj. ↗ פחז qal 2), Sir 41₁₇: פחז wechselt in MSS mit זנות. †

***פַּחֲזוּת**: פחז: sbst. פַּחַז + Endg. ־וּת (R. Meyer Gr. § 41, 5b): sf. פַּחֲזוּתָם: **Geflunker** (|| שִׁקְרֵיהֶם) Jr 23₃₂. †

פחח: vb. denom. von ↗ פַּח:

hif: inf. absol. הָפֵחַ, dafür cj. hof. pf. הֻפְּחוּ (Elliger BK XI 272f, BHS :: Lex.[1] inf. abs. הָפֵחַ): **gefangen, gefesselt sein** Js 42₂₂. †

פֶּחָם: (*päh-ḥām*, BL 216n) wohl Primärnomen: mhe. פֶּחָם, vb. denom. pa. פִּחֵם schwärzen; ug. *pḥm* (UT nr. 2034, Aistl. 2211): 1) Kohle (KTU 1. 4 II 8. 9; 1. 23, 41. 44f. 48 || *išt*, RSP I S. 129 Nr. 76); 2) heller, roter Purpur, eigentl. (Farbe d.) glühenden Kohle (KTU 4. 132, 1. 4. 5; 3. 1, 22. 27. 29. 31. 33. 39; Dietrich-Loretz WdO 3, 1964, 231f; Landsbg. JCS 21, 1967, 158. 172); akk. *pēmtu* (AHw. 854a); sy. *paḥmā*, pun. פחם (DISO 226); ar. *faḥm*; äth. *fĕhm*, tigr. *faḥm* (Wb. 654b): cs. cj. Σ פֶּחָם Ps 11₆ ↗ I פַּח: (Holz)-Kohle u. die damit erzeugte Glut bzw. das damit erzeugte Feuer (:: גַּחֶלֶת) Js 44₁₂ 54₁₆ Pr 26₂₁ (pr. פֶּחָם l ? ↗ מַפֻּחַ :: Dahood Biblica 51, 1970, 396: *פֶּחָם = Blasebalg); Ps 11₆. †

***פחת**: mhe. aushöhlen; ja. sam. sy. pa. *paḥḥet* durchbohren; ar. *faḥata* graben; ? akk. *patāḫu* (AHw. 846f) durchstossen, durchbohren.

Der. פַּחַת, פְּחֶתֶת.

פַּחַת: *פחת, BL 458f: mhe., ja. פַּחְתָּא, sam. פחתה (BCh. LOT 2, 517), sy. (m. und f.) *peḥtā*/*paḥtā*, cp. *pḥt* Grube; akk. *pitḫu* (AHw. 869) Einbruchstelle: פַּחַת, pl. פְּחָתִים (AuS 6, 335, Schwarzenb. 40f): — 1. **Grube** 2S 18₁₇, spez. **Fanggrube** (d. Jägers) Js 24₁₈; metaph. = Verderben Js 24₁₇ = Jr 48₄₃ Kl 3₄₇ ↗ פחד 1. a, Jr 48₄₄; — 2. **Schlucht** 2S 17₉ (pr. אַחַת l ? אחד, doch cf. sy.), Jr 48₂₈ פִּי־פַחַת: Mund der Schlucht = gähnende Schlucht (Rudolph Jer.[3] 278). †

פַּחַת מוֹאָב: n. tr; פֶּחָה: „Statthalter Moabs" (Kittel III/2, 362; Rudolph EN 8): Esr 2₆ 8₄ 10₃₀ Neh 3₁₁ 7₁₁ 10₁₅. †

פְּחֶתֶת: *פחת: Sam. *fåtåt*: (eingefressene) Vertiefung (an Kleidern, Stoffen u. Leder), sog. „Kleideraussatz" (GB) eigentl. Schimmelbildungen, Pilzüberzüge (Elliger Lev. 185. 186): Lv 13₅₅. †

פִּטְדָה: Sam. *fēṭiddå*, G τοπάζιον, V *topazius*: **Topas** (Quiring 196f; Harris ALUOS 5, 1963-65, 46ff; Zimmerli Ez. 673, vgl. GB :: Koehler ZAW 55, 1937, 168f u. Lex.[1]: Chrysolith) Ex 28₁₇ 39₁₀ Ez. 28₁₃ Hi 28₁₉. †

[***פָּטִיר**: 1C 9₃₃: K פְּטִירִים; Q, MSS, T פְּטוּ׳; ↗ פטר qal 3].

פַּטִּישׁ: 1Q Js^a 41₇ פלטי(ש) (dissim., Ruž. 124); √ ign. (:: W. A. Ward ZÄS 95, 1968-69, 68f: < äg. *pds* zerdrücken, auspressen); mhe. ja; ar. *fiṭṭīs* Schmiedehammer; nach P. de Lagarde Übersicht ... 1889, 103, verw. mit ar. *fiṭṭīsat* Schweineschnauze (wegen der ähnl. Form); sy. *paṭšā* plattnasig, *parṭūša* Schnabel, Schnauze; cf. pun. PN *pṭš* (KAI Nr. 101, 5; PNPhPI 175. 390: „Hammer" od. ? corrupt. aus *špṭ*, so auch Harris Gr. 137): **Schmiedehammer** (:: ↗ פעם u. מַקֶּבֶת) Js 41₇ Jr 23₂₉, 50₂₃ פַּטִּישׁ כָּל־הָאָרֶץ = Babel. †

פטר: Grdb. wohl spalten, cf. ar. u. ↗ פֶּטֶר; mhe. ja. qal/pe. entlassen, freilassen; mhe. nif. sich verabschieden, verscheiden, sterben; befreit sein; sam. in פטיר = מַצּוֹת;

ug. *pṭr* vb. u. sbst. (UT nr. 2039, Aistl. 2216 zu KTU 1. 76, 11: *npṭry*, s. Gray LoC² 197; Ug. V 576, 34: *pṭr pṭr*, Astour JNES 27, 1968, 34 aufreissen (d. Maul) (:: KTU 1. 107, 34 *pẓr pẓr*), cf. Ug. V 244f III 2 u. 352a *piṭrum* Spalt; akk. (AHw. 849-51) (ab)lösen, auslösen, *piṭru* (AHw. 871) Ablösung; äga. lösen ? (BMAP Nr. 13, 7, DISO 227); sy. weggehen, getrennt werden, aufhören; md. *pṭr* pa. (MdD 369b) wegreiben; sbst. *piṭra* (MdD 371a) Scheidung, Trennung; ar. *faṭara* spalten; äth. *faṭara* schaffen, tigr. *faṭra* (Wb. 676a) erschaffen:

qal: pf. פָּטַר; impf. וַיִּפְטַר; pt. פּוֹטֵר, pass. pl. פְּטֻרֵי, פְּטוּרֵי: — 1. c. מִפְּנֵי **entweichen** vor 1S 19₁₀ (pr. וַיִּפְטַר prop. וַיִּפָּטֵר, BHK³, Stoebe KAT VIII/1, 357 ⟩ mhe. nif.); cf. פטר aufbrechen (nach Hause) Sir 35₁₁; — 2. c. מַיִם: dem Wasser freien Lauf geben (cf. akk. *nagbē puṭṭuru* die Quellen öffnen, VAB 7, 6,45; 212, 2) Pr 17₁₄; — 3. (vom Dienst) freilassen 2C 23₈ 1C 9₃₃ Q ⟩ *פְּטִיר; — 4. פְּטֻרֵי/פְּטֻ׳ צִצִּים: Bedtg. unsicher: Blumengehänge, Knospen (Lex.¹), Blumenkelche, eigentl. aufgespaltene Formen von Blumen (Noth Kge. 102) 1K 6₁₈.₂₉.₃₂.₃₅. †

hif: impf. יַפְטִירוּ c. בְּשָׂפָה wörtlich: einen Spalt machen mit den Lippen (Gkl. Ps. 95), d. h. die Lippen/den Mund aufsperren (zum Spott) Ps 22₈, cf. פָּעַר בְּפֶה Hi 16₁₀ u. הִרְחִיב פֶּה Ps 35₂₁. †

Der. פֶּטֶר, *פִּטְרָה.

פֶּטֶר: פטר; Sam. *fēṭår*; BL 457q; zu ug. *pṭr* ⟩ פטר: was den Mutterschoss durchbricht, **Erstgeburt** (Zimmerli Ges. Aufs. II 236ff): פֶּ׳ רֶחֶם urspr. d. tierische Erstgeburt (:: בְּכ(וֹ)ר d. menschliche) Ex 13₁₂f.₁₅ 34₁₉f; Ez 20₂₆ פֶּ׳ רֶ׳ d. menschl. Erstgeburt; Ex 13₂ Nu 3₁₂ 18₁₅ בְּכֹר ‖ פֶּ׳ רֶ. †

***פִּטְרָה**: פטר; fem., ? n. unit. zu פֶּטֶר: **Erstgeburt** Nu 8₁₆: פִּטְרַת כָּל־רֶחֶם jede (einzelne) Erstgeburt (:: Seb. Sam. כָּל־בְּכוֹר פֶּטֶר רֶחֶם), s. ferner BHS. †

פִּי: ⟩ פֶּה.

פִּי־בֶסֶת: n. l; äg. *pr-b3śt.t* (EG I 423) „Haus der Göttin Bastet"; G Βουβάστου, V *Bubastis*; Stadt im ö. Delta, beim *T.-Baṣta* (GTT § 1436, Zimmerli Ez 738) Ez 30₁₇. †

פִּיד: :*פיד ar. *fāda* (*fjd* u. *fwd*) verschwinden, sterben, inf. *faid* u. *faud* Sterben; cf. sy. *pad* (*pdd*) u. *pād* (*pwd*) untergehen, verschwinden, irren, *paudā* Irrtum, Fehler; ? ug. *pd* verschlingen (so van Selms UF 7, 1975, 481 zu KTU 1. 5 I 5: *ipdk* „ich verschlinge dich" :: Aistl. 1814, Gray LoC² 31, Aartun WdO 4, 1968, 285: zu ar. *nafada* verbrauchen, verzehren (:: CML² 155b: ar. *fatta*; s. auch Emerton UF 10, 1978, 74f): sf. פִּידוֹ: **Unheil**, **Unglück** (Lex.¹ Untergang) Pr 24₂₂ Hi 12₅ 30₂₄ 31₂₉, cj. 15₂₃ pr. בְּיָדוֹ prop. פִּידוֹ u. a. Lex.¹ :: TOB (c. MT): das Schicksal, das ihn erwartet. †

פִּי הַחִירֹת: n. l, Sam. *fī å'īråt*, G Nu 33₇f Εἰρωθ Επιρωθ; Ex 14₂.₉ τῆς ἐπαύλεως; Volksetym: „Mündung der Kanäle", הַחִירֹת, < akk. *ḫirītu* (AHw. 348a) Graben, Kanal; die äg. Bedtg. des n. l. ist ungewiss, Vorschläge s. IDB 3, 810f u. de Vaux Histoire I 357; bei Qantara im ö. Delta (GTT p. 239 (5), 249²¹⁷), Ex 14₂.₉ Nu 33₇, vs. ₈ pr. מִפְּנֵי הַחִי׳ l ? c. Seb, MSS et Vrss. מִפִּי הַחִי׳. †

פִּיוֹת Ri 3₁₆, ⟩ פִּיפִיּוֹת.

פִּיחַ: wohl Primärnomen :: GB: von e. √ פוח; Sam. *fī*: **Russ** Ex 9₈.₁₀. †

פִּיכֹל: n. m.; Sam. *fī kål*, G Φικολ, Josph. Φίκολος (NFJ 123): äg. PN Bedtg. ungewiss (Noth ÜgPt 171⁴⁴³ :: Albr. JPOS 4, 1924, 138f: *P3-Rkw* = Lykier s. Lex.¹): Feldhauptmann des Abimelech Gn 21₂₂.₃₂ 26₂₆. †

פִּילֶגֶשׁ: ⟩ פִּלֶגֶשׁ.

פִּים: Dir. 273-77; Eph. 3, 47: ein Gewichtsmass = 2/3 d. Schekel (Diringer u. Brock, Fschr. D. W. Thomas 40; Stoebe KAT VIII/1, 255 mit Lit; s. ferner Ben-David UF 11, 1979, 34-40; de Vaux Inst. 1, 310. 312 = Lebensordnungen 1, 328. 331; ? l du. פִּיַם) 1S 13_{21}. †

פִּימָה: < *פְּאִימָה cf. GK § 19k u. § 23e; פאם; akk. *pijāmu/nu* (AHw. 862f) stark; ar. *faʾima* strotzen: **Fett** Hi 15_{27}. †

פִּינְחָס: n. m., 1S 1_3 פִּנְחָס, Sam. *fīnās*, G Φινεες, Josph. Φινεέσης (NFJ 124); äg. *pȝ-nḥśj* der Neger/Nubier (EG II 303; Albr. Fschr. Bertholet 13^2, VSzC 254, YGC 143^{34}, Görg BN 2, 1977, 27: der Dunkelhäutige; auch koptisch: Heuser Namen d. Kopten, 1929, I 16): — 1. Sohn v. אֶלְעָזָר Ex 6_{25} Nu $25_{7.11}$ 31_6 Jos $22_{13.30\text{-}32}$ Ri 20_{28} Ps 106_{30} Esr 7_5 8_2 1C 5_{30} 6_{35} 9_{20} Sir 45_{23} 50_{24}; — 2. Sohn v. עֵלִי 1S 1_3 2_{34} $4_{4.11.17.19}$ 14_3; — 3. Vater d. Priesters אֶלְעָזָר Esr 8_{33}; — 4. ↗ n. l. ign. גִּבְעַת פִּנְחָס in אֶפְרָיִם Jos 24_{33}, s. I גִּבְעָה B 8. †

פִּינֹן: n. m., Sam. *fīnån*: Stammeshäuptling (אַלּוּף) in Edom Gn 36_{41} 1C 1_{52}; cf. n. l. פּוּנֹן. †

פִּיפִיּוֹת: פִּי (פֶּה) reduplicativum, altertümliche Bildung des pl. (R. Meyer Gr. § 43, 4 u. § 58, 13), mhe. auch Mund des Menschen (pl. Ber 11b): **Schneiden**: — 1. des Dreschwagens Js 41_{15} (Elliger BK XI 153); — 2. d. Schwertes „Schwertschneiden" (:: GB, Lex.[1] doppelte Schneiden) Ps 149_6; cf. שְׁנֵי פֵיוֹת Ri 3_{16}; cj. Pr 5_4 pr. פֵּיוֹת ↗ פֶּה. †

פִּישׁוֹן: wohl zu פושׁ (:: Görg BN 2, 1977, 27-29: Herleitung aus d. Äg.), Sam. *fīšon*: n. fl, von עֵדֶן ausgehend umfliesst er d. Land הַחֲוִילָה; die Identifikation mit einem bestimmten Fluss ist kaum möglich u. umstritten, zu entspr. Vorschlägen s. Lex.[1], Speiser Fschr. Friedrich 473ff (= Oriental and Biblical Studies 31ff); Gipsen Fschr. Vriezen 118f; Westermann BK I/1, 296; Gn 2_{11} Sir 24_{25}. †

פִּיתוֹן: n. m., Bedtg. ungewiss (Noth N. 254b: ? zu ↗ פֶּתֶן, mhe., ja. Otter): Benjaminit aus d. Nachk. Sauls 1C 8_{35} 9_{41}. †

פַּךְ: mhe.; Schallwort (vom Glucksen d. Flüssigkeit ↗ פכה); ug. *bk* Pokal (KTU 1. 3 I 12, s. CML[2] 46 u. 143a; Gray LoC[2] 39; TOML 155); äg. *pgȝ* Schale (EG I 563): **kleiner Krug** (Kelso Nr. 67, AuS 7, 230) 1S 10_1 2K $9_{1.3}$, cj. 4_2 pr. אָסוּךְ prop. פַּךְ (Lex.[1] :: Gray Kings[3] 491^b :: TOB c. MT: wenn es nur ist, dass ich mich mit Oel salben kann). †

פכה: (Reymond 62f, Jenni 273: wohl onomatopoëtisch „pak-pak-pak" machen); mhe. sy. פכפך hervorsprudeln:

pi: pt. מְפַכִּים: **tröpfeln** Ez 47_2. †

פֹּכֶרֶת הַצְּבָיִים: n. m.; פֹּכֶרֶת zu sy. *pᵉkar* binden; ja. u. sam. zerstören, niedereissen (BCh. LOT 2, 512); pt. f. zur Bezeichnung e. Amtes, cf. קֹהֶלֶת (GK § 122r, R. Meyer Gr. § 94, 2g): Gazellenfänger, eigentl. „der im Gazellenpflegeamt" (Galling HAT 18^2 75), e. Berufsbezeichnung, die zum PN wurde: Einer aus den Nachk. der Sklaven Salomos Esr 2_{57} Neh 7_{59}. †

פלא (Grdb mit Koehler ThZ 1, 1946, 304, Lex.[1], Jenni 231f: anders, auffallend, merkwürdig sein :: Stoebe ThZ 28, 1972, 14f: פלא enthält das Moment einer von dem Wirkenden ausgehenden oder an ihn gebundenen Wirksamkeit): mhe. nif. pt. wunderbar, hif. wunderbar sein, sbst. פֶּלֶא Wunder; DSS (KQT 144. 176f), ja. af. wunderbar machen, sbst. פִּלְאָה Wunder, פִּלְאֲתָא = sy. *pelēʾtā* Rätsel; ? ar. *faʾl* gutes Omen (Wellhausen RaH 205); ? pun. *palu* (Poen. 1017, s. DISO 227, Sznycer 143f); ug. inc.: 1) *plj*: KTU 1. 101, 5 *rišh tplj*, entweder: a) wundervoll, schön sein (RSP II S. 134 Nr. 1, de Moor UF 1,

1969, 180. 181, Fensham UF 3, 1971, 24) oder b) getrennt, ausgesondert sein, sich unterscheiden, ↗ פלה (Lipiński UF 3, 82. 84; CML^2 155b; Dietrich-Loretz-Sanmartín UF 7, 1975, 534); 2) cj. CTA 15 III 26 (= KTU 1. 15 III 26): *ndr* || *p*[*lu*/*la*] Gelübde, Versprechen (RSP I S. 273 Nr. 377; Dahood Psalms II 313; CML^2 92 Z. 26; Gray KRT^2 20. 61): zu **פלא** s. Quell Fschr. Rudolph 253-300, bes. 294ff; Stoebe ThZ 28, 1972, 13-23; THAT II 413-20; allg. zu Wunder Eichrodt 2/3, 108-111; BHH 2188-2191 (Lit.), auch Quell l. c.:

qal: nur in PN אֱלִיפְלֵהוּ, פְּלָיָה, פְּלָאיָה „Gott/mein Gott hat wunderbar an ihm gehandelt" (:: HAL 54b); qal pr. hif, s. Noth N. 36; zum sf. in diesem PN s. Stamm Ein Problem der altsemit. Namengebung (Fourth World Congress of Jewish Studies, Papers Vol. I, Jerusalem 1967, 142 = OBO 30, 81f); Sam. qal pro pi. u. hif.;

nif. (57 ×): pf. 3. pers. fem. נִפְלָאת Ps 118$_{23}$ (BL 375, R. Meyer Gr. § 81, 3) u. נִפְלְאַ̂תָה 2S 1$_{26}$ (BL l. c., R. Meyer Gr. l. c.), נִפְלֵיתִי Ps 139$_{14}$ (GK § 75qq), נִפְלְאוּ; impf. יִפָּלֵא; pt. sg. f. נִפְלֵאת (BL 612x, R. Meyer Gr. § 57, 2b), pl. נִפְלָאִים, נִפְלָאוֹת (Sam. *niflåʹt*), נִפְלְאוֹת, sf. נִפְלְאֹתַי, נִפְלְאֹ(וֹ)תֶיךָ/תָיו, zum pl. fem. s. Michel Grundl. heSy 1,70: Endung *-ā*/*-ōt* dient als Abstr: — 1. als ungewöhnlich, ungemäss behandelt werden = **zu schwer sein**, c. מִן: a) für d. Menschen Dt 17$_8$ 30$_{11}$ Pr 30$_{18}$; b) für Gott = unmöglich sein Gn 18$_{14}$ Jr 32$_{17.27}$; c) für Gott u. Mensch (שְׁאֵרִית הָעָם הַזֶּה) Zch 8$_6$; — 2. **ungewöhnlich, wunderbar sein**: a) abs. Ps 139$_{14}$; b) c. בְּעֵינֵי 2S 1$_{26}$ 13$_2$ Zch 8$_{6a, b}$ (בְּעֵינֵי י״ ↗ 1. c.) Ps 118$_{23}$ 139$_{14}$, נִפְלָאוֹת מִן zu wunderbar für Hi 42$_3$; — 3. **Wundertaten** (נִפְלָאוֹת s. Stolz ZThK 69, 1972, 137f): a) Gottes: c. עשׂה Ex 3$_{20}$ 34$_{10}$ Jos 3$_5$ Jr 21$_2$ Ps 40$_6$ 72$_{18}$ 78$_4$ 86$_{10}$ 98$_1$ 106$_{22}$ 136$_4$ Hi 5$_9$ 9$_{10}$; c. ספר Ri 6$_{13}$ Ps 9$_2$ 26$_7$ 75$_2$ 78$_4$ 96$_3$ 1C 16$_{24}$; c. שִׂיחַ Ps 105$_2$ 119$_{27}$ 145$_5$ 1C 16$_9$; c. זכר Ps 105$_5$ Neh 9$_{17}$ 1C 16$_{12}$; c. ידה Ps 107$_{8.15.21.31}$; c. ראה Ps 107$_{24}$; c. הֶרְאָה Mi 7$_{15}$ Ps 78$_{11}$; c. הִגִּיד Ps 71$_{17}$; c. הֶאֱמִין Ps 78$_{32}$; c. שָׁכַח Ps 78$_{11}$; c. נבט (hif.) Ps 119$_{18}$; c. הִשְׂכִּיל Ps 106$_7$; c. בִּין hitpol. Hi 37$_{14}$; c. עשׂה זֵכֶר Ps 111$_4$; c. הִרְעִים Hi 37$_5$ (al. cj. pr. יַרְעֵם prop. יַרְאֵנוּ et dl. בְּקוֹלוֹ); b) von Menschen: נִפְ׳ = Erstaunliches, Ungeheuerliches c. הִשְׁחִית Da 8$_{24}$, Lex.^{1}: ungeheures Unheil anrichten :: cj. pr. הִשְׁחִית prop. יְשׁוֹחֵחַ/יָשִׂיחַ (BHS) vel יְדַבֵּר, cf. 11$_{36}$ (Bentzen HAT 19^2 60); c. דִּבֶּר Da 11$_{36}$. †

pi: (Sam. qal): inf. פַּלֵּא c. נֶדֶר ein besonderes Gelübde erfüllen Lv 22$_{21}$ Nu 15$_{3.8}$ (Jenni 231f), cj. Lv 27$_2$ Nu 6$_2$ pr. יַפְלִא prop. יְפַלֵּא (BHS), so Lex.^{1}, Noth ATD 6, 137. 176; 7, 48f; Quell Fschr. Rudolph 297, cf. Zorell :: GB, Kellermann BZAW 120, 1970, 83; THAT II 416: II פלא ein Gelübde erfüllen bzw. geloben. †

hif. (11 ×): pf. הִפְלִא, הִפְלִיא Js 28$_{29}$ Ⓑ, הִפְלָא (BL 376) Dt 28$_{59}$; impf. יַפְלִא; imp. הַפְלֵה (BL l. c.), Var. הַפְלֵא Ps 17$_7$; inf. הַפְלֵא, הַפְלִיא; pt. מַפְלִא: — 1. c. acc.: **etwas wunderbar tun**: a) c. עֵצָה e. wunderbaren Rat wissen Js 28$_{29}$; c. חֶסֶד wunderbare Gemeinschaft erweisen Ps 17$_7$ 31$_{22}$, cj. 4$_4$ pr. חָסִיד לוֹ prop. חַסְדּוֹ לִי (BHS) :: Dahood Psalms I 22. 24 (mit MT) „wirkt Wunder dem, der ihm ergeben ist", :: TOB „stellt den Frommen für sich" ↗ פלה hif.; b) c. מַכּוֹת mit ausgesuchten Plagen schlagen Dt 28$_{59}$; c. נֶדֶר ein besonderes Gelübde leisten Lv 27$_2$; c. לִנְדֹּר נֶדֶר Nu 6$_2$, s. Noth ATD 7, 48f; ↗ pi; — 2. c. לְ c. inf.: מַפְלִא לַעֲשׂוֹת der Wunderbares tut Ri 13$_{19}$; הִפְלִיא לְהֵעָזֵר ihm wurde wunderbar geholfen 2C 26$_{15}$; — 3. לְהַפְלִיא הַפְלֵא וָפֶלֶא c. acc. wundersam/wunderlich mit jmdm umgehen Js 29$_{14}$; עָשָׂה לְהַפְלִיא c. עִם wunderbar handeln an Jl 2$_{26}$; — 4. הַפְלֵה bewundernswert 2C 2$_{8}$ (inf. abs. als Ersatz für e. adj. s. Rudolph Chr. 198). †

hitp: impf. תִּתְפַּלָּא: **sich als wundersam erweisen** Hi 10$_{16}$. †

Der. פֶּלֶא, פִּלְאִי; n.m. פְּלָאיָה, פְּלָיָה, אֱלִיפְלֵהוּ ↗ qal (:: HAL 54 b: פלה), פַּלּוּא.

פֶּלֶא: פלא, BL 457q; Sam. Vers. Ex 15$_{11}$ פליאה *fālijjå*, sam. פְּלִי, pl. det. פליאתה (BCh. LOT 2, 513): sf. פִּלְאֲךָ, פִּלְאֶךָ, pl. פְּלָאִים u. פְּלָאוֹת (Lit. s. zu פלא): **Ungewöhnliches, Wunder**: — 1. a) עָשָׂה/עֹשֵׂה פֶּלֶא (יהוה) Ex 15$_{11}$ Js 25$_{1}$; c. ↗ פלא hif. Js 29$_{14}$; פֶּלֶא עֵצוֹת Ps 77$_{15}$ 78$_{12}$ 88$_{11}$; b) Gottes פֶּלֶא Ps 77$_{12}$ 88$_{13}$ 89$_{6}$; — 2. einer der Thronnamen des Messias פֶּלֶא יוֹעֵץ der Wunderbares plant, Wunderplaner (Wildbg. ThZ 16, 1960, 315f u. BK X 363. 381f) :: Lex.[1]: ein Wunder von einem Ratgeber Js 9$_{5}$; — 3. pl. (cf. Michel Grundl. heSy. 1, 37): a) פְּלָאִים cj. Hi 11$_{6}$ pr. כִּפְלַיִם prop. (כִּ)פְלָאִים = פְּלָיִם Wunder; adv. (acc. d. Zustandes GK § 118q, HeSy § 104) auf erstaunliche Weise Kl 1$_{9}$; b) פְּלָאוֹת Wunder Ps 119$_{129}$ Sir 11$_{4}$ 43$_{25}$; הַפְּלָאוֹת die wunderbaren Dinge Da 12$_{6}$. †

פִּלְאִי, BL 501x, Q (א)פְּלִי, cf. pauci MSS פליא; l K פִּלְאִי Ri 13$_{18}$: adj. zu ↗ פֶּלֶא; fem. פְּלִאיָה, Q פְּלִיאָה, l c. K פְּלִאיָה Ps 139$_{6}$: **wunderbar**. †

פַּלֻּאִי: Sam. *filluwwi*; gntl. v. פַּלּוּא: Nu 26$_{5}$. †

פְּלָאיָה: n. m. פלא u. יָ״; bab. *pilliyaw* (WSPN 33. 81f, Noth N. 191[3]): „Jahwe hat wunderbar gehandelt" (Noth N. 191; qal pr. hif. cf. l. c. 36): Levit zur Zeit d. Esra: Neh 8$_{7}$ 10$_{11}$. †

פלג: mhe. hif. sich entfernen; DSS (KQT 177), ja. pe. pa. af. teilen; so auch Ram. palm. (DISO 227), sam. sy. cp. md. (MdD 373b); ug. *plg* N sich zerteilen (KTU 1. 100 Z. 69; UF 7, 1975, 122. 125; CML[2] 155b); ar. *falağa* spalten; kopt. *pôlğ*:

nif: pf. נִפְלְגָה **sich zerteilen** Gn 10$_{25}$ 1C 1$_{19}$. †

pi. (Jenni 176. 237): pf. פִּלַּג, imp. ? פַּלַּג Ps 55$_{10}$ (BL 329f, Joüon S. 117): **spalten, furchen** Hi 38$_{25}$; Ps 55$_{10}$ פַּלַּג לְשׁוֹנָם c. G V: spalte, entzwei ihre Zungen (so u. a. GB, cf. Jenni 237, TOB :: Lex.[1] et al. cj. ↗ I פֶּלֶג).

Der. I u. II פֶּלֶג, *פְּלַגָּה, *פְּלֻגָּה, מִפְלַגָּה.

I **פֶּלֶג**: פלג, BL 458s: a) mhe. Hälfte, Zuteilung, ja. פַּלְגָּה Teil, Hälfte, so auch äga. palm. nab. (DISO 228), sy. cp. md. (MdD 360b); b) akk. *palgu* (AHw. 815f) Graben, Kanal, > Ram. *plg* (DISO 228); mhe. DSS (KQT 177); ug. *plg* Bach (KTU 1. 100 Z. 69; UF 7, 1975, 122. 125); ar. *falğ* Spalte, Riss; äth. *falag* Bach, tigr. (Wb. 653b) Hohlweg, Schlucht, tigrin. Flussbett (Wb. l. c.); c) ph. *plg* Bezirk (DISO 228, KAI Nr. 18, 3), ? akk. *pilku* (AHw. 863a) Abgrenzung, Gebiet; cf. mhe. פֶּלֶךְ: pl. פְּלָגִים, cs. פַּלְגֵי, sf. פְּלָגָיו (Schwarzenbach 61f, Reymond 70. 129): **künstlicher Wassergraben, Kanal** Js 30$_{25}$ Ps 46$_{5}$ 65$_{10}$; פַּלְגֵי מַיִם Js 32$_{2}$ Ps 1$_{3}$ 119$_{136}$ Pr 5$_{16}$ 21$_{1}$ Kl 3$_{48}$; metaph. פַּלְגֵי שֶׁמֶן Bäche von Oel Hi 29$_{6}$; — cj. Ps 55$_{10}$ pr. פַּלַּג prop. פֶּלֶג (s. פלג pi.): a) Bach/Sturzbach ihrer Zungen (Gkl. Ps. 240; Kraus BK XV[5] 559. 560); b) den Spalt ihrer Zunge, d. h. ihre gespaltene Zunge (Dahood Psalms II 33) :: Lex.[1]: nach sy. *pullāgā*: Spaltung, Entzweiung. †

II **פֶּלֶג**: Sam. *fålåg*; n. m. „Teilung" nach Gn 10$_{25}$ 1C 1$_{19}$ zu פלג; das ist sicher eine sekundäre Deutung. Der urspr. Sinn des sbst. ist unklar. Vorschläge: a) urspr. PN, so Lex.[1] zu ar. *falağa* Erfolg haben; b) n. top: 1) *el Falğ* im nö. Arabien am pers. Golf; 2) *el Aflāğ* in Zentralarabien; 3) *Phalga* am Euphrat, oberhalb der Mündung des *Chabūr* (Thompson BZAW 133, 1974, 306): פֶּלֶג: Gn 10₂₅ 11₁₆₋₁₉ 1C 1₁₉.₂₅. †

***פְּלַגָּה**: פלג, BL 219g; sam. פלגה (BCh. LOT 2, 527. 462); pl. פְּלַגּוֹת: — 1. **Unterabteilung** (eines Stammes) Ri 5₁₅f (Zobel BZAW 95, 1965, 49); — 2. **Rinnsal** Hi 20₁₇. †

***פְּלֻגָּה**: פלג, BL 469d: ↗ ba. *פְּלֻגָּה: pl. פְּלֻגּוֹת: **Abteilung/Gruppe** in d. Familien (בֵּית הָאָבוֹת) der Leviten 2C 35₅ (|| חֲלֻקָּה). †

פִּילֶגֶשׁ, פִּלֶגֶשׁ: nicht semitisch (Ellenbogen 134; Rabin JJS 25, 1974, 353-64; Görg. BN 10, 1979, 10f); Sam. *filgåš*, pl. *filgåšəm*, gr. πάλλαξ, παλλακίς, lat. *pellex*; ja. פַּלְקְתָא; sy. *plq* (vocales incertae, LS 576a); ar. n. f. *Bilqīs* (Königin von Saba): sf. sg. פִּילַגְשׁוֹ/שֵׁהוּ, פִּילַגְשִׁי, pl. פִּילַגְשִׁים (Michel Grundl. heSy. 1, 36), פִּלַגְשֵׁי, sf. פִּילַגְשֵׁיהֶם, פִּילַגְשֶׁיךָ/שָׁיו: **Nebenfrau** (Plautz ZAW 75, 1963, 9-13): von נָחוֹר Gn 22₂₄, אֱלִיפַז 36₁₂, אַבְרָהָם 25₆ 1C 1₃₂, יַעֲקֹב Gn 35₂₂, אִישׁ לֵוִי Ri 19₁f.₉f.₂₄₋₂₉ 20₄₋₆, שָׁאוּל 2S 3₇ 21₁₁, כָּלֵב 1C 2₄₆.₄₈, מְנַשֶּׁה 1C 7₁₄; pl. von דָּוִד 2S 5₁₃ 15₁₆ 16₂₁f 19₆ 20₃ 1C 3₉; 300 von שְׁלֹמֹה 1K 11₃, bzw. 80 HL 6₈f; von רְחַבְעָם 2C 11₂₁; נָשִׁים פִּלַגְשִׁים 2S 15₁₆, 20₃; שֹׁמֵר הַפִּילַגְשִׁים Est 2₁₄; Ez 23₂₀ txt. inc. pl. m. פִּלַגְשֵׁיהֶם ? ihre Buhlen :: cj. Lex.[1] פְּלִשְׁתִּים (cf. Zimmerli Ez 532). †

***פְּלָדָה**, od. *פְּלָדָה*/פַּלְדָּה, pl. פְּלָדוֹת: hapleg. Nah 2₄, Bedtg. fraglich; gew. nach pers. *pûlâd* Stahl > sy. *b/pūlād*, ar. *fūlāḏ*: Stahl, s. GB, Zorell: MT בְּאֵשׁ פְּלָדוֹת הָרֶכֶב (pauci MSS, Σ כְּאֵשׁ) im/wie Feuer der Stahlbeschläge sind die Streitwagen, cf. TOB, :: Rudolph KAT XIII/3, 167: פַּל/פְּלָדוֹת הָרֶכֶב wie Feuer (glänzen) die Stahlbeschläge der Streitwagen, :: Dahood Biblica 51, 1970, 396f: פְּלָדוֹת zu ug. *pld* Decke, Überwurf, Teppich (Dietrich-Loretz BiOr 25, 1968, 100f); ähnl. Keller CAT XIb 121 :: cj. כְּאֵשׁ לַפִּדוֹת (Lex.[1], BHS). †

פִּלְדָּשׁ: n. m.; Sam. *fildåš*; Bedtg. fraglich: a) < פִּדָּשׁ, ar. *fuds* Spinne (Koehler JBL 59, 1940, 35; ThZ 2, 1946, 315; Lex.[1]); b) zu ar. *fandaš* kräftig, stark (GB); nab. PN *pndšw*, Cant. Nab. 2, 136b: ein Sohn Nachors Gn 22₂₂. †

פלה: Nf. v. פלא: ug. *plj* ↗ פלא; ar. *falāj* entlausen (so auch mhe. ja.), untersuchen, prüfen (Lane 2445 c):

nif: pf. נִפְלֵינוּ: c. מִן **besonders behandelt, ausgezeichnet werden** Ex 33₁₆. †

hif: pf. הִפְלֵיתִי, הִפְלָה; impf. יַפְלֶה: **ausgezeichnet, besonders behandeln** Ex 8₁₈; c. בֵּין...וּבֵין einen Unterschied machen zwischen Ex 9₄ 11₇; Ps 4₄ s. TOB (↗ I פלא hif. 1a). †

Der. ? פֶּלֶת, פְּלֹנִי, (אֱלִיפְלֵהוּ ↗ פלא).

פַּלּוּא: n. m.: פלא, Sam. *fillu*: Kf. cf. פְּלָאיָה (Noth N. 38. 191): Sohn v. Ruben Gn 46₉ Ex 6₁₄ Nu 26₅.₈; cj. 16₁ pr. פֶּלֶת l פַּלּוּא (BHS); 1C 5₃; ↗ פַּלֻּאִי. †

פלח: Grdb. spalten s. ar.; mhe. bearbeiten, dienen; ja. durchbrechen, (be)arbeiten, dienen; äga. arbeiten, dienen; palm, Hatra dienen, verehren (DISO 228); sam. öfters פלע geschrieben (BCh. LOT 2, 503); sy. cp. md. (MdD 374a) arbeiten, dienen, verehren; ar. *plḥ* spalten, pflügen, bebauen; akk. *palāḫu* (AHw. 812) (sich) fürchten, verehren:

qal: pt. פֹּלֵחַ Ps 141₇: txt. inc. MT: wie wenn einer pflügt und spaltet auf der Erde (Weiser ATD 14/15⁷ 560, cf. TOB); cj. ins. ex vs. ₆ post סֶלַע: פֹּלֵחַ: wie wenn sich spaltet ein Fels (Duhm, Kraus) :: Lex.[1] l כְּמִפְּלָה. †

pi. (Jenni 176. 180): impf. יְפַלַּח, תְּפַלַּחְנָה: — 1. **durchbohren**: die Nieren

(sbj. Gott) Hi 16$_{13}$, d. Leber (sbj. Pfeil) Pr 7$_{23}$; — 2. **in Stücke schneiden** 2K 4$_{39}$; — 3. (den Muttermund spalten) **gebären**, werfen (sbj. אַיָּלוֹת) Hi 39$_{3}$. †
Der. פֶּלַח, n. m. פִּלְחָא.

פֶּלַח: פלח, BL 457q; fem. Hi 41$_{16}$; mhe. Stück, Mühlstein; ja. פִּלְחָא Teil, Portion, Mühlstein: — 1. **Scheibe**, c. דְּבֵלָה Pressfeigen, Feigenkuchen 1S 30$_{12}$; c. רִמּוֹן Granatapfelscheibe HL 4$_{3}$ 6$_{7}$ s. Gerleman BK XVIII 147f; — 2. **Mühlstein** (BRL[2] 232): a) פֶּ׳ רֶכֶב Oberstein Ri 9$_{53}$ 2S 11$_{21}$; b) פֶּ׳ תַּחְתִּית Unterstein Hi 41$_{16}$. †

פִּלְחָא: פלח: n. m.; Endung א aram. od. hypokor: Noth N. 226: Mühlstein; ? Spitzname, cf. Stamm 268 :: Lex.[1] zu ar. *falḥ* Scharte in d. Unterlippe; oder ? ar. *fāliḥ* glücklich, erfolgreich: einer aus den Häuptern des Volkes (רָאשֵׁי הָעָם) Neh 10$_{25}$. †

פלט: Grdb. entkommen, THAT II 424: entschlüpfen; mhe. qal entrinnen, pi. entfernen, DSS (KQT 177, THAT II 426); ja. pe. entkommen, pa. entfernen, GnAp 19$_{20}$ 22$_{2}$ pe. entkommen, 12$_{17}$ pa. retten; aam. pa. erretten (KAI Nr. 215, 2, DISO 228); sam. (BCh. LOT 2, 597 u. 559); sy. pe. entkommen, entfliehen, pa. entkommen lassen, retten; cp. pa. befreien, md. (MdD 374b) pe. entkommen, pa. losmachen, entfernen; ar. *falata* (selten *ṯ*) entkommen, entrinnen; äth. *falaṭa* (Dillm. 1344) trennen; ug. *plṭ* retten (UT nr. 2048, Aistl. 2223), KTU 1. 18 I 13-14: *plṭ* || *ʿḏr* (RSP I S. 312 Nr. 460); Ug. V 243, 20 = S. 352a: *pu-la-ṭu* = akk. *šūzubu* retten; akk. *balāṭu* (AHw. 99) leben, *bulluṭu* (AHw. l. c.) lebendig, gesund machen, heilen; cf. Hirsch AfO 22, 1968/69, 39ff; EA 185, 25. 33: *paliṭ-mi* ist verschont geblieben: (THAT II 420-27) ↗ מלט:

qal: pf. פָּלְטוּ entkommen Ez 7$_{16}$; cj. Hi 23$_{7}$ pr. אֲפַלְּטָה prop. אֶפְלְטָה c. מִן frei sein von (Hölscher HAT 17[2] 58; THAT II 421 :: Fohrer KAT XVI 363: l c. MT pi, sed pr. מִשֹּׁפְטִי l c. Vrss. מִשְׁפָּטִי „und setzte mein Recht für immer durch");

pi. (24 ×, Jenni 106f) ↗ מלט: impf. יְפַלְּטֵהוּ, תְּפַלֵּט, אֲפַלְּטָה, Hi 23$_{7}$ ↗ qal, sf. אֲפַלְּטֵהוּ, וַתְּפַלְּטֵמוֹ, תְּפַלְּטֵנִי, (וַ)יְפַלְּטֵם; inf. פַּלֵּט־, פַּלֵּט; imp. פַּלְּטָה, פַּלְּטוּ, sf. פַּלְּטֵנִי; pt. sf. מְפַלְּטִי: — 1. **davonbringen** = **retten**: a) mit menschl. sbj. Mi 6$_{14}$ (Jenni 107), Ps 82$_{4}$; b) mit Gott als sbj. c. acc. pers. Ps 22$_{5.9}$ 31$_{2}$ 37$_{40}$ 71$_{2}$ 91$_{14}$, c. acc. u. מִן 2S 22$_{44}$ Ps 17$_{13}$ 18$_{44.49}$ 37$_{40}$ 43$_{1}$ 71$_{4}$; מְפַלְּטִי mein Erretter Ps 18$_{3}$ 40$_{18}$ 70$_{6}$, mit betonendem לִי 2S 22$_{2}$ Ps 144$_{2}$; abs. Ps 32$_{7}$ txt. inc. pr. רָנֵּי פַלֵּט prop. מָגִנֵּי פַלֵּט (Kraus BK XV[5] 400f, cf. BHS); c) entweichen, entkommen Ps 56$_{8}$ txt. inc. פַּלֶּט־לָמוֹ werden sie (für sich) entkommen ? (TOB 1331, ähnl. Weiser ATD 14/15[7] 285), al. cj. s. GB u. a. pr. פַּלֶּט prop. פַּלֵּס. — 2. Kuh: davonbringen = **werfen** Hi 21$_{10}$. †

hif: pf. הִפְלִיטָה; impf. יַפְלִיט, תַּפְלִיט: **in Sicherheit bringen** Js 5$_{29}$ Mi 6$_{14}$ (das hif. nicht in pi. ändern ! s. Jenni 107). †
Der. פָּלִיט, *פָּלֵיט, פְּלֵיטָה, מִפְלָט; n. m. פַּלְטִי, I פֶּלֶט, יַפְלֵט, אֶלְפֶּלֶט, אֱלִיפֶלֶט, פַּלְטִי II, פִּלְטַי, פְּלַטְיָה(וּ), פַּלְטִיאֵל.

פֶּלֶט: n. m. „Rettung", cf. DSS sbst. פלט (KQT 177) Kf. (Noth N. 38. 156), cf. אֱלִיפֶלֶט; keilschr. *Pa-li-ṭu* (APN 179a); ihe. (Sgl) *plṭ* (Bordreuil-Lemaire Sem. 26, 1976, 53): — 1. Judäer, Nachk. des Kaleb 1C 2$_{47}$; — 2. Benjaminit „Helfer" Davids 12$_{3}$; ↗ בֵּית פֶּלֶט (בַּיִת B 40). †

I פַּלְטִי: n. m. „meine Rettung" Kf. (Noth N. 38. 156); Sam. *filṭi*; Eleph. *plṭj/plṭw* (Kornfeld Onomastica 68), ebenso ihe. (Sgl. Bordreuil-Lemaire Sem. 26, 1976, 53; cf. Bordreuil Syr. 50, 1973, 189ff): — 1. Vertreter d. Stammes Benjamin unter

d. Kundschaftern Nu 13$_{9}$; — 2. Benjaminit, Gatte von Sauls Tochter Michal (s. Noth GI 170[1]; Stoebe BZAW 77, 1958, 230ff u. KAT VIII/1, 451. 460) 1S 25$_{44}$ = פַּלְטִיאֵל 2S 3$_{15}$. †

II פַּלְטִי: gntl: entweder zur Angabe der Herkunft aus בֵּית פֶּלֶט (↗ בַּיִת B 40) oder der Zugehörigkeit zum Geschlecht פֶּלֶט (Elliger KlSchr. 84f): 2S 23$_{26}$; cj. pr. הַפְּלוֹנִי 1C 11$_{27}$ u. 27$_{10}$; bei 27$_{10}$ :: Rudolph Chr. 180: l MT. †

פִּלְטָי: n. m.; Kf. cf. פְּלַטְיָה (Noth N. 38. 156): Haupt eines Priestergeschlechtes Neh 12$_{17}$. †

פַּלְטִיאֵל: n. m. אֵל + פֶּלֶט „Gott ist meine Rettung" (Noth N. 38[1]. 156); Sam. *filṭīl*: — 1. נָשִׂיא aus Issachar Nu 34$_{26}$; — 2. 2S 3$_{15}$ = I פַּלְטִי 2. †

פְּלַטְיָה: n. m.; < פְּלַטְיָהוּ: פלט + י׳ „Jahwe hat gerettet" (Noth N. 180; zum qal pr. pi. Noth l. c. 36); äga. (Kornfeld Onomastica 69): — 1. Haupt des Volkes Neh 10$_{23}$; — 2. Davidide aus den Nachk. des Zerubbabel 1C 3$_{21}$; — 3. Anführer aus d. Stamm Simeon 1C 4$_{42}$. †

פְּלַטְיָהוּ: n. m. ↗ פְּלַטְיָה; keilschr. *Pal-ṭi-ja-u* (APN 179, WSPN 33. 82): Oberster (שַׂר) des Volkes Ez 11$_{1.13}$. †

פֶּלִי u. פֶּלִ(א)י; fem. פְּלָאִיָה ↗ פֶּלְאִי.

פְּלָיָה: n. m.; als orthogr. Var. = ↗ פְּלָאיָה „Jahwe hat wunderbar gehandelt" (Noth N. 191 :: Lex.[1] zu ↗ פלה): Davidide aus den Nachk. des Zerubbabel 1C 3$_{24}$. †

פָּלִיט: adj. *qatīl* zum vb. פלט (BL 470n); Sam. *fēlǝṭ*, pl. *fēlīṭǝm*; mhe. פָּלִיט entronnen, gerettet; sam. (BCh. LOT 2, 559); ug. *plṭ* (KTU 4. 374, 7): entweder: a) PN, so UT nr. 2048, Gröndahl 405b, oder b) adj. „Flüchtling", Virolleaud, PRU V S. 99. 152 u danach Dietrich-Loretz-Sanmartín UF 5, 1973, 99: pl. cs. פְּלִיטֵי, sf. פְּלִיטָיו, פְּלִיטֵיכֶם/הֶם: (einer Gefahr) **Entronnener**; cf. Zimmerli Ez. 811: פָּ׳ bezeichnet den, der im Kampf am Leben geblieben ist, s. auch ThWbNT VII 978f: — 1. sg. a) e. Einzelner Gn 14$_{13}$ Ez 24$_{26f}$ 33$_{21f}$ (s. Zimmerli Fschr. G. Fohrer 185[23]); b) coll. 2K 9$_{15}$ Am 9$_{1}$; שָׂרִיד וּפָ׳ Jos 8$_{22}$ Jr 42$_{17}$; פָּ׳ וְשָׂרִיד Jr 44$_{14}$ Kl 2$_{22}$; — 2. pl. Ri 12$_{4f}$ Js 45$_{20}$ Jr 44$_{28}$ Ez 6$_{8f}$ 7$_{16}$ Ob $_{14}$. †

*פָּלֵ(י)ט: adj. *qatil* zum vb. פלט (BL 464z, a), nur pl. belegt: פְּלֵטִ(י)ם u. פְּלֵטִים: **Entronnene**, **Verschonte** Nu 21$_{29}$ Js 66$_{19}$ Jr 44$_{14}$ 50$_{28}$ 51$_{50}$. †

פְּלֵטָה u. פְּלֵיטָה (Ex 10$_{5}$ Jr 50$_{29}$ Ez 14$_{22}$ 1C 4$_{43}$): פלט (BL 471 o, r); mhe. פְּ׳ Überrest; DSS (KQT 177); sam. (BCh. LOT 2, 559): cs. פְּלֵיטַת: — 1. (als Rest) **Entronnener/nes**: a) Leute Ri 21$_{17}$ (Benjamin), 2K 19$_{30f}$ || Js 37$_{31f}$ (Judäer), Js 4$_{2}$ 10$_{20}$ (Israel, s. Wildbg. BK X 155. 413f), Js 15$_{9}$ (Moab), Ez 14$_{22}$ (Jerusalemer), Esr 9$_{8.13-15}$ Neh 1$_{2}$ (nachexil. Gemeinde), 1C 4$_{43}$ (Amalek), 2C 30$_{6}$ (Israeliten); b) Sachen Ex 10$_{5}$ (übrig gebliebene Feldfrüchte); — 2. **Entrinnen**, **Rettung**: a) הָיָה לִפְ׳ zur Rettung (jiddisch Pleite, Lokotsch Nr. 1643) werden = entrinnen Gn 32$_{9}$ Da 11$_{42}$; b) Gn 45$_{7}$ (פְּ׳ גְּדוֹלָה), 2S 15$_{14}$ (c. מִן), Jr 25$_{35}$ (c. מִן), 50$_{29}$ Jl 2$_{3}$ 3$_{5}$ Ob $_{17}$ 2C 12$_{7}$ 20$_{24}$. †

*פָּלִיל: פלל, BL 470n; Sam. Ex 21$_{22}$ pl. *fēlålǝm*, Dt 32$_{31}$ Vers. פללים *fallålǝm* Seher, Beobachter (cf. LOT 5, p. 10, 190[11]) pl. פְּלִילִים: a) trad. Richter (GB, Zorell, Lex.[1]) Ex 21$_{22}$ בִּפְלִלִים vor Schiedsrichtern (Noth ATD 5, 137; Liedke WMANT 39, 1971, 44f, cf. Alt KlSchr. 1, 289[2]); TOB פְּלִ׳ pl. abstr. „durch Schiedsspruch" :: cj. Lex.[1] l בַּנְּפִלִים für die Fehlgeburt; Dt 32$_{31}$ וְאֹיְבֵינוּ פְּלִילִים und unsere Feinde sind Richter, s. TOB 394[h]; Hi 31$_{11}$ cj. pr. MT עָוֺן פְּלִילִים (constr. mixt.) l entweder עֲוֺן פְּלִילִי c. vs. $_{28}$ oder עָוֺן פְּלִילִים eine Sünde, die vor den/die Richter gehört (Fohrer KAT XVI 423.

425); b) eine andere Auffassung b. Speiser JBL 82, 1963, 301-306: פְּלִילִים Ex 21_{22} Einschätzung cf. G μετὰ ἀξιώματος; dieselbe Bedtg. auch Dt 32_{31}: selbst in der Einschätzung unserer Feinde; ↗ פלל. †

פְּלִילָה: פלל (BL 471 o, Speiser JBL 82, 1963, 303ff); ? n. unit. zu פְּלִילִים; mhe. Rechtssache: Js 16_{3} Entscheidung :: Speiser l. c. 304. 306: Urteil. †

פְּלִילִי: פלל, adj. zu ↗ פָּלִיל: was vor den Richter gehört Hi 31_{28}; vs. $_{11}$ ↗ פָּלִיל, :: Speiser JBL 82, 1963, 304: was anzurechnen ist. †

פְּלִילִיָּה: sbst. fem. zu פְּלִילִי: Urteilsspruch, Bescheid Js 28_{7} :: Speiser JBL 83, 1963, 304: Beweisführung, Schlussfolgerung. †

I **פֶּלֶךְ**: ? √ *פלך cf. ar. *falaka* rund sein (GB, Lex.[1]); mhe. פֶּלֶךְ, ja. פִּלְכָּא Spindel; ug. *plk* Spindel (UT nr. 2050, CML[2] 155b; TOML 197[b] :: Aistl. 2224), Ug. V S 243, 22': *pi-lak-ku*; akk. *pilakk/qqu* (AHw. 863a) Stilett, Spindel; ph. *plk* Spindel (cf. DISO 229, KAI II S. 41, Friedr.[2] § 250, S. 126); ar. *falakat* Spinnwirtel: פֶּלֶךְ: **Spinnwirtel** (AuS 5, 49f, BRL[2] 312f): Pr 31_{19}; 2S 3_{29} מַחֲזִיק בַּפֶּלֶךְ einer, der die Spindel hält, cf TOB :: G κρατῶν σκυτάλης der sich an einer Krücke hält; danach ZüBi die an Krücken gehen, cf. Hertzberg ATD 10[2] 209. †

II **פֶּלֶךְ**: Lw. < akk. *pilku* (AHw. 863) Abgrenzung, Gebiet; vb. *palāku* (AHw. 813b) (Gebiet) abteilen; mhe. פֶּלֶךְ, ja. פִּלְכָּא Bezirk; ph. *plg* Bezirk (DISO 229) ↗ I פֶּלֶג c.: **Bezirk** Neh $3_{9.12.14\text{-}18}$ Herrmann Geschichte 387f). †

פלל:

A. **pi.**: mhe. פִּלְפֵּל untersuchen, ja. פַּלְפֵּל disputieren; mhe. u. ja. פלבל (Augen) hin und her wenden (H. Yalon Pirqe Lašon (= Studies in the Hebrew Language 1971) 89-93; ? ug. *pl* (KTU 1. 6 IV 1f): Bedtg. umstritten: Aistl. 2219 rieseln; CML[2] 155b rissig sein od. sbst. rissiger Boden; Gray LoC[2] 71[3] eintreten für; Mulder UF 4, 1972, 84 beobachten; cf. TOML 262[g]; akk. *palālu* (AHw. 813f) überwachen; THAT II 427 (Lit, bes. Speiser JBL 82, 1963, 301-306, auch Fschr. Landsbg. 390b); ferner A. Gamper Gott als Richter in Mesopotamien und im AT 1966, 191f (GB u. Lex.[1] I פלל): pf. פִּלַּלְתִּי, פִּלַּלְתְּ, פִּלַּלְתָּ, sf. 1S 2_{25a} פִּלְלוֹ (BL 437) :: cj. prop. פִּלֵּל לוֹ od. פִּלְלוֹ (Stoebe KAT VIII/1, 110); impf. וַיְפַלֵּל: — 1. **richten, Gericht halten** Ps 106_{30} (Kraus BK XV[5] 897. 899); — 2. **Schiedsrichter, Sachwalter sein** 1S 2_{25a} (s.o.); dazu 1S 2_{25b} hitp. als Fürsprecher auftreten (de Ward ZAW 89, 1977, 1-19); — 3. (als Schiedsrichter od. Sachwalter) **eintreten** für c. לְ Ez 16_{52}; — 4. **vermuten** (s. mhe. und anrechnen, schätzen als mögliche Grdb. ↗ B hitp.) Gn 48_{11}, obj. רְאוֹת. †

Der. פְּלִילִיָּה, פְּלִילִי, פְּלִילָה, פָּלִיל*; n. m. אֱלִיפַל, אֶפְלָל, פְּלַלְיָה, פָּלָל.

B. **hitp**: mhe. DSS 1QH 17, 18 (ergänzt); GB und Lex.[1] II פלל: nach d. Etym. entweder: a) zu ar. *falla* Einschnitten machen (im Kult), so Wellhausen RaH 126, cf. Smith RS[3] 321, oder b) zu נפל sich hinwerfen, so Ahrens ZDMG 64, 1910, 163; zu a) und b) cf. Ap-Thomas VT 6, 1956, 225-41; Wildbg. BK X 45; — Zorell u. THAT II 427-32: nur *ein* vb. פלל: bei Zorell ist der Zushg. zw. pi. u. hitp. durch 1S 2_{25b} (↗ פלל A 2) gegeben u. in THAT II l. c. (mit Speiser JBL 82, 1963, 301-306) durch die Grdb. d. vbs: einschätzen, wobei für d. hitp. die Bedtg. von pi. 2 u. 3 besonders wichtig sind. Zum Verzicht auf פלל I und II s. bes. auch Macholz Fschr. v. Rad 1971, 318[44]. — THAT II l. c. (Lit.), ferner K.

Heinen Das Gebet im AT, Eine exegetisch-theologische Untersuchung zur hebräischen Gebetsterminologie 1971, zitiert bei Houtman ZAW 89, 1977, 412-417 auf S. 414: pf. הִתְפַּלַּלְתִּי, הִתְפַּלַּלְתָּ, הִתְפַּלֵּל, וְהִתְפַּלְלוּ, הִתְפַּלַּלְתֶּם; impf. (וְ)יִתְפַּלֵּל, (וָ)אֶתְפַּלְלָה, אֶתְפַּלֵּל, וָאֶתְפַּלֵּל, (וַ)תִּתְפַּלֵּל (BL 437) Da 94, וַנִּתְפַּלֵּל, יִתְפַּלְּלוּ, יִתְפַּלָּלוּ; imp. u. inf. הִתְפַּלֵּל, הִתְפַּלֶּל־, הִתְפַּלְלוּ, inf. c. sf. הִתְפַּלְלוֹ; pt. מִתְפַּלֵּל, מִתְפַּלְלִים (79 ×): — 1. **als Fürsprecher auftreten** 1S 2_{25b} ↗ A 2; — 2. a) **Fürbitte tun** für, **fürbittend eintreten** für: α) c. בְּעַד Gn 20_7 Nu 21_7 Dt 9_{20} 1S 7_5 $12_{19.23}$ 1K 13_6 Jr 7_{16} 11_{14} 14_{11} 29_7 37_3 $42_{2.20}$ (Macholz Fschr. v. Rad 1971, 313ff, bes. 318[44]: einen Orakelentscheid für jmdn. einholen, cf. Jeremias WMANT 35, 1970, 142), Ps 72_{15} Hi 42_{10}; β) c. עַל für, wegen Hi 42_8 Neh 1_6 2C 30_{18}; γ) ohne Angabe des Obj. Gn 20_{17} Nu 11_2 21_7 Dt 9_{26} 2K 4_{33} 6_{17f} Jr 42_4 Neh 1_4; δ) c. אֶל + אֱלֹהִים/יהוה als Ziel d. Fürbitte Gn 20_{17} Nu 11_2 21_7 Dt 9_{26} 1S 7_5 12_{19} 2K 4_{33} 6_{18} Jr 29_7 37_3 $42_{2.4.20}$; b) **beten**: α) zu jmdm: c. אֶל + אֵל לֹא יוֹשִׁיעַ Js 45_{20}, = אֵלָיו 44_{17}; sonst אֶל + אֱלֹהִים/יהוה 1S 1_{26} 8_6 2S 7_{27} 1K $8_{33.44.48.54}$ 2K 19_{20}/Js 37_{21} 2K 20_2/Js 38_2 Js 37_{15} 45_{20} Jr 29_{12} 32_{16} Jon 2_2 4_2 Ps 5_3 32_6 Neh 2_4 4_3 2C 6_{34} 32_{24} 33_{13}; c. עַל 1S 1_{10}; c. לְ Da 9_4; c. לִפְנֵי vor 1S 1_{12} 1K 8_{28} 2K 19_{15} Neh 1_4 1C 17_{25} 2C $6_{19.24}$; β) c. אֶל + הַמָּקוֹם/הַבַּיִת z. Angabe der Richtung d. Gebetes 1K $8_{30.35.42}$ 2C $6_{20.21.26.32}$, c. דֶּרֶךְ 1K $8_{44.48}$ 2C 6_{38}; γ) c. אֶל = für, um (Gegenstand d. Gebetes) 1S 1_{27} 2K 19_{20}/Js 37_{21}, c. עַל 2C 32_{20}; δ) הִתְפַּלֵּל תְּפִלָּה 2S 7_{27} 1K $8_{28f.54}$ 2C 6_{20}; ε) abs. 1S 2_1 2K 6_{17} Js 16_{12} Da 9_{20} Esr 10_1 2C $7_{1.14}$. †

Der. תְּפִלָּה.

פָּלָל: n. m. Kf. < פְּלַלְיָה(וּ); ammon. Sgl. *pll* (Puech RB 83, 1976, 60; Keel Visionen 108); asa. *fll* (Müller ZAW 75, 1963, 313); vb. פִּלֵּל (qal pr. pi. s. Noth N. 36). Zur Erkl. kommen die bei **פלל A** unter 1-3 genannten Möglichkeiten in Frage: 1) richten (Noth N. 187f), 2) Schiedsrichter, Sachwalter sein, 3) (als Schiedsrichter od. Sachwalter) eintreten für, am ehesten wohl 3: „Er (Gott/Jahwe) ist eingetreten" (für die Geber od. den Träger des PN): einer der Bauleute in Jerusalem unter Nehemia Neh 3_{25}. †

פְּלַלְיָה: n.m.: **פלל A** ↗ **פָּלָל** (Noth N. 187f); äga. (Kornfeld Onomastica 68) „Jahwe ist eingetreten (für)": Grossv. eines Priesters z. Zeit d. Nehemia Neh 11_{12}. †

פַּלְמֹנִי: Form zusammengezogen aus פְּלֹנִי u. אַלְמֹנִי (BL 267a, Plöger KAT XVIII 122): der und der, jemand Da 8_{13}. †

פְּלֹנִי, פְּלוֹנִי: ? פלה = פלא (Koehler ThZ 1, 1945, 303f; Lex.[1]): ein anderer, also Unbekannter (cf. Stoebe KAT VIII/1, 393); ja. פְּלָנִי, פְּלָנְיָא; aram. (keilschr.) *pi-la-nu*, *pi-la-*ʾ (AfO 12, 1937-39, 117, DISO 229); *pelān*, cp. *pln*, *pwln*; ar. *fulān*; tigr. *fellān* (Wb. 652): der und der, ein gewisser (es wird gebraucht, wo ein Name nicht genannt werden kann oder soll, s. Stoebe l. c.): zusammen mit אַלְמֹ(וֹ)נִי 1S 21_3 2K 6_8 Ru 4_1; הַפְּלֹ(וֹ)נִי 1C $11_{27.36}$ :: cj. vs. 27 c. 2S 23_{26} l הַפַּלְתִּי, ? so auch 1C 27_{10} (:: Rudolph Chr. 180), 1C 11_{36} (2S 23_{34} l הַגִּלֹנִי; Lex.[1], Rudolph Chr. 100. 102, BHS, :: Willi FRLANT 106, 1972, 73[111]: l MT). †

I **פלס**: ↗ פלשׁ; mhe. pi. פלשׁ durchgraben, öffnen; sy. *pelaš* durchgraben, durchbrechen; akk. *palāšu* (AHw. 815) durchbohren, einbrechen; ar. *fls* II aufreissen, asa. *flśtm* Ausgänge, Ausflüsse (Müller ZAW 75, 1963, 313); tigr. auswandern (Leslau 42, Wb. 651b); amor. ug. ph. pun. ↗ II פלס (cf. Seybold VT 30, 1980, 59):

pi. (Jenni 242): impf. תְּפַלֵּס, יְפַלֵּס, תְּפַלְּסוּן; imp. פַּלֵּס; pt. מְפַלֵּס: c. מַעְגָּל Js

267 Pr 4$_{26}$ ↗ II פלס, c. נָתִיב Ps 78$_{50}$ bahnen, c. לְ Bahn machen Ps 58$_3$ (pr. לְחָמָס 1 חָמָס, BHS). †

II פלס, ↗ Lex.[1] :: GB u. Zorell: nur eine √; akk. *palāsu* (AHw. 814) (hin)sehen, N erblicken, ansehen; ? zu dieser √ amor. u. ug. *pls* in PN (Huffmon 255, UT nr. 2053, Aistl. 2225/26, Gröndahl 172); ph. *pls* im PN *Bʿlpls* „Baal hat hingesehen" (KAI Nr. 49, 15, PNPhPI 391), cf. akk. *Ili-ippalsam* (Stamm 190) :: KAI II S. 66: zu I פלס); *pls* (KAI Nr. 49, 20 entweder PN Kf. „Er (Baal ?) hat hingesehen" oder Berufsbezeichnung = pun. *pls* (KAI Nr. 81, 9: Nivellierer; DISO 229); hieher ? sy. *pᵉlaš* (↗ I פלס) in d. Bedtg. durchforschen:

pi: impf. תְּפַלֵּס; pt. מְפַלֵּס: **beobachten** Pr 5$_{6.21}$; 4$_{26}$ (oder zu I, s. Gemser Spr.[2] 34); cj. ? Ps 56$_8$ txt. inc. s. BHS pr. פַּלֶּט־ prop. פַּלֶּס־ „auf ihren Frevel achte !" (Kraus BK XV[5] 565. 566). †

Der. ? פֶּלֶס.

פֶּלֶס: ? II פלס oder Primärnomen: **Waage** Js 40$_{12}$; Pr 16$_{11}$ u. Sir 42$_4$ || מֹאזְנַיִם (BRL[2] 355b: ? מֹא׳ Handwaage, ANEP 133 :: פֶּלֶס Standwaage, BRL[2] 88b Abb. 27, ANEP 639). †

פלץ: etym. inc. ↗ GB; mhe.:

hitp: impf. יִתְפַּלָּצוּן: **erbeben** Hi 9$_6$. †

Der. תִּפְלֶצֶת, מִפְלֶצֶת, פַּלָּצוּת.

פַּלָּצוּת: פלץ, cf. BL 479n: **Erbeben, Schrecken** Js 21$_4$ Ez 7$_{18}$ Ps 55$_6$ Hi 21$_6$. †

*פלשׂ: Der. *מִפְלָשׂ (HAL 584 b irrtümlich מִפְלָשׁ).

פלשׁ: ↗ I פלס; mhe. ja. itpa. 3. pl. יִתְפַּלְּשׁוּן Mi 1$_{10}$ (Dalm. Wb. 337a); ug. *plṯt*, KTU 1. 5. VI 15: *ʿpr plṯt* „Staub des sich Wälzens" = Staub, da er sich wältzt (UT nr. 2056, Aistl. 2227; Gray LoC[2] 61[9]; CML[2] 155b, TOML 250[e] :: CML[1] 163[18] u. Fenton UF 1, 1969, 69: besprengen):

hitp: Mi 1$_{10}$ הִתְפַּלָּשְׁתִּי, pf. K הִתְפַּלָּשְׁתִּי pr. pf. 1 Q imp. הִתְפַּלָּשִׁי, besser c. Vrss. הִתְפַּלָּשׁוּ (Rudolph KAT XIII/3, 34f, BHS); impf. יִתְפַּלָּשׁוּ; imp. /הִתְפַּלְּשִׁי הִתְפַּלָּשׁוּ, לָשִׁי, cj. Mi 1$_{10}$ הִתְפַּלָּשׁוּ: **sich wälzen** (von Trauernden): בָּאֵפֶר im Staub Jr 6$_{26}$ Ez 27$_{30}$, עָפָר acc. loci (GK § 118d, g) im Staub Mi 1$_{10}$; ohne אֵפֶר od. עָפָר aber wohl im gleichen Sinn Jr 25$_{34}$. †

פְּלֶשֶׁת: n. terr. (Noth AbLAK 1, 294-308; GTT § 1631-33); Sam. *falšət*; die etym. Ableitung von פּ׳ u. פְּלִשְׁתִּים ist umstritten, s. BHH 1455, ferner Jones JNES 31, 1972, 343-50; äg. *pa-ra-sa-ta*, *Plst (Albr. Voc. 42); ass. *Palaštu*, auch *Pilišta/te/ti* (Parpola AOAT 6, 1970, 272); gr. Παλαιστίνη, daher lat. (*Syria*) *Palaestina* als Bezeichnung von ganz Kanaan (BHH 1365-80; IDB 3, 621-46); im AT פְּלֶשֶׁת **Philistäa** = „von den Philistern bewohnte Küstenebene, die sich von Joppe bis Gaza erstreckt" (BHH 1455): פְּלֶשֶׁת: Ex 15$_{14}$ Js 14$_{29.31}$ Jl 4$_4$ Ps 60$_{10}$ 83$_8$ 87$_4$ 108$_{10}$ Sir 50$_{26}$. †

פְּלִשְׁתִּי (287 ×, 1S 152 ×), gntl. zu פְּלֶשֶׁת, sam. pl. *fēlištəm*, G in Gn — Jos Φυλιστι(ε)ιμ, sonst beinahe immer ἀλλόφυλοι (de Vaux Fschr. Ziegler 1, 185-94); Josph. Φυλιστῖνος u. Παλαιστῖνοι (NFJ 125. 95); pl. פְּלִשְׁתִּים, K פְּלִשְׁתִּיִּים Am 9$_7$ 1C 14$_{10}$: **Philister**: — 1. pl. פּ׳ Gn 10$_{14}$ || 1C 1$_{12}$ u. oft, seltener הַפּ׳ 1S 4$_7$ 2S 5$_{19}$ 23$_9$ || 1C 11$_{13}$ 2C 21$_{16}$ etc.; פּ׳ הָעֲרֵלִים Ri 14$_3$; פְּלִשְׁתִּיִּים מִכַּפְתּוֹר Am 9$_7$, cf. Jr 47$_4$; אֶרֶץ פְּלִשְׁתִּים Gn 21$_{32}$ Ex 13$_{17}$ 1S 27$_1$ 1K 5$_1$ Zef 2$_5$ 2C 9$_{26}$ etc.; יָם פְּלִשְׁתִּים Mittelmeer Ex 23$_{31}$; שְׂדֵה פּ׳ 1S 6$_1$ 27$_{7.11}$; כֶּתֶף פּ׳ Berglehne d. Ph. Js 11$_{14}$; גְּלִילוֹת הַפּ׳ (Noth Jos.[2] 70) Jos 13$_2$; עָרֵי פּ׳ 1S 6$_{18}$; מֶלֶךְ פּ׳ Gn 26$_{1.8}$; שָׂרֵי פּ׳ 1S 18$_{30}$ 29$_{3f.9}$; סַרְנֵי פּ׳ Jos 13$_3$ Ri 3$_3$ 16$_{18.23.27}$ etc. Sir 46$_{18}$; אֱלֹהֵי פּ׳ Ri 10$_6$; בְּנוֹת פּ׳ Ri 14$_{1f}$ Ez 16$_{27.57}$; — 2. sg. הַפְּלִשְׁתִּי: a) Beiname des Goliath 1S 17$_{8ff}$ 18$_6$ 19$_5$ 21$_{10}$ 22$_{10}$; b) ein

Krieger z. Zeit des David aus dem Geschlecht der רְפָאִים (יְלִידֵי הָרָפָה) 2S 21_{17}; Lit. s. Lex.[1], ferner de Vaux Histoire I 468[64] u. 468ff, Mitchell ArchOTSt 405-427; GTT § 194; BHH 1455-58, IDB 3, 791-95.

פֶּלֶת: n. m. (Noth N. 255a); Sam. *fålåt*: — 1. Judäer aus der Sippe יְרַחְמְאֵל 1C 2_{33}; ? = äg. n. t. *fltm*, s. Mazar VT Su. 4, 1957, 65 (Helck Beziehungen[2] 243: *f-ra-tá-mê*); — 2. Rubenit Nu 16_1, cj. pr. פֶּלֶת l ꟳ פַּלּוּא.†

? cj. **פְּלֻת**: פלה: **Trennung, Unterscheidung** Ex 8_{19} pr. פְּדֻת ꟳ פְּדוּת. †

פְּלֵתִי: immer in d. Verbdg. הַכְּרֵתִי וְהַפְּלֵתִי ꟳ כְּרֵתִי; Plether; ? pun. *pltj* (DISO 229); die Bedtg. von פְּ׳ ist unklar, entsprechende Vorschläge bei Schult ZDPV 81, 1965, 74-79. Daraus seien erwähnt: a) eine Analogiebildung f. פְּלִשְׁתִּי (GB S. 365b), bzw. Bezeichnung e. philistäischen Gruppe (GTT § 194), cf. Prignaud RB 71, 1964, 227, Delcor VT 28, 1978, 420f; b) eine künstliche Analogiebildung zu כְּרֵתִי (Lex.[1]), bzw. eine nichtssagende Anreimung dazu (Noth Kge. 25f); c) ein gentl. zu einem unbekannten n. l. *plt* (Schult l. c. und Würthwein ATD 11/1, 18): 2S 8_{18} 15_{18} $20_{7.23}$ 1K $1_{38.44}$ 1C 18_{17}. †

פֶּן־ (133 ×): Sam. *fan*; mhe. DSS (KQT 177): aus einem altertümlichen Imperativ *pini* „kehre dich ab!" erstarrte Partikel (Brockelm. HeSy § 133e :: Joüon § 168g); ihe. T.-Arad 24, 16. 20; ja. פּוֹן etwa, wohl (Dalm. Gr. S. 224[2], Nöldeke MG 473[1]); ? ug. *pn* KTU 1. 114, 12 = CML[2] 137a: dass nicht (de Moor UF 1, 1969, 171, CML[2] 155b) :: al. zu *pnj* ꟳ פנה; — mit einer Ausnahme (ꟳ 2) immer פֶּן־: Konjunktion der Abwehr: — 1. a) c. impf. (106 ×) **damit nicht, dass nicht** (R. Meyer Gr. § 117, 2b): פֶּן־יִשְׁלַח damit er nicht ausstrecke Gn 3_{22}, פֶּן־יַסִּית damit er nicht verführe Js 36_{18}, פֶּן־יֵרַךְ damit nicht weich werde Jr 51_{46}; c. 2. pers. sg. od. pl. (als Warnung) Ex $34_{12.15}$ Hi 32_{13} s. Halbe FRLANT 114, 1975, 99; b) c. impf. (Abwehr einer als möglich vermuteten Folge): **sonst**: פֶּן־תִּדְבָּקַנִי sonst haftet sich an mich Gn 19_{19}; so auch Gn $26_{7.9}$ 31_{31} 32_{12} 38_{11} 42_4 44_{34} Ex 13_{17} Nu 16_{34} Ri 7_2 1S 13_{19} 27_{11} Ps 38_{17} Ru 4_6; — 2. פֶּן מַה־ (ohne Maqqef!) was sonst Pr 25_8; — 3. פֶּן־ c. pf. פֶּן־נְשָׂאוֹ sonst [wenn sie ihn nicht finden] hat ihn ... getragen 2K 2_{16}; פֶּן־מָצָא sonst findet er noch 2S 20_6; — 4. c. יֵשׁ Dt 29_{17} 2K 10_{23}.

פַּנַּג: hapleg. Ez 27_{17}, Bedtg. unsicher, nach d. textl. Zushg. ein bäuerliches Produkt (Zimmerli Ez. 631); zu akk. *pannigu* (AHw. 818b) ein Gebäck; zu den Vrss. s. Zimmerli l. c.: G μύρων και κασίας „Salböl und Lorbeer (Zimt)", T קוליא < gr. κόλβια, κόλλυβα Näschereien (Dalm. Wb. 378a), S *duḥnā* „Hirse", V *balsamum* :: Fohrer HAT 13[2], 157 l וְדוֹנַג :: M. Stol: On Trees, Mountains and Millstones in the Ancient Near East, Leiden, 1979, 68ff: > gr. πάνακες (cf. Liddell-Scott, 1968, 1295 b) *Opopanax*. †

פנה: mhe., DSS (KQT 177f), ja. aam. (Degen Altaram. Gr. § 62, DISO 230), äga. im PN *pnwljh* (Stamm Fschr. Beek 229-40, Kornfeld Onomastica 69); Sam. (BCh. LOT 2, 561) sich wenden, weggehen (BCh. LOT III/2, 200), pa. wegschaffen; sy. cp. palm. (DISO l. c.), md. (MdD 374b): sich wenden, weggehen u. ä; akk. *panû* (AHw. 822b), aass. sich wenden an, bab. vorangehen; äg. *pnꜥ* wenden (EG 1, 508); ug. *pn*: a) KTU 1. 96, 5 sich wenden (CML[2] 137. 155b); b) KTU 1. 114, 12: die Deutung als imp. von *pn(j)* „hütet euch!" (Virolleaud Ug. V 550, Rüger UF 1, 1969, 203) ist ganz unsicher; andere Vorschläge s. Margulis UF 2, 1970, 132. 135: ein n. d.; Fensham UF 3, 1971, 22:

eine Partikel (↗ פֶּן־); Dietrich-Loretz-Sanmartín UF 7, 1975, 112: lies *p<h>n* „siehe !"; asa. *fnwt* in Richtung nach (Müller ZAW 75, 1963, 313); äth. *fanawa* (Dillm. 1371) schicken; ar. *fanija* vergehen, dahinschwinden, cf. tigr. *fanna* (Wb. 667b) vergänglich sein, verderben. Die gemeinsem. √ *fnj* ist vielleicht denom vom sbst. **pan* (*פָּנֶה) s. THAT II 433 :: Lex.[1] 766a:

qal (116 ×, THAT II 435): pf. פָּנָה, פָּנִיתָ/תִי, פָּנוּ, פָּנִינוּ; impf. יִפְנֶה/תִּפְנֶה, וַיִּפֶן, תִּפְנוּ, וַיִּפְנוּ, וָאֵפֶן, אֶפְנֶה, (וַ)תֵּפֶן (BL 408e), וַנֵּפֶן; imp. פְּנֵה, פְּנוּ; inf. לִפְנוֹת, Sec. λφνωθ Ps 46$_{6}$ (Brönno 56), sf. פְּנוֹתָם; פָּנֹה; pt. פּוֹנֶה, pl. פֹּנִים, f. פֹּנוֹת Ez 46$_{19}$ u. cj. pr. פְּנוֹת 43$_{17}$: — 1. **sich nach e. Seite wenden, e. Richtung einschlagen** (in geograph. od. topograph. Sinn) s. Bächli ZDPV 89, 1973, 7: c. acc. Dt 2$_{3}$ Jos 15$_{2}$ 1K 7$_{25}$ 17$_{3}$ Ez 8$_{3}$ 10$_{11}$ 11$_{1}$ 43$_{17}$ 44$_{1}$ 46$_{1.12.19}$ 47$_{2}$ 2C 4$_{4}$; c. (אֶל) דֶּרֶךְ Ri 20$_{42}$ 1S 13$_{17f}$ Ez 43$_{1}$ Hi 24$_{18}$, c. אֶל Jos 15$_{7}$, c. שָׁם 1K 2$_{3}$, c. כֹּל אֲשֶׁר überall wohin 1S 14$_{47}$, c. אָנָה HL 6$_{1}$; — 2. a) c. אֶל **sich an jmdn wenden** Lv 19$_{4}$ (אֱלִילִים), 19$_{31}$ 20$_{6}$ (אֹבֹת), Hi 5$_{1}$ (קְדֹשִׁים); b) c. אֶל sich hinwenden nach etw. Ex 16$_{10}$ Nu 17$_{7}$ Ez 17$_{6}$ Pr 17$_{8}$ 2C 20$_{24}$, c. בְּ Koh 2$_{11}$, c. לְ 2$_{12}$; c. אֶל nach jmdm (הָמוֹן/עַם) Js 13$_{14}$ Jr 50$_{16}$; אֵלָיו 2C 26$_{20}$; c) sich zuwenden c. אֶל: α) Gott/Jahwe den Menschen/dem Einzelnen Lv 26$_{9}$ Ri 6$_{14}$ 2K 13$_{23}$ Ez 36$_{9}$ Ps 25$_{16}$ 69$_{17}$ 86$_{16}$ 119$_{132}$; dem Gebet 1K 8$_{28}$/2C 6$_{19}$ Ps 102$_{18}$; β) Menschen zu Gott Js 45$_{22}$; bzw. zu anderen Göttern Dt 31$_{18.20}$ Hos 3$_{1}$ Hi 36$_{21}$, cf. Ps 40$_{5}$ ↗ a); γ) Menschen z. Opfer Nu 16$_{15}$ Mal 2$_{13}$; δ) einer zum anderen Nu 12$_{10}$ Hi 6$_{28}$ 21$_{5}$; d) c. אֶל sich kehren an Dt 9$_{27}$, sich bekümmern um 2S 9$_{8}$; sich zu vielem (אֶל־הַרְבֵּה) wenden = vieles unternehmen Hg 1$_{9}$ (Elliger ATD 25^{6} 85 :: Lex.[1]: erwarten, cf. TOB); — 3. פ׳ אַחֲרָיו/רֵי sich umwenden Jos 8$_{20}$ Ri 20$_{40}$ 2S 1$_{7}$ 2$_{20}$ 2K 2$_{24}$; ohne אַחֲרָיו Ex 2$_{12}$ (כֹּה וָכֹה), 2K 23$_{16}$ 2C 13$_{14}$; — 4. a) **sich umdrehen** (um wegzugehen) Ex 7$_{23}$ 10$_{6}$ 32$_{15}$ Dt 9$_{15}$ 10$_{5}$ 16$_{7}$ Ri 18$_{26}$ 20$_{45.47}$ 1K 10$_{13}$ 2K 5$_{12}$; b) sich abwenden (geistig) Dt 29$_{17}$ 30$_{17}$; c) **sich wenden** > **weitergehen** Gn 18$_{22}$ 24$_{29}$ Nu 14$_{25}$ 21$_{33}$ Dt 1$_{7.24.40}$ 2$_{1.8}$ 3$_{1}$ Jos 22$_{4}$ Ri 18$_{21}$; — 5. a) c. אַחֲרֵי sich hinter jmdm her wenden > jmdm Gefolgschaft leisten Ez 29$_{16}$; b) c. לְ **sich wenden nach ... hin** Js 8$_{21}$ 53$_{6}$ 56$_{11}$; — 6. פָּנָה sich herzuwenden: לִפְנוֹת עֶרֶב als der Abend hereinbrach Gn 24$_{63}$ Dt 23$_{12}$; לִפְנוֹת בֹּקֶר Ex 14$_{27}$ Ri 19$_{26}$ Ps 46$_{6}$ (Ziegler Fschr. Nötscher 281-88); פָּנָה הַיּוֹם der Tag neigt sich, verschwindet, cf. ar. (oben) Jr 6$_{4}$, pl. Ps 90$_{9}$; — 7. פָּנָה c. עֹרֶף den Nacken zuwenden: a) c. לִפְנֵי = fliehen Jos 7$_{12}$; b) c. אֶל = missachten Jr 2$_{27}$ 32$_{33}$; — cj. 2C 25$_{23}$ pr. הַפּוֹנֶה l c. 2K 14$_{13}$ הַפִּנָּה. †

pi. (Jenni 21. 22): pf. פִּנָּה, פִּנִּיתָ, פִּנִּיתִי, פִּנּוּ; imp. פַּנּוּ: — 1. **wegschaffen, entfernen** Zef 3$_{15}$; — 2. **aufräumen** (בַּיִת) Gn 24$_{31}$ Lv 14$_{36}$; — 3. דֶּרֶךְ einen Weg freiräumen Js 40$_{3}$ (Elliger BK XI 17f), 57$_{14}$ 62$_{10}$ Mal 3$_{1}$; ellipt. Ps 80$_{10}$. †

hif. (Jenni 98f): pf. הִפְנָה, הִפְנְתָה, הִפְנוּ; impf. וַיֶּפֶן; inf. sf. הַפְנוֹתוֹ; pt. מַפְנֶה, s. GB: — 1. trans: **wenden, kehren**, mit d. acc. u. אֶל Schwanz gegen Schwanz Ri 15$_{4}$; c. שִׁכְמוֹ 1S 10$_{9}$ (Jenni 59^{93}) u. c. עֹרֶף Jr 48$_{39}$ den Rücken zukehren = sich weg wenden; — 2. intr: a) **sich wenden, fliehen** Jr 46$_{21}$ 49$_{24}$; cj. Jr 49$_{8}$ pr. הָפְנוּ prop. הַפְנוּ (BHS) ↗ hof; b) von den Fliehenden: sich umkehren, stehen bleiben Jr 46$_{5}$ Nah 2$_{9}$; c) c. אֶל sich hinwenden nach Jr 47$_{3}$ ↗ qal 2 b. †

hof: imp. הָפְנוּ; pt. מָפְנֶה: — 1. **zum Weichen gebracht werden** Jr 49$_{8}$ :: cj. ↗ hif 2 a; — 2. **gewendet, gerichtet sein** Ez 9$_{2}$ ↗ qal 1. †

Der. פֶּן־, פָּנֶה*, פִּנָּה, פְּנִימָה; nn. mm. פְּנִיאֵל, פְּנוּאֵל (und n.l.), n.l., יְפֻנֶּה, הַצְלֶלְפּוֹנִי.

פָּנֶה*: < √ **pan* (THAT II 432), nur pl. פָּנִים (Sam. *få̊nəm*) (Michel Grundl. heSy. 1, 88; pl. auch im n. m. und n.l. Nominativ, F פְּנוּאֵל, F obl. פְּנִיאֵל: R. Meyer Gr. § 45, 3 u. THAT II 433 :: Lex.[1] sg. cs.): ihe. T.-Arad 7, 6 *lpnj*; mhe., DSS (KQT 178f, THAT II 460); ph. *pnm* und c. praep. (Friedr.[2] § 225 u. 252), mo. c. sf. u. praep.; Ram, pun. (DISO 229f); ug. *pnm* u. *lpnm, lpny/k/h* (UT nr. 2059, Aistl. 2230, CML[2] 155f; RSP I S. 313-15 Nr. 460α-465; Pardee UF 7, 1975, 339-78 passim); akk. *pānu* (AHw. 818b) Vorderseite, pl. Gesicht; cf. sy. *pᵉnītā* Seite, Gegend; asa. *pnwt* (Conti 218b) vor; ar. *finā'* freier, leerer Platz (mhe. פנאי vom Raum und von der Zeit), Vorhof: cs. פְּנֵי, sf. פָּנַי, פָּנֶיךָ/נַיִךְ, פָּנָיו, פָּנֶיהָ פָּנֵינוּ/פְּנֵיכֶם, פָּנֵימוֹ, הֶם (BL 253z, R. Meyer Gr. § 47d S. 57) Ps 11_{7}; Ez 21_{21} פָּנַיִךְ mit fem. Praedikat s. Zimmerli Ez 473: pltt. = pl. d. räumlichen Ausdehnung (Michel Grundl. heSy. 1, 87f, cf. GK § 124b) THAT II 432-60 mit Lit, s. bes J. Reindl Das Angesicht Gottes im Sprachgebrauch des AT, 1970; (2127 ×):

A. Vorderseite im Sinne v. **Haupt eines Lebewesens** (THAT II 435f). — 1. eines Tieres Gn 30_{40} Ez 1_{10} 10_{14} 41_{19} 1C 12_{9}; cf. ph. *pn* (KAI Nr. 24, 11); — 2. eines Himmelswesens Js 6_{2} Ez $1_{6.10}$ $10_{14.21}$ 41_{18f} Dan 10_{6}; von Cheruben Ex 37_{9} 2C 3_{13}; von d. Statue Dagons 1S 5_{3f}; — 3. vom Menschen: a) in allg. od. neutralem Gebrauch Gn 9_{23} 43_{31} Ex $34_{29f.35}$ Lv 13_{41} etc., so auch in Wendungen wie הֵסֵב פָּנִים d. Angesicht wenden, umkehren Ri 18_{23} 1K 8_{14}/2C 6_{3} 1K 21_{4} 2K 20_{2}/Js 38_{2}, cf. C 3 d β; נָפַל עַל פָּ׳ auf das (eigene) Antlitz niederfallen Gn $17_{3.17}$ Jos 5_{14} 2S 9_{6} u. ö, ferner נָפַל עַל־פָּ׳ sich auf d. Angesicht (eines Toten) werfen Gn 50_{1}, cf. Gn 23_{3} 2K 13_{14}; הֵלִיט/לָאַט (אֶת־) פָּ׳ das Antlitz verhüllen 2S 19_{5} 1K 19_{13}, c. חָפָה Est 7_{8}; d. Antlitz bedecken c. כִּסָּה Gn 38_{15}; cf. מַסְתֵּר פָּנִים Js 53_{3} s. HAL 575b; cf. C 3 d α; b) פָּנִים als **Ausdruck** od. **Teil d. Persönlichkeit**: α) שִׂים פָּ׳ c. acc. loci sich aufmachen zu Gn 31_{21}, cf. akk. *pānī/pānam šakānu* (AHw. 819b); ug. *jtn pnm ʿm* (Aartun AOAT 21/2, 1978, 58f); שִׂים פָּ׳ לְ beabsichtigen, vorhaben etwas zu tun 2K 12_{18} Jr $42_{15.17}$ 44_{12} Dan $11_{17.18}$ (Q); β) c. אֶל/עַל in drohendem Sinn Ez 6_{2} 13_{17} 21_{7} 25_{2} etc.; c. נָתַן 2C 20_{3}; c) im Zushg. mit Unglück, Not u. ä. (THAT II 438) בֹּשֶׁת פָּנִים öffentliche Schande od. Beschämung Jr 7_{19} Ps 44_{16} Dan 9_{7f} Esr 9_{7} 2C 32_{21}, cf. 2S 19_{6} c. בוש hif. (Klopfst. AThANT 62, 1972, 35f. 47f. 66. 93. 105); die das Antlitz bedeckende Schande (כְּלִמָּה) Jr 51_{51} Ps 69_{8}, c. בּוּשָׁה Ez 7_{18} (Klopfst. l. c. 71f); עַז פָּנִים mit trotzigem Gesicht Dt 28_{50}; קְשֵׁי פָּ׳ mit hartem G. Ez 2_{4}; — cf. den Ausdruck עֹרֶף וְלֹא פָנִים d. Nacken u. nicht d. Gesicht (zukehren/zeigen) Jr 2_{27} 18_{17} 32_{33}; פָּ׳ רָעִים trübes Gesicht Gn 40_{7} Neh 2_{2}, vs. $_{3}$ c. רָעַע; פָּ׳ זֹעֲפִים schlecht aussehendes Gesicht Da 1_{10}; פָּ׳ נִזְעָמִים verdriessliches G. (:: HAL 265b) Pr 25_{23}; פָּנִים ohne Attribut = trauriges, betrübtes Antlitz 1S 1_{18} Hi 9_{27}; — נָפַל פָּנִים c. Gn 4_{5} (v. Loevendau VTSu. 29, 1978, 183), c. רָעַם Ez 27_{35}, c. נֶהְפַּךְ לְיֵרָקוֹן Jr 30_{6}, c. שִׁנָּה Hi 14_{20}, cf. Sir 13_{25} (c. עקב), c. חִזֵּק Jr 5_{3}, c. חָפֵר Ps 34_{6}, c. F קִבֵּץ פָּארוּר Jl 2_{6} Nah 2_{11}; d) im Zushg. mit Freude od. Glück (THAT II 438) אוֹר פָּ׳ das Licht des Antlitzes = ein leuchtendes A. Pr 16_{15}; c. הִצְהִיל Pr 15_{13}, c. הֵאִיר Koh 8_{1}, c. הֵיטִיב Ps 104_{15} cf. C 3 b; e) α) פָּנִים = das Selbst einer Person (THAT II 442) פָּנֶיךָ du selber 2S 17_{11}, אֶל־פָּנָיו an ihn selber Dt 7_{10}, יְשׁוּעֹ(וֹ)ת פָּנַי/נָיו mein/sein Heil Ps $42_{6.12}$

43$_5$; β) פָּ׳ c. sf. als Ersatz d. pron. pers.: c. רָאָה Gn 32$_{21}$ 33$_{10}$ 46$_{30}$ 48$_{11}$ etc., פָּ׳ als Umschreibung d. pron. refl. c. ℱ נָקוֹט Ez 6$_9$, cf. 20$_{43}$ 36$_{31}$; c. עָנָה בְּ Hos 5$_5$ 7$_{10}$, c. ℱ רָאָה nif. od. hitp. 2K 14$_{8.11}$/2C 25$_{17.21}$; f) פָּ׳ = **Person** (THAT II 441) in Verbdg. mit הִכִּיר jmdn anerkennen, auszeichnen Pr 28$_{21}$ = הִכִּיר ohne פָּ׳ Jr 24$_5$ Rt 2$_{10.19}$, ähnl. יָדַע פָּ׳ (von Tieren) Pr 27$_{23}$; הָדַר פָּ׳ jmdn ehren Lv 19$_{32}$, nif. Kl 5$_{12}$; הִכִּיר פָּ׳ (beim Gericht) Partei (für d. Schuldigen) ergreifen Dt 1$_{17}$ 16$_{19}$ Pr 24$_{23}$; הָדַר פָּ׳ Lv 19$_{15}$ begünstigen; שִׁחֵר פָּ׳ (pi.) jmdn suchen Pr 7$_{15}$; בִּקֵּשׁ פָּ׳ (auf)suchen 1K 10$_{24}$ Pr 29$_{26}$; קִדֵּם פָּ׳ entgegentreten Ps 17$_{13}$, cf. C 4 c und d; חִלָּה פָּ׳ jmdn günstig stimmen Ps 45$_{13}$ Hi 11$_{19}$ Pr 19$_6$ (das vb. wohl zu II חלה qal süss, angenehm sein, pi. schmücken, s. Zorell, THAT II 456f u. Seybold ZAW 88, 1976, 2-16, bes. 5 :: HAL 304a), cf. C 4 e; g) Verschiedenes (THAT II 441. 442): α) נָשָׂא פָּ׳ willfahren, Rücksicht nehmen, Nachsicht üben, cf. akk. *pānī wabālum* (AHw. 819a, 1451b) Gn 19$_{21}$ 32$_{21}$ Nu 6$_{26}$ Dt 28$_{50}$ 1S 25$_{35}$ etc., cf. C 3 a; — נְשֻׂ(ו)א פָּ׳ „erho/aben von Angesicht" = Angesehener 2K 5$_1$ Js 3$_3$ 9$_{14}$ Hi 22$_8$; β) הֵשִׁיב פָּ׳ jmdn zurückweisen, seine Bitte nicht gewähren 1K 2$_{16f.20}$ Ps 132$_{10}$/2C 6$_{42}$; h) רָאָה פָּ׳ als terminus der höflichen Sprache: α) vom Angesicht eines Hochgestellten Gn 43$_{3.5}$ 44$_{23.26}$ Ex 10$_{28}$; β) vom Angesicht d. Königs 2S 3$_{13}$ 14$_{24.28.32}$; daher heissen königl. Diener רֹאֵי פְּנֵי הַמֶּלֶךְ 2K 25$_{19}$/Jr 52$_{25}$ Est 1$_{14}$, cf. C 4 a; i) פְּנֵי Pr 15$_{14}$ K וּפְנֵי, Q Vrss. וּפִי sic l ℱ פֶּה.

B. פָּנִים das Vordere, Zugewandte (THAT II 443): — 1. **die Vorderseite** :: אָחוֹר: a) פָּנִים וְאָחוֹר vorn u. hinten Ez 2$_{10}$; Vorderseite des Tempels (הַבַּיִת) Ez 41$_{14}$ 47$_1$ u. ö., des Zeltes (הָאֹהֶל) Ex 26$_9$ Nu 19$_4$; פְּנֵי־הַמִּצְנֶפֶת vorn am Kopfbund Ex 28$_{37}$, פְּנֵי הַמְּנוֹרָה vordere Seite des Leuchters/vor dem L. Nu 8$_{2f}$; b) פָּנִים (:: סוֹף) vordere Seite des Heeres = Vortrab Jl 2$_{20}$ Hab 1$_9$; פְּנֵי הַמִּלְחָמָה der Angriff 2S 10$_9$/1C 19$_{10}$; אֶל מוּל פְּנֵי הַמִּלְחָמָה vorne im Kampf 2S 11$_{15}$; (חֶרֶב) פָּנַיִךְ Ez 21$_{21}$ u. (בַּרְזֶל) פָּנִים Koh 10$_{10}$ Schneide d. Schwertes bzw. eines Werkzeuges; פְּנֵי דַמֶּשֶׂק nach d. Vorderseite von Damaskus hin HL 7$_5$; — 2. פָּ׳ zeitlich: **das Vordere, Frühere**, לְפָנִים cf. akk. *pānû* (AHw. 822f) früest, früher, vorher: zuvor, vor Zeiten Dt 2$_{10.12}$ Jos 11$_{10}$ 14$_{15}$ Sir 11$_7$, מִלְּפָנִים im voraus Js 41$_{26}$ s. Vogt Biblica 48, 1967, 57ff, Elliger BK XI/1, 190; — 3. **Oberfläche**: a) Die zugekehrte Seite (eines Dinges): eines Gewandes Hi 41$_5$, einer Hülle (לוֹט) Js 25$_7$, eines Kessels Jr 1$_{13}$ (:: Rudolph Jer.^{3} 8: Oberfläche); b) Oberfläche im eigentl. Sinne, bezogen auf אֲדָמָה Gn 2$_6$ Ps 104$_{30}$, תֵּבֵל Js 14$_{21}$ 27$_6$, תְּהוֹם Gn 1$_2$ Hi 38$_{30}$, cf. D 9 a.

C. פָּנִים **das Angesicht Gottes bzw. Jahwes** (Reindl l. c. 55ff; THAT II 446-60, Lit. 432; Eichrodt 2/3^5 15ff, Kraus BK XV/3, 46f): — 1. פְּנֵי יהוה als sbj. einer Handlung, c. הָלַךְ Ex 33$_{14f}$, c. הוֹשִׁיעַ Js 63$_9$, c. חִלֵּק Kl 4$_{16}$; — 2. פְּ׳ י׳ als Mittel e. Handlung הוֹצִיא בְּפָנָיו Dt 4$_{37}$; — 3. פְּנֵי יהוה/אֱלֹהִים als obj. göttlichen Wirkens: a) נָשָׂא das Angesicht erheben, richten auf Nu 6$_{26}$ :: Hi 13$_8$: begünstigen, Partei nehmen, A 3 g α; b) הֵאִיר das Angesicht leuchten, erstrahlen lassen Nu 6$_{25}$ (Seybold Der aaronitische Segen. Studien zu Numeri 6$_{22-27}$, 1977, 34), Ps 31$_{17}$ 67$_2$ 80$_{4.8.20}$ 119$_{135}$ Da 9$_{17}$; cf. אוֹר פָּ׳ Ps 4$_7$ 44$_4$ 89$_{16}$; מְאוֹר פָּ׳ Ps 90$_8$, cf. A 3 d; c) נָתַן פָּ׳ בְּ das Antlitz richten gegen Lv 17$_{10}$ 20$_{3.6}$ 26$_{17}$ Ez 15$_{7a}$, cf. akk. *pānī nadānu* (AHw. 702b) u. ug. *jtn pnm ʿm* (Aistl. 2230) das Gesicht richten; von gleicher Bedtg. ist שִׂים/שׂוּם פָּ׳ בְּ Lv 20$_5$ Jr 21$_{10}$ 44$_{11}$

Ez 15₇b; d) α) הִסְתִּיר פָּ׳ das Antlitz verbergen Dt 31₁₇ 32₂₀ Js 8₁₇ 54₈ 59₂ 64₆ etc., cf. A 3 a; β) הֵסֵב פָּ׳ מִן das Antlitz abwenden von Ez 7₂₂, cf. A 3 a; ähnl. הֵסִיר פָּ׳ מִן 2C 30₉, cf. akk. *pānī suḫḫuru* (AHw. 819a) das Antlitz umwenden, cf. A 3 a; e) פָּנִים אֶל־פָּנִים Gn 32₃₁ Ex 33₁₁ Dt 34₁₀ Ri 6₂₂ Ez 20₃₅ u. פָּ׳ בְּפָ׳ Dt 5₄ von Angesicht zu Angesicht (als Ausdruck der unmittelbaren Nähe Gottes zu e. Menschen); — 4. פְּנֵי יהוה/אֱלֹהִים als obj. menschlicher Zuwendung u. Hoffnung (Reindl l. c. 147ff): a) רָאָה Ex 23₁₅.₁₇ 34₂₃f Dt 16₁₆ 31₁₁ 1S 1₂₂ Js 1₁₂ Ps 42₃ pr. nif. l qal, cf. A 3 h; b) חָזָה Ps 11₇ (pr. פָּנֵימוֹ l פָּנָיו), Ps 17₁₅; c) בִּקֵּשׁ 2S 21₁ Hos 5₁₅ Ps 24₆ 27₈ 105₄/1C 16₁₁ 2C 7₁₄, cf. A 3 f, s. THAT II 455: es gibt דָּרַשׁ י׳, aber nie דָּרַשׁ פְּ י׳; d) קִדֵּם treten vor Ps 89₁₅ 95₂, cf. A 3 f; e) חִלָּה besänftigen Ex 32₁₁ 1S 13₁₂ 1K 13₆ 2K 13₄ Jr 26₁₉ 2C 33₁₂; verehren Zch 8₂₁ Ps 119₅₈ Da 9₁₃, cf. A 3 f; — 5. לֶחֶם הַפָּ׳ Ex 35₁₃ 39₃₆ 1S 21₇ 1K 7₄₈ 2C 4₁₉; לֶחֶם פָּ׳ Ex 25₃₀ Brot des Angesichts, „Schaubrote", eigentl. Brot der persönlichen Gegenwart (Jahwes), s. dazu THAT II 459f, ferner BHH 1688, M. Haran ScrHieros 8, 289ff; entsprechend שֻׁלְחַן הַפָּ׳ Tisch der persönl. Gegenwart Nu 4₇.

D. פָּנִים mit praep. (Der Gebrauch von A-C ist hier zusammengenommen); Reindl l. c. 17ff, THAT II 443-446 u. 457-459: — 1. c. אֶל: a) אֶל־פְּנֵי vor ... hin Lv 9₅ 16₂ Nu 17₈ 20₁₀ 2C 19₂; neben ... her, entlang Ez 42₃.₇.₁₀a; vorne an Ez 41₂₅ (zu אֶל = עַל s. Zimmerli Ez. 6); b) auf die Oberfläche hin אֶל־פְּנֵי הַשָּׂדֶה auf das Feld hin Lv 14₅₃ Ez 16₅; — 2. c. praep. אֵת (Sam. c. praep.: = *at*): אֶת־פְּנֵי bei dem Gesicht von, vor Gn 19₁₃ 33₁₈ Lv 4₆; מְשָׁרֵת אֶת־פְּנֵי יהוה (Sam. *at* = praep.) 1S 2₁₈; נִרְאָה אֶת־פְּנֵי י׳ vor Jahwe erscheinen, aber urspr. qal pr. nif. ↗ C 4 a; אֶת־פְּנֵי מֶלֶךְ vor dem König, am Hofe des K. 1S 22₄ (pr. וַיַּנְחֵם l וַיִּנָּחֵם s. Stoebe KAT VIII/1, 404); מֵאֵת־פְּנֵי fort von Gn 27₃₀ Ex 10₁₁ Lv 10₄ 2K 16₁₄ Hi 2₇; מֵאֵת פָּנָיו von dem, was vor ihm war Gn 43₃₄; — 3. בִּפְנֵי, cf. akk. *ina pān* (AHw. 821b) im Angesicht, vor, gegen: c. הִתְיַצֵּב Dt 7₂₄ 11₂₅, c. עָמַד Jos 10₈ 21₄₄ 23₉, Est 9₂ (nonn. MSS, ed. Ⓑ pr. לִפְנֵי) jmdm widerstehen; zu נָקוֹט בְּפָנָיו Ez 6₉ (↗ A 3 e β); — 4. לִפְנֵי, akk. *lapān* (AHw. 534b) und *ana pān* (AHw. 821b) vor; ug. *lpn* (UT nr. 2059, Aistl. 2230 auf S. 257: vor, zu; RSP I S. 252f Nr. 337 u. 338; Pardee UF 8, 1976, 219. 308f: vor): sf. לְפָנַי, לְפָנֶיךָ, ihe. לפניך (T.-Arad 7, 6), לִפְנֵיכֶם/הֶם, לְפָנֵינוּ, לְפָנָיו/נֶיהָ; pr. לִפְנֵי 1K 6₁₇ prop. c. G לִפְנֵי הַדְּבִיר, cf. Noth Kge. 100: a) **vor**: לִפְנֵי שֶׁמֶשׁ vor/in d. Sonne Hi 8₁₆, cf. d α; c. הִשְׁתַּחֲוָה Gn 23₁₂; in milit. Sprache (GB 648a, THAT II 444) c. הִתְיַצֵּב Dt 9₂; c. נוס Jos 7₄ 2S 24₁₃; c. נָפַל 1S 14₁₃ 2S 3₃₄; cf. c. נִגַּף nif. Lv 26₁₇ 1S 4₂ 7₁₀ 2S 10₁₅.₁₉ u. ö.; c. עָמַד Ri 2₁₄; c. פָּנָה Ri 20₄₂; c. קוּם Lv 26₃₇ Jos 7₁₂f; bei Verben d. Bewegung: vor ... hin Ex 7₁₀ 34₃₄ 1S 17₅₇ Pr 18₁₆; נָתַן לִפְנֵי jmdm eine Speise vorsetzen Gn 18₈ Neh 9₃₉; vor ... her Gn 33₁₄ 2S 3₃₁ Js 8₄ 40₁₀; b) לְפָנָיו vor sich hin = jeder für sich Jr 49₅ (Rudolph Jer.³ 286); vor sich hin = gerade vor sich; 1S 5₄ לְפָנָיו: Bedtg. fraglich: α) gerade vor sich hin, β) vor sie, scil. die Lade (אָרוֹן), לְ = עַל d. h. auf sein Angesicht (דָּגוֹן, s. Stoebe KAT VIII/1, 137. 139); Js 53₂ לְפָנָיו: Bedtg. ebenfalls fraglich (mit MT 1 1Q Jes.ᵃ לפניו, G ἐναντίον αὐτοῦ, so auch V S T): α) geradeaus, vor sich hin (Driver JThS 38, 1937, 48 u. danach Lindblom ZAW 63, 1951, 244; R. P. Gordon VT 20, 1970, 491f; Allen VT 21, 1971, 490; cf. TOB); β) für sich allein, getrennt (de Boer OTSt 11, 1956, 113f); γ) cj. pr. sg. prop.

pl. לְפָנֵינוּ (BHS) :: 𝔉 Vrss; c) α) vor e. Mächtigen, dem König etc. c. ישב (d. Brüder vor Joseph) Gn 43₃₃ (:: Speiser Gen. 329 לְפָנָיו: auf seinen Befehl); c. עמד 𝔉 עמד qal 2 b; β) vor Gott/Jahwe, cf. akk. *ina pān/maḫar ili*: c. אָכַל Dt 14₂₆, c. בָּכָה Dt 1₄₅ Ri 20₂₃.₂₆, c. בֵּרֵךְ Gn 27₇, c. הָלַךְ qal 1K 3₆ 9₄ (s. HAL 237b u. hitp. s. HAL 238a), c. זבח 1S 11₁₅, c. חָיָה Gn 17₁₈ Hos 6₂, c. הוֹקִיעַ 2S 21₉ (𝔉 יקע), c. יָרָה גּוֹרָל Jos 18₆, c. הִמְלִיךְ 1S 11₁₅, c. יָשַׁב 2S 7₁₈, c. כָּרַת בְּרִית 1S 23₁₈, c. הֶעֱלָה עֹלוֹת וּשְׁלָמִים Ri 20₂₆, c. עָמַד 1K 17₁ 18₁₅ 2K 3₁₄ 5₁₆ Jr 35₁₉ (𝔉 עמד qal 2 b), c. הִתְפַּלֵּל 1S 1₁₂, c. קָרָא צוֹם Jr 36₉, c. הִקְרִיב Lv 3₁.₇.₁₂ u. ö, c. שִׂחֵק 2S 6₅.₂₁, cf. ₁₄.₁₆, c. שָׂמַח Lv 23₄₀, c. הִשְׁתַּחֲוָה 1S 1₁₉, c. שָׁחַט Lv 1₅.₁₁ 3₈.₁₃ u. ö, c. שָׁפַךְ נֶפֶשׁ 1S 1₁₅; d) לִפְנֵי **vor, in zeitlichem Sinn**: α) לִפְנֵי שֶׁמֶשׁ solange die Sonne scheint Ps 72₁₇ 𝔉 a, cf. עִם שֶׁמֶשׁ u. יָרֵחַ Ps 72₅; β) לִ׳ מוֹתִי/תוֹ Gn 27₇.₁₀ Dt 33₁; קָצִיר Js 18₅; ähnl. Am 1₁ Pr 8₂₅; לִ׳ כָל־חָצִיר vor allem anderen Gras Hi 8₁₂ (Horst BK XVI/1, 125, cf. TOB); לְפָנַי vor meiner Zeit Gn 30₃₀ Jr 28₈; לִ׳ מִזֶּה früher, zuvor Neh 13₄; לִ׳ mit inf. ehe Gn 13₁₀ 1S 9₁₅ 2S 3₁₃ Mal 3₂₃; e) לִפְנֵי **nach dem Urteil von**, nach Ansicht von (THAT II 445f. 459) Gn 10₉ 43₁₄ 1S 20₁ 1K 8₅₀ etc.; לִפְנֵי u. לִ׳ יהוה/אֱלֹהִים Gn 6₁₁.₁₃ 7₁ 10₉ Lv 16₃₀ Dt 24₄ Ps 143₂; f) לִפְנֵי zur Verfügung von, cf. akk. *ana pān* zur Verfügung von, für (AHw. 821a Nr. 20): לְפָנֶיךָ steht dir zur Verfügung Gn 13₉ 24₅₁ Jr 40₄, pl. Gn 34₁₀ 2C 14₆; g) לִפְנֵי in der Art von, als sei es (Horst BK XVI/1, 56) 1S 1₁₆ Hi 3₂₄ 4₁₉; h) מִלִּפְנֵי **fort von**: α) c. יָצָא Gn 41₄₆ 47₁₀ Ex 35₂₀, c. קוּם 1K 8₅₄ Esr 10₆, c. לָקַח Ex 36₃, c. נוּס 1C 19₁₈, c. הוֹרִישׁ vertreiben 2C 20₇, c. קָבַר von sich weg begraben Gn 23₄.₈, c. כָּתַב abschreiben von Dt 17₁₈; מָדַד מִלִּפְנֵי misst von ... aus Ez 40₁₉; β) מִלִּפְנֵי יהוה c. בָּרַח Jon 1₃.₁₀ (cf. Jenni Or. 47, 1978, 357), c. חוּל/חִיל Ps 114₇, c. יָצָא weggehen Gn 4₁₆, ausgehen von Lv 9₂₄ Nu 17₁₁ Koh 10₅, c. הוֹצִיא Nu 17₂₄, c. יָרֵא Koh 8₁₃, c. נִכְנַע 1K 21₂₉ 2C 33₁₂, c. נִכְרַת Lv 22₃ 1K 8₂₅ Js 48₁₉, c. לָקַח Lv 16₁₂ Nu 20₉, c. נָמֵס Ps 97₅, c. הוּסַר 1S 21₇; γ) wegen 1S 8₁₈ 1C 16₃₃; — 5. מִפְּנֵי cf. akk. *ištu/issu/ultu pān* (AHw. 822a Nr. 26) **von ... an, von ... vor**, vor: a) von ... vor מִפְּנֵיהֶם Ex 14₁₉ (die Wolkensäule); von ... her מִפְּנֵי צָפוֹנָה Jr 1₁₃ (cf. BL 527r); מִפְּנֵי־חֹשֶׁךְ Hi 17₁₂ s. Horst BK XVI/1, 240. 262 :: Fohrer KAT XVI 279. 282: מִפְּנֵי compar; b) von ... weg c. הָלַךְ Hos 11₂ (pr. מִפְּנֵיהֶם l c. G מִפָּנַי הֵם); c) vor: α) מִפְּ׳ חֶרֶב Ps 61₄ Kl 2₃, מִפְּ׳ אוֹיֵב Kl 5₉, מִפְּ׳ מֵי הַמַּבּוּל Gn 7₇, cf. ferner Ri 9₂₁ Js 17₉, מִפְּ׳ הַס מִפְּ׳ Zef 1₇ Zch 2₁₇, מִפְּ׳ אֱלֹהִים Ps 68₉, מִפְּ׳ יהוה Jr 23₉ Mal 3₁₄; β) מִפְּ׳ vor, in Verbindung mit verschiedenen Verben, z. B. בָּרַח Gn 16₈ 35₁ Ps 139₇, חָתַת Jr 1₁₇ Ez 2₆ 3₉, nif. Mal 2₅, נוּס Jos 10₁₁ 1S 17₂₄ Am 5₁₉ Ps 68₂, hif. Ri 6₁₁, הִשְׁמִיד Jos 9₂₄ 2K 21₉ Am 2₉, הִשְׁלִיךְ 2K 17₂₀; d) מִפְּ׳ in kausalem Sinn (zur Angabe einer Ursache): α) מִפְּנֵיהֶם durch sie Gn 6₁₃, Ex 3₇ 8₂₀ Ri 6₆ Ez 14₁₅; cf. מִפְּנֵי־רוּחַ vor/durch den Wind Js 7₂, מִפְּנֵי הָאֵשׁ Mi 1₄; β) von wegen Gn 41₃₁ Dt 28₂₀ Jr 9₆ (pr. רָעָתָם ? l בַּת־עַמִּי, BHS), 23₁₀ 51₆₄ Hos 10₁₅ Mal 3₁₄ Kl 5₁₀; מִפְּנֵיהֶם ihretwegen Am 2₉ (Wolff BK XIV/2, 163f), wegen (und zugleich) vor 1K 8₁₁ Hi 37₁₉; γ) מִפְּנֵי אֲשֶׁר conj. weil Ex 19₁₈ Jr 44₂₃; — 6. נֶגֶד פְּנֵי vor dem Angesicht Kl 3₃₅ (GB: vor den Augen); übertr. נֶגֶד פְּנֵיכֶם es ist Böses vor eurem Angesicht (= vor euch, cf. A 3 e β), d. h. ihr habt Böses im Sinn Ex 10₁₀; נֶגֶד פְּנֵיהֶם נְבֹנִים sie sind klug vor sich selber = in ihren Augen (פְּנֵיהֶם || עֵינֵיהֶם) Js 5₂₁; מִנֶּגֶד פְּנֵי fern von 1S 26₂₀, s. Stoebe KAT VIII/1, 464; — 7. נֹכַח פְּנֵי vor jmdm Kl 2₁₉; נֹכַח פְּנֵיהֶם c. נָתַן vor sich hinstellen Ez 14$_3$; — 8. עַל־פְּנֵי (THAT II 445f): a) α) auf der Oberfläche (↗ B 3), c. אֶרֶץ Gn 1$_{29}$ 7$_3$ 8$_9$ 11$_{4.8.9}$ (↗ β) u. ö, c. מַיִם Gn 1$_2$ 7$_{18}$ u. ö, c. אֲדָמָה Gn 6$_1$ 7$_{23}$ Ex 33$_{16}$ Nu 12$_3$ u. ö, c. בִּקְעָה Ez 37$_2$, עַל־פְּנֵי־חוּץ auf der Gasse Hi 18$_{17}$ ↗ חוּץ I 1, c. תְּהוֹם Gn 1$_2$ Pr 8$_{27}$; β) auf/über die Oberfläche hin c. אֶרֶץ Gn 11$_{4.8.9}$ (↗ α), 2S 18$_8$ Am 5$_8$ Hi 5$_{10a}$, c. חוּצוֹת über die Fluren hin Hi 5$_{10b}$ (↗ חוּץ II 1), c. כַּפֹּרֶת Lv 16$_{14}$, c. מַיִם Gn 1$_2$ Ex 32$_{20}$ Js 18$_2$ Hi 24$_{18}$ Koh 11$_1$, c. שָׂדֶה Lv 14$_7$ Ez 32$_4$; γ) für sich steht d. Ausdruck פֶּרֶץ עַל־פְּנֵי־פָרֶץ Bresche über Bresche, (freier) eine Bresche nach der andern (Horst BK XVI/1, 239) Hi 16$_{14}$, cf. Jr 4$_{20}$; b) auf der Vorderseite von/vor: α) c. הֵיכַל (הַבַּיִת) 1K 6$_3$ s. Noth Kge. 97, c. הַהֵיכָל 2C 3$_{17}$, c. רְקִיעַ הַשָּׁמַיִם Gn 1$_{20}$; כְּעָפָר עַל־פְּנֵי־רוּחַ wie Staub vor dem Wind Ps 18$_{43}$; β) angesichts, gegenüber (bei geograph. Angaben) Gn 23$_{19}$ 25$_{18}$ Nu 21$_{11}$ Jos 15$_8$ u. ö. (nach GB z.T. „östlich", doch ist das fraglich s. THAT II 445 u. Wüst Untersuchungen I 35[121]); c) bei Personen: α) vor, vor den Augen von c. עָבַר qal Gn 32$_{22}$ Ex 34$_6$ 2S 15$_{18}$, hif. Ex 33$_{19}$; c. כָּל־הָעָם Lv 10$_3$; c. sf. עַל־פָּנַי Jr 6$_7$, עַל־פָּנֶיךָ Ps 9$_{20}$; Hi 1$_{11}$ cf. 2$_5$: dir ins Gesicht hinein; עַל־פְּנֵיכֶם euch ins Gesicht hinein Ex 20$_{20}$ Hi 6$_{28}$; β) vor d. Augen in d. Bedtg. unter der Aufsicht Nu 3$_{4b}$, bei Lebzeiten Gn 11$_{28}$; γ) (feindlich) gegen (cf. II עַל 5 a) Nah 2$_2$ Ps 21$_{13}$; auf Kosten von, zum Nachteil von Gn 16$_{12}$ (THAT II 445), Gn 25$_{18}$ Dt 21$_{16}$; δ) über ... hin (cf. A 3) c. בָּכָה 2K 13$_{14}$, c. נָפַל Gn 50$_1$, c. הֵצִיף Dt 11$_4$; d) in Beziehung zu Gott: עַל־פָּנָי Ex 20$_3$ Dt 5$_7$; der (genaue) Sinn ist umstritten, s. dazu Stamm ThR 27, 1961, 237f, Childs Exodus 402f u. THAT II 459; das Problem schon bei G u. V: G Ex 20$_3$ πλὴν ἐμοῦ, Dt 5$_7$ πρὸ προσώπου μου; V Ex 20$_3$ *coram me*, Dt 5$_7$ *in conspectu meo*; anders in S u. T Ex 20$_3$ Dt 5$_7$ *l^ebar men(i)* bzw. *bār minni*; Möglichkeiten: 1) neben mir (ZüBi, Zorell 658a, Beer HAT 3, 1939, 98); 2) ausser mir (GB, cf. S, T u. G zu Ex 20$_3$); 3) zu mir hinzu, mir zum Nachteil (v. Rad ATD 8, 39; cf. Stamm l. c.); 4) vor mir (Nielsen Die zehn Gebote, 1965, 78 u. Childs l. c. 386); 5) mir gegenüber, vor meinem Angesicht (Noth ATD 5, 122; Knierim ZAW 77, 1965, 23-27; TOB; cf. G u. V zu Dt 5$_7$); 6) mir zum Trotz (Lex.[1]; Preuss BWANT 92, 1971, 18; ähnl. Driver Fschr. Albright 1971, 89); — 9. מֵעַל־פְּנֵי weg ... von, eigentl. weg von der Oberfläche: a) מֵעַל־פְּנֵי הָאֲדָמָה: α) c. אָסַף Zef 1$_2$ (cj. ↗ סוּף), c. כִּלָּה Ex 32$_{12}$, c. הִכְרִית 1S 20$_{15}$ 1K 9$_7$ Zef 1$_3$, c. מָחָה Gn 6$_7$ 7$_4$, c. הִשְׁמִיד Dt 6$_{15}$ Am 9$_8$; β) c. גֵּרֵשׁ Gn 4$_{14}$, c. שִׁלַּח wegschicken Jr 28$_{16}$; γ) c. קָלַל abnehmen (מַיִם) Gn 8$_8$; b) α) הֵסִיר מֵעַל־פָּנָי/נָיו 2K 17$_{18.23}$ 23$_{27}$ 24$_3$ Jr 32$_{31}$; β) הִשְׁלִיךְ מֵעַל־פָּנָיו verwerfen 2K 13$_{23}$ 17$_{20}$ Jr 52$_3$; c) שִׁלַּח מֵעַל־פָּנַי Jr 15$_1$; קוּם מֵעַל פְּנֵי מֵתוֹ sich erheben (hinweg) von Gn 23$_3$; d) מָחָה מֵעַל כָּל־פָּנִים (Tränen) abwischen von Js 25$_8$.

Der. n.f. הַצְלֶלְפּוֹנִי; n. m. et loc. פְּנוּאֵל, פְּנִיאֵל.

פִּנָּה: etym. inc. s. THAT II 433, ? √ פנן Nf. zu פנה (GB 650a); Sam. *fanna*; ug. *pnt* (UT nr. 2067: Ecken [des Hinteren] = Rückgrat, cf. RSP I S. 316 Nr. 468, CML^2 44^5. 156a, TOML 137^u :: Aistl. 2230 S. 257: Oberfläche); cs. פִּנַּת, sf. פִּנָּתָם, cj. Pr 7$_8$ pr. פִּנָּהּ l פִּנָּה cf. 1$_2$, pl. פִּנִּים, פִּנּוֹת Zch 14$_{10}$, sf. פִּנּוֹתָם, פִּנֹּתָיו: — 1. a) **Ecke**, ↗ *זָוִית: von בַּיִת Hi 1$_{19}$, מִזְבֵּחַ Ex 27$_2$ 38$_2$, שַׁעַר Jr 31$_{40}$, חוֹמָה Neh 3$_{24}$ (↗ c), מְכֹנָה 1K 7$_{34}$, עֲזָרָה Ez 43$_{20}$ 45$_{19}$, שׁוּק Pr 7$_8$, רְחֹבוֹת u. חוּץ 7$_{12}$, cf. פִּנָּה Strassenecke 2C 28$_{24}$, גַּג Pr 21$_9$ 25$_{24}$; עֲלִיַּת הַפִּנָּה Ecksöller Neh 3$_{31f}$ ↗ עֲלִיָּה 5; b) אֶבֶן פִּנָּה Eckstein (Galling Fschr. Rudolph 72f; AuS 7, 66f) Hi 38$_6$,

> פִּנָּה Js 28$_{16}$ Jr 51$_{36}$; רֹאשׁ פִּנָּה Ps 118$_{22}$ (Kraus BK XV[5] 983f); c) Ecke der Mauer, daher שַׁעַר הַפִּנָּה Ecktor, an d. nw. Ecke der Neustadt (BRL[2] 161b) 2K 14$_{13}$ Jr 31$_{38}$ 2C 26$_{9}$, cj. 2C 25$_{23}$ pr. הַפּוֹנֶה l הַפִּנָּה ↗ פנה qal; = שַׁעַר הַפִּנִּים Zch 14$_{10}$, eigentl? „Tor der Zinnen", zum pl. m. „Gruppenplural", cf. Michel Grundl. heSy. 1, 40ff; — 2. **Zinne** Zef 1$_{16}$ 2C 26$_{15}$ (|| מִגְדָּלִים), Sir 50$_{2}$; — 3. (metaph.) Eckstein, Eckturm = Häupter, Leiter Ri 20$_{2}$ 1S 14$_{38}$ Js 19$_{13}$ (pr. פִּנַּת prop. pl. פִּנּת od. sg. coll. s. Wildbg. BK X 702), Zef 3$_{6}$ (|| גּוֹיִם) :: G γωνίαι u. danach Zinnen (ZüBi) od. Burgen (u. a. Elliger ATD 25[6] 76; Rudolph KAT XIII/3, 284), Zch 10$_{4}$ (|| יָתֵד). †

I פְּנוּאֵל: n. m.: LXX = Lk 2$_{36}$ Φανουήλ; *פְּנוּ alter nominat. cstr. pl. zu abs. **pānū* (R. Meyer Gr. § 45, 3a; THAT II 433) + אֵל, urspr. **pānū-ili* „Angesicht Gottes", cf. akk. PN wie *Pān-ᵈMarduk-lūmur* „Möge ich das Angesicht von M. sehen" (Stamm 203) :: Kopf VT 8, 1958, 209f: vb. פנה, cf. Lex.[1]: — 1. Nachk. Judas 1C 4$_{4}$; — 2. Benjaminit 1C 8$_{25}$ Q, K פְּנִיאֵל. †

II פְּנוּאֵל: n. l; Sam. *fånuwwəl*, G Ri 8$_{8f.17}$ 1K 12$_{25}$ Φανουελ, Josph. Φανούηλ (NFJ 122); ↗ I: *Tilāl/tulūl-eḏ-ḏahab* = Goldhügel, am Jabbok, ca. 11. Km. ö. d. Jordan (BHH 1478, Rösel ZDPV 92, 1976, 24, s. auch Zorell u. GTT p. 231 :: Lemaire VT 31, 1981, 50-52: Deir ʿAlla, so mit Franken, dazu Lemaire l.c. 50[56]): Gn 32$_{32}$ (= פְּנִיאֵל 32$_{31}$), Ri 8$_{8f.17}$ 1K 12$_{25}$. †

פִּנְחָס: ↗ פִּינְחָס.

I פְּנִיאֵל: n. m. ? ihe. (cf. Lemaire IH 1, 272f): *פְּנִי ? alter gen./acc. cstr. pl. zu abs. **pānū* (R. Meyer Gr. § 45, 3a; THAT II 433) + אֵל, urspr. **pānī-ili*; **pānī* ist vielleicht aber kein alter casus obl, sondern eher eine Variante d. Aussprache: **pānū* > *pānī-ili*: = I פְּנוּאֵל 2: 1C 8$_{25}$ K. †

II פְּנִיאֵל: n. l. = II פְּנוּאֵל; Sam. Vers. פנואל *fånuwwəl*: Gn 32$_{31}$ (Kahle CG 182: Hieronymus *Fanuhel*). †

פְּנִיִּים: ↗ פְּנִינִים.

פְּנִים: ↗ *פָּנֶה.

פְּנִימָה: Sam. *fånīma*; פְּנִים + *ā* loc. „gesichtswärts" (Nöldeke NB 83, VG 1, 101 Anm. 1, BL 527n, R. Meyer Gr. § 45, 3c): — 1. **hinein** Lv 10$_{18}$ 2C 29$_{18}$; — 2. **drinnen, inwendig** 1K 6$_{18}$ 2K 7$_{11}$; — 3. לִפְנִימָה? hinein 2C 29$_{16}$; nach innen zu 1K 6$_{30}$, cj. $_{29}$ (pr. מִלִּפְנִים prop. c. $_{30}$ לִפְנִימָה, s. Noth Kge. 102), Ez 40$_{16}$, nach innen hinein Ez 41$_{3}$; מִפְּנִימָה drinnen, inwendig 1K 6$_{19.21}$ 2C 3$_{4}$; — cj. Ps 45$_{14}$ pr. פְּנִימָה prop. פְּנִינִים (BHS, Kraus BK XV[5] 487) :: Dahood Psalms I 270. 275 c. MT inwendig; TOB im Innern. †

פְּנִימִי: adj. mit Endg. *-ī* (cf. BL 501, R. Meyer Gr. § 41, 4) zu *פְּנִים ↗ mhe. פְּנִים Inneres (Dalm. Wb. 338b); mhe.: fem. פְּנִימִית; pl. פְּנִימִים, fem. פְּנִימִיּוֹת der/ die innere 1K 6$_{27.36}$ 7$_{12.50}$ Ez 8$_{3}$ (Zimmerli 191f) $_{.16}$ 10$_{3}$ 40$_{15}$-46$_{1}$ Est 4$_{11}$ 5$_{1}$ 1C 28$_{11}$ 2C 4$_{22}$. †

פְּנִינִים: pltt.: Vrss. unsicher s. Zorell; cf. ? gr. πίνη u. πίνα, πίννα Perle (Liddell-Sc, ed. 1968 S. 1405), lat. *pina, pinna* Plin. 9, 115. 142 (Bauer Edelst. 761ff, BHH 986f), ↗ פְּנִנָּה: **Korallen (perlen)** Pr 3$_{15}$ Q, (K פְּנִיִּים); 8$_{11}$ 20$_{15}$ 31$_{10}$ Hi 28$_{18}$ (Hölscher Hiob 73), Kl 4$_{7}$ Sir 7$_{19}$ 30$_{15}$ 31$_{6}$; — cj. Ps 45$_{14}$ ↗ פְּנִימָה. †

פְּנִנָּה: n. f; G Φεννανα, Josph. Φέναννα (NFJ 123); wohl als n. un. zu ↗ פְּנִינִים: „Koralle" (Noth N. 223, Stamm HFN 328, BHH 1412 (:: Lex.[1]: zu ar. *fainānā* „Frau mit reichem Haar" od. Lipiński VT 17, 1967, 68-71 mit ar. u. asa. etym: „fruchtbar": Frau des Elkana 1S 1$_{2.4}$. †

פנק: mhe. pi., ja. pa., sy. pa., md. (MdD 375a) pa. verzärteln, etpa. pass; cp. pa. pt. pass. weich (Kleid); ar. *fnq* II jmdn ein angenehmes, leichtes u. reichliches

Leben führen lassen (Lane 2450a), V in Wohlstand u. Reichtum leben (Lane l. c., Wehr 651a):

pi. (Jenni 245): pt. מְפַנֵּק: **verzärteln, verwöhnen** (Sklave) Pr 29_{21}. †

***פַּס**: wohl Primärnomen; Sam. Gn 37_3 *fassəm*, mhe. u. ja. פס, פסא, פסתא Fläche von der Hand u. vom Fuss, Stück, Steuer, ja. פסא Stück, Bissen, Los; ähnl. sy. *passᵉtā*, ba. ↗ פַּס; pun. פס Tafel (NE 352, DISO 230); cf. ug. **ps*, pl. *psm* (UT nr. 2074, Aistl. 2238) in KTU 4. 205, 5: *lbš psm rq*; — zugehörig ?: äga. פַּס BMAP 10, 7. 9 12, 9. 18, nab. Teil, Anteil (DISO 230), sy. *pessā*, *pessᵉtā* Los; cp. *pstʾ* Steuer: pl. פַּסִּים: כְּתֹנֶת פַּסִּים Gn 37_3 2S 13_{18} u. כְּ׳ הַפַּ׳ Gn $37_{23.32}$ 2S 13_{19}: Bedtg. umstritten, da schon die Vrss. schwanken, ↗ dazu bes. Dillmann, Genesis[6] 1892, 393: 1) G Gn $37_{3.23.32}$ χιτὼν ποικίλος, V *tunica polymita*; danach „aus verschiedenen Stücken zusammengesetzter, bunter Leibrock" (Lex.[1] mit ?); ähnl. Speiser Gen. 289f (Oppenheim JNES 8, 1949, 177): פַּסִּים ein Terminus, der aufgenähte Verzierungen auf wertvollen Gewändern bezeichnet. 2) G 2S 13_{18f} χιτὼν καρπωτός (zu καρπός Handwurzel), V *tunica talaris*; danach „das (bis an die) Knöchel (reichende) Gewand" (H. P. Müller ZA 66, 1977, 310), genauer: ein Gewand, das bis an die Handwurzeln und die Fussknöchel reicht, cf. GB, König Wb, Zorell, AuS 5, 215; auch Lex.[1]; s. ANEP Nr. 43ff. 3) כְּ׳ פַּ׳ ein Wickelgewand, dessen überkragende Spiralen wie „Tafeln" (↗ pun. פס) wirken (BRL[2] 186b), cf. Albright BA 36, 1973, 31f; Parrot Sumer (Paris 1960) Taf. 346. 348 etc.; siehe n. l. פַּס דַּמִּים Josph. Ἐρασαμός (NFJ 140) 1C 11_{13} = אֶפֶס דַּמִּים (HAL 77a) s. Eissfeldt KlSchr. 2, 456f u. Stoebe KAT VIII/1, 316. †

פסג: hapleg. Ps 48_{14}, Bedtg. ungewiss; mhe. pi. schneiden, teilen, spalten; ja. pa. teilen, trennen (Levy 4, 68); akk. nass. *passuku* D (AHw. 839b) entfernen, wegräumen;

pi: imp. פַּסְּגוּ: c. אַרְמְנוֹתֶיהָ: Vrss. inc.: G καταδιέλεσθε τὰς βάρεις αὐτῆς; βάρεις acc. pl. zu βάρις grosses Haus, Turm (s. Liddell-Scott, ed. 1968, 307a) = V iuxta LXX *distribuete domus eius*; iuxta Hebr. *separate palatia eius*; sy. *ʿaqqarw sāhrātāh* zerstöret ihre Paläste; Lex.[1]: unerklärt, so auch Jenni 236[260]; wegen mhe. pa. und bes. hif. wird öfter übersetzt: durchwandert ! (ZüBi), cf. GB, König Wb, Zorell; al. mustert ! (Kraus BK XV[5] 509), bzw. zählet auf ! (TOB); cj. prop. פִּקְדוּ (BHS) :: Dahood Psalms I 293: und prüfet ihre Paläste, l *pa-sīgū*, e. Nf. zu *śīg* prüfen, meditieren. †

פִּסְגָּה, immer הַפִּסְגָּה; Sam. *fasga*, G Φασγα: ein Gipfel im hohen Rand des ostjordan. Gebirges ö. des Nordendes des Toten Meeres: entweder = d. heutigen *en-Neba* oder bei *Ch. Ṣijāġa* gelegen (Noth AbLAk 1, 401, GTT § 197, BHH 1475): Nu 21_{20} 23_{14} Dt $3_{17.27}$ 4_{49} 34_1 Jos 12_3 13_{20}. †

פִּסָּה hapleg. Ps 72_{16}; Bedtg. inc., so schon bei Vrss.: G στήριγμα, V iuxta LXX *firmamentum*, iuxta Hebr. *memorabile triticum*, S *sugʾā* Menge; cf. ? ug. *pḏ* ↗ פַּז, nach Driver CML[1] 163[2] u. Gray LoC[2] 24[6]: Teil, Anteil (:: CML[2] 155b: פַּז Gold); zu Ps 72_{16} s. auch Driver VT 1, 1951, 249: nach äg. *pšš* (EG 1, 553) und ug. *pḏ* Teil, Zuteilung, d. i. Fülle :: Dahood Psalms II 183: l *pa-sūtōh* (Gn 49_{11}) (*st* = ph. *swt*, ↗ סוּת) „eine Hülle"; cj. (s. GB u. a.) שִׁפְעַת Überfluss, מִסַּת genug (ja. sam. sy.) und סְפַת־בַּר Mehrung von Korn (Kraus BK XV[5] 656). †

פסח: mhe. qal überspringen, nif. lahm werden; sam. (BCh. LOT 2, 565) u. Targ. Neofiti; ar. *fasaḫa* ausrenken, verrenken

(:: Kopf VT 8, 1958, 194f: ar. *fasaḥa* weit sein/werden); cf. akk. *pessû* (AHw. 856f) lahmend, hinkend; Lit. zur Etymologie bei R. Schmitt OBO 7, 1975, 25^{30}; nach Gerleman ZAW 88, 1976, 409-413 ist d. Grdb. des vb: sich stossen, aufprallen:

qal: pf. פָּסַח, פָּסַחְתִּי; inf. abs. פָּסֹחַ; pt. pl. פֹּסְחִים: — 1. **lahmen**, **hinken** 1K 18_{21}, ↗ pi.; — 2. c. עַל **vorbeihinken**, **vorbeigehen an**, **verschonen** (u. a. de Vaux Sacr. 20, H. Barth Israel und das Assyrerreich in den nicht Jesajanischen Texten des Protojesajabuches [Diss. Theol., Hamburg 1974] 58f: vorbeigehen, verschonen [cf. Wildbg. BK X 1236f] :: Keel ZAW 84, 1972, 430. 432: springen, hüpfen; Ex $12_{13.23.27}$ das Überspringen der Behausungen); Ex $12_{13.23.27}$ Js 31_5 (Irwin Isaiah 28-33, Rom 1977, 144: schützen, ähnl. Glasson JThS 10, 1959, 79-84). †

nif: impf. יִפָּסֵחַ **lahm werden** 2S 4_4. †

pi. (Jenni 140. 214): impf. וַיְפַסְּחוּ: 1K 18_{26} (kultisch) **umhinken**, **einen Hinktanz vollführen** s. Hölscher Prof. 132, Hentschl Die Elija-Erzählungen (Erfurter Theol. Studien 33, 1977) 159, cf. Fohrer AThANT 53^2, 1968, 16 :: Keel ZAW 84, 1972, 432: über den Altar hüpfen. †

Der. פֶּסַח ?, פָּסֵחַ, פִּסֵּחַ, n. l. תִּפְסַח.

פֶּסַח: ? פסח; Sam. *afsa*, mhe., ja. äga. פִּסְחָא, sy. *peṣḥā* ↗ I פצח, cp. *psḥʾ* u. *pzḥʾ*, LXX vorwiegend, NT πάσχα, Josph. u. seltener LXX φάσεκ/φάσεχ, V *phase*, *pase* (Riedel ZAW 20, 1900, 320-327, ThWbNT V 895^2: פֶּסַח, pl. פְּסָחִים: **Passa**: — 1. a) zur Etym: der Zushg. d. sbst. mit d. vb. ist ungewiss u. umstritten, s. Laaf Die Pascha-Feier Israels, BBB 36, 1970, 145ff; J. B. Segal The Hebrew Passover, London 1963, Lit. S. 270-289; ferner Childs Exodus 186-194; b) Ursprung: פֶּסַח ist wahrscheinlich ein altes, mit einem apotropäischen Opferritus verbundenes Frühjahrsfest der Nomaden (s. bes. Rost Credo 101-112; auch de Vaux Sacr. 8f. 11 und Inst. 2, 383ff = Lebensordnungen 2, 341ff); McKay ZAW 84, 1972, 435-437: gegen den (vielfach angenommenen) Zushg. des altes Festes mit den Mondphasen, spez. mit dem Vollmond; J. Henninger Les fêtes de printemps chez les Sémites et la Pâque israélite (Paris 1975); c) Geschichte: פֶּ׳ wurde: α) entweder von Mose selber oder β) später historisierend mit dem Auszug aus Aegypten verbunden; zu α) s. Hempel Die Schichten des Deuteronomiums, 1914, 200^7; Buber Mose^2, 1952, 83ff; zu β) siehe u. a. Noth ÜgPt 72-74; Kraus Gottesdienst in Israel^2 63; Kutsch RGG^3 II 911 u. ZThK 55, 1958, 1-35; Rost BHH 1396f; — zur Geschichte des Passafestes in Israel cf. ferner de Vaux l. c. 61ff, Kraus l.c. Kutsch l. c. Merendino Das Deutoronomische Gesetz (BBB 31, 1969) 149ff, Ringgren IR 170ff, Fohrer GiR 55ff, Eckart Otto Das Mazzotfest in Gilgal (BWANT 107, 1975), J. Schreiner Fschr. Kornfeld (Wien 1977) 69-90; — 2. Belege: Ex $12_{11.21.27.43.48}$ 34_{25} Lv 23_5 Nu $9_{2.14}$ 28_{16} 33_3 Dt $16_{1f.5f}$ Jos 5_{10f} 2K $23_{21 \cdot 23}$ Ez 45_{21} Esr 6_{19f} 2C $30_{1f.5.15.17f}$ $35_{1.6-9.11 \cdot 13.16-19}$; — 3. Einzelnes: a) sg. זֶבַח חַג הַפָּסַח Ex 34_{25}, זֶבַח־פֶּסַח 12_{27}, זָבַח פֶּסַח לַיהוה Dt $16_{2.5f}$, עָשָׂה פֶּסַח לַיהוה Ex 12_{48} Nu $9_{10.14}$ Dt 16_1 2K $23_{21.23}$ 2C $30_{1.5}$ $35_{1.18f}$, פֶּסַח לַיהוה Ex 12_{11} Lv 23_5 Nu 28_{16}, הַפָּסַח Ez 45_{21}, עָשָׂה (אֶת־) הַפֶּסַח/פָּסַח Nu $9_{2.4-6.13}$ Jos 5_{10} 2K 23_{22} Esr 6_{19} 2C 30_2 35_{16f}, אָכַל אֶת־הַפֶּסַח 2C 30_{18}, שָׁחַט הַפֶּסַח/פָּסַח Ex 12_{21} Esr 6_{20} 2C 30_{15} $35_{1.6.11}$, חֻקַּת הַפֶּסַח/פָּסַח Ex 12_{43} Nu $9_{12.14}$, מִמָּחֳרַת הַפֶּסַח am Tage nach dem Passa Nu 33_3 Jos 5_{11} (Halbe ZAW 87, 1975, 330^{40}); b) pl. הַ/לַפְּסָחִים 2C 30_{17} Passa-Lämmer, 2C 35_7 Passa-Opfer, $_8$ Passa-Opfertiere (Rudolph Chr. 327. 328). †

פָּסֵחַ: פסח n. m.; adj. *qatil*, BL 464a: „Hinker" (Noth N. 227): ihe. Sgl. פסח (Avigad ErIsr. 9, 1969, 1; Vattioni sig. Nr. 235): ? = פָּסֵחַ od. פִּסֵּחַ), cf. akk. *pessû* (AHw. 856f) adj. aber nicht PN, ↗ פסח; — 1. Tempelsklave (נָתִין) Esr 2$_{49}$ Neh 7$_{51}$; — 2. Vater eines am Mauerbau in Jerusalem Beteiligten Neh 3$_{6}$; — 3. Nachk. Judas 1C 4$_{12}$. †

פִּסֵּחַ: פסח: *qattil*, BL 477b, R. Meyer Gr. § 38, 3, cf. akk. *quttulu* (GAG § 55n); Sam. *fēsi*, mhe. DSS (KQT 179): pl. פִּסְחִים: **lahm an d. Beinen**: a) Mensch sg. 2S 9$_{13}$ 19$_{27}$ Js 35$_{6}$ Jr 31$_{8}$ Pr 26$_{7}$ Hi 29$_{15}$; dadurch vom Priesterdienst ausgeschlossen Lv 21$_{18}$; pl. 2S 5$_{6.8}$ Js 33$_{23}$; b) Tier (nicht opferbar) Dt 15$_{21}$ Mal 1$_{8.13}$. †

***פָּסִיל**: פסל: Sam. sg. *afsəl*, pl. cs. *afsīli*; *qatīl*, BL 470m, n; Barth Nb. § 85f: eig? das geschnitzte/gehauene (Bild): pl. פְּסִ(י)לִים (dient als pl. zu ↗ פֶּסֶל), cs. פְּסִילֵי, sf. פְּסִילֶיךָ, פְּסִילֶיהָ, פְּסִילֵיהֶם: **Gottesbild**: — 1. 2K 17$_{41}$ Js 10$_{10}$ 42$_{8}$ Jr 8$_{19}$ (|| הֶבֶל), Hos 11$_{2}$ (|| בַּעַל), Mi 5$_{12}$ (|| מַצֵּבוֹת), Ps 78$_{58}$ (|| בָּמוֹת), 2C 33$_{19}$ (|| אֲשֵׁרִים), 34$_{3}$ (|| מַסֵּכוֹת), vs.$_{4}$ (|| בָּמוֹת, אֲשֵׁרִים, מַסֵּכוֹת), vs. $_{7}$ (|| אֲשֵׁרִים); — 2. פְּ׳ אֱלֹהֵיהֶם Dt 7$_{25}$ 12$_{3}$ Js 21$_{9}$, פְּ׳ כֶּסֶף/הָיָה Js 30$_{22}$, אֶרֶץ פְּסִלִים Jr 51$_{47}$, cf. $_{52}$; פְּ׳ בָּבֶל (= Babylon) Jr 50$_{38}$; — 3. Wendungen: c. עָשָׂה 2C 33$_{22}$, c. עבד 2K 17$_{41}$ 2C 33$_{22}$, c. הֶעֱמִיד 2C 33$_{19}$, c. זִבַּח לְ Hos 11$_{2}$, c. קִטֵּר 2C 33$_{22}$, c. כָּרַת Mi 5$_{12}$, c. כִּתַּת 2C 34$_{7}$ u. כָּתַת Mi 1$_{7}$, c. גִּדַּע Dt 12$_{3}$, c. שָׂרַף Dt 7$_{5.25}$, c. שִׁבַּר Js 21$_{9}$ 2C 34$_{4}$; צִפּוּי פְּסִילֵי כַסְפֶּךָ Js 30$_{22}$ ↗ צִפּוּי; — 4. n. l. הַפְּסִילִים Ri 3$_{19.26}$, G τὰ γλυπτά, V *idola*: ein Punkt in der Nähe v. Jericho (GB, cf. GTT § 544), dessen Charakter ungewiss ist; Vorschläge: entweder a) nicht näher zu bestimmende Götterbilder (u. a. Budde KHC VII 1897, 29, cf. Hertzberg ATD 9, 165. 166); b) behauene mit e. Inschrift versehene Steine (Gray Joshua, Judges and Ruth 1967, 263); c) die פְּ׳ sind identisch mit d. Steinen (אֲבָנִים) von Jos 4$_{20-24}$ (Rösel ZDPV 91, 1975, 187); d) T מַחְצְבַיָּא Steinbrüche (Lex.[1] mit ?); mit der sonstigen Bedtg. von פְּ׳ nicht zu vereinen, s. Budde l. c., Zorell, Rösel l. c. 184[140]. †

פָּסַךְ: n. tr. unerkl. (Noth N. 255a): Nachk. von Asser 1C 7$_{33}$. †

פסל: mhe., ja. aushauen, behauen, sam. äga. *psjlh*, *pslh* Quader; pun. *pslt* qal pt. pass. gemeisselt (Friedr.[2] § 139), nab. *pšl* (?) behauen, sbst. *psl*ʾ Steinhauer (DISO 231), sy. *pᵉsal* behauen, *pāsōlā* Steinhauer, *pᵉsīltā* behauener Stein; ug. *psl/pslm* (UT nr. 2073, Aistl. 2240) Steinhauer, Schnitzer; *psltm* (KTU 1. 5 VI 18) inc.; Vorschläge: a) Seitenlocken (Aistl. 2241), Haarflechte (TOML 251) zu akk. *pasālu* (AHw. 838a) sich um-, abdrehen; b) bearbeiteter Stein (Driver Ug. VI 185 cf. CML[1] 163a), Kiesel (CML[2] 73, 156a), Einschnitte (Aartun WdO 4, 1968, 286) zu פסל:

qal: pf. sf. פְּסָלוֹ; impf. יִפְסְלוּ, יִ/אֶפְסֹל; imp. פְּסָל־: **behauen, zurecht hauen**: — 1. Bausteine 1K 5$_{32}$; — 2. steinerne Tafeln Ex 34$_{1.4}$ Dt 10$_{1.3}$; — 3. ein Gottesbild Hab 2$_{18}$. †

Der. פֶּסֶל, פָּסִיל.

פֶּסֶל: פסל, BL 566e; mhe. DSS (KQT 179) pl.!, cstr. פסלי: פֶּסֶל, sf. פִּסְלוֹ/י, פִּסְלָם, pl. ↗ *פָּסִיל (Bernhardt Gott und Bild, 1956, 113[6], Preuss BWANT 92, 1971, 196f, Zimmerli ThB 19, 1963, 242f u. GatTh 104; BRL[2] 100 und allg. BHH 249f): urspr. ein aus Holz geschnitztes od. aus Stein gehauenes aber später auch ein gegossenes **Gottesbild**: — 1. a) aus Holz od. Stein Ex 20$_{4}$ (|| תְּמוּנָה), Lv 26$_{1}$ (|| מַצֵּבָה), פֶּסֶל תְּמוּנַת־ פֶּסֶל כָּל־תְּמוּנָה Dt 4$_{16.23.25}$, Dt 5$_{8}$, Ri 18$_{17f.20.30f}$ ↗ b, 17$_{3f}$ 18$_{14}$; Hab 2$_{18}$, Ps 97$_{7}$ (oder zu d ?); b) aus Holz Js

42_{17} $44_{15.17}$ 45_{20} 48_5; so wohl auch in פֶּסֶל וּמַסֵּכָה Dt 27_{15} Ri 17_{3f} 18_{14} Nah 1_{14}, wenn dieses als Hendiadys bedeutet „Holzbild mit Metallüberzug" (Elliger BK XI 74, cf. C. R. North BZAW 77, 1958, 154); c) aus Metall: c. נָסַךְ Js 40_{19} 44_{10}, c. צָרַף Jr 10_{14} 51_{17}; d) aus Metall od. Holz Js 40_{20} 44_9; ebenso wohl auch in פֶּסֶל הָאֲשֵׁרָה 2K 21_7 = פּ׳ הַסֶּמֶל 2C 33_7; — 2. Wendungen: c. יָצַר Js 44_9 Hab 2_{18}, c. פָּסַל Hab 2_{18}, c. עָשָׂה Ex 20_4 Dt $4_{16.23.25}$ 5_8 27_{15} Ri 17_{3f} 18_{31}, c. נָסַךְ Js 40_{19} 44_{10}, c. צָרַף Js 10_{14} 51_{17}, c. הֵקִים Lv 26_1, c. שִׂים Ri 18_{31} 2K 21_7 2C 33_7, c. נָשָׂא Js 45_{20}, c. בָּטַח לְ Js 44_{15}, c. עָבַד Ps 97_7, c. סָגַד לְ Js 42_{17}, c. בּוֹשׁ od. הוֹבִישׁ מִן Ps 97_7 Jr 10_{14} 51_{17}. †

פסס: hapleg. Ps 12_2:

qal: pf. פַּסּוּ, cj. prop. סָפוּ, ↗ סוּף :: Dahood Psalms I 73: פַּסּוּ = אָפְסוּ* sind verschwunden, s. schon GB. †

פִּסְפָּה, or. פַּסְ׳ (Kahle MTB 79): PN (n. tr.) unerkl. (Noth N. 255a), G Φασφα(ι), V *Phaspha*: Nachk. von Asser 1C 7_{38}. †

פעה: mhe., ja. schreien, blöken; sy. blöken; ar. *baǧā* (*bǵj*) blöken:

qal: impf. אֶפְעֶה (|| נָשַׁם) (beim Gebären) **stöhnen** Js 42_{14}. †

פָּעוּ: n. l; Sam. *fū*, G Φογωρ: edom. Stadt; nach Musil ArPe 2, 2. 21 = *W. Fāʿi*, w. von d. Südspitze d. Toten Meers :: GTT § 392: unbekannter Ort Gn 36_{39}, ↗ פָּעִי. †

פְּעוֹר: n. l.: Sam. *fūr*;

A. G Φογωρ; Jaussen-Savignac Mission en Arabie 2, 1909/10, 650f: Inschrift BEENΦ[ΩP]: — 1. בַּעַל פְּעוֹר (Sam. *bāl fūr*, G Βεελφεγωρ) n. dei (M. J. Mulder Baal in het Oude Testament, Den Haag 1962, 17ff) Nu $25_{3.5}$ Ps 106_{28}, > פְּעוֹר Nu 25_{18} 31_{16} Jos 22_{17}; — 2. verehrt auf (n. montis) רֹאשׁ הַפְּעוֹר Nu 23_{28} und in (n. l.) בֵּית פְּעוֹר (cf. GTT p. 263) Dt 3_{29} 44_6 34_6 Jos 13_{20} = (n. l.) בַּעַל־פְּעוֹר Hos 9_{10} (:: Wolff BK XIV/1[2] 207. 213: n. d. ↗ 1), beide n. l. verkürzt aus בֵּית בַּעַל פְּעוֹר*; zur Lage s. Wolff l. c. 213f: früher = *Ch. esch-Schēch dschājil* (Noth AbLAk 1, 398f), heute = *Ch. ʿajūn mūsa* ca. 20 km. ö. vom Nordende des Toten Meeres (Henke ZDPV 75, 1959, 160ff; Kuschke ZDPV 76, 1960, 21. 27f; Wüst Untersuchungen I 153; GTT p. 23 u. 150 E/3; BHH 1419);

B. Sam. *fūr*, G Φαγωρ (= פְּעוֹר): *Ch. Faǵūr*, sw. von Bethlehem (Noth Jos.[2] 99) Jos 15_{59} (BHH l. c.). †

פָּעִי: n. l. 1C 1_{50}, = פָּעוּ (Vrss., MSS) Gn 36_{39}. †

פעל: mhe. arbeiten, פועל Arbeiter Sir 19_1 37_{11}; DSS (KQT 179) machen; ja. פָּעֲלָא Arbeiter; ug. *bʿl* (UT nr. 494, Aistl. 546 :: Grabbe UF 11, 1979, 307-14), in PN *pʿl*: *jpʿl* (Gröndahl 171. 392b), *mni pʿl* (Gröndahl 159. 171. 400a); פעל ph. pun. (DISO 231f); äga. (KAI Nr. 271 A 1, Kanaanismus ?); sam. פיאל (BCh. LOT 2, 565) Handlung, Tat; Hieronimus *phalach* (פָּעַל), cf. Ben-Hayyim, Studies in the Tradions of the Hebrew Language, Jerusalem 1954, 73[84]; sy. *peʿal* arbeiten, pt. Arbeiter, letzteres auch cp. und asa. (Conti 219a); ar. *faʿala* tun, machen:

qal: pf. פָּעַל, פָּעַל, פָּעַלְתָּ, פָּעַלְתִּי, פָּעֲלוּ, פָּעֲלוּ; impf. יִפְעַל, יִפְעָל־, תִּפְעַל (impf. auf *ŏ* s. GK § 64c, BL 353b), אֶפְעַל, תִּפְעָלוּן, sf. יִפְעָלֵהוּ; inf. sf. פָּעֳלָם Hi 37_{12}; pt. פֹּעֵל, sf. פֹּעֲלִי, pl. cs. פֹּעֲלֵי: (Fschr. Humbert 175ff, THAT II 461-466): vb. nur im qal; 57 ×, davon 16 × mit Gott als sbj. (Ps 26 ×, Hi 12 ×); im Unterschied zu עָשָׂה ein vb. gehobener, dichterischer Sprache, das in der erzählenden u. gesetzl. Literatur fehlt (Humbert l. c. 180, cf. Wildbg. BK X 991); nach Humbert l. c. 177 wäre das vb. im Hebr. von phön. od. kanaan. Ursprung, cf. C. Stuhlmueller Creative Redemption in Deutero-Isaiah, 1970, 219f: — 1. sbj. Menschen: a) (= עָשָׂה) **machen** Js 41_4 44_{15} (obj. אֵל), Ps 7_{16}; c. acc. u. לְ machen zu Ps 7_{14}; b) **verüben**, **begehen**, üben: שֶׁקֶר Hos 7_1, צֶדֶק Ps 15_2, עַוְלָה Ps 119_3 Hi 36_{23}, עָוֶל Hi 34_{32}, cj. Ps 58_3 pr. עוֹלֹת prop. עָוֶל (BHS); רָע Mi 2_1 (:: Rudolph KAT XIII/3, 51f: פֹּעֲלֵי (= פָּעֳלֵי) nicht pt. pl., sondern pl. cstr. von ↗ פֹּעַל; אָוֶן Pr 30_{20}, פֹּעֲלֵי אָוֶן ↗ אָוֶן 3, s. Kraus BK XV³ 169f; c) פָּעַל בְּ bearbeiten mit Js 44_{12}; d) (= עָשָׂה) tun Hi 11_8; antun Hi 7_{20} c. לְ, Hi 35_6 c. בְּ; e) vollbringen, ausrichten Ps 11_3; פָּעַל מִשְׁפָּטוֹ Gottes Rechtsordnung ausführen Zef 2_3 (Rudolph KAT XIII/3, 273); f) cj. Pr 21_6 pr. פֹּעַל l c. G (V) פֹּעֵל (BHS) erwerben; — 2. sbj. die Wolken: ausführen (alles, was Gott ihnen befiehlt) Hi 37_{12}; — 3. sbj. Gott: a) **machen**, **bereiten** c. acc. u. לְ Ex 15_{17}; machen, schaffen Pr 16_4; b) **tun** cj. Nu 23_{23} pr. פָּעַל prop. פֹּעַל (BHS), Dt 32_{27} Js 26_{12} (מַעֲשִׂים), 43_{13}, פָּעַל טוֹב לְ Ps 31_{20}, c. לְ für 68_{29}, c. עִם für Hi 33_{29}; c) c. לְ antun Hi 22_{17} = c. בְּ Hi 35_6 ↗ 1 d; d) Gott ist פֹּעֵל יְשׁוּעוֹת Ps 74_{12}, פֹּעַל פֹּעַל Hab 1_5 cf. Ps 44_2, פֹּעֲלִי mein Schöpfer Hi 36_3; — 4. Zu he. פעל = בעל (↗ HAL 136f, THAT II 461 mit Lit.) ausser Js 54_5 Hi 31_{39} cf. 1C 4_{22}: בָּעַל amtieren (HAL 136b) :: Dijkstra VT 25, 1975, 671-674: פעל = בעל arbeiten (für); jedoch an allen Belegen sehr fraglich, s. Barr CpPh 100f.

Der. פֹּעַל, פְּעֻלָּה, מִפְעָל*; n. m. אֶלְפַּעַל*, פְּעֻלְּתַי.

פֹּעַל: פעל, BL 567i; Sam. u. Hier. cf. פעל; sf. פָּעֳלִי, פָּעָלְךָ (spr. pŏ^col^aka [cf. Ben-Hayyim, Studies in the Traditions of the Hebrew Language, Jerusalem 1954, 72-74], sephardisch *paʿolka*, aschkenasisch *poʿolka*), פֹּעֲלוֹ, פָּעֳלוֹ, פָּעֳלְךָ, פָּעֳלֶךָ (BL 582u), פָּעֳלָם, פָּעָלְכֶם, פָּעֳלָה; pl. פְּעָלִים, ? cs. פֹּעֲלֵי = פָּעֳלֵי Mi 2_1 ↗ פעל 1 b; Fschr. Humbert 181-183, THAT II 462. 463-65, cf. v. Rad GesSt. II 1973, 236ff, Wildbg. VTSu. 9, 1963, 83ff, bes. 95ff u. BK X 188f, Stolz BZAW 118, 1970, 93f: — 1. **vom Menschen**: a) **Tat** פֹּעַל חָמָס Js 59_6, פֹּעֲלֵי רָע Untaten Mi 2_1 ↗ פעל 1 b, Ps 91_7, Hi 36_9 (|| פֶּשַׁע); b) **Arbeit** Ps 104_{23} (|| עֲבֹדָה); c) **Werk** Js 1_{31} 45_9; d) **Tun**, **Wirken** Dt 33_{11} Jr 25_{14} 41_{24} 50_{29} (c. שִׁלַּם כְּ), Ps 28_4 (c. נָתַן כְּ), Hi 24_5, 34_{11} (c. שִׁלַּם), Pr $24_{12.29}$ (הֵשִׁיב כְּ); e) **Verhalten**, Wesen Pr 20_{11} 21_8 Rt 2_{12}; f) **Lohn** Jr 22_{13} Hi 7_2; g) רַב־פְּעָלִים sc. Benaja 2S 23_{20}/1C 11_{22}, Bedtg. umstritten, s. THAT II 464 u. 721: entweder α) reich an Heldentaten (u. a. Hertzberg ATD 10² 332, TOB, Rudolph Chr. 98, Zorell), oder β) mit grossem Betrieb, reich begütert (Budde KHC VIII 1902, 322; GB, ZüBi); nach Alter u. Zushg. des Textes scheint α) wahrscheinlicher; dafür sprechen auch die Vrss. zu 2S 23_{20}: G πολλοστὸς (= πόλυς) ἔργοις, V (*vir*) *magnorum operum* (:: Zeron ZAW 90, 1978, 22: pr. פְּעָלִים l mit Tur-Sinai פֹּעֲלִים „Fronarbeiter" mit Benaja als deren Aufseher); — cj. Pr 21_6 pr. פֹּעַל l פֹּעֵל, ↗ פעל 1 f; — 2. **von Gott**: a) **Tat** Hab 1_5 3_2 Ps 44_2 95_9; b) **Tun**, **Wirken** Dt 32_4 Js 45_{11} Ps 111_3; c) **Walten** (b und c sind nicht scharf zu trennen) Js 51_2 Ps 64_{10} (|| מַעֲשֶׂה), 77_{13} (|| עֲלִילוֹת), 90_{16} 92_5 u. 143_5 (|| מַעֲשֶׂה/שִׂים), Hi 36_{24}; — 3. von Göttern: Werk, Wirken Js 41_{24}. †

פְּעֻלָּה: פעל (BL 467r, cf. GAG § 55p 28b), Sam. cstr. *fāʿēlåt*; mhe. Arbeit, Lohn; DSS (KQT 179): Werk, Wirken, Tun; ja. פְּעֻלְתָּא Arbeit; Deir Alla 1, 7 *pʿlt* Arbeit, Tat (ATDA 191f): cs. פְּעֻלַּת, sf. פְּעֻלָּתִי, פְּעֻלָּתָם, פְּעֻלַּתְכֶם, פְּעֻלָּתוֹ, פְּעֻלָּתֵךְ; pl. פְּעֻל(וֹ)ת: (14 ×, 12 × sg. 2 × pl.); s. Fschr. Humbert 183f, THAT II 462. 464.

465f): — 1. **vom Menschen**: a) **Arbeit** Jr 31$_{16}$ 2C 15$_{7}$; b) **Tat** Ps 17$_{4}$ pl.; c) **Lohn** (= Ertrag/Entgelt der Arbeit, cf. עָמָל z.B. Koh 1$_{3}$) Lv 19$_{13}$ (פְּעֻלַּת שָׂכִיר), Ez 29$_{20}$ (Zimmerli Ez. 717), Pr 10$_{16}$ (|| תְּבוּאָה), 11$_{18}$ (פְּעֻלַּת־שָׁקֶר); — 2. **von Gott**: a) **Tat** Ps 28$_{5}$ pl.; b) **Lohn** Js 40$_{10}$ (|| שָׂכָר), 49$_{4}$ 61$_{8}$ 62$_{11}$ (|| שָׂכָר); c) **Strafe** Js 65$_{7}$ Ps 109$_{20}$. †

פְּעֻלְּתַי: n. m.: פְּעֻלָּה + hypokor. Endg.-*ai* „Lohn", cf. n. m. שָׂכָר (Noth N. 189[3]): Torhüter aus der Sippe Obed-Edom 1C 26$_{5}$. †

פעם: mhe. pi. stossen, stören, nif. gestört werden; sam. (BCh. LOT 2, 559):

qal oder **pi**.: inf. sf. פַּעֲמוֹ: **stossen**, umtreiben (sbj. רוּחַ יהוה) Ri 13$_{25}$. †

nif: pf. נִפְעַמְתִּי; impf. וַתִּפָּעֶם: umgetrieben werden Gn 41$_{8}$ Ps 77$_{5}$ Da 2$_{3}$. †

hitp: impf. וַתִּתְפָּעֶם sich umgetrieben fühlen Da 2$_{1}$. †

Der. ? פַּעֲמוֹן, פַּעַם.

פַּעַם: ? פעם, BL 456k, od. Primärnomen: Sam. *fām*, c. art. *abbām*; mhe. fem. פַּעַם, pl. פְּעָמוֹת: 1) Tritt, 2) Mal; ? ihe. הפעם endlich (KAI Nr. 188, 2) :: TSSI Vol 1, 15; ug. *pʿn* Fuss (UT nr. 2076, Aistl. 2243, CML[2] 156a), unsicher ist KTU 1. 12 I 40: nach CML[1] 71 Füsse, nach TOML 343[v] „Keule", s. unten; Mal im ug. *pam*, pl. *pamt* (UT nr. 1998, Aistl. 2185, CML[2] 155b); ph. *pʿm* Fuss/Füsse (im du.), *pʿm pʿm* Schritt für Schritt (KAI Nr. 27, 20 u. NESE 2, 19); pun. Fuss/Füsse und pl. *pʿmʾt* Male, ? sg. in *ʿd pʿmt* noch einmal (KAI Nr. 68, 5) :: Avishur UF 8, 1976, 13: pl. viele Male; zum ph. u. pun. s. DISO 232, Friedr.[2] § 226. 230. 231. 236. 247. 248b; akk. *pēmu/pēnu* (AHw. 854) Oberschenkel: פַּעַם, פָּעַם, pl. פְּעָמִים, cs. פַּעֲמֵי, sf. פְּעָמַי, פְּעָמֶיךָ/מָיו, פַּעֲמֹתָיו, פְּעָמַי, du. פַּעֲמַיִם/מָיִם (THAT II 378: 118 ×; 100 × in d. Bedtg. Mal, 18 × in übrigen Bedtgen Nr. 1-4): — 1. **Tritt**, **Schritt** Js 26$_{6}$ (|| רֶגֶל), metaph. (v. den Streitwagen) Ri 5$_{28}$; — 2. **Fuss**: a) vom Menschen HL 7$_{2}$, כַּף פְּעָמַי die Sohle meiner Füsse 2K 19$_{24}$/ Js 37$_{25}$; b) von Jahwe דֶּרֶךְ פְּעָמָיו die Spur seiner Füsse Ps 85$_{14}$; c) Füsse d. Lade Ex 25$_{12}$ 37$_{3}$, von Gestellen 1K 7$_{30}$ (gl. s. Noth Kge. 144), nur hier pl. fem, s. dazu Michel Grundl. heSy 1, 56; — 3. Die Bedtg. von 1 oder von 2 ist möglich bei a) vom Menschen Ps 17$_{5}$ 57$_{7}$ 119$_{133}$ 140$_{5}$ Pr 29$_{5}$, b) von Gott Ps 74$_{3}$; — 4. wohl an 1 schliesst an פַּעַם אַחַת mit e. einzigen Stoss 1S 26$_{8}$; — 5. **Mal** (beim Zählen): a) בַּפַּעַם הַזֹּאת dieses Mal Ex 8$_{28}$ (5 ×); הַפַּעַם einmal, endlich Gn 2$_{23}$; אַךְ הַפַּעַם nur noch diesmal Gn 18$_{32}$ = אַךְ הַפַּעַם הַזֶּה Ri 16$_{28}$, pr. זֶה prop. fem. זֹה (Emerton ZAW 85, 1973, 221f); רַק הַפַּעַם nur noch diesmal Ri 6$_{39}$; עַתָּה הַפַּעַם aber diesmal Gn 29$_{34}$; הַפַּעַם nunmehr Gn 29$_{35}$ (6 ×); פַּעַם . . . פַּעַם bald . . . bald Pr 7$_{12}$; b) פַּעַם אַחַת Jos 6$_{14}$ 1S 26$_{8}$, פַּעַם אֶחָת Jos 6$_{3.11}$ 10$_{42}$ (J. Niehans VT 30, 1980, 236-38), Js 66$_{8}$ einmal; פַּעַם וּשְׁתַּיִם ein-, zweimal Neh 13$_{20}$; זֶה פַּעֲמַיִם nun 2 mal Gn 27$_{36}$ 43$_{10}$; אֶלֶף שָׁנִים פַּעֲמַיִם 2 mal 1000 Jahre Koh 6$_{6}$; פַּעֲמַיִם שָׁלוֹשׁ zwei, drei mal Hi 33$_{29}$; שָׁלֹשׁ פְּעָמִים Ex 23$_{17}$ (14 ×); אַרְבַּע פְּ׳ Neh 6$_{4}$; פְּ׳ חֲמִישִׁית ein 5. Mal Neh 6$_{5}$; שֵׁשׁ פְּ׳ 6 Mal 2K 13$_{19}$, שֶׁבַע פְּ׳ Lv 4$_{6}$ (15 ×), בַּפַּעַם הַשְּׁבִיעִית beim 7. Mal Jos 6$_{16}$, עֶשֶׂר פְּ׳ Hi 19$_{3}$, שָׁלוֹשׁ וּשְׁלֹשִׁים פְּ׳ Ez 41$_{6}$, מֵאָה פְּ׳ 2S 24$_{3}$, אֶלֶף פְּ׳ Dt 1$_{11}$; c) כְּפַעַם בְּפַעַם wie die früheren Male Nu 24$_{1}$ Ri 16$_{20}$ 20$_{30f}$ 1S 3$_{10}$ 20$_{25}$, פְּ׳ רַבּוֹת viele Male Ps 106$_{43}$, עַד־כַּמֶּה פְּ׳ wie manches Mal ? 1K 22$_{16}$; — 6. פַּעַם Js 41$_{7}$ (|| פַּטִּישׁ), trad. Amboss (GB, Zorell, Lex.[1]) :: Volz KAT IX 1932, 14, Westermann ATD 19, 56 und bes. Elliger BK XI 129: kleiner Hammer, Klöppel, so nach T *qurnāsā* „Hammer", פַּעַם in dieser Bedtg. nach der Form d. Fusses, ein fussförmiges Werkzeug, cf. gr. σφυρόν „Knöchel am Fuss, Ferse, Fuss überhaupt" und σφῦρα „Hammer, Schlägel" (Elliger l. c.).

פַּעֲמוֹן: Sam. *fāmmon*; Ableitung fraglich: a) zu פעם mhe. stossen, cf. Zorell; b) zu פַּעַם (Lex.[1]) + ? demin. Endung *-ōn*: vielleicht nach der Form, eig. „Hämmerchen", kaum zu פַּעַם I. = „Schrittchen", vom Geräusch, das beim Schreiten entsteht: pl. פַּעֲמֹנִים, cs. פַּעֲמֹנֵי: Glöckchen am Gewandsaum des Hohenpriesters Ex 28_{33f} 39_{25f} Sir 45_9; Kolari 26ff: Abwehrmittel gegen den Zorn Gottes, urspr. gegen böse Dämonen. †

פַּעְנֵחַ: ↗ צָפְנַת.

פער: mhe., ja.: 1) (den Mund) aufsperren, 2) den Darm entleeren; die Bedtg. von 1 auch sy. *peʿar* u. ar. *faġara*; ug. *pʿr* (*šm*) (UT nr. 2078, Aistl. 2245, CML² 156a) verkünden (einen Namen):

qal: pf. פָּעֲרָה, פָּעַרְתִּי, פָּעֲרוּ: (den Mund) **aufsperren**, c. פֶּה u. בְּפֶה (Hi 16_{10}): — 1. die Unterwelt (שְׁאוֹל) Js 5_{14}; — 2. Menschen: a) verlangend Ps 119_{131} Hi 29_{23}; b) feindlich Hi 16_{10}. † Der. ? n. m. פַּעֲרַי.

פַּעֲרַי: n. m. G Φαραι, ? vb. פער + hypokor. Endung. *-ai*, cf. ug. PN *jpʿr* (Gröndahl 171) u. ph. *pʿr* (PNPhPI 176. 394: hier neben der he. auch eine äg. Ableitung erwogen: *p3-ḫr.j* „der Syrer"): einer der dreissig Helden Davids (Elliger KlSchr. 101f) 2S 23_{35} :: 1C 11_{37}: ↗ נַעֲרַי, was Noth N. 255a fragend bevorzugt. †

פצה: mhe. DSS (KQT 179: 1QH 5, 11 7, 21 c. פה; s. ferner DISO 233); ja. פְּצָא pe.: 1) retten, 2) öffnen, 3) offenstehen, pa. retten, befreien, dasselbe im pa. auch äga ? (DISO l. c.), GnAp XXII 11, sam. (BCh. LOT 2, 659), sy. cp. md. (MdD 376b); ar. *faṣāj* spalten, II befreien:

qal: pf. פָּצְתָה, פָּצִיתָה/תִי, פָּצוּ; impf. יִפְצֶה; imp. פְּצֵה, sf. פְּצֵנִי; pt. פֹּ(ו)צֶה: — 1. פָּצָה פֶה: a) den **Mund aufreissen**, um zu verschlingen, sbj. אֶרֶץ Dt 11_6, אֲדָמָה Gn 4_{11} Nu 16_{30}; b) den Schnabel aufsperren (Vögel) Js 10_{14}; c) den **Mund auftun**, um zu reden Hi 35_{16} (c. הֶבֶל), c. עַל gegen Ps 22_{14} Kl 2_{16} 3_{46}, um zu geloben Ri 11_{35f}; (נְדָרַי) אֲשֶׁר פָּצוּ שְׂפָתָי Ps 66_{14}, um zu essen Ez 2_8; — 2. (aLw. Wagner 231) c. acc. **befreien** Ps $144_{7.10f}$. †

I **פצח**: mhe. sbst. פִּצְחָה Jubel, cf. n. m. אפצח (Dir. 42), ja. pa. hell machen, פְּצִיחָא 1) hellfarbig, 2) heiter, klar, פַּצְחָא u. פְּצִיחָא offener Platz, sy. *peṣaḥ* sich freuen, *peṣīḥā* glänzend, fröhlich, *peṣāḥā* Freude, md. (MdD 376b) *pṣiha* glänzend, klar, heiter; ar. *faṣaḥa* hell, klar sein; akk. *peṣû* (AHw. 857) weiss (hellgrau) sein/werden, adj. weiss, hell(grau):

qal: pf. פָּצְחוּ; impf. יִפְצְחוּ; imp. פִּצְחִי, פִּצְחוּ: **heiter, fröhlich sein**: — 1. Js 52_9 רִנָּה (|| רַנְּנוּ), Ps 98_4 (|| רַנְּנוּ וְזַמֵּרוּ); — 2. c. in heiteren/frohen Jubel ausbrechen Js 14_7 44_{23} 49_{13} 54_1 55_{12}. †

II **פצח**: mhe. nif. wechselt in MSS oft mit פצע, פצח; ar. *faḍaḥa*; äth. *faṣḥa* zertrümmern, zerschlagen; ? nass. *paṣaḫtu* (AHw. 839b):

pi. (Jenni 237): pf. פִּצֵּחוּ zerschlagen (Knochen) Mi 3_3. †

פְּצִירָה: פצר, BL 471r: **Preis** (eig. das Auferlegte) 1S 13_{21} s. Stoebe KAT VIII/1, 255 (Lit.). †

פצל: mhe. pi. ja. sy. pe. spalten (cf. ? äga *pṣl*: DISO 233 auslösen :: BMAP 316b, DAE Nr. 44ⁱ: wieder erlangen), md. pa. (MdD 376b) zuschneiden (Kleider); ar. *faṣala* (ab)trennen, abschneiden (Wehr 639) u. *baṣala* II (Rinde) abschälen; äth. *baṣṣala* (Dillm. 545) zerreisen, zerfleischen:

pi. (Jenni 238): pf. פִּצֵּל; impf. יְפַצֵּל: **entrinden, abschälen** (Ruten) Gn 30_{37f}. † Der. פְּצָלוֹת.

פְּצָלוֹת: פצל (pl. fem. zum sg. *פְּצָלָה od.

*פְּצָלָה); Sam. *fåṣålot*: entrindete Stellen (an Ruten) Gn 30$_{37}$. †

פצם: ja. ausbrechen (Fenster); ar. *faṣama* zertrennen, zerbrechen, zertrümmern:

qal: pf. sf. פְּצַמְתָּהּ: **spalten** (d. Erde) Ps 60$_{4}$. †

פצע: mhe. zerquetschen, spalten, verwunden; ja. zerschlagen, spalten; ug. *pẓǵ* (UT nr. 2040, Aistl. 2255) pt. pl. in *pẓǵm ǵr* (KTU 1. 19 IV 11. 22): die Haut zerstossen, verwunden (Dijkstra-de Moor UF 7, 1975, 210, TOML 454^{p}, CML^{2} 155b); ar. *faṣaʿa* ausquetschen (GB):

qal: pf. sf. פְּצָעוּנִי; inf. פָּצֹעַ; pt. pass. cs. פְּצוּעַ־: **verwunden, verletzen** 1K 20$_{37}$ HL 5$_{7}$ (je. in Vbdg. mit נכה hif.), פְּצוּעַ־דַּכָּא durch Zermalmung zerquetscht (Hoden) Dt 23$_{2}$.

Der. פֶּצַע.

פֶּצַע: פצע, BL 458u; Sam. *fåṣå*; mhe., ja. 1) Wunde, 2) Übel: פֶּצַע, sf. פִּצְעִי, pl. פְּצָעִים, cs. פִּצְעֵי, sf. פְּצָעַי: **Wunde**, ? bes. Quetschwunde (Lex.[1]): Gn 4$_{23}$ Ex 21$_{25}$ Js 1$_{6}$ (|| חַבּוּרָה u. מַכָּה, s. Wildbg. BK X 26), Hi 9$_{17}$ Pr 20$_{30}$ (|| מַכּוֹת), 23$_{29}$ 27$_{6}$. †

פצץ: aram. פעע, mhe. פעפע, ja. פעע u. פעפע zerschmettern; nab. itp. ? geteilt werden (DISO 233) :: Cant. Nab. 2, 137a: wegnehmen, für sich nehmen; sy. *p*ʿʿ pa. fällen, zerstossen; ar. *faḍḍa* aufbrechen, zerbrechen; ↗ נפץ u. פוץ:

po: impf. יְפֹצֵץ **zerschlagen** (Felsen) Jer 23$_{29}$. †

hitpo: impf. וַיִּתְפֹּצְצוּ **zerschlagen werden** (d. ewigen Berge) Hab 3$_{6}$. †

pilp: impf. sf. יְפַצְפְּצֵנִי, G διέτιλεν wörtl. „er hat (mich) gerupft" u. metaph. „er hat (mich) ausgeplündert", V *confregit me.*: zerschmettern :: Horst BK XVI/1, 239. 250: zerstücken, cf. Driver VTSu. 3,1955, 78: „he mauled me": Hi 16$_{12}$. †

[**hif**: cj. pt. מַפֵּץ pr. מֵפִיץ Nah 2$_{2}$, ↗ פוץ hif.]

Der. n. tr. הַפִּצֵּץ, n. l. בֵּית פַּצֵּץ.

פִּצֵּץ: n. tr. mit d. art. הַפִּצֵּץ: n. unerkl. (Noth N. 255a, Rudolph Chr. 162) :: ? urspr. n. m. mit d. vb. פצץ pi.: „er (Gott/Jahwe) hat zerschmettert", nämlich d. Familie d. Benannten. Zum Hintergrund eines solchen PN cf. Stamm 291: 1C 24$_{15}$. †

פַּצֵּץ: ↗ בֵּית־פַּצֵּץ: ↗ בַּיִת B Nr. 42.

פצר: Nf. zu II פרץ (GB, Lex.[1]), letzteres ↗ פרע u. ar. *faraḍa* beschliessen, auferlegen, zur Pflicht machen:

qal: impf. וַיִּפְצְרוּ, וַיִּפְצַר: c. בְּ **in jmdn dringen, nötigen**: Gn 19$_{3.9}$ 33$_{11}$ Ri 19$_{7}$ 2K 2$_{17}$ 5$_{16}$; cj. Am 6$_{10}$ pr. וּמְסָרְפוֹ prop. c. G καὶ παραβιῶνται וּפָצְרוּ (Wolff BK XIV/2, 325) ↗ II פרץ. †

hif: inf. הַפְצַר (GK § 29q, BL 333h): 1S 15$_{23}$, Bedtg. unsicher, || מֶרִי u. danach trad. Widerspenstigkeit (GB, Zorell, Lex.[1] u. bes. Stoebe KAT VIII/1, 291 mit Lit.) :: Hertzberg ATD 10^{2} 97. 102: das Nötigenlassen (gegen eine Art passiven Widerstandes); cj.: a) חֵפֶץ רַע böses Gelüsten (u. a. Klostermann, Budde); b) inf. nif. הִפָּצֵר sich drängen lassen (Weiser ZAW 54, 1936, 12 = Glaube und Geschichte im Alten Testament, 1961, 212). †

Der. פְּצִירָה.

פַּק: I פוק: cs. פַּק: **Wanken** Nah 2$_{11}$. †

פקד: mhe. qal verordnen, aufsuchen, mustern, vermissen, beiwohnen; nif. pass., pi. befehlen, hif. in Verwahrung geben, verwahren, hitp. beauftragt werden, heimgesucht werden; DSS (KQT 179); ihe. ostr. T.-Arad בקד = פקד (Aharoni BASOR 197, 1970, 16-28, Z. 3-4, cf. H. P. Müller ZA 64, 1974, 304); ja. pe. aufbewahren, pa. anordnen, befehlen, af. anordnen, in Verwahrung geben; itpe. aufbewahrt werden, itpa. angeordnet werden; sam. (BCh. LOT 2, 659); ug. *pqd* (UT nr. 2090, Aistl. 2257, CML^{2} 156a) befehlen; ph. beauftragen (Friedr.^{2} § 131)

:: DISO 233: überwachen, pass. *jufal* beauftragt werden (Friedr.[2] § 148, DISO 233); Ram. äga. pe. befehlen (DISO 233), hof. deponiert, in Verwahrung gegeben sein (cf. AP 20, 7, DISO 233); nab. sbst. → פִּקְדוֹן; sy. pe. suchen, vermissen, mustern (Soldaten), besuchen, sich kümmern um, befehlen, pa. besuchen, befehlen; cp. pe. prüfen, besuchen, vorschreiben; md. (MdD 376f) pe. anvertrauen, pa. befehlen, betrauen mit; akk. *paqādu* (AHw. 824ff) I übergeben, anvertrauen, II versorgen, betreuen, mustern, überprüfen, in e. Amt einsetzen, beauftragen; ar. *faqada* nicht finden, verlieren, verloren haben, vermissen, V u. VIII suchen, prüfen, inspizieren, besichtigen, besuchen; äth. (Dillm. 1360f) besuchen, suchen, untersuchen; tigr. (Wb. 663f) gedenken, sich erinnern, (mit einer Gabe) bedenken: Lit. Scharbert Biblica 38, 1957, 139ff; ders. BZ, NF 4, 1960, 209-26 = Wege der Forschung, Bd. 125, Darmstadt 1972, 278-299; H. Fürst Die göttliche Heimsuchung, 1965, cf. auch H. Witzenrath Das Buch Ruth, Eine literaturwissenschaftliche Untersuchung, München 1975, 139ff; THAT II 466-86; G. André, Determining the Destiny, PQD in the Old Testament, Lund, 1980 (Conjectanea Biblica, Old Testament Series, 16); die Grdb. von פָּקַד ist umstritten, die entspr. Vorschläge in THAT II 467f (mit Lit.). Diese gehen (mit Variationen) vor allem in drei Richtungen: 1) vermissen, sich kümmern um (Lex.[1], ähnl. Gese Vom Sinai zum Zion, 1974, 89[34]; auch Gray Kings[3] 560 u. Soggin VT 21, 1971, 570); 2) aufmerksam, bzw. prüfend nach jmdm/etw. sehen (THAT II 470, cf. Zorell 662b, Speiser BASOR 149, 1958, 21 = OrBiSt 178 u. in etwas spez. Sinn Scharbert Biblica 38, 1957, 139f, bzw. BZ NF 4, 1960, 222 = Wege d. Forschung Bd. 125, 295); 3) suchen, aufsuchen, besuchen (GB 654a, Fahlgren *Ṣ^edāqā*, nahestehende und entgegengesetzte Begriffe im AT, Uppsala 1932, 66, cf. AHw. 824b); die Entscheidung zw. 2 und 3 scheint schwierig, während 1 eine aus 2 entstandene Sonderbedtg. sein dürfte; zur Wiedergabe des Verbs in G, s. Gehman VT 22, 1972, 197-207:

qal (234 ×): pf. פָּקַד, פָּקַדְתָּ, וּפָקַדְתִּי (Ps. 89_{33}, Sec. ουφαδθι Brönno 21), פָּֽקְדוּ, פְּקַדְתִּיו, פְּקַדְתִּיךָ, sf. פְּקַדְנוּ, פְּקַדְתֶּם, פָּקֲדוּ, תִּפְקֹד, יִפְקֹ(וֹ)ד, impf. פְּקָדוּךָ; פְּקַדְתִּים, יִפְקְדוּ, וַיִּפְקְדוּ, אֶפְקָד־, אֶפְקֹ(וֹ)ד, וַתִּפְקְדִי, תִּפְקְדוּ, sf. תִּפְקְדֵם/דֶנּוּ, יִפְקְדֵנִי/דֵם; imp. פְּקֹד, פִּקְדוּ, sf. פָּקְדֵנִי; inf. פְּקֹד, פָּקֹד, sf. פָּקְדִי; pt. פֹּ(וֹ)קֵד, pass. פְּקֻדִים (Sam. *fēqīdəm*), cs. פְּקוּדֵי, פְּקֻדֵי (2K 11_{15}, l ? פְּקֻדֵי) sf. פְּקֻדֵיכֶם/הֶם, פְּקֻדָיו: — 1. **prüfend sehen nach**: a) aufsuchen Ri 15_1 (mit בְּ der Gabe), 1S 17_{18} (c. לְשָׁלוֹם); mit יהוה als obj. Js 26_{16} (pr. פְּקָדוּךָ l פְּקַדְנוּךָ, Wildbg. BK X 985); b) Nachschau halten, schauen nach 1S 14_{17} 2K 9_{34} Ps 17_3 (od. → 5b), Hi 5_{24} (נָוְךָ auf deine Flur), 7_{18} (|| בָּחַן oder zu → 5 b), 31_{14}; c) vermissen (cf. ar.) 1S 20_6 25_{15} Js 34_{16} Jr 3_{16}; d) sich sehnen nach Ez 23_{21}; e) sich kümmern um Js 23_{17} Jr 23_2 Zch 11_{16} Ps 8_5; cf. akk. *paqādu* versorgen, betreuen (AHw. 825b II 3); — 2. **schauen auf, sich jmdes annehmen** (von Gott, THAT II 476): der Kinderlosen Gn 21_1 1S 2_{21}, der ihres Beschützers Beraubten Gn 50_{24f} (cf. ARM V Nr. 38, 15: *pāqidu* der sich eines vaterlosen Kindes annimmt), des Volkes Ex 3_{16} 4_{31} 13_{19} Zch 10_{3b} Ps 80_{15} 106_4 (pr. פָּקְדֵנִי l ? c. G פָּקְדֵנוּ), Rt 1_6, des Landes Ps 65_{10}, der Verbannten Jr 29_{10} Zef 2_7, eines Einzelnen Jr 15_{15} (Jeremia), 32_5 (Zedekia), der Tempelgeräte 27_{22}; — 3. **ausheben, mustern** (THAT II 472, cf. akk.

AHw. 825b II 4) Nu 1$_{3.19}$ 3$_{10.15f.39.40.42}$ etc. Dt 20$_{9}$ Jos 8$_{10}$ 1S 11$_{8}$ 13$_{15}$ 15$_{4}$ etc.; פְּקֻדִים (Sam. *fēqādəm*) die Gemusterten Ex 30$_{13f}$ 38$_{25f}$ u. häufig in Nu 1-4 u. 26; — 4. a) **anweisen**, **(an)befehlen**, **vorschreiben**, cf. ug. (THAT II 473) Nu 4$_{27.49}$ Zef 3$_{7}$ Hi 34$_{13}$ 36$_{23}$ Esr 1$_{2}$/2C 36$_{23}$; b) (in militär. Sinn) aufbieten Jr 15$_{3}$ 51$_{27}$; c) mit e. Amt betrauen, bestellen zu ↗ hif. Nu 3$_{10}$ (zum Priestertum); פָּ׳ בְּרֹאשׁ הָעָם an die Spitze des Heerbannes stellen Dt 20$_{9}$, פָּ׳ אִתָּם ihnen (als Diener) beigeben Gn 40$_{4}$; פָּ׳ עַל־עֲבֹדָה mit e. Arbeit betrauen Nu 4$_{49}$ (pr. פָּקַד prop. פֻּקְדוּ s. Noth ATD 7, 30); פָּ׳ בְּשֵׁמוֹת namentlich beauftragen Nu 4$_{32}$ (THAT II 474, Lex.[1]: namentlich nennen); d) פָּ׳ עַל setzen über Nu 27$_{16}$ Jr 13$_{21}$, c. אֶל Jr 49$_{19}$/50$_{44}$ (txt. corrupt., s. Rudolph Jer.[3] 288); — 5. **zur Verantwortung ziehen**, **heimsuchen** (THAT II 477f): a) abs. Ex 32$_{34}$ (יוֹם פָּקְדִי cf. Sam. *fēqūdi*), Js 26$_{14}$ Hi 31$_{14}$ 35$_{15}$ (pr. אַיִן פָּקַד אַפּוֹ prop. אֵין אַפּוֹ פֹּקֵד, u. a. Fohrer KAT XVI 472); b) α) c. acc. pers. Jr 6$_{15}$ 49$_{8}$ 50$_{31}$ Ps 17$_{3}$ (↗ 1 b), 59$_{6}$ Hi 7$_{18}$ (↗ 1 b); β) c. בְּ pers. Jr 9$_{8}$; γ) c. עַל pers. Js 24$_{21}$ 27$_{1}$ Jr 9$_{24}$ 11$_{22}$ 21$_{14}$ 23$_{34}$ 27$_{8}$ 29$_{32}$ 30$_{20}$ 44$_{13.29}$ 46$_{25}$ 51$_{44}$ Hos 4$_{14}$ Zef 1$_{8f.12}$ Zch 10$_{3a}$; δ) c. אֶל (= עַל HeSy § 108c) Jr 46$_{25}$ 50$_{18}$; ε) c. עַל pers. u. בְּ des Strafmittels (חֶרֶב, רָעָב, דֶּבֶר) Jr 27$_{8}$ 44$_{13}$, (שֵׁבֶט u. נְגָעִים) Ps 89$_{33}$; c) c. עַל pers. u. acc. rei: α) עָוֹן (Seybold FRLANT 107, 1972, 121) Ex 20$_{5}$ 34$_{7}$ Lv 18$_{25}$ Nu 14$_{18}$ Dt 5$_{9}$ Js 13$_{11}$ (|| cj. רָעָתָהּ), Js 26$_{21}$ Jr 25$_{12}$ 36$_{31}$ Am 3$_{2}$ Ps 89$_{33}$; חַטָּאת Ex 32$_{34}$, פֶּשַׁע Ps 89$_{33}$, פְּשָׁעִים Am 3$_{14}$; β) רֹעַ מַעַלְלֵיכֶם Jr 23$_{2}$, cf. 21$_{14}$, דָּמִים Hos 1$_{4}$, דְּרָכִים 4$_{9}$, cf. 12$_{3}$, יְמֵי הַבְּעָלִים 2$_{15}$; profaner u. vielleicht volkstümlicher Sprachgebrauch: פָּ׳ עֲוֺן הָאִשָּׁה wörtlich du ahndest die Verschuldung gegenüber der Frau 2S 3$_{8}$ ↗ עָוֹן 2, oft freier übers. u. a. du machst mir Vorwürfe wegen eines Weibes (ZüBi); du aber rechnest mir Weibersache(n) vor (Caspari KAT VII 1926, 431); du machst mir eine Szene wegen einer Weiberschuld (Hertzberg ATD 10[2] 208); d) α) c. acc. rei אֵת אֲשֶׁר: 1S 15$_{2}$, עָוֹן Kl 4$_{22}$, חַטֹּאת Jr 14$_{10}$ Hos 8$_{13}$; β) c. עַל rei: פְּסִילֵי בָבֶל Jr 51$_{47}$, bzw. פְּסִילֶיהָ 51$_{52}$; — 6. Einzelnes: a) פָּ׳ בַּבַּיִת im Haus versorgen, hinterlegen 2K 5$_{24}$ ↗ hif, cf. akk. *paqādu(m) ana* „(zur Verwahrung, zum Transport o.ä.) übergeben, anvertrauen" (AHw. 824b-825a, THAT II 474); b) פְּקוּדֵי הַמִּשְׁכָּן Ex 38$_{21}$ Bedtg. umstritten s. THAT II 473 (mit Lit.): gewöhnlich Kostenberechnung der Wohnung (u. a. Lex.[1]) :: Koch FRLANT 71, 1959, 41[3]: פָּקוּד* das, was scharf nachgeprüft, geordnet und bereitgestellt wird, :: Fürst l. c. 31[2]: פְּקֻדִים Aufnahme, Beschreibung; — cj. Js 27$_{3}$ pr. יִפְקֹד prop. c. V (cf. G) יִפָּקֵד (Wildbg. BK X 1007);

nif. (21 ×): pf. נִפְקַד, נִפְקַדְתָּ; impf. יִפָּקֵד/קֶד, תִּפָּקֵד, וַיִּפָּקְדוּ, יִפָּקְדוּ; inf. הִפָּקֵד: — 1. **vermisst werden**, **fehlen** (↗ qal 1 c) Nu 31$_{49}$ Ri 21$_{3}$ 1S 20$_{18}$, cj. $_{19}$ pr. תֵּרֵד prop. (cf. G) תִּפָּקֵד (:: Stoebe KAT VIII/1, 376: MT), 2S 2$_{30}$ 1K 20$_{39}$ Jr 23$_{4}$; leer bleiben: מוֹשָׁב 1S 20$_{18}$, מָקוֹם 1S 20$_{25.27}$, c. לְ jmdm fehlen, abgehen 1S 25$_{7.21}$; — 2. (↗ qal 4 b) **aufgeboten werden** Ez 38$_{8}$; — 3. (↗ qal 4 c) **in ein Amt eingesetzt werden**, bestellt werden zu Neh 7$_{1}$ 12$_{44}$; — 4. a) **zur Verantwortung gezogen**, **heimgesucht werden** Js 24$_{22}$ 29$_{6}$ (s. Wildbg. BK X 1099), zur Erkl. s. THAT II 480; b) verhängt werden über עַל (c. פְּקֻדַּת־) Nu 16$_{29}$; betroffen werden von (רָע) Pr 19$_{23}$; cj. Js 27$_{3}$ יִפָּקֵד (↗ qal 6 b) c. עַל Schaden leiden (THAT II 484, Wildbg. BK X 1007. 1010). †

pi. (Jenni 228f): pt. מְפַקֵּד: (↗ qal 3) **mustern** Js 13$_{4}$. †

pu: pf. פֻּקַּד, פֻּקַּדְתִּי: — 1. (↗ qal 3) **aufgeboten werden** (בְּשַׁעֲרֵי שְׁאוֹל) Js 38$_{10}$;

— 2. **festgestellt werden** (Lex.[1], cf. Noth ATD 5, 224 :: GB: gemustert werden) Ex 38$_{21}$, Sam. *fēqəd* qal pass. (F qal 6 b).†

hif. (29 ×): pf. הִפְקִיד, הִפְקַדְתִּי, הִפְקִדוּ (Jr 36$_{20}$), sf. הִפְקַדְתִּיךָ, הִפְקִדוֹ; impf. וַיַּפְקֵד, יַפְקִיד, וַיַּפְקֵד, אַפְקִיד, וַיַּפְקִדוּ, sf. הַפְקִידוּ, וַיַּפְקִידֵם, וַיַּפְקִדֵהוּ; imp. הַפְקֵד: — 1. (F qal 4 c): a) **bestellen, einsetzen über**, cf. akk. *paqādu(m) ana* (AHw. 826a) in ein Amt einsetzen; c. acc. pers. ohne praep. 2K 25$_{23}$, c. 2 acc. Jr 41$_{10}$, c. acc. u. עַל Gn 39$_{4.5}$ 41$_{34}$ Nu 1$_{50}$ Jos 10$_{18}$ 2K 7$_{17}$ 25$_{22f}$ Js 62$_{6}$ Jr 1$_{10}$ 40$_{11}$ Ps 109$_{6}$ (obj. רָשָׁע od. cj. רֶשַׁע, s. Kraus BK XV[5] 919. 922), 1C 26$_{32}$; c. acc. pers. u. בְּ rei Gn 39$_{5}$ Jr 40$_{5.7}$ 41$_{2.18}$ Est 2$_{3}$; b) c. acc. u. לְ jmdn mit etwas betrauen 1K 11$_{28}$; — 2. a) (F qal 6 a) c. acc. u. עַל־יַד **jmdm etwas übergeben**, bzw. bei jmdm etw. deponieren 1K 14$_{27}$/2C 12$_{10}$, T.-Arad 24, 14f (cf. Pardee UF 10, 1978, 319. 321; b) in Verwahrung geben (ein Schriftstück) Jr 36$_{20}$, (Jeremia als Gefangenen im Wachthof) Jr 37$_{21}$; c) anvertrauen (den Tross, כֵּלִים) Js 10$_{28}$ od. zu 3, s. THAT II 473; (בְּיָדְךָ רוּחִי) Ps 31$_{6}$ Lk 23$_{46}$, cf. akk. *paqādu ana/ina qāti* (AHw. 825a Nr. 4); — 3. (F qal 4 a): a) beordern c. acc. pers. jmdn (an einen Ort) 1S 29$_{4}$ (cf. Stoebe KAT VIII/1, 497: einweisen), c. לְ loci Js 10$_{28}$ od. zu 2 c; b) c. עַל beordern, verhängen über (בֶּהָלָה) Lv 26$_{16}$.†

hof: pf. הָפְקַד; pt. מֻפְקָדִים: — 1. (F hif. 1 a) **bestellt, betraut werden** 2K 12$_{12}$ (Q הַמֻּפְקָדִים, K הַפְּקֻדִים), 22$_{5.9}$ 1C 34$_{10.12.17}$; — 2. (F hif. 2 a, b) **hinterlegt, in Verwahr gegeben werden** (פִּקָּדוֹן) Lv 5$_{23}$, Sir 42$_{7}$; Jr 6$_{6}$ txt. inc. s. THAT II 473, MT: הִיא הָעִיר הָפְקַד Rudolph Jer.[3] 42: dies ist die Stadt, von der feststeht; TOB 909c l הַפְּקֻדָּה, das ist die Stadt, welche ausgeliefert ist; al. cj. c. G הוֹי עִיר הַשֶּׁקֶר (BHS); Lex.[1] cj. הַפֶּקֶר.†

hitpāel (qal mit praefigiertem *t* in pass. Bedeutung s. Yalon ZAW 50, 1932, 217; Blau VT 7, 1957, 386; R. Meyer Gr. § 72, 1a, cf. BL 281f, Bgstr 2, § 18i; Sam. *itfåqådu* z.B. Nu 1$_{47}$): pf. הִתְפָּקְדוּ; impf. וַיִּתְפָּקְדוּ, וַיִּתְפָּקֵד: **gemustert, ausgezählt werden** Ri 20$_{15.17}$ 21$_{9}$, cj. Nu 4$_{49}$ pr. וּפְקֻדָיו prop. וַיִּתְפָּקְדוּ.†

hotpāel: pf. הָתְפָּקְדוּ: **gemustert**, ausgezählt **werden** Nu 1$_{47}$ 2$_{33}$ 26$_{62}$ 1K 20$_{27}$.†

Der. פָּקִיד, פִּקּוּדִים*, פְּקֻדָּה, פִּקָּדוֹן, פְּקִדֻת, מִפְקָד.

פְּקֻדָּה, BL 467r: Sam. cstr. *fēqiddåt*, c. sf. *(w)fēqiddåtimma* Nu 4$_{27}$; mhe. Aufbewahrung, DSS (KQT 179f), cf. akk. *piqittu* (AHw. 865) Übergabe, Belieferung; Musterung, Überprüfung, Inspektion; Beauftragung; Verwaltungs-, Betreuungsbereich; THAT II 468 mit Lit, ferner Mettinger JSS 16, 1971, 4ff; Welten WMANT 42, 1973, 83. 88: cs. פְּקֻדַּת, פְּקֻדָּתוֹ/תָם, פְּקֻדָּתְךָ/תֵךְ, pl. פְּקֻדּ(וֹ)ת (32 ×): — 1. a) **Betrauung, Dienst, Amt** Nu 3$_{36}$ 4$_{16}$ Ps 109$_{8}$; Dienstleistung 1C 24$_{3.19}$ (pr. sg. פְּקֻדָּתָם prop. pl. ־דֹּתָם, s. Rudolph Chr. 160. 162), dann zu c.; b) Amtsordnung 2C 17$_{14}$ (Welten l. c. 82. 83); c) Dienstabteilung (d. Priester) 1C 23$_{11}$ 24$_{19}$ (pr. sg. prop. pl. cf. 24$_{3.19}$); d. Heeres 2C 26$_{11}$; — 2. a) **Wache, Wachtposten** 2K 11$_{18}$ Ez 44$_{11}$, metaph. Js 60$_{17}$; b) בֵּית הַפְּקֻדֹּת Haus des Gewahrsams, Gefängnis Jr 52$_{11}$; — 3. a) **Aufsicht, Fürsorge** (v. Gott) Hi 10$_{12}$; b) Aufsichtsbehörde Nu 3$_{32}$ (Baentsch GHK I/2, 1903, 460, cf. GB), 2C 23$_{18}$ 24$_{11}$ (:: Rudolph Chr. 274: Untersuchung): — 4. **Verwaltung** (über d. westjordan. Israel, s. Rudolph Chr. 176) 1C 26$_{30}$; — 5. **Ahndung, Heimsuchung** Js 10$_{3}$ Jr 8$_{12}$ 10$_{15}$ 11$_{23}$ 23$_{12}$ 46$_{21}$ 48$_{44}$ 50$_{27}$ 51$_{18}$ Hos 9$_{7}$ Mi 7$_{4}$, pl. Ez 9$_{1}$ (Zimmerli 196: Vielzahl der Gerichte); — 6. פְּקֻדַּת כָּל־הָאָדָם Nu 16$_{29}$ Bedtg. unsicher: a) Heimsuchung (GB); b) Schicksal (Lex.[1]); c) פְּ׳ im Sinne eines inf. verbal aufgefasst, (Barth Nb. § 95a, Mettinger JSS 16, 1971, 5): was alle Menschen trifft (ZüBi), was über alle Menschen verhängt wird (Noth ATD 7, 106), cf. TOB ↗ פקד nif. 4 b; — 7. das Aufbewahrte Js 15₇ (|| יִתְרָה). †

פִּקָּדוֹן: (BL 498c, d; R. Meyer Gr. § 41, 1 a): Sam. *fiqdon*, mhe., ja. פִּקְדוֹנָא aufbewahrtes Gut, Depositum; äga. פק[דון] (AP 20, 7, cf. DISO 234) Depositum; nab. *pqdwn* Bedtg. unsicher: Verantwortung od. Befehl (DISO 234, THAT II 470); sam. פקדונה (BCh. LOT 2, 560); cf. akk. *puquddû* (AHw. 880a, ARM IX S. 257) förmliche Übergabe, anvertrautes Gut (THAT II 469f): — 1. **hinterlegtes Gut** Lv 5₂₁.₂₃; — 2. **Vorrat** Gn 41₃₆. †

פְּקִדֻת: (BL 505 o, R. Meyer Gr. § 56, 2a), cf. akk. *piqittūtu* (AHw. 865b) Beauftragtenstellung: (THAT II 470): **Aufsicht**, nur in d. Verbdg. בַּעַל פְּקִדֻת Wachthabender Jr 37₁₃, cf. akk. *bēl piqitti* u. *bēl piqittūti* Beauftragter, Beamter (AHw. 120. 865b, Klauber 39f). †

פְּקוֹד: n. tr., ass. u. nb. *puqūdu* (Parpola AOAT 6, 1970, 280f): aram. Stamm im östl. Babylonien Jr 50₂₁ Ez 23₂₃ (GTT § 1397-8; Rudolph Jer.[3] 303; Zimmerli Ez. 548). †

***פִּקּוּדִים**, BL 480u, v; mhe. פִּקּוּד: 1) Beauftragung, 2) pl. Musterung, DSS (KQT 180: פקודי ישרים Vorschriften der Redlichen); ja. sam. (BCh. LOT 2, 571); 24 ×, nur in späteren Ps; THAT II 470: cs. פִּקּוּדֵי, sf. פִּקֻּדָיו, פִּקּוּדָיו, פִּקֻּדֶיךָ, פִּקּוּדֶיךָ: **Ordnungen, Anweisungen** Ps 19₉ 103₁₈ 111₇ 119 (21 ×) s. Deissler Psalm 119 (118) und seine Theologie, 1955, 79f; cj. 119₁₂₈ pr. כָּל־פִּקּוּדֵי כֹל prop. לְכָל־פִּקּוּדֶיךָ (BHS) :: TOB: MT daher finde ich in allem deine Vorschriften gerecht. †

פקח: mhe. qal öffnen, pi. id. u. aufgraben; ihe. Lkš 3, 4 הפקח, Zushg. unklar (DISO 234, KAI II S. 191. 192, TSSI 1, 38. 39); aam. „öffnet euere Augen, zu schauen..." (Sefire, KAI 222 A 13); ja. פְּקַח pe. öffnen, sehend machen; pa. offen legen, aufgraben; verständig machen; sy. blühen, sbst. *paqḥā* Blume; ar. *faqaḥa* die Augen aufmachen, aufblühen; asa. *pqḥ* (Conti 219b) öffnen:

qal: pf. פָּקַח, פָּקַחְתָּ; impf. וַיִּפְקַח, אֶפְקַח; imp. פְּקַח, פִּקְחָה (K Da 9₁₈, Q פְּקַח); inf. פָּקוֹחַ, cs. פְּקֹחַ; pt. פֹּקֵחַ, pass. pl. f. פְּקֻחוֹת (21 ×): — 1. c. עֵינַיִם **die Augen auftun** (cf. Sfire): a) zu einem Sehen, das die normalen Fähigkeiten des Menschen übersteigt, (s. de Fraine Fschr. A. Robert 57f): Gn 21₁₉ 2K 4₃₅ 6₁₇.₂₀; von Gott 2K 19₁₆/Js 37₁₇ Jr 32₁₉ Ps 146₈ (↗ b β), Zch 12₄ Hi 14₃ Da 9₁₈; b) zu einem gewöhnlichen Sehen α) im Gegensatz zu Schlaf Hi 27₁₉ Pr 20₁₃, zu Tod 2K 19₁₆; β) das Öffnen der Augen e. Blinden Js 42₇, m. acc. d. pers., ohne עֵינַיִם Ps 146₈; — 2. c. אָזְנַיִם **die Ohren öffnen** Js 42₂₀. †

nif: pf. נִפְקְחוּ; impf. תִּפָּקַחְנָה: c. עֵינַיִם **geöffnet, aufgetan werden**: a) pass. zu qal 1 a: Gn 3₅.₇ (Westermann BK I/1, 327, Clines VT 24, 1974, 11); b) pass. zu qal 1 b β: Js 35₅. †

Der. פֶּקַח, פְּקַחְיָה, פְּקַח־קוֹחַ, פִּקֵּחַ; n. m. פְּקַחְיָה.

פֶּקַח: n. m. „Öffnung": פקח, G Φακεε, Josph. Φακέας (NFJ 121); Wortname zum Satznamen פְּקַחְיָה cf. שֶׁמַע: שְׁמַעְיָה(וּ), שֶׁמֶר: שְׁמַרְיָה(וּ) (Noth N. 38); akkad. Parallelen s. Stamm 257f; Sinn des PN entweder nach פקח qal 1 (Noth N. 186[3]) oder vom Öffnen d. Mutterleibes, ↗ פְּתַחְיָה; ihe. פקח auf e. Krug aus Hazor V (Yadin Hazor II 1960, 73ff, s. Gray Kings[3] 625); s. auch Dir. 353, Vattioni sig. Nr. 4; keilschr. *Pa-qa-ḫa* (APN 180a): König von Israel (734/3-733/2) 2K 15_{25-37} $16_{1.5}$ Js 7_1 2C 28_6. †

פִּקֵּחַ: פקח (Barth Nb. § 16, BL 477b); Sam. *fēqi*, pl. *fēqā'əm*: pl. פִּקְחִים: **sehend** (:: עִוֵּר) Ex 4_{11} 23_8. †

פְּקַחְיָה: n. m.: פקח: „Jahwe hat geöffnet", G Φακεια(ς), Φακεσιας, Josph. Φακέας (NFJ 121); Sinn des PN: entweder das (fürsorgliche) Öffnen von Jahwes Augen (s. Noth N. 186) oder vom Öffnen des Mutterleibes, cf. פֶּקַח; ihe. (sgl.) Noth N. 255b, Dir. 353, Vattioni sig. Nr. 4: König von Israel (736/5-735/4) 2K $15_{22f.26}$. †

פְּקַח־קוֹחַ: פקח, künstliche Schreibung f. פְּקַחְקוֹחַ (Barth Nb. § 147 α, BL 483 o :: ? dittgr. für פְּקוֹחַ s. GB u. BL l. c.): Öffnung d. i. **Freilassung** (der Gefangenen אֲסוּרִים) Js 61_1, cf. Zimmerli GesAufs. II 223-25. †

פָּקִיד: פקד, BL 470n; Sam. pl. *fēqīdəm*; mhe. Beamter, Fürst; DSS 1Q S VI 14 (KQT 180): Aufseher, cf. Priest JBL 81, 1962, 60; aam. *pqdj* pl. c. sf. 1. pers. „meine Offiziere" (KAI Nr. 224, 4. 10. 13, cf. Degen Altaram. Gr. S. 58), äga. *pqjd* Beamter, Offizier (DISO 234); akk. *paqdu(m)* (AHw. 827a) Beauftragter, Verwalter: (THAT II 469): cs. פְּקִיד, pl. פְּקִ(י)דִים: eig. ein adj. (cf. BL 470n), das als sbst. bedeutet: der Eingesetzte, Betraute. Seine Aufgaben sind verschieden, u. nach diesen richtet sich die Übersetzung: — 1. kultisch: a) **Aufseher** (im Tempel) Jr 20_1 29_{26} 2C 31_{13}; b) **Vorsteher** (über Priester, Leviten, Sänger) Neh $11_{14.22}$ 12_{42}; c) **Beauftragter** (des Hohenpriesters) 2C 24_{11}; — 2. zivil: a) **Verwalter**, Bevollmächtigter Gn 41_{34} Est 2_3; b) **Stadtvogt** Ri 9_{28}; c) **Vorsteher** (eines Geschlechtes im nachexil. Jerusalem) Neh 11_9; — 3. militärisch: פָּקִיד עַל eingesetzt über (die Kriegsleute) 2K 25_{19}/Jr 52_{25}. †

***פקע** (wurzelverwandt mit *F* בקע): mhe. platzen, zerspringen Sir 46_{17} sbst. פקע Gedröhn (vom Donner, s. Smend); ja. sich spalten, platzen; sam. (BCh. LOT 2, 584); cp. gespalten sein (Schulthess Lex. 161b); sy. spalten; md. (MdD 376b) auseinander brechen; ar. *faqaʿa* bersten, platzen (Wehr 646a), *faqa'a* V idem (Wehr 644b); südar. zerschlagen (GB). Der. פַּקֻּעַת, פְּקָעִים.

פְּקָעִים: פקע, *F* פַּקֻּעַת: koloquintenförmige Zierat: a) aus Holz im Tempel 1K 6_{18} (gl. s. Noth Kge 120; Würthwein ATD 11/1, 60); b) aus Metall am ehernen Meer 7_{24} :: 2C 4_3 בְּקָרִים u. הַבָּקָר (s. Willi FRLANT 106, 1972, 139). †

פַּקֻּעַת: פקע: der Zushg. mit d. vb. ist unklar, Möglichkeiten: a) nach den Wirkungen, welche die Frucht beim Essenden hat; b) die platzende Frucht (Lex.[1], GB); c) nach der Farbe, cf. ar. *fāqiʿ* leuchtend gelb (Wehr 646a) s. AuS 1, 343; mhe. ja. sy. פַּקּוּעָה/א; ar. *fuqaʿ*, *fuqqāʿ*: **Koloquinte** (Löw 1, 357ff, AuS l. c.) 2K 4_{39}. †

פַּר: Sam. *får*. pl. *farrəm*, fem. *farra*; mhe. zwei- bis fünfjähriger junger Stier; פָּרָה Kuh, gleichen Alters (Dalm. Wb. 345a. 346a); DSS (KQT 180); ihe. (DISO 235 = RB 60, 1953, 270 Z. 3); ja. פָּרְתָא junge Kuh; sam. פר, pl. פרים/ן, fem. pl. פרואן (BCh. LOT 2, 561); sy. md. (MdD 362b) *pārā/parrā*, f. *partā/parrᵉtā* Lamm; akk. *parru* (AHw. 834b) Lamm, Jungschaf; *parratu* (AHw. l. c.) weibliches Lamm; ar. *furār* das Junge von Schaf, Ziege, Wildkuh (Lane 2356b), *farīr* das Junge eines wilden Tieres, e. Gazelle und v. Bovinen (Lane 2356b); ug. *pr*, *prt* Stier, junge Kuh (UT nr. 2122. 2125), junges Rind, junge Kuh (Aistl. 2260); Stier, Kuh (RSP I S. 439 Nr. 100): פַּר u. immer בְּפַר, הַפָּר etc. (BL 263m), pl. פָּרִים, sf. פָּרֶיהָ (132 ×); Elliger Lev. 69, Péter VT 25, 1975, 486-92: trad. Jungstier (GB, Lex.[1], Zorell) :: Péter l. c.:

Stier: — 1. a) Das kann e. junges Tier sein cj. 1S 1_{24} pr. בְּפָרִים שְׁלֹשָׁה prop. c. G, cf. 4Q Samuel בַּפַּר מְשֻׁלָּשׁ (Stoebe KAT VIII/1, 99) u. vielleicht auch Gn 32_{16}; b) פַּר שֶׁבַע שָׁנִים ein erwachsenes Tier Ri 6_{25} (dl הַשֵּׁנִי s. BHS u. Ludw. Schmidt WMANT 38, 1970, 6: ebenso in vs. 26); so auch beim metaph. Gebrauch: פָּרִים: persönliche Feinde Ps 22_{13}, menschl. Gewalthaber Js 34_{7} Jr 50_{27} Ez 39_{18} ℱ 2; c) פַּר בֶּן־בָּקָר Ex 29_{1} (und 27 × in Lv, Nu, Ez) u. der pl. פָּרִים בְּנֵי־בָקָר Nu $28_{11.19.27}$ $29_{13.17}$ geht nicht auf das Alter, sondern auf die Gattung der Tiere; nach Péter l. c. 492 lebt im beigefügten בֶּן־/בְּנֵי־בָקָר die Errinerung an eine frühe Zeit, da פַּר einfach ein männliches Tier von beliebiger Gattung bezeichnete, cf. dazu die Bedtg. des sbst. im sy. u. md., auch ar.; d) nach dem Ausdruck von c) ist wohl auch das seltene פַּר־הַשּׁוֹר Ri 6_{25} zu verstehen, s. Péter l. c. 490; cj. 28 pr. הַפָּר הַשֵּׁנִי prop. פַּר הַשּׁוֹר (Ludw. Schmidt l. c. 6); — 2. פַּר als Opfertier, so weit überwiegend im AT (Ausnahmen nur Gn 32_{16} Ps 22_{13}; bei Js 34_{7} Jr 50_{27} Ez 39_{18} steht der metaph. Gebrauch im Zushg. mit d. Opferpraxis): a) ausserhalb der Kultgesetze Ex 24_{5} Nu 23_{1-30} Ri $6_{25f.28}$ ℱ 1 b, d; 1S 1_{24f} ℱ 1 a; 1K 18_{23ff} Js 1_{11} Ps 50_{9} 51_{21} 69_{32} (פַּר מַקְרִן מַפְרִיס: ein Stier mit Hörnern und Klauen), Hi 42_{8} Esr 8_{35} 1C 15_{26} 29_{21} 2C 13_{9} 29_{21} 30_{24}; b) in den Kultgesetzen (bei versch. Opfern u. Gelegenheiten s. GB Lv 4_{3-21} $8_{2.14.17}$ 16_{3-27} 23_{18} Nu 7_{15-88} $8_{8.12}$ 15_{24} 28_{11-28} 29_{2-37} Ez $43_{19.25}$ $45_{18.24}$ $46_{6f.11}$; c) Hos 14_{3} וּנְשַׁלְּמָה פָרִים שְׂפָתֵינוּ txt. inc., zu den Deutungen s. Gordis VT 5, 1955, 88f: α) cj. pr. פָּרִים 1 c. G פְּרִי (u. a. Lex.[1], BHS); ähnl. cj. 1 פְּרִי מִשְּׂ׳ s. Rudolph KAT XIII/1, 248; β) pr. פָּרִים 1 פְּרִים/פָּרִים, d. i. cstr. + encl. *mēm* (O'Callaghan VT 4, 1954, 171, Gordis l. c., Wolff BK XIV/1², 300. 301); γ) 1 מֵהַפָּרִים פְּרִי שְׂפָתֵינוּ statt mit Farren der Frucht unserer Lippen (Rudolph KAT XIII/1, 246. 247f); δ) dl שְׂפָ׳: wir wollen bezahlen Farren! (Willi-Plein BZAW 123, 1971, 230); weitere Vorschläge, s. Gordis l. c. und Rudolph l. c.; zu bevorzugen wohl α od. β.

פרא: Nf. von פרה:

hif: impf. יַפְרִיא: **fruchtbar gedeihen** Hos 13_{15} (prop. מַפְרִיא Lex.[1], Wolff BK XIV/1², 288; al. prop. c. Vrss. יַפְרִיד s. Wolff l. c., cf. Rudolph KAT XIII/1, 239 :: יַפְרִיא nach ar. *frj* zertrennen, zerteilen). †

פֶּרֶא; zu פֶּרֶה Jr 2_{24} s. unten (BL 457r, R. Meyer Gr. § 52, 2c): mhe.; ihe. פרא (Vattioni sig. Nr. 126); akk. *parû* (AHw. 837a) Onager, Maultier; *paraḫu* kan. Lw. (AHw. 827b, Salonen Jagd, 1976, 231) ein Wildesel; ug. **pru* im PN *bn. pri* (KTU 4. 350, 7; UT nr. 2087; Gröndahl 174; cf. Dahood ZAW 87, 1975, 220); ar. *faraʾ* u. *farāʾ* Wildesel, cf. asa. n.m. *frʾ* (Müller 75, 1963, 313): pl. פְּרָאִים: **Wildesel** (Lex.[1] Zebra :: Humbert ZAW 62, 1950, 202-206) Js 32_{14} (|| עֵדֶר), Jr 14_{6} Hos 8_{9} Ps 104_{11} Hi 6_{5} 11_{12} 24_{5} 39_{5} (|| עָרוֹד), Sir 13_{18} (פראי מדבר); פֶּרֶא אָדָם Gn 16_{12} ein Mensch wie ein Wildesel (GK 128 l), Sam. Vers. פרה *fåri* pt.; cj. Jr 2_{24} pr. פֶּרֶא לִמֻּד מִדְבָּר 1 פֹּרְצָה/ פֹּרְצָה לַמִּדְבָּר (Koehler ZAW 29, 1909, 35f, Lex.[1], BHS). †

Der. ? n. m. פִּרְאָם.

פִּרְאָם: n. m. ? פֶּרֶא + Endg. *-ām* (s. Noth N. 38f cf. בִּלְעָם u. בֶּלַע): König v. יַרְמוּת Jos 10_{3}. †

פַּרְבָּר 1C 26_{18} u. pl. פַּרְוָרִים 2K 23_{11}; mhe. פרבר, פַּרְוָר, DSS (J. Maier Die Tempelrolle vom Toten Meer, 1978, S. 10. 92 bes. 42, Kol. 35, 10-15: Säulenvorbau); ja. פַּרְוָ(ו)רָא/ה (Dalm. Wb. 346b) Vorstadt, Vorhof, Bezirk, cf. Levy 4, 104b; < pers.

fra-bar, pehl. *parvār* Vorhof (Ellenbogen 137f, DISO 235, cf. Schaeder IrBtr [97] 295 u. Lex.[1]), avest. *pari-vāra* Schutzwehr, Umwallung (B. Geiger, Additamenta ad librum Aruch Completum Alexandri Kohut [edidit S. Krauss], 1937, 334/5): — 1. 2K 23_{11} ein Anbau an d. Westseite des salom. Tempels, cf. בִּנְיָן Ez 41_{12} (GB); Gray Kings[3] 737: ein gedeckter Vorbau; König Wb. 373a: offene Halle; — 2. 1C 26_{18a} und $_b$ (dl לַפַּרְבָּר in $_a$, dittgr. ex $_b$): entweder = 1. (cf. GB, König) oder ein freier Raum (Rothstein-Hänel KAT XVIII/2, 1927, 469), bzw. ein Platz (Rudolph Chr. 172), cf. mhe., ja.; Lex.[1] für 1 und 2: Vorhof. †

פרד: mhe., ja. (herum)laufen, trennen, sondern, zerteilen; ug. *brd* c. obj. *ṯd* (Brust) zertrennen, zerlegen (Gray LoC[2], 38; CML[2] 143b; Lipiński UF 2, 1970, 78f :: UT nr. 508, cf. Wieder JBL 84, 1965, 163f: ausbreiten, darbringen; Aistl. 574: eilig bringen); akk. wsem. Frw. *parādu* N (AHw. 827b) sich absondern; sy. *pᵉrad* fliehen, davonfliegen, pa. af. in die Flucht schlagen; cp. fliehen (Schulthess Lex. 161); md. (MdD 378b) *prd* I durchbrechen, wegreissen; II fliehen, wegrennen; ar. *farada* sich zurückziehen, sich absondern; IV für sich allein setzen, trennen, absondern; äth. *tafārada* (Dillm. 1356) sich von einander trennen; tigr. (Wb. 659b) *farda* richten, *tĕfārada* als Feinde auseinander gehen:

qal: pt. pass. fem. pl. פְּרֻדוֹת: **ausgespannt** (Flügel) Ez 1_{11}, ✝ פְּרֻדוֹת. †

nif: pf. נִפְרְדוּ/רָדוּ; impf. וַיִּפָּרְדוּ, יִפָּרֵד, יִפָּרֵדוּ; imp. הִפָּרֶד־; inf. הִפָּרֵד־; pt. נִפְרָד, נִפְרָדִים: — 1. **sich teilen** (Fluss) Gn 2_{10} (c. מִן); — 2. a) **sich trennen** (Menschen von einander) c. מִן Ri 4_{11} Pr 19_4, c. מֵעִם Gn 13_{14}, c, מֵעַל Gn $13_{9.11}$; abs. 2S 1_{23}; b) **zerstreut, getrennt sein** c. מִן Neh 4_{13}; נִפְרָד Pr 18_1: wer sich absondert (GB), d. i. entweder (cf. G) der von seinem Freund Entfremdete oder der Zurückgezogene, s. Gemser Spr.[2] 75; TOB: der Egoist; — 3. Völker von ihrem Ursprung (c. מִן) Gn $10_{5.32}$, 25_{23} s. Lex.[1]: sich ablösen, scheiden. †

pi. (Jenni 180): impf. יְפָרֵדוּ **sich absondern, abseits gehen** (c. עִם) Hos 4_{14} (pr. pi. prop. nif. יִפָּרֵדוּ BHS, cf. GB u. Jenni l. c.). †

pu: pt. מְפֹרָד **abgesondert** Est 3_8. †

hif: pf. הִפְרִיד; impf. יַפְרִיד, וַיַּפְרְדוּ; inf. sf. הַפְרִידוֹ; pt. מַפְרִיד: — 1. **trennen**, Menschen c. בֵּין 2K 2_{11} Rt 1_{17}, c. acc. (אַלּוּף) Pr 16_{28} 17_9, (בְּנֵי אָדָם) Dt 32_8; — 2. **aussondern** (Lämmer) Gn 30_{40}; — 3. c. בֵּין **auseinander bringen** (Starke) Pr 18_{18}. †

hitp: pf. הִתְפָּרְדוּ; impf. יִתְפָּרְדוּ, יִתְפָּרָדוּ: — 1. **sich von einander trennen** (Gebeine) Ps 22_{15}; Hi 41_9 (Schildschuppen d. Krokodils); — 2. **von einander getrennt, zerstreut werden** Ps 92_{10} (Übeltäter), Hi 4_{11} (junge Löwen). †

Der. פְּרֻדוֹת; ? פֶּרֶד, ? פִּרְדָּה; n. m. פְּרִידָא.

פֶּרֶד: etym. inc. ? zu aram *pᵉrad* fliehen (cf. GB), bzw. zu פרד „das abgesonderte Tier" (Lex.[1]) od. Primärnomen; mhe. ug. *prd* Maultier (appell. u. PN, als PN auch *prdn*; UT nr. 2098/99, Aistl. 2265; RSP I S. 439 Nr. 101; Gröndahl 28. 406a; Dietrich-Loretz-Sanmartín UF 6, 1974, 35); akk. *perdum* (AHw. 855a) ein Equide: sf. פִּרְדּוֹ, pl. פְּרָדִים, sf. פִּרְדֵיהֶם: **Maultier**, neben Pferden 1K 10_{25} 18_5 Ps 32_9 2C 9_{24}, neben Pferden, Kamelen u. Eseln Zch 14_{15} Esr 2_{66} Neh 7_{67} (MSS, G[AL], s. BHS); als Lasttier 2K 5_{17} 1C 12_{41}, als Reittier 2S 13_{29} 18_9 Js 66_{20}; aus תּוֹגַרְמָה nach Phönizien eingeführt Ez 27_{14}; ✝ פִּרְדָּה. †

פִּרְדָּה: fem. zu ✝ פֶּרֶד (Michel Grundl. heSy. 1, 72f); mhe.: cs. פִּרְדַּת: **weibliches Maultier** 1K $1_{33.38.44}$ als Reittier. †

פְּרֻדוֹת: פרד, hapleg. Jl 1₁₇; Bedtg. fraglich: a) als pt. fem. pl. qal zu פרד „das, was man beiseite getan hat, was man sich für später aufhebt", aufbewahrte Vorräte (Rudolph KAT XIII/2, 38. 40); b) Saatkörner, sy. *perdᵉtā* Kern, Korn (GB, Wolff BK XIV/2, 20, cf. Keller CAT XIA 117); c) Dörrfeigen (Lex.[1], Löw 1, 229). Am wahrscheinlichsten wohl a. †

פַּרְדֵּס: avest. *pairidaēza* Umwallung; zur Zeit d. Achämeniden königliche Domänen (Hinz ZA 61, 1971, 295) > παράδεισος > Paradies (Lokotsch Nr 1631, Littmann MW 16): mhe. פַּרְדֵּס, ja. פַּרְדֵּיסָא; spbab. *pardēsu* (AHw. 833a u. 1582a) eingezäunter Garten; sam. פרדיס sy. *pardaisā*, cp. md. (MdD 363a) *pardisa*; ar. *al-firdaus*: pl. פַּרְדֵּסִים: — 1. **Garten, Park** HL 4₁₃ Koh 2₅; — 2. **Forst** (שֹׁמֵר הַפַּרְדֵּס) Neh 2₈, s. Rudolph EN 108, Jepsen ZDPV 74, 1958, 65-68; Galling Stud. 208; zu פ׳ allg. BHH 1386f. †

פרה: Nf. פרא: mhe. DSS (KQT 180) fruchtbar sein; ja. sprossen, treiben; sy. *pᵉrj/pᵉrā* fruchtbar sein; sam. cp. pa. (denom.) Frucht bringen (Schulthess Lex. 162b); äth. *farja* u. *faraja* blühen, Frucht tragen (Dillm. 1355); tigr. *farā* (Wb. 659a) Frucht tragen, sich vermehren, hervorbringen; äg. *prj* herausgehen (EG I 519):

qal: pf. פָּרוּ, פְּרִיתֶם, פָּרִינוּ; impf. יִפְרוּ ,וַיִּפְרוּ, תִּפְרֶה/יִ; imp. פְּרֶה, פְּרוּ; pt. פֹּרֶה, f. פֹּרִיָּה, פֹּרָת Gn 49₂₂ (BL 511v, R. Meyer Gr. § 82, 2 i): — 1. (Pflanzen): a) **Frucht tragen** גֶּפֶן פֹּרִיָּה Js 32₁₂ Ez 19₁₀ Ps 128₃, pt. als sbst. פֹּרִיָּה Fruchtbaum Js 17₆, cf. Wildbg. BK X 637; metaph. פֹּרָת (Sam. *fårāt*) fruchtbarer Weinstock Gn 49₂₂ (l בֶּן־פ׳) junger ertragreicher Weinstock, siehe u. a. Dillmann Die Genesis[6] 1892, 469; Zobel BZAW 95, 1965, 21 :: Emerton Fschr. D. W. Thomas 91-93: פֹּרָת = *purattu* (Euphrat), בֵּן = akk. *bīnu* Tamariske: Joseph ist eine T. des Euphrat, cf. Albright BA 36, 1973, 27: „J. ist ein Sohn des Euphrat", d. h. von erhabener Quelle (*lofty of source*) :: Speiser Genesis 368: פ׳ = fem. zu פֶּרֶא, cf. Gevirtz HUCA 46, 1975, 37ff; :: cj. l בֵּן פָּרָת = Sohn der Färse, bzw. junger Stier, s. Salo BZ 12, 1968, 94f; TOB 127; Dahood Biblica 51, 1970, 401; b) c. obj. hervorbringen (e. Wurzel, die Gift hervorbringt: פֹּרֶה רֹאשׁ) Dt 29₁₇; — 2. **fruchtbar sein**: a) Menschen Gn 1₂₈ 9₁.₇ 35₁₁ Jr 3₁₆, metaph. Jr 23₃ (|| רָבָה), Ex 1₇ (||עָצַם), Gn 26₂₂ Ex 23₃₀ Sir 16₂; b) Tiere Gn 1₂₂ 8₁₇ (|| רָבָה); c) Mensch u. Tier Ez 36₁₁ (|| רָבָה); — cj. Js 11₁ pr. יִפְרֶה יִפְרַח prop. c. Vrss. (u. a. Wildbg. BK X 437) :: u. a. Dillmann Der Prophet Jesaia[5] 1890, 116; Delitzsch Das Buch Jesaia[4] 1889, 191; König Das Buch Jesaia 1926, 154; cf. Seybold FRLANT 107, 1972, 94[12] c. MT: wird Frucht bringen; Barr CpPh 333 nr. 263: kommt hervor, cf. äg. *prj*; Js 45₈ pr. וְיִפְרוּ prop. c. G V sg. וְיֶפֶר vel c. 1Q Jsᵃ וְיִפְרַח. †

hif: pf. וְהִפְרֵ(י)תִי, sf. הִפְרַנִי; impf. וַיֶּפֶר, וְיַפְרְךָ; pt. sf. מַפְרְךָ: **fruchtbar machen** (Menschen, Zorell: jmdn zum Ahnen einer zahlreichen Nachkommenschaft machen) Gn 17₆ 41₅₂ Ps 105₂₄; Gn 17₂₀ 28₃ 48₄ Lv 26₉ (|| הִרְבָּה); Wortspiel אֶפְרַיִם . . . הִפְרַנִי Gn 41₅₂. †

Der. פְּרִי; [? n. m. אֶפְרַיִם, n. f. אֶפְרָת, n. l. אֶפְרָתָה].

I **פָּרָה**: fem. v. פַּר, Sam. *farra*, cf. ? amor. n. f. *parratum* (Finkel RA 70, 1976, 48): sf. פָּרָתוֹ, pl. פָּרוֹת: **Kuh** Gn 32₁₆ 41₂₋₂₇ Nu 19₂ .₅f.₉f (אֲדָמָה) 1S 6₇ u. ₁₀ (עָלוֹת) .₁₂.₁₄ Js 11₇ Hos 4₁₆ Hi 21₁₀; metaph. פָּרוֹת הַבָּשָׁן Basans Kühe Am 4₁: gemeint sind die vornehmen u. üppigen Frauen Samarias :: Barstad VT 25, 1975, 286-97: eine bildliche Umschreibung des ganzen Volkes, das zum Götzendienst abgefallen ist; cj. Nu 19_2 pr. חֻקַּת הַתּוֹרָה prop. ח׳ הַפָּרָה. †

II **פָּרָה**: n. l. הַפָּרָה Jos 18_{23} = *T. Fāra* unterhalb der *ʿĒn Fāra* am Nordrand des *W. Fāra* (Noth Jos.[2] 111; Alt PJb 24, 1928, 22; GTT § 327 I 8). †

פֶּרֶה Jr 2_{24}; cj. prop. פִּרְצָה/פֻּרְצָה, ↗ פֶּרֶא.

פֻּרָה: n. m.; G, Josph. Φαρά (NFJ 122); Bedtg. ungewiss, Vorschläge: a) zu ar. *furrun* besser, ansehlicher: pr. פֻּרָה l פֹּרָה (Noth N. 255b, Lex.[1]); b) Spitzname, = ↗ פּוּרָה, cf. bab. *Kandalānu* v. sbst. *kandalu* (AHw. 436b) ein Metallgefäss ?, cf. Stamm 266[5]: Knappe (נַעַר) des Gideon Ri 7_{10f}. †

פְּרוּדָא: n. m.; ↗ פְּרִידָא, Esr 2_{55}. †

***פְּרוֹזִים**: K Est 9_{19} (beabsichtige Assonanz an הַיְּהוּדִים, Striedl ZAW 55, 1937, 90f; Bardtke KAT XVII/5, 386), Q פְּרָזִים: ↗ פְּרָזִי. †

פָּרוּחַ: n. m. „fröhlich", „heiter" (Noth N. 229, Lex.[1]: ar. *fariḥ, faruḥ, farūḥ* fröhlich): Vater eines Statthalters unter Salomo 1K 4_{17}. †

פַּרְוַיִם: n. terr. Goldland, in der Vbdg. זְהַב פַּרְוָיִם 2C 3_6, G gen. χρυσίου τοῦ ἐκ Φαρουαιμ, V *aurum probatissimum*, S *dahbā ṭābā* GnAp 2, 23; מת לפרוים das Land von P., s. Fitzmyer[2] 94 (Lit.); פ׳ wohl eine Landschaft in Arabien entweder *Farwa* in Jemen od. *Sâq el-Farwain* im *Neǧd* (König Wb. 373a, cf. Lex.[1], Zorell :: GTT § 869: eine Stadt nicht zu bestimmender Lage, ? in Beziehung zu Ophir). †

פָּרוּר: Sam. *firror*, cf. mhe. עץ הפרור Kochlöffel (MiBes I 7); Etym. ungewiss; ? zu ar. *fāra* (*fwr*) kochen, sieden, wallen, oder = ↗ פָּארוּר: **Kochtopf** (aus Ton od. Metall) Nu 11_8 c. בִּשֵּׁל, Ri 6_{19} 1S 2_{14}, Sir 13_2 (zerbrechlich, also aus Ton), s. Kelso Nr. 68, AuS 7, 210, BRL[2] 183b. †

פֵּרוֹת: Js 2_{20}: ↗ חֲפַרְפָּרוֹת.

***פרז**: mhe. פָּרוּז Bewohner einer offenen, nicht ummauerten Stadt (Levy 4, 105a: פָּ׳ pt. pass. zum vb. פרז = isoliert, getrennt sein, Driver ALUOS 4, 1962-63, 8); ? Nf. v. פרד :: Levy l. c.: פרז = פרץ durchbrechen, erweitern; hif. הִפְרִיז die Grenze überschreiten; ar. *faraza* trennen, mustern, *farz* Niederung zwischen zwei Bergen (GB, Lex.[1]).

Der. ? *פְּרָזִי, פְּרָזוֹת, פְּרָזוֹן, פָּרָז, ? פְּרִזִּי.

* **פָּרָז** vel *פֶּרֶז: *פרז, Q pl. sf. פְּרָזָיו, K ? פְּרָזוֹ; hapleg. Hab 3_{14}, G gen. δυναστῶν, V *bellatorum*; Deutungen: 1) c. MT: a) nach ar. *faraza* mustern, auswählen, *farz* Auszeichnung, *mafrūz* distinguiert, פְּ׳ Anführer (Rudolph KAT XIII/3, 232. 237); zum ar. ähnl. Driver ALUOS 4, 1962-63, 8: *faraza* I trennen, IV unterscheiden, auszeichen ↗ פְּרָזוֹן; b) zu פְּרָזִי, פְּרָזוֹן u. danach: Landvolk, Sklaven, Gefolgsleute (Albright Fschr. Th. R. Robinson 17, Keller CAT XIb 174); 2) cj.: a) פָּרָשָׁיו seine Reiter (u. a. Lex.[1]); b) רֹזְנִים Fürsten (Humbert Hab. 66). †

פְּרָזוֹן: *פרז; *פֶּרֶז/*פָּרָז + *ōn* (*qaṭalān* > *qəṭālōn*: BL 498c, R. Meyer Gr. § 41, 1a, cf. Barth Nb. § 193: *ōn* coll.-Endg.): sf. פִּרְזוֹנוֹ: Ri $5_{7.11}$: Bedtg. umstritten, s. GB, Zorell: a) zu mhe. פָּרוּז ↗ *פרז c. ST Leute des offenen Landes (u. a. Lex.[1]), Bauern (u. a. Hertzberg ATD 9, 171); b) zu ar. *faraza* ↗ *פֶּרֶז/*פָּרָז Führung (Weiser ZAW 71, 1959, 76f), Führer (Richter BBB 18[2], 1966, 72); Tapferkeit, bzw. Führerschaft (Driver ALUOS 4, 1962-63, 8); Krieger (Craigie VT 22, 1972, 350); c) zu asa. *frdn* Eisen (Conti 220a); פְּרָזוֹן < **parzon* Eisen als dialekt. Nf. zu בַּרְזֶל (Garbini JSS 23, 1978, 23f und Ackroyd JSS 24, 1979, 19f). — Wegen mhe. פָּרוּז u. den in der Bedtg. klaren sbst. פְּרָזוֹת u. פְּרָזִי ist wohl a) am wahrscheinlichsten. †

פְּרָזוֹת: *פרז; ? pl. fem. zu *פְּרָז/*פֶּרֶז: das **offene Land**, im Gegensatz zu ummauerten Städten אֶרֶץ פְּ׳ Ez 38_{11} (Zimmerli 955), עָרֵי הַפְּ׳ Est 9_{19} (Bardtke KAT XVII/5, 389); פְּ׳ תֵּשֵׁב יְרוּשָׁלַםִ Zch 2_{8}. †

פְּרָזִי: *פרז; *פְּרָז/*פֶּרֶז mit Beziehungsendg. -ī (BL 501x, R. Meyer Gr. § 41, 4): pl. פְּרָזִים: **Bewohner des offenen Landes**: a) עָרֵי הַפְּרָזִי (Sam. *afrizzi*) die offenen Landstädte Dt 3_{5}, כֹּפֶר הַפְּ׳ das offene Dorf 1S 6_{18}; b) הַפְּרָזִים Q (יְהוּדִים) die im offenen Land wohnen Est 9_{19}; K ↗ *פְּרוֹזִים. †

פְּרִזִּי: n. p.; Sam. *fērizzi*: immer הַפְּרִזִּי, bzw. בַּפְּרִזִּי (Gn 34_{30}): eine vorisraelit. Bevölkerungsschicht in Kanaan (Gn 13_{7} 34_{30} Ri 1_{4f} || הַ/בְּכְנַעֲנִי, Jos 17_{15} || הָרְפָאִים); in Reihen Gn 15_{20} Ex $3_{8.17}$ 23_{23} 33_{2} 34_{11} Dt 7_{1} 20_{17} Jos 3_{10} 9_{1} 11_{3} 12_{8} 24_{11} Ri 1_{4f} 3_{5} 1K 9_{20} Esr 9_{1} Neh 9_{8} 2C 8_{7}; Versuche das n. p. näher zu bestimmen: a) הַפְּ׳ ein urspr. appell., zusammenhängend mit פְּרָזִי ,פְּרָזוֹת: eine aus den Städten verdrängte, im offenen Land lebende Bevölkerungsschicht, cf. de Vaux Histoire I 135[54], Gray Joshua, Judges, Ruth 1967, 61, BHH 1450; b) nach Gn 34_{10} Ri 1_{4f} eine mit d. Kanaanäern bei Sichem wohnende Gruppe, eine Herrenschicht ? (Alt KlSchr. 3, 38[2], BHH l. c.); ein Zushg. mit dem PN *Perizzi* (VAB 2, 1566), den Gray l. c. annimmt, bleibt ungewiss. Zu פְּ׳ s. noch GTT § 192, Westermann BK I/2, 205f. †

I **פרח**: mhe. DSS (KQT 180), ja. blühen; sam. (BCh. LOT 2, 566f); md. (MdD 377) *pra* I blühen; akk. *parāḫu* (AHw. 827b) etwa gären; ar. *faraḫa* II u. IV Junge haben (Vögel), Junge ausschlüpfen lassen; Schösslinge treiben, ausschlagen (Baum) (Wehr 628b); äg. *prḫ* aufblühen (EG 1 532):

qal: pf. פָּרַח, פָּרְחָה, פָּרָחָה; impf. יִפְרַח/רָח, תִּפְרַח, יִפְרְחוּ, יִפְרָחוּ, תִּפְרַחְנָה; ? qal impf. auf *i*: יַפְרִ(י)חַ Hi 14_{9} Pr 14_{11}, יַפְרִיחוּ Ps 92_{14} s. GB; Koehler OLZ 20, 1917, 173 :: Bgstr. 2 § 14h: qal nur יַפְרִחַ Hi 14_{9}; die übrigen Belege hif; cf. allg. zum impf. auf *i*, BL 296b, Bgstr. l. c., R. Meyer Gr. § 68, 2a; inf. פָּר(וֹ)חַ, cs. פְּרֹחַ; pt. פֹּרֵחַ, f. פֹּרַחַת (Sam. *afråt* Sbst., pt. Lv $13_{42.57}$ *fårăt*); — 1. **sprossen, treiben**: a) גֶּפֶן Gn 40_{10} HL 6_{11} 7_{13}, תְּאֵנָה Hab 3_{17}, עֵץ Hi 14_{9} (s. oben), מַטֶּה Nu $17_{20.23}$; b) metaph. Israel Js 27_{6}, Hos 14_{6} (כַּשּׁוֹשַׁנָּה), Israeliten/Ephraimiten Hos 14_{8} (כַּגֶּפֶן), צַדִּיק Ps 92_{13f} (כַּתָּמָר), Pr 11_{28} (כֶּעָלֶה); אֹהֶל יְשָׁרִים Pr 14_{11}, רְשָׁעִים Ps 92_{8} (כְּמוֹ עֵשֶׂב), עַצְמוֹת Js 66_{14} (כַּדֶּשֶׁא) s. unten; עצמתם Sir [46_{12}] 49_{10}; עֲרָבָה Js 35_{1f} s. unten, זָדוֹן Ez 7_{10}, מִשְׁפָּט Hos 10_{4} (כָּרֹאשׁ), צֶדֶק Ps 72_{7} (sic l pr. צַדִּיק, BHS), יֶשַׁע Js 45_{8} (cj. l. c. 1Q Js[a] וְיִפְרַח pr. וְיִפְרוּ ↗ פרה qal 2), cj. Js 11_{1} ↗ פרה qal 2; תקוה Sir 11_{22}; cj. Hab 2_{3} pr. וְיָפֵחַ prop. וְיִפְרַח reift entgegen ↗ II פוח 2 c α; Js 35_{1} פרח || גִּיל, 66_{14} || שִׂישׂ; von da aus nimmt Barr CpPh p. 333 nr. 264 für פ׳ hier die Bedtg. fröhlich, heiter sein an, ar. *fariḥa* s. schon GB; doch bleibt es fraglich. — 2. a) **ausbrechen**: Hautkrankheit Lv $13_{12.20.25.39.42.57}$; vom Befall (נֶגַע) an einem Haus Lv 14_{43}; b) aufbrechen (Geschwür) Ex 9_{9f}. †

hif: pf. הִפְרַחְתִּי; impf. תַּפְרִיחִי; zu יַפְרִ(י)חַ u. יַפְרִיחוּ ↗ qal; — 1. **zum Sprossen, Blühen bringen** Js 17_{11} Ez 17_{24}; — 2. ? innerlich trs. hif. s. GK § 53d, Bgstr. 2 § 19d: blühen Ps 92_{14} Pr 14_{11}, doch ↗ qal impf. auf *i*; cj. Hi 14_{9} pr. יַפְרִחַ prop. יִפְרָח. †

Der. פֶּרַח, פָּרוּחַ, פִּרְחַח.

II **פרח** = ? I פרח: mhe. ja. fliegen; ja. sbst. פַּרְחָא junger Vogel, sy. cp. *perah* fliegen, sbst. sy. *pāraḥtā* coll. Vögel, cp. *prḥ'* Vogel; md. (MdD 377b) *pra* II fliegen; sam. (BCh. LOT 2, 486. 613); ob hierher oder zu I פרח gehörig ist ungewiss bei ar. *farḫ* Vogeljunges u. äth. *ʾafrēḫt* (Dillm. 1354) junge Vögel, Brut, s. GB:

qal: pt. fem. pl. פֹּרְחוֹת Ez 13$_{20ab}$ (in $_a$ gl. u. auch in $_b$ Zushg. unklar): fliegende od. sbst. Vögel, s. Zimmerli Ez 285; Fohrer HAT 13, 75; cj. Hab 2$_3$ pr. וְיָפֵחַ prop. וְיִפְרַח und fliegt (zum Ende) ‡ II פוח 2 c α. †

פֶּרַח: I פרח, BL 459e: mhe. DSS (KQT 180), ja. פִּרְחָא Blüte; sam. (BCh. LOT 2, 565); ug. *prḥ* Blüte (UF 7, 1975, 166): PN (UT nr. 2102, Aistl. 2267, Gröndahl 312. 406a); akk. *perʾu(m)*, *perḫu* (AHw. 856a) Spross, Nachkomme; sy. *parḥā* Blume (LS 594b); ar. *farḫ* Vogeljunges, Schössling, Spross; mhe. פִּרְחֵי כְהֻנָּה die jungen Priester (z.B. MiJom I 7): פֶּרַח, sf. פִּרְחָהּ/חָם, pl. sf. פְּרָחֶיהָ: — 1. **Knospe, Blüte** (Rüthy 66) Nu 17$_{23}$ 1K 7$_{26}$ Js 5$_{24}$ 18$_5$ Nah 1$_4$ (פֶּרַח לְבָנוֹן), Sir 50$_8$, cj. Hi 15$_{30}$ (pr. פִּיו prop. c. G פִּרְחוֹ, s. Fohrer KAT XVI 264), 2C 4$_5$ Sir 14$_{18}$; — 2. Zierat am Leuchter im Stiftszelt Ex 25$_{31.33f}$ 37$_{17.19f}$ Nu 8$_4$ (pr. פִּרְחָהּ prop. c. Sam. פְּרָחֶיהָ) u. im salomon. Tempel 1K 7$_{49}$ 2C 4$_{21}$, s. Noth Kge. 166, Fritz WMANT 47, 1977, 160: ein blüten-, bzw. kelchförmiger Aufsatz am Leuchter, auf dessen Rand die Lampenschalen angebracht waren, cf. Keel Bildsymb. S. 145, BRL² 198-201. †

פִּרְחַח, Ⓑ פִּרְחָח, or. פִּ׳ (Kahle MTB 74), MSS פִּרְחָה: I פרח (Typ *qatlal*: BL 483q, R. Meyer Gr. § 39, 1): **Brut**. Hi 30$_{12}$. †

פרט: mhe. aufsperren, spalten, ja. durchbrechen, trennen, sam. (BCh. LOT 2, 566); akk. *parāṭu* (AHw. 832b) abreissen, abräumen; sy. zerreissen, zertrennen; ar. I vorangehen, unbedacht entschlüpfen (Rede), abstreifen (Früchte); II a) verlassen, aufgeben, sich trennen, b) die gebührenden Grenzen, das Mass überschreiten, unmässig sein (Wehr 631b); *fāriṭ* Improvisator (GB, Lex.¹):

qal: pt. pl. פֹּרְטִים: hapleg. Am 6$_5$, Bedtg. ungewiss, s. GB; G οἱ ἐπικροτοῦντες, ähnl. S *dᵉnāqšīn* die Schlagenden, V *qui canitis*; Möglichkeiten: a) leiern, vom Reissen der Saiten; b) aus dem Stegreif spielen, improvisieren (Lex.¹, cf. ar. *fāriṭ*); c) kein normales, sondern ein abgehacktes Singen, d. i. johlen, gröhlen (Rudolph KAT XIII/2, 217; Wolff BK XIV/2, 320); zu b und c cf. Maag 94. 186f. †

Der. פֶּרֶט.

פֶּרֶט: פרט, BL 457q; Sam. *fērắṭ*, mhe. Abfall (im Weingarten), ja. פִּרְטָא Einzelnes (abgefallene Weinbeeren), sam. פרט (Targ. zu Lv 19$_{10}$); sy. *pᵉrāṭāʾ* das Auseinanderschneiden, cp. *prṭʾ* Kern: coll. **abgefallene Beeren** (im Weinberg) Lv 19$_{10}$. †

פְּרִי: פרה (BL 577h, R. Meyer Gr. 52, 4b): Sam. *fīri*, mhe., DSS (KQT 180); ja. פִּירָא, pl. פִּירִין; sam. פרי u. פר, pl. פרים/ן; פרותה Nachkommenschaft; ug. *pr* (UT nr. 2105, Aistl. 2261, RSP I S. 192 Nr. 211, de Moor UF 2, 1970, 319. 322); ph. pun. *pr* (DISO 234); sy. *pē(ʾ)rā* Frucht, *perjā* Nachkommenschaft, Fruchtbarkeit; cp. *prjʾ*, md. (MdD 371f) *pira* 1 Frucht; äth. *fĕrē* (Dillm. 1355f), tigr. (Wb. 659a) Frucht; äg. *pr-t* (EG I 530) Frucht: פְּרִי, sf. פִּרְיִי, פִּרְיְךָ, פִּרְיֵךְ, פִּרְיוֹ/יָהּ, פְּרִיכֶם, פְּרִיהֶם, פִּרְיָם, פִּרְיָמוֹ (BL 215j, 578 l), פְּרִיהֶן, פִּרְיָן (BL 578l), 120 × (Rüthy 71): — 1. a) **Frucht** v. Baum Lv 26$_{4.20}$ Ez 34$_{27}$ Ps 1$_3$ (c. נָתַן), Jr 17$_8$ cf. 12$_2$ (c. עָשָׂה), Jl 2$_{22}$ (c. נָשָׂא); b) עֵץ פְּרִי Fruchtbaum Gn 1$_{11}$ (c. עָשָׂה), Ps 148$_9$; פְּ׳ עֵץ Gn 1$_{29}$ Lv 23$_{40}$; פְּ׳ הָעֵץ Gn 3$_3$ Ex 10$_{15}$ Lv 27$_{30}$ Ez 36$_{30}$; פְּ׳ כָל־עֵץ Neh 10$_{36.38}$; c) Frucht: v. Rebe Ez 17$_8$ (c. נָשָׂא), Hos 10$_1$ (c. שָׁוָה

ƒ I שְׁנָה), Zch 8$_{12}$ (c. נָתַן), Weinberg 2K 1929 Js 37$_{30}$ 65$_{21}$ Ps 107$_{37}$ (c. עָשָׂה פְּ' תְּבוּאָה: Frucht als Ertrag), HL 8$_{11f}$; v. Obstgärten (גַּנּוֹת) Jr 29$_{5.28}$ Am 9$_{14}$; v. Feige Pr 27$_{18}$; v. Ölbaum Jr 11$_{16}$ (dl c. G תֹּאַר vel pr. יְפֵה פְרִי 1 יְפֵיפֶה cf. Jr 46$_{20}$ (Rudolph Jer.[3] 78, BHS); v. Zeder Ez 17$_{23}$ (c. עָשָׂה) s. Zimmerli 376; d) Versch. פְּ' מְגָדִים köstliche Früchte HL 4$_{13.16}$ ƒ מֶגֶד; פְּרִי הָאָרֶץ Früchte des Landes Nu 13$_{20}$ Dt 1$_{25}$; אֶרֶץ פְּרִי fruchttragendes Land Ps 107$_{34}$; פְּ' הָאֲדָמָה Gn 4$_{3}$ Dt 26$_{10}$ Mal 3$_{11}$; פְּ' אַדְמָתְךָ Dt 7$_{13}$ 28$_{4.11.18}$ 30$_{9}$; פְּ' אַדְמָתָם Ps 105$_{35}$; — 2. **Leibesfrucht** פְּ' (הַ)בֶּטֶן Gn 30$_{2}$ Js 13$_{18}$ Ps 127$_{3}$; פְּ' בִטְנִי Mi 6$_{7}$; פְּ' בִטְנְךָ Dt 7$_{13}$ 28$_{4.11.18.53}$ 30$_{9}$ Ps 132$_{11}$; cf. פִּרְיָם Kl 2$_{20}$; — 3. **Nachwuchs, Nachkommenschaft**: a) v. Menschen (:: שֹׁרֶשׁ s. Ginsberg Fschr. Driver 1963, 72-76, Wolff BK XIV/2, 205) Js 14$_{29}$ 37$_{31}$ Ez 17$_{9}$ Hos 9$_{16}$ Am 2$_{9}$; b) v. Tier פְּ' בְהֶמְתְּךָ Dt 28$_{4.11.51}$ 30$_{9}$; — 4. **Frucht = Ertrag**, Ergebnis eines Tuns, Verhaltens פְּ' מַעֲלָלִים v. Taten Js 3$_{10}$ Jr 17$_{10}$ 21$_{14}$ 32$_{19}$ Mi 7$_{13}$, דֶּרֶךְ d. Wandels Pr 1$_{31}$, פְּ' יָדַיִם Pr 31$_{31}$ u. פְּ' כַּפַּיִם Pr 31$_{16}$ der Hände; פְּ' מַחְשְׁבוֹת die Frucht d. Pläne Jr 6$_{19}$ (:: G מְשׁוּבֹתָם); פְּ' פִי d. Mundes, der Rede Pr 12$_{14}$ 13$_{2}$ 18$_{20}$; כַּחַשׁ d. Truges Hos 10$_{13}$; פְּ' צְדָקָה d. Gerechtigkeit Am 6$_{12}$; פְּ' לַצַּדִּיק Lohn für d. Gerechten Ps 58$_{12}$; פִּרְיִי mein Ertrag (von d. Weisheit) Pr 8$_{19}$; פְּ' גֹדֶל Frucht der Überheblichkeit Js 10$_{12}$; פְּ' הָסִר חַטָּאתוֹ Frucht der Entfernung seiner Sünde Js 27$_{9}$; cj. Ps 104$_{13}$ pr. מִפְּרִי מַעֲשֶׂיךָ prop. u. a. מֵרִי אֲסָמֶיךָ vom Nass (רִי) deiner Kammern (Kraus BK XV[5] 877. 879, BHS :: Dahood Psalms III 39: MT מַעֲשֶׂה = Speicher).

פְּרִידָא: n. m.: פרד (BL 470n) ,,Der (von seiner Familie ?) Abgetrennte''; Noth N. 224: einzig; cf. akk. PN mit *wēdu* einzig, allein (Stamm 51f), ähnlich he. n. f. עֲזוּבָה: Nachkomme der Sklaven Salomos Neh 7$_{57}$ = פְּרוּדָא (BL 471u) Esr 2$_{55}$. †

פָּרִיץ: פרץ (*qattīl* aber cstr. sg. *qatīl*, BL 479 o, R. Meyer Gr. § 48, 3); mhe. zügellos, gewalttätig, DSS (KQT 180), ja. פְּרִיצָא ausgelassen, sy. *parṣā* ausschweifend: cstr. פְּרִיץ Js 35$_{9}$; pl. פָּרִ(י)צִים, cstr. פָּרִיצֵי: — 1. adj. **räuberisch, gewalttätig**, בֶּן־פָּרִיץ Ez 18$_{10}$; — 2. sbst. **Räuber** Ez 7$_{22}$; מְעָרַת פָּרִצִים Jr 7$_{11}$; בְּנֵי פָּרִיצֵי עַמְּךָ Gewaltmenschen deines Volkes Da 11$_{14}$ (Plöger KAT XVIII 152. 160f; cf. Delcor Le livre de Daniel, Paris 1971, 228); אָרְחוֹת פָּרִיץ Wege des Räubers Ps 17$_{4}$ (Zushg. d. Textes unsicher, s. Kraus BK XV[5] 271. 272, cf. BHS, TOB 1282[u]); פְּרִיץ חַיּוֹת reissendes Getier, eig. Räuber unter den Tieren Js 35$_{9}$. †

***פרך**: mhe. qal zerreiben, pi. zermalmen, abreiben, ja. *pᵉrak* pe. zerbröckeln, zermalmen, Ram. pe. od. pa. zerbrechen (DISO 235); sy. zerreiben, adj. *pārkā* wild, grausam; md. (MdD 379f) *prk* II nach Lidzb. zermalmen; ar. *faraka* (zer)-reiben; akk. *parāku* (AHw. 828f) sich quer legen, hindernd dazwischentreten, Schwierigkeiten machen, sperren, adj. *parku* (AHw. 834a) querliegend, nass. Unrecht.

Der. פָּרֹכֶת, פֶּרֶךְ.

פֶּרֶךְ: *פרך, BL 458s; Sam. (*bå*)*fēråk*, mhe. Zerbrechlichkeit, Gewalt, ja. פִּרְכָא Widerlegung; cf. nass. *parku* ƒ *פרך: פֶּרֶךְ: **Gewalttätigkeit, Schinderei** (König Wb. 374a); immer c. בְּ = gewalttätig Ex 1$_{13f}$ Lv 25$_{43.46.53}$ Ez 34$_{4}$. †

פָּרֹכֶת: *פרך, Typus *qattālat* (BL 479k, cf. כַּפֹּרֶת); Sam. *fårēkət*; ph. *prkm* ? Vorhang = Wächter (DISO 235; KAI Nr. 37, 6. 11, II S. 54; Delcor UF 11, 1979, 152); sam. פרכה (BCh. LOT 2, 564); sy. *parkᵉṯā*, *purkᵉṯā* Hülle, Vorhang; nicht zu akk. *parakku* (AHw. 827b), das sum. Lw. ist

:: Lex.[1]: **Vorhang** (eig. ? „der/das Scheidende, Trennende", cf. akk. *parāku* ↗ *פרך): — 1. dieser teilt das Innere des Stiftszelts in zwei Räume (s. Fritz WMANT 47, 1977, 144): a) allgemein Ex 26_{31-35} 27_{21} 30_6 36_{35} 38_{27} $40_{3.22.26}$ Lv 4_{17} $16_{2.12.15}$ Nu 18_7; Lv 21_{23} פָּ׳ *pars pro toto* für d. innere Heiligtum (Baentsch GHK I/2, 1903, 408); b) פָּ׳ הַמָּסָךְ der verhüllende Vorhang (GB) od. der als Decke dienende Vorhang (Noth ATD 5, 226) Ex 35_{12} 39_{34} 40_{21} Nu 4_5; פָּ׳ הַקֹּדֶשׁ Lv 4_6, פָּ׳ הָעֵדֻת (↗ עֵדוּת 1b) Lv 24_3; — 2. Vorhang im salomon. Tempel 2C 3_{14}, cj. ins ? 1K 6_{21b} פָּרֹכֶת, s. Rudolph Chr. 204f :: Noth Kge. 96. 101. †

פרם: mhe. auseinanderreissen, zertrennen bes. oft von Kleidern (Levy 4, 117), ja. spalten, zerstückeln, sam. (BCh. LOT 2, 566), sy. pe. zerhauen, pa. zertrennen, zerreissen (LS 598a); md. (MdD 380a) *prm* bloss legen, aufdecken; ar. *farama* in kleine Stücke zerschneiden, zerhacken (Fleisch; Wehr 634b), *farm* Lappen, kleines Stück Fleisch (GB):

qal: impf. יִפְרֹם, תִּפְרְמוּ; pt. pass. פְּרֻמִים: **in Stücke reissen** (Kleider) Lv 10_6 13_{45} 21_{10}. †

פַּרְמַשְׁתָּא: n. m. (Gehman JBL 43, 1924, 327f: ape. *fara-ma-ištha* „the very first" = ? der wirklich Erste): einer der Söhne Hamans Est 9_9. †

פַּרְנָךְ: Sam. *fårēnåk*; n. m. persisch (Noth N. 64 = *Pharnaces*): Vater eines נָשִׂיא aus Sebulon Nu 34_{25}. †

פרס: mhe. teilen, trennen, brechen (Brot), DSS ↗ פרש; ja. teilen, spalten ↗ ba; ug. *prst* (Aistl. 2273) Entscheidung ?, cf. UT nr. 2110 (Txt: KTU 1. 22 II 15: *šmn prst*); sy. *pᵉras* teilen; akk. *parāsu* (AHw. 830ff) (ab)trennen, entscheiden; ar. *farasa* töten, zerreissen (Beute); äth. *ʾafrasa* (Dillm. 1353) zerstören; tigr. (Wb. 656) *farasa* einstürzen, verfallen, zugrunde gehen, *ʾafrasa* zerstören; asa. ↗ פרש:

qal: impf. יִפְרְסוּ; inf. פָּרֹס: **brechen** (Brot) Js 58_7, cj. Jr 16_7 (pr. לָהֶם prop. c. MSS, G לֶחֶם s. BHS). †

hif. (denom. v. פַּרְסָה): pf. הִפְרִיסָה, הִפְרִיסוּ; impf. יַפְרִיס; pt. מַפְרִיס, f. מַפְרֶסֶת; pl. cs. מַפְרִיסֵי: מַפְרִיס/מַפְרֶסֶת פַּרְסָה **was gespaltene Klauen hat** Lv $11_{3-7.26}$ Dt 14_{6-8}; מַפְרִיס ohne פַּרְסָה Ps 69_{32}; ↗ פַּרְסָה. †

Der. פַּרְסָה.

פֶּרֶס: wohl Primärnomen (:: Lex.[1]: פרס); Sam. *fērås*; ein unreiner Vogel Lv 11_{13} Dt 14_{12}; Lämmergeier? (der seiner Beute die Knochen bricht); Aharoni Osiris 5, 472, Driver PEQ 87, 1955, 9f. †

פָּרַס: n. p.; ape. *Pārsa*, bab. *Parsu*; spätäg. *Pars(a)*; pe. *Pārs, Fārs*; äga. פרס, ↗ ba. פָּרַס; md. (MdD 364b) *pars*; ar. *Fāris*, asa. (Conti 220a) *prs*: פָּרַס: **Persien** Ez 27_{10} 38_5 Est $1_{3.14.18f}$ 10_2 Da 8_{20} $10_{1.13.20}$ 11_2 Esr $1_{1f.8}$ 3_7 $4_{3.5.7.24}$ 6_{14} 7_1 9_9 2C $36_{20.22f}$; מָדַי וּפָרַס Da 5_{28} $6_{9.13.16}$ A. T. Olmstead History of the Persian Empire 1948; BHH 1423-26; GTT § 193. †

Der. פַּרְסִי.

פַּרְסָה: פרס: Sam. *fårså*; mhe. DSS (KQT 180), ja., sy. *parsᵉṯā*, pl. *parsē* u. *parsāṯā* gespaltene Klaue; cf. ar. *firs* Huf des Kamels (Kopf VT 8, 1958, 196): pl. פְּרָס(וֹ)ת, cs. פְּרְסוֹת, sf. פַּרְסֹתַיִךְ, פַּרְסֵיהֶן (zum m. u. fem. pl. s. Michel Grundl. heSy. 1, 42. 75): — 1. gespaltene **Klaue** Ex 10_{26} Lv $11_{3-7.26}$ Dt 14_{6-8} Ez 32_{13} Zch 11_{16} (l MT פַּרְסֵיהֶן s. I. Willi-Plein BBB 42, 1974, 23 u. Rudolph KAT XIII/4, 201. 203 :: cj. פַּרְצֵיהֶן Stücke von ihnen, so Horst HAT 14^2, 252 u. Elliger ATD 25^6, 160^4); — 2. **Huf** Js 5_{28} Jr 47_3 Ez 26_{11} Mi 4_{13}. †

פַּרְסִי: gntl. v. פָּרַס: **Perser** Neh 12_{22}. †

פרע: mhe., ja. I entblössen, II das Haar

frei wachsen lassen, III bezahlen (zu dieser Bedtg. vgl. ? lat. *pecuniam solvere*); DSS (KQT 181): Dam. VIII 8, XIX 21 sich gehen lassen, 1Q S VI 26 zerbrechen (c. יסוד); Sir (Smend S. 76); ? äga. (AP 17, 6); palm. *prʿ* bezahlen (DISO 236f), cp. sbst. *pwrʿtʾ* Entschädigung, vb. itpe. Belohnung empfangen (Schulthess Lex. 163b); sam. (BCh. LOT 2, 564) פריתה < *פריעתה Bezahlung Strafe (BCh. LOT III/2, 63); sy. *peraʿ* I (Haupt) entblössen, (Haare) auflösen, II (Blätter, Früchte) hervorbringen, af. sprossen, III bezahlen; md. (MdD 377f) *pra* IV frei lassen, spez. dem Wasser freien Lauf lassen; zurückzahlen; ar. *faraʿa* II Zweige, Äste treiben, *faraǧa* leer, erschöpft sein, sich widmen, sich zuwenden, V unbeschäftigt sein, sich freimachen für, sich ausschliesslich beschäftigen mit; asa. *prʿ* (Conti 220) sbst. Ertrag, Abgabe, vb. darbringen, entrichten:

qal: pf. פָּרַע, sf. פְּרָעֹה; impf. יִפְרַע, וַתִּפְרָעוּ ,תִּפְרְעוּ ,אֶפְרַע; imp. sf. פְּרָעֵהוּ; inf. פְּרֹעַ; pt. פּוֹרֵעַ, pass. פָּרֻעַ ,פָּרוּעַ: — 1. **frei lassen** cj. Hi 33$_{24}$ (pr. פְּדָעֵהוּ l פְּרָעֵהוּ, s. Fohrer KAT XVI 453. 455; BHS); — 2. a) c. רֹאשׁ das Kopfhaar **frei hängen lassen** Lv 10$_{6}$ 13$_{45}$ 21$_{10}$ (zu freiem Hängen, ungeflochten), lösen Nu 5$_{18}$; b) wie a, wohl auch c. פְּרָעוֹת ↗ פֶּרַע als die Haare frei wallten Ri 5$_{2}$ s. Schwally HKr. 69ff, O. Grether Das Deboralied 1941, 59; Lex.[1] u. Koehler HM 15; Gray Joshua Judges and Ruth 1967, 276; TOB :: Craigie VT 18, 1968, 397-99: (nach ar. *faǧara*) sich ganz hingeben :: al. s. GB 660b c. G[A]: als Führer führten, so. u. a. Hertzberg ATD 9, 170; ZüBi und bes. Jože Krašovec Der Merismus im Biblisch-Hebräischen und Nordwestsemitischen (Biblica et Orientalia Nr. 33, 1977 S. 134, Nr. 201); — 3. c. acc. **jmdn ausarten, verwildern lassen** Ex 32$_{25b}$; vs. $_{25a}$ פָּרֻעַ verwildert, zuchtlos (Childs Exodus 557), cf. מלך פרוע ein zuchtloser König Sir 10$_{3}$; — 4. c. acc. **unbeachtet lassen** Ez 24$_{14}$ Pr 1$_{25}$ 4$_{15}$ 8$_{33}$ 13$_{18}$ 15$_{32}$. †

nif: impf. יִפָּרַע: **verwildern** (↗ qal 3): Pr 29$_{18}$. †

hif: pf. הִפְרִיעַ; impf. תַּפְרִיעוּ: — 1. c. acc. pers. et מִן rei (מַעֲשָׂיו) **frei machen** von (cf. König Wb. 374b) Ex 5$_{4}$; — 2. abs. c. בְּ loci **Verwilderung aufkommen lassen** (Lex.[1]), der Zügellosigkeit freien Lauf lassen (Rudolph Chr. 290) 2C 28$_{19}$. †

Der. I פֶּרַע.

I פֶּרַע: פרע, BL 458u; akk. *pērtu* (AHw. 856a) Haupthaar; ar. *farʿ* Haar e. Frau (Lane 2379c): pl. פְּרָעוֹת, cs. פַּרְעוֹת: — 1. **das frei hängende**, **ungeflochtene Haupthaar** פֶּרַע שְׂעַר רֹאשׁוֹ Nu 6$_{5}$; Dt 32$_{42}$ (Sam. *fårå* pl. *farråt*), Ri 5$_{2}$ ↗ פרע, Ez 44$_{20}$ c. שִׁלַּח frei hängen lassen; — 2. (siehe auch oben) Dt 32$_{42}$ Ri 5$_{2}$ פ׳ **Führer**, **Fürst**, s. GB II פֶּרַע u. Krašovec Der Merismus im Biblisch-Hebräischen und Nordwestsemitischen (Biblica et Orientalia Nr. 33, 1977) S. 134, Nr. 201, nach ug. *prʿ* (KTU 2. 31, 15?. 16. 37): Fürst; Segert Ug VI 473: *prʿ* Erster, *prʿt* (KTU 1. 8, 9) Fürstin (UT nr. 2113, Aistl. 2276, CML[2] 156a). †

II פֶּרַע: Gn 41$_{45.50}$ 46$_{20}$: ↗ פּוֹטִי פֶרַע. †

פַּרְעֹה: G Φαραω, Josph. Φαραώθης (NFJ 122); Ram. *prʿh* (DISO 237); DSS GnAp 20, 14 פרעו; < äg. *pr.ʿ3* das grosse Haus, seit der 18. Dynastie Bezeichnung des Königs selbst (EG 1, 516); J. J. Hess ZAW 35, 1915, 129f, BHH 1445f; im AT äg. Lw. (Lambdin 153, Ellenbogen 139, cf. Harris Dev. 61): **Pharao** (274 ×), Gn — Jos 215 × (Ex 115 ×), 1K 21 ×, Ez 13 ×, Js 5 ×, Jr 11 ×; 1S 2$_{27}$ 6$_{6}$ Ps 135$_{9}$ 136$_{15}$ HL 1$_{9}$ Neh 9$_{10}$ 1C 4$_{18}$ 2C 8$_{11}$; cj. Ex 12$_{31}$ ins. c. MSS u. Vrss.; פַּרְעֹה ,פ׳ מֶלֶךְ

מִצְרַיִם Gn 41_{46} Dt 7_{8} 1K 9_{16} Js 36_{6} Jr 25_{19}; keilschr.: ob *pir'u* (*šar* *mat*[mat]*Muṣuri*) bei Sargon II (APN 181b) den äg. Pharao meint, ist fraglich, s. Weidner AfO 14, 1941-44, 45f.

I פַּרְעֹשׁ, BL 484c: wohl Primärnomen (:: Koehler ThZ 2, 1946, 469f u. Lex.[1]): mhe.; ug. n. m. *prǵt* (UT nr. 2114, Aistl. 2278, RSP I S. 440 Nr. 102, Gröndahl 174); akk. *perš/sa'u(m)* (AHw. 855f), auch PN (Stamm 254); sy. *purtaʿnā*; ar. *burġūṯ*: **Floh** 1S 24_{15} 26_{20}; ↗ II. †

II פַּרְעֹשׁ: n. m. (Noth N. 230) = I; ↗ ug. u. akk. bei I; ph. *prʿš* (PNPhPI 177); *Taʿannach* ? *Pu-ra-gu-uš* (Gustavs ZDPV 51, 1928, 203f); ar. (J. J. Hess ZAW 35, 1915, 129): ein aus dem Exil heimkehrendes Geschlecht Esr 2_{3} 8_{3} 10_{25} Neh 3_{25} 7_{8} 10_{15}. †

פִּרְעָתוֹן: n. l. (or. פַּרְ׳, Kahle MTB 79), G Φαραθων (so auch 1 Mk 9_{50}) u. Φρααθων, Josph. Φαραθώς (NFJ 122); nsy. *pu/irtana* (Maclean 248): = *Farʿata* 9 km. wsw. Nablus, GTT § 601. 663-5: Ri 12_{15}, ↗ פִּרְעָתוֹנִי. †

פִּרְעָתוֹנִי: gntl. v. פִּרְעָתוֹן; Josph. Φαρατωνιται (NFJ 122): Ri $12_{13.15}$ 2S 23_{30} 1C 11_{31} 27_{14}. †

פַּרְפַּר: n. fl. im Gebiet von Damaskus, wohl = *W. al-aʿwāǧ*, der im Hermon entspringt u. in die Sümpfe sö. von Damaskus fliesst (Gray Kings[3] 507, Zorell); d. Name פּ׳ erhalten in *W. Barbara*, einem Nebenfluss des *W. al-aʿwāǧ* (Gray l. c., Zorell) 2K 5_{12}. †

I פרץ: mhe., DSS (KQT 181), ja. durchbrechen; ug. *prṣ* (KTU 1. 23, 70 || *ptḥ*): entweder vb. öffnen oder eher sbst. Riss, Spalt (UT nr. 2117, Aistl. 2280, CML[2] 156a :: Gray LoC[2] 104); akk. *parāṣu* (AHw. 832) durchbrechen; md. (MdD 380a) auflösen, durchbrechen; ar. *faraḍa* I: 1) einschneiden, Einschnitte machen: 2) beschliessen, auferlegen: cf. sbst. *farḍ* Kerbe, Einschnitt, Pflicht, Vorschrift; *faraṣa* II: schneiden, spalten, teilen (Lane 2372); Driver JThS 25, 1924, 177f: I פרץ durchbrechen u. II befehlen; C. Toll Die Wurzel PRṢ im Hebräischen (OrSuec. 21, 1972, 73-86); J. J. Glück RQ 5, 123-127:

qal: pf. פָּרַצְתָּ, פָּרְצוּ/רָצוּ, sf. פְּרַצְתָּנוּ; impf. יִפְרְצוּ, תִּפְרְצִי, וַתִּפְרָץ־, יִפְרֹץ/רָץ־, sf. יִפְרְצֵנִי; inf. פְּרֹץ, cs. פְּרֹ(וֹ)ץ; pt. פֹּרֵץ, pass. f. פְּרוּצָה; pl. פְּרֻצִים, פְּרוּצִים: — 1. a) פָּרַץ פֶּרֶץ: c. עַל pers. **einen Riss machen** Gn 38_{29}, c. בְּ jmdn niederreissen 2S 6_{8} 1C 13_{11}, einen Riss machen an 1C 15_{13} ↗ 5 a; b) פָּרַץ **eine Bresche in e. Mauer legen** 2K 14_{13} 2C 25_{23} 26_{6}; עִיר פְּרוּצָה Stadt voller Breschen Pr 25_{28}; הַחוֹמָה הַפְּרוּצָה die eingerissene Mauer 2C 32_{5}; — 2. einreissen a) c. acc. (Welten WMANT 42, 1973, 155): גָּדֵר Js 5_{5} Ps 80_{13} 89_{41} Koh 10_{8}, חוֹמָה ↗ 1 b 2C 25_{23} 26_{6}, מַעֲשִׂים 2C 20_{37}; b) פרץ :: בנה Koh 3_{3} (abs.), Neh 3_{35} (c. acc.); — 3. פָּרַץ נַחַל e. Schacht brechen Hi 28_{4}; פּ׳ בַּיִת in ein Haus gewaltsam eindringen 2C 24_{7}; — 4. a) **durchbrechen** Mi 2_{13}, cj. Jr 22_{4} פֹּרְצָה/פָּרְצָה לַמִּדְבָּר ↗ פֶּרֶא ausbrechen nach; b) überlaufen יֶקֶב Pr 3_{10}; — 5. a) (strafend/richtend) **einbrechen** in c. בְּ pers. ↗ 1 a: sbj. Gott Ex $19_{22.24}$ Ps 60_{3} 1C 15_{13}; sbj. מַגֵּפָה Ps 106_{29}; b) c. acc. pers., sbj. יהוה durchbrechen (durch d. Feinde) 2S 5_{20} 1C 14_{11} ↗ פֶּרֶץ; c) c. 2 acc. pers. et adv. brechen (Bresche über Bresche, bildl. für Wunde auf Wunde, s. Zorell 670b) Hi 16_{14}; — 6. vor Fülle, Menge **ausbrechen**, sich ausbreiten: a) Menschen Gn 28_{14} Ex 1_{12} Js 54_{3} Hos 4_{10} 1C 4_{38} 2C 11_{23}; ein Einzelner durch s. Viehbesitz Gn $30_{30.43}$; b) Tiere (Viehbesitz) Hi 1_{10}; c) Sachen דָּבָר 2C 31_{5}; Taten von Gewalt u. Unrecht cj. Hos 4_{2} l c. G פָּרְצוּ בָּאָרֶץ (Lex.[1], BHS); — Neh 2_{13} Q הֵם פְּרוּצִים, K הַמְּפֹרָצִים l c. nonn. MSS שָׁם פְּרֻצִים

(BHS) ↗ פֶּרֶץ; Neh 41 pr. הַפְּרָצִים „das in Breschen gelegte" (V *interrupta*) prop. c. G S הַפְּרָצִים (Rudolph EN 124) ↗ I פֶּרֶץ; 1C 132 pr. נִפְרְצָה prop. (cf. G V) נִרְצְתָה wenn es gebilligt wird/es gefällt (Lex.[1], BHK) :: Rudolph Chr. 110: MT, gl. †

nif: pt. נִפְרָץ **verbreitet** (חָזוֹן) 1S 31 ↗ qal 6 :: Driver JThS 32, 1931, 365 u. Stoebe KAT VIII/1, 120: verliehen;

pu: pt. f. מְפֹרֶצֶת: [pl. מְפֹרָצִים K Neh 213 ↗ qal] **eingerissen** (חוֹמָה) Neh 13. †

hitp: pt. pl. הַמִּתְפָּרְצִים: 1S 2510 **davonlaufen, weglaufen** :: Stoebe KAT VIII/1, 447: sich als Freibeuter (פָּרִיץ) gebärden; Lex.[1] sich losreissen. †

Der. I, II פֶּרֶץ, *מִפְרָץ, פָּרִיץ, פְּרָצִים.

II פרץ (? = I): wohl Nf. zu ↗ פצר, cf. Stoebe KAT VIII/1, 487 (Lex.[1], GB, Zorell zu I פרץ):

qal: impf. וַיִּפְרָץ־, וַיִּפְרְצוּ: c. בְּ pers. **in jmdn dringen, jmdn nötigen** 1S 2823 2S 1325.27 2K 523. †

I פֶּרֶץ: I פרץ, BL 457q; Sam. *fåråṣ*; mhe. פִּרְצָה Loch, Riss, Unglücksfall, Ausgelassenheit (Dalm. Wb. 352b), DSS (KQT 181, J.J. Glück RQ 5, 1964-66, 123ff); ja. פִּרְצָא; ug. ↗ I פרץ; akk. *pe/irṣu(m)* (AHw. 855f) Durchbruch, Bresche in Mauer od. Kanaldeich; md. *pirṣa* (MdD 372) Ausschweifung, Wollust: פֶּרֶץ, pl. פְּרָצִים Am 43, פְּרָצוֹת Ez 135 (cf. Michel Grundl. heSy. 1, 36f. 45ff), sf. פִּרְצֵיהֶן Am 911: — 1. **Riss** Gn 3829(cf. II פֶּרֶץ); — 2. a) **Bresche, Lücke** (in Mauer) 1K 1127 Js 5812, Am 43 וּפְרָצִים durch Breschen, acc. der Richtung (Brockelm. HeSy. § 89) s. Rudolph KAT XIII/2, 161; Wolff BK XIV/2, 242; Ziegler Fschr. Elliger 194; Ps 14414 (Ziegler l. c. 192f), פֶּרֶץ רָחָב Hi 3014; Neh 61, cj. 213 u. 41 ↗ I פרץ qal; b) metaph. עָוֹן כְּפֶרֶץ נֹפֵל Js 3013 sbj. עָוֹן wie ein Riss, der sich senkt (Kaiser ATD 18, 232) :: GB einstürzendes Stück einer Mauer, s. auch Wildbg. BK X 1174: durch Riss gefährdetes Mauerstück; פֶּרֶץ עַל־פְּנֵי־פָרֶץ Hi 1614 ↗ I פרץ qal 5 c; עָמַד בַּפֶּרֶץ in die Bresche treten Ez 2230 Ps 10623 Sir 4523; עָלָה בַּפְּרָצוֹת in die Breschen hinaufsteigen :: cj. ? c. Vrss. בַּפֶּרֶץ (Zimmerli Ez. 283, BHS) Ez 135; פֶּרֶץ מַיִם Durchbruch von Wassern 2S 520 1C 1411; — 3. a) עָשָׂה פֶּרֶץ בְּ eine Lücke reissen in Ri 2115; b) פָּרַץ פֶּרֶץ בְּ jmdn niederreissen 2S 68 1C 1311 ↗ I פרץ qal 1 a. †

II פֶּרֶץ: Sam. *fåråṣ*: n. m. et tr.; erkl. Gn 3829; d. urspr. Bedtg. ist ungewiss; bei Noth N. 255b kein Vorschlag; Lex.[1]: wohl = Ausbreitung, cf. I פרץ qal 6; oder hält פֶּ׳ „Riss" die Errinnerung an e. Unglück in d. Familie fest ?; cf. akk. PN *Išbi-Irra* „Irra ist gesättigt" u. *Išgum Irra* „Irra hat gebrüllt" (Stamm 63); cf. R. Albertz Persönliche Religion und offizielle Frömmigkeit, 1978, 51: פֶּרֶץ „Dammriss": Sohn des Juda von Thamar u. Ahne einer judäischen Sippe, nach welchem diese sich nannte Gn 3829 4612 Nu 2620f Rt 412.18 Neh 114.6 1C 24f 41 94 273 (Emerton VT 25, 1975, 344); ↗ פַּרְצִי. †

פַּרְצִי: Sam. *fåråṣi* gntl. v. II פֶּרֶץ Nu 2620. †

פְּרָצִים: n. l. „Durchbrüche": I פֶּרֶץ: in n. l. בַּעַל פְּרָצִים 2S 520 1C 1411, ↗ I בַּעַל III 9 u. הַר פְּ׳ Js 2821 die gleiche Anhöhe in d. Rephaim-Ebene sw. v. Jerusalem (GTT § 759; Emerton VT 25, 1975, 344); בַּעַל פְּ׳ urspr. Bezeichn, die später — von Jesaja ? — in הַר פְּ׳ geändert wurde, s. Duhm Jes.[4] 202, Procksch KAT IX 1930, 362. †

פֶּרֶץ עֻזָּה: n. l.; ↗ I פֶּרֶץ u. עֻזָּה: 2S 68 1C 1311 (עֻזָּא), GTT § 764: Lage unbekannt. †

פרק: mhe. lösen, entfernen, ja. einlösen, erlösen; sam. (BCh. LOT 2, 659 Index);

ug. *prq* in d. Wendung *jprq lṣb* (KTU 1. 4 IV 28, 1. 6 III 16, 1. 17 II 10) Bedtg. umstritten: UT nr. 1393. 2118: teilen, öffnen, so auch CML[2] 156a; Aistl. 2282: etw. abbrechen, mit etw. aufhören; TOML 204[f]: glätten (d. Stirn); cf.? sbst. *prqt* (KTU 4. 205, 3f); aam. *prq* zerstören (KAI Nr. 222 B, 34; II S. 256; Degen Altaram. Gr. § 57 u. 84; DISO 237); sy. cp. md. (MdD 380), nab. (DISO 237) auflösen, befreien; akk. *parāqu* (AHw. 829b) abtrennen; ar. *faraqa* spalten, trennen; asa. *prq* (Conti 221a); äth. *faraqa* befreien; tigr. (Wb. 657) durchboren, durchlöchern; tigrin. (Wb. l. c.) befreien; cf. sbst. *p/furqān* Errettung, Befreiung im ja. sy. cp. sam. (BCh. LOT 2, 659), md. äth; > ar. *furqān* Trennung, Scheidung, Offenbarung; Grdb. d. vb. wohl spalten, trennen, cf. akk. ar:

qal: pf. וּפָרַקְתָּ; impf. sf. וַיִּפְרְקֵנִי; pt. פֹּרֵק: — 1. c. acc. (עַל) u. מֵעַל **wegreissen, abreissen** Gn 27_{40} (MiAb 3, 5); — 2. c. acc. pers. u. מִן **herausreissen, befreien** Ps 136_{24} Kl 5_8; cj. Ps 7_3 pr. פֹּרֵק 1 c. G אֵין פֹּ׳ (BHS). †

pi. (Jenni 176. 184): impf. יְפָרֵק; imp. פָּרְקוּ; pt. מְפָרֵק: — 1. **abreissen** Ex 32_2; — 2. **zerreissen** הָרִים 1K 19_{11}, F פַּרְסֵיהֶן פַּרְסָה Zch 11_{16}. †

hitp: pf. הִתְפָּרְקוּ; impf. וַיִּתְפָּרְקוּ; imp. הִתְפָּרְקוּ: — 1. c. acc. **sich abreissen** Ex $32_{3.24}$; — 2. **ausgerissen werden** Ez 19_{12} (gl. s. Zimmerli 420). †

Der. פֶּרֶק, *פָּרָק, *מִפְרֶקֶת.

פֶּרֶק: פרק, BL 459e. 460g; mhe., ja. פִּרְקָא Gelenk, Abschnitt; aram. *prq*, cstr. pl. *prqj* Stück, Abschnitt? (DISO 237); sy. *perqā* Lappen, Bruchstück, *p[e]rāqā* u. cp. *prq* Verbindung, Gelenk, md. *parqa, parqut(a)* (MdD 365a) (Mittel der) Befreiung; akk. (AHw. 867a) aram. Fw. *pirqu* Auslösung; ar. *farq* Trennung, Teilung, *firq* Teil, Abteilung: — 1. Ob $_{14}$ c. עמד Bedtg. umstritten: G διεκβολαί Durchgänge, Σ φυγαδεῖαι Fluchtorte, V *exitus*, S T Scheidewege; Vorschläge: a) Scheideweg (Lex.[1], GB) bzw. Wegkreuzung (König Wb, Zorell); b) Engpass (Rudolph KAT XIII/2, 304. 305); c) Fluchtweg (Wolff BK XIV/3, 18. 37, cf. GB Ausschlupf); — 2. die in Sicherheit gebrachte Beute Nah 3_1. †

***פָּרָק**: פרק; BL 462s: cstr. פְּרַק Js 65_4 K Eingebrocktes; l c. Q u. Vrss. מְרַק F מָרָק. †

I **פרר**: mhe. pi. zerbröckeln, hif. brechen, für ungültig erklären, pilp. zerbröckeln, zerrühren; DSS (KQT 181, THAT II 488); ja. af. ungültig machen, itpa. zerrühren, itpalp. zerbröckelt werden; Deir Alla *prr* 2, 17, *pr* Torheit (ATDA 246); sam. erwachen (BCh. LOT 2, 581); ug. *prr*: (a: KTU 1. 2 I 12f || *ṯbr*; b: KTU 1. 15 III 29f || *ṯn*): brechen (UT nr. 2121, CML[2] 156a; RSP I S. 316 Nr. 468, S 317 Nr. 470; zu b auch Gray KRT[2] 20 :: Aistl. 2254: *pr* fliehen); pun. *prr* ? (DISO 237); akk. *parāru* (AHw. 829f) G sich ablösen, D auflösen, zerstreuen; zum ug. u. akk. cf. Fensham ZAW 74, 1962, 5; Nf. פור (THAT II 486-88):

hif. (Jenni 177f :: שׁבר); 43 ×: pf. הֵפַר, הֵפַרְתָּה, פור F הֵפִיר הֵפַר Ez 17_{19} Ps 33_{10}, הֵפֵרוּ, sf. הֲפֵרָם; impf. יָפֵר, וַיָּפֵר, תָּפֵר, תָּפֵרוּ וַיָּפֵרוּ, sf. יְפֵרֶנּוּ; imp. אָפֵר הָפֵר, הָפֵרָה; inf. abs. הָפֵר, cs. הָפֵר, הָפֵיר Zch 11_{10}, sf. הַפְרְכֶם; pt. מֵפֵר: — 1. c. acc.: **brechen, zerstören, aufheben, vereiteln, ungültig machen**: a) בְּרִית (THAT II 487f, W. Thiel VT 20, 1970, 214-29): α) Menschen brechen eine בְּ׳ unter sich 1K 15_{19}/2C 16_3 Js 33_8 Ez $17_{15f.18}$; β) Menschen brechen d. בְּ׳ mit Gott/יהוה Gn 17_{14} Lv 26_{15} Dt $31_{16.20}$ Js 24_5 Jr 11_{10} 31_{32} Ez 16_{59} 44_7 (pr. וַיָּפֵרוּ l c. Vrss. וַתָּפֵרוּ); γ) Gott/יהוה hebt d. בְּ׳ auf (mit Israel)

Lv 26₄₄ Jr 14₂₁; (mit allen Völkern) Zch 11₁₀; hebt d. ב׳ mit Israel nicht auf Ri 2₁ (Halbe FRLANT 114, 1975, 366[37]); δ) הֵפֵר אֶת־הָאַחֲוָה Jahwe hebt d. Bruderschaft (zw. Juda u. Israel) auf Zch 11₁₄; b) Menschen brechen, heben auf: מִצְוָה Nu 15₃₁, מִצְוֹת Esr 9₁₄, מִשְׁפָּט Hi 40₈, תּוֹרָה Ps 119₁₂₆, יִרְאָה (Gottesfurcht) Hi 15₄, עֵצָה (Rat/Plan) 2S 15₃₄ 17₁₄ Esr 4₅ Neh 4₉; Js 14₂₇ (|| יָעַץ); Ps 33₁₀ ↗ פּוּר; — 2. Versch: a) מֵפֵר אֹתוֹת יהוה zerbricht die Zeichen (der Orakelpriester ↗ V *בַּד) Js 44₂₅; b) הָפֵר מַחֲשָׁבוֹת Pläne misslingen Pr 15₂₂; הֵפֵר מַחְשְׁבוֹת עֲרוּמִים Gott vereitelt die Pläne der Listigen Hi 5₁₂; c) הֵפֵר נֶדֶר/נְדָרִים Gelübde brechen Nu 30₉.₁₃f.₁₆; d) die בְּרִית Jahwes mit Tag u. Nacht ist nicht zu brechen אִם־תָּפֵרוּ Jr 33₂₀, s. Rudolph Jer.³ 218 :: al. prop. תֻּפַר, cf. vs. 21; e) הֵפֵר כַּעַס den Zorn brechen = aufgeben (Gott) Ps 85₅ :: Lex.¹ cj. c. G הָסֵר; cf. Ps 89₃₄ pr. אָפִיר prop. אָסִיר ↗ סור; — cj. Koh 12₅ pr. וְתָפֵר prop. וְתֻפַר/וְתֻפֵּר bricht auf, oder תִּפְרֶה bringt Frucht bzw. תִּפְרַח erblüht, s. Hertzberg KAT XVII/4, 207 (:: Lex.¹: MT hif. intr. platzen). †

hof: impf. תֻּפַר, תֻּפָר: **zerbrochen, aufgehoben, vereitelt werden** עֵצָה Js 8₁₀, בְּרִית Jr 33₂₁ Zch 11₁₁, cf. vs. 10 ↗ hif. 1 a γ. †

II פרר: mhe. ja. pilp. פִּרְפֵּר zucken, sich hin u. her bewegen; DSS (KQT 181 zu Hod. 3, 27 :: THAT II 488: I פרר); ? ug. s. W. A. Ward Fschr. Gordon 207-12: *pr* √ *prr* (UT nr. 2093. 2120, Aistl. 2259, s. auch TOML 450*t*); sy. *parpar* etp. zucken, sich wälzen, im Todeskampf liegen; ar. *farfara* sich schütteln (Wehr 633a); zu sy. u. ar. cf. Ward l. c:

qal: inf. cstr. פּוֹר (BL 278j. 438; Bgstr. 2 § 12f), ↗ hitpo: Js 24₁₉. †

po: pf. פּוֹרַרְתָּ: **aufstören** (יָם) Ps 74₁₃. †

hitpo: pf. הִתְפּוֹרְרָה c. inf. cstr. qal **hin u. her schwanken** (sbj. אֶרֶץ) Js 24₁₉. †

pilp: impf. sf. וַיְפַרְפְּרֵנִי **schütteln, hin u. her zerren** (Horst BK XVI/1, 250) Hi 16₁₂. †

פרשׂ: mhe., DSS (KQT 181), ja. ausbreiten; mhe. ja. ↗ auch פרס, sam.; ug. *prš*: a) sich ausdehnen (Land), s. Dietrich-Loretz-Sanmartín UF 7, 1975, 135. 139; b) inc. (KTU 1. 4 I 35: *d prša b br*), s. van Selms UF 7, 1975, 472: zu he. פרשׂ (ein solider Schemel), den er mit glänzendem Metall überzogen (cf. Dietrich-Loretz UF 10, 1978, 61), doch unsicher :: UT nr. 2124, Aistl. 2283; RSP I S 390f Nr. 8; CML² 56: nicht erkl; akk. *naprušu* (AHw. 740b) fliegen; md. (MdD 380a) ausbreiten über, ausstrecken; asa. *prś* (Conti 221a) Verzäumung (od. ähnl.) :: Beeston JSS 22, 1977, 57: (√ *prś* ausbreiten, ausspannen) vb. kundtun, verbreiten; sbst. offenes Gelände; ar. *faraša* ausbreiten, hinbreiten:

qal: pf. פָּרַ(ו)שׂ, פָּרְשָׂה, פָּרַשְׂתָּ, וּפָרַשְׂתִּי, פָּרְשׂוּ; impf. (וָ)אֶפְרֹ(וֹ)שׂ, וַתִּפְרֹשׂ, וַיִּ/יִפְרֹשׂ, וַנִּפְרֹשׂ, וַיִּ/יִפְרְשׂוּ, וָאֶפְרְשָׂה, sf. וַיִּפְרְשֵׂהוּ; pt. פֹּ(וֹ)רֵשׂ, pl. פֹּרְשִׂים, cs. פֹּרְשֵׂי, pass. פָּרֻשׂ, f. פְּרוּשָׂה, pl. פְּרֻשׂוֹת: — 1. **ausbreiten, spannen**: a) כָּנָף Ez 16₈, Rt 3₉ ↗ כָּנָף 3; כְּנָפַיִם Ex 25₂₀ 37₉ Dt 32₁₁ 1K 6₂₇ 8₇ Jr 48₄₀ 49₂₂ Hi 39₂₆Q 1C 28₁₈ (ins.? כְּנָפַיִם s. Rudolph Chr. 188), 2C 3₁₃ 5₈; b) בֶּגֶד Nu 4₆-₈.₁₁.₁₃, כְּסוּי Decke 4₁₄, שִׂמְלָה Dt 22₁₇ Ri 8₂₅, מָסָךְ 2S 17₁₉, מַכְבֵּר 2K 8₁₅; c) אֹהֶל Ex 40₁₉, רֶשֶׁת Ez 12₁₃ 17₂₀ 19₈ 32₃ Hos 5₁ 7₁₂ Ps 140₆ Pr 29₅ Kl 1₁₃, מִכְמֹרֶת Js 19₈, לֶחֶם Brotkorn cj. Js 28₂₈ pr. וּפָרָשָׁיו לֹא prop. וּפְרָשׂוֹ וְלֹא (BHS) ↗ פָּרָשׁ 4; :: M. Dietrich Jesaja und die Politik 1976, 125[61], Wildbg. BK X 1084f: MT; d) עָנָן עַל cj. Hi 26₉ pr. פַּרְשֵׁז l פָּרַשׂ (Mischf. aus פרשׂ u. פרז s. Fohrer KAT XVI 382); עָנָן לְמָסָךְ Ps 105₃₉, שַׁחַר Jl 2₂; cj. Hi 36₃₀ pr. אוֹרוֹ prop. c. Θ T אֵדוֹ ↗ אֵד seinen Wasserstrom; e) סְפָרִים (pr. pl. l ? sg.

סֵפֶר) Brief ausbreiten 2K 19_{14}/Js 37_{14}; מְגִלַּת־סֵפֶר e. beschriebene Rolle Ez 2_{10}; f) נֵס das Segel ausspannen Js 33_{23} (s. Kaiser ATD 18, 269 ↗ נֵס 2); g) metaph. אִוֶּלֶת Narrheit auskramen od. zur Schau stellen Pr 13_{16} (s. Gemser Spr.[2] 64); — 2. פָּרַשׂ: c. יָדוֹ seine **Hand** (zum Ergreifen) **ausstrecken** Kl 1_{10} (Lex.[1], Rudolph KAT XVII/3, 205. 207 :: Plöger HAT 18[2], 133: seine Hand legen auf); c. כַּף u. לְ die (hohle) Hand ausbreiten, d. h. entweder sie (einladend) entgegenstrecken (Lex.[1]) oder sie öffnen (Gemser Spr.[2] 110) Pr 31_{20} (|| שִׁלַּח יָדַיִם); — 3. vom Betenden: פָּרַשׂ כַּפַּיִם d. **Hände ausbreiten**: a) אֶל־יהוה Ex $9_{29.33}$ Esr 9_5, אֶל (אֱלוֹהַּ) Hi 11_{13}, אֶל־הַבַּיִת zum Tempel 1K 8_{38} 2C 6_{29}, לְאֵל זָר Ps 44_{21}; b) c. acc. loc. (Brockelm. HeSy. § 89) הַשָּׁמַיִם zum Himmel 1K $8_{22.54}$, הַשָּׁמַיְמָה 2C 6_{13}, abs. vs. 12; — 4. פָּרַשׂ = פָּרַס: a) (Brot) **brechen** Kl 44 ↗ פרס qal; b) **zerstücken** (Fleisch) Mi 3_3 (pr. כַּאֲשֶׁר l c. G כִּשְׁאֵר (Rudolph KAT XIII/3, 66. 67, Vuilleumier CAT XIb 37. 38). †

nif: impf. יִפָּרֵשׂוּ, cj. pt. pl. נִפְרָשׂוֹת Ez 34_{12}; **zerstreut werden** (לְכָל־רוּחַ) Ez 17_{21}; cj. Ez 34_{12} pr. נִפְרָשׂוֹת l נִפְרָשׂוֹת zerstreut (Schafe). †

pi. (Jenni 132f. 137. 178): pf. פֵּרַשׂ, פֵּרַשְׂתִּי פֵּרְשָׂה; impf. יְ/תְּפָרֵשׂ; inf. פָּרֵשׂ, sf. פָּרֶשְׂכֶם (BL 358v): — 1. a) **ausbreiten**: יָדַיִם (zum Schwimmen) Js 25_{11}; b) c. אֶל Gott breitet s. Hände (einladend) aus zu Js 65_2; c) Menschen breiten ihre Hände betend aus, ↗ qal 3: c. יָדַיִם אֶל Ps 143_6, c. כַּפַּיִם Js 1_{15} Jr 4_{31} (um Schonung bittend), c. בְּיָדֶיהָ Kl 1_{17}; — 2. Zch 2_{10} txt. inc. פֵּרַשְׂתִּי אֶתְכֶם habe ich euch ausgebreitet Elliger ATD 25[6], 117. 118 :: Rudolph KAT XIII/4, 86. 87: ich schaffe euch Raum: pi. causat. Platz zum Ausbreiten schaffen; :: cj. c. G כָּנַסְתִּי (Horst HAT 14[2], 224, cf. BHS); — 3. **zerstreuen** ↗ nif: מְלָכִים Ps 68_{15}. †

Der. מִפְרָשׂ.

פרשׁ: Sam. Lv 24_{12} pi. *alfarrəš*; mhe. ja. (sich) absondern, pi. pa. genau angeben; äga. pe. pa. trennen ? (DISO 237); ba. cp. sy. sam. md. (MdD 381) trennen, unterscheiden; sy. pa. auch erklären; md. pe. auch verstehen, af. erklären; nab. trennen, erklären (DISO 237); akk. *parāsu* ↗ פרס:

qal: inf. cstr. פְּרֹשׁ **genau Bescheid geben** Lv 24_{12}. †

[**nif**: pt. pl. f. cj. Ez 34_{12} pr. נִפְרָשׂוֹת l נִפְרָשׂוֹת ↗ פרשׂ nif. †]

pu: pf. פֹּרַשׁ; pt. מְפֹרָשׁ: — 1. **auseinandergesetzt, entschieden werden** Nu 15_{34} (Sam. *farrəš* pf. pi. act. od. pass. BCh. LOT 5, 135); — 2. vom Blatt weg (ex-tempore) übersetzen (s. Schaeder Esr. 52f, IrBtr 6. Jahr, 5. Heft, 205, Rudolph EN 147, 149 :: GB, Lex.[1]: abschnittweise) Neh 8_8. †

hif: impf. יַפְרִשׁ Pr 23_{32}, Bedtg. fraglich (s. GB) versprengen, verspritzen (Gemser Spr.[2] 88); G διαχεῖται . . . ὁ ἰός, danach ins. רֹאשׁ cf. Dt 32_{33} (BHS). †

Der. *פָּרָשָׁה.

I פֶּרֶשׁ: Primärnomen, Sam. *fårəš*, sf. *faršu/a*, ja. פַּרְתָּא sam. פרדה, פרתה (Cf. BCh. LOT 2, 564); sy. *pertā*; akk. *paršu* (AHw. 836b) Darminhalt, Kot; ar. *farṯ* Reste im Magen e. Tieres (Lane 2358c); פִּרְשָׁם, פִּרְשָׁהּ, פִּרְשׁוֹ: Inhalt d. Gedärme, Kot (Elliger Lev. 70 :: Lex.[1]: Mageninhalt) Ex 29_{14} Lv 4_{11} (|| קֶרֶב s. Elliger l. c.), 8_{17} 16_{27} Nu 19_5 Mal 2_3; cj. Ri 3_{22} pr. הַפַּרְשְׁדֹנָה prop. הַפֶּרֶשׁ, ↗ *פַּרְשְׁדֹן; ↗ II. †

II פֶּרֶשׁ: n. m.; = ? I, als PN so kaum möglich; vielleicht herabsetzend vokalisiert für urspr. פָּרָשׁ Reiter (Rudolph Chr. 70, Berufsbezeichnung als PN cf. Noth N. 231): Manassit 1C 7_{16}. †

פָּרָשׁ: wohl Primärnomen (:: Lex.[1]): a) Typ *qatal* (BL 461m, R. Meyer Gr. § 35, 1a), pl. *פְּרָשִׁים „Pferd"; b) Typ *qattāl* (BL 479 l, R. Meyer Gr. § 38, 5b), pl. פָּרָשִׁים < *parrāšīm* Reiter; Sam. *fårråš*, mhe. פָּרָשׁ, DSS (KQT 181), ja. פָּרָשָׁא Reiter; aam. *prš* (KAI Nr. 202 B 2) Reiterei s. KAI II S. 205; Degen Altaram. Gr. § 28 S. 47; od.? (Reit)pferde (KAI II S. 209f); äga. palm. nab. Reiter; sy. *parrāšā*, cp. md. (MdD 363a) Reiter; ar. *faras* Pferd, *fāris* Reiter; äth. *faras*; asa. *prs* (Conti 220a) Pferd; tigr. (Wb. 656b) *fāres*: 1) Ritter, 2) tapfer, kühn: ? sg. cstr. פְּרַשׁ (Ez 26_{10} s. Zimmerli 609 :: cj. ꟳ 1 a), pl. פָּרָשִׁים, sf. פָּרָשָׁיו; bei diesem pl. ist stets nach d. Typ *qattāl* (oben b) vokalisiert, so dass die Typen *qatal* (oben a) u. *qattāl* nicht immer sicher unterschieden werden können, s. GB I פָּרָשׁ Pferd u. II פָּרָשׁ Reiter (cf. Zorell); Lex.[1] nur פָּ׳: 1) Reiter, 2) Reitpferd; G ἵπποι u. ἱππεῖς, s. Mowinckel VT 12, 1962, 290; nach Mow. l. c. 289-95 kennt das AT nur *ein* פָּ׳ mit der Bedtg. Pferdegespann, Pferde am Streitwagen. Das trifft für viele, aber doch nicht für alle Belege zu ꟳ 2 (THAT II 778: 57 ×); Lit.: Galling ZThK 53, 1956, 129-48, Mowinckel VT 12, 1962, 289-95, Ap-Thomas Fschr. Davies 135ff, de Vaux Inst. 2, 25 = Lebensordnungen 2, 27, H. Chr. Schmitt Elisa 1972, 111ff u. 175^{17}, BHH 1584f, BRL[2] 254: — 1. פָּרָשִׁים zusammen mit רֶכֶב **Pferdegespanne, Pferde am Streitwagen**: a) Gn 50_9 Ex $14_{9.17.18.23.26.28}$ 15_{19} Jos 24_6 1S 13_5 2S 8_4 1K 1_5 10_{26} 2K 13_7 18_{24} Js 22_6 בְּרֶכֶב אָדָם פָּרָשִׁים gl. Männer auf den Wagen (mit) Rossen (bespannt; s. Wildbg. BK X 805. 807), 22_7 31_1 36_9 Ez $26_{7.10}$ (sg. פְּרַשׁ s. oben) cj. ? prop. c. G S פָּרָשָׁיו וְגַלְגַּלֵּי רִכְבּוֹ (BHK); cj. Nah 2_4 pr. וְהַבְּרֹשִׁים prop. וְהַפָּרָשִׁים (BHS), Da 11_{40} (s. Mowinckel l. c. 290^4), 1C 18_4 19_6 2C 1_{14} $8_{6.9}$ 12_3 16_8; b) פָּרָשִׁים zusammen mit מֶרְכָּבָה 1S 8_{11}; פָּ׳ in gleicher Bedtg. wie bei a) s. Stoebe KAT VIII/1, 185; so auch פָּרָשִׁים 1K 5_{6b} 9_{22} 2C 9_{25}, s. Noth Kge. 77; c) צֶמֶד פָּרָשִׁים Gespanne von Rossen Js $21_{7.9}$ (Wildbg. BK X 762. 781f); d) עָרֵי הַפָּ׳ Pferdestädte 1K 9_{19} 2C 8_6 (‖ עָרֵי הָרֶכֶב); e) רֶכֶב יִשְׂרָאֵל וּפָרָשָׁיו Ehrentitel von Elia u. Elisa 2K 2_{12} 13_{14}: „Kriegswagenkorps Israels und dessen Gespanne" (Galling l. c.; H. Chr. Schmitt l. c.); — 2. פָּרָשִׁים/פָּרָשׁ **Reiter** bzw. **Streitwagenfahrer** פָּרָשִׁים (im Text hinter עַל־סוּס) 1K 20_{20} (ins. ? c. Vrss. עִמּוֹ, s. Gray Kings[3] 420; ZüBi); קוֹל פָּרָשׁ Jr 4_{29} (‖ רֹמֵה קֶשֶׁת Bogenschützen); פָּרָשׁ מַעֲלֶה spornende Reiter Nah 3_3 (Rudolph KAT XIII/3, 174. 175); פָּרָשִׁים רֹכְבֵי סוּסִים Reiter auf Rossen reitend Ez $23_{6.12}$; סוּסִים וּפָרָשִׁים Pferde und Reiter Ez 38_4; חַיִל וּפָרָשִׁים Kriegsmacht und Reiter Esr 8_{22}; שָׂרֵי חַיִל וּפָרָשִׁים Heeresoberste und Reiter Neh 2_9; — 3. Die Übers. von 1 oder 2 scheint in folgenden Fällen möglich: a) פָּרָשִׁים neben סוּס/סוּסִים Ez 26_7 27_{14} Hos 1_7 Jl 2_4, im Falle von 1 würde סוּס als Oberbegriff durch פָּ׳ näher bestimmt; b) אִסְרוּ הַסּוּסִים וַעֲלוּ הַפָּרָשִׁים Jr 46_4 entweder: Schirrt die Pferde an und besteigt die Rosse ! oder steigt auf, ihr Reiter ! (s. Rudolph Jer.[3] 266); — 4. Versch: בַּעֲלֵי הַפָּרָשִׁים 2S 1_6 eig. Besitzer der Pferde, d. h. Reiter (u. a. ZüBi) :: Mowinckel l. c. 291 die Herren der Pferdegespanne; cj. 2S 10_{18} pr. פָּרָשִׁים prop. c. G^L u. 1C 19_{18} אִישׁ רַגְלִי; cj. Js 28_{28} ꟳ פרשׁ 1 c; cj. Hab 1_8 txt. corrupt. pr. וּפָשׁוּ פָּרָשָׁיו וּפָרָשָׁיו oder 1Qp Hab III 6 פשו ופרשו פרשו (s. Elliger HK 48f. 174f) prop. u. a.: a) יָפוּשׁוּ פָּרָשָׁיו יָפוּשׁוּ Es sprengen an seine Reiter, sprengen an (Horst HAT 14^2, 172); b) וּפָשׁוּ פָּרָשָׁיו וּפָשְׁטוּ/וְיִפְשְׁטוּ seine

Reiter springen auf und laufen zur Plünderung (Humbert Hab. 36. 73); c) וּפָשׁוּ פָּרָשָׁיו פָּרָשֵׁי es galoppieren die Rosse seiner Reiter (Rudolph KAT XIII/3, 203. 204 :: Keller CAT XIb 149 u. TOB 1197: MT mit 2 × פָּרָשָׁיו). †

פַּרְשֶׁגֶן: ↗ ba.: **Abschrift** Esr 4$_{11.23}$ 5$_{6}$. †

***פַּרְשְׁדֹן**: loc. פַּרְשְׁדֹנָה hapleg. Ri 3$_{22}$, Bedtg. unsicher, txt. inc., fehlt in G^A, G^B προστάς Vorhalle; Deutungen: a) MT 'פַּ = akk. *parašdinnu* Loch (Lex.[1] mit Zimmern 32, cf. Driver ALUOS 4, 1962-63, 7 u. TOB :: AHw. 832b: *paraštinnu*, zu heth. *parašdu* Knospe?); b) cj. pr. 'פַּר prop. הַפָּרֶשׁ: ↗ I פֶּרֶשׁ (u. a. Gray Joshua, Judges and Ruth 1967, 264; Rösel ZAW 89, 1977, 272, cf. Hertzberg ATD IX, 165[3]). †

***פָּרָשָׁה**: פרשׁ, BL 476y, 477z: cs. פָּרָשַׁת: **genaue Angabe**, s. Driver VT 4, 1954, 237f: פָּ׳ הַכֶּסֶף die genaue Geldsumme Est 4$_{7}$ (Bardtke KAT XVII/5, 327); 'פָּ גְּדֻלַּת genauer Bericht über die Würdestellung Est 10$_{2}$ (Bardtke l. c. 401). †

פרשׁז: Hi 26$_{9}$ פַּרְשֵׁז, Mischf. aus פרשׂ u. פרז, ↗ פרשׂ qal 1 d.

פַּרְשַׁנְדָּתָא (Var. c. ת minore): n. m.; pe. Gehman JBL 43, 1924, 327 „der Forschende", cf. Bardtke KAT XVII/5, 383[12]: einer der Söhne Hamans Est 9$_{7}$. †

פְּרָת: n. fl.; Sam. *fåråt*; Josph. Εὐφράτης; akk. *Purattu* (< sum. *bura-nuna* „der grosse Fluss", D. D. Edzard - G. Farbera, Répertoire des noms géographiques des textes cunéiformes [1977] 2, 256); RLA 2, 483f; A. Nöldeke WdO 1, 1948, 158ff; DSS פורת (1Q M II 11; GnAp. XXI 12. 17. 28, s. Fitzmyer[2] 150); aram. פְּרָת; md. (MdD 366b); ape. *Ufrātu* > Εὐφράτης: **Eufrat** (P-W 6, 1195ff, RLV 3, 150ff, Reymond 87, BHH 448): loc. פְּרָתָה: c. הַנָּהָר הַגָּדוֹל Gn 15$_{18}$ Dt 1$_{7}$, cj. 11$_{24}$ ins. ? הַגָּדוֹל ,נְהַר־פְּרָת Jos 1$_{4}$; הַנָּהָר פְּרָת 1C 5$_{9}$; Gn 15$_{18}$ Dt 1$_{7}$ 11$_{24}$ Jos 1$_{4}$ 2S 8$_{3Q}$ 2K 23$_{29}$ 24$_{7}$ Jr 46$_{2.6.10}$ 1C 18$_{3}$; פְּרָת Gn 2$_{14}$ (|| חִדֶּקֶל), Jr 51$_{63}$ 2C 35$_{20}$, so auch Jr 13$_{4-7}$ u. nicht die *ʿen fāra* nö. von Anatot, s. dazu u. a. Fohrer AThANT 54, [2]1968, 78-80; Rudolph Jer.[3] 91. 94. †

פֹּרָת: Gn 49$_{22}$ ↗ פרה qal 1 a. †

פַּרְתְּמִים: pe. Lw., pehl. *prtwm.*, altiran. (keilschr.) *fratama* „erster" (cf. Gehman JBL 43, 1924, 327f, Ellenbogen 140): pl. **Vornehme**, **Edle**, am pers. Hof Est 1$_{3}$ 6$_{9}$; am bab. Hof Da 1$_{3}$. †

פשׂה: mhe. פסה; ja. sbst. פסיונא (ev. Lw. < mhe. פַּסְיוֹן/פַּשְׂ); ar. *fašā* (*fšw*) sich ausbreiten; sy. *parsī* u. sam. (cf. Rosenthal Aramaic Handbook II (Wiesbaden 1967 72) entblössen, enthüllen; äg. *pšš* ausspreizen (EG I 560):

qal: pf. פָּשְׂתָה ,פָּשָׂה ,פָּשְׂתָה; impf. תִּפְשֶׂה/'יִ; inf. פָּשׂה: **sich ausbreiten** (krankhafte Erscheinung/Veränderung) Lv 13$_{5-55}$ 14$_{39.44.48}$. †

***פשׁח**: ↗ מִשְׁפָּח.

I **פשׂע**: mhe. ja. sam. sy. פְּסַע/פָּסַע schreiten; md. *psa* (MdD 375a) treten, schreiten, überschreiten; akk. *pasāḫu* (AHw. 838a) D vertreiben ?, N aufmarschieren :: Birot ARM XIV S. 239 zu Nr. 103, 21: vorrücken; ar. *fašaḫa* die Beine spreizen, grosse Schritte machen (Wehr 638a):

qal: impf. אֶפְשְׂעָה: **schreiten** Js 27$_{4}$. †

Der. פֶּשַׂע.

II **פשׂע**: Der. מִפְשָׂעָה.

פֶּשַׂע: I פשׂע, BL 456 l, 457q.r; ja. פִּסְעָתָא, 'פִּ, cp. pl. sf. *pwsʿt[j]* (Schulthess Lex. 160b), sy. *pesāʿā*, *pesāʿtā* Schritt; ar. *fašḫat* grosser Schritt (Wehr 638a): **Schritt** 1S 20$_{3}$; cj. Pr 29$_{6}$ pr. בְּפֶשַׁע prop. בְּפֶשַׂע (Gemser Spr.[2] 101, BHS) :: Driver Biblica 32, 1951, 193f, TOB: MT. †

פשׁק: mhe. פָּסַק teilen, aufhören, bestimmen; ja. פְּסַק abschneiden, spalten, pehl. *psq* schneiden (DISO 231); sam.

(BCh. LOT 2, 528), intr. aufhören (ibid. 513); ? akk. *pasāqu* (AHw. 838a) Bedtg. ungewiss; cp. *psq* zerreissen, zerbrechen; sy. fällen, teilen; md. (MdD 375b) (ab)-schneiden, aufhören (machen); ar. *fasaqa/fasuqa* (vom rechten Weg) abirren, abweichen:

qal: pt. פֹּשֵׂק: c. שְׂפָתָיו die Lippen auseinandersperren (= öffnen), d. h. zuviel reden; GB: unbedacht reden :: Lex.[1]: die Lippen verziehen (grinsen) Pr 13₃ (:: נֹצֵר פִּיו), s. W. Bühlmann OBO 12, 1976, 205; cf. Jenni 133. †

pi. (Jenni l. c.): impf. וַתְּפַשְּׂקִי: c. רַגְלַיִם die Beine **spreizen** Ez 16₂₅. †

פַּשׁ: hapleg. Hi 35₁₅, Bedtg. ungewiss, Vorschläge: 1) c. MT cf. GB: a) zu *פשׁשׁ = ⸗ פושׁ Übermut, bzw. Arroganz (Terrien CAT XIII 233[3]), Übermass an Worten (TOB 1501); b) zu ar. *fasīs, fasfas, fasfās* (s. Freytag Lex.[3] 347b): Albernes (König Wb. 377a), Torheit (GB); 2) cj. c. ΘΣV prop. בְּפֶשַׁע (Lex.[1], Zorell, BHS). †

פשׂח: mhe. abreissen, ja. פְּשַׂח pe. abreissen, pa. zerreissen, sy. pe. abschneiden, zerschneiden, pa. zerfetzen, zerfleischen; ar. *fasaḫa* ausrenken, verrenken, zerreissen:

pi: impf. c. sf. וַיְפַשְּׁחֵנִי, G κατέπαυσέν με, V *confregit me*, S *paššeḥani* er zerfetzte mich: zerreissen, zerfleischen (GB, König Wb, cf. Zorell) :: Lex.[1], Jenni 233: brach legen, cf. akk. *pašāḫu* ruhig werden, :: cj. l c. Aquila χωλαίνειν וַיְפַסְּחֵנִי und er lähmte mich (Kraus BK XX[3] 51. 52, cf. Plöger HAT 18[2], 147) Kl 3₁₁. †

פַּשְׁחוּר: n. m.; äg. (Noth N. 63), zur Erkl. s. Aḥituv IEJ 20, 1970, 95f u. Görg BN 6, 1978, 14: *pꜣšrj(n) Ḥr* „der Sohn des Horus"; ihe. T.-Arad (Lemaire IH 1, S. 212 Nr. 54; Vattioni sig. Nr. 148. 152): — 1. Priester am Tempel in Jerusalem S. v. אִמֵּר Jr 20₁₋₃.₆, vs. 3 sein neuer Name מָגוֹר מִסָּבִיב ⸗ I מָגוֹר; — 2. Beamter am Hof d. Zedekia, S. v. מַלְכִּיָּה Jr 21₁ 38₁; — 3. V. v. גְּדַלְיָהוּ Jr 38₁, = ? 1; — 4. Ahne einer Priesterfamilie, die sich nach ihm nannte Esr 2₃₈ 10₂₂ Neh 7₄₁ 10₄ 11₁₂ 1C 9₁₂. †

פשׁט: mhe. ausstrecken, gerade werden, ausziehen; DSS (KQT 181): hif. ausziehen, nif. sich begeben zu, sich verteilen auf; ja. פְּשַׁט (aus)strecken, gerade machen, erklären, pt. pass. פְּשִׁיטָא gerade, einfach, klar (Dalm. Wb. 355a), ija. (DISO 238); sam. sy. cp. md. (MdD 382b) (Hand) ausstrecken; akk. *pašāṭu* (AHw. 844) tilgen, auslöschen; ar. *basaṭa* ausbreiten, eben machen, ausstrecken, entfalten (Wehr 50f): Grdb.? ausbreiten = a) ausziehen (e. Kleid), b) einen Überfall machen (e. Heer, das sich ausbreitet); Zorell: a) = I פשׁט, b) = II פ׳:

qal: pf. פָּשַׁט, פָּשַׁטְתָּ/תִּי, פָּשְׁטוּ, פְּשַׁטְתֶּם, פָּשַׁטְנוּ; impf. וַיִּפְשֹׁט (1S 19₂₄), (וַ)יִּפְשְׁטוּ, יִפְשְׁטוּ; imp. פְּשֹׁטָה 2. f. pl. (Js 32₁₁) wohl aram. Endg. s. GK § 48i, BL 305g :: Dahood UHPh 9. 20; pt. pl. פֹּשְׁטִים: — 1. **ausbreiten, ausziehen** (:: לָבֵשׁ) Lv 6₄ 16₂₃ Ez 26₁₆ 44₁₉: a) c. בְּגָדִים Lv 6₄ 16₂₃ 1S 19₂₄ Ez 26₁₆ 44₁₉ Neh 4₁₇, c. כֻּתֹּנֶת HL 5₃, abs. sich ausziehen Js 32₁₁; b) die Haut abstreifen, sich häuten (Heuschrecken), c. וַיָּעֹף Nah 3₁₆, s. Rudolph KAT XIII/3, 182: gemeint ist die letzte Häutung, die das Fliegen ermöglicht; — 2. **sich** (der Beute wegen) **ausbreiten** = **einen Überfall machen**, sbj. Krieger bzw. Räuber (:: Lex.[1] losziehen): a) c. עַל gegen Ri 9₃₃ 1S 23₂₇ 30₁₄ Hi 1₁₇; b) c. בְּ gegen 2C 25₁₃ 28₁₈, c. אֶל (= עַל) Ri 20₃₇ 1S 27₈ 30₁; c) abs. Ri 9₄₄, 1S 27₁₀ (pr. אַל prop. c. 1-2 MSS, S T אָן, BHS), Hos 7₁ (pr. פָּשַׁט prop. פִּשֵּׁט, BHS), 1C 14₉ ₁₃. †

pi. (Jenni 201. 203): inf. פַּשֵּׁט: **ausgezogen machen** = **plündern** (Erschlagene) 1S 31₈ 1C 10₈, abs. 2S 23₁₀. †

hif: pf. הִפְשִׁיט, הִפְשִׁיטוּ, sf. הִפְשִׁיטוּךָ; impf. וַיַּפְשֵׁט, וַיַּפְשִׁיטוּ, תַּפְשִׁיט, תַּפְשִׁיטוּן, sf. וַיַּפְשִׁיטוּהוּ, אַפְשִׁיטֶנָּה; imp. הַפְשֵׁט; inf. הַפְשִׁיט; pt. pl. מַפְשִׁיטִים: — 1. a) **abstreifen, ausziehen** בֶּגֶד Hi 22_{6}, כְּתֹּנֶת Gn 37_{23}, שַׂלְמָה Mi 2_{8} (txt. corrupt. cj. Rudolph KAT XIII/3, 57f: pr. מוּל prop. מוּלִי et dl אֶדֶר, al. prop. מֵעַל שְׁלֵמִים אֲדֶרֶת, BHS); כֵּלָיו Rüstung 1S 31_{9}; b) **entkleiden** 1C 10_{9}, c. עָרֹם nackt ausziehen Hos 2_{5} Ez 16_{39} 23_{26}; metaph c. כָּבוֹד der Ehre entkleiden Hi 19_{9}; — 2. abziehen, **enthäuten**: a) c. עֹלָה = dem zur ע׳ bestimmten Opfertier d. Haut abziehen Lv 1_{6}, 2C 29_{34} pl.; b) עוֹר מֵעַל Mi 3_{3}, abs. 2C 35_{11}. †

hitp: impf. וַיִּתְפַּשֵּׁט: c. מְעִיל **sich ausziehen** 1S 18_{4}. †

פשׁע: mhe., DSS (KQT 181, THAT II 494f), ja.; ug. sbst. ↗ פֶּשַׁע; sy. *pešaʿ* starr, erschreckt sein: פשׁע, פָּשַׁע, פֶּשַׁע s. Koehler ZAW 46, 1928, 213-18; Th.[4] 159f; Lex.[1]; S. Porubčan Sin in the O.T. 1963; Knierim 113ff (mit Lit. 143[81]); THAT II 488-95; Hertzberg Fschr. Rudolph 97-108:

qal (40 ×): pf. פָּשַׁע, פָּשַׁעַתְּ, פָּשְׁעוּ, פָּשָׁעוּ, פְּשַׁעְתֶּם, פָּשַׁעְנוּ; impf. (וַיִּ/יִ/תִּ)פְשַׁע, וַיִּפְשְׁעוּ; imp. פִּשְׁעוּ; inf. פְּשֹׁעַ; pt. פֹּשֵׁעַ, pl. פֹּ(וֹ)שְׁעִים, sf. פֹּשְׁעֵיהֶם: — 1. **brechen mit** (Knierim 175, THAT II 490f. 492 :: Lex.[1]: sich auflehnen gegen): c. בְּ: a) Menschen/Staaten mit einander 1K 12_{19} 2K 1_{1} $3_{5.7}$ 2C 10_{19}; b) mit Gott 1K 8_{50} Js 1_{2} 43_{27} 66_{24} Jr $2_{8.29}$ 3_{13} 33_{8} Ez 2_{3} 18_{31} (pr. בָּם l c. 2 MSS, G בִּי, BHS), 20_{38} Hos 7_{13} Zef 3_{11}; c) c. עַל aufbegehren gegen, obj. תּוֹרָתִי Hos 8_{1}, s. Knierim 175, THAT II 491, Wolff BK XIV/1[2], 168. 176f; — 2. c. מִתַּחַת יַד **abfallen von** 2K $8_{20.22}$ 2C $21_{8.10}$ s. Knierim 174, THAT II 490 (:: Lex.[1]: sich auflehnen); — 3. abs. **verbrecherisch handeln** (Knierim 178, THAT II 491 :: Lex.[1]: sich auflehnen): Js 59_{13} Am 4_{4} Pr 28_{21} Kl 3_{42} Esr 10_{13}; cj. Js 64_{4} (pr. וְנִוָּשֵׁעַ prop. cf. G וַנִּפְשָׁע, BHS); Partizip: a) **abtrünnig** Js 1_{28} (oder ? zu b, so Knierim 180[121]), 46_{8} 48_{8} 53_{12b} Hos 14_{10} Ps 37_{38} 51_{15} Da 8_{23}; b) Verbrecher Js 1_{28} ↗ a, 53_{12a} pr. פֹּשְׁעִים prop. פִּשְׁעָם (BHS) od. פִּשְׁעֵיהֶם (G, 1Q Js[a,b] :: Lex.[1] vs. a u. b: Empörer); cj. Ps 39_{9} pr. פְּשָׁעַי prop. פֹּשְׁעַי ↗ פֶּשַׁע 3 c;

nif: pt. נִפְשָׁע: c. אָח Abfall erleiden (Lex.[1]), Bruch (einer Bruderschaft) erleiden, (s. THAT II 491), Pr 18_{19}. †

Der. פֶּשַׁע.

פֶּשַׁע (93 ×): פשׁע, BL 458u. 566d: Sam. *fēša*; mhe., DSS (KQT 181f, THAT II 494f); ug. *pšʿ*: KTU 1. 17 VI 43f (|| *gan*) Sünde o. ä., cf. UT nr. 2128, Aistl. 2287, RSP I 317 Nr. 471, CML[2] 156a; sam. פשׁע (BCh. LOT 2, 561); sy. *pešīʿūtā* Torheit; (Lit. ↗ פשׁע): פֶּשַׁע, sf. פִּשְׁעִי, פִּשְׁעוֹ, פִּשְׁעָהּ, פִּשְׁעֲכֶם, פִּשְׁעָם, pl. פְּשָׁעִים, cs. פִּשְׁעֵי, sf. פְּשָׁעַי/עַי, פְּשָׁעֶיךָ, פְּשָׁעָיו, פְּשָׁעֶיהָ, פְּשָׁעֵינוּ, פִּשְׁעֵיכֶם/הֶם: **Verbrechen** (Knierim 141: פֶּ׳ ist von Haus aus ein Begriff, der rechtlich zu ahndende Delikte bezeichnet :: Lex.[1]: 1) Auflehnung, Empörung, 2) Bestreitung, Anfechtung des Eigentums): — 1. a) **Eigentumsdelikt** Ex 22_{8} (Knierim 169ff, THAT II 490 :: Lex.[1] sub 2); b) Eigentums- u. Pernonaldelikt Am $1_{3.6.9.11.13}$ $2_{1.6}$ (Knierim 150, THAT II 489), cf. 2 e α; — 2. allg. **Verbrechen**, pl. **verbrecherische Taten** (Taten, welche die Gemeinschaft unter den Menschen u. mit Gott brechen); in exil. u. nachexil. Texten (in einzelnen Fällen schon früher) tritt die urspr. Bedtg. zurück, so dass Übersetzungen möglich sind wie **Verfehlung** (↗ 2 e ε), **Frevel** (↗ 2 e ζ) und **Unrechtstat** (↗ 3 c, so auch öfter bei 2 b, ↗ 4): a) עָוֹן וָפֶשַׁע (וְחַטָּאת/חַטָּאָה) (auch pl.) s. Knierim 229ff, Verkehrtheit, Verbrechen und Verfehlung Ex 34_{7} Lv 16_{21} Nu 14_{18} (ins. ? וְחַטָּאָה), Ez 21_{29} Ps 32_{5} Da 9_{24}; b) פֶּשַׁע || עָוֹן (auch pl.)

Js 50$_{1}$ 53$_{5}$ Ez 18$_{30}$ Mi 7$_{18}$ Ps 65$_{4}$ 89$_{33}$ 107$_{17}$ Hi 7$_{21}$ 31$_{33}$ 33$_{9}$ (F e ζ); c) פֶּשַׁע || חַטָּאת (auch pl.) Gn 31$_{36}$ 50$_{17}$ Jos 24$_{19}$ Js 58$_{1}$ 59$_{12}$ Ez 33$_{10.12}$ Am 5$_{12}$ Mi 1$_{5.13}$ 3$_{8}$ 6$_{7}$ (F 3 c), Ps 25$_{7}$ 59$_{4}$ (F e ζ), Hi 13$_{23}$ 14$_{17}$ 34$_{37}$; || חֲטָאָה Ps 32$_{1}$, || חָטָא Hi 8$_{4}$ (F 3 c), 35$_{6}$; d) פֶּשַׁע || מְשׁוּבָה Jr 5$_{6}$, cj. Ez 37$_{23}$ pr. מְשׁוּבֹתֵיהֶם l מוֹשְׁבֹתֵיהֶם (BHS); || פְּשָׁעִים טֻמְאָה Ez 39$_{24}$; רֹב פְּשָׁעֵיהֶם Ps 5$_{11}$; e) Verschiedenes: α) פִּשְׁעֵיהֶם לְכָל חַטֹּאתָם ihre Verbrechen inbezug auf alle ihre Verfehlungen, bzw. freier übers. ihre Verbrechen, durch die sie sich auf allerlei Weise verfehlt haben (cf. Baentsch GHK I/2, 1903, 385) Lv 16$_{16}$; β) רָעָה וָפֶשַׁע Böses u. Verbrechen 1S 24$_{12}$ (es folgt חָטָא); γ) פִּשְׁעֵי/פְּשָׁעִים einer Gemeinschaft (Volk/Stadt; cf. 1b) Am 2$_{4}$ 3$_{14}$ 5$_{12}$ Js 53$_{8}$ (pr. מִפֶּשַׁע עַמִּי l ? מִפְּשָׁעֵינוּ), Mi 3$_{8}$ Kl 1$_{5.14.22}$; cf. Pr 28$_{2}$; δ) Verbrechen/Unrechtstat der Erde Js 24$_{20}$; ε) פֶּשַׁע שְׂפָתַיִם Verfehlung der Lippen Pr 12$_{13}$ (cf. Knierim 177); פֶּשַׁע רָב grosse Verfehlung (wohl bes. = Abfall, cf. Knierim l. c.) Ps 19$_{14}$; ζ) יִלְדֵי פֶשַׁע Kinder des Frevels Js 57$_{4}$ (|| זֶרַע שָׁקֶר); שָׁבֵי פֶ׳ die sich vom Abfall bekehren Js 59$_{20}$ (cf. 3 b); רַב פֶּשַׁע einer, der sich oft verfehlt Pr 29$_{22}$; η) לֹא פִשְׁעִי ohne dass ich mich vergangen habe Ps 59$_{4}$ (F 2 c); בְּלִי פֶשַׁע Hi 33$_{9}$ (F 2 b), 34$_{6}$, אֵין־פָּשַׁע Pr 28$_{24}$; — 3. Wendungen (פְּשָׁעִים/פֶּשַׁע in Vbdg. mit Verben): a) c. אָהֵב Pr 17$_{19}$, c. עָשָׂה Ez 18$_{22.28}$, c. רָבַב Hi 35$_{6}$ Pr 29$_{16}$, c. כִּסָּה verbergen Ps 32$_{5}$ Hi 31$_{33}$ Pr 28$_{13}$, c. יָדַע Ps 51$_{5}$, c. הוֹדִיעַ Ps 32$_{5}$ cf. Hi 13$_{23}$, c. הִגִּיד Mi 3$_{8}$ Hi 36$_{9}$, c. הִשְׁלִיךְ Ez 18$_{31}$, c. הִגָּלוֹת Ez 21$_{29}$; c. חָדֵל Pr 10$_{19}$; c. יקשׁ nif. Pr 29$_{6}$ cj. F מוֹקֵשׁ; b) **vergeben** (Stamm Erl. Vgb. 66ff, THAT II 114. 152, Knierim 114ff): α) c. נָשָׂא Gn 50$_{17}$ Ex 23$_{21}$ 34$_{7}$ Nu 14$_{18}$ Jos 24$_{19}$ 1S 25$_{28}$ Ps 32$_{1}$ Hi 7$_{21}$, c. מָחָה Js 43$_{25}$ 44$_{22}$ Ps 51$_{3}$, c. כִּפֵּר Ps 65$_{4}$, c. סָלַח 1K 8$_{50}$, c. עָבַר עַל Mi 7$_{18}$ Pr 19$_{11}$ (c. העביר Sir 47$_{11}$), c. הִרְחִיק Ps 103$_{12}$, c. כִּסָּה bedecken Pr 10$_{12}$ 17$_{9}$, c. לֹא נִזְכַּר Ez 18$_{22}$ Ps 25$_{7}$; β) c. הִטַּמֵּא Ez 14$_{11}$ 37$_{23}$, c. נִקָּה Ps 19$_{14}$, c. שׁוּב מִפֶּ׳ Ez 18$_{28.30}$, cf. שָׁבֵי פֶ׳ Js 59$_{20}$ (F 2 e ζ); c) c. הִצִּיל Ps 39$_{9}$ (cj. pr. פְּשָׁעַי prop. פֹּשְׁעַי s. Kraus BK XV^{5} 451f), c. שִׁלַּח בְּיַד פִּשְׁעָם dem Zugriff der Unrechtstat (über-)lassen Hi 8$_{4}$, s. Horst BK XVI/1, 125, cf. Fohrer KAT XVI 183. 184, c. נָתַן, obj. בְּכֹרִי פִּשְׁעִי meinen Erstgeborenen für meine Unrechtstat (acc. causae s. GK § 118 l u. Rudolph KAT XIII/3, 108) Mi 6$_{7}$; d) txt. inc. נְאֻם פֶּשַׁע לָרָשָׁע die Sünde raunt dem Sünder zu (Gkl. Ps. 150) Ps 36$_{2}$, cf. Weiser ATD 14/15^{7}, 204; TOB :: Kraus BK XV^{5} 431f: pr. נְאֻם prop. נָעִים „angenehm ist die Schuld dem Gottlosen"; — 4. פֶּשַׁע als Terminus für einen kultischen Frevel (Entweihung des Tempels) Da 8$_{12.13}$ 9$_{24}$. †

*פשׁר: F ba. פשׁר: פְּשַׁר.

פֵּשֶׁר, *פשׁר, BL 460g; aLw. (Wagner 239, Lit.), mhe. DSS (KQT 182; Roberts BJRL 34, 1951/52, 368ff; Rabinowitz RQ N^{0} 30 = 8, 1973, 219ff); Sir 38$_{14}$ Diagnose; ja. פִּשְׁרָא u. a. Deutung; akk. *pišru* (AHw. 868b) Lösung, Deutung, cf. *pišertu* (l. c.) u. a. magische Lösung, Löseritus; sy. *p*^{e}*šārā* u. a. Lösung, Erklärung, cp. pl. **pšwrjn* Erklärung (Schulthess Lex. 165a); md. (MdD 372b) *pišra* Exorzismus; sam. Cowley SamLit 2 LXVII, s. Wagner l. c.: **Deutung**, **Erklärung** Koh 8$_{1}$ :: Roberts l. c. 368: Weisheit. †

*פֵּשֶׁת: wohl Primärnomen: mhe. פִּשְׁתָּן, ihe. *pšt* (KAI Nr. 182, 3; s. H. P. Müller UF 2, 1970, 230f); ph. (gr.) ζεραφοιστ = *zrʿ pšt* (DISO 238, Müller l. c. 230^{18}), pun. *pšt* (DISO l. c.); ug. *pṯt*, pl. *pṯtm* (UT nr. 2135, Aistl. 2296); s. Löw. Pfln. 233, V. Hehn 164ff, AuS 5, 23ff, Talmon

JAOS 83, 1963, 178ff, BRL[1] 360, BHH 1072: sf. פִּשְׁתִּי (s. unten), pl. פִּשְׁתִּים, cs. פִּשְׁתֵּי: **Flachs Leinen** (d. pl. eig. ,,Flachsstengel'', s. Wildbg. BK X 699. 701; masc. pl. sog. Gruppenplural, s. Michel Grundl. heSy. 1, 36. 38f. 40ff): a) Dt 22_{11} Ri 15_{14} Hos $2_{7.11}$ (cj. pr. פִּשְׁתִּי prop. pl. פִּשְׁתַּי s. Rudolph KAT XIII/1, 63; Wolff BK XIV/1[2], 36 :: Tångberg VT 27, 1977, 222-24: MT arch. od. dialekt. Nf); Pr 31_{13} (|| צֶמֶר); b) Stoff von בֶּגֶד Lv $13_{47.59}$ Ez 44_{17}, אֵזוֹר Jr 13_1, פְּתִיל Ez 40_3; פַּאֲרֵי פ׳ u. מִכְנְסֵי פ׳ Ez 44_{18}; שְׁתִי אוֹ עֵרֶב לַפִּ׳ Lv 13_{48}, bzw. בַּפִּ׳ $_{52}$ Gewebe od. Gewirke s. Elliger Lev. 185 :: AuS 5, 104: Kette u. Einschlag (|| צֶמֶר); c) פִּשְׁתֵּי הָעֵץ Flachsstengel Jos 2_6, s. Müller UF 2, 1970, 231[28]; עֹבְדֵי פִשְׁתִּים (Leute), die den Flachs verarbeiten Js 19_9, ד פִּשְׁתָּה. †

פִּשְׁתָּה: *פֵּשֶׁת, Sam. *fišta*: — 1. **Flachs** (auf dem Feld) Ex 9_{31}; fem. als coll.? (GK § 122r): ,,Flachsbestand''; — 2. **Docht** (aus Flachs) Js 42_3 (Koenig VT 14, 1964, 159ff), 43_{17}; fem. als n. unit. (GK § 122t, Michel Grundl heSy. 1, 36ff. 40ff); AuS 7, 232, BRL[2] 198. †

פַּת: פתת (BL 559m, R. Meyer Gr. § 51, 2b): Sam. *fåt*, pl. *fattəm*; mhe., ja. פִּתָּא Brot, Stück Brot; sam. פת, pl. פתין (BCh. LOT 2, 488); sy. *pettᵉṯā* Brocken, Stückchen; ar. *futāt* Krümel, Krumen, *fatīt* zerbröckeltes Brot; äth. *fet* u. *fetat* (Dillm. 1367) Stückchen: fem. cs. פַּת, sf. פִּתִּי, פִּתְּךָ, פִּתֵּךְ, פִּתּוֹ, pl. פִּתִּים (cf. Michel Grundl. heSy. 1, 40): **Brocken**, **Bissen** (AuS 4, 71f; 6, 138): — 1. a) פַּת לֶחֶם Gn 18_5 Ri 19_5 1S 2_{36} 28_{22} 1K 17_{11} Pr 28_{21}; ohne לֶחֶם 2S 12_3 Hi 31_{17} Pr 23_8 Rt 2_{14}; פַּת חֲרֵבָה ein trockener Bissen Pr 17_1; b) metaph. פִּתִּים Eisbrocken beim Hagel Ps 147_{17}; — 2. פִּתִּים Brocken des zum Speisopfer (מִנְחָה) verwendeten Ofengebäcks Lv 2_6; מִנְחַת פִּתִּים Brockenspeisopfer 6_{14}, s. de Vaux Inst. 2, 300 = Lebensordnungen 2, 267, Rendtorff WMANT 24, 1967, 183.†

***פֹּת**: akk. *pūtu* (AHw. 884) Stirn, Stirnseite; ? ar. *fiʾat* Gruppe, Klasse, Schar; amhar. *fit* (Nöldeke NB 151f), soq. *fio*: sf. פָּתְהֵן Js 3_{17} (BL 252p. 256p), pl. פֹּתוֹת; — 1. **Stirn** Js 3_{17} (Driver JThS 38, 1937, 38; Lex.[1], s. auch Wildbg. BK X 139 :: trad. weibliche Scham, s. GB; W. Dietrich Jesaja und die Politik 1976, 43); — 2. הַפֹּתוֹת (an den Tempeltüren) 1K 7_{50}, Bedtg. fraglich: a) Stirn-Seite (Driver l. c., Lex.[1]; cf. Gray Kings[3] 201. 202); b) Angelhöhlen (für d. Türflügel, Noth Kge. 143, Würthwein ATD 11/1, 83); wegen des akk. *pūtu* dürfte a) vorzuziehen sein. †

פְּתָאיִם: ד פֶּתִי.

פִּתְאֹם, פִּתְאוֹם Ps 64_8: פֶּתַע; s. Joüon § 102b: < פִּתְעֹם (א < ע) :: BL 529-530z.b: loc. *ū* > *ō* + *m*; zur Endg. *-m* cf. R. Meyer Gr. § 41, 6; auch akk. s. GAG § 72b; zur Etym. s. Kopf VT 9, 1959, 271f: ar. *fataʾa/fatiʾa* mit Neg. nicht aufhören zu; *fatiʾa* ʿ*an* vergessen; Sam. *fētåm*; ja. sam. mhe. DSS (KQT 182); D. Daube The Sudden in the Scripture 1964: adv. **plötzlich**, **überraschend**: a) Nu 12_4 Jos 10_9 11_7 (:: Malamat Encyclopaedia Judaica, Year Book 1975/76, 178f: Überraschungsangriff) Js 47_{11} 48_3 Jr 4_{20} 6_{26} 15_8 18_{22} 51_8 Mal 3_1 Ps $64_{5.8}$ Hi 5_3 9_{23} Pr 6_{15} 24_{22} Koh 9_{12}, = בְּפִתְאֹם 2C 29_{36}; b) פֶּתַע פִּתְאֹם ganz plötzlich Nu 6_9 Js 29_5; פִּתְאֹם לְפֶתַע im Nu (eig. plötzlich in Bezug auf den Augenblick, s. Brockelm. HeSy. § 107i α) Js 30_{13}; פַּחַד פִּתְאֹם plötzlicher Schrecken Hi 22_{10} Pr 3_{25}; — cj. ? Pr 7_{22} pr. פִּתְאֹם prop. c. G פְּתָאיִם: auf die Weise von Einfältigen (Gemser Spr.[2] 42, cf. BHS) :: MT: a) פִּתְ׳ = sofort (Barucq Le livre des Proverbes 1964, 84; TOB); b) פֶּתְ׳ = unbekümmert (Kopf l. c.). †

פַּת־בַּג: l פַּתְבַּג s. BHS zu Da 1_5 (die Trennung denkt an פַּת Brocken), pe. Lw., ape. *patibaga*, skr. *pratibhâga* (Eilers 78ff, Wagner 240, Ellenbogen 142), > gr. ποτίβαζις; sy. *patgābā*, gew. *paṭgābā* Leckerbissen: sf. פַּת־בָּגוֹ Da 11_{26}, פַּתְבָּגָם Da 1_{16}: **Speise/Verpflegung** (von d. königl. Tafel) Da $1_{5.8.13.15f}$ 11_{26}. †

פִּתְגָם: pe. Lw. ⸗ ba. (Wagner 241, Ellenbogen 142); mhe. ja. sam., DSS (KQT 182): **Bescheid, Spruch** Koh 8_{11} (Galling HAT 18[2], 111: Urteil), Est 1_{20} Sir 5_{11} 8_9. †

I **פתה**: davon sbst. פֶּתִי (GB) oder d. vb. von diesem denom. (Lex.[1]); THAT II 495; mhe. qal zahm sein, überreden, pi. überreden, verlocken (Dalm. Wb. 356a), DSS (KQT 182f, THAT II 498); ja. pa. verführen; ? ph. *mpt* (KAI Nr. 30, 1, DISO 164): KAI l. c., Müller ZA 65, 1975, 107f zu פתה (pt. pi. od. jif.) Würdenträger ?, militär. Führer ?; ug. *ptj/w* (KTU 1. 23, 39: *kjpt*) bespringen (UT nr. 2129), schwächen (Aistl. 2289), verführen (Gray LoC[2] 100; CML[2] 156a); ar. *fatā* (*ftw/j*) jugendlich, jung; e. Jüngling sein; denom. v. *fatan* ⸗ פֶּתִי; äth. *fatawa/fatwa* (Dillm. 1368) begehren, verlangen; tigr. *fatā* (Wb. 666a) lieben, wünschen, wollen; (THAT II 495-98, Lit.; ferner Clines and Gunn VT 28, 1978, 20-23):

qal: impf. יִפְתֶּה, וַיִּפְתְּ; pt. פּ(וֹ)תֶה, f. פּוֹתָה: **unerfahren sein, sich betören, verleiten lassen**; Jenni 21: unerfahren, verleitbar sein: c. לֵב Dt 11_{16} Hi 31_{27}; pt. der leicht zu Verführende, Einfältige Hi 5_2 Sir 8_{17} 42_8; fem. sbj. יוֹנָה Hos 7_{11}; hieher nach Lex. [1] auch Pr 20_{19} פֹּתֶה שְׂפָתָיו törichter Plauderer :: GB; Gemser Spr.[2] 78. 79: II פתה. †

nif: pf. נִפְתָּה; impf. וָאֶפָּת: **sich betören lassen, sich zum Narren halten lassen** (Lex.[1]) Jr 20_7 Hi 31_9; für Jr 20_7 so auch u. a. Rudolph Jer.[3] 130, ZüBi, doch anders u. in positivem Sinn schon GB: sich bereden lassen (im guten Sinn); ferner Müller ZA 65, 1975, 107/108 Anm.[19], ⸗ ph. *mpt.*: in Verfügung, in Anspruch genommen sein; Clines-Gunn l. c. 22 überredet/überzeugt werden; — Hi 31_9 GB: sich hinreissen lassen zu (עַל); Clines-Gunn l. c. sich betören lassen (עַל = wegen), siehe oben;

pi. (Jenni 21, siehe oben): pf. inc. וַהֲפִתִּיתָ Pr 24_{28} (⸗ 1 c), פִּתִּיתִי, sf. פִּתִּיתַנִי; impf. יְ/תְפַתֶּה, sf. אֲפַתֶּנּוּ, יְפַתּוּךָ, וַיְפַתּוּהוּ; imp. פַּתִּי; inf. sf. פַּתֹּתְךָ; pt. sf. מְפַתֶּיהָ: **überreden** (:: trad. verlocken, verführen) s. THAT II 497; Clines-Gunn l. c.: — 1. im Sinne eines lockenden Verführens, jmdn überreden: a) Pr 1_{10} 16_{29}; eine Jungfrau Ex 22_{15} (Sam. hif. *jafti*); b) jmdn (durch heuchlerische Worte) Ri 14_{15} 16_5 2S 3_{25}; c) c. בִּשְׂפָתֶיךָ Pr 24_{28}, cj. pr. וַהֲפִתִּיתָ prop. c. G וְאַל תְּפַת (BHS) überreden, überzeugen, bzw. versuchen zu ..., s. Clines-Gunn l. c. 21f (:: Gemser Spr.[2] 90: täuschen); c. בְּפִיהֶם Ps 78_{36} (|| כִּזֵּב), obj. Gott: zu überreden versuchen = schmeicheln, s. Dahood Psalms II 236. 243 (:: Kraus BK XV[5] 700: betrügen); cj. Pr 9_{13} pr. פְּתַיּוּת prop. וּמְפַתָּה (Lex.[1], BHS) :: Gemser Spr.[2] 48: sbst. Leichtsinn; Driver Biblica 32, 1951, 178f: Unverstand; — 2. sbj. Gott (THAT II 497): a) **überreden**, bzw. **zu überreden versuchen** (Clines-Gunn l. c. 22); ? sich in Anspruch nehmen lassen (Müller l. c.) ⸗ nif. Jr 20_7, Ez 14_9 (:: trad. betören u. ä. siehe Zimmerli 300. 312); b) überreden (Lex.[1]) „geduldiges Überreden" (Rudolph KAT XIII/1, 75[1], Bühlmann OBO 12, 1976, 79) Hos 2_{16}, cf. Sir 30_{23} פת נפשך rede deiner Seele zu G ἀπάτα τὴν ψυχήν σου); c) zu überreden versuchen, s. Clines-Gunn l. c. 23 (:: trad. betören u. ä.) 1K 22_{20-22} || 2C 18_{19-21}. †

pu: impf. יְפֻתֶּה **sich überreden lassen, überredet werden**: a) durch Menschen Jr 20₁₀ Sir 42₁₀, bzw. durch Langmut Pr 25₁₅; b) durch יהוה Ez 14₉ ↗ pi. 2 a. †

? Der. I, II פְּתִי.

II **פתה**: ja. פְּתָא weit sein; sam. (BCh. LOT 2, 561f), mhe. פּוֹתִי, ba. פְּתָי, dort auch zu äga. sy. cp. md.:

qal: pt. פֹּתֶה; c. שְׂפָתָיו Pr 20₁₉ **die Lippen öffnen, schwatzen** (GB, Gemser Spr.[2] 78. 79) :: Lex.[1]: I פתה ↗ dort;

hif. (aLw. Wagner 242): impf. יַפְתְּ **weiten Raum schaffen** Gn 9₂₇ (GB, Lex.[1], Zorell, cf. u. a. Westermann BK I/1, 645; Sam. *jēfət*: √יפת cf. sam. Targ. יפת) :: Procksch KAT I 1924, 73, Rost Credo 49: zu I פתה. †

Der. ? n. m. יֶפֶת.

פְּתוּאֵל: n. m.: zur Endg. *-ū* im 1. Bestandteil s. Ran Zadok WdO 9, 1977, 54[138]; Bedtg. des PN ungewiss, s. THAT II 495f; bei Noth N. 255b nicht erkl; Versuche s. Rudolph KAT XIII/2, 36, Wolff BK XIV/2, 28: a) Lex.[1] פְּתוּ = פְּתִי „Jüngling Gottes/Els"; ähnl. Müller ZAW 75, 1963, 313 mit Hinweis auf asa. *ftyᵐ*; cf. he. נְעַרְיָה u. ug. *nʿril* (Gröndahl 164. 402a); b) zu I פתה: ? פְּתוּיאֵל „Verführter Gottes" (Bič Das Buch Joel, Berlin 1960, 13), doch ist das ganz unwahrscheinlich: Vater d. Propheten Joel Jl 1₁. †

פִּתּוּחַ: II פתח, BL 480v, oder vb. denom; Sam. *fittuwwi* (pl. cs.); mhe. ja. Gravur; sam. (BCh. LOT 2, 558); ? ph. *ptḥ* „Gravierung" od. „Tür" ↗ פֶּתַח (KAI Nr. 10, 4. 5, II S. 13f, DISO 239): sf. פִּתּוּחָהּ, pl. פִּתּוּחִים, cs. פִּתּוּחֵי, sf. פִּתּוּחֶיהָ: **eingeritzte Verzierung, Gravierung**: a) auf Stein Ex 28₁₁.₂₁ 39₆.₁₄ Zch 3₉ (Galling Fschr. Rudolph 92f), Sir 45₁₁; b) auf Gold Ex 28₃₆ 39₃₀; bei a) und b) d. Terminus פִּתּוּחֵי ח(וֹ)תָם, ↗ I חוֹתָם; c) auf der hölzernen Verkleidung d. Tempelwände 1K 6₂₉, Ps 74₆ cj. pr. פִּתּוּחֶיהָ prop. פִּתּוּחִים vel פִּתּוּחֶיךָ (BHS); d) allg. Gravierarbeit, Gravierungen: פִּתּוּחִים 2C 2₆, כָּל־פִּתּוּחַ 2C 2₁₃. †

פְּתוֹר: n. l., loc. פְּתוֹרָה; Sam. Vers. פתרה = *fātårå* appell.; im oberen Mesopotamien (GTT p. 5), = ass. *Pitru/Pitura*, s. Parpola AOAT 6, 1970, 279; Görg BN 1, 1976, 24. 26; H. P. Müller ZDPV 94, 1978, 61; BHH 252; s. ferner Lex.[1]; Lokalisierung im AT עַל־הַנָּהָר (= am Euphrat) Nu 22₅; אֲרָם Nu 23₇; אֲרַם נַהֲרַיִם Dt 23₅, Heimat d. Bileam. †

***פְּתוֹת**: פתת, Nf. zu ↗ פַּת, cf. ar. *futāt* (Nöldeke BS 30f): pl. cs. פְּתוֹתֵי: פְּ׳ לֶחֶם **Brocken** v. Brot Ez 13₁₉. †

I **פתח**: mhe., DSS (KQT 183), ihe. (IEJ 3, 1953, 143); Deir Alla V d 4 (ATDA 258); ja. sam. (BCh. LOT 2, 660), ph. aam. äga. palm. nab. (DISO 238f); ug. *ptḥ* (UT nr. 2130, Aistl. 2290, RSP I S. 318 Nr. 472); sy. cp. md. (MdD 383b); akk. *petû* (AHw. 858ff); ar. *fataḥa*; äth. *fatḥa* öffnen, jmdm Recht sprechen (Dillm. 1364) ↗ sbst. *fetḥ* bei פֶּתַח; tigr. (Wb. 664b); asa. *ftḥ* (Conti 221a); > äg. *ptḥ* (EG I 565):

qal (97 ×): pf. פָּתַחְתָּ/תִּי, פָּתְחָה, פָּתַח, פָּתְחוּ, פָּתָחוּ; impf. (וְ)תִּפְתַּח/, וַיִּ/יִפְתַּח, וַיִּפְתָּח, וַיִּפְתְּחוּ/תְּחוּ, אֶפְתְּחָה, וָאֶפְתַּח/תַּח, תְּח, (וַ)נִּפְתְּחָה, sf. יִפְתָּחוּם; imp. פְּתַח, פִּתְחִי, פִּתְחוּ; inf. פְּת(וֹ)חַ, cs. פְּתֹחַ, sf. פִּתְחִי/וֹ (BL 343b); pt. פֹּ(וֹ)תֵחַ, pass. f. פְּתוּחָה, pl. פְּתֻ(וּ)חוֹת: — 1. **auftun, öffnen**, c. acc.: a) Tor Js 26₂ Ez 46₁₂ Ps 118₁₉ Hi 31₃₂ Neh 13₁₉ 2C 29₃, cf. Nah 3₁₃ ↗ nif.; b) Fenster Gn 8₆ 2K 13₁₇; c) Tür Ri 3₂₅ 19₂₇ 1S 3₁₅ 2K 9₃.₁₀ Js 22₂₂ 45₁ Zch 11₁ Ps 78₂₃; דֶּלֶת als obj. vorausgesetzt, aber nicht genannt c. לְ pers. HL 5₂.₅f; d) Stadt Jos 8₁₇, cf. abs. Jr 13₁₉ (:: סָגַר); e) Versch: α) Speicher Jr 50₂₆, Grab Jr 5₁₆ Ez 37₁₂f Ps 5₁₀, Sack Gn 42₂₇ 43₂₁ 44₁₁, Schlauch Ri 4₁₉, Kästchen (תֵּבָה) Ex 2₆, Gefäss Nu

19_{15}, Zisterne Ex 21_{33}, Eingang Jos 10_{22}; β) Brief Neh 6_5, Buch (סֵפֶר) Neh 8_5; γ) (Gott) Schoss e. Frau Gn 29_{31} u. 30_{22}, cf. ph. *ljpth [rh]mj wtld* (KAI Nr. 27, 22, s. Avishur UF 8, 1976, 14); δ) (Gott) Lippen Ps 51_{17} Hi 11_5; (Mensch) Lippen Hi 32_{20}, Mund Js 53_7 Ez 3_2 21_{27} Ps 38_{14} 39_{10} 78_2 109_2 Hi 3_1 33_2 Pr 24_7 $31_{8f.26}$ Da 10_{16} Sir 15_5; ε) (Gott) der Eselin Nu 22_{28}, dem Propheten Ez 3_{27} 33_{22} (Zimmerli Ges. Aufs. II 202), das Ohr Js 50_5; ζ) (von Gott) עֵינַיִם פְּתֻחוֹת 1K $8_{29.52}$ Neh 1_6 2C $6_{20.40}$ 7_{15}, Hand Ps 104_{28} 145_{16}; η) metaph. (שֹׁרֶשׁ) פָּתוּחַ אֱלֵי־מָיִם Hi 29_{19}; — 2. Besonderes: פָּתַח c. נְהָרוֹת fliessen lassen (Gott) Js 41_{18}, c. צוּר Ps 105_{41}, c. אֶרֶץ Nu 16_{32} 26_{10} (פִּיהָ), Ps 106_{17}, c. אֲרֻבּוֹת Mal 3_{10} auftun (Gott); פָּתַח בַּר eig. den das Getreide enthaltenden Sack öffnen = d. Getreide anbieten (Wolff BK XIV/2, 376) Am 8_5; (יהוה) פָּ׳ אוֹצָרוֹ Dt 28_{12} Jr 50_{25}; cj. Gn 41_{56} pr. אֲשֶׁר בָּהֶם prop. cf. G S אֹצְרוֹת בַּר (BHS); sbj. עִיר c. לְ = sich jmdm ergeben Dt 20_{11}, cj. ? 2K 15_{16} pr. לֹא פָתַח prop. c. Vrss. לֹא פָתְחוּ לוֹ (BHK); פָּ׳ מִן entblössen von Ez 25_9; פָּ׳ חֶרֶב das Schwert zücken Ez 21_{33} Ps 37_{14}, פָּ׳ חִידָה Rätsel lösen Ps 49_5; פָּ׳ יָדוֹ לוֹ = ist freigebig gegen ihn Dt $15_{8.11}$; — cj. Js 14_{17} pr. פָּתַח c. G S prop. פִּתַּח :: Wildbg. BK X 535: לַאֲסִירָיו לֹא פָתַח בֵּית הַכֶּלֶא; cj. Js 45_8 pr. תִּפְתַּח prop. תִּפָּתַח (Lex.[1], BHS) :: Driver VT 1, 1951, 243f: MT, qal ellipt, zu ergänzen בִּטְנָהּ; :: Elliger Fschr. Myers, Philadelphia 1974, 136f: c. G תַּפְרִיחַ. †

nif: pf. נִפְתַּח, נִפְתְּחוּ/תָּחוּ; impf. (וַיִּ)יִפָּתַח, יִפָּתֵחַ, תִּפָּתַח, יִפָּתְחוּ, תִּפָּתַחְנָה; inf. cs. הִפָּתַח; pt. נִפְתָּח: — 1. **geöffnet werden**: a) ein Tor Ez 44_2 46_1 Neh 7_3, die Tore am Fluss Nah 2_7, Tore d. Landes Nah 3_{13}; b) der Mund Ez 24_{27} 33_{22}, das Ohr Js 35_5; c) kosmologisch: d. Fenster des Himmels Gn 7_{11} Js 24_{18}, der Himmel Ez 1_1, eine Quelle Zch 13_1, d. Erde Js 45_8 cj. ↗ פתח qal 2; — 2. **geöffnet gelöst werden** (Lendenschurz) Js 5_{27} s. Hönig 22f, Wildbg. BK X 224; — 3. a) **befreit werden** (durch Öffnen d. Fesseln) Js 51_{14} Hi 12_{14}; b) **entfesselt werden** (Unheil) Jr 1_{14} s. Rudolph Jer.[3] 8; c) geöffnet, Luft gemacht werden (Wein in e. Gefäss od. in Schläuchen) Hi 32_{19}, s. Ebach-Rüterswörden UF 9, 1977, 67f. †

pi. (Jenni 201f): pf. פִּתְּחָה, פִּתֵּחַ, פִּתַּח, פִּתַּחְתָּ (Sec. φεθεθα Ps 30_{12}, Brönno 388; R. Meyer Gr. § 70, 1 d), פִּתְּחוּ, sf. פִּתַּחְתִּיךָ; impf. (וַ)יְפַתַּח, תְּפַתַּח, אֲפַתֵּחַ, sf. וַיְפַתְּחֵהוּ; inf. פַּתֵּחַ; pt. מְפַתֵּחַ: — 1. a) **losschirren** (גְּמַלִּים) Gn 24_{32} (Sam. hif. *jafta*); b) **losbinden** (שַׂק) Js 20_2 Ps 30_{12}; abs. (als obj. zu ergänzen: ? כֵּלִים die Waffen) 1K 20_{11} (:: חגר), oder zu c.; מָתְנַיִם die Hüften entgürten Js 45_1, cf. akk. *iptur qabalšu* (AHw. 849b, 5) er entgürtete seine Hüfte; c) lösen: α) Fesseln Js 58_6 Ps 116_{16} Hi 12_{18} 39_5; β) metaph. die Bogensehne Hi 30_{11} (pr. K יִתְרוֹ l c. Q יִתְרִי); die Bande (מֹשְׁכוֹת) des Orion Hi 38_{31}; דֶּלֶת (= Maul des Krokodils) Hi 41_6; d) c. acc. pers. einen Gefangenen/Gefangene lösen = **befreien** Jr 40_4 (von den Fesseln), Ps 102_{21} 105_{20}; — 2. Besonderes: a) c. אֲדָמָה d. Ackerboden geöffnet machen = Furchen ziehen (Jenni l. c.) Js 28_{24}; b) HL 7_{13} sbj. ↗ סְמָדַר: das pi. פִּתַּח entweder intr.: sich öffnen od. trans. mit zu ergänzendem obj. Blüten, Knospen, s. Jenni l. c. und Gerleman BK XVIII 205, :: cj. נִפְתַּח: Dahood Proverbs and North-West Semitic Philology, Roma 1963, S. 8[4]: pass. qal; — cj. Js 14_{17} pr. פָּתַח prop. ↗ פִּתַּח פתח qal 2; cj. Js 48_8 pr. פִּתְּחָה prop. c. S V נִפְתְּחָה (Lex.[1]) vel פָּתְחָה vel c. 1Q Js[a] T פָּתַחְתָּ :: Dahood l. c.: pass qal; cj. Js 60_{11} pr. וּפִתְּחוּ prop. c. Vrss. וְנִפְתְּחוּ (Lex.[1]) vel וּפִתְּחוּ :: Dahood l. c., Scullion UF 4, 1972, 116: pass. qal. †

hitp: imp. הִתְפַּתְּחִי Q, K 1Q Js[a] ־תְּחוּ:

sich frei machen, sich entledigen c. acc. מוֹסְרֵי, doch l ? מִמּוֹ', Js 52_{2}. †
Der. פֶּתַח, פֶּתַח*, פִּתָּחוֹן, פְּתִיחָה, מִפְתָּח*, מַפְתֵּחַ; n. m. יִפְתָּח, פְּתַחְיָה; n. l. יִפְתָּח, יִפְתַּח־אֵל.

II **פתח**: Ableitung unsicher: a) denom. v. פִּתּוּחַ (Jenni 163); b) Primärverb u. verw. mit akk. *patāḫu* einbohren (Lex.[1], Jenni 245; cf. AHw. 846b: *patāḫu* durchstossen, durchbohren); die Entscheidung zw. a und b ist schwierig; für a sprechen pi. u. pu. (ohne qal), für b akk., asa. u. kopt. (s. unten); mhe. hitp. graviert werden, DSS (1Q M V 7 pu.); asa. *ptḫ* (Conti 221a) eingravieren, einschneiden; kopt. *pot(e)ḫ* eingravieren (Crum 276) ar. *fatḫat* Ring (GB); zu den ganz unsicheren Belegen in ph. u. äga. s. DISO 239:

pi. (Jenni l. c.): pf. פִּתַּח, פִּתַּחְתְּ; impf. וַיְפַתַּח, תְּפַתַּח; inf. cs. פַּתֵּחַ; pt. מְפַתֵּחַ: **eingravieren**: — 1. c. עַל auf: אֶבֶן Ex 28_{9} (Sam. qal *wfåtåttå*); צִיץ זָהָב 28_{36}, לֻחֹת 1K 7_{36}, קִירוֹת 2C 3_{7} (כְּרוּבִים); — 2. c. acc. Ex 28_{11} (אֶבֶן); — 3. eine Gravierung/ Gravierungen eingravieren, eingraben פַּתֵּחַ פִּתֻּחַ/פִּתּוּחַ/חִים Zch 3_{9} (:: Lipiński VT 20, 1970, 28f: cj.), 2C $2_{6.13}$. †

pu: pt. pl. מְפֻתָּחוֹת: **graviert** (אַבְנֵי הַשֹּׁהַם) Ex 39_{6}, s. DSS (KQT 183). †
Der. פִּתּוּחַ.

פֶּתַח: I פתח, BL 460g; Sam. *fēta* mhe., DSS (1Q M 11, 9), ja.; ph. *ptḥ* ↗ פִּתּוּחַ, pun. (DISO 239); sy. *peṯāḥā* Öffnung, Eroberung, md. *ptaha* (MdD 383f) Eröffnung, Beginn; ar. *fatḥ* Öffnung, Eröffnung, Eroberung; äth. *feth* (Dillm. 1365) Gerichtsurteil < vb. *fatḥa* ↗ I פתח, *fetḥat* (Dillm. 1366) Öffnung = Beginn, Zugang; asa. *ftḥn* (Conti 221a) Urteil: (164 ×) פֶּתַח, loc. הַפֶּתְחָה, sf. פִּתְחוֹ/חָהּ, pl. פְּתָחִים, cs. פִּתְחֵי, sf. פְּתָחַי, פְּתָחֶיהָ/חֵינוּ, פִּתְחֵיהֶם/הֶן (AuS 7, 67f): — 1. **Öffnung**, Eingang: a) c. אֹהֶל Gn 18_{1} (12 ×), c. אֹהֶל מוֹעֵד Ex 29_{4} (41 ×, Ex 9 ×, Lv 29 ×), c. בַּיִת Gn 19_{11} (20 ×), c. שַׁעַר Ri 9_{35} (28 ×), s. Rösel ZDPV 92, 1976, 26 u. Anm.[90]; cf. ug. *b ap ṯġr* (KTU 1. 17 V 6; cf. RSP I S. 59 Nr. 46), c. מִגְדָּל Ri 9_{52}, c. עִיר 1K 17_{10} 1C 19_{9}, c. מְעָרָה 1K 19_{13}, c. חָצֵר Nu 3_{26} Ez 8_{7}; פֶּתַח רֵעִי Hi 31_{9}; פֶּתַח נֶגֶד פֶּתַח eine Tür der anderen gegenüber Ez 40_{13}; פֶּתַח עֵינַיִם Gn 38_{14} ↗ עֵינַיִם; b) פֶּתַח לְ Eingang zu 1C 9_{21}; לַפֶּתַח zur Tür hin od. vor der Tür Gn 4_{7} (s. Brockelm. HeSy. § 107a, Westermann BK I/1, 385); בַּפֶּתַח c. בּוֹא zur Tür hin 1K 14_{6} (Brockelm. HeSy. § 106a); הַפֶּתְחָה an die Tür hin od. vor die Tür c. יָצָא Gn 19_{6}; פֶּתַח (loc. ohne Endg, bzw. ohne praep. בְּ s. GK § 118g, Joüon § 126h) vor der Tür Gn 19_{11} Ri 4_{20} 19_{26}; vor die Tür hinaus c. יָצָא Hi 31_{34}; אֶל־פֶּתַח zur Tür/zum Eingang hin, bzw. an d. T./am E. (Brockelm. HeSy § 108b) Ex 29_{4} Dt 22_{21} 1K 17_{10}; — 2. Einzelnes: a) פִּתְחֵי נְדִיבִים Pforten der Freiwilligen Js 13_{2} (s. Wildbg. BK X 499. 501); פִּתְחֵי עוֹלָם uralte Pforten Ps $24_{7.9}$; מְבוֹא פְתָחִים wo man in die Pforten hineingeht Pr 8_{3}; פֶּתַח תִּקְוָה Tor der Hoffnung Hos 2_{17} (1Q M 11, 9); b) metaph. פִּתְחֵי פִיךָ die Pforte (eig. die Eröffnungen) deines Mundes Mi 7_{5} (s. Rudolph KAT XIII/3, 121. 123); c) wörtlich od. metaph. מַגְבִּיהַּ c. פִּתְחוֹ Pr 17_{19}: entw. wer seine Tür (Tür s. Hauses) hoch macht (Lex.[1], cf. V *ostium*, S *tarʿēh*) oder wer seinen Mund gross auftut, wer prahlerisch redet (zu beiden Deutungen s. Gemser Spr.[2] 72. 73, Ringgren ATD 16, 72. 74); — cj. Mi 5_{5} pr. בִּפְתָחֶיהָ l בַּפְּתִיחָה (BHS); cj. 2C 4_{22} pr. וּפֶתַח הַבַּיִת דַּלְתוֹתָיו prop. (cf. 1K 7_{50}) וּפֹתוֹת הַבַּיִת לְדַלְתוֹתָיו (BHK, cf. BHS) :: Rudolph Chr. 208f: MT; ↗ פֹּת 2.

***פֵּתַח**: I פתח, BL 459e, GK § 93; cs. פֵּתַח: Ps 119_{130}; Vrss. differieren: a) G δήλωσις, V *iuxta LXX declaratio*; b) Σ πύλη, V *iuxta* Hebr. *ostium*; nach a פְּ׳ = Eröffnung, Mitteilung (Driver HThR 29, 1936, 191; Zorell, Lex.[1], TOB); nach b פְּ׳ als künstl. Nf. = פֶּתַח Tor (u. a. Gkl. Ps. 532; Kraus BK XV[5] 992, 1004f u. bes. Deissler Psalm 119 (118) und seine Theologie 1955, 227f bevorzugt b: der urspr. Sinn, der in a paraphrastisch gedeutet wird); cj. ? Ḥab 23 pr. וְיָפֵחַ ፲ II פוח 2 c. prop. u. a. וּפֵתַח. †

***פִּתָּחוֹן**: I פתח, BL 537f, R. Meyer Gr. § 41a: cs. פִּתְחוֹן: c. פֶּה **Auftun** (des Mundes) Ez 1663 2921; weist die Endg. *-ōn* = akk. *-ānu* hier auf das Zeitweise des Zustandes hin ? s. von Soden ZA 41, 1933, 115[4], auf S. 116. †

פְּתַחְיָה: I פתח: n. m. „J. hat (den Mutterleib) geöffnet", cf. II יִפְתָּח (Noth N. 179; Rudolph ZAW 75, 1963, 66 :: Rost Credo 58: Zushg. mit e. Initiationsritus); bab. *Pataḫ* (Noth l. c.; WSPN 33. 82): — 1. Levit, bzw. Ahne eines Levitengeschlechtes Esr 1023 Neh 95; — 2. Judäer aus d. Nachk. d. Serach, persischer Beamter; ? Statthalter (s. Galling Stud. 182) Neh 1124; — 3. Ahne einer Priesterfamilie u. Name derselben 1C 2416. †

I **פֶּתִי**: ? I פתח (BL 583x: פְּ׳ in d. Kontext eingedrungene Pausalform, cf. Joüon § 96 A q); DSS (KQT 183; THAT II 498 mit Lit.): cf. ar. *fatan* Jüngling, junger Mann: pl. פְּתָאיִם, פְּתָיִם, פְּתָיִים (sic !, nicht פְּתָאִים) 18 ×, Pr 14 × (THAT II 496. 497, Lit.): **junger** (unerfahrener; leicht verleitbarer, doch auch lernbedürftiger u. lernfähiger) **einfältiger Mensch**: a) פֶּתִי :: עָרוּם Pr 1415.18 223 2712, cf. 1925: vb. יַעֲרִים, :: חָכָם 2111; vb. חכם hif. Ps 198; b) || אִישׁ שֹׁגֶה Ez 4520, || נַעַר Pr 1 4 77, || כְּסִילִים Pr 132 85, || חֲסַר־לֵב Pr 94.16, c. II פֶּתִי Pr 122; c) יהוה ist שֹׁמֵר פְּתָאיִם Ps 1166, ד׳ ist דְּבַר מֵבִין פְּתָיִים Ps 119130; — cj. Pr 96 pr. פְּתָאיִם prop. cf. Vrss. פֶּתִי ፲ II פְּ׳ vel פְּתַיּוּת; cj. Pr 722 pr. פִּתְאֹם prop. פְּתָאיִם ፲ פִּתְאֹם. †

II **פֶּתִי**: I פתה: **Einfalt** Pr 122; — cj. 96 ፲ I פֶּתִי. †

פְּתִיגִיל: hapleg. Js 324, wohl Lw. unbekannter Herkunft; G χιτὼν μεσοπόρφυρος, V *fascia pectoralis*; danach trad. Prunkgewand (:: Tur-Sinai VT 1, 1951, 307: l תֻּפֵּי גִיל Freudentrommel, doch s. Wildbg. BK X 136). †

פְּתַיּוּת: I פתה (BL 605f; Gulk. 99[1], 108): **Leichtsinn, Unverstand** Pr 913 (|| כְּסִילוּת); cj. 96 pr. פְּתָאיִם prop. פְּתַיּוּת ፲ I פֶּתִי (am Schluss). †

***פְּתִיחָה**: I פתח, BL 471 o, p: pl. פְּתִחוֹת: **gezückte Waffe, Dolch** Ps 5522 (cf. פָּתַח חֶרֶב ፲ I פתח qal 2); Mi 55 pr. בִּפְתָחֶיהָ prop. בַּפְּתִיחָה ፲ פֶּתַח 2. †

פָּתִיל: פתל, BL 470n; Sam. *fåtəl*; mhe. פָּתִיל gewundene Schnur, Umschnürung, פְּתִילָה Docht, Metallmischung (?); akk. *pitiltu(m)* (AHw. 869b) Palmbast-Strick; sy. *pᵉtīltā* Docht; md. *ptula* 2 (MdD 384b) Kranz; ar. *fatlat* Faden, *fatīl* adj. gedreht, geflochten; sbst. Docht, auch *fatīlat* (Wehr 622); äth. *fatl* (Dillm. 1363) Faden, Docht; tigr. (Wb. 664b) Lunte, Faden; asa. *ftl* (Conti 221) Faden; ? > äg. *ptr* (EG I 565); ፲ חוט: cs. פְּתִיל, sf. פְּתִילֶךָ, pl. פְּתִלִ(י)ם: — 1. adj. (cf. ar.) פָּתִיל **verschnürt** (c. II צָמִיד) Nu 1915 (:: cj. prop. cf. G צָמוּד, BHS); — 2. sbst. **Faden**: a) פְּ׳ הַנְּעֹרֶת Wergfaden Ri 169 פְּ׳ פִּשְׁתִּים Ez 403; b) פְּ׳ תְּכֵלֶת Ex 2828.37 3921.31 Nu 1538 Sir 630; c) פְּתִילִם c. זָהָב Ex 393; d) sg. u. pl. c. חֹתֶמֶת/חֹתָם Gn 3818.25. †

פתל: mhe., DSS (1Q S X 24: pt. pl. nif. נפתלות), ja.; sam. (פתלתל Dt 325 oft מפתלה übersetzt); akk. *patālu* (AHw. 847a) drehen, wickeln; sy. md. (MdD 385a); äth, tigr. (Wb. 664b); asa. sbst. ፲ פָּתִיל; ar. *fatala* zusammendrehen, flechten, zwirnen:

nif: pf. נִפְתַּלְתִּי; pt. נִפְתָּל, pl. נִפְתָּלִים: — 1. **sich ineinander verschlingen**, d. h. **ringen** (GB, König Wb, s. auch TOB 89[x]) :: Ehrl.: schlaue Kniffe benutzen, c. עִם Gn 30_{8}; — 2. **verdreht, verschlagen sein** Hi 5_{13} Pr 8_{8}, cf. DSS. †

hitp: impf. תִּתְפַּתָּל: **sich als verdreht, verschlagen erweisen** Ps 18_{27}, :: תִּתַּפָּל 2S 22_{27}: entw. verkürzt od. Tf., s. GB u. BL 329e. †

Der. פָּתִיל, פְּתַלְתֹּל, *נַפְתּוּלִים; ? n. m. et tr. נַפְתָּלִי.

פְּתַלְתֹּל: פתל (*qataltul* od. *qataltāl*: BL 483n, R. Meyer Gr. § 39, 2); Sam. *fåtåltål*: **verdreht, verschroben** Dt 32_{5}. †

פִּתֹם: Sam. Vers. פיתון = *fīton*; n. l.; äg. *pr-ʾitm* „Haus (bzw. Tempel) des Atum", G Πιθωμ, Πειθω; gr. Πάτουμος (Hdt. 2, 158): im Ostteil d. *W. Tumilat* gelegen, wohl bei *T. el-Masḫūta*, so u. a. Helck VT 15, 1965, 35ff; W. H. Schmidt BK II 36; de Vaux Histoire I 287 :: Gardiner JEA 1918, 267ff; Noth ATD 5, 11: *T. er-retābe*; s. BHH 1476, GTT p. 245; — **Pithom** (*pr-ʾitm*) der religiöse Name der sonst *Ṯkw* ↗ סֻכּוֹת genannten Stadt (W. H. Schmidt l. c., cf. Helck l. c. 40): Ex 1_{11}. †

פֶּתֶן: aLw. (Wagner 242a, cf. Eilers Symbolae de Liagre Böhl 1973, 134 und l. c. Anm.[16]); Sam. pl. *fåtånəm*; mhe. DSS (KQT 183) Otter, ja. פִּתְנָא; sam. (BCh. LOT 2, 568); ? aam. KAI Nr. 222 A 32, txt. inc.) *btn* (Fitzmyer Scf. 14. 49 :: *qqbtn* pl. Rebhuhn ? KAI II 250, III 41b; DISO 263); ug. *bṯn* Schlange (UT nr. 546, Aistl. 611; RSP I S. 401 Nr. 29); akk. *bašmu* (AHw. 112a) (mythische) Giftschlange; sy. *patnā* Viper, Natter; ar. *baṯan Coluber Baetaen* (s. GB); ursem. Grdf. **bṯn* (Wagner l. c.): פֶּתֶן, pl. פְּתָנִים: **Hornviper**; Aharoni Osiris 5, 475 *Cobra Naja ḥaje*, der der äussere Gehörgang fehlt Ps 58_{5}; Bodenheimer AL 191, IDB 4, 289b, BHH 1699ff: Dt 32_{33} Js 11_{8} Ps 58_{5} 91_{13} Hi $20_{14.16}$ Sir 39_{30}; cf. ? II בָּשָׁן. †

פֶּתַע: Zushg. mit e. vb. *פתע ganz unsicher, s. GB: > פִּתְאֹם; Sam. *fētå*; mhe., DSS (1Q H XVII 5 c. [פתאו]ם); cf. akk. (nass, jung bab.) *ina pitte/i, ina pittimma* plötzlich, sogleich (GAG § 119g :: AHw. 870f: *ina pittimma* dabei [zeitl.]; *ina pitti/pittimma* dafür, entsprechend): a) **Augenblick, Nu** בְּפֶתַע Nu 6_{9} c. פִּתְאֹם, 35_{22}; לְפֶתַע c. פִּתְאֹם Js 29_{5} 30_{13}; b) adv. (acc. temp. s. GK § 118i.k; Joüon § 126d) **augenblicklich, im Nu** Hab 2_{7} Pr 6_{15} (|| פִּתְאֹם), 29_{1}. †

פתר: mhe., ja. deuten; sam. ba. פשׁר, hier auch d. Belege aus akk. sy. cp. md. (MdD 383a); ar.; ↗ פֵּשֶׁר:

qal: pf. פָּתַר, פָּתָר, פָּתַר־ Gn 41_{13}; impf. וַיִּפְתָּר־; inf. לִפְתֹּר; pt. פּ(וֹ)תֵר: **deuten, auslegen** (Traum; Rabinowitz RQ 8, 1973, 219ff) Gn $40_{8.16.22}$ $41_{8.12f.15}$. †

Der. *פִּתְרוֹן/*פִּתָּרוֹן.

***פִּתְרוֹן, *פִּתָּרוֹן**: פתר (BL 498c. 499n, R. Meyer Gr. § 41, 1a); Sam. *fitron*, **fitrån* im pl. und c. sf.: *fitrånu/əm*; mhe. ja. פִּתְרוֹן/נָא Deutung (eines Traumes): cs. פִּתְרוֹן, sf. פִּתְרֹנוֹ, pl. פִּתְרֹנִים: **Deutung** Gn $40_{5.8.12.18}$ 41_{11}. †

פַּתְרוֹס: n. terr. äg. *P3-t3-rśj* Land des Südens; keilschr. *Paturisu/si* (Parpola AOAT 6, 1970, 276): Südägypten, **Oberägypten** (GTT § 188, BHH 1400) Js 11_{11} Jr $44_{1.15}$ Ez 29_{14} 30_{14}. †

Der. *פַּתְרֻסִי.

***פַּתְרֻסִי**: n. p.; < פַּתְרוֹס; G Πατροσωνιμ/νιειμ, Josph. φετρωσίμος (NFJ 123): פַּתְרֻסִים: Bewohner Oberägyptens Gn 10_{14} (Sam. *fitråsəm*), 1C 1_{12}. †

פַּתְשֶׁגֶן: aLw. (Wagner 243) < pe. *patšagn*, s. Wagner l. c.; fehlt mhe.; ja. פַּתְשֶׁגְנָא Abschrift; ba. ↗ פַּרְשֶׁגֶן; (Gehman JBL 43, 1924, 326; Ellenbogen 143): **Abschrift** Est 3_{14} 4_{8} 8_{13}. †

פתת: mhe. qal zerbrocken, pilp. zerschlagen; ihe. Nimrud Elfenbein יפת, juss. < פתת (NESE 2. 45; TSSI 1 S. 19f): zerbrechen; ? Ram. (DISO 240); sy. md. (MdD 385b); äth. *fatata* (Dillm. 1366) brechen, zerbrechen; ar. *fatta* schwächen, II zerkrümeln, zerbröckeln:

qal: inf. פָּתוֹת: **zerbröckeln**, c. acc. u. פִּתִּים Lv 2₆, :: cj. c. G (S) prop. וּפָתוֹתָ (Elliger Lev. 39, BHS); cj. 6₁₄ pr. תֻּפִינֵי prop. cf. S. תְּפַתֶּנָּה „du zerbröckelst es" (Elliger Lev. 80. 81; BHS). †

Der. פַּת, *פְּתוֹת.

צ

צ, final ץ (cf. BL 59f); Sam. *ṣ̊ādīy* (BCh. LOT 5, 265); G Ps 118 σαδη; gr. σαν (Driver SWr. 173); sy. *ṣā/ṣōđē*; äth. *ṣadāi*; ar. *ṣād*; ug. keilschr. *ṣa* (BASOR 160, 23); später Zeichen für 90; Bildwert: Heuschrecke, Grille (Driver SWr. 167. 169. 171). Ein emphatischer, dorsovelarer Spirant: entspricht in G meist σ (צִיּוֹן = Σιων) aber auch T (צֹר = Τύρος); entspricht ausserhebr. a) sem. *ṣ* (אֶצְבַּע, VG 1, 128f); b) sem. *ḏ̣* (ar. *ḍ*; aram. ʿ, älter *q*): אֶרֶץ, עֵץ, צַר (VG 1, 128f); c) sem. *ẓ* (ar. *ẓ*, aram. *ṭ*) צֵל (VG 1, 128f); wechselt innerhebr. mit: a) ט: צפן ,צען; b) ז: צעק, צער; c) א: מחץ; d) שׂ: צחק; e) ע: נתץ.

[**צֵא**: *צוא: hapleg. Js 30₂₂ Schmutz, so Lex.[1] nach Driver ZAW 52, 1934, 53 mit Hinweis auf äth. *ṣīʾ* (Dillm. 1310) Schmutz, Auswurf; so auch Irwin „Isaiah" 28-33, Rom 1977, 93, Wildbg. BK X 1191; al. prop. c. Vrss. (G ὡς κόπρον) ⸢ *צֵאָה vel צֹאָה, s. GB 311a :: imp. masc. sg. von יצא, so mit V *egredere dices ei*, und vielen Neueren, u. a. GB l. c., Fohrer Das Buch Jesaja 2. Bd.[2] 1967, 106, Kaiser ATD 18, 238, TOB]

***צֵאָה**: Ableitung unsicher: √ entweder a) *צוא (Lex.[1]) oder b) יצא (Kopf VT 8, 1958, 177f), oder c) ar. *waṣiʾa* schmutzig sein (GB); zu a) cf. äth. *ṣēʾa* und *ḏ̣ēʾa* stinken (Dillm. 1309) ⸢ צֵא; zu b) cf. ug. *ẓu* u. ? akk. *zû* ⸢ צֹאָה; zu b) od. c) cf. mhe. צֵאָה Schmutz; mhe. צָאָה schmutzig sein; ja. צאתיה; sy. *ṣʾī* schmutzig sein, adj. *ṣāʾāʾ/ṣāʾēʾ*, sbst. *ṣāʾṯā* < *ṣᵉʾāṯā* (Nöldeke. SGr. § 78); md. (MdD 385a): cs. צֵאַת, sf. צֵאָתְךָ: **Kot, Ausscheidung** Dt 23₁₄ Ez 4₁₂. †

צֹאָה: zur Ableitung ⸢ *צֵאָה; ug. *ẓu* (UT nr. 1043, Aistl. 2366), Bedtg. umstritten: a) Ausdünstung, Duft (Aistl. l. c., √ יצא); b) Ausgang, Quelle (CML[2] 147b, √יצא; cf. Gray LoC[2] 44[7]: Pfuhl, Pfütze); c) Exkremente des Pottwals, ⸢ צֵא; äth. (Aartun WdO 4, 1967-1968, 298); akk. *zû* pltt. (CAD Z [Vol. 21] S. 150f, AHw. 1535a) Exkremente, Abfall: cs. צֹאַת, sf. צֹאָתוֹ, צֹאָתָם Q 2K 18₂₇ u. צוֹאָתָם Js 36₁₂: **Kot** 2K 18₂₇ Q, Js 44 36₁₂ Q, Pr 30₁₂ Tempelrolle 46₁₅ (צואה); קִיא צֹאָה **ekles Gespei** Js 28₈; — cj. Jr 48₁₈ pr. בַּצָּמָא prop. בַּצֹּאָה (BHS, cf. J. Bright Jeremiah [New York 1965] 315) :: TOB: MT; cj. Ez 32₆ pr. צָפְתֵךְ prop. c. G Σ צֹאָתֵךְ. †

צֹאִי: צוא ⸢ *צֹאָה (BL 501x, R. Meyer Gr. § 41, 4); ? Beziehungsadj. zu צֹאָה, ohne fem. Endg. s. BL 501z: pl. צֹאִים, צוֹאִים: **schmutzig** (Kleider) Zch 3₃f. †

צֶאֱלִים, pl. (sg. modern-hebr. צֶאֱל): syr. *ʿālāʾ* Dornstrauch; ar. *ḍaʾl Zizyphus Lotus*: **Brustbeerbaum**, *Zizyphus Lotus L.* (Löw 3, 134f; Humbert ZAW 62, 1950, 206 :: Barr CpPh p. 333 nr. 265): **Zweig**, (äg. *ḏ̣ʾrt*, kopt. *čal*) Hi 40₂₁f. †

צֹאן: Sam. *ṣē'on*; etym. unklar, s. GB, die Ableitung von יצא (u. a. Lex.[1]) ist fraglich, s. THAT I 756; Primärnomen ?; BL 456m und Anm. 2; cf. BL 18. 19[1]. 29v. 223b; mhe., DSS (KQT 184); ja. עָנָא; sam. (BCh. LOT 2, 570: ען); kan. *ṣú-ú-nu* gl. zu *ṣēnu* (EA Nr. 263, 12); ph. *ṣ'n* (KAI Nr. 26 A III 9, cf. UF 7, 1975, 33); mo. *ṣ'n* (KAI Nr. 181, 31, DISO 240); äga. *qn* (DISO 218); ug. *ṣin* (UT nr. 2137, Aistl. 2297, RSP I S. 113 Nr. 43, S. 440 Nr. 104; RSP II S. 27 Nr. 50); akk. *ṣēnu* (AHw. 1090f) Schafe (u. Ziegen); sy. *ʿānā*; md. (MdD 34a) *aqna*; palm. *ʿn* (DISO 218); asa. *ḏ'n* (Conti 226b); ar. *ḍa'nu*: cs. צֹאן, sf. צֹאנִי, צֹאנְךָ/נֵךְ, צֹאנוֹ, צֹאנֵנוּ (Tempelrolle 43₁₅ צואן) Ps 144₁₃ (fem. s. Nöldeke BS 59[5]), var. צאננו u. צאנינו (BHS); צֹאנֵינוּ, var. ־נֵנוּ Neh 10₃₇, צֹאנָם, צֹאנְכֶם; Nf. ↗ צֹנֶה: 274 ×; AuS 6, 190ff; THAT II 792: — 1. a) coll. **Kleinvieh** (Schafe u. Ziegen) :: בָּקָר Gn 12₁₆ Nu 22₄₀ u. ö.; als coll. mit d. pl. fem. verbunden: צֹאן רַבּוֹת Gn 30₄₃, צֹאן אֹבְדוֹת umher irrende Schafe Jr 50₆, cf. ferner Zorell 678a; b) neben שֶׂה ein einzelnes Stück Kleinvieh (Schaf od. Ziege) Ex 21₃₇ Lv 5₆f Ez 45₁₅; c) צֹאן = Schaf od. Ziege Lv 1₁₀ 2C 35₇; בְּנֵי־צֹאן Jr 31₁₂ Ps 114₄.₆ bezeichnet wohl die jungen Tiere (:: Lex.[1]: die einzelnen T.); d) Kleinvieh אֵיל מִן־הַצֹּאן כָּרִים מִצֹּאן Am 6₄, cf. Gn 21₂₈, Lv 5₁₅, אֵיל־צֹאן Esr 10₁₉; צֹאן c. גְּדָיִים/גְּדִי Gn 27₉ 38₁₇, c. עַתּוּדִים Jr 50₈; e) צֹאן nur Schafe (ohne Ziegen) 1S 25₂; f) צֹאן Kleinvieh (ohne weitere Kennzeichnung) als Opfertier Nu 22₄₀ Lv 1₂ u. ö. 1K 8₅ Js 22₁₃; — 2. Verbindungen: a) mit sbst. בְּכֹרֹת צ׳ בְּכוֹר צ׳ Dt 15₁₉, pl. Neh 10₃₇; Dt 12₆.₁₇ 14₂₃, גִּדְרוֹת (הַ)צ׳ Nu 32₁₆ 1S 24₄ Zef 2₆ = מִכְלְאֹת צ׳ Ps 78₇₀, c. מִכְלָה Hab 3₁₇, חֲלֵב צ׳ Dt 32₁₄, מֵיטַב הַצ׳ 1S 15₁₅, מִרְבַּץ־צ׳ Ez 25₅, מִקְנֵה (הַ)צ׳ Gn 26₁₄ 47₁₇, נְוֵה־צ׳ Js 65₁₀, עֶדְרֵי־(הַ)צ׳ Gn 29₂ Jl 1₁₈ Mi 5₇, קוֹל־הַצ׳, ↗ עַשְׁתְּרֹת צ׳ עַשְׁתֹּרֶת 1S 15₁₄, רֹעֵה צ׳ Gn 4₂, pl. 46₃₂; — cj. Mi 2₁₂ pr. צ׳ בָּצְרָה prop. בַּצִּירָה = ↗ צִירָה בָּצְרָה; מֵאַחֲרֵי הַצ׳ צֹאן קֵדָר Js 60₇; b) mit praep. Am 7₁₅ (s. Schult Fschr. v. Rad, 1971, 462ff); c) mit vb. u. a. cum בּוֹא Gn 30₃₈, בּוֹא עִם הַצ׳ Gn 29₆, c. גָּזַז Gn 31₁₉ 38₁₂f 1S 25₂.₄, cf. Dt 18₄ (sbst. גֵּז), c. הָלַךְ אֶל Gn 27₉, c. זָבַח Dt 12₂₁ 1K 1₉.₁₉.₂₅, c. יָחַם Gn 30₄₁ 31₁₀, c. יָצָא בְעִקְבֵי הַצ׳ HL 1₈, c. נָהַג Ex 3₁, c. רָבַץ Gn 29₂, Jr 33₁₂ hif., c. רָעָה Gn 37₂ 1S 17₃₄, c. (אֶת־) רָעָה בְּ Gn 37₁₂ Ex 3₁ Ez 34₁₅ Zch 11₄.₇a.b, c. שׁקה hif. Gn 29₃.₇f Ex 2₁₆f.₁₉, c. שָׁתָה Gn 30₃₈; — 3. metaph.: a) צֹאן u. ä. bezeichnet Menschen, die unter der göttl. Hut, Fürsorge u. Führung stehen: צֹאנִי Jr 23₂f, צֹאן מַרְעִיתִי/תֶךָ/תוֹ Jr 23₁ Ez 34₃₁ Ps 74₁ 79₁₃ 95₇, צֹאן נַחֲלָתֶךָ Mi 7₁₄; b) צֹאן bezeichnet Menschen, die unter d. göttl. Gericht stehen u. als solche den Feinden preisgegeben sind צ׳ הַהֲרֵגָה Zch 11₄, צ׳ טִבְחָה Ps 44₂₃, צ׳ מַאֲכָל 44₁₂; c) neutral צֹאן אָדָם Menschenherden Ez 36₃₈, s. Zimmerli 872; cf. הַצֹּאן 2S 24₁₇; — 4. Versch.: a) צְעִירֵי הַצֹּאן die kleinsten/geringsten der Schafe Jr 49₂₀ 50₄₅ (cf. GK § 133g) cf. צָעִיר 1 b; b) אַדִּירֵי הַצֹּאן Herren der Herde = Hirten Jr 25₃₄₋₃₆ ↗ אַדִּיר 2; — cj. Ps 95₇ txt. corrupt., pr. וְצֹאן יָדוֹ prop. דְּעוּ יָדוֹ (Kraus BK XV[5] 828, BHS :: Zorell, TOB, Dahood Psalms II 352. 354: MT), יָדוֹ entweder die führende/schützende Hand oder der zugeteilte Abschnitt = Weidegrund; cj. Zch 9₁₆ pr. כְּצֹאן עַמּוֹ prop. כַּצֹּאן et ins. יִרְעֵם (BHS), vel pr. MT l צְבִיו עַמּוֹ (Rudolph KAT XIII/4, 185 :: I. Willi-Plein BBB 42, 1974, 14: MT die Herde seines Volkes = die Herde, nämlich sein Volk), cj. Zch 11₇ pr. ↗ צֹנֶה ,↗ עֲנִי l (לְ)כְנַעֲנִיֵּי (לָ)כֵן עֲנִיֵּי.

צַאֲנָן: n. l., G Σεννα(α)ν Mi 1₁₁ = צְנָן; im

südlichsten jud. Hügelland, genaue Lage unbekannt, s. Elliger KlSchr. 49, Rudolph KAT XIII/3, 46, Kellermann VT 28, 1978, 425-27. †

צֶאֱצָאִים: יצא, BL 482d, pltt.; mhe., DSS (KQT 184); ar. *ḍuʾḍuʾ*, *ḍiʾḍiʾ* Wurzel, Quelle, Nachkommenschaft; cf. äth. *ḍāʾḍāʾ* (Dillm. 947) Fehlgeburt, Aufwand, Kosten: cs. צֶאֱצָאֵי; sf. צֶאֱצָאֶיךָ/ה, צֶאֱצָאַי, צֶאֱצָאָיו, צֶאֱצָאֵיהֶם: **Sprösslinge**, wörtl. „Herauskömmlinge": — 1. von Pflanzen Js 34₁ 42₅ (s. Elliger BK XI/1, 231: vielleicht auch die Tierwelt miteingeschlossen) Hi 31₈; — 2. metaph. von menschlichem Nachwuchs Js 22₂₄ 44₃ 48₁₉ 61₉ 65₂₃ Hi 5₂₅ 21₈ 27₁₄ Sir 47₂₀. †

I **צָב**: Sam. *ṣåb*; etym. ungewiss (GB, Lex.[1] *צבב :: Primärnomen ?); mhe., ja. צַבָּא, צַבָּא gedeckter Wagen; akk. *ṣumbu(m)*, 1 × *ṣubbu* (AHw. 1111b) Wagenrad; ein Wagen; jung/neu bab./ass. ein elamischer Wagen, cf. Salonen Ldfz. 62f; Zimmern 42: *ṣumbu* für **ṣubbu*, älter wohl **ṣabbu* vielleicht > צָב; (Ellenbogen 144); äg. *ḏb.w* (EG V, 553): pl. צַבִּים: **Wagen** mit Verdeck (cf. G λαμπήνη bedeckter Wagen) עֶגְלוֹת צָב Lastkarren Nu 7₃, צַבִּים (|| רֶכֶב) Sänften Js 66₂₀ (BRL[2] 356 mit Bild, ferner ANEP 167ff 367. 813; BHH 2127-30). †

II **צָב**: Sam. *ṣåb*, Tempelrolle 50₂₀ והצב; wohl Primärnomen; mhe., ja. צַבָּא, sy. *ʿabbā* (LS 503b); ar. *ḍabb*; äg. n. f. *Tȝ-sá-bu* „die Eidechse" (Helck Beziehungen 364): **Dornschwanzeidechse** (Euting Tagebuch 1, 1896, 107; Bodenheimer AL 196): Lv 11₂₉. †

צבא: Sam. auch nif. z.B. Nu 31₇ *wjiṣṣåbāʾu*; mhe. DSS (KQT 184); akk. *ṣabāʾum*, *ṣabûm* (AHw. 1071a) zu Felde ziehen; äth. *ṣabʾa*/ *ḍabʾa* (Dillm. 1281f) in den Krieg ziehen = tigr. (Wb. 640b) *ṣabʾa*; asa. *ḍbʾ* (Conti 226b) Krieg führen, kämpfen; ar. *ḍabaʾa* nachstellen (GB); :: Lane I 1763: sich verbergen, Zuflucht nehmen bei jmdm; Kopf VT 8, 1958, 196: sich versammeln (Bienen); cf. ? ar. *ṣabaʾa* hervorkommen (Zähne, Nägel), aufgehen (Sterne), über/gegen jmdn kommen (Lane I 1640); > äg. *ḏbʾ* = ? *ḏu-bi-ʾu(i)* < צוֹבֵא Krieger (Albr. Voc. 40); (THAT II 498. 500):

qal (12 ×): pf. צָבְאוּ; impf. וַיִּצְבְּאוּ; inf. לִצְבֹּא, לִצְבֹּא (Js 31₄); pt. pl. צֹבְאִים, f. צֹבְאֹ(וֹ)ת; sf. צֹבֶיהָ (< צֹבְאֶיהָ Lex.[1], cf. GK § 75qq) Js 29₇ ? gl. ↗ I צור 4 c: — 1. a) in den Krieg ziehen Nu 31₄₂; b) c. עַל **kämpfen gegen** (W. Dietrich Jesaja und die Politik, 1976, 184) Nu 31₇ Js 29₇a.₈ 31₄ (:: Wildbg. BK X 1238f: עַל zu ירד u. nicht zu צבא), Zch 14₁₂; Js 29₇b s. oben :: cj. pr. צֹבֶיהָ וּמְצֹדָתָהּ prop. מְצָבֶיהָ וּמְצֻרֹתֶיהָ (Procksch KAT IX 1930, 369. 370, BHS, cf. H. M. Lutz WMANT 27, 1968, 108[5]); — 2. a) (von den Leviten): **Dienst tun** am Heiligtum Nu 4₂₃ 8₂₄ (:: עבד 8₂₆); b) (Frauen): Dienst tun: α) am Eingang des Begegnungszeltes Ex 38₈; β) am Tempel in Siloh 1S 2₂₂; bei α) geht es gewiss um weltliche Arbeit, Sauberhaltungen d. Eingangs, und das kann auch für β) zutreffen, s. Hertzberg ATD 10[2] 25; doch kann hier im Zushg. eines Zusatzes (s. BHS) auch an kanaan. Bräuche (kult. Prostitution) gedacht sein, s. Stoebe KAT VIII/1, 114f. †

hif.: pt. מַצְבָּא: wohl denom. von צָבָא: c. אֶת־עַם הָאָרֶץ **zum Kriegsdienst ausheben** 2K 25₁₉ Jr 52₂₅ (E. Junge BWANT 75, 1937, 31f; de Vaux Inst. 2, 26 = Lebensordnungen 2, 28). †

צָבָא: צבא od. Primärnomen; Sam. *ṣåba*; BL 551i, R. Meyer Gr. § 50, 2b; mhe., DSS (KQT 184); ihe. *ṣbʾ* Heer (Lkš Nr. 3, 14 = KAI Nr. 193, 14); ? ph. *ṣbʾ* (DISO 240, KAI Nr. 46, 5), Lesung unsicher, s. KAI II S. 63; *ṣbʾ* = Arbeitsleistung (u. a. Galling ZDPV 88, 1972, 148; cf. Cross BASOR 208, 1972, 13-19: *ṣabaʾō* „seine Armee"); ug. *ṣbʾ* (UT nr. 2138, Aistl. 2299) Heer, Krieger; akk. *ṣābu*, abab. Mari auch *ṣabûm* (AHw. 1072) Leute, Person(en), Soldat(en), Arbeiter; cf. Salonen Agricultura 366; äth. *ṣabʾĕ* Krieg, *ṣabāʾīt* Heer (Dillm. 1282); tigr. *ṣabʾĕ* (Wb. 640b) = äth.; asa. *ḍbʾ* (Conti 226b) Krieg; äg. *ḏbi* (EG V, 562), Ƒ צבא: cs. צְבָא, sf. צְבָאִי, צְבָאֲךָ, צְבָאוֹ/אָהּ, צְבָאָם; pl. צְבָאוֹת, Sec. σαβαωθ Ps $46_{8.12}$ (Brönno 151), cs. צִבְאוֹת, sf. צִבְאֹתַי, צִבְאוֹתֵינוּ/תֵיכֶם, צִבְאֹתָם; pl. m. Michel Grundl. heSy. 1, 46), sf. צְבָאָיו Ps 103_{21}, 148_2 Q (K צְבָאוֹ): 486 ×, pl. 315 × (THAT II 498-507 mit Lit., s. noch unten B):

A. — 1. **Heeresdienst** יֹצֵא צָבָא Nu 1_3, לַצָּבָא 31_3, c. שָׁלַח 31_4, c. יָצָא לְ 31_{27}, יָצָא בְּ 31_{36}, c. עָלָה Jos 22_{12}, אַנְשֵׁי הַצָּבָא Nu 31_{21}, עַם הַצָּבָא 31_{32}, חֲלוּץ צָבָא 32_{27}, חֲלוּצֵי הַצָּבָא Nu 31_5 Jos 4_{13} 2C 17_{18}, חָלוּץ לַצָּבָא 1C 12_{24}; צְבָא (הַ)מִּלְחָמָה **Kriegszug** Nu 31_{14} Js 13_4 1C 7_4, 1C 12_{38} כְּלֵי צְבָא מִלְחָמָה dele ? צְבָא, cf. G (BHS); — 2. **Heerhaufen**, **Kriegsleute**: a) sing. Nu 2_8 $31_{21.32}$ (עַם)$_{.48}$ (אַלְפֵי)$_{.53}$ (אַנְשֵׁי) 2S 3_{23} u. ö., pl. Ex 6_{26} 12_{17} Dt 20_9 1K 2_5 Ps 44_{10} 60_{12} 68_{13} 108_{12} 1C 27_3; b) צָבָא רַב Ps 68_{12}; צָבָא הַגִּבּוֹרִים (cj. l צְבָא) 1C 19_8, צְבָא יְהוּדָה u. צְבָא יִשְׂרָאֵל 1K 2_{32}, צְבָא מֶלֶךְ־אֲרָם 2K 5_1, צְבָא מַטֵּה־ Nu 10_{15-27}, שַׂר־צְבָאוֹ Gn 21_{22} Ri 4_2 etc., שַׂר־צָבָא 2S 19_{14}, pl. שָׂרֵי הַצָּבָא 1K 1_{25}, שָׂרֵי צְבָאוֹת Dt 20_9, cf. 1K 2_5, אַלְפֵי הַצָּבָא Nu 31_{48}, רָאשֵׁי הַצָּבָא 1C 12_{15}; c) צָבָא coll. Heere d. Völker Js 34_2 (|| הַגּוֹיִם), s. Kaiser ATD 18, 282; — 3. Die aus Aegypten Ausziehenden sind צִבְאוֹת יְהוָֹה Ex 12_{41}, bzw. צִבְאֹתַי 7_4, cf. 6_{26} $12_{17.51}$; — 4. צְבָא הַשָּׁמַיִם das Heer des Himmels: a) **Himmelskörper**, bes. Sterne Dt 4_{19} 17_3 2K 17_{16} 21_3 23_{4f} Js 34_4 Jr 8_2 19_{13} 33_{22} Zef 1_5 Da 8_{10} Neh 9_6 2C $33_{3.5}$; = צְבָא הַמָּרוֹם Js 24_{21} (Wildbg. BK X 943f); = צְבָאָם Js 40_{26} 45_{12} Ps 33_6; b) die **himmliche Umgebung** Jahwes 1K 22_{19} (cf. ug. *ṣbu špš*, RSP III S. 441, Nr. 34 aa) 2C 18_{18} = צְבָאָיו Ps 103_{21} 148_2; ein einzelner daraus שַׂר־צְבָא יי Jos 5_{14f}; שַׂר־הַצָּבָא Da 8_{11} = Gott; — 5. וְכָל־ צְבָאָם Gn 2_1 Bedtg. umstritten: entweder die Gott umgebenden Wesen (v. Rad ATD 2-4⁹ 41, bzw. die Sterne (W. H. Schmidt WMANT 17², 1967, 155 oder es ist zusammengefasst „was in den einzelnen Werken genannt wurde" (Westermann BK I/1, 233; ähnl. O. H. Steck FRLANT 115, 1975, 182[772], cf. Lex.[1]); — 6. (Heeresdienst >) **Kultdienst** s. THAT II 501: לַצָּבָא c. בּוֹא Nu $4_{3.30.35.39.43}$, vs. $_{23}$ + לִצְבֹא צָבָא; צְבָא הָעֲבֹדָה Nu 8_{25}; — 7. (Heeresdienst >) **Frondienst** (Dienst, den man nicht von sich aus tut, sondern, der einem von oben her auferlegt wird, Elliger BK XI/1, 14) Js 40_2 Hi 7_1 10_{17} 14_{14}, Ƒ חֲלִיפָה; — 8. Versch. צָבָא גָדוֹל Da 10_1 grosse Mühsal: zur Erkl. s. Bentzen 70: entweder „Kriegsnot" im Hinblick auf den Inhalt d. Vision oder „Anstrengung", nämlich des unter der Offenbarung leidenden Sehers; Da 8_{12} txt. corrupt. cj. pr. וְצָבָא תִּנָּתֵן prop. u. a. וְצָבָא נִתַּן und Mühsal wurde gelegt (Plöger KAT XVIII 120), cf. BHS: וּצְבָאָהּ נִתַּן; Bentzen l. c. 56 delet וְצָבָא; Da 8_{13} וְקֹדֶשׁ וְצָבָא מִרְמָס und Heiliges und Heer zertreten werden (Marti KHC XVIII 1901, 59), cf. Plöger l. c. 120. 122: וְתֵת קֹדֶשׁ וְצָבָא וּמִרְמָס und Preisgabe von Heiligem und Mühsal und Zertretung; al. pr. וְצָבָא prop. וּצְבִי (BHS);

B. צְבָאוֹת als **Beiname Gottes**: Lit. Eichrodt I⁵ 120f, Koehler Th⁴ 32f, B. N. Wambacq L'épithète divine *Jahvé Sᵉbaʾôt*,

1947, Maag SThU 20, 1950, 27-52, Eissfeldt KlSchr. 3, 103-123, F. M. Cross HThR 55, 1962, 255-59, derselbe Canaanite Myth and Hebrew Epic, Cambridge [USA] 1973, 70f, THAT II 498-507 (mit weiterer Lit., ältere GB 671b): — 1. Statistisches (THAT II 498f): 285 × (fehlt in Gn-Ri, ferner in Jl, Hi, Da, Neh, 2C); 1S 5 ×, 2S 6 ×, 1K 3 ×, 2K 2 ×, Js 62 ×, Jr 82 ×, Hos 1 ×, Am 9 ×, Mi 1 ×, Nah 2 ×, Hab 1 ×, Zef 2 ×, Hag 14 ×, Zch 53 ×, Mal 24 ×, Ps 15 ×, 1C 3 ×; — 2. Sprachliches: צְבָאוֹת in Verbdg. mit יהוה: a) יהוה צְבָא׳ 265 ×; b) יהוה אֱלֹהֵי (הַ)צְּבָא׳ 18 × (Nf. zu a) u. b) s. THAT II 499); es ist umstritten und kaum zu entscheiden, ob a) die anfängliche Formel darstellt (Wambacq l. c. 100), die zu b) erweitert wurde, oder ob b) ursprünglich ist (Koehler l. c., Lex.[1]) und zu a) verkürzt wurde, s. dazu auch Eissfeldt l. c. 106f u. THAT II 503f. Die Fassung von a) u. b) ist trad. als cstr.-Verbindung aufgefasst worden, so schon in G κύριος τῶν δυνάμεων (ausserdem κύριος παντοκράτωρ und κύριος (θεός) σαβαωθ, s. THAT II 507); doch könnte צְבָאוֹת auch Attribut sein, ↗ 4 f. Unwahrscheinlich ist die Zurückführung von a) auf die hypothet. Formel *El ḏū yahwī ṣaba'ôt* ,,El, der die (himmlischen) Heere schafft'', so u. a. Cross l. c., s. ferner THAT II 504 :: de Vaux Histoire I 427f; — 3. Zum Alter der Formel in ihrer kürzeren od. längeren Fassung: nach 1S $1_{3.11}$ 4_4 dürfte sie im 11. Jh. in Siloh entstanden u. dann im Jerusalemer Kult u. im Südreich verwandt worden sein, doch ging sie auch im Nordreich nicht verloren cf. 1K 18_{15} $19_{10.14}$ 2K 3_{14} u. d. nordisr. Ps 80 (Eissfeldt l. c. 113ff, 221ff, 422f, THAT II 506, W. Beyerlin Fschr. Gerh. Friedrich 1973, 13. 22 :: G. Wanke BZAW 97, 1966, 40-46. 107: verzichtet auf das Aufspüren irgendwelcher Zusammenhänge; die Prophetie ist Haupttradent des Beinamens); — 4. Inhalt od. Sinn des Beinamens (THAT II 504f); die wichtigsten Deutungen sind: a) צְבָאוֹת meint die Heerscharen Israels mit bes. Hinweis auf 1S 17_{45}, wo יהוה צְ׳ ,,Gott der Schlachtreihen Israels'' genannt wird (u. a. E. König Theologie des AT, 1922, 161; D. W. Freedman JBL 79, 1960, 156; R. Smend FRLANT 84^2, 1966, 60); cf. auch d. Zushg. zwischen צְבָאוֹת u. der kriegerischen Funktion der Lade, s. Smend l. c. 60ff; F. Stolz AThANT 60, 1972, 45ff; Jeremias Fschr. v. Rad 1971, 188; b) die Sterne (u. a. Koehler l. c.); c) ,,die depotenzierten mythischen Naturmächte Kanaans'' (Maag l. c.; auch Schicklberger Die Ladeerzählungen des ersten Samuel-Buches (Forschungen zur Bibel 7, 1973) 27; d) die den himmlichen Hofstaat Jahwes bildenden Wesenheiten (u. a. Cross l. c.); e) Inbegriff aller irdischen u. himmlichen Wesen (Eichrodt l. c.); f) צְבָאוֹת: intensiver Abstr. pl. in sbst. od. adj. Sinn: יהוה צְ׳ = Jahwe der Allmächtige; יהוה אֱלֹהֵי צְ׳ = Jahwe, Gott der Allmächtigkeit (Eissfeldt l. c. 103-123, bes. 110-113; Th. C. Vriezen Theologie des Alten Testaments in Grundzügen, 1957, 124f; THAT II 505f); g) Von diesen Erklärungen steht f) für sich u. kann durch das κύριος παντοκράτωρ in G gestützt werden, es hat aber gegen sich, dass צָבָא zum Unterschied von עֵצָה/עֵצוֹת u. דֵּעָה/דֵּעוֹת kein Abstraktum, sondern ein Konkretum ist; doch ist vielleicht חֲמוּדוֹת Da 9_{23} vergleichbar. Von den übrigen Erkl. (a-e) ist wohl keine unmöglich, und es ist denkbar, dass jede von ihnen einem in einer bestimmten Epoche sinnvollen bzw. nötigen Verständnis entspricht.

צְבָאִים u. **צְבָאוֹת** ↗ II צְבִי u. צְבִיָּה.

צְבֹאִים Hos 11₈, Sam. Vers. צבוים *ṣåbuwwəm*, צְבֹיִ(י)ם Gn 10₁₉ Dt 29₂₂, צְבֹיִּים Gn 14₂.₈: n. l. ign., cf. Ebla *si-ba-i-um* (Freedman BA 41, 1978, 149), stets neben ↗ אַדְמָה genannt u. ausser Hos 11₈ zusammen mit Sodom u. Gomorrha, in d. Nähe d. Toten Meeres gelegen, s. Simons OTSt 5, 1948, 92-117; Schatz 175ff; Westermann BK I/1, 698f, I/2, 229f; — die Bedtg. des n. l. ist ungewiss, nach Bauer ZAW 48, 1930, 77 zu *צְבֹעִים Hyänen (ע > א), so auch Gradwohl 61f. †

***צבב**: ? I צָב; ↗ n. m. הַצֹּבֵבָה.

צֹבֵבָה mit art. הַצֹּ׳, Or. הַצֹּבֵ׳ (Kahle MTB 79), G Σαβηβα, Σαβαθα u. Σωβηβα; n. m. oder eher n. tr.; Sinn ungewiss (Noth N. 255b: nicht erkl.); in der Genealogie Judas 1C 4₈. †

I **צבה**: mhe. anschwellen, cf. ? ar. *ṣabaʾa* wachsen, spriessen:

qal: pf. צָבְתָה (vom Leib der Ehebrecherin) **anschwellen** Nu 5₂₇. †

hif.: inf. לַצְבּוֹת < לְהַצְבּוֹת (BL 228a, 333j); Sam. qal *alṣåbåt*: **auftreiben** (Leib), od l לִצְבּוֹת (BHS, cf. GB), Nu 5₂₂. †

Der. *צָבֶה.

II ***צבה**: ja. צְבָא, צְבִי wollen, wünschen; äga., palm. nab. (DISO 241), sam. (BCh. LOT 2, 467), sy. cp. md. (MdD 388b); akk. *ṣabû/ṣebû* (AHw. 1073a) wünschen; ar. *ṣabā(w)* verliebt sein.

Der. I צְבִי.

[**צְבָה***: pl. sf. צֹבֶיהָ Js 29₇: (< צֹבְאֶיהָ) ↗ צבא qal. †]

***צָבֶה**: I צבה, BL 465f: fem. צָבָה, adj. **aufgetrieben** Nu 5₂₁. †

צָבוּעַ: I צבע, hapleg. Jr 12₉, BL 471u; mhe.; akk. *būṣu* (AHw. 143a): 1) Hyäne, 2) e. Vogel, etwa Steinhuhn; cf. ug. n. top. *Ḫr-ṣbʿ* (RSP II S. 289 Nr. 45); ja., sy. *ʾapʿā* Hyäne; äth. *ṣĕʿĕb* (Dillm. 1305) wildes Tier, spez. Hyäne; tigr. *ṣaʿab* (Wb. 645b) ausgewachsener Kamelhengst, siehe l. c. zu tigrin; ar. *ḍabuʿ* u. *ḍabʿ* Hyäne: **Hyäne** (Bodenheimer AL 106f, BHH 755); eig. die Farbige, farbig Gestreifte (Gradwohl 61); Barr CpPh 128. 235; G ὕαινα; MT הַעַיִט צָבוּעַ; urspr. Sinn d. Zushgs. umstritten, cj. ↗ zu עַיִט, cf. Lex.[1] :: Rudolph Jer.[3] 84: cum V S: bunter Raubvogel; Sir 13₁₈ צבוע || כלב; ↗ n. l. צְבֹעִים. †

צבט: mhe. anfassen; ug. **ṣbṭ* im sbst. *mṣbṭm* (dual) Zange (UT nr. 2139, Aistl. 2300; CML[2] 151b *mṣbṭ*); akk. *ṣabātu(m)* (AHw. 1066-71) packen, greifen, nehmen; ar. *ḍabaṭa* packen; äth. *ḍabaṭa* (Dillm. 1331f) festhalten; tigr. *ṣabṭa* (Wb. 640f) fassen, fangen, festhalten; ↗ צבת:

qal: impf. וַיִּצְבָּט־: c. acc. rei u. לְ pers. **ergreifen** u. jmdm darreichen (GB) Rt 2₁₄. †

I **צְבִי**: II *צבה, BL 213r. 577h; mhe., DSS (KQT 184); cf. ba. ↗ צְבוּ; Ram., palm. *ṣbw* (DISO 241) Wunsch, Sache; akk. *ṣibūtu* (AHw. 1099) Wunsch, Vorhaben, Bedarf; sy. *ṣᵉbūtā* Wille, Sache; mhe. צביון Wille, Wunsch, sam. fem. det. *צביתה, masc. sf. 3. p. צביה; cp. *ṣbjwn*, sy. *ṣebjānā* Wohlgefallen (*gratia*), Wille; md. *ṣbu* (MdD 389b) Wille, Wunsch, Sache: cs. צְבִי; pl. cs. צִבְאוֹת (BL 579p):

A. — 1. **Zierde, Herrlichkeit** Js 4₂ 13₁₉ 24₁₆ (Wildbg. BK X 936f), 28₁.₄f, Jr 3₁₉ (צְבִי צִבְאוֹת גּוֹיִם), Ez 7₂₀ 20₆.₁₅ 25₉; — 2. (Zimmerli GatTh 55) אֶרֶץ הַצְּבִי = Palästina Da 11₁₆.₄₁, = הַצְּבִי die Zierde 8₉, gl. ? s. Plöger KAT XVIII 122 (:: Lex.[1] = Jerusalem); הַר צְבִי־קֹדֶשׁ 11₄₅; cj. Ez 26₂₀ pr. וְנָתַתִּי צְבִי prop. (cf. G) וְהִתְיַצַּבִי vel וְהִתְנַצְּבִי (Zimmerli 611, BHS); cj. Zch 9₁₆ pr. כְּצֹאן עַמּוֹ prop. ↗ צְבִיו עַמּוֹ צֹאן 4;

B. — 1. cj. 2S 1₁₉ pr. הַצְּבִי יִשְׂרָאֵל prop. הוֹי צְבִי יִשְׂר׳, trad. (Wehe du) Zierde

Israels, u. a. ZüBi :: Patrick D. Miller UF 2, 1970, 185; H. P. Müller ZA 68, 1978, 239: Gazelle Israels, s. II צְבִי; — 2. Js 23$_{9}$ כָּל־צְבִי trad. alle Pracht (ZüBi) o. ä. :: Driver JSS 13, 1968, 49; Dahood Biblica 40, 1959, 161f: alle Gazellen, d. i. alle Fürsten. Bei 1. und 2. liegt ug. *ẓbj* Gazelle (↗ II צְבִי) zugrunde, welches KTU 1. 15 IV 7f. 18f (|| *ṯr*) menschl. Würdenträger bezeichnet, s. Gray KRT[2] 62. †

II צְבִי: wohl Primärnomen; mhe., pl. צְבָאִם u. צְבָיִים, ja. טַבְיָא; äga *ṭbj* (DISO 99), aam. *ṣbj* (DISO 241), sam.; ug. *ẓbj* (UT nr. 1045, RSP I S 419 Nr. 63; CML[2] 147b :: Aistl. 2367); akk. *ṣabītu(m)* (AHw. 1071b, Salonen Jagd 213ff. 255ff); sy. *ṭabjā* u. *ṭᵉbītā*; md. (MdD 173a) *ṭabia*; asa. n. m. *ẓbj*^{m} ↗ צִבְיָא, cf. ? *ẓbj* Name eines Berges u. einer Quelle (Conti 160a); ar. *ẓabju*; Ταβ(ε)ιθά Act 9$_{36.40}$: pl. צְבָיִם (2S 2$_{18}$), צְבָיִים (Esr 2$_{57}$ Neh 7$_{59}$ ↗ פֹּכֶרֶת) u. צְבָאִים (1C 12$_{9}$), s. BL 457p, R. Meyer Gr. § 52, 4b: **Gazelle** (BHH 516f) Dt 12$_{15.22}$ 14$_{5}$ 15$_{22}$ 2S 2$_{18}$ 1K 5$_{3}$ Js 13$_{14}$ Pr 6$_{5}$ HL 2$_{9.17}$ 8$_{14}$ Esr 2$_{57}$ Neh 7$_{59}$; ↗ צִבְיָה und n. m. צִבְיָא, n. f. צִבְיָה. †

צִבְיָא: n. m.; ↗ II צְבִי (Noth N. 230. 255b, Stamm HFN 329) „Gazelle"; צבי PN in *Wadi Murabbaʿat* (DJD II 1961 N 17 B 2); asa. n. m. *ẓbj*^{m} (Müller ZAW 75, 1963, 313); Benjamit 1C 8$_{9}$. †

צִבְיָה: n. f.; ↗ II צְבִי u. צִבְיָה (Noth N. 230. 255b, Stamm HFN 329); äga. n. f. *ṣbjʾ* „Gazellenweibchen": Mutter des Königs Joas von Juda 2K 12$_{2}$ 2C 24$_{1}$. †

צְבִיָּה: fem. v. II צְבִי, Var. zu צִבְיָה: pl. צְבָאוֹת (Variante zu צְבָאִים: Rudolph KAT XVII 1-3, 130, cf. GK § 93x, BL 457p, Michel Grundl. heSy. 1, 72f): **Gazellenweibchen** HL 2$_{7}$ 3$_{5}$ 4$_{5}$ 7$_{4}$. †

צְבֹיִם u. צְבֹיִים: ↗ צְבֹאִים.

צבע: mhe. ja., äga. (DISO 241; Fitzmyer Fschr. Albright 1971, 153), ↗ ba.; akk. *ṣapû* (AHw. 1082b) durchfeuchten, tränken, färben, sbst. (pt.) *ṣāpû* Färber (AHw. l. c., cf. E. Salonen StudOr. 41, 1970, 300. 304); *ṣᵉbaʿ* sy. cp., md. (MdD 388b) *ṣba*; äth. *ṣabḫa* (Dillm. 1281) eintauchen, färben; ar. *ṣabaġa* färben, s. Gradwohl 61:

cj. **qal**: pt. צֹבֵעַ: **Färber** 1C 4$_{22}$; ? ins. post אַשְׁבֵּעַ (vs. 21) אֶת־בֵּית צֹבֵעַ וְרֹקֵם „samt dem Haus des Färbers und Buntwirkers" (Rudolph Chr. 36);

cj. **hitp**. od. **nif**. Hi 38$_{14}$: pr. וְיִתְיַצְּבוּ prop. entweder a) hitp. impf. וְתִצְטַבַּע sich gefärbt zeigen (Lex.[1]) od. b) nif. impf. וְתִצָּבַע sich färben; zu a) und b) s. u. a. Budde GHK II/1[2] 1913, 243; BHS :: Gradwohl 62[30]: MT (noch) werden sie stehen, כְּמוֹ לְבוּשׁ geändert durch cj. †

Der. צֶבַע, צָבוּעַ; n. m. ? צִבְעוֹן; n. l. צְבֹעִים.

צֶבַע: צבע, BL 456 l. 458u; mhe. Farbe, Farbiges, ja. צִבְעָא dieselbe Bedtg; sam. abs. צבע, det. צבעיתה (BCh. LOT 2, 611); akk. *ṣub/pītu* (AHw. 1108a): 1) gefärbte Wolle, 2) Bewässerung; sy. *ṣebʿā*, *ṣubʿā*, *ṣubʿānā*; md. (MdD 392b) *ṣibiana* Farbe, auch *ʿṣba* (MdD 355b); ? äth. *ṣabḥ* (Dillm. 1281) Brühe; ar. *ṣibġ* u. *ṣibġat* Farbe, Färbemittel: pl. צְבָעִים: **bunte, gemusterte Tücher** (AuS 5, 70ff, BRL[2] 72-74, BHH 464) Ri 5$_{30}$. †

צִבְעוֹן: n. m.; Sam. *ṣåbūn*, G Σεβεγων, S *Ṣbʿwn*, V *Sebeon*, ar. *Ḍibʿān* (Weippert 237): צבע: *צֶבַע (cf. ar. *ḍabʿ*) + *ōn* (= ? demin. Endg., cf. BL 500u, R. Meyer Gr. § 41, 1c) „(kleine) Hyäne", ↗ צָבוּעַ (:: Gradwohl 62: Färber); cf. PN mit d. Bedtg. „Hyäne": sab. *ḍbʿt*; min. (fem.) *ḍbʿ* (Ryckmans I 186a); ar. n. m. *ḍubaiʿat* (demin.!), *ḍibʿān*; n. f. *ḍabāʿat* (Nöldeke BS 79; Moritz ZAW 44, 1926, 88): Sohn d. Seir, Fürst (אַלּוּף) der Horiter: Gn 36$_{2.14.20.24.29}$ 1C 1$_{38.40}$. †

צְבֹעִים: n. l.: צבע (pl. Borée 52, ? Nf. zu ↗ צָבוּעַ); ug. n. l. *Ḫr-ṣbʿ* ↗ צָבוּעַ: — 1. „Hyänenort'. im Gebiet v. Benjamin, dessen Lage ungewiss, ? = *Ch. Sabije* (Abel 1, 452); cf. GTT § 1089 u. Rudolph EN 189: Neh 11₃₄; — 2. גֵּי הַצְּבֹעִים „das Hyänental" 1S 13₁₈; nicht sicher zu identifizieren; ? = *W. el-Qelt*, bzw. dessen Oberlauf *W. Fāra*, s. Stoebe KAT VIII/1, 246; ↗ צְבֹאִים. †

צבר, ↗ III *צפר; mhe. ja. aufhäufen; sam. (BCh. LOT 2, 574); ug. sbst. ↗ *צִבֻּר; akk. *ṣabāru* (AHw. 1065f) umbiegen; sy. *ṣᵉbar* kondensieren (GB); ar. *ṣabara* binden, fesseln, geduldig sein:

qal: impf. (וַ)יִּצְבֹּר, (וַיִּ)וְיִצְבְּרוּ, וַתִּצְבָּר־: **auf einen Haufen schütten**: Getreide Gn 41₃₅.₄₉, Erde Hab 1₁₀, tote Frösche Ex 8₁₀, Silber Zch 9₃ Hi 27₁₆, Gold Sir 47₁₈; cj. Ps 39₇ pr. יֶהֱמָיוּן יִצְבֹּר prop. als obj. zu יִצְבֹּר entweder הָמוֹן Reichtum od. הוֹנִים Schätze, ↗ הוֹן (BHS). †

Der. *צִבֻּר, *צִבָּרוֹן.

***צִבֻּר**, hapleg. 2K 10₈, צבר (BL 480v R. Meyer Gr. § 38, 7b): mhe. ? צבר (andere LA צוור/ס u. a. nhe.), צֶבֶר Haufe, צִבּוּר Haufe, Gesamtheit; ja. צִבּוּרָא Gesamtheit, Gemeinde; ug. 1) *ṣbr* (KTU 4. 375, 1. 3. 5. 7. 9. 11) = akk. *ṣipp/bbiru* (AHw. 1104a, CAD Ṣ [Vol. 16] 203); Bedtg. wohl eine spezielle Art von Feld (CAD l. c.); Dietrich-Loretz-Sanmartín UF 6, 1974, 35 u. bes. M. Heltzer The Rural Community in Ancient Ugarit, 1976, 70f: gemeinschaftlich bewirtschaftete Felder :: UT nr. 2142: eine Abteilung (von Arbeitern); 2) *ṣbrt* Schar, Versammlung (UT nr. 2142, Aistl. 2301, CML² 156a, Heltzer l. c. 76f); ar. *ṣabr* Fesseln, *ṣubrat* Haufen: pl. צִבֻּרִים **Haufe**. †

[cj. ***צִבָּרוֹן**: צבר, BL 498c: Zch 9₁₂ pr. לְבִצָּרוֹן prop. לְצִבָּרוֹן in Scharen (Lex.¹) :: GB, Zorell, Rudolph KAT XIII/4, 183; I. Willi-Plein BBB 42, 1974, 10: MT בִּצָּרוֹן befestigter Ort, Burg. ↗ III בצר].

***צבת**: mhe. verbinden, sich gesellen, ja. sich gesellen u. pa. darreichen; akk. *ṣabātu* ↗ צבט; sy. *ṣabbet* (pa.) schmücken; md. (MdD 396b) *ṣpt* verbinden, pa. schmücken; palm. pa. schmücken (DISO 241); ar. *ḍabaṭa* etw. mit der Hand fassen (Humbert ZAW 62, 1950, 207).

Der. *צֶבֶת.

***צֶבֶת**: hapleg. Rt 2₁₆: צבת, BL 458s od. 460g: mhe. Schwade, Bündel, צְבִיתָה Zange; ja. צְבַתָּא 1) Verbindung, Gesellschaft, 2) Zange, 3) Schmücken (Dalman Wb. 358b); äga. *ṣbt* Verzierung (DISO 242); akk. *ṣibtu* (AHw. 1097f) Greifen, Packen, abab. zugewiesener (Feld-)Besitz; sy. *ṣebtā* und md. (MdD 386) *ṣauta* Verzierung; ar. *ḍabṭat* Handvoll, Bündel (Humbert ZAW 62, 1950, 207): pl. צְבָתִים: Rt 2₁₆: die zusammengefassten, abgeschnittenen Ähren, **Ährenbündel**; eig. das beim Schneiden mit der linken Hand gehaltene Bündel (Keel Bildsymb. Bild 128, Humbert l. c. 206f) AuS 3, 34. 37. 42. 44; BRL¹ 184; BHH 433. †

צַד: צדד, BL 453w.y, 454a; Sam. **ṣid*; mhe. Seite, DSS מצד abseits (Hod. IX 6); ja. צִדְדָא; pun. *ṣdʾ* (KAI Nr. 78, 6) u. md. *ṣaita* (MdD 387a) Seite; Ram. צד adv. und c. praep. ב (DISO 242); c. ב (*bṣd*) neupun. *ṣd* (KAI Nr. 130, 2), c. ל pehl *lṣd* u. *lṣt* (< *lṣdt* Frah 25, 7, Paikuli 596f), ja. (ל)צִיד u. לְצֵית (Dalm. Gr. S. 232), ↗ ba.; sam. צית u. לסעד (BCh. LOT III/2, 138⁶²); sy. *ṣēʾd* u. *ṣejd* zur Seite von; cf. ar. *ṣadad* Nähe, praep. *ṣadada* gegenüber, vor: cs. צַד, sf. צִדּוֹ/דֵּהּ, צִדְּךָ/דֵּךְ; צִדָּה 1S 20₂₀ s. unten; pl. צִדִּים, cs. צִדֵּי, sf. צִדָּיו, צִדֶּיהָ, צִדֵּיכֶם: **Seite**: — 1. im aussermenschlichen Bereich: a) c. מִשְׁכָּן Ex 26₁₃, c. מִזְבֵּחַ Ex 30₄ 37₂₇, c. מְנֹרָה Ex 25₃₂ 37₁₈, c תֵּבָה Gn. 6₁₆; b) bei einem Tier (metaph.) Ez 34₂₁

(כָּתֵף || צַד); — 2. beim Menschen: a) Seite Nu 33_{55} Jos 23_{13} 2S 2_{16} Ez $44_{.6.8.9}$; b) **Hüfte** (עַל־צַד) auf der Hüfte getragen werden Js 60_4 66_{12}; — 3. מִצַּד c. n. rectum **zur Seite von, neben** Dt 31_{26} Jos 3_{16} 12_9 1S 6_8 20_{25} 23_{26} 2S 13_{34} Rt 2_{14} Ps 91_7; — cj. Ri 2_3 pr. לְצִדִּים (cf. BCh. LOT 5, 201[35a]) prop. c. Vrss. לְצָרִים; al. MT: pl. von צַד < akk. *ṣaddu* (Driver ALUOS 4, 1962/63, 6: *ṣaddu* Seil, Strick; Lex.[1] II *צַד Schlinge, cf. TOB 460 Falle :: AHw. 1073 *ṣaddu* Signal (-Holz), Zeichen) cj. 1S 20_{20} pr. צִדָּה cj. צִדָּהּ vel צִדֹּה nach seiner Seite hin (sf. f. bezogen auf אֶבֶן vs. $_{19}$, sf. m. bezogen auf ↗ אַרְגַּב vs. $_{19}$), s. Stoebe KAT VIII/1, 377; Lex.[1] l מִצִּדָּה :: TOB 548: MT acc. loc.; cj. 2S 2_{16b} pr. חֶלְקַת הַצֻּרִים „Feld d. Felsen" od. „Feld d. Kiesel" (↗ I u. II צוּר) prop. חֵל' הַצִּדִּים „Feld d. Seiten", cf. vs.$_a$ בְּצַד רֵעֵהוּ. †

***צדד**: mhe. pi., ja. pa. (sich) nach der Seite richten; denom. v. צַד; ar. *ṣadda* trs. wegkehren, abwenden; intr. sich abwenden, den Rücken kehren (Wehr 460a); nach GB ist dieses vb. die √ des sbst. צַד, was möglich scheint.

***צְדָד** od. ***צְדָד**: n. l.; loc. צְדָדָה: *Ṣadad*, 100 km. n. Damaskus (Alt Fschr. Eissfeldt 1947, 15; Zimmerli Ez. 1214; GTT S. 101) Nu 34_8 Ez 47_{15}. †

I **צדה**: mhe. ja. (auf)lauern; ? ug. *ṣdw/j*, so Delekat UF 4, 1972, 18 § 20 zu KTU 1. 23, 16. 68: *tṣdn pat mdbr* :: UT nr. 2151, Aistl. 2303, CML[2] 156a: *ṣw/jd* jagen; ar. *ṣadija* III hintergehen, zu ar. I ↗ II צדה; Wvar. zu ↗ צוד, s. Stoebe KAT VIII/1, 435 zu 1S 24_{12}; (cf. auch Mc Daniel Biblica 49, 1968, 49):

qal: pf. צָדָה, צָדוּ, pt. צֹדֶה: **nachstellen** Ex 21_{13} 1S 24_{12}, Kl 4_{18} s. Mc Daniel l. c., cf. Rudolph KAT XVII/1-3, 249. †

Der. צְדִיָּה.

II **צדה** (:: Kopf VT 8, 1958, 196f = I): aLw. 244; mhe. צדה, hif. הצדה; ja. צְדִי u. sy. pe. zerstört sein, pa. af. zerstören, ja. צַדוּתָא Verödung, Entsetzen, sam. צדיה (BCh. LOT 2, 606, Übersetzung von תֹּהוּ), צדו Angst, Furcht (BCh. LOT III/2, 144); cf. äga. sbst. *mṣdjt* (BMAP Nr. 9, 4) leerer, nicht überbauter Raum (?); md. *ṣda* (MdD 389b) verwüstet, verlassen sein; l. c. 385b *ṣadia* adj. verwüstet, sbst. verwüsteter, verlassener Ort; cf. ar. *ṣadija* sehr durstig sein (Wehr 463b); äth. sbst. *ṣadāj/ṣadaj* (Dillm. 1314) Zeit der Ernte = Sommer u. Herbst; tigr. *ḍadāj* (Wb. 647b) Zeit d. Ernte; tigrin. *ṣeddĕjā* (Wb. l. c.) Trockenzeit;

nif: pf. נִצְדּוּ **verheert sein** (Städte) Zef 3_6. †

צֵדָה: ↗ צֵידָה.

צָדוֹק: n. m. Kf. (Noth N. 38); als entspr. Vollform ist zu vermuten: a) ein PN mit d. perf. צָדַק (Noth N. 189), b) ein PN mit (theophorem ?) צֶדֶק als sbj., wie מַלְכִּי־צֶדֶק u. אֲדֹנִי־צֶדֶק (Zimmerli 1. Mose 12-25, 1976, 45; da צָדוֹק ein alter u. wohl kanaan. PN sein dürfte, ist b) wahrscheinlicher, cf. mit *ṣidq/ṣdq* gebildete PN in amor. (Huffmon 256f), ug. (Gröndahl 187), ph. u. pun. (PNPhPI 177. 178. 398f); s. auch Lipiński Syr. 50, 1973, 40-42; ihe. Sgl. צדק (Dir. 106, Avigad IEJ 25, 1975, 101ff; Keel Visionen 105[186]); T. Arad 93 *ṣdq* (Pardee UF 10, 1978, 335), *ṣdq* he. PN in Eleph. (AP 307b, Vincent 412 = צָדוֹק :: Kornfeld Onomastica 69: entweder Kf. v. perf. צָדַק od. v. sbst. צֶדֶק): — 1. Hauptpriester: a) unter David (neben Abjathar) 2S 8_{17} $15_{24f.27.29.35f}$ 17_{15} $18_{19.22.27}$ 19_{12} 20_{25} 1K $1_{8.26.32.34.38f.44f}$ 1C 12_{29} 15_{11} 16_{39} 18_{16} 27_{17}; b) unter Salomo 1K 2_{35} $4_{2.4}$ (gl.), 1C 29_{22}; c) Sohn v. אֲחִיטוּב 2S 8_{17} 1C 5_{34} 6_{38} 18_{16}; Nachk. d. אֶלְעָזָר u. Ahne e. Priesterfamilie בְּנֵי צָדוֹק Ez 40_{46} 44_{15} 48_{11} (daher Σαδδουκαῖοι, BHH 1639),

זֶרַע צָדוֹק Ez 43₁₉, בֵּית צָדוֹק 2C 31₁₀; ferner 1C 24₃.₆.₃₁; d) zur Frage der Herkunft v. צָדוֹק — ob aus Kirjath-Jearim/Baala oder aus Jerusalem — siehe u. a. Rudolph Chr. 51-53; Gray Kings³ 81f; Herbert Schmid Fschr. Galling 244; BHH 2200; — J. Liver The „sons of Zadok the priests" in the Dead Sea sect, RQ 6, 1967, 3-30; — 2. Priester aus d. Nachk. d. אֶלְעָזָר (wohl = 1) Esr 7₂ Neh 11₁₁ 1C 5₃₈ 9₁₁; — 3. Grossvater (mütterlicherseits) v. König Jotham 2K 15₃₃ 2C 27₁; — 4. u. — 5. je ein beim Mauerbau unter Nehemia Beteiligter Neh 3₄.₂₉ ; — 6. einer aus den Häuptern des Volkes Neh 10₂₂; — 7. ein Schreiber (סוֹפֵר) Neh 13₁₃. †

צְדִיָּה: I צדה (Barth Nb § 127d) Sam. *ṣidjâ*: **Nachstellung** = heimtückische Absicht Nu 35₂₀.₂₂. †

צִדִּים: הַצִּדִּים: n. l. Jos 19₃₅; txt. corrupt. s. Alt ZAW 45, 1927, 72² u. Noth Jos. 116; cj. 2S 2₁₆b pr. חֶלְקַת הַצֻּרִים prop. חֶלְקַת הַצִּדִּים ፫ צַד. †

צַדִּיק: G überwiegend δίκαιος, (189 ×) s. ThWbNT II 177; L. Ruppert, Der leidende Gerechte (Forschungen zur Bibel 5, 1972) 56ff; Sam. *ṣādəq*; mhe., DSS (KQT 184f); ja.; ph. *ṣdq* (KAI Nr. 16. 43, 11), neupun. fem. *ṣdjq*ʾ; aam. *ṣdq* (KAI Nr. 217, 5, Degen Altaram. Gr. § 66, 1a); äga. *ṣdjq* (AP 307b, DISO 243), Ram. *zdq* (DISO 72); amor. *ṣaduq* (theophor. Element ?; Huffmon 98f. 256f) u. kan. *ṣaduq* (EA 287, 32) recht; amor. u. kan. adj. od. vb., cf. Huffmon l. c. u. Böhl Spr. EA § 13g ፫ צדק; sy. *zādeq* gerecht, billig, angemessen, *zaddīqā* gerecht, rechtschaffen; Hatra *zdq* (Aggoula Sem. 27, 1977, 134 Nr. 333. 334); palm. f. *zdqt*[ʾ] (DISO 72); cp. *ṣdjq*; md. (MdD 157a) *zadiq(a)* recht, rechtschaffen, heilig; l. c. 385a *ṣadiq(a)* wahr, rein, vollkommen; äth. *ṣādeq* (Dillm. 1313) gut, gerecht, unschuldig; auch tigr. (Wb. 647b); asa. PN *Ṣādiq*, *Ṣiddīq* (Conti 222a, cf. Ryckmans 1, 182a); ar. *ṣadīq* Freund, befreundet (Wehr 462b); zu weiteren adj. Bildungen s. H. H. Schmid Gerechtigkeit als Weltordnung, 1968, 69: צַדִּיק (206 ×), pl. צַדִּ(י)קִ(י)ם, s. THAT II 507-530 (Lit. s. zu צֶדֶק u. צְדָקָה u. auch unten): — 1. v. einer Sache, die geprüft, u. in Ordnung gefunden wird: **recht**: a) וְנֹאמַר צַדִּיק wir sagen: es stimmt Js 41₂₆; b) חֻקִּים צַדִּיקִם rechte, d. h. heilsame Gebote Dt 4₈, s. v. Rad Th. I⁶, 209. 387; — 2. (rechtlich: Menschen, deren Verhalten geprüft u. einwandfrei gefunden wird) **schuldlos**, **im Recht befindlich**, s. Koehler Th.⁴ 155f; Boecker 122ff; H. H. Schmid l. c. 90ff: נָקִי וְצַדִּיק Ex 23₇, הִצְדִּיק אֶת־הַצַּדִּיק Dt 25₁ (:: הִרְשִׁיעַ אֶת־הָרָשָׁע), 2C 6₂₃; צַדִּיק אַתָּה du bist im Recht 1S 24₁₈ Pr 24₂₄ (Streitsbeendigungsformel, s. Horst GsR 263, Boecker 128); pl. צַדִּיקִים אַתֶּם 2K 10₉, s. Gray Kings³ 552. 555; ferner 1K 2₃₂; auch Ex 23₈ Dt 16₁₉ 25₁ 1K 8₃₂/2C 6₂₃ Js 5₂₃ 29₂₁ etc., s. H. H. Schmid l. c. 90; allgemeiner Am 2₆ 5₁₂ (Koch Fschr. v. Rad 1971, 244) Ps 7₁₂, Hi 32₁ 36₇ Pr 17₁₅.₂₆ 18₁₀.₁₇ etc.; cj. Ps 94₁₅ pr. צֶדֶק prop. צַדִּיק; — 3. (moralisch im Recht) **schuldlos** Gn 18₂₃-₂₅ (:: רָשָׁע). ₂₆.₂₈ 20₄; unbescholten 2S 4₁₁; — 4. a) (sozial) **recht**, d. i. gemeinschaftsmässig, gemeinschaftstreu; Belehrung darüber Ez 18₅-₉, vs. ₉ צַדִּיק הוּא (Zimmerli 403ff); Js 60₂₁ Ez 3₂₀f 13₂₂ 18₂₀.₂₄.₂₆; אֲנָשִׁים צַדִּיקִים 23₄₅; b) צֶמַח צַדִּיק legitimer, rechtmässiger Spross Jr 23₅ (Johnson SKsh 35ff; Swetman Biblica 46, 1965, 29ff; K. Seybold FRLANT 107, 1972, 130), cf. ph. *ṣmḥ ṣdq* (KAI Nr. 43, 11), *bn ṣdq* (l. c. Nr. 16); d. kommende König (= מָשִׁיחַ) צַדִּיק || נוֹשָׁע) Zch 9₉, s. Rudolph KAT XIII/4, 179f: 'צַ „einer, dem der göttliche צֶדֶק zuteil geworden ist ... = begnadigt"; מוֹשֵׁל צַדִּיק wer gerecht herrscht 2S 23_3, ↗ 5; — 5. (religiös) **recht, gerecht, fromm** (von 4 a nicht streng zu scheiden): אִישׁ צַ׳ Gn 6_9 (Westermann BK I/1, 557), גּוֹי צַ׳ 7_1, צַ׳ לִפְנֵי י׳ Js 26_2; צַדִּיק: a) der Gerechte, sich recht Verhaltende und „der mit seinem Leben zurechtkommt" (v. Rad Weisheit in Israel, 1970, 107f): Js 24_{16} 57_1 Hos 14_{10} Hab $1_{4.13}$ 2_4 Mal 3_{18}; Ps 1_6 (38 × in Ps): b) צַ׳ der Fromme, der der Jahwegemeinde Zugehörige (H. H. Schmid l. c. 154ff, Koch Fschr. v. Rad, 1971, 244[32]) Ps 58_{11} 64_{11} 68_4 118_{20}; c) der Fromme, der an den Geboten seine Lust hat (H. H. Schmid l. c. 156f) Ps 1_{5f} $112_{4.6}$; d) Pr 2_{20} (u. ö. 66 ×) צַ׳ der als recht, in Ordnung gilt (H. H. Schmid l. c. 159, s. ferner zu 5 a und THAT II 523f, Heiterer, Gerechtigkeit als Heil, Graz 1976, 127ff); צַ׳ oft:: רָשָׁע (H. H. Schmid l. c. 159[385.386]); e) mit d) übereinstimmend: Hi 12_4 17_9 22_{19} 27_{17}; Koh 3_{17} $7_{15f.20}$ 8_{14} 9_{1f}; — 6. יהוה/Gott als צַדִּיק: a) **gerecht** (richtend/strafend): שׁוֹפֵט צַדִּיק Ps 7_{12} 129_4 (Kraus BK XV/3, 193ff); צַדִּיק כַּבִּיר der gerechte Gewalthaber Hi 34_{17} (Fohrer KAT XVI 462. 468); b) gerecht (Recht stiftend oder setzend) Zef 3_5 (v. Rad Th. I[6] 386), Ps 119_{137} (A. Deissler Psalm 119 [118] und seine Theologie, 1955, 235); c) gerecht (im Recht gegenüber Anschuldigungen) Ex 9_{27} Jr 12_1 Kl 1_{18} Da 9_{14} Neh 9_{33} 2C 12_6 (Jepsen Fschr. Hertzberg 87); d) gerecht (in d. Bedtg. hilfreich, treu) Dt 32_4 Js 45_{21} Ps 11_7 116_5 (|| חַנּוּן), 145_{17} (|| חָסִיד), Esr 9_{15} Neh 9_8 (Deissler l. c., Jepsen l. c.); — cj. Js 49_{24} pr. צַדִּיק l c. 1Q Js[a] S V עָרִיץ (BHS); cj. Ps 72_7 pr. צַדִּיק lies c. pc. MSS G S צֶדֶק; cj. Ps 94_{15} pr. צֶדֶק l c. 2 MSS Σ S צַדִּיק.

צֵדָנִית: ↗ צִידוֹנִי.

צדק: mhe., DSS (KQT 185), ja. gerecht sein; amor. PN *jaṣduq-AN/jaṣduqum*; amor. u. kan. *ṣaduq* ↗ צַדִּיק; äga. *ṣdq* pe. gerecht sein, Recht bekommen, pa. jmdn als gerecht, unschuldig ansehen (DISO 243, DAE 83f), in PN *ṣdq* wohl vb.: „Er (יהו) ist gerecht", cf. יְהוֹצָדָק; weniger wahrscheinl. *ṣdq* sbst. „Er ist Gerechtigkeit", s. Vincent 412, Kornfeld Onomastica 69; sy. *zādeq* ↗ צַדִּיק, pa. rechtfertigen, als gerecht ansehen; cp. *ṣdq* pa. rechtfertigen; md. (MdD 162a) Recht haben, gerecht sein; äth. *ṣadqa* (Dillm. 1311) gerecht, unschuldig sein, II *ʾaṣdaqa* (caus.); tigr. *ṣadqa* (Wb. 647) gerecht, gottesfürchtig sein; *ṣaddaqa* recht tun, ehrlich sein; asa. *ṣdq* (Conti 222a) wahrhaftig, gerecht sein, II nachsichtig sein, erhören, gerechte Geschenke machen, Gaben erbitten; ar. *ṣadaqa* die Wahrheit sprechen, aufrichtig sein, II für glaubwürdig halten, Glauben schenken (Wehr 462); Lit. wie bei ↗ צַדִּיק:

qal (22 ×): pf. צָדַקְתָּ/תִּי, צָדְקָה; impf. תִּצְדַּקְנָה, יִצְדְּקוּ/דָּקוּ, אֶצְדָּק, יִ/תִּצְדַּק/דָּק: — 1. **im Recht sein, Recht haben** Js $43_{9.26}$ (THAT II 528: als Sieger hervorgehen), 45_{25} (בַּיהוה), Ps 51_6 143_2 Hi $9_{15.20}$ 10_{15} 13_{18} 15_{14} (|| זכה), 33_{12} (זֹאת darin), 34_5 35_7; c. מִן gegenüber Gn 38_{26} (v. Rad Th. I[6] 386, THAT II 513; Sam. Vers. צדיקה *ṣådīqa* fem. v. צדיק), Ez 16_{52} Hi 4_{17}; c. עִם vor Hi 9_2 25_4; — 2. **Recht behalten** Hi 11_2 22_8 (od. zu 3 ?), 40_8; — 3. **gerecht sein** Hi 22_8; recht sein (מִשְׁפְּטֵי י׳) Ps 19_{10}. †

nif: pf. נִצְדַּק: **zu seinem Recht gebracht, gerechtfertigt werden** Da 8_{14}. †

pi. (Jenni 41f. 44ff. u. ö.): pf. צִדְּקָה; impf. וַתְּצַדְּקִי; inf. sf. צַדֶּקְךָ, צַדֶּקְתֵךְ (Ez 16_{52}, inf. fem. *צַדֶּקֶת s. BL 345m, Joüon § 52c): — 1. **als gerecht erscheinen lassen** Ez 16_{51f}; — 2. צִדְּקָה נַפְשׁוֹ מִן **sich als gerecht erweisen** im Vergleich zu Jr 3_{11}, **sich im Recht betrachten** gegenüber Hi

32_2; — 3. **als im Recht befindlich erklären** Hi 33_{32}. †

hif. (Jenni 44f): pf. הִצְדִּיקוּ, sf. הִצְדַּקְתִּיו; impf. יַ/אַצְדִּיק; imp. הַצְדִּיקוּ; inf. הַצְדִּיק; pt. מַצְדִּיק, sf. מַצְדִּיקִי, pl. cs. מַצְדִּיקֵי (H. H. Schmid Gerechtigkeit als Weltordnung, 1968, 90; Hillers JBL 86, 1967, 320-24); — 1. a) **Recht schaffen für** 2S 15_4 Js 50_8 Ps 82_3 Da 12_3; **Recht geben** Hi 27_5; b) für im Recht befindlich, **für schuldlos erklären** Dt 25_1 1K 8_{32}/2C 6_{23} Js 5_{23} Pr 17_{15} Sir 10_{29} 42_2; c) **als schuldlos behandeln** Ex 23_7; — 2. jmdm **zu seinem Recht helfen** Js 53_{11} (Rowley BJRL 33, 1950/51, 105ff; F. V. Reiterer Gerechtigkeit als Heil, Graz 1976, 111ff). †

hitp.: impf. נִצְטַדָּק: **sich als schuldlos ausweisen** Gn 44_{16} Sir 7_5. †

Der. צַדִּיק, צֶדֶק, צְדָקָה; n. m. צָדוֹק, יוֹצָדָק ,יְהוֹצָדָק, צִדְקִיָּה(וּ).

צֶדֶק: צדק, BL 457q: Sam. *ṣēdəq*; mhe., DSS (KQT 185f, THAT II 530); H. H. Schmid Gerechtigkeit als Weltordnung, 1968, 69ff, THAT II 508f; ja. צִדְקָא; ph. *mlk ṣdq* (KAI Nr. 4, 6; 10, 9: DISO 243): gerechter, bzw. legitimer König; *ṣdqj* (KAI Nr. 26 A I 12, DISO 243): mein gerechtes Verhalten; *ṣdq* als sbj. od. praed. in ph. PN s. PNPhPI 398f, H. H. Schmid l. c. 74f, THAT II 509; moab. נד צדק (S. Horn BASOR 193, 1969, 8 Z. 4) *legitimate wall*; aam. *ṣdq* Loyalität (H. H. Schmid l. c. 71f, THAT II 509, DISO 243); ug. appell.: a) KTU 1. 14. I 12: *aṯt ṣdqh* „seine rechtmässige Frau" (Dietrich-Loretz AOAT 18, 1973, 32; s. ferner RSP I S. 320 Nr. 476); b) KTU 2. 8, 5: *sdq k* Sinn unklar, s. H. H. Schmid l. c. 70[434]; c) PRU II Nr. 7, 4 = UT Text 1007, 4: *bʿl ṣdq* Erhalter des Rechts od. legitimer Fürst, Titel d. Königs von Ugarit, s. Gray LoC² 225f u. Ug. VI 289f; *ṣdq* sonst nur in PN (UT nr. 2147, Aistl 2306-9, Gröndahl 187f) und im Namen d. Gottes *ṣdq mšr* (KTU 1. 123, 14), s. RAAM 169f; Whitley VT 22, 1972, 470; H. H. Schmid l. c. 75f; THAT II 509; sy. *zedqā* das Rechte, Schuldige; Vorschrift, Pflicht (LS 189a); cp. *zdqʾ* Gerechtigkeit, Almosen; md. (MdD 165b) *zidqa* Rechtschaffenheit, fromme Darbringung, Barmherzigkeit; asa. *ṣdq* (Conti 222a) Gerechtigkeit, Recht; in PN *ṣdq* sbj. u. praed., s. Ryckmans 1, 246, 269, Conti l. c., H. H. Schmid l. c. 75, THAT II 509; äth. *ṣedq* (Dillm. 1312) das Rechte, Recht, Gerechtigkeit; tigr. (Wb. 647b) Gerechtigkeit, gutes Werk, das Richtige; ar. *ṣidq* Wahrheit, Wahrhaftigkeit, Richtigkeit (einer Behauptung), Tüchtigkeit (Wehr 462b): sf. צִדְקִי, צִדְקְךָ/קֵךְ/קָךְ ,צִדְקוֹ/קָהּ ,צִדְקֵנוּ: 119 ×, Lit. H. H. Schmid l. c. (hier S. 1¹ weitere Lit., v. Rad Th. I⁶, 382-95; Jepsen Fschr. Hertzberg 78-89; THAT II 507-30 mit Lit., RGG³ II 1403-6, BHH 548f); zum Unterschied zwischen צֶדֶק u. צְדָקָה s. Michel Grundl. heSy. 1, 66: צֶדֶק hat einen kollektiven Sinn, צְדָקָה bezeichnet einen einzelnen Erweis der Gerechtigkeit, eine Gerechtigkeitstat; Jepsen l. c. 80: צֶדֶק geht auf die richtige Ordnung, צְדָקָה auf ein rechtes Verhalten, das auf Ordnung zielt. Erst in der Spätzeit übernimmt צֶדֶק die Funktion von צְדָקָה, als dieses sich konkretisiert, ↗ צְדָקָה; s. auch H. H. Schmid l. c. 179 u. Bo Johnson ASTI 11, 1978, 31-39; zur neueren Interpretation des Begriffes s. H. H. Schmid l. c. 1ff; von Rad Th. I⁶ 382ff; grundlegend Klaus Koch *Ṣdq* im Alten Testament. Eine traditionsgeschichtliche Untersuchung (Diss. Heidelberg 1963), THAT II 507-530, Kraus BK XV/3, 52, Reiterer, Gerechtigkeit als Heil, Graz, 1976, 208ff: — 1. a) **das Rechte**, wie es recht ist מֹאזְנֵי צֶדֶק אַבְנֵי־צ׳ אֵפַת צ׳ Lv 19_{36}; ähnl.

Dt 25_{15} Ez 45_{10} Hi 31_{6} :: Gerleman VT 28, 1978, 154-56: Zustand des vollen Masses; zu זִבְחֵי צֶדֶק ,מִשְׁפְּטֵי צֶ׳ s. 4 a α; b) **Richtiges, Zutreffendes** Pr 8_{8} 12_{17}; — 2. **das Rechte, das Richtige**: a) Dt 16_{20} Js $1_{21.26}$ (Wildbg. BK X 59f), Js 16_{5} (|| מִשְׁפָּט), 26_{9f} 64_{4} Zef 2_{3} Ps 15_{2} 35_{27} 45_{8} 52_{5} 58_{2} 89_{15} $119_{21.75.172}$ Koh 3_{16}; b) צֶדֶק das (Gott zukommende) Recht Hi 36_{3}; c) צִדְקִי mein Recht: α) das Recht, das ich habe Hi 6_{29} 35_{2}; β) צִדְקִי das von Gott/Jahwe gespendete od. zugesprochene Recht Ps 4_{2}, s. Kraus BK XV[5] 169; Ps 17_{1} cj. pr. יהוה צֶדֶק prop. י׳ אֵל צִדְקִי, cf. vs. $_{15}$ צֶדֶק; צִדְקֶךָ Ps 35_{28} 37_{6}, v. Rad GSt 231; — 3. **Gemeinschaftstreue, gemeinschaftstreues Verhalten/Handeln**, s. bes. K. Koch l. c., v. Rad l. c. :: H. H. Schmid l. c. passim u. bes. 67. 105. 185: Weltordnung (die auch Gemeinschaftstreue sein kann), s. dazu THAT II 516: a) von Gott/יהוה (*iustitia salutifera*, v. Rad Th. I[6] 384), Jr 11_{20} Ps 9_{5} (שׁ(וֹ)פֵט צֶ׳), 9_{9} 96_{13} 98_{9} (c. שׁפט), Hos 2_{21} Ps 65_{6} (|| יֶשַׁע); adv. gemeinschaftstreu Ps 119_{138} (|| אֱמוּנָה), 119_{142} (c. צְדָקָה); b) von Menschen Lv 19_{15} Dt 1_{16} (c. שׁפט), Js 51_{7} (|| תּוֹרָה), 59_{4} (|| אֱמוּנָה), Ps 7_{9} (כְּצִדְקִי), $18_{21.25}$ (כְּצִדְקִי, dafür 2S $22_{21.25}$ כְּצִדְקָתִי), Ps 119_{121} (|| מִשְׁפָּט), Pr 1_{3} 2_{9}, 16_{13} (שִׂפְתֵי־צֶדֶק), Hi 29_{14} (c. לָבֵשׁ), Koh 5_{7} 7_{15}, adv. Pr 31_{9} (|| דִּין עָנִי וְאֶבְיוֹן); cj. Ez 3_{20} pr. צִדְקוֹ l c. $18_{24.26}$ 33_{18} צִדְקָתוֹ (BHS); — 4. **Heil**: a) α) צֶדֶק in cstr. Vbdgen: heilvoll (:: trad. recht, gerecht GB, Lex.[1]) אִמְרַת צֶ׳ Ps 119_{123}, מִשְׁפְּטֵי צֶ׳ Dt 16_{18} Ps 119_{160}, מִשְׁפַּט צֶ׳ Js 58_{2} Ps $119_{7.62.106.164}$, מַעְגְּלֵי־צֶ׳ Ps 23_{3}, זִבְחֵי צֶ׳ Dt 33_{19} Ps 4_{6} 51_{21} (W. Beyerlin FRLANT 99, 1970, 87), שַׁעֲרֵי צֶ׳ Ps 118_{19}, אֵילֵי הַצֶּ׳ Bäume des Heils Js 61_{3} (Westermann ATD 19, 290), נְוֵי צֶ׳ Aue des Heils/des Gedeihens Jr 31_{23} 50_{7} cf. Hi 8_{6}; β) c. עֵדוֹת Ps 119_{144}, c. לָבֵשׁ in Heil gekleidet Ps 132_{9}; b) צֶדֶק das von Gott/יהוה ausgehende Heil Hos 10_{12} Js $41_{2.10}$ $42_{6.21}$ $45_{8.13.19}$ $51_{1.5}$ (Elliger BK XI/1, 120. 232. 286, cf. Whitley VT 22, 1972, 469-75 Js 51_{7} ↗ 3 a), 58_{8} $62_{1.2}$ (Scullion UF 3, 1971, 335-48; F. V. Reiterer Gerechtigkeit als Heil, Graz 1976, 24ff), Ps 40_{10} 48_{11} 50_{6} $85_{11f.14}$ 97_{6} Da 9_{24}; cj. Ps 94_{15} pr. צֶדֶק l צַדִּיק, ↗ צַדִּיק 6 d; — 5. צֶדֶק in Vbdg. mit d. König bzw. Messias: a) צֶ׳ im Sinne von 3: Js $11_{4.5}$ 16_{5} 32_{1} (לְצֶדֶק nach Gemeinschaftstreue), Jr 22_{13} (בְּלֹא־צֶדֶק), Ps $45_{5.8}$ $72_{2.7}$ (pr. צַדִּיק l c. MSS, Vrss. צֶדֶק), Pr 8_{15} cf. $_{16}$, 25_{5}; b) צֶ׳ im Sinne von 4: im Königsnamen יְהוָה צִדְקֵנוּ Jahwe ist unser Heil Jr 23_{6} 33_{16}; — 6. In ug., ph., asa. PN erscheint *ṣdq* als Gottheit (RAAM 170. 190), cf. he. מַלְכִּי־צֶדֶק ,אֲדֹנִי־צֶדֶק: dieses theophore צֶ׳ kann im appellat. nachwirken, so Ps 17_{1} (?), $85_{11.12.14}$ 89_{15} 97_{2}, s. H. H. Schmid l. c. 76 (Lit.), cf. Ringgren WaW 150f, v. Rad Th. I[1] 388[11], RSP III S. 406ff Nr. 24. †

צְדָקָה: צדק, BL 463u: Sam. *ṣådīqa* (= LA צדיקה); mhe. Milde, Barmherzigkeit, Almosen; DSS (KQT 186, THAT II 530); ja. צִדְקְתָא Gerechtigkeit, Frömmigkeit, Mildtätigkeit, Almosen; ↗ ba. צִדְקָה; sam. צדקה (BCh. LOT III/2, 133); Ram. äga. *ṣdqh/ṣdqt'* Verdienst/Belohnung, ? Rechtschaffenheit (AP 71, 5. 20); nab. legitime Schenkung (DISO 243f); sy. *zedqᵉtā* Wohltat, Almosen; ar. *ṣadaqat* Almosen; freiwillige Almosenspende (Wehr 462b): cs. צִדְקַת, sf. צִדְקָתִי/תְךָ/תֵךְ/תוֹ/תָם; pl. צְדָקוֹת, cs. צִדְקֹ(וֹ)ת; sf. צִדְקֹתֶיךָ/תָיו/תֵינוּ; 157 ×; Lit. s. zu צֶדֶק hier auch z. Unterschied zwischen צֶדֶק u. צְדָקָה: — 1. **Gemeinschaftstreue** im Verhalten, **Rechtlichkeit**: a) Gn 30_{33} (THAT II 512), 1S 26_{23} (|| אֱמוּנָה), 1K 3_{6} Pr 10_{2} 2C 6_{23} etc.; b) Gemeinschaftstreue (des ganzen Wesens)

Pr 8_{20} 12_{28} 15_{9} 16_{31}; — 2. a) **Gerechtigkeit** des menschlichen Richters u. des Königs; zu ihr gehört die Beseitigung von Friedensstörungen u. die Wahrung der rechten Ordnung (THAT II 513f) Gn 18_{19} 2S 8_{15} 1K 10_{9} Js 5_{7} 9_{6} Ps 72_{3} Pr 16_{12} 1C 18_{14} 2C 9_{8}; b) Gerechtigkeit des/der Einzelnen überhaupt Js 56_{1} Jr 22_{3} Ez 18_{5} Am 5_{7} etc.; — 3. **Gerechtigkeit** (des göttlichen Richters), s. H. H. Schmid Gerechtigkeit als Weltordnung, 1968, 177-79, THAT II 517f: a) als rettendes, zurechtbringendes Handeln Js 63_{1} Jr 9_{23} Mi 7_{9} Zch 8_{8} Mal 3_{20} Ps 5_{9} 22_{32} 31_{2} 89_{17} etc.; b) als strafendes, richtendes Handeln Js 5_{16} 10_{22} (s. Wildbg. BK X 192), 28_{17} 59_{16f} (oder zu a ?); — 4. **Gerechtigkeit** = **Gemeinschaftstreue** ↗ צֶדֶק 3: a) allgemein Ez 3_{20} pr. צִדְקוֹ l צִדְקָתוֹ, ↗ צֶדֶק 3 b, $14_{14.20}$ $18_{22.24.26}$ $33_{12f.18}$ 2S $22_{21.25}$ (|| Ps $18_{21.25}$ ↗ צֶדֶק 3 b), Js 57_{12} (ironisch); b) besonders vor/gegenüber Gott Gn 15_{6} Dt 6_{25} 24_{13} Js 1_{27} Ps 106_{31}; c) צְדָקָה gemeinschaftstreues Handeln unter Menschen = Güte Js 56_{1} 58_{2} 59_{14} cf. mhe., ja., ba., syr., ar., gr. ἐλεημοσύνη, s. Rosenthal HUCA 23, 1950/51 I 411ff, ThWbNT II 482f, THAT II 530; — 5. **Gerechtigkeit** = **Gemeinschaftstreue Gottes**: a) als Anspruch an den Menschen Dt 33_{21}; b) das Verlässliche, die Wahrheit Js 45_{23}; c) das von Gott Erwiesene, das Heil, cf. A. Schoors VTSu. 24, 1973, 236; F. V. Reiterer Gerechtigkeit als Heil, Graz 1976, 83-85; ↗ צֶדֶק 4 b: Js 46_{12} (|| תְּשׁוּעָה), 51_{6} 56_{1} (|| יְשׁוּעָה), 54_{14} (|| שָׁלוֹם), 59_{9} 60_{17} 61_{10f}, Jl 2_{23} (Rudolph KAT XIII/2, 68), Ps 22_{32} 24_{5} (|| יֶשַׁע), 98_{2} (|| יְשׁוּעָה), 103_{17} (|| חֶסֶד), Hi 33_{26}; — 6. pl.: a) **Rechtsansprüche**, gerechte Sache Jr 51_{10} (Rudolph Jer.³ 307f, H. H. Schmid l. c. 121); b) **Gerechtigkeitstaten** Gottes/Taten der Gemeinschafts- od. Bundestreue Ri 5_{11} 1S 12_{7} Js 45_{24} Mi 6_{5} Ps 103_{6} (Lescow ZAW 84, 1972, 186f, F. V. Reiterer l. c. 52f), Da 9_{16} (H. H. Schmid l. c. 143: göttliche Barmherzigkeit); c) gemeinschaftstreue Taten des Menschen, Rechtschaffenheit Js 33_{15} 64_{5} Ez 18_{24} (c. עשׂה), 33_{13} (sg. ↗ 4 a); Ps 11_{7} Da 9_{18}; — 7. Einzelnes: a) צְדָקָה Rechtsanspruch 2S 19_{29} (c. אֶל), Js 54_{17} (c. מִן), Neh 2_{20} (s. unten) 2S 19_{29} (Lex.[1] :: H. H. Schmid l. c. 94: Recht auf Leben); Js 54_{17} (H. H. Schmid l. c. 132: Heil von Jahwe her); Neh 2_{20} (H. H. Schmid l. c. 140f: Anspruch auf gutes Ergehen); b) α) צ׳ Unbescholtenheit Js 5_{23} Ez 18_{20} Hi 27_{6}; β) Legitimität צֶמַח צ׳ Jr 33_{15} = צֶמַח צַדִּיק 23_{5} ↗ צַדִּיק 4 b; c) Gerechtigkeit als Vorrecht Gottes Da 9_{7} (H. H. Schmid l. c. 143); d) zum räumlichen u. personalen Verständnis von צְדָקָה/צֶדֶק u. a. Hos 10_{12} Js 1_{15} 45_{8} 61_{10} Ps 69_{28} 89_{15} 97_{2} 132_{9}, s. v. Rad Th. I⁶ 388, THAT II 518ff, ↗ צֶדֶק 6.

צִדְקִיָּה: n. m.; < ↗ צִדְקִיָּהוּ: — 1. נָבִיא 1K 22_{11} = צִדְקִיָּהוּ 1; — 2. König von Juda Jr 27_{12} 28_{1} 29_{3} 49_{34} = צִדְקִיָּהוּ 2; — 3. Sohn des Jojakim u. Bruder des Jechonia/Jojakin 1C 3_{15} (Rudolph Chr. 28); — 4. vornehmer Judäer an der Seite Nehemias Neh 10_{2}. †

צִדְקִיָּהוּ: n. m.; צֶדֶק u. י׳; > צִדְקִיָּה; „Jahwe ist meine Gerechtigkeit“: d. h. entweder „J. ist mein Recht“ = „Er hat mir zu meinem Recht verholfen“, (cf. יְהוֹצָדָק) od. „J. ist mein Heil“ ↗ צֶדֶק 4 b, cf. Noth N. 161f, Stamm. Mélanges H. Cazelles, Paris, 1981, 227ff; ? ihe. צדקיהו Lemaire IH 1, S. 128 Nr. 11, 5; cf. amor. u. a. *Iliṣidqi* (Huffmon 256f); ug. *ṣdq il* und *il ṣdq* (Gröndahl 187), doch kann *ṣdq* hier auch adj. sein, wie in asa. *Ṣdqʾl* (Ryckmans 1, 246a) u. palm. *Zdql* (PNPI 19b. 86b); wsem. *Ṣidqi-AN* (*ilu/ili/il*), Eponym d. Jahres 764, Statthalter von *Tušḫan*, eine Stadt mit ihrem Gebiet in den Naïri-

Ländern (Armenien) (s. APN 205, RLA II 454b) u. *Ṣidqā*, König von Askalon zur Zeit des Sanherib (Galling Tb. 67, s. H. H. Schmid Gerechtigkeit als Weltordnung, 1968, 75[484]): **Zedekia**: — 1. נָבִיא 1K 22$_{24}$ 2C 18$_{10.23}$, = צִדְקִיָּה 1; — 2. letzter König von Juda (Malamat VTSu. 28, 1975, 126-43), = מַתַּנְיָה 1: 2K 24$_{17f.20}$ 25$_{2.7}$ Jr 1$_{3}$ 21$_{1.3.7}$ 24$_{8}$ 27$_{1}$ (pr. יְהוֹיָקִים l צִדְקִיָּהוּ, BHS), 27$_{3}$ 32$_{1.3-5}$ 34$_{2.4.6.8.21}$ 37$_{1.3.17f.21}$ 38$_{5.14-17.19.24}$ 39$_{1f.4-7}$ 44$_{30}$ 51$_{59}$ 52$_{1.3.5.8.10f}$ 1C 3$_{15}$ 2C 36$_{10f}$, = צִדְקִיָּה 2; — 3. נָבִיא zur Zeit des Jeremia Jr 29$_{21f}$; — 4. Beamter (שַׂר) unter Jojakim Jr 36$_{12}$. †

צהב: mhe. glänzen, goldrot sein, ja. glänzen, zanken (Levy 4, 175); mhe. צָהוֹב, צָהֹב, f. צְהֻבָּה (Ben-Hayyim, Tarbiz 12, 1940/41, 75ff) glänzend, hellrot, צְהוּב Glänzen, Röte (Dalm. Wb. 359b); ar. *ṣahiba* goldglänzend sein; asa. *ṣhbn* (Conti 222b, Müller ZAW 75, 1963, 313) glänzend; ↗ זָהָב:

hof: pt. מֻצְהָב **rotglänzend** (Kupfer) Esr 8$_{27}$, s. Gradwohl 23, c. טוֹבָה adv. schön glänzend, s. Pelzl ZAW 87, 1975, 221-24, cf. GK § 100, 2d, R. Meyer Gr. § 86, 7b (:: cj. Rudolph EN 82: מִצְהָב Goldglanz, cf. HAL 588a). †

Der. צָהֹב.

צָהֹב: צהב, BL 466n; Sam. *ṣå'əb*, mhe. ↗ צהב: **rotglänzend** (Haar) Lv 13$_{30.32.36}$ (Gradwohl 23). †

I **צהל**: mhe. pi. wiehern, ja. pe. jauchzen; sy. *ṣᵉhal* pe. und pa. wiehern; ar. *ṣahala* wiehern:

qal: pf. צָהֲלָה, צָהֲלוּ; impf. יִצְהֲלוּ, תִּצְהַלְנָה; imp. צַהֲלִי, צַהֲלוּ: — 1. **wiehern** (Hengst) Jr 5$_{8}$ 50$_{11}$; — 2. **jauchzen** Js 12$_{6}$ (צַהֲלִי וָרֹנִּי), 24$_{14}$ (MT צָהֲלוּ cj. prop. imp. צַהֲ', doch s. Wildbg. BK X 931f), 54$_{1}$ (צַהֲלִי), Jr 31$_{7}$ Est 8$_{15}$; — 3. **schreien** Js 10$_{30}$: צַהֲלִי קוֹלֵךְ schreie gellend (Wildbg. l. c. 423. 425, s. Brockelm. HeSy. § 93n :: GB, Lex.[1]: pi. gellen lassen). †

Der. *מִצְהָלוֹת.

II **צהל**: mhe. hif. glänzen, erleuchten, ja. pe. glänzen; ug. *ṣhl*: KTU 1. 17. II 9: *jṣhl pit* die Stirne glänzt (UT nr. 2149, CML[2] 105. 156a, cf. RSP I S. 355 Nr. 552; Aistl. 2311: nicht erkl.); md. *ṣhl* (MdD 390a) scheinen, glänzen:

hif: inf. הַצְהִיל **glänzen, leuchten machen** (d. Antlitz) Ps 104$_{15}$. †

צהר: mhe. hif. glänzend machen, ja. pe. klar sein, sbst. צַהַר, צַהֲרָא Glanz, Glanzfleck (Levy 4, 176b); asa. *ẓhr* IV (Conti 160a) erklären, proklamieren, sbst. *ẓhrn* (Conti l. c.) Erklärung; ar. *ẓhr* IV proklamieren (Lane V 1927) und nhe.; asa. *ḏāt Ẓahrān* „die vom Mittag" (qataban. n. deae), s. RAAM 270. 283, Conti l. c.; ph. PN [']*sr ṣhr* „Osiris ist erschienen" (Inschr. auf Zypern) s. A. van den Branden BiOr 33, 1976, 6-9, bes. 7a; md. *zhr* (MdD 164a) glänzend sein, scheinen, erleuchten, *zahruta* (MdD 157b) Glanz, Pracht, *ṣahur(a)* (MdD 385b) scheinend, strahlend, weiss; ar. *ẓahara* sichtbar sein/werden, erscheinen; IV caus. dazu u. denom.: um die Mittagszeit kommen od. reisen, die entspr. sbst. bei ↗ צֹהַר:

hif: impf. יַצְהִירוּ: Hi 24$_{11}$ (||דָּרְכוּ יְקָבִים); die Erklärung bietet 2 Möglichkeiten: a) denom. v. ↗ יִצְהָר: Oel pressen, so u. a. Budde GHK II/1[2] 1913, 140, Hölscher Hiob 58, Dho., TOB; b) denom v. ↗ צָהֳרַיִם den Mittag verbringen, V *meridiati sunt*, so bes. Peters 251. 261; Fohrer KAT XVI 367. 368 bevorzugt a, nennt aber auch b als möglich, ähnl. Lex.[1]; für a spricht d. Zushg., für b Sir 43$_{3}$ בהצהירו (ירתיח תבל) um Mittag bringt sie (die Sonne) die Welt in Glut, cf. Smend; trotz Sir ist wegen d. Zushg. wohl a zu bevorzugen. †

? Der. צֹהַר.

צֹהַר: hapleg. Gn 6₁₆; Bedtg. unsicher, 2 Möglichkeiten: a) zu akk. *ṣēru* (AHw. 1093b) Rücken, Oberseite; Steppe, offenes Land; kan. EA *ṣuʼru, ṣūru* (AHw. 1115a, VAB 2, 1544 *zuḫru*) Rücken; ug. *ẓr* (UT nr. 1047, Aistl. 2378, CML² 147b) Rücken, Höhe; soq. *ṯhar* über; asa. *ẓhr* (Conti 160a) u. ar. *ẓahr* Rücken; ja. *טהרא Dach > *tt.*, mhe. (MiJom 5₆, Tosefta Joma 4₂): **Dach**, so viele Neuere, auch THAT I 647; vielleicht speziell Giebeldach (:: גָּג flaches Dach), s. Armstrong VT 10, 1960, 328-33; TOB; b) zur √צהר: **Lichtöffnung**, Luke cf. akk. *nappašu* „Fenster" (Ep. Gilg. XI 135, AHw. 740), so u. a. A. Dillmann Die Genesis⁶, 1892, 141; König Wb. 383a, cf. V *fenesʼra*, T *nēhōr* Lichtöffnung; G, S aliter. †

צָהֳרַיִם: wohl sec. du.-Bildung für urspr. צָהֳרָם, s. Joüon § 91g, R. Meyer Gr. § 41, 6 u. § 43, 2e, cf. BL 518a, b; < צֹהַר a: Dach, Rücken = „Kulminationspunkt" (der Sonne), s. THAT I 647 :: König Wb. 383a zu צֹהַר: „Doppelglanz"; mhe. mo. צהרם (KAI Nr. 181, 15, s. II S 176; DISO 244); sy. *ṭahrā*; ar. *ẓahr*, auch *ẓuhr*, *ẓahīrat* Mittag (Lane I 1929); cf. asa. n. deae *ḏāt Ẓahrān*, ℱ צהר: צָהֳרַיִם Js 16₃ Jr 20₁₆ Ps 55₁₈ 91₆ ohne art., sonst immer damit: **Mittagszeit** Gn 43₁₆.₂₅ Dt 28₂₉ 1K 18₂₆f.₂₉ 20₁₆ 2K 4₂₀ Js 58₁₀ 59₁₀ Jr 6₄ 15₈ Am 8₉ Zef 2₄ Ps 37₆ 55₁₈ (|| עֶרֶב u. בֹּקֶר), 91₆ Hi 5₁₄ 11₁₇ HL 1₇; עֵת צָהֳרַיִם Jr 20₁₆, בְּתוֹךְ צ׳ am hellen Mittag (:: לַיִל) Js 16₃, מִשְׁכַּב הַצ׳ Mittagsschlaf 2S 4₅. †

צַו: **צָו**:

A. Hos 5₁₁ c. הָלַךְ אַחֲרֵי, G ὀπίσω τῶν ματαίων, V *post sordem*, S *bāṯar sᵉrīqtā* hinter dem Eitlen, Nichtigen, T *bāṯar māmōn dišqar*; zu S u. T s. Rudolph KAT XIII/1, 124; Bedtg. umstritten: 1) nach MT: a) צַו = menschliche Anordnungen :: מִצְוֹת göttliche Anordn. (Jacob CAT XIa 46. 49f); b) צַו ein mit שָׁוְא gleichlautender Vulgärausdruck (Wolff BK XIV/1² 134; 2) cj.: a) c. G, S l שָׁוְא, s. BHS; b) צָרוֹ (Lex.¹, BHS vel צָר, Rudolph l. c.);

B. Js 28₁₀.₁₃ צַו in der Reihe צַו לָצָו... קַו לָקָו; die Vrss. varieren, s. van Selms ZAW 85, 1973, 332-39 u. Zorell 685a; Sinn umstritten, zu den entspr. Vorschlägen s. GB, Driver Fschr. D. W. Thomas 53-56, Kaiser ATD 18, 195f, W. Dietrich Jesaja und die Politik, 1976, 156, Wildbg. BK X 1053f (mit Verzicht auf eine Übersetzung); am wahrscheinlichsten קַו u. צַו alte Buchstabennamen, die ein Lehrer im Unterricht gebrauchte (seine Methode hier verspottend auf Jesaja angewendet), so u. a. Fohrer Das Buch Jesaja 2. Bd.² 1967, 53, Kaiser l. c., Dietrich l. c. (Lit.) :: van Selms l. c. bes. 336f: pr. MT l *ṣî, lūṣī* v. akk. (*w*)*aṣû* „hinausgehen", *qî, luqqi/u*, v. akk. *quʼʼûm* „warten"; Übersetzung: Geh hinaus! Lass ihn hinausgehen! Warte! Lass ihn warten! †

צַוָּאר: etym. fraglich; gemeinsem. Grdf. wohl **ṣawar/ṣaur*; Sam. *ṣuwwår*, (BCh. LOT 5, 63); he. urspr. צַוָּר mit nachträglich eingeschobenem א, ? zur Unterscheidung von צוּר; wohl Primärnomen :: Lex.¹, cf. GB √ IV צור: der Dreher, cf. στροφεύς Halswirbel; unwahrscheinlich Barth Nb § 38, 2, BL 484z. 548: צַוָּאר urspr. vierrad. sbst. *ṣwʼr*; ja. צַוְּרָא u. צַוְּרָא ℱ ba.; sam. צואר, צרר; altakk. *ṣawārum* (AHw. 1087a) Hals; sy. *ṣaurā*; cp. **ṣwr* (Schulthess Lex. 169a); md. (MdD 386a) *ṣaura* Hals, Kehle; äth. *ṣawwār* (Last-)träger; ar. *ṣaur* Ufer: cs. צַוַּאר, sf. צַוָּארִי, צַוָּארְךָ, צַוָּארָהּ/רוֹ/צַוָּארֵךְ, צַוָּארֵנוּ/רָם, צַוְּרָם (Neh 3₅); pl. cs. צַוְּארֵי, sf. צַוָּארָיו, צַוְּארֵיכֶם/הֶם, צַוְּרֹתֵיכֶם (Mi 2₃): **Hals** (Wolff Anthropologie 31f): — 1. von Menschen: a) Gn 27₁₆ 33₄ 41₄₂ 45₁₄ 46₂₉ Jos 10₂₄ Ri 5₃₀ Js 8₈

30_{28} 52_{2} Ez 21_{34} Mi 2_{3} HL 1_{10}, Hi 15_{26}: בְּצַוָּאר mit steifen Nacken (Lex.[1], cf. Horst BK XVI/1, 218), Neh 3_{5}; b) c. עֹל, bzw. מוֹטָה Gn 27_{40} Dt 28_{48} Js 10_{27} Jr 27_{2} $28_{10-12.14}$ 30_{8} Hos 10_{11} Kl 1_{14}, 5_{5} cj. pr. עֹל צַוָּארֵנוּ הֲדָפָנוּ prop. עַל צַוָּארֵנוּ נִרְדָּפְנוּ das Joch unseres Halses drückt uns (Kraus BK XX³ 85 :: עַל אַרְצֵנוּ נִרְדָּפְנוּ (BHS); c. נתן od. הֵבִיא בְּעֹל Jr $27_{8.11f}$ Sir 51_{26}; c) Hals mit Einschluss d. Nackens HL 4_{4} 7_{5}, cf. b; — 2. von Tieren Ri $8_{21.26}$ (Kamele), Hi 39_{19} (Pferd), 41_{14} (לִוְיָתָן s. Fohrer KAT XVI 528); — cj. Hab 3_{13} pr. עַד־צַוָּאר prop. עַד־צוּר (BHS, cf. Rudolph KAT XIII/3, 237); Ps 75_{6} pr. בְּצַוָּאר prop. cf. G בַּצּוּר (BHS, so auch Dahood Psalms I 45, II 212). †

Der. *צַוָּרוֹן.

צוֹבָא, 2S $10_{6.8}$, sonst צוֹבָה (nur 2S 23_{36} צֹבָה), G Σουβα, Josph. Σουβάς (NFJ 115), Σωβᾶ (NFJ 117): n. l. et terr. < אֲרַם צוֹבָא 2S $10_{6.8}$ (GTT S. 6), אֲ׳ צוֹבָה Ps 60_{2}; ass. *Ṣūbat*, *Ṣūpite* u. ä. (Parpola AOAT 6, 1970, 325); ↗ חֲמַת צוֹבָה, חֲמָת; zu 2C 8_{3} s. P. Welten WMANT 42, 1973, 35f (Lit.): צוֹבָה 1S 14_{47} 2S $8_{3.5.12}$, 23_{36}, 1K 11_{23} 1C $18_{3.5.9}$ 19_{6}; noch nicht genau lokalisiert, wahrscheinlich in der nördl. *Biqāʿ* u. dem nördl. Antilibanon, Weippert 268-71 (Lit.); derselbe WdO 7, 1973-74, 62; ZDPV 89, 1973, 45 u. Saebø ZDPV 90, 1974, 27, BHH 2245, cf. J. Lewy HUCA 18, 1944, 443-54: צ׳ = Baʿalbek (?). †

צוד: mhe., DSS (KQT 186); ja. jagen, fangen; ug. *ṣd* (UT nr. 2151, Aistl. 2302, CML² 156a, RSP I S. 172 Nr. 166, S. 319 Nr. 474): 1) jagen, 2) wandern, durchstreifen, cf. de Moor UF 1, 1969, 174; Ram. pun. *ṣyd* (DISO 244); akk. *ṣâdu* (AHw. 1073b) umherjagen, sich drehen; sy. *ṣād* (*ṣwd*) jagen, fassen, ergreifen; sam. jagen (BCh. LOT 2, 572); cp. **ṣwd* fassen, ergreifen; md. *ṢUD* (MdD 390b) jagen, fischen; asa. *ṣjd* (Conti 223b, Müller 144) jagen; ar. *ṣāda* (*ṣjd*) fangen, jagen:

qal: pf. צָדוּ, sf. צָדוּנִי, צָדוּם; impf. תָּצוּד/יָ, יָצוּדוּ, sf. יְצוּדֶנּוּ, תְּצוּדֵנִי; imp. צוּדָה; inf. צוּד, צוֹד; pt. צָד: — 1. **jagen** Gn $27_{3.5.33}$ Lv 17_{13}; כְּצִפּוֹר Kl 3_{52}, טֶרֶף Hi 38_{39}; — 2. **Jagd machen, nachstellen** Jr 16_{16} Mi 7_{2} Ps 140_{12} Hi 10_{16} Pr 6_{26}; Kl 4_{18} צָדוּ צְעָדֵינוּ, Bedtg. Umstritten, Vorschläge: a) c. MT: α) צוּד = belauern; β) I צדה (Mac Daniel Biblica 49, 1968, 49); b) cj.: α) ins. צָרֵינוּ post צָדוּ; β) pr. צָדוּ prop. c. MS צָרוּ ↗ I צוּר (s. BHS). †

pil: impf. תְּצוֹדֵדְנָה; inf. צוֹדֵד; pt. pl. f. מְצֹדְדוֹת: (Seelen) **einfangen** Ez $13_{18.20}$; zum MT תְּצוֹדֵדְנָה vs. 18 s. Zimmerli Ez. 284, :: Lex.[1] cj. תְּמוֹתֵתְנָה. †

Der. I צַיִד, *צַיָּד, מְצָד, מָצוֹד; I, II מְצוֹדָה, מְצֹדָה.

צוה; mhe., DSS (KQT 186, THAT II 536); ihe. (T.-Arad Nr. 18, 7-8); cf. äga. *bṣwt* (AP 37, 14) sbst. cstr. od. vb. inf., s. DISO 244, THAT II 530f; verw. mit ar. *wṣj* II u. IV Aufträge geben, testamentieren (GB, Lex.[1]); zur Pflicht machen, anbefehlen, der Obhut jmds anvertrauen (Kopf VT 8, 1958, 197f); äg. *wḏ* befehlen (EG 1, 394):

pi. (Jenni 246. 248): pf. צִוָּה, צִוִּיתָ(ה), צִוָּךְ, צִוְּךָ, צִוַּנִי/וָּנִי, sf. צִוִּיתֶם, צִוֵּיתִי, צִוִּיתִי, צִוִּ(י)תַנִי/תָּנִי, צִוַּתָּה (Rt 3_{6}), צִוָּם, צִוָּנוּ, צִוָּהוּ, צִוִּית(י)ם, צִוִּיתִיו/תִיהָ, צִוִּית(י)ךָ, צִוִּתָנוּ; impf. וַיְצַו, (וָ)אֲצַוֶּה, תְּצַוֶּה, (וָ)אֲצַו, (וַ)יְצַו, (וַ)יְצַוֶּה; sf. אֲצַוְּךָ/, תְּצַוֵּהוּ/וֶּנּוּ, (וַ)יְצַוֵּם, וַיְצַוֵּהוּ/וֶּנּוּ, וַיְצַוְּךָ, צַוּוּ, צַו, צַוֵּה, imp. תְּצַוֵּם, תְּצַוֵּנִי, וֶּךָּ/וֶּךָ/וֶּנּוּ; inf. צַוּ(וֹ)ת, sf. צַוֹּתוֹ; pt. מְצַוֶּה, cs. מְצַוֵּה, f. מְצַוָּה, sf. מְצַוְּךָ/וֶּךָ/וֶּךָ: 485 × (THAT II 530-36; G. Liedtke WMANT 39, 1971, 192-94): — 1. **einen Befehl geben, befehlen** (sbj. meist יְהוָה/אֱלֹהִים, s. THAT II 533): a) Empfänger sind Menschen: צִוָּה עַל Gn 2_{16}, צִוָּה אֶל Ex 16_{34} Nu 15_{23} 1K 11_{10}, צִוָּה לְ Ex 1_{22} Ri 4_{6} 2K 20_{1} Jr 47_{7}; c.

acc. pers. צַוֵּה אֶת־ Gn 18_{19} 26_{11} 50_{2} Ex 18_{23} etc, T.-Arad 3, 3; c. acc. pers. et rei c. אֲשֶׁר Gn 3_{17} 27_{8} Dt $4_{2.40}$ $6_{2.6}$ etc. (Liedtke l. c. 193[1]); c. כַּאֲשֶׁר Gn 7_{16} 21_{4} 47_{11} 50_{12} etc. (s. Liedtke l. c. 192[6]), c. כְּכֹל אֲשֶׁר Gn 6_{22} 7_{5} Ex 29_{35} 31_{11} etc. (s. Liedtke l. c. 192[7]), c. דָּבָר/דְּבָרִים Ex $16_{16.32}$ 19_{7} $35_{1.4}$ Lv 8_{5} Dt 4_{2} Jos 4_{10} (E. Otto BWANT 107, 1975, 134), c. מִצְוָה/מִצְוֹת Dt $4_{2.40}$ 6_{2} 7_{11} $8_{1.11}$ etc. (s. Liedtke l. c. 191ff, THAT II 534), c. תּוֹרָה Lv 7_{37f} Nu 19_{2} u. ö., c. בְּרִית Jos 7_{11} 23_{16} u. ö., c. חֻקִּים Nu 30_{17} Dt 6_{20} u. ö., c. עֵדֹת Dt $6_{17.20}$, c. מִשְׁפָּטִים Nu 36_{13} Dt $6_{1.20}$, c. דֶּרֶךְ Ex 32_{8} Dt $9_{12.16}$ 13_{6} 31_{29} Jr 7_{23}; b) Empfänger sind Teile d. Schöpfung, bzw. diese selber Js 5_{6} Ps 78_{23}, cf. Hi 37_{11f}, Js 45_{12} (das Heer d. Himmels), ähnl. Ps 148_{5}, Ps 33_{9} (Erde); Hi 36_{32} (אוֹר = Blitzstrahl, s. Fohrer KAT XVI 479); — 2. **heissen zu tun, befehlen**: a) Auftrag im selbständigen Satz c. perf. cons. וְשָׁמְרוּ und sie = dass sie Gn 18_{19}, וְכִבְּסוּ Lv 13_{54}; c. juss. וְיִכְרְתוּ 1K 5_{20}, תַּעֲשׂוּ Lv 9_{6}; b) c. impf. cons. וַיְצַוֵּהוּ וַיֹּאמֶר Gn 28_{1}, וַיְצַו ... וַיְמַלְאוּ Gn 42_{25}, וַיְצַו ... וַיֵּצֵא Ex 36_{6}, וַיְצַו וַיַּעֲבִירוּ 1K 2_{46}; c) c. לֵאמֹר mit selbständ. Satz Gn 26_{11} $32_{5.18}$ 50_{16} Lv 8_{31} (cj. pr. צִוֵּיתִי prop. c. Vrss. צֻוֵּיתִי, BHS), Dt 1_{16} 2S $18_{5.12}$ 1K 13_{9} (cj. pr. צִוָּה אֹתִי prop. צֻוֵּיתִי, BHS), 1K 22_{31} u. ö.; d) mit לְ c. inf. „zu" Gn 50_{2} Ex 35_{1} Dt 5_{15} 24_{18} 1K $17_{4.9}$; — 3. a) jmdn (an e. Ort, zu einer Aufgabe) **befehlen**, s. THAT II 531 (:: Lex.[1]: bestellen, beordern, aufbieten), davon entspricht „beordern" der Bedtg. von צִוָּה an den folgenden Stellen noch am ehesten, vielleicht auch „beauftragen": Nu $27_{19.23}$ Dt $31_{14.23}$ Jos 1_{9} (Josua), cf. 1K 2_{1} 1C 22_{6} 2C 19_{9}, s. Porter Fschr. G. H. Davies 107, Williamson VT 26, 1976, 353f; לְנָגִיד עַל 1S 13_{14} 25_{30} 2S 6_{21} 1K 1_{35}, s. Richter BZ NF 9, 1965, 73; c. עַל über 2S 7_{11} Neh 7_{2}, cj. 13_{13} pr. וְאוֹצְרָה l c. G וָאֲצַוֶּה (BHS), 1C 22_{12}; c. עַל gegen Js 10_{6}, s. Wildbg. BK X 395; c. לְ für Ps 91_{11} (obj. מַלְאָכִים) :: Kl 1_{17} (obj. צָרִים); b) eine Sache u. ä. בְּרָכָה Lv 25_{21} Dt 28_{8} Ps 133_{3}; חֶרֶב u. נָחָשׁ Am 9_{3f}, מִשְׁפָּט Ps 7_{7} (cj. pr. צִוִּיתָ prop. צַוֵּה, BHS); יְשׁוּעוֹת Ps 44_{5} (cj. pr. צַוֵּה prop. cf. G S מְצַוֶּה, BHS), עֹז Ps 68_{29} (pr. צִוָּה prop. צַוֵּה, BHS); חֶסֶד Ps 42_{9}, s. Dahood Psalms I 255. 259 (:: al. u. a. Lex.[1] pr. יְצַוֶּה prop. אֲצַפֶּה); בֹּקֶר Hi 38_{12}; — 4. Versch.: a) Sonderbedeutungen von צִוָּה nach ar. *wṣj* II, IV, ↗ oben: α) Kopf VT 8, 197f: ar: Ermahnungen geben, testamentieren, so he. 1K 2_{1ff}; ar. der Obhut jmds anvertrauen, so he. Gn 12_{20}, ar. zum Sachwalter ernennen, al; Vormund einsetzen, so he. 2S 6_{21} 1K 1_{35}; β) Gray Kings[3] 99: ar. testamentieren, Abschiedsanweisungen geben, so he. Gn $49_{29.33}$ 1K 2_{1} 2S 17_{23} (וַיְצַו אֶל־בֵּיתוֹ), 2K 20_{1} || Js 38_{1} (צַו לְבֵיתֶךָ), s. auch THAT II 533; b) Js 45_{11} (obj. יְהוָה): וְעַל־פֹּעַל יָדַי תְּצַוֻּנִי: und über das Werk meiner Hände mir gebieten, bzw. mir Vorschriften machen, s. Westermann ATD 19, 133, C. Stuhlmueller Creative Redemption in Deutero-Isaiah (AnBibl. 43, 1970, 200ff, Koole Fschr. Beek 170-75); c) Js 55_{4} מְצַוֵּה־ (c. לְאֻמִּים) Gebieter (|| נָגִיד) :: K. Seybold FRLANT 107, 1972, 155[1]: נָגִיד zu vs.$_{a}$), s. Westermann ATD 19, 228f; — cj. 1K 13_{9} pr. צִוָּה אֹתִי prop. צֻוֵּיתִי; Ps 71_{3} pr. לָבוֹא תָּמִיד צִוִּיתָ prop. c. Ps 31_{3} u. G לְבֵית מְצוּדוֹת (BHS).

pu: pf. צֻוָּה, צֻוֵּיתָה, צֻוֵּיתִי; impf. יְצֻוֶּה: **geheissen werden, einen Befehl erhalten** Gn 45_{19} Ex 34_{34} Lv 8_{31} (l צֻוֵּיתִי pr. צִוֵּיתִי ↗ צוה pi. 2 c), vs. 35 (pr. BHS צֻוֵּיתִי, ? Druckfehler l c. BHK צֻוֵּיתִי), 10_{13}; Nu 3_{16} 36_{2} (בַּיהוה), 1K 13_{9} (cj. ↗ pi. 2 a), Ez 12_{7} 24_{18} 37_{7} Sir 7_{31} (צוותה). †
Der. מִצְוָה.

צוח: mhe. צָוַח schreien, sich beschweren, ja. dasselbe u. einladen, nennen; sam. צבע (< *צוח) schreien, beten (BCh. LOT 2, 570); ug. *ṣḥ* (UT nr. 2162, Aistl. 2313, CML^2 156a, RSP II S. 24 Nr. 43): 1) schreien (zu jmdm), 2) einladen (s. besonders Pardee UF 7, 1975, 366); cp. *ṣwḥ*, sy. *ṣ^{e}waḥ* schreien; ar. *ṣāḥa* (*ṣjḥ*) schreien, laut rufen; äth. *ṣawʿa* (Dillm. 1301, Leslau 44) rufen; dasselbe tigr. (Wb. 644b):

qal: impf. יִצְוָחוּ: **laut schreien** (|| רנן) Js 42_{11} (:: 1Q Js^a l יצריחו, sec. Var., s. Dahood Biblica 51, 1970, 401; Elliger BK XI/1, 242). †

Der. צְוָחָה.

צְוָחָה: צוח, BL 463u: mhe. Schrei, Ruf; ja. צְוַחְתָּא; cp. *ṣwḥʾ*, *ṣwḥtʾ*; sam. צבעה (BCh. LOT 2, 570); sy. *ṣ^{e}waḥtā* Geschrei; ar. *ṣaiḥ* Schreien, Geschrei, *ṣaiḥat* Schrei, lauter Ruf, *ṣijāḥ* Schreien, Geschrei; äth. *ṣewʿ*, *ṣewʿā*, *ṣewāʿē* (Dillm. 1301f) Berufung: cs. צִוְחַת, sf. צִוְחָתֵךְ: **Klagegeschrei** Js 24_{11} Jr 14_2 46_{12}; cj. 43_1 pr. צָרָה prop. cf. G צְוָחָה vel *צֶרַח (BHS), Ps 144_{14}, s. Ziegler Fschr. Elliger 191. 192. †

***צוּל**; Nf. II צלל: ↗ צוּלָה, מְצוֹלָה.

צוּלָה: *צוּל, BL 452t, ↗ II צלל: **Abgrund, Tiefe** (des Meeres) Js 44_{27}. †

צום: mhe.; ? ug. *ẓm* (de Moor UF 12, 1980, S. 429, 7 u. S. 431); äga. (AP Nr. 30, 15. 20; DISO 244); cp. *ṣwm*; sam. sy. *ṣām*; md. (MdD 390b), ar. *ṣāma* (Nöldeke NB 36); äth. *ṣōma* (Dillm. 1296); tigr. (Wb. 644a):

qal: pf. צַמְתָּ, צַמְתִּי, צַמְנוּ, צַמְתֶּם, sf. צַמְתֻּנִי Zch 7_5, s. GK § 117x, Brockelm. HeSy § 97a; impf. וַיָּצָם/צוֹם, אָצוּם, (וַ)יָּצֻמוּ, וַיָּצוּמוּ, תָּצוּמוּ, וַנָּצוּמָה; imp. צוּמוּ; inf. צוֹם; pt. צָם: (ThWbNT IV 928f; H. J. Hermisson WMANT 19, 1965, 76-84; Brongers OTSt 20, 1977, 1-21; BHH 465f, THAT II 536-38, Kraus BK XV/3, 121): **fasten**: — 1. als Handlung e. Einzelnen: a) in d. Klage Ps 35_{13} (? l בְּצוֹם; c. עִנָּה), 69_{11} (? l בְּצוֹם; || בכה), 109_{24}, od. sbst. ↗ צוֹם; b) zur Busse 2S $12_{16.21-23}$ 1K 21_{27}; c) aus besonderem Anlass Est 4_3 (od. ? sbst.: || בְּכִי), Neh 1_4, cf. Da 9_3; — 2. als Handlung d. Gemeinschaft: a) in Trauer 1S 31_{13} 2S 1_{12} 1C 10_{12}; b) zur Busse (im Zushg. mit e. erlittenen Niederlage u. vor einem neuen Kampf) Ri 20_{26} 1S 7_6; c) in Notlagen verschiedener Art Js 58_{3f} Jr 14_{12} Zch 7_5 (צַמְתֻּנִי habt ihr mir gefastet ?); d) aus besonderem Anlass Est 4_{16} Esr 8_{23}. †

Der. צוֹם.

צוֹם: צום, BL 452t; mhe., DSS (KQT 186, THAT II 538), ja. cp. *ṣwmʾ*, sam. (BCh. LOT III/2, 238); sy. *ṣaumā*; md. (MdD 390b) *ṣuma*; > ar. *ṣaum*, *ṣijām* (HwbIsl 650ff); äth. *ṣōm* (Dillm. 1296), tigr. (Wb. 644a); Lit. ↗ צום: sf. צוֹמְכֶם, pl. צֹמוֹת Est 9_{31}: **Fasten, Fastenzeit**: יוֹם צוֹם Js 58_3 Jr 36_6; feste Fasttage Zch 8_{19}; קָרָא צוֹם ein Fasten ausrufen 1K $21_{9.12}$ (s. G. Fohrer AThANT 53^2, 1968, 26, THAT II 538), Js 58_5 Jr 36_9 Jon 3_5 Esr 8_{21} 2C 20_3; קִדֵּשׁ צוֹם die Heiligungsriten für eine Fastenzeit durchmachen Jl 1_{14} 2_{15}; וַיָּצָם צוֹם Fasten halten 2S 12_{16}; דִּבְרֵי הַצֹּמוֹת die Angelegenheiten über die Fasten, > die Vorschriften über die F. Est 9_{31}, s. Bardtke KAT XVII/4-5, 397; עִנָּה נֶפֶשׁ בַּצּוֹם sich durch Fasten kasteien Ps 35_{13}; ↗ Js 58_{5f}, Jl 2_{12} Ps 69_{11} 109_{24} Est 4_3 Da 9_3 Neh 9_1. †

***צוע**: ↗ צַעֲצֻעִים.

צוּעָר, Sam. *ṣuwwår*, G Σωγαρ: n. m.: צער, BL 468y; „Kleiner" (Noth N. 225); cf. akk. PN *ṣeḫer-ilī* (Stamm 260f): Vater eines נָשִׂיא aus Issachar Nu 1_8 2_5 $7_{18.23}$ 10_{15}. †

צוֹעַר: ↗ צֹעַר.

צוף: mhe. obenauf fliessen, schwimmen; ja. טוף überströmen, pa. fliessen lassen, schwimmen machen; cp. *ṭwp*; sam. af. (BCh. LOT 2, 574); sy. *ṭāp* pe. und af. überschwemmen; md. (MdD 178a) *ṬUP*; l. c. 181b *ṬPA* überfluten; > ar. *ṭāfa* (Frae. 220) obenauf schwimmen; cf. ? ar. *ḍafā* (*dfw*) in Fülle vorhanden sein, überfliessen (GB):

qal: pf. צָפוּ: **fluten** (Wasser) Kl 3_{54};

hif: pf. הֵצִיף; impf. וַיָּצֶף: — 1. **fluten lassen** (Wasser) Dt 11_4; — 2. **zum Schwimmen bringen** (Eisen) 2K 6_6; — 3. **überfliessen** Sir 39_{22} 47_{14}. †

Der. I צוּף.

I **צוּף**: צוּף, BL 452t: pl. צוּפִים: die überfliessende Honigmasse, **Honigseim**: — 1. צוּף־דְּבַשׁ Pr 16_{24}; — 2. נֹפֶת צוּפִים Ps 19_{11} (:: GB: Honigwabe, ↗ *יַעֲרָה), s. AuS 6, 106; 7, 294; BHH 747. †

II **צוּף**: — 1. n. m. vel tr., unerklärt (Noth N. 255b), ? = I צוּף: Ahne des Ephraimiten Elkana 1S 1_1 (G σουφ, σουπ), 1C 6_{20} (G Σουφ) Q צוּף, K צִיף; — 2. n. terr. אֶרֶץ צוּף (G [τὴν γῆν] Σιφ, s. BHS): Landschaft צ׳ 1S 9_5; — Vermutlich ist 2 ursprünglicher als 1, so u. a. Stoebe KAT VIII/1, 89; doch kann auch umgekehrt 1 als Sippenname der Landschaft den Namen gegeben haben, ↗ צוֹפַי. †

צוֹפַח: ? √ *צפח: n. m.; Bedtg. ungewiss ? „bauchiger Krug" (< צַפַּחַת, Noth N. 226), Spitzname ?: Asserit 1C 7_{35f}. †

צוֹפַי: n. m. (G Σουφι) 1C 6_{11} = II צוּף 1C 6_{20} (+ hypokor. Endg. *-ai*, s. Noth N. 39). †

צוֹפִים: (G Σιφα, Σει φα) 1S 1_1 הָרָמָתַיִם צוֹפִים, GTT § 646-7: txt. inc., Vorschläge: a) l entweder צוֹפִי od. מְצוֹפִים (Hertzberg ATD 10², 13); b) dele ם und lies entweder צוּף od. צוֹפִי (Stoebe KAT VIII/1, 89), Lex.[1]: צוֹפַי; c) l צוֹפִי + afformatives *ma* (cf. ug.): ein Zuphiter, s. Jirku VT 7, 1957, 392; doch ist das wenig wahrscheinlich. †

צוֹפַר u. **צֹפַר**: n. m., Bedtg. ungewiss, s. Peters Das Buch Job 1928, 32; Vorschläge u. a.: a) zur ar. √ *ṣfr* adj. *ʾaṣfaru* gelb, davon gebildete PN bei Moritz ZAW 57, 1939, 149, hier auch d. Hinweis auf den n. l. *ʿAin Ṣōfar* an der Strasse Beirut-Damaskus, s. auch Fohrer KAT XVI 106; b) zu II *צפר, ar. *ṣafara*, pfeifen, zischen, zirpen (Wehr 470a), so Lex.[1] mit ?; c) zu ug *ṣpr* in *klb ṣpr* (KTU 1. 14 III 19, V 11f): die Bedtg. von *ṣpr* ist jedoch umstritten; Vorschläge: α) hungrig (Aistl. 2346, CML¹ 150b, Gray KRT² 49 u. LoC² 143); β) pfeifend (CML² 156b, cf. b); γ) gelb, gelbbraun (Gray LoC² 143³, cf. a); δ) *ṣpr* **ṣupar* Bewachung (= Schutz), cf. ug. PN *ṣpr, ṣprn, ṣuparānu* (Gröndahl 28. 190. 352b. 412b), *klb ṣpr* „Wachthund" (Weippert ZDMG, Suppl. 1, Teil 1, 1969, 215f, mit Lit.); d) zu צִפּוֹר u. ug. PN (bes. Gröndahl 28: *ṣpr* Vogel): צ׳ demin.-Form „junger Vogel" (Dhorme Job 20, Pope Job 24). Für den he. PN kommt wohl jeder der obigen Vorschläge in Frage: Hi 2_{11} 11_1 20_1 42_9. †

I **צוץ**: mhe., DSS (KQT 186, 1 × Hod. VII 18) erblühen, aufblühen lassen; ja. af. sprossen; md., ar. ↗ II צוץ; etym. inc. s. GB, Lex.[1]; ? denom von ↗ צִיץ:

qal: pf. צָץ: **ausschlagen**, **blühen** Ez 7_{10}. †

hif: impf. וַיָּ(וַ)צִיצוּ ,וַיָּצֵץ ,יָצִיץ: — 1. a) **Blüten treiben** (c. acc. צִיץ) Nu 17_{23}; b) abs. **blühen** Ps 90_6 (:: יְמוֹלֵל), 103_{15}; c) metaph. Js 27_6 Ps 72_{16} 92_8; — 2. **glänzen** (c. נִזְרוֹ) Ps 132_{18}; cf. Sir 43_{19}.

Der. I צִיץ, *צִיצָה.

II **צוץ**: mhe. hif.; ja. af. blicken, schauen; md. *ṢUṢ/ṢIṢ* (MdD 390b) blicken od. glänzen (v. den Augen); cf. ar. *ḍāʾa* (*ḍwʾ*) leuchten, strahlen, scheinen; sbst. *ḍawʾ* Licht, Glanz; II צוץ wohl = I, so König Wb., Zorell u. bes. Blau VT 6, 1956, 247f:

blühen-glänzen-blicken :: GB, Lex.[1] צוץ I u. II, cf. Rudolph KAT XVII/1-3, 133:

hif: pt. מֵצִיץ: **blicken** HL 2_9, cf. Zorell: mit leuchtenden, fröhlichen Augen hervorblicken. †

I **צוק**: mhe. hif. ängstigen, ja. pe. u. af. sich ängstigen, u. עוק pe. eng sein, Angst haben, af. bedrängen; sam. af. Ekel empfinden (BCh. LOT 2, 510); ug. *ṣq* Š (UT nr. 2154, Aistl. 2349, CML[2] 156b), s. Pardee UF 7, 1975, 367 u. UF 9, 1977, 225: 1) c. *b* packen, anfassen (KTU 1. 6 II 10f), 2) c. *l* bedrängen (UT Text 1012, 27, cf. Pardee UF 8, 1976, 269; Aartun AOAT 21/1, 1974, 70 u. AOAT 21/2, 1978, 45); cf. ? *mṣqt* (Pardee BiOr 34, 1977, 4 Z. 18 u. S. 10f): pt. pass. f. entw. zu *jṣq* „die Gesalbte" od. zu *ṣwq* „die Bedrückte", s. dazu auch Brooke UF 11, 1979, 75f; akk. *siāqum, sâqu* (AHw. 1039a) eng, schmal sein/werden; adj. *sīqu* (AHw. 1049b) eng, schmal; sy. *ʿāq* (*ʿwq*) Ekel empfinden, bedrückt sein (Nöldeke SGr. § 254 A), adj. *ʿajīq* eng; cp. **ʿwq* af. sich ängstigen (Schulthess Lex. 144a) und **ṣwq* betrübt werden (Schulthess l. c. 168b); ar. *ḍāqa* (*ḍjq*) eng sein/werden; beklommen, bedrückt sein, III ärgern, bedrücken; adj. *ḍajjiq* eng, knapp, schmal; äth. *ṭōqa* (Dillm. 1239, :: Leslau 44: צעק) eng sein, *aṭaqa* beengen, bedrücken; adj. *ṭĕwīq* beengt, bedrückt; cf. asa. n. l. (eines Tales) *mḍjq* √ *ḍjq* (Conti 227a, Müller ZAW 75, 1963, 313) wörtl. Enge:

[? **qal**: pf. צָקוּן (nun paragogicum, cf. BL 404, siehe u. a. Wildbg. BK X 985); cj. Js 26_{16} pr. צָקוּן prop. צָעַקְנוּ (u. a. Wildbg. l. c.) al. prop. c. G V S ein sbst. *צָקוֹן, cstr. צְקוֹן לַחַשׁ Zauberzwang.]

hif: pf. הֵצִיקָה, הֲצִיקוֹתִי, sf. הֱצִיקַתְנִי/הוּ; impf. יָצִיק, יְצִיקוּ; pt. מֵצִיק, מְצִיקִים: — 1. c. לְ **bedrängen, zusetzen** Dt $28_{53.55.57}$ Js $29_{2.7}$ Jr 19_9; pt. Bedränger, Bedrücker: sg. Js 51_{13}, pl. Sir 49 neben hof. מוּצָק; — 2. a) jmdn **in die Enge treiben**, in jmdn dringen c. לְ Ri 16_{16}, c. acc. 14_{17}; b) c. acc. **jmdn drängen** (zu sprechen) Hi 32_{18}; ? cj. Js 7_6 pr. נְצִיקֶנָּה prop. נְקִיצֶנָּה (u.a. Fohrer Das Buch Jesaja I[2], 1966, 104, F. Huber BZAW 137, 1976, 12). †

hof: pt. מוּצָק c. לְ der **bedrängt** ist von, Js 8_{23} (Wildbg. BK X 356) :: HAL 530b sbst. II מוּצָק; Sir 4_9 מוצק. †

Der. צוֹק, צוּקָה, II מוּצָק, מָצוֹק, מְצוּקָה.

? II **צוק**: Nf. v. יצק; mhe. צוק giessen.

qal: impf. יָצוּק: **giessen, sich ergiessen**, cj. Hi 28_2 pr. יָצוּק prop. יוּצַק ↗ יצק hof.; Hi 29_6 יָצוּק wohl impf. (der Wiederholung) zu צוק, s. Budde GHK II/1[2], 1913, 172) od. ? pt. pass. zu יצק ergossen, s. Fohrer KAT XVI 401; pr. MT l ? יָצֻק, ↗ יצק. †

צוֹק: I צוק, BL 451n, cf. 452t; mhe. צוק Schlucht, Abgrund; cp. **ʿwq* Trauer, Schmerz, *ṣwqʾ* Trauer; ar. *ḍīq* Enge, Beschränkung cf. *eṣ-Ṣiq* in Petra: **Bedrängnis** Da 9_{25} (c. הָעִתִּים), siehe u. a. Bentzen HAT 19[2] 68 u. Plöger KAT XVIII 133. 134; TOB :: cj. c. S pr. צוֹק prop. קֵץ (Lex.[1], cf. BHS). †

צוּקָה: I צוק, BL 452t, zu צוֹק coll. :: צוּקָה n. unit. s. Michel Grundl. heSy. 1, 64. 67; mhe. עוּקָה Grube, Schlund, DSS (KQT 187) צוקה Bedrängnis, auch pl.; ja. צוּקְתָא Drangsal; cp. *ṣqtʾ* Trauer, sam. צוקתי (m. sf. 1. pers., BCh. LOT 2, 545), sy. *ʿāqtā* Schmerz, *ʿiqūtā* Traurigkeit; ar. *ḍaiqat/ḍīqat* beschränkte Verhältnisse, Beklommenheit; äth. *ṭĕwqat* u. *ṭĕwāqē* (Dillm. 1240) Enge, Bedrängnis: **Bedrängnis** Js 8_{22}, c. צָרָה Js 30_6 Pr 1_{27}. †

I **צור**: Nf. zu ↗ I צרר, cf. R. Meyer Gr. § 79, 1e, GAG § 100b; mhe., ja. צור einwickeln; md. *ṢUR, ṢRR* II (MdD 391a) umgeben, einschliessen, einschnüren; cp. sy. ar. ↗ I צרר:

qal: pf. וְצַרְתָּ, וְצַרְתִּי, sf. צַרְתָּנִי; impf,

וַיָּצַר (< *יָצוּר, s. R. Meyer Gr. § 80 3c; BL 401n), וַיָּצֻרוּ, נָצוּר, תָּצוּר; imp. צוּרִי (Js 21₂, s. GK § 72s); inf. צוּר, ? צוֹר Js 8₁₆ ↗ I צרר qal 1; pt. צָר Js 59₁₉, pl. צָרִים: — 1. a) **verschnüren** (in einem Beutel) Ex 32₄ (cj. pr. חֶרֶט prop. חָרִט, Noth ATD 5, 198), obj. Schmuck aus Gold :: ↗ III צור 2 a; כִּכְּרַיִם כֶּסֶף 2K 5₂₃; abs. 2K 12₁₁, s. ZüBi, cf. TOB :: ↗ III צור 2 b; b) c. בְּיָדְךָ (Geld) in die Hand **binden**, bzw. eingewickelt in der Hand tragen (GB) Dt 14₂₅; c) c. בִּכְנָפֶיךָ (Haare) in den Zipfel d. Gewandes einbinden Ez 5₃; — 2. צָר מֻצָּב עַל Js 29₃ d. genaue Bedtg. unsicher, ↗ מֻצָּב: ringsum Posten aufstellen (Lex.[1]) od. die Schanzen eng machen (Wildbg. BK X 1097. 1098f); — 3. **einschliessen, belagern**: a) eine Stadt: c. עַל Dt 20₁₂ 2S 11₁ 1K 15₂₇ 16₁₇ 20₁ 2K 6₂₄f 17₅ 18₉ 24₁₁, Js 29₃ ↗ 2, Jr 21₄.₉ 32₂ 37₅ 39₁ Ez 4₃ Da 1₁; c. אֶל Dt 20₁₉; c. acc. 1C 20₁; abs. Js 21₂ (Wildbg. l. c. 776; b) eine Person, die in e. Stadt eingeschlossen wird c. אֶל 1S 23₈, c. עַל 2S 20₁₅ 2K 16₅; — 4. Versch.: a) Js 59₁₉ כַּנָּהָר צָר: Bedtg. ungewiss: α) wörtl. wie ein eingeengter Strom (ZüBi, TOB), cf. asa. *ṣwrt* Damm (Müller ZAW 75, 1963, 313); β) wie ein drängender/tosender Strom (u. a. Hehn Fschr. Sellin, 1927, 68; Westermann ATD 19, 274), cf. G ὡς ποταμὸς βίαιος, V *quasi fluvius violentus*; γ) צָר = II צַר (Feind) so S T, cf. GB; davon ist wohl α zu bevorzugen; b) c. עַל pers. et acc. rei (דֶּלֶת) verrammeln, wörtl. drücken gegen HL 8₉, s. Rudolph KAT XVII 1-3, 182; c) metaph umschliessen (אָחוֹר וָקֶדֶם) Ps 139₅; — cj. Ri 9₃₁ pr. צָרִים prop. מְעִירִים ↗ II עור hif. 1 b; Js 29₇ pr. וּמְצֹדָתָהּ prop. cf. Vulg. צָרֶיהָ, wobei צֹבֶיהָ dittgr. dazu wäre, s. Wildbg. BK X 1100; Kl 4₁₈ pr. צָדוּ prop. u. a. צָרוּ sie beengen (unsere Schritte) ↗ צוד qal. †

cj. **nif**: pt. f. cj. Js 1₈ pr. נְצוּרָה prop. נְצוּרָה (Lex.[1], BHS, doch siehe BL 394 i' 2 und Bgstr. 2, § 28, 1c): eingeschlossen, eingeschnürt :: al. c. MT ↗ נְצוּרָה :: cj. Wildbg. BK X 19: l כְּעִיר בַּצִּירָה (עַיִר = עִיר) wie ein Eselsfüllen im Pferch, ↗ III עִיר u. עַיִר. †

Der. I צוּר, מָצוֹר, מְצוּרָה.

II **צור**: Nf. zu II צרר; ar. *ḍāra* (*ḍwr* u. *ḍjr*) schaden, Schaden zufügen (Wehr 495b); cf. sy. *ʿjārā/ʿjārtā* Nebenbuhler(in) (P. Smith 2844):

qal: pf. וְצַרְתִּי; impf. תָּצַר (BL 404), sf. תְּצֻרֵם; inf. צוּר; pt. pl. צָרִים: c. acc. pers. **bedrängen, bekämpfen** Ex 23₂₂ Dt 2₉.₁₉ Est 8₁₁. †

III **צור**: Nf. zu יצר: mhe., ja. bilden, formen; palm. *ṣwr* malen (DISO 244); sam. צער (BCh. LOT 2, 573 u. LOT 3/2, 277), mhe. u. ja. pi/pa. auch malen, cf. mhe. צַיָּר Maler; sy. *ṣār* bilden, darstellen, *ṣajjārā* Maler, sbst. ↗ *צוּרָה; cp. *ṣjr* pa. malen, sbst. ↗ *צוּרָה; md. *ṢUR* I (MdD 391a) formen, bilden; ar. *ṣwr* II formen, gestalten, malen (Frae. 272), sbst. ↗ *צוּרָה:

qal: impf. וַיָּצַר (↗ I צור), וַיָּצֻרוּ: **formen, giessen**: — 1. die beiden Säulen aus Bronze 1K 7₁₅ (וַיָּצַר, G ἐχώνευσεν = וַיִּצֹק, s. Noth Kge. 143); — 2. umstrittene Belege: a) Ex 32₄ trad. mit dem Griffel (בַּחֶרֶט) bearbeiten (Lit. s. Noth VT 9, 1959, 419[1]), so auch Childs Exodus 553. 555f: mit einem Meissel formen, cf. TOB :: Eissfeldt KlSchr. 2, 107. 109: in einer Gussform (חָרֶט) giessen od. schmelzen, :: ↗ I צור qal 1 a; b) 2K 12₁₁ (Silber) um od. einschmelzen (Eissfeldt l. c., Mettinger SSO 14 :: I צור qal 1 a); pr. וַיָּצֻרוּ prop. וַיִּצְּרוּ (BHS) :: Gray Kings[3] 584[f]: l nach 2C 24₁₁ וַיְעָרוּ und sie leerten; c) אֶצּוֹרְךָ Jr 1₅ ↗ יצר. †

Der. *צוּרָה.

I **צוּר**, צֻר 1C 11₁₅; Sam. *ṣor*, pl. *ṣūrəm*;

mhe., DSS (KQT 187); ja. טוּרָא F ba. טוּר mit d. Belegen zu den weiteren aram. Dialekten; sam. טוּר u. טבר (BCh. LOT II 451, III/2, 190); ihe. צר (Sil. 3. 6), DISO 247, KAI 189: „Fels" :: Müller UF 2, 1970, 234: Berg; ug. ǵr Berg (UT nr. 1953, Aistl. 2166, RSP I S. 96 Nr. 4, S. 125 Nr. 69, S. 305-308 Nr. 448-51. 453, II S. Nr. 49, TOML 158g, v. Soden HeWf 293); amor. *ṣur in PN (Huffmon 258); ph. ṣr in PN (PNPhPI 402); meh. (Leslau 44); cf. THAT II 538: sf. צוּרִי, צוּרֵנוּ, צוּרָם; pl. צֻרִים, צוּרוֹת Hi 28$_{10}$ (Michel Grundl. heSy. 1, 51f), cs. צוּרֵי; n. l. F צ׳ הַיְּעֵלִים 1S 24$_{3}$; s. Schwarzenbach 113ff, THAT II 538-43, BHH 469f (70 ×): — 1. **Fels**, auch **Felsboden**, **Felswand** (Schwarzenbach): a) in d. Wüste Ex 17$_{6}$ Dt 8$_{15}$ (צוּר הַחַלָּמִישׁ kieselharter Fels), 32$_{13}$ (חַלְמִישׁ צוּר Gestein des Felsens), Ps 78$_{15.20}$ 105$_{41}$ 114$_{8}$ (|| חַלָּמִישׁ), cf. Js 48$_{21}$ Ps 81$_{17}$; s. auch 3 b; b) als Versteck Ex 33$_{22}$ Js 2$_{10.19}$ (|| עָפָר).$_{21}$ Hi 24$_{8}$; c) als Platz für e. Opfer Ri 6$_{21}$ 13$_{19}$ und für e. Inschrift Hi 19$_{24}$; d) Versch. 2S 21$_{10}$, cj. Hab 3$_{13}$ (pr. צַוָּאר prop. עַד־צוּר F צַוָּאר), Hi 29$_{6}$ Pr 30$_{19}$ Sir 48$_{17}$, F auch 3 b; — 2. **Felsblock**, freistehender Fels, צוּר מִכְשׁוֹל Fels, über den man stolpert Js 8$_{14}$; — 3. **felsige Anhöhe**, **Berg**: a) Nu 23$_{9}$ (|| גְּבָעוֹת), 1C 11$_{15}$ (pr. עַל prop. מֵעַל, BHS); b) oder zu 1 a und d Ex 17$_{6}$ (c. עָמַד עַל), Ex 33$_{21}$ (c. נִצַּב עַל), Nah 1$_{6}$; Hi 14$_{18}$ 18$_{4}$ (c. עָתַק), Hi 28$_{10}$; c) txt. inc.: α) Jr 18$_{14}$: MT מִצּוּר שָׂדַי, s. Driver MUStJB 45, 1969, 468: Fels-überstreute/felsige Felder, d. h. die von Felsen bedeckten Hänge d. Libanon, cf. TOB :: cj. pr. מִצּוּר prop. מִצּוֹר „ohne Steine" (s. Weippert VT 29, 1979, 340f), al. pr. שָׂדַי prop. שִׂרְיוֹן (Rudolph Jer.³ 120), צוּר שִׂרְ׳ entweder Felsen des S. oder Berg. S.; β) Jr 21$_{13}$ צוּר הַמִּישֹׁר die felsige Hochebene (= Jerusalem), s. J. Bright, Jeremiah (New York 1965) 141, cf. TOB 939z, :: cj. pr. הַמִּישֹׁר prop. מִשְׂגָּב Fels (od. ? Berg) auf sicherer Höhe, s. Rudolph Jer.³ 138; γ) צוּר חַרְבּוֹ Ps 89$_{44}$ cj. pr. צוּר prop. F I צֹר vel מִצַּר, F II צַר 2; — 4. metaph. צוּר „Fels" als Ort v. Schutz, Sicherheit u. Zuflucht, cf. akk. *šadû* Berg (AHw. 1125a): a) in allg. Sinn Ps 27$_{5}$ 61$_{3}$; b) in spez. Sinn: צוּר = Gott/Jahwe; Zushg. mit jerusalem. Kulttraditionen, s. L. Delekat Asylie und Schutzorakel am Zionsheiligtum, 1967, 379ff; Dieter Eichhorn Gott als Fels, Burg und Zuflucht, 1972, 30ff; Davies ZAW 85, 1973, 189f; Wildbg. BK X 338; THAT II 542; Sten Hidal Fschr. Gerleman S. 16. 18: α) הַצּוּר Dt 32$_{4}$, cj. Ps 75$_{6}$ pr. בְּצַוָּאר prop. בַּצּוּר F צַוָּאר; צוּר Dt 32$_{18.37}$ (חָסָיוּ בוֹ), 1S 2$_{2}$ 2S 22$_{32}$/Ps 18$_{32}$ Js 44$_{8}$ Hab 1$_{12}$ (pr. צוּר l ? צוּרִי, s. Rudolph KAT XIII/3, 208. 209); צוּרִי 2S 22$_{3.47}$/ Ps 18$_{3.47}$ 19$_{15}$ 28$_{1}$ 62$_{3.7}$, cj. 73$_{26}$ pr. צוּר־לְבָבִי l צוּרִי (u. a. Kraus BK XV⁵ 664), 92$_{16}$ 144$_{1}$, צוּרֵנוּ Dt 32$_{31}$; β) צוּרָם Dt 32$_{30}$ Ps 78$_{35}$, als Bezeichnung einer fremden Gottheit Dt 32$_{31}$ (:: צוּרֵנוּ cf. IV צִיר); γ) צוּר יִשְׁעִי 2S 22$_{47}$ (Ps 18$_{47}$ fehlt צוּר), צ׳ יְשׁוּעָתִי Ps 89$_{27}$, צ׳ יִשְׁעֵנוּ Ps 95$_{1}$, צ׳ יְשֻׁעָתוֹ Dt 32$_{15}$, צ׳ מַחְסִי Ps 94$_{22}$, לְצוּר מָעוֹז Ps 31$_{3}$, cj. 71$_{3}$ pr. מָעוֹן l c. MSS, Vrss. לְצוּר מָעוֹז, צ׳ מָעֻזֵּךְ Js 17$_{10}$, צ׳ עֻזִּי Ps 62$_{8}$, צ׳ עוֹלָמִים Js 26$_{4}$, צ׳ יִשְׂרָאֵל 2S 23$_{3}$ Js 30$_{29}$; c) צוּר = אַבְרָהָם Js 51$_{1}$, s. van Uchelen ZAW 80, 1968, 183-91, THAT II 543 :: de Boer OTSt XI 1956, 58ff; — 5. n. l. בֵּית צוּר F בֵּית B 43; a) צוּרֵי הַיְּעֵלִים „Steinbockfelsen" 1S 24$_{3}$; b) צוּר עוֹרֵב „Rabenfelsen" Ri 7$_{25}$ Js 10$_{26}$, cj. 2S 21$_{6}$ pr. חֶלְקַת הַצֻּרִים prop. חֵל׳ הַצִּדִּים F צַד 3.† Der. n. m. III צוּר; n. m. אֱלִיצוּר, צוּרִיאֵל, צוּרִישַׁדָּי.

II צוּר: (dialekt. ?) Nf. zu I צֹר: cs. sg. צוּר; pl. צֻרִים: צוּר נְחָלִים Bachkiesel Hi

22_{24}; חַרְבוֹת צֻרִים Steinmesser, genauer Messer aus Flint (:: אֶבֶן) Jos 5_{2f}, s. J. Gray Joshua, Judges and Ruth, 1967, 72; cf. III צור.

III צוּר = I oder II צור; n. m.; Sam. *ṣūr*; Josph. Σούρης (NFJ 115); asin. *Ẓr* (Albr. PrSinI S. 39); „Fels" od. „Kiesel" cf. akk. *Abnānu* „aus Stein" (Stamm 249); aram. כֵּיפָא :: Noth N. 37. 156, Gr. πέτρα > Πέτρος Joh 1_{42} Mt 16_{18}, Kf. zu צוּרִיאֵל u. ä.: — 1. Midianiter Fürst Nu 25_{15} 31_{8} Jos 13_{21}; — 2. Benjaminit 1C 8_{30} 9_{36}. †

IV צוּר: Ps 49_{15} Q: ↗ IV צִיר.

V צוּר: ↗ I צור 4 u. PN.

צוֹר Tyrus: ↗ צֹר.

*צַוָּר: ↗ צַוָּאר.

*צוּרָה: III צור, BL 452r; mhe., DSS (KQT 187), ja. Form, Gestalt; sam. öfters צעורה geschrieben (BCh. LOT II 569, III/2, 259); cp. *ṣwrʾ* Bild; sy. *ṣūrtā*, *ṣīrā* Bild; md. *ṣuria* pl. (MdD 391b) Idole, Götterbilder; palm. *ṣwrh* Bild (DISO 244); > ar. *ṣūrat* Form, Gestalt, Bild, Statue (Frae. 272. 294); asa. *ṣwr* (Conti 223a, Müller ZAW 75, 1963, 313): Ez 43_{11a} cs. sg. צוּרַת; 43_{11b} (3×, txt. corrupt.): a) sf. sg./pl. pr. צוּרָתוֹ prop. c. G תּוֹרֹתָו; b) pr. צוּרֹתָו (K צוּרֹתָו, Q צוּרֹתָיו) prop. תּוֹרֹתָו; c) צוּרֹתָי (BHS)/צוּרָתוֹ (BHK) gl.; cf. Zimmerli Ez. 1073, BHS: **Zeichnung**, **Grundriss.** †

*צַוָּרוֹן: צַוָּאר + demin.-Endg. *-ōn* (BL 500u, Fschr. Stamm. 5-8): pl. sf. צַוְּרֹנָיִךְ: **Halskette** HL 4_{9}, s. BRL² 286f, BHH 1706f. †

צוּרִיאֵל: n. m. I צור + אֵל; Sam. *ṣūrīl*; md. Engelname, s. Lidzb. Johannesbuch, 119, 3; cf. amor. u. ph. PN mit **ṣwr*, *ṣr* ↗ I צור: „El/Gott ist mein Fels" (:: Noth N. 129. 140: צור [als theoph. sbj.] ist אֵל); cf. akk. PN *ᵈNN dūri* „Gott NN ist meine Mauer", *ᵈNN-šadî*, *ᵈNN-šadûni* „Gott NN ist mein/unser Berg (Hort)" (Stamm 211): Haupt (נָשִׂיא) eines Vaterhauses unter den Sippen des levit. Stammes Merari Nu 3_{35}. †

צוּרִישַׁדָּי (Nu 1_{6} $7_{36.41}$), צוּרִי שַׁדָּי (Nu 2_{12} 10_{19}); Sam. *ṣūrīšiddi*: n. m. „*Šaddaj* ist mein Fels" ↗ שַׁדַּי (Noth N. 139f. 156, cf. Noth AbLAk 2, 230): Vater des Selumiel, eines Hauptes (רֹאשׁ) in Simeon Nu 1_{6} 2_{12} $7_{36.41}$ 10_{19}. †

צות: Nf. v. יצת (GB, Lex.¹ :: BHS: l אַצִּיתֶנָּה zu יצת):

hif: impf. אֲצִיתֶנָּה: **anzünden**, **in Flammen setzen** (König Wb.) Js 27_{4}. †

צַח: צחח, BL 453y: mhe. hell, Klarheit; sy. *ṣaḥḥīḥā* warm, glänzend; asa. vb. *ṣḥḥ* erneuern, adj. gesund, unversehrt, sbst. *ṣḥ* Gesundheit, Unversehrtheit (Conti 223a); ar. *ṣaḥīḥ* gesund, *ṣiḥḥat* Gesundheit: pl. f. צַחוֹת Ⓑ, צָחוֹת Ⓛ, 1Q Jsᵃ צוחות Js 32_{4}: — 1. **flimmernd** (heisse Luft) חֹם צַח Js 18_{4} (:: u. a. Soggin ZAW 77, 1965, 83-86. 326 !: in T.-Arad altkanaan. Monatsname, dagegen siehe u. a. Lemaire VT 23, 1973, 243-45, s. ferner Wildbg. BK X 678. 680), :: Barr CpPh 334 nr. 268: צַח zu ar. *ḍiḥh*, äth. *ḍaḥāj* Sonne; רוּחַ צַח Jr 4_{11} Glutwind; — 2. **glänzend**, **blank** HL 5_{10} (c. אָדוֹם), s. Gerleman BK XVIII 172f; — 3. **deutlich**, **klar** (v. d. Rede) Js 32_{4} (wohl gl.). †

*צחה: ja. צְחִי u. צְהִי dürsten, sbst. צַחְיָא Dürre, צַחְיוּתָא Durst; sam. צעה u. אצטעי Ex 17_{3}, sbst. צחו (BCh. LOT 2, 570) u. צוען ,צעו (BCh. LOT 2, 570); sy. *ṣᵉhā/ṣᵉhī* dürsten; sbst. *ṣahwā* helles Wetter, vb. (denom.?) *ʾaṣḥī* hell sein/werden (Himmel); md. *ṣha* (MdD 389b) trocken, durstig sein; ar. *ṣaḥā* (*ṣḥw*) u. *ṣaḥija* (*ṣḥj*) klar, wolkenlos, heiter sein; sbst. *ṣaḥw* Wolkenlosigkeit, Heiterkeit; äth. *ṣĕḥĕwa* u. *ṣaḥawa* (Dillm. 1265) hell sein/werden (Himmel); tigr. *ṣaḥā* u. *ṣahā* (Wb. 634a) klar, hell werden, aufklaren; hier auch zu tigrin.

Der. *צְחֶה.

צְחָה: ‏ F צִיחָה.

***צְחֶה**: ‏ *צחה, BL 477b: cs. צְחֵה: **vertrocknet, ausgedorrt** Js 5₁₃. †

צחח: Nf. zu *צחה; mhe. צִחְצַח glätten, polieren, hell sein; ja. pe. glänzen, palp. polieren; mhe. ja. sbst. צִחְצוּחַ, צִחְצוּחָא Glanz; sy. *ṣaḥ* (*ṣḥḥ*) warm sein, glühen, adj. *ṣaḥḥīḥ* (F zu צַח); *ṣaḥḥīḥūtā* Glut; asa., ar. F צַח; ar. ferner *ṣaḥṣaḥa* flimmern u. *ṣaḥṣaḥān* nackte Ebene (GB) oder *ḍḥḍḥ* nackter, trockener Boden; mhe. צחצוחי שמן Oeltropfen, Tosefta Ṭoharot 10, 3: **qal**: pf. צַחוּ: (מֵחָלָב) **glänzen** Kl 4₇; Ps 73₇ cj. impf. יֵצַח pr. יָצָא 1 יֵצַח מֵחָלָב (Gkl. Ps. 317, Lex.¹); :: Dahood Psalms II 189 :: E. Würthwein Wort u. Existenz, 1970, 174³: MT u. pr. עֵינֵמוֹ prop. עֲוֹנָמוֹ; so auch Kraus BK XV⁵ 663. 664, :: TOB: MT unverändert. †

Der. צַח, *צְחִיחַ, צְחִיחָה, צַחְצָחוֹת.

***צְחִחִי**: ‏ F *צְחִיחַ.

***צְחִיחַ**: ‏ צחח, BL 470n: cs. sg. צְחִיחַ; pl. צְחִחִיִּים K, l c. Q צְחִיחִים (BHS): — 1. sg. צְחִיחַ סֶלַע/סָ׳ der **nackte** (< der glänzende) Fels Ez 24₇f 26₄.₁₄; — 2. pl. offene Stellen (der Mauer) Neh 4₇, s. Rudolph EN 126. †

צְחִיחָה: ‏ צחח, BL 471r; ? n. unit. zu *צְחִיחַ (cf. Michel Grundl. heSy. 1, 64ff): **nacktes, verbranntes Gelände** (c. שׁכן) Ps 68₇. †

***צחן**: md. *ṣhn* etpa. (MdD 390a) stinkend, schmutzig gemacht werden.

Der. *צַחֲנָה.

***צַחֲנָה**: ‏ *צחן, BL 456k; mhe. צַחֲנָה, ja. צַחֲנְתָא Stinkendes; sy. *ṣaḥnā* unzüchtig, schmutzig; md. *ṣahna* (MdD 385f) u. *ṣhana* (MdD 390a) stinkend, schmutzig; ar. *sanīḫ* u. *zanīḫ* stinkend, *ṣanhat* Gestank (GB); > äg. *ḫnš* stinken, faulen (EG III, 301); kopt. *šnoš* (Crum 573): צחנה Sir 11₁₂; sf. צַחֲנָתוֹ: **Verwesungsgeruch** Jl 2₂₀; עפר צחנה stinkender Staub Sir 11₁₂. †

צַחְצָחוֹת: ‏ צחח, BL 482e: **dürre Gegenden** Js 58₁₁. †

צחק: mhe. ja. scherzen, heiter sein; ja. חאך√ (אחך√ > √עחך) Hiob Qumran Kol. VII 5, XV 1 u. ö.; auch גְּחַךְ (Dalm. Wb. 76a), דְּחַךְ (Wb. 97b) u. חוך (Wb. 139a); sam. חאך√ in כמ(א)חיך Gn 19₁₄, u. secundär *מחך (BCh. LOT 2, 578, מעך); ug. *ṣḥq/ẓḥq* (UT nr. 2158, Aistl. 2314. 2370, RSP I S. 320 Nr. 477); akk. *ṣiāḫu/ṣâḫu* (AHw. 1096a) lachen (:: Veenhof JbEOL 24, 1975/76, 107ff: zu wsem., he. F צוח); sy. *gᵉḥek*; cp. *gḥk*; md. *ahk* (MdD 9a) u. *ghk* (MdD 81a); äth. *šaḥaqa* u. *šĕḥĕqa* (Dillm. 234); ar. *ḍaḥika*; F שׂחק:

qal: pf. צָחַקְתִּי, צָחֲקָה, צָחֲקָה; impf. יִצְחַק־ Ⓑ, יִצְחָק Ⓛ Gn 21₆ (BL 357), וַיִּצְחָק, וַתִּצְחַק: **lachen** Gn 17₁₇ 18₁₂f.₁₅, c. לְ über jmdn 21₆. †

pi. (Jenni 155f): impf. וַיְצַחֵק; inf. cs. לְצַחֶק, לְצַחֵק; pt. מְצַחֵק; s. O. Keel Die Weisheit spielt vor Gott, 1974, 29f. 36f; Jack M. Sasson Fschr. Gordon, 1973, 154-157: — 1. abs.: a) **scherzen** Gn 19₁₄, sich lustig machen 21₉; b) sich (ausschweifend) belustigen Ex 32₆ (s. Noth ATD 5, 204; K. Jaroš OBO 4, 1974, 385f); — 2. c. אֶת **tändeln, kosen** mit (Frau) Gn 26₈, c. בְּ sich lustig machen über jmdn 39₁₄.₁₇, c. לִפְנֵי Kurzweil treiben vor Ri 16₂₅. †

Der. צְחֹק, n. m. יִצְחָק.

צְחֹק: ‏ צחק, BL 473h; Sam. Vers. Gn 21₆ צחקה = *ṣå̊ʾēqa*; mhe. צְחוֹק; mhe. u. ja. auch גְּחוּךְ, ja. גְּחָכָא Lachen; דְּחָכָא Spott, חוּכָא Gelächter; akk. *ṣī/ēḫtu* (AHw. 1100) Lachen; sy. *guḥkā*; cp. *gḥwk*; md. *ghuka* (MdD 81a) Gelächter, Spott; äth. *šāḥeq* u. *šaḥaq* (Dillm. 234) Lachen, Spott; ar. *ḍaḥk, ḍiḥk, ḍaḥik* Lachen, Gelächter, *ḍaḥkat* Lachen: **Gelächter** Gn 21₆, Ez 23₃₂ (|| לַעַג). †

*צחר: sy. ṣᵉḥar erröten; md. ṣhr (MdD 390) hell, weiss, glänzend sein; ar. ṣhr XI weissrötlich od. gelblich sein.

Der. n. l. צָחַר, צָחֹר, n. m. צֹחַר.

צָחַר: n. l. ign. (GTT § 1428 c), ? erhalten in aṣ-Ṣaḥra n. terr. nw. von Damaskus, s. Zimmerli Ez. 655, Kellermann VT 28, 1978, 423 (Lit.) :: Lex.[1]: cj. צָדָד: Ez 27₁₈. †

*צָחֹר: צחר, BL 466n; mhe. צָחוֹר hell, weiss; cf. ug. ṣḥrr, Bedtg. unsicher: brennen, scheinen (UT nr. 2159f), ausdörren, verdorren (Aistl. 2316), glühen, braun werden (CML[2] 156b), cf. Grabbe UF 8, 1976, 59[4]; sy. ṣuḥḥār rötlich (Nöldeke SGr § 117); md. ṣahur (MdD 385b) scheinend, glänzend, weiss, ṣuhar (MdD 390b) weiss; ar. ʾaṣḥaru gelblichrot; cf. Kopf VT 8, 1958, 198: weissrötlich; Gradwohl 23f: pl. f. צְחֹרוֹת: adj. zu אֲתֹנוֹת (genauer Farbton unsicher): weiss (GB), gelblich-rot (Lex.[1]), rötlichgrau (Gradwohl 24) Ri 5₁₀. †

צֹחַר: n. m.; Sam. Vers. צהר = ṣår: *צחר (BL 460i, cf. זֹהַר; ? abstr. pro concreto); cf. ug. PN ṣḥrn (UT nr. 2159); asa. (sab.) n. terr. ṣḥr = Ṣaḥr (Ryckmans I 362b); Bedtg. des he. PN ungewiss: a) Noth N. 225: rötlich weiss, doch siehe l.c. Anm. 2; b) Gradwohl 24: der Strahlende (צֹחַר Ex 6₁₅ = זֶרַח Nu 26₁₃): — 1. Vater d. Hethiters Ephron Gn 23₈ 25₉; — 2. Sohn/Sippe Simeons (Josph. Σόαρος, NFJ 114) Gn 46₁₀ Ex 6₁₅; — 3. Nachkommen Judas (Sippe in Juda) Q 1C 4₇ (K יִצְחָר). †

I *צִי: < äg. ḏ3j Fluss-Schiff, EG, V 515; Ellenbogen 145, Lambdin 153f; cf. kopt. žoi; > asa. ṣy Handelschiff (Müller ZAW 75, 1963, 313): pl. צִים u. צִיִּים (Da 11₃₀): **Schiff**: Nu 24₂₄ (Sam. Vers. אל יוציאם), Js 33₂₁ Ez 30₉ (Zimmerli 726 :: Lex.[1] cj. אָצִים), Da 11₃₀; — cj. Js 60₉ pr. אִיִּים prop. צִיִּים (Westermann ATD 19, 282) ↗ II קוה. †

II *צִי: ציה: < *צִיִּי; adj. d. Zugehörigkeit von ↗ צִיָּה (BL 501z, cf. Torrey SecIs. 289): pl. צִיִּים: Wesen in der צִיָּה Js 13₂₁ 23₁₃ 34₁₄ Jr 50₃₉ Ps 72₉ (:: ? cj. pr. צִיִּים prop. צָרִים vel צָרָיו); cj. Ps 74₁₄ pr. לְעָם לְצִיִּים prop. עֲמָלֵק* ↗ לְעַמְלְצֵי יָם: Bedtg. v. צִיִּים unsicher: a) α) Tiere d. Wüste (GB? König Wb., Zorell; nach ar. ḍajūna vielleicht speziell Wildkatzen, s. GB, Marti KHC X 1900, 121); β) Steppen- bzw. Wüstenbewohner Ps 72₉ (Dahood Psalms II 178. 182, TOB), doch ↗ cj.; b) Dämonen (Torrey l. c., Lex.[1]). †

צִיבָא, צִבָא 2S 16₄a: n. m.; Josph. Σιβᾶς (NFJ 112): „Faser, Zweig, Ast", s. Noth N. 231 zu mhe. צִיב, ja. צִיבָא mit d. obigen Bedtg., cf. akk. PN ḫuṣābu (Stamm 268, AHw. 360f): Faser, bzw. Splitter, Kleinigkeit: Sklave Sauls 2S 9₂₋₄.₉₋₁₂ 16₁₋₄ 19₁₈.₃₀. †

ציד: ja. זוד pa. verproviantieren, itpa. refl.; sam. (BCh. LOT 2, 555); sy. zawwed pa., etpa. refl.; md. ZUD, ZWD (MdD 164e) dasselbe; ar. zwd II mit Reiseproviant versehen, versorgen, ausrüsten; Wvar. akk. ṣadû (AHw. 1074a) als Verpflegung erhalten:

hitp: pf. הִצְטַיַּדְנוּ (denom. v. II צַיִד; s. BL 394 l): **sich als Wegzehrung mitnehmen** Jos 9₁₂, cj. ₄ pr. וַיִּצְטַיָּרוּ prop. c. MSS, Vrss. וַיִּצְטַיָּדוּ (BHS). †

Der. II צַיִד, צֵידָה.

I צַיִד: צוד, BL 458v; Sam. ṣed, c. sf. ṣīdi, sam. (BCh. LOT 2, 572); od. zu II צַיִד; mhe. Unterhalt, ja. צֵידָא Jagd(beute); ug. ṣd (Aistl. 2302) Jagdbeute, cf. RSP I S. 318 Nr. 473, S. 319 Nr. 475, CML[2] 156a; Ram. ṣjd(ʾ); pun. ṣjd (DISO 244) Jagd, Wildbret; sy. ṣajdā Jagd(beute), Unterhalt; md. ṣaid (MdD 387a) Jagd, Fischfang; asa. ṣjd sbst. pl. (Conti 223b) erjagte Tiere; ar. ṣaid Jagen, Jagd; (BRL[2] 150ff): צָיִד, cs. צֵיד, sf. צֵידוֹ, צֵידִי: — 1. **Jagd** Gn

10₉ 25₂₇; — 2. **Jagdbeute, Wildpret** Gn 25₂₈ (:: cj. pr. צַיִד prop. c. Sam. G צֵידוֹ, Lex.¹), 27₃ Q (K ? צֵידָה), 27₅.₇.₁₉.₂₅.₃₀f.₃₃ Lv 17₁₃ (neben עוֹף), Pr 12₂₇; cj. Jr 30₁₇ pr. צִיּוֹן prop. c. G צֵידֵנוּ (BHS). †

II צַיִד: ציד, od. צוד, BL 457 o; mhe. צֵידָה, DSS (KQT 187) Reisekost, Proviant; akk. *ṣidītu* (AHw. 1100a) Reiseproviant; cf. ug. *mṣd* Speise(opfer) (Aistl. 2303, CML² 151b, Gray KRT² 12. 38 u. KTU 1. 114, 1), cf. u. a. Loewenstamm UF 3, 1971, 357-59 u. Avishur UF 7, 1975, 44 (:: RSP I S. 318 Nr. 473); *mġd* Nahrung, Proviant (UT nr. 1519, CML² 151b :: Aistl. 2134); ja. sy. *zᵉwādā* Unterhalt, ähnl. Bedtg. md. *zauada, zauda, zauadta* (MdD 157b); ? palm. *zwd* Reisekosten (DISO 73); ar. *zād, zawād, zawādat* Reisevorrat: צַיִד, sf. צֵידוֹ/דָה, צֵידָם: — 1. **Reisekost** Jos 9₅.₁₄; — 2. a) **Speise** Ps 132₁₅ Neh 13₁₅; b) **Futter** Hi 38₄₁. †

*צַיָּד: צוד, BL 478h; mhe. DSS (KQT 187, 1Q H V 8); ja. akk. *ṣajjādu* (AHw. 1075b); sy. *ṣajjādā*; cp. **ṣjd* (Schulthess Lex. 170a); md. *ṣaida* (MdD 387a); nab. PN *ṣjdw* (Cantineau 2, 140a); palm. *ṣjdʾ* (*Cantineau l. c.*); ar. *ṣajjād*: pl. צַיָּדִים: **Jäger** Jr 16₁₆; cj. Pr 6₅ pr. מִיָּד prop. c. G (S T) מִמָּצוֹר vel מִצַּיָּד (BHS), Lex.¹ מִיַּד (צַיָּד). †

צֵידָה u. צֵדָה: ציד (BL 457 o, Michel Grundl. heSy. 1, 64. 67), Sam. *ṣiddå* (√צדד cf. BCh. LOT 5, 201³⁵ᵃ); mhe., akk. ↗ II צַיִד: cs. צֵדַת (cj. Ri 7₈ pr. צֵדָה): **Reisekost** Ex 12₃₉ Jos 1₁₁ Ri 7₈ 20₁₀ 1S 22₁₀ Ps 78₂₅; c. לַדֶּרֶךְ Gn 42₂₅ 45₂₁ Jos 9₁₁; Gn 27₃ Q ↗ I צַיִד 2. †

צִידוֹן u. צִידֹן (Gn 10₁₅.₁₉ 49₁₃ 1C 1₁₃); Sam. *ṣīdon*; keilschr. *Ṣidūnu* (Parpola AOAT 6, 1970, 322f; auch EA, s. VAB 2, 1162f); ug. gntl. ↗ צִידוֹנִי; äg. *Ḏi-du-na* (Albr.Voc. 67, *Ḏi-dw-n3* u. *Ḏd-d-n-n3* (= *Ḏdn*) s. Görg BN 11, 1980, 16); ph. צדן (Harris Gr. 140); gr. u. Josph. (NFJ 112) Σιδών; sy. *Ṣaidān*; asa. *ṣjdn* (Müller ZAW 75, 1963, 313); Etym. nicht ganz sicher, aber wohl zu צוד = „Fischerstadt" (Westermann BK I/1, 695f, cf. GB): **Sidon**, = ar. *Ṣaidā*: — 1. n. l.: a) Gn 49₁₃ Ri 1₃₁ 10₆ 18₂₈ 2S 24₆ 1K 17₉ Js 23₂.₄.₁₂ Jr 25₂₂ 27₃ 47₄ Ez 27₈ 28₂₁f, s. Zimmerli Ez 691f, GTT § 239, BHH 1784f; b) צִידוֹן רַבָּה Jos 11₈ 19₂₈ (GTT S. 191f); צֹר וְצִידוֹן Jl 4₄ Zch 9₂; — 2. n. m. (Maisler BASOR 102, 1946, 7ff) Gn 10₁₅.₁₉ 1C 1₁₃. †

צִידֹנִי, צִידוֹנִי Ri 10₁₂ gntl. v. צִידוֹן; Josph. Σιδώνιοι (NFJ 112); ug. *Ṣdjnm* (UT nr. 2145, Aistl. 2304, RSP II S. 315 Nr. 86); ph. צדני (Harris Gr. 140); äga. צידני (Aḥ 208), Milik BMB 16, 1961, 106f; sy. *Ṣaidānājā* (P. Smith 3377): pl. צִידֹנִים (Sam. *ṣīdånəm*), 1K 11₃₃ צִדֹנִין aram. Endg., l ? c. MSS ־נִים, s. Noth Kge. 243, fem. pl. צִדְנִיֹּת (BL 501b; cf. sy. *Ṣaidānājāṯā*): **Sidonier**; coll. הַצִּידֹנִי Ri 3₃ Ez 32₃₀; pl. צִ(י)דֹנִים Dt 3₉ Jos 13₄.₆ Ri 10₁₂ 18₇ 1K 5₂₀ 11₅.₃₃ 16₃₁ 2K 23₁₃ Esr 3₇; הַצִּידֹנִים 1C 22₄; fem. 1K 11₁. †

*ציה: ja. צְוָא; ? sam. sbst. צואן; sy. *ṣᵉwī*; md. *ṢWA* (MdD 390a); ar. *ṣawā* (*ṣwj*) vertrocknen, verdorren.

Der. II *צִי, צִיָּה, צִיּוֹן.

צִיָּה: *ציה; adj. fem. zu *צִיִּי (↗ II *צִי) > sbst. (n. unit. Michel Grundl. heSy. 1, 64ff, cf. GAG § 60a) „das Trockene"; DSS s. unten; akk. *ṣuāʾu* (AHw. 1107a) trocken, ? *ṣētu* (AHw. 1095) Glut, heller Schein, Hitze; sy. *ṣawjā* dürr; cp. (Schulthess Lex. 167a) *ṣhj/ʾ*, pl. *ṣhjn*: 1) dürstend, 2) trockenes Land; md. adj. *ṣauaita* verdorrend, sbst. *ṣauia* Wüste, trockenes Land (MdD 386a), cf. *ṣita* (MdD 394b) Hitze: pl. צִיּוֹת: — 1. adj. **trocken**, c. אֶרֶץ Js 41₁₈, cj. ins.? צִיָּה 49₈ (BHS), 53₂ Jr 2₆

51$_{43}$ Ez 19$_{13}$ Hos 2$_{5}$ Jl 2$_{20}$ Ps 63$_{2}$ 107$_{35}$, so auch DSS (KQT 187); — 2. sbst.: a) **Trockenlandschaft, trockene Gegend** Zef 2$_{13}$ Ps 78$_{17}$ Hi 30$_{3}$, cj. 38$_{27}$ pr. מֹצָא „Ausgansort" prop. צָמֵא vel. מְצִיָּה, s. Fohrer KAT XVI 492; מִדְבָּר וְצִיָּה Js 35$_{1}$; צִיָּה || מִדְבָּר u. עֲרָבָה Jr 50$_{12}$; cj. Ps 133$_{3}$ pr. צִיּוֹן prop. ↗ עִיּוֹן vel. צָיוֹן/צִיָּה (BHS); pl. (GK § 124b.e) Ps 105$_{41}$; b) **Trockenheit** Hi 24$_{19}$ (|| חֹם). †

צָיוֹן: *ציה, BL 498f: **trockenes Land** Js 25$_{5}$ (gl.), 32$_{2}$. †

צִיּוֹן: n. l., gr. Σιών; loc. cj. צִיּוֹנָה Zch 2$_{11}$, s. Rudolph KAT XIII/4, 87: **Zion** (Fohrer ThWbNT VII 292-318, THAT II 543-51, BHH 822f, 2242f, L. H. Vincent Jérusalem de l'Ancien Testament [Paris 1954] 142-170): 1) Statistisches: 154 ×; a) fehlt in Gn — 1S, Ez, Hos, Jon, Nah, Hab, Hg, Mal, Hi, Pr, Koh, Rt, Est, Esr, Neh; b) Js 1$_{8}$-37$_{22}$ (29 ×), 40$_{9}$-66$_{8}$ (17 ×), Jr 3$_{14}$-51$_{35}$ (15 ×), cj. 30$_{17}$ pr. צִיּוֹן prop. צֵידֵנוּ ↗ I צַיִד 2, Ps (38 ×), Kl (15 ×), Mi (9 ×), Zch 1$_{14}$-9$_{13}$ (8 ×), Jl (7 ×), ferner 2S 5$_{7}$ = 1C 11$_{5}$, 1K 8$_{1}$ = 2C 5$_{2}$, 2K 19$_{21.31}$ Am 1$_{2}$ 6$_{1}$ Ob $_{17.21}$ Zef 3$_{14.16}$ HL 3$_{11}$; 2) Etym. fraglich, s. GB, Fohrer THWbNT VII 293; Lex.[1]; wohl bes. zu erwägen: a) צ׳ = „Burg", entweder zu ar. *ṣāna* (*ṣwn*) schützen, s. Lex.[1], oder zu *ṣahwat* Rücken, Hügelkamm, Burg, s. Robinson VT 24, 1974, 122; b) „Dürrplatz" zu צִיָּה, צָיוֹן, s. Dalm. Jerus. 126, auch E. Otto RLA V 280 u. VT 30, 1980, 321, cf. Priebatsch ZDPV 91, 1975, 19f; c) kahler Hügel zu [*צהה] = *ציה, u. cf. צִיּוֹן = syr. *ṣehjōn*, s. Lex.[1]; 3) Inhaltliches: a) mit צִיּוֹן ist urspr. eine Örtlichkeit auf dem Südosthügel Jerusalems gemeint; eine alte Bezeichnung ist מְצֻדַת צ׳ „Feste Zion" 2S 5$_{7}$/1C 11$_{5}$, nach dem Eroberer wurde sie auch עִיר דָּוִד genannt 2S 5$_{7}$/1C 11$_{5}$ u. 1K 8$_{1}$/2C 5$_{2}$; b) in erweitertem Gebrauch: צ׳ = יְרוּשָׁלַיִם Js 10$_{24}$ 12$_{6}$ 33$_{20}$ 51$_{3.11}$ Jr 3$_{14}$ Mi 3$_{12}$ Ps 51$_{20}$ 87$_{2}$, = בַּת צ׳ Js 1$_{8}$ 10$_{32}$ Q, Mi 1$_{13}$ 4$_{8}$; c) הַר צ׳ Tempelberg Js 8$_{18}$ 10$_{12}$ 18$_{7}$ 24$_{23}$ Jl 3$_{5}$ Mi 4$_{7}$ Ps 74$_{2}$ Kl 5$_{18}$, = צִיּוֹן Am 1$_{2}$ Mi 3$_{10}$ Ps 9$_{12}$ 146$_{10}$; Ps 137$_{3}$ c. שִׁיר (? zu b); הַר צִיּוֹן = יְרוּשָׁלַיִם Js 29$_{8}$ 31$_{4}$ Ob $_{21}$; d) Bewohner Jerusalems sind α) בְּנֵי צִיּוֹן Jl 2$_{23}$ Ps 149$_{2}$ Kl 4$_{2}$; β) בְּנוֹת צ׳ Js 3$_{16f}$ 4$_{4}$ HL 3$_{11}$, cf. sg. בַּת צ׳ Jr 4$_{31}$ 6$_{2.23}$ Zef 3$_{14}$ Zch 2$_{14}$; γ) blosses צִיּוֹן als Bezeichnung seiner Bewohner u. im besonderen der exil. und nachexil. Gemeinde Js 1$_{27}$ 33$_{5}$ 40$_{9}$ 41$_{27}$ 46$_{13}$ 51$_{16}$ 52$_{1.7f}$ 60$_{14}$ (צִיּוֹן קְדוֹשׁ יִשְׂרָאֵל), Zef 3$_{16}$ Zch 8$_{2f}$ Ps 97$_{8}$, 126$_{1}$ (W. Beyerlin Wir sind wie Träumende SBS 89, 1978, 44), Kl 1$_{17}$, cj. Am 6$_{1}$ txt. inc. gl.? cj. pr. בְּצִיּוֹן prop. u. a. בִּגְאוֹנָם (BHS) vel. בְּבִצָּרוֹן in der Festung (Rudolph KAT XIII/2, 214. 215).

צִיּוּן, BL 501v; Etym. ungewiss, ? zu צוה/ *ציה, s. GB; mhe., ja. Kenntlichmachen (der Grabstätten), Grabmal, Merkmal; vb. pi. denom. צַיֵּן/צִיֵּן kenntlich machen; sy. *ṣᵉwājā*; ar. *ṣūwat* Steinmal; ar. auch Wegmarke: pl. צִיֻּנִים: — 1. **Steinmal** Ez 39$_{15}$, Wegmarke Jr 31$_{21}$; — 2. **Grabmal** 2K 23$_{17}$; ? cj. Jr 48$_{9}$ pr. צִיץ prop. c. G צִיּוּן, :: ↗ II צִיץ. †

צִיחָא u. צְחָא, Neh 7$_{46}$: n. m.; < äg. *ḏd* + *ḥr* „(das) Gesicht/Horus spreche/hat gesprochen", s. Kornfeld Onomastica 94; äga. צחא; keilschr. *Ṣiḫâ*/*Ṣiḫû*; gr. Ταχῶς, Τεῶς (Kornfeld l. c.): Tempelsklave (*נָתִין) u. Aufseher über diese Esr 2$_{43}$ Neh 7$_{46}$ 11$_{21}$. †

צִיִּים: ↗ I u. II *צִי.

צִין: ↗ צִן.

צִינֹק: BL 476u; mhe. צִינוֹק Zugebundenes, ja. צִינוֹקָא Halseisen; sam. צנק (BCh. LOT 2, 535 zu סגר, 577 zu צמיד); Etym. fraglich: √*צנק (Lex.[1]), cf. ? mhe. סנק drücken, ähnl. ja.; s. ferner Zimmern 35, cf. sy.

$z^e naq$ binden, *zanqā* Band, Zügel; ar. *zanaqa* eng zusammenziehen, fesseln; *zināq* Halsband u. *šanaqa* aufhängen, *šanaq* Strick, Seil; amh. *sännäqä* bedrücken (Leslau 44); wurzelverw. wohl auch akk. *sanāqu* (AHw. 1020ff) prüfen, (her)ankommen: **Halseisen** Jr 29_{26}. †

צִיעֹר, G^A Σιωρ, G^B Σωρθ; n. l.; צער; Ort in Juda Jos 15_{54}, s. GTT § 319 B/9: *Siʿir*, 8 km. nö. von Hebron, cf. GB :: Noth Jos. 97f: ign. †

צִיף: ↗ II צוף.

I **צִיץ**: I צוץ, BL 451p; äg. *ḏi-ḏi* (Albr. Voc. 67); mhe., DSS (KQT 187), ja.; tigr. *ṣaṣō* ein Strauch (Wb. 649b); äg. *ḏḏ* (EG V 636): pl. צִצִּים: — 1. coll. **Blume**, **Blüte** (Rüthy 67f u. ThZ 13, 1957, 527) Nu 17_{23} (c. hif. I צוץ), Js 40_{7f} Hi 14_2; צִיץ הַשָּׂדֶה Js 40_{6-8} Ps 103_{15}; צִיץ נֹבֵל welkende Blumen Js 28_1; — 2. **künstliche Blumen**: a) das Stirnblatt des Hohenpriesters (eine künstliche Blume aus Gold) Ex 28_{36} 39_{30} Lv 8_9 Sir 40_4, s. AuS 5, 280, BRL[1] 125-28, BRL[2] 287f; BHH 999f; de Buck OTSt 9, 1951, 18-29; H. J. Krause ZAW 85, 1973, 32[67]; M. Görg BN 3, 1977, 25f; zu Lv 8_9 cf. Elliger Lev. 112: die goldene Blume ist eine relativ junge Form des Diadems; b) Blumenverzierungen an den Wänden u. Türen des Tempels 1K $6_{18.29.32.35}$, s. Noth Kge. 126. † — 3. Jr 48_9 Sir 43_{19} ↗ II צִיץ; ↗ צִיצָה, צִיצִית und n. l. מַעֲלֵה הַצִּיץ (↗ III צִיץ).

II **צִיץ**: ug. *ṣṣ* sg. (KTU 4. 330. 344), pl. *ṣṣūma* als ug. gl. zu akk. *eqlēt ṭābti* (PRU VI Nr. 28, Verso 2 u. S. 146b, s. CAD Ṣ [vol. 16] 150, AHw. 1095a); die Bedtg. des ug. sbst. ist Salzgrube, Salzgarten dessen Produkt nach KTU 4. 344, 22 *mlht* ist (Dietrich-Loretz WdO 3, 1966, 221[61]; UT nr. 2187, RSP I S. 442 Nr. 107; Heltzer The word *ṣṣ* in Ugaritic [Annali XVIII, Vol. 28/1968, 355-61. Istituto Orientale di Napoli]): צִיץ (c. נָתַן) Jr 48_9; pl. צִיצִים Sir 43_{19}; s. bes. Moran Biblica 39, 1958, 69-71, RSP I l. c.: 1) Jr 48_9 צִיץ = Salz, 2) Sir 43_{19} צִיץ = Salzkristalle; צִיץ = Salz auch Barr CpPh p. 334 nr. 269; doch bleibt das sehr fraglich, da ug. *ṣṣ* in der Bedtg. deutlich von *mlḥ(t)* unterschieden ist, s. BRL[2] 264b. Für Jr 48_9 (:: Ri 9_{45}: מֶלַח, s. Gevirtz VT 13, 1963, 52-62), ist darum die cj. ↗ צִיּוּן vorzuziehen; zu Sir 43_{19} ↗ Lex.[1]: Reifkristalle.

III **צִיץ**: n. l. מַעֲלֵה הַצִּיץ 2C 20_{16}; Josph. Ἐξοχή (NFJ 45); ign. im Bereich des *W. Ḥaṣāsa* u. der Gegend von *Ch. Tequʿ*, s. Noth ZDPV 67, 1944, 50; P. Welten WMANT 42, 1973, 149. 152; Rudolph Chr. 260: ? l pr. הַצִּיץ vielmehr חציץ = *el-Ḥaṣāsa*; Bedtg. des n. l. trad. „Blumensteige" ↗ I צִיץ :: Weippert 327: Stiege, die vom Salzmeer auf das Gebirge hinaufführt ↗ II צִיץ. †

***צִיצָה**: n. unit. zu I צִיץ, s. Michel Grundl. heSy. 1, 64. 67; akk. wsem. Frw. *ṣiṣṣatu* (AHw. 1106a) ein Blütenornament: cs. צִיצַת: צִיצַת נֹבֵל (R. Meyer Gr. § 97, 6) welke Blume Js 28_4, :: Wildbg. BK X 1043: pr. צִיצַת prop. c. vs. 1 צִיץ. †

צִיצִת: I צִיץ, BL 504m; Sam. *ṣīṣət*, pl. *ṣīṣijjot*; mhe., ja. Haarlocke, Schaufädenquaste; akk. *ṣīṣītu* (AHw. 1105b) ein beweglicher Teil des Webstuhls; sy. *ṣūṣītā* Troddel, Franse, Haarlocke; md. *ṣuṣiata* pl. (MdD 391a) Geflecht von Haaren; ar. *ṣīṣat*, *ṣīṣījat* Hahnensporn, Webschaft: — 1. צִיצִת רֹאשׁ Haarschopf Ez 8_3; — 2. Quaste, Troddel (an den Zipfeln [Ecken] des Obergewandes) Nu $15_{38.39}$, s. Noth ATD 7, 104; Hönig 159. †

צִיקְלַג: ↗ צִקְלַג.

[**צִיר**: qal pt. צָר Js 59_{19} ↗ I צור 4 a; cj. Jos 9_4 pr. hitp. impf. וַיִּצְטַיָּרוּ prop. וַיִּצְטַיָּדוּ ↗, צִיד. †]

I **צִיר**: wohl Primärnomen, BL 451p; mhe., ja. צִירָא u. צִירְתָא Türzapfen; äga. ציר pl. (DISO 245) Türangeln (?); ? ug. *ṣrrt*, KTU 1. 16 I 43 (CML² 95. 156b: Zapfen an d. Tür, Türschwelle, :: UT nr. 2199, Aistl. 2363, Gray KRT² 23. 68f, RSP I S. 350 Nr. 542); akk. *ṣerru* (AHw. 1093b) Polschuh an der Tür; sy. *ṣājartā* Türangel; ar. *ṣāʾirat* Türzapfen (Lane IV 1755a), auch *sijjārat* (GB): **Türzapfenloch** Pr 26_{14}, AuS 7, 69, BRL² 348. †

II **צִיר**; BL 452q: wohl zu ar. *ṣāra* (*ṣjr*) sich begeben, kommen, gelangen, GB, Lex.¹; mhe.; äg. *ḏi-ir* (Albr. Voc. 67): pl. צִירִים, sf. צִירֶיךָ: **Bote** Js 18_2 57_9 Jr 49_{14} Ob $_1$ Pr 13_{17} (|| מַלְאָךְ), 25_{13}; cj. Js 63_9 pr. צָר prop. c. G πρέσβυς צִיר (BHS) :: Beek Symbolae de Liagre Böhl, 1973, 23-30. †

III ***צִיר**: II צור, Nf. zu II צרר, BL 452q; mhe. u. DSS pl. (KQT 187) Wehen; ja. צִירְתָא Angst; ar. *ḍair* Schaden, Schädigung: pl. צִירִים, cs. צִירֵי, sf. צִירַי, צִירֶיהָ: **Wehen, Krämpfe** Js 13_8, צִירֵי יוֹלֵדָה 21_3; c. נֶהֶפְכוּ עַל sie kommen über 1S 4_{19} Da 10_{16}. †

IV **צִיר**: III צור, Nf. v. יצר, BL 452q; sy. *ṣīrā* Bild: sf. צִירָם K Ps 49_{15} (Q צוּרָם), pl. צִירִים: — 1. **Gestalt, Figur** Ps 49_{15}, s. Zorell :: al. cj. יִצְרָם (Lex.¹) vel. יְצוּרָם (BHS); — 2. **Götterbilder** (חָרָשֵׁי צִירִים) Js 45_{16} :: cj. יְצָרִים (Lex.¹); cj. Mi 5_{13} pr. עָרֶיךָ prop. צִרֶיךָ vel עֲצַבֶּיךָ ↗ עיר 4. †

cj. ***צִירָה**: ↗ cj. *צָרָה.

צֵל: wohl Primärnomen (BL 454b), > III צלל; Sam. *ṣâl* (bab. Vok. צַל); mhe., DSS (KQT 187); ja. טֻלָּא, טוּלָא, טְלָלָא; sam. טל (BCh. LOT 2, 578), טלל (BCh. LOT III/2, 240); טל u. ähnl. in den verw. aram. Dialekten, ↗ ba. || טלל; ug. *ẓl* (UT nr. 1052, Aistl. 2371; RSP I S. 220 Nr. 270; zu KTU 1. 161, 1: *ẓlm* s. Dietrich-Loretz UF 12, 1980, 382); akk. *ṣillu* (AHw. 1101) Schatten, Schirm, Schutz; cf. *ṣillūlu* (AHw. 1102) u. *ṣulūlu* (AHw. 1111); ar. *ẓill*; ? asa. *ẓlt* (Conti 160b) inc. Dach, Bedachung; äth. *ṣĕlālōt* (Dillm. 1257); tigr. *ṣĕlāl* (Wb. 632a) Schatten: **Schatten**: sf. צִלִּי, צִלְּךָ, צִלֵּךְ, צִלָּהּ (Hi 40_{22}, BL 570t), צִלּוֹ, צִלְלוֹ, צִלָּם; pl. צְלָלִים (BL l. c.), cs. צִלְלֵי־; (BL l. c.), Js 38_8 u. 2K 20_{11} (gl.) fem. :: 2K $20_{9.10}$ masc. (THAT II 223: 53 ×); Bordreuil RHPhR 46, 1966, 372-87: — 1. a) מֵחֹרֶב Js 4_6 25_4 Sir 14_{27}, von Baum Ri 9_{15} Ez 17_{23} $31_{6.12.17}$ Hos 4_{13} Jon 4_6 Hi 40_{22} HL 3_3; von Weinstock Ps 80_{11}; von Dach Gn 19_8, von Bergen Ri 9_{36}, von Fels Js 32_2, von Wolke Js 25_5, des Abends Jr 6_4, cf. עֶבֶד יִשְׁאַף צֵל Hi 7_2; Schatten = Dunkel der Nacht Js 16_3; von Hütte Jon 4_5, von Stadt Jr 48_{45} (al. pr. בְּצֵל prop. אֵצֶל, BHS); cj. Js 34_{15} pr. בְּצִלָּהּ l בֵּצֶיהָ (Wildbg. BK X 1329, BHS); צֵל מִצְרַיִם (|| מָעוֹז פַּרְעֹה) Js 30_{2f}, ↗ auch 2 b; b) צֵל עֹבֵר Ps 144_4; vergänglich wie Schatten Ps 102_{12} 109_{23} Hi 8_9 14_2 Koh 8_{13}; nichtig wie Schatten Hi 17_7 Koh 6_{12} 7_{12} (txt. inc., s. Hertzberg KAT XVII/4-5, 139 mit Lit.; Zimmerli ATD 16, 206f), ↗ auch 2 c; 1C 29_{15}; c) Schatten der Sonnenuhr 2K 20_{9-11} Js 38_8; d) pl. צְלָלִים c. נוס (s. Jenni Or. 47, 1978, 358) HL 2_{17} 4_6; entweder von den fliehenden Schatten des Morgens oder von den länger werdenden und gleichsam fliehenden des Abends, s. Gerleman BK XVIII 128 (mit Lit.); — 2. **Schutz**: a) von Gott (cf. akk. *ṣillu* u. *ṣulūlu* als Epith. von Gottheiten, s. Tallqvist AkGE 159 u. PN mit *andullu* „Schutz", s. Stamm 211): צֵל יָדוֹ Js 49_2, צֵל יָדִי 51_{16}, cj. Hos 14_8 pr. בְּצִלּוֹ prop. בְּצִלִּי (BHS), צֵל כְּנָפֶיךָ Ps 17_8 36_8 57_2 63_8 (W. Beyerlin FRLANT 99, 1970, 108f); צֵל שַׁדַּי Ps 91_1; יהוה ist צִלְּךָ Ps 121_5; b) vom Schutz durch den König (מְשִׁיחַ יהוה) Kl 4_{20}; c) Schutz von verschiedener Art

Nu 14$_{9}$ (c. סור), Js 30$_{2f}$ ↗ 1 a, Koh 7$_{12}$ ↗ 1 b. †
Der. III צלל, n. f. צִלָּה, הַצְּלֶלְפּוֹנִי, n. m. צְלָפְחָד, ? בְּצַלְאֵל.

צלה: mhe., ja. צְלָא rösten, braten; akk. *ṣelû* (AHw. 1090) Räucherwerk anzünden; cp. *ṣlʾ*; äth. *ṣalawa* (Dillm. 1262); ar. *ṣalā(j)* rösten, braten:

qal: impf. יִצְלֶה, אֶצְלֶה; inf. צְלוֹת: (Fleisch) **braten** 1S 2$_{15}$ Js 44$_{16.19}$. †
Der. צָלִי.

צִלָּה: n. f.; Sam. *ṣåla*; Josph. Σελλά (NFJ 109); Bedtg. ungewiss; Möglichkeiten: a) zu צֵל „Schatten = Schutz", siehe u. a. König Wb. 387b; cf. Lex.[1], Stamm HFN 337; b) entweder zu I צלל „die Klingende, Klirrende" (J. Gabriel AnBibl. 10, 1959, 282) oder zu צֶלְצְלִים als Anspielung an die Süsse der weiblichen Stimme, s. Westermann BK I/1, 449 (nach Cassuto): Frau des Lamech Gn 4$_{19.22f}$. †

***צְלוּל*/צָלוּל** (Q צְלִיל): hapleg. Ri 7$_{13}$: צְלוּל לֶחֶם שְׂעֹרִים: Bedtg. ungewiss (Lex.[1]: Scheibe ?); nach den Vrss. ein Kuchen Gerstenbrotes (GB), hartes od. trockenes Gerstenbrot, cf. Rösel ZDPV 92, 1976, 14[20] :: Driver ALUOS 4, 1962-63, 13: zu ar. *ṣalla* trocken werden > ein trockener Laib, cf. J. Gray Joshua, Judges and Ruth, 1967, 305. †

צלח: mhe., DSS (KQT 187): qal Erfolg haben, hif. dasselbe u. gelingen, gelingen lassen; ja. צְלַח pe. u. pa. spalten, af. Erfolg haben, gelingen, gedeihen; ph. u. pun. *ṣlḥ* gedeihen in PN *ṣlḥ*, *ʾšmnṣlḥ*, *bʿlṣlḥ*, *mṣlḥ* etc. (PNPhPI 400); äga. pt. pa. *mṣlḥ* (Aḥqr 125) entweder (Holz) spalten (AP 224, DISO 245) od. (Holz) in Brand setzen (DAE 440 Nr. 38 u. Anm. 1), cf. THAT II 552; ↗ ba. haf. es jmdm gut gehen lassen, vorankommen; sy. I *ṣᵉlaḥ* spalten, II pe. gut gehen, wachsen; af. trs. erfolgreich machen, intr. gut gehen, gedeihen (LS 629b); cp. *ṣlḥ* pe. od. pa. spalten; af. gedeihen; sam. af. gelingen; asa. *ṣlḥ* (Conti 224b) gedeihen; ar. *ṣalaḥa* gut, richtig, in Ordnung sein, gedeihen, IV causat. (Wehr 473b); tigr. *ṣalḥa* trefflich sein, gut geraten, *ṣalḥāt* Erfolg (Wb. 167b):

qal (25 ×): pf. צָלַח, צָלְחָה, צָלְחוּ; impf. וַתִּצְלְחִי, (וַ)תִּצְלַח/לָח, יִצְלַח/לָח: Puech Sem. 21, 1971, 5-19; Blau VT 7, 1957, 100f; THAT II 551-56; mit Lex.[1], GB, Zorell ist *ein* vb. צלח anzunehmen mit der semant. Entwicklung (spalten) > eindringen > durchdringen, gelingen, cf. auch Puech l. c. und Blau l. c. (:: BDB 852, Lex.[1] Suppl. 182a: I צלח durchdringen, vorwärtsschreiten, II in gutem Zustand sein, gedeihen): — 1. a) trs. (c. הַיַּרְדֵּן) 2S 19$_{18}$; Übersetzung fraglich: durchschneiden > überqueren (Zorell); eilen an (ZüBi); stürmen in (Hertzberg ATD 10[2] 299, cf. TOB); eindringen in (Puech l. c. 6-8, THAT II 553); b) intr. **eindringen** in (c. עַל), sbj. יהוה/אֱלֹהִים (:: Lex.[1] tauglich, stark, wirksam sein) Ri 14$_{6.19}$ 15$_{14}$ 1S 10$_{6.10}$ 11$_{6}$, c. אֶל 1S 16$_{13}$ 18$_{10}$; c) צָלַח כָּאֵשׁ (obj. בֵּית יוֹסֵף) Am 5$_{6}$: Sinn d. vb. umstritten, s. THAT 552; Vorschläge: I) c. MT: α) צלח = wirken, s. Lex.[1] (Wolff BK XIV/2, 268. 269); β) צלח = durchschreiten (?) (Berridge ThZ 32, 1976, 327[52]); γ) צלח = einbrechen (L. Markert BZAW 140, 1977, 125); δ) צלח eindringen > (im Zushg. mit Feuer) anzünden, cf. Sir 8$_{10}$ (Puech l. c. 8-12); ε) nach d. Vrss. u. akk. *ṣelû* (↗ oben צלה) entbrennen (GB, Blau l. c., Rudolph KAT XIII/2, 189); II) cj. s. GB u. BHS: יִשְׁלַח בָּאֵשׁ בְּ ,יִשְׁלַח בָּאֵשׁ בְּ ,יַצְלַח לַהַב אֵשׁ בְּ; gegenüber II ist I zu bevorzugen u. hier kommen β, γ, δ, ε besonders in Frage; — 2. a) **gelingen**: תִּצְלָח es gelingt Nu 14$_{41}$ Da 11$_{27}$; b) **gelingen**, **Gelingen haben** Js 53$_{10}$ 54$_{17}$ Jr 12$_{1}$ 13$_{7.10}$ 22$_{30a.b}$ Ez 15$_{4}$ 16$_{13}$, cj. 17₉ pr. תִּצְלַח prop. הֲתִצְ׳ (BHS), 17₁₀.₁₅ Da 11₂₇; cj. Ri 18₅ pr. הֲתַצְלִיחַ prop. הֲתִצְלַח (BHS); — Ps 45₅ txt. inc. וַהֲדָרְךָ צְלַח רְכַב: Vorschläge: α) c. MT: Habe Glück! Fahre aus!, dele וַהֲדָרְךָ dittgr. (H. Schmidt HAT 15, 84. 85, cf. Dahood Psalms I 269. 271 u. TOB, die הֲדָר חֲלָצֶיךָ beibehalten; β) cj. u. a. הֲדָר חֲלָצֶיךָ schmücke deine Lenden (Kraus BK XV[5] 486, BHS):

hif. (40 ×): pf. הִצְלִיחַ, הִצְלִיחָה, הִצְלַחְתָּ, sf. (dat.) הִצְלִיחוֹ; impf. יַצְלִיחַ, תַּצְלִיחוּ, תַּצְלִיחַ, תַּצְלִיחִי, (וְ)יַּצְלִיחוּ, וַיַּצְלַח; imp. הַצְלַח, הַצְלִיחָה, הַצְלִיחוּ; pt. מַצְלִיחַ: — 1. intr. **Gelingen haben**: a) abs. 1K 22₁₂.₁₅ Jr 2₃₇ (c. לָהֶם, s. GK § 119u, HeSy. § 107i α), 32₅ Ps 1₃ Pr 28₁₃ Da 8₁₂.₂₄f 11₃₆ 1C 22₁₁.₁₃ 29₂₃ 2C 7₁₁ 13₁₂ 14₆ 18₁₁.₁₄ 20₂₀ 24₂₀ 31₂₁ 32₃₀, s. P. Welten WMANT 42, 1973, 18. 50; אִישׁ מַצְלִיחַ Mann voll Gelingen Gn 39₂ Sir 41₁; b) c. acc. in einer Sache Gelingen haben: c. דֶּרֶךְ Js 48₁₅ Ps 37₇; c. דְּרָכִים Dt 28₂₉ Jos 1₈; c. אֲשֶׁר Js 55₁₁; — 2. a) c. acc. eine Sache **gelingen lassen**: c. דֶּרֶךְ (THAT II 553) Gn 24₂₁.₄₀.₄₂.₅₆ 39₂.₂₃; c. מִרְמָה Da 8₂₅; b) c. לְ pers. Neh 1₁₁ 2₂₀; c. sf. dat. 2C 26₅; c) abs. Jr 5₂₈ (Rudolph Jer.[3] 40), Ps 118₂₅. †

צְלֹחִית: hapleg. 2K 2₂₀ Fläschchen; mhe. ja. צְלוֹחִי(תָא), sam. צלועי; sy. *ṣelōḥītā* die gleiche Bedtg.; cp. (Schulthess Lex. 171a) *ṣlwḥj* kleines Gefäss: trad. Schüssel (GB, Zorell, Lex.[1] u. Gray Kings[3] 479) :: AuS 7, 230: kleiner Krug (entsprechend d. ähnl. Bedtg. in Mischna u. Talmud, s. AuS 4, 245. 271; 7, 227); cf. Honeyman nr. 24; Kelso nr. 70: ein Napf von kleiner od. mittlerer Form; ↗ צַלַּחַת.†

צַלַּחַת: (BL 477a, R. Meyer Gr. § 38, 1b); < kan. *zil(l)aḥda* (VAB 2, 154₃ = akk. *saḫḫar(r)u* AHw. 1008b: eine kleine Opferschale), s. Lambdin Or. 22, 1953, 369; ar. *ṣaḥn*; äth. *ṣāḥel* (Dillm. 1264) Napf, Schüssel, Teller; tigr. *ṣaḥal* (Wb. 633b): צַלַּחַת, pl. צְלָחוֹת (BL 614): **Schüssel** 2K 21₁₃ Pr 19₂₄ 26₁₅, pl. 2C 35₁₃ (s. AuS 7, 211. 224, Kelso nr. 69. 71). †

***צְלֹחַת**: pl. צְלָחוֹת: ↗ צַלַּחַת.

צָלִי: צלה, BL 470n; Sam. *ṣåli*; mhe.: cs. צְלִי: **Gebratenes** Js 44₁₆, צְלִי־אֵשׁ am Feuer Gebratenes Ex 12₈f. †

צְלִיל: ↗ *צְלוּל.

I **צלל**: mhe. צִלְצֵל, ja. צְלַל; sy. *ṣal*; ar. *ṣalla*, *ṣalṣala* klingen, klirren; asa. *ṣalal* II verkünden (Müller ZAW 75, 1963, 313); tigr. (Leslau 45):

qal: pf. צָלְלוּ Ⓛ, צָלְלוּ Ⓑ Hab 3₁₆; impf. תְּצִלֶּינָה 1S 3₁₁ (Bgstr. 2 § 14h, R. Meyer Gr. § 79, 2a), תְּצִלֶּנָה 2K 21₁₂ Jr 19₃ (Bgstr. 2 § 27 o, R. Meyer Gr. l. c.): — 1. **gellen** (Ohren) 1S 3₁₁ 2K 21₁₂ Jr 19₃; — 2. **klingen** (Lippen) Hab. 3₁₆, s. GB, Rudolph KAT XIII/3, 238: das mit dem Zittern verbundene Zähneklappern :: G προσευχή nach aram. צלה pa. beten. † Der. צְלָצַל, צִלְצֵל, צֶלְצְלִים, מְצִלָּה, מְצִלְתַּיִם.

II **צלל**, Nf. ↗ צול*, מְצוּלָה, מְצ/צוּלָה; Sam. צלל, אצטלל; cf. ug. *mṣlt* Quelle (CML[2] 151b, TOML 351[g]); mhe.; akk. *ṣalālu* (AHw. 1075f) sich hinlegen, liegen, schlafen; ar. *ḍalla* verschwinden; asa. *ḍll* Untergang (Conti 227); äth. *ṣalala* (Dillm. 1256) schwimmen; (:: GB, Lex.[1] Zushg. mit mhe. ja. צלל klar sein/werden; sy. *ṣal* pa.; ar. *ṣalla* filtern):

qal: pf. צָלְלוּ **untersinken** Ex 15₁₀. †

III **צלל**: wohl denom. v. ↗ צֵל; mhe., DSS (KQT 187) hif. Schatten werfen; in d. aram. Dialekten טלל pa. haf. af., ↗ ba. II טלל; akk. *ṣullulu* (AHw. 1110b) überdachen, überdecken; denom v. *ṣulūlu* (AHw. 1111a) (Schutz-)Dach, Baldachin; ar. *ẓll* II beschatten, beschirmen; asa. *ẓll*

II unter Dach bringen, IV Gebälk zimmern (Müller ZAW 75, 1963, 313); äth. *ṣalala* u. meist *ṣallala* (Dillm. 1256) beschatten; so auch tigr. (Wb. 631b):

qal: pf. צָלֲלוּ Ⓛ, צָלְלוּ Ⓑ: Neh 13₁₉ (von den Toren Jerusalems) schattig, dunkel werden, so GB, Zorell, Lex.[1], ZüBi, TOB :: Rudolph EN 206. 207: leer werden (?), d. h. ruhig werden (nach Vrss. u. sy. *ṣal* ⸗ II צלל) od. cj. אָרְכוּ צִלְלֵי שַׁעֲרֵי יְרוּשׁ׳ sobald die Schatten der Tore lang wurden. †

hif: pt. מֵצַל: **Schatten geben** Ez 31₃. †

צְלָלִים, צִלְלֵי, צִלְלוֹ: ⸗ צֵל.

I ***צלם**: ja. pa. und sy. mit Bildwerk versehen; ar. *ṣalama* abhauen, behauen, schneiden, schnitzen; √ des sbst. ⸗ צֶלֶם, s. GB, König Wb., Lex.[1] u. besonders THAT II 556f (Lit.).

Der. I צֶלֶם.

II ***צלם**: ja. sam. sy. טלם bedrücken; ar. *ẓalama*; ug. sbst. *ẓlmt* || *ġlmt* (KTU 1. 4 VII 54. 55; 1. 8, 7f) Dunkelheit, Finsternis, s. Dietrich-Loretz WdO 4, 1967-68, 308; CML² 147b. 155a; Aartun AOAT 21/1, 1974, 64 (:: UT nr. 1053. 1969, Aistl. 2153. 2372: n. d.); inc. *ġlm* (KTU 1. 14 I 19) ? sbst. Finsternis, s. Dietrich-Loretz Fschr. Elliger 32, Gray KRT² 11. 35 :: CML² 82. 155a Jüngling, Diener; CML¹ 143a: vb. überwältigen, cf. Gray KRT² 35; akk. *ṣalāmu* (AHw. 1076) schwarz, schwärzlich, dunkel sein/werden; adj. *ṣalmu* (AHw. 1078) schwarz, dunkel; sbst. *ṣulmu* (AHw. 1110f) Schwärze, schwarzer Fleck, Schwarzholz; äth. *ṣalma*/*ṣalama* (Dillm. 1258) dunkel sein/werden; adj. *ṣalīm* schwarz, dunkel, sbst. *ṣelmat* Finsternis (Dillm. 1259); auch tigr. (Wb. 632b); asa. adj. *ẓlm* (Conti 150b) schwarz, dunkel; ar. *ẓalima* finster, dunkel sein/werden; adj. *muẓlim* dunkel, finster; sbst. *ẓulmat* Dunkel, Finsternis.

Der. n. montis II צַלְמוֹן; ? n. m. I צַלְמוֹן, cf. צַלְמָוֶת, cf. I צֶלֶם 4 b.

I **צֶלֶם**: I *צלם (BL 458s, THAT II 556f :: W. H. Schmidt WMANT 17², 1967, 133¹: צֵל + ם); Sam. *ṣālåm*; mhe. Ebenbild, Statue, Götzenbild; DSS (KQT 187, THAT II 562); ja. צַלְמָא; sam.; ph. (DISO 245, THAT II 556); Ram. *ṣlm*ʾ/*ṣlmh* das Bild/sein Bild (KAI Nr. 225, 3. 6, Nr. 226, 2, DISO 245); ug. *ṣlm pnj* (UT Text nr. 1002, 59 = KTU 2. 31, 61; Aistl. 2319, cf. UT nr. 2059); akk. *ṣalmu* (AHw. 1078f) Statue, Figur, Bild: im einzelnen: 1) Götterstatue, 2) Königsstatue, 3) Statue allg., 4) Figürchen, 5) Relief, Flachbild, 6) übertr. Sternbild, Gestalt, Abbild, Inbild; ba. ⸗ צְלֵם; sy. *ṣalmā*, *ṣ*ᵉ*lemtā*; cp. *ṣlm*; md. *ṣilma* (MdD 393b) Bild, Götzenbild, Gestalt, Form; nab. palm. Hatra *ṣlm*, *ṣlm*ʾ u. *ṣlmt*ʾ Statue (DISO 245, ⸗ auch ba. zu צְלֵם); asa. *ẓlm* (Conti 161a) u. *ṣlm* (Conti 224b) Abbild, Statue; ar. *ṣanam* Götzenbild (aram. Lw., s. Frae. 273): cs. צֶלֶם, sf. צַלְמוֹ, צַלְמֵנוּ, צַלְמָם; pl. cs. צַלְמֵי, sf. צְלָמָיו, צַלְמֵיכֶם: THAT II 556-63: — 1. **Statue, Bildsäule** 2K 11₁₈/2C 23₁₇; — 2. **Götterbild** Nu 33₅₂ Ez 7₂₀, Am 5₂₆ (txt. inc.) צַלְמֵיכֶם wohl = Bilder der. bab. Astralgottheiten *Kēwān* (*kajjamānû* AHw. 420b) u. *sakkut* (sum. *ᵈSAG.KUD*, s. E. Reiner Šurpu, AfO Beiheft 11, 1958, II Z. 180; Rudolph KAT XIII/2, 207; Wolff BK XIV/2, 304; THAT II 557); — 3. pl.: a) **Bilder, Figuren**: צַלְמֵי זָכָר Männerbilder Ez 16₁₇, צַלְמֵי כַשְׂדִּים (in die Wand eingeritzte) Bilder/Figuren der Chaldäer Ez 23₁₄; b) **Abbilder** (d. Beulen u. Mäuse) 1S 6₅.₁₁ (s. THAT II 557f); — 4. a) (vergängliches) **Bild** Ps 39₇ (|| הֶבֶל), Ps 73₂₀ txt. inc. (|| חֲלוֹם) cj. pr. צַלְמָם prop. צַלְמוֹ (BHS) :: Würthwein Wort und Existenz, 1970, 169: MT „ihr Götzenbild"; b) צֶלֶם von

Ps 39$_7$ 73$_{20}$ würde nicht zu I, sondern zu II *צלם gehören u. entsprechend Schattenbild, vergänglicher Schatten bedeuten, so u. a. Humbert Etudes sur le récit du paradis et de la chute, Neuchâtel 1940, 156; cf. Kopf VT 9, 1959, 272 und allg. W. H. Schmidt WMANT 17[2] 1967, 133[1]; — 5. **Abbild**: a) der Mensch als צֶלֶם Gottes Gn 1$_{26f}$ 9$_6$: Lit. s. Westermann BK I/1, 203-14; ferner Barr BJRL 51, 1968, 11-26; Stamm Zur Frage der Imago Dei im Alten Testament (in Humanität und Glaube. Gedenkschrift für Kurt Guggisberg, Bern 1973, 243-53); Mettinger ZAW 86, 1974, 403-24; O. H. Steck FRLANT 115, 1975, 140[567]; O. Loretz: Die Gottebenbildlichkeit des Menschen, München 1967; THAT II 558-62: der Mensch Abbild Gottes, d. h. er ist Gottes Statthalter, Mandatar oder Zeuge unter den Geschöpfen; b) der Sohn als צֶלֶם seines Vaters Gn 5$_3$. †

II צֶלֶם: Ps 39$_7$ 73$_{20}$, II *צלם, ↗ I צֶלֶם 4 b.

I צַלְמוֹן: n. m.; G Σελμων, Josph. Ἀσαμών (NFJ 18); PN mit d. demin. Endg. *-ōn* (Stamm ArchOr. 17, II 1949, 379-82; Fschr. Stamm 5-8); die Ableitung ist fraglich; Möglichkeiten: a) zu II *צלם: „der kleine Schwarze/Dunkle", cf. akk. *Ṣalmu/Ṣalimtu* „der/die Schwarze" (Stamm 267) :: Noth N. 223 „Licht, Glanz" zu ar. *ẓalm* Glanz, Helle; b) zu I צֶלֶם „kleines Bild" (eines verstorbenen Familienmitgliedes), cf. akk. *Ṣalam-aḫḫē* „Bild der Brüder" (Stamm 304): einer der dreissig Helden Davids 2S 23$_{28}$ = עִילַי 1C 11$_{29}$, s. Rudolph Chr. 100: prop. צִילַי als Hypokorist. zu צַלְמוֹן. †

II צַלְמוֹן: n. montis; zu II *צלם = „Schwarzberg" (Lex.[1], auch Koch VT 26, 1976, 328): — 1. in der Nähe v. Sichem Ri 9$_{48}$ = *Ǧ. el-Kebīr*, am östl. Rand der Sichem-Ebene, s. Simons OTSt 2, 1943, 36-50, GTT § 584; Rösel ZDPV 92, 1976, 31 :: Nielsen 166f: ein anderer Name f. עֵיבָל; — 2. in *Bāšān* Ps 68$_{15}$, entweder auf den *Gōlān*-Höhen od. im *Haurān*-Gebirge, s. GTT § 1685 (:: Gray JSS 22, 1977, 16: adj. zu II *צלם: dunkle Wolke). †

צַלְמָוֶת (or. צַ׳, Kahle MTB 74, MdO 196); G σκιὰ Θανάτου; wohl volkstüml. Etym. צֵל u. מָוֶת; < *צַלְמוּת (II צלם), s. GB, Lex.[1], auch Zorell :: Hehn MVAeG 22, 1918, 79ff, cf. BL 506u; mhe., DSS (KQT 187): **Finsternis** (tiefer als חֹשֶׁךְ), eine undurchdringliche F., Stockfinsternis, s. W. Thomas JSS 7, 1962, 191-200; Tromp BiblOr 21, 1969, 140-142; Koch ZAW 86, 1974, 519; cf. Barr Questions disputées de l'AT, Louvain 1974, 52ff; (THAT I 87: 18 ×, 10 × Hi): — 1. Am 5$_8$ (:: בֹּקֶר), Jr 13$_{16}$ (:: אוֹר), Ps 44$_{20}$, 107$_{10.14}$ (‖ חֹשֶׁךְ), Hi 3$_5$ 34$_{22}$ (‖ חֹשֶׁךְ), 10$_{22}$ (‖ אֹפֶל), 12$_{22}$ (:: אוֹר), 24$_{17}$ (:: בֹּקֶר), 16$_{16}$, אֶבֶן אֹפֶל וְצַ׳ 28$_3$; עַפְעַפֵּי צַ׳ — 2. אֶרֶץ צַלְמָוֶת Js 9$_1$, אֶרֶץ צִיָּה וְצַ׳ Jr 2$_6$, אֶרֶץ חֹשֶׁךְ וְצַ׳ Hi 10$_{21}$, שַׁעֲרֵי צַ׳ 38$_{17}$, גֵּיא צַ׳ Ps 23$_4$. †

צַלְמֹנָה: Etym. ?, n. l.; Sam. *ṣālāmūna*: nicht genau zu lokalisierende Wüstenstation im *W. el-ʿAraba* Nu 33$_{41f}$, s. Noth AbLAk 1, 65; de Vaux Histoire I 519f. †

צַלְמֻנָּע: n. m.; G Σαλμανα, Σελμανα, Josph. Ζαρμουνής (NFJ 49); etym. inc.: ? צַלְםְ׳ n. d. = *ṣlm* in *Teimā/Temā* (KAI Nr. 228 A 3. 9ff, B 1), lihj. tham. *ṢLM* (*Ṣalm*), s. RAAM 372. 377, cf. 279; Rösel ZDPV 92, 1976, 16: König v. Midian Ri 8$_{5-21}$ Ps 83$_{12}$. †

I צלע: mhe. ja. טְלַע hinken; ar. *ẓalaʿa* lahmen, hinken; > äg. n. f. *sa-l$_2$-ga-tá* (Die) Hinkende (Helck Beziehungen[2] 364):

qal: pt. צֹלֵעַ, f. צֹלֵעָה: — 1. **hinken** Gn 32$_{32}$ (Sam. Vers. צלוע = *ṣālu*); — 2. **lahmen** (Tiere) Mi 4$_{6f}$, s. Rudolph KAT XIII/3,

82 :: Driver JThS 47, 1946, 162: abseits gehen, Zef 3₁₉. †
Der. צֶלַע.

II *צלע: ar. ḍaliʿa krumm, gekrümmt sein (Wehr 492b).
Der. I צֵלָע u. ? II צֶלַע.

צֶלַע: I צלע, BL 456 l; mhe.: sf. צַלְעוֹ, צַלְעִי: (Straucheln) **Fall, Sturz** Jr 20₁₀ Ps 35₁₅ 38₁₈ Hi 18₁₂, s. Seybold BWANT 99, 1973, 27; cj. Sir 51₃ pr. סלע prop. צלעי. †

I צֵלָע: II *צלצ, BL 552q. 554z od. Primärnomen; mhe. צֵלָע, צַלְעָה Rippe, Seitengemach; ja. עִלְעָא Rippe; sam. עלה (BCh. LOT 2, 570) < *עלע, u. עלתה < עלעתה; äga. cs. pl. עלעי (Aḥqr: AP 216, Z. 106), ba. ⸗ *עֲלַע; ug. ṣlʿ (UT nr. 2165, Aistl. 2320: Rippenstück); akk. ṣē/ilu (AHw. 1090a) Rippe, Seite; sy. ʾelʿā; cp. ʿlʿʾ (ʿelʾā) (Schulthess Lex. 147b; Gr. § 49, 2a); ar. ḍilʿ, ḍilaʿ Rippe, Seite; > äg. ḏrʿt Brett o. ä. (aus Zedernholz, EG 5, 603, s. M. Görg BN 3, 1977, 14-16): cs. צֵלָע u. צֶלַע, sf. צַלְעוֹ; pl. צְלָעֹ(ו)ת u. צְלָעִים 1K 6₃₄ (Michel Grundl. heSy. 1, 56 und s. unten), cs. צַלְעֹ(ו)ת, sf. צַלְעֹתָיו: — 1. **Rippe** Gn 2₂₁f; — 2. **Seite**: a) צֶלַע הָהָר 2S 16₁₃; b) längere Seite (cf. יָרֵךְ 2) der Lade Ex 25₁₂.₁₄ 37₃.₅, der Stiftshütte Ex 26₂₀.₂₆f.₃₅ 36₂₅.₃₁f, des Altars Ex 27₇ 38₇; gl. 30₄ 37₂₇; — 3. צֵלָע u. pl. als Bauelement; genauer Sinn umstritten, Vorschläge s. Rupprecht ZDPV 88, 1972, 41[26]; s. ferner Noth Kge. 113-115, bes. 114f; Mulder ZAW 88. 1976, 103-105: a) Seitenstockwerk 1K 6₅.₈, cj. vs. ₆ pr. הַיָּצוּעַ (Q יָצִיעַ, K יָצוּעַ) l הַצֵּלָע, cf. Ouellette JNES 31, 1972, 187-191; b) sg. Seitenbau Ez 41₅.₉a.₁₁; sg. u. pl. Seitengemach 41₆-₈.₉b.₂₆; c) Brett, Bretterbelag 1K 6₁₅f; cj. vs. ₃₄a pr. צְלָעִים prop. c. ₃₄b קְלָעִים (Noth Kge. 102); d) Tragbalken (über den Säulen) 1K 7₃, cf. Weidhaas ZA 45, 1939, 49f; Noth l. c. 135, Mulder l. c. 104f. †

II צֶלַע: n. l.; = ? I צֵלָע 2 (2S 16₁₃; Jos 18₂₈ Gᴬ Σηλαλεφ, fehlt in Gᴮ, 2S 21₁₄ G ἐν τῇ πλευρᾷ; ign., in Benjamin (GTT § 327 II 10; Noth Jos. 113): Grabstätte von Saul u. Jonathan Jos 18₂₈ צֵלַע הָאֶלֶף = צֶלַע 2S 21₁₄, s. Hertzberg ATD 10² 317. †

צָלָף: n. m. „Kaperstrauch" (Noth N. 231) = mhe. appell. צָלָף u. ar. laṣaf (Lex.¹) *Capparis spinosa* (Löw 1, 322ff): Vater eines am Mauerbau beteiligten Jerusalemers Neh 3₃₀. †

צְלָפְחָד: n. m. vel tr.; Sam. ṣålåfåd; G. Σαλπααδ, Josph. Σωλοφάντης (NFJ 117); Bedtg. d. PN. ungewiss s. Noth N. 256a; ? urspr. צֵל פַּחַד: entweder = „Schatten/Schutz vor Schrecken" s. Noth l. c. und Lex.¹ oder „Der Verwandte ist mein Schatten/Schutz" bzw. „Schatten/Schutz ist mein Verwandter" (Nielsen 262; H. P. Müller Monotheismus im alten Israel und in seiner Umwelt, Bibl. Beiträge 14, 1980, 120f); ⸗ I פַּחַד 3 b: Nachkomme von Manasse-Gilead d. h. wohl Ahne einer zugehörigen Sippe Nu 26₃₃ Jos 17₃ 1C 7₁₅; בְּנוֹת צְ׳ Nu 27₁.₇ 36₆.₁₀f, נַחֲלַת צְ׳ Nu 36₂. †

צֶלְצַח: 1S 10₂, nicht sicher erkl. s. Stoebe KAT VIII/1 197. 206; Möglichkeiten: a) n. l. ign. in Benjamin (GB Lex.¹) vielleicht = II צֶלַע 2S 21₁₄ s. Stoebe l. c.; b) Deutung als appellat. cf. Vrss., s. Stoebe l. c., Zorell BHS: z. B.: α) בְּצֵל צַח im glühenden Schatten (Zimolong ZAW 56, 1938, 175f); β) בְּצֵל צְחִיחַ im Schatten eines Felsens (Hertzberg ATD 10², 59⁹); γ) אֵצֶל שִׂחַ neben einem Strauch (Caspari KAT VII 1926, 111). †

צְלָצַל: im AT 2 Belege, die je nachdem von verschiedenen √ abzuleiten sind: 1) Dt 28₄₂ הַצְּלָצַל: I צלל; Sam. ṣålṣål; mhe. צ(ו)נצלה, צַרְצוּר, ja. צַרְצְרָא Grille; sam. Grille ?; akk. ṣāṣiru, ṣarṣaru (AHw. 1086f) Grille; sy. (LS 639b) ṣarṣūrā e. Heuschreckenart; (LS 636a) ṣeṣrā Grille;

cp. *ṣrṣrʿ* e. Heuschreckenart; asa. n. m. *ṣrṣr* Grille (Müller ZAW 75, 1963, 314); ar. *ṣarṣūr, ṣurṣūr, ṣarṣar* Heuschrecke, Grille, Schabe (Nöldeke BS 120f): Grille (Lex.[1], cf. Aharoni 478: *Gryllotalpa vulgaris*) od. Wanderheuschrecke (Nöldeke l. c. 121), cf. GB; 2) Js 18_1 cs. צִלְצַל: I od. II צלל: אֶרֶץ צִלְצַל כְּנָפָיִם, Bedtg. umstritten: a) = 1: Land der geflügelten Grille (Lex.[1]) od. Land des Flügelgeschwirrs (GB, ZüBi, Kaiser ATD 18, 74[1]; cf. TOB); b) צִלְצַל: II צלל, c. G Θ Targ., Ges. Thes. 1167f: Boot (= aram. צלצלא), s. Driver Fschr. Th. H. Robinson 56 u. JSS 13, 1968 45; Kinnier Wilson VT 25, 1975, 11[1]; Barr CpPh 334 nr. 270; Wildbg. BK X 678, 679: Land der geflügelten Boote = leichtes Schiff; wegen כְּלֵי־גֹמֶא in vs. 2 ist wohl b) zu bevorzugen. †

*צִלְצָל, or. צַל׳ (Kahle MTB 74): I צלל, BL 481d: cs. צִלְצַל; Hi 40_{31} צִלְצַל דָּגִים trad. Fisch-Harpune (|| *שֻׂכָּה) :: G ἐν πλοίοις ἁλιέων, danach Kinnier Wilson VT 25, 1975, 11[1]: = צִלְצַל/צִלְצָל 2b Boot.

צֶלְצְלִים: I צלל, BL 481d; mhe. צִלְצַל/צ, צִלְצָל; ja. צִלְצְלָא; sy. *ṣeṣlā, ṣiṣlā*; cp. (Schulthess Lex. 171a) **ṣlṣl* > *ṣlṣʾ*; äth. *ṣanāṣlat*, pl. *ṣanāṣel(āt)* (Dillm. 1293, Brockelm. VG 1, 247, Nöldeke NB 42) Zimbeln: cs. צִלְצְלֵי: **klingende Becken, Zimbeln,** eventuell Kastagnetten (Kolari 24ff :: מְצִלְתַּיִם Tellerzimbeln): — 1. 2S 6_5; — 2. צִלְ׳ || צִלְ׳ שָׁמַע תְּרוּעָה Ps 150_5; der Unterschied ist nicht sicher zu bestimmen: a) Lex.[1] צִלְ׳ שָׁ׳: kleine Becken, aus geringem Abstand auf einander gestossen; צִלְ׳ תְ׳ grosse, schallende Becken; b) Keel Bildsymb. S. 318: zwei verschiedene Arten des Spielens, z. B. verhaltenes und kräftiges Spiel. Lit., bzw. Abb., s. Kolari l. c., Wegner 32. 38ff. 612, Keel l. c. Nr. 455, ANEP 202, BHH 1259f, BRL[2] 235f; Meissner BuA 1, Abb. 126. †

*צלק: Der. n. m. צֶלֶק.

צֶלֶק: n. m.; Bedtg. fraglich (der PN nicht bei Noth N.); Möglichkeiten: a) zu ar. *ṣalaqa* gewaltig rufen (Lex.[1]); b) zu ja. צְלַק spalten (König Wb. 389a); im Falle von b) lässt sich an einem Körperfehler denken cf. akk. *šulluqu* (AHw. 1267b) mit zerfasertem Ohr (Pferd), als PN s. Stamm 264: Ammoniter, einer der dreissig Helden Davids 2S 23_{37} 1C 11_{39}. †

צִלְּתַי, or. צִ׳ (Kahle MTB 79): n. m. (Noth N. 39. 152. 152[1]): Kf. mit hypokorist. Endg. zu einem mit צֵל gebildeten PN, cf. בְּצַלְאֵל: — 1. Benjaminit 1C 8_{20}; — 2. צִלְּתַי Helfer Davids aus Manasse 1C 12_{21}. †

צמא; mhe. צָמֵא; ug. *ġma* durstig sein (UT nr. 1973, Aistl. 2156, RSP I S. 341 Nr. 523) u. *ẓma* D dürsten (UT nr. 1054, Aistl. 2373), zu *ġ/ẓ* s. v. Soden HeWf. 293; akk. *ṣamû* (AHw. 1081b) dürsten; äth. *ṣamʾa* (Dillm. 1271) u. tigr. (Wb. 635b); asa. *ẓmʾ* (Conti 161a); ar. *ẓamiʾa*:

qal: pf. צָמְאָה, צָמֵת Rt 2_9 (BL 376), צָמֵאתִי Ⓛ, mlt. MSS Ⓑ צָמֵתִי Ri 4_{19}, צָמֵאוּ; impf. וַיִּצְמָא, (וַ)יִּצְמְאוּ, תִּצְמְאוּ: **dürsten, Durst haben** Ri 4_{19} 15_{18} Js 48_{21} 49_{10} 65_{13} Hi 24_{11} Rt 2_9, c. לְ nach Ex 17_3 (לַמַּיִם, sam. Ex 17_3 Ms A צמאו); nach Gott Ps 42_3 63_2. †

Der. צָמָא, צָמֵא, צִמְאָה, צִמָּאוֹן.

צָמָא: צמא, BL 462s; Sam. *ṣåmā*; mhe., DSS (KQT 187); akk *ṣūmu, ṣummu* (AHw. 1112), *ṣummû* (AHw. 1112a); äth. *ṣemʾ* (Dillm. 1272); tigr. (Wb. 635b); ar. *ẓimʾ, ẓamaʾ, ẓamāʾ*: sf. צְמָאִי/אָם: **Durst** Ex 17_3 Dt 28_{48} Ri 15_{18} Js 5_{13} 41_{17} 50_2 Hos 2_5 Am 8_{11} (לַמַּיִם).$_{13}$ Ps 69_{22} 104_{11} Kl 4_4 Neh $9_{15.20}$ 2C 32_{11}; אֶרֶץ צָמָא Land d. Durstes = Wüste Ez 19_{13}, cf. akk.

ašar/qaqqar ṣumme (AHw. 1112b); — cj. Jr 48₁₈ pr. בַּצָּמָא prop. בַּצֹּאָה ‏F צֹאָה. †

צָמֵא: צמא, BL 464a; mhe., DSS (KQT 187); akk. *ṣamû* (AHw. 1081b); äth. *ṣĕmūʾ* (Dillm. 1272); tigr. (Wb. 635b); ar. *ẓamʾān* u. *ẓāmiʾ*: fem. צְמֵאָה, pl. צְמֵאִים: — 1. **durstig** 2S 17₂₉ Js 21₁₄ 29₈ 32₆ 55₁ Pr 25₂₁, pl. Ps 107₅ (‖ רְעֵבִים); — 2. הַצְּמֵאָה das durstige, wasserarme (Land) Dt 29₁₈ (Sam. *ṣåmå, f. Dt 29₁₈ *aṣṣåmå*) = צָמֵא (‖ יַבָּשָׁה) Js 44₃; — 3. c. נפש Sir 51₂₄. †

צִמְאָה: צמא (Barth Nb. § 71; R. Meyer Gr. § 34, 3 u. § 35, 1b; cf. BL 463w); mhe., DSS (KQT 187): **Durst** Jr 2₂₅. †

צִמָּאוֹן: צמא (BL 537f, R. Meyer Gr. § 41, 1a); Sam. *ṣåmåʾon* (= *צָמָאוֹן), cf. akk. *ṣumāmī/ētu, ṣumāmu* (AHw. 1111b) Durst: **dürstendes, wasserloses, Gebiet** Dt 8₁₅ Js 35₇ Ps 107₃₃. †

צמד: mhe. anschirren, anordnen, nif. verbunden werden, nif. auch DSS (KQT 187; s. Wallenstein BJRL 38, 1955/56, 252[10]); ja. zusammenhalten, verbinden, anschirren; sam. (BCh. LOT 2, 577); ug. *ṣmd* anschirren (UT nr. 2169, Aistl. 2322, CML² 156b) :: keilschr. ug. *ṣamātu* (F צמת); akk. *ṣamādu* (AHw. 1080) an-, zusammenbinden, anschirren, anspannen, verbinden (cf. Salonen Hipp. 271ff); sy. *ṣᵉmad* zusammenbinden, verbinden; md. *ṢMD* (MdD 395b) befestigen, verbinden; äth. *ḍamada* anschirren, unterwerfen; *taḍamda* bes. sich einem Kulte anschliessen (Dillm. 1325f, GB); tigr. *ṣamda* (Wb. 635b) anjochen; ar. *ḍamada* verbinden (bes. eine Wunde):

nif: impf. וַיִּצָּמֶד, וַיִּצָּמְדוּ; pt. pl. נִצְמָדִים: c. לְ **sich einlassen** mit, **sich hängen** an (Gottheit) Nu 25₃.₅ Ps 106₂₈ (Lex.¹, Zorell, König Wb., cf. M. Mannati VT 25, 1975, 662f) :: GB: das Joch eines Gottes tragen, ihm dienen (wie im äth.), ähnl. Halbe FRLANT 114, 1975, 158: sich unterjochen. †

pu: pt. f. מְצֻמֶּדֶת **angebunden** (חֶרֶב) 2S 20₈. †

hif: impf. תַּצְמִיד: **an-, vorspannen** (sbj. לְשׁוֹנְךָ, obj. מִרְמָה), Ps 50₁₉, s. Gkl. Ps. 220, Kraus BK XV⁵ 526; G περιέπλεκεν = flechten, weben (u. a. ZüBi, Zorell, Dahood Psalms I 305) :: TOB: verbinden mit. †

Der. צֶמֶד, I, II צָמִיד.

צֶמֶד: צמד, BL 457q; mhe., ja. צִמְדָּא Joch, Gespann; ug. *ṣmd, ṣmdm* (pl./du.) dasselbe (UT nr. 2168, Aistl. 2322); ? ph. im n. d. *bʿl ṣmd* (KAI Nr. 24, 15): entweder „Herr des Zweigespannes" oder „Herr der Keule" (s. KAI II S. 34); akk. *ṣimdu* (AHw. 1102b) Binde, Verband; Zugtiergespann, cf. Salonen Hipp. 194f; sy. *ṣemdā* Binde; cp. *ṣmjdw* Verbindung; asa. *ṣmd* in PN *ṣmdʾlhmr* (Conti 224b); äth. *ḍemd* (Dillm. 1327); tigr. *ṣemd* (Wb. 636a) ein Paar Zugtiere/Ochsen; ar. *ḍimād* Verbinden (einer Wunde), Bandage, Binde: sf. צִמְדּוֹ; pl. צְמָדִים, cs. צִמְדֵּי (BL 582): — 1. **Gespann** Jr 51₂₃ (des אִכָּר), חֲמֹרִים Ri 19₃.₁₀ 2S 16₁, צ׳ חמרם T.-Arad 3, 5; בָּקָר 1S 11₇ 1K 19₂₁ Hi 1₃ (500 צֶמֶד בָּ׳), 42₁₂ (1000 צֶמֶד בָּ׳); מַשָּׂא צֶמֶד Traglast für ein Gespann 2K 5₁₇ (פְּרָד); 12 צְמָדִים (Ochsen, beim Pflügen) 1K 19₁₉; צֶמֶד פָּרָשִׁים Js 21₇.₉, F פָּרָשׁ 1 c; cj. 2K 9₂₅ pr. צְמָדִים אַחֲרֵי prop. צֶמֶד מֵאַחֲרֵי (Lex.¹) :: Gray Kings³ 545[h]: MT (Jehu u. Bidekar je mit einem Gespann); — 2. **eine Fläche Landes, die ein Ochsengespann an 1 Tag umzupflügen vermag** (AuS 2, 49. 171, BHH 1162): a) c. שָׂדֶה 1S 14₁₄, s. Stoebe KAT VIII/1, 257. 259f; b) c. כֶּרֶם Js 5₁₀, s. Wildbg. BK X 185. †

***צַמָּה**: *צמם, etym. inc.? zu ar., cf. *ṣamma* verschliessen, verstöpseln (Wehr 475b); mhe. צָמָם MiBek VI 4 mit schwammgleichen Ohren behaftet, צמם hif. zusammenbinden; ja. denom. *ṣamṣem* verschleiern; ar. sbst. *ṣammat* Tuch, welches das Gesicht verhüllt (Guidi Note ebraiche 1927, 13): sf. צַמָּתֵךְ: (Gesichts-)**Schleier** Js 47$_2$ HL 4$_{1.3}$ 6$_7$; ↗ צַמִּים. †

צִמּוּקִים, צִמֻּקִים: צמק, BL 480v; mhe. ja. צִמּוּק(א) Rosine, getrocknete Olive; ug. *ṣmq(m)* (UT nr. 2174, Aistl. 2327, RSP I S. 441 Nr. 105) (getrocknete) Trauben, Rosinen: **Kuchen aus getrockneten Trauben** (Löw 1, 82, AuS 4, 352f, BRL² 362a): 1S 25$_{18}$ 30$_{12}$ 2S 16$_1$ 1C 12$_{41}$. †

צמח: mhe., DSS (KQT 187); ja.; sam. (BCh. LOT 2, 570); ug. *ṣmḫ* im PN *jṣmḫ* (UT nr. 2171, Aistl. 2324, Gröndahl 59. 189. 393b); sy. *ṣemaḥ* spriessen; md. *ṢHM*, *ṢMA* (MdD 390a) leuchten, scheinen; ar. *ḍmḫ* einölen, einreiben; (Rüthy 48, THAT II 563-66):

qal: pf. צָמַח, צָמְחוּ; impf. (וַ)יִּצְמַח, יִצְמָח, תִּצְמַח, יִצְמָחוּ, תִּצְמַחְנָה; inf. c. sf. צִמְחָהּ (GK § 65a, BL 361x) :: GB, Lex.¹ zu צֶמַח, ↗ dort; pt. צֹ(ו)מֵחַ, pl. f. צֹמְחוֹת: — 1. **sprossen**: a) α) Pflanzen Gn 2$_5$ 41$_{6.23}$; β) Weinstock (צִמְחָהּ sein Spriessen) Ez 17$_{9f}$; γ) e. Wald v. Bäumen Koh 2$_6$; δ) יִצְמָח es sprosst Zch 6$_{12}$ oder zu b β; b) metaph.: α) Menschen Js 44$_4$ Hi 8$_{19}$ (cj. pr. יִצְמָחוּ l ? יִצְמָח, sbj. אַחֵר), siehe u. a. Fohrer KAT XVI 185; β) das kommende Neue Js 42$_9$ 43$_{19}$, die Treue Ps 85$_{12}$, Mühsal Hi 5$_6$, es = das Heil Zch 6$_{12}$ (od. zu a. δ): — 2. **wachsen**: a) Bäume Ex 10$_5$ Ez 17$_6$; Haare Lv 13$_{27}$, heilende Haut Js 58$_8$; b) Menschengeschlechter Sir 14$_{18}$. †

pi. (Jenni 50f): pf. צִמַּח; impf. יְצַמֵּחַ; inf. צַמֵּחַ: gesprosst machen (mit ellipt. obj.), **hervorbringen**: Haar, Haarwuchs (sg. coll. שֵׂעָר, s. Michel Grundl. heSy. 1, 65) Ri 16$_{22}$ Ez 16$_7$; Barthaar (זָקָן) 2S 10$_5$/1C 19$_5$. †

hif: pf. הִצְמִיחָה, וְהִצְמִיחָהּ; impf. יַצְמִיחַ, וַיַּצְמַח, תַּצְמִ(י)חַ, אַצְמִיחַ; inf. cs. הַצְמִיחַ; pt. מַצְמִיחַ: — 1. a) c. acc. (Pflanzen) **sprossen lassen**: Gn 2$_9$ 3$_{18}$ Dt 29$_{22}$ Ps 104$_{14}$ Hi 38$_{27}$; b) metaph.: α) sbj. Gott 2S 23$_5$ (כָּל־חֶפְצִי, txt. inc. emend. s. BHK u. Hertzberg ATD 10² 329³); Ez 29$_{21}$ u. Ps 132$_{17}$ (קֶרֶן); Jr 33$_{15}$ (לְדָוִד צֶמַח צְדָקָה); β) sbj. Erde Js 45$_8$ (צְדָקָה); — 2. **zum Spriessen bringen** Js 55$_{10}$ (die Erde), 61$_{11}$ (Pflanzen, ↗ זֵרוּעַ); c. 2 acc. Ps 147$_8$ (die Berge Gras). †

Der. צֶמַח.

צֶמַח: צמח, BL 457q; ihe. צמח n. m. (T.-Arad 49, 11); Sam. *ṣắmå*; mhe., DSS (KQT 187); ja. צִמְחָא; ug. *ṣ(?)mḫ* Spross (PRU II Nr. 7, 9; Gray LoC² 226 u. Ug VI 289f; Dijkstra-de Moor UF 7, 1975, 199); cj. *ṣ[mḫ]t* (KTU 1, 19 I 17) Sprösslinge (Dijkstra-de Moor l. c. 197. 199); ph. *ṣmḥ* (KAI Nr. 43, 11) u. neupun. *ṣmḥ* (KAI Nr. 162, 2; 163, 3) Abkömmling, Spross (DISO 246, THAT II 563); sy. *ṣemḥā* Glanz, Spross, Sprössling; md. *aṣmata* (MdD 33a) u. *ṣahamta* (MdD 385b) Glanz; (Rüthy 48f, THAT II 563-66, bes. 565): sf. צִמְחָהּ: — 1. **das Spriessen**: a) Ez 17$_{9.10}$, od. inf. ↗ צמח qal 1 a β; b) das, was sprosst, Gewächs: coll. Gn 19$_{25}$ Js 61$_{11}$ Ez 16$_7$ Hos 8$_7$ Ps 65$_{11}$ Sir 40$_{22}$ (pl. cs.); c) צֶמַח יהוה was Jahwe spriessen lässt Js 4$_2$ (Lex.¹, Kaiser ATD 17³ 42, Wildbg. BK X 154f :: u. a. Baldwin VT 14, 1964, 93f: messianischer Sinn); — 2. **der einzelne Spross** (als Nachkomme Davids u. König der Heilszeit), s. Gressm. Mess. 253f, Mow. He That Cometh, 1956, 164: צֶ׳ צַדִּיק Jr 23$_5$ ↗ צַדִּיק 4 b = צֶ׳ צְדָקָה 33$_{15}$ ↗ צְדָקָה 7 b β; cf. ph. צמח צדק (KAI Nr. 43, 11), s. H. H. Schmid Gerechtigkeit als Weltordnung, 1968, 87f, Avishur UF 8, 1976, 21; עַבְדִּי צֶ׳ Zch 3$_8$ (Rudolph KAT XIII/4, 99f), אִישׁ צֶ׳ שְׁמוֹ 6$_{12}$ (Rudolph l. c. 130). †

I **צָמִיד**: צמד, BL 470n; Sam. *ṣēməd*, pl. *ṣēmīdəm*; mhe. Armband (Dalm. Wb. 354b), DSS (KQT 187, 1Q M V 7. 8. 9)

Ring (an der Tülle der Lanze): pl. צְמִידִים: **Armspange** (v. Frauen), s. BRL² 284f. 289, BHH 1706-1709: Gn 24$_{22.30.47}$ Nu 31$_{50}$ Ez 16$_{11}$ 23$_{42}$. †

II צָמִיד: צמד, BL 470n; Sam. *ṣēməd*; mhe. Zubindung (eines Gefässes), Deckel (Dalm. Wb. 364b): hapleg. Nu 19$_{15}$ (|| פָּתִיל, wohl gl.), G δεσμός; Bedtg. fraglich, Vorschläge s. GB: a) nach G Zubindung; b) nach ar. *ṣimād*: Stöpsel, Deckel eines Gefässes; cf. Lex.¹: Deckel, s. Kelso nr. 72: Deckel aus Ton od. Metall. †

צַמִּים: etym. inc., ? zu ar. *ṣamma* verschliessen, verstöpseln, ↗ *צַמָּה; DSS (KQT 187): ein Fanggerät (|| פַּח) Hi 18$_9$, c. hif. חזק u. danach vielleicht: Schlinge (Fohrer KAT XVI 297); cj. Hi 5$_5$ pr. צַמִּים prop. c. Vrss. צָמֵא vel צְמֵאִים. †

צְמִיתֻת: ↗ צְמִתֻת.

*צמם: ↗ *צַמָּה.

צמק: mhe., ja. zusammenschrumpfen; tigrin. *ṣämäqʷä* drücken (Leslau 45):

qal: pt. צֹמְקִים: **vertrocknen**, **welken** (Brüste) Hos 9$_{14}$. †

Der. צִמּוּקִים.

*צמר: Der. cj. n. l. II צֶמֶר, n. montis צְמָרַיִם, צַמֶּרֶת.

I צֶמֶר: BL 456j: Primärnomen; Sam. *ṣāmår*; mhe.; ja. עַמְרָא; sam. עמר; äga. *ʿmrʾ* und *qmrʾ* (s. Fitzmyer Fschr. Albright 1971, 153); palm. *ʿmrʾ* (DISO 217); ba. ↗ עֲמַר; sy. *ʿamrā*; md. *aqamra* (MdD 33b); nsyr. *ʿumrā*; äth. *ḍamr* (Dillm. 1324): צֶמֶר, sf. צַמְרִי: **Wolle** (AuS 5, 9ff, BHH 2181): — 1. a) גֵּזַת הַצֶּמֶר frisch geschorene Wolle Ri 6$_{37}$ ↗ גִּזָּה; Gabe Jahwes Hos 2$_{7.11}$; אֵילִים צֶמֶר ungeschorene Widder, Wollschafe 2K 3$_4$ (R. Meyer Gr. § 96, 1b), s. AuS 6, 195; b) weiss (|| שֶׁלֶג nach Stoff und Farbe) Ps 147$_{16}$, :: תּוֹלָע Js 1$_{18}$; — 2. a) als Stoff für Kleidung Pr 31$_{13}$ (|| פִּשְׁתִּים); c. לבשׁ Ez 34$_3$, c. עלה Ez 44$_{17}$, von Motten gefressen Js 51$_8$; בֶּגֶד צֶמֶר (|| בֶּגֶד פִּשְׁתִּים) Lv 13$_{47f.52.59}$; Gewebe aus Wolle u. Leinwand verboten Dt 22$_{11}$, ↗ שַׁעַטְנֵז; b) als Handelsware צֶמֶר צָחַר Wolle von Zachar Ez 27$_{18}$ ↗ צָחַר. †

cj. II צֶמֶר, od. צָמָר: ? *צמר: n. l. Ez 27$_{8b}$ pr. חֲכָמַיִךְ צוֹר prop. חַכְמֵי־צֶמֶר (u. a. Elliger ZAW 62, 1950, 72; Fohrer HAT 13, 154; BHS :: Zimmerli Ez. 628. 635: MT vs. 8b gl.); Zch 9$_1$ pr. וְכֹל שִׁבְטֵי יִשְׂרָאֵל prop. נִבְהֲלוּ שֹׁפְטֵי צֶמֶר (Elliger l. c.) vel וְרָאוּ כֹּל שֹׁפְטֵי צ׳ BHS, cf. Horst HAT 14² 1954, 244 :: Rudolph KAT XIII/4, 168. 171f: MT, pr. כְּכֹל l וְכֹל, I. Willi-Plein BBB 42, 1974, 5. 68: MT, וְכֹל und (auch) . . .: צֶמֶר = *Ṣumur* in EA (VAB 2, 1138ff), äg. *Ḏu-mu-ra* (Albr. Voc. 67) = *Ṣumra*, 19 km. sö. Arwad; cf. ug. ? PN *bn ṣmrt* (KTU 4. 75 VI 5) „Sohn einer Frau aus *Ṣumur*" (*ṣmrt* < **ṣmryt*), RSP II S. 317 Nr. 88; *Ṣumur* = assyr. *Ṣimirra* Hauptstadt e. Provinz (Forrer 57f. 68, Parpola AOAT 6, 1970, 323).

Der. gntl. צְמָרִי.

צְמָרִי: gntl. v. II צֶמֶר, BL 501x: n. p.; Sam. *aṣṣåmri*, G τὸν Σαμαραῖον (acc.), Josph. Σαμαραῖος (NFJ 105), הַצְּמָרִי Gn 10$_{18}$ 1C 1$_{16}$: Bevölkerung der Stadt צֶמֶר u. deren Umgebung.

צְמָרַיִם: — 1. n. montis; G Σομορων, Josph. Σαμαρων (NFJ 106); הַר צ׳ 2C 13$_4$: etym. zu *צמר „Doppel-Gipfel" (Lex.¹), nach ar. *ṣumr* ↗ צַמֶּרֶת; — 2. n. l. in Benjamin Jos 18$_{22}$; G^A Σεμριμ, G^B Σαρα, Josph. Σαμαρῶν (NFJ 106); äg. *ḏmrm* (*sá-mʾ-rú-má*, Helck Beziehungen 241); die Lage von 1 u. 2 ist ungewiss, s. P. Welten WMANT 42, 1973, 117¹⁴: a) 1 u. 2 gehören zusammen, der Berg nach der Stadt benannt (Rudolph Chr. 236) = *Rās ez-Zemara*, unweit von *eṭ-Ṭaijibe*, in der Gegend von Bethel (Abel 2, 454, GTT § 327 I 5, Noth Jos. 111); b) 1 von 2 zu trennen, s. bes. Koch ZDPV 78, 1962,

19-29: 1 wohl *Rās ez-Zemara*, 2 = *Ch. es-Samra*, (6-7 km. nö. v. Jericho); c) 1 (und 2 ?) = *Rās eṭ-Ṭaḥūne*, in d. Nähe von Bethel, Jeschana u. Ephron (Dalman JBL 48, 1929, 360f). †

צַמֶּרֶת: *צמר, BL 477a; cf. ar. *ṣumr* der obere Teil od. die Spitze einer Sache (Lane I 1727c, Lex.[1]): sf. צַמַּרְתּוֹ/תָּם: **Wipfel** (d. Baumes) (Rüthy 61f) Ez 17$_{3.22}$ 31$_{3.10.14}$. †

צמת: mhe., ja. zusammenziehen, pi./pa. (ver)sammeln; sam. (ver-)sammeln (BCh. LOT 2, 585), mhe. צֶמֶת Bündel; ug. *ṣmt* vernichten (UT nr. 2176, Aistl. 2330, Donner ZAW 79, 1967, 344f), bzw. zum Schweigen bringen, überwältigen (CML² 156b), sbst. *ṣmt* KTU 1. 18 IV 38: Schweigen, Stille (CML², 156b, cf. Margalit UF 8, 1976, 168); keilschr. ug. *ṣamātu* (AHw. 1081a) definitiv übergeben, cf. Loretz BZ NF 6, 1962, 269-79; sy. *ṣᵉmat* pa. zum Schweigen bringen; cp. pa. inc. (Schulthess Lex. 171b); äth. *ʾaṣmata* (Dillm. 1271) ausrotten; ar. *ṣamata* schweigen, II zum schweigen bringen: Vorbemerkung: die verw. Sprachen erlauben für das He. 2 Deutungen: entweder a) vernichten (GB, Zorell) od. b) zum Schweigen bringen (König Wb., Lex.[1]); die beiden Möglichkeiten schliessen sich nicht aus, cf. II u. III דמה, אלם; wir nennen sie im Folgenden beide:

qal: pf. צָמְתוּ: a) vernichten, bzw. mit Gewalt einschliessen od. ? hinabstürzen; b) zum Schweigen bringen Kl 3$_{53}$; pr. qal l ? pi. צִמְּתוּ, s. Rudolph KAT XVII/1-3, 233. †

nif: pf. נִצְמְתוּ, נִצְמַתִּי: a) verschwunden sein, vergehen (Bäche) Hi 6$_{17}$, vernichtet, bzw. eingeschlossen sein 23$_{17}$ (Hölscher Hiob², 58), dele ? לֹא (:: Fohrer KAT XVI 363); b) zum Schweigen gebracht werden (für Hi 23$_{17}$ passend, bei 6$_{17}$ aber schwierig). †

pi. (Jenni 232): pf. cj. צִמְּתוּנִי pr. צִמְּתוּתֻנִי Ps 88$_{17}$ (BL 281 l, BHS); sf. צִמְּתָתְנִי: a) vernichten; b) zum Schweigen bringen (so auch Jenni l. c.) Ps 88$_{17}$ 119$_{139}$. †

hif: pf. הִצְמַתָּה; impf. אַצְמִית, תַּצְמִית, sf. יַצְמִיתֵם, (וְ)אַצְמִיתֵם (Sec. ασμιθαυμ Ps 18$_{41}$, Brönno 352); imp. sf. הַצְמִיתֵם; pt. sf. מַצְמִיתַי: a) vernichten, verderben 2S 22$_{41}$ Ps 18$_{41}$ 54$_7$ 69$_5$ 73$_{27}$ 94$_{23}$ 101$_{5.8}$ 143$_{12}$; b) zum Schweigen bringen; nach dem jeweiligen textl. Zushg. scheint a) hier angemessener: מַצְמִיתַי Ps 69$_5$: die mich verderben (Jenni 86). †

Der. צְמִתֻת.

צְמִתֻת Lv 25$_{23}$ u. צְמִיתֻת Lv 25$_{30}$ (צמת) (BL 505 o, Gulk. 110): Sam. Vers. צמיתית = *ṣēmītət*; keilschr. ug. *ṣamātu* (↗ צמת); Grdb. fraglich: entweder Vertilgung (GB) od. eher Schweigepflicht, d. h. Verbot eines Einspruchs (Noth ATD 6, 165), in der Vbdg. לִצְמִ׳ bzw. לַצְּמִ׳: endgültig (Loretz BZ NF 6, 1962, 269-79, Zorell), mit unwiderruflicher Gültigkeit (Horst GsR 220). †

***צֵן**: etym. inc., ? BL 450i, nur pl. צִנִּים Hi 5$_5$ Pr 22$_5$ u. צִנּוֹת Am 4$_2$; ob die beiden Formen d. pl. nach Michel Grundl. heSy. 1, 40ff zu erklären sind, ist unsicher, da es sich an den 3 Belegen vielleicht nicht um das gleiche Wort handelt. Zum pl. s. auch König Wb. 390b u. Rudolph KAT XIII/2, 161: צִנִּים Dornen, צִנּוֹת künstliche Dornen = Stacheln; ? Nf. צְנִינִים: — 1. Hi 5$_5$ txt. inc.: a) MT: α) Dornen (Rüthy 24. 26. 27. 79), bzw. Dornenhecken (TOB); β) צִנִּים zu ja. צִנָּא, sam. צנור (BCh. LOT 2, 575), ar. *ṣann*, *ṣinn* Korb: „nimmt's aus den Körben" (Driver ThZ 12, 1956, 485f); b) cj. pr. צִנִּים prop. צְנִינִים Stacheln = Dorngestrüpp (Fohrer KAT XVI 132); c) weitere Vorschläge, s. Fohrer l. c. und Horst BK XVI/1, 61f; — 2. Pr 22$_5$ צִנִּים

(|| פַּחִים), G τρίβολοι καὶ παγίδες: a) MT: α) Dornen Gemser Spr.[2] 82, TOB), bzw. Angeln ↗ 3 (ZüBi); β) Fangkörbe (Driver Biblica 32, 1951, 186) ↗ 1; b) cj.: pr. צִנִּים prop. ↗ צַמִּים Hi 18_9 vel צְפוּנִים (BHS); — 3. Am 4_2 צִנּוֹת (|| סִירוֹת ↗ *סִירָה): a) Stacheln (Rudolph l. c.) od. Haken/Fischerhaken (Lex.[1], Maag 19; Williams VT 29, 1979, 207f; b) Strick, Seil < akk. *ṣinnitu* als (seltene) phonet. Var. zu *ṣerretu* „Nasenseil", cf. ANEP 296. 447 (CAD Ṣ [vol. 16] 201, Schwantes ZAW 79, 1967, 82f, Wolff BK XIV/2, 244f); c) Schilde, pl. v. ↗ צִנָּה (Driver WdO 2, 1954, 20); d) Korb, weil || סִיר „Topf" (Sh. Paul JBL 97, 1978, 183ff, bes. 188); von den Vorschlägen kommen a) und vielleicht b) am ehesten in Frage, kaum aber c) u. d). †

צִן: n. l.: Sam. *ṣen*, G, Josph. Σίν (NFJ 114): מִדְבַּר־צִן Nu 13_{21} 20_1 27_{14} 33_{36} (הִוא קָדֵשׁ), 34_3 Dt 32_{51} Jos 15_1; loc. צִנָּה (Sam. *ṣinnå*) Nu 34_4 Jos 15_3: **Zin**: Musil ArPe 2, 1, 211f = *Arḍ-eṣ-Ṣinī* südl. *W. eṣ-Ṣinī*; L. Woolley and T. E. Lawrence The Wilderness of Zin, 1936[2]; Wiegand Sinai 1920; Frank u. Alt ZDPV 57, 1934, 191ff; 58, 1935, 1ff; GTT § 433; BHH 2241f. †

*צֹנֶא, ↗ צֹנֶה.

צֹנֶה, orthogr. Var. zu צאנה (sic nonn. MSS): צֹאן: entweder + fem. Endg. — *ǣ* (BL 456m, cf. R. Meyer Gr. § 42, 5) oder altertüml. Endg. *-aj* > *-ǣ* (Lex.[1], cf. BL 587k) Ps 8_8; — ? Nf צֹנַא sf. צֹנַאֲכֶם Nu 32_{24} od. l c. MSS, Sam. צאנכם (Lex.[1], BHS): **Kleinvieh**. †

I *צִנָּה: I *צנן, BL 454c; ja. צִנְּתָא Kälte; sam. Gn 31_{40} צנה, צנתה, Gn 8_{22} צונה; cf. qataban. n. deae: *ḏāt Ṣannat* = die Kühle (RAAM 283): cs. צִנַּת: **Kälte** Pr 25_{13} Sir 43_{20}. †

II צִנָּה: II *צנן, BL 454c; cf. bab. (Mari) *ṣinnatum* Schild (Frankena Fschr. Beek 43f) :: AHw. 1047a: *sinnatum* eine Lanze ?: pl. צִנּוֹת: — 1. der grosse, den ganzen Körper deckende **Schild**, **Setzschild** (de Vaux Inst. 2, 54f = Lebensordnungen 2, 52f; BRL[2] 279f, bes. 280b; Keel Bildsymb. S. 201-203): a) :: ↗ מָגֵן 1K 10_{16f} 2C $9_{15a.b}$ (mit gehämmertem Gold überzogen), s. Wildbg. BK X 779; b) || מָגֵן Jr 46_3 Ez 23_{24} 38_4 39_9 Ps 35_2; c) || סֹחֵרָה Ps 91_4, || רֹמַח 1C $12_{9.25}$ 2C 11_{12} 14_7 25_5, || חֲנִית 1C 12_{35}; d) c. נשׂא (נֹשֵׂא הַצִּנָּה der Schildträger) 1S $17_{7.41}$, 1C 12_{35} 2C 14_7, c. אחז 2C 25_5, c. ערך Jr 46_3 1C 12_9, c. חזק hif. Sir 37_5; e) metaph. c. עטר Ps 5_{13}; — 2. schützendes **Schilddach**, lat. *testudo* (P.-W. Kl. 5, 631) Ez 26_8 (Driver Biblica 35, 1954, 156; Fohrer HAT 13, 151). †

צִנּוֹת: Am 4_2, ↗ *צֵן 3.

*צָנוּעַ: צנע, BL 471u; cf. ja. צְנִיעָא: 1) verwahrt, 2) züchtig, demütig, fromm; sbst. mhe. צְנִיעוּת Züchtigkeit, Bescheidenheit, Verborgenes; ja. צְנִיעוּתָא Züchtigkeit, Verbergung; mhe. 1. züchtig, fromm. 2. besonnen, klug; sy. *ṣᵉnīʿā* verschlagen, listig, sbst. *ṣᵉnīʿūtā* Verschlagenheit: pl. צְנוּעִים: — 1. Pr 11_2 (:: זָדוֹן), G ταπεινῶν gen. pl., V *humilitas*, danach das he. adj. = demütig (u. a. ZüBi, Lex.[1], :: GB: züchtig, sich beherrschend, Zorell: bescheiden; s. bes. Stoebe WuD NF 6, 1959, 188 u. THAT II 567): Ausdruck eines einsichtsvollen Verhaltens; — 2. צנוע Sir 34_{22} (G ἐντρεχής bewandert) besonnen; Sir 42_8 (G δεδοκιμασμένος bewährt) für klug gehalten (Stoebe l. c.). †

צָנוֹף: Js 62_3, ↗ צָנִיף.

צִנּוֹר: etym. inc. ? Primärnomen; mhe. I צִנּוֹר: 1) Rinne, Rohr; 2) Türband (cf. MiMkaṭ I 10); 3) weibl. Scham; 4) Wasserstrahl, Speichel; ja. dasselbe (ausser 3); II צִ׳ mhe., ja. Haken (Dalm. Wb. 365b); ug. *ṣnr* (UT nr. 2177, Aistl. 2331/32): 1) PN (Gröndahl 189. 412b; Dietrich-Loretz-Sanmartín UF 6, 1974, 35 ::

BiOr 23, 1966, 132a), cf. Gröndahl l. c. u. 186 PN *ṣnrn* (*ṣi-na-ra-na*); 2) n. l. (Belege bei M. Heltzer The Rural Community in Ancient Ugarit 1976, 72) u. a. UT Text Nr. 14, 10 (= CTA 31, 10); sy. *ṣennārtā* Haken (cf. Dalman l. c.); md. *ṣanarta* (MdD 387b) Haken; ar. *ṣinnārat* Haken, Angelhaken: — 1. Ps 42₈ צִנּוֹרֶיךָ c. Vrss. Wasserfluten, Wasserstürze (Stoebe ZDPV 73, 1957, 74), Sturzbäche (Weiser ATD 14/15⁷ 234) od. ähnl. siehe Reymond 170⁴; — 2. 2S 5₈ בַּצִּנּוֹר Deutung umstritten, s. GB, Lex.¹, Zorell, Reymond 155 u. Stoebe l. c. 73-99 (mit Lit.), bes. 95: צִנּוֹר ist „das Mundstück einer Quelle oder ein Wasser führender Kanal; in Jerusalem ein unterirdischer Schacht, der von der Gihon-Quelle ins Innere d. Stadt führte, siehe u. a. noch Hertzberg ATD 10² 220; de Vaux Inst. 2, 45f = Lebensordnungen 2, 46; Herrmann Geschichte 199. †

צנח: etym. inc. Vorschläge: a) ar. *naḥaḍa* inständig bitten (GB, König Wb.), b) ar. *ṣaḥana* schlagen (Lex.¹), c) äth. *naḍḫa/ nasḫa* (Dillm. 704f) zerschlagen, niederwerfen, hineinschlagen (Gottstein VT 6, 1956, 99f):

qal: impf. וַתִּצְנַח: — 1. **herabsteigen, herabkommen,** (מֵעַל הַחֲמוֹר) Jos 15₁₈ Ri 1₁₄, c. T S: herabgleiten √*rkn* itpe. Gibson VT 26, 1976, 275-83; Nicholson ZAW 89, 1977, 259-66 :: Lex.¹: in die Hände klatschen, nach ar. (s. oben b) und cf. G „sie schrie" (וַתִּצְרַח od. וַתִּצְוַח); — 2. Ri 4₂₁ (בָּאָרֶץ), Gᴬ διήλασεν, Gᴮ διεξῆλθεν (T u. S s. Gottstein l. c.): entweder a) trs. schlagen (in d. Erde) (Lex.¹) cf. äth. (oben c) u. Gottstein l. c. 99f, oder b) intr. eindringen in (GB), vielleicht auch mit der Bedtg. von 1: in den Boden hinabgehen (nämlich das durchbohrte Haupt, Nicholson l. c. 265, cf. Gibson l. c. 283). †

צְנִינִים: etym. inc., pl. zu *צָנִין (? BL 470m, n) od. *צְנִין (? BL 471s), ? Nf. zu *צֵן (BL 517v); Sam. Vers. ולצנים (*wal-*) *ṣinnəm*: **Stacheln** (Rüthy 26. 65. 79) Nu 33₅₅ Jos 23₁₃. †

צָנִיף: I צנף, BL 470n; ja. *צְנִפְתָּא, pl. צַנִּפָּן Zipfel; cp. *ṣnpt*ʾ; ar. *ṣinf* Saum, Zipfel; sy. *maṣnaptā* Kopfbinde, Turban; vb. denom. **ṣannep*, pt. pass. *mᵉṣannap* mit einem Turban bekleidet: pl. צְנִיפוֹת (cf. Michel Grundl. heSy. 1, 35): **Kopfbund** (AuS 5, 258, Hönig 92): a) des Mannes Hi 29₁₄; b) der Frauen Js 3₂₃ (pl. צְנִיפוֹת); c) des Königs Js 62₃ (Q, K צנוף), Sir 11₅ 47₆; d) des Hohenpriesters (cf. BRL² 256f) Zch 3₅ Sir 40₄. †

***צְנִיפָה**: ⮕ צָנִיף.

***צנם**: mhe. pt. pass. צָנוּם hart; mhe., ja. צְנָמָא, צֻנָּם Fels; sy. *ṣunnāmā* harter Stein; cf. ? ar. *ṣanama* kräftig sein (GB, Lex.¹). Der. *צָנֻם.

***צָנֻם**: *צנם, BL 471u: pl. fem. צְנֻמוֹת; Sam. Vers. צנימות *ṣinnīmot*: **hart, unfruchtbar** (Ähren) Gn 41₂₃. †

I ***צנן**: mhe. ja.; sam. (BCh. LOT 2, 581); cp. kalt sein.
Der. I *צִנָּה.

II ***צנן**: Wvar. ar. *ṣāna* (*ṣwn*) bewahren, schützen, verteidigen; äth. *ṣawwana* (Dillm. 1300) schützen; umhegen, behüten (GB).
Der. II צִנָּה.

צְנָן: n. l. Jos 15₃₇, ⮕ צַאֲנָן.

צנע: Grdb. d. √ fraglich: D. W. Thomas JJS 1, 1948/49, 182-88: kräftigen, bewahren, zu ar. *ṣanaʿa* tun, machen, (kunstvoll) verfertigen (Lane 1732c), > nab. *ṣnʿ* pe. od. pa. machen (DISO 246); äth. *ṣanʿa* (Dillm. 1288) hart, fest sein; asa. *ṣnʿ* V ein Lager befestigen, sbst. *mṣnʿt* befestigtes Lager (Conti 224f), doch s. kritisch dazu Stoebe WuD NF 6, 1959, 183f, THAT II 567; mhe. verwahren, pi. u. hif. zurückhalten, hif. auch verborgen halten, DSS (KQT 188, THAT II 567) הצנע לכת; ja. pt. צניעא (↗ *צָנוּעַ), pa. sich verbergen heissen, af. verwahren; ? ar. äth. asa. ↗ oben:

hif: inf. abs. הַצְנֵעַ, c. לֶכֶת Mi 6_8; die Vrss. differieren, s. Rudolph KAT XIII/3, 108; THAT II 567: G ἕτοιμον εἶναι = S *ʿᵉtīd* bereit sein; Θ ἀσφαλίζεσθαι vorsichtig sein; Quinta φροντίζειν bedacht sein, V *sollicitum ambulare* besorgt wandeln; danach ist die genaue Wiedergabe von הַצְנֵעַ schwierig; trad. (Luther, GB, ZüBi) demütig, cf. ja. צְנִיעָא ↗ *צָנוּעַ; neuere Versuche: a) rein sein/Reinheit (Hertz ExpT 46, 1934/35, 188; Eissfeldt Molk als Opfer-Begriff... 1935, 49; Robinson HAT 14^2 146); b) α) behutsam, sorgfältig (Lex.^{1}); β) weislich (Hyatt Anglican Theological Review 34, 1952, 232-39); γ) einsichtig, bedachtsam (Stoebe WuD NF 6, 1959, 180-94; THAT II 566-68 u. danach Rudolph l. c. 108. 113, cf. v. Rad Th. 2^5 193^{18}, ferner Wolff BK XIV/4, 155f); δ) achtsam (Th. Lescow Micha 6, 6-8, 1966, 56 u. ZAW 82, 1970, 378; ZAW 84, 1972, 191); gegenüber a) ist b) vorzuziehen, wobei hier die verschiedenen Vorschläge möglich scheinen: בהצנע Sir 16_{23}, והצנע Sir 35_3 abgemessen (Smend); Sir 16_{25} THAT II 568: einsichtig. †

Der. *צָנוּעַ.

I צנף: sam. צנופין, Übersetzung von ציצית (BCh. LOT 2, 576); sy. vb. denom. *mᵉṣannap* ↗ צָנִיף; md. *ṢNP* II pa. (MdD 396b) umwickeln, umwinden:

qal: impf. יִצְנֹף, sf. יִצְנָפְךָ; inf. צָנוֹף: a) sich (die Stirn) **umwinden** Lv 16_4, c. בְּמִצְנֶפֶת בַּד; b) c. acc. pers. et rei (צְנֵפָה) **zusammenwickeln** (u. a. GB, Lex.^{1}, Zorell) Js 22_{18}, :: ↗ II צנף.

Der. מִצְנֶפֶת, צָנִיף, צְנֵפָה.

II צנף: ar. *ḍafana* einen Fusstritt geben:

qal: impf. sf. יִצְנָפְךָ; inf. צָנוֹף c. acc. pers. et rei (צְנֵפָה): **schleudern** Js 22_{18}, cf. G καὶ ῥίψει σε (Eitan HUCA 12/13, 1937/38, 68 u. danach Wildbg. BK X 832f).

Der. צְנֵפָה.

צְנֵפָה: I od. II צנף, BL 466j: Js 22_{18}: a) trad. Knäuel (GB), Wickel (Lex.^{1}), zu I צנף; b) Fusstritt, zu II צנף (Lit. s. dort).

צִנְצֶנֶת: hapleg. Ex 16_{33}; Sam. *ṣånsēnət*; etym. inc., BL 482e; Bedtg. ungewiss: entweder: a) Korb (zu ja. צַנָּא, ar. *ṣann*, *ṣinn* Korb, ↗ *צֵן 1), so GB, König Wb., oder b) Behälter (Lex.^{1}), Krug (AuS 7, 243; Childs Exodus 273; cf. Kelso nr. 73; Honeyman Nr. 26); für b) sprechen d. Vrss.: G στάμνος, V *vas*, S *qesṭā* (< gr. ξέστης), T צְלוֹחִית „Fläschchen".

*צנק: ↗ צִינֹק.

*צַנְתְּרוֹת: abs. = cstr.; sg. ? *צַנְתֵּר (König Wb. 391a, North Biblica 51, 1970, 183-206) od. eher *צַנְתֶּרֶת; etym. Ableitung ungewiss, cf. צִנּוֹר; ja. צַנְתְּרָא, pl. ־רִין Röhre: cs. צַנְתְּרוֹת: **Röhren** (am Leuchter) Zch 4_{12}, s. Rudolph KAT XIII/4, 104; Keel Visionen 307f :: Rignell Die Nachtgesichte des Zacharia 1950, 166. 169: Oelkrüge; van der Woude Fschr. Beek 267: Berge; beides unwahrscheinlich, s. Rudolph l. c.

צעד: mhe. schreiten, DSS (KQT 188, 1QS 1, 13; 3, 11: überschreiten); ug. *ṣġd* (UT nr. 2181, Aistl. 2339): Bedtg. umstritten, am ehesten wohl: vorwärts gehen (Gray LoC^2 100; CML^2 156b) :: Aistl. l. c.: D emporsteigen lassen; Aartun WdO 4, 1967-68, 290: drücken, pressen (nach ar. *daġada*); ar. *ṣaʿida* hinaufsteigen; cf. saf. PN צעד אל (*Ṣaʿadʾil*) „Il ist erhaben" (Ryckmans I 246a), derselbe PN auch nab. (Cant. Nab. 2, 140b):

qal: pf. צָעֲדָה (Gn 49_{22}, alte Endg. 3. pl. fem., cf. Sam. Vers. צעידי; siehe u. a. Brockelm. HeSy. § 50a, BL 315 o), צָעֲדוּ;

impf. יִצְעַד, ־תִּצְעַד, יִצְעֲדוּ; inf. sf. צַעַדְךָ: — 1. **feierlich einherschreiten** (J. Jeremias WMANT 10² 1977, 8. 184⁵): a) sbj. יהוה Ri 5₄ Hab 3₁₂ Ps 68₈, cj. Js 63₁ pr. צֹעֶה l c. Σ V S צֹעֵד; b) sbj. Götter Jr 10₅; c) sbj. Menschen 2S 6₁₃; — 2. **beschreiten** (einen Weg) Pr 7₈; einherschreiten (zwischen) Sir 9₁₃; — 3. c. ־עֲלֵי steigen über: Ranken (בָּנוֹת) der Fruchtrebe, die über die Mauer steigen Gn 49₂₂ (s. Zobel BZAW 95, 1965, 5. 21). †

hif: impf. sf. תַּצְעִידֵהוּ: **schreiten lassen** Hi 18₁₄. †

Der. *צַעַד, צְעָדָה, *מִצְעָד, אֶצְעָדָה.

***צַעַד**: צעד, BL 456k; mhe. צְעִידָה, DSS (KQT 188) צעד/צעוד Schritt, Wandel; ar. *ṣuʿūd* Aufsteigen, Aufstieg, *ṣaʿīd* Hochland: צַעַד, צַעֲדִי/דְךָ/דוֹ ;צְעָדִי (Sec. σααδαϊ Ps 18₃₇, Brönno 139), pl. צְעָדִים, cs. צַעֲדֵי, sf. צְעָדַי/דָיו/דֶיהָ/דֵינוּ: — 1. **Schritt**: a) sg. c. צעד 2S 6₁₃; c. צרר Pr 4₁₂; c. הִרְחִיב 2S 22₃₇ Ps 18₃₇; c. הֵיטִיב (von Tieren) Pr 30₂₉; b) pl. c. ספר Hi 14₁₆ 31₄; c. צדה Kl 4₁₈; c. צרר Hi 18₇; — 2. metaph. Schritt/Schritte = **Wandel**: a) sg. c. הֵכִין Jr 10₂₃ Pr 16₉; b) pl. c. הִגִּיד Hi 31₃₇, c. ראה 34₂₁, c. תמך Pr 5₅. †

צְעָדָה: צעד, BL 463u; Sam. = אֶצְעָדָה *ēṣiddå* Nu 31₅₀: pl. צְעָדוֹת: — 1. **Schreiten** (Gottes) 2S 5₂₄ 1C 14₁₅; — 2. pl. **Schrittkettchen** Js 3₂₀, s. Wildbg. BK X 142f :: Kopf VT 8, 1958, 198: Armband (zu אֶצְעָדָה u. ar. *ʿiṣād*). †

צעה: ja. sam. צעתה (BCh. LOT 2, 587); cf. äga. יצען (Aḥqr 168, DISO 246); ar. *ṣaġā* (*ṣġw*) u. *ṣaġija* sich neigen; ? ug. cf. *ṣʿ* Becher (Dahood UHPh 70, zu UT nr. 2178), Becken (Aistl. 2334); äga. *ṣʿ* Platte, Teller (DISO 246):

qal pt. צֹעֶה, צֹעָה; pl. צֹעִים: — 1. **krumm, geschlossen, gefesselt** Js 51₁₄; — 2. **sich spreizen, sich hinlegen** (Dirne) Jr 2₂₀; — 3. (trs.) **neigen** (Weingefässe), **Küfer sein** (s. Jenni 199) Jr 48₁₂; cj. Js 63₁ pr. צֹעֶה l צֹעֵד, ꟻ צעד qal 1. †

pi. (Jenni 193. 199): pf. sf. צֵעֻהוּ: (Wein) **umfüllen** Jr 48₁₂. †

***צָעוֹר**: צער, BL 470k: cf. ja. (paläst.), sam. זעור (BCh. LOT 2, 571) u. cp. Schulthess 57); cf. akk. *ṣuḫāru* (AHw. 1109a; H. P. Stähli Knabe, Jüngling, Knecht, Bern 1978, 249ff): pl. sf. צְעוֹרֶיהָ, צְעוֹרֵיהֶם: **klein** Jr 14₃ 48₄ K (Q ꟻ I צָעִיר). †

צָעִיף: *צעף, BL 470n; Sam. *ṣīf*: sf. צְעִיפָהּ: **Umlegtuch, Hülle** Gn 24₆₅ 38₁₄.₁₉ (AuS 5, 331; Hönig 97. 99). †

I **צָעִיר**: צער, BL 470n: Sam. *ṣīr*; mhe. gering, jung; ja. זְעֵירָא; ug. *ṣġr* (UT nr. 2182, Aistl. 2340) klein, jung; KTU 1. 15 III 16: *ṣġrthn* die Jüngste von ihnen, s. RSP I S 54 Nr. 42; akk. *ṣeḫru*/*ṣaḫru* (AHw. 1088f) klein, jung; sy. *ṣeʿīrā* verachtet, schändlich; pun. *ṣʿr* Kleines, Geringes (DISO 246): *ṣʿrnm* das Geringste an ihnen (KAI Nr. 81, 5, cf. Nr. 65, 2; Avishur UF 7, 1975, 21); asa. *ṣġr* klein (Conti 225a, Müller ZAW 75, 1963, 314); ar. *ṣaġīr* klein, gering, jung: f. צְעִ(י)רָה, sf. צְעִ(י)רוֹ; pl. צְעִירִים, cs. צְעִירֵי; sf. צְעִירֶיהָ (Q), צְעוֹרֶיהָ (K) Jr 48₄, cj. צְעָרָה ꟻ צֹעַר; צְעִירֵיהֶם (Q), צְעוֹרֵיהֶם (K) Jr 14₃: — 1. a) **klein** (von zweien oder mehr), **kleiner, der kleinste** Ri 6₁₅ 1S 9₂₁ Js 60₂₂; cj. Mi 5₁ pr. אֶפְרָתָה צָעִיר l אֶפְרַת הַצָּעִיר und dl לִהְיוֹת (BHS), cf. Rudolph KAT XIII/3, 89. 90; Da 8₉ ꟻ צְעִירָה קֶרֶן; b) צְעִירֵי הַצֹּאן Jr 49₂₀ 50₄₅, oder zu 3 a; — 2. a) **jung** (von zweien oder mehr), **jünger, der jüngste** Gn 19₃₁.₃₄ (הַבְּכִירָה :: הַצְּעִירָה) .35.38 25₂₃ (:: רַב), 29₂₆ (:: הַבְּכִירָה), 43₃₃ (:: הַבְּכוֹר), 48₁₄ Jos 6₂₆ 1K 16₃₄ (:: בְּכֹרוֹ); b) צָעִיר/צְעִירִים לְיָמִים jünger an Jahren Hi 32₆ 30₁, ꟻ יוֹם 7; — 3. a) **gering** Ps 119₁₄₁ (|| נִבְזֶה), s. A. Deissler Psalm 119 (118) und seine Theologie, 1955, 238;

Jr 49₂₀ 50₄₅ ↗ 1 b; b) Ps 68₂₈ txt. inc. MT צָעִיר רֹדֵם: die Vrss. differieren, s. TOB 1344[f]; Hier. Psalmi iuxta Hebr.: *ibi Benjamin parvulus continens eos*; ? רֹדֵם < רדה 2 (Albr. HUCA 23, 1950-51, I, 15. 30f. 38; Mowinckel Der Achtundsechzigste Psalm, Oslo 1953, 51: Benjamin, der jüngste, ihr Herrscher; ähnlich Dahood Psalms II 132); doch wäre als sf. *רֹדֵ(י)הֶם zu erwarten (BL 586g, i), darum eher cj. צְעִיר אָדָם arm an Leuten (Lex.[1] Gray JSS 22, 1977, 13); — 4. pl. **die Jungen**, **Diener**, cf. akk. *ṣuḫāru* Jr 14₃; Jr 48₄ l צְעֻרֶה ↗ oben; ↗ צְעִירָה.

II *צָעִיר: n. l.; loc. צָעִירָה 2K 8₂₁; G Σιωρ; in Edom, Lage ungewiss; Vorschläge: 1) = צֹעַר Gn 13₁₀ (Mtg-Gehman 398); 2) = צִיעֹר Jos 15₅₄ (Gray Kings[3] 535; 3) GTT § 914 ? l שְׂעִירָה. †

צְעִירָה: צער, BL 471r; Sam. *ṣīra*: fem. zu I צָעִיר als Abstr., s. Michel Grundl. heSy. 1, 70: sf. צְעִרָתוֹ: **Kleinheit**, **Jugend** Gn 43₃₃; cj. Da 8₉ pr. קֶרֶן־אַחַת מִצְּעִירָה prop. קֶרֶן אַחֶרֶת צְעִירָה (Lex.[1], BHS), ↗ I צָעִיר 1 a. †

צען: Wvar. zu II טען, die Entsprechungen in den verw. Sprachen s. dort und Delcor VT 25, 1975, 310f; ug. *ṯʿn* (KTU 1. 5 I 26) [*ṯ*]*ʿn ʾiṯʿnk*: Bedtg. ungewiss: entweder a) ich durchbore dich (Aistl. 1123, CML[2] 69) oder b) ich belade dich (Gordon Ugaritic Literature, Rom 1949, 39; UT nr. 1040); wegen KTU 1. 10 II 24 *nṯʿn bʾarṣ ibj* dürfte a) wahrscheinlicher sein; zu a) s. vielleicht auch Ug V 576, 34 (s. Astour JNES 27, 1968, 34); — nach Delcor l. c. 310 ist die urspr. Bedtg. des vbs.: „ein Lasttier beladen":

qal: impf. יִצְעַן: obj. אֹהֶל **zusammenpacken** (müssen), **abbrechen** Js 33₂₀, s. Wildbg. BK X 1309. 1310. †

צֹעַן: n. l.; Sam. *ṣēn*; äg. *ḏʿn.t*; G, Josph. (NFJ 118) Τάνις = *Ṣān el-Hagar*, im nö. Teil des Deltas in der Nähe des Menzalesees: **Zoan** Nu 13₂₂ Js 19₁₁.₁₃ 30₄ Ez 30₁₄; שְׂדֵה צֹעַן Ps 78₁₂.₄₃ (|| [אֶרֶץ] מִצְרַיִם), s. Alt KlSchr. 3, 176-85; V. Fritz Israel in der Wüste, 1970, 81[12]; Herrmann Geschichte 87f; de Vaux Histoire I 308f; BHH 2244f (Lit.); Naʾaman VT 31, 1981, 488-92. †

צַעֲנַנִּים: n. l.: אֵלוֹן בְּצַ׳ Jos 19₃₃; Ri 4₁₁ Q בְּצַעֲנַנִּים wie Jos 19₃₃, K ־נַיִם vel ־נִּים; Jos 19₃₃ G[A] Βεσενανιμ, G[B] Βεσεμιιν; Ri 4₁₁ G[A] (πρὸς) δρῦν ἀναπαυομένων, G[B] (ἕως) δρυὸς πλεονεκτούντων, Josph. Καφαραγαναῖοι (NFJ 72): in d. nö. Ecke von Naftali gelegen, bei קֶדֶשׁ (Saarisalo 123, Noth Jos. 121, GTT § 333, S. 195[185]. § 334 zu Jos 19₃₃, § 554 zu Ri 4₁₁). †

*צעף: akk. *eṣēpu* (AHw. 252a): 1) verdoppeln, 2) zwirnen; sy. *ʾeʿap* verdoppeln, cf. *ʿap* (*ʿpp*) falten; äth. *ʿaṣafa* (Dillm. 1024) zusammenlegen, verdoppeln; auch tigr. (Wb. 492a); ar. *ḍaʿafa* II verdoppeln; ? ja. sbst. עִיפָא Schleier, u. ar. *ḍiʿf* Falte des Kleides; sam. Gn 24₆₅ צעיפה, Gn 38₁₄.₁₉ צעיף: he. Lw.

Der. צָעִיף.

צַעֲצֻעִים: *צוע, BL 482j; ar. *ṣāġa* (*ṣwġ*) bilden, formen, gestalten (Wehr 481a); mhe., pltt: **Guss**, **Gegossenes** 2C 3₁₀, s. Rudolph Chr. 203. 204. †

צעק: זעק wohl dialekt. Nf. dazu (BL 28v, THAT II 568); mhe., ja.: aam. sbst. ↗ צְעָקָה; äga. (AP Nr. 52, 6; DISO 246); asa. *ṣʿq* (Conti 225a) schreien, verkündigen, IV anflehen; ar. *ṣaʿaqa* mit einem Blitzstrahl erschlagen, niederschmettern, betäuben; *ṣaʿiqa* wie vom Donner berührt sein, das Bewusstsein verlieren (Wehr 468); *ṣaʿiq* ein Schreiender (Belot); äg. *ḏq* (EG V 541); ↗ auch זעק:

qal: pf. צָעַק, צָעֲקָה, צָעַקְתְּ, צָעֲקוּ, impf. אֶצְעַק, אֶצְעֲקָה, תִּצְעַק, (וַ)יִּצְעַק; וַנִּצְעַק, (וַ)תִּצְעֲקוּ, וַיִּצְעֲקוּ; imp. צְעַק, צַעֲקִי, צַעֲקוּ

(Jr 22₂₀), צְעָקָה inf. צְעוֹק, צְעֹק, צְעָקְנָה Jr 49₂₁ (zu diesem inf. s. BL 354g) oder cj. צַעֲקָה (BL 354e) :: Rudolph Jer.³ 290: sbst. ↗ *צַעַק; (THAT II 568-75, Lit.): — 1. **schreien**, **aufschreien**: Gn 27₃₄ (c. צְעָקָה גְדוֹלָה), Ex 5₈ (c. לֵאמֹר), 2K 4₄₀ 6₅ Js 33₇ 42₂ (|| נָשָׂא [קוֹל]), Jr 22₂₀ 49₃, 49₂₁ צְעָקָה ↗ oben; Js 65₁₄ (c. מִן); — 2. **schreien** (um Hilfe/Rettung): a) α) אֶל־יהוה (ein Ruf, der auf Erhörung zielt, s. P. Welten WMANT 42, 1973, 120) Ex 8₈ 14₁₀.₁₅ 15₂₅ 17₄ Nu 12₁₃ 20₁₆ Dt 26₇ Jos 24₇ Ri 4₃ 10₁₂ Js 19₂₀ Ps 107₆.₂₈ Neh 9₂₇, cf. Ps 34₁₈ 88₂ Hi 35₁₂; cj. Js 26₁₆ pr. צָקוּן (↗ I צוק qal) prop. צָעֲקְנוּ; cj. Kl 2₁₈ pr. צָעַק לִבָּם prop. צַעֲקִי לָךְ מָלֵא, et pr. אֶל־אֲדֹנָי ? l c. MSS יהוה (BHS); β) לַיהוה 2C 13₁₄; γ) אֶל־אֱלֹהִים Ps 77₂; אֶל־אֵל zu einem selbstgemachten Gott Js 46₇; b) אֶל־מֹשֶׁה Nu 11₂; אֶל־פַּרְעֹה Gn 41₅₅ Ex 5₁₅; cf. אֶל־הַמֶּלֶךְ ↗ 3 c; — 3. **schreien** (um Rechtshilfe), Terminus für das „Zetergeschrei", so u. a. v. Rad ATD 2-4⁹ 77; Boecker 61-66; Derselbe Recht und Gesetz im Alten Testament und im Alten Orient, 1976, 40-43; Seeligmann HeWf. 257-60, cf. W. Richter BBB 21, 1964, 18-20 :: THAT II 571f: kritisch zur Übertragung des germanischen Rechtsterminus auf צעק: a) abs. Dt 22₂₄.₂₇ Hi 19₇ (c. חָמָס); b) אֵלַי (= אֱלֹהִים/יהוה) Gn 4₁₀ Ex 22₂₂.₂₆; c) אֶל־הַמֶּלֶךְ 1K 20₃₉ 2K 6₂₆ 8₃.₅; d) אֶל־אֱלִישָׁע 2K 4₁. †

nif: impf. וַיִּצָּעֵק, וַיִּצָּעֲקוּ (THAT II 572): **zusammengerufen**, **aufgeboten werden** (Heerbann) Ri 7₂₃f 10₁₇ 12₁ 1S 13₄ (c. אַחֲרֵי zu, unter), 2K 3₂₁ (Krieger Moabs). †

pi. (Jenni 154f, THAT II 568): pt. מְצַעֵק: **immer wieder schreien** 2K 2₁₂. †

hif: impf. וַיַּצְעֵק: **zusammenrufen**, **aufbieten** 1S 10₁₇. †

Der. ? *צַעַק, צְעָקָה.

***צַעַק**: צעק, BL 458t; sf. צַעֲקָהּ: **Geschrei** Jr 49₂₁ (so Rudolph Jer.³ 290, cj. pr. צְעָקָה); doch s. dazu oben bei צעק qal. †

צְעָקָה: צעק, BL 463u: Nf. zu ↗ זְעָקָה; Sam. *ṣå̄ʾēqa*, sf. *ṣå̄ʾiqtu*; mhe. צְעָקָה Anklage; ? aam. וצע[קה], so Dupont-S. Sfiré 102, cf. DISO 246 u. KAI II 260 (Nr. 223 A 8); äg. *da-ʿa-qa-ta* (Albr. Voc. 38); sam. זעיקה (BCh. LOT 2, 510); s. Lit. bei צעק: cs. צַעֲקַת, sf. צַעֲקָתוֹ, צַעֲקָתָם: — 1. **Schreien**, **Geschrei** (aus Verzweiflung, Not od. Unglück): a) Gn 27₃₄ (צְעָקָה גְדוֹלָה) קוֹל (הַ)צְּעָקָה Ex 11₆ 12₃₀; b) צְעָקָה 1S 4₁₄ Jr 25₃₆ 48₃ Zef 1₁₀; Jr 49₂₁ צְעָקָה ↗ צעק qal; צַעֲקַת שֶׁבֶר Jr 48₅; — 2. **Geschrei**, **Hilfsgeschrei** von Bedrückten (direkt od. indirekt an Gott/Jahwe gerichtet): a) Ex 3₇.₉ 1S 9₁₆, Js 5₇ (:: צְדָקָה); b) Hilfsgeschrei solcher, die in ihrem Recht verkürzt sind, Schrei nach Recht (cf. צעק qal 3): α) an Nehemia gerichtet Neh 5₁ (צַעֲקַת הָעָם; vs. 6 וְזַעֲקָתָם); β) direkt od. indirekt an Gott/ Jahwe gerichtet Ex 22₂₂ Ps 9₁₃ Hi 27₉ 34₂₈; c) Geschrei, Klagegeschrei über Unrecht Gn 18₂₁ 19₁₃ צַעֲקָתָם. †

צער: Nf. זער; mhe., DSS (KQT 188); ja. pa. geringschätzen, beschimpfen; ug. adj. ↗ צָעִיר; akk. *ṣeḫēru(m)* (AHw. 1087) klein, jung, wenig sein/werden; sy. *ṣeʿar* beschimpft werden, pa. gering achten; md. *ṢAR*, *ṢUR* III (MdD 388a) schlecht behandeln, entehren; äth. *ṣaʿala* (Dillm. 1302) beschimpfen; asa. adj. ↗ צָעִיר; ar. *ṣaġura* u. *ṣaġira* klein, gering sein/werden, jung, niedrig sein:

qal: impf. יִצְעֲרוּ, יִצְעָרוּ; pt. צֹעֲרִים: **gering sein** (:: הִכְבִּיד) Jr 30₁₉, **gering werden** (:: כָּבֵד) Hi 14₂₁; צֹעֲרִים die Kleinen (der Herde) Zch 13₇ = ? spez. die Hirtenbuben (Marti KHC 1904, 443), die Hüterjungen (Lex.¹) cf. Gᴸ ἐπὶ τοὺς μικροὺς ποιμένας, Gᴬ επι τους ποιμενας τους μικρους; zum singulären pt. des MT s. Rudolph KAT XIII/4, 212, cf. Saebø WMANT 34, 1969, 281² u. Loewenstamm Comparative Studies in Biblical and Ancient Oriental Literatures (AOAT 204, 1980) 249-255; :: ? cj. צְעִרִים nach צְעִירֵי הַצֹּאן Jr 49₂₀ 50₄₅. †

Der. *צָעוֹר, I צָעִיר, צְעִירָה, מִצְעָר; n. m. צוֹעַר, n. l. צֹעַר.

צֹעַר, צוֹעַר (Gn 19₂₂.₃₀): צער: n. l., Sam. *ṣår*: loc. צֹעֲרָה Gn 19₂₃, cj. Jr 48₄ ↗ I צָעִיר 4; G Σηγωρ u. Ζογορ(α) (Gn 13₁₀ Jr 48₄.₃₄), Josph. Ζόαρα (NFJ 50) u. Βαληνοί (NFJ 24): Jaqut 2, 933ff *zuġr*; früher בֶּלַע Gn 14₂.₈ = ? *ᵃˡᵘzuḫru/ra* in EA (VAB 2, 1244f u. 1582) u. auch *mātāti zu-uḫ-ri* (Nr. 145, 22); in Moab im *ġōr eṣ-Ṣāfije* am sö. Ende des Toten Meeres (Abel 2, 466; v. Zyl 65f; Wildbg. BK X 616): Gn 13₁₀ 14₂.₈ 19₂₂ (benannt nach מִצְעָר vs. ₂₀, cf. Sam. *miṣṣår*, BCh. LOT 5, 63).₂₃.₃₀ Dt 34₃ Js 15₅; cj. Jr 48₄ 48₃₄ (Rudolph Jer.³ 287); über die Pentapolis von Gn 14₂ s. de Vaux Histoire I 208-12, Schatz 175-181; ältere Lit. s. Lex.¹. †

צפד: mhe. zusammenziehen; md. *ṢPṬ* (MdD 396b, cf. Nöldeke MG § 46) fesseln; cf. sy. *ṣepdā*, pl. *ṣepdē* Bänder (zum Bündeln von Schriftblättern; LS 634b, P. Smith 3429); ar. *ṣafada* binden, fesseln; sbst. *ṣafad* u. *ṣifād* Band, Fessel (Wehr 470a):

qal: pf. צָפַד: **sich zusammenziehen, schrumpfen** (Haut) Kl 4₈. †

I **צפה**: mhe. ausschauen, schauen, pi. hoffen, erwarten; DSS (KQT 188) ausschauen, spähen nach; in Eleph. he. PN צפליה/צפליא (AP 22, 93. 106; s. Stamm Fschr. Beek 230-40 u. Kornfeld Onomastica 69); ja. צפא itpe. ausschauen; sam. (BCh. LOT 2, 590); ph. bei Philo Byblius haben Urwesen die Bezeichnung Ζωφασημίν, τοῦτ' ἔστιν οὐρανοῦ κατόπται „Himmelsbeschauer", s. Clemen MVAeG 42/3, 1937, 19 u. Geese RAAM 203; neupun. צפא ? Seher (KAI Nr. 159, 6); ? ug. KTU 1. 14. III 45: *b ṣp ʿnh* entweder a) beim Blick ihrer Augen, oder b) im Glanz ihrer Augen, cf. ar. *ṣafā* (*ṣfw*) klar sein; zu a) s. Dahood Psalms II 121, UHPh 70 zu UT nr. 2183, cf. RSP I S. 321 Nr. 478; zu b) s. Gray KRT² 55; ferner de Moor UF 2, 1970, 321; zu a) od. b) s. UT nr. 2183, Aistl. 2342, CML² 156b; akk. *ṣubbû(m)* (AHw. 1107f) mit Abstand ansehen, beobachten, prüfen, cf. sbst. *ṣāp/bītu* (AHw. 1082a, aram. Fw. zu צפא) Wachtturm; äth. *safawa*: *ʾasaffawa* Hoffnung geben, versprechen, *tasaffawa* erwarten, hoffen (Dillm. 407):

qal: impf. יִצֶף, תְּצַפֶּינָה; pt. צ(ו)פֶה, pl. צֹפִים, sf. צֹפַיִךְ, צֹפָיו (Js 56₁₀ Q), f. sg. צוֹפִיָּה, pl. צֹפוֹת; pt. pass. Hi 15₂₂ Q צָפוּי, K צָפוּ ↗ 5. (Bardtke BZAW 77, 1958, 19-21; Jenni 221f; THAT II 695): — 1. c. בֵּין **Wache halten** zwischen Gn 31₄₉ (Sam. *jaṣṣəf* ev. von צוף√ Nf. von צפה BCh. LOT 5, 129⁹⁰ᵃ⁾); — 2. **spähen, Ausschau halten**, pt. Späher, Wächter: a) 1S 14₁₆ 2S 13₃₄ 18₂₄₋₂₇ 2K 9₁₇f.₂₀; Nu 23₁₄ ↗ שָׂדֶה 4; b) metaph. von d. Propheten Js 52₈ 56₁₀ Jr 6₁₇ Ez 3₁₇ 33₆f; cj. ? Hos 9₈ pr. צֹפֶה אֶפְרַיִם prop. צֹפֶה אֶפְ' „Wächter Efraims" als Selbstbezeichnung d. Propheten (Wolff BK XIV/1² 202f), doch unsicher ↗ 3 a; — 3. a) **spähen, schauen** HL 7₅ (כְּמִגְדַּל ... צוֹפֶה פְּנֵי דַמָּשֶׂק), s. Gerleman BK XVIII 199; cj. Hos 9₈ txt. inc. Vorschläge zur Emendation bei Dobbie VT 5, 1955, 199-203, u. a.: 1) pr. עִם אֱלֹהָי נָבִיא prop. עִם אֹהֶל נָבִיא Efraim späht beim Zelt des Propheten (Weiser ATD 24² 73, cf. BHS); 2) אֶל־חַיֵּי נָבִיא Efr. späht nach dem Leben des Propheten (Dobbie l. c., Jacob CAT XIa 66) :: Rudolph KAT XIII/1, 173: צֹפֶה פֶּה אֶפְ'

עִם אֱלֹהָי אֶל/עַל הַנָּבִיא, doch ist letzteres unwahrscheinlich; cf. צופים Sternseher Sir 37$_{14}$, ↗ auch 2b; b) **überwachen, prüfen** (cf. akk. *ṣubbû*) c. בְּ Ps 66$_7$, c. acc. Pr 15$_3$ 31$_{27}$ Sir 11$_{12}$; — 4. c. לְ **auflauern** Ps 37$_{32}$; cj. Ps 10$_8$ pr. יִצְפֹּנוּ prop. c. G (S) יִצְפֶּיוּ, doch ↗ צפן qal 2; Sir 51$_3$ pr. צופי סלע prop. צופי צלעי die auf meinen Fall lauern; — 5. Hi 15$_{22b}$ וְצָפוּ הוּא אֱלֵי־חָרֶב: Bedtg. umstritten: a) mit MT: K צָפוּ pr. Q צָפוּי (BL 411z. 425) ersehen für, bestimmt für, s. Dahood Biblica 51, 1970, 402; Pope Job 117, Horst BK XVI/1, 218. 219; b) cj. prop. צָפוּן aufbewahrt, s. Lex.[1] u. Fohrer KAT XVI 262, 264. †

pi. (Jenni 221 f.): pf. צִפִּינוּ; impf. אֲצַפֶּה; imp. צַפִּי, צַפֵּה; pt. מְצַפֶּה, pl. sf. מְצַפַּיִךְ: — 1. **ausschauen, spähen**: a) 1S 4$_{13}$ Jr 48$_{19}$ Nah 2$_2$ (צַפֵּה־דֶרֶךְ) c. אֶל Kl 4$_{17}$, c. acc. Sir 51$_7$; b) metaph.: α) von d. Propheten (cf. רָאָה): Mi 7$_7$ (בַּיהוה), Hab 2$_1$ (צִפָּה עַל־מָצוֹר) s. J. Jeremias WMANT 35, 1970, 105f (mit Lit.), E. Otto ZAW 89, 1977, 77; β) הַמְצַפֶּה (c. הַעֲמֵד) Späher, Wächter (vom Visionär verschieden) Js 21$_6$, s. Wildbg. BK X 780f; c) in kult. Zushg. Ps 5$_4$ (|| ערך), s. Kraus BK XV[5] 176f; oder zu II צפה ↗ dort pi 2; — 2. Mi 7$_4$, txt. inc., pr. יוֹם מְצַפֶּיךָ prop. הוֹי מִצָּפוֹן (Vuilleumier CAT XIb 81[7]; Rudolph KAT XIII/3, 122f) :: TOB mit MT: an dem durch deine Wachen angekündigten Tag; Ps 42$_9$ pr. יְצַוֶּה יְהוָה חַסְדּוֹ prop. אֲצַפֶּה, ↗ צוה pi. 3 b, doch ist die cj. wohl nicht nötig. †

Der. n. l. צְפַת; I מִצְפֶּה, II מ׳ n. l., n. l. מִצְפָּה, I צָפוֹן, II צ׳ n. l., I צְפוֹנִי, *צְפִיָּה, ? צִפָּיוֹן.

II **צפה**: mhe. pi. überziehen; ug. *ṣpj* überziehen (UT nr. 2184, Aistl. 2343, Aartun AOAT 21/2, 1978, 22f und UF 12, 1980, 3); npu. sbst. pl. fem. *ṣpʾt* Toga mit Purpurstreifen (KAI Nr. 126, 9, DISO 246, Dahood UHPh 70, zu UT nr. 2184); asa. *ṣwf* Aneinanderfügung (der Steine, Müller 73 und ZAW 75, 1963, 314); cf. äth. *ṣafṣafa* (Dillm. 1321) pflastern; šḫ. *ṣaff* Reihe; ar. *ṣaffa* in einer Reihe od. Linie aufstellen, sbst. *ṣaff* Aufstellung, Anordnung in einer Reihe:

qal: inf. צָפֹה: hapleg. Js 21$_5$ צָפֹה הַצָּפִית: genaue Bedtg. ungewiss, Vorschläge: a) ordnen (Tischreihen), so Lex.[1]; ähnl. Eitan HUCA 12/13, 1937/38, 67; b) hinbreiten (Polster), so ZüBi, Wildbg. BK X 762. 765 779, cf. Jenni 163; ↗ pi. 2; c) cj. Wilhelmi VT 25, 1975, 121-123: וַיִּצֶף הַצֹּפֶה. †

pi. (Jenni l. c.): pf. צִפָּה, צִפִּיתָ; impf. וַיְצַפֵּם, וַיְצַפֵּהוּ, sf. וַיְצַפּוּ, תְּצַפֶּה, וַיְצַף, תְּצַפֶּנּוּ: — 1. **überziehen**: a) mit 2 acc.: α) mit Gold Ex 25$_{11.13.24.28}$ 26$_{29.37}$ 30$_{3.5}$ 36$_{34.36.38}$ 37$_{2.4.11.15.26.28}$ 1K 6$_{20bα}$, cj. 1K 6$_{20bβ}$ pr. וַיְצַף prop. וַיַּעַשׂ ↗ עשׂה qal 16, 1K 6$_{21f.28.30}$ 10$_{18}$ 2C 3$_{4.10}$; β) m. Kupfer Ex 27$_{2.6}$ 36$_{38}$ 38$_{2.6}$ 2C 4$_9$ 9$_{17}$; γ) m. kostbaren Steinen besetzen 2C 3$_6$; b) mit 1 acc.: m. Gold 1K 6$_{32.35}$, m. Holz (עֵץ) 6$_{15}$; c) mit acc. u. בְּ mit Rippen (צְלָעוֹת) aus Zypressenholz 6$_{15}$; d) abs. Ex 38$_{28}$ 2K 18$_{16}$. — 2. **auftischen** (cf. qal) Ps 5$_4$, so L. Delekat Asylie und Schutzorakel am Zionsheiligtum, Leiden 1967, 58[1] und danach W. Beyerlin FRLANT 99, 1970, 93 :: ↗ I צפה pi. 1 c. †

pu: pt. מְצֻפֶּה, pl. מְצֻפִּים: **überzogen**: a) c. acc. mit Gold Ex 26$_{32}$; b) Glasur ↗ *סַפְסִיג gezogen über (עַל־חֶרֶשׂ) Pr 26$_{23}$. †

Der. צֶפֶת, צָפִית, צִפּוּי.

***צָפָה**: ? צוף (cf. BL 451n, R. Meyer Gr. § 33, 3b): sf. צָפָתְךָ: Ausfluss ?; cj. c. G Σ צֹאָתְךָ Eiter (u. a. Fohrer HAT 13[2] 1955, 177; Gray LoC[2] 281f), ↗ צֹאָה, Ez 32$_6$. †

צְפוֹ: 1C 1$_{36}$ צְפִי: (n. m.) n. p. vel tr.; Sam. *ṣåfu*, G Σωφαρ, Σαφω, Σεπφουη (GB), Josph. Σόφους (NFJ 115); cf. APN 106b

Ṣupû; zur Erklärung des Namens s. Weippert 253: a) < he. √ **ṣpī* schauen > hypokoristisch „Schauung"; b) < ar. **ṣfū* rein, lauter sein > *ṣafw* „Reinheit, Glück": Gn 36$_{11.15}$ 1C 1$_{36}$. †

צִפּוּי: II צפה pi., ↗ BL 480v; Sam. *ṣåbbuwi*; mhe.: (Metall-) **Überzug**: a) Ex 38$_{17.19}$ Js 30$_{22}$ aus Silber; b) Nu 17$_{3f}$ aus nicht bezeichnetem Metall (als Belag für den Altar). †

I **צָפוֹן**: I צפה, BL 499j; Sam. Vers. immer צפונה = *ṣibbūna* = mhe. belegt. צִיפּוּנָה = MiRhasch II 6 (Kutscher Archive of the New Dictionary of Rabbinical Literature I 69): Ausschau, Eissfeldt BZ 17f: Ausschaupunkt, cf. THAT II 575f) :: GB 692b: zu צפן die verborgene, dunkle Weltgegend, cf. J. de Savignac VT 3, 1953, 95f (= Vogt Biblica 34, 1953, 426, s. ferner C. Grave UF 12, 1980, 221-229); fem. s. Michel Grundl. heSy. 1, 76; mhe., DSS (KQT 188); ja. צִפּוּנָא (Dalm. Wb. 366b), ph. u. ija. *ṣpn*/*ṣpwn* (DISO 246); *ṣpn* als theophores Element in ph. u. pun. PN s. PNPhPI 401f, Eissfeldt BZ 10f; akk. *ṣapūnu* kan. Fw. (AHw. 1083a) Norden; ug. *ṣpn* (UT nr. 2185, Aistl. 2345) als Wohnsitz u. zugleich auch Name des *bʿl*, s. W. Schmidt BZAW 80[2] 1966, 32ff; RAAM 123f, THAT II 577; *ṣpn* = *Mons Casius*; ar. *Ǧ. el-ʾAqraʿ* nö. von Ugarit, s. Eissfeldt BZ 5ff; THAT II 575; cp. *ṣpwnʾ* (Schulthess Lex. 172a); äg. *Ḏa-pu-na* (Albr. Voc. 43): c. art. הַצָּפוֹן Jr 25$_{26}$ und in Ez u. Da.; cs. צְפוֹן, loc. צָפוֹנָה (oft für צָפוֹן cf. BL 528s. t; R. Meyer Gr. § 45, 3c); הַצָּפוֹנָה Ez 8$_{14}$ 40$_{40}$: (152 ×) THAT I 575-82, Lit. 576; grundlegend Eissfeldt BZ, ferner u. a. A. Lauha Zaphon. Der Norden und die Nordvölker im AT, 1943: — 1. **Norden**. Vom nordsyr. Berg *ṣpn* her ist צָפוֹן = Norden wie נֶגֶב = Süden u. יָם = Westen (cf. Hölscher Erdk. 14): פְּאַת צָפוֹן Nordseite Ex 26$_{20}$ u. ö., צֶלַע צָ׳ Nordflanke Ex 26$_{35}$, גְּבוּל צָ׳ Nu 34$_{7}$, אֶרֶץ צָ׳ Jr 3$_{18}$ 6$_{22}$ 10$_{22}$ u. ö. (cf. ארץ צפונא GnAp XVI 11), עַם־צָ׳ 46$_{24}$, דֶּרֶךְ הַצָּ׳ in der Richtung nach Norden Ez 40$_{20}$ u. ö., שַׁעַר הַצָּ׳ 40$_{35}$, פֶּתַח הַצָּ׳ 42$_{2}$, רוּחַ הַצָּ׳ die Nordseite 42$_{17}$, מֶלֶךְ הַצָּ׳ Da 11$_{6ff}$, מַלְכֵי הַצָּ׳ Jr 25$_{26}$, נְסִיכֵי צָ׳ Ez 32$_{30}$; auch פְּאַת צָפוֹנָה Jos 18$_{12}$, אֶרֶץ צָפוֹנָה Jr 23$_{8}$, שַׁעַר צָפוֹנָה Ez 46$_{9}$ etc.; — 2. neben anderen Himmelsrichtungen Gn 13$_{14}$ 28$_{14}$ Dt 3$_{27}$ 1K 7$_{25}$ Js 43$_{6}$ (personifiziert), Ez 21$_{3}$ Am 8$_{12}$ Ps 107$_{3}$ Koh 1$_{6}$ 11$_{3}$; — 3. im Norden בַּצָּפוֹן Koh 11$_{3}$ (|| בַּדָּרוֹם) od. nach Norden ↗ בְּ 9; בְּיַרְכְּתֵי צָפוֹן im äussersten Norden Js 14$_{13}$ Ps 48$_{3}$ ↗ *יְרֵכָה 2 und unten 7; — 4. (Bächli ZDPV 89, 1973, 9f): a) nach Norden צָפוֹנָה Ex 40$_{22}$ Jos 13$_{3}$ 15$_{11}$ 17$_{10}$ etc. Jr 3$_{12}$, cj. 2C 14$_{9}$ pr. צְפַתָה prop. c. G צָפוֹנָה; אֶל־הַצָּפוֹן Ez 42$_{1}$, אֶל־הַצָּפוֹנָה 8$_{14}$, לַצָּפוֹן 40$_{23}$; b) vom Norden her, nördlich מִצָּפוֹן Jos 15$_{6}$ 16$_{6}$ etc. Js 14$_{31}$, cj. Ez 23$_{24}$ pr. הֹצֶן prop. c. G מִצָּפוֹן (↗ הֹצֶן); cj. Mi 7$_{4}$ pr. יוֹם מְצַפֶּיךָ prop. הוֹי מִצָּפוֹן (↗ I צפה pi. 2); מִצָּפוֹן Ez 1$_{4}$, מִצָּפוֹנָה Jos 15$_{10}$, מִן־הַצָּפוֹן 8$_{11}$, מִצָּפוֹנָה לְ Ri 21$_{19}$; מִיַּרְכְּתֵי צָפוֹן vom äussersten Norden Ez 38$_{15}$ 39$_{2}$ :: יַרְכְּתֵי צָ׳ der äusserste Norden 38$_{6}$; — 5. aus dem Norden kommt: a) בַּרְזֶל Jr 15$_{12}$, עָשָׁן Js 14$_{31}$, קֶרֶץ Jr 46$_{20}$, מַיִם 47$_{2}$, רוּחַ סְעָרָה Ez 1$_{4}$, זָהָב ein goldener Schein Hi 37$_{22}$, s. Fohrer KAT XVI 483; b) (H. M. Lutz WMANT 27, 1968, 125; THAT II 579-81) רָעָה Jr 4$_{6}$ 6$_{1}$, הָרָעָה 1$_{14}$, מַמְלָכוֹת 1$_{15}$, מִשְׁפָּחוֹת 25$_{9}$, גּוֹי 50$_{3}$, עַם 6$_{22}$ 50$_{41}$, אַשּׁוּר Zef 2$_{13}$, מֶלֶךְ־בָּבֶל Ez 26$_{7}$; c) כּוֹרֶשׁ Js 41$_{25}$; — 6. צָפוֹן **Nordwind** HL 4$_{16}$ = רוּחַ צָפוֹן Pr 25$_{23}$; — 7. צָפוֹן = ug. *ṣpn*: a) **Götterberg** im Norden (Eissfeldt BZ 5ff, Lauha l. c. 10-14, Schmidt BZAW 80, 1966[2], 32ff, Lutz l. c. 165, J. Jeremias WMANT 10, 1977[2] 116f, THAT II 577-79, Kraus BK XV/3, 95f) Js 14$_{13}$ Ps

48_3; b) = Berg Zaphon Ez 32_{30} Ps 89_{13} Hi 26_7 (Eissfeldt BZ 11ff, Lauha l. c.), doch ist צָפוֹן Ez 32_{30} Ps 89_{13} (|| יָמִין) wohl = Norden; Hi 26_7 צָ׳ = ? Himmel, s. Fohrer KAT XVI 384, cf. de Savignac l. c.; יַרְכְּתֵי צָפוֹן Js 14_{13} Ps 48_3 der äusserste Norden ↗ 3 :: Eissfeldt BZ 14ff: Spitze des Zaphon, doch ist das wegen Ez $38_{6.15}$ 39_2 (s. oben 4) unwahrscheinlich. ↗ II צָפוֹן, I צְפוֹנִי.

II צָפוֹן: n. l.; I צפה: Josph. Ἀσωφών (NFJ 19); = I: loc. צָפוֹנָה; EA 274, 15 *Ṣapuna*; im Stamme Gad gelegen im *Ġōr* nö. von Sukkoth; nicht sicher lokalisiert, s. Wüst Untersuchungen I 131 mit Anm.[436]: Vorschläge: a) *T. es-Saʿīdīye* (Albright AASOR VI 1924-25, 46f; Abel 2, 448); b) *T. el-Qōs* (Glueck IV 350-55; GTT § 598; Lemaire VT 31, 1981, 56); c) *T. el-Mazār* (Mittmann Beiträge 219^{31}, Lemaire l. c.) s. ferner Noth Jos.[2] 82; BHH 2203f) Jos 13_{27}. †

צְפוֹן Nu 26_{15}; Sam. Gn 46_{16} *ṣåfūn*, Nu 26_{15} *(al)ṣåfon*: ↗ צִפְיוֹן.

I צְפוֹנִי: I צָפוֹן, BL 501x; mhe. nördlich: הַצְּפוֹנִי **der Nördliche** Jl 2_{20}; umstritten, wer damit gemeint ist, die Vorschläge (mit Lit.) in THAT II 581, am wahrscheinlichsten ein feindliches Heer, s. H. M. Lutz WMANT 27, 1968, 38. 129f; Wolff BK XIV/2, 73f :: cj. הַצְּפַצְפוֹנִי der Zirper (Lex.[1], cf. BHS), doch sehr unwahrscheinlich. †

II צְפוֹנִי: gntl. v. צְפוֹן; Sam. *(aṣ)ṣåfūni*; הַצְּפוֹנִי Nu 26_{15}; cj. nach צִפְיוֹן Gn 46_{16} u. Syr. zu Nu 26_{15} הַצִּפְיוֹנִי, ↗ צִפְיוֹן. †

I צִפּוֹר u. צִפֹּר: ? II צפר, BL 478f; Sam. *ṣibbor*; mhe., DSS (KQT 188); ja. צִפְּרָא; sam. abs. צפרה, det. צפרתה, pl. abs. צפר(י)ן, det. צפריה; ? ph. in d. Vbdg. *ršp ṣprm* (WbMy I 305): entweder „Rašap der Vögel" od. Rašap der Ziegenböcke", ↗ צפיר (KAI Nr. 26 A II 11-12, s. KAI II S. 42; DISO 246 und F. Bron Recherches sur les Inscriptions phéniciennes de Karatepe, 1979, 88. 185); pun. *ṣpr* (KAI Nr. 69, 11. 12. 15, DISO 246); äga. *ṣnpr* (Aḥqr 98), pl. emph. *ṣnprjʾ* (Aḥqr 199, s. DISO 246); palm. צפרא Lex.[1], Suppl. 182b; akk. *ṣibāru* (AHw. 1097a) Sperling ?, s. ferner Landsbg. MSL VIII/2, 145. 146; Salonen Vögel u. Vogelfang 93f. 247f, CAD Ṣ (Vol. 16) 155a; sy. *ṣeppᵉrā* Vogel; cp. *ʾṣpr*, pl. *ṣprjn* Sperling (Schulthess Lex. 172a); vom he. צִפּוֹר, akk. *ṣibāru* etc. trennt Landsbg. l. c. akk. *iṣṣūru* (AHw. 390, CAD l. c.); ar. *ʿuṣfūr*; dazu auch ug. *ʿṣr* (UT nr. 1905, Aistl. 2080) Vogel: fem.; pl. צִפֳּרִים, cf. Michel Grundl. heSy. 1, 39f: — 1. coll. **Vögel, was Flügel hat**: a) Gn 7_{14} Dt 4_{17} Ez 17_{23} $39_{4.17}$ Ps 148_{10}; b) צִפּוֹר Gn 15_{10} Koh 12_4; c) צִפּוֹר שָׁמַיִם Ps 8_9, קַן־צִפּוֹר Dt 22_6, עֵיט צִפּוֹר Raubvögel Ez 39_4, חָרַד כְּצִפּוֹר schreckhaft flattern Hos 11_{11}; gefangen Am 3_5, flatternd (נָדַד) Pr 27_8; — 2. a) sg. **einzelner Vogel** Lv $14_{5-7.50-53}$ Dt 14_{11} Ps 11_1 84_4 (|| דְּרוֹר) ? צִפּוֹר = Sperling (s. Kraus BK XV[5] 749), 102_8 (masc.!), 124_7 Pr 6_5 7_{23} 26_2 Kl 3_{52}; b) pl. α) Js 31_5 wie (schützend über dem Nest) schwebende Vögel (s. Wildbg. BK X 1243), Ps 104_{17} (c. קִנֵּן), Koh 9_{12} (im Netz gefangen), Neh 5_{18} (Speise); β) שְׁתֵּי(־) צִפֳּרִים Lv $14_{4.49}$; — 3. Hi 40_{29} vielleicht der Krokodilvogel, der das Maul des Krokodils putzt, reinigt (Aharoni 472, Nicoll 527f, s. Lex.[1]); ↗ II צִפּוֹר, צִפֹּרָה. †

II צִוֹּפַר u. צִפֹּר: n. m.; = I; Sam. *ṣibbor*; äga. *ṣpr* (AP 24, 6, Kornfeld Onomastica 69f); palm. *ṣprʾ*, *ṣpry* (PNPI 48a. 109b), s. Nöldeke BS 85, Stamm HFN 330: „Vogel", ? „Sperling": Vater v. בָּלָק Nu $22_{2.4.16}$ Jos 24_9 Ri 11_{25} (צִפּוֹר), Nu 22_{10} 23_{18} (צִפֹּר). †

***צפח**: äga. צפחא (DISO 246) Schüssel (?); sy. *ṣepaḥ* hinein/anheimfallen, bedrücken, sbst. *ṣᵉpīḥtā* Platte (aus Kupfer); md. *ṢPA* I (MdD 396b) zusammenpressen, drücken; ar. *ṣafaḥa* breit, flach, platt machen (auch II), sbst. *ṣafḥat* äussere Seite, Seite, Fläche, *ṣafīḥat* Platte (z. B. aus Holz od. Metall), *ṣaḥfat* Schüssel; cf. ? akk. *šapāḫu* (AHw. 1167b) breit hinstreuen; ar. *safaḥa* ausgiessen; asa. *sfḥ* (Conti 198f) verkünden, verbreiten; äth. *safḥa* (Dillm. 402) ausbreiten, auch tigr. (Wb. 201a):
Der. צַפַּחַת, צַפִּיחִת; ? n. m. צוֹפַח.

צַפַּחַת: *צפח (BL 477a, R. Meyer Gr. § 38, 1b); mhe. ↗ צַפִּיחִת: (bauchiger) **Krug** für Wasser 1S $26_{11f.16}$; für Oel 1K $17_{12.14.16}$ 19_{6}; sog. „Pilgerflasche", s. BRL[2] 184a; Kelso Nr 74, Honeyman Nr. 27, Gray Kings[3] 380f; AuS 4, 252; 7, 227. 244; Reymond 149. †

צְפִי: ↗ צְפוֹ. †

***צְפִיָּה**: I צפה, BL 471 o; ja. צְפִיָּה Berghöhe: sf. צְפִיָּתֵנוּ: **Warte** Kl 4_{17} (cf. Dahood Biblica 51, 1970, 403: Wachtturm). †

צִפְיוֹן: n. m. vel tr.; unerkl. (Noth N. 256a); I צפה (?) s. Lex.[1]: Gn 46_{16} = צְפוֹן Nu 26_{15}. †

cj. **צִפְיוֹנִי**: Josph. Ζοφονίας (NFJ 50): gntl. von צִפְיוֹן: Nu 26_{15} ↗ II צְפוֹנִי. †

צַפִּיחִת: *צפח, BL 479 o, 504m; Sam. *ṣēfīt*; mhe. צַפַּחַת Gussspeise, eine flüssige, mit Honig eingerührte Speise (Levy IV 210a, cf. Dalm. Wb. 367a): **flaches Gebäck** Ex 16_{31}, s. AuS 6, 107: Plattengebäck, cf. V. Fritz Israel in der Wüste 1970, 43[6]. †

***צָפִין**: צפן, BL 470n; sf. צְפִינְךָ K Ps 17_{14}, Q צְפוּנְךָ, ↗ צפן qal. †

***צָפִיעַ**: I *צפע, BL 470n, 471p; ar. *ḍaf*ᶜ; äth. *ḍef*ᶜ/*ḍaf*ᶜ (Dillm. 1338) Exkremente: pl. cs. צְפִיעֵי Q, צְפוּעֵי K: **tierische Exkremente, Mist** (c. בָּקָר) Ez 4_{15}. †

***צְפִיעָה**: etym. inc., ? II *צפע: pl. צְפִעוֹת Js 22_{24} (‖ צֶאֱצָאִים); Bedtg. fraglich, entweder a) die wilden Schösslinge des Baumes (GB mit Hinweis auf ar. *za/i*ᶜ*āfat* Besen von Zweigen, *za*ᶜ*fat an-naḫlati* Palmzweig; ? √ II *צפע), oder b) Blatt (Lex.[1] mit Hinweis auf meh. *ṣġāf, ṣġafōt* Baum-, Blumenblatt). †

צָפִיר: etym. inc. ? Primärnomen; aLw. (Wagner 248) :: he. II שָׂעִיר; sam. צפיר, f. צפירה (BCh. LOT 2, 595); ↗ ba. *צְפִיר, dort die Belege aus d. anderen aram. Dialekten; ? ph. pl. *ṣprm* ↗ I צִפּוֹר; zu ug. *ṣpr* in *klb ṣpr* (KTU 1. 14 III 19, V 11f) „Wachhund", s. Weippert ZDMG Suppl. I, Teil 1, 1969, 215f :: UT nr. 2186: *ṣpr* Vogel od. Bock; (anders Aistl. 2346, CML[2] 156b): pl. cs. צְפִירֵי: **Ziegenbock** Da $8_{5.8.21}$ Esr 8_{35} 2C 29_{21}. †

צְפִירָה u. **צְפִרָה**: III *צפר, BL 471 o. r; mhe. Rundung, geflochtener Rand; Umweg (?); ja. צְפִירָא Geflecht: cs. צְפִירַת: — 1. **Gewinde, Kranz** (ar. *ḍafīrat* Krone, Diadem: √ *ḍfr* (!) cf. Reider VT 4, 1954, 278) Js 28_{5}; — 2. Ez $7_{7.10}$: ungedeutet, s. zu Versuchen Eichrodt ATD 22/1, 39[4]; Zimmerli Ez 161f; Fohrer HAT 13[2], 43 zu Reider VT 4, 1954, 278: nach ar. *safar* „Sonnenuntergang > Niedergang, Ende". †

צָפִית: II צפה, ? BL 501c: צָפֹה הַצָּפִית Js 21_{5} ↗ II צפה qal a) und b): nach a) Tischreihen od. Sitzreihen (Lex.[1]); nach b) Polster, cf. GB :: Reider VT 2, 1952, 116: Fülle von Gütern (צָפִית zu ar. *ṣafwat* „Bestes, Vorzüglichstes"). †

צפן: mhe. hif. das Verborgene entdecken (bTErub 53 b); äga הצפן (DISO 246) verbergen; akk. (kan. Fw.) *ṣapānu* (AHw. 1082a = VAB 2, 147, 10) bergen, cf. Rayney AOAT 8, 1970, 90; Ruž. 97: ar. *ḍamina* verbergen (?); Balentine VT 30, 1980, 137-153, bes. 141f; ↗ טמן:

qal: pf. צָפַן, צָפַנְתָּ/תִי; impf. יִ/תִצְפֹּן, תִּצְפְּנֵם, יִצְפְּנֵנִי, נִצְפְּנָה, יִצְפְּ(ו)נוּ, יִצְפְּנוּ; sf. וַתִּצְפְּנֵהוּ, וַתִּצְפְּנוֹ; pt. pl. צֹפְנֶיהָ, pass. צָפוּן, sf. צְפוּנְךָ (Q), צְפִינְךָ (K) Ps 17_{14}, pl. sf. צְפוּנַי, צְפוּנֶיךָ, צְפוּנָיו, f. צְפוּנָה: — 1. trans.: a) **verbergen** Ex 2_2 (Sam. hif. *wtåṣfīnē'u*), Jos 2_4 cj. pr. וַתִּצְפְּנוֹ prop. ־פְּנֵם (BHS), Hi 10_{13}; b) bergen Ps 27_5 31_{21} Pr 27_{16}, pt. pass. Ps 83_4 צְפוּנֶיךָ deine Schutzbefohlenen (Kraus BK XV⁵ 739. 740, prop. c. V [iuxta Hebr.], A Σ צְפוּנְךָ dein Kleinod), צְפוּנִי mein Kleinod Ez 7_{22}, s. Zimmerli 159. 164; c) **aufbewahren**: die Lehre bei sich/im Herzen Ps 119_{11} Pr 2_1 7_1 Hi 23_{12}; d. Einsicht (דַּעַת) Pr 10_{14}, d. Sünde Hos 13_{12}; d) **aufsparen**, **aufheben** c. לְ für jmdn Ps 31_{20} Hi 21_{19} Pr 2_7 HL 7_{14}; pt. pass. צָפוּן aufgespart Pr 13_{22}; cj. Hi 15_{22b} pr. צָפוּ prop. צָפוּן, ↗ I צפה qal 5; Hi 20_{26} txt. inc. צְפֻנָיו die dafür (die Finsternis) Aufgesparten :: cj. c. G צָפוּן לוֹ: var.? zu טָמוּן, s. Budde GHK II/1² 1913, 118f; Fohrer KAT XVI 326; צְפוּנְךָ (Q) das von dir zugedachte Ps 17_{14}; e) c. מִן Hi 17_4 fernhalten von; — 2. intr. **sich verbergen**, **lauern** Ps 56_7 Q, K ↗ hif., c. לְ auf jmdn lauern Pr $1_{11.18}$, Ps 10_8 (d. Augen) :: ? cj. pr. יִצְפֹּנוּ prop. יִצְפְּיוּ ↗ I צפה qal 4. †

nif: pf. נִצְפַּן, נִצְפְּנוּ: — 1. **verborgen sein** c. מִנֶּגֶד Jr 16_{17}, c. מִן Hi 24_1; — 2. c. לְ **aufbewahrt sein** für Hi 15_{20}. †

hif: impf. יַצְפִּינוּ (K) Ps 56_7, Q ↗ qal 2; sf. תַּצְפִּינֵנִי; inf. הַצְפִּינוֹ Ex 2_3 (BL 212k, 346x; Bgstr. 1, § 10v): — 1. trs. **verborgen halten** Ex 2_3 Hi 14_{13} Sir 42_3 41_{15}; — 2. intr. **lauern** Ps 56_7 ↗ qal 2. †

Der. n. m. אֶלְצָפָן, אֱלִיצָפָן, צְפַנְיָה(וּ); מַצְפּוּן*.

צְפַנְיָה, n. m.; G Σωφονίας: < צְפַנְיָהוּ (:: Maclaurin VT 12, 1962, 452 u. L. Sabottka Zephania, Rom 1972, 1-3: zu I צָפוֹן „(der Gott) Ṣapon ist Jahwe" :: Rudolph KAT XIII/3, 258); in äga. *ṣpnjh* (Kornfeld Onomastica 69): **Zefanja** — 1. Prophet Zef 1_1; — 2. Priester (כֹּהֵן מִשְׁנֶה) zur Zeit des Zedekia Jr 21_1 $29_{25.29}$ 52_{24} = צְפַנְיָהוּ 2K 25_{18} Jr 37_3; — 3. Vater des Hohenpriesters Josia Zch $6_{10.14}$; — 4. Levit aus der Sippe Kahath 1C 6_{21} (= אוּרִיאֵל 1C 6_9, cf. Zorell 25). †

צְפַנְיָהוּ: n. m.; G Σοφονίας, Josph. Σεφενιας (NFJ 111); > צְפַנְיָה; צפן u. ׳י: „Jahwe hat geborgen" (Noth N. 178; Rudolph KAT XIII/3, 258); ihe. u. sgl. צפניה(ו) u. צפן (Dir. 74. 198; Moscati Ep. 44. 72. 81; Vattioni sig. 39; Keel Visionen 107; T.-Arad 59, 5; Ostr. Ofel 3; Bordreuil-Lemaire Sem. 26, 1976, 46); pun. n. f. *ṣpnbʿl* (PNPhPI 401f); *Ṣapunu* (APN 205) od. zu I צָפוֹן: 2K 25_{18} Jr 37_3 (= צְפַנְיָה 2). †

צָפְנַת פַּעְנֵחַ: n. m.; Sam. Vers. צפ(י)נתי־ = *ṣēfīnti fāne*; G Ψονθομφανηχ (Schmitt ZAW 86, 1974, 158), Josph. Πετεσήφ/Ψονθονφάνηχος (NFJ 127); äg. **ḏd-pꜣ-nṯr-ʾiw.f-ʿnḫ* „der Gott hat gesagt: er wird leben!" (Herm. Ranke Die ägyptischen Personennamen II, 1952, 227. 334a Nr. 13); dieser PN ist aufgrund der he. Form rekonstruiert nach dem häufigen Typus: „Gottheit NN hat gesagt: er/sie wird leben!" (Ranke l. c. I 1935, 409-412; II 334): ägypt. Name für יוֹסֵף Gn 41_{45}. †

I ***צפע**: ar. *ḍafaʿa* Darm entlehren (GB). Der. *צֶפַע.

II ***צפע**: Bedtg. ungewiss; Der. ? *צְפִיעָה.

צֶפַע: etym. inc., ? Primärnomen, hapleg. Js 14_{29}: eine giftige Schlange, Viper (Bodenheimer AL 187ff: *vipera xanthina*, auch Aharoni 474; Wildbg. BK X 573. 581: Otter); ↗ צִפְעֹנִי. †

***צְפָעָה**: ↗ *צְפִיעָה.

צִפְעֹנִי (BL 501y) = צֶפַע; mhe. auch צִפְעוֹן eine giftige Schlange (Dalm. Wb. 367a), DSS nur pl. (KQT 188) צפעונים: pl.

צִפְעֹנִים (Jr 8$_{17}$): eine giftige Schlange, Viper Js 11$_{8}$ 59$_{5}$ Jr 8$_{17}$ Pr 23$_{32}$. †

I צפף: mhe., ja. צפצף u. ar. *ṣafṣafa* zwitschern, cf. gr. πιππίζω (alle onomatop., Montgomery JQR 25, 1934-35, 266):

pilp: impf. תְּצַפְצֵף, אֲצַפְצֵף; pt. מְצַפְצֵף, pl. מְצַפְצְפִים: — 1. **zwitschern, piepen** Js 10$_{14}$; metaph. 38$_{14}$, cf. Wildbg BK X 1462; — 2. **piepen, flüstern** (von d. Stimme der heraufbeschworenen Toten) Js 8$_{19}$ 29$_{4}$. †

II *צפף: Der. צַפְצָפָה.

צַפְצָפָה: II *צפף, BL 482e: mhe.; ar. *ṣafṣāf* und n. unit. *ṣafṣāfat* Weide: **Weide**, *Salix Safsaf Forskål* (Löw 3, 325ff) Ez 17$_{5}$ :: Zimmerli Ez 372. 374: allgemeine Artbezeichnung ,,Ufergewächs'', cf. ZüBi. †

I צפר: ? Wvar. zu ar. *ṣarafa* I wenden, abwenden, VII sich abwenden, weggehen, s. Zorell 701a:

qal: impf. יִצְפֹּר Ri 7$_{3}$: die genaue Bedtg. ist fraglich, nach d. Zushg. u. G V S weggehen, abbiegen, s. Zorell, König Wb. 394a; cf. Beuken ZAW 85, 1973, 172: davonschleichen :: cj.: a) pr. וְיִצְפֹּר מֵהַר prop. וַיִּצְרְפֵם (u. a. Lex.[1], cf. BHS); b) prop. יפצר od. יפצל nach ar. *faṣala min* ,,aus einer Gegend weggehen'' (Reider VT 4, 1954, 278). †

II *צפר: ja. pfeifen; akk. *ṣabāru* (AHw. 1065) sich schnell bewegen, zwinkern, tuscheln, zwitschern; sy. *ṣᵉbar* schwatzen; ar. *ṣafara* pfeifen, zischen, zirpen:

Der. I צִפּוֹר; n. m. II צִפּוֹר, n. f. צִפֹּרָה; ? n. m. צוֹפַר.

III *צפר: ? Wvar. zu צבר: ja. flechten; ? ug. *ṣpr* winden (Ranken), pt. *mṣprt* (CTA 23, 25 = KTU 1. 23, 25), so J. C. de Moor New Year with Canaanites and Israelites, part II 1972, 20/21, doch ganz unsicher :: CML[2] 124: blass, matt; TOML 373: röten, rot machen; akk. u. ar. ↗ צבר:

Der. צְפִ(י)רָה.

IV *צפר: akk. *ṣapāru* (AHw. 1082a) eindrücken.

Der. צִפֹּרֶן.

צְפַרְדֵּעַ, BL 485h; Sam. *ṣēfårdå*; mhe. ja. עֻרְדְּעָנָא u. אֻרְדְּעָנָא, pl. ־עָנַיָּא; sam. ארדענה; sy. *ʿurdeʿā* (aram. Grundform *ʿprdʿ*, Nöldeke SGr. § 125); ar. *ḍifdiʿ*; akk. *muṣaʾʾirānu* (AHw. 678b) Frosch: f. pl. צְפַרְדְּעִים, cf. Michel Grundl. heSy. 1, 36. 40: sg. coll. **Frösche** Ex 8$_{2}$ Ps 78$_{45}$, pl. Ex 7$_{27}$-8$_{9}$ Ps 105$_{30}$. †

צִפֹּרָה, n. f.; Sam. *ṣibbūrå*, G Σεπφωρα, Josph. Σαπφωρα (NFJ 107); cf. n. m. II צִפּ(וֹ)ר; entweder n. unit. zu I צִפּוֹר, (cf. Michel Grundl. heSy. 1, 64ff) od. hypokorist. zu II צִפּ(וֹ)ר: ,,kleiner Vogel'' (Stamm HFN 330); cf. die akk. Endg. *-atu(m)* in d. entsprechenden Funktion an PN, s. Stamm 113f, GAG § 60a: Frau des Mose Ex 2$_{21}$ 4$_{25}$ 18$_{2}$. †

צִפֹּרֶן: IV *צפר, BL 504l; Sam. Dt 21$_{12}$ *ṣēfernijja*; mhe. auch צִפֹּרֶן; akk. *ṣupru* (AHw. 1113) Finger-, Zehennagel, Kralle, Huf; ↗ ba. *טְפַר; sy. *ṭeprā*; ar. *ẓufr*; äth. *ṣefr* (Dillm. 1319) Nagel, auch tigr. (Wb. 650a): pl. sf. צִפָּרְנֶיהָ (BL 582): — 1. **Nagel** (Finger, Zehe) Dt 21$_{12}$; — 2. צִפֹּרֶן שָׁמִיר diamantene (?) **Spitze** ↗ שָׁמִיר (an einem Griffel od. Meissel aus Eisen) Jr 17$_{1}$, s. Rudolph Jer.[3] 113; Stamm ThZ 4, 1948, 336f. †

צֶפֶת: II צפה, ? Nf. *יצף (cf. BL 450j); ja. צִפְתָּא; sy. *ṣeptā* (P. Smith 3428) Matte: (Säulen-) Knauf, **Kapitäl** 2C 3$_{15}$, cf. König Wb. 394b: Decke, Haube, metaph. Kapitäl. †

צְפַת, n. l.: I צפה, ? mit Nf. *יצף (cf. BL 450j), eine Variante zu ↗ מִצְפָּה, s. J. Gray Joshua, Judges and Ruth, 1967, 249 u. Aharoni-Fritz-Kempinski ZDPV 91, 1975, 127[85]; äg. *S( )-f-ta* (Helck Beziehungen 133): Ri 1$_{17}$ (= ↗ חָרְמָה); im nö. Negeb, nicht sicher identifiziert, s. zu חָרְמָה,

ferner V. Fritz Israel in der Wüste, 1970, 90f; Aharoni-Fritz-Kempinski ZDPV 91, 1975, 122 u. 89, 1973, 197ff, bes. 207f: *Ch. el-Mšāš* oder *T. el-Milḥ*. Für letzteres, tritt Mittmann ZDPV 93, 1977, 224f ein; nach Aharoni-Fritz-Kempinski ZDPV 91, 1975, 127[85] war צְפַת vielleicht der alte Name der Siedelung auf dem *T. ʿIrā* (*Ch. el-Ġarra*); dieser wäre im Zushg. mit siedelungsgeschichtliche Veränderungen durch d. Namen חָרְמָה verdrängt worden; s. auch Lex.[1] u. GTT § 517; ↗ צִקְלַג. †

צְפַתָה Ⓛ, Ⓑ צְפָתָה: n. l.; txt. corrupt., G ἐν τῇ φάραγγι κατὰ βορρᾶν Μαρισης, Josph. Σαφαθά (NFJ 108): l צָפוֹנָה (Lex.[1], s. P. Welten WMANT 42, 1973, 131[91]) 2C 14_{9}. †

צִצִּים: ↗ I צִיץ.

צָקוּן, Js 26_{16}, ↗ I צוק.

צִקְלַג, in P u. 2S 1_{1} צִקְלָג, 1C $12_{1.21}$ צִיקְלַג: G Σικελαγ, Σεκελαγ u. ä.; Josph. Σίκελλα (NFJ 112); n. l. urspr. Philisterstadt; von Achis dem David zum Lehen gegeben u. im Besitz seiner Dynastie geblieben 1S 27_{6}, $30_{1.14.26}$ 2S 1_{1} 4_{10} 1C $12_{1.21}$; nach Jos 19_{5} 1C 4_{30} zu Simeon gehörig, nach Jos 15_{31} Neh 11_{28} zu Juda; nicht sicher identifiziert, s. V. Fritz, ZDPV 96, 1980, 121[2], Vorschläge: 1) *T. el-Chuwēlfe*, 17 Km. nnö. von Beerseba (Alt KlSchr. 3, 430; Abel 2, 465; GTT § 712; Stoebe KAT VIII/1, 473[6]; 2) *Ch. el-Mšāš* (Crüsemann ZDPV 89, 1973, 211-24; 3) *T. eš-Šerīʿa* (Aharoni VT 9, 1959, 238 u. ZDPV 91, 1975, 125[66]). †

***צִקְלוֹן** hapleg. 2K 4_{42}: וְכַרְמֶל בְּצִקְלֹנוֹ, G^{A} βακελλεθ, V *pera*; Bedtg. umstritten; Vorschläge: 1) nach G^{A} u. ar. *qabaʿat* „Ranzen" cj. בְּקִלְעָתוֹ < *קִלְעָה Beutel, Brotsack, s. GB, Lex.[1], cf. König Wb.; 2) *צִקְלוֹן zu ar. *ṣaqal* „Seite des Bauches" = Beutel, der zur Seite herabhängt (Zorell 701b); doch zu *ṣaqal* s. Lane I 1708b: Länge der Flanken (beim Pferd); 3) zu ug. *bṣql* (KTU 1. 19 II 12-16) u. *bṣql ʿrgz* (KTU I, 85, 5, s. UF 7, 1975, 204); die genaue Bedtg. des ug. sbst. ist ungewiss: Teil einer Pflanze (UT nr. 499), Keimpflanze (Aistl. 563), grüner reifender Halm (CML[2] 143b), Schoss, Schössling (Dijkstra-de Moor UF 7, 1975, 203f); nach diesen Verf., l. c. 203[269] ist בְּצִקְלֹנוֹ Fehler für *bṣqlm*, pl. von *bṣql*: 2K 4_{42} *krml bṣqlm* = „frisches Korn von Frühfrucht (?)"; Gray Kings[3] 501[d] l וּבְצִקְלוֹן כַּרְמִלּוֹ und Pflanzen seines Obstgartens: *bisqᵉlōn* demin. v. **bṣql*. †

I **צַר**: I צרר, BL 453y; Sam. *ṣår*; mhe.: צַר, fem. צָרָה: — 1. adj.: a) **eng** Nu 22_{26}, חֹשֶׁךְ צַר beengende Finsternis Js 5_{30}, s. Wildbg. BK X 204. 207, Js 49_{20} (מָקוֹם), siehe auch I צרר qal II 1 a), Pr 23_{27} (בְּאֵר), Hi 41_{7} (חוֹתָם) enges Siegel od. mit einem Siegel, eng (Budde GHK II/1[2] 265) :: cj. ↗ unten; צַר מִן zu eng für 2K 6_{1}; b) knapp Pr 24_{10} (כֹּחַ), s. Gemser Spr.[2] 88. 89; — 2. sbst.: a) **Engigkeit**, **Bangigkeit** Hi 7_{11} 15_{24}; b) Not Js 26_{16}, cj. 30_{20} pr. לֶחֶם צַר prop. לְ׳ מִצָּר Brot ohne Not, s. Wildbg. l. c. 1189. 1190f, Ps 4_{2} 32_{7} 119_{142} (|| מָצוֹק), Hi 36_{19} 38_{23} Est 7_{4}, s. Bardtke KAT XVII/4-5, 351. 354; פִּי צָר Rachen der Not Hi 36_{16}; — cj. Js 63_{9} pr. צָר prop. צִר, ↗ II צִיר; Hi 41_{7} pr. חוֹתָם צָר prop. c. G חוֹתַם צֹר ein Siegel von Kieselstein ↗ I צֹר; Js 59_{19} כַּנָּהָר צָר ↗ I צור qal 4 a; 1S 23_{2} txt. corrupt. צַר מָעוֹן „eng an Raum", was nicht in den Zushg. passt; mehrere Versuche zur Emendation, s. Stoebe KAT VIII/1, 117. †

II **צַר**: II צרר, BL 453y; Sam. *ṣår*; mhe., DSS (KQT 188); mhe., ja. עָרָא/עָר Dränger; ↗ ba. *עָר; aam. צר (DISO 247); ug. *ṣrrt* Feindschaft, als abstr. pr.

konkr. Feind (UT nr. 2200, Aistl. 2353, CML² 156b); akk. *ṣerru* (AHw. 1093b) Feindschaft, Feind; cp. *ʿrr* (עָרָר) Entrüstung, Gegnerschaft (Schulthess Lex. 152a); äth. *ḍar* (Dillm. 1327f) Feind, cf. ? tigr. *ṣar* (Wb. 636b) Genosse, Gefährte (Gegensinn ?); asa. *ḍr* (Conti 228a) Krieg; ar. *ḍurr, ḍarr* Schaden, Schädigung: צָר, sf. צָרִי, pl. צָרִים, cs. צָרֵי, sf. צָרַי, צָרֶיךָ, צָרֶיךָ/רַיִךְ, צָרָיו, Sec. σαραυι Ps 89₄₃ (Brönno 116), צָרֵימוֹ, צָרֵיהֶם, צָרֵינוּ, צָרֶיהָ (THAT II 582f): — 1. politisch-militärischer **Feind** Israels bzw. Judas Nu 10₉ 24₈ Dt 32₂₇ 33₇ Jos 5₁₃, Js 9₁₀ pr. צָרֵי רְצִין prop. צָרָיו vel צֹרְרָיו ꜰ II צרר, Js 63₁₈ Jr 30₁₆ 48₅ dele צָרֵי (gl.), s. Rudolph Jer.³ 274, Jr 50₇ Ez 39₂₃ Am 3₁₁ Mi 5₈ Zch 8₁₀ Ps 44₆.₈.₁₁ 60₁₃.₁₄ = 108₁₃.₁₄ 74₁₀ 78₄₂.₆₁.₆₆ 81₁₅ 105₂₄ 106₁₁ 107₂ (s. Beyerlin BZAW 153, 1978, 69), 136₂₄ Kl 1₅.₇.₁₀.₁₇ 2₄.₁₇ 4₁₂ Est 7₆ Esr 4₁ Neh 4₅ 9₂₇ (2 ×); — Ez 30₁₆ txt. inc. וְנֹף צָרֵי יוֹמָם und in Noph Bedränger am hellen Tage (?), s. Zimmerli 724; vorgeschlagene cj. l. c. 727 und BHS; — 2. die **Feinde** einzelner: a) Abrahams Gn 14₂₀, Davids 2S 24₁₃/1C 21₁₂ Ps 89₂₄.₄₃, cj. vs. ₄₄ pr. צוּר prop. מִצַּר vel צַר ꜰ I צַר und I צוּר 3 c γ; 1C 12₁₈; b) des Psalmenbeters (O. Keel Feinde und Gottesleugner. Studien zum Image der Widersacher in den Individualpsalmen, 1969) Ps 3₂ 13₅ 27₂.₁₂ 112₈ 119₁₃₉.₁₅₇; c) Hiobs Hi 6₂₃ 16₉; — 3. **Feinde** von Jahwe/Gott Dt 32₄₁.₄₃ Js 1₂₄ 26₁₁ 59₁₈ 64₁ Jr 46₁₀ Nah 1₂ Ps 78₆₆ 97₃ Hi 19₁₁. †

III צַר: Js 5₂₈ l כַּצֹּר, c. 1Q Jsᵃ כצור, G ὡς στερεὰ πέτρα V *ut silex* ꜰ I צֹר. †

צֵר: sbst. n. l. ?: Jos 19₃₅, txt. corrupt., s. Alt ZAW 45, 1927, 72² und Noth Jos.² 116: die ersten vier Worte des Verses sind eine entstellte Wiederholung von ₂₉aβ.₂₈b.

צֹר: ꜰ I צוּר.

I צֹר: wohl Primärnomen :: GB, Lex.¹: IV *צרר; Sam. Ex 4₂₅ *ṣår*; mhe. pl. צְרוֹרוֹת; akk. *ṣurru(m)* (AHw. 1114) Obsidian, Feuerstein; cp. צוררוי (Schulthess Hw. 172), zur Grundform צְרָר cf. ja. צְרָרָא u. צרירא u. טְנָרָא, sam. ט(י)נר (< *ṭrr) Ex 4₂₅; sy. *ṭarrānā* Fels (LS 286b); asa. *ẓrn* Fels, *ẓr* Grabstein, (Rössler ZA 54, 1961, 166); ar. *ẓirr, ẓurrān* (pl.) scharfkantiger Stein, Feuerstein (in Aegypten zur Beschneidung gebraucht): **Kiesel** Ex 4₂₅ Ez 3₉, cj. Js 5₂₈ ꜰ III צַר; cj. Ps 89₄₄ pr. צוּר חַרְבּוֹ prop. u. a. צֹר ח׳ Kiesel = Schärfe des Schwertes ꜰ I צוּר 3 c γ :: ꜰ II צַר 2 a; cj. Hi 41₇ pr. צָר prop. צֹר, ꜰ I צַר 1 a, 2 b; חַרְבוֹת צֻרִים Jos 5₂f ꜰ II צוּר. †

II צֹר u. (5 ×) צוֹר: n. l; < I צוּר (GB) :: Lex.¹: I צֹר; gr. Τύρος (*ẓ*) :: Σιδών (*ṣ*) Albr. JPOS 12, 1932, 186; ug. *ṣr* und *ṣrm* (UT nr. 2193, Aistl. 2355, RSP I S. 269 Nr. 368, S. 322 Nr. 480, II S. 324 Nr. 90); akk. *Ṣurru* (Parpola AOAT 6, 1970, 325f); äg. *Ḏwꜣwj* und ? *Ḏʾꜣm* (Alt KlSchr. 3, 66. 67, cf. auch Görg BN 9, 1979, 8f); ph. *ṣr* (Friedr. § 11): **Tyrus**, die bekannte phöniz. Inselstadt (Noth RGG³ V 360-62, BHH 2035f): חִירָם מֶלֶךְ־צֹר 2S 5₁₁ 1K 5₁₅ 9₁₁ 1C 14₁ 2C 2₂.₁₀, חִירָם מִצֹּר 1K 7₁₃ (c. לקח), 9₁₂ (c. יצא), מִבְצַר צֹר Jos 19₂₉ 2S 24₇; nicht in Liste Gn 10₁₅ff; ꜰ Js 23₁.₅.₈.₁₅.₁₇ Jr 25₂₂ 27₃ 47₄ Ez 26₂-29₁₈ (13 ×); cj. Mi 7₁₂ pr. וּלְמִנִּי מָצוֹר prop. וּלְמִנִּי צוֹר (Lex.¹, Rudolph KAT XIII/3, 127. 129), Jl 4₄ Am 1₉f Zch 9₂f Ps 45₁₃ 83₈ 87₄; — Ez 27₈ pr. חֲכָמַיִךְ צוֹר prop. חַכְמֵי צֶמֶר ꜰ II צֶמֶר; Hos 9₁₃ txt. inc. pr. לְצוֹר prop. c. G לְצַיִד, s. Wolff BK XIV/1² 207. 208, Lex.¹, cf. BHS :: Rudolph KAT XIII/1, 182f; ꜰ צֹרִי. †

צרב: ? DSS (KQT 188 = DJD I S. 80, 3); ja. pa. anbrennen, versengen; Wvar. v, mhe. ja. ug. akk. sy. md. *ṣ-r-p*, ꜰ צרף,

cf. ? asa. *ḏṣrbn* Name des Erntemonates (Conti 225a):

nif: pf. נִצְרְבוּ: **versengt werden** Ez 21_{3}. †

Der. *צָרָב, צָרֶבֶת.

*צָרָב: (< *ṣarrāb*): צרב, BL 479l: fem. צָרֶבֶת: **sengend** Pr 16_{27}. †

צָרֶבֶת (< *ṣarrabat*): צרב, BL 477z; Sam. *ṣårrēbət*: **Versengung**, **Narbe** Lv $13_{23.28}$. †

צְרֵדָה: n. l.; Sam. *ṣåridda*; etym. inc.; loc. צְרֵדָתָה: הַצְּרֵדָה Heimat von Jeroboam I. 1K 11_{26}; cj. Ri 7_{22} pr. צְרֵרָה l צְרֵדָה; der Name wohl erhalten in d. Bezeichnung ʿ*Ēn Ṣerēda* auf dem samar. Gebirge, ca. 25 km. sw. von Nablus, s. Herrmann Geschichte 239[12] (Lit), Würthwein ATD 11/1, 142, GTT § 839; cj. 2C 4_{17} pr. צְרֵדָתָה l c. 1K 7_{46} צָרְתָן (BHS). †

I צָרָה: sbst. fem. v. I צַר (BL 454a, n. un. „das Enge", cf. Michel Grundl. heSy. 1, 33f, 64ff; GAG § 60a); Sam. pl. *ṣårrot*, sg. c. sf. *ṣårti*; mhe., DSS (KQT 188): 69 × u. Sir 3_{15}: צָרָתָה Ps 120_{1} (BL 528t), cs. צָרַת, sf. צָרָתִי, צָרָתוֹ/תָם, צָרָתֵנוּ, צָרַתְכֶם; pl. צָרוֹת, sf. צָרוֹתָיו/תָם, צָרוֹתֵיכֶם: **Not**, **Bedrängung**, **Angst** (das Gegenteil von Rettung/Heil, s. Pedersen Isr. 1-2, 332): — 1. צָרָה: **Not**: a) aus verschiedener Ursache Gn 42_{21} Nah 1_{9} Ps 22_{12} 78_{49} 81_{8} 91_{15} 116_{3} 138_{7} Hi 27_{9} Pr 17_{17} Neh 9_{37} 2C 15_{6}, c. sf. u. a. צָרָתִי Ps 142_{3}, צָרָתוֹ Js 46_{7}, צָרָתֵנוּ 2C 20_{9}, צָרָתָם: Js 63_{9}, cf. צָרָה לִי Jon 2_{3}, צָרָתָה־לִּי Ps 120_{1}; pl. 1S 10_{19} Js 65_{16} Ps 25_{22} $34_{7.18}$ 46_{2} 71_{20} Pr 21_{23} Hi 5_{19}; b) der Gebärenden Jr 6_{24} 49_{24} (↗ 2 a), 50_{43}; cj. 4_{31} pr. צָרָה prop. צְוָחָה vel *צֶרַח ↗ צְוָחָה :: MT: ZüBi: Angstruf, cf. Barr CpPh 279f; c) ? צָרָה Feindschaft = Feind, ↗ II צָרָה B; — 2. צָרָה in Vbdg. mit sbst., bzw. vb.: a) צָרַת נַפְשׁוֹ Gn 42_{21}, pl. צָרוֹת נַפְשִׁי Ps 31_{8}, צָרוֹת לְבָבִי 25_{17}, רָעוֹת וְצָרוֹת Dt $31_{17.21}$, צָרָה וַחֲשֵׁכָה Js 8_{22}, צָרָה וְצוּקָה Js 30_{6} Pr 1_{27}, צָרָה וּמְצוּקָה Zef 1_{15}, צָרָה וַחֲבָלִים Jr 49_{24}; b) α) עֵת צָרָה Js 33_{2} Jr 14_{8} 15_{11} 30_{7} Ps 37_{39} Dan 12_{1}; c. sf. Ri 10_{14} Neh 9_{27}; β) יוֹם צָרָה 2K 19_{3} Js 37_{3} Jr 16_{19} Ob $_{12.14}$ Nah 1_{7} Hab 3_{16} Zef 1_{15} Ps 20_{2} 50_{15} Pr 24_{10} 25_{19} Sir 3_{15}; c. sf. Gn 35_{3} Ps 77_{3} 86_{7}; γ) אֶרֶץ צָרָה Js 30_{6}; c) הִצִּיל מִכָּל־צָרָה 1S 26_{24} Ps 54_{9} (↗ II צָרָה B), pl. Ps 34_{18} Hi 5_{19}, פָּדָה מִכָּל־צָרָה 2S 4_{9} 1K 1_{29}, pl. Ps 25_{22}; יָצָא מִצָּרָה Pr 12_{13}, הוֹצִיא מִצָּרָה Ps 143_{11} (↗ II צָרָה B); הוֹשִׁיעַ מִצָּרָה Js 46_{7}, הוֹשִׁיעַ מִכָּל־ צָרוֹתָיו Ps 34_{7}; נֶחֱלַץ מִצָּרָה Pr 11_{8}; — 3. עִתּוֹת בַּצָּרָה Ps 9_{10} 10_{1} ↗ בַּצָּרָה; — Zch 10_{11} txt. corrupt. pr. וְעָבַר בַּיָּם צָרָה prop. וְעָבַר בְּיַם מִצְרַיִם (Lex.[1], BHS), andere Vorschläge (mit Lit.), s. Rudolph KAT XIII/4, 194. †

II צָרָה: fem. v. II צַר, BL 454z; mhe.; ph. צרתי seine Nebenfrauen (Arsl. 17, NESE 2, 1974, 19. 27, DISO 247, Friedr. § 238); ? ug. *ṣrrj* (KTU 1. 16 I 5, II 42) Nebenfrau, so RSP II S. 10 Nr. 11, doch unsicher; UT nr. 2199: Höhen (= *ṣrrt*), so auch Margalit UF 8, 1976, 150; zu weiteren Vorschlägen s. Pardee UF 5, 1973, 232f; akk. *ṣerretu* (AHw. 1093a); sy. ʿ*arr*^{e}*tā*; ar. *ḍarrat* Nebenfrau; cf. tigr. *ṣar* Genosse (Wb. 630b): A. sf. צָרָתָהּ: **Mitfrau**, **Nebenfrau** eines Mannes, der noch eine andere Frau hat, die in ihrer Beziehung zu dieser anderen Frau als Feindin gesehen 1S 1_{6} Sir 37_{11} (Plautz ZAW 75, 1963, 9ff; de Vaux Institutions 1, 47 = Lebensordnungen 1, 54). † — B. צָרָה: **Feindschaft**, als abstr. pr. concr. = Feind Ps 54_{9} 138_{7} 143_{11}, cf. ug. *ṣrrt* ↗ II צַר, so Dahood RSP I S. 97, Nr. 5 (Lit.), doch bleibt das sehr unsicher, ↗ I צָרָה.

cj. *צִרָה: Nf. v. ↗ טִירָה, ar. *ṣirat* Pferch (aus Steinen), s. AuS 6, 283; 1) cj. Mi 2_{12} pr. בָּצְרָה prop. בַּצִּרָה (BHS); 2) ? cj. Js 1_{8} pr. נְצוּרָה prop. בַּצִּרָה (Wildbg. BK X 19, u. Kaiser ATD 17[5] 33): **Pferch**, doch ist diese cj. sehr unsicher, s.Wildbg.

l. c.; MT כְּעִיר נְצוּרָה wie eine eingeschlossene Stadt, l c. Verss. נְצוּרָה s. BHS, cf. u. a. Fohrer, Das Buch Jesaja I[2], 1966, 27. †

צְרוּיָה u. צְרֻיָה: n. f., G Σαρουια, so auch Josph. (NFJ 108); n. m. ⚹ II צְרִי, cf. sbst. I צְרִי; ? pt. pass. von e. davon denom. vb. *צרה: die Mastix-duftende (Noth N. 227, Stamm HFN 328): Schwester von David 1C 2₁₆, Mutter von Joab, Abisai u. Asahel 2S 2₁₈; ⚹ 1S 26₆ 2S 2₁₃ 3₃₉ 8₁₆ 14₁ 16₉f 17₂₅ 18₂ 19₂₂f 21₁₇ 23₁₈.₃₇ 1K 1₇ 2₅.₂₂ 1C 11₆.₃₉ 18₁₂.₁₅ 26₂₈ 27₂₄. †

צְרוּעָה: צרע, BL 471u; n. f., d. Name fehlt in G[B], in G[O] σαρουα; Noth N. 227f: aussätzig; Stamm HFN 324: die mit צָרַעַת Behaftete :: J. Debus FRLANT 93, 1967, 5 u. Würthwein ATD 11/1, 142: צְרוּיָה als urspr. Name, herabsetzend in צְרוּעָה geändert: Mutter von Jeroboam I. 1K 11₂₆. †

I צְרוֹר: I צרר (BL 473h, R. Meyer Gr. § 37, 2); mhe., DSS (KQT 188 = Hod. 2, 20 s. unten); ja. sy. צְרָרָא Bündel, Beutel; md. *ṣraria* (MdD 397a) Geldbeutel; ar. *ṣurrat*, *ṣirār* Geldbeutel: pl. צְרֹרוֹת: **Säckchen, Beutel**: — 1. für Geld Gn 42₃₅ Pr 7₂₀; für Myrrhe HL 1₁₃; durchlöchert Hg 1₆, versiegelt Hi 14₁₇ (AuS 5, 239; 7, 246); — 2. צְרוֹר הַחַיִּים Beutel des Lebens od. der Lebendigen (s. u.) 1S 25₂₉ (c. I צרר) u. obj. נֶפֶשׁ אֲדֹנִי; Hod. 2, 20 שמתה נפשי בצרור החיים, cf. Sir 6₁₅; der konkr. Hintergrund des Bildes ist wohl die Zählung des Viehs mit Zählsteinen, s. Eissfeldt Der Beutel der Lebendigen (BVSäAW Phil.-hist. Klasse, Bd 105/6, 1960), mit Parallelen aus Nuzi, s. auch Stoebe KAT VIII/1, 450; l. c. 22[1] begründet Eissfeldt die Übersetzung: Beutel der Lebendigen, der Stoebe l. c. folgt; zu 2S 25₂₉ cf. den Wunsch in e. altbab. Brief (an e. Frau): Dein Herr und deine Herrin mögen wie den Beutel in ihrer Hand dich schützen (*kīma kīsi ša qātišunu liṣṣūrūki*), s. Palva StudOr 38, 1967, 46; cf. AHw. 487b. †

II צְרוֹר: (BL 468z, R. Meyer Gr. § 35, 7), Nf. v. I צֹר; mhe., ja. צְרָרָא Kiesel: צְרוֹר 2S 17₁₃ Am 9₉: entweder: a) Stein, oder b) Steinchen; für a) spricht 2S 17₁₃ (G λίθος), s. Wolff BK XIV/2, 401 u. GB; für b) Vrss. zu Am 9₉ A. ψηφίον, V *lapillus*, s. Rudolph KAT XIII/2, 272, Lex.[1], Zorell; die Entscheidung zw. a) u. b) ist schwierig, doch könnte צְרוֹר im Unterschied zu צֹר demin. sein (cf. VG I 366 § 172). †

III צְרוֹר: n. m. = II; G Αρεδ, Σαρεδ u. ähnl.; Noth N. 225: Stein, Kiesel, cf. den ass. PN *Abnānu* „Aus Stein" (Stamm 249): Vorfahre des Saul 1S 9₁. †

צרח: mhe., DSS (KQT 188); ja., sy. *ṣᵉraḥ*, md. *ṢRK* I, *ṢRA* (MdD 397) schreien; akk. *ṣarāḫu(m)* (AHw. 1083) schreien, klagen; asa. sbst. *ṣrḫ* (Conti 226a) Geschrei, Wehklagen; äth. *ṣarḫa* (Dillm. 1274) schreien; tigr. *ṣarḫa* (Wb. 636a) rufen, schreien; ar. *ṣaraḫa* schreien, laut rufen, um Hilfe schreien, rufen:

qal: pt. צֹרֵחַ: **schreien, gellend rufen** (Lex.[1]) oder s. oben ar. um Hilfe schreien (Kopf VT 8, 1958, 198; Keller CAT XIb, 194) Zef 1₁₄. †

hif: impf. יַצְרִיחַ: **den Kriegsruf erheben** (|| הֵרִיעַ) Js 42₁₃. †

Der. *צְרַח.

cj. *צְרַח: צרח, BL 458u: **Kriegsgeschrei**, cj. Jr 4₃₁ pr. צָרָה ⚹ I צָרָה u. צְוָחָה; Ez 21₂₇ pr. רֶצַח (BHS). †

צֹרִי: gntl. v. II צֹר, BL 501x; ph. צרי (KAI Nr. 49, 34): pl. צֹרִים: **Tyrer**, sg. 1K 7₁₄ (cf. Josph. NFJ 94) 2C 2₁₃, pl. Esr 3₇ Neh 13₁₆ 1C 22₄. †

I צְרִי u. צֳרִי Gn 37₂₅: wohl Primärnomen (BL 460h, 577i) :: GB, Lex.[1] zu ar. *ḍaraʾa* bluten; Sam. *ṣårri*; mhe. צֳרִי ein wohlriechendes Harz; EA 48, 8 *zu-ur-wa* = *ṣurwa* (M. Held ErIsr. 9, 1969, 76[43]) ein Gewürz; ? ug. *ẓrw* Balsam (UT nr. 1057, RSP I S. 420 Nr. 64), KTU 1. 148, 22 || *nbt*; asa. *ḍrw* (Conti 227b) e. wohlriechender Baum, *pistacia lentiscus* = n. m. *ḍrw* ↗ צְרִי; sy. *ṣarwā* (LS 637b); ar. *ḍarw* e. süss riechende Baumart; Plin. 12, 98 *turum* (Koehler ZAW 58, 1940/41, 232-34; Löw III 389ff); צְרִי: ? Mastix (:: M. Stol On Trees, Mountains and Millstones, in the Ancient Near East, Leiden 1979, 50ff: nicht Mastix, sondern Balsam, da M. aus Chios erst in hellenist. Zeit bekannt wurde): Gn 37_{25} 43_{11} Jr 8_{22} 46_{11} 51_{8} Ez 27_{17}. †

II צְרִי: n. m. = I צֳרִי, asa. n. m. *ḍrw* (Müller ZAW 75, 1963, 314); Noth N. 223: „Mastixbalsam", doch ↗ zu I צְרִי: Levit aus der Sippe Jeduthun 1C 25_{3} = יִצְרִי vs. 11, cf. Rudolph Chr. 164. †

צְרֻיָה, ↗ צְרוּיָה.

צְרִיחַ: wohl Primärnomen, BL 471s; ja. צְרִיחָא Ri 9_{46} Saal; nab. צריח Raum, Saal (der dem Kult u. der Bestattung diente, s. Cant. Nab. 2, 140b; DISO 247); asa. *ṣrḥ* (Conti 225b) u. äth. *ṣerḥ* (Dillm. 1273) Oberraum; ar. *ṣarḥ* hohes Gebäude, Schloss, u. andererseits *ḍaraḥa* eine Grube graben für Tote, *ḍarīḥ* Grube, Grab: pl. צְרִיחִים: — 1. sg. Ri $9_{46.49}$ **Gewölbe** (Rösel ZDPV 92, 1976, 29); eine Räumlichkeit im Innern des Tempels (K. Jaroš Sichem, OBO 11, 1976, 113f) od. spez. e. unterird. Raum, Krypta (Terrien VT 20, 1970, 331), s. ferner Nielsen 164ff, Simons OTSt 2, 1943, 77f, GTT § 584 :: G. E. Wright Shechem, 1965, 127 u. J. Gray Joshua, Judges and Ruth, 1967, 325: Turm, cf. ar. *ṣarḥ*; — 2. pl. 1S 13_{6} **Grabkammer** (u. a. || מְעָרוֹת), s. Stoebe KAT VIII/1, 242. 244. †

***צרך**: mhe., ja. nötig haben, bedürfen; auch Sir 42_{21} od. צריך bedürftig, s. Smend 77; sam.; ug. *ṣrk* versagen (Aistl. 2359, CML² 115². 156b; Wagner 249 u. HeWf 370) :: UT nr. 2200: Schaden zufügen (vb. II *ṣrr* + sf. *k*); sy. *ṣᵉrak* entbehren, adj. *ṣᵉrīkā* entbehrend; cp. *ṣrjkʾ* (Schulthess Lex. 172b); md. *ṢRK* II (MdD 397b) nötig haben, ermangeln; ar. *ḍaruka* arm sein.
Der. *צֹרֶךְ.

***צֹרֶךְ**: *צרך, BL 460i; mhe. nur Sir צורך; ja. צָרְכָּא; sam. צורך (BCh. LOT III/2, 121); sy. *ṣᵉrīkūtā, ṣurkānā*, cp. *ṣwrk* Bedürftigkeit, Armut; md. *ṣarka* (MdD 388b) Arglosigkeit, Demut (?): aLw. (Wagner 249): צָרְכֶּךָ: **Bedarf** 2C 2_{15} Sir 39_{33} 42_{23}. †

צרע: wohl vb. denom. von ↗ צָרַעַת; mhe. nitp./hitp. aussätzig werden; ja. itpe. dasselbe (Dalm. Wb. 368a) :: Lex.¹ hautkrank werden; cf. ? akk. *ṣennettu(m)* (AHw. 1090b) eine Hautkrankheit; äth. *ṣĕrnĕʿĕt* (Dillm. 1275) Ausschlag, Räude; cf. *ṣalʿĕ/ṣĕlʿĕ* (Dillm. 1262) Wunde, Schlag, s. GB, und *ʾaḍrĕʿa* (Dillm. 1328f) unterbrechen, aufhören; asa. *ḍrʿ* (Conti 227b) demütigen, V sich demütigen; ar. *ṣaraʿa* niederwerfen, zu Boden werfen; *ḍaraʿa* demütig, unterwürfig sein; *ḍāriʿ* Schwächling:

qal: pt. pass. צָרוּעַ **vom Ausschlag betroffen** (s. PN) Lv 13_{44f} 14_{3} 22_{4} Nu 5_{2}. †

pu: pt. מְצֹ(ו)רָע, f. מְצֹרַעַת, מְצֹרָעַת, pl. מְצֹרָעִים: **von Ausschlag**, **Hautkrankheit betroffen** (Lex.¹ :: trad. aussätzig) Ex 4_{6} Lv 14_{2} Nu 12_{10} (מִרְיָם), 2S 3_{29} 2K $5_{1.11.27}$ $7_{3.8}$ 15_{5} 2C $26_{20f.23}$. †
Der. n. f. צְרוּעָה, vgl. sbst. צָרַעַת.

צָרְעָה: n. l. (MT *ṣŏr-*, aber *ṣar-* nach G, Josph. EA, modern n. l.); G Σαραα, Josph. Σαρά (NFJ 107); EA 273, 21 *Ṣarḫa*: heute *Ṣarʿa* 23 km. w. Jerusalem

(Noth Jos. 94; BHH 2246): **Sorea** zu דָּן Jos 19:41 Ri 13:2.25 16:31 18:2.8.11, zu יְהוּדָה Jos 15:33 Neh 11:29 2C 11:10; Heimat von מָנוֹחַ Ri 13:2, befestigt durch רְחַבְעָם 2C 11:10 (P. Welten WMANT 42, 1973, 11-15. 195f); ↑ צָרְעָתִי, צָרְעִי.

צִרְעָה: etym. inc., Primärnomen ? (:: Lex.[1] ↑ b); Sam. *ṣårå*, Sam. Vers. Gn 42:21 eine LA הצרעה *aṣṣårå'* übersetzt mit עקתה = Schrecken; mhe. Hornisse, Wespe (Dalm. Wb. 368a, Levy IV 220b); sam. Ex 23:28 צריתה: Ex 23:28 Dt 7:20 Jos 24:12; Bedtg. umstritten: a) Hornisse, Wespe, so G V S T, GB, Zorell, König Wb., BDB, und s. bes. Dillmann Exodus und Leviticus[3], 1897, 283; Sawyer VT 26, 1976, 243f, Neufeld Or. 49 1980, 30ff; b) α) Schrecken, Furcht, so u. a. GesThes 1186; ferner Noth ATD 5, 139 und Jos. 136; Götz Schmitt BWANT 91, 1970, 19f; F. Stolz AThANT 60, 1972. 20; E. Otto BWANT 107, 1975, 235; β) Niedergeschlagenheit, Entmutigung (√ ar. *ḍara'a* ↑ צרע), so Koehler ZAW 54, 1936, 291 und KL 17ff, Lex.[1]; v. Rad ATD 8, 48; J. P. Floss BBB 45, 1975, 254; — im Blick auf mhe. und Vrss. ist a) zu bevorzugen; gegen b α) spricht auch Ex 23:28 mit dem sbst. אֵימָה in vs. 27, s. Dillmann l. c. †

צָרְעִי: gntl. v. צָרְעָה, BL 501z: 1C 2:54. †

צָרַעַת (< *ṣarra't*, BL 477z): צרע (Lex.[1]) od. ? I גרע (s. Sawyer VT 26, 1976, 243); Sam. *ṣårrēt*; mhe. ja.; sam. צרעה (BCh. LOT 2, 576); cf. ? akk. *ṣennettu(m)* (AHw. 1090b, 1588b); äth. *ṣěrně'ět*, ↑ צרע: צָרַעַת, sf. צָרַעְתּוֹ: **Hautkrankheit** (nicht Aussatz = *lepra*, weil heilbar Lv 13), *vitiligo* u. verwandte Krankheiten (Koehler KL 42-45, ZAW 67, 1955, 290f; Lex.[1]; s. ferner Elliger Lev. 180ff; de Vaux Inst. 2, 356 = Lebensordnungen 2, 315; K. Seybold BWANT 99, 1973, 31[1] u. 51[21]; Hulse PEQ 107, 1975, 87-105; Crüsemann ZDPV 94, 1978, 74[37]; BHH 167): a) an Menschen Lv 13:2-59 (21 ×), 14:3.7.32.44.54.57 Dt 24:8 2K 5:3.6f.27 2C 26:19; b) an Sachen: Kleid u. Gewebe Lv 13:47.51f.53.59 14:55, Leder 13:48.51f.53.59, Mauer 14:34.44.55. †

צָרְעָתִי: gntl. v. צָרְעָה, BL 501z: 1C 2:53 4:2. †

צרף: mhe., ja. läutern; ihe. sig. צרף pt. akt. (Dir. S. 259 Nr. 102) Gold- Silberschmied; sam. prüfen; äga. כסף צריף (DISO 247); ph. מצרף Metallschmelzer (NE 359b, Harris Gr. 142); ug. *ṣrp* Silberschmied (RSP II S. 67, Nr. 33, UT nr. 2197), *mṣrp* (KTU 1. 82, 33) ? Schmelztiegel (UT l. c., cf. Aistl. 1083f) brennen, läutern; akk. *ṣarāpu* (AHw. 1083f: feuer-) rot färben; *ṣārip dušê* Lederfärber (cf. Salonen Fussbekleidung 94); pl. *ṣāripūtu* (Ug V S. 92, 15) Metallschmelzer, s. Heltzer The Rural Community in Ancient Ugarit, 1976, 80f; sy. *ṣᵉrap* läutern; md. *ṢRP* II (MdD 397b) schmelzen, läutern; asa. sbst. *ṣrp* (Conti 226) Silber; cf. ar. *ṣirf* rein, unvermischt:

qal: pf. צָרַף, sf. צְרָפָתְהוּ, צְרַפְתַּנִי/תָּנוּ, צְרַפְתִּיךָ/תִּים; impf. אֶצְרֹף, sf. אֶצְרְפֵנּוּ; imp. צְרוֹפָה (K), צָרְפָה (Q) Ps 26:2; inf. צ(ו)רֵף, צְרֹף־, צְרֹ(ו)ף, צָרוֹף; pt. צוֹרְפָם, sf. צ(ו)רְפִים, pl. צְרוּפָה, pass. צָרוּף, f. צְרוּפָה: — 1. (Metall) **schmelzen** Js 1:25 48:10 Jr 6:29 (צָרַף צָרוֹף, s. R. Meyer Gr. § 103, 3b), 9:6; צוֹרֵף Feinschmied (Gold- Silberschmied), s. Noth WdAT[4] 152; BRL[2] 219ff; BHH 1207: Ri 17:4 (North Fschr. Eissfeldt, 1958, 153f) Js 40:19 41:7 46:6 Jr 10:9.14 51:17 Neh 3:8.32; — 2. **läutern** (durch Schmelzen) 2S 22:31/Ps 18:31 Zch 13:9 Ps 12:7 17:3 26:2 66:10 105:19 119:140 Pr 30:5 Da 11:35 (בָּהֶם, unter ihnen, s. Bentzen HAT 19[2] 84; Plöger KAT XVIII 154. 156); — 3. **sichten** Ri 7:4; cj. ? Pr 25:4 pr. וַיֵּצֵא לַצֹּרֵף

כֵּלִי so gelingt dem Godschmied das Gefäss, prop. c. G וְיֵצֵא נִצְרָף כֻּלּוֹ (Lex.[1], BHS), doch ist MT beizubehalten, s. Gemser Spr.[2] 90, TOB. †

nif: impf. יִצָּרְפוּ; pt.? cj. נִצְרָף Pr 25 4 ↱ qal 3: **geschmolzen, geläutert werden** Da 12 10. †

pi. (Jenni 163. 210): pt. מְצָרֵף: **Läuterer,** s. Jenni l. c. :: צֹרֵף: Mal 3 2f. †

Der. מַצְרֵף, צֹרְפִי.

צֹרְפִי: צרף: Neh 3 31 pr. הַצֹּרְפִי prop. c. MS u. S *ṣārpājē* (LS 638b) הַצֹּרְפִים, cf. vs. 8.32: **Feinschmiede,** ↱ צרף qal 1. †

צָרְפַת: n. l., etym. inc.: ? צרף; G Σάρεπτα Lk 4 26; Josph. Σαρεφθα (NFJ 107); ug. PN *bn ṣrptn* (RSP II S. 325 Nr. 91); äg. *Ḏa-ar-pá-ta* (Albr. Voc. 42; cf. Helck Beziehungen[2] 329); keilschr. *Ṣariptu* (Parpola AOAT 6, 1970, 321): loc. צָרְפַתָה, Var. ־פָתָה u. ־פַתָּה (BHS): **Sarepta,** ph. Stadt = *Ṣarafand,* zw. Tyrus u. Sidon: 1K 17 9f Ob 20 (GTT § 899, BHH 2204). †

I **צרר**: ↱ I צור; mhe., DSS (KQT 188); ihe. ? beladen (Esel) T.-Arad 3, 5; ja., sam. צרר (BCh. LOT 2, 574); sy. *ṣar*; cp. **ṣr*; md. (MdD 397f); ar. *ṣarra* zusammenschnüren, binden; akk. *ṣarārum* einpacken (AHw. 1588b); cf. ? akk. sbst. *ṣerretu(m)* (AHw. 1092b) Nasenseil, Leitseil; ? ug. *ṣrrt* (*ṣpn*), s. TOML 156[t]; asa. *ṣr* IV bedrängen, vordringen; sbst. *ṣr* Schleuse (Müller ZAW 75, 1963, 314):

qal I (trans.): pf. צָרָה; ? imp. צוֹר Js 8 16 ↱ unten 1; inf. צְרוֹר; pt. צֹרֵר, pass. צָרוּר, צְרוּרָה, pl. צְרֻרוֹת: — 1. **umhüllen, einwickeln** Ex 12 34 (c. בְּ), Js 8 16 obj. תְּעוּדָה u. vb. imp. Lex.[1] (:: Wildbg. BK X 342f: inf. abs. v. I צור, cf. Rignell StTh 10, 1957, 40-52), Hos 4 19 (Rudolph KAT XIII/1, 106. 108), 13 12 (sbj. עָוֹן), Pr 30 4 Hi 26 8 (obj. מַיִם); c. נֶפֶשׁ 1S 25 29 ↱ I צְרוֹר 2; — 2. a) **festbinden** (:: Lex.[1] hineinstecken) cj. Pr 26 8 pr. כִּצְרוֹר prop. כְּצוֹרֵר (BHS), obj. ↱ מַרְגֵּמָה; b) **einsperren,** v. Frauen, denen der eheliche Verkehr versagt ist (cf. ar. *ṣārūrat,* Lane 1672a) 2S 20 3. †

qal II (intrans.): pf. צַר, צָרָה; impf. יָצַר, יֵצַר (BL 428f), וַיֵּצֶר, וַתֵּצֶר, תֵּצְרִי, יֵצְרוּ: — 1. a) **eng sein** (v. Raum) 2K 6 1 (c. מִן), Js 49 20 (siehe auch I צַר 1 a), c. מִן zum Wohnen 49 19; kurz, bzw. schmal sein (Decke) 28 20; — 2. **behemmt, gehemmt sein** (Schritte) Hi 18 7 Pr 4 12; — 3. zum Sinn d. vbs. s. Rudolph KAT XIII/3, 270; cf. Brockelm. HeSy. § 35b; a) **beenget, beklemmt sein**: וַיֵּצֶר לוֹ ihm wurde angst Gn 32 8, וַיֵּצֶר/וַתֵּצֶר לוֹ/לָהֶם er kommt/sie kommen in Bedrängnis Ri 2 15 10 9 1S 30 6 Hi 20 22; b) צַר לְ hat Not, ist im Not Ri 11 7 1S 13 6 28 15; c) cf. בַּצַּר לְ ist in Not Dt 4 30 2S 22 7/Ps 18 7 Js 25 4 Hos 5 15 Ps 66 14 106 44 107 6.13.19.28 2C 15 4, cf. Js 26 16; בְּיוֹם צַר לִי am Tage, da ich in Not bin Ps 59 17 102 3; — 4. **bedrückt, bekümmert sein** (gegenüber 3 nicht scharf abzugrenzen) 2S 1 26 (עַל), 13 2; (ihm) ist bange 2S 24 14 Ps 31 10 69 18 Kl 1 20 1C 21 13. †

pu: pt. מְצֹרָרִים, **zusammengeflickt** (Weinschläuche, s. Noth Jos. 52) Jos 9 4. †

hif: pf. הֵצַר, הֲצֵר(וֹ)תִי; impf. וַיָּצַר, יָצַר־ (BL 438), וַיָּצֵרוּ; inf. הָצֵר; pt. f. מְצֵרָה: — 1. c. לְ **bedrängen** Dt 28 52 1K 8 37 Jr 10 18 Zef 1 17 Neh 9 27 2C 6 28 28 20.22 (Rudolph Chr. 292), 33 12; — 2. denom. v. I צָרָה: אִשָּׁה מְצֵרָה eine Frau in Kindsnöten Jr 48 41 49 22. †

Der. מֵצַר, I צַר, I צָרָה, I צְרוֹר.

II **צרר**, ↱ II צור; mhe. DSS (KQT 188); ihe. (T.-Arad Nr. 3, 5); mhe ja. ערר (pi./pa.) widersprechen; ug. (UT nr. 2200) vb. *ṣrr* ↱ *צרף; zu ug. akk. sy. äth. asa. ar. sbst. ↱ II צַר u. II צָרָה; cp. **ʿr* entrüstet sein, sich widersetzen; äth. (*ḍarara*) *taḍārara* (Dillm. 1327) feindlich gesinnt sein, sich widersetzen; ar. *ḍarra* u. *ḍāra* (*ḍwr/ḍjr*) schaden, Schaden zufügen:

qal: pf. צָרֲרוּ Ⓛ, צָרְרוּ Ⓑ, sf. צְרָרוּנִי; impf. יָצֹר; inf. צָרוֹר, צְרֹר; pt. צֹרֵר, sf. צֹ(ו)רְרִי/רֲרִי (var. צֹרֲ׳), צוֹרְרִי, pl. cs. צֹרְרֵי, צֹ(ו)רְרֶיךָ (var. צֹרֲ׳ Ex 23₂₂ Ⓑ), צוֹרְרָיו: — 1. **anfeinden**, **befehden**, c. acc. Nu 10₉ 25₁₇ 33₅₅ Js 11₁₃ Ps 129₁f, c. לְ Nu 25₁₈; — 2. pt. sg. u. pl. **Bedränger**, **Feind** (THAT II 582f): a) politisch-militärisch Ex 23₂₂ Js 11₁₃ Ps 74₄.₂₃ Est 3₁₀ 8₁ 9₁₀.₂₄; b) persönlich (Gegner d. Psalmenbeter) Ps 6₈ 7₅.₇ 23₅ 31₁₂ 42₁₁ 69₂₀ 143₁₂; c) sozial (Abgrenzung gegen b nicht scharf) Am 5₁₂ (s. Wolff BK XIV/2, 291f), Ps 10₅; d) Gegner Jahwes Ps 8₃.

Der. II צַר, II צָרָה.

III **צרר**: denom. v. II צָרָה A:

qal: inf. צְרֹר: **Nebenfrau**, **Mitfrau sein** Lv 18₁₈; Sam. *alṣårår*. †

IV *צרר: ? I צֹר.

צְרֹר: ↗ I צְרוֹר.

צְרֵרָה Ri 7₂₂: l צְרֵדָה.

צֶרֶת: n. m. vel tr.; G Σαρεθ, unerkl.: Nachkomme, bzw. Sippe aus Juda 1C 4₇. †

צֶרֶת הַשַּׁחַר: n. l.; Lage unbekannt (Noth AbLAk 1, 427[157]); Vorschläge: a) *Ch. Libb*, 12 km. s. Madeba (Noth Jos.[1] 51f, Lex.[1] und schwankend Noth Jos.[2] 80, cf. Kuschke Fschr. Hertzberg 92; b) *Ch. Qarn el-Kibsch* 10 km. nw. Madeba (Wüst Untersuchungen I 160): Jos 13₁₉. †

צָרְתָן, var. צָ׳: loc. צָרְתָנָה: n. l.; etym. ?: *T. es-Saʿidijeh* 18 km. n. אֲדָמָה (Glueck AASOR 25-28, 1951, 336ff; Noth AbLAk 1, 531; GTT § 462. 565-6: Jos 3₁₆, Giesserei d. Salomo 1K 7₄₆; cj. 2C 4₁₇ ↗ צְרֵדָה; 1K 4₁₂ txt. inc.: gl., s. Gray Kings[3] 134[e], Würthwein ATD 11/1, 83f. †

ק

ק: Sam. *qūf* (BCh LOT 5,265); G Ps 118/119, Kl κωφ (Nöldeke BS 127); gr. κοππα (Driver SWr[2] 179); sy. *qōf*; ar. *qāf*; äth. *qaf*; ug. keilschr. *qu* (BASOR 160, 23). Später Zeichen für 100. Bildwert: Affe (Driver l. c. 167f. 171). Ein emphatischer, velarer Explosivlaut, zwischen Zungenwurzel und Gaumensegel gesprochen. Entspricht im G: κappa. Entspricht ausserhe. meist *q*: חק, קֶרֶן; aber auch *k*: צחק und wechselt innerhe. mit a) *g*: גָּדִישׁ ,קֻבַּעַת; b) *k*: כרסם; c) ʿ: לקק.

*קֵא: קיא, Nf. קיא; ar. *qajʾ* (v. Hunde) s. GB, u. *qujāʾ* (Wehr): sf. קֵאוֹ: **Erbrochenes** Pr 26₁₁. †

קָאַת, **קָאָת** (zur Endg. s. BL 510/511v); Sam. *qāt*; mhe. קָאָת, ja. קָ(א)תָא Kropfgans od. Pelikan (Levy 4, 232b); nach d. Vrss. „Pelikan", der aber ein Wasservogel ist; cs. קְאַת: unreine Vogelart, liebt Trümmer u. Wüste; ? Eulenart; Driver PEQ 87, 1955, 16: Ohreule (lat. *strix scops* od. *scops giu*) oder Dohle Lv 11₁₈ Dt 14₁₇ Js 34₁₁ Zef 2₁₄ Ps 102₇ (|| כּוֹס חֳרָבוֹת), ↗ II כּוֹס. †

קַב: ? I *קבב oder Primärnomen (BL 453w): : Ellenbogen 147: äg. Lw; mhe. קַב; äga. קב (DISO 247); ja., sy. קַבָּא; md. (MdD 398a) *qaba*; ar. *qabb*, min. *qb* (GB 697a); äg. *qbj/qb* (EG 5, 25), G κάβος (cf.

Masson 84[5]); V *cabus*: **Kab**, ein Hohlmass 2K 6$_{25}$, nach d. Talmud 1/6 Sea, etwa 2 l, s. IDB 4, 835a; Gray Kings[3] 522; de Vaux Inst. 1, 304ff = Lebensordnungen 1, 322ff. †

I *קבב: ar. a) I fest, rund sein, bzw. fest, rund machen (Bauch e. Pferdes), II den Rücken rund machen wie ein Gewölbe (Mann); b) abhauen, abschneiden bes. Hand, Arm; zu a) u. b) s. Lane I 2477c, zu b) Wehr 658a; sy. *qᵉbībā* gekrümmt. Der. von a) קֻבָּה, ? קַב.

II קבב: Nf. von F נקב; Derivate d. √*qbb* in der Inschrift v. Deir Alla (?) II 17; IXa 3; Xa 3, s. H. P. Müller ZDPV 94, 1978, 57; pun. *qbb* verwünschen (DISO 248), cf. tigr. *qabba* (Wb 249b) verachten, schmähen, nicht beachten, s. Littmann ZA 14, 1899, 28:

qal: pf. sf. קַבֹּה, וְקַבֹּתוֹ; impf. אֶקֹּב, וָאֶקּוֹב, sf. תִּקֳּבֶנּוּ (BL 438), יִקְּבֻהוּ; imp. קָבָה־> *קָבָה (BL 438), sf. קָבְנוֹ־ Nu 23$_{13}$ (= קָבֶנּוּ s. BL 438, BHS); inf. קֹב: (W. Schottroff WMANT 30, 1969, 28. 200) **verwünschen**, **verfluchen** (vermutlich mit Unterstützung magischer Handlungen, THAT II 644): c. acc. Nu 22$_{11.17}$ 23$_{8.11.25.27}$ 24$_{10}$ Hi 3$_{8}$ (:: Ullendff. VT 11, 1961, 350f: vb. נקב), Pr 11$_{26}$ (:: בְּרָכָה), 24$_{24}$ (|| זעם), Sir 41$_{7}$; cj. Hi 5$_{3}$ pr. וָאֶקּוֹב prop. וְרָקַב od. וַיִּרְקַב (u.a. Fohrer KAT XVI 132), al. וַיֵּעָקֵר (u.a. Horst BK XVI/1, 61; BHS). †

cj. **nif**: pt. fem. נְקֻבָה Jr 31$_{22}$, pr. נְקֵבָה תְּסוֹבֵב גָּבֶר prop. נְקֻבָה תְּסוֹבֵב גְּבִרָ(ה) die Verwünschte wandelt sich zur Herrin (Rudolph Jer.[3] 199; BHS). †

קֵבָה: Sam. *qāba*; mhe. ja. sam.; ar. *qibat* u. *qibbat*: 1) Seeigel, 2) Spülnapf, cf. tigr. *qabat* (Wb. 250a, Leslau 46): 1) Mitte, 2) unterer Teil; etym. ? Nöldeke NB 155: sf. קֳבָתָהּ Nu 25$_{8}$ (BL 208t. 600): — 1. **Labmagen**, **Fettmagen** (taschenartiger Anhang am Magen) Dt 18$_{3}$ (G ἔνυστρον, Liddell-Sc. 775b ἤνυστρον „fourth stomach of ruminating animals"); — 2. **Bauch** (eines Menschen) Nu 25$_{8}$, ? dele, dittgr. v. הַקֻּבָּה vs. 8aα (= Sam. *qâbbâtâ*), s. Noth ATD 7, 170[1]. †

קֻבָּה: I *קבב (cf. BL 455f. g); Sam. *qâbbâ*; mhe. ja. קֻבְּתָא Gewölbe, Wölbung, Bordell, Zelt; sam. (BCh. LOT 2, 589); sy. *qubbᵉtā*; md. *quba* (MdD 405b) u. *qumba*/*qumbta* (MdD 408b) Gewölbe, Wölbung (Zelt); palm. *qbt'* gewölbter Raum (DISO 248); ar. *qubbat* (> Alkoven); lat. *cupola* > Kuppel(-bau) cf. Lokotsch 1221, Grabkuppel: הַקֻּבָּה Nu 25$_{8}$, Bedtg. ungewiss. die Vrss. differieren: G κάμινος, V *lupanar*, S *qᵉlītā* Kammer, Gemach; Vorschläge: a) profan: allg. Innenraum, Raum, cf. GB, Zorell, Noth ATD 7, 173; spez. Frauenraum (im Zelt), s. Lex.[1], König Wb; b) kultisch: midianit. Zeltheiligtum, s. Reif JBL 90, 1971, 200-206; gewölbtes Zelt-Heiligtum = Zelt der Begegnung, s. F. M. Cross Caanite Myth and Hebrew Epic (Cambridge [USA], 1973) 202. †

*קִבּוּץ: קבץ, BL 480v: mhe. Versammeln, Angesammeltes; ug. *qbṣ* Versammlung (UT nr. 2205, CML[2] 156b :: Aistl. 2386: vb): pl. sf. קִבּוּצַיִךְ Js 57$_{13}$, 1Q Jsª קובציך pt.; genaue Bedtg ungewiss, die Vrss. differieren: V *congregati tui*, ähnl. S; Qumran קובציך die, dich sammeln; G ἐν τῇ θλίψει σου; Targ. ʿᵘbādē šiqrīk deine lügnerischen Taten; Versuche: 1) c. MT: deine Sammlung von Götzen, dein Pantheon, s. GB; ähnl. Dahood Biblica 52, 1971, 343-45; TOB; cf. THAT II 584; b) Idole, eigentl. „Erwerbungen" (Duhm GHK III/1[4] 431); bzw. „gesammelte Dinge" (Scullion UF 4, 1972, 114); c) Statue, s. Barr CpPh 122. 334 nach sy. *qᵉbāʿā* das Festmachen > die Statue *qᵉbīʿtā*

Festmachung, Form, Zeichen; cf. Driver JThS 36, 1935, 294; 2) cj. pr. קִבּוּצַיִךְ prop. שִׁקּוּצַיִךְ, u. a. BHK, Westermann ATD 19, 258, s. ferner bei GB, doch ist auf diese cj. wohl zu verzichten zugunsten von 1. †

קְבוּרָה: קבר, BL 427x; Sam. *qēbirra*; mhe.; ja. קְבוּרְתָא (auch Inschr., s. Meehan ZDPV 96, 1980, 62); sy. *qebūrā*/*qeburtā* Begräbnis; cf. akk. *qubūru*(*m*) (AHw. 925b) Grab; ? *quburtum* (AHw. l. c.) Bestattung; cp. **qbwrjn* (pl. abs.; Schulthess Lex. 174a); palm. *qbwr'* (DISO 248): cs. קְבֻ(וּ)רַת, sf. קְבֻרָתוֹ/תָהּ/תָם; pl. sf. קִבְרֹתָיו 2C 16₁₄, var. zu קִבְרֹתָיו (BHS): — 1. **Begräbnis** (eines Esels) Jr 22₁₉; — 2. **Grab** Gn 47₃₀ Dt 34₆ 2K 9₂₈ 21₂₆ 23₃₀ Js 14₂₀ Ez 32₂₃f Koh 6₃ 2C 26₂₃; — 3. קְבֻרַת־רָחֵל: n. l. Gn 35₂₀ 1S 10₂: an der Strasse von *El-Bire* nach Jerusalem bei *Ḫaraib er-Râm* (Dalman JBL 48, 1929, 354), bzw. auf der Grenze von Benjamin und Ephraim (Stoebe KAT VIII/1, 197), s. auch GTT § 383 u. 666-8. †

קבל: althe. vb. doch durch לקח verdrängt u. unter aram. Einfluss wieder gebraucht, s. Wagner 251; mhe., DSS (KQT 189); ? ug. 1) KTU 1. 17 V 35: *qšt jqb*[*x*] = *jqb*[*l*] „er übernahm d. Bogen" (Aistl. 2383) sehr unsicher, s. CML[2] 108 :: Dijkstra-de Moor UF 7, 1975, 182: √ *nqb*; 2) KTU 1. 4 I 36 *qblbl* er machte passend, *peʿalʿal*-Form zu *qbl*, cf. he. pt. hif. Ex 26₅ 36₁₂ (van Selms UF 7, 1975, 473) :: UT nr. 2203, Aistl. 2384, CML[2] 156b: Sandalenriemen; kan. EA (VAB 2, Nr. 252, 18), s. Albright VTSu. 3, 1955, 7; Rainey AOAT 1978[2] 77; akk. aram. Lw. *qubbal* (AHw. 925b) er empfing (= *qabbel*); aram. (ja. äga. sy. cp. md. sam. nab. palm.) F ba.; asa. *qbl* (Conti 228b) empfangen; äth. *qabbala* u. *taqabbala* (Dillm 435) jmdm begegnen, jmdn aufnehmen; ähnl. tigr. (Wb. 248); ar. *qabila* annehmen, akzeptieren, (freundlich) aufnehmen:

pi. (Jenni 238. 240): pf. קִבֵּל, קִבְּלוּ, קִבֵּל Est 9₂₇ (Q ־לוּ, K קִבֵּל); impf. וַיְקַבְּלוּ, קַבֶּל־, וַיְקַבְּלֵם, נְקַבֵּל; sf. וַיְקַבְּלֵם; imp. קַבֵּל, (Wagner 250; THAT I 877): — 1. **entgegennehmen**, **annehmen**: a) Geschenk Est 4₄, Gabe Esr 8₃₀, Behagen (תענוג) Sir 41₁, das Gute-das Böse Hi 2₁₀; b) Anordnung, Einrichtung Est 9₂₃.₂₇, Zucht (מוּסָר) Pr 19₂₀, cf. Lebram VT 22, 1972, 210[2]; — 2. **in Empfang nehmen**: das Unreine 2C 29₁₆, Blut der Schlachtopfer 29₂₂, Opferstücke (נתחים) Sir 50₁₂; — 3. **aufnehmen**: Ankömmlinge 1C 12₁₉, cf. Sir 15₂; — 4. c. לְ für sich annehmen, wählen 1C 21₁₁. †

hif: impf. יקביל (Sir 12₅); pt. pl. f. מַקְבִּילֹת (Sam. pi.): — 1. **feindlich entgegentreten**, c. אֶל Sir 12₅; — 2. מַקְבִּילֹת c. אֶל (Praedikat zum sbst. לֻלָאֹת) Ex 26₅ 36₁₂: Sinn entweder: a) einander gegenüberstehen (GB, Zorell, ZüBi, Noth ATD 5, 170). od. b) in einander greifen, auf einander abgepasst sein (sam. מקבלן Var. מדבקן Targ. zu Ex 36₁₂); das obige 1 spricht eher für b, ebenso *qebal* af. im sy. u. palm. (pt.) gegenüber sein, F ba., DISO 248. †

Der. *קֹבֶל od. *קֶבֶל.

*קֹבֶל od. *קֶבֶל: קבל, BL 582, Wagner 251: sf. קָבָלוֹ = קֳבָלוֹ od. קֻבָּלוֹ: V *arietes*: eine Belagerungsmaschine: Mauerbrecher ?, Sturmbock ?, Ez 26₉; cj. 2K 15₁₀ pr. קָבָל־עָם (MSS קבלעם, G Κεβλααμ, G[O] κατέναντι τοῦ λαοῦ) prop. c. G[L] בְּיִבְלְעָם, so u. a. Lex.[1], Gray Kings[3] 620[c] :: u. a. TOB: in Gegenwart des Volkes, doch unwahrscheinlich, da קֳבָל „vor" aram. wäre, s. dazu Gray l. c. †

קבע: ? iam. ATDA 210 *qbʿn* „ihr Diebe" ? (H. P. Müller ZDPV 94, 1978, 62 u.

Anm. 39); ? sam. כבע (BCh. LOT 2, 533), das יניא Nu 30₆ „hindern" übersetzt: **qal**: pf. קָבַע, sf. קְבַעֲנוּךָ; impf. יִקְבַּע; pt. pl. קֹבְעִים, sf. קֹבְעֵיהֶם Mal 3₈f Pr 22₂₃; die Bedtg. ist umstritten: entweder a) hintergehen (Lex.[1]) od. b) rauben, berauben. Für a) spricht G πτερνίζειν „betrügen", so dass קבע in absichtlicher Änderung für עקב stünde (Lex.[1]), für b) spricht Pr 22₂₃, s. Driver ZAW 50, 1932, 145: קבע aram. für קבץ u. verw. mit ar. *qabaḍa* ergreifen, nehmen, packen; bei Pr 22₂₃ dürfte b) zutreffen, s. Gemser Spr. 84, Ringgren ATD 16, 89; bei Mal 3₈f ist die Entscheidung schwierig; nach dem Zushg. eher „betrügen" als „berauben", s. Rudolph KAT XIII/4, 281. 282 :: Vuilleumier CAT XIc 247[7]: l עקב pr. קבע.

***קֻבַּעַת**: wohl Primärnomen, BL 478e; ug. *qbʿt* (|| *ks*) (UT nr. 2204, Aistl. 2385, RSP I S. 232 Nr. 296) Becher, Pokal; akk. *qabūtu* (AHw. 890b) Becher, Kelch, cf. Salonen Hausgeräte 120ff, ? < äg. *qbḥw* Libationsgefäss (EG V 27), s. Lex.[1]; ph. *qbʿ* Becher (DISO 249); sy. *qubʿā*; ar. *qubʿat* Blumenkelch; > gr. κύμβη, κυμβίον (Masson 75); lat. *cymbium*, s. Brown VT 21, 1971, 6: cstr. קֻבַּעַת: **Becher** Js 51₁₇.₂₂ (כּוֹס gl.). †

קבץ: mhe., DSS (KQT 189, THAT II 586); ug. *qbṣ* sbst. od. ? vb. ℱ *קִבּוּץ; äth. *qabṣa* (Dillm. 438b): Grdb. zusammenziehen > zusammenfallen, d. Hoffnung aufgeben, verzweifeln, die letztere Bedtg. auch tigr. (Wb. 250b); asa. min. Beiname des ʿAṯtar: *ḏū Qabḍ* = „der von der Ernte" od. „der von der Steuer" (RAAM 290. 325, cf. Conti 228b); ar. *qabaḍa* ergreifen, nehmen, packen, *qubaḍat* Hirte, der die Herde gut versorgt; ? etym. verwandt mit mhe., aram., sy. קבע festmachen, so LS 643, s. ferner zu *קִבּוּץ 1 c:

qal: (Sam. nur pi.) pf. קָבַץ; impf. וַיִּקְבֹּץ, יִקְבְּצוּ, אֶקְבְּצָה, אֶקְבֹּץ, תִּקְבֹּץ, יִקְבָּץ־, sf. אֶקְבָּצֵם, יִקְבְּצֶנּוּ/צֵם; imp. קִבְצוּ, קְבֹץ; inf. קָבְצִי Zef 3₈ (entweder י compaginis, cf. BL 525j od. sf. 1. pers., cf. Rudolph KAT XIII/3, 287; s. ferner Sabottka Zephania, Rom 1972, 114: י = Dativ-sf. „mir zusammenzuholen"); pt. קֹבֵץ, pass. pl. קְבוּצִים: (THAT II 583-86): **sammeln**: — 1. Dinge: a) Getreide Gn 41₃₅.₄₈, Besitz (הוֹן) Pr 28₈, Silber 2C 24₅, Beute Dt 13₁₇, Unheil (אָוֶן) Ps 41₇; b) abs. c. עַל־יָד händeweis = allmählich (ZüBi) Pr 13₁₁; Sir 14₄; — 2. Menschen, Leute: a) zu einer Versammlung, Zusammenkunft: α) c. אֶל d. Ortes 1K 18₂₀ Est 2₃ Esr 8₁₅ 2C 32₆ (u. אֶל pers.); c. אֶל pers. 1K 18₁₉; β) c. לְ + inf. Esr 7₂₈ Neh 7₅; γ) קְבוּצִים שָׁם dort versammelt Neh 5₁₆; δ) c. acc. d. Ortes 1S 7₅; ε) 1K 22₆ 2K 10₁₈ Jl 2₁₆ Neh 13₁₁ 2C 18₅ 23₂; b) Leute, Mannschaft zum Kampf: α) c. אֶל pers. 2S 3₂₁, c. עַל 1K 11₂₄; β) c. acc. d. Ortes 1S 29₁; γ) c. לְ c. inf. 1S 28₁; δ) abs. Ri 12₄ 1S 28₄ 2S 2₃₀ 1K 20₁ 2K 6₂₄ 2C 15₉ 25₅; c) Völker versammeln = an sich raffen Hab 2₅; — 3. Menschen, Königreiche sammeln zum Gericht Ez 22₁₉f, ℱ *קְבֻצָה, Zef 3₈. †

nif: (Sam. nif. II — hitpa.) pf. נִקְבְּצוּ/ בָּצוּ; impf. תִּקָּבְצוּ, (וַ)יִּקָּבְצוּ, תִּקָּבֵץ; imp. הִקָּבְצוּ (so auch Jl 4₁₁ pr. וְנִקְבְּצוּ s. BHS :: BL 322v: älterer imp. d. Form **náqtil*); inf. cs. הִקָּבֵץ; pt. pl. נִקְבָּצִים, sf. נִקְבָּצָיו; — 1. **sich versammeln** Gn 49₂ 1S 25₁ 28₄ Js 45₂₀ 48₁₄ 49₁₈ 60₄ Ez 39₁₇ Jl 4₁₁ 2C 20₄ 32₄; — 2. **gesammelt werden**: a) c. לְ d. Pers. Js 60₇; b) c. אֶל d. Pers. Jos 10₆ Jr 40₁₅ Esr 10₁ Neh 4₁₄ 1C 11₁ 13₂, c. עַל 2C 13₇; c) c. אֶל d. Ortes Est 2₈; d) c. acc. d. Ortes 1S 7₆ Esr 10₇.₉ 1C 11₁ 2C 15₁₀; e) c. שָׁם Js 34₁₅, c. יַחְדָּו Js 43₉ Hos 2₂ Ps 102₂₃; f) abs. Ez 29₅ :: ? cj.

pr. תְּקַבֵּץ prop. תִּקָּבֵר (BHS); Est 2_{19}; g) נִקְבָּצָיו seine Gesammelten (c. קִבֵּץ) Js 56_8. †

pi. (Jenni 186-188): pf. קִבֵּצָה, קִבַּצְתִּי, קִבְּצוּ, sf. קִבַּצְתִּים, קִבְּצָם/צָן, קִבֶּצְךָ; impf. יְ/תְ/אֲקַבֵּץ, אֲקַבְּצָה, תְּקַבְּצוּ, sf. יְקַבֶּצְךָ, יְקַבְּצֵנוּ, אֲקַבֶּצְךָ/צֵם, אֲקַבֶּצְךָ, תְּקַבְּצֵם; imp. sf. קַבְּצֵנוּ; inf. cs. קַבֵּץ, sf. קַבְּצִי, abs. קַבֵּץ; pt. מְקַבֵּץ, sf. מְקַבְּצָיו, מְקַבְּצָם: **sammeln** (vom unerwarteten Zustandekommen :: qal: von zusammengehörigen Kollektiven, s. Jenni l. c.): — 1) Dinge: Wasser Js 22_9, Garben Mi 4_{12}, Wein (תִּירוֹשׁ) Js 62_9, Dirnenlohn Mi 1_7 (s. Rudolph KAT XIII/3, 33); — 2. zerstreute Herdentiere, cf. ar. (auch metaph.) Js 13_{14} 40_{11} Jr 23_3 49_5 Mi 4_6 Nah 3_{18}, Zef 3_{19}, cf. AuS 6, 259. 262f; — 3. Menschen: a) Verbannte (cf. Sehmsdorf ZAW 84, 1972, 547f) Dt 30_{3f} Js 11_{12} 43_5 54_7 56_8 u. Sir 51_{12} (נִדְחֵי יִשְׂ׳), Jr 23_3 29_{14} $31_{8.10}$ 32_{37} Ez 11_{17} 20_{41} 28_{25} 34_{13} 36_{24} 37_{21} 39_{27} Mi 2_{12} 4_6 Zef 3_{20} Zch $10_{8.10}$ Ps 106_{47} 107_3 Neh 1_9 1C 16_{35}; b) מִצְרַיִם Ez 29_{13}; c) (Leute) versammeln Ez 16_{37}; d) Völker Js 66_{18} Jl 4_2 Mi 4_{12}; e) α) sammeln, bzw. nicht sammeln zum/im Gericht Ez 20_{34} Hos 8_{10} 9_6; וְאֵין מְקַבֵּץ Js 13_{14} Jr 49_5 Nah 3_{18}; β) Jahwes Geist sammelt (in Edom) unheimliche Tiere Js 34_{16}; — 4. קִבֵּץ פָּארוּר Jl 2_6 Nah 2_{11} ↗ פָּארוּר †

pu: pt. f. מְקֻבֶּצֶת **gesammelt werden** Ez 38_8. †

hitp: pf. הִתְקַבְּצוּ; impf. (וַ)יִּתְקַבְּצוּ: **sich versammeln** Jos 9_2 Ri 9_{47} 1S 7_7 8_4 22_2 2S 2_{25} Js 44_{11} Jr 49_{14}. †

Der. *קִבּוּץ, *קְבֻצָה; n. l. קַבְצְאֵל u. קִבְצַיִם.

קַבְצְאֵל: n. l. (? urspr. PN > n. p.); קָבַץ + אֵל El hat versammelt; < *קִבְצְאֵל od. *קִבֵּצְאֵל: Jos 15_{21} 2S 23_{20} 1C 11_{22} (= יְקַבְצְאֵל Neh 11_{25}): im Negeb, nicht lokalisierbar (Fritz ZDPV 91, 1975, 38). †

***קְבֻצָה**: קבץ, BL 472x: cstr. קְבֻצַת, cj. c. G כִּקְבֻצָה: das **Einsammeln** (von Metall in den Ofen) Ez 22_{20}, c. קבץ. †

קִבְצַיִם: n. l.; קבץ, = יָקְמְעָם 1C 6_{53}: Levitenstadt Jos 21_{22} GTT § 337 Nr. 16: wahrscheinlich *Quṣēn*, 7 km. wnw. von Nablus, im Gebiet von Manasse :: Noth Jos. 128, Rudolph Chr. 62: Lage unbekannt. †

קבר: mhe., DSS (KQT 189), ja., sam.; ug. *qbr* (UT nr. 2206, Aistl. 2387); akk. *qebēru* (AHw. 912f); sy. cp. md. ph. pun. nab. palm. (DISO 250); asa. (Conti 228b); äth. (Dillm. 436), tigr. (Wb. 249a); ar.: Bedtg. stets begraben, beerdigen:

qal: pf. קָבַר, קָבַרְתִּי, קְבָרוּ, קְבַרְתֶּם, sf. קְבָרוּם, קְבָרֻהוּ, קְבַרְתּוֹ, קְבַרְתַּנִי; impf. וַיִּקְבֹּר, אֶקְבְּרָה, (וַ)יִּקְבְּרוּ, וַתִּקְבְּרוּ, sf. תִּקְבְּרֵנִי, וַיִּקְבְּרֵהוּ, וָאֶקְבְּרֶהָ, תִּקְבְּרֵנוּ; imp. קְבֹר, קִבְרוּ/רָה; inf. קְבוֹר, קְב(וֹ)ר, sf. קָבְרוֹ(הָ); pt. ק(וֹ)בֵר, קֹבְרִים, pass. קָבוּר, pl. קְבֻרִים **begraben** (Eichrodt 2/3[4], 145ff; Wolff Anthropologie 150ff; de Vaux Inst. 1, 93ff = Lebensordnungen 1, 99ff; BHH 211f. 605ff): — 1. c. acc. pers. ohne Angabe d. Ortes Gn $23_{4.6.8.11.15}$ $50_{5-7.14}$ Dt 21_{23} u. ö.; — 2. a) c. בְּ d. Ortes Gn 47_{30} 50_{13} Jos 24_{33} Dt 34_6 Ri 2_9 2S 2_{32} 3_{32} 1K 15_8 u. ö; b) c. אֶל d. Ortes Gn 23_{19} 25_9 49_{29}; c) שָׁמָּה Gn 23_{13} 49_{31} 50_5, c. שָׁם Gn 48_7 Nu 11_{34}; — 3. a) אֶל אֲבֹתַי Gn 49_{29}, עִם אֲבֹתָיו 2K 12_{22} 15_7 (cf. nif. 1 c α); b) בְּבֵיתוֹ תַּחַת הָאֶשֶׁל 1S 31_{13}, 2C 33_{20} (:: בְּגַן־בֵּיתוֹ 2K 21_{18}, s. Gray Kings³ 710, ↗ nif. 1 b β); c) וְאֵין ק(וֹ)בֵר ohne dass einer bestattet 2K 9_{10} Ps 79_3.

nif: impf. (וַ)יִּקָּבֵר, (וַ)תִּקָּבֵר, אֶקָּבֵר, יִקָּבְרוּ: **begraben werden**: — 1. a) c. שָׁם Nu 20_1 Dt 10_6 Jr 20_6 Rt 1_{17}; b) α) c. בְּ d. Ortes Gn 35_{19} Ri 8_{32} $10_{2.5}$ $12_{7.10.12.15}$ 2S 17_{23} 1K 2_{10} 11_{43} $16_{6.28}$ 2K 13_{13} 14_{16} 2C 12_{16} 35_{24}; β) בְּבֵיתוֹ 1K 2_{34}, בְּגַן־בֵּיתוֹ 2K 21_{18}; c) α) עִם אֲבוֹתָיו (in demselben Grab der Väter, cf. K. Kenyon, Amorites and Canaanites, London 1976, 17f) 1K 14_{31} 15_{24} 22_{51} 2K 8_{24} 14_{20} 15_{38} 16_{20} 2C 21_{1}; β) עִם מַלְכֵי יִשְׂרָאֵל 2K 13_{13} 14_{16}; d) תַּחַת הָאַלּוֹן Gn 35_{8}; — 2. Versch.: a) (וְ)לֹא יִקָּבֵרוּ Jr 8_{2} $16_{4.6}$ 25_{33}; b) קְבוּרַת חֲמוֹר ein Eselsbegräbnis Jr 22_{19}; c) בַּמָּוֶת יִקָּבֵרוּ vom Tod begraben werden Hi 27_{15}, d. h. entweder: durch die Pest sterben (GB) oder: überhaupt nicht begraben werden (Fohrer KAT XVI 388); d) בְּשֵׂיבָה טוֹבָה Gn 15_{15}. †

pi. (Jenni 145f. 150f): impf. sf. תְּקַבְּרֵם; inf. cstr. קַבֵּר; pt. מְקַבֵּר, מְקַבְּרִים: (viele zugleich) **begraben** Nu 33_{4} 1K 11_{15} Jr 14_{16} Ez 39_{14f} Hos 9_{6}. †

pu: pf. קֻבַּר (? (eig. pass. qal, cf. R. Meyer Gr. § 68, 3b) **begraben werden** Gn 25_{10}. †

Der. קֶבֶר, קְבוּרָה, n. l. קִבְרוֹת הַתַּאֲוָה.

קֶבֶר: קבר BL 458s; Sam. *qā̊bår*; mhe., ja. קַבְרָא, sam.; ph. pun. aam. äga. (DISO 250); ug. *qbr* (UT nr. 2206, Aistl. 2387); akk. *qabru(m)* (AHw. 888b); sy. cp. md. (MdD 398b); nab. palm. (DISO 250); asa. (Conti 228f); äth. *qabar* (Dillm. 436), tigr. *qabr*. (Wb 249a); ar. *qabr*: קֶבֶר, sf. קִבְרִי, קִבְרְךָ/רֵךְ, קִבְרוֹ, pl. קְבָרִים, cs. קִבְרֵי, sf. קְבָרֵינוּ, קִבְרֵיהֶם; קְבָרוֹת (Michel Grundl. heSy. 1, 54ff), cs. קִבְרוֹת, sf. קִבְר(וֹ)תֶיךָ, קִבְרֹתָיו, (2C 16_{14} Var. בְּקִבְ׳, s. GB, BHS), קִבְר(וֹ)תֶ(י)הָ, קִבְרוֹתֵיכֶם (Lit. ↗ קבר, ferner BRL² 122ff, Barrois 2, 274ff, THAT II 840, BHH 605ff): **Grab**: — 1. a) (הַ)קֶּבֶר Nu $19_{16.18}$ 1K 13_{31} 14_{13} 2K 23_{17} Ez 39_{11}; קֶבֶר פָּתוּחַ Jr 5_{16} Ps 5_{10}; b) קִבְרִי Gn 50_{5} Jr 20_{17}, קִבְרְךָ Js 14_{19}, קִבְרוֹ 1K 13_{30} Js 53_{9}; c) קְבָרִים Gräber Ex 14_{11}, Hi 17_{1} (Fohrer KAT XVI 281), הַקְּבָרִים 2K 23_{16} 2C 34_{4} (txt. inc. s. BHS), בַּקְּבָרִים Js 65_{4} :: pl. f. 2K 22_{20} || 2C 34_{28} Ez $32_{22f.25f}$ 2C 21_{20} etc: (einzelne) Grabkammern, s. Michel l. c. 55f; d) אֲחֻזַּת־קֶבֶר Grabbesitz Gn $23_{4.9.20}$ 49_{30} 50_{13}; e) קֶבֶר אָבִיו 2S 2_{32} 17_{23}, cf. Ri 8_{32} 16_{31} 2S 21_{14}; קֶבֶר אָבִיו וְאִמּוֹ 2S 19_{38}; קֶבֶר אֲבוֹתֶיךָ 1K 13_{22}; קִבְרוֹת אֲבֹתַי Neh $2_{3.5}$; קִבְרוֹת אֲבֹתָיו 2C 35_{24}; f) קֶבֶר אַבְנֵר 2S 3_{32} 4_{12}, cf. Ri 8_{32} 16_{31} 2S 21_{14} ↗ e; קִבְרֵי דָוִיד Neh 3_{16}; קִבְרֵי בְנֵי דָוִיד 2C 32_{33}; קִבְרוֹת הַמְּלָכִים 2C 21_{20} 24_{25}; קִבְרוֹת מַלְכֵי יִשְׂר׳ 2C 28_{27} :: קֶבֶר בְּנֵי הָעָם/קִבְרֵי d. Grab/d. Gräber der gewöhnlichen Leute 2K 23_{6} Jr 26_{23}; — 2. Wendungen: a) c. בּוֹא אֶל/אֱלֵי 1K 14_{13} Hi 5_{26}, c. נֶאֱסַף אֶל 2K 22_{20} 2C 34_{28}, c. הוּבַל לְ Hi 10_{19} 21_{32}, c. חָצַב Js 22_{16}, c. יצא hif. Jr 8_{1} (obj. עַצְמוֹת־), c. יָשַׁב בְּ Js 65_{4} (cf. Mk 5_{3}), c. לָקַח מִן 2K 23_{16}, c. מָצָא Hi 3_{22}, c. (נָ׳ קֶבֶר פ׳ אֶת) נָתַן Js 53_{9}, cf. Ez 32_{23}, c. הֶעֱלָה מִן Ez 37_{12f}, c. פָּתַח Ez 37_{12f}, c. קָבַר 1K 13_{31} 2C 16_{14}, nif. 2C 35_{24}, c. שִׂים Nah 1_{14}, c. שָׁכַב (שֹׁכְבֵי קֶ׳) Ps 88_{6}, c. הִשְׁלִיךְ אֶל/עַל 2K 23_{6} Jr 26_{23}, hof. Js 14_{19}; b) הַיְסֻפַּר בַּקֶּ׳ חַסְדֶּךָ Ps 88_{12} (Grab = Unterwelt); — cj. Ps 49_{12} pr. קִרְבָּם prop. c. G S T קְבָרִים vel קִבְרָם (BHS); Ps 49_{15} (txt. corrupt.) pr. לַבֹּקֶר prop. לַקֶּבֶר vel לִרְקֹב (BHS). †

קִבְרוֹת הַתַּאֲוָה: n. l.; קֶבֶר u. תַּאֲוָה; Sam. *qā̊bā̊rot attā̊wwå*: Wüstenstation unbekannter Lage (GTT § 431 u. Anm. 224; Fritz Israel in der Wüste, 1970, 74): Nu 11_{34f} 33_{16f} Dt 9_{22}; die Namenerklärung „Gräber des Gelüstes" Nu 11_{34} ist wohl sec., s. Fritz l. c.; nach Driver SWr² 231 (128-29) der urspr. Sinn: „markierte Gräber". †

קדד: Sam. קדד (Gn 24_{48} *wiqqåd*) und קוד (Gn 24_{26} u. ö. *wjā̊qåd*); akk. *qadādu(m)* (AHw. 890f) sich (tief) beugen, cf. GAG § 101, 2b:

qal: impf. וַיִּ/תִּקֹּד, וָאֶקֹּד, וַיִּקְּדוּ: **sich** (huldigend) **neigen**, **niederknien** (immer verbunden mit הִשְׁתַּחֲוָה, zu dem es als Vorbereitungshandlung dient): — 1. a) c. אַרְצָה Ex 34_{8}; b) אַפַּיִם אַרְצָה 1S 24_{9} 28_{14} 1K 1_{31} (pr. אֶרֶץ l c. Seb. u. MSS אַרְצָה),

2C 20$_{18}$ (+ נפל); אַפַּיִם אַרְצָה לַיהוה Neh 8$_{6}$; c) לְאַפָּיו Nu 22$_{31}$; — 2. c. לְ (ohne die näheren Bestimmungen von 1): a) לַיהוה Gn 24$_{26.48}$; b) לַמֶּלֶךְ 1K 1$_{16.31}$; c) לַיהוה וְלַמֶּלֶךְ 1C 29$_{20}$; — 3. abs. Gn 43$_{28}$ Ex 4$_{31}$ 12$_{27}$ 2C 29$_{30}$. †

קִדָּה: wohl Frw.; 1) Ex 30$_{24}$; 2) Ez 27$_{19}$; in 1): G καλάμου εὐώδους (gen.), V *cassia*, Targ. קְצִיעֲתָא, S *qasjā*; 2) Sam. *qiddå*, sam. (BCh. LOT 2, 587); S *qasjā* (pl.); G u. V anders, s. Zimmerli Ez. 631: **Zimtblüte**, **Zimtnägelchen**, *Flores Cassiae* (Löw 2, 113f). †

קְדוּמִים: קדם (cf. ? BL 472y); hapleg. Ri 5$_{21}$ נַחַל קְדוּמִים txt. inc.; G^{A} χειμάρρους καδημιμ, G^{B} χεί' ἀρχαίων ,,Bach der Alten'', V *torrens Cadumim*, Targ. מִלְּקַדְמִין ,,von der Vorzeit'', S *naḥlā d^{e}qadmīn* ,,Bach der Früheren'', cf. G^{B}; Deutungen: 1) mit MT: a) c. Vrss.: der uralte Bach (u. a. Hertzberg ATD 9, 172; TOB); b) קְדוּמִים = akk. *qudmu(m)/qudumu* (AHw. 926a) Vorderseite, hervorragender Vertreter, danach ק׳ die Vorderseite, die herausragenden Teile des Kison, d. h. seine über die Ufer herausbrechenden Fluten (Ahlström JNES 36, 1977, 287); 2) cj. pr. ק׳ prop. קִדְּמָם trat ihnen entgegen (u. a. ZüBi, Grether Das Deboralied, 1941, 27, W. Richter BBB 18^{2}, 1966, 79f, cf. BHS; die Entscheidung zw. 1 u. 2 muss wohl offen bleiben.

קָדוֹשׁ u. **קָדֹשׁ**: קדשׁ, BL 467p; Sam. sg. *qādoš*, pl. *qaddīšəm*; mhe., DSS (KQT 189); ihe. (DISO 253), ph. pun. *qdš* (DISO l. c., THAT II 591); ug. *qdš* (UT nr. 2210, Aistl. 2393, RSP I S. 323 Nr. 483, II S. 27 Nr. 49; W. H. Schmidt ZAW 74, 1962, 63; J. M. de Tarragon Le culte à Ugarit, 1980, 134. 138ff; THAT II 590f); akk. *qašdu(m)*, *qaššum*, f. *qadištu(m)* (AHw. 906a. 891b) rein/geweiht, heilig; *quddušu* (AHw. 926a) gereinigt, geheiligt; *quššudu* (AHw. 930a) hochheilig, s. THAT II 590; asa. (sab.) *qds* (Conti 229b); äth. *qĕddūs* (Dillm. 466), tigr. *qĕddūs* (Wb. 260a) heilig; ar. *qaddūs*, *quddūs* hochheilig; aram. קַדִּישׁ ↗ ba.; so auch md. (MdD 399a), doch hier auch *qaduš* = קָדוֹשׁ als Name für Adonai (MdD l. c.): cs. קְד(וֹ)שׁ, sf. קְדוֹשׁוֹ, קְדֹשׁוֹ, קְדוֹשְׁכֶם, pl. קְד(וֹ)שִׁים, sf. קְדֹשָׁיו = קְדוֹשָׁיו Hi 15$_{15}$: 116 × (THAT II 589-609, ThWbNT I 89. 91ff, Kraus BK XV/3, 1979, 30, weitere Lit. ↗ קֹדֶשׁ): — 1. **heilig**, **furchterregend**, mit Vorsicht zu behandeln, dem profanen (חֹל) Gebrauch entzogen: a) Sachen: מָקוֹם Ex 29$_{31}$ Lv 6$_{9.19f.}$ 7$_{6}$ 10$_{13}$ 16$_{24}$ 24$_{9}$ Ez 42$_{13}$ Koh 8$_{10}$ (pr. וּמִמְּ׳ l וּמִמָּקוֹם, s. BHS); מִשְׁכְּנֵי עֶלְיוֹן Ps 46$_{5}$ s. THAT II 603 (:: ? cj. c. G pr. קְדֹשׁ prop. קִדֵּשׁ), יוֹם Neh 8$_{11}$, מַיִם Nu 5$_{17}$ (:: G ὕδωρ καθαρὸν ζῶν), מַחֲנֶה Dt 23$_{15}$, שְׁמוֹ (Gottes) Ps 111$_{9}$ ↗ 4; Ps 65$_{5}$ קְדֹשׁ הֵיכָל: pr. ק׳ prop. קָדוֹשׁ vel קֹדֶשׁ (BHS); b) von Personen (ohne ausdrückliche Beziehung auf die Gottheit): אִישׁ אֱלֹהִים 2K 4$_{9}$, הַקָּדוֹשׁ wer heilig ist Nu 16$_{5}$; הַקָּדוֹשׁ 16$_{7}$ (הָאִישׁ אֲשֶׁר יִבְחַר יהוה), oder zu 3 c; — 2. c. לְ: **heilig**, **ausgesondert**, **geweiht** für: a) Priester dem Volk (לָךְ) Lv 21$_{8}$; Priester ihrem Gott Lv 21$_{6f}$; Leviten für Jahwe 2C 35$_{3}$; Israel für Gott Nu 15$_{40}$; Israel: עַם קָדוֹשׁ לַיהוה Dt 7$_{6}$ 14$_{2.21}$ 26$_{19}$ 28$_{9}$; גּוֹי קָדוֹשׁ Ex 19$_{6}$; נָזִיר ist קְדוֹשׁ יהוה Ps 106$_{16}$; der אַהֲרוֹן ist קָדֹשׁ Nu 6$_{5}$, ק׳ לַי׳ 6$_{8}$; b) Zeiten: הַיּוֹם ק׳ לַיהוה bzw. לַאֲדֹנֵינוּ Neh 8$_{9f}$ cf. 11; v. שַׁבָּת Js 58$_{13}$ (pr. לִקְדוֹשׁ יהוה prop. ק׳ לַי׳, s. BHS); — 3. Menschen heissen heilig (THAT II 605ff): a) קְדוֹשִׁים (יִשְׂרָאֵל) Lv 11$_{44f}$ 19$_{2}$ 20$_{7.26}$ 21$_{6}$ Nu 15$_{40}$; כָּל הָעֵדָה (וּבְתוֹכָם יהוה) Nu 16$_{3}$; קְדֹשָׁיו Dt 33$_{3b}$ (vs. $_{a}$ pr. עַמִּים prop. עַמּוֹ s. BHS), doch ↗ 5 b; b) Teile od. Gruppen d. Volkes: α) der Rest in Zion/Jerusalem Js 4$_{3}$; β) קְדֹשָׁיו (|| יְרֵאָיו) seine Heiligen = seine

Frommen Ps 34_{10}, s. THAT II 606; γ) קְדוֹשִׁים אֲשֶׁר בָּאָרֶץ Ps 16_3; Bedtg. umstritten, s. Kraus BK XV^5 264; Möglichkeiten: 1) קְ׳ Menschen, entweder wie Ps 34_{10} „Fromme", od. קְ׳ die levitischen Priester, cf. Nu 16_3; 2) himmlische Wesen, ↗ 5 b; δ) die gleiche doppelte Möglichkeit Menschen/himmlische Wesen auch bei קְהַל קְ׳ Ps 89_6, סוֹד קְ׳ 89_8, עַם קְ׳ Da 8_{24}, ↗ 5 b; c) Einzelne, bzw. ein Einzelner (↗ schon 1 b): הַקָּדוֹשׁ wer heilig ist Nu 16_5, הַקָּדוֹשׁ 16_7 (= הָאִישׁ אֲשֶׁר יִבְחַר יהוה), אִישׁ אֱלֹהִים 2K 4_9; — 4. Gott ist heilig: a) קְדוֹשׁ יִשְׂרָאֵל 2K 19_{22} Js 1_4 $5_{19.24}$ 10_{20} 12_6 17_7 29_{19} $30_{11f.15}$ 31_1 37_{23} (Wildbg. BK X 23f); $41_{14.16.20}$ $43_{3.14}$ 45_{11} 48_{17} 54_5 55_5 $60_{9.14}$ (Elliger BK XI 151f), Jr 50_{29} 51_5 Ps 71_{22} 78_{41} 89_{19} Sir 50_{17}; קְ׳ יַעֲקֹב Js 29_{23}; b) קְדוֹשׁוֹ (Israels) Js 10_{17} 49_7, קְדוֹשְׁכֶם 43_{15}, קְדֹשִׁי Hab 1_{12}; c) Gott ist קָדוֹשׁ Js 6_3 (τρισάγιος); קָדוֹשׁ (הוּא) Ps $99_{3.5.9}$; קָדוֹשׁ בְּיִשְׂרָאֵל Ez 39_7; d) קָדוֹשׁ אָנִי Lv 11_{44f} 19_2 20_{26}; ? cj. ins. c. MSS, G קְ׳ vs. 7; e) הָאֵל הַקָּ׳ Js 5_{16}, יהוה הָאֱלֹהִים הַקָּ׳ הַזֶּה 1S 6_{20} (THAT II 597); יהוה אֱלֹהִים קְדֹשִׁים Jos 24_{19}; f) קָדוֹשׁ der Heilige Js 40_{25} Hos 11_9 (:: אִישׁ), s. THAT II 600; Hab 3_3 Hi 6_{10} Sir 45_6 קָדוֹשׁ שְׁמוֹ der Heilige ist sein Name Js 57_{15}; אֵין קָדוֹשׁ כַּיהוה 1S 2_2; g) als Heiliger (Gott) קָדוֹשׁ יוֹשֵׁב Ps 22_4 (so Kraus BK XV^5 321. 323), מָרוֹם וְקָ׳ אֶשְׁכּוֹן Js 57_{15}; h) pl. קְד(וֹ)שִׁים der Heilige (pl. d. Hoheit od. Herrschaft, s. GK § 124h, cf. Michel Grundl. heSy. 1, 89) Pr 9_{10} 30_3; wohl auch Hos 12_1, so Rudolph KAT XIII/1, 221, cf. Wolff BK XIV/1^2, 272; doch ↗ 5 b; — 5. pl. heilige (himmlische Wesen): a) (THAT II 601, cf. Dequeker EphThLov 1963, 469-484) Zch 14_5 Hi 5_1 קְדֹשִׁים (Gottes, || שָׁמַיִם), קדשי אל Sir 42_{17}; cj. Ex 15_{11} pr. בַּקֹּדֶשׁ l ? c. G בַּקְּדֹשִׁים (cf. Noth ATD 5, 96; BHS u. TOB 159v), ↗ קֹדֶשׁ 4; b) zu a können auch gehören קְדֹשָׁיו Dt 33_{3b} ↗ 3 a; קְדוֹשִׁים Hos 12_1 ↗ 4 g, Ps 16_3, ↗ 3 b γ; ferner (Kraus BK XV^5 787) Ps $89_{6.8}$ Da 8_{24} (↗ 3 b δ); sg. אֶחָד קָדוֹשׁ Da $8_{13a.b}$. †

קדח: mhe., DSS (KQT 189), ja. sich entzünden; ug. sbst. *qdḥm* Feuerzeug od. Werg (Caquot-Masson Sem. 27, 1977, 16ff); pun. *qdḥ* (pt), pi. od. jif. anzünden (Harris Gr. 143, DISO 250); sy. *qᵉdaḥ* anzünden, entbrennen; urspr. Bedtg. wohl: bohren, (Feuer) reiben, cf. mhe. ja. sam. (BCh. LOT 2, 612), sy. md. *qda*, *qdh* u. *qhd* (MdD 404b. 405); ar. *qadaḥa*; äth. *daqḥa* (Dillm. 1098):

qal: pf. קָדְחָה, קְדַחְתֶּם; inf. קְדֹחַ; pt. pl. cs. קֹדְחֵי: — 1. **entzünden**: c. acc. u. אֵשׁ sbj. Js 64_1; c. אֵשׁ obj. Jr 17_4 (:: ? cj. pr. קְדַחְתֶּם prop. wie 15_{14} קָדְחָה, s. BHS); קֹדְחֵי אֵשׁ Js 50_{11}; — 2. intr. **sich entzünden** Dt 32_{22} Jr 15_{14}; — cj. Hos 7_6 pr. קֵרְבוּ prop. c. G קָדְחוּ sie sind erhitzt, s. Wolff BK XIV/1^2 133.136 ↗ קרב pi. †

Der. אֶקְדָּח, קַדַּחַת.

קַדַּחַת: קדח, BL 477z: Sam. *qādét*; mhe. קֶדַח, ja. קְדְחָא Entzündung, קַדַּחְתָּא Fieber; sam. קדחתה (BCh. LOT 2, 589); sy. *qᵉdāḥā* Flamme, Glut: **Entzündung, Fieber** Lv 26_{16} Dt 28_{22}, s. K. Seybold BWANT 99, 1973, 34f. †

קָדִים: קדם, BL 470n; Sam. *qiddəm*; mhe. קָדִים Ostwind, קְדִימָה Vorangehendes; ja. sam. קדום; cf. ug. *qdm*: 1) praep. vor, gegenüber (KTU 1. 4 V 45, VII 40; KTU 1. 3 IV 41, s. RSP I S. 322f Nr. 481 u. 482); 2) sbst. Osten (KTU 1. 100, 62), Ostwind (KTU 1. 12, 8), s. UT nr. 2208, Aistl. 2389, CML^2 156b; sy. *qᵉdīmā* Früherer, Vorderer; cp. *qwdm* vorher; md. *qdim(a)* (MdD 405a) eher, früher, alt; asa. *qdm* pt. vorangehend, Vorgesetzter, praep. *qdm/qdmj* vor (Conti 229); äth. *qadīmu*, adv. (Dillm. 463) zuerst, vorher; tigr. *qadam* (Wb. 259b) vor, vorher, früher; ar. *qadīm* alt, antik, von Ewigkeit her existierend: loc. קֵדְמָה, קֵדְמָה: vorn befindlich: — 1. a) **Ostseite, Osten** Ez 40$_{19.23}$ (vs. 19 gl. s. Zimmerli Ez. 981. 987); b) קָדִימָה nach Osten Ez 11$_1$ 40$_6$ 45$_7$ 47$_{1.18}$ 48$_{3-32}$ (14 ×); c) קָדִים nach Osten Ez 43$_{17}$ 44$_1$ 46$_{1.12}$ 47$_{1-3.18}$ 48$_{1f.6-8.16}$; = לַקָּדִים Ez 41$_{14}$; d) הַקָּדִים Osten 42$_9$; — 2. a) דֶּרֶךְ הַקָּדִים Ostrichtung Ez 40$_{10.22.32}$ 42$_{10.12.15}$ 43$_{1f.4}$; b) cj. Ez 45$_7$ pr. קֵדְמָה פְּאַת l פְּ׳ קָדִים Ostseite (Zimmerli 1142. BHS); c) שַׁעַר הַקָּדִים Ez 40$_{44}$, רוּחַ הַקָּ׳ (c. מדד)Ostseite Ez 42$_{16}$; — 3. a) רוּחַ קָדִים u. רוּחַ הַקָּ׳ Ostwind (AuS 1/1, 103ff) Ex 10$_{13}$ 14$_{21}$ Jr 18$_{17}$ Ez 17$_{10}$ 19$_{12}$ 27$_{26}$ Jon 4$_8$ Ps 48$_8$ (:: Stolz BZAW 118, 1970, 87[60]: Urzeitsturm); b) > קָדִים Ostwind Gn 41$_{6.23.27}$; cj. 2K 19$_{26}$ || Js 37$_{27}$ c. 1Q Js[a] pr. קָמָה prop. קָדִים; Hos 12$_2$ 13$_{15}$ Ps 78$_{26}$ || תֵּימָן; ? cj. Ps 129$_6$ (txt. inc.) pr. שֶׁקַּדְמַת שָׁלַף prop. שֶׁקָּדִים תְּשֻׁדַּף (BHS); zum MT ↗ *קַדְמָה; Hi 15$_2$ 27$_{21}$ 38$_{24}$; יוֹם קָדִים Tag mit Ostwind Js 27$_8$; ? cj. Hab 1$_9$ pr. קָדִימָה prop. פְּנֵיהֶם קָדִימָה פְּנֵי׳ קָדְמָה (BHS) :: Rudolph KAT XIII/3, 203: MT „ihre Front drängt vorwärts", pr. קָדִימָה l ? קֵדְמָה. †

קדם: mhe. qal vorangehen, früher tun, pi. hif. zuvorkommen; DSS (KQT 189): 1QS I 14 pi. vorrücken (Zeiten), Dam. XI 23 hitp. vorher tun; ja. pa. (c. אַפִּין) besuchen; pa. entgegentreten, vorangehen, früh tun; af. früh tun, zuvorkommen, aufsuchen; sam. qal vorher sein, vorangehen (BCh LOT III/2, 188. 229), auch pa. af. u. itpa.; zu den übrigen aram. Dialekten ↗ ba. קדם; ug. KTU 1. 15 IV 23 *tqdm* sie gingen vorwärts, sie näherten sich (UT nr. 2208, Aistl. 2389, CML[2] 93. 156b) asa. *qdm* (Conti 229a) vorangehen, früher sein, II beginnen, IV an die Spitze stellen, V beginnen, vorrücken; äth. *qadama* (Dillm 460) vorwärtsgehen, vorangehen = tigr. *qaddama* (Wb. 259b); ar. *qadama* vorangehen, *qadima* eintreffen, (an)kommen, gelangen:

pi. (Jenni 269): pf. קִדְּמוּ, קִדַּמְתִּי, sf. קִדְּמֻנִי, קִדְּמָנִי; impf. נְקַדְּמָה, יְקַדְּמוּ, אֲקַדֵּם, sf. אֲקַדְּמֶנּוּ, תְּקַדְּמֶנּוּ, תְּקַדְּמֶךָּ, יְקַדְּמֵנִי/מֶנָּה, יְקַדְּמוּנוּ, יְקַדְּמֻנִי, יְקַדְּמוּנִי; imp. קַדְּמָה: — 1. a) **vorn sein**, an der Spitze gehen Ps 68$_{26}$; ? cj. Hab 1$_9$ קִדְּמָה pr. קָדִימָה ↗ קָדִים 3 b; b) vorn, gegenüber sein cj. 1S 20$_{25}$ pr. וַיָּקָם prop. c. G. וַיְקַדֵּם (Stoebe KAT VIII/1, 371. 377, BHS); — 2. a) c. acc. pers. **hintreten vor, begegnen** 2S 22$_{6.19}$ Ps 18$_{6.19}$ 59$_{11}$ 79$_8$ 88$_{14}$ Hi 3$_{12}$ 30$_{27}$ Sir 15$_2$; cj. Am 9$_{10}$ Hi 41$_3$ ↗ hif.; b) c. acc. pers. u. בְּ rei jmdm mit etw. entgegentreten Dt 23$_5$, cj. Js 21$_{14}$ pr. קִדְּמוּ l c. G קַדְּמוּ, Mi 6$_6$ (Lescow ZAW 84, 1972, 189), Neh 13$_2$; c) Bedtg. = b) c. 2 acc. 2K 19$_{32}$ Js 37$_{33}$ Ps 21$_4$; — 3. קִדֵּם פָּנִים dem Antlitz entgegentreten (Davies ZAW 85, 1973, 190; THAT II 457): a) in malam partem Ps 17$_{13}$; b) in bonam partem (obj. d. Antlitz Gottes) Ps 89$_{15}$ 95$_2$; — 4. wohl < aram., s. Wagner 252 u. THAT II 587: a) zuvorkommen, früh tun Ps 119$_{147.148}$; b) das erste Mal tun Jon 4$_2$. †

hif: — 1. pf. sf. הִקְדִּימַנִי Hi 41$_3$; — 2. impf. תַּקְדִּים Am 9$_{10}$; bei Hi 41$_3$ ist die Interpretation umstritten; Möglichkeiten: a) MT: zuvorkommen, zuvorgehen, cf. GB, Zorell, König Wb., TOB; b) cj. pr. מִי הִקְדִּימַנִי וַאֲשַׁלֵּם prop. (c. G) מִי הוּא קִדְּמוֹ וַיְשַׁלֵּם, so u. a. BHK, Lex.[1], Fohrer KAT XVI 525. 527; zur Problematik der cj. und zugunsten d. MT s. Eisenbeis BZAW 113, 1969, 316-19; bei Am 9$_{10}$: a) MT: α) sbj. הָרָעָה begegnen, heranrücken, erreichen, so GB, Zorell, König Wb., TOB; β) sbj. יהוה eintreten lassen, heranführen, so Rudolph KAT XIII/2, 272 u. bes.

Wolff BK XIV/2, 395. 401; b) cj. (cf. Vrss.), sbj. הָרָעָה: לֹא תַגִּשׁ וּתְקַדֵּם עָדֵינוּ, so u. a. Lex.[1], Maag 59, BHS und Amsler CAT XIa 244: uns wird das Unheil nicht erreichen noch ereilen (Maag 60). †
Der. קְדוּמִים, קָדִים, קֶדֶם, *קֵדֶם, *קֵדְמָה, *קִדְמָה, *קַדְמוֹן, I. II קַדְמֹנִי; n. m. II קֵדְמָה, n. m. קַדְמִיאֵל, n. l. קְדֵמוֹת.

קֶדֶם: קדם, BL 458s; ↗ *קֵדֶם; Sam. *qēdəm*; mhe., DSS (KQT 189, THAT II 589) Vorzeit, Urzeit; ja. קַדְמָא Vorzeit, Anfang; מִלְּקַדְמִין: 1) ehedem, 2) östlich; ph. *qdm* Vorzeit in der Verbdg. *kqdm* wie vorher (Friedrich § 251 II, DISO 251); äga., palm. pl. *qdmjn* die vergangenen Zeiten; äga. c. praep. *lqdm, mn qdmn* früher (DISO 251); *qdm* vor in den aram. Dialekten (DISO 251); ug. ↗ קָדִים; ferner adj. pl. *qdmjm* 1) KTU 1. 4. VII 34 (UT nr. 2208, Aistl. 2390); 2) KTU 1. 161, 8. [24]): *rpim qdmjm* „die alten *rpum*" (de Moor ZAW 88, 1976, 334. 343; J. F. Healey UF 10, 1978, 83. 84. 86); akk. *qudmu* (AHw. 926a) Vorderseite, hervorragender Vertreter; adj. *qudmû* (AHw. l. c.) vorderst, seit alters bestehend; kan. Lw. (Mari): 1) *aqdamātum* (AHw. 62b) vorderes, östliches Ufer, cf. Birot ARM XIV 236: jenseitiges Ufer; 2) *ištu aqdāmi* (ARM X Nr. 80, 18) von früher her, siehe l. c. S. 267, cf. Römer AOAT 12, 1971, 21[8] u. Ellermeier Prophetie in Mari u. Israel, 1968, 69: seit alten Zeiten; ba. קֳדָם; sy. *qadmā* erster, vorderer Teil, *l/b^eqadmā* zuerst, früher, *qudmā* Vorzugsanteil, Vorderseite (e. Tieres); sam. קדם, קודם (BCh. LOT 2, 557), cp. *qwdm* praep. u. conj. vor, vorher (Schulthess Lex. 174f); md. *qadamta, qadumia* (MdD 399a) früher Morgen; asa., äth., tigr. ↗ קָדִים, cf. ferner äth. *qĕdma* (Dillm. 462) an erster Stelle, vor, vorher; ar. *qidm* vergangene, alte Zeit; *qidam* dieselbe Bedtg. und Vorzeit, Alter: (THAT II 587-89): pl. cs. קַדְמֵי Pr 8_{23}: — 1. **vorn** אָחוֹר וָקֶדֶם Ps 139_5, מִקֶּדֶם von vorn Js 9_{11}; — 2. **vorn, Osten** (Michel Grundl heSy. 1, 76): a) acc. loc. קֶדֶם nach Osten Hi 23_8, cf. (auch zu b) Brockelm. HeSy. § 20b; b) α) מִקֶּדֶם von Osten Gn 11_2 13_{11} Js 2_6 (cj. pr. מִקֶּ׳ prop. u. a. קֹסְמִים מִקֶּ׳, s. Wildbg. BK X 93, BHS); β) im Osten Gn 2_8 (Westerm. BK I/1, 287) Zch 14_4; c) מִקֶּדֶם לְ östlich von Gn 3_{24} (Westerm. l. c. 373, Gese Vom Sinai zum Zion, 1974, 107) Gn 12_8 Nu 34_{11} Jos 7_2 Ri 8_{11} Ez 11_{23} Jon 4_5; — 3. a) קֶדֶם **Osten**: אֶרֶץ קֶ׳ Gn 25_6, יֹשֵׁב קֶ׳ die Bewohner des Ostens Ps 55_{20}; b) בְּנֵי קֶ׳ die Ostleute, „die Morgenländer" (Lex.[1]) = die Bewohner von Transjordanien, vielleicht speziell des Hauran, s. H. P. Müller ZDPV 94, 1978, 61 (mit Lit. l. c. Anm. 30) :: GTT § 35: die Bewohner der syrisch-arab. Wüste, Nomaden und Halbnomaden: Gn 29_1 Ri $6_{3.33}$ 7_{12} 8_{10} 1K 5_{10} (THAT II 587f), Js 11_{14} Jr 49_{28} Ez $25_{4.10}$ Hi 1_3; c) α) הַרְרֵי קֶ׳ Gebirge des Ostens Nu 23_7, zu ihrer Lage ↗ b); בְּנֵי קֶ׳ s. Müller l. c.; β) הַר הַקֶּדֶם das Ostgebirge Gn 10_{30} = der nördliche Gebirgsrand des Sinai: *Ǧebel Ṭuwaiq* (Lex.[1]) :: Westerm. BK I/1, 704: n. top. ign.; — 4. קֶדֶם (temp.) **vorn, früher, vordem** (THAT II 588f): a) קֶדֶם מִפְעָלָיו das früheste seiner Werke Pr 8_{22}; b) כְּקֶדֶם wie früher Jr 30_{20} Kl 5_{21}; יַרְחֵי קֶ׳ frühere Monate Hi 29_2; c) α) מִקֶּדֶם von früher her, im voraus Js 45_{21} 46_{10} (Vogt Biblica 48, 1967, 59-63); β) von je her Ps 74_{12} $77_{6.12}$ 143_5; cj. Neh 12_{46} pr. מִקֶּדֶם prop. וּפִקְדֵם (Rudolph EN 200, BHS :: Lex.[1] MT: zum ersten Mal); — 5. **Vorzeit, Urzeit**: a) von der Vorzeit, von der Urzeit her Mi 5_1, cf. W. Beyerlin Die Kulttraditionen Israels (FRLANT 72, 1959) 78ff; K. Seybold Das davidische Königtum . . . (FRLANT 107,

1972) 109ff: Hab 1:12 Ps 74:2, מִנִּי קֶ׳ Ps 78:2; b) יְמֵי קֶ׳ Tage der Urzeit 2K 19:25/Js 37:26 Js 23:7 51:9 Jr 46:26 Mi 7:20 Ps 44:2 Kl 1:7 2:17; c) α) אֱלֹהֵי קֶ׳ der Gott seit alters Dt 33:27; β) הַרְרֵי קֶ׳ uralte Berge 33:15; γ) מַלְכֵי קֶ׳ Könige der Vorzeit :: ? Könige vom Osten Js 19:11, s. dazu Wildbg. BK X 702. 719; cf. נסיכי קדם Fürsten der Vorzeit Sir 16:7; δ) שְׁמֵי קֶ׳ Himmel der Urzeit = ewige Himmel Ps 68:34; ε) pl. קַדְמֵי אֶרֶץ Urzeiten der Erde Pr 8:23; d) adv. קֶדֶם (acc. temp., cf. Brockelm. HeSy. § 100b): α) von früher her Ps 74:2; β) seit je Ps 119:152. †

*קֵדֶם: קדם, BL 459e, 527n, nur acc. loc. קֵדְמָה (Sam. *qidma*): — 1. **nach Osten** Gn 13:14 25:6 28:14 Lv 1:16 16:14 Nu 2:3 3:38 10:5 34:3.10f.15 Jos 15:5 19:12f 1K 7:39 17:3 2K 13:17 Ez 8:16 2C 4:10; — 2. פְּאַת קֵדְמָה die **Ostseite** Ex 27:13 38:13 Nu 35:5 Jos 18:20; cj. Ez 45:7 pr. פְּאַת־קֵדְמָה l פְּ׳ קָדִים, ꟻ קָדִים 2b. †

*קַדְמָה: קדם, BL 456j, cf. 458s; ꟻ ba.: ja. קַדְמְתָא: 1) Morgen, 2) מִן קַדְמַת דְּנָא u. ä. ehedem; cf. aam. äga. קדמת/קדמה (DISO 252): cs. קַדְמַת, sf. קַדְמָתָהּ קַדְמָתָן, קַדְמַתְכֶן; pl. sf. קַדְמוֹתֵיכֶם: — 1. **Ursprung** Js 23:7; — 2. **früherer Zustand** Ez 16:55; — 3. pl. **frühere Lage** Ez 36:11; — Ps 129:6 txt. inc. MT שֶׁקַּדְמַת שָׁלַף יָבֵשׁ, G ὃς πρὸ τοῦ ἐκσπασθῆναι ἐξηράνθη, (wie Gras auf den Dächern), das verdorrt, ehe man es herauszieht (Seybold ZAW 91, 1979, 250, cf. Dahood Psalms III 232, TOB) :: cj. ꟻ קָדִים 3 b. †

*קִדְמָה: קדם, BL 459y: cs. קִדְמַת (Sam. cs. *qidmåt*): **gegenüber von** oder **östlich von** (s. Zimmerlii Ez. 965): Gn 2:14 4:16 1S 13:5 Ez 39:11. †

I קֵדְמָה: ꟻ *קֵדֶם.

II קֵדְמָה: n. m. (n. tr.); קדם; Sam. *qådåmå*; S. von יִשְׁמָעֵאל (GTT § 121, 12) Gn 25:15 1C 1:31. †

*קַדְמוֹן: קדם (BL 500p, R. Meyer Gr. § 41, 1b); cf. ug. PN *qdmn* (UT nr. 2208, Aistl. 2391); amor. *qadm-ān-um* „Der Östliche" (= „Mann vom Osten"; G. Buccellati The Amorites of the Ur III Period, 1966, 177f): adj. fem. קַדְמוֹנָה: **östlich** Ez 47:8; ꟻ I, II קַדְמֹנִי †

קַדְמוֹנִי: ꟻ קַדְמֹנִי.

קְדֵמוֹת: n. l.; קדם (zur Endg. cf. ? BL 506t, R. Meyer Gr. § 41, 5c): „Ort im Osten" (Noth Jos. 150): Jos 13:18 21:37 1C 6:64; מִדְבַּר קְ׳ Dt 2:26 (Sam. *qådåmot*): Ort am Oberlauf des Arnon (Noth Jos. 129); GTT § 337, 43: vielleicht *Qaṣr ez-zaʿferān*, 10 km. ö. v. *Ch. Libb*; מִדְבַּר קְ׳ die zum Ort gehörende, bzw. ihm benachbarte Trift, cf. GTT § 61: eine lokale Wüste innerhalb von Moab. †

קַדְמִיאֵל: n. m.; קדם u. אֵל; asa. אלקדם (Ryckmans 2, 30) u. יקדמאל (l. c. 2, 74); Noth N. 256; Sinn d. PN ungewiss, doch s. Kornfeld Fschr. Cazelles 215: Levit (Haupt einer levit. Sippe) z. Zeit d. Esra Esr 2:40 3:9 Neh 7:43 9:4f 10:10 12:8.24. †

I קַדְמֹנִי u. קַדְמוֹנִי; v. קַדְמוֹן + Endg. י (BL 501y); mhe. uranfänglich, vorzeitlich, alt; DSS (KQT 189): 1) östlich (1QM II 12); 2) pl. fem. קדמניות die alten Dinge (DJD I S. 103 Nr. 27 I 3); cf. Ram. nab. palm. קדמי adj. (auch pl.) erster, früherer, alt (DISO 253): pl. קַדְמֹ(וֹ)נִים, f. קַדְמֹנִיּוֹת: — 1. a) **östlich** Ez 10:19 11:1; הַיָּם הַקַּדְמֹ(וֹ)נִי das östliche Meer (= das Tote Meer :: Mittelmeer) Ez 47:18 Jl 2:20 Zch 14:8; b) pl. die im Osten Wohnenden Hi 18:20 (:: אַחֲרֹנִים); — 2. a) **vormalig, früher** Ez 38:17 Mal 3:4; b) coll. die Vorfahren 1S 24:14 (:: ? cj. pr. הַקַּדְמֹנִי l pl. ־מֹנִים, cf. Stoebe KAT VIII/1, 435); c) pl. f. die vormaligen Dinge, das Vormalige Js 43:18, s. Elliger BK XI/1, 350-53. †

II קַדְמֹנִי: n. p. (= I קַדְמֹנִי 1); Sam. *qådå-*

mūni: coll. die Östlichen (= בְּנֵי קֶדֶם, ℱ קֶדֶם 3 b) Gn 15₁₉. †

*קדע: ℱ n. l. יָקְדְעָם.

קָדְקֹד: wohl Primärnomen, BL 482h; Sam. *qådqåd*; mhe., ja. Scheitel (Oberteil des behaarten Kopfes), höchste Stelle; ug. *qdqd* (UT nr. 2209, Aistl. 2392; RSP I S. 335 Nr. 511: *riš* || *qdqd* Kopf-Schädel); akk. *qaqqadu* (AHw. 899f) Kopf, Kapital: sf. קָדְקֳדוֹ, קָדְקֳדְךָ: — 1. קָדְקֹד שֵׂעָר Haarwirbel Ps 68₂₂ (:: Caquot RHR 177, 1970, 167f: „der behaarte Schädel" bezeichnet als pars pro toto den Menschen mit behaartem Schädel); — 2. a) **Scheitel** Gn 49₂₆ Dt 33₁₆.₂₀ Js 3₁₇ Jr 2₁₆ 48₄₅ Ps 7₁₇; b) מִכַּף רַגְלְךָ וְעַד קָדְקֳדֶךָ Dt 28₃₅; מִכַּף רַגְלוֹ וְעַד קָדְקֳדוֹ 2 S 14₂₅ Hi 2₇ (Q) von der Fussole bis zum Scheitel, cf. akk. (Mari) *ištu ṣuprim adi šārtim ša qaqqadim* (ARM X Nr. 126, 13f = Römer AOAT 12, 1971, 70. 71; AHw. 1113a): von Fussnagel bis zum Kopfhaar; — cj. Nu 24₁₇ pr. וְקַרְקַר l c. Sam. et Jr 48₄₅ וְקָדְקֹד (BHS). †

קדר: mhe. hif. sich verfinstern, ja. pe. itpa. finster werden, pt pass. geschwärzt; md. *qdr* (MdD 405a) pa. schlagen, verwunden, Conjugation panʿel dunkel, schwarz werden; ar. *qaḏira/qaḏura* schmutzig, unrein, dreckig sein/werden:

qal: pf. קָדַר, קָדַרְתִּי, קָדְרוּ, קָדֵרוּ; pt. קֹדֵר (Sec. κηδαρ Ps 35₁₄, Brönno 59), pl. קֹדְרִים; cf. Delekat (VT 14, 1964, 55): anerkennt für He. nur die Bedtg. finster sein = trauern und lehnt 2 und 3 ab; doch s. Hi 6₁₆ und ar.: — 1. **sich verfinstern**: Sonne und Mond Jl 2₁₀ 5₁₅, Himmel Jr 4₂₈, Tag Mi 3₆; ? cj. Zch 14₆ ins. קֹדֵר hinter אוֹר „schwindendes Tageslicht" (Rudolph KAT XIII/4, 232); — 2. **sich trüben**, **schmutzig werden** (נַחַל) Hi 6₁₆; — 3. **schmutzig**, **ungepflegt**, **im Traueraufzug sein**, cf. Kutsch „Trauerbräuche und Selbstminderungsriten im Alten Testament" (ThSt 78, 1965, 25-42), de Vaux Inst. 1, 93ff = Lebensordnungen 1, 99ff, Scharbert Schm. 58f, BHH 2021-23: Jr 8₂₁ 14₂ Ps 35₁₄ 38₇ 42₁₀ 43₂ Hi 5₁₁ 30₂₈. †

hif: pf. הִקְדַּרְתִּי; impf. וָאַקְדִּיר, sf. אַקְדִּירֵם: — 1. c. acc. **verfinstern** (d. Sterne, bzw. die hellen Leuchten am Himmel) Ez 32₇f; — 2. **in Trauer versetzen**, **in Trauer kleiden** (den Libanon) Ez 31₁₅. †

hitp: pf. הִתְקַדְּרוּ: **sich verfinstern** (der Himmel mit Wolken u. Sturm) 1K 18₄₅. †

Der. קֵדָר, n. fl. קִדְרוֹן, קַדְרוּת, קְדֹרַנִּית.

קֵדָר: n. tr. > n. m.; קדר; Sam. Vers. קדד *qå̊dåd*; asa. *qdrn* = *Qādirān*, *Qadrān* n. m. oder n. tr. (Conti 229b); ass. *Qadri*, *Qadari*, *Qidri*, *Qidir* (Parpola AOAT 6, 1970, 285); Plin. 5, 12 *Cedrei*: — 1. n. m., eig. n. tr. (s. BHH 937): Sohn d. Ismael Gn 25₁₃ 1C 1₂₉; — 2. = 1: Nomadenstamm der syr.-arab. Wüste; genauer im Gebiet zw. Aegypten und Dedan-Edom (s. Höffken VT 27, 1977, 403f), bzw. im *Wādi aṣ-Ṣirhan* (Winnett, Fschr. H. G. May 194), cf. Lit. Lex.[1], ferner Wildbg. BK X 598. 801f, Elliger BK XI/1, 247, Westermann BK I/2, 487, GTT § 121, 2, BHH l. c.: **Kedar**: Js 21₁₆ 42₁₁ 60₇ Jr 2₁₀ 49₂₈ Ez 27₂₁ (|| עֲרָב), אָהֳלֵי קֵדָר Ps 120₅ HL 1₅, בְּנֵי קֵדָר Js 21₁₇. †

קִדְרוֹן: n. fl., קדר (? cf. BL 500 q): „Trübbach" Lex.[1], cf. GB: „Winterbach" und Gray Kings[3] 111: der Name von d. √ קדר abgeleitet aufgrund des Schattens in der tiefen Schlucht des Kidron-Tales: Kidron (u. sein Tal) zw. Jerusalem u. dem Oelberg, s. BHH 946f: נַחַל ק׳ 2S 15₂₃ 1K 2₃₇ 15₁₃ 2K 23₆.₁₂ Jr 31₄₀ 2C 15₁₆ 29₁₆ 30₁₄; שַׁדְמוֹת ק׳ 2K 23₄, ℱ שְׁדֵמָה. †

קַדְרוּת: קדר, BL 505 o; mhe., DSS (KQT 190) 1QH 5, 31: קדרות לבשתי mit Dunkel umkleidete ich mich: **Verfinsterung, Dunkel** (c. obj. שָׁמַיִם u. vb. לָבֵשׁ hif.) Js 50_{3}. †

קְדֹרַנִּית, קדר, BL 633r, VG 1 § 39d: ungepflegt, in Traueraufzug (Lex.[1]) :: Delekat VT 14, 1964, 56: c. הלך mit einer Leichenbittermiene, cf. Rudolph KAT XIII/4, 286: **mit Trauermiene** Mal 3_{14}. †

קדשׁ: ein urspr. vb., das kaum auf eine √ קד „scheiden" zurückgeführt werden kann, so dass die Grdb. von קדשׁ „ausgesondert" wäre, so u. a. Rücker Die Begründung der Weissagungen Jahwes im Pentateuch (Erfurter Theologische Studien 30, 1973, 79. 141 mit Lit., cf. auch Eichrodt 1[5], 176f :: THAT II 590); mhe., DSS (KQT 190) qal heilig sein, pi. heiligen, weihen, hif. weihen; ja. sam. pa. heiligen, für heilig erklären, af. weihen; ph. npu. (jifil, Friedrich § 146) weihen, pun. (hitp., Friedrich § 149) sich heiligen, darbringen; palm. pa. af. heiligen, widmen (DISO 253); ug. vb. G od. D *tqdš* ? (KTU 1. 161, 30) u. Š *nšqdš* (KTU 1. 119, 30-31), s. J. M. de Tarragon, Le culte à Ugarit, 1980, 73f; adj. u. sbst. ↗ קָדוֹשׁ u. קֹדֶשׁ; akk. *qadāšu(m)* (AHw. 891) rein werden/sein, D *quddušu* reinigen = *qašādu(m)*/*quššudu* (AHw. 906a); sy. cp. md. (MdD 405) pa. heiligen, weihen; äth. *qaddasa* I 2 (Dillm. 465) für heilig halten/erklären, *taqaddasa* III 2 (Dillm. 466) refl. u. pass. = tigr. (Wb. 260); ar. *qadusa* heilig, rein sein, II heiligen, weihen; he. Eichrodt 1[5] 176ff, Th. C. Vriezen Theologie des Alten Testaments in Grundzügen, 1957, 124ff, ThWbNT I 88-97, RGG[3] III 148-151, BHH 681f, THAT II 589-609, Zimmerli VT 30, 1980, 493-512:

qal: pf. קָדֵשׁ, קָדְשׁוּ, sf. קְדַשְׁתִּיךָ (siehe unten); impf. יִקְדַּשׁ/דָּשׁ, תִּקְדַּשׁ, וַיִּקְדְּשׁוּ: **heilig, dem gewöhnlichen Gebrauch entzogen, besonderer Behandlung unterworfen, dem Heiligtum verfallen sein**: — 1 a) der Priester u. sein Gewand Ex 29_{21}; b) was den Altar berührt 29_{37}; c) was die gesalbten Kultgeräte berührt 30_{29}; d) was מִנְחָה u. חַטָּאת Lv $6_{11.20}$ und was בְּשַׂר־קֹדֶשׁ Hg 2_{12} berührt; e) heilig sind (הַ)מַּחְתֹּ(ו)ת Nu 17_{2f}; f) dem Heiligtum verfällt (תִּקְדַּשׁ) der Ertrag des mit Zweierlei (כִּלְאַיִם) besäten Weinbergs Dt 22_{9}; — 2. Krieger auf dem Kriegszug (durch die Waffen בַּכֵּלִי) 1 S 21_{6}, zum MT יִקְדַּשׁ, sbj. דֶּרֶךְ s. Stoebe KAT VIII/1, 392. 393 :: cj. יִקְדְּשׁוּ (u.a. BHK); — cj. Js 65_{5} pr. קְדַשְׁתִּיךָ l קִדַּשְׁתִּיךָ :: Emerton VT 30, 1980, 446-50: MT (sf. = לְ) ich bin heilig dir gegenüber = ich bin zu heilig für dich. †

nif: pf. נִקְדַּשׁ, נִקְדַּשְׁתִּי; impf. וַיִּקָּדֵשׁ, אֶקָּדֵשׁ; inf. הִקָּדְשִׁי: — 1. **sich als heilig erweisen** (Gott): a) c. בְּ an, gegenüber Lv 10_{3} Nu 20_{13} Ez 20_{41} $28_{22.25}$ 36_{23} 38_{16} 39_{27}; b) c. בְּ durch Js 5_{16} — 2. **als heilig behandelt werden**: a) c. בְּ durch Ex 29_{43} (pr. וְנִקְדַּשׁ prop. וְנִקְדַּשְׁתִּי: BHS); b) בְּתוֹךְ unter Lv 22_{32} (יהוה). †

pi. (Jenni 57. 59ff u. ö., 75 ×): pf. קִדֵּשׁ, קִדַּשְׁתָּ/תִּי, קִדְּשׁוּ, קִדַּשְׁתֶּם, sf. קִדְּשׁוֹ, קִדַּשְׁתּוֹ/תָם, קִדְּשׁוּהוּ; impf. וַיְקַדֵּשׁ, אֲקַדֵּשׁ, (וַ)יְקַדְּשׁוּ/דֵּשׁוּ; sf. וַיְקַדְּשֵׁהוּ/שֵׁם; imp. קַדֵּשׁ, קַדֶּשׁ־, קַדְּשׁוּ/דֵּשׁוּ; inf. קַדֵּשׁ, sf. קַדְּשׁוֹ/שָׁם; pt. מְקַדֵּשׁ, sf. מְקַדְּשֵׁיהֶם, מְקַדִּשְׁכֶם, מְקַדְּשׁוֹ/שָׁם (cf. cj. Ez 7_{24} s. unten 6): — 1. **etwas in den Zustand der Heiligkeit** (der Behandlung nach kultischen Regeln) **versetzen, zum Gebrauch vor Gott weihen** (Jepsen ZAW 79, 1967, 293; Mathys ThZ 28, 1972, 244); in deklarativem Sinn auch: **für heilig erklären**: a) שַׁבָּת Gn 2_{3} Ex $20_{8.11}$ Dt 5_{12} Jr $17_{22.24.27}$ Ez $20_{12.20}$ 44_{24} Neh 13_{22}; שְׁנַת הַחֲמִשִּׁים שָׁנָה Lv 25_{10}; b) einen Bereich Ex 19_{23} 1K 8_{64} 2C 7_{7}; בֵּית יהוה 2C $29_{5.17}$;

c) Opferteile Ex 29_{27}; Kultgerät Ex $29_{36f.44}$ 30_{29} 40_{9-11} Lv $8_{10-12.15}$ Nu 7_{1}, c. מִן wegen od. von (|| טִהַר) Lv 16_{19}; רֹאשׁוֹ (sc. נָזִיר) Nu 6_{11}; — cj. Neh 3_{1} pr. קִדְּשׁוּהוּ (obj. שַׁעַר) prop. חִדְּשׁוּהוּ vel קֵרוּהוּ vel קֵרְשׁוּהוּ (BHS); — 2. **jmdn in den Zustand der Heiligkeit versetzen, weihen**: a) כֹּהֵן Ex $28_{3.41}$ $29_{1.33.44}$ 30_{30} 40_{13} Lv 8_{30} 21_{15} 1S 7_{1}; b) α) הָעָם Ex $19_{10.14}$ Jos 7_{13}; β) קָהָל Jl 2_{16}; γ) Isai, bzw. Hiob heiligt seine Söhne (vor einem Opfer) 1S 16_{5} Hi 1_{5}; δ) כָּל־בְּכוֹר Ex 13_{2} :: Dt 15_{19} hif; — 3. **eine heilige** (durch besondere kultische Regeln gekennzeichnete) **Zeit ansetzen**: a) עֲצָרָה (לַבַּעַל) 2K 10_{20}; b) צוֹם Jl 1_{14} 2_{15} (Wolff BK XIV/2, 37); c) מִלְחָמָה den Krieg heiligen, d. h. die entsprechenden kultischen Vorbereitungen treffen, s. F. Stolz AThANT 60, 1972, 25ff. 140; Wildbg. BK X 512; Rudolph KAT XIII/2, 83 :: Wolff BK XIV/2, 85. 96: den heiligen Krieg rüsten Jr 6_{4} Jl 4_{9} Mi 3_{5}; ohne מִלְחָמָה Jr 51_{27f}; — 4. subj. Gott: **in den Zustand der Heiligkeit, Weihe, Unverletzlichkeit versetzen, weihen**: a) Israel (אֲנִי יהוה מְקַדִּשְׁכֶם) Ex 31_{13} Lv 20_{8} 21_{8} 22_{32}, cf. Ez 37_{28}; b) מִקְדָּשַׁי Lv 21_{23}, מִשְׁמַרְתִּי 22_{9}, קָדְשֵׁיהֶם (אֲנִי מְקַדְּשָׁם) 22_{16}, שְׁמִי Ez 36_{23}; c) מַשְׁחִיתִים Jr 22_{7} cf. 3 c; — 5. **jmdn** (durch Berührung von Geweihtem) **heiligen**, Heiligkeit auf jmdn übertragen Ez 44_{19} 46_{20}; — cj. Js 65_{5} pr. קְדַשְׁתִּיךָ l קַדַּשְׁתִּיךָ; — 6. **jmdn, etw. als geheiligt, geweiht behandeln**: a) שַׁבָּת → 1 a α; b) כֹּהֵן Lv 21_{8}, cf. 2 a; c) Gott Dt 32_{51}, — cj. Ez 7_{24} pr. מְקַדְּשֵׁיהֶם l מִקְדְּשֵׁיהֶם (BHS); †

pu: pt. מְקֻדָּשׁ, מְקֻדָּשִׁים, sf. מְקֻדָּשָׁי: **geheiligt, geweiht sein**: a) כֹּהֵן cj. Ez 48_{11} pr. הַמְקֻדָּשׁ l ־דָּשִׁים (c. לַכֹּהֲנִים), 2C 26_{18}; b) מוֹעֲדִים Esr 3_{5}; c) cj. 1C 26_{28b} pr. הַמַּקְדִּישׁ prop. הַמְקֻדָּשׁ vel הַמִּקְדָּשׁ (BHS), → hif 2 a; cj. 2C 31_{6} txt. corrupt. מַעְשַׂר קֳדָשִׁים, post מַעְשַׂר ins. c. vs. 5 כָּל תְּבוּאַת שָׂדֶה s. Rudolph Chr. 304; d) Kriegsleute Jahwes, wörtl. meine Geweihten (מְקֻדָּשָׁי) Js 13_{3}, cf. pi. 3 c. †

hif. (Jenni 59f: zur Differenzierung gegenüber pi.): pf. הִקְדִּישׁ, הִקְדַּשְׁתִּי, הִקְדִּישׁוּ, הִקְדַּשְׁנוּ, sf. הִקְדַּשְׁתִּיךָ; impf. יַקְדִּ(י)שׁ, תַּקְדִּישׁ, (וַ)יַּקְדִּ(י)שׁוּ, תַּקְדִּישׁוּ; imp. sf. הַקְדִּשֵׁם; inf. הַקְדֵּשׁ, cs. הַקְדִּישׁ, sf. הַקְדִּישֵׁנִי/שׁוֹ; pt. מַקְדִּישׁ, pl. מַקְדִּישִׁים (45 ×): — 1. **als geheiligt, geweiht bezeichnen** a) יִרְמְיָהוּ Jr 1_{5}; b) einen Ort Jos 20_{7}, מִקְדָּשׁ 2C 36_{14}, בֵּית (יהוה) 1K 9_{3} 2C 2_{3} $7_{16.20}$ 30_{8}; c) metaph. צֹאן (לְיוֹם הֲרֵגָה) Jr 12_{3}; — 2. **als geheiligt, geweiht behandeln, darbringen** (R. P. Merendino Das Deuteronomische Gesetz, BBB 31, 1969, 116): a) קֳדָשִׁים Ex 28_{38} Lv 22_{2f} 2K 12_{19}, cf. 1C 26_{26-28a}; cj. $28b$ pr. הַמַּקְדִּישׁ prop. קֹדֶשׁ קֳדָשִׁים vel הַמִּקְדָּשׁ (BHS), הַמְקֻדָּשׁ 1C 23_{13}; b) בַּיִת Lv 27_{14f}; שָׂדֶה Lv $27_{16-19.22}$, Tiere Lv 27_{26} Dt 15_{19} 2C 30_{17}, כֶּסֶף Ri 17_{3}, Geräte aus Silber, Gold u. Erz 2S 8_{11} 1C 18_{11}, כהנים Sir 7_{29}; — 3. **Gott erklärt jmdn/etw. als für ihn geweiht, ihm heilig**: Erstgeburten Nu 3_{13} 8_{17}, הַבַּיִת 1K 9_{7}, seine (Jahwes) Geladenen (קְרֻאָיו) Zef 1_{7}; — 4. a) **Gott als heilig behandeln, heilig halten** Nu 20_{12} 27_{14} Js 29_{23b} (קְדוֹשׁ יַעֲקֹב); cj. Js 8_{13} pr. תַּקְדִּישׁוּ l תַּקְשִׁירוּ (Wildbg. BK X 334f; W. Dietrich Jesaja und die Politik, 1976, 71[36]); b) den Namen Jahwes Js 29_{23a} (Wildbg. BK X 1144); — 5. a) **Weihegaben geben**, c. לְ pers. Neh 12_{47}; b) (neu) weihen 2C 29_{19}. †

hitp: pf. הִתְקַדֶּשׁ־, הִתְקַדִּשְׁתִּי (BL 328c), הִתְקַדִּשְׁתֶּם, הִתְקַדְּשׁוּ/דָּשׁוּ (BL l. c.); impf. יִתְקַדָּשׁוּ, (וַ)יִּתְקַדְּשׁוּ; imp. הִתְקַדְּשׁוּ/דָּשׁוּ; inf. cs. הִתְקַדֵּשׁ; pt. sg. f. מִתְקַדֶּשֶׁת, pl. מִתְקַדְּשִׁים (24 ×): — 1. **sich als geheiligt verhalten** Ex 19_{22} Lv 11_{44} 20_{7}; — 2. **sich als heilig erweisen** (יהוה) Ez 38_{23}; — 3. **sich** (gegenseitig) **in**

den Stand der Weihe, der kultischen Reinheit versetzen Nu 11$_{18}$ Jos 3$_5$ 7$_{13}$ 1S 16$_5$ 2S 11$_4$ (Frau nach Beischlaf), Js 30$_{29}$ (c. חַג zum Fest, s. Wildbg. BK X 1207. 1219f :: H. Barth Israel und das Assyrerreich in den nicht jesajanischen Texten des Protojesajabuches [Diss. Theol. Hamburg 1974] 72: „wenn das Fest gefeiert wird" cf. 4), Js 66$_{17}$ 1C 15$_{12.14}$ 2C 5$_{11}$ 29$_{5.15.34}$ 30$_{3.15.17.24}$ 35$_6$; — 4. **geheiligt werden** (hitp. als pass. s. GK § 54g, Bgstr. 2 § 18b) 2C 31$_{18}$ (c. קֹדֶשׁ, als inneres obj. ?., cf. Brockelm. HeSy. § 93m.n), s. Rudolph Chr. 306. †

Der. קֹדֶשׁ, I קָדֵשׁ, קָדוֹשׁ, מִקְדָּשׁ, n. l. II קָדֵשׁ, n. l. קֶדֶשׁ.

I קָדֵשׁ: קדשׁ, BL 464z; Sam. *qēdəš*, f. *qēdīša*; mhe.: 1) Unzüchtiger, Hierodule, 2) Israelite, der eine Sklavin heiratet; ug. ph. *qdšm* (UT nr. 2210, Aistl. 2393; RSP II S. 67, Nr. 34) ein Teil des Kultpersonals, eine Priesterklasse, meist zusammen mit *khnm* „Priester" genannt, s. v. Soden UF 2, 1970, 329f; Albright RI 176f; keilschr. ug. *qadšūtu* (AHw. 892a) Stellung eines *qdš* — Kultdieners; akk. *qaššum*, f. *qadištu* (AHw. 906a), adj. geweiht, heilig; auch sbst. als Bezeichn. e. Kultfunktionärs; *qadištu(m)* (AHw. 891b) „Reine, Geweihte", eine Frauenklasse; jungbab. *qadšūtu* (AHw. 891b) Stellung als göttliche *qadištu*; — zur Kultprostitution im Alten Orient s. E. M. Yamauchi Cultic Prostitution (Fschr. C. Gordon 213-222): pl. קְדֵשִׁים, fem. קְדֵשָׁה: **Geweihte(r), Kultprostituierte(r)**; (de Vaux Inst. 2, 249 = Lebensordnungen 2, 222; Terrien VT 20, 1970, 326ff): — 1. masc. Dt 23$_{18}$ 1K 15$_{12}$ 2K 23$_7$ Hi 36$_{14}$; — 2. fem. (BHH 1948f) Gn 38$_{21f}$ Dt 23$_{18}$ Hos 4$_{14}$ (Wolff BK XIV/1² 110f, Rudolph KAT XIII/1, 111f; Rost Credo 53ff; — 3. sing. coll. (masc. u. fem.), s. Würthwein ATD 11/1, 182f; Gray Kings³ 343: 1K 14$_{24}$ 22$_{47}$. †

II קָדֵשׁ: n. l. „Heiligtum", bzw. „Heiliger Ort"; קדשׁ, loc. קָדֵשָׁה, ↗ I קָדֵשׁ; Sam. *qādəš*; — 1. **Kades** Gn 16$_{14}$ 20$_1$ Nu 13$_{26}$ 20$_{1.14.16.22}$ 33$_{37}$ Dt 1$_{46}$ Ri 11$_{16f}$ = עֵין מִשְׁפָּט Gn 14$_7$ (Schatz 173, GTT § 359); in מִדְבַּר צִן Nu 33$_{36}$; מִדְבַּר קָדֵשׁ Ps 29$_8$ (GTT § 61); cf. ug. *mdbr qdš* (RSP II S. 325 Nr 93, Lit.); קָדֵשׁ בַּרְנֵעַ (Sam. *qādəš birna*) „Heiligtum am Platz des Streitens" (Noth Jos. 150): ? = קדשׁ GnAp XXI 11, s. Fitzmyer² 149; cf. Noth Jos. 87; de Geus OTSt 20, 1977, 56-66: Nu 32$_8$ 34$_4$ Dt 1$_{2.19}$ 2$_{14}$ 9$_{23}$ Jos 10$_{41}$ 14$_{6f}$ 15$_3$; מֵי מְרִיבַת קָדֵשׁ Nu 27$_{14}$ Dt 32$_{51}$, cj. Ez 47$_{19}$ (pr. ־בַת 1 מְרִיבוֹת), 48$_{28}$; cj. Dt 33$_2$ pr. מֵרִבְבֹת קֹדֶשׁ prop. u. a. (s. BHS) מִמְּרִבַת קָדֵשׁ (so. u. a. ZüBi, v. Rad ATD 8, 144, TOB): *Ēn Qdēs* (entdeckt von Rowlands 1842, wieder entdeckt von Trumbull Kadesh-Barnea, 1884; Abbildungen bei Auerbach Wüste u. Gelobtes Land, 1932, Tafel 5; WüGs Abb. 10-20; geräumige Oase, mit vielen starken Quellen, 80 km. ssw. von Beerseba; Lit. ↗ Lex.¹; ferner Gray VT 4, 1954, 149f u. 149⁶; Fritz Israel in der Wüste 1970, 47f. 102; RGG³ III 1081; GTT § 180, cf. § 310f. 433; BHH 917f; Klopfenstein bei Rothenberg-Weyer Sinai, Bern 1979, 24; Fritz-Görg-Fuhs, Qadesch in Geschichte und Ueberlieferung (BN 9, 1979, 45-70; Lit.); — 2. cj. 2S 24$_6$ pr. הַחִתִּים קָדֵשָׁה תַּחְתִּים חָדְשִׁי; prop. c. Gᴸ so u. a. BHK, Lex.¹, Hertzberg ATD 10² 337; cf. auch RSP II S. 278f Nr. 34; zur Lage s. Hertzberg l. c. 340: entweder a) *T. en-Nebi Mend* am Orontes: äg. *Qadšu* Helck Beziehungen 1962, 309) und EA *Kinza/Kidša* (VAB 2, 1118f. 1577) oder b) = קֶדֶשׁ 1; zu a) s. auch RSP II l. c. †

קֶדֶשׁ: קדשׁ: n. l., ? dialekt. Var. zu II קָדֵשׁ; loc. קֶדְשָׁה (BHH 938): — 1. קֶדֶשׁ נַפְתָּלִי Ri 4~6~ = *Ch. el-Qadīs* am sw. Rand des Tiberiassees (Fritz UF 5, 1973, 128[27] oder = 2, s. Fritz Israel in der Wüste 1970, 40f. 102; — 2. בַּגָּלִיל Jos 20~7~ 21~32~ 1C 6~61~ = *T. Qedes*, 11 km nö. von Hazor (Fritz ZDPV 85, 1969, 152f); — 3. קֶדֶשׁ: a) Jos 12~22~; b) Jos 15~23~; c) Jos 19~37~; d) Ri 4~6.9-11~; e) 2K 15~29~; Möglichkeiten der Lokalisierung: a) entweder = 1 bzw. 2, oder = *T. Abu Qudēs*, zw. Thaanach u. Megiddo (Fritz ZDPV l. c., cf. Noth Jos. 72f); b) = II קָדֵשׁ (Noth Jos. 87, Fritz ZDPV 91, 1975, 32[8]); c) ? = 1: *Ch. el-Qadīs* (de Vries VT 25, 1975, 85[2]); cf. Noth Jos. 120; d) entweder = 1 (Fritz ZDPV 85, 1969, 152f) oder = 3 a: *Abu Qudēs* (GTT § 552-3; cf. auch W. Richter BBB 18, 1966[2], 33ff); e) = 2, cf. Gray Kings[3] 628; — cj. 1C 6~57~ pr. קֶדֶשׁ l c. Jos 21~28~ קִשְׁיוֹן. †

קֹדֶשׁ u. קוֹדֶשׁ (Da 11~30~ †): קדשׁ, BL 460i; Sam. *qå̊dəš*, sam. (BCh. LOT 2, 585); mhe., DSS (KQT 190) קֹ(ו)דֶשׁ Heiligkeit, Heiliges; ja. קֻדְשָׁא Heiligkeit, Heiligtum; ph. pu. npu. קדשׁ Heiligtum (DISO 253f, THAT II 591); ug. *qdš*: 1) Heiligtum, heilige Stätte (UT nr. 2210, Aistl. 2393); so auch in n. l. (RSP II S. 278 Nr. 34 u. S. 346 Nr. 135); 2) Heiligkeit (abstr. pr. concr.) Name einer Göttin (UT, Aistl. l. c., ferner RAAM 152f); in d. Bedtg. umstritten ist die Vbdg. *bn qdš*: entweder a) Sohn/Söhne der Heiligkeit = Götter, bzw. Heilige(r) (UT nr. 2210, THAT II 591) oder b) Sohn/Söhne d. Göttin *Qdš* (Aistl. 2393); 3) unsicher ist *qdš mlk i* * . . . (KTU 1. 123, 20), cf. de Moor UF 2, 1970, 313: Qidšu, der König von . . . ; sy. *qudšā* Heiligtum, Heiligkeit; cp. *qdš*, *qwdš* Heiligkeit, Heiliges; md. *qudša* (MdD 406a); asa. *qds* (Conti 229b) sbst. zum vb. *qds* „weihen"; äth. *q^w^eds* < ar. *quds* (Dillm. 466) Heiligtum = Jerusalem; *qedsat* (Dillm. l. c.) Heiligkeit, Heiliges; tigr. *qĕdsĕnnā* (Wb. 260a) Heiligkeit; ar. *quds*, *qudus* Heiligkeit, Heiligtum: קֹדֶשׁ, Sec. κοδς Ps 29~2~ (Brönno 149), sf. קָדְשִׁי, קָדְשׁוֹ/שֵׁנוּ, קָדְשְׁךָ/שֵׁךְ, pl. meist c. art. קֳדָשִׁים, קֳדָשִׁים (BL 184m. 208r. 582; Joüon § 96 Ag), cs. קָדְשֵׁי, sf. קֳדָשַׁי, קֳדָשַׁי, קֳדָשֶׁיךָ, קֳדָשָׁיו, קֳדָשָׁיו, קֳדְשֵׁיכֶם/הֶם: (469×); Lit. ꟳ קדשׁ, Dussaud Or. 30ff: — 1. **Sache, der Heiligkeit anhaftet, die vorsichtig zu behandeln ist, Heiliges**: a) קֹדֶשׁ: : חֹל Lv 10~10~ 1S 21~5~ Ez 22~26~ 42~20~ 44~23~; b) was heilig ist Lv 22~10.14~ Zef 3~4~; — 2. heilig sind: a) Männer im Krieg 1S 21~6~ (s. vs. ~5~ !); b) Speisen Ex 29~33~, Räume 2C 8~11~ 23~6~, Geräte Esr 8~28~, Salböl Ex 30~32~, Räucherwerk Ex 30~35~; c) שַׁבָּת Ex 31~14~, 40~9~, כֹּהֵן מִשְׁכָּן Lv 21~6~, יוֹבֵל 25~12~, יְרוּשָׁלַיִם (בְּהֵמָה) קָרְבָּן 27~9~, מָקוֹם Jos 5~15~, Jl 4~17~, בְּגָדִים (der Priester) Ex 28~2~; d) הַקֹּדֶשׁ was heilig ist Lv 5~16~ 2C 30~19~, כָּל־קֹדֶשׁ irgend etwas Heiliges Lv 12~4~, alles Heilige 1C 23~28~; e) קֹדֶשׁ Heiliges = dem Kult zugehörig/verfallen Lv 27~10.33~ Nu 18~17~ Dt 26~13~ ! Pr 20~25~; f) עָשָׂה . . . קֹדֶשׁ (Öl) als heilige Sache bereiten Ex 37~29~; g) קֹדֶשׁ מִן eine heilige Gabe von Ez 45~1.4~; h) c. לְ für: α) כֹּהֵן Nu 6~20~ 18~10~; β) für יהוה Ex 28~36~ 31~15~ 39~30~ Lv 27~14.21.23.30.32~ Jr 31~40~ Ez 48~14~ Zch 14~20f~ Esr 8~28~; γ) קֹדֶשׁ . . . לַיהוה Räucherwerk Ex 30~37~, שַׁבָּת Ex 35~2~ (לָכֶם), קֹדֶשׁ הִלּוּלִים heilige Jubelgabe (פְּרִי עֵץ) Lv 19~24~, תְּנוּפָה (לַיהוה לַכֹּהֵן) für Jahwe u. zwar für den Priester) Lv 23~20~, Beute Jos 6~19~; i) קֹדֶשׁ יהוה was Jahwe geheiligt ist Lv 19~8~ Js 23~18~ Mal 2~11~; — 3. pl. קֳדָשִׁים (Sam. pl. *qå̊dēšəm*) **Weihegaben** (Kellermann BZAW 120, 1970, 68): a) α) דָּוִד יַקְדִּישׁוּ קֹ׳ לַיהוה Lv 22~3~; β) von דָּוִד 1K 7~51~ 15~15~ 2C 5~1~ (c. הֵבִיא); γ) צֹאן קֹ׳ Ez

36$_{38}$, כֶּסֶף הַקֳּ׳ Geld für die Weihegaben = als Weihegabe (ZüBi) 2K 12$_{5}$; δ) אוֹצְרוֹת הַקֳּ. Vorratsräume für die Weihegaben 1C 26$_{20.26}$ 28$_{12}$; b) הַקֳּ׳ die heiligen Gaben, die heiligen Dinge Ex 28$_{38}$ Lv 21$_{22}$ 22$_{4.6f}$ 1K 15$_{15}$ 2K 12$_{19}$ Neh 10$_{34}$ 2C 29$_{33}$ 31$_{6.12}$ 35$_{13}$; c. sf. Ex 28$_{38}$ Lv 22$_{16}$ Nu 5$_{10}$ Dt 12$_{26}$ 1K 15$_{15}$ (K, Vrss. et 2C 15$_{18}$ וְקָדָשָׁ(י)ו, Q קָדְשֵׁי), Ez 20$_{40}$; c) α) קָדְשֵׁי אָבִיו 1K 15$_{15}$ 2C 15$_{18}$; β) קָ׳ בְּנֵי יִשְׂרָאֵל Lv 22$_{2.15}$ Nu 5$_{9}$ 18$_{8.32}$; γ) קָ׳ בֵּית יהוה 2C 24$_{7}$, קָ׳ יהוה für Jahwe Lv 5$_{15}$, תְּרוּמַת הַקֳּ׳ Lv 22$_{12}$, תְּרוּמוֹת הַקֳּ׳ Nu 18$_{19}$ (MS, G, S, T sing.) die als תְּ׳ dargebrachten heiligen Gaben; cf. Nr. 5 und ζ; מַעְשַׂר קֳ׳ 2C 31$_{6}$ txt. corrupt., cj. ↗ קדשׁ pu.; — 4. **die Gott anhaftende** (besondere Rücksicht fordernde) **Heiligkeit** נִשְׁבַּע י׳ בְּקָדְשׁוֹ Am 4$_{2}$, אַחַת נִשְׁבַּעְתִּי בְקָדְשִׁי Ps 89$_{36}$; בַּקֹּדֶשׁ in Heiligkeit Ps 77$_{14}$, s. Kraus BK XV[5] 693; cj. Ex 15$_{11}$ pr. נֶאְדָּר בַּקֹּדֶשׁ (יהוה) l נֶ׳ בַּקְּדֹשִׁים, ↗ קָדוֹשׁ 5 a; קֹדֶשׁ 2C 31$_{18}$ ↗ קדשׁ hitp. 4; — 5. **die einer Sache anhaftende Heiligkeit**: לְבֵיתְךָ (י׳) Ps 93$_{5}$ (Kraus BK XV[5] 815. 819); daher קָדְשְׁךָ, קָדְשִׁי etc. heilig als Beifügung zu einem Besitz Gottes: a) שֵׁם: α) שֵׁם קָדְשִׁי Lv 20$_{3}$ 22$_{2.32}$ Ez 20$_{39}$ 36$_{20-22}$ 39$_{7.25}$ 43$_{7f}$ Am 2$_{7}$; β) שֵׁם קָדְשׁוֹ Ps 33$_{21}$ 103$_{1}$ 105$_{3}$ 145$_{21}$ 1C 16$_{10}$; γ) קָדְשֶׁךָ Ps 106$_{47}$ 1C 16$_{35}$ 29$_{16}$; b) זֵכֶר קָדְשׁוֹ Ps 30$_{5}$ 97$_{12}$; c) α) הַר קָדְשִׁי Js 11$_{9}$ (Wildbg. BK X 458), 56$_{7}$ 57$_{13}$ 65$_{11.25}$ 66$_{20}$ Ez 20$_{40}$ Jl 2$_{1}$ 4$_{17}$ Ob $_{16}$ Zef 3$_{11}$ Ps 2$_{6}$; β) הַר קָדְשׁוֹ Ps 3$_{5}$ 48$_{2}$ 99$_{9}$; γ) הַר קָדְשְׁךָ/שֶׁךָ Ps 15$_{1}$ 43$_{3}$ Da 9$_{16}$; δ) הַר קֹדֶשׁ אֱלֹהַי Da 9$_{20}$, הַר קֹדֶשׁ אֱלֹהִים der heilige Berg Gottes Ez 28$_{14}$ (Zimmerli Ez. 684f); ε) הַר הַקֹּדֶשׁ Js 27$_{13}$ Jr 31$_{23}$ Zch 8$_{3}$, הַדְרֵי־קֹדֶשׁ Ps 87$_{1}$, cj. Ps 110$_{3}$ pr. הַדְרֵי־ק׳ G ἐν ταῖς λαμπρότησιν τῶν ἁγίων, V iuxta LXX *in splendoribus sanctorum* l? c. ©, MSS, Σ, V iuxta hebr. הַרְרֵי־ק׳, s. Kraus BK XV[5] 927; הַר צְבִי קֹדֶשׁ der heilige Berg der Zierde = der Berg d. heiligen Zierde (ZüBi) Da 11$_{45}$; d) זֶרַע Js 6$_{13}$ Esr 9$_{2}$; e) עִיר Js 48$_{2}$ 52$_{1}$ Neh 11$_{1.18}$ Da 9$_{24}$; עָרֵי קָדְשְׁךָ Js 64$_{9}$; f) עַם Js 62$_{12}$ Da 12$_{7}$, sf. Js 63$_{18}$; g) α) בַּיִת 1C 29$_{3}$, sf. Js 64$_{10}$; β) הֵיכָל c. קָדְשְׁךָ Jon 2$_{5.8}$ Ps 5$_{8}$ 79$_{1}$ 138$_{2}$, c. קָדְשׁוֹ Mi 1$_{2}$ Hab 2$_{20}$ Ps 11$_{4}$; h) דָּבָר, sf. Ps 105$_{42}$, דִּבְרֵי קָדְשׁוֹ Jr 23$_{9}$; i) מָעוֹן, sf. Jr 25$_{30}$ Zch 2$_{17}$ Ps 68$_{6}$; 2C 30$_{27}$ u. Dt 26$_{15}$ (= שָׁמַיִם); k) α) מָרוֹם, sf. Ps 102$_{20}$; β) כִּסֵּא sf. Ps 47$_{9}$; γ) חֲצֵרוֹת, sf. Js 62$_{9}$; δ) זְבֻל sf. 63$_{15}$, ε) גְּבוּל, sf. Ps 78$_{54}$, ζ) מָקוֹם Lv 10$_{17}$, 14$_{13}$, sf. Ps 24$_{3}$ Esr 9$_{8}$; η) דְּבִיר, sf. Ps 28$_{2}$; θ) שָׁמַיִם, sf. Ps 20$_{7}$; l) יוֹם Neh 10$_{32}$, sf. Js 58$_{13}$; m) זְרוֹעַ, sf. Js 52$_{10}$ Ps 98$_{1}$; n) רוּחַ, sf. Js 63$_{10f}$ Ps 51$_{13}$; o) נָוֶה, sf. Ex 15$_{13}$; p) שַׁבָּת Ex 16$_{23}$, sf. Neh 9$_{14}$; q) אֲדָמָה Ex 3$_{5}$ Zch 2$_{16}$; r) בְּרִית Da 11$_{28.30}$; s) α) מִקְדָּשׁ Lv 16$_{33}$; β) דֶּרֶךְ Js 35$_{8}$; γ) שָׂרֵי 1C 24$_{5}$, Js 43$_{28}$ txt. inc. dl ? (Westermann ATD 19, 106; Elliger BK XI 360. 362); t) α) בָּשָׂר Jr 11$_{15}$ Hg 2$_{12}$; β) הֲדָרָה Ps 29$_{2}$ 96$_{9}$ 1C 16$_{29}$ 2C 20$_{21}$ (zu הֲדָ׳ noch = ? ug. *hdrt* „Erscheinung", s. Kraus BK XV[5] 377; Dahood Psalms I 174. 176 :: Ackroyd JThS 17, 1966, 393ff: heiliger Glanz, cf. TOB; u) α) אֲרוֹן 2C 35$_{3}$; β) מִקְרָא Ex 12$_{16}$ Lv 23$_{3.7f.21.24.27.35f}$ Nu 28$_{18.25f}$ 29$_{1.7.12}$, pl. Lv 23$_{2.4.37}$; γ) אֲנָשִׁים Ex 22$_{30}$; v) α) בְּגָדִים Ex 28$_{2.4}$ 29$_{29}$ 31$_{10}$ 35$_{19.21}$ 39$_{1.41}$ 40$_{13}$ Lv 16$_{4.32}$; β) נֵזֶר Ex 29$_{6}$ 39$_{30}$ Lv 8$_{9}$; γ) שֶׁקֶל Ex 30$_{13.24}$ 38$_{24-26}$ Lv 5$_{15}$ 27$_{3.25}$ Nu 3$_{47.50}$ 7$_{13-86}$ (14 ×), 18$_{16}$; δ) מִשְׁחָה Ex 30$_{25.31}$; ε) כְּתֹנֶת־בַּד Lv 16$_{4}$; ζ) שֶׁמֶן Nu 35$_{25}$, sf. Ps 89$_{21}$; לֶחֶם 1S 21$_{5}$ > קֹדֶשׁ 21$_{7}$; תְּרוּמַת הַקֹּ׳ Ex 36$_{6}$ Ez 45$_{6f}$ 48$_{10.18.20f}$; η) כְּלֵי הַקֹּ׳ Nu 3$_{31}$ 4$_{15}$ 18$_{3}$ 31$_{6}$ 1K 8$_{4}$ 1C 9$_{29}$ 2C 5$_{5}$; כְּלֵי קֹדֶשׁ הָאֱלֹהִים 1C 22$_{19}$; w) אַבְנֵי קֹדֶשׁ heilige Steine Kl 4$_{1}$ (THAT II 594) :: Emerton ZAW 79, 1967, 233-36: kostbare Steine; Lex.[1]: Talismane; — 6. a) קֹדֶשׁ heiliger Bezirk Lv

10$_{18}$ Jr 2$_3$ Ob $_{17}$ Ez 45$_1$ Ps 114$_2$, cf. Wildbg. Jahwes Eigentumsvolk (AThANT 37, 1960) 21; E. Otto Das Mazzotfest in Gilgal (BWANT107, 1975) 188[3]; b) הַקֹּדֶשׁ das Heilige Nu 4$_{15f.20}$ (:: הַקֳּדָשִׁים Ex 26$_{33}$) = das Heiligtum: α) Ex 28$_{29.35.43}$ 29$_{30}$ 31$_{11}$ 35$_{19}$ 39$_{1.41}$ Lv 4$_6$ 6$_{23}$ 10$_{4.18}$ 16$_{2f.16f.20.23.27}$ Nu 4$_{12}$ 8$_{19}$ 28$_7$; β) Verbindungen (nicht immer von 5 v ε sicher zu unterscheiden): אַדְנֵי הַקּ׳ Ex 38$_{27}$, מִשְׁמֶרֶת הַקּ׳ Ex 36$_4$ 38$_{24}$, מְלֶאכֶת הַקּ׳ Nu 3$_{28.32}$ 18$_5$ 1C 23$_{32}$, עֲבֹדַת הַקּ׳ Ex 36$_{1.3}$ Nu 7$_9$, פָּרֹכֶת הַקּ׳ Lv 4$_6$; c) α) הַקֹּדֶשׁ das Heilige des Tempels (auch = Heiligtum) 1K 8$_{8.10}$ Ez 41$_{21.23}$ 42$_{13f}$ 44$_{19.27}$ 45$_2$ 46$_{19}$ Ps 60$_8$ 63$_3$ 68$_{18.25}$ 74$_3$ Da 9$_{26}$ 2C 5$_{11}$ 29$_{5.7}$ 35$_5$; β) קֹדֶשׁ Heiligtum Ps 134$_2$ (cf. Brockelm. HeSy. § 89), Da 8$_{13f}$, Ob $_{17}$ ↗ 6 a; γ) קָדְשׁוֹ sein (אֵל/יהוה) Heiligtum Ps 108$_8$ 150$_1$, cj. Ps 20$_3$ pr. מִקֹּדֶשׁ prop. c. S Targ. מִקָּדְשׁוֹ, pl. קָדָשַׁי (יהוה) meine Heiligtümer Ez 22$_{8.26}$ 44$_{8.13}$; — 7. קֹדֶשׁ קָדָשִׁים **etwas Hochheiliges**: a) הַמִּקְדָּשׁ Ez 45$_3$; Priestergebiet 48$_{12}$; b) = Tempel Da 9$_{24}$ 1C 23$_{13}$; c) α) מִזְבֵּחַ Ex 29$_{37}$ 30$_{10}$ 40$_{10}$; Geräte d. Kultes 30$_{29}$; β) קְטֹרֶת 30$_{36}$, מִנְחָה (Rest) Lv 2$_{3.10}$ 6$_{10}$ 10$_{12}$, אָשָׁם Lv 7$_{1.6}$ 14$_{13}$, חַלּוֹת Brotkuchen 24$_9$, כָּל־חֵרֶם 27$_{28}$ (לַי׳), קָרְבָּן (von Speise-, Sünd- und Schuldopfern) Nu 18$_9$, חַטָּאת Lv 6$_{18.22}$ 10$_{17}$; d) קֹדֶשׁ הַקֳּדָשִׁים: der אֹהֶל מוֹעֵד Nu 4$_{4.19}$; sein durch die פָּרֹכֶת abgeteilter Teil Ex 26$_{33f}$; e) der heilige Bereich Nu 18$_{10}$ Ez 43$_{12}$; f) לֶחֶם אֱלֹהָיו (|| הַקֳּדָשִׁים) Lv 21$_{22}$; g) der innere Tempel (Noth Kge. 119) 1K 6$_{16}$ (|| דְּבִיר, gl.), 7$_{50}$ 8$_6$ (|| דְּבִיר, gl.), Ez 41$_4$ 2C 4$_{22}$ 5$_7$ (|| דְּבִיר), = בֵּית קֹדֶשׁ הַקֳּ׳ 2C 3$_{8.10}$; h) מְלֶאכֶת ק׳ הַקֳּ׳ 1C 6$_{34}$, ↗ 6 b β; i) ק׳ הַקֳּ׳ die hochheiligen Gaben ↗ 3, Nu 18$_9$ Esr 2$_{63}$ Neh 7$_{65}$, קָדְשֵׁי הַקֳּ׳ Lv 21$_{22}$ Ez 42$_{13}$ 44$_{13}$ (pr. וְאֶל l אֶל, BHS), 2C 31$_{14}$; cj. Dt 33$_2$ pr. מֵרִבְבֹת קֹדֶשׁ prop. u. a. מִמְּרִבַת קָדֵשׁ ↗ II קָדֵשׁ; 2C 31$_{18}$ יִתְקַדְּשׁוּ־קֹדֶשׁ ↗ קדשׁ hitp. 4 u. קֹדֶשׁ 4. †

קהה: ? Nf. zu I כהה; mhe. qal stumpf werden; sich ekeln, pi. verwerfen, hif. stumpf machen; ja. pe. stumpf werden, erschlaffen; sam. (BCh. LOT 2, 586); sy. *q[e]hā* pe. stumpf sein/werden, pa. af. stumpf machen:

qal: impf. תִּקְהֶינָה **stumpf werden** (Zähne) Jr 31$_{29f}$ Ez 18$_2$. †

pi. (Jenni 21. 50f): pf. קֵהָה **stumpf werden** (בַּרְזֶל) Koh 10$_{10}$, pi. intr. s. Jenni l. c. :: Driver VT 4, 1954, 232: pi. tr. und בַּרְזֶל obj. in vs. $_{10b}$ pr. קִלְקַל prop. קִלְקַל; ähnl. Lauha BK XIX 188: obj. von קֵהָה nicht בַּרְזֶל, sondern das unbestimmte persönliche sbj.: Wenn man das Eisen stumpf gemacht hat . . . (= wenn jemandes Eisen stumpf geworden ist). †

קהל: denom. v. קָהָל; mhe. hif. versammeln, nif. pt., hitp. sich versammeln; DSS (KQT 190) nif. pt. u. hif. impf, > sy. pe. zusammenrufen, zusammenkommen, pa. versammeln (THAT II 610):

nif: pf. נִקְהֲלוּ; impf. וַיִּ/תִּקָּהֵל, וַיִּקָּהֲלוּ (so auch 2S 20$_{14}$ c. Q pr. K וַיִּקָּלֲהוּ, s. BHK u. BHS); inf. cs. הִקָּהֵל; pt. pl. נִקְהָלִים: **sich versammeln**: — 1. c. אֶל Lv 8$_4$ 1K 8$_2$ Jr 26$_9$ (? pr. אֶל l c. MSS, Vrss עַל, cf. Wanke BZAW 122, 1971, 88), 2C 5$_3$; — 2. c. לְ 2C 20$_{26}$; — 3. c. עַל Ex 32$_1$ Nu 16$_3$ 17$_7$ 20$_2$ Ez 38$_7$ (עַל = אֶל, BHS); — 4. c. acc. loc. Jos 18$_1$ 22$_{12}$, + אֶל־יהוה Ri 20$_1$; — 5. abs. 2S 20$_{14}$ Est 8$_{11}$ 9$_{2.15f.18}$. †

hif: pf. הִקְהַלְתָּ, הִקְהִילוּ; impf. יַקְהֵ(י)ל, (1K 8$_1$ // 2C 5$_2$, hinter אָז in praeteritalem Sinn, s. Bgstr. 2, § 7g), וַיַּקְהֵל, וַיַּקְהִלוּ; imp. הַקְהֵל/הַקְהִילוּ, הַקְהִ֫ל־; inf. cs. הַקְהִיל: **versammeln, einberufen** c. acc.: — 1. כָּל־יִשְׂרָאֵל 1C 13$_5$ 15$_3$; זִקְנֵי יִשְׂר׳ 1K 8$_1$ 2C 5$_2$; כָּל־שָׂרֵי יִשְׂר׳ Dt 31$_{28}$; כָּל־זִקְנֵי שִׁבְטֵיכֶם 1C 28$_1$; שֹׁטְרֵיכֶם Dt 31$_{28}$; — 2. (כָּל־)בֵּית

יְהוּדָה 1K 12$_{21}$ 2C 11$_1$ (לְהִלָּחֵם); הָעָם Dt 4$_{10}$ 31$_{12}$; — 3. (כָּל־)הָעֵדָה Lv 8$_3$ Nu 1$_{18}$ 16$_{19}$ 20$_8$; כָּל־עֲדַת בְּנֵי יִשְׂר׳ Ex 35$_1$ Nu 8$_9$; — 4. הַקָּהָל Nu 10$_7$ 20$_{10}$; קְהָלֵךְ Ez 38$_{13}$; — 5. abs. (vom Aufbieten der Rechtsgemeinde) Hi 11$_{10}$, s. Horst BK XVI/1, 170; — cj. ? 2C 24$_6$ pr. וְהַקָּהָל prop. c. G וְהִקְהִל, ↗ קָהָל 3 c. †

קָהָל: Primärnomen; kaum verw. mit קוֹל (*qāl*), so Bauer ZAW 48, 1930, 75 und Rost BWANT 76, 1938, 5; cf. Albright VT Su. 4, 1957, 256 u. Dahood Psalms II 148 u. THAT II 629 :: THAT II 610; Sam. *qāl*; mhe. ja. sam. קְהָלָא Gemeinde; so auch DSS u. hier auch „Versammlung" d. Feinde d. Gottesvolkes (KQT 190, THAT II 618); > sy. *qahlā* Menge, cp. *qhl* (קְהָלָא) Versammlung, Volk; asa. *qhl/qhlt* (Conti 230a, THAT II 610) Versammlung: cs. קְהַל, sf. קְהָלֶךְ, קְהָלֵךְ, קְהָלָהּ, קְהָלָם, קְהַלְכֶם; Lit. Rost BWANT 76, 1938, 4-32; Schrage ThWbNT VII 802, THAT II 609-619, BHH 542f, Kraus BK XV/3, 1979, 83-85: Aufgebot, Versammlung (in Israel mit Ausname von Jr 44$_{15}$ Esr 10$_1$ Neh 8$_{2.17}$ nur die männlichen Vollbürger = עַם umfassend, s. Rost l. c. 31): — 1. **Aufgebot**: a) zum Kampf: α) von Israel קְהַל עַם הָאֱלֹהִים Ri 20$_2$; הַ/בַּקָּהָל Ri 21$_{5.8}$ 2C 28$_{14}$; הַקָּ׳ הַזֶּה 1S 17$_{47}$; cf. Gn 49$_6$ (|| סוֹד), s. H. J. Zobel BZAW 95, 1965, 9; W. Schottroff WMANT 30, 1969, 136; β) von ausserisraelit., feindlichen Völkern קָהָל רָב Ez 17$_{17}$ 38$_4$, קָהָל גָּדוֹל 38$_{15}$ (גּוֹג), קְהַל עַמִּים Ez 23$_{14}$ 32$_3$ (gl.), קְהַל גּוֹיִם Jr 50$_9$; b) ק׳ = Aufgebot z. Gericht Ez 16$_{40}$ 23$_{46f}$; אֶבֶן קָהָל das zugehörige Rechtsmittel 23$_{47}$ (THAT II 612f); Rechtsgemeinde Jr 26$_{17}$ Pr 5$_{14}$ 26$_{26}$ Sir 7$_7$; c) α) Israel, bzw. der עַם = קְהַל יהוה Aufgebot Jahwes (Rost l. c. 11ff, THAT II 615) Nu 16$_3$ 20$_4$ ↗ e, Dt 23$_{2-4.9}$ Mi 2$_5$, cf. Alt KlSchr. 3, 373-81; 1C 28$_8$, cf. קְהַלְכֶם Dt 5$_{22}$; β) יוֹם הַקָּהָל Tag des Aufgebotes Dt 9$_{10}$ 10$_4$ 18$_{16}$; d) α) קְהַל יִשְׂרָאֵל Lv 16$_{17}$ Dt 31$_{30}$ Jos 8$_{35}$ 1K 8$_{14.22.55}$ 12$_3$ 2C 6$_{3.12f}$ Sir 50$_{13.20}$; קְהַל עֲדַת יִשְׂר׳ Ex 12$_6$; קְהַל עֲדַת בְּנֵי יִשְׂר׳ Nu 14$_5$ ↗ e β; קָהָל רַב מְאֹד מִיִּשְׂר׳ Esr 10$_1$ ↗ 3 a γ; הַקָּהָל הַבָּאִים מִיִּשְׂר׳ 2C 30$_{25}$; יִשְׂר׳ קְהַל יהוה 1C 28$_8$; β) קְהַל יְהוּדָה (וִירוּשָׁלַיִם) 2C 20$_5$ 30$_{25}$; γ) קְהַל הָאֱלֹהִים Neh 13$_1$; e) Die Versammlung/das Aufgebot in der Wüste (P), s. Rost l. c. 18ff: α) הַקָּהָל הַזֶּה (Sam. *ǻqāl* nicht det. Nu 15$_{15}$; cf. BCh. LOT 5, 240 § 6.3.2) Ex 16$_3$ Nu 20$_{12}$; הַקָּהָל Lv 4$_{13f.21}$ Nu 10$_7$ 15$_{15}$ 20$_{6.10}$; תּוֹךְ הַקָּהָל Nu 17$_{12}$ 19$_{20}$; β) עַם הַקָּהָל Lv 16$_{33}$; קְהַל יהוה Nu 16$_3$ 20$_4$ ↗ c α; קְהַל יִשְׂר׳ Lv 16$_{17}$; קְהַל עֲדַת בְּנֵי יִשְׂר׳ Nu 14$_5$ ↗ d α; f) α) Versammlung aus verschiedenem Anlass (THAT II 613. 617) 1K 8$_{14.22.55}$ 2C 6$_{3.12f}$ ↗ d α; Esr 10$_{14}$ Neh 5$_{13}$ 8$_{17}$, 13$_1$ ↗ d γ, 28$_8$ ↗ d α; כָּל־הַקָּהָל 1C 29$_{1.10.20}$ u. ö., ↗ ferner oben d; קָהָל לָרֹב מְאֹד 2C 30$_{13}$; רַבַּת בַּקָּהָל viele in der Versammlung 2C 30$_{17}$, s. Rudolph Chr. 302; β) aus Anlass eines Fastens Jl 2$_{16}$ c. קִדֵּשׁ, ↗ קדשׁ pi. 2 a β; g) die gottesdienstlich versammelte Gemeinde (von f nicht immer scharf zu trennen; THAT II 617f) Ps 22$_{23.26}$ 35$_{18}$ 40$_{10f}$; קְהַל־עָם Ps 107$_{32}$; בְּקָהָל Hi 30$_{28}$ ↗ 3 d, Kl 1$_{10}$; קְהַל חֲסִידִים Ps 149$_1$ :: קְהַל מְרֵעִים Ps 26$_5$; — 2. die nachexilische Kultgemeinde: a) כָּל־הַקָּהָל כְּאֶחָד das ganze Aufgebot insgesamt Esr 2$_{64}$ Neh 7$_{66}$, s. Galling Stud. 89ff; b) קְהַל הַגּוֹלָה Gemeinde der Heimgekehrten (ZüBi) Esr 10$_8$, s. Rudolph EN 90 u. Rost l. c. 24; — 3. Versch.: a) Menge: α) קְהַל עַמִּים Gn 28$_3$ 48$_4$, קְהַל גּוֹיִם 35$_{11}$; β) הַקָּהָל הַזֶּה et ins. c. Vrss. (BHS) dieser Haufe Nu 22$_4$; γ) קָהָל גָּדוֹל 1K 8$_{65}$ Jr 31$_8$ 44$_{15}$, קָהָל רַב מְאֹד Esr 10$_1$ ↗ 1 d α; קָהָל לָרֹב מְאֹד 2C 30$_{13}$ ↗ 1 f α; b) קְהַל קְדֹשִׁים Ps 89$_6$ ↗ קָדוֹשׁ 3 b γ,

5 b; c) קְהַל רְפָאִים Schar der Schatten Pr 21$_{16}$; d) בַּקָּהָל Hi 30$_{28}$: בַּקָּ׳ entweder in der Gemeinde ↗ 1 g oder öffentlich (Fohrer KAT XVI 422), s. THAT II 617; cf. קהל Sir 44$_{15}$ 46$_{7}$ (s. THAT II 614); 2C 24$_{6}$ וְהַקָּהָל txt. inc.: Galling ATD 12, 137: gl.; cj. c. G וְהַקְהֵל, s. BHS :: Rudolph Chr. 274: MT, cf. Rost l. c. 22; — 4. charakterist. Wendungen: אָבַד מִתּוֹךְ הַקָּ׳ Nu 16$_{33}$, נִבְדַּל מִקְּ׳ Esr 10$_{8}$, בּוֹא בַקָּ׳ Dt 23$_{2-4.9}$ Kl 1$_{10}$ Neh 13$_{1}$; בֵּרַךְ אֶת־הַקָּ׳ 1K 8$_{14.55}$ 2C 6$_{3}$; בֵּרַךְ אֶת־יהוה/ליהוה (sbj. d. Glieder d. קָהָל) 1C 29$_{20}$; הִלֵּל בְּתוֹךְ הַקָּ׳ Ps 22$_{23}$, הוֹדָה בְקָ׳ Ps 35$_{18}$, נוֹעַץ (sbj. הַקָּ׳) 2C 30$_{2.23}$, הִתְיַצֵּב בִּקְ׳ Ri 20$_{2}$, נִכְרַת מִתּוֹךְ הַקָּ׳ Nu 19$_{20}$, עָמַד בִּקְ׳ 2C 20$_{5}$; עָמַד (sbj. קָהָל) 1K 8$_{14}$ 2C 6$_{3}$; נִקְבַּץ. Esr 10$_{1}$, קִדֵּשׁ Jl 2$_{16}$, הִקְהִיל Nu 10$_{7}$ 20$_{10}$ Ez 38$_{13}$, רָגַם אֶבֶן קָהָל Ez 23$_{47}$, קוּם בַּקָּ׳ Hi 30$_{28}$, רוֹמֵם בִּקְ׳ Ps 107$_{32}$, שָׂמַח (sbj. קְהַל־) 2C 30$_{25}$.

Der. קהל; קְהִלָּה, קֹהֶלֶת, מַקְהֵל*, מַקְהֵלוֹת, n. l. קְהֵלָתָה.

קְהִלָּה: קָהָל, BL 466k; Sam. cs. *qålåt*, f. von קָהָל; mhe., DSS (KQT 190): cs. קְהִלַּת: **Versammlung, Gemeinde** Dt 33$_{4}$; נָתַן קְ׳ עַל eine Versammlung ansetzen wegen (Lex.[1]) oder gegen (Rudolph EN 130, ZüBi) Neh 5$_{7}$, Sir 7$_{7}$ Sir^{M} 42$_{11}$ (קהלת עם). †

קֹהֶלֶת: pt. qal fem. v. קהל (GK § 122r, R. Meyer Gr. § 94, 2g, Joüon § 89b), G ἐκκλησιαστής, Σ παροιμιαστής, V *concionator*: Versammlungsleiter, Versammlungsredner Koh 1$_{1f.12}$ 7$_{27}$ 12$_{9f}$, הַקּוֹהֶלֶת 12$_{8}$; zur Bedtg. d. Wortes siehe u. a. E. Podechard L'Ecclésiaste (Paris 1912) 128-134, Lauha BK XIX 1; Fohrer Fschr. D. W. Thomas 97f, THAT II 613 :: Ulldff. VT 12, 1962, 215: der Streiter, Bestreiter, קֹ׳ als Übersetzung v. aram. קָהֲלָא. †

קְהֵלָתָה: n. l.: קָהָל; Sam. *qēllåtå*; G Μακελ(λ)αθ: Wüstenstation Nu 33$_{22f}$, d. heutige Oase *al-Bedʿ*, s. Noth AbLAk 1, 70 und l. c. Anm. [56] mit Hinweis auf Musil NH 109ff; GTT § 431. †

קְהָת u. **קְהָת**: Sam. *qāt*: n. m. < tr., Bedtg. unbekannt, bei Noth N. 256a nicht erklärt; cf. ug. PN *Aqht* (Gröndahl § 125 u. S. 100): zweiter Sohn v. Levi, Ahne eines levit. Geschlechtes (Möhlenbrink ZAW 52, 1934, 187ff): Gn 46$_{11}$ Ex 6$_{16.18}$ Nu 3$_{17.19.27.29}$ 4$_{2.4.15}$ 7$_{9}$ 16$_{1}$ 26$_{57f}$ Jos 21$_{5.20.26}$ 1C 5$_{27f}$ 6$_{1.3.7.23.46.51.55}$ 15$_{5}$ 23$_{6.12}$; ↗ קְהָתִי. †

קְהָתִי u. **קְהָתִי**: Sam. *qātti*, pl. *qāttəm*: gntl. v. קְהָת; pl. קְהָתִים: — 1. Nu 3$_{27.30}$ 4$_{18.37}$ 26$_{57}$ Jos 21$_{4.10}$ 1C 6$_{39}$; c. בְּנֵי Nu 4$_{34}$ 1C 6$_{18}$ 9$_{32}$ 2C 29$_{12}$; — 2. pl. Nu 10$_{21}$, c. בְּנֵי 2C 34$_{12}$; מִן־בְּנֵי הַקְּהָתִים וּמִן־בְּנֵי הַקָּרְחִים (und die Leviten) von den Kehatiten und (zwar) von den Korachiten 2C 20$_{19}$ (s. Rudolph Chr. 262 u. Gese Vom Sinai zum Zion, 1974, 155 mit Anm. 33). †

I **קַו**, **קָו** u. Nf. קָוֶה* (1K 7$_{23}$ Jr 31$_{39}$ Zch 1$_{16}$ Q (וְ)קָו, K (וּ)קְוֵה, וְקָוֶה*), wohl Primärnomen, vielleicht < akk. *qû*, s. Zimmern 35, doch s. dazu THAT II 619; mhe. קַו eig. Faden, Schnur, übertr. Schicht, Zone (Levy 4, 257b), DSS 1QH I 28 עַל קו, 29 קוים: Mess-Schnur (Lohse 115 :: Marböck VT 20, 1970, 236-39: Vers, Verszeile od. Versmass, cf. עַל קו Sir^{M} 44$_{5}$ pr. עַל חוק ed. Smend); ja. Js 59$_{5}$ Targ. pl. קִוִּין; bT Schab 113a jem. Trad. קִיוַאֵי, קְוַאֵי Faden; akk. *qû(m)* < sum. *gu* (AHw. 924f) Hanf, Faden, Schnur; cf. sy. *qᵉwē* gewoben, pl. *qᵉwajjā/qᵉwīn*; md. *qaua* (MdD 399b) Gewebe; soq. *qa* Faden (Leslau 46): cs. קַו (Js 34$_{11}$) u. קָו (Jr 31$_{39}$ Q, 2K 21$_{13}$ Ⓛ :: Ⓑ et MSS קַו, s. BHK); sf. קַוָּם Ps 19$_{5}$ ↗ 2; (AuS 7, 63): — 1. **Schnur** (**zum Spannen**, **Messen**) 1K 7$_{23}$ Q, 2C 4$_{2}$; קָו הַמִּדָּה Mess-Schnur Jr 31$_{39}$; קַו, קָו Mess-Schnur Js 28$_{17}$ 34$_{17}$ Ez 47$_{31}$ c. נָטָה 2K 21$_{13}$ Js 44$_{13}$ Zch 1$_{16}$ Q, Hi 38$_{5}$ Kl 2$_{8}$, קַו־תֹהוּ Schnur der Öde (|| אַבְנֵי־בֹהוּ

Js 34₁₁; — 2. Ps 19₅ קַוָּם (c. יָצָא), G ὁ φθόγγος αὐτῶν, Σ ὁ ἦχος αὐτῶν, Aquila ὁ κανὼν αὐτῶν, V (iuxta LXX et iuxta Hebr. *sonus eorum,* S *sᵉbartᵉhōn* „ihre Botschaft"; Möglichkeiten: a) c. MT: α) nach Aquila: ihr Mass (Baethgen GHK II/2, 1892, 56, ihr Gesetz (Weiser ATD 14/15⁷, 133), ihre Richtschnur (Ridderbos BZAW 117, 1972, 177); β) ihr Schall (Kraus BK XV⁵ 297. 298, cf. קַו Js 28₁₀.₁₃ u. ? Sir 44₅ ↗ III קַו) :: Donner ZAW 79, 1967, 327³¹, ↗ 2 b α; b) cj.: α) קוֹלָם ihre Stimme (u. a. Lex.¹, Donner l. c.; β) sbst. ↗ קָא, קִיא u. קַו Js 28₁₀.₁₃, ihr Schwall (Gkl. Ps. 74. 77); γ) קרם* ihr Tönen, sbst. zu ug. *qr* Ruf ↗ α und β, Schrei (UT nr. 2263, Aistl. 2448; Weippert ZAW 73, 1961, 99); δ) קַו zu ja. קְנָא Geräusch, s. dazu GB; — im Blick auf d. Vrss. ist b α wohl am wahrscheinlichsten. †

II קַו, קָו: כּוּשׁ ist קַו־קָו Js 18₂.₇; l c. 1Q Jsᵃ, Kᴼʳ קַוְקַו, cf. BL 481d, R. Meyer Gr. § 39, 3: Spannkraft (Lex.¹), sehnige Kraft (Wildbg. BK X 678f. 680; Kaiser ATD 18. 74; cf. Driver JSS 13, 1968, 46: קַוְקַו e. redubl. adj. mit steigerndem Sinn = sehr stark); zur obigen Bedtg. cf. ar. *qawija* stark, kräftig, mächtig sein/werden; sbst. *qūwat* Stärke, Kraft, Macht (Wehr 715b) :: Donner VTSu 11, 1964, 122: ק׳ vielleicht „sehnige Kraft", doch eher eine onomatopoet. Lallform zur Kennzeichnung einer fremden unverständlichen Sprache cf. Js 28₁₀f; ähnl. Huber BZAW 137, 1976, 130¹⁸⁹. †

III קַו: Js 28₁₀.₁₃ in der Reihe צַו לָצָו... קַו צַו לָצָו קַו לָקָו: Sinn umstritten, ↗ צַו: B und I קַו 2 a β. †

קוֹבַע: = ↗ כּוֹבַע: **Helm** 1S 17₃₈ Ez 23₂₄; zur Etym. ↗ כּו׳; vgl. ausserdem Brown VT 21, 1971, 5f: er stellt ק׳ ausser zu heth. *kupaḫ(ḫ)i* noch zu gr. κύμβαχος Helmwölbung, -kappe, -spitze; s. ferner BRL²146. †

I קוה: vb. vielleicht denom. von I קַו, קָו mit d. Grdb. „gespannt sein", s. THAT II 619f mit Lit. :: de Boer OTSt. 10, 1954, 225-246: Solidität, Zusammenhalt als Oberbegriff von II u. I קוה mit den zugehörigen sbst., doch s. dazu THAT II l. c.; mhe., DSS (KQT 191); ug. inc. KTU 1. 2 I 18. 34f: *dtqyn hmlt,* Bedtg. entweder: a) auf den die Menge wartet, √ *qwj* (CML¹ 79. 144b, TOML 129); b) den ihr schützt, o Menge, od. ähnl., √ ar. *waqā (wqj)* (UT nr. 1143, Aistl. 874, Gray LoC² 24³, CML² 41 u. Anm. ³ mit Hinweis auf a); akk. *quʾʾû(m)* (AHw. 931) warten, warten auf; sy. *qawwī* (pa.) bleiben, erwarten; amh. *qwäyyä* warten (Leslau 46); cf. ar. *qawija* stark, kräftig, mächtig sein/werden (s. Kopf VT 8, 1958, 176); wie ar. auch md. *qwa* (MdD 405b) stark sein/werden; (THAT II 619-629, Lit. 621); ferner Kraus BK XV/3, 87 u. 198f:

qal: pt. (cf. דֹּבֵר: דבר) pl. cs. קֹוֵי, sf. קֹוַי, קֹוֶיךָ, קֹוָו K, קֹוָיו Q (Kl 3₂₅): (auf יהוה, bzw. אֱלֹהַי Ps 25₃) **harren, hoffen** Js 40₃₁ 49₂₃ Ps 25₃ 37₉ 69₇ Kl 3₂₅. †

pi. (Jenni 171f: qal ein allgemeines Hoffen, pi, das auf ein Ziel hin gerichtete Hoffen, bzw. das in einen Ablauf von Erhoffen und Erfüllung eingefügte Hoffen; cf. Degen WdO 6, 1971, 52f): pf. קִוְּתָה, קִוִּיתִי, קִוִּיתִי, קִוּוּ, קִוִּיתֶם, קִוִּינוּ, sf. קִוִּיתִיךָ, קִוִּינוּךָ, קִוִּינֻהוּ; impf. יְקַוֶּה, (וַ)יְקַו, אֲקַוֶּה, (וָ)אֲקַוֶּה, יְקַוּוּ, נְקַוֶּה; imp. קַוֵּה; inf. קַוֹּה, cs. קַוֵּה: **hoffen, harren**: — 1. a) c. לְ rei auf etwas Gn 49₁₈ Js 5₇ 59₉.₁₁ Jr 8₁₅ 13₁₆ 14₁₉ Ps 69₂₁ (pr. לָנוּד prop. c. Vrss. לְנַד, BHS), Hi 3₉ 6₁₉ Sir 6₁₉ 11₂₀; c. לְ mit inf. Js 5₂.₄; b) α) c. acc. rei Hi 7₂ 30₂₆, c. הַיּוֹם Kl 2₁₆; c. מַה־ Ps 39₈; β) im Relativ-Satz ohne pron. (Brockelm. HeSy. § 146, R. Meyer Gr. § 115), c. נוֹרָאוֹת אִם־אֲקַוֶּה Js 64₂; c) abs. Hi 17₁₃

„ich erhoffe nichts" (Fohrer KAT XVI 279 od. „was hoffe ich ?" (Horst BK XVI/1, 240; cf. TOB); קִוְּתָה נַפְשִׁי Ps 130_5, cf. vs.$_5$ קִוִּיתִי יהוה (mit ׳י als Vokativ, s. Kraus BK XV[5] 1047) oder zu 2 c; — 2. a) c. לְ pers: α) auf Menschen Mi 5_6 Ps 69_{21} (cj. לָנֻד ↗ 1 a); β) auf Gott Js 8_{17} (Lescow ZAW 85, 1973, 326), 25_9 33_2 Js 60_9 txt. corrupt. cj. ↗ II קוה, Jr 14_{22} Pr 20_{22}; b) c. אֶל pers.: auf Gott Js 51_5 Hos 12_7 Ps 27_{14} 37_{34}; c) c. acc. pers.: auf Gott Js 26_8 Ps $25_{5.21}$ 40_2 (nonn. MSS + אֶל), 130_5 ↗ 1 c; שִׁמְךָ (שֵׁם אֱלֹהִים) Ps 52_{11} s. W. Beyerlin, Der 52. Psalm (BWANT 111, 1980) 41-46; — 3. **warten auf** (in feindl. Sinn): a) c. נַפְשִׁי od. mit MSS לְנַפְשִׁי nach dem Leben trachten Ps 56_7; b) c. לְ (לִי) nachstellen Ps 119_{95}, s. Deissler Psalm 119 (118) und seine Theologie, 1955, 195; THAT II 621f; — cj. Nah 1_{7a} ins. לְמְקַוָּיו (Rudolph KAT XIII/3, 152), al. לְמְחַכֵּי־לוֹ (BHS). †
Der. ? II קַו, I מִקְוֶה, I, II תִּקְוָה, III n.m.

II קוה: wohl eine von I קוה verschiedene √ :: de Boer OTSt 10, 1954, 226. 241f, ↗ I קוה; mhe. qal, hif. sammeln, sbst. קִוּוּי Ansammlung; ja. קוא af. versammeln; cf. sy. *qᵉbā* zusammenhalten, zusammenfassen (LS 640a):

nif: pf. נִקְווּ Jr 3_{17} (sic Ⓑ et mlt. MSS, Ⓛ נִקְוּוּ); impf. יִקָּווּ: c. אֶל **sich sammeln**: a) an (הַמַּיִם) Gn 1_9 (:: O. H. Steck Der Schöpfungsbericht der Priesterschrift, FRLANT 115, 1975, 87. 89: pass. gesammelt sein/werden); b) in, s. Brockelm. HeSy. § 108b (כָּל־הַגּוֹיִם) Jr 3_{17}; — cj. Js 60_9 pr. יְקַוּוּ l יִקָּווּ et pr. אִיִּים prop. צִיִּים ↗ I צִי* †
Der. II מִקְוֶה, מִקְוָה.

*קָוֶה: cs. קְוֵה: K pr. I קַו 1K 7_{23} Jr 31_{39} Zch 1_{16}. †

קְוֵה 1K 10_{28}: G Θεκουε, V *Coa*; קְוֵא 2C 1_{16}: fehlt in G, V *Coa* u. danach pr. קְוֵה u. קְוֵא prop. קוֹא, s. Lex.[1] BHS: n. ter.: Zkr 1, 6 קוה (KAI II S. 207), Landsbg. Samʾal 1948, 27; keilschr. *Quwe* u. ä. (Parpola AOAT 6, 1970, 288f; Görg UF 8, 1976, 53-55): Landschaft in d. kilikischen Ebene, s. Noth Kge. 205. 234f: 1K 10_{28} pr. מִקְוֵה l וּמִקְוֵה et pr. מִמִּצְרַיִם prop. מִמֻּצְרִי, so auch Gray Kings[3] 268f u. Herrmann Geschichte 221[14]; cf. GTT § 835 :: Würthwein ATD 11/1, 128: l c. BHS וּמִקוֹא u. mit MT מִמִּצְרַיִם die Einfuhr . . . (erfolgte) aus Ägypten, und zwar aus Koa. †

קוֹחַ Js 61_1: ↗ פְּקַחְ־קוֹחַ.

קוט: Nf. v. ↗ קוץ (:: Eitan 23ff pr. קוט prop. קטט): ug. vb. *qwṭ* od *qṭṭ* (KTU 1. 40, 15. 23. 31; sbst. *qṭṭ* 22.31): *qṭṭ* übertreten, Übertretung (UT nr. 2217), cf. Gray LoC[2] 204. 205; van Selms UF 3, 1971, 240: *qṭ* pālel; = *qwṭ* pālel Widerwillen, Ekel empfinden, Widerwillen (Aistl. 2399), cf. Dietrich-Loretz-Sanmartín (UF 7, 1975, 154):

qal: impf. יָקוּט Hi 8_{14} ↗ יָקוֹט HAL 411a, אָקוּט: c. בְּ **Ekel empfinden** vor Ps 95_{10} (pr. qal prop. nif. אָקוֹט u. a. Lex.[1] :: Kraus BK XV[5] 828; Dahood Psalms II 354: MT);

nif: pf. נָקֹטָה Hi 10_1 (BL 404, Bgstr. 2 § 28p), נָקֹטוּ Ez 6_9 (BL 404, Bgstr. 2 § 28p), נְקֹטֹתֶם: **Ekel empfinden**: — 1. c. בְּ Hi 10_1; — 2. c. בִּפְנֵי u. בְּ Ez 20_{43}, c. בִּפְנֵי u. אֶל = עַל Ez 6_9, u. עַל 36_{31}; cf. Zimmerli Ez. 154. †

hitpo: impf. אֶתְקוֹטָט, וָאֶתְקוֹטָטָה: **Ekel empfinden, sich grausen** (Lex.[1]): — 1. c. אֲשֶׁר „weil" Ps 119_{158}; — 2. cj. c. בְּ Ps 139_{21} pr. וּמִתְקוֹמְמֶיךָ (txt. emend.) prop. וּבְמִתְקוֹטְטֶיךָ (u. a. Kraus BK XV[5] 1092f, cf. BHS). †

*קול: ar. *qāla* (*qwl*) sagen; cf. äth. *kalḥa* (Dillm. 817f) rufen, schreien :: akk. *qâlu*(*m*) (AHw. 895) aufpassen, schweigen. Der. קוֹל.

קוֹל u. selten קֹל; BL 452r. t: *קוּל; Sam. *qol*; mhe., DSS (KQT 191f, THAT II 634); ph. pun. aam. äga. palm. *ql* Ton, Stimme (DISO 258, ℱ ba.); ug. *ql*: 1) Stimme, 2) Donner, 3) Kunde, Bericht; zu 1 u. 2 s. UT nr. 2213, Aistl. 2407, RSP I S. 324f Nr. 485. 487; zu 3 im Ausdruck *ql bl* (KTU 1. 100, 2) „bring Kunde!" s. THAT II 630 mit Lit. :: Dietrich-Loretz-Sanmartín UF 7, 1975, 121: „bringe meinen Ruf!" :: Dietrich-Loretz UF 12, 1980, 154ff bes. 159: „Bringe meine Bitte!", :: Tsevat UF 11, 1979, 759: „bringe meine Rede!"; ja. קָלָא, sam.; sy. *qālā* Stimme, Ton, Donner etc., cp. *ql* (Schulthess Lex. 176b); md. *qala* (MdD 400b) Stimme, Ton, Schrei, Lärm etc.; asa. *qwl* Vogt, urspr. Sprecher (Müller ZAW 75, 1963, 314; Conti 230); äth. *qāl* (Dillm. 450f) Stimme, Ton, Wort, Rede etc.; auch tigr. (Wb. 255a) Stimme, Rede; ar. *qawl* Wort, Rede, Ausspruch etc. (Wehr 711a); :: akk. *qūlu* (AHw. 927b) Stille, Schweigen: ThWbNT IX 274-278, THAT II 629-634 (je. mit Lit.), 505×: cs. קוֹל, sf. קוֹלִי, קוֹלְךָ/לֵךְ, קֹלֵךְ, קוֹלוֹ, קוֹלָהּ, קוֹלָם, קוֹלָן; pl. קוֹלוֹת (6 × קֹלֹת, auch קֹלֹת, s. GB); zum f. pl. cf. Michel Grundl. heSy. 1, 39f: — 1. **Geräusch**: a) Donner, Donnerschläge Ex $9_{23.29.33f}$ 19_{16} 20_{18} etc. ℱ 5 a; חֲזִיז קֹלוֹת Hi 28_{26} 38_{25} Donnerschlag :: Fohrer KAT XVI 390. 392: donnernde Gewitterwolke, s. Koehler ZAW 55, 1937, 173; b) v. נְהָרוֹת Ps 93_3, v. מַיִם רַבִּים Ez 1_{24} 43_2 Ps 93_4, v. תְּהוֹם Hab 3_{10}, v. הֲמוֹן הַגֶּשֶׁם 1K 18_{41}, v. רַעַשׁ Erdbeben ? Ez 37_7 (s. ThWbNT IX 274, THAT II 630) :: Zimmerli Ez. 894: רַעַשׁ//קוֹל; v. Tritten, Schritten Gn $3_{8.10}$ (s. BK I/1, 346), 2S 5_{24} 1K 14_6 2K 6_{32}, v. Laub (עָלֶה) Lv 26_{36}, v. Feuer Jl 2_5, v. Dornen Koh 7_6, v. Mühlsteinen Jr 25_{10} Koh 12_4 etc., s. ThWbNT l. c. 274; קוֹל מֵעַל לָרָקִיעַ ein Geräusch vom Ort über der festen Platte Ez 1_{25} (gl.), s. Zimmerli Ez. 2. 8; c) קוֹל דְּמָמָה דַקָּה 1K 19_{12} wörtl. der Ton (das Geräusch) einer leisen (Wind-)stille, freier die dünne, leise Regungslosigkeit der Windstille, s. Stamm Fschr. Vriezen 330f (mit Lit.) :: Lust VT 25, 1975, 110-15: eine brausende, donnernde Stimme; — 2. **Lärm** v. קִרְיָה 1K 14_1, v. מַחֲנֶה Ez 1_{24}, v. עָם Ex 32_{17}, v. מִלְחָמָה Ex 32_{17} Jr 50_{22}, cf. 2K 7_6; v. תְּרוּעָה 1S 4_6 Ez 21_{27}, v. הָמוֹן Getümmel 1S 4_{14} Ez 23_{42}, v. הֲמֻלָּה Volksmenge Jr 11_{16} Ez 1_{24}, v. שׁוֹט Nah 3_2, v. מַפַּלְתֵּךְ dein Fall (Tyrus) Ez 26_{15}, v. שַׁאֲגָה Ez 19_7, קוֹלָם ihr Geschrei Nu 16_{34}, קוֹל אוֹיֵב Ps 55_4; — 3. קוֹל in der Bedtg. von 1 oder 2: bei Musikinstrumenten (ThWbNT l. c. 275): v. שׁוֹפָר Ex 19_{16} 20_{18} 2S 6_{15} 15_{10} etc., v. חֲצֹצְרוֹת 2C 5_{13}, v. כִּנּוֹר Ez 26_{13}, v. עוּגָב Hi 21_{12}, v. פַּעֲמוֹן Ex 28_{34f} Sir 45_9; — 4. **Stimme von Tieren u. Menschen**: a) Stimme (Laut) von Tieren (ThWbNT IX 275, THAT II 631): v. צֹאן 1S 15_{14}, v. מִקְנֶה Jr 9_9, v. סוּסִים Jr 8_{16}, v. Löwen Jr 2_{15} Ez $19_{7.9}$ Am 3_4 Hi 4_{10}, cf. Zch 11_3, v. יוֹנִים Nah 2_8, cf. HL 2_{14}, v. Vögeln Zef 2_{14} Ps 104_{12} Koh 12_4, v. נָחָשׁ Jr 46_{22}; b) Stimme (Laut) des Menschen: α) die einen einzelnen charakterisierende Stimme קוֹל יַעֲקֹב Gn 27_{22}; קוֹלִי u. קֹ(ו)לְךָ (von David) 1S 24_{17} 26_{17}; β) Stimme d. Betenden, Klagenden, Lobenden (vor Gott) (ThWbNT l. c. 275, THAT II 634) Nu 20_{16} 21_3 Dt 26_7 33_7 Jos 10_{14} Ri 13_9 1S 1_{13} 2S 22_7/Ps 18_7 etc.; γ) קוֹל דְּבָרִים Laut der Worte Dt 1_{34} 5_{28} (cf. 1S 15_1 v. יהוה, ℱ 5 b β); Dan $10_{6.9}$ v. Engel (Gabriel); קוֹל אָלָה eine hörbar ausgesprochene Verfluchung Lv 5_1, s. THAT II 632; קוֹל אֶחָד einstimmig Ex 24_3; δ) קוֹל durch ein weiteres Wort in seiner Art bestimmt: קוֹל בְּכִי Js 65_{19} Ps 6_9 Esr 3_{13}, cf. Hi 30_{31};

קוֹל תַּחֲנוּנִים Ps $28_{2.6}$ 31_{23} 116_{1} 140_{7}; קוֹל צְעָקָה/זְעָ׳ 1S 4_{14} Js 65_{19} Jr 48_{3} 51_{54} Ez 27_{28}, cf. Js 30_{19}; קוֹל הַפַּחַד Js 24_{18}; קוֹל־פְּחָדִים Hi 15_{21}; קוֹל אֲנָחָה Ps 102_{6}; קוֹל זִמְרָה Ps 98_{5}; קוֹל רִנָּה Js 48_{20} Ps 47_{2}; קוֹל תּוֹדָה Jon 2_{10} Ps 26_{7}; קוֹל רִנָּה וְתוֹדָה Ps 42_{5}; קוֹל שָׂשׂוֹן וְקוֹל שִׂמְחָה קוֹל חָתָן וְקוֹל כַּלָּה Jr 7_{34} 16_{9} 25_{10} 33_{11}; קוֹל תְּהִלָּה Ps 66_{8}; קוֹל מְשַׂחֲקִים Jr 30_{19}; קוֹל מְחַצְצִים Stimme der Wasserverteiler Ri 5_{11}, ↗ חצץ u. W. Richter BBB 18^{2}, 1966, 76f; קוֹל גָּדוֹל laute Stimme Gn 39_{14} 1S 28_{12} 2S 15_{23} u. ö.; קוֹל רָם erhobene Stimme Dt 27_{14}; יְפֵה קוֹל von schöner Stimme Ez 33_{32}; — 5. **Stimme von Gott**: a) in oder mit dem Donner (Jörg Jeremias WMANT 10^{2}, 1977, 108; ThWbNT IX 276; THAT II 633f; Kraus BK XV/3, 45) 1S 7_{10} Js 29_{6} 30_{30}f Jr 10_{13} Jl 4_{16} Am 1_{2} Ps 18_{14}/2S 22_{14}, Ps 29_{3-5} (s. THAT II 633f u. Mittmann VT 28, 1978, 176f), 46_{7} 68_{34} 77_{19} 104_{7}; pl. קֹלוֹת ↗ 1 a Ex 19_{16} 20_{18} 1S 12_{17}; קֹלֹת אֱלֹהִים Ex 9_{28} mächtige Donnerschläge, s. D. W. Thomas VT 3, 1953, 210: ein Ausdruck des Superlativs; ZüBi: furchtbarer Donner; b) Stimme, die als Wort/in Worten hörbar ist: α) קוֹל־יהוה (51 ×) Ex 15_{26} Dt (15×) 5_{25} Jos 5_{6} 1S 12_{15} 1K 20_{36} 2K 18_{12} Js 6_{8} (אֲדֹנָי), Jr (11 ×) 3_{25} Mi 6_{9} Hag 1_{12} Zch 6_{15} Ps 29_{7-9}, vs. 3-5 ↗ a; 106_{25} Da 9_{10} (nicht in den übrigen altt. Büchern); β) קוֹל שַׁדַּי Ez 1_{24}, קוֹל אֵל־שַׁדַּי Ez 10_{5}, קוֹל אֱלֹהִים Dt 4_{33} 5_{26}, קוֹלוֹ Ez 43_{2}, קוֹל דִּבְרֵי־יהוה 1S 15_{1} ↗ 4 b γ; הַקּוֹל die Stimme Nu 7_{89}, s. Kellermann BZAW 120, 1970, 108: ein Ersatzname für יהוה in dem sich die spätere ausserbibl. בַּת קוֹל vorbereitet; — 6. **Nachricht**, **Kunde**, **Proklamation** (THAT II 631f) Ex 36_{6} Esr 1_{1} 10_{7} Neh 8_{15} 2C 24_{9} 30_{5} 36_{22}; — 7. Wendungen (zu 4 und 5) אזן לְקֹ׳ hif. Hi 34_{16}, c. acc. Ps 86_{6} 140_{7} 141_{1}, Hi 9_{16} cf. Js 28_{23}; אָמַר קֹ׳ Dt 27_{14} Esr 10_{12}, cf. Js 40_{6} Jr 33_{11}; בָּכָה קֹ׳ 2S 15_{23}; בְּקֹ׳ Esr 3_{12}, cf. Hi 30_{31}; בֵּרֵךְ קֹ׳ 1K 8_{55}, c. בְּ Pr 27_{14}; דִּבֶּר קֹ׳ Dt 5_{22}, cf. Ez 1_{28}; הָלַךְ אֶת־הַקֹּ׳ hif. Koh 10_{20}; הִלֵּל בְּקֹ׳ 2C 20_{19}; הָמָה קוֹלָם Jr 50_{42}; זָעַק קֹ׳ 2S 19_{5} Ez 11_{13}, c. בְּ 1S 28_{12} Neh 9_{4}; קוֹלִי אֶזְעָק Ps 142_{2}; חנן קוֹלוֹ pi. freundlich reden Pr 26_{25}; קוֹלִי אֶתְחַנָּן Ps 142_{2}; נגד בְּקֹ׳ hif. Js 48_{20}; נכר (אֶת) קֹ׳ hif. Ri 18_{3} 1S 26_{17} Esr 3_{13}; נָשָׂא (אֶת) קֹ׳ Gn 21_{16} 27_{38} Ri 2_{4} u. ö., s. ThWbNT IX 275, THAT II 632; נָתַן בְּקֹ׳ Jr 12_{8} Ps 46_{7} 68_{34}, c. acc. Gn 45_{2} Nu 14_{1} 2S 22_{14}/Ps 18_{14} Jr 2_{15} 4_{16} 22_{20} 25_{30} Jl 2_{11} 4_{16} Am 1_{2} 3_{4}, cf. Ex 9_{23} 1S 12_{17}f; nif. Jr 51_{55}; עבר קֹ׳ hif. Ex 36_{6} Esr 1_{1} 10_{7} Neh 8_{15} 2C 30_{5} 36_{22}; עָנָה בְקֹ׳ Ex 19_{19}; קוֹלֵךְ עָרֵב HL 2_{14}; צָהַל קֹ׳ Js 10_{30}; (קוֹל דְּמֵי אָחִיךָ צֹעֲקִים) צָעַק Gn 4_{10}, oder zu 8b, cf. Westermann BK I/1, 385; קָרָא בְקֹ׳ Gn 39_{14} 1K 18_{28} 2 K18_{28}/Js 36_{13} 2C 32_{18}; קָרָא קֹ׳ Ez 8_{18} 9_{1} Mi 6_{9} (oder zu 8b); קוֹלִי אֶקְרָא ich rufe laut Ps 3_{5} 142_{2}, s. Brockelm. HeSy. § 93n; קשב לְקֹ׳ hif. Jr 6_{17} Ps 5_{3} HL 8_{13}, c. בְּ Ps 66_{19} 86_{6}, cf. 130_{2}; רום בְּקֹ׳ hif. 1C 15_{16}, c. acc. Gn 39_{18} 2K 19_{22}/Js 37_{23} Js 13_{2} 40_{9} 58_{1} Hi 38_{34} Esr 3_{12} 2C 5_{13}; רוע בְּקֹ׳ hif. Ps 47_{2}; רעם בְּקֹ׳ hif. 1S 7_{10} Hi 37_{4}f 40_{9}; שבע בְּקֹ׳ nif. 2C 15_{14}; שבת קֹ׳ hif. Jr 7_{34} 16_{9}, cf. 25_{10} 51_{55}; (לֹא) שָׁכַח קֹ׳ Ps 74_{23}; שָׁמַע לְקֹ׳ Gn 3_{17} 16_{2} Ex 3_{18} 4_{8}f u. ö.; שָׁמַע בְּקֹ׳ Gn 21_{12} 22_{18} 26_{5} u. ö. שָׁמַע אֶל קֹ׳ Gn 21_{17}, c. acc. Gn $3_{8.10}$ 42_{3} 21_{17} Ex 32_{17}f Lv 5_{1} u. ö.; שמע בְּקֹ׳ hif. Ez 27_{30} Ps 26_{7}, c. acc. Dt 4_{36} Ri 18_{25} 2K 7_{6} Js 30_{30} 42_{2} 58_{4} Ps 66_{8} HL 2_{14} Neh 8_{15} 2C 5_{13}; שמע קֹ׳ nif. Gn 45_{16} Ex 28_{35} 1S 1_{13} Js 15_{4} 65_{19} Jr 3_{21} (↗ 8), 9_{18} 42_{14}; — 8. Einzelnes: a) קוֹל Gerücht Gn 45_{16}; קוֹל הָאֹת was das Zeichen sagt, bedeutet Ex 4_{8}; רָאָה אֶת־הַקּוֹלֹת die Donnerschläge wahrnehmen Ex 20_{18}; קוֹל Ruf (der Wortlaut folgt)

Jr 50_{46}; וְאֵין קוֹל וְאֵין עֹנֶה kein Laut und keiner, der antwortete 1K $18_{26.29}$; b) קוֹל als Interjektion: Horch!; die Auswahl der zugehörigen Belege ist nicht eindeutig möglich, s. THAT II 631 (Lit.); dafür dürften wenigstens in Betracht kommen Gn 4_{10} (doch ↗ 7), Js 52_8 Jr 3_{21} 10_{22} 31_{15} 50_{28} 51_{54} Mi 6_9 Zef 1_{14}, 2_{14} (post קוֹל ins. כּוֹס, s. Rudolph KAT XIII/3, 276. 278), HL 2_8 5_2; eine grössere Liste in ThWbNT IX 275; cf. Joüon § 162e.

קוֹלָיָה: n. m.: Erklärung ungewiss, s. Noth N. 321[1]; cf. asa. n. f. *qlkhl*; Vorschläge, s. Fschr. Stamm 150f: a) קוֹל zu ar. *qāla* ,,sagen, sprechen" = ,,Jahwe hat gesprochen" (Bauer ZAW 48, 1930, 74), cf. König Wb. 404a: ,,eine Kunde (= Gnadenzeichen) Jahwes"; b) קוֹל zu akk. *qâlu(m)* (AHw. 895) aufpassen, schweigen: ,,Erweise Jahwe Ehrerbietung!" (Horn BASOR 189, 1968, 41-43) = קְ/קֶלָיָה Esr 10_{23} u. קליהו ihe. (Sgl.), ↗ ferner zu קְ/קֶלָיָה; c) bei Jr 29_{21} קוֹלָיָה Wtsp. mit קָלָה u. קְלָלָה vs. 22 (Wanke BZAW 122, 1971, 52f); doch sind alle Vorschläge ganz unsicher: — 1. Vater des Lügen weissagenden Propheten Ahab Jr 29_{21}; — 2. Vorfahre eines (nach dem Synoikismos) in Jerusalem wohnenden benjaminit. Sippenhauptes Neh 11_7. †

קום: sem.; mhe.; DSS (KQT 192); ja.; zu den übrigen aram. Dialekten ↗ ba. und DISO 254-56; Deir ʾAlla I 5 (3) (ATDA 296), s. Müller ZDPV 94, 1978, 58; ph. pun. in PN, bes. *ʾbqm* (PNPhPI 55, cf. 404); amor. in PN (Huffmon 259); ug. *qm* (UT nr. 2214, Aistl. 2417), in PN (Gröndahl 178); akk. *qāmu(m)*?, kan. Lw. in Mari (AHw. 896b) (↗ unter 6) stehen, Bestand haben; cf. akk. *qamāmu* (AHw. 896b) sich aufrichten, sträuben (Haare); asa. *qwm* (Conti 230b, Müller 94); äth. *qōma* (Dillm. 451-54); ar. *qāma* (*qwm*):

qal: pf. קָם, קָאם Hos 10_{14} (BL 404, Bgstr. 2, § 28g), קָמָה, קַמְתִּי, קָמְתִּי Mi 7_8, קַמְתְּ, קָמוּ, קָמָה 1S 4_{15}, Jr 51_{29} (?) (alte fem. pl. Endg., s. BL 315 o, R. Meyer Gr. § 64, 2b), קַמְנוּ, קַמְתֶּם; impf. יָקוּם, אָקוּם, וַתָּקָם, תָּקוּם, וַיָּקָם, וַיָּקָם־, וַיָּקוֹם, יָקָם, יְקוּמוּן, (וַ)יָּקֻמוּ, (וַ)יָּקוּמוּ, אָקוּמָה, וָאָקוּם/קָם, קֻם, קוּם, נָקוּמָה, נָקוּם, תָּקֻמוּ, תָּקוּמוּ; imp. קֻמוּ, קוּמוּ, קוּמִי, קוּמָה, קוּמָה Jos $7_{10.13}$, Dt 2_{13}; inf. קוֹם, cs. קוּם, sf. קוּמִי, קוּמֶךָ, קוּמוֹ, קוּמָהּ, קֻמָהּ; pt. קָמָה Mi 7_6, pl. קָמִים, קוֹמִים 2K 16_7 (BL 399, R. Meyer Gr. § 80, 3f), sf. קָמַי, קָמַי, קָמֶיךָ, קָמָיו, קָמֵינוּ, קָמֵיהֶם; (THAT II 635-41) 460 ×:— 1. a) **aufstehen** Gn 24_{54} :: שָׁכַב Gn 19_{33} Hi 14_{12} Am 5_2, :: נָפַל Mi 7_8 Pr 24_{16}, cf. Jos 7_{10}, :: יָשַׁב Gn 19_1 Ps 139_2, :: חוה hišt. (↗ II חוה) Gn 23_7 Ex 33_{10}, :: כָּרַע 1K 8_{54}; b) c. עַל (עַל־רַגְלָיו) sich auf die Füsse stellen 2K 13_{21}, c. מִן loci Gn 46_5 Jos 8_{19} 2S 12_{20}, c. מִשָּׁם Gn 18_{16}, c. מֵעַל Gn 23_3 Ri 3_{20} 2S 11_2, c. מֵעִם 1S 20_{34}, c. מֵאֵצֶל 1S 20_{41}, c. מִפְּנֵי Gn 31_{35} Lv 19_{32}, c. מִלִּפְנֵי 1K 8_{54}, c. מִתּוֹךְ Nu 25_7, c. מִשְּׁנָתֶךָ vom Schlafe Pr 6_9; c. בְּ: בַּחֲצִי הַלַּיְלָה Ri 16_3, בַּלַּיְלָה Gn 32_{23} 1S 28_{25} Jr 6_5, cf. acc. temp. לַיְלָה Ex 12_{30} Ri 9_{34} Neh 2_{12}, בַּבֹּקֶר Nu 22_{13}; c. לְ: α) לָאוֹר bei Tage Hi 24_{14} (:: cj. לֹא אוֹר ist kein Taglicht, so u. a. Fohrer KAT XVI 368. 369); β) קוּם לְךָ steh auf! Jos 7_{10}, קוּמִי לָךְ HL 2_{10}, s. Brockelm. HeSy. § 107f; — 2. קוּם oft bloss zur Veranschaulichung eines Vorganges beigefügt (THAT II 638): a) mit impf. cons. וַתָּקָם וַתִּשְׁכַּב Gn 19_{35}, cf. Gn 48 38_{19} 43_{15} 1S 3_8 etc.; b) mit perf. cons. וְקַמְתָּ וְדִבַּרְתָּ Jr 1_{17}, cf. Ex 33_{10} Dt 17_8 etc.; c) mit folgendem vb. ohne וְ: Ps 102_{14} Hi 29_8 30_{28}; d) besonders im imp. קוּמוּ צְּאוּ Gn 19_{14}, קוּם לֵךְ Gn 28_2, קוּמוּ שׁוּבוּ Gn 43_{13}, קוּם רֵד Dt 9_{12}, קוּם־נָא שְׁבָה Gn 27_{19}, קוּם קַח Gn 19_{15}, קוּם רִיב Mi 6_1; e) c. לְ c. inf. וַיָּקָם לָלֶכֶת Ri 19_5, cf. Jon 1_3

Rt 2_{15} HL 5_{5}; — 3. **aufstehen, sich aufrichten**: a) α) sich aufrichten (אֲלֻמָּה) Gn 37_{7}; sich erheben (בַּקָּהָל) Hi 30_{28}, cf. äga. תקום...בעדה (AP 15, 22, s. Fitzmyer Fschr. Albright 1971, 140. 161); בַּמִּשְׁפָּט, s. Koehler HM 149 :: u. a. Kraus BK XV⁵ 131. 139f: im Gericht bestehen; β) sich erheben (vom Kranken), cf. akk. *tebû* (AHw. 1342a Nr. 1d) Ex 21_{19} Da 8_{27}; γ) sich (nicht) wieder erheben (vom Untergang, e. Stadt, בָּבֶל) Jr 51_{64}; δ) v. חָמָס Ez 7_{11} (gl.); b) auftreten (נָבִיא אוֹ חֹלֵם) Dt 13_{2}; צָרָה Nah 1_{9}, s. Rudolph KAT XIII/3, 151. 152; cf. Gn 41_{30} Ex 1_{8}; bes. auftreten im Rechtsstreit (c. בְּ gegen): α) v. Zeugen Dt 19_{15f} Ps 27_{12} 35_{11}, Zef 3_{8} Hi 19_{25} (v. Gott); β) v. Richter Ps 94_{16}; Js $2_{19.21}$ Jr 2_{27} Ps 12_{6} 68_{2} 76_{10} 94_{16} (v. Gott) ↗ 4; c) c. לְ eintreten für (als Entlastungszeuge, s. THAT II 638) Ps 94_{16}, cf. Hi 19_{25}; d) מִתַּחְתָּיו sich von der Stelle bewegen Ex 10_{23}; c. לִפְנֵי hintreten vor Nu 16_{2}; c. תַּחַת an jmds Stelle treten 1K 8_{20}; e) c. עַל sich erheben gegen Dt 19_{11} Ri 9_{18} Js 31_{2} etc.; von daher קָמִים Gegner (cf. ug. *qm*, cf. UT, Aistl. l. c. ↗ oben); c. עַל gegen Dt 28_{7} 2S 18_{31} Ps 3_{2} 92_{12}, ohne עַל Ex 15_{7} Dt 33_{11} Ps 44_{6} etc.; cj. Nah 1_{8} pr. מְקוֹמָהּ prop. בְּקָמָיו (BHS) :: u. a. Rudolph KAT XIII/3, 152: מְקוֹמָה* Widerstand; cj. Ps 109_{28} pr. קָמוּ וַיֵּבֹשׁוּ prop. וְקָמַי יֵבֹשׁוּ (BHS) :: Dahood Psalms III 98. 109: MT, cf. TOB; f) c. מֵאַחֲרֵי folgen auf Dt 29_{21}; c. לִפְנֵי standhalten vor Jos 7_{12}, cf. Brongers Symbolae de Liagre Böhl, 1973, 68f; קָמָה רוּחַ מִפְּנֵי Mut wird wach gegenüber Jos 2_{11}; — 4. יהוה erhebt sich (F. Stolz AThANT 60, 1972, 36; THAT II 639) Js $2_{19.21}$ 28_{21} 33_{10}, c. עַל gegen Js 14_{22} Am 7_{9}; c. לְ zu (helfend) Ps 76_{10}, cf. 12_{6} 102_{14}; von daher der Ruf קוּמָה יהוה erhebe dich! Nu 10_{35} Ps 3_{8} 7_{7} 9_{20} 10_{12} 17_{13} 35_{2} etc.; von Menschen: קוּמוּ Ob $_{1}$; שָׁאוֹן Hos 10_{14}; — 5. **zu Stande kommen**: תָּקוּם es Js 7_{7} (Wildbg. BK X 264), 14_{24}, יָקוּם es Js 8_{10}, עֲצָתוֹ (יהוה) 46_{10} Pr 19_{21}, מַחְשְׁבוֹת י׳ Jr 51_{29}; — 6. **Bestand haben**, (cf. kan. Lw in Mari *qāmat* ARM X 10, 15: hat Bestand, ↗ oben, s. ferner v. Soden UF 1, 1969, 198; Römer AOAT 12, 1971, 26): 1S 13_{14} 24_{21} Am 7_{2} Nah 1_{6}; דְּבַר אֱלֹהִים Js 40_{8} Jr 44_{28f}; gelten (נֵדֶר) Nu $30_{5.12}$, c. עַל für 30_{10}; — 7. c. לְ **jmdm gehören** cf. akk. *izuzzum* stehen > jmdm zustehen, gehören, AHw. 409b Nr. 7 c): Lv 25_{30} 27_{19}; c. לְ: לְמִקְנֶה Gn 23_{17f}, cf. Rabinovitz VT 11, 1961, 61; c. לַאֲחֻזָּה als Eigentum übergehen an Gn 23_{20} Lv 25_{30} 27_{19}, cf. Westermann BK I/2, 459f; — 8. **zu stehen kommen** (im Preis), kosten, cf. lat. *stare* u. *constare* Lv $27_{14.17}$; — 9. קָמוּ עֵינָיו wurden starr 1K 14_{4}, 1S 4_{15} (קָמָה ↗ oben); — 10. לֵב קָמָי Jr 51_{1} Atbasch (א = ת, ב = ש) pr. כַּשְׂדִּים; — cj. 1S 20_{25} pr. וַיָּקָם prop. וַיְקַדֵּם ↗ קדם pi. 1 b; cj. 1S 25_{29} pr. וַיָּקָם prop. cf. Vrss. וְיָקוּם od. כִּי יָקוּם od. וְקָם, s. Stoebe VIII/1, 450; cj. Mi 2_{8} pr. יְקוֹמֵם prop. תָּקוּמוּ od. קָמִים (BHS) od. קָמַי/קָמָם, s. Rudolph KAT XIII/3, 58; cj. Koh 12_{4} pr. וְיָקוּם לְקוֹל הַצִּפּוֹר prop. u. a. וְיִדּוֹם קוֹל (Galling HAT 18² 120) od. וְיָקוּם לוֹ קוֹל הַצִּ׳ (BHS), cf. oben 7, „es gehört ihm" :: Hertzberg KAT XVII/4, 206f. 212: MT „die Stimme geht hoch zur Vogelstimme".

pi. (spät, aram. Einfluss, s. Wagner S. 138, Jenni 36 :: Rudolph KAT XVII/1, 28); mhe. ja. bestätigen, erfüllen; sy. md. (MdD 407) bestätigen, festigen u. ä., ↗ ba.: pf. קִיַּם, קִיְּמוּ; impf. וַאֲקַיְּמָה; imp. sf. קַיְּמֵנִי; inf. cs. קַיֵּם: **hinstellen, aufrichten**: — 1. a) eintreffen lassen (דָּבָר) Ez 13_{6}; b) bekräftigen, eig. in Geltung setzen, ↗ qal 6: gelten: Ps 119_{106} (נִשְׁבַּע), Rt 4_{7} (דָּבָר), bestätigen (אִגֶּרֶת) Est 9_{29}; — 2.

קִיֵּם עַל jmdm auferlegen, zur Pflicht machen Est 9_{31}, c. לְ c. inf. dass . . . Est $9_{21.27}$; — 3. einsetzen, anordnen Est 9_{31f}; — 4. jmdn aufrichten, stärken Ps 119_{28}. †

pil: impf. יְקוֹמֵמוּ, י/ת/אֲקוֹמֵם: — 1. trs. **aufrichten** (Grundfesten, Ruinen) Js 44_{26} 58_{12} 61_4; — 2. intr. **sich erheben**, **auftreten** Sir 11_9; cj. Mi 2_8 pr. יְקוֹמֵם prop. תְּקוּמוּ od. קָמִים, ↗ קום qal bei 10; †

hif. (146 ×): pf. (zu den Formen mit ē s. Bgstr. 2, § 28n) הֵקִים, הֲקֵמֹתָ, הֲקִ(י)מ(וֹ)תִי, הֱקִימוּ, וַהֲקֵמֹנוּ; sf. וַהֲקֵמֹתוֹ; impf. יָקִים, יָקֵם, וַיָּקֶם, תָּקִים, וַתָּקֶם, אָקִים, (וַ)יָּקִימוּ, יְקִימוּן, תָּקִימוּ, תְּקִימְנָה Jr 44_{25} (l תָּקֵמְנָה vel תְּקִימֶנָה, BHS), sf. (וַ)יְקִ(י)מֵנִי, יְקִימְךָ, יְקִימֶנּוּ/נָּה, וַיְקִימֶהָ; imp. הָקֵם, הָקִימוּ, sf. הֲקִימֵנִי; inf. הָקֵ(י)ם, cs. הָקִים, sf. הֲקִימוֹ; pt. מֵקִים, sf. מְקִימִי/מָהּ: — 1. **aufrichten**, **hinstellen** אֲבָנִים, אֶבֶן Dt $27_{2.4}$ Jos $4_{9.20}$ 24_{26}; בַּחוּנָיו seine Belagerungstürme Js 23_{13}, הֲרִסֹת Trümmer Am 9_{11}, חָצֵר Ex 40_{33}, יְרִיעוֹת Jr 10_{20}, כִּסֵּא דָוִד 2S 3_{10}, cf. 1K 9_5 2C 7_{18}, pl. Js 14_9; מִזְבֵּחַ 2S 24_{18} 1K 16_{32} 1C 21_{18}, pl. 2K 21_3 2C 33_3; מַצֵּבָה Lv 26_1 Dt 16_{22}; מְצֻרֹת Js 29_3 ↗ II מְצוּרָה; מִשְׁכָּן Ex 26_{30} $40_{2.18}$ etc.; סֻכָּה Am 9_{11}; עַמֻּ(וּ)דִים, עַמּוּד Ex 40_{18} 1K 7_{21} 2C 3_{17}; פֶּסֶל Ri 18_{30}; צִנָּה Schutzschild Ez 26_8; רַגְלַי Ps 40_3; — 2. c. דָּבָר, נֶדֶר etc. **ausführen**, **halten**: a) c. דְּבָרִים, דָּבָר von יהוה Dt 9_5 1S 1_{23} $15_{11.13}$ 2S 7_{25} 1K 2_4 6_{12} 8_{20} 12_{15} Js 44_{26} Jr 28_6 29_{10} 33_{14} Da 9_{12} Neh 9_8 2C 6_{10} 10_{15}; b) דָּבָר eines Menschen Neh 5_{13}; c) מִצְוָה Jr 35_{16}, נְדָרִים, נֶדֶר Nu 30_{14f} Jr 44_{25}, בְּרִית (THAT II 640) Gn 6_{18} $9_{9.11.17}$ $17_{7.19.21}$ Ex 6_4 Lv 26_9 Dt 8_{18} Ez $16_{60.62}$, דִּבְרֵי הַבְּרִית 2K 23_3 Jr 34_{18}, שְׁבוּעָה Gn 26_3 Jr 11_5, מְזִמּוֹת לִבּוֹ Pläne seines Herzens (v. יהוה) Jr 23_{20} 30_{24}, דִּבְרֵי הַתּוֹרָה (הַזֹּאת) Dt 27_{26} 2K 23_{24}, עֵדוּת Ps 78_5, אִמְרָה Ps 119_{38}; — 3. (Zugesagtes, bzw. Angedrohtes) **eintreffen**, **kommen lassen** Nu 23_{19} 1S 3_{12}; — 4. a) aufstehen heissen (מִתּוֹךְ אֶחָיו) 2K 9_2; aufstehen machen (Könige von ihrem Thron) Js 14_9; aufrichten (שִׁבְטֵי יַעֲקֹב) Js 49_6, אֶרֶץ (et ins. צִיָּה, s. BHS) Js 49_8; b) reizen (Löwen) Gn 49_9 Nu 24_9, erwecken (הַכַּשְׂדִּים) Hab 1_6; — 5. **aufstellen**, **aufhelfen**: a) e. gefallenes Tier Dt 22_4; b) e. Menschen: seinen Genossen Koh 4_{10}, e. Armen (דַּל) 1S 2_8 Ps 113_7, e. Strauchelnden Jr 50_{32} Hi 4_4, e. Kranken Hos 6_2 (Wolff BK XIV/1² 149f, cf. K. Seybold BWANT 99, 1973, 88f), e. Fastenden 2S 12_{17}, eine Tote (אֵין מְקִימָהּ) Am 5_2; — 6. **jmdn aufstellen**, **bestellen**, mit e. Aufgabe betrauen, einsetzen שָׂטָן 1K $11_{14.23}$, לִנְבִיא Am 2_{11} (s. Wolff BK XIV/2, 207), נָבִיא Dt $18_{15.18}$, מוֹשִׁיעַ Ri $3_{9.15}$, מֶלֶךְ Dt 28_{36} 1K 14_{14}, שֹׁפְטִים Ri $2_{16.18}$, כֹּהֵן 1S 2_{35}, שֹׁמְרִים Ri 7_{19}, צֹפִים Jr 6_{17}, רֹעִים, רֹעֶה Jr 23_4 Ez 34_{23} Zch 11_{16}, גּוֹי עַל Am 6_{14}, לְאֹרֵב als Hinterhalt (für mich) 1S 22_8 (s. Stoebe KAT VIII/1, 408. 409 :: cj. c. G לְאֹיֵב, u. a. Lex.[1]); — 7. **aufstehen lassen**, **errichten**, **beschaffen** זֶרַע Gn 38_8 2S 7_{12} 1C 17_{11}, שֵׁם Dt 25_7 צֶמַח Jr 23_5, מַטָּע Ez 34_{29}, רָעָה 2S 12_{11}; — 8. Einzelnes: a) הֵקִים תַּחַת an jmds Stelle treten lassen Jos 5_7; b) הֵקִים כָּל־אַפְסֵי אָרֶץ hinstellen, festsetzen (bei d. Schöpfung) Pr 30_4; c) הֵקִים שֵׁם מֵת (wieder) erstehen lassen Rt $4_{5.10}$, cf. Dt 25_7; d) הֵקִים בַּמִּלְחָמָה im Kampf aufkommen lassen Ps 89_{44}; e) הֵקִים לִדְמָמָה (den Sturm) zum Säuseln bringen Ps 107_{29} (s. Kraus BK XV⁵ 908; Beyerlin BZAW 153, 1979, 56. 60);

hof: pf. הֻקַם, הוּקַם: — 1. **aufgerichtet werden** (מִשְׁכָּן) Ex 40_{17}, cf. hif. 1; — 2. **ausgeführt werden** (דָּבָר) Jr 35_{14}, cf. hif. 2 a; — 3. **gestellt werden** 2S 23_1: הַגֶּבֶר הֻקַם עָל der Mann gar hoch gestellt (Relativ-Satz ohne Pron., s. Brockelm. HeSy. § 146. 147), siehe u. a. Hertzberg ATD 10² 328; de Boer VTSu 4, 1957, 49;

TOB 610 :: cj. c. G הֵקִים עֶלְיוֹן cf. u. a. Mowinckel ZAW 45, 1927, 32, cf. 4Q Sam.[a]: הקים אל. †
hitp: pt. f. מִתְקוֹמְמָה, sf. מִתְקוֹמְמִי, pl. מִתְקוֹמְמִים, sf. מִתְקוֹמְמַי: a) **sich erheben, auflehnen gegen**, c. בְּ Ps 17_7, c. לְ Hi 20_{27}; b) c. sf. sg. u. pl. mein(e) Gegner Ps 59_2 Hi 27_7; — Ps 139_{21} pr. וּבִתְקוֹמְמֶיךָ l c. MSS וּבְמִתְ׳ :: ? cj. וּבְמִתְקוֹטְטֶיךָ ⸗ קוט hitpo. †
Der. קִים*, קוֹמְמִיּוּת, קוֹמָה, מָקוֹם, יְקוּם, קִימָה*, קָמָה, תְּקוּמָה, n. m. אֲדֹנִיקָם, יוֹקִים, יְהוֹיָקִים, אֶלְיָקִים, אֶלְיָקָא, אֲחִיקָם, עַזְרִיקָם, קְמוּאֵל, יְקַמְעָם, יְקַמְיָה, יָקִים.

קוֹמָה u. קֹמָה: קום, BL 452t; Sam. *qūma*; mhe., DSS (KQT 192); ja. קוֹמְתָא Statur, Manneslänge, cf. ? äga. קומה e. Teil d. Schiffes, Mast ? (DISO 256); sy. *qaumᵉtā* Gestalt, Körper; cp. *qwmʾ* od. *qwmtʾ* det. dasselbe; md. *qumta* (MdD 408b) Gestalt, Körper, oft = Person; äth. *qumat* (*qʷĕmat*) (Dillm. 454) Akt des Stehens, Gestalt, Bestand; ar. *qāmat* Statur, Gestalt, Wuchs: cs. קוֹמַת, sf. קוֹמָתֶךָ, קֹ(ו)מָתוֹ, קוֹמָתָהּ/תָם: — 1. **Höhe, Höhenmass**: a) v. תֵּבָה Gn 6_{15}; b) v. Gegenständen des Kultes Ex $25_{10.23}$ $27_{1.18}$ 30_2 $37_{1.10.25}$ $38_{1.18}$ 1K $6_{23.26}$ $7_{15f.23.27.32.35}$ 2K 25_{17} Jr 52_{21} (pr. Q קוֹמָה l c. K ־מַת)$._{22}$ 2C 4_{1f}; c) v. Gebäuden u. deren Teile (Tempel, Palast) 1K $6_{2.10.20}$ 7_2 Ez 40_5; d) Podium (כִּיּוֹר) 2C 6_{13}; — 2. **hoher Wuchs**: a) v. Menschen 1S 16_7 HL 7_8; b) v. Pflanzen: Weinstock Ez 17_6 19_{11}; Zeder קוֹמַת אֲרָזָיו seine hohen Z. 2K 19_{23} Js 37_{24}; Ez $31_{3.5.10}$ (pr. גָּבַהְתָּ קוֹמָה prop. cf. V S גָּבַהּ בְּקוֹמָתוֹ, s. Zimmerli Ez. 749; cj. תְּאַשּׁוּר Ez 31_3 txt. inc., s. Zimmerli l. c. 747f; Bäume am Wasser Ez 31_{14} (לֹא־יִגְבְּהוּ בְקוֹמָתָם); c) metaph. רָמֵי הַקּוֹמָה die Hochragenden Js 10_{33}; — 3. Versch.: a) כָּל־קוֹמָה (Leute) jeden Wuchses Ez 13_{18}, s. Zimmerli 282. 284; b) מְלֹא־קוֹמָתוֹ seiner vollen Länge nach 1S 28_{20} (acc. als Massbestimmung, s. Brockelm. HeSy. § 101). †

קוֹמְמִיּוּת: קום (BL 505 q, Gulk. 110); adv.: **in aufrechter Haltung** Lv 26_{13}. †

קוֹנֵן: ⸗ קין.

***קוֹס**: ⸗ בַּרְקוֹס, cf. n. m. קוס (Vattioni sig. 227), קוסענל (Vattioni l. c. 119); nab. PN קוסעדר (= Κοσαδαρος) u. קסנתן (= Κοσνατανος) (Cant. Nab. 2, 142); ar. *qaus* Bogen; cf. Smith RS 31^{18}.

קוֹעַ: G Κουε, Υχουε: n. tr., (= ? ass. *Qutû*, s. Delitzsch Par. 235f, cf. GB) Ez 23_{23} (‖ שׁוֹעַ, ass. *Sutû*); Völkerschaft am Djala, einem Nebenfluss d. Tigris, s. Fohrer HAT 13, 133 u. Zimmerli Ez. 548; — cj. ? Js 22_5 pr. קִר prop. קוֹעַ (u. a. Lex.[1]) :: Wildbg. BK X 807: ⸗ קִר. †

***קוֹף**: Nf. II נקף: ⸗ תְּקוּפָה.

***קוֹף** u. קֹף (< sanskr. *kapi*); mhe., ja.; akk. *uqūpu* (AHw. 1427b, Salonen Jagd 230. 267); sy. *qōpā*; md. *qupa* (MdD 409a); äg. *gjf* (Albr. Voc. 61: *ga-fi*, EG V, 158); gr. κῆβος u. κῆπος Affe mit langem Schwanz (Liddell-Sc. 946a); im he. vielleicht/wohl Lw. aus Äg., s. Lambdin 154: pl. קוֹפִים, קֹפִים: **Affe** (*Papio Hamadrias Arabicus* ?) 1K 10_{22} 2C 9_{21} (BHH 29). †

I **קוּץ**: Nf. קוט: mhe., DSS (KQT 192, CD 20, 2: zurückscheuen vor, s. Maier 1, 68); ja. sam. קוץ II Überdruss haben (Dalm. Wb. 374a); cf. ja. pe. Ekel empfinden, sam. ? √ צוק (BCh. LOT 2, 581. 510) kränken; sy. *qᵉnaṭ* fürchten; ug. ⸗ קוט: **qal**: pf. קָצָה, קַצְתִּי; impf. תָּקֹץ, וַיָּקָץ, וָאָקֻץ, וַיָּקֻצוּ; pt. קָץ: — 1. c. בְּ pers. et rei **Ekel, Abscheu empfinden** vor Gn 27_{46} Lv 20_{23} (sbj. יהוה), Nu 21_5 1K 11_{25} (s. Noth Kge. 240. 242 u. Bartlett ZAW 88, 1976, 214f), Pr 3_{11} Sir 49 6_{23} 50_{25}; — 2. c. מִפְּנֵי pers. **Grauen empfinden** vor Ex 1_{12} Nu 22_3 Js 7_{16}. †

hif: impf. sf. נְקִיצֶנָּה: **Furcht, Grauen einjagen** Js 7₆, s. GB, König Wb. 405b u. namentlich Wildbg. BK X 264. 266 :: Lex.[1] u. Zorell zu II קוץ, al. cj. נְצִיקֶנָּה pr. נְקִיצֶנָּה, ↗ צוק hif. †

II קוץ: Nf. I קצץ; mhe., ja. abschneiden; sam. (BCh. LOT 2, 461. 463; III/2, 158); akk. *kâṣu* (AHw. 458f) Haut abziehen, schinden; ar. *qāḍa* (*qwḍ*) zerstören, niederreissen, abreissen (Zelt; Wehr 710b); asa. *qjḍ* V Brunnen graben (Müller ZAW 75, 1963, 314); zur Lit. s. Lex.[1] u. Wildbg. BK X 266:

hif: impf. יָקִיצוּ, sf. נְקִיצֶנָּה: — 1. intr. **auseinanderklaffen** (שָׁמַיִם) Hi 14₁₂, s. Fohrer KAT XVI 239. 257 :: u. a. Horst BK XVI/1, 179: II קיץ; — 2. trs. **niederreissen** Js 7₆, doch ↗ I קוץ hif. †

I קוֹץ: wohl Primärnomen (cf. BL 451n); Sam. *qōṣ*, pl. *qūṣəm*; mhe., DSS (KQT 193: Hod. 8,25 קוץ ודרדר); sam. קוצן Gn 3₁₈, pl. קוצנים Ex 22₅, andere LA קיצין (BCh. LOT 2, 580) u. קוצים; äg. *qd* (EG V 82); cf. ? akk. *giṣṣu*(*m*) (AHw. 292a) Dorn(busch): pl. קֹ(ו)צִים, cs. קוֹצֵי: — 1. a) **Dorngestrüpp** Gn 3₁₈ Ex 22₅ Jr 4₃ 12₁₃ (od. zu b), Hos 10₈ Ps 118₁₂ (AuS 2, 325f); b) קוֹץ שָׁמִיר Stechdorngestrüpp Js 32₁₃, s. Wildbg. BK X 1263, ↗ שָׁמִיר; — 2. a) **Dornen** Ri 8₇.₁₆, ↗ *בַּרְקָן; Js 33₁₂ (קוֹצִים כְּסוּחִים), Jr 12₁₃ (c. קצר), 2S 23₆ siehe auch II קוץ; b) metaph. Dorn (als Bild für feindliche Züchtigung) Ez 28₂₄ (Rüthy 23f, BHH 350). †

II קוֹץ: 2S 23₆: I קצץ (cf. BL 455h); ar. *qaṣṣa* schneiden, abschneiden, scheren, stutzen (Wehr 682b), Lex.[1] Lampe schneuzen; sbst. *miqaṣṣ* Schere (Wehr 683a), Lex.[1] Lichtschere; G^L ἀπόμυγμα λύχνου Dochtabfälle (sbst. zum vb. ἀπομύσσω, -μύσσομαι u. μύσσομαι (sich) die Nase putzen (Liddell-Sc. 210a. 1156a) u. danach auch Terminus für das Putzen (Schneuzen) eines Dochtes; Vet. Lat. *filus lucernae*: קוֹץ מֻנָּד Dochtabfälle (Driver WdO 1, 1947, 30; Lex.[1]), besser trad. = I קוֹץ verwehte Dornen c. G, V, S, T, so GB, de Boer VTSu 4, 1957, 55, Hertzberg ATD 10² 329, TOB; zu מֻנָּד ↗ נדד hof.:: cj. ? pr. מֻנָּד. prop. מִדְבָּר (u.a. BHK, Mowinckel ZAW 45, 1927, 38). †

III קוֹץ: n. m.; = I קוֹץ (Noth N. 231); Spitzname ? cf. Stamm 268 :: Lex.[1]: Abwehrname, Ez 28₂₄: — 1. Nachkomme (Sippenahne) von Juda, genauer v. Kaleb 1C 4₈, s. Rudolph Chr. 32f; — 2. הַקּוֹץ Priestergeschlecht 1C 24₁₀, בֶּן־הַקּוֹץ Neh 3₄.₂₁; בְּנֵי הַקּוֹץ Esr 2₆₁ Neh 7₆₃. †

*קְוֻצּוֹת: sg. *קְוֻצָּה, s. Mettinger JSS 16, 1971, 6; √ קצץ, mhe., ja. קוץ abschneiden, cf. md. *qus*, *qss* (MdD 408b); (cf. BL 467r); mhe. adj. קַוָּץ vollhaarig; sbst. קְוֻצּוֹת; sy. *qūṣtā*/*qauṣtā* (LS 656a, PSmith 3556), pl. *qaṣwātā*; ar. *quṣṣat*: sf. קְוֻצּוֹתַי, קְוֻצּוֹתָיו Ⓛ, קְוֻצַּ׳ MSS u. Ⓑ: **Locken** HL 5₂.₁₁. †

I קור, Nf. נקר; ar. *qāra* (*qwr*) II ein rundes Loch machen, aushöhlen (Wehr 710a); cf. asa. *wqr* (Conti 140b) spalten, eingraben; äth. *waqara* (Dillm. 912) aushöhlen, aushauen; tigr. *waqqara* (Wb. 438b) (Stein) behauen, meisseln; ar. *waqara* zerbrechen, spalten; ug. sbst. *qr* Brunnen, Quelle (UT nr. 2215, Aistl. 2443, CML² 157a):

qal: pf. קַרְתִּי (nach Wasser) graben 2K 19₂₄ (G ἐγὼ ἔψυξα), Js 37₂₅ (G καὶ ἔθηκα γέφυραν) :: Tsevat HUCA 24 1952/53, 109: √ קרר: beim Trinken habe ich mich erfrischt. †

? **hif**: Jr 6₇ pf. הֵקֵרָה (pr. הֵקִירָה, GK § 72dd); inf. הָקִיר (BL 438, Bgstr. 2 § 27q): sprudeln (so Rudolph Jer.³ 42), quellen lassen (BL l. c.), :: ↗ קרר. †

Der. מָקוֹר.

II *קור: ar. *qāra* (*qwr*) V sich zusammenrollen (Schlange), sbst. *qaur* neuer Strick aus Baumwolle (GB); ug. *qr*: 1) CTA 14 III 120 = KTU 1. 14 III 16 (|| *ql*) ein (rasselndes) Geräusch (UT nr. 2263, CML² 157a); 2) CTA 17 VI 14 = KTU 1. 17 VI 14 ... *nh km bṯn jqr*: Versuche: a) zischen (Aistl. 2442, CML² 157a, ar. *qarra*); b) sich krümmen (Dijkstra-de Moor UF 7, 1975, 185. 186, ar. *qāra* ↗ oben: lies [*dqr*]*nh km bṯn jqr* „dessen (des Bogens) Hörner wie eine Schlange gekrümmt waren"; c) durchboren, starren (Margalit UF 8, 1976, 161-163): lies c. CTA [ʿ]*nh* ...: ihre Augen starren wie die einer Schlange.

Der. *קוּר.

*קוּר: II קור, ↗ bes. ar. und ug. 2 b (cf. BL 452r); mhe. DSS (KQT 193) CD 5, 13f: קורי עכביש קוריהם: pl. cs. קוּרֵי, sf. קוּרֵיהֶם: **dünne Fäden, Spinnengewebe** Js 59₅ (c. ארג).₆. †

קוֹרָה: pt. f. qal ! ↗ II קרה > sbst. ↗ מְקָרֶה; Sam. *qūra*; mhe. קוֹרָה, ja. קָרִיתָא; sy. *qārîṯā* Balken; akk. *qarītu(m)* (AHw. 903f) Kornboden, Speicher; ar. *qarījat* Segelstange, Rahe (Wehr 679a): sf. קֹרָתִי, pl. קֹרוֹת: — 1. **Gebälk** (= Haus) Gn 19₈; — 2. **Balken** 2K 6₂.₅ HL 1₁₇ 2C 3₇; — cj. 1K 6₁₅ pr. קירות l קוֹרוֹת (cf. G), 6₁₆ pr. הַקִּי׳ l c. G הַקּוֹ׳, siehe u. a. Noth Kge. 99; 1K 7₇ pr. עַד־הַקַּרְקַע prop. עַד־הַקּוֹרוֹת (cf. V S, u. a. Lex.¹, Gray Kings³ 179, Würthwein ATD 11/1, 70) :: Noth Kge. 130. 131: MT (AuS 7, 117ff). †

I קוֹשׁ: ? Nf. v. יקשׁ, נקשׁ:

qal: impf. יְקֹשׁוּן: Form fraglich u. wohl von יקשׁ abzuleiten: entw. perf. וְיָקֹשׁוּ oder impf. יִיקְשׁוּן, s. BHS, cf. Wildbg. BK X 1134, ferner BL 399, Bgstr. 2, § 31h: **mit dem Stellholz fangen** Js 29₂₁ (BHH 1702f, Keel Bildsymb. Nr. 113. 114). †

[II קוֹשׁ: ↗ n. m. קוּשָׁיָהוּ]

קוּשָׁיָהוּ: n. m.; ? II קושׁ; der 1. Teil des PN unerklärt, s. Noth N. 32¹; Bauer ZAW 48, 1930, 74 stellt ihn zum akk. vb. *qiāšu(m)*, *qâšu* schenken (AHw. 919f), doch ist das unwahrscheinlich: Levit aus der Sippe Merari 1C 15₁₇ (G Κισαιου) = קִישִׁי (mlt. MSS, Gᴸ V קוּשִׁי) 1C 6₂₉. †

קָה: hapleg. Ez 17₅: **Weide** (Lex.¹, Löw 3, 326); dele c. G S (gl.), s. Fohrer HAT 13, 93, Zimmerli Ez. 373f. †

קָט: hapleg. Ez 16₄₇: **klein** (Lex.¹ nach Eitan JPOS 2, 1923, 137f: cf. äth. *qʷăṭīṭ* klein) :: Zimmerli Ez. 340: dittogr. gl., cf. Fohrer HAT 13, 91. †

*קטב: ar. *qaḏaba* abschneiden, beschneiden, stutzen; zur Schreibung *qṭb* (*ṭ* anstelle von *ḏ*) s. Lane I 2541b sub *qaṭaba* „sammeln, zusammenbringen"; tigrin. *qansäbä* abschneiden (Leslau 47); ? Wvar v. קטף.

Der. קֶטֶב u. *קֹטֶב.

קֶטֶב u. *קֹטֶב: *קטב (cf. BL 458s. 461 l); mhe. קֶטֶב, ja. קִטְבָא Name eines Dämons (Verderben), auch im AT ? (RSP III S. 395h, 414d. f); Zushg. mit sy. *qurṭᵉbā* Stachel (Lex.¹) ist fraglich, s. Blau VT 7, 1957, 98; ar. *quṭb* eine Art Dorn (Lane 2541c) od. *quṭub*, cf. LS 695a: Stachel: קֶטֶב, sf. קָטָבְךָ = *qōṭŏbka* (BL 582) v. *קֹטֶב Hos 13₁₄; ? Grdb. Wegschneidung (König Wb. 406a), daraus die schwer zu sondernden Bedtgen: 1) Seuche Dt 32₂₄ (|| רֶשֶׁף, Sam. Vers. קטף *qēṭâf*), Ps 91₆ (|| דֶּבֶר); 2) Verderben Js 28₂ (שַׂעַר קֶטֶב) verderbenbringender Sturm, s. Wildbg. BK X 1041. 1043; 3) Stachel Hos 13₁₄ (G τὸ κέντρον σου, S ʿ*uqsēkj* dein Stachel), so Lex.¹, Wolff BK XIV/1² 286. 288 :: Rudolph KAT XIII/1, 239: zu 1; oder ? Name eines Dämons, s. RSP III l. c.; 4) קֶטֶב schon im AT, wie später (↗ mhe. ja.) ein Dämon, so Caquot Sem. 6, 1956, 53-68 u. a. שַׂעַר קֶטֶב ein Wirbelwind, der von *Qeṭeb* kommt; s. ferner Vorländer

AOAT 23, 1975, 263. Die Bedtgen von 1 und 2 sind dadurch nicht ausgeschlossen, sondern nur in bestimmter Richtung interpretiert. †

קִטּוֹרָה: קטר, BL 474k; Sam. *qiṭṭårå*: **Räucherung** Dt 33₁₀. †

קְטוּרָה: n. f.; Sam. *qīṭūrå*; G Χεττουρα, Josph. Κατουρα (NFJ 72): קטר: qal pt. pass. fem., das vb. sonst pi., hif. doch cf. n. m. בָּרוּךְ u. vb. בֵּרַךְ; „in Räucherduft Gehüllte" (Lex.[1], cf. Stamm HFN 335 = Fschr. Stamm 131 :: Noth ÜSt. 164: künstlich gebildeter PN): Frau des Abraham Gn 25₁.₄ 1C 1₃₂f. †

קטל: akk. abab. *qatālum* (AHw. 907a) (Opfertier) töten, cf. Noth AbLAk 2, 271; im he. aram. Lw. (Wagner 254) ↗ ba.:

qal: impf. יִקְטָל־, יִקְטֹל, תִּקְטֹל, sf. יִקְטְלֵנִי: **töten** Ps 139₁₉ Hi 13₁₅ 24₁₄. †

Der. *קֶטֶל.

***קֶטֶל**: קטל, BL 458s; aram. Lw. (Wagner 255); ja. sam. קִטְלָא Tötung, Todesstrafe: קֶטֶל: **Mord** Ob 9. †

קטן: (Joüon § 112a: vb. *statif*, cf. BL 270h); mhe. qal kurz, klein, dünn sein; pi. hif. klein machen (Levy 4, 283b); ja. mager, dünn, adj. ↗ I קָטָן; sam. (BCh. LOT 2, 586) schneiden, verdünnen, verjüngen; akk. *qatānu(m)* (AHw. 907a) dünn sein/werden; sy. *qeṭan* geringer, schwächer, traurig werden; md. *gṭn* (MdD 88a) zart, dünn, schmal sein; asa. *qṭn* (Conti 231); äth. (*qaṭana*) *ʾaqṭana* II/1 (Dillm. 470) dünn, fein machen; tigr. *qaṭna* (Wb. 262b) dünn, mager sein:

qal: pf. קָטֹנְתִּי; impf. וַתִּקְטַן: **klein, gering sein**, c. בְּעֵינֵי 2S 7₁₉ 1C 17₁₇, c. מִן zu gering sein für Gn 32₁₁, cf. A. de Pury Promesse divine . . . Paris 1975, 92[5]. †

hif: inf. הַקְטִין: **klein machen** Am 8₅. †

Der. I, n. m. II קָטָן, קָטֹן, *קֹטֶן.

I **קָטָן**: קטן, BL 462q; Sam. *qåṭån*, f. *qåṭanna*; mhe., DSS (KQT 193), cf. ja. קַטִּינָא; äga. קטין (DAE Nr. 21, 13, S. 138[1]); npu. *ʾqṭn* (Harris Gr. 143); ug. *qṭn*: im Ausdruck *ḥrš qṭn* (UT nr. 2219, Aistl. 2401): Deutung umstritten, s. Dietrich-Loretz-Sanmartín UF 5, 1973, 100 u. Aartun WdO 4, 1968, 292f: ? = kleiner Tischler od. Tischler von Kleinem (Möbelschreiner); andere Vorschläge in UF 5 l. c. u. WdO 4 l. c.; s. auch Brown VT 19, 1969, 157: Verfertiger von Töpfereiwaren, ähnl. Loewenstamm Comparative Studies in Biblical and Ancient Oriental Literatures (AOAT 204, 1980) 228f: Verfertiger von Gefässen; akk. *qatnu(m)* (AHw. 908a, cf. 1585b) dünn, schmal; sy. *qaṭṭīna* klein, eng, cf. md. *quṭana* als Familienname (MdD 406); asa. *qṭn* (Conti 231a) klein; äth. *qaṭīn* (Dillm. 470) dünn, fein; auch tigr. (Wb. 263a); soq. *qēṭehon*, meh. *qoṭōn* (Lex.[1]) dünn; ar. *qaṭīn* Diener: sf. קְטַנָּם, f. קְטַנָּה, pl. קְטַנִּים, cs. קְטַנֵּי, f. קְטַנּוֹת: — 1. a) **klein** (allg.) Dt 25₁₃f (אֶבֶן), 2S 12₃ (כִּבְשָׂה), 1K 17₁₃ (עֻגָה), 1K 18₄₄ (עָב), 2K 4₁₀ (עֲלִיַּת־קִיר), Js 22₂₄ Geschirr, das klein ist (כְּלֵי הַקָּטָן) :: Barr CpPh 334 nr. 282 mit Eitan HUCA 12/13, 1938, 68f: Geräte des Haushaltes (קָטָן zu ar. *qaṭana* wohnen); Loewenstamm l. c.: eine Art von Gefässen; Ez 43₁₄ (עֲזָרָה), Ez 46₂₂ (חֲצֵרוֹת) cj. pr. קְטֻרוֹת l c. G קְטַנּוֹת (cf. BHS) :: ↗ קְטֻרוֹת; HL 2₁₅ (שׁוּעָלִים), Koh 9₁₄ (עִיר), Sir 14₃ der Kleinherzige (לב קטן); b) bescheiden (שְׁאֵלָה) 1K 2₂₀; gering (עַבְדֵי אֲדֹנִי) 2K 18₂₄ Js 36₉; קְטַנּוֹת kleine Anfänge Zch 4₁₀; קְטַנֵּי אֶרֶץ kleine Wesen auf Erden Pr 30₂₄; unbedeutend (שֵׁבֶט) 1S 9₂₁, cf. Stoebe KAT VIII/1, 196; — 2. **klein** = **jung**: a) נַעַר קָטֹן Söhnchen 2S 9₁₂, בֵּן קָטָן 1K 11₁₇, pl. 2K 2₂₃; נַעֲרָה קְטַנָּה 2K 5₂; b) jung, jünger, jüngster Gn 9₂₄, 27₁₅.₄₂ 1S 16₁₁ 17₁₄ 1C 24₃₁; fem. Gn 29₁₆.₁₈ Ri 15₂ 1S 14₄₉ Ez 16₄₆.₆₁ (c. מִן), HL 8₈; יֶלֶד זְקוּנִים

קָטָן junges Alterskind Gn 44$_{20}$; — 3. a) c. גָּדוֹל als polare Wendung z. Angabe e. Gesamtheit (= alle) כַּגָּדוֹל כַּקָּטָן 2C 31$_{15}$; גְּדֹלִים וּקְטַנִּים Jr 16$_{6}$, c. art. 2C 36$_{18}$; מִגָּדוֹל חַיּוֹת קְטַנּוֹת עִם־גְּדֹלוֹת Ps 104$_{25}$; מִקְּטַנָּם וְעַד־גְּדוֹלָם; וְעַד־קָטָן Est 1$_{5.20}$ 2C 34$_{30}$; Jr 6$_{13}$ 31$_{34}$; מִגְּדוֹלָם וְעַד־קְטַנָּם Jon 3$_{5}$; קְטַנָּה אוֹ הַקְּטַנִּים עִם־הַגְּדֹלִים Ps 115$_{13}$; גְדוֹלָה Nu 22$_{18}$ Kleines od. Grosses = alles, nach d. Zushg. (לֹא אוּכַל) = nichts; b) הַקָּטָן :: הַגָּדוֹל der Kleinste/Geringste — der Grösste (v. רָאשֵׁי הַצָּבָא) 1C 12$_{15}$. †

II קָטָן, הַקָּטָן: n. m. = I קָטָן: „der Kleine" (Noth N. 225); ug. *qṭn*, *qṭnn* (Gröndahl 177. 408a), keilschr. ug. *qaṭunu*, *quṭānu* (Gröndahl 72. 74. 177. 349a); akk. *quttunum* (AHw. 931a) „Dünn" (cf. AHw. 1585b) :: *Karûm*, *Kurrûm*, fem. *Kurrītum* „Klein" (Stamm 267); pun. *qṭnʾ*, *qṭ[n]* (PNPhPI 178. 403. 448): Vater eines Familienhauptes Esr 8$_{12}$. †

קָטֹן: קטן (BL 466n mit Anm. 2: junge Analogiebildung nach גָּדֹל), or. קָטָן (Kahle MTB 74): cs. קְטֹן (d. anderen Formen von I קָטָן): 1. a) **klein** 1S 2$_{19}$ (מְעִיל), Am 6$_{11}$ (בַּיִת), Js 54$_{7}$ (רֶגַע), Gn 1$_{16}$ (מָאוֹר); נַעַר 1S 20$_{35}$ 1K 3$_{7}$ 2K 5$_{14}$ Js 11$_{6}$; b) unbedeutend, geringfügig: דָּבָר Ex 18$_{22.26}$ 1S 20$_{2}$ 22$_{15}$ 25$_{36}$; c) gering, niedrig 1S 15$_{17}$ (בְּעֵינֶיךָ); Jr 49$_{15}$ Ob 2 (|| בָּזוּי); c. מִן c. inf. zu klein, um 1K 8$_{64}$; c) klein, schwach Am 7$_{2.5}$ (יַעֲקֹב), Js 60$_{22}$ (|| צָעִיר), Dt 1$_{17}$ (:: גָּדֹל); — 2. **jung, jüngster** (הַקָּטֹן) Gn 42$_{13.15.20.32.34}$ 43$_{29}$ 44$_{2.12.23.26}$ 48$_{19}$ Ri 1$_{13}$ 3$_{9}$ 9$_{5}$ 2C 21$_{17}$ 22$_{1}$, — 3. c. גָּדוֹל als polare Wendung zur Angabe e. Gesamtheit (= alle) ↗ קָטָן 3: a) neben גָּדוֹל Hi 3$_{19}$, b) כַּקָּטֹן כַּגָּדוֹל 1C 25$_{8}$ 26$_{13}$; מִקָּטֹן וְעַד־גָּדוֹל Gn 19$_{11}$ 1S 5$_{9}$ 30$_{2.19}$ 2K 23$_{2}$ 25$_{26}$ Jr 8$_{10}$ 42$_{1.8}$ 44$_{12}$ 2C 15$_{13}$; c) c. neg. הַקָּטֹן—הַגָּדוֹל weder Kleinen noch Grossen = niemand 1K 22$_{31}$ 2C 18$_{30}$. †

*קֹטֶן: קטן (BL 460i, R. Meyer Gr. § 34, 4); cf. ja. קֻטְנָא 1) das schwächere Ende, 2) Schweif: sf. קָטָנִּי (*qŏṭŏnni*), Var. קָטֳנִּי, u. קְטָנִּי (BHS): meine Kleinheit, meine Kleinigkeit (?) = (abstr. pro concr.) mein Kleiner (Finger od penis), cf. Noth Kge. 267: 1K 12$_{10}$ 2C 10$_{10}$. †

קטף: mhe., ja. sam. (BCh. LOT 2, 589); akk. *qatāpu(m)* (AHw. 907) heraus-, abpflücken; sy. *qᵉṭap* abpflücken, sammeln, ernten, cp. *qṭp* pa. herausreissen (Schulthess Lex. 178b), cf. tigr. *qōčaba* (Wb. 256b) abreissen, abkneifen; ar. *qaṭafa* pflücken, sammeln, lesen, abreissen; kopt. *kôt(e)f* (GB):

qal: pf. קָטַפְתָּ, קָטַף; impf. אֶקְטֹף; pt. pl. קֹטְפִים: abreissen (Ähren) Dt 23$_{26}$ (Sam. pi.), Zweige Ez 17$_{4.22}$; pflücken (מַלּוּחַ) Hi 30$_{4}$. †

nif: impf. יִקָּטֵף: **abgerissen werden** (vs. 11 גֹּמֶא־אָחוּ) Hi 8$_{12}$; cj. Hi 24$_{24}$ pr. יִקָּפְצוּן prop. יִקָּטְפוּן, ↗ קפץ nif. †

I קטר: mhe. qal dampfen, duften; pi., hif. räuchern; hif. auch DSS (KQT 193); ja. af. als Dampf aufsteigen lassen, sbst. קְטָרָא, קֻטְרְתָּא Rauch, Nebel; ug. sbst. *qṭr* Rauch, Weihrauch (UT nr. 2220, Aist. 1404); akk. *qatāru* (AHw. 907b) rauchen; sbst. ↗ קְטֹרֶת; asa. sbst. *mqṭr* (Conti 231a) u. äth. *qĕtārē* (Dillm. 442) Räucherwerk, = tigr. (Wb. 251b) Wohlgeruch, Spezerei; ar. *qaṭara* duften, rauchen, sbst. *quṭār* Dampf, Rauch; ? wurzelverw. s. GB sy. *ʿeṭar* hauchen, duften, sbst. *ʿeṭrā* Dampf, Wirbel; cp. *ʿṭr* Rauch:

pi. (Jenni 271f): pf. קִטְּרוּ, קִטַּרְתֶּם; impf. יְקַטֵּר, וַיְקַטֵּר, וִיקַטֵּר, וַיְקַטְּרוּ, יְקַטְּרוּ, יְקַטְּרוּן; inf. קַטֵּר; pt. מְקַטְּרִים, f. מְקַטְּרוֹת: **Opfer in Rauch aufsteigen lassen**, cf. Haran VT 10, 1960, 116f: Speiseopfer, bzw. Teig, dem etwas Weihrauch beigegeben ist (nie in Gn - Ri): a) קַטֵּר תּוֹדָה

(inf. abs. pr. imp.) bringet ein Dankopfer dar! Am 4₅; inf. abs. neben hif. 1S 2₁₆ ↗ hif; oder ist pr. hif. יַקְטִ(י)רוּן vielmehr pi. יְקַטְּרוּן zu lesen ?, cf. Stoebe KAT XVII/1, 108; b) ausser Am 4₅ Opferterminus nur in illegitimem Kult (siehe u. a. Wolff BK XIV/1² 48): auf בָּמוֹת 2K 17₁₁ 23₅.₈; neben זִבַּח (↗ HAL 251b) 1K 22₄₄ 23₅.₈ 14₄ 15₄.₃₅ 16₄ 2C 28₄; c. לֵאלֹהִים אֲחֵרִים 2K 18₄; c. לִנְחַשׁ הַנְּחֹשֶׁת 2K 22₁₇ Jr 1₁₆ 19₄ 44₃.₅.₈.₁₅ 2C 28₂₅ 34₂₅ Q (K hif.); cf. Jr 11₁₂ 2C 25₁₄; c. לַבַּעַל Jr 7₉ 11₁₃.₁₇ 32₂₉; c. לַשָּׁוְא Jr 18₁₅; c. לִמְלֶכֶת הַשָּׁמַיִם Jr 19₁₃; c. לִצְבָא הַשָּׁמַיִם Jr 44₁₇.₁₉.₂₅ (pr. מְלֶכֶת l מַלְכַּת ↗ HAL 561f); c. לַפְּסִלִים Hos 11₂; לְמִכְמַרְתּוֹ Hab 1₁₆; עַל־הֶהָרִים Js 65₇; עַל־הַגְּבָעוֹת Hos 4₁₃; עַל־הַלְּבֵנִים Jr 19₁₃ 32₂₉; c. עַל־גַּגּ(וֹ)תֵיהֶם Js 65₃ ↗ לְבֵנָה 3, s. Westermann ATD 19, 318; abs. (ohne obj. mit לְ) Jr 44₂₁.₂₃; cj. 2C 30₁₄ pr. הַמְקַטְּרוֹת pt. pl. f. als sbst. (↗מְקַטֶּרֶת*) prop. הַמִּקְטָרוֹת, cf. Rudolph Chr. 302, BHS. †

pu: cs. pt. f. מְקֻטֶּרֶת: **durchduftet, durchräuchert** HL 3₆, :: ? cj. c. A V T מִקְטֶרֶת, s. Rudolph KAT XVII/1-3, 138. 139. †

hif: pf. הִקְטִיר, הִקְטַרְתָּ, הִקְטִירוּ; sf. הִקְטִירוֹ/רָם; impf. יַקְטִיר, וַיַּקְטֵר, תַּקְטִיר, וַיַּקְטִירוּ יַקְטִ(י)רוּן (2C 34₂₅ K, Q pi.), תַּקְטִירוּ; imp. הַקְטֵר; inf. הַקְטִיר, cs. הַקְטִיר; pt. מַקְטִיר, pl. מַקְטִ(י)רִים, f. מַקְטִירוֹת: **in Rauch aufgehen lassen**: — 1. vom legitimen Kult (wie pi. a): לַיהוה oft bei אִשֶּׁה (s. unten a); לִפְנֵי י׳ Nu 17₅ 1K 9₂₅ 1C 23₁₃ 2C 2₅: a) in Gn — Dt עֹלָה Ex 29₁₈ Lv 1₉.₁₃.₁₅.₁₇ 4₁₀ 6₅ 8₂₀f 9₁₃f; מִנְחָה Lv 6₈ 9₁₇; אַזְכָּרָה Lv 2₂.₉.₁₆ 6₈ (לי׳), Nu 5₂₆; קְטֹרֶת Ex 30₇f 40₂₇ Nu 17₅; אִשֶּׁה לי׳ Ex 29₁₈ 30₂₀ Lv 2₁₁.₁₆ 3₁₁ 7₅ 8₂₁.₂₈; אִשֶּׁה/אִשֵּׁה רֵיחַ־נִיחוֹחַ לי׳ Lv 1₉.₁₃.₁₇ 3₅.₁₆ Nu 18₁₇; חֵלֶב (חַטָּאת) Ex 29₁₃ Lv 4₁₉.₂₆.₃₁.₃₅ 8₁₆ 9₁₀ 16₂₅; סֹלֶת (לְחַטָּאת) Lv 5₁₂; מַצּוֹת (אִשֶּׁה) Ex 29₂₅ Lv 3₁₆; לֶחֶם (זֶבַח) חֵלֶב 7₃₁ 9₂₀ 17₆, cf. Lv 3₁₁ (לֶחֶם); b) ausserhalb von Gn - Dt חֵלֶב 1S 2₁₅f (↗ pi. a); עֹלָה u. מִנְחָה 2K 16₁₃.₁₅; עֹלוֹת מִנְחָה (לַיהוה); 2C 13₁₁ ... וּקְטֹרֶת Jr 33₁₈ קְטֹרֶת; (עֹשֶׂה זֶבַח u. מַעֲלֶה עוֹלָה ||) 1S 2₂₈ 2C 29₇; הַקְּטֹרֶת 2C 26₁₆; קְטֹרֶת סַמִּים 2C 2₃; c) עַל־מִזְבַּח־ 1C 6₃₄, cf. 2C 32₁₂; abs. הִקְטִיר als allgemeiner od. umfassender Opferterminus (cf. R. Rendtorff WMANT 24, 1967, 111) 1K 9₂₅ (?) 2C 26₁₉ 29₁₁; — 2. von illegitimen od. heidn. Kulten: a) c. לְ: לֵאלֹהֵיהֶן 1K 11₈ (Frauen), לֵאלֹהָיו Jr 48₃₅ (Moab), לַבְּעָלִים Hos 2₁₅ (pr. תַּקְטִיר prop. תְּקַטֵּר, s. BHS :: Rudolph KAT XIII/1, 64: MT, cf. Haran VT 10, 1960, 116), לֵאלֹהִים אֲחֵרִים 2C 34₂₅ K; b) בַּבָּמוֹת 1K 3₃ (מְזַבֵּחַ || מַקְטִיר), בְּגֵיא בֶן־הִנֹּם 2C 28₃; c) abs., s. oben 1 b: 1K 12₃₃ 13₁f 2C 26₁₈a (לי׳). †

hof: impf. תֻּקְטַר; pt. מֻקְטָר: **ermöglichen, in Rauch aufzugehen** c. מִנְחָה Lv 6₁₅ (Sam. pi. pass.), Sir 45₁₄; Mal 1₁₁, ? cj. pr. מֻנְחָה prop. וּמִנְחָה :: Rudolph KAT XIII/4, 257: MT „und zwar" (*wâw explicativum*, GK § 154b), :: G θυμίαμα = מִקְטָר*, s. Rudolph l. c. 259. †

Der. מְקַטֶּרֶת, מִקְטָר*, קִיטוֹר, קְטֹרֶת, קְטוֹרָה, מִקְטֶרֶת*; n. fem. קְטוּרָה; n. l. קִטְרוֹן.

II *קטר: ja. קְטַר, sam. (BCh. LOT 2, 583f) binden, knüpfen; Ram. קטר (*ki-ṭa-ri*) Knoten (DISO 257); sy. *qeṭar* binden, verbinden, auch cp. *qṭr*; ar. *qaṭara* aneinanderkoppeln, in einer Reihe hintereinander aufreihen (Kopf VT 8, 1958, 199). Der. ? קְטָרוֹת.

קִטֵּר: hapleg. Jr 44₂₁: genauer Sinn ungewiss; Deutungen: a) MT: α) Rudolph Jer.³ 262: das Geopferte (inf. als sbst., cf. הַדִּבֵּר Jr 5₁₃; β) GB: Opferrauch; γ) Haran VT 10, 1960, 117: Mehl-Opfer = מִנְחָה; b) cj. הַקְּטֹרֶת (BHK). †

קִטְרוֹן: n. l.: I קטר (cf. BL 500p); G Κεδρων Ri 1 $_{30}$ = קַטָּת G^A Κατταθ, G^B Καταναθ Jos 19 $_{15}$: ign. in Sebulon, cf. GTT p. 168[149] u. § 524. †

קְטָרוֹת: ? II *קטר: hapleg. Ez 46 $_{22}$ in d. Ausdruck חֲצֵרוֹת קְ׳; Bedtg. umstritten, s. Zimmerli Ez. 1181; Versuche: a) MT: α) mi. Midd II 5 b: Rauch, der von den nicht überdachten Orten aufsteigt, cf. GB; β) Kopf VT 8, 1958, 199: hintereinander in einer Reihe liegend (nach ar. *qaṭara* ↗ II *קטר); b) cj. pr. קְטֻרוֹת prop. קְטַנּוֹת ↗ I קָטָן 1 a. †

קְטֹרֶת: I קטר, BL 469c: Typ *qutult* :: Joüon § 88 E e: Typ *qutāl*; Sam. *qiṭṭårət*; ja. קְטָרְתָּא; akk. *qutru(m)* (AHw. 931a) Rauch, *qutrēnum, qutrinnu* (AHw. 930b) Weihrauch(opfer); sbst. ug. asa. äth. ar. ↗ I קטר; äg. *qdrt* (EG V 82); Löhr Das Räucheropfer im AT, 1927; Haran VT 10, 1960, 113-129; de Vaux Inst. 2, 301f = Lebensordnungen 2, 277f; BHH 1555-57 (Lit.): sf. קְטָרְתִּי: „Das, was in Rauch aufgeht": — 1. קְ׳ (in älterer Zeit) **Räucherwerk**, ein Terminus, der für jedes auf dem Altar verbrannte Opfer gebraucht werden konnte (s. de Vaux l. c. und Stoebe KAT VIII/1, 116 zu 1S 2 $_{28}$) 1S 2 $_{28}$ Js 1 $_{13}$ (od. zu 2), Ps 66 $_{15}$ (קְ׳ אֵילִים), ↗ I קטר hif. 1 c, 2 c; — 2. Räucherwerk (im Opferfeuer verbrannte Riechstoffe, seit Ez, in P u. Chron.): a) Ex 30 $_{35.37}$ Lv 10 $_{1}$ 16 $_{13}$ Nu 7 $_{14-86}$ (13×) 16 $_{7.17f.35}$ 17 $_{5.11f}$; cj. Jr 44 $_{21}$ קְטֹרֶת pr. קִטֵּר; b) קְ׳ סַמִּים Ex 30 $_{7}$ 40 $_{27}$ Lv 16 $_{12}$ (דַּקָּה), 2C 2 $_{3}$ 13 $_{11}$ Sir 49 $_{1}$; קְ׳ הַסַּמִּים Ex 25 $_{6}$ 31 $_{11}$ 35 $_{8.15.28}$ 37 $_{29}$ 39 $_{38}$ Lv 4 $_{7}$ Nu 4 $_{16}$; c) מְקַטֵּר קְ׳ Ort für das Verbrennen von Räucherwerk Ex 30 $_{1}$; מִזְבַּח הַקְּ׳ Ex 30 $_{27}$ 31 $_{8}$ 35 $_{15}$ 37 $_{27}$ 1C 6 $_{34}$ 28 $_{18}$ 2C 26 $_{16.19}$, cf. Ex 40 $_{5}$; מִזְבַּח קְ׳ הַסַּמִּים Lv 4 $_{7}$; d) קְ׳ זָרָה Ex 30 $_{9}$, קְ׳ תָּמִיד 30 $_{8}$, קְ׳ רֹקַח Räucherwerk eines Salbenmischers 30 $_{35}$, עֲנַן הַקְּ׳ Lv 16 $_{13}$ Ez 8 $_{11}$, קְ׳ ‖ שֶׁמֶן Ez 16 $_{18}$ 23 $_{41}$, so auch (in profanem Sinn) Pr 27 $_{9}$; e) metaph. קְ׳ תְּפִלָּה Ps 141 $_{2}$; — 3. Wendungen: קְטֹרֶת c. בוא hif. Ex 39 $_{38}$, c. לָקַח Lv 16 $_{12}$, c. נָתַן Lv 16 $_{13}$ Nu 17 $_{12}$ Ez 16 $_{18}$, c. עלה hif. Ex 30 $_{9}$, c. עָשָׂה Ex 30 $_{35.37}$ 31 $_{11}$ 37 $_{15.29}$, cf. Ex 31 $_{8}$ 35 $_{15}$ 37 $_{25}$, c. קטר hif. 1S 2 $_{28}$ Ex 30 $_{1.7}$ 40 $_{27}$ Nu 17 $_{5}$ 2C 2 $_{3}$ 29 $_{7}$, c. קרב hif. Nu 16 $_{35}$, c. שִׂים Lv 10 $_{1}$ Nu 16 $_{7.18}$ 17 $_{11}$ Ez 23 $_{41}$, c. שמח pi. Pr 27 $_{9}$. †

קַטָּת: n. l. Jos 19 $_{15}$ = ↗ קִטְרוֹן Ri 1 $_{30}$. †

קיא; mhe. hif. speien; akk. *qâ'u, kâ'u* (AHw. 284a) speien, cf. AHw. 912b, BWL 331; äth. *qē'a* (Dillm. 459) (sich) erbrechen = tigr. *qa'a, qa'a* (Wb. 255a); ar. *qā'a* (*qj'*); äg. *q3'* erbrechen (EG V 7):

qal: cj. pf. קָאָה Lv 18 $_{28}$, pr. pt. קָאָה, s. Elliger Lev. 230, BHS; imp. קִיו Q Jr 25 $_{27}$ (©, K קְוּו, l קִיו ? = קִיאוּ, s. BL 445, Bgstr. 2 § 28t: — 1. abs. **speien, sich übergeben** Jr 25 $_{27}$, Sir 36 $_{21}$ (imp. קוה wie v. קוה); — 2. metaph. c. acc. (sbj. הָאָרֶץ) Lv 18 $_{28}$. †

hif: (Sam. nur qal [BCh. LOT 5, 112]) pf. sf. וֶהֱקֵאתוֹ (GK § 76h, BL 402s); impf. וַיָּקֵא, תָּקִיא, וַתָּקֵא, sf. וַיְקִיאֵנוּ, תְּקִיאֶנָּה: **etw. erbrechen** (Mensch) einen Bissen Pr 23 $_{8}$, Honig Pr 25 $_{16}$, Vermögen (חַיִל) Hi 20 $_{15}$, (Fisch) den Jona Jon 2 $_{11}$; ausspeien (Land) seine Bewohner Lv 18 $_{25.28}$ 20 $_{22}$. †

Der. *קִיא, קֵא.

קִיא: קִיא, BL 452 q; äth. *qĕjā'*, *qījā'* (Dillm. 459); tigr. *qaj'* (Wb. 255a); ar. *qujā'*: Bedtg. stets entsprechend dem vb.: sf. קִיאוֹ: **Erbrochenes, Gespei** Js 19 $_{14}$ 28 $_{8}$ Jr 48 $_{26}$. †

***קיה**: ↗ קיא qal.

cj. **קִיט**: aram. (Wagner 265) = he. קַיִץ; hapleg. Hi 8 $_{14}$, pr. אֲשֶׁר־יָקוֹט prop. קִשְׁרֵי קִיט Sommerfäden. (u. a. Lex.[1]): **Sommer**. †

קִיטוֹר u. **קִטֹר**: I קטר, BL 475t; Sam. *qīṭor*

Rauch Gn 19_{28} Ps 119_{83} :: G V S: Reif, doch s. dagegen Deissler Psalm 119 (118) und seine Theologie, 1955, 183; Ps 148_{8} (|| אֵשׁ וּבָרָד, שֶׁלֶג), Bedtg. umstritten, Vorschläge: a) MT: α) Rauch (|| אֵשׁ), so Dahood Psalms III 351. 354; β) (dichter) Nebel, so Deissler l. c. 183, Reymond 15, Kraus BK XV[5] 1140; b) cj. קֶרַח (u. a. Lex.[1]), cf. G V S: Eis. †

*קִים: hapleg. Hi 22_{20} קִימָנוּ: Bedtg. ungewiss, Versuche: a) MT: α) Lex.[1]: pt. act. v. קום: (unser) Gegner, doch unwahrscheinlich wegen d. pt. קָם ↗ קום; β) König Wb. 407b: Aufstand = Gegnerschaft (abstr. pr. concr.); b) cj.: α) c. Θ ὑπόστασις prop. יְקָמָם vel קִנְיָנָם, s. Zorell ferner u. a. Fohrer KAT XVI 350f: ihr Bestand; β) c. V *erectio eorum* prop. קִימָתָם ihre Gegnerschaft, cf. Peters Das Buch Job, 1928, 238; am wahrscheinlichsten wohl b α. †

*קִימָה: קום, BL 452q; mhe. קִימָה Aufstehen, Aufstellen: sf. קִימָתָם: **das Aufstehen** (:: שִׁבְתָּם) Kl 3_{63}; — cj. Hi 22_{20} ↗ *קִים, b β. †

קין; mhe. vb. denom. v. קִינָה: קוֹנֵן Totenklage anstimmen; sy. sbst. ↗ קִינָה; vb. denom. *qanqen* singen, s. GB u. LS 664b; äth. *qānaja* musizieren, sbst. *qĕnē* Gesang (Dillm. 447); tigr. *qānā* (Wb. 253a) eine Melodie erfinden, singen; nach einer vorhandenen Melodie singen (z.B. ein Trauerlied); ar. *qainat* Sängerin, Zofe (Wehr 718b), m. *qain, qinn* Sklave (Müller 96) ↗ II קַיִן: vb. denom:

pil: pf. קוֹנְנוּ, sf. קוֹנְנוּהָ; impf. וַיְקֹ(וֹ)נֵן, תְּקוֹנֵנָּה (Var. s. GB, BHK[2] ־נֶנָּה, cf. BL 404) Ez 32_{16}; pt. pl. f. מְקוֹנְנוֹת: **das Leichenlied** (קִינָה) **singen**: c. עַל über jmdn Ez 27_{32} 2C 35_{25}, c. אֶל 2S 3_{33}, c. עַל u. obj. קִינָה 2S 1_{17} Ez 32_{16a} (pr. וְקוֹנְנוּהָ prop. c. G וְקוֹנַנְתָּהּ, s. Zimmerli Ez. 765, BHS); הַמְקוֹנְנוֹת die Klagefrauen Jr 9_{16}. †

Der. I קִינָה: wohl nicht Der. von קוֹנֵן, aber von d. √ קין.

I *קַיִן: wohl Primärnomen (cf. BL 457 o); wurzelverw. mit קָנֶה (GB), cf. ar. *qanāt* Speer, (Rohr-)Lanze, Schaft, Rohr, Röhre (Wehr 708a): sf. קֵינוֹ: **Lanze, Spiess** 2S 21_{16}. †

II קַיִן: n. m.; Sam. *qen*; G Καιν, Josph. Κάισ (NFJ 69); Volksetym. (v. קנה) Gn 41; ja. קִינָאָה Metallarbeiter, Schmied; ? ug. *qn*, pl. *qnm* (KTU 1. 17 VI 23) Rohr, Schilfrohr (UT nr. 2244, Dahood HeWf 46, CML[2] 157a, cf. RSP I S. 443 Nr. 109) :: Aistl. 2424: Schmied; sy. *qaināјā* Schmied, Goldschmied; asa. n. m. *qjn* Ryckmans 1, 190a; Müller ZAW 75, 1963, 314 u. Müller 96; n. f. *qjnt* (Ryckmans 1, 190b u. Müller l. c.); n. d. *qjnn* (*Qaynān*) s. Conti 231b, Höfner RAAM 277; appellat. *qjn* Verwalter (Conti l. c, Höfner l. c. 348, Müller 96); nab. n. m. קינו/נא (Cant. Nab. 2, 142b); lihj. *qn*; tham. *qjn, qn, qnt*; saf. *qn, qnt, qnʾl* (Müller 96 mit Hinweis auf ar. *qain, qinn* Sklave); palm. קיניא Schmied (der Gold u. Silber bearbeitet; DISO 258, Brown VT 21, 1971, 16f); dieses sbst. vielleicht auch in Hatra, s. DISO l. c.; ar. *qain* Schmied zu he. קַיִן, s. Westermann BK I/1, 394: nicht einfach = Schmied, da dafür ↗ לֹטֵשׁ gebraucht wird, doch s. auch Brown l. c.; zur Frage nach dem urspr. Sinn v. קַיִן cf. neben dem ar. *qain* „Schmied" auch saf. *qn* etc. (↗ oben) u. ar. *qain* „Sklave"; in diesem Fall wäre קַיִן eine Kf. zu einem theophoren PN wie etwa saf. *qnʾl*: erster Sohn v. Adam Gn 4_{1-25}; ↗ תּוּבַל קַיִן; ↗ III קַיִן u. קֵינִי u. קֵינָן. †

III קַיִן: n. tr.; = II: Nu 24_{22} Ri 4_{11} (beidemale in Verbdg. mit הַקֵּינִי). †

IV קַיִן: n. l.: הַקַּיִן Jos 15_{57} = II in Juda (Gau Maon), = ? *Ch. Jaqīm*, 3 km nö.

von זִיף, s. GTT § 319 C/8, cf. GB u. Lex.[1]; Alt KlSchr. 2, 286: der Name הַקַּיִן weist auf den des Stammes zurück :: Noth Jos. 92: הַקַּיִן urspr. Attribut zu dem vorangehenden n. l. זָנוֹחַ = 'זָ, (die Stadt) der Keniter, cf. G.

I קִינָה: קִין, BL 452q; mhe., DSS (KQT 193); sy. *qīntā* Hymnus, Klagelied; md. *qinta* (MdD 411b) Hymnus; sbst. äth. u. ar. ↗ קִין: pl. קִינִים Ez 2_{10}, קִינוֹת 2C $35_{25a.b}$ (Michel Grundl. heSy. 1, 42), sf. קִינוֹתֵיהֶם: H. Jahnow Das hebr. Leichenlied (BZAW 36, 1923); Eissfeldt Einleitung 126ff; ThWbNT III 150f; BHH 1069f; Wolff BK XIV/2, 276f: — 1. a) **Leichenlied, Totenklage** Ez 19_{14} Am 8_{10} Sir 38_{16}; c. נָשָׂא anstimmen Jr 7_{29} 9_{9} Ez 19_{1} 26_{17} $27_{2.32}$ 28_{12} 32_{2} Am 5_{1}, c. קוֹנֵן 2S 1_{17} Ez 32_{16}, c. לִמֵּד Jr 9_{19}; אָמַר בְּקִינוֹתֵיהֶם in ihren Klageliedern reden 2C 35_{25a}; b) הַקִּינוֹת aufgezeichnete Klagelieder 2C 35_{25b} (= Kl, Threni), s. Rudolph Chr. 333; — 2. pl. קִנִים Ez 2_{10}, s. Michel l. c.: nicht einzelne Klagen, sondern deren Gattung, cf. Zimmerli Ez. 10. †

II קִינָה: n. l.: ihe. T.-Arad 24, 12; *Ch. Ġazze*, auf einem Sporn über dem *Wadi el-Qēnī* (Mittmann ZDPV 93, 1977, 234): Jos 15_{22}. †

קֵינִי: > II קַיִן + Endg. der Zugehörigkeit *ī* (cf. BL 501 x), s. Noth GI 57f; de Vaux Histoire I 316, W. Dietrich Fschr. Zimmerli 101 :: Westermann BK I/1, 394; s. ferner Rowley JJ 149ff; Herrmann Geschichte 105f, Stoebe KAT VIII/1, 284; BHH 940; GTT § 203: הַקֵּינִי (Sam. *[aq]qīni*), pl. הַקֵּינִים 1C 2_{55}; G Καιναῖος, Κιναῖος; Καιναῖοι, Κιναῖοι; Josph. Κενεαιδαί (NFJ 73): n. tr. vel p.: **Keniter**; in Reihe Gn 15_{19}; || עֲמָלֵק Nu 24_{21}; soll sich von עֲמָלֵק trennen 1S 15_{6}; 'עָרֵי הַקֵּי 1S 30_{29}, 'נֶגֶב הַקֵּי 27_{10}; 'חֶבֶר הַקֵּי Ri $4_{11.17}$ 5_{24}; cj. Ri 1_{16} pr. קֵינִי prop. c. 411 חוֹבָב הַקֵּינִי (Lex.[1] u. Mittmann ZDPV 93, 1977, 213f); pl. 1C 2_{55}. †

קֵינִים: n. tr., 1C 2_{55}: ↗ קֵינִי.

קֵינָן: n. m. (G Καιναν, Lk 3_{37} Καϊνάμ; Josph. Καϊνᾶς, NFJ 69); II קַיִן + ? demin.-Endung *-ān*; saf. n. m. *qnn* (Ryckmans 1, 190b) und n. d. ↗ II קַיִן: Sohn d. Enos Gn 5_{9-14} 1C 1_{2}. †

I קיץ: denom v. קַיִץ; ? wurzelverw. mit II קיץ/יקץ s. GB; ar. *qāẓa* (*qjẓ*) sehr heiss sein (Lane I 2579b): mhe. pi. den Sommer verbringen = ʿsy. *qajjeṭ*:

qal: pf. קָץ: **übersommern** Js 18_{6}. †

II קיץ: Nf. ↗ יקץ; mhe. קיץ hif. wecken; ar. *jaqiẓa* ↗ יקץ:

hif: pf. הֱקִיצ(וֹ)תִי ,הֱקִיצוֹתָ ,הֵקִיץ; impf. יָקִיצוּ ,אָקִיץ; imp. הָקִיצוּ ,הָקִיצָה; inf. הָקִיץ; pt. מֵקִיץ: **aufwachen**: — 1. a) Menschen vom Schlaf 1S 26_{12} Js 29_{8} Jr 31_{26} Ps 3_{6} 17_{15} (s. Kraus BK XV[5] 279), 73_{20} Pr 6_{22}; aus Trunkenheit Jl 1_{5} Pr 23_{35}; b) aus (dem Tode naher) Krankheit 2K 4_{31}; vom Tod Js 26_{19} Jr $51_{39.57}$ Hi 14_{12} :: ↗ II קוץ, Da 12_{2}; — 2. a) Gott Ps 35_{23} 44_{24} 59_{6}; b) Holz (= Idol, עֵץ) Hab 2_{19}; — 3. הֵקִיץ Ez 7_{6} ↗ קֵץ 4; Hab 2_{7} pr. וְיִקְצוּ c. 1Q Hab prop. וְיָקִיצוּ (BHS) :: Rudolph KAT XIII/3, 219: MT impf. v. יקץ; Ps 139_{18} pr. הֱקִיצֹתִי prop. הֲקִצּוֹתִי ↗ cj. II קצץ (BHS, Lex.[1]). †

קַיִץ: ↗ I קיץ (cf. BL 457 o); Sam. *qeṣ*; ar. *qāẓa*, cf. Wolff BK XIV/2, 368 :: Segal JSS 7, 1962, 219f: קצץ, cf. DISO 262; mhe., DSS (KQT 193); ihe. *qṣ* (KAI Nr. 182, 7) Sommerfrucht; ja. ק(י)טא (קִיטָא ,קֵיטָא); aam. כיצא (KAI Nr. 216, 19) Sommer (DISO 262); kan. (EA) *qēṣu* (VAB 2, 131, 15; s. AHw. 918b); ug. *qẓ* Sommer-(Frucht) (UT nr. 2224, Aistl. 2439); sy. *qaiṭā*; cp. *qjṭʾ*; asa. *qjẓ* (Conti 231a) Sommer, *ḏqjṣn* (*ḏū qajṣān*) Monatsname (Conti 232a); ar. *qaiẓ* Sommerhitze, Hochsommer: קָיִץ, sf. קֵיצֵךְ: — 1. **Sommer**

(:: חֹרֶף), s. AuS 1/1, 34-50; BHH 795: קַיִץ וָחֹרֶף Gn 8₂₂ Ps 74₁₇, בַּקַּיִץ Zch 14₈ Pr 6₈ 10₅ 26₁ 30₂₅; בימי קיץ Sir 50₈; בְּטֶרֶם קַיִץ Js 28₄; כָּלָה קָיִץ Jr 8₂₀ ‡ 3; בֵּית הַקַּיִץ Am 3₁₅; חַרְבֹנֵי קַיִץ Sommergluten Ps 32₄; — 2. קַיִץ **Sommerobst** (bes. Feigen, s. Löw 1, 239f, AuS 1/2, 556ff; BRL[2] 33; Wolff BK XIV/2, 368) 2S 16₁f; || קָצִיר Js 16₉, Jr 40₁₀.₁₂; || בָּצִיר Jr 48₃₂ Mi 7₁, Am 8₁f; — 3. **Sommerernte** Js 28₄ Jr 8₂₀. †

*קִיצוֹן: קֵץ BL 500p; Sam. *qīṣon*: fem. קִיצוֹנָה (adj. zu יְרִיעָה): **äusserste**, **letzte** Ex 26₄.₁₀ 36₁₁.₁₇. †

קִיקָיוֹן; mhe. קִיק u. קִיקָיוֹן Rizinus (Dalm. Wb. 377b); cf. akk. *kukkānītu* (AHw. 500a) eine Gartenpflanze; äg. *k3k3* (EG V 109); > gr. κίκι, κῖκι Rizinusöl; die Vrss. differieren, s. bes. Wolff BK XIV/3, 143f: A Θ κικεών, danach קִי׳ am ehesten Rizinus (*r. communis*) Jon 4₆-₁₀, s. Löw 1, 608ff; AuS 1/1, 65; 2, 297; Rudolph KAT XIII/2, 361; Wolff l. c.; BHH 1605.†

קִיקָלוֹן (< *קַלְקָלוֹן, s. BL 499l, VG 1, 247d): vb. קלל; T° קִיקְלְתָּא (Jr 19₇, MS קִיקְלְתָא) Mist, Kot; sy. *qējqalta* (קַלְקְלְתָּא. LS 688b) Misthaufen: Schande Hab 2₁₆; ? cj. Nah 1₁₄ pr. כִּי קַלּוֹתָ prop. (קִי)קָלוֹן Schandmal od. קִיקָלוֹת Misthaufen (u. a. Eiliger ATD 25[6] 8 u. BHS) :: Horst HAT 14[2] 158; Rudolph KAT XIII/3, 158, 159f: MT „weil du nichts wert bist"; Lex.[1] I קלל ‡ קַלֹּתָ pi. †

I קִיר: Etym. ungewiss (BL 451p), wohl Primärnomen; Sam. *qer*; a) mhe. קִיר Saum, Rand, eig. Umzäumung (Levy 4, 302a), DSS (KQT 193) Mauer = ph. (KAI Nr. 7, 1; 43, 13); mo. קר Stadt (Mesa 11. 12. 24. 29, DISO 263); b) ja. קִירָא Wachs, Asphalt (Levy l. c.); akk. *qīru* (AHw. 923a); sy. *qīrā*; md. *qira* (MdD 412a) Asphalt; ar. *qār*, *qīr* Teer, Pech, vb. denom *qjr* II teeren, verpichen; > gr. κηρός, lat. *cera*; nach Lex.[1] (cf. GB) hängen die sbst. von a) und b) etymolog. zusammen: קִיר ursprünglich Bestrich, Belag (einer aus Flechtwerk od. Lehmziegeln erstellten Wand) > Wand (:: גָּדֵר Mauer aus Steinen); doch ist der Zushg. zw. a) u. b.) ganz unsicher: pl. קִיר(וֹ)ת, sf. קִירֹתֶיךָ, קִיר(וֹ)תָיו (74 ×): — 1. **Wand** (BRL[2] 209ff): a) v. בַּיִת = Haus Lv 14₃₇.₃₉ 2K 9₃₃ Ez 12₅.₇.₁₂ 33₃₀ Am 5₁₉ Sir 14₂₄; b) v. בַּיִת = Tempel 1K 6₅f.₁₅.₂₇.₂₉ Ez 41₅f.₉.₁₇ cf. 43₈, 2C 3₇.₁₁f; v. הֵיכָל Ez 41₂₀.₂₅, v. בִּנְיָן Ez 41₁₂, v. חָצֵר Ez 8₇f.₁₀ ‡ 2; c) v. einem Raum 1S 18₁₁ 19₂₀ 2K 20₂ Js 38₂ 59₁₀; מוֹשַׁב הַקִּיר der Platz an der Wand 1S 20₂₅; עֲלִיַּת־קִיר gemauertes Obergemach 2K 4₁₀; קִירוֹת הַבָּתִּים die Wände der Räume (d. Tempels) 1C 29₄ od. c. Vrss. ק׳ הַבַּיִת s. Rudolph Chr. 190; d) Versch. ק׳ הַחוֹמָה Wand an der Mauer Jos 2₁₅; Wand, Wände des Altars Ex 30₃ 37₂₆ Lv 1₁₅ 5₉ Ez 41₂₂; ק׳ בַּרְזֶל Ez 4₃; קִיר נָטוּי überhängende Wand Ps 62₄; metaph. קִירוֹת לִבִּי Jr 4₁₉; — 2. **Mauer** (BRL[2] l. c.) ק׳ הָעִיר Nu 35₄, אֶבֶן ק׳ 2S 5₁₁, אֶבֶן מִקִּיר Hab 2₁₁, הַקִּיר Ez 13₁₂.₁₄f; הָאֵזוֹב . . . בַּקִּיר 1K 5₁₃; Mauer im Weinberg Nu 22₂₅; שִׁין ‡ מַשְׁתִּין בְּקִיר; zu 2 vielleicht auch die Belege von 1 b; — 3. Wendungen (zu 1 u. 2) אָחַז בְּ eingreifen in 1K 6₆, pt. pass. Ez 41₆, בָּנָה 1K 6₁₅a, גשש pi. Js 59₁₀, הרס Ez 13₁₄, זעק (sbj. אֶבֶן מִקִּיר) Hab 2₁₁, חפה pi. 2C 3₇, חָקָה עַל (Zeichnungen) eingeritzt in Ez 8₁₀ 23₁₄, חָרָשֵׁי (אֶבֶן) קִיר 2S 5₁₁ 1C 14₁, חָתַר בַּקִּיר Ez 8₈ 12₅.₇.₁₂, טוּחַ Ez 13₁₂.₁₄f 1C 29₄, לחץ אֶל הַקִּיר nif. Nu 22₂₅, מָדַד Ez 41₅, נָגַע בַּקִּיר 1K 6₂₇, hif. c. לְ 2C 3₁₁f, נזה hif. c. עַל/לְ Lv 5₉ 2K 9₃₃, נכה . . . בַּקִּיר hif. 1S 18₁₁ 19₁₀, נפל Ez 13₁₂, סבב פָּנָיו אֶל הַקִּיר hif. 2K 20₂ Js 38₂, סָמַךְ עַל־הַקִּיר Am 5₁₉, עָשָׂה 2K 4₁₀, pt. pass. Ez 41₂₅, פתח pi. (Wände) überziehen 2C 3 7, פָּשָׂה sich ausbreiten (an d. Wänden d. Hauses) Lv 14 39, צפה pi. (die Wände d. Altars) überziehen Ex 30 3 37 26; קָלַע ausschnitzen 1K 6 29, שָׁפָל מִן־הַקִּיר tiefer als die Wand Lv 14 37; — 4. cj. 1K 6 15b pr. קִירוֹת prop. cf. G קוֹרוֹת; 1K 6 16 pr. הַקִּירוֹת prop. c. G הַקּוֹרוֹת, s. Noth Kge. 99, BHS; cj. Js 25 4 pr. קִיר prop. קֹר (BHS); — קַר Js 22 5 ⸗ *קַר.

II קִיר: **Stadt** ⸗ I קִיר a; in n. l.: — 1. קִיר מוֹאָב G τὸ τεῖχος τῆς Μωαβίτιδος, Targ. *karkā dᵉ mōʾāb* Js 15 1; — 2. קִיר חֶרֶשׂ, G κιραδας, Jr 48 31.36; — 3. קִיר חָרֶשׂ, 2 MSS: חָדָשׁ, cf. G τεῖχος ὃ ἐνεκαίνισας, Js 16 11; — 4. קִיר חֲרֶשֶׂת, G Δεσεθ, Js 16 7; — 5. קִיר חֲרֶשֶׂת 2K 3 25 txt. inc. pr. עַד־הִשְׁאִיר אֲבָנֶיהָ בַּקִּיר חֲרֶשֶׂת prop. עַד־הִשָּׁאֵר לְבַדָּהּ קִיר חֲרֶשֶׂת (BHS), etwas anders Gray Kings[3] 484[a], G τοὺς λίθους τοῦ τοίχου καθῃρημένους: 2-5 = 1, und 1 ⸗ Targ., trad. = *el-Kerak*, im Zentrum des südl. Moabitergebietes am Oberlauf d. *W. el-Kerak*, s. Wildbg. BK X 611; ferner Abel 2, 418f, GTT § 1246-7, van Zyl 69-71; doch s. auch Kaiser ATD 18, 55; 2-5 = Stadt der Tongeschirre, Scherbenstadt ⸗ חֶרֶשׂ, als Ortsname (Spottname ?) nicht undenkbar, s. Wildbg, l. c. 626; die LA חָדָשׁ wohl eine Erleichterung, cf. ph. pun. קרת חדשת Karthago (Friedrich § 98). †

III קִיר: n. terr., loc. קִירָה: a) 2K 16 9 Js 22 6 (|| עֵילָם), Am 1 5 9 7: Genaue Lage unbekannt; wegen Js 22 6: in Südbabylonien in d. Nachbarschaft v. Elam, s. Wildbg. BK X 819; ferner u. a. Rudolph KAT XIII/2, 131f; ältere Lit. in GB; b) zu 2K 16 9 Am 1 5 s. Gray Kings[3] 633: קִיר appellat. = (Stadt) Assur; c) Am 9 7 s. Gray l. c. cj. pr. קִיר prop. *qᵉrāqīr* < ar. pl. Wasserlöcher od. Oasen in d. nord-arab. Steppe; jedoch sehr unwahrscheinlich. †

קֵירֹס: n. m.: Neh 7 47 = קֵרֹס Esr 2 44; bei Noth N. 256b nicht erkl.; nach Rudolph EN 12 = „krumm", ⸗ קרס; ihe. T.-Arad 18, 5 (קרסי = der Qerositer (Glied d. Sippe ק(י)רֹס), s. Pardee UF 10, 1978, 315. 317: Ahne e. Sippe von Tempelsklaven (נְתִינִים) Esr 2 44 Neh 7 47. †

קִישׁ: n. m., G Κις, Josph. Κεὶς (NFJ 73); nicht sicher erklärt; doch vielleicht = „Geschenk" (genauer „Geschenkter", s. unten), s. Noth N. 171[3], Stoebe KAT VIII/1, 193: nach akk. PN mit d. vb. *qiāšu(m)*, *qâšu* (AHw. 919) schenken, d. sbst. *qīštu(m)* (AHw. 923f) Geschenk u. d. Verbaladj. *qīšu(m)* (AHw. 924a) Geschenkter, s. Stamm 138f. 257. 259; zu קִישׁ cf. bes. akk. *qīšu* :: Wellh. RaH[1] 171: ar. n. d. *Qais*, cf. nab. n. d. קישא und n. m. קישו (Cant. Nab. 2, 143a): — 1. Vater v. שָׁאוּל 1S 9 1.3 10 11.21 14 51 2S 21 14 1C 8 30.33 (Rudolph Chr. 81), 9.36.39 (s. Rudolph l. c.), 12 1 26 28; — 2. Levit aus d. Geschlecht Merari 1C 23 21f 24 29; — 3. (= 2 ?) Levit aus Merari z. Zeit d. Hiskia (doch s. Rudolph Chr. 296) 2C 29 12; — 4. Vorfahr des Mardochai Est 2 5, ? = 1, s. Bardtke KAT XVII/4-5, 298f. †

קִישׁוֹן: n. fl., G Κισων, äg. *Qi-su-na* (Albr. Voc. 56): **Kison**, *Nahr el-Muqaṭṭaʿ*: Ri 4 7.13 5 21 1K 18 40 Ps 83 10 (Abel 1, 158f. 467-69; GTT § 205; BHH 957). †

קִישִׁי: n. m.; Kf.: 1C 6 29 = ⸗ קוּשָׁיָהוּ †

קַל: קלל, BL 453y; mhe. leicht, gering, wenig (Dalm. 377b); DSS (KQT 193) schnell, cf. קוֹל (KQT 192); ug. *ql* pl. „Schnelle" = Boten (de Moor ZAW 88, 1976, 333. 341, cf. UT nr. 2228, Aistl. 2409; Dahood UHPh 70 Nr. 2228; Dietrich-Loretz-Sanmartín UF 6, 1974, 35); akk. *qallu(m)* (AHw. 894b) leicht (auch v. Boten u. Truppen; mögliche Bedeutungen cf. F. Ellermeier Prophetie in Mari u. Israel 1968, 29), wenig, gering; cf. ja. קְלִילָא leicht, rasch, wenig u. sam. (BCh. LOT 2, 507); äga. קליל schnell, leicht (Aḥqr 38. 112, DISO 259); sy. *qallīlā* leicht, schnell, wenig; cp. **ql*, **qljl* schnell; md. *qalil* (MdD 401a) leicht, schnell; asa. *qll* (Conti 232b) wenig; äth. *qalīl* (Dillm. 411) gering, klein; auch tigr. (Wb. 232b) leicht, behende, leichtsinnig; ar. *qalīl* wenig, gering: — in pausa קָל u. קַל, f. קַלָּה; pl. קַלִּים: — 1. a) adj.: **leicht**, **behend**, **schnell**: Boten Js 18_2, Wolke 19_1, Kamel Jr 2_{23} ⸗ בִּכְרָה, Verfolger Kl 4_{19}; קַל בְּרַגְלָיו schnellfüssig 2S 2_{18} Am 2_{15}; b) adv. || מְהֵרָה Js 5_{26} Jl 4_4; — 2. sbst. a) **der Schnelle** Jr 46_6, Am 2_{14} (Wolff BK XIV/2, 160 :: Rudolph KAT XIII/2, 149: Leichtbewaffnete?, so auch Pfeifer ZAW 88, 1976, 69); Koh 9_{11}; b) schnelles Reittier, Renner Js 30_{16}; — cj. Hi 24_{18} pr. קַל־הוּא prop. קַלּוּ (BHS). †

I קֹל: קלל, BL 455h; mhe. קוֹל, ja. קָלָא Erleichterung: Leichtfertigkeit, so c. Vrss. (Rudolph Jer.[3] 24) :: al. = קוֹל Gerücht, Stimme; doch nach d. Zushg. unwahrscheinlich: Jr 3_9. †

II קֹל: ⸗ קוֹל.

[קלה: 2S 20_{14} וַיִּקָּלֲהוּ: ⸗ קהל nif.]

I קלה: mhe. קָלָה; ja. קְלָא verbrennen; sam. (BCh. LOT 2, 586 pt.); akk. *qalû(m)* (AHw. 896a), sy. *qᵉlā*, md. *qla* (MdD 413a), äth. *qalawa* (Dillm. 413) rösten, verbrennen; akk. *maqlû* verbrennen (AHw. 607b) > äga. מקלו Brandopfer (DISO 165); ar. *qalā* (*qlj* u. *qlw*) braten, backen, rösten; cf. sbst. äg. *mqʿr* Backofen (Lw.) (EG II/1, 158); asa. *qlʾt* (Conti 232a) Hitze < vb. **qlʾ*:

qal: pf. sf. קָלָם; pt. pass. קָלוּי: **rösten**: a) obj. Menschen (als Strafe) Jr 29_{22}; b) obj. Getreide (b. Opfer) אָבִיב קָלוּי (Sam. Vers. קלי *qāli*) Lv 2_{14}; מַצּוֹת וְקָלוּי ungesäuerte Brote und geröstetes Korn Jos 5_{11}, s. E. Otto, Das Mazzotfest in Gilgal (BWANT 107, 1975) 62 und l. c. Anm.[6]. †

nif: pt. נִקְלֶה: eig. Gebranntes = Brand, Entzündung (siehe u. a. Kraus BK XV[5] 445; Dahood Psalms I 233. 235): Ps 38_8. †

Der. קָלִיא, קָלִי.

II קלה: Nf. v. קלל (cf. Bgstr. 2 § 31c); ja. קְלָא verächtlich werden, af. verächtlich machen; sy. *qᵉlā* pa. af. verachten; tigr. *qalā* (Wb. 234b) stolz sein, aus Stolz zurückweisen; cf. asa. sbst. *qly* Schmach (Müller ZAW 75, 1963, 314); ar. *qalā* (*qlj*) u. *qalija* hassen, verabscheuen; (THAT II 643):

nif: pf. נִקְלָה; pt. נִקְלֶה: **verächtlich sein**, **werden** Dt 25_3 (Sam. *wniqqål*: √ קלל nif. pf.), 1S 18_{23} Js 3_5 (:: נִכְבָּד), 16_{14} Pr 12_9 Sir 10_{19} 25_8. †

hif: pt. מַקְלֶה: **verächtlich behandeln** Dt 27_{16} (Sam. *miqqēllå*, hif. von √ קלל, s. BCh. LOT 5, 145 § 2.12.15), Sir 10_{29}. †

Der. קָלוֹן.

קָלוֹן: II קלה, BL 498f; mhe., DSS (KQT 193); ja. קְלָנָא Schändlichkeit, Schande; sy. *qᵉlājtā* Verachtung, Schmähung: cs. קְלוֹן, sf. קְלוֹנֵךְ: — 1. **Schande**, **Schmach**: a) allgemein Js 22_{18} Jr 13_{26} 46_{12} (:: cj. c. G קוֹלֵךְ), Pr 11_2 12_{16} 13_{18} 18_3 22_{10}; b) im Gegensatz zu כָּבוֹד Hos 4_7 Hab 2_{16} Pr 3_{35}, zu גָּאוֹן Hos 4_{18} txt. inc. (גָּאוֹן cj. pr. מָגִנֶּיהָ, s. BHS :: TOB 1103: MT מָגִ׳ metaph. seine Führer, anders u.a. Rudolph KAT XIII/1, 108, Wolff BK XIV/1[2] 90); — 2. Wendungen: a) נֶגַע וְקָלוֹן Pr 6_{33}, רֵישׁ וְקָלוֹן Armut u. Schande Pr 13_{18} דִּין וְקָלוֹן Streit und Schimpf Pr 22_{10}, s. Gemser Spr. 82; b) c. בּוֹא Pr 11_2, c. כָּסָה 12_{16}, c. לָקַח 9_7, מלא פנים קלון pi. Ps 83_{17}, c. מָצָא Pr 6_{33}, c. ראה nif. Jr 13_{26}, hif. Nah 3_5, c. שָׂבַע Hab 2_{16}; שְׂבַע קָלוֹן Hi 10_{15}, c. שָׁבַת Pr 22_{10}. c. שָׁמַע Jr 46_{12}; —

Pr 3₃₅ txt. inc. cj. pr. sing. ′מֵרִים ק prop. c. G pl. מְרִימִים = ? mehren die Schande, s. D. W. Thomas VTSu 3, 1955, 283 u. Ringgren ATD 16/1², 24; al. cj. u. a. מֹרְשִׁים erwerben Schande, s. Gemser Spr. 30, cf. BHS. †

קַלַּחַת: Lw. < äg. *qrḥ.t* (EG V 62f) cf. kopt. *čalaht*, s. Ellenbogen 149, Lambdin 154; meh.; ug. *qlḥt* (KTU 5. 22, 16), s. Dietrich-Loretz-Sanmartín UF 7, 1975, 166; ein Zushg. dieses sbst. mit dem n. d. *Qlḥ* (KTU 1. 115, 5. 13), so de Moor UF 2, 1970, 316. 317, ist ganz unsicher, s. dazu auch L. R. Fisher Ug. VI 1969, 198⁸: **Topf, Kessel** 1S 2₁₄ Mi 3₃ (AuS 7, 211; BRL² 183b). †

I **קלט**: mhe. קָלוּט ungespalten (Klauen, Hände), zeugungsunfähig; sphe. auch Zwerg; ar. *qulāṭ* Knirps:

qal: pt. pass. od. adj. (BL 471u) קָלוּט (Sam. *qālot*), (:: שָׂרוּעַ) Lv 22₂₃, v. שׁוֹר וָשֶׂה: genaue Bedtg. unsicher; Möglichkeiten: a) nach G S V: mit verkürztem Schwanz, b) nach Targ. חַסִּיר mangelhaft, d. h. (e. Tier) mit nicht voll entwickelten Gliedern; mit Elliger Lev. 300 ist b) wohl vorzuziehen, cf. Noth ATD 6, 137. †
Der. ? n. m. קְלִיטָא.

II *__קלט__: mhe., ja. aufnehmen, einziehen, bes. in e. מִקְלָט (Levy 4, 308f).
Der. מִקְלָט; ? n. m. קְלִיטָא.

קָלִי, קָלִיא (1S 17₁₇: zum א s. R. Meyer Gr. § 12, 2): I קלה, BL 470n; Sam. *qāli*; mhe. קָלִי das Rösten (der Aehren) (Levy 4, 310b), pl. קְלָיוֹת geröstete Getreidekörner; ja. קַלְיָא dasselbe; akk. *qalû* (AHw. 895b) geröstet, *qalītu* (AHw. 894a) Röstkorn; sy. *qal/qeljātā* Geröstetes; äth. *qĕlĕw* (Dillm. 414) geröstet = tigr. (Wb. 234b) *qĕlūj*; cf. ar. *miqlan* u. *miqlāt* Bratpfanne: **Röstkorn** (unzerkleinerte, geröstete Getreidekörner) Lv 23₁₄ 1S 17₁₇ 25₁₈ 2S 17₂₈ Rt 2₁₄, s. AuS 3, 263-266, Stoebe KAT VIII/1, 323; Halbe ZAW 87, 1975, 333. †

קַלָּי Ⓛ, קַלַּי Ⓑ: n. m., Kf. mit hypokor. Endg. (Noth N. 39), der entspr. Vollname bleibt ungewiss, s. Rudolph EN 192: Haupt einer Priesterfamilie Neh 12₂₀. †

קֵלָיָה (Var. קְלָיָה); G Κωλια; ihe. Sgl. קליהו (Horn BASOR 189, 1968, 42-43; Porten IEJ 21, 1971, 49): n. m.; der 1. Bestandteil bleibt unklar, s. Noth N. 256b; Vorschläge zur Deutung bei Fschr. Stamm 150f: Levit Esr 10₂₃: קֵלָיָה הוּא קְלִיטָא was wohl auf einen (gebräuchlicheren) Beinamen geht ↗ קְלִיטָא †

קְלִיטָא: aram. pt. pass. (BLA 106h), bzw. Verbaladj.; entweder a) zu I קלט oder b) zu II *קלט: n. m.; bei a) ′ק = „Zwerg, Kümmerling, Krüppel" (Rudolph EN 98, cf. König Wb. 409a); bei b) קְלִיטָא = „Aufgenommener, Angenommener" (Noth N. 232); mit Rudolph l. c. dürfte a) wahrscheinlicher sein, cf. verwandte akk. PN bei Stamm 264, doch scheint auch b) nicht ausgeschlossen, cf. Stamm 320f: Esr 10₂₃ Neh 8₇ 10₁₁, ↗ קֵלָיָה †

קלל; Sam. Nf. √ קול Gn 8₈.₁₁, mhe. Nf. √ קול MiBe 2₆; DSS (KQT 193) pi. fluchen, hif. leicht machen; ja. pe. gering sein, pa. erleichtern, eilen, af. geringschätzen, schmähen; sam. (BCh. LOT 2, 581); äga. pe. gering, verächtlich sein (Aḥqr 141, DISO 259); ug. *ql* (KTU 3. 1, 5) minderwertig, schlecht sein/werden, s. Dietrich-Loretz-(Sanmartín) WdO 3, 1966, 212 u. UF 7, 1975, 166; kan. (ph.) *jaqillini* (VAB 2, Nr. 245, 38) er verachtet mich = יְקִלֵּנִי (jifil, impf., Friedr. § 188), DISO 259 :: Rainey AOAT 8, 1970¹ 68: vb. *qâlu* vernachlässigen, ein idiomat. Gebrauch d. ug. vb. *ql* (*qjl*) fallen (UT nr. 2227, Aistl. 2408, cf. v. Soden HeWf 295f); akk. *qalālu(m)* (AHw. 893) leicht, wenig, gering sein/werden; *qullulu* D gering machen, gering achten, schlecht behandeln; sy. *qal* pe. leicht sein, abnehmen, pa. erleichtern, schmähen, af. erleichtern, beschleunigen, verachten; so auch cp. bei pa. und af.; md. *qll* (MdD 413b) pe. schmähen, pa. herabsetzen; äth. *qalala* (Dillm. 410) gering, leicht (*facilis*), schnell sein, *ʾaqlala* (II 1) erleichtern; gering schätzen, verachten, cf. tigr. (Wb. 232); ar. *qalla* wenig, gering, bedeutungslos sein/werden; VI, X für geringfügig halten, verachten; Grdb. d. √ leicht sein (THAT II 641-47 weitere Lit. ↗ pi.):

qal: pf. קַלּוֹתָ, קַלֹּתִי, קַלּוּ; impf. וַתֵּקַל, וָאֵקַל, יֵקַלּוּ: — 1. **klein, gering sein** Hi 40_{4}, gering, verächtlich sein 1S 2_{30} (:: כִּבֵּד), klein, niedrig werden (Wasser) Gn $8_{8.11}$ (Sam. *qålu* s.o.), — 2. c. בְּעֵינֵי gering sein in den Augen (von) = für nichts gelten vor Gn 16_{4f} Sir 8_{16}; — 3. c. מִן **schneller sein als** 2S 1_{23} Jr 4_{13} Hab 1_{8} Hi 7_{6} 9_{25}, cf. Dahood UHPh Nr. 2228; — cj. Nah 1_{14} pr. כִּי קַלּוֹתָ prop. (קִי)קָלוֹן od. קִיקָלוֹת ↗ קִיקָלוֹן :: Lex.[1] ↗ pu. †

nif: pf. נָקַל, נָקֵל (Pr. 14_{6}, Bgstr. 2 § 27h), נְקַלֹּתִי; impf. יִקַּלּוּ; pt. נָקֵל, fem. נְקַלָּה: — 1. **sich als schnell erweisen** (Verfolger) Js 30_{16}; — 2. **sich gering wissen, sich erniedrigen** 2S 6_{22}; c. בְּעֵינֵי ein (zu) Geringes sein für 1S 18_{23} (pt. f. נְקַלָּה, s. BL 431v, Stoebe KAT VIII/1, 346), 2K 3_{18} (pt. m. נָקֵל); — 3. c. inf. ein Geringes, das Geringste sein, dass . . . 1K 16_{31} (pr. הֲנָקֵל prop. הַנָּקֵל, cf. Vrss, BHS), Js 49_{6}; — 4. c. לְ c. inf. leicht sein, zu 2K 20_{10}; — 5. c. מִן c. inf. zu wenig sein, zu Ez 8_{17}; — 6. נָקֵל es ist ein Leichtes Pr 14_{6}; עַל־נְקַלָּה leichthin Jr 6_{14} 8_{11}, cf. THAT II 643. †

pi. (Jenni 41. 84. 97. 100): pf. קִלֵּל, קִלַּלְתָּ, sf. קִלְלַנִי, cj. Jr 15_{10} pr. כֻּלֹּה מְקַלְלַוְנִי prop. כֻּלְּהֶם קִלְלוּנִי (Rudolph Jer.[3] 104, cf. BHS); impf. (וַ)יְקַלֵּל, וִיקַלֵּל, תְּקַלֵּל, (וַ)יְקַלְלוּ; sf. יְקַלֶּלְךָ, וַיְקַלְלֵם, וָאֲקַלְלֵם; imp. קַלֵּל; inf. cs. קַלֵּל, קַלְלֶךָ, קַלְלוֹ; pt. מְקַלֵּל, מְקַלְלִים, sf. מְקַלְלַוְנִי (Jr. 15_{10}) ↗ pf., מְקַלֶּלְךָ (Gn 12_{3}), מְקַלֲלֶךָ: (Lit. ausser Jenni l. c., J. Scharbert Biblica 39, 1958, 8-14; Derselbe Heilsmittel im AT und im Alten Orient, 1964, 77f; J. Brichto The Problem of „Curse" in the Hebrew Bible, Philadelphia 1963, 118-199; W. Schottroff Der altisraelit. Fluchspruch (WMANT 30, 1969) 29f; R. Rendtorff Ges. Stud. (ThB 57, 1975) 190f. cf. dazu D. L. Petersen VT 26, 1976, 442; Ludw. Markert Struktur und Bezeichnung des Scheltwortes (BZAW 140, 1977, 315-317); THAT II 641-47: — 1. **als** (zu leicht, verächtlich) **verflucht** (אָרוּר) **bezeichnen** (Lex.[1]); das pi. hat danach (ausschliesslich) deklarativen Sinn, so auch Jenni 41 u. Rendtorff l. c. :: THAT II 643: קלל pi. (mit Passiv) hat offensichtlich sowohl deklarative als faktitive Funktion; denn bei קלל pi. (pu.) ist „deklarativ" identisch mit „faktitiv". Jmdn für geringfügig, verächtlich erklären bedeutet zugleich ihn dazu machen s. auch Schottroff l. c. 29: a) α) Menschen Gn 12_{3} (מְקַלֶּלְךָ sing ! s. v. Rad ATD 2-4[9] 122; Wolff Ges. Stud.[2] 1973, 358f), Ri 9_{27} 1S 17_{43} 2S 16_{9f} 19_{22} Jr 15_{10} (txt. emend. כֻּלְּהֶם קִלְלוּנִי, s. oben), Koh 7_{22} Neh 13_{25}; β) Vater u. Mutter Ex 21_{17} (cf. Albertz ZAW 90, 1978, 366f. 367[105]: verächtlich behandeln, wie מַקְלֶה Dt 27_{16} :: Lex.[1] als verflucht bezeichnen), Lv 20_{9} Pr 20_{20} 30_{11}; γ) מֶלֶךְ Koh 10_{20}, עָשִׁיר Koh 10_{20}, חֵרֵשׁ Lv 19_{14}, יוֹמוֹ Hi 3_{1}, אֱלֹהִים Ex 22_{27} Lv 24_{15} 1S 3_{13} (TiqqS. pr. לָהֶם); δ) עֶבֶד seinen Herrn Pr 30_{10} Koh 7_{21}; ε) Gott die אֲדָמָה Gn 8_{21} (zu קִלֵּל = verfluchen siehe u. a. Westermann BK I/1, 526. 611, TOB 57[p] :: geringschätzig behandeln, so u. a. Speiser Genesis 53, Steck Fschr. v. Rad 1971, 530[19]); ζ) בִּלְעָם Israel Dt 23_{5} Jos 24_{9} Neh 13_{2}; η) abs. Lv 24 11.14.23 2S 16 5.7.10f.13 (THAT II 643), Ps 62 5 109 28; — 2. c. בְּשֵׁם יהוה unter Anrufung des Namens Jahwes als verflucht bezeichnen 2K 2 24, c. בֵּאלֹהָיו 1S 17 43; קִלֵּל קְלָלָה c. acc. pers. 1K 2 8, = קִלֵּל בְּ (obj. מֶלֶךְ u. אֱלֹהִים) Js 8 21. †

pu: cj. pf. קֻלַּלְתָּ Nah 1 14 (sic Lex.[1] pr. קַלּוֹתָ, ✝ קִיקָלוֹן); impf. יְקֻלָּל, תְּקֻלָּל; pt. pl. sf. מְקֻלָּלָיו: **mit einem Fluchwort belegt werden, als verflucht bezeichnet, behandelt, hingestellt werden** Js 65 20 Ps 37 22 Hi 24 18 cj. Nah 1 14 :: H. Schulz Das Buch Nahum (BZAW 129, 1973) 16: MT denn du bedeutest nichts, ✝ auch schon zu קִיקָלוֹן. †

hif: pf. הֵקַל, הֵקַלּוּ, sf. הֱקִלֹּתַנִי 2S 19 44 Ⓛ, הֱקִ׳ Ⓑ, cf. BHS; impf. יָקֵל; imp. הָקֵל; inf. cs. הָקֵל: — 1. **erleichtern** (מִן von) Jon 1 5; **leichter machen** c. מֵעַל für Ex 18 22 1S 6 5 (obj. יָד), 1K 12 10/2C 10 10 (obj. עֹל); c. מִן rei etw. leichter machen = vermindern 1K 12 4.9/2C 10 4.9; — 2. c. acc. **als gering, verächtlich behandeln** 2S 19 44, Js 8 23 als sbj. ins. יהוה, s. Alt KlSchr. 2, 209. 211f; K. Seybold Das davidische Königtum im Zeugnis der Propheten (FRLANT 107, 1972) 80 :: Wildbg. BK X 363. 364: sbj. עֵת הָרִאשׁוֹן und d. vb. = „Erniedrigung bringen"; Js 23 9 Ez 22 7, s. Jenni 97; — cj. 2S 20 14 pr. קהל ✝ וַיִּקָּהֲלוּ l c. Q וַיִּקָּלְהוּ (K ? וַיִּקְלְהוּ) nif. †

pilp: pf. קִלְקַל: — 1. c. פָּנִים schärfen, eig. d. Vorderseite = Schneide scharf machen (vb. denom. v. ✝ קָלָל) Koh 10 10, cf. Hertzberg KAT XVII/4-5, 184, :: cj. Driver VT 4, 1954, 232: קִלְקַל; — 2. c. בַּחִצִּים (die Lospfeile) schütteln, eig. wohl in schnelle Bewegung versetzen (✝ qal 3 u. nif. 1) Ez 21 26. †

hitpalp: pf. הִתְקַלְקָלוּ: (Hügel) **geschüttelt werden** Jr 4 24. †

Der. קִיקָלוֹן, קַל, I קֹל, קָלָל, קְלָלָה, קְלֹקֵל.

קָלָל: קלל, BL 462 q: **glatt, blank** (Erz) Ez 1 7 Da 10 6. †

קְלָלָה: קלל BL 463u; Sam. *qålåla/å*; mhe., DSS (KQT 193); ug. *qlt*: a) KTU 1. 6 V 12; b) KTU 1. 4 III 15: mit CML[2] 157a ist wohl zu unterscheiden: a) = Erniedrigung (sbst. zum vb. *ql* (*qjl*) fallen); b) = Schande, Schmach (sbst. zum vb. *ql* (*qll*) :: UT nr. 2231, Aistl. 2410: a = b Schimpf, Schmach (√ קלל, bzw. II קלה); zu akk. *gullultu(m)* feindseliges Handeln u. *gillatu(m)* Unrecht, Sünde (s. AHw. 297b, bzw. 288a); sy. *qulqālā* Schmach, Schande; sam. (BCh. LOT 2, 581); cp. *qll*ʾ; md. *q(u)lala* (MdD 406b) Leichtsinn, Schande; tigr. *qĕl, qĕllat* (Wb. 232b) Leichtigkeit, Leichtsinn; *qalālat* (Wb. l. c.) Leichtfertigkeit; ar. *qillat* Wenigheit, Geringheit, Mangel: cs. קִלְלַת (Dt 21 23 u. Ri 9 57 Ⓑ), קְלָלַת (Ri 9 57 Ⓛ), sf. קִלְלָתְךָ/תוֹ; pl. קְלָלוֹת (THAT II 645; W. Dietrich Prophetie und Geschichte, FRLANT 108, 1972, 75f; s. ferner Lit. zu קלל): — 1. **Fluch**(-formel), mit der jmd od. etw. als verflucht (אָרוּר) bezeichnet wird: a) בָּאָה קְ׳ עַל (אֶל) Gn 27 12 Dt 11 26, הֵבִיא קְ׳ עַל Dt 30 1 Ri 9 57, pl. Dt 28 15.45; b) נָתַן לִקְ׳ zur Fluchformel machen Jr 24 9 25 18 26 6; הָיָה לִקְ׳ einem Fluche verfallen Jr 44 22 49 13; als Fluch(-formel) dienen הָיָה קְלָלָה 2K 22 19 Jr 42 18 44 8.12 Sir 41 9 = Zch 8 13; c) לָקַח קְ׳ מִן eine Fluchformel entnehmen von Jr 29 22; קִלֵּל קְ׳ נִמְרֶצֶת mit einem schlimmen Fluch verfluchen 1K 2 8; — 2. a) עָלַי קִלְלָתְךָ deine Verfluchung treffe mich! Gn 27 13; קִלְלַת יוֹתָם die von Jotam ausgesprochene Fluchformel Ri 9 57, cf. קִלְלַת אֱלֹהִים (abstr. pr. concr.) ein von Gott Verfluchter Dt 21 23; קִלְלַת חִנָּם grundloser Fluch Pr 26 2; b) קְ׳ :: בְּרָכָה Dt 11 26.28f 23 6 27 13 30 1.19 Jos 8 34 Zch 8 13 Ps 109 17 Neh 13 2 Sir 3 9; :: טוֹבָה 2S 16 12; קְ׳ כְּתוּבָה Dt 29 26, cf.

Jos 8$_{34}$; c) Wendungen zu b: c. אָהֵב Ps 109$_{17}$, c. בּוֹא Dt 30$_1$, c. הָיָה Zch 8$_{13}$, c. הָפַךְ Dt 23$_6$ Neh 13$_2$; נָתַן לִפְנֵי Dt 11$_{26.28f}$ 30$_{19}$, c. עָמַד עַל Dt 27$_{13}$, c. קָרָא Jos 8$_{34}$, c. שׁוּב hif. 2S 16$_{12}$; d) Weitere Wendungen: c. חשב nif. Pr 27$_{14}$, c. לָבֵשׁ Ps 109$_{18}$. †

קלס: mhe.: a) DSS (KQT 193) spotten über (c. בְּ) u. b) pi. loben, preisen (Dalm. Wb. 379b mit Hinweis auf gr. καλῶς); dasselbe pa. auch ja. sy. cp. itpa, gepriesen werden (Schulthess Lex. 180b: deriv. von καλῶς); ob a) und b) zur gleichen √ gehören, ist fraglich; als gemeinsame Grdb. wurde „mit dem Fusse stampfen" vermutet s. GB, Lex.[1], Zorell; doch ist b) vielleicht eben gr. Lw., :: a) u. b) Ch. Rabin (Or. 32, 1963, 122): Lw. v. heth. *kalleš-* „rufen, einladen" (Friedr. Heth Wb. 95); zu a) s. Dahood Biblica 52, 1971, 348: קלס verw. mit ug. *qlṣ* spotten, höhnen (Aistl. 2414, cf. Dijkstra-de Moor UF 7, 1975, 193f) :: UT nr. 2234 Einhalt, Verbot:

pi. (Jenni 250): inf. קַלֵּס: c. acc. **verschmähen** Ez 16$_{31}$; c. בְּ **verhöhnen** Sir 11$_4$. †

hitp: impf. יִתְקַלָּס, (וַ)יִּתְקַלְּסוּ(־): c. בְּ **sich lustig machen über** 2K 2$_{23}$ Ez 22$_5$ Hab 1$_{10}$. †

Der. קֶלֶס, קַלָּסָה.

קֶלֶס: קלס, BL 458s; mhe. DSS (KQT 193): **Spott** Jr 20$_8$ Ps 44$_{14}$ 79$_4$. †

קַלָּסָה: קלס, BL 477z; zu קֶלֶס :: קַלָּסָה s. Michel Grundl. heSy. 1, 67: **Gespött** Ez 22$_4$. †

I קלע: wohl denom v. קֶלַע; mhe. pi. schleudern; ja. af. schleudern; sam. (BCh. LOT 2, 545); ph. *qlʿ* (pt. act. qal) Schleuderer od. Hersteller von Schleudern (DISO 259, Harris Gr. 143); in ph. Inschr. aus Zypern: *hqlʿ* (nomen actionis, typus *qattāl*) entweder „Schleuderer" od. zu II קלע „Schnitzer", s. Caquot-Masson Syr. 45, 1968, 295-300; sy. *qallaʿ* pa. mit der Schleuder werfen; äth., ar. sbst. ↗ קֶלַע:

qal: pt. קֹלֵעַ, קוֹלֵעַ: c. בְּ (Steine) **schleudern** Ri 20$_{16}$; c. acc. (Menschen) fortschleudern Jr 10$_{18}$ :: Kopf VT 8, 1958, 199f: = ar. *qalaʿa* herausreissen, entwurzeln, so auch Barr CpPh 108. †

pi. (Jenni 193. 200): impf. וַיְקַלַּע, יְקַלְּעֶנָּה: **schleudern** (אֶבֶן) 1S 17$_{49}$; metaph. (נֶפֶשׁ) mit der Schleuderpfanne 1S 25$_{29}$ (s. Stoebe KAT VIII/1, 445. 450). †

↗ I קֶלַע, *קַלָּע.

II קלע: mhe. qal, pi., ja. pe. flechten; sy. sbst. *qeʿīltā* = he. *מִקְלַעַת Schnitzwerk (LS 681a):

qal: pf. קָלַע: **schnitzen** 1K 6$_{29.32.35}$. †

Der. *מִקְלַעַת, II *קֶלַע.

I קֶלַע: Primärnomen, BL 456l; mhe. DSS (KQT 193); ja. קִלְעָא; sy. *qelʿā*; äth. *maqlĕʿ* (Dillm. 414b); ar. *miqlāʿ* Schleuder; ug. *qlʿ*, Bedtg. umstritten, entweder: a) Schleuder, b) Schild und dann zu II *קֶלַע: a) s. UT 2233, Aistl. 2413, RSP I S. 334 Nr. 507; b) *qlʿ* = (ug.) akk. *kabābu* Schild, s. Landsberger AfO 18, 1957/58, 379[8], Rainey UF 3, 1971, 172; RSP II S. 99 Nr. 25, > äg. Lw. *qrʿw* (EG V 59) Schild; kopt. *čal*: קֶלַע, sf. קַלְעוֹ (dag. dir. Bgstr. 1 § 10v), pl. קְלָעִים (cf. Michel Grundl. heSy. 1, 40): **Schleuder** = „Riemen mit einer breiten Lasche in der Mitte zum Einlegen des Schleudersteines" (Stoebe KAT VIII/1, 332): 1S 17$_{40.50}$ Sir 47$_4$; כַּף הַקֶ׳ Schleuderpfanne 1S 25$_{29}$; אַבְנֵי קֶלַע Schleudersteine unbearbeitete, harte Kalksteine u. Bachkiesel, s. Schuhmacher-Steuernagel, Tell el-Mutesellim I, 1908, 13 Zch 9$_{15}$ (Lex.[1] cj. קַלְעוֹ :: u. a. Elliger ATD 25[6], 151; Otzen Studien über Deuterosacharia, Acta Theologica Danica VI 1964, 243f; TOB: MT); Otzen l. c.: Meteorsteine, :: u. a. M. Saebø, Sacharia 9-14 (WMANT

34, 1969) 197: Schleudersteine; Hi 41₂₀; אַבְנֵי קְלָעִים 2C 26₁₄ (AuS 6, 223 u. Abb. 37, 330; BRL² 282; de Vaux Inst. 2, 53f = Lebensordnungen 2, 52; BHH 2125f). †

II *קֶלַע: II קלע, BL 458u; Sam. *qēlim* < **qᵉlīʿīm*; mhe. Segel, Netz, Vorhang; ja. קִלְעָא Segel; ar. *qilʿ* Segel; ug. *qlʿ* ? Schild ↗ I קֶלַע: pl. קְלָעִים, cs. קַלְעֵי: **Vorhang** (Vorhänge am Vorhof des מִשְׁכָּן): a) Ex 27₉.₁₁f.₁₄f 35₁₇ 38₉.₁₂.₁₄-₁₆.₁₈ 39₄₀ Nu 3₂₆ 4₂₆; cj. 1K 6₃₄ₐ pr. קְלָעִים 1 צְלָעִים ↗ צֵלָע; b) Wendungen: c. בוא hif. Ex 39₄₀ (cf. vs. ₃₃), c. נָשָׂא Nu 4₂₆, c. עָשָׂה Ex 35₁₇ (cf. vs. ₁₀). †

*קַלָּע: I קלע, BL 478h; ja. sam. (BCh. LOT 2, 545: קלעה det.), sy. *qallāʿā*; ? ph. *hqlʿ* ↗ I קלע: pl. קַלָּעִים: **Schleuderer** 2K 3₂₅. †

קְלֹקֵל: קלל, BL 482k; Sam. *qâlqâl*, sam. קלקל (BCh. LOT 2, 588) u. קאקל (BCh. LOT 2, 581); hapleg. Nu 21₅ in d. Vbdg. לֶחֶם הַקְּלֹקֵל: genauer Sinn umstritten; Möglichkeiten: a) nach d. Zushg. u. den Vrss. Hungerbrot, elende Speise; cf. akk. *bubūtu(m)* (AHw. 135b) Hunger, dürftigste Hungerstillung; zu קְלֹקֵל cf. ? mhe. ja. קִלְקוּל, ־לָא Verderbnis, Verdorbenes; b) קל׳ u. ug. *qlql* (UT nr. 2235, Aistl. 2415, RSP I S. 443 Nr 108) zu akk. *qulqulliānu, qulqullânu* (AHw. 927a) eine Cassia-Art ?; s. dazu schon Aistl. l. c., ferner Dietrich-Loretz-Sanmartín UF 6, 1974, 45; A. Herdner CTA 246⁴: Hinweis auf ar. *qilqil* Cassia, cf. auch Lex.¹. †

*קלשׁ: ↗ קִלְּשׁוֹן.

קִלְּשׁוֹן: hapleg. 1S 13₂₁: unsicheres Wort: Versuche: a) mit MT: *קלשׁ: קִלְּשׁוֹן, ja. קְלִישׁ dünn, schwach; pa. af. dünn, schwach machen; sbst. קִלְּשׁוֹנָא zugespitztes Eisen Koh 12₁₁ = he. דָּרְבָן: שְׁלֹשׁ קִלְּשׁוֹן (V *tridens*) Dreizack, so bes. Lex.¹, cf. GB, Zorell; b) cj.: cf. G τρεῖς σίκλοι εἰς τὸν ὀδόντα (שֵׁן = שׁוֹן) :: prop. שְׁלֹשׁ שֶׁקֶל לְשֵׁן הַקַּרְדֻּמִּים: ein Drittel Sekel kostete das Schärfen der Äxte, so u. a. mit Bewer JBL 61, 1942, 45f, Hertzberg ATD 10² 80⁷ u. Stoebe KAT VIII/1, 255, cf. TOB 531⁰. †

קָמָה: קום pt. fem. als neutr. = „das (auf dem Feld) Stehende", cf. Michel Grundl. heSy. 1, 71; ja. קָמְתָא stehendes Getreide; = md. *qamta* (MdD 401b); ug ? *qmm* KTU 1. 19 I 9, doch s. CTA S. 87³) Halme, so Dijkstra-de Moor UF 7, 1975, 197. 198 :: CML² 113. 157a: nicht erkl.): cs. קָמַת, pl. קָמוֹת Ri 15₅ₐ: **das auf dem Halm stehende Getreide**: — 1. Ex 22₅ Dt 16₉ 23₂₆ Ri 15₅ₐ.ᵦ (vs.ᵦ sing. u. danach pr. קָמוֹת vs.ₐ prop. קָמָה :: u. a. Dhorme 1, 779: MT: die erhobenen Ähren, das reife Getreide (Rüthy 50ff), cf. TOB; pl. auch G V; S T sg.), Js 17₅ Hos 8₇; — cj. 2K 19₂₆/Js 37₂₇ pr. קָמָה c. 1Q Jsᵃ prop. קָדִים ↗ קָדִים 3 b; — 2. Wendungen: c. אכל nif. Ex 22₅, c. אסף Js 17₅, c. בּוֹא בְּ Dt 23₂₆, c. בער hif. Ri 15₅, c. חלל בְּ hif. (חֶרְמֵשׁ) Dt 16₉, c. נוף עַל hif. (חֶרְמֵשׁ) Dt 23₂₆, c. שׁלח בְּ pi. Ri 15₅. †

קְמוּאֵל: n. m., Sam. *qāmuwwəl*; G Καμουηλ, Josph. Καμούηλος (NFJ 70); mhe. Name eines Engels (Dalm. Wb. 381a); unerkl. s. Noth N. 256b; Vorschläge: a) Bauer ZAW 48, 1930, 74: Gott hat sich erhoben eig. קומאל (קוּם > קָם); ? b) Ran Zadok WdO 9, 1977, 54: Qam ist Gott (Qam ein theoph. Element): — 1. Sohn d. Nahor, Vater Arams Gn 22₂₁; — 2. Fürst (נָשִׂיא) in Ephraim Nu 34₂₄; — 3. Vater eines Anführers (נָגִיד) in Levi 1C 27₁₇. †

קָמוֹן: n. l., Gᴬ Ραμμω, Gᴮ Ραμνων, Gᴸ Καλκων, MSS Καμων, Josph. Καμών (NFJ 71), cf. ug. *Qmy* (RSP II S. 326 Nr. 94); in Gilead Ri 10₅; Lage umstritten, Möglichkeiten: a) = *Qamūn* ca. 11 km. wnw. von *Irbid* (Abel 2, 412f; Gray Joshua, Judges and Ruth, 1967, 328); b)

= *Ḫanzīre*, ca. 1,75 km. wnö. d. Kreuzung von *Kufr rākib* (Mittmann Beiträge 227-285[1]), cf. GTT S. 124[88], § 588.†

קִמּוֹשׁ (Var. קִמּוֹשׁ Hos 9₆), cf. BL 481a; mhe. קִמּוֹס eine Pflanze (Dalm. (Wb. 381a); cf. ar. *qumāš* auf dem Boden herumliegender Krempel (GB, mit Lit.) od. *qams* Abfall (Lex.[1]): pl. קִמְּשֹׂנִים (BL 231d, 517v): **Unkraut** (Nesseln ?) Js 34₁₃ Hos 9₆, pl. allerhand Unkraut Pr 24₃₁; s. Löw 3, 481; Rüthy 17f; AuS 1/2, 372; 2, 318; zu Vrss. s. Rudolph KAT XIII/1,173.†

קֶמַח: Primärnomen, BL 456 l; sem. s. Salonen Agricultura 30; Sam. *qāma*; mhe., ja; ihe. קמח (T.-Arad 1, 5.7; 5, 3.5f; 12, 2) Mehl, s. Pardee UF 10, 1978, 294f, cf. Lemaire IH 1, 158, Görg BN 6, 1978, 7-11; bzw. (zu mahlendes) Getreide, Weizen, s. Sasson VT 30, 1980, 51f; Ram. *qmḥ* (DISO 259); sam. (BCh. LOT 2, 582); ug. *qmḥ* (Weizen-)Mehl (UT nr. 2237); Mehl, Schrot (Aistl. 2419); *šmn . . . qmḥ* Oel . . . Mehl (RSP I S. 359 Nr. 562), in d. Liste KTU 1. 4. 608, 1 steht *qmḥ* zusammen mit *ksmm, šʿrm, ḥṭm* und bezeichnet dann vielleicht eine (noch nicht verarbeitete) Brotfrucht, cf. Cathcart VT 19, 1969, 122f; ₣ unten; akk. *qēmu(m)* (AHw. 913); sy. *qamḥā*; cp. *qmḥʾ* Mehl; äth. *qamḥ* (Dillm. 418) alles, was die Erde an Essbarem hervorbringt (Früchte, Getreide, Gemüse) :: GB: Hülsenfrüchte, aus welchen Mehl gemacht wird; ar. *qamḥ* Getreide, Weizen; > äg. *qmḥw* (EG V 40): קֶמַח: — 1. (gewöhnliches) **Mehl**: a) in der Regel Weizenmehl, s. AuS 3, 292; Stoebe KAT VIII/1, 487: Gn 18₆ Ri 6₁₉ 1S 1₂₄ 28₂₄ 2S 17₂₈, 1K 5₂ (:: סֹלֶת) oder zu 2; 1K 17₁₂.₁₄.₁₆ 2K 4₄₁ 1C 12₄₁; b) Gerstenmehl קֶמַח שְׂעֹרִים Nu 5₁₅; — 2. קֶמַח **die zu mahlende Brotfrucht**, noch nicht das fertige Mehl, s. Rudolph KAT XIII/1, 158, cf. Cathcart l. c., Js 47₂ Hos 8₇, so vielleicht auch 1K 5₂, s. Gray Kings[3] 141: ק׳ = Weizen; — 3. Wendungen: c. בוא hif. 2S 17₂₈ (txt. emend.), 1C 12₄₁, c. הָיָה 1K 5₂, c. טָחַן Js. 47₂, c. יֵשׁ־ 1K 17₁₂, c. (לֹא) כָלָה 1K 17₁₄.₁₆, c. לוש Gn 18₆ 1S 28₂₄, c. לָקַח 1S 28₂₄ 2K 4₄₁ Js 47₂, c. עלה hif. 1S 1₂₄, c. עָשָׂה Ri 6₁₉ Hos 8₇. †

קמט: mhe. zusammenlegen, fesseln; ja. zusammenziehen, packen, drücken, fesseln; ? ug. PN *qmṭn* (UT nr. 2238, Aistl. 2420), doch ganz unsicher, da d. Text lückenhaft ist, cf. CTA Nr. 137 B 3, KTU 4. 44, 20; akk. *qamādu(m)* (AHw. 896b): 1) (aass., abab.) voll machen ?; 2) (EA) packen (Waffen), s. VAB 2 Nr 109, 49; sy. *qᵉmaṭ* zusammenbinden, fassen, bedrücken; md. *gmṭ* (MdD 94) ergreifen, festhalten, bedrücken; äth. *qamaṭa* (Dillm. 419) in I ausser Gebrauch; *taqamaṭa* III 1 (in spezieller Bedtg.) sich niederlassen, sich setzen; ar. *qamaṭa* in Windeln wickeln (ein Kind), fesseln, verbinden (Wunde) (Wehr 705a):

qal: impf. sf. וַתִּקְמְטֵנִי packen Hi 16₈ (Greenfield Fschr. Albright, 1971, 260); txt. inc., Vorschläge: 1) cj.: a) pr. וַתִּק׳ l וַיִּק׳ (Fohrer KAT XVI 280; b) vs. 8a ist mit 7b zu verbinden (ohne וְ) כָּל־עֲדָתִי הֲשִׁמּוֹתָ תִּקְמְטֵנִי (u. a. BHK[3]); c) vs. 7b/8a כָּל־רָעָתִי תִּקְמְטֵנִי (u. a. Hölscher HAT 17[2] 1962, 40, ZüBi); d) vs. 7b/8a הֲשִׁמֹּנִי כָל בְּעוּתָיו קִמְּטֵנִי (Horst BK XVI/1, 239. 241); 2) MT: a) u. a. Weiser ATD 13[2] 1956, 119: Du hast den Kreis der Freunde mir verstört und mich gepackt; ähnl. Peters Das Buch Job, 1928, 168. 172; b) TOB 1474: du hast mir Falten gegraben (cf. (V *rugae meae*), s. dazu Peters l. c. 172; c) Dahood Or. 48, 1974, 104: וַתִּקְמְטֵנִי 3. sg. m. er zog mich heraus/weg. †

pu: pf. (urspr. pass. qal ?) קֻמְּטוּ: **gepackt werden** Hi 22₁₆. †

קמל: etym. inc.: a) sy. *qemal* schimmlig werden; ar. *qamila* schwarzfleckig werden (Pflanzen, nach dem Regen); b) aam. *qml* (DISO 259); äth. *quĕmāl* (Dillm. 417); tigr. *qamlat* (Wb. 237a); ar. *qaml* Laus:

qal: pf. קָמֵל, קָמְלוּ: Js 19$_6$ (v. Schilf), 33$_9$ (v. Libanon): Bedtg.: — 1. nach a) trad. hinwelken (GB, König Wb., Zorell), bzw. schwarz werden, s. Wildbg. BK X 699. 701. 1295; — 2. nach b) von Läusen befallen werden (Lex. [1]); doch ist 1. entschieden zu bevorzugen. †

קמץ: mhe. qal, hif. mit den gegen den Handteller gedrückten Mittelfingern abnehmen, pi. abnehmen, zusammenscharren; ja. pe. dass.; sam. (LOT 2, 586); cf. ug. *qmṣ*: a) KTU 1. 14 I 35; b) KTU 1. 4 VI 43; c) KTU 1. 22 I 14; ein Zshg. mit dem he. vb. ist am ehesten bei a) möglich: sich einrollen, wälzen, s. CML[1] 144b, Dietrich-Loretz Fschr. Elliger 33. 35, cf. TOML 213[j]; bei b) und c) (*imr qmṣ*) liegt ein Zshg. mit ar. *qamaṣa* galoppieren, springen näher, so Aistl. 2422, CML[2] 157a, cf. UT nr. 2241; ar. *qamaza/kamaza* mit der Hand zusammenhalten (*F* כּוּמָז):

qal: pf. קָמַץ: **eine Handvoll** (מְלֹא קֻמְצוֹ) **nehmen**, c. מִן Lv 2$_2$ 5$_{12}$, ellipt. Nu 5$_{26}$. † Der. *קֹמֶץ.

***קֹמֶץ**: קמץ, BL 461 l; Sam. *qåmåṣ*; ja. קֻמְצָא; sam. (BCh. LOT 2, 586); cp. **qwmṣ*: sf. קֻמְצוֹ, pl. קְמָצִים: **Handvoll** Lv 2$_2$ 5$_{12}$, 6$_8$ (c. הֵרִים), pl. לִקְמָצִים handvollweise, in Haufen Gn 41$_{47}$, s. Koehler ZAW 52, 1934, 160. †

קֵן: Primärnomen, BL 454b; Sam. *qen*, sf. *qinnu*; mhe., DSS (KQT 193); ja. קִנָּא; sam. קן, pl. קנ(נ)ים (BCh. LOT 2, 581), sg. קנון auch Übersetzung für סל (BCh. LOT 2, 537); akk. *qinnu(m)* (AHw. 922): 1) Nest, 2) Familie; sy. *qennāʾ*; cp. *qnʾ*; md. *qina* (MdD 411a) Nest, cf. ? ar. *kann/kinn* Ort, wo man geborgen ist (Kopf VT 8, 1958, 200): cs. קַן־ (BL 565), sf. קִנִּי, קִנֶּךָ, קִנּוֹ/נָּהּ, pl. קִנִּים: — 1. a) **Nest**, **Vogelnest** Nu 24$_{21}$ Dt 22$_6$ Js 10$_{14}$ Jr 49$_{16}$ Ob$_4$ Hab 2$_9$ Ps 84$_4$ Hi 39$_{27}$ Pr 27$_8$ Sir 14$_{26}$; b) die jungen Vögel selber, die Brut Dt 32$_{11}$ Js 16$_2$; c) metaph. Hi 29$_{18}$ (עִם־קִנִּי) Familie, cf. akk. *qinnu* 2, :: u. a. Hölscher HAT 17^2 75 u. Fohrer KAT XVI 410: Nest (mit dem Hiob wie der Phönix verbrennt), anders Driver VTSu 3, 1955, 85: *קן „Stärke" (nach äg. *qn* „stark", *qn.t* „Stärke", cf. Barr CpPh 334; — 2. pl. **Fächer**, **Zellen** (der Arche) Gn 6$_{14}$ (Speiser Gen. 52), :: Ulldff VT 4, 1954, 96: pr. קִנִּים prop. קָנִים Schilfrohr; ähnl. Driver VT 4, 1954, 243: Rohrgeflecht (das die Arche bedeckt); — 3. Wendungen: a) zu 1: c. גבה hif. Jr 49$_{16}$, c. נָגַע Hi 29$_{18}$, c. נָדַד מִן Pr 27$_8$, c. עִיר עַל Dt 32$_{11}$, c. II קרא nif. Dt 22$_6$, c. רום hif. Hi 39$_{27}$, c. שׂוּם/שִׂים Nu 24$_{21}$ Ob$_4$ Hab 2$_9$, c. שׁלח pu. Js 16$_2$; b) zu 2: c. עָשָׂה Gn 6$_{14}$. †

קנא; mhe. pi. eifersüchtig machen, Eifersucht zeigen; DSS (KQT 193: 1QS 9, 23; 10, 18): eifern; ja. pa. eifersüchtig sein, eifern; af. Eifersucht erregen; sam. (BCh. LOT 2, 583); ? ug. KTU 1. 23, 21: *iqnu šmt* = קנא eifrig, eifersüchtig sein, s. UT nr. 2246, RSP I S. 32 Nr. 24 u. S. 326 Nr. 491, cf. Dahood Biblica 52, 1971, 348 :: Aistl. 2425: *iqnu* Fehler f. *iqru* ?; nass. (aram. Lw.) *qinʾu* (oder *qiʾʾu* ?) Neid, s. von Soden Or. 46, 1977, 193; cf. *qiʾu* (AHw. 924b. 1584b); cp. *qnj* pa. sich bemühen um, nacheifern; äth. *qanʾa* (Dillm. 445) eifersüchtig sein; auch tigr. (Wb. 252b); ar. *qanaʾa* rot bzw. schwarz werden (s. Brongers VT 13, 1963, 269f); soq. *qnʾ* eifersüchtig sein (Leslau 47).

pi. (Jenni 70. 265. 270f): pf. קִנֵּא, קִנֵּאתִי, sf. קִנְאוּנִי; impf. (וַ)יְקַנֵּא, (וַ)תְּקַנֵּא, וַיְקַנְאוּ, sf. וַיְקַנְאֻהוּ; inf. קַנֹּא, sf. קַנְאוֹ u. קַנְּאתוֹ (BL 376, Bgstr. 2 § 29e); pt. מְקַנֵּא: vb, denom. v. קִנְאָה, s. BDB, Zorell, Jenni 265; Lit. ↗ קִנְאָה, zum vb. bes. s. K. H. Bernhardt Gott und Bild, 1956, 88-92; B. Renaud Je suis un Dieu jaloux, Paris 1963; Brongers VT 13, 1963, 269-84; Jepsen ZAW 79, 1967, 288[6]; THAT II 647-50: — 1. a) c. acc.: α) neidisch sein auf, **beneiden** Gn 26_{14} Ez 31_9 (metaph.); β) eifersüchtig sein auf, bzw. von Wut erfüllt sein gegen Nu $5_{14.30}$ Js 11_{13} Sir 9_1; b) c. בְּ: α) **neidisch sein** auf Gn 37_{11} Pr 24_1; β) sich erhitzen, sich ereifern über/gegen Gn 30_1 37_{11} Ps 37_1 73_3 Pr 3_{31} 23_{17} 24_{19}; — 2. c. acc. (יהוה) u. בְּ: Jahwe durch etwas **reizen**, quälen Dt 32_{21} 1K 14_{22} (s. Brongers l. c. 276); — 3. c. לְ: a) sich empören gegen Ps 106_{16} (s. Brongers l. c. 275f :: trad. eifersüchtig werden auf); b) eifern für: α) mit menschl. sbj. Nu 11_{29} $25_{11.13}$ 2S 21_2 1K $19_{10.14}$ (s. Seybold EvTh 33, 1973, 11); β) sbj. יהוה Ez 39_{25} Jl 2_{18} Zch 1_{14} 8_2; bei Jl u. Zch = sich einsetzen für, s. Brongers l. c. 275, cf. Wolff BK XIV/2, 72 :: Lex.[1]: Grimm empfinden für. †

hif: impf. sf. יַקְנִאֻהוּ u. יַקְנִיאוּהוּ, אַקְנִיאֵם; pt. מַקְנֶה (Var. מַקְנֵא BHK) Ez 8_3: — 1. a) c. sf. u. בְּ (Jahwe/Gott) durch etwas reizen, **kränken** Dt 32_{16} Ps 78_{58} (|| כעס hif.), ↗ pi. 2; b) obj. יהוה, sbj. das Volk (בָּנִים): entweder = a) oder eher (Lex.[1]) die Eifersucht erregen Dt 32_{21}; — 2. סֵמֶל הַקִּנְאָה הַמַּקְנֶה Ez 8_3: pt = הַמַּקְנֵא, cf. T u. S: das Bild des Eifers, das Zorn erregt, oder: das Entrüstung, Empörung hervorruft, s. Brongers l. c. 276f, cf. B. Renaud l. c. 154-6; Zimmerli Ez 187. 192. †

Der. zur √ קנא: קַנָּא, קִנְאָה, קַנּוֹא.

קַנָּא: קנא, BL 478h; Sam. *qånå*, pt. qal = sam. קני; mhe. ja. eifervoll, Eiferer; akk. *qannā'u* (< kan. *qannā'*, AHw. 897a, v. Soden Or. 46. 1978, 193) neidisch; äth. *qannā'ī* (Dillm. 446) Eiferer, Neider; tigr. *qĕnū'* (Wb 252b) Eiferer; Lit. ↗ קנא, ferner Zimmerli Gottes Offenbarung (ThB 19, 1963), 239f; J. Halbe Das Privilegrecht Jahwes Ex 34, 10-26 (FRLANT 114, 1975), 134-140; K. H. Bernhardt Gott und Bild, 1956, 92: eifersüchtig (Lex.[1]), doch s. Jepsen ZAW 79, 1967, 288: אל קנא der um sein Ziel eifernde Gott: c. אֵל Ex 20_5 34_{14} Dt 4_{24} 5_9 6_{15}; c. יהוה Ex 34_{14}. †

קִנְאָה: קנא, BL 459z; Sam. *qēnå̊*, c. sf. *qēnåtti/u*; mhe. Eifersucht, Neid (Dalm. Wb. 382b), DSS (KQT 193) Eifer; ja. קִנְאֲתָא Eifersucht, Eifer (THAT II 650); akk. (nass.) *qi'u, qin'u* (AHw. 924b u. 1584b); sam. (BCh. LOT 2, 583); sy. *qēnē'tā* Eifer, Wetteifer (LS 675a) = cp. *qn' (Schulthess Lex. 181a); äth. *qan'ĕ, qen'ĕ; qen'at, qan'at* (Dillm. 445) Eifersucht, Eifer, Neid, so auch tigr. (Wb. 252b): cs. קִנְאַת, sf. קִנְאָתִי, קִנְאָתְךָ/תֵךְ/ תוֹ/תָם, pl. קְנָאֹת: Lit. ↗ schon zu קנא, ferner, bes. zu 2 Eichrodt I[5] 133f. 138. 169. 178; Th. C. Vriezen Theologie des Alten Testaments in Grundzügen, 1957, 128; v. Rad Th I[4] 220f: — 1. קִנְאָה des Menschen: a) Eifer für 2K 10_{16} Ps 69_{10} 119_{139}, abs. Hi 5_2 Sir 30_{24}; b) Eifersucht Pr 6_{34} 14_{30} 27_4; Wetteifern Koh 4_4 9_6; c) Leidenschaft HL 8_6; d) Feindschaft, Wut, Grimm Nu $5_{14.30}$ (רוּחַ קִנְאָה), s. Brongers VT 13, 1963, 270f, Js 11_{13} Ez 35_{11} (אַף||קִנְ׳); — 2. קִנְאָה v. Gott/Jahwe: a) Aktivität in strafendem Sinn, קִנְ׳ = Wut, Grimm Nu 25_{11} Dt 29_{19} Ps 79_5 Ez 16_{38} (|| חֵמָה), Zef. 1_{18} 3_8; בְּקִנְאָתִי Nu 25_{11} Ez 5_{13} $36_{5.6}$ 38_{19}; סֵמֶל הַקִּ׳ Ez 8_5; zu סֵמֶל הַקִּנְאָה הַמַּקְנֶה Ez 8_3 ↗ קנא hif.; b) Aktivität gegen fremde (unterdrückende) Völker u. zugunsten des Bundesvolkes, cf. אֵל קַנָּא: der um sein Ziel eifernde Gott: α) Eifer 2K 19_{31}/Js 37_{32}, Js 9_6 26_{11} (קִנְאַת־עָם Eifer um das

Volk); metaph Js 59$_{17}$ (קִנְ׳ als מְעִיל), Zch 1$_{14}$ 8$_{2}$; β) Kampfeslust Js 42$_{13}$ 63$_{15}$, cf. Elliger BK XI/1, 250; — 3. Kultisch: מִנְחַת קְנָאֹת Nu 5$_{15.18.25}$, trad. Eifersucht-speiseopfer; nach obigem 1 d vielleicht besser: Speiseopfer wegen (der) Zornes-äusserungen, zum pl. cf. Michel Grundl. heSy. 1, 40ff; תּוֹרַת הַקְּנָאֹת Nu 5$_{29}$, wohl verkürzter Ausdruck: Weisung für die bei den קְנָאֹת nötigen/üblichen Opfer; — 4. Wendungen: a) zu 1: c. אָבַד Koh 9$_{6}$, c. אָכַל Ps 69$_{10}$, c. מות hif. Hi 5$_{2}$, c. סוּר Js 11$_{13}$, c. עָבַר Nu 5$_{14.30}$, c. עָשָׂה Ez 35$_{11}$, c. עָמַד לִפְנֵי Pr 27$_{4}$, c. צמת pi. Ps 119$_{139}$, c. קנא pi. Nu 25$_{11}$, c. קָשֶׁה HL 8$_{6}$, c. רָאָה בְּ 2K 10$_{16}$; b) zu 2: c. אכל nif. (בְּאֵשׁ קִנְאָתִי) Zef 1$_{18}$ 3$_{8}$, c. בָּעַר Ps 79$_{5}$, c. דִּבֶּב בְּקִנְ׳ Ez 5$_{13}$ 36$_{5}$ 38$_{19}$, c. נָתַן קִנְ׳ בְּ Ez 23$_{25}$, cf. 16$_{38}$ (txt. emend., BHS), c. סוּר מִן Ez 16$_{42}$, c. II עור hif. Js 42$_{13}$, c. I עטה Js 59$_{17}$, c. עָשָׂה 2K 19$_{31}$/Js 37$_{32}$ Js 9$_{6}$, c. עָשַׁן Dt 29$_{19}$, c. קנא pi. Zch 1$_{14}$ 8$_{2}$; c) zu 3: c. לָקַח (מִנְחַת הַקְּנָאֹת) Nu 5$_{25}$. †

קנה: mhe. erwerben, kaufen, hif. in Besitz geben, DSS (KQT 194: 1QS 11, 2): Besitz erwerben; ja. קנא pe. erwerben, kaufen, af. in Besitz geben; sam. ph. npun. קנה* schaffen (KAI III 22a; DISO 260); Hatra קנה schaffen, hervorbringen (KAI III 41b = Nr. 244, 3); äga. pe. erwerben, kaufen, af. (inc.) kaufen lassen, etpe. gekauft werden (AP 309a, DISO 260); ug. *qnj*: 1) erwerben, besitzen (KTU 1. 14 II 4, KTU 1. 19 IV 58, Ug VI S. 173 (=UF 7, 1975, 368); 2) planen, schmieden (KTU 1. 17 VI 41); 3) schaffen (im Epitheton der Aṯirat: *qnjt ilm* „Schöpferin/Gebärerin der Götter"); s. zu 1-3 UT nr. 2249, Aistl. 2426, CML[2] 157a, THAT II 650f; zu 3 cf. RSP I S. 326f Nr. 492. 493 u. ferner n. m. *qnmlk* (Gröndahl 39. 64. 176. 407b); akk. *qanû(m)* (AHw. 898b) behalten, erwerben; Ebla PN *iq-na** „n.d. erwarb" od. *ik-na* „n.d. pflegte" (H.P. Müller Lingua di Ebla 229); sy. *qenā*; cp. *qn'*; md. *qna* (MdD 413b); asa. *qnj* (Conti 232b) erwerben, besitzen, haben, erlangen; äth. *qanaja* (Dillm. 447f) erwerben, kaufen, unterwerfen; ar. *qanā* (*qnw/qnj*): 1) erwerben, sich aneignen, besitzen (Wehr 707b); 2) (seltener) schaffen, s. Fschr. Humbert 173; — Vorbemerkung: mit GB, König Wb., Zorell nur *ein* vb. קָנָה :: Fschr. Humbert 166. 174 u. danach Lex.[1]: I קנה (sem.) erwerben, kaufen, II קנה (ug. kan.) erschaffen; doch ist die Trennung nach wie vor fraglich, s. THAT II 651. 652, und dies nicht zuletzt deshalb, weil bereits das ug. vb. sowohl „erwerben, besitzen", als auch „schaffen" bedeutet. F. Stolz Strukturen und Figuren im Kult von Jerusalem (BZAW 118, 1970) 132 nimmt „hervorbringen" als allg. Sinn der √ *qnw/j* an, aus dem sich als Varianten die weiteren Bedtgen. ableiten: besitzen, in Besitz bringen, gebären, erschaffen; andere Versuche s. THAT II 652:

qal (81 ×): pf. קָנָה, קָנִתָה, קָנִתָ/תִי, קָנִינוּ, sf. קָנֵנִי, קָנֶךָ, קָנָהוּ; impf. יִקְנֶה, וַיִּקֶן, תִּקְנֶה, (וָ)אֶקְנֶה, יִ׳/תִּקְנוּ, sf. וַיִּקְנֵהוּ; imp. קְנֵה; inf. קְנוֹ, קָנֹה, cs. קְנֹה־ Pr 16$_{16}$ (BL 425, Bgstr. 2 § 30c), קְנוֹת, sf. קְנוֹתְךָ; pt. קֹ(וֹ)נֶה; auch sbst; sf. קֹנֵיהֶן, קֹנֵהוּ; (THAT II 650-59, Lit. 651f): — 1. **kaufen** (:: מָכַר), s. THAT II 653f, cf. GB: a) c. acc. בַּיִת Lv 25$_{30}$, אֲדָמָה Gn 47$_{22}$, שָׂדֶה Gn 49$_{30}$ Jr 32$_{9}$ Rt 4$_{5}$ Neh 5$_{16}$, עֵצִים וְאַבְנֵי מַחְצֵב 2K 12$_{13}$ 22$_{6}$, cf. 2C 34$_{11}$, אֵזוֹר Jr 13$_{2.4}$, בַּקְבֻּק Jr 19$_{1}$, כִּבְשָׂה 2S 12$_{3}$, עֶבֶד עִבְרִי Ex 21$_{2}$, עֶבֶד וְאָמָה Lv 25$_{44}$ cf. Koh 2$_{7}$, נֶפֶשׁ קִנְיַן כַּסְפּוֹ Lv 22$_{11}$; (Verkaufte) loskaufen Neh 5$_{8}$; in abgeblasster Bedtg. (als Frau) erwerben (s. THAT II 653) Rt 4$_{5b}$ pr. K קָנִיתִי l c. MSS u. Q קָנִיתָ, siehe u. a. Rudolph KAT XVII/1-3, 59 u. Gerleman BK XVIII

35 :: Beattie VT 21, 1971, 490ff u. VT 24, 1974, 263f: l קָנִיתִי, al. prop. imp. קְנֵה (s. BHS); vs. 5a pr. מֵאֵת l c. V גַּם אֶת־ (BHS); vs. 10 1. pers. קָנִיתִי; b) c. praep. c. בְּ des Preises Gn 47 19 (בַּלֶּחֶם), 2S 24 24 (בִּמְחִיר); Js 43 24 Jr 32 25.44 Am 8 6 1C 21 24 (בַּכֶּסֶף); c. לְ pers. Gn 47 20.23 Jr 13 1 32 7.8 Rt 4 8; c. מִיַּד Gn 33 19 39 1 Lv 25 14 Rt 4 5.9; c. מֵאֵת Gn 25 10 49 30 50 13 Lv 25 15 27 24 Jos 24 32 2S 24 24 1K 16 24; c. מֵעִם 2S 24 21; abs. c. נֶגֶד Rt 4 4; c) pt. קֹנֶה Käufer (:: מוֹכֵר) Lv 25 28.50 Dt 28 68 Js 24 2 Ez 7 12 Pr 20 14 Sir 37 11; auch Besitzer (= der gekauft hat, s. Brockelm. HeSy. § 44c) Js 1 3 Zch 11 5; d) imp. קְנֵה als tt. ,,Kaufaufforderung" (Boecker 168) Rt 4 8 Jr 32 8, metaph. Pr 4 5.7; — 2. **erwerben** THAT II 654f): a) sbj. Gott (obj. das Volk, bzw. sein Rest, die Gemeinde) Ex 15 16 (nach RSP III S. 259f Nr. ww zu 3), Js 11 11 Ps 74 2; (obj. d. heilige Berg) Ps 78 54; b) in den Ermahnungen, bzw. Aussagen der Weisheit sind zu erwerbende Güter: אוהב Sir 6 6, אֱמֶת Pr 23 23, דַּעַת 18 15, לֵב 17 16, חָכְמָה || בִּינָה 4 5.7 16 16, חָכְמָה 15 32 19 8, תַּחְבֻּלוֹת Lenkung 1 5; — 3. **schaffen** (THAT II 655ff); sbj. Gott: a) Dt 32 6 (עַם נָבָל), :: al.: erwerben (s. THAT II 656); Ps 139 13 (כִּלְיֹתָי); Pr 8 22 (יהוה קָנָנִי, sc. die Weisheit), :: de Savignac VT 4, 1954, 430: erzeugen, hervorbringen; b) אֵל עֶלְיוֹן קֹנֵה שָׁמַיִם וָאָרֶץ ,,El der Höchste, der Schöpfer von Himmel und Erde" Gn 14 19.22, s. dazu THAT II 657f (mit Lit.), ferner Schatz 214ff u. Westermann BK I/2, 243; cf. ihe. [*ʾl qn*] *ʾrṣ* (Tintenschrift auf d. Scherbe eines Vorratskruges, 7. Jh. v. Chr. IEJ 22, 1972, 193ff), s. H. P. Müller ZDPV 94, 1978, 63[43]; ph. u. npun. *ʾl qn ʾrṣ* (KAI Nr. 26 A III 18 u. Nr. 129, 1); palm. n. d. *ʾlqwnrʿ* (DISO 260); heth. n. d. *Elkunirša*, s. RAAM 113-115; WbMy I 162f; — 4. inc. Gn 4 1b קָנִיתִי אִישׁ אֶת־יהוה, G Ἐκτησάμην ἄνθρωπον διὰ τοῦ θεοῦ (Σ σὺν θεῷ), V *possedi hominem per Dominum*, S *qenejt gabrā lemarjā* (*le* = durch, wegen, s. Nöldeke SGr. § 247), T *qenejti gabrā min qedām jhwh*; die Vorschläge bzw. Versuche zur Deutung nennt Westermann BK I/1, 394-97; daraus zieht er die folgenden zwei in Betracht: a) Ich habe einen Mann gewonnen mit Jahwe (l. c. 383) (:: W. Beltz ZAW 86, 1974, 83-86; F. G. Golka Fschr. Westermann 61ff); b) Ich habe einen Mann geschaffen (oder hervorgebracht) zusammen mit Jahwe (Westermann l. c. 397), ähnl. A. Schmitt ZAW 86, 1974, 155. Für a) sprechen die Vrss. und die Bedtg. v. קנה ,,erwerben" (oben 2); cf. auch den ass. PN *Itti-Aššur-ašāmšu* ,,Ich habe ihn von (Gott) Assur gekauft" (Borger VT 9, 1959, 85f); für b) spricht ug. (Nr. 3) und die Bedtg. von קנה ,,schaffen" (oben 3). Ein sicherer Entscheid ist jedoch nicht möglich, s. auch THAT II 638f, u. O. Keel Die Weisheit spielt vor Gott, 1974, 15f.†

nif: pf. נִקְנָה; impf. יִקָּנוּ: **gekauft werden** Jr 32 15.43. †

hif: pf. sf. הִקְנַנִי Zch 13 5 (txt. inc.); cj. pr. אָדָם הִקְנַנִי prop. אֲדָמָה קִנְיָנִי ,,Grund und Boden sind mein Besitz", siehe u. a. I. Willi-Plein Prophetie am Ende (BBB 42, 1974, 26), BHS :: Rudolph KAT XIII/4 226: הִקְנַתְנִי vel אֲדָמָה הִקְנַנִי (vb. קנא) dem Ackerbau galt mein Eifer; hier auch andere Vorschläge u. die Vrss.; pt. מַקְנֶה ↗ קנא hif. †

Der. קִנְיָן, מִקְנֶה, מִקְנָה; n. m. אֶלְקָנָה, מִקְנֵיָהוּ.

קָנֶה: wohl Primärnomen; Sam. *qāni*; mhe. Rohr, Stengel etc., DSS (KQT 194) Gelenk; ja. קַנְיָא Schilfrohr, Stengel, Messrohr; Ram. *qnʾ*; sam. קני; pun. *hqnʾ zkʾ* (fem.) das reine Rohr (Friedrich § 229, DISO 259); ug. *qn* (UT nr. 2244/2245,

Aistl. 2423) Armröhre, Speiseröhre, aromatisches Rohr; akk. *qanû(m)* (AHw. 898) allg. Rohr (pl. Hölzer), versch. Arten von Rohr, u. a. *qanû ṭābu* Süssrohr; Rohrpfeil, Messrohr; sy. *qanjā*; cp. *qnjʾ*; md. *qaina* < metath. v. *qanjā* (MdD 400a); ar. *qanā* u. *qanāt* Rohr, Schilfrohr, Halm etc.; äth. *qanōt* u. selten *qĕnōt* (Dillm. 446) Stachel; sem. sbst. > gr. *κάννα, κανών*, lat. *canna*, s. Zimmern 56, Masson 47f: cs. קְנֵה, sf. קָנָהּ, קָנָה Hi 31$_{22}$ (GK § 91e); pl. קָנִים, cs. קְנֵי, sf. קְנֹתָם Ex 25$_{36}$ 37$_{22}$; Rüthy 39f, 49f; zum fem. pl. cf. Michel Grundl. heSy. 1, 45-56 u. bes. 56: pl. bei Artefakten: — 1. **Pfeilrohr** (*arundo donax*, Löw 1, 664f) 1K 14$_{15}$ Js 19$_{6}$ 35$_{7}$ Hi 40$_{21}$; geknicktes Rohr (קָנֶה רָצוּץ) 2K 18$_{21}$ Js 36$_{6}$ 42$_{3}$; Stütze von Schilfrohr Ez 29$_{6}$; im Schilf hausende Tiere (חַיַּת קָנֶה) Ps 68$_{31}$; — 2. a) קָנֶה **Gewürzrohr** Js 43$_{24}$ Ez 27$_{19}$ HL 4$_{14}$, s. Elliger BK XI/1, 213; b) קָנֶה הַטּוֹב (l קָ׳ טוֹב) das köstliche Gewürzrohr Jr 6$_{20}$, s. Rudolph Jer.[3] 46 (:: Lex.[1]: II טוֹב Wohlgeruch); קְנֵה־בֹשֶׂם wohlriechender Kalmus Ex 30$_{23}$, s. Noth ATD 5, 1954, cf. Lex.[1] ↗ בֹּשֶׂם: Kahnbartgras; — 3. übertragen von 1 > röhrenförmige Dinge: a) קְנֵה הַמִּדָּה Messrohr Ez 40$_{3.5}$ 42$_{16\text{-}19}$; > — 4. **Rohrlänge** (= 6 Ellen) Ez 40$_{5.6\text{-}8}$ 41$_{8}$; pl. 42$_{16}$ (pr. K חֲמֵשׁ אֵמוֹת l c. Q, MSS חֲמֵשׁ מֵאוֹת).$_{17\text{-}19}$ 500 Ellen Messruten; — 5. **Halm** Gn 41$_{5.22}$; — 6. Röhre/Röhren am 7 armigen Leuchter, sg. Ex 25$_{31.33}$ 37$_{17.19}$; pl. Ex 25$_{32f.35f}$ 37$_{18f.21}$; — 7. **Oberarmbein** Hi 31$_{22}$, cf. ug. *qn ḏrʿh* (KTU 1. 6 I 4; 1. 5 VI 20) Armröhre, s. Gray LoC[2] 268, Aistl. 2423; — 8. **Wagebalken**, Wage Js 46$_{6}$, cf. sy *qanšᵉlāmā* < *qanjā šelmā* die Wage als Sternbild (GB); — 9. Wendungen: c. הָיָה Ex 25$_{36}$ 37$_{22}$ Ez 27$_{19}$, c. יָצָא (pt. pl.) Ex 25$_{32}$ 37$_{18.21}$, c. לָקַח Ex 30$_{23}$, c. מָדַד בְּ Ez 42$_{16\text{-}19}$, c. נוּד 1K 14$_{15}$, c. עָשָׂה qal Ex 37$_{17}$, qal pr. nif. 25$_{31}$; c. קָמַל Js 19$_{6}$, c. קָנָה Js 43$_{24}$, c. שָׁקַל Js 46$_{6}$. †

קָנָה: n. l.; Nf. v. קָנֶה; Noth Jos 150: Schilfrohr: — 1. äg. *Qnj* (Alt KlSchr. 3, 66), bzw. *Qa-na* (Albr. Voc. 58), = ? EA *Qanû* (VAB 2, Nr. 204, 4), s. Alt l. c. 66[2] = Qānā, 12 km sö. v. Tyrus (im Stamm Asser, GTT S. 191, cf. Noth Jos. 119) Jos 19$_{28}$; — 2. נַחַל קָנָה = *W. Qānā*, Bach auf der Grenze von Ephraim u. Manasse (GB, GTT S. 162f); nö. Zufluss des *Nahr ʿAuǧā* (Lex.[1]) Jos 16$_{8}$ 17$_{9}$; — 3. in Nordgaliläa, = *Ch. Qāna* am Nordrand der *Baṭṭōf*-Ebene, s. Alt KlSchr. 2, 446f. 451 Joh 2$_{1.11}$ 4$_{46}$ 21$_{2}$ (Κανὰ τῆς Γαλιλαίας); zu 1-3 s. BHH 926. †

קַנּוֹא: קנא, BL 478i: **eifernd**, c. אֵל Jos 24$_{19}$ Nah 1$_{2}$: der um sein Ziel eifernde Gott, ↗ קַנָּא. †

קְנַז: Sam. *qēnåz*; (n. m.) n. tr., Bedtg. unerklärt, s. Moritz ZAW 44, 1926, 85; Weippert 253; G Κενεζ, Καναζός, V *Cenez*, S *Qᵉnaz*; cf. ug. n. m. *Qnḏ* (Gröndahl 176. 407b u. *qa-na-zi* (l. c. 176. 348b); pun. *qnz* (PNPhPI 178, 405): — 1. edomit. Stamm, Josph. Κανάζος (NFJ 71), cf. Kupfer u. Eisenschmiede, Glueck PEF 1940, 22-24: S. v. אֱלִיפָז Gn 36$_{11.15.42}$ 1C 1$_{36.53}$, Enkel Esaus; Eponym d. Kenissiter; — 2. V. v. עָתְנִיאֵל, Josph. Κενίαζος (NFJ 74) Jos 15$_{17}$ Ri 1$_{13}$ 3$_{9.11}$ 1C 4$_{13}$; — 3. Enkel v. כָּלֵב 1C 4$_{15}$ (BHH 940); ↗ קְנִזִּי. †

קְנִזִּי: gntl. v. קְנַז, BL 501x; Sam. *qēnåzzi*: — 1. in Reihe Gn 15$_{19}$; ein Nomaden-Clan um Hebron u. Debir, s. BHH 940; — 2. Beiname v. Kaleb (כָּלֵב הַקְּנִזִּי) Nu 32$_{12}$ Jos 14$_{6.14}$. †

קִנְיָן: קנה, BL 500 o; ? aram. (Wagner 266); Sam. *qinjån*; mhe., DSS (KQT 194: 1QH 10, 25); ja. קִנְיָנָא, äga. *qnjn*, pehl. Frah. 16, 1 (DISO 260f); sam. קניאן (BCh.

LOT 2, 504); akk. (< aram.) *qinītu* (AHw. 921b) Erwerb, ein Opfer; sy. *qenjānā*; cp. *qnjn'*; md. *qiniana* (MdD 411b), Besitz, Vieh; Var. *qinjōna* Vieh (Bgstr. Gl. 70); asa. *qnj*, pl. *'qnj* (Conti 233a) Güter, Besitz, Kleinvieh; äth. *qĕnē* (Dillm. 448) Dienst, Verwaltung, Arbeit; ar. *qunwat/qinwat* Aneignung, Erwerbung, Viehbesitz, Eigentum (Wehr 708a): cs. קִנְיַן, sf. קִנְיָנוֹ/נָם, קִנְיָנֶךָ, קִנְיָנֶךָ: — 1. (persönlicher) **Besitz, Habe**: Herde Gn 31₁₈; bewegliche Güter Gn 34₂₃ 36₆ Jos 14₄ Ez 38₁₂f Ps 105₂₁ Pr 4₇; קִנְיַן כַּסְפּוֹ mit seinem Geld erworbenes Eigentum Lv 22₁₁; Gottes קִנְיָן Ps 104₂₄: pr. קִנְיָנֶךָ dein Besitz = Reichtum prop. c. MSS קִנְיָנֶיךָ deine Schöpfungen, so u. a. Kraus BK XV⁵ 878, 879, TOB; cf. Fschr. Humbert 170f, cj. Zch 13₅ אֲדָמָה קִנְיָנִי, ↱ קנה hif. — 2. Wendungen: c. לָקַח Gn 36₆ Ez 38₁₃, c. מָלֵא Ps 104₂₄, c. עָשָׂה Ez 38₁₂, c. קָנָה Lv 22₁₁, c. רָכַשׁ Gn 31₁₈. †

קִנָּמוֹן: Sam. *qinnåmon* (cstr.); mhe., ja. קִנָּמָא, קִנְּמָא; sy. *qunnāmā*: indisches, malayisches ? Lw.; sam. קנמון; Herodot 3, 111 κιννάμωμον; jünger κίνναμον (Masson 50); lat. *cinnamun, -on*; cs. קִנְּמָן־: (chinesischer) **Zimt** (Löw 2, 107ff): Ex 30₂₃ Pr 7₁₇ HL 4₁₄, s. Gerleman BK XVIII 160f; BHH 2241. †

קנן: vb. denom. v. קֵן; mhe. pi.; ja. pa.; sy. pe. af.; md. *qna/ann* (MdD 414a) nisten: akk. *qanānu(m)* (AHw. 897a) Nest bauen, nisten (denom. v. *qinnu* Nest), cf. Salonen Vögel 365:

pi. (Jenni 271): pf. קִנְּנָה, קִנְּנוּ; impf. תְּקַנֵּן, יְקַנֵּנוּ: **nisten** Js 34₁₅ Jr 48₂₈ Ez 31₆ Ps 104₁₇. †

pu: pt. מְקֻנַּנְתִּי K, מְקֻנֶּנֶת Q (< *מְקֻנֶּנֶת, s. BL 614, Bgstr. 1 § 23g): **eingenistet** Jr 22₂₃. †

hif: impf. תקנין: **sich einnisten** (var. pi.) Sir 37₃₀. †

***קֶנֶץ**: pl. cs. קִנְצֵי Hi 18₂, < קִצֵּי (aramaisierende Auflösung der Gemination durch Einschub eines *n*, BLA 50d), ↱ קֵץ. †

קָנָת: n. l., Sam. *qēnåt*; G Καναaθ u. Κανaθ; Josph. Κάναθα (NFJ 71) Eus. (Onom. 112f): *Qanawāt* am Fusse d. Hauran, s. Wüst Untersuchungen 75, Abel 2, 9, cf. GTT S. 133f :: Noth AbLAk 1, 372, cf. Rudolph Chr. 17⁵: Nu 32₄₂ 1C 2₂₃. †

קסם: mhe. ja. sam.; sy. *qᵉṣam*; cp. **qṣm*, sbst. *qsm* ↱ קֶסֶם; md. *kṣm* (MdD 222a) zaubern, wahrsagen; asa. sbst. ↱ קֶסֶם; äth. (*qasama*) *'astaqasama* u. *'astaqāsama* (Dillm. 432) Orakel befragen, wahrsagen; cf. tigr. *qassama* (Wb. 245f) vor Gericht laden; ar. *qasama* teilen, verteilen, austeilen, bestimmen (von Gott od. vom Schicksal), X bei der Gottheit ein Orakel suchen, losen, speziell vom Pfeilorakel verwendet, s. Wellh. RAH² 132f.:

qal: impf. תִּקְסַמְנָה, יִקְסֹמוּ, וַיִּקְסְמוּ; imp. 1S 28₈ קָסֳמִי = Q קָסֳמִי, K קְסֹמִי, s. BL 306 l; inf. קְסֹם, קְסָם־ u. Ex 21₂₈ קְסוֹם = Q קְסָם־, K קְסוֹם, ↱ unten; pt. קֹ(ו)סֵם, pl. קֹ(ו)סְמִים, sf. קֹסְמֵיכֶם: (Pedersen Eid 12; Israel 3-4, 124f) wahrsagen, weissagen (als Mittel dazu kommt neben dem Losorakel auch die Befragung d. Teraphim u. die Leberschau in Betracht, s. Johnson CPr 31ff u. Wildbg. BK X 98f): — 1. d. Losorakel befragen Ez 21₂₆; — 2. e. Totengeist befragen (בָּאוֹב) 1S 28₈; — 3. **wahrsagen** (ohne Hinweis auf das gebrauchte Mittel): a) ausserhalb Israels: קוסם Wahrsager, Orakelpriester (s. H. P. Müller UF 1, 1969, 82): allg. Dt 18₁₄, v. Bileam Jos 13₂₂, קֹסְמִים der Philister 1S 6₂, cf. Js 6₂ cj. pr. מִקֶּדֶם prop. קוֹסְמִים מִקֶּדֶם (siehe u. a. BHS), v. d. קֹסְמִים d. Babylonier Js 44₂₅, in Ammon (קְסָם־לָךְ כָּזָב) Ez 21₃₄; b) in Israel: α) allg. v. Wahrsagerei Dt 18₁₀ 2K 17₁₇ (קָסַם קְסָמִים), v. Wahrsagern, sg. Js 3₂ (|| זָקֵן), pl. (in Vbdg. mit

Heilspropheten) Jr 27₉ 29₈ Mi 3₇, (neben Teraphim) Zch 10₂; β) allg. v. Wahrsagen Mi 3₆.₁₁ (קְסֹם), (lügnerisch) קְסַם כָּזָב Ez 13₉.₂₃ 22₂₈; — cj. Ez 21₂₈ pr. כִּקְסוֹם prop. כְּקֶסֶם. †

Der. קֶסֶם, מִקְסָם.

קֶסֶם: קסם, BL 458s: Sam. *qåsåm, qåssåm* (Nu 23₂₃; cf. BCh. LOT 5, 193 4.1.3.19); ja. קִסְמָא Zauberei, Ausspruch; palm. *qsm'* Wahrsagerei (DISO 261); sy. *qeṣmā* Los, Losbefragung; Wahrsagung, = cp. **qsm*; asa. *mqsm* Losorakel (Müller ZAW 75, 1963, 314); äth. *maqsĕm* u. *maqsam* (Dillm. 432f) Losbefragung, Wahrsagerei; ar. *qism* Teil, Anteil; *qismat* Teilung, Teil, Anteil, (von Gott bestimmtes) Los, Schicksal: pl. קְסָמִים: — 1. **Wahrsagung, Erkundung der Zukunft**: a) ausserhalb Israels Nu 23₂₃; b) in Israel 1S 15₂₃, s. Stoebe KAT VIII/1, 291; Ez 13₂₃ (:: cj. pr. קֶסֶם 1 כָּזָב, BHS); pl. Dt 18₁₀ 2K 17₁₇; Ez 13₆; קֶסֶם אֱלִיל (txt. emend.) Jr 14₁₄; — 2. קָסַם קֶסֶם Einholen des Orakels, nach d. Zshg. genauer des Pfeilorakels, s. Zimmerli Ez. 490: Ez 21₂₆; קֶסֶם Orakellos, wohl = Pfeillos 21₂₇; — 3. pl. Nu 22₇, trad. Wahrsagelohn (GB, Zorell, König Wb., auch Noth ATD 7, 146, TOB) :: W. Gross Bileam, München 1974, 142: Wahrsageinstrument, cf. Lex.[1]: Losorakel; — 4. **Entscheidung** (durch Orakel), Orakelsspruch Pr 16₁₀, s. Gemser Spr. 70. 70f; Ringgren ATD 16[1], 66. 69: Gottesurteil, Gottesspruch; cf. auch Davies Biblica 61, 1980, 554ff; — 5. Wendungen: c. הָיָה Ez 21₂₇, c. חָזָה Ez 13₆, c. הִתְנַבֵּא Jr 14₁₄, c. קָצַם Dt 18₁₀ 2K 17₁₇ Ez 13₂₃ 21₂₆. †

קסס: cf. ? mhe. säuern; hapleg. Ez 17₉: po. impf. יְקוֹסֵס, G σαπήσεται = S *neṯmesōn* wird/werden faulen; V. *distringet* er wird zerstreuen, Targ. יקטף er wird pflücken; nach T trad. abreissen, abpflücken, cf. ar. *qšš* sammeln, auflesen (GB, König Wb., Zorell, ferner u. a. Zimmerli Ez. 372. 374) :: Lex.[1] nach Löw REJ 1926, 165ff: schuppig machen, doch unwahrscheinlich, s. Zimmerli l. c. †

קֶסֶת: äg. *gśtj* Platte des Schreibers (EG V 207), s. Lambdin 154, Ellenbogen 150, Williams VTSu 28, 1974, 238; ANEP 233. 234: קֶסֶת הַסֹּפֵר, Vrss. s. Zimmerli Ez. 196: Schreibzeug des Schreibers Ez 9₂f. = הַקֶּסֶת vs. 11, Kelso nr. 92, Honeyman nr. 30, Barrois 2, 156, BRL[2] 290, Driver SWr. 86f. †

cj. **קעה** Js 15₃: mhe. קִעֲקַע u. ar. *qaʿqaʿa* (Lane 1602) lärmen; sy. *qeʿā* schreien, cf. געה:

qal: cj. pf. שָׁקֵ קָעוּ עַל גַּגּוֹתֶהָ schreien, Driver JThS 41, 1940, 163 u. danach Lex.[1], anders Rudolph Fschr. Driver 1963, 134: יְנָהוּ od. נָהוּ, so auch Kaiser ATD 18, 49, oder Wildbg. BK X 591: סָפְדוּ. †

קְעִ(י)לָה: n. l.; G Κε(ε)ιλα, Josph. Κίλλα (NFJ 74); EA *uruKelti* (VAB 2, Nr. 279, 12; 280, 11 u. ö.), siehe l. c. S. 1330f u. 1577, cf. Rainey AOAT 8, 1978[2] 106: l *Qilti*; urspr. Sinn des n. l. unsicher: ? zu ug. *qʿl* (UT nr. 2252, Aistl. 2431) = Hügel, so Jirku ZAW 75, 1963, 87 u. Neimann JNES 30, 1971, 64ff, cf. Lipiński Syr. 50, 1973, 36f :: TOML 475[f]; *Ch. Qīla*, 13,5 km nw. von Hebron, s. U. Lux ZDPV 90, 1974, 193; ferner Alt KlSchr. 1, 107, Stoebe KAT VIII/1, 418, BHH 938, Abel 2, 416, GTT § 702: Jos 15₄₄ 1S 23₁₋₁₃ Neh 3₁₇f (חֲצִי־פֶלֶךְ קְעִילָה), 1C 4₁₉. †

קַעֲקַע: ? √ *קוע od. *קעע, s. Reider VT 2, 1952, 113 (BL 481d); Sam. *qå:qå*; mhe. tätowieren, niederreissen, ausrotten; sbst. קַעֲקַע Tätowierung; etym. inc.: **Tätowierung**, כְּתֹבֶת ק׳ Lv 19₂₈, doch s. Elliger Lev. 262: „Die genaue Bedtg. von קַעֲקַע ist unbekannt. Es könnte sich auch um eine einfache Bemalung dann allerdings zur Abwehr der Totengeister ... handeln". †

***קער**: ar. *qaʿura* tief sein; sy. *meqaʿʿar* konkav (LS 681b). Der. קְעָרָה, שְׁקַעֲרוּרָה.

קְעָרָה: *קער, BL 463u; Sam. *qā:ra*; mhe.; sy. *qeʿartā* Narbe, Schale der Muschel, *quʿʿārā* Schale, Becher (PSmith 3684); ar. *qaʿr* Boden, Tiefe, Grube, Höhlung; *qaʿrat* Grube, Höhlung, Vertiefung (Wehr 696a); *qaʿʿārat* Thilo 5000 Sprichwörter aus Palästina, 286: irdenes Gefäss mit Henkel an einer Seite des oberen Randes für Milch und Öl: cs. קַעֲרַת, pl. קְעָרֹת, cs. קַעֲרֹת, sf. קְעָרֹתָיו: — 1. **Schüssel, Schale** Ex 25₂₉ 37₁₆ Nu 4₇ 7₁₃₋₈₅ (14 ×), s. AuS 7, 225f, BRL² 189ff; — 2. Wendungen: a) c. נָתַן Nu 4₇, c. עָשָׂה Ex 25₂₉ 37₁₆; b) in Nu 7₁₃₋₇₉ 12 × קַעֲרַת כֶּסֶף = קָרְבָּנוֹ. †

קפא: mhe. erstarren, Satz bilden, hif. gerinnen machen; ja. קְפָא pe. oben auf schwimmen, af. aufsteigen machen; sam. Ex 15₈; äga. קפא (Aḥqr 117) Bedtg. unklar: ? Fluss, bzw. Anhäufung (von Wassern), s. DISO 261, DAE S. 439ᵉ; ug. inc. *qpʾ N*: ausgetrocknet, verschmachtet sein, s. Wyatt UF 8, 1976, 418³⁹ zu KTU 1. 12 II 45: pr. *nqpnt* „Kreisläufe, Zyklen" l *nqpat*: das 8. (Jahr) ist verschmachtet; sy. *qepāʾ* gerinnen, obenaufschwimmen, cf. Wvar. *qap* (*qpp*) aufgehäuft sein (Wasser), sich zusammenziehen; md. *qpa* (MdD 414a) obenaufschwimmen, sammeln, aufhäufen; ar. Wvar. *qaffa* trocken, dürr sein, sich zusammenziehen:

qal: pf. קָפְאוּ, pt. קֹפְאִים: — 1. (v. Meerwasser) **gerinnen, starr werden** Ex 15₈ (:: Cross-Freedman JNES 14, 1955, 241. 246: schäumen); — 2. metaph. (v. dem auf seiner Hefe liegen gebliebenen Wein) **sich verdicken** Zef 1₁₂; — 3. txt. inc. Zch 14₆: MT (K) יְקָרוֹת יִקְפָּאוּן die Kostbaren werden sich zusammenziehen, c. Q et emend. prop. (cf. Vrss.) וְקָרוּת וְקִפָּאוֹן und Kälte und Frost (siehe u. a. Rudolph KAT XIII/4, 232, BHS). †

hif: impf. יקפיא, sf. תַּקְפִּיאֵנִי: **gerinnen lassen** (v. werdenden Fötus) Hi 10₁₀; **gerinnen machen** (Teich) Sir 43₂₀. † Der. cj. קִפָּאוֹן.

cj. **קִפָּאוֹן**: קפא, BL 498c: (gerinnen) Frost: cj. Zch 14₆. †

קפד: mhe. qal zusammenziehen (Levy 4, 350a); Sir 4₃₁ קפודה Var. zu קפוצה „geschlossen" (Hand), mhe. hif. etw. genau eig. zusammengedrängt) nehmen; ärgerlich, aufbrausend sein (eig. sich vor Ärger zusammenziehen) (Levy l. c.); ja. pe. = mhe. qal u. hif., itpe. sich zusammenziehen (Levy l. c. 350b); sy. etpe. runzelig sein (Haut), zusammengerollt sein; ar. *qafada* (die Kopfbinde) fest zusammenbinden:

pi. (Jenni 238): pf. קִפַּדְתִּי: **zusammenrollen** (כָּאֹרֵג חַיַּי) Js 38₁₂, cj. pr. MT prop. קִפַּדְתָּ (Lex.¹ c. Begr. PsHi 28f, auch Kaiser ATD 18, 316⁹) od. קִפֵּד: er hat ... zusammengerollt (Fohrer Das Buch Jesaja² 1967, 190, cf. Jenni l. c.). † Der. קְפָדָה, קִפֹּד.

קִפֹּד u. **קִפּוֹד**: קפד, BL 479j oder 481a; mhe. קִפֹּד; ja. קִפְּדָא, קְפָדָה u. קִפּוֹדָא; sam. קפודה (BCh. LOT 2, 471); sy. *quppedā*; md. *qunpud* (MdD 408b); äth. *quĕnfĕz* (Dillm. 450) Igel; tigr. (Wb. 255a) Stachelschwein, so auch tigrin.; ar. *qunfuḏ* Igel; cf.? ph. n. m. *qpd* (Kornfeld Neues über die phönikischen und aramäischen Graffiti in den Tempeln von Abydos, Wien 1978, 202): Igel od. Eule: trad. c. Vrss. Igel (GB); Lex.¹ u. Koehler JSS 1, 1956, 15: — 1. Igel *Erinaceus auritus* u. *Erinaceus sacer* (Bodenheimer AL 94) Js 14₂₃ 34₁₁; — 2. (kurzohrige) Eule *Asio* *flammens* (Aharoni 470, Bodenheimer AL 166) Zef 2_{14} (auch Js 34_{11} ?) :: Driver PEQ 87, 1955, 137: Trappe mit Halskrause (*ruffed bustard*), al. Rohrdommel, s. Rudolph KAT XIII/3, 278. †

קְפָדָה: קפד, BL 463u, (Σ ἀθυμία, Θ συνοχή, V *angustia*, s. Zimmerli): **Beklemmung** Ez 7_{25}; als vb. pr. בָּא 1 c. MS בָּאָה od. תָּבֹא. †

קִפּוֹד: ? *קפז, BL 479j, hapleg. Js 34_{15}; Vrss. = קִפֹּד; cf. GB, Lex.[1] ar. *qafāzat*: auf Bäumen lebende Schlange, Pfeilschlange *Coluber jugularis* ? vel *C. najadum* ? vel *C. nummifer* (Bodenheimer AL 185f) :: Torrey SecIs 292f: Eule, *Syrnium aluco* vel *Scops giu*, :: Driver PEQ 87, 1975, 136: Arabisches Wüstenhuhn (*Ammoperdrix heyi*); zu den verschiedenen Vorschlägen s. die Zurückhaltung bei Wildbg. BK X 1329. †

***קפז**: mhe., ja. springen, hüpfen; ar. *qafaza* springen, aufspringen, ↗ II קפץ. Der. ? קִפּוֹז.

I **קפץ**: (? Etym. verw. mit ↗ קבץ, cf. Kopf VT 8, 1958, 200): Sam. Vers. Dt 15_7 כפץ (dissim.; cf. BCh. LOT III/1, 124); mhe. qal zusammenziehen, (über)springen; ja. קְפַץ pe. zusammenziehen; akk. *kap/bāṣ/su(m)* (AHw. 443) sich zusammenziehen, einknicken; sy. *qᵉpas* (sich) zusammenziehen; md. *KBṢ* (MdD 202b) zusammenschrumpfen, sich zusammenziehen; äth. *qabṣa* (Dillm. 438f) Grdb. sich zusammenziehen > zusammensinken, ausgehen, wegwerfen; verzweifeln = tigr. (Wb. 250b); ar. *qafaṣa* zusammenziehen, sammeln:

qal: pf. קָפַץ, קָפְצָה; impf. תִּקְפֹּץ, יִקְפְּצוּ; pt. pass. קפוצה (var. קפודה) Sir 4_{31} ↗ קפד: **zusammenziehen, verschliessen**: יָד Dt 15_7 Sir 4_{31}, פֶּה Js 52_{15} Ps 107_{42} Hi 5_{16}, רַחֲמָיו Ps 77_{10}. †

nif: impf. יִקָּפְצוּן Hi 24_{24} txt. inc. Deutungen: a) weggerafft werden, cf. ar. *qubiḍa* vom Tode weggerafft werden, s. GB und Kopf l. c.; b) קפץ var. zu קבץ nif. gesammelt werden; c) cj. pr. יִקָּפְצוּן prop. יִקָּטֵפוּן abgerissen werden, cf. BHS ↗ קטף nif. †

II **קפץ**: Wvar. zu *קפז: mhe. pi. springen, hüpfen; ja. pe. u. pa. springen:

pi. (Jenni 246): pt. מְקַפֵּץ **hüpfen** HL 2_8. †

קֵץ: I קצץ, BL 454b; Sam. *qeṣ*; mhe. Ende, Endzeit, קִצָּה bestimmte Zeit; DSS (KQT 194 mit vielen Belegen), Nötscher Term. 167ff, THAT II 663 (mit. Lit.): קץ = Ende im Ausdruck אין קץ, sonst sind die hauptsächtichsten Bedtgen: Zeit, Zeitabschnitt, Periode; ug. *qṣ*: 1) Ende, Rand (eines Gewandes), so wohl KTU 1. 6 II 11, s. Aistl. 2434, CML[2] 76, Z. 11 :: UT nr. 2259: beim Schneiden des Gewandes; 2) weniger sicher ist *qṣm arṣ* (KTU 1. 16 III 3): die Ränder der Erde, so CML[2] 98, cf. TOML 560 :: Dietrich-Loretz UF 10, 1978, 424: Umbruch (-Land), l. c. 425 sbst. *qṣm* zu akk. *kasāmu* (AHw. 453a) zerschneiden; 3) Etym. zugehörig √ *qṣṣ*, aber im Sinn verschieden ist *qṣ* „abgeschnittenes Stück, Scheibe" (UT nr. 2259) u. KTU 1. 114, 2 *qṣ* Mahl (Loewenstamm UF 1, 1969, 73; ähnl. Dietrich-Loretz-Sanmartín UF 7, 1975, 111: Brust-Fleisch (?), Mahl, Speise(opfer) :: Virolleaud Ug V 549, UT nr. 2162, Rüger UF 1, 203. 204: *qjṣ* wecken; sy. *qeṣṣā/qeʾṣā* Ende, Geschick, Tod; *qeṣṭā* Ende, cf. ar. *qiṣṣat* Art des Schneidens, Schnitt; Erzählung, Geschichte: sf. קִצִּי, קִצְּךָ, קִצּוֹ, קִצָּהּ (K 2K 19_{23}), קִצֵּינוּ (sing!) Kl 4_{18}, pl. cs. קִנְצֵי Hi 18_2 ↗ קֵנֶץ: THAT II 659-63, Lit., s. ferner Ahlström VTSu 21, 1971, 2[5]: — 1. a) **Ende** eines Menschen u. coll. von Menschen Gn 6_{13} Jr 51_{13} Ps 39_5 Kl 4_{18} Da 11_{45}; b) einer Sache: α) Worte,

Geschwätz Hi 16$_3$ 18$_2$; β) Vollkommenheit (תִּכְלָה) Ps 119$_{96}$ (od. zu 2 a); — 2. **Grenze**: a) (d. Finsternis) Hi 28$_3$, (d. Vollkommenheit) Ps 119$_{96}$, ↗ 1 b β; b) קֵץ in Vbdg. mit e. sbst. äusserst/letzt, s. THAT II 660: מְלוֹן קִצֹּה sein äusserster Rastplatz 2K 19$_{23}$/מְרוֹם קִצּוֹ seine äusserste Höhe Js 37$_{24}$, cf. ממשלת קץ (|| אות עולם), äusserste (= immerwährende) Herrschaft Sir 43$_6$; — 3. **Ziel** Hi 6$_{11}$; — 4. **Ende** (schlechthin), s. THAT II 660. 661; Zimmerli Ez. 169f: Ez 7$_{2f.6}$ Am 8$_2$ Hab 2$_3$ (:: Berger UF 2, 1970, 16: festgesetzte Zeit), Da 9$_{26}$; cj. Ez 7$_6$ pr. הֵקִיץ l הַקֵּיץ als orthogr. Var. zu קֵץ, s. Zimmerli Ez. 161, — 5. קֵץ הַיָּמִים Ende der Tage Da 12$_{13}$; cj. Da 9$_{25}$ pr. בְּצוֹק הָעִתִּים prop. c. S בְּקֵץ הָ׳, ↗ צוֹק, doch ist MT beizubehalten (:: Lex.[1] cj.); — 6. אֵין־קֵץ ohne Ende Js 9$_6$ Hi 22$_5$ Koh 4$_{8.16}$ 12$_{12}$; — 7. a) עֵת קֵץ Endzeit Da 8$_{17}$ 11$_{35.40}$ 12$_{4.9}$, = מוֹעֵד קֵץ Da 8$_{19}$, > קֵץ Endzeit 11$_{27}$ 12$_{4.6.13}$; b) עֵת עֲוֹן קֵץ Zeit der Endstrafe Ez 21$_{30.34}$ 35$_5$; — 8. a) מִקֵּץ יָמִים nach einiger Zeit Gn 4$_3$ 1K 17$_7$; מִקֵּץ יָמִים רַבִּים nach geraumer Zeit Jr 13$_6$; מִקֵּץ יָמִים לַיָּמִים zu Ende jeden Jahres 2S 14$_{26}$; b) מִקֵּץ am Ende von, nach: Tagen Gn 8$_6$, vs.3 cj. pr. מִקְצֵה l מִקֵּץ (BHS), Nu 13$_{25}$ Dt 9$_{11}$ Jr 42$_7$; Monaten Ri 11$_{39}$, Jahren Gn 16$_3$ 41$_1$ Ex 12$_{41}$ 2S 15$_7$ 1K 2$_{39}$ Js 23$_{15.17}$ Ez 29$_{13}$ 2C 8$_1$; in rechtl. Zushg.: nach 7 Jahren Dt 15$_1$ 31$_{10}$ Jr 34$_{14}$; c) מִקֵּץ הֱיוֹת לָהּ nachdem ihr geschehen war Est 2$_{12}$; — 8. לְקֵץ שָׁנִים nach Ablauf von Jahren Da 11$_{6.13}$ 2C 18$_2$, לְקֵץ יָמִים nach einiger Zeit (Lex.[1]), bzw. nach einer bestimmten Zeit, s. Rudolph EN 203. 204, Neh 13$_6$; — 9. unklar: a) מִקֵּץ Jr 50$_{26}$ (txt. inc. s. BHS): entweder = vom (letzten/äussersten) Ende, d. h. von allen Enden (ZüBi, cf. THAT II 660) = ? vom Ende der Welt (TOB) oder cj. c. Σ מִקָּצֶה ohne Ausnahme (Rudolph Jer.[3] 302); b) הַקֵּץ לְיָמִים שְׁנַיִם 2C 21$_{19}$ am Ende von 2 Jahren (Lex.[1]) :: Rudolph Chr. 266: cj. וְכָל־עֻמַּת צֵאת הַקֵּץ לִימֵי שָׁנָיו „und ganz entsprechend wie herausgegangen (= bekanntgemacht worden) war das Ende für die Tage seiner Jahre"; — 10. Wendungen: c. בוא Gn 6$_{13}$ 2K 19$_{23}$ Js 37$_{24}$ Jr 50$_{26}$ 51$_{13}$ Ez 7$_{2.6}$ 21$_{30.34}$ Am 8$_2$ Kl 4$_{18}$ Da 11$_{45}$, c. הָיָה Gn 4$_3$ 8$_6$ 41$_1$ etc., c. הָלַךְ Da 12$_{13}$, c. חבר hitp. Da 11$_6$, (c. חָתַם Da 12$_4$, pt. pass. pl. Da 12$_9$), c. ידע hif. Ps 39$_5$, c. יָצָא (צֵאת) 2C 21$_{19}$, c. יָרַד 2C 18$_2$, c. II פוח (2 c) Hab 2$_3$, c. קָרַב Kl 4$_{18}$, c. רָאָה Ps 119$_{96}$, c. שִׂים Hi 28$_3$, c. שאל nif. Neh 13$_6$, c. שׁוּב Nu 13$_{25}$. †

Vb. denom. cj. II קצץ.

קצב: mhe. qal pt. pass. קָצוּב bestimmt, pi. hacken, sbst. (nomen agentis) קַצָּב Fleischer; = sy. *qaṣṣābā* u. palm. *qṣb*ʾ (DISO 262); akk. *kaṣābu* (AHw. 456a) mindern; ar. *qaṣaba* zerschneiden, zerlesen; *qaṣṣāb* Schlächter, cf. *qaḍaba* abschneiden, beschneiden, stutzen; ? kopt. *ǧočeb* verkürzen (GB):

qal: impf. וַיִּקְצָב־: **abschneiden** (ein Stück Holz עֵץ) 2K 6$_6$; pt. f. pl. pass. קְצוּבוֹת (frisch) geschoren (Schafe) HL 4$_2$, s. Gerleman BK XVIII 144 u. Rudolph KAT XVII/1-3, 144 (:: Eissfeldt Der Beutel der Lebendigen, 1960, 20f: „belegt", trächtig). †

Der. קֶצֶב.

קֶצֶב, קָצֶב Ⓑ 1K 7$_{37}$; קצב, BL 458s, 459d; mhe. קֶצֶב Festsetzung, קִצְבָּה bestimmtes Mass; pun. *qṣb*. Bedtg. unsicher: entweder behauener Gegenstand, Statue, oder pt. pass. zum vb. *qṣb* behauen (DISO 262); cf. ar. *qaḍīb* abgeschnittener Zweig, Rute, *qaḍābat* Abgeschnittenes, abgeschnittene Zweige (von Bäumen): — 1. **Zuschnitt**, **Gestalt**, קֶצֶב אֶחָד ein und derselbe Zuschnitt 1K 6$_{25}$ 7$_{37}$; — 2. קִצְבֵי הָרִים Jon 2$_7$, G εἰς σχισμὰς ὀρέων in die Klüfte der Berge, V *ad extrema montium*, S *le'štehōn deṭūrē* zum Grund der Berge, cf. Sir 16₁₇ קצבי הרים ויסודי תבל: der genaue Sinn von Jon 2₇ ist nicht ganz sicher; möglich ist a) cf. V das äusserste Ende, d. h. die untersten Gründe der Meere (GB, cf. Rudolph KAT XIII/2, 347 u. Wolff BK XIV/3, 111) oder b) cf. S Abschnitt, Ansatz > Grundlage (Lex.[1]); im Falle von a) könnte קִצְבֵי = קַצְוֵי ↗ *קָצוּ (als orthogr, Var. ?) sein, cf. BHS. †

I **קצה**: Wvar. v. I קצץ; mhe. abtrennen, ja. קְצָא abbrechen, zerteilen (vom Brot), ↗ ba. *קְצָת; ph. pun. קצי pi. abschneiden (Friedrich § 174, S. 83; DISO 262); sy. *qeṣā*, cp. *qṣ'* brechen (Brot); ar. *qaṣā* (*qṣw*/*qṣj*): 1) fern, entfernt sein, 2) die Ohrenspitzen (eines Kamels od. Schafes) verstümmeln, s. Freytag Lexicon Arabico-Latinum III 457b; GB; in d. Bedtg. von 2 wohl Wvar. zu *qaṣṣa* ↗ I קצץ:

qal: inf. קְצוֹת Hab 2₁₀: **das Ende bringen**, so Horst HAT 14² 178, cf. Jenni 185, :: trad. c. Vrss. cj. קַצּוֹתָ vel קַצּוֹת (BHS) ↗ I קצץ; (1QHab קצוות [sbst.] s. Elliger HK 206f). †

pi. (Jenni 185): inf. קַצּוֹת; pt. מְקַצֶּה: — 1. **abbrechen, stückweise lostrennen** von (בְּ; בְּיִשְׂרָאֵל = von ... weg ↗ בְּ 13) 2K 10₃₂, s. Gray Kings³ 563ᵈ; — 2. **abhauen** = sich abhauen (die Füsse) Pr 26₆. †

[**hif**: pf. הִקְצוֹ Lv 14₄₁ (Sam. *åqīṣu*: √ קוץ); inf. הִקְצוֹת vs. 43 < הַקְ׳ (GK § 53 l, BL 333i :: Bgstr. 2 § 19 l [S. 106]: Tf.), aber l הִקְצִיעוּ u. הַקְצִיעַ ↗ I קצע.]

Der קְצָת*, קְצוֹת*, קָצוּ*, קָצֶה, קָצָה, קֵצָה.

II ***קצה**: ar. *qaḍā* (*qḍj*) abmachen, beendigen, festsetzen, bestimmen, entscheiden.

Der. קָצִין.

קָצֶה: I קצה, BL 461-2m; Sam. *qiṣṣå* (√ קצץ), *å* nicht Femininendung (cf. BCh. LOT 5, 212 § 4.3.4); mhe. DSS (KQT 194): 1QH VI 31 מקצה עד ק[צה]; abab. in Mari (kan. Lw.) *kaṣûm*/*qaṣûm* (AHw. 459a) Steppe Mesopotamiens, cf. Noth AbLAk 2, 270: cs. קְצֵה, sf. קָצֵהוּ u. קְצֵיהֶם (BL 584c): — 1. **Rand, Ende, Äusserstes**: a) mit praep: α) c. אֶל: קְ׳ הָאָרֶץ Js 62₁₁ Ex 16₃₅, קְ׳ הָהָר Jos 18₁₆, קְ׳ הַיַּרְדֵּן Jos 18₁₉, קְ׳ תְּעָלַת־ Js 7₃, קְ׳ הַחֲמֻשִׁים Ri 7₁₁; β) c. בְּ (בִּקְצֵה): הַשָּׁמַיִם Dt 30₄, תֵּבֵל Ps 19₅, אֶרֶץ Pr 17₂₄, יְאֹרֵי מִצְרַיִם Js 7₁₈, הַמַּיִם Jos 3₁₅, הַמִּדְבָּר Ex 13₂₀ Nu 33₆, אֱדֹם Nu 33₃₇, שָׂדֵהוּ Gn 23₉, הַגְּבוּל Nu 22₃₆, cf. 20₁₆; הָעִיר 1S 9₂₇, הַמַּחֲנֶה 1S 14₂, הָעֲרֵמָה Rt 3₇, הַגִּבְעָה Nu 11₁ Ri 7₁₇.₁₉, מִזְרַח־ Jos 4₁₉, עֵמֶק־ רְפָאִים Jos 15₈; הַיְעִירָה Ex 26₅ 36₁₂, הַמַּטֶּה 1S 14₄₃; γ) c. מִן (מִקְצֵה): הַשָּׁמַיִם Js 13₅ Ps 19₇ Neh 1₉, הָאָרֶץ Dt 28₄₉ Js 5₂₆ 42₁₀ 43₆ Jr 10₁₃ Ps 135₇, אֶרֶץ Jr 51₁₆; תֵּימָן Jos 15₁, צָפוֹנָה Ez 48₁ „im äussersten Süden/Norden"; הַיַּרְדֵּן Jos 15₅, יָם(־)הַמֶּלַח Nu 34₃ Jos 15₂, קִרְיַת יְעָרִים Jos 18₁₅; — מִקְצֵה לְ am Rande von Jos 15₂₁; ↗ ferner unten ε; δ) c. עַד (עַד קְצֵה): הָאָרֶץ Js 48₂₀ 49₆ Jr 25₃₁ Ps 46₁₀, (מֵי) הַמַּחֲנֶה Jos 3₈ 15₅, יָם־כִּנֶּרֶת Jos 13₂₇, הַיַּרְדֵּן 2K 7₈ cf. 5; ε) מִן הַקָּצֶה אֶל־הַקָּצֶה von einem Ende bis zum anderen Ex 26₂₈ 36₃₃ = (als Abkürzung) מִקָּצֶה Gn 19₄, s. Westermann BK I/2, 367 u. ähnl. מִקָּצֵהוּ Js 56₁₁ ohne Ausnahme (Westermann ATD 19, 252), bzw. jeder einzelne von ihnen (Scullion UF 4, 1972, 109), Ez 25₉ insgesamt, (עִיר) מִקָּצֶהָ an allen Enden Jr 51₃₁; מִקְצֵיהֶם Ez 33₂, die genaue Bedtg. fraglich, s. Zimmerli 794. 795: entweder a) aus seiner (des Landvolkes) Mitte oder b) insgesamt; cf. מִקְצֵה אֶחָיו von allen seinen Brüdern Gn 47₂; ζ) c. מִן . . . עַד: לְמִקְ׳ הַשָּׁמַיִם וְעַד קְ׳ הַשָּׁ׳ Dt 4₃₂, מִקְ׳ הָאָרֶץ וְעַד קְ׳ הָאָרֶץ Dt 13₈ 28₆₄ Jr 25₃₃, מִקְ׳ אֶרֶץ וְעַד קְ׳ הָאָרֶץ Jr 12₁₂,

מִקְ׳ גְּבוּל־מִצְרַיִם וְעַד־קָצֵהוּ Gn 4721; b) als obj.: α) קְצֵה הַמִּשְׁעֶנֶת Ri 621, קְ׳ הַמַּטֶּה 1S 1427; β) קְצֵה הָעָם d. äusserste Teil d. Volkes Nu 2241, = קָצֵהוּ Nu 2313; — 2. (temp.) **Ende**: מִקְצֵה nach dem Ende von = nach Ablauf von (cf. HeSy. § 111e, R. Meyer Gr. § 87, 3a): c. יָמִים Jos 38 916 Ez 316, c. חֳדָשִׁים 2S 248 Ez 3914, c. שָׁנָה 1K 910, c. שָׁנִים Dt 1428 2K 83 1810 Da 15; — cj. Gn 83 pr. מִקְצֵה prop. מִקֵּץ ↗ קֵץ 8 b; — 3. Wendungen: אָכַל בִּקְ׳ Nu 111, בּוֹא אֶל־קְ׳ Ex 1635, בּוֹא בִקְ׳ Ri 717.19, בּוֹא עַד־קְ׳ 2K 75.8 Jr 2531, בּוֹא מִקְ׳ Js 135, בוא מִקְ׳ hif. Js 436; הָיָה בִקְ׳ Dt 304, הָיָה (יְשׁוּעָתִי) עַד־קְ׳ Js 496, הָיָה מִקְ׳ Jos 32 916 1K 910 2K 83 Ez 316; טָבַל בִּקְ׳ Jos 315; טָעַם בִּקְ׳ 1S 1443; יָרַד אֶל־קְ׳ Jos 1816 Ri 711, יָרַד בִּקְ׳ 1S 927; יָצָא אֶל־קְ׳ Js 73, יָצָא בִקְ׳ Ps 195, יצא עַד־קְ׳ hif. Js 4820; יָשַׁב בִּקְ׳ 1S 142; לָכַד מִקְ׳ 2K 1810, cf. Jr 5131 nif; לָקַח מִקְצֵיהֶם Ez 332; נָגַע בִּקְצֵהוּ Ex 1912; נדח בִּקְ׳ pt. nif. Dt 304 Neh 19; נָשָׂא (גּוֹי) מִקְ׳ Dt 2849; עלה (נְשִׂאִים) מִקְ׳ hif. Jr 1013 Ps 1357; קָרָא מִקְ׳ Ps 613; רָאָה קְ׳ Nu 2241, cf. 2313; שבת (מִלְחָמוֹת) עַד־קְ׳ hif. Ps 4610; שָׁכַב בִּקְ׳ Rt 37; שָׁלַח אֶת־קְ׳ Ri 62 1S 1427; שמע אֶל־קְ׳ hif. Js 6211; שָׁרַק מִקְ׳ Js 526. †

קָצָה: I קצה, BL 463x; Sam. *qiṣṣå* (√ קצץ), pl. *qåṣṣot*; mhe. קוֹצִים = Abschnitt; sam. pl. קצין; ph. קצית (Friedrich § 104a, DISO 262): fem. zu קָצֶה; meist pl. (? Einzelplural, s. Michel Grundl. heSy. 1, 38ff): pl. cs. קְצוֹת, sf. קְצוֹתָיו (Ex 478 394 K קצוותו ↗ קְצֹת), קְצוֹתָם: — 1. sg. מִקָּצָה am Ende, am Rande (Lex.[1]: zu äusserst) Ex 264 txt. inc. ↗ חֹבֶרֶת, 3611; מִקָּצָה מִזֶּה . . . מִקָּצָה מִזֶּה an einem Ende . . . am anderen Ende Ex 2519; — 2. pl. **Ende**, **Rand**, **Ecke**, **Äusserstes**: a) v. כַּפֹּרֶת Ex 2518 377f, חֹשֶׁן 2823f.26 3916f.19, אֵפֹד 286f 394 cf. vs. 2, מִזְבֵּחַ 274, עֲבֹתֹת Schnüre 2825 3918, קְצוֹת כְּנָפָיו Enden der Flügel (der Kerube) 1K 624; b) von אֶרֶץ Js 4028 415.9 Hi 2824, שָׁמַיִם Jr 4936 Ps 197, עֵץ (Enden) eines Holzstückes Ez 154; c) (Q) קְצוֹת דְּרָכָיו Ränder, Säume seiner (Gottes) Wege Hi 2614, cf. Fohrer KAT XVI 383; d) מִקְצוֹתָם (cf. מִקְצֶה etc. u. מִקְצֵה אֶחָיו ↗ קָצֶה 1 a ε): aus ihrer Gesamtheit, aus ihnen allen Ri 182 2K 1732; מִקְצוֹת הָעָם aus dem ganzen Bestand des Volkes 1K 1231 1333, s. Noth Kge. 266. 268; בקצות רוחות in der Gesamtheit der Geister Sir 1617; — 3. Wendungen: a) zu 2 a und bes. b: c. אָכַל Ez 154, c. בָּרָא Js 4028, c. חזק מִן hif. Js 419, c. חָרַד Js 415, c. נבט hif. Hi 2824, c. נָתַן Ex 2825 3918; b) zu 2 d: c. עָשָׂה 1K 1231 1333 2K 1732, c. שָׁלַח Ri 182. †

קֵצֶה: I קצה, BL 579q: immer אֵין קֵ׳ (= אֵין קֵץ ↗ קֵץ 6) ohne Ende Js 27 Nah 210 33.9. †

***קָצוּ**: I קצה, GK § 93x, BL 458x: pl. cs. קַצְוֵי: **Ende** קַצְוֵי־אֶרֶץ Js 2615 Ps 4811, קַ׳־אֶרֶץ Ps 656 die Enden der Erde. †

***קָצוּר**: קצר, BL 471u; cf. mhe. קָצָר/קָצֵר, ja. קְצִרָא kurz, gering; ja. קְצוּרָא (קְצוּר עַרְסָא) bettlägerig; sy. *qeṣīrā* krank; cp. *qwṣr* kurz; md. *kṣir(a)* (MdD 222a) krank; ar. *qaṣīr* kurz, klein, niedrig: pl. fem. קְצֻרוֹת: **verkürzt**, **kleiner** (הַלְּשָׁכוֹת) Ez 425. †

***קְצוֹת**: pl. ↗ קָצָה.

קְצוֹת: ↗ *קְצָת; (1 QHab קצוות [sbst.] s. Elliger HK 206f).

קֶצַח: wohl Primärnomen (cf. BL 457q); mhe., ja. קֶצְחָא; ug. *qṣḥ* (RSP I S. 444 Nr. 110); ar. *qizḥ*: **Schwarzkümmel**, *Nigella sativa L.* (Löw 3, 120ff, AuS 2, 291, BHH 1027): Js 2825.27. †

קָצִין: II *קצה (BL 470m mit Anm. 2: *-n* sekündär, etwa nach דַּיָּן :: GB: postpos. art. *n*, vgl. sab., Höfner § 98a); mhe. Fürst; ug. PN *qṣn, bn qṣn* (UT nr. 2257, Aistl. 2436, RSP II S. 68 Nr. 35, Gröndahl 29. 177. 407b), cf. PN *qṣj* (UT nr. 2255, Gröndahl l. c.); ar. *qāḍin* Richter, v.

qaḏā (*qḏj*) ⁊ II *קָצָה: cs. קְצִין, pl. cs. קְצִינֵי, sf. קְצִינַיִךְ: — 1. קָצִין allg. **Machthaber, Oberhaupt, Vorgesetzter**; nach der Etym. eig.: eine Person, die etwas zu entscheiden hat, s. Rudolph KAT XIII/3, 69, und zwar a) im zivilen, b) im militärischen Bereich. Bei a) variiert die Bedtg. nach dem Zushg.: α) Amtsvorsteher, Obrigkeit Js 1$_{10}$ 3$_{6f}$ R. Hentschke Die Stellung der vorexil. Propheten zum Kultus, BZAW 75, 1957, 94^3, cf. Kaiser ATD 17^5, 43; bzw. Magistrate Wildbg. BK X 37; β) die verantwortlichen Leiter d. Volkes Mi 3$_{1.9}$ (Wildbg. l. c.), cf. Pr 6$_7$; γ) Richter Pr 25$_{15}$ (Gemser^2 90) oder Fürst (W. Bühlmann, Vom rechten Reden und Schweigen, OBO 12, 1976, 77); b) Anführer Ri 11$_{6.11}$; Jos 10$_{24}$ pl.? speziell: Unterführer, s. Ludw. Schmidt Menschlicher Erfolg und Jahwes Initiative (WMANT 38, 1970) 154f; Machthaber (קָצִין = pun. שפט Suffet) Da 11$_{18}$, s. Plöger KAT XVIII 156. 161f; c) der קָצִין als Träger von polit. und militär. Macht (a und b verbunden): קְצִינַיִךְ deine Anführer Js 22$_3$, קצין Fürst (als Glied der david. Dynastie) Sir 48$_{15}$; — 2. Wendungen: הָיָה (לְ)קָצִין Ri 11$_6$ Js 3$_6$, c. נָדַד Js 22$_3$, c. פתה pu. Pr 25$_{15}$, שִׂים לְקָ׳ Ri 11$_{11}$, שִׂים קָצִין עָם Js 3$_7$. †

I *קְצִיעָה: ? Primärnomen (cf. BL 470m :: Lex.^{1}: I קצע, cf. GB): pl. קְצִיעוֹת: > κασία (so auch G, s. Masson 48f): **Kassia, Zimtblüten** (die für Räucherwerk getrockneten Blüten von Arten von Cassia, Löw 2, 113ff, BHH 935f) Ps 45$_9$; ⁊ II קְצִיעָה. †

II קְצִיעָה: n. f., G (acc.) Κασίαν, = I, so Noth N. 231, Stamm HFN 328: :: UT nr. 2258: zu ug. *qṣʿt* ein Bogen „die Wohlgeformtheit eines Bogens liess es als passend für einen Mädchennamen erscheinen"; ähnl. Pope Job 350 und (fragend) Fohrer KAT XVI 544^6; doch ist das gegenüber dem naheliegenden Zushg. mit I *קְצִיעָה sehr unwahrscheinlich, zumal ug. *qṣʿt* im Unterschied zu *qšt* vielleicht eher Pfeil(e) bedeutet, s. CML^2 157a: Tochter von אִיּוֹב Hi 42$_{14}$. †

קְצִיץ: I קצץ, BL 471s: n. l. עֵמֶק קְצִיץ Jos 18$_{21}$ ⁊ I עֵמֶק B 16. †

I קָצִיר: I קצר, BL 471 q; Sam. *qåṣər*; mhe., DSS (KQT 194a: 1QS X 7), u. קְצִירָה Ernten; ihe. Gzr 4/5 ירח קצר, in 4 קצר שערם — Monat des Gerstenschnittes, in 5 קצר וכל —, Deutung ungewiss, s. DISO 262; KAI Nr. 182, de Vaux Inst. 1, 280 = Lebensordnungen 1, 296, TSSI 1, 2.3f; äga. כציר (DISO 126): cs. קְצִיר, sf. קְצִירְךָ, קְצִירֵךְ, קְצִירוֹ/רָהּ, קְצִירְכֶם: **das Abschneiden = Getreideernte** (AuS 3, 4f. April-Juni, cf. BHH 433) Rt 2$_{21}$: — 1. a) יְמֵי קָצִיר Ri 15$_1$ Jos 3$_{15}$ 2S 21$_9$, יוֹם קָצִיר Pr 25$_{13}$, עֵת (הַ)קָּצִיר Jr 50$_{16}$ 51$_{33}$; b) זֶרַע וְקָצִיר Gn 8$_{22}$ u. חָרִישׁ וְקָצִיר Pflügen und Ernte Gn 45$_6$ Ex 34$_{21}$ die Jahreshälften des Bauern, cf. חֲרִישׁוֹ . . . קְצִירוֹ 1S 8$_{12b}$ d. i. die Arbeit des Feldwirtschaft treibenden Bauern insgesamt, s. J. Halbe Das Privilegrecht Jahwes Ex 34, 10-26 (FRLANT 114, 1975) 190, ⁊ unten 2; c) חֹרֶף :: קָצִיר Pr 20$_4$; קָצִיר u. קַיִץ die ganze Erntezeit Js 16$_9$ Jr 8$_{20}$ Pr 6$_8$ 10$_5$ 26$_1$; cf. בָּצִיר u. קַיִץ Jr 48$_{32}$; d) קְצִיר שְׂעֹרִים 2S 21$_9$ Rt 1$_{22}$ cf. Gzr 4, קְצִיר הַשְּׂ׳ Rt 2$_{23}$; קְצִיר חִטִּים Gn 30$_{14}$ Ex 34$_{22}$ Ri 15$_1$ 1S 6$_{13}$ 12$_{17}$; קְצִיר הַחִטּ׳ Rt 2$_{23}$; e) חַג הַקָּצִיר Ex 23$_{16}$ (de Vaux Inst. 2, 395 = Lebensordnungen 2, 392. BHH 433); תְּחִלַּת קָצִיר 2S 21$_{10}$, cf. 2S 21$_9$, ⁊ d; חֹם קָצִיר Js 18$_4$; לַקָּצִיר bis zur Ernte Am 4$_7$, s. Brockelm. HeSy. § 107b; לִפְנֵי קָצִיר Js 18$_5$; שִׂמְחַת בַּקָּצִיר wie man sich in der Ernte freut Js 9$_2$; חֻקּוֹת קָצִיר Erntefristen Jr 5$_{24}$; — 2. **Ernteertrag** Lv 19$_9$ 23$_{10.22}$ 25$_5$ Dt 24$_{19}$ 1S 8$_{12}$ ⁊ 1b, Js 17$_{11}$ Jr 5$_{17}$ Jl 1$_{11}$ 4$_{13}$; — 3.

2S 23_{13} txt. inc., Emendation am ehesten mit Hertzberg ATD 10[2] 332: dl das erste אֶל und verbinde רֹאשׁ mit קָצִיר: ...וַיֵּרְדוּ רֹאשׁ קָצִיר וַיָּבֹאוּ אֶל־ sie stiegen beim Beginn der Ernte hinab und kamen ..., cf. TOB 610f: קָצִיר acc. temp. zur Zeit der Ernte :: Lex.[1], cf. BHS pr. אֶל־קָצִיר prop. אֶל־הַצֻּר; cj. Js 17_5 pr. קָצִיר prop. קֹצֵר (Lex.[1], cf. BHS) :: Wildbg. BK X 636: קָצִיר gl.; cj. Js 23_3 pr. קְצִיר יְאוֹר prop. קְצִירוֹ bzw. קְצִירָהּ, et dl יְאוֹר var. zu שִׁחֹר, s. Wildbg. BK X 856; Hos 6_{11} lies MT גַּם יְהוּדָה שָׁת קָצִיר לָךְ auch Juda dir hat man eine Ernte bereit (pr. שָׁת 1 ? part. pass. שִׁת), eine judäische gl., siehe u. a. Rudolph KAT XIII/1, 141. 144; Wolff BK XIV/1[2] 135 :: Lex.[1]; cf. Hi 5_5 pr. קְצִירוֹ prop. (cf. G S) קָצְרוּ, u. a. Fohrer KAT XVI 132; Horst BK XVI/1, 61 cf. BHS :: TOB: MT was er geerntet hat; — 4. Wendungen: c. אָבַד Jl 1_{11}, c. אָכַל Jr 5_{17}, c. אָסַף Js17_5 cj. ℱ 3, c. בּוֹא (עֵת־הַקָּצִיר) Jr 51_{33}, c. בָּשַׁל Jl 4_{13}, c. כָּלָה qal Rt 2_{23}, pi. 2_{21}, c. cj. (נָדַד) נֵד Js 17_{11}, c. לקט pi. Lv 19_9 23_{22}, c. עָבַר Jr 8_{20}, c. קָצַר Lv 19_9 $23_{10.22}$ 25_5 Dt 24_{19} 1S 6_{13} 8_{12}, c. רדם nif. (בַּקָּ׳) Pr 10_5, c. שָׂמַח (בַּקָּ׳) Js 9_2, c. שָׁאַל (בַּקָּ׳) Pr 20_4, c. שָׁבַת (קָצִיר) Gn 8_{22}, (בַּקָּ׳) Ex 34_{21}, c. שִׁית Hos 4_{11}, c. שָׁמַר (חַג הַקָּצִיר) Ex 23_{15f}, (חֻקּוֹת קָצִיר) Jr 5_{24}. †

II קָצִיר: Etym. ungewiss, s. Rüthy 59; Primärnormen od. zu II קצר (Lex.[1]) ? zu letzterem cf. BL 470n: sf. קְצִירוֹ/רָהּ, קְצִירִי; pl. sf. קְצִירֶיהָ: (AuS 3, 13; 4, 167, Rüthy l. c.): — 1. a) **Zweig**, **Gezweige** Js 27_{11} Hi 18_{16} 29_{19}; b) **Triebe**, **Schosse** Ps 80_{12} (|| יוֹנְקוֹת) Hi 14_9; — 2. Wendungen: c. יָבֵשׁ Js 27_{11}, c. I מָלַל Hi 18_{16}, c. עָשָׂה Hi 14_{19}, c. שלח pi. Ps 80_{12}. †

I קצע: cf. mhe. u. Sam. (Lv 14_{41} *jiqṣå̄ʾu*) qal abnehmen, Feigen entstielen, pi. abtrennen, od. ? zu II קצע; ar. *quḍāʿ* feiner (abgekratzter) Staub:

hif: impf. יַקְצִעַ, cj. c. Vrss. יַקְצִעוּ abkratzen Lv 14_{41a} cj. $_{41b}$ pr. הִקְצוּ 1 הִקְצִיעוּ; vs. $_{43}$ pr. הִקְצוֹת 1 הַקְצִיעַ (BHS). †

Der. *מַקְצֻעָה.

II קצע: mhe. קָטַע abhauen, pu. pt. verstümmelt, verkürzt; ja. קְטַע abhauen, verkürzen; ug. *$qṣ^c$ als √ d. sbst. $qṣ^ct$ (ℱ II קְצִיעָה) = der/die Vielkantige als Bezeichnung von Pfeilen, so TOML 427q; sy. $q^eṭa^c$; cp. $qṭ^c$; asa. $qṣ^c$ (Conti 233b); äth. *qadʿa* (Dillm. 476); tigr. *qaṭʿa* (Wb. 263a); ar. *qaṭaʿa* abschneiden, abhauen u. ähnl.; tigr. auch vermindern:

pu: pt. fem. pl. cs. מְקֻצְעוֹת (Sam. [*am*]*mēqiṣṣå̄ʾot*, BCh. LOT 5, 148 § 2.13.5): **zu Ecken gemacht** (קְרָשִׁים) Ex 26_{23} 36_{28} cj. pr. MT prop. cf. 26_{24} 36_{29} מִקְצֹעַת Ecken (BHS), ℱ מִקְצֹ(וֹ)עַ. †

hof: pt. fem. pl. מְהֻקְצָעוֹת Ez 46_{22} (BL 229h. 362 :: Bgstr. 2 § 19k Anmerkung: Tf.), s. Tilgungspunkte (*Puncta extraordinaria*) im MT, cf. R. Meyer Gr. § 17, 4; dem entspricht das Fehlen des Wortes in d. Vrss.; die Deutung ist fraglich, Vorschläge: a) trad. Eckräume (GB, König Wb. 415b: zu Winkeln gemacht = Eckräume); b) zu Ecken gemacht (Lex.[1]); c) gl., die das sbst. מִקְצֹ(וֹ)עַת vs. $_{22a}$ mit art.? wiederholt, s. Zimmerli Ez. 1191, cf. Zorell. †

Der. מִקְצֹ(וֹ)עַ.

I קצף: mhe. hif. zürnen machen (Dalm. Wb. 387b), DSS (DJD V Nr. 176 20, 2) sbst. קֶצֶף, cf. THAT II 666; kan. EA nif. *na-aq-ṣa-pu* sie waren erbittert (82, 51), [*na*]-*aq-ṣa-ap-ti* ich war erbittert (93, 5), s. Friedr. § 73, DISO 262, cf. Rainey UF 5, 1973, 237f; akk. *kaṣāpu*/*keṣēpu* (AHw. 456a) denken; äga. sbst. *kṣph* sein (des Königs) Zorn (Aḥqr 101, DISO 126); sam. (Memar Marqah [Edit. Mac Donald] 88); ℱ ba.; sy. $q^eṣap$ zürnen, adj. $q^eṣīpā$ traurig; sbst. $q^eṣāpā$ Traurigkeit:

qal: pf. קָצַף, קָצַפְתָּ/תִּי; impf. וַ/יִּקְצֹף,

תִּ/אֶקְצֹף, וַיִּקְצְפוּ; inf. cs. קְצֹף; pt. קֹצֵף: (THAT II 663-66, ThWbNT V 392-410): **zürnen, zornig sein**: — 1. Zorn von Mensch gegen/über Mensch(en): (ThWbNT l. c. 394f, THAT II 664): a) abs. 2K 5$_{11}$ Est 1$_{12}$ 2$_{21}$; b) c. עַל Gn 40$_{2}$ 41$_{10}$ Ex 16$_{20}$ Lv 10$_{16}$ Nu 31$_{14}$ 1S 29$_{4}$ 2K 13$_{19}$ Jr 37$_{15}$; — 2. Zorn von Gott/Jahwe (ThWbNT l. c. 395-410, THAT II 665, Eichrodt 1[5] 168-176): a) abs. Dt 1$_{34}$ Js 57$_{16}$ 57$_{17b}$ (cj. pr. וְאֶקְצֹף l וְקָצֹף, BHS); Js 64$_{4.8}$ Zch 1$_{15b}$; b) c. עַל Lv 10$_{6}$ Nu 16$_{22}$ Dt 9$_{19}$ Js 47$_{6}$ 54$_{9}$ Zch 1$_{2.15a}$ Koh 5$_{5}$ (עַל־קוֹלֶךָ), Kl 5$_{22}$; c) c. אֶל Jos 22$_{18}$; d) c. בְּ (בַּעֲוֹן־) Js 57$_{17a}$. †

hif: pf. הִקְצַפְתָּ, הִקְצַפְתֶּם; impf. וַיַּקְצִיפוּ; inf. cs. הַקְצִיף; pt. pl. מַקְצִפִים: **zum Zorne reizen, erzürnen**, (c. acc. יהוה): Dt 9$_{7f.22}$ Zch 8$_{14}$ Ps 106$_{32}$ (cj.? pr. וַיַּקְצִיפוּ l c. G S וַיַּקְצִיפוּהוּ). †

hitp: pf. וְהִתְקַצַּף: **in Zorn geraten** Js 8$_{21}$ (:: Guillaume JSS 9, 1964, 288f: ausgemergelt, nach ar. *qaḍuba*, doch unwahrscheinlich, s. Wildbg. BK X 355; zum Sinn des vbs. im Zushg. Wildbg. l. c. 358; THAT II 664f). †

Der. I קֶצֶף.

II *קצף: md. *GṢP* (MdD 96a, cf. Nöldeke MG § 38) abbrechen, ausreissen; ar. *qaṣafa* zerbrechen, zerschmettern (Wehr 686a), Holz brechen (Blau VT 5, 1955, 343).

Der. II קֶצֶף, קְצָפָה.

I קֶצֶף: I קצף, BL 458s; Sam. *qēṣəf*; mhe. Name eines Engels der Zerstörung (Dalm. Wb. 387b, THAT II 666), sbst. קְצִיפָה, קִצָּפוֹן Zürnen, DSS u. äga. sbst. ↗ I קצף; dort auch sy. adj. u. sbst.: sam. קצף: hebr. Lw.; Lit ↗ I קצף: קֶצֶף, sf. קִצְפִּי, קִצְפּוֹ, קִצְפֶּךָ, קֶצְפְּךָ: — 1. von Menschen: a) **Unmut**, **Verdruss** Koh 5$_{16}$ (|| כַּעַס u. חֳלִי, sic. l pr. חָלְיוֹ), Est 1$_{18}$ (|| בִּזָּיוֹן); b) **Zorn** 2K 3$_{27}$ :: Driver JThS 36, 1935, 293: Traurigkeit (nach d. Syr.), cf. Gray Kings[3] 490f u. Barr CpPh 122; — 2. **Zorn**: a) von Jahwe: α) קֶצֶף יהוה Jr 50$_{13}$ 2C 29$_{8}$ 32$_{26}$; קֶצֶף גָּדוֹל מֵאֵת יהוה Zch 7$_{12}$, קֶצֶף לַיהוה Nu 17$_{11}$ 2C 19$_{2}$, קֶ׳ מִלִּפְנֵי יהוה Js 34$_{2}$; β) קָצַף (יהוה) קֶצֶף גָּדוֹל Zch 1$_{2.15}$, קֶצֶף גָּדוֹל u. חֵמָה u. אַף (von Jahwe ausgehend) Dt 29$_{27}$ Jr 21$_{5}$ 32$_{37}$, cf. Zch 7$_{12}$; γ) c. sf. (auf Gott/Jahwe bezogen) קִצְפּוֹ Jr 10$_{10}$, קֶצְפְּךָ Ps 38$_{2}$, קִצְפֶּךָ Ps 102$_{11}$, קִצְפִּי Js 60$_{10}$ (:: רְצוֹנִי); b) קֶצֶף (abs.) **Zorn**, **Zornesgericht** (ein Zushg. mit יהוה als Urheber nur indirekt) Nu 1$_{53}$ 18$_{5}$ Jos 9$_{20}$ 22$_{20}$ 1C 27$_{24}$ 2C 19$_{10}$ 24$_{18}$ 32$_{25}$; בְּשֶׁצֶף קֶצֶף Js 54$_{8}$ ↗ שֶׁצֶף; — 3. Wendungen: a) zu 1 b הָיָה קֶ׳ 2K 3$_{27}$; b) zu 2: הָיָה קֶ׳ עַל Nu 1$_{53}$ 18$_{5}$ Jos 9$_{20}$ 22$_{20}$ 1C 27$_{24}$ 2C 19$_{10}$ 24$_{18}$ 32$_{25}$, בּוֹא קֶ׳ עַל 2C 32$_{26}$, הָיָה קֶ׳ גָּדוֹל Zch 7$_{12}$, הָיָה קֶ׳ יהוה 2C 29$_{8}$, יכח בְּקֶ׳ hif. Ps 38$_{2}$, יָצָא הַקֶּ׳ Nu 17$_{11}$, (לֹא) יָשַׁב מִקֶּ׳ Jr 50$_{13}$, לחם בְּקֶ׳ nif. Jr 21$_{5}$, נדח בְּקֶ׳ hif. Jr 32$_{37}$, נכה בַּקֶּ׳ hif. Js 60$_{10}$, נָתַשׁ בְּקֶ׳ Dt 29$_{27}$, סתר פָּנִים בְּ...קֶ׳ hif. Js 54$_{8}$, קָצַף קֶ׳ Zch 1$_{2.15}$, רָעַשׁ ... מִקִּצְפּוֹ Jr 10$_{10}$. †

II קֶצֶף: II *קצף, ? BL 458s: hapleg. Hos 10$_{7}$; die Vrss. differieren (s. Blau VT 5, 1955, 343): a) G Θ S abgeknickter Zweig od. ähnl.; b) V A Σ Schaum: mit a) abgeknickter Zweig (Lex,[1], cf. GB, König Wb.), doch s. Rudolph KAT XIII/1, 196: neben a) auch b) sinnvoll. †

קְצָפָה: II *קצף, BL 463u; sam. קצפין (BCh. LOT 2, 445) übersetzt דרדר Gn 3$_{18}$; hapleg. Jl 1$_{7}$: G συγκλασμόν (acc.), V *decorticavit*, S *puššāḥā* „Zerreissung": Stummel (Lex.[1]), eig. Abgeknicktes (Rudolph KAT XIII/2, 38) bzw. die Verstümmelung durch Abbrechen der Zweige (Wolff BK XIV/2, 33). †

I קצץ: Wvar. I קצה; mhe.; ja. abschneiden, abhauen; sam. (Memar Marqah [Edit. Mac Donald] 109: קציצין), sonst Nf. √ קוץ so auch ja. (cf. BCh. LOT III/2, 158); ph. pun. קצי pi. ↗ I קצה; ug. *qṣ* schneiden, schlachten (Aistl. 2434, cf. UF 4, 1972, 30; UF 7,1975, 368; UF 13, 1981, 902, 91); akk. *kaṣāṣu(m)*, *gaṣāṣu* (AHw. 457b) abschleifen; sy. *qaṣ*: 1) scheren, 2) bestimmen, versprechen; die Bedtgen von 2 auch cp. (Schulthess Lex. 182b); md. *QṢṢ* (MdD 414b) verkürzen; asa. *mqṣm* Abhauen (Müller ZAW 75, 1963, 314); ar. *qaṣṣa* schneiden, abschneiden, scheren; cf. *qaḍḍa* durchbohren, in Stücke brechen, zermalmen etc.:

qal: pf. קַצֹּתָה; pt. pass. קְצוּצֵי: — 1. **abhauen** (כַּף) Dt 25$_{12}$; — 2. **stutzen** קְצוּצֵי פֵאָה Jr 9$_{25}$ 25$_{23}$ 49$_{32}$ ↗ I פֵּאָה 1 b β.†

pi. (Jenni 146. 175. 185): pf. קִצַּץ (2K 18$_{16}$), וְקִצֵּץ (Ex 39$_3$ Ps 46$_{10}$), Ps 46$_{10}$ Sec. ουκ. σσες (Brönno 64); impf. וַיְקַצֵּץ וַיְקַצְּצוּ: — 1. **zerschneiden** (פְּתִילִים Schnüre) Ex 39$_3$, (מִסְגְּרוֹת Leisten) 2K 16$_{17}$; — 2. a) abhauen (Daumen u. grosse Zehen) Ri 1$_6$, (Hände u. Füsse) 2S 4$_{12}$; b) zerschlagen (כְּלֵי הַזָּהָב) 2K 24$_{13}$, (כְּלֵי בֵית־הָאֱלֹהִים) 2C 28$_{24}$; c) abhauen, zerhauen (עֲבֹת Strick) Ps 129$_4$; d) in Stücke schlagen (חֲנִית, Speer) Ps 46$_{10}$; — 3. 2K 18$_{16}$, obj. d. vbs. דַּלְתוֹת u. אֹמְנוֹת: entw. abhauen (Lex.[1]) od. beschneiden (des Goldschmuckes berauben), so GB, doch s. auch Lex.[1] zu אֹמְנָה; — cj. ? Hab 2$_{10}$ pr. קְצוֹת prop. c. Vrss. קַצּוֹתָ vel קַצּוֹת, ↗ I קצה qal. †

pu: pt. pl. מְקֻצָּצִים: c. acc. d. Beziehung (GK § 118 q, R. Meyer Gr. § 106, 2d) **verstümmelt** Ri 1$_7$, cf. vs.$_6$. †

Der. ? II קֵץ, קוֹץ, קֵץ > *קִיצוֹן, in n. l. קְצִיץ.

cj. II **קצץ**: denom. v. קֵץ: Ps 139$_{18}$ pr. hif. pf. הֱקִיצֹתִי prop. הֲקִצֹּתִי zu Ende kommen, s. Kraus BK XV[5] 1092; Ps 55$_{24}$ יֶחֱצוּ (↗ חצה) auf die Hälfte bringen; zur cj. יָקֵצּוּ v. II קצץ s. Lex.[1], doch bedarf es ihrer nicht. †

I **קצר**: mhe. ernten, ihe. sbst. קצר ↗ I קָצִיר; inc. äga. קצרתי (AP 66 Nr. 9, 2, DISO 262); ? kan. EA VAB 2, Nr. 244, 14 *ka-[z]i-ra*, cf. S. 1437 (DISO 262); asa. *qṣr* die Fruchternte einbringen (Müller ZAW 75, 1963, 314); cf. ? akk. *kaṣāru* (AHw. 456) knoten, fügen, sammeln :: *eṣēdu(m)* (AHw. 250f) ernten, s. RSP II S. 396 Nr. 41; ja., sy. *qeṭar*, cp. *qṭr* u. md. *GṬR* (MdD 88a) u. äth. *qwaṣara* (Dillm. 473f) binden, sammeln, knoten:

qal: pf. קְצַרְתֶּם, קָצְרוּ; impf. יִקְצוֹר, יִקְצָור (Pr. 22$_8$, K יִקְצוֹר, Q יִקְצָר־), יִקְצֹרוּ, יִקְצְרוּ, יִקְצֹרוּן, תִּקְצֹ(ו)ר (Rt 2$_9$), יַקְצִירוּ (Hi 24$_6$, K יַקְצִירוּ, Q יִקְצוֹרוּ), sf. יִקְצְרֻהוּ; imp. קִצְרוּ; inf. cs. קְצֹר, sf. קֻצְרְךָ, קֻצְרְכֶם; pt. קֹצֵר, pl. קֹ(ו)צְרִים: — 1. a) קָצַר קָצִיר die Fruchternte **einbringen** Lv 19$_9$ 23$_{10.22}$ Dt 24$_{19}$ 1S 8$_{12}$, > קָצַר Lv 19$_9$ 23$_{22}$ 2K 19$_{29}$ Js 37$_{30}$ Hos 10$_{12}$ Mi 6$_{15}$ (:: זָרַע), Ps 126$_5$ Rt 2$_9$ Koh 11$_4$, cj. Hi 5$_5$ pr. קְצִירוֹ prop. קָצְרוּ, ↗ I קָצִיר 3; b) pt. Schnitter: α) sing. Jr 9$_{21}$ Am 9$_{13}$ Ps 129$_7$ Sir 6$_{19}$; cj. Js 17$_5$ pr. קָצִיר prop. קֹצֵר, ↗ I קָצִיר 3; β) pl. 2K 4$_{18}$ Rt 2$_{3-7.14}$; — 2. **einbringen, ernten**: a) סָפִיחַ Lv 25$_{5.11}$, קְצִיר־חִטִּים 1S 6$_{13}$, שִׁבֳּלִים Js 17$_5$, קֹצִים Jr 12$_{13}$, בְּלִיל Hi 24$_6$; b) metaph. סוּפָתָה Hos 8$_7$, עַוְלָתָה 10$_{13}$ (zum ה locale bei diesen sbst. s. BL 528t, R. Meyer Gr. § 45, 3c, auch Rudolph KAT XIII/1, 158); cj. חמס Unrecht Sir 7$_3$ (Smend); עָמָל Hi 4$_8$, אָוֶן Pr 22$_8$. †

[**hif**: impf. יַקְצִירוּ K Hi 24$_6$ l יִקְצוֹרוּ Q.†]

Der. I קָצִיר.

II **קצר**: mhe. pi., ja. pa. kurz machen; cp. *qṣr* verkürzt, vermindert sein; md. *QṢR* (MdD 414b) kurz sein, verkürzen; ar. *qaṣura* kurz, zu kurz sein/werden, *qaṣara* verfehlen, nicht erreichen (c. *ʿan*):

qal: pf. קָצְרָה, קָצַר; impf. (וַ)תִּקְצַר, תִּקְצַרְנָה, תִּקְצָר Pr 10$_{27}$ (Bgstr. 2 § 14c Anm. S. 77: Tf. impf. nach I קצר); inf. קָצוֹר: — 1. **kurz, zu kurz sein**: a) (יַד יהוה, bzw. יָדִי) Nu 11$_{23}$, c. מִן mit inf. um Js 50$_2$ 59$_1$; הַמַּצָּע das Lager Js 28$_{20}$; b) verkürzt werden (שָׁנוֹת) Pr 10₂₇; — 2. (Wolff Anthropologie 36): a) וַתִּקְצַר נַפְשׁוֹ wurde ungeduldig: α) von יהוה, c. בְּ Ri 10₁₆ Zch 11₈; β) von Menschen c. בְּ Nu 21₄, c. לָמוּת sterbensungeduldig Ri 16₁₆; b) α) קָצַר רוּחַ יהוה wurde unmutig Mi 2₇; β) תִּקְצַר רוּחִי wird ungeduldig (Hiob) Hi 21₄; cf. ug. *qṣr npš* unglücklich, notleidend (UT **nr.** 2260, Aistl. 2438), s. auch Aartun AOAT 21/2, 1978, 91. †

pi. (Jenni 21. 35): pf. קִצַּר: **verkürzen** (יָמַי) Ps 102₂₄, ? cj. קִצְּרוּ (BHS) :: Jenni 35; TOB: MT; cf. [י]קצרו c. ימים Sir 30₂₄, nach Ps 102₂₄ eher pi. als hif. †

hif: pf. הִקְצַרְתָּ: **verkürzen** (יְמֵי עֲלוּמָיו) Ps 89₄₆. †

hitp: impf. תתקצר: **sich kurz fassen** (c. אל u. בתפלה) Sir 7₁₀. †

Der. *קצור, קֹצֶר, *קָצֵר, ? II קָצִיר.

קֹצֶר: II קצר, BL 460i; Sam. *qåṣår*; ug. *b[q]ṣrt npš[kn]* (KTU 1. 40, 22): in eurer Notlage, wörtlich „Bedrücktheit an der Seele" (Aartun AOAT 21/2, 1978, 91, cf. van Selms UF 3, 1971, 240); *qṣrt* (KTU 1. 103, 10. 39): „Verengung" bzw. „Kürze" (des Fusses), s. Loretz-Dietrich-Sanmartín UF 7, 1975, 134. 135. 137; sam. (Ex 6₉; BCh. LOT 2, 583); md. *kṣurta* (MdD 222a) Verminderung, Verlust, Krankheit, Niedergeschlagenheit; cf. ar. *quṣūr* Unfähigkeit, Unvermögen, Abnahme, Schlaffheit: **Kürze**, nur in d. Vbdg. קֹצֶר רוּחַ Ex 6₉ (:: ארך רוח Gelassenheit Sir 5₁₁): G ὀλιγοψυχία, V *angustia spiritus* = S *karjūt rūḥā*, T *ʿaʿjāq rūaḥ* Bedrängnis. Angst des Geistes; der genaue Sinn v. קֹ׳ רוּחַ ist nicht ganz sicher: entweder a) Verzagtheit (Lex.[1]) oder b) Ungeduld (GB, Zorell, König Wb., auch Childs Exodus 110); für a) sprechen eher die Vrss., für b) dagegen die Wendungen קָצַר נֶפֶשׁ u. קָ׳ רוּחַ, ↗ II קצר 2 u. das gegensätzliche ארך רוח von Sir 5₁₁. †

***קָצֵר**: II קצר, BL 464a; mhe. קָצָר/צֵר; ja. קְצָרָא kurz, gering; mhe. קְצַר לֵב ungastlich, geizig; cp. *qwṣr* kurz; sy. *qᵉṣīrā*, md. *kṣir(a)* (MdD 222a) krank, niedergeschlagen; ar. *qaṣīr* kurz, klein, niedrig; *קָצֵר „Der Kurze" als sem. PN im äg., s. Helck Beziehungen 378 *qa-s̱( )r-ʿa*: cs. קְצַר, pl. cs. קִצְרֵי: **kurz, verkürzt**: קְצַר אַפַּיִם jähzornig Pr 14₁₇, קְצַר רוּחַ ungeduldig Pr 14₂₉, קְצַר יָמִים kurzlebig Hi 14₁, קִצְרֵי יָד machtlos 2K 19₂₆ Js 37₂₇, cf. ar. *qaṣīr al-jad* machtlos, ohnmächtig etc. (Wehr 685a). †

***קְצָת**: aram. (Wagner 268. 269): I קצה, BL 463x. 599; mhe., DSS (KQT 195: 1QM I 8), pl. כול קצוות alle Enden; ja. קְצָתָא, indet. קְצָת Teil; äga. *qṣt* Teil, ↗ ba. *קְצָת, dort auch zum sy. u. nsy.: cs. קְצָת, sf. קְצָתָם, pl. קְצוֹת Ex 38₅ (Sam. *qåṣṣot*, pl. zu *qiṣṣå*), zu d. aramaisierenden pl. s. Wagner S. 134 (§ 16, 4c), sf. קְצוֹתוֹ K Ex 37₈ u. 39₄, Q קְצוֹתָיו, was auch pl. zu ↗ קָצָה sein kann: **Ende, Äusserstes**: pl. die Enden: — 1. אֶרֶץ Ps 65₉, כַּפֹּרֶת Ex 37₈, אֵפֹד 39₄ (K, Q ↗ קָצָה 2), מִכְבָּר 38₅; — 2. מִקְצָת c. gen. oder sf. am Ende von Da 1₅.₁₅.₁₈; ein Teil von, einige Da 1₂ Neh 7₆₉; — 3. Wendungen: zu 1: c. חבר על pu. Ex 39₄; c. יָשַׁב Ps 65₉; zu 2: c. נָתַן Da 1₂ Neh 7₆₉, c. עָמַד Da 1₅. †

קַר: II קרר, BL 453y; mhe. קַר 1) kalt, 2) Quellwasser; ja. קְרִירָא 1) kalt, 2) Abkühlung, Enttäuschung (?); cf. ? ug. sbst. *qr* Quelle, ? √ *qrr* od. *qwr* (UT nr. 2215. 2262, Aistl. 2443. 2444; CML² 157a: *qwr*); sy. *qarrīrā*; cp. **qrjr* kalt; md. *qarir(a)* (MdD 403a); äth. *qᵘarīr* (Dillm. 424); tigr. *qĕrūr* (Wb. 240oa); ar. *qarr* kalt, kühl: pl. קָרִים: **kühl, kalt** (מַיִם) Jr 18₁₄ Pr 25₂₅; קַר־רוּחַ Pr 17₂₇ K (Q יְקַר־), die Vrss. differieren nach Q: G μακρόθυμος,

V *pretiosi spiritus* (*vir eruditus*), S *d^enaggīr rūḥēh* wer langmütig ist; קַר־רוּחַ = kaltblütig (:: חֵמָה Pr 15₁₈), so Lex.[1] und bes. Gese Lehre und Wirklichkeit in der alten Weisheit, 1958, 40f, cf. W. Bühlmann Vom rechten Reden und Schweigen (OBO 12, 1976, 172: Wer kühlen Geistes [ist ein Mann der Vernunft]) :: Kopf VT 8, 1958, 200f (auch schon GB): Erkl. nach mhe. קוֹרַת רוּחַ Erquickung, Seelenruhe || נַחַת רוּחַ Beruhigung, Behagen. †

***קַר**: I קרר, BL 454b od. 452 q; ug. *qr* Ruf, Schrei (UT nr. 2263, Aistl. 2448), s. Weippert ZAW 73, 1961, 97-99; cf. THAT II 666: **Lärm** Js 22₅, s. dazu auch Wildbg. BK X 806f; cj. Ps 19₅ pr. קַוָּם prop. קֹרָם ihr Tönen, ↗ I קַו, קָו 2 b γ. †

קֹר: II קרר, BL 455h; Sam. Vers. קור (√ קור) *qor*; mhe. קוֹר; ja. קוֹרָא; sy. *qūrā, qūrtā, qartā*; äth. *q^uěr, q^uěrat* (Dillm. 424); tigr. *qěr* (Wb. 240a); ar. *qurr, qirrat* Kälte: **Kälte** (:: חֹם) Gn 8₂₂; cj. Js 25₄ pr. קִיר prop. קֹר, ↗ I קִיר 4. †

I **קרא**; Sam. wie mhe. einige Formen wie von ל״ה gebildet; mhe. lesen, rezitieren, krähen; DSS (KQT 195 = Sprachgebrauch des AT; THAT II 674); ja. rufen, nennen, lesen, rezitieren, krähen; sam. rufen, nennen; ph., pun. (Friedrich § 80b. 83. 93a u. ö.); aam. äga. ↗ ba. Hatra. nab. palm (DISO 263f); ug. *qr'* rufen, anrufen (Aistl. 2448), rufen, einladen (UT nr. 2267), rufen, anrufen, einladen (CML[2] 157a), cf. Pardee UF 7, 1975, 368; KTU 1. 100 Z. 2 *qrit* (pt.) u. Z. 8 u. ö. *tqru* (impf.) sie ruft (u. a. Pardee ZAW 91, 1979, 404; Tsevat UF 11, 1979, 759. 761) oder sie schreit (Dietrich-Loretz-Sanmartín UF 7, 1975, 121. 122); akk. *qerû(m)*; ass. *qarā'u(m)* (AHw. 918) rufen, einladen; sy. *q^erā'*; cp. *qr'*; md. QRA (MdD 414f); asa. *qr'*: X *stqr'* (Conti 233b) zusammenrufen; im äth. nicht belegt; tigr. *qar'a* (Wb. 243a) (Gebete) lesen, rezitieren; ar. *qara'a* hersagen, deklamieren, rezitieren, lesen: (THAT II 666-674):

qal: (661 ×) pf. קָרָא, קָרְאָה u. קָרָאת Js 7₁₄ (GK § 74g, BL 376), קָרָאתָ, fem. Jr 3₄ קָרָאתִי K, Q קָרָאת, cf. Gn 16₁₁, erste pers. קָרָאתִי; קָרְאוּ, Sec. κερου Ps 49₁₂ (Brönno 22), קְרָאתֶם, קָרְאוּ, sf. קְרָאתִיו, קְרָאתִיךָ, קְרָאֲךָ, קְרָאֻנִי; impf. (וַ)יִּקְרָא, (וַ)תִּקְרָא, תִּקְרְאִי Jr 3₁₉ K, Q תִּקְרְאוּ, (וָ)אֶקְרְאָה; וָאֶקְרָא 1S 28₁₅, Mischf.: entweder וָאֶקְרָא od. וָאֶקְרֶה (BHK) :: Stoebe KAT VIII/1, 486: entweder (וַ)יִּקְרְאוּ, (וַ)יִּקְרְאוּ וָאֶקְרָא לְךָ od. וָאֶקְרָאֶה, יִקְרָאֵנִי, נִקְרָא, תִּקְרֶאןָ, תִּקְרֶאנָה, תִּקְרְאוּ, sf. (וַ)יִּקְרָאֵהוּ, dafür יִקְרְאוֹ Jr 23₆ (GK § 60c, BL 376), אֶקְרָאֲךָ, תִּקְרָאֵם, וַיִּקְרָאֵם, וַיִּקְרָאֶהָ, יִקְרָאֻהוּ, יִקְרָאֻנְנִי Pr 1₂₈ (GK § 60e, cf. R. Meyer Gr. § 85, 6); imp. קְרָא, קִרְאוּ, קְרֶאןָ (Ex 2₂₀), קִרְאֶן, sf. קְרָאֵנִי, קִרְאוּ, קְרָאֻהוּ, קְרָאֻהוּ, קְרָאֶנָּה; inf. קְרֹא, קָרוֹא, קְרֹאות, Ri 8₁ (BL 376, Bgstr. 2 § 29e), sf. קָרְאִי, קָרְאָם, קָרְאֵנוּ, קָרְאָם; pt. קֹ(ו)רֵא, קֹרְאִים Ps 99₆ (GK § 74c, § 75 oo, Bgstr. 2 § 29a < קֹרְאִים), cs. קֹרְאֵי, sf. קֹרְאֶיךָ, קֹרְאָיו, pass. קְרִיאֵי, קָרוּא־, pl. קְרֻאִים, קְרוּאִים, cs. קְרוּאֵי (Nu 1₁₆ K, Q קְרוּאֵי), sf. קְרֻאֶיהָ, קְרֻאָיו: THAT II 668: Grdb. des vbs.: durch den Laut der Stimme die Aufmerksamkeit auf sich ziehen:

A. von Menschen und viel seltener von יהוה (75 ×), s. THAT II 673: — 1. a): **rufen, herbeirufen** (jmdn): c. לְ Gn 12₁₈ 20₈ 24₅₇f 26₉ 27₄₂ 39₁₄; c. acc. pers. Gn 27₁ 41₈.₁₄ Js 13₃ 41₄; c. acc. rei חֶרֶב Hg 1₁₁, רָעָב Ps 105₁₆; c. אֶל pers. Gn 39 28₁ Ex 10₂₄ 24₁₆ 34₃₁ etc., cf. THAT II 670; b) **rufen, schreien** α) בְּקוֹל גָּדוֹל Gn 39₁₄ 1K 18₂₇f od. קוֹל גָּדוֹל Ez 8₁₈, cf. HeSy. § 104; β) c. אֶל pers. Gn 22₁₅ Ri 18₂₃, metaph. תְּהוֹם אֶל־תְּהוֹם Ps 42₈; c. אַחֲרֵי hinter jmdm her Jr 12₆ (מָלֵא mit voller Stimme) :: ? cj. קָשְׁרוּ אַחֲרֶיךָ כֻּלָּם (BHS);

ק׳ אַחֲרֵי jmdm nachrufen 1S 20$_{37}$; γ) der/das Gerufene folgt unmittelbar: יהוה יהוה Ex 34$_{6}$, שְׁמוּאֵל 1S 3$_{6}$, טָמֵא טָמֵא Lv 13$_{45}$, קֶשֶׁר קֶשֶׁר 2K 11$_{14}$, חָמָס וָשֹׁד Jr 20$_{8}$, מָגוֹר מִסָּבִיב 49$_{29}$, אַבְרֵךְ Gn 41$_{43}$, חֶרֶב לַיהוה וּלְגִדְעוֹן Ri 7$_{20}$ cf. Est 6$_{9.11}$ ↗ 7; — 2. a) קָרָא שֵׁם לְ **einen Namen nennen** für, jmdm einen Namen geben Gn 2$_{20}$ 26$_{18}$ Js 65$_{15}$ Ps 147$_{4}$ Rt 4$_{17a}$ (THAT II 671); > קָרָא לְ nennen Gn 1$_{5.8.10}$ 2$_{19}$ 30$_{20}$ 35$_{18}$ u. ö.; b) abs. קָרָא שֵׁם als Namengeber auftreten Rt 4$_{11}$, s. Labuschagne ZAW 79, 1967, 364-67 :: Lex.[1]: l קָרָא שְׁמוֹ בְּ macht seinen Namen bekannt; c) קָרָא שְׁמוֹ seinen Namen (so u. so) nennen, ihn (so u. so) nennen Gn 3$_{20}$ 4$_{25.26}$ 5$_{3.29}$ u. ö; ק׳ שְׁמָהּ Gn 11$_{9}$ 26$_{21f}$ Ex 15$_{23}$ Ri 1$_{26}$; ק׳ שְׁמָם Gn 5$_{2}$; d) קָרָא + 2 acc. nennen Gn 26$_{33}$ Nu 32$_{41}$ Js 60$_{18}$; e) קָרָא עַל־שְׁמוֹ nach seinem Namen nennen Dt 3$_{14}$; קָרָא בִשְׁמוֹתָם עַל Ps 49$_{12}$ txt. inc. (Lex.[1]) :: cj. lies c. G Θ S קָרָא שְׁמוֹתָם עַל ihr eigen nennen, ↗ nif. (Gkl. Ps. 212, Kraus BK XV[5] 517) :: Dahood Psalms I 295. 299: sie rufen ihre (der Erben) Namen an; f) קָרָא שֵׁמוֹת לְ Namen geben (Gott den Sternen) Ps 147$_{4}$; — 3. קָרָא בְשֵׁם, cf. Elliger BK XI/1, 89. 293f. 301f, THAT II 670: a) nennen Js 45$_{3.4}$; b) namentlich berufen Ex 31$_{2}$ 35$_{30}$ (Bezaleel), Js 40$_{26}$ (die Sterne), 43$_{1}$ (Israel); c) (profan) mit Namen nennen = anweisen Jos 21$_{9}$ 1C 6$_{50}$ cf. Est 2$_{14}$ ↗ nif.; — 4. קָרָא, sbj. יהוה berufen Js 41$_{9}$ 42$_{6}$ 49$_{1}$ 51$_{2}$ 54$_{6}$; cf. קְרוּאֵי הָעֵדָה (Q) Nu 1$_{16}$ 26$_{9}$; — 5. **rufen, aufrufen**: a) zur Eröffnung od. Führung eines Prozessverfahrens Dt 25$_{8}$ 1S 22$_{11}$ Js 44$_{7}$ 59$_{4}$ Hi 9$_{16}$ 13$_{22}$ 14$_{15}$, s. Boecker 58[1], THAT II 670; b) **einberufen, mustern** (zum Heeresdienst) Ri 8$_{1}$ Jr 4$_{5}$, cf. Hos 7$_{11}$; c) **einladen** c. לְ (zum Essen) Ex 2$_{20}$, (zum Opfermahl) Gn 31$_{54}$ Ex 34$_{15}$ Nu 25$_{2}$ Dt 33$_{19}$ 1S 9$_{13}$ 16$_{3.5}$; cf. אֶל־אֵבֶל zur Trauer Am 5$_{16}$; d) abs.: pt. pass. pl. קְרֻאִים/קְרוּאִים 1S 9$_{13.22}$ 2S 15$_{11}$ 1K 1$_{41.49}$ Zef 1$_{7}$ Pr 9$_{18}$; — 6. **ausrufen** (THAT II 669, mit Lit.): דְּרוֹר Lv 25$_{10}$ Js 61$_{1}$ Jr 34$_{8.15.17}$, יוֹם Kl 1$_{21}$, יוֹם מוֹעֵד 2$_{22}$, מוֹעֵד 1$_{15}$, מְלוּכָה Js 34$_{12}$, cf. Neh 6$_{7}$, מִקְרָא Js 1$_{13}$, מִקְרָא/מִקְרָאֵי קֹדֶשׁ Lv 23$_{2.3.4.37}$, נְדָבוֹת Am 4$_{5}$, עֲצָרָה Jl 1$_{14}$ 2$_{15}$, צוֹם 1K 21$_{9.12}$ Jr 36$_{9}$ Jon 3$_{5}$ Esr 8$_{21}$ 2C 20$_{3}$, שְׁמִטָּה Dt 15$_{2}$, שְׁנַת־רָצוֹן לַיהוה Js 61$_{2}$; abs. (eine Proklamation) ausrufen Lv 23$_{21}$; — 7. קָרָא לִפְנֵי vor jmdm herausrufen Gn 41$_{43}$ Est 6$_{9.11}$, ↗ A 1 b γ; קָרָא בְאָזְנֵי jmdm (laut) zurufen Ri 7$_{3}$ Ez 8$_{18}$ cf. 8 d; — 8. קָרָא **verkündigen** (als tt. des prophet. Auftrages, bzw. Tuns) THAT II 669: a) obj. הַדָּבָר, bzw. הַדְּבָרִים Jr 3$_{12}$ 7$_{2}$ 11$_{6}$ 19$_{2}$, קָרָא בִדְבַר י׳ 1K 13$_{32}$, cf. 2K 23$_{16f}$, קָרָא בְגָרוֹן Js 58$_{1}$, הַקְּרִיאָה Jon 3$_{2}$ cf.$_{4}$, ↗ 10, זֹאת Jl 4$_{9}$; b) קָרָא אֶל Js 40$_{2}$ Zch 1$_{4}$, ק׳ עַל Jon 1$_{2}$, abs. Js 40$_{6}$; c) קָרָא לֵאמֹר Zch 1$_{14.17}$; d) קָרָא בְאָזְנֵי Jr 2$_{2}$, cf. 7; — 9. (Gottheit) **anrufen, rufen zu** (THAT II 672): a) zu fremden Göttern: קָרָא בְשֵׁם אֱלֹהֵיכֶם/הַבַּעַל 1K 18$_{24.26}$ cf. $_{27f}$; b) zu אֱלֹהִים/יהוה: c. אֶל־יהוה Dt 4$_{7}$ (17 ×), c. אֶל־אֱלֹהִים 2S 22$_{7}$ (:: Ps 18$_{7}$: אֲשַׁוֵּעַ) Jon 1$_{6}$ 3$_{8}$, c. לֵאלֹהִים 1C 4$_{10}$, c. לֶאֱלוֹהַּ Hi 12$_{4}$, c. acc. Js 55$_{6}$ Ps 17$_{6}$ 18$_{4.7}$ 31$_{18}$ 50$_{15}$ u. ö., c. שֵׁם (als acc.) קֹרְאֵי שְׁמוֹ Ps 99$_{6}$, קָרָאתִי שִׁמְךָ Kl 3$_{55}$; קֹרְאֶיךָ die dich anrufen (יהוה) Ps 86$_{5}$; abs. Ps 27$_{7}$ 34$_{7}$ 56$_{10}$ 69$_{4}$ 102$_{3}$ 116$_{2}$; c) קָרָא בְשֵׁם יהוה Gn 4$_{26}$ (17 ×) den Namen Jahwes anrufen, s. Westermann BK I/1, 462f; zu Jl 3$_{5}$ s. Wolff BK XIV/2, 66: als Rufender in intensive Beziehung treten mit; d) קָרָא בְשֵׁם יהוה den Namen Jahwes ausrufen/verkünden Ex 33$_{19}$ 34$_{5}$ (יהוה sbj.), Js 12$_{4}$ Ps 105$_{1}$/1C 16$_{8}$ Ps 116$_{13}$, s. Kraus BK XV[5] 972; — 10. Besonderes: קָרָא לְשָׁלוֹם אֶל־עִיר einer Stadt ein gütliches Abkommen anbieten Dt 20$_{10}$, = c.

לְ u. שָׁלוֹם Ri 21₁₃; קָרָא קְרִיאָה אֶל jmdm eine Ankündigung zurufen Jon 3₂ ↗ 8 b; קָרָא דְבָרִים בְּיַד־ (sbj. יהוה) Zch 7₇; — 11. von Tieren: schreien Ps 147₉; cj. Js 21₈ pr. אַרְיֵה prop. הָרֹאֶה (BHS); Js 34₁₄ ↗ II קרא nif. 3.

B: — 1. קָרָא בְּ **hersagen** aus (Buch, Rolle), **lesen** in/aus Dt 17₁₉ Jr 36₆.₈.₁₀.₁₃f Hab 2₂ Neh 8₃.₈.₁₈ 9₃ 2C 34₁₈; — 2. a) קָרָא בְּאָזְנֵי vorlesen Ex 24₇ Jr 36₆.₁₃-₁₅, = קָ׳ לִפְנֵי 2K 22₁₀ 2C 34₂₄ u. קָ׳ נֶגֶד Dt 31₁₁ Neh 8₃; b) קָרָא c. acc. lesen 2K 5₇ (10 ×), vorlesen Dt 31₁₁ Jos 8₃₄f.

C. cj. ? 2S 18₂₈ pr. וַיִּקְרָא prop. c. G[L] וַיִּקְרַב (BHK, Hertzberg ATD 10² 293³) :: TOB 600 mit Anm.ᵗ: MT; cj. Js 44₅ pr. יִקְרָא prop. c. Σ יִקָּרֵא (BHS); Ez 23₂₃ pr. קְרוּאִים prop. c. vs. ₅.₁₂ קְרֹבִים (BHS) :: Zimmerli Ez. 532: MT berufen, hochangesehen (G ὀνομαστούς, V *nominatos*); Hos 11₂ pr. קָרְאוּ לָהֶם prop. c. G כְּקָרְאִי vel כְּדֵי קָרְאִי (cf. BHS) :: TOB u. Jacob CAT XIa 79: die, welche sie riefen, bzw. andere riefen sie; cj. Ps 75₂ pr. וְקָרוֹב שְׁמֶךָ prop. וְקֹרְאֵי בְשִׁ׳ ↗ I קָרוֹב 7;

nif: pf. נִקְרָא, נִקְרְאָה, נִקְרֵאתִי, נִקְרְאוּ; impf. (וַ)יִּקָּרֵא, (וַ)יִּקָּרְאוּ, תִּקָּרֶאנָה; pt. נִקְרָא, pl. נִקְרָאִים: — 1. a) **gerufen werden** Est 3₁₂ 4₁₁ 8₉, c. בְּשֵׁם mit Namen 2₁₄, P. Cassetti, Gibt es ein Leben vor dem Tod? (OBO 44, 1982) 78ff; b) aufgeboten werden c. עַל gegen Js 31₄; — 2. **ausgerufen werden**: a) Jr 4₂₀ (שֶׁבֶר עַל־שֶׁבֶר) od zu II קָרָא, s. Rudolph Jer.³ 36; b) שֵׁם Jr 44₂₆ Rt 4₁₄; Koh 6₁₀ נִקְרָא שְׁמוֹ sein Name wird gerufen = es ist als vorhanden bekannt (Lex.¹), bzw. es ist bestimmt (Zimmerli ATD 16, 200 [16/1³ 196], cf. Hertzberg KAT XVII/4-5, 144); — 3. **erwähnt werden**: a) זֶרַע מְרֵעִים Js 14₂₀; b) יִקָּרֵא לְךָ זָרַע man wird dir Nachkommenschaft benennen, erwähnen (בְּ nach od. durch) Gn 21₁₂, s. Westermann BK I/2, 416f; cf. Gn 48₁₆; — 4. a) יִקָּרֵא לְ man nennt ihn/sie Gn 2₂₃ Dt 3₁₃, s. BHS; 1S 9₉ 2S 18₁₈ Js 1₂₆ 32₅ 62₄.₁₂ Jr 19₆ Pr 16₂₁; b) נִקְרָא (die Benennung folgt) man nennt ihn/sie (sg. u. pl.) Js 54₅ 56₇ 61₆ Zch 8₃ Sir 51₄; c) נִקְרָא שִׁמְךָ/שְׁמוֹ/שְׁמָהּ dein/sein/ihr Name heisst Gn 17₅ 35₁₀ Dt 25₁₀ Ez 20₂₉ Da 10₁; — 5. נִקְרָא שְׁמִי/שִׁמְךָ/שְׁמוֹ עַל mein/dein/sein Name wird genannt über (Ausdruck des Besitzes und der Herrschaft, s. Rudolph KAT XIII/2, 282; THAT II 671 mit Lit.): נָשִׁים Js 4₁, עִיר (Rabba) 2S 12₂₈, Jerusalem Jr 25₂₉ Da 9₁₈.₁₉, Israel Dt 28₁₀ Jr 14₉ Js 63₁₉ 2C 7₁₄ Sir 47₁₈, Tempel (בַּיִת) 2K 8₄₃ Jr 7₁₀.₁₁.₁₄.₃₀ 32₃₄ 34₁₅ 2C 6₃₃, die Lade 2S 6₂ 1C 13₆, die Völker Am 9₁₂, den Propheten Jr 15₁₆; — 6. נִקְרָא מִן nennt mich nach Js 48₂; — 7. יִקָּרֵא עַל־שֵׁם Gn 48₆ Esr 2₆₁ Neh 7₆₃; = נִקְרָא בְּשֵׁם Js 43₇ 48₁ Sir 47₁₈; cj. Js 44₅ pr. יִקְרָא prop. יִקָּרֵא ↗ qal C; — 8. נִקְרָא עַל gerechnet werden zu 1C 23₁₄; — 9. נִקְרָא gelesen werden Est 6₁ Neh 13₁. †

pu: pf. קֹ(וֹ)רָא (pass. qal ?); pt. sf. מְקֹרָאִי: **genannt werden** Js 62₂ 65₁; קֹרָא לְךָ Js 58₁₂, קֹ׳ לְךָ 48₈, קֹ׳ לָהֶם 61₃ Ez 10₁₃ man nennt dich/sie; pt. **Berufener** Js 48₁₂. †

Der. I u. II קֹרֵא, *קָרִיא, קְרִיאָה, מִקְרָא.

II קרא: Nf. v. קרה, auch Sam. (Gn 42₃₈ 44₂₉); ja. itpe. zufällig tun; sy. II *qᵉrāʾ* entgegenkommen, begegnen, *qᵉrāt ʿellᵉtā* es gab eine Veranlassung dazu, dass ... (Nöldeke MG S. 486, cf. LS 691a); md. II *QRA* (MdD 415a) begegnen, sich treffen; ar. *qaraʾa* sammeln, zusammenbringen; dies gilt als Grdb v. *qaraʾa* lesen ↗ I קרא, s. Lane I 2502a, cf. lat. *legere*: (THAT II 681-84):

1. **qal**: pf. קָרָאת (3. pers. f. ↗ zu I קרא), sf. קראך Sir 12₁₇, קְרָאָהוּ, קְרָאַנִי; impf. יִקְרָא, (וַ)תִּקְרֶאנָה, sf. יִקְרָאֵהוּ, קְרָאֻנִי;

יִקְרָאֻנוּ; ? inf. לִקְרַאת Jos 11$_{20}$ (GB, Lex.[1] ↗ II); pt. pl. fem. sf. קֹרְאֹתַיִךְ: **auf jmdn treffen, begegnen, widerfahren**: — 1. c. acc. pers. Gn 42$_{4.38}$ 49$_{1}$ Lv 10$_{19}$ Dt 31$_{29}$ Js 41$_{2}$ (Elliger BK XI/1, 104. 105), Jr 13$_{22}$ 44$_{23}$ Hi 4$_{14}$ Sir 33$_{1}$ 12$_{17}$; קֹרְאֹתַיִךְ sbj. שְׁתַּיִם dies beides hat dich getroffen Js 51$_{19}$; — 2. c. acc. rei und Oel begegnet seiner Rechten (יְמִינוֹ) Pr 27$_{16}$; — 3. Ex 1$_{10}$ txt. inc. כִּי תִקְרֶאנָה מִלְחָמָה: Erklärungen: a) c. MT wenn sich ein Krieg ereignet, מִלְחָמָה coll. sg. = pl., s. H. W. Schmidt BK II/1, 3; F. Michaeli CAT II 29; b) cj.: α) prop. c. Sam. Vrss. תִּקְרָאֵנוּ (BHS) wenn uns ein Krieg trifft; β) prop. כִּי תְקֹרָאנָּה מִלְ׳ (qal pass. energ. zu I קרא): wenn der Krieg erklärt ist, so Dahood Biblica 52, 1971, 348, cf. THAT II 669.

II. **qal** **לִקְרַאת** qal inf. s. BL Nachträge und Verbesserungen (Schluss) zu S. 425: *qátlatu > קִטְלָה; Sam. *alqērằt*, c. sf. *qērằtti*; ihe. לקרת (Sil. 4; KAI Nr. 189, DISO 264); (120 ×): לִקְרָאתִי/תְךָ/תֵךְ/תוֹ/תָהּ/תֵנוּ/תְכֶם/תָם: **entgegen, gegenüber** (THAT II 682f): — 1. im Nominalsatz c. הִנֵּה 1S 10$_{10}$ 2S 15$_{32}$ 16$_{1}$ 1K 18$_{7}$ Pr 7$_{10}$; — 2. in Verbdg. mit Verben: c. אתה hif. Js 21$_{14}$, c. בּוֹא 1S 25$_{34}$ 2S 19$_{26}$ 2K 2$_{15}$, c. הָלַךְ Gn 24$_{65}$ 32$_{7}$ Ex 4$_{27}$ Nu 24$_{1}$ etc., c. הָפַךְ 2K 5$_{26}$, c. חָרַד 1S 16$_{4}$ 21$_{2}$, c. יָרַד Ri 7$_{24}$ 1S 25$_{20}$ 2S 19$_{17.21.25}$ 1K 2$_{8}$ 21$_{18}$, c. יָצָא Gn 14$_{17}$ 30$_{16}$ Ex 4$_{14}$ 18$_{7}$ etc., hif. Ex 19$_{17}$, c. כון nif. Am 4$_{12}$, c. מָצָא 2K 10$_{15}$, c. נגד hif. Jr 51$_{31}$, c. נוס Ex 14$_{27}$, c. נָפַל 2K 5$_{21}$, c. נצב nif. Ex 5$_{20}$ 7$_{15}$ Nu 22$_{34}$, c. נָתַן Gn 15$_{10}$ ↗ נָתַן qal 12; c. סָגַר Ps 35$_{3}$, c. עור Ps 59$_{5}$, c. עָלָה Gn 46$_{29}$ Ri 6$_{35}$ 2K 1$_{6f}$, c. עָרַךְ 1S 4$_{2}$ 17$_{2.21}$ 2S 10$_{9f.17}$ 1C 19$_{10.11.17}$, c. קוּם Gn 19$_{1}$ 1K 2$_{19}$ 21$_{18}$ (קוּם רֵד), c. קָרַב 1S 17$_{48}$, c. קרה nif. Nu 23$_{3}$, c. רָגַז Js 14$_{9}$, c. רוע hif. Ri 15$_{14}$, c. רוץ Gn 18$_{2}$ 24$_{17}$ 29$_{13}$ 33$_{4}$ 1S 17$_{48}$ 2K 4$_{26}$ Jr 51$_{31}$, c. שָׂמַח Ri 19$_{3}$, c. שָׁאַג Ri 14$_{5}$, c. שׁוב 2K 4$_{31}$, c. שׁכם hif. 1S 15$_{12}$, c. שָׁלַח 1S 25$_{32}$ 2S 10$_{5}$ 2K 9$_{17}$ 1C 19$_{5}$; — 3. Besonderes: לִקְרַאת הַמִּלְחָמָה אֶת Jos 11$_{20}$ angesichts des Krieges mit . . ., so Noth Jos. 64 :: Lex.[1]: sich einem Kampf aussetzen mit, cf. TOB auch ZüBi: dass sie den Krieg . . . wollten; cj. ? Ps 45$_{10}$ pr. בְּיִקְּרוֹתֶיךָ prop. לִקְרָ(א)תֶךָ ↗ יָקָר 3. †

nif: pf. נִקְרֵיתִי, נִקְרָא; impf. (וַ)יִּקָּרֵא; inf. נִקְרֹא: — 1. **sich treffen lassen** (אֱלֹהֵי הָעִבְרִים) Ex 5$_{3}$ (עַל von); — 2. **sich zufällig** (an einem Ort) **befinden** 2S 1$_{6}$; — 3. a) sich vorfinden Dt 22$_{6}$ (קַן־צִפּוֹר), 2S 18$_{9}$ 20$_{1}$; b) sich begegnen cj. Js 34$_{14}$ (↗ I קרא A 11) pr. יִקְרָא prop. יִקָּרֵא = יִקָּרֶה (BHS) :: Wildbg. BK X 1328: MT qal in d. Bedtg. des nif.; c) treffen auf (שֶׁבֶר עַל־שֶׁבֶר) Jr 4$_{20}$ od. zu I קרא ↗ dort nif. 2 a. †

hif: impf. וַתַּקְרֵא: c. acc. pers. et rei jmdn **etwas** (כָּל־הָרָעָה הַזֹּאת) **treffen lassen** Jr 32$_{23}$. †

I **קֹרֵא**: I קרא, eig. „der Schreier, Rufer", s. GB: 1S 26$_{20}$ Jr 17$_{11}$: gewöhnlich = Rebhuhn; aber ar. *qārijat* = Bienenfresser *merops apiaster L.* ZDPV 36, 1961 171 Nr. 82); Aharoni 468f: = *ammoperdix heyi*, eine Rebhuhnart: Aharoni fand 2 Gelege zu je 11 Eiern von 2 Weibchen im selben Nest; s. ferner Driver PEQ 87, 1955, 132f; Bodenheimer AM 199 (:: AuS 2, 78 Wüstenhuhn; BHH 1558f); zu Jr 17$_{11}$ s. Sawyer VT 28, 1978, 324-29: spielt nicht auf die (vermeintliche) Eigenschaft des Rebhuhns an, Eier aus fremdem Nest zu entwenden und zu bebrüten (so u. a. GB); vielmehr ist die Schutzlosigkeit des Rebhuhns u. seiner Jungen gemeint, die mit der falschen Sicherheit des Toren verglichen wird. †

II **קֹרֵא** u. **קוֹרֵא**: n. m.; = I (Noth N. 230); asa. *QR*^{M} (Müller ZAW 75, 1963, 314);

Dir. 353, Moscati Ep. 44ff (Lesung u. Deutung d. PN קרא (?) umstritten): — 1. Torhüter aus der Sippe von קֹרַח 1C 9$_{19}$ 26$_{1}$; — 2. Levit u. Torhüter z. Zeit des Hiskia 2C 31$_{14}$. †

קרב: mhe., DSS (KQ̣T 195); ? aam. (KAI Nr. 219,2 *qrbn* sbst. pl. „Opfer" od. vb. pa. „wir haben geopfert", zum vb. s. Degen Altaram. Gr. § 57a, S. 70); äga.; nab. palm. Hatra (DISO 264f; NESE 3, 1978, 89: Nr. 292, 4); Nimrud Elfenbein (NESE 2, 1974, 50), ↗ ba; ug. *qrb* (UT nr. 2268, Aistl. 2449); Ebla PN *qá-ra-ba-il* „Il ist nahe" H.P. Müller La Lingua di Ebla, Napoli 1981, 216; akk. *qerēbu(m)*, ass. *qarābu(m)* (AHw. 915ff); ja. sam. (BCh. LOT 2, 444. 522); sy. *q*^{e}*reb*; cp. *qrb*; md. *Q̣RB* (MdD 415b); asa. *qrb* (Conti 233f); äth. *qarba* u. sehr selten *qaraba* (Dillm. 425f), auch tigr. (Wb 241f); ar. *qaruba*; d. Grdb. d. sem. √ ist nahe sein, sich nähern, caus. herantreten lassen, heranbringen, oft in kult. Zushg. v. Opfer, Opfer darbringen ↗ hif.:

qal (107 ×): pf. קָרַב (BL 358), קָרְבָה, קָרֵבָה, קָרַבְתָּ, קָרֵבְתָּ, קָרַבְתִּי, קָרְבוּ; impf. (וַ)יִּקְרַב, יִקְרַב, (וַ)תִּקְרַב, תִּקְרַב, וָאֶקְרַב, (וַ)יִּקְרְבוּ, יִקְרְבוּ, וַתִּקְרַבְנָה, (וַ)תִּקְרְבוּ, וַתִּקְרְבוּן, נִקְרַב, נִקְרְבָה, נִקְרְבָה; imp. קְרַב, קָרְבָה (*qŏr*^{e}*bā*) Ps 69$_{19}$ (BL 306n), קָרְבָה (!); Ez 9$_{1}$ ↗ 8 d; inf. קְרֹב, קְרָב־, לְקָרְבָה Ex 36$_{2}$ (BL 316d), sf. קָרְבְכֶם (BL 358v), קָרְבָתָם; pt./verbaladj. ↗ קָרֵב (THAT II 674-81): — 1. a) **sich nähern**, **nahekommen** (v. Terminen, bzw. Geschehnissen) Gn 27$_{41}$ Dt 15$_{9}$ Ez 12$_{23}$ Kl 4$_{18}$ (קִצֵּינוּ); b) c. לָמוּת Gn 47$_{29}$ Dt 31$_{14}$ 1K 2$_{1}$; — 2. a) **herantreten**: α) abs. Lv 9$_{5}$ 10$_{4f}$ 21$_{18}$ (↗ 4 e), Nu 27$_{1}$ 36$_{1}$ Dt 4$_{11}$ 5$_{27}$ Jos 7$_{14}$ 10$_{24}$ Js 41$_{5}$ Ez 9$_{1}$ (↗ 8 d), Est 5$_{2}$; β) c. אֶל Nu 18$_{4}$ 31$_{48}$ 1K 2$_{7}$ (↗ auch 4 a); γ) c. לְ mit inf. הַצִּיל Dt 25$_{11}$, הִשְׁתַּחֲוֹת 2S 15$_{5}$, שְׁמֹעַ Js 34$_{1}$ Koh 4$_{17}$ oder zu b; b) **herankommen**: α) c. חֲלֹם Ex 3$_{5}$, c. מוּל dicht Dt 2$_{19}$, c. עַד־הֵנָּה 2S 20$_{16}$ (↗ auch 8 a), c. הֵנָּה Js 57$_{3}$ (↗ 7), abs. Ps 119$_{150}$; β) c. בְּ: בְּאַחַת הַמְּקֹמוֹת (Q) Ri 19$_{13}$, בְּאָהֳלֶךָ Ps 91$_{10}$; γ) c. לְ: לַשַּׁחַת (naht sich) der Grube Hi 33$_{22}$; c) וַתִּקְרַב הַמִּלְחָמָה es kam zum Kampf 1K 20$_{29}$; d) nahen עֲצַת קְדוֹשׁ יִשְׂרָ׳ Js 5$_{19}$; יהוה (dem ihn Anrufenden) c. אֶל Ps 69$_{19}$, abs. Kl 3$_{57}$; — 3. a) c. אֶל pers. **sich nähern** Gn 37$_{18}$ Nu 31$_{48}$ Dt 1$_{22}$ 5$_{23}$ 2S 20$_{17}$ Js 48$_{16}$ 54$_{14}$ Jon 1$_{6}$ Ps 32$_{9}$ s. Kraus BK XV[5] 405; b) c. אֶל loci vel rei Ex 32$_{19}$ Dt 2$_{37}$ Jos 3$_{4}$, Ez 37$_{7}$ (עֶצֶם אֶל־עַצְמוֹ), Pr 5$_{8}$ (אֶל־פֶּתַח בֵּיתָהּ); c) α) אֶל־הַמִּלְחָמָה zum Kampf Dt 20$_{2}$; β) c. אֶל sich feindlich nahen Ex 14$_{20}$ Dt 20$_{10}$ Jos 8$_{5}$ Ri 20$_{24}$; γ) c. עַל Ps 27$_{2}$ (↗ 8 c), c. לִקְרַאת 1S 17$_{48}$, c. לְ cj. Ps 55$_{19}$ ↗ קָרֵב; — 4. **herantreten an** (im kult. Bereich): a) אֶל־הַמְּלָאכָה an die Arbeit Ex 36$_{2}$; אֶל־הַמִּזְבֵּחַ Ex 40$_{32}$ Lv 9$_{7f}$ Nu 18$_{3}$, c. עַל 2K 16$_{12}$; אֶל־הַקֳּדָשִׁים Lv 22$_{3}$; אֶל־מִשְׁכַּן י׳ Nu 17$_{28}$; אֶל־אֹהֶל מוֹעֵד Nu 18$_{22}$; אֶל־שֻׁלְחָנִי Ez 44$_{16}$, cf. $_{15}$; b) c. לְ mit inf.: לַעֲשֹׂתוֹ (פֶּסַח) Ex 12$_{48}$; לְהַקְרִיב Lv 21$_{17}$; לְהַקְטִיר Nu 17$_{5}$; לְשָׁרְתֵנִי Ez 44$_{15}$; c) α) לִפְנֵי יהוה Ex 16$_{9}$ Lv 16$_{1}$; metaph. sbj. רִנָּתִי Ps 119$_{169}$; β) לִפְנֵי מֹשֶׁה Nu 9$_{6}$; לִפְנֵי אֶלְעָזָר . . . Jos 17$_{4}$; d) אֶל־אֲשֶׁר לָעָם Ez 42$_{14}$ (bevor sie sich dem nahen), was des Volkes ist (ZüBi); (dem Orte nahen), an dem das Volk ist (Zimmerli Ez. 1055); e) abs. Lv 21$_{18}$; — 5. c. אֱלֹהִים (c. אֶל) vor Gott hintreten 1S 14$_{36}$ Zef 3$_{2}$, c. יהוה Ez 44$_{15}$; — 6. **sich geschlechtlich nahen**: a) einer Frau Gn 20$_{4}$ Lv 18$_{6.14.19}$ 20$_{16}$ Dt 22$_{14}$ Js 8$_{3}$ Ez 18$_{6}$; b) einem Tier Lv 20$_{16}$; — 7. herantreten zur Gerichtsverhandlung לַמִּשְׁפָּט Js 41$_{1}$, abs. 41$_{5}$ 48$_{16}$ 57$_{3}$ (c. הֵנָּה); לַמִּשְׁפָּט Mal 3$_{5}$ (sbj. יהוה); — 8. Verschiedenes: a) c. עַד־הֵנָּה näherkommen 2S 20$_{16}$; b) קְרַב אֵלֶיךָ halte dich für dich (?) Js 65$_{5}$; c) c. עַל herfallen über Ps 27_2 ↗ 3 c γ; d) Ez 9_1 קִרְבוּ פְּקֻדּוֹת, Erkl. ungewiss, s. Zimmerli Ez. 195f: entweder α) ק׳ imp. qal !: kommt heran, die ihr das Gericht . . . zu vollstrecken habt (ZüBi), bzw. nahe herbeigekommen sind die Nöte der Heimsuchung . . . (Zimmerli 188, cf. TOB), oder β) man bringe heran die Heimsuchungen . . . (Zimmerli 196). †

nif: (Sam. nif. II [= hitp.] Ex 22_7 *wniqqårråb*): pf. נִקְרַב, נִקְרַבְתֶּם: **sich nähern, heran-/herzutreten**: — 1. אֶל־הָאֱלֹהִים zu den Göttern Ex 22_7, siehe u. a. Noth ATD 5, 149 :: ZüBi, TOB, Childs Exodus 444. 475: vor Gott; — 2. abs. (c. לְשִׁבְטֵיכֶם nach euern Stämmen) Jos 7_{14}. †

pi. (Jenni 75-77: pi: heranbringen, auf den Zustand der unmittelbarsten Nähe bezogen :: hif: meint einen Vorgang relativer Annäherung): pf. קֵרַבְתִּי, קֵרְבוּ; impf. תְּקָרֵב, sf. אֲקָרֲבֶנּוּ; imp. קָרַב Ez 37_{17} (BL 358), קָרְבוּ: — 1. c. acc. rei **heran-, herbeibringen** Js 41_{21} (רִיבְכֶם), 46_{13} (צִדְקָתִי); — 2. (einander) **nahebringen** (Stäbe) Ez 37_{17}; — 3. **nahen lassen** (Gott den Frommen) Ps 65_5; — 4. c. acc. pers. (dei) **herantreten an** Hi 31_{37}; — 5. c. לְ c. inf. **nahe daran sein**, zu Ez 36_8; — cj. Hos 7_6 pr. קֵרְבוּ prop. c. G קָדְחוּ, ↗ קדח 2. †

hif. (177 ×, Lv 89 ×, Nu 50 ×, Ex u. Ez je 8 ×, THAT II 675), hif. :: pi. s. Jenni l. c.: pf. הִקְרִ(י)ב, הִקְרִיבָה, הִקְרַבְתָּ, הִקְרִיבוּ, הִקְרַבְתֶּם, הִקְרַבְתָּם, sf. הִקְרִיבוֹ/בָהּ, הִקְרַבְתִּיו, הִקְרִיבָם; impf. יַקְרִ(י)ב, וַיַּקְרֵב, תַּקְרִיבוּ, (וְ)יַקְרִ(י)בוּ, וַתַּקְרִיבִי, תַּקְרִיב, תַּקְרִבוּן, וַנַּקְרֵב, sf. יַקְרִיבֶנּוּ; imp. הַקְרֵב, sf. הַקְרִיבֵהוּ; inf. הַקְרֵב, cs. הַקְרִ(י)ב, sf. הַקְרִיבוֹ, הַקְרִיבְכֶם, הַקְרִ(י)בָם; pt. מַקְרִיב, pl. מַקְרִיבִים, cs. מַקְרִיבֵי: — 1. **heranbringen, bringen**: a) α) מִנְחָה לְ Ri 3_{17f} u. אֶשְׁכָּר (|| מִנְחָה) Ps 72_{10} Tribut; חֶמְאָה Ri 5_{25}; c. לְ pers. et acc. rei (e. Opfertier) Mal 1_8; מַחְתּוֹת הַנְּחֹשֶׁת bronzene Räucherpfannen Nu 17_4, קָרְבָּן Nu $7_{2f.10}$ ↗ 2 b; עֵצִים Nu 15_{33}; β) הַמִּדְיָנִית Nu 25_6 (Sam. pi.), מֶלֶךְ הָעַי Jos 8_{23}; b) (zur Entscheidung) vorlegen מִשְׁפָּט לִפְנֵי י׳ einen Rechtsfall Nu 27_5, דָּבָר אֵלַי (מֹשֶׁה) Dt 1_{17}; — 2. (Opfer) **darbringen** (von allen Opferarten) bei P, Ez etc., cf. mhe. pi. ja. pa. af.; akk. *qurrubu* (im Kult) darbringen, darreichen (AHw. 917a); ug. *šqrb* (UT nr. 2268, Aistl. 2449, Gray LoC^{2} 195); ? aam. *qrbn* (↗ oben); äga. pa. haf. (DISO 264f); sy. *qarreb* opfern; md. *QRB* (MdD 415b) pe. u. pa. sich nähern mit e. Opfer = opfern); äth. *qarraba* (Dillm. 425) opfern = tigr. *ʾaqraba* (Wb. 242a); ar. *qaruba* II u. a. darbringen; THAT II 679f: a) Ex 29_3 — Nu 29_{36} u. Ez 43_{22f} $44_{7.15.27}$ 46_4 Hg 2_{14} Esr 8_{35} 1C 16_1 2C 35_{12}, ? cj. Ex 18_{12} pr. וַיִּקַּח prop. וַיַּקְרֵב (u. a. cum G Lex.^{1}) :: Noth ATD 5, 116; TOB: MT, s. bes. Buber Moses^{2} 1952, 113; b) in P הִקְרִיב קָרְבָּן Lv 1_2 — Nu 31_{50} (25 ×); c) α) הִקְרִיב c. acc. u. אֶל loci Lv $1_{3.15}$ Nu 5_{25}, bzw. אֶל pers. Lv 2_8 9_9; β) ליהוה Lv $2_{11.14}$ $3_{3.9.14}$ Ez 46_4, לֵאלֹהֵי יִשְׂרָ׳ Esr 8_{35}; γ) לִפְנֵי יהוה Lv $3_{1.7.12}$ Nu 17_3 26_{61} Ez 43_{24}; — 3. **nahebringen, herantreten lassen**: a) α) c. acc. pers. Ex 29_8 40_{14} Lv $8_{6.13.24}$ Nu 3_6 Jos $7_{16.18}$ 1S 10_{20f}, cj. Est 1_{14} pr. וְהַקָּרֹב prop. cf. G וְהִקְרִיב vel הַקָּרֵב; β) c. acc. rei הִקְרִיב יָמָיו bringt seine Gerichtstage herbei Ez 22_4; b) c. אֶל pers. Ex 28_1 Jos 8_{23}, c. אֶל dei (יהוה) Nu $16_{5.9}$ Jr 30_{21} (s. von Rad Th. II^{5} 227), c. אֶל loci Ex 29_4 40_{12}; c) c. לִפְנֵי loci (אֹהֶל מוֹעֵד) Ex 29_{10}; d) c. מִן loci von einem Standort weg an einen anderen hinrücken 2K 16_{14}, s. GB, cf. Gray Kings^{3} 634 :: cj. Lex.^{1}: וַיָּסַר ?; e) הִקְרִיב שָׂדֶה בְשָׂדֶה reiht Feld an Feld Js 5_8; — 4. c. לְ c. inf. intr. **nahe daran sein**, etwas zu tun: הִקְרִיב לָבוֹא Gn 12_{11}, תַּקְרִיב לָלֶדֶת

Js 26_{17}; abs. nahe kommen Ex 14_{10} (s. GK § 53e).
Der. קָרֵב, קֶרֶב, קְרָב, I II קָרוֹב, *קִרְבָה, קָרְבָּן, *קֻרְבָּן.

קָרֵב: קרב, BL 464a; Sam. pt. *qå̊råb*, pl. *qārbəm* (BCh. LOT 5, 31); mhe. DSS (KQT 195: קרב :: קרוב); äga. *qrb* u. *qrjb*, letzteres auch palm. (DISO 265); akk. *qerbu(m)* (AHw. 914a) nah, bab. u. a. nahestehend, Verwandter; md. *qarib* (MdD 420b) nahe; asa. n. m. קרב = *Qārib* „Nahe" (Ryckmans 1, 194a; Conti 233f: Nachbar); sy. cp. äth. tigr. ar. adj. ↗ קָרוֹב; pl. קְרֵבִים: **der sich nähert**: — 1. a) abs. הַקָּרֵב Nu 1_{51} $3_{10.38}$ 18_7; b) c. אֶל Nu 17_{28} 1K 5_7 Sir 12_{13}, הַקְּרֵבִים Ez 40_{46} 45_4; — cj. ? Ez 42_{13} pr. קְרוֹבִים ליהוה prop. קְרֵבִים ליהוה; 43_{19} pr. הַקְּרוֹבִים אֵלַי prop. הַקְּרֵבִים אֵלַי ↗ קָרוֹב 3 a; cj. Est 1_{14} pr. הַקָּרֹב prop. הַקָּרֵב (BHS), s. auch קרב hif. 3 a α; — 2. a) הֹלֵךְ וְקָרֵב kommt immer näher c. אֶל 1S 17_{41}, abs. 2S 18_{25}; b) קְרֵבִים לַמִּלְחָמָה die zum Kampf ausrücken Dt 20_3; — cj. Ps 55_{19} pr. מִקְּרָב־לִי prop. קְרֵבִים לִי רֹבִים, כִּי־בְרַבִּים siehe u. a. Kraus BK XV^5 560.

קְרָב: (aLw. Wagner 270, cf. BL 470 l); קרב; mhe., DSS (KQT 195), ja. קְרָבָא u. קְרָבְתָא, Ram. קרב(א) (DISO 265); sam. (BCh. LOT 2, 506); ↗ ba. hier die weiteren aram. Dialekte; akk. *taqrubtu* (AHw. 1324) Kampf: קְרָב־ Ⓑ), קְרַב־ Ⓛ Ps 55_{22}, pl. קְרָבוֹת: — 1. **feindliche Annäherung, Kampf** Zch 14_3 (Hans Martin Lutz Jahwe, Jersualem und die Völker (WMANT 27, 1968, 27), Ps 55_{22} 68_{31} 78_9 Hi 38_{23} (קְרָב וּמִלְחָמָה), Koh 9_{18} Sir 37_6; cj. 2S 17_{11} pr. בַּקְּרָב l c. G S V בְּקִרְבּוֹ; Ps 55_{19} ↗ קָרֵב 2 b; — 2. Wendungen: חָפֵץ קְרָבוֹת Ps 68_{31}, הָפַךְ בְּיוֹם קְ׳ Ps 78_9, חָשַׂךְ לְיוֹם קְ׳ Hi 38_{23}, לחם בְּיוֹם קְ׳ nif. Zch 14_3, למד יָדַי לַקְּרָב pi. Ps 144_1. †

קֶרֶב: Primärnomen, BL 457 q; Sam. *qērəb*; mhe.: 1) DSS (KQT 195) Mitte; 2) קֶרֶב, du. קְרָבַיִם u. bab. Vok. קְרָבִים Eingeweide = ja. קרבייא, pl. Lw. aus he.; so jT Nedarim VII 1 (= 40b) :: bT Nedarim 54b he. קרבים; mo. בקרב in der Mitte (KAI Nr. 181, 23.24, DISO 265)] ug. *qrb* (UT nr. 2269, Aistl. 2449): 1) KTU 1. 11, 1: Körpermitte, weibl. Scham, s. auch TOML 289; 2) *qrb* u. oft *bqrb* inmitten, in, an, cf. *b*||*bqrb* (RSP I S. 137f Nr 96); akk. *qerbu(m)*, oft *qarbum* (AHw. 914f) Inneres, Mitte; ar. *qur(u)b* Weichen; äg. *q3b* Eingeweide, Bauch (NPCES § 195): cs. קֶרֶב, sf. קִרְבִּי/בְּךָ/בֵּךְ/בּוֹ/בָּהּ, קִרְבֵּנוּ, קִרְבְּכֶם, קִרְבָּם Sec καρβαμ Ps 49_{12} (Brönno 145), קִרְבֶּנָה Gn 41_{21} (BL 252p. 582), pl. sf. קְרָבַי, (THAT II 674: 227 ×, Lv 24 ×, Jos 20 ×, Dt 41 ×, Ps 27 ×); Lit. Eichrodt 2/3^4 95; H. W. Wolff Anthropologie 102f: — 1. das **Leibesinnere** (**Eingeweide**): a) beim Opfertier Ex 12_9 Lv 1_{13} 3_9 und das Fett (חֵלֶב), das den קֶרֶב bedeckt Ex $29_{13.22}$ Lv 3_3; b) bei Kühen Gn 41_{21}; c) beim Menschen Hi 20_{14}, insbesondere bei d. Schwangeren Gn 25_{22}; — 2. קֶרֶב allgemein **Inneres** (d. Menschen): a) sg. צָחַק בְּקִרְ׳ Gn 18_{12}; קִלֵּל בְּקִרְ׳ Ps 62_5; קִרְבָּם הַוּוֹת ihr Inneres ist Verderben Ps 5_{10}; בְּקִרְ׳ 1S 25_{37} Brusthöhle; — cj. Ps 64_7 pr. וְקֶרֶב אִישׁ prop. בְּאִישׁ vel וְקֶרֶב אֱנָשׁ (BHS); b) pl. כָּל־קְרָבַי alles, was in mir ist Ps 103_1; — 3. קֶרֶב in besonderer Verwendung: a) קֶרֶב als Sitz von Leben (נֶפֶשׁ) 1K 17_{21f}; b) קֶרֶב als Sitz von Empfindungen, bzw. Fähigkeiten: α) לֵב בְּקֶ׳ Jr 23_9 Ps 39_4 55_5 109_{22}; β) רוּחַ בְּקֶ׳ allg. Geist Hab 2_{19}; Geist v. Gott/heiliger Geist Js 63_{11} Zch 12_1 Ps 51_{12}; רוּחַ Verstand || עֵצָה Js 19_3; רוּחַ זְנוּנִים בְּקִרְבָּם Hos 5_4; c) חָכְמַת אֱלֹהִים בְּקִרְבּוֹ 1K 3_{28}; תּוֹרָתִי בְּקִרְבָּם Jr 31_{33}; — 4. בְּקֶרֶב הַמִּלְחָמָה 1K 20_{39} = akk. *ina qabal tamḫāri* (AHw. 888a) inmitten der Schlacht, cf. *ina qitrub* *tāḫāzi* (AHw. 916f); — 5. קֶרֶב präpositional: a) α) בְּקֶרֶב: בְּק׳ בֵּיתִי Ps 101$_{2}$, בְּק׳ אֶחָיו 1S 16$_{13}$, בְּק׳ עַמָּה Nu 5$_{27}$, בְּק׳ חֻצוֹת inmitten der Gassen Js 5$_{25}$, בְּק׳ הָאָרֶץ mitten im Land Gn 45$_{6}$ 48$_{16}$ Ex 8$_{18}$ Js 6$_{12}$; בְּק׳ הָאָ׳ mitten/auf der Erde Js 24$_{13}$; בְּק׳ הַכְּנַעֲנִי Jos 1$_{11}$ Ri 1$_{32}$, cf. בְּקִרְבּוֹ unter ihnen (coll.) Gn 24$_{3}$; בְּקֶרֶב יִשְׂרָאֵל Dt 17$_{20}$ Jos 13$_{13}$ Jl 2$_{27}$, cf. Dt 11$_{6}$ Am 7$_{8.10}$; בְּקֶרֶב לִבּוֹ Ps 36$_{2}$; β) בְּק׳ שָׁנִים inmitten der Jahre Hab 3$_{2}$, s. Rudolph KAT XIII/3 231. 233; b) מִקֶּרֶב aus der Mitte hinweg, aus heraus Ex 31$_{14}$ Lv 17$_{4.10}$ Am 2$_{3}$ Mi 5$_{9}$ etc.; — 6. a) von Gott gesagt: יהוה ist בְּק׳ הָאָרֶץ Ex 8$_{18}$, בְּקִרְבֵּנוּ Ex 17$_{7}$ 34$_{9}$ Jr 14$_{9}$ Mi 3$_{11}$, בְּקִרְבָּהּ (יְרוּשָׁלַיִם) Zef 3$_{5}$ Ps 46$_{6}$, בְּקִרְבְּךָ Ex 33$_{3.5}$ Dt 6$_{15}$ 7$_{21}$, בְּקִרְבְּכֶם Nu 11$_{20}$ Jos 3$_{10}$, שְׁמִי בְקִרְבּוֹ Ex 23$_{21}$; Gott ist בְּקִרְבְּךָ קָדוֹשׁ Hos 11$_{9}$, cf. Js 12$_{6}$; עָבַר בְּקִרְבְּךָ Am 5$_{17}$ ↗ 8; אֵין אֱלֹהַי בְּקִרְבִּי Dt 31$_{17}$, cf. Nu 14$_{42}$; בְּקֶרֶב אֱלֹהִים Ps 82$_{1}$ inmitten der Götter; b) von fremden Gottheiten gesagt: אֱלֹהֵי הַנֵּכָר ... בְּקִרְבְּכֶם Jos 24$_{23}$, נֵכָר ... מִקִּרְבָּם Ri 10$_{16}$; — 7. cj. Js 26$_{9}$ pr. בְּקִרְבִּי prop. בַּלַּיְלָה || בַּבֹּקֶר, s. Wildbg. BK X 983; BHS :: Driver JSS 13, 1968, 50; Ps 49$_{12}$ pr. קִרְבָּם prop. cf. Vrss. קִבְרָם vel קְבָרִים (BHS); — 8. Wendungen: a) Verben d. Bewegung: בּוֹא אֶל־ק׳ Gn 41$_{21}$; בּוֹא בְּק׳ Ri 18$_{20}$ 1S 4$_{3}$ Ps 109$_{18}$; הָלַךְ בְּק׳ Ex 34$_{9}$ Jos 8$_{35}$ Ps 138$_{7}$; הִתְהַלֵּךְ בְּק׳ Dt 23$_{15}$ Ps 101$_{2}$; הָמָה קִרְבִּי Js 16$_{11}$; הָמַם מִק׳ Dt 2$_{15}$; הָפַךְ לֵב בְּק׳ Kl 1$_{20}$; חִיל בְּ Ps 55$_{5}$, cj. חוֹלֵל בְּ Ps 109$_{22}$; יָצָא בְּק׳ 1K 20$_{39}$; יָצָא מִק׳ Dt 13$_{14}$ Jr 30$_{21}$; יָשַׁב בְּק׳ Gn 24$_{3}$ Dt 23$_{17}$ Jos 6$_{25}$ 9$_{7.16.22}$, hof. Js 5$_{8}$; לוּן/לִין בְּק׳ Jr 4$_{14}$ Pr 15$_{31}$; לָקַח מִק׳ Dt 4$_{34}$; מוּשׁ מִק׳ Nu 14$_{44}$; מָסַךְ בְּק׳ Js 19$_{14}$; מסס בְּק׳ nif. Js 19$_{1}$; נפל בְּק׳ hif. Ps 78$_{28}$; סור מִק׳ hif. Jos 7$_{13}$ Ri 10$_{16}$; סלה בְּק׳ pi. Kl 1$_{15}$, עָבַר בְּק׳ Dt 29$_{15}$ Jos 1$_{11}$ 24$_{17}$ Am 5$_{17}$; עוז מִק׳ hif. Jr 6$_{1}$; עָלָה בְּק׳ Ex 33$_{3.5}$; עלה מִק׳ hif. Nu 14$_{13}$; פרשׂ יָדָיו בְּק׳ pi. Js 25$_{11}$; קוּם בְּק׳ Dt 13$_{2}$; רצץ בְּק׳ hitpo. Gn 25$_{22}$; שִׂים בְּק׳ Js 63$_{11}$; שׁוּב עַל קִרְבּוֹ 1K 17$_{21f}$; שִׁית בְּק׳ Pr 26$_{24}$; שָׁפַךְ בְּ Kl 4$_{13}$; b) Weitere Verben (ohne Vollständigkeit): אבד מִק׳ hif. Lv 23$_{30}$, I בקק nif. Js 19$_{3}$, ברך כָּל־קְרָבַי pi. Ps 103$_{1}$, הָיָה בְּק׳ Jos 10$_{1}$ Js 19$_{24}$ 24$_{13}$ Mi 5$_{6f}$, חדשׁ בְּק׳ pi. Ps 51$_{12}$, חיה בְּק׳ pi. Hab 3$_{2}$, ידע בְּק׳ hif. Hab 3$_{2}$, כרת מִק׳ nif. Ex 31$_{14}$ Lv 18$_{29}$, כרת מִק׳ hif. Lv 17$_{10}$ 20$_{3.5f}$ Am 2$_{3}$, מוּת מִק׳ Dt 21$_{6}$, מצא בְּק׳ nif. Dt 17$_{2}$, נָתַן בְּק׳ Jr 31$_{33}$ Ez 11$_{19}$ 36$_{26f}$, נָתַשׁ מִק׳ Mi 5$_{13}$, עָשָׂה בְּק׳ Nu 14$_{11}$ Dt 4$_{5}$ 13$_{12}$ Jos 3$_{5}$ 24$_{5}$, cf. Js 10$_{23}$, עשׂה בְּק׳ nif. Dt 13$_{15}$, צָחַק בְּק׳ Gn 18$_{12}$, קלל בְּק׳ pi. Ps 62$_{5}$, קָשַׁר בְּק׳ Am 7$_{10}$, רוח מִק׳ hif. Js 4$_{4}$, שָׁאַג בְּק׳ Ps 74$_{4}$, שׁמד מִק׳ hif. Dt 4$_{3}$, שָׁפַט בְּק׳ Ps 82$_{1}$.

קָרֹב: ↗ קָרוֹב.

***קִרְבָה**: קרב; inf. fem. (Solá-S. 72 § 8, cf. BL 317g); cf. mhe. קִרְבָה, ja. קִרְבָא Annäherung, Nähe; Ram. קרבה od. קרבת Annäherung (DISO 265); sy. *qurbā*; cp. *qwrb'* Nähe; md. *qraba* (MdD 415) Annäherung, Darbringung; äth. *qĕrbat* (Dillm. 427) Annäherung, Nähe; cf. ar. *taqrīb* Annäherung: cs. קִרְבַת Js 58$_{2}$ u. Ⓑ Ps 73$_{28}$, Ⓛ קִרֲבַת: c. אֱלֹהִים: dass man sich Gott nähert Js 58$_{2}$; Ps 73$_{28}$ pr. אֱלֹהִים prop. יהוה, s. E. Würthwein Wort und Existenz, 1970, 170, oder cj. pr. MT prop. קִרְבָתְךָ (BHS) :: MT u. a. ZüBi, TOB, s. ferner Caquot Sem. 21, 1971, 53. †

קָרְבָּן: קרב, BL 499m; Sam. *qåråbån*; mhe.; ja. קֻרְבָּנָא > κορβᾶν Mk 7$_{11}$, s. Dalman Gr. S 174[3], Lokotsch Nr. 1208; > Lw. im sy. cp. sam. (LOT 2, 582), md. (MdD 409b); asa. *qrbn* (Conti 234a); äth. *qᵘerbān* (Dillm. 427); ar. *qurbān*: die Bedtg. stets Opfer, Opfergabe: הַקָּרְבָּן Ⓑ, הַקֻּרְבָּן Ⓛ Ez 40$_{43}$ (s. BL 212k), cs.

קָרְבַּן, sf. קָרְבָּנִי, קָרְבָּנְךָ/נֵךְ, קָרְבָּנוֹ/נָהּ/נָם, pl. sf. קָרְבְּנֵיהֶם: de Vaux Inst. 2, 293f = Lebensordnungen 2, 261; THAT II 677f (THAT II 675: 80 × [Lv 40 ×, Nu 38 ×, Ez 2 ×]); BHH 987: **Darbringung**, **Gabe** (allgemeinster u. blassester Ausdruck für Opfer): — 1. ק׳ besteht: a) im Opfer von Tieren Lv 1.2.14 4.23 etc.; b) in der Gabe von Früchten, Mehl, Brot Lv 2.1.5.12 od. von Schalen/Schüsseln aus Silber, bzw. Gold u. Räucherwerk Nu 7.10-83 u. von Schmuck verschiedener Art Nu 31.50; — 2. Verbindungen: a) קָרְבַּן רֵאשִׁית Lv 2.12; קָרְבַּן מִנְחָה Lv 2.1.4.13; קָרְבַּן אִשֶּׁה Lv 22.27; b) בְּיוֹם קָרְבָּנוֹ am Tage, da er sein Opfer darbringt Lv 7.15; c) α) קָרְבַּן הָעָם Opfergabe des Volkes Lv 9.7.15, cf. Nu 7.17-83; β) קָרְבָּנִי die Opfergabe für mich, bzw. die von mir darzubringende Opfergabe Nu 28.2, cf. קָרְבָּנְךָ Lv 2.13, ־נֵךְ Lv 2.5.7, קָרְבָּנוֹ Lv 1.3.10.14 2.1 3.2.8.12 etc., קָרְבָּנָהּ Nu 5.15, קָרְבַּנְכֶם Lv 1.2, קָרְבָּנָם Nu 7.3.10f Ez 20.28, קָרְבְּנֵיהֶם Lv 7.38; γ) קָרְבַּן יהוה die Opfergabe/Darbringung für Jahwe Nu 9.7.13 31.50; אֱלֹהֵיכֶם Lv 23.14; — 3. Wendungen: בוא ק׳ hif. Lv 4.23.28.32 5.11 7.29 23.14 Nu 5.15 7.3 15.25, הָיָה ק׳ Lv 2.1, מָלַח קָרְבַּן־ Lv 2.13, נָדַר ק׳ Nu 6.21, נָתַן כַּעַס קָרְבָּנָם Ez 20.28, סָמַךְ... עַל רֹאשׁ ק׳ Lv 3.2.8 cf. 13, עָשָׂה אֶת־ק׳ Lv 9.7, קרב ק׳ hif. Lv 1.2.14 2.1.4 3.7.14 7.13f.38 etc., רצה לְק׳ nif. Lv 22.27, שָׁמַר קָרְבָּנִי... Nu 28.2.

*קֻרְבָּן: קרב, BL 499n, = קָרְבָּן: entweder absichtlich od. dialektisch davon differenziert; zu den verw. Sprachen ↗ קָרְבָּן: cs. קֻרְבַּן: c. הָעֵץ: **Lieferung** (von Holz) Neh 10.35 13.31, cf. Rudolph EN 180. 210: Herbeischaffung des (Brenn)-holzes. †

*קַרְדֹּם: etym. inc., wohl Primärnomen (:: Lex.[1] < *קָדֹם, קדד/√ „schneiden", cf. BL 214e); mhe. קַרְדּוֹם Hacke zum Roden, Beil; ? ug. *qrdm* in der Bezeichnung des Baal als *ʿlij qrdm*; doch ist sehr fraglich, ob das ug. *qrdm* mit dem he. sbst. gleichzusetzen; die Axt wäre dann ein Symbol des Baal, so F. Løkkegaard Fschr. J. Pedersen 222, auch Dahood Psalms II 202, cf. UT nr. 2271 :: Aistl. 2450, RAAM 121: *qrdm* zu akk. *qarrādu/qurādu* „Krieger, Held" u. danach *ʿlij qrdm* = der Stärkste unter den Helden, bzw. Mächtigster der Helden; fragend stellt v. Soden AHw. 903a das ug. *qrdm* zu akk. *qarda(m)mu* „Feind"; ar. *qa(d)dūm* Axt; äg. *qa-ar-d̲i-na* (Albr. Voc. 51): קַרְדֻּמּוֹ, pl. קַרְדֻּמִּים u. קַרְדֻּמּוֹת (Michel Grundl. heSy. 1, 37): — 1. **Axt**, **Dächsel** (ANEP 91. 116, BRL[2] 23ff, AuS 2, 125): Ri 9.48 cj. pr. אֶת־הַקַּרְדֻּמּוֹת prop. אַחַת־הַקַּר׳ (BHS), 1S 13.20f Jr 46.22, Ps 74.5 cj. pr. קַרְדֻּמּוֹת prop. קַרְדֻּמּוֹ, s. Kraus BK XV[5] 675. 677; BHS :: A. Robinson ZAW 89, 1977, 120f: pr. MT prop. קִיר הֲמוֹת Stadt der Verwüstungen; andere Vorschläge u. a. bei Dahood Psalms II 202 u. bes. TOB 1354[p]; — 2. Wendungen: בּוֹא בְּקַר׳ Jr 46.22; c. לָטַשׁ 1S 13.21, c. לָקַח Ri 9.48, Ps 74.5 txt. inc. ↗ oben. †

I קרה: Nf. ↗ II קרא; ihe. פן יקרה את העיר דבר T.-Arad Nr. 24, 16, cf. Pardee UF 10. 1978, 320. 322; mhe. hitp. Pollution haben, DSS ↗ II קרא; äga. קרה geschehen (AP 71, 18; DISO 264); ? pun. *corathim* (Sznycer 144, DISO 264: Poen. 1023) [doch s. Friedrich, der dafür u. a. § 80b Poen. 930 zitiert: *corathi* wohl *carothi* „ich rief" zu emendieren ↗ I קרא]; ug. *qrj* (UT nr. 2277, Aistl. 2454, CML[2] 157a, UF 7, 1975, 368): 1) begegnen (KTU 1. 3 II 4f; KTU 1. 17 VI 43); 2) darbringen (KTU 1. 3 III 14f, IV 22f; KTU 1. 19 IV 29, cf. UF 10, 1978, 69f); sy. md. ar. ↗ II קרא; asa. *qrw* (Conti 234a) inständig etwas erstreben, fordern; äth. *ʾaqāraja* (Dillm. 429) entgegenbringen; ar. *qarā* (*qrj*) gastlich aufnehmen, bewirten; ? äg. *qri* bei jmdm sein, nahe kommen, sich verbinden mit (Ward Or. 31, 1962, 400): (THAT II 681-84):

qal: pf. sf. קָרָהוּ, קָרָךְ; impf. יִקְרֶה Koh 9$_{11}$, so auch K u. MS Da 10$_{14}$, Q ־רָה (cf. Bgstr. 2 § 30 q), תִּקְרֶינָה, וַיִּקֶר, sf. יִקְרֵנִי, יִקְרְךָ, יִקָּרֵךְ 1S 28$_{10}$ (BL 425, R. Meyer Gr. § 14, 2b); pt. pl. f. קֹרֹת: **begegnen, treffen, widerfahren**: a) c. acc. pers. Dt 25$_{18}$, הַקֹּרֹת אֹתָם was ihnen widerfahren war Gn 42$_{29}$; b) c. acc. pers. et rei אָסוֹן Gn 44$_{29}$, עָוֹן Schaden 1S 28$_{10}$, מִקְרֶה Koh 2$_{14f}$, כָּל־אֲשֶׁר 9$_{11}$, עֵת וָפֶגַע Est 4$_7$ 6$_{13}$; c) α) וַיִּקֶר מִקְרֶהָ חֶלְקַת הַשָּׂדֶה Rt 2$_3$ zufällig traf sie (eig. ihr Zufall traf) das Feldstück; β) יִקְרְךָ דְבָרִי Nu 11$_{23}$ mein (Jahwes) Wort begegnet dir; d) abs. אֲשֶׁר תִּקְרֶינָה Js 41$_{22}$ was sich ereignete, s. Elliger BK XI/1, 171. 183f: iteratives impf. d. Vergangenheit :: Lex.[1] (praesens): was sich begiebt, cf. Westermann ATD 19, 68. 70; e) c. לְ zustossen, begegnen Da 10$_{14}$;

nif: pf. נִקְרֵיתִי, נִקְרָה; impf. וַיִּקָּר, יִקָּרֶה, אִקָּרֶה; inf. נִקְרֹא 2S 1$_6$ (GK § 75rr, cf. Bgstr. 2 30 q; R. Meyer Gr. § 81c): — 1. **sich treffen lassen von, begegnen** (v. Personen): c. עַל Ex 3$_{18}$, c. אֶל Nu 23$_{4.16}$, c. לִקְרַאת 23$_3$, c. כֹּה 23$_{15}$; — 2. c. בְּ **sich zufällig** an (einem Ort) **befinden** 2S 1$_6$. †

hif: pf. הַקְרֵיתֶם, הִקְרָה; imp. הַקְרֵה: — 1. **begegnen lassen, fügen**: c. לְפָנַי/נֵי mir Gn 24$_{12}$ 27$_{20}$; — 2. c. לְ pers.: **sich zufallen lassen, sich wählen** Nu 35$_{11}$. †

Der. *קָרֶה, *קְרִי, ? קְרִיָה, מִקְרֶה; ? nn. l. קֶרֶת, קִרְיָתַיִם, קְרִיּוֹת.

II קרה: vb. denom. v. קוֹרָה (GB, Jenni 163. 271); mhe. pi. bälken, bedachen, pu. bedacht sein:

pi. (Jenni l. c.): pf. sf. קֵרוּהוּ; inf. קָרוֹת; pt. מְקָרֶה: **zimmern, mit Balken bauen**: עֲלִיּוֹת (über den Wassern) Ps 104$_3$, שַׁעַר־ Neh 2$_8$, 3$_{3.6}$, הַבָּתִּים שַׁעֲרֵי הַבִּירָה 2C 34$_{11}$, cf. קוֹרָה, מְקָרֶה. †

*קָרֶה: I קרה, BL 465f; sy. *qerjā*: 1) Wettstreit, 2) *qerjā dᵉlēljā* = he. s. unten; md. *qiria* (MdD 412a) Unfall, Wettstreit, Zufall, zufällige Befleckung; ar. *qarʾ*, *qurʾ* Menstruation; Sam. Vers. (מ)קרי (*miq*)*qēri*; mhe. קרי; sam. קרי: cs. קְרֵה: קְרֵה־לָיְלָה **nächtliches Widerfahrnis, Samenerguss** Dt 23$_{11}$. †

קָרָה: < **qarrā*, II קרר, BL 454z; n. unit. zum adj. ↗ קַר „das Kalte", cf. Michel Grundl. heSy. 1, 33f :: ↗ קֹר; sy. *qartā* Kälte: sf. קָרָתוֹ: **Kälte** Ps 147$_{17}$ Hi 37$_9$; בְּיוֹם קָרָה am kalten Tag Nah 3$_{17}$, Pr 25$_{20}$ (gl. s. Gemser Spr. 92, cf. BHS); אֵין כְּסוּת בַּקָּרָה, Hi 24$_7$ ohne Decke/Bedeckung in der Kälte. †

קֹרָה: ↗ קוֹרָה.

I קָרוֹב, קָרֹב: קרב, BL 467p; Sam. *qārob*, pl. *qārūbəm*, c. sf. *qarrībi*; mhe., DSS (KQT 195) nahe, verwandt = ja. קְרִיבָא; sam. (BCh. LOT 2, 583.585); äga. palm. akk. md. ↗ קֶרֶב; sy. *qarrībā*; cp. *qrjb*; asa. *qrb* (Conti 233f); äth. *qᵉrūb* (Dillm. 426f) nahe, = tigr. (Wb. 241f) nahe, Verwandter, Freund; ar. *qarīb* nahe, benachbart, Verwandter: fem. קְרֹ(ו)בָה, sf. קְרֹבוֹ, pl. קְרֹ(ו)בִים, קְרֹבוֹת, sf. קְרֹ(ו)בַי, קְרוֹבֵי: — 1. **nahe befindlich, nächster**: a) von Örtlichkeiten: עִיר Gn 19$_{20}$ Dt 21$_3$, אֶרֶץ 1K 8$_{46}$ 2C 6$_{36}$, דֶּרֶךְ Ex 13$_{17}$, בַּיִת c. אֵצֶל 1K 21$_2$; b) von Menschen (קָרוֹב sg. u. pl.): α) c. אֶל Gn 45$_{10}$ Dt 13$_8$ 21$_6$ 22$_2$ Jos 9$_{16}$ 1C 12$_{41}$; β) רָחוֹק :: קָרוֹב (auch pl.; Merismus) Js 33$_{13}$ 57$_{19}$ Jr 25$_{26}$ Ez 6$_{12}$ 22$_5$ Pr 27$_{10}$, cf. 2, Est 9$_{20}$ Da 9$_7$; γ) שְׁכֵנוֹ הַקָּרֹב sein nächster Nachbar Ex 12$_4$; — 2. (in verwandschaftlicher Beziehung) **nahe, nahestehend, nächster**: a) c. אֶל: שְׁאֵרוֹ הַקָּרֹב אֵלָיו Lv 21$_2$, cf. vs. 3, Nu 27$_{11}$, גֹּאֲלוֹ הַקָּרֹב אֵלָיו Lv 25$_{25}$, קָרוֹב

הַמֶּלֶךְ אֵלַי der König steht mir nahe 2S 19$_{43}$; b) c. לְ: קָרוֹב לָנוּ Rt 2$_{20}$; Neh 13$_{4}$; c) c. מִן compar.: גֹּאֵל קָרוֹב מִמֶּנִּי Rt 3$_{12}$; d) c. sf. קְרֹבוֹ Ex 32$_{27}$ Ps 15$_{3}$; קְרוֹבַי/בֶי Ps 38$_{12}$ Hi 19$_{14}$; — 3. קָרוֹב in Beziehung zu Gott: a) הַכֹּהֲנִים Ez 42$_{13}$ 43$_{19}$ pr. (הַ)קְּרֹ(וֹ)בִים prop. (הַ)קְּרֵבִים ₣ קָרֵב 1 b; cf. קְרֹבַי Lv 10$_{3}$; b) Israel: עַם־קְרֹבוֹ das Volk, das ihm nahe ist Ps 148$_{14}$: pr. קְרֹבוֹ prop. (BHS) קְרֹבָיו das V. derer, die ihm nahe sind; c) α) אֱלֹהִים קְרֹבִים אֵלָיו ein ihm nahestehender Gott Dt 4$_{7}$, בִּהְיוֹתוֹ קָרוֹב weil er nahe ist Js 55$_{6}$, אֱלֹהֵי מִקָּרוֹב Gott aus der Nähe Jr 23$_{23}$; β) קָרוֹב י׳ לְנִשְׁבְּרֵי לֵב Ps 34$_{19}$; קָ׳ אַתָּה י׳ 145$_{18}$; לְכָל־קֹרְאָיו 119$_{151}$ :: קָרוֹב אַתָּה בְּפִיהֶם (nur) in ihrem Munde Jr 12$_{2}$; קָרוֹב אֵלֶיךָ הַדָּבָר Dt 30$_{14}$; γ) יִהְיוּ דְבָרַי... קְרֹבִים אֶל־י׳ mögen nahe, gegenwärtig sein 1K 8$_{59}$; — 4. in zeitlichem Sinn: a) vom kommenden (messian.) Herrscher Nu 24$_{17}$; b) von kommenden Ereignissen: α) des Heiles קְרוֹבָה יְשׁוּעָתִי לָבוֹא Js 56$_{1}$, cf. 5; β) des Unglückes, bzw. des Gerichtes (THAT II 680): אֵיד Jr 48$_{16}$, יוֹם אֵידָם Dt 32$_{35}$, מְחִתָּה Verderben Pr 10$_{14}$, צָרָה Ps 22$_{12}$; קָרוֹב לָבוֹא עִתָּהּ nahe herangekommen ist ihre Zeit Js 13$_{22}$, cf. abab. *ūmūšu qerbū* (ARM X Nr. 6 rev. 8), s. Heintz VT 21, 1971, 535f, Wildbg. BK X 528; bes. קָ׳ יוֹם יהוה Js 13$_{6}$ Jl 1$_{15}$ 2$_{1}$ 4$_{14}$ Ob 15 Zef 1$_{7.14}$, יוֹם לַיהוָה Ez 30$_{3}$, הַיּוֹם Ez 7$_{7}$, s. THAT I 723 (Lit.); c) adv. מִקָּרוֹב in Bälde, nächstens Ez 7$_{8}$, von kurzer Dauer Hi 20$_{5}$; — 5. örtlicher od. zeitlicher Sinn scheint in folgenden Belegen möglich: a) קָרוֹב: c. צִדְקִי Js 51$_{5}$, c. יִשְׁעוֹ Ps 85$_{10}$, c. שָׁלוֹם Js 57$_{19}$, קָ׳ מַצְדִּיקִי Js 50$_{8}$; b) מִקָּרוֹב Dt 32$_{17}$ entweder 1) aus der Nähe (ZüBi) oder 2) vor kurzem, unlängst (GB, von Rad ATD 8, 137, TOB); nach dem Zushg., der den Begriff „neu" enthält, ist 2) wahrscheinlicher als 1); c) בְּקָרוֹב Ez 11$_{3}$: לֹא בְקָרוֹב Deutung umstritten, s. Zimmerli Ez. 243f: entweder nicht (nur) in der Nähe (:: בְּרָחוֹק in der Ferne) oder (nicht) erst kürzlich ? (Eichrodt ATD 22/1, 48. 69), bzw. (die Zeit) ist nicht nahe (Fohrer HAT 13, 59. 60); — 6. קָרוֹב c. מִפְּנֵי Hi 17$_{12}$: אוֹר קָרוֹב מִפְּנֵי־חֹשֶׁךְ: Deutung umstritten, Versuche: a) c. MT: α) vom Angesicht des Lichts hinweg ist nahe das Licht, d. h. in dem Nahekommen des Lichtes liegt die Entfernung von der Finsternis (Peters Das Buch Job, 1928, 182), cf. GB, TOB; anders Horst BK XVI/1, 240. 262: Licht kommt nur von der Finsternis herbei, d. h. nur noch vom Finstern her kann es unwesentliche Aufhellungen geben; β) מִפְּנֵי = מִן: Licht sei (mir) näher als das Dunkel (u. a. Fohrer KAT XVI 279. 282); b) cj.: siehe u. a. Duhm KHC XVI 1897, 92f, Budde GHK II/1[2] 1913, 91; — 7. cj. Ps 75$_{2}$ pr. וְקָרוֹב שְׁמֶךָ prop. cf. G וְקֹרְאֵי בְשִׁ׳. †

II *קָרֹ(וֹ)ב: aLw. (Wagner 271), adj. zum sbst. קְרָב: pl. קְרֹ(וֹ)בִים (< *קְרָבִים): **kampftüchtig** Ez 23$_{5.12}$, s. dazu schon GB, Lex.[1] und ferner Fohrer HAT 13, 131. 133; Zimmerli Ez. 530f; THAT II 674. †

cj. קָרוּת: < *qarrūt*, II קרר (cf. BL 214d, 506s): **Kälte** Zch 14$_{6}$, prop. c. Vrss. pr. יְקָרוֹת, ₣ קפא qal 3. †

קרח: mhe. hif., ja. pe., sam. (BCh. LOT 2, 549. 585), sy. *q^{e}raḥ* kahl werden; äth. *qarraḥa* (Dillm. 423) kahl scheren; cf. ar. *ʾaqraʿu* kahlköpfig (GB) u. *qarāḥ* geschorenes Feld (Lex.[1]); kopt. *kerke* kahlköpfig:

qal: impf. Lv. 21$_{5}$ K יִקְרְחָה, Q (Sam., Vrss.) יִקְרְחוּ; imp. קָרְחִי (BL 306 l): **sich eine Glatze scheren**, c. acc. קָרְחָה Lv 21$_{5}$, abs. Mi 1$_{16}$. †

nif: impf. יִקָּרֵחַ: c. לְ (für einen Verstorbenen) **sich eine Glatze scheren** Jr 16$_{6}$,

s. de Vaux Inst. 1, 97f = Lebensordnungen 1, 103f; Kutsch Trauerbräuche und Selbstminderungsriten im AT (ThSt. 78, Zürich 1965) 25-42. †

hif: pf. הִקְרִיחוּ: **sich eine Glatze scheren**, c. acc. קָרְחָה u. אֶל pers. im Hinblick auf: Ez 27₃₁. †

hof: pt. מֻקְרָח (BL 332w) **mit einer Glatze versehen worden, geschoren** Ez 29₁₈. †

Der. קֶרַח, קָרְחָה, קָרַחַת; nn. m. קָרֵחַ, ? קֹרַח; gntl. קָרְחִי.

קֶרַח: wohl Primärnomen (cf. BL 456 l), Etym. zusammenhängend mit √ *qrr*, mhe. ja. קְרַשׁ/קָרַשׁ; ar. *qarisa* s. GB u. AHw. 902a zu dem wohl denom. nass. vb. *qarāḫu* gefrieren; ja. sam. קורח, sy. *qarḥā* Eis; akk. *qarḫu* (AHw. 903b, aLw.): קֶרַח, sf. קָרְחוֹ: — 1. **Eis** Ps 147₁₇ Hi 6₁₆ 37₁₀ 38₂₉ (|| כְּפֹר); — 2. **Frost** Gn 31₄₀ (Sam. Vers. קרחה *qūrā*), Jr 36₃₀ (:: חֹרֶב); — 3. **Kristall** Ez 1₂₂ (G κρύσταλλος), s. Zimmerli Ez. 55, Eichrodt ATD 22/1, 2 :: u. a. Fohrer HAT 13, 13 u. bes. Keel Visionen 254f. — 4. Wendungen: c. אָכַל Gn 31₄₀, c. יָצָא Hi 38₂₉, c. נָתַן Hi 37₁₀, c. קָדַר Hi 6₁₆, c. שׁלך hif. Ps 147₁₇, hof. Jr 36₃₀. †

קֵרֵחַ: קרח, BL 477b; Sam. *qāra*; mhe. קֵרֵחַ u. קָרְחָן, ja. קריח abs., det. קָרְחָא, קָרְחָא; sam. קריח/ע (BCh. LOT 2, 585); akk. *qarruḫu* (AHw. 905b, aLw.); sy. *qᵉrāḥā* kahlköpfig: **Kahlkopf** (kahl am Hinterkopf :: גִּבֵּחַ) Lv 13₄₀ 2K 2₂₃, s. Gray Kings³ 480: bezeichnet eine Art Tonsur als Zeichen der Absonderung des Propheten vom profanen Leben. †

קָרֵחַ: n. m.: קרח (BL 477b: Grdf. *qattil* im Unterschied zu קֵרֵחַ nach dem Typus *qittēl*); G Καρηε, Josph. Κάριος (NFJ 72); „kahlköpfig, Kahlkopf" (Noth N. 227), ihe. קרח (T.-Arad 49, 2, s. Pardee UF 10, 1978, 335); keilschr. *Qar-ḫa-a*, *Qa-ri-ḫi* (APN 183b); ug. *qrḥ* (Gröndahl 29. 177. 407b); ? ph. *qrḥ* (Kornfeld Neues über die phönikischen und aramäischen Graffiti in den Tempeln von Abydos, Wien 1978, 197); tham. *qrḥ* (Weippert 248), cf. nab. קרחו = ar. *Qāriḥ* (Cant. Nab. 2, 144; A. Negev IEJ 27, 1977, 222): Vater d. Johanan (ℱ יוֹחָנָן 1) 2K 25₂₃ Jr 40₈.₁₃.₁₅f 41₁₁.₁₃f.₁₆ 42₁.₈ 43₂.₄f. †

קֹרַח: n. m.: קרח; Sam. *qāra*; G Κορε, Josph. Κορῆος, Κορῆς (NFJ 76); Sec. Ps 49₁ κορ (Brönno 149); Noth N. 227 = קָרֵחַ, doch ist קֹרַח wohl eine demin. Form dazu: „kleiner Kahlkopf"; die semit. Entsprechungen s. bei קָרֵחַ: — 1. Name edomit. Sippen, bzw. von deren Ahnen, s. Weippert 248: a) S. von Esau Gn 36₅.₁₄.₁₈ 1C 1₃₅ = 2₄₃, s. Rudolph Chr. 21f); b) S. von Eliphas Gn 36₁₆; — 2. Levitengeschlecht (d. nachexil. Zeit), bzw. Ahne eines solchen, siehe u. a. Rudolph Chr. 175; Kraus BK XV⁵ 474; Gese Vom Sinai zum Zion, 1974, 156f: Ex 6₂₁.₂₄ Nu 16₁-₃₂ 17₅.₁₄ 26₉-₁₁ 27₃ Sir 45₁₈; בְּנֵי קֹרַח vs. ₁ in Ps 42 44-49 84f 87f; קֹרַח בְּנוֹ 1C 6₇; בֶּן־קֹרַח 6₂₂ 9₁₉; ℱ קָרְחִי. †

קָרְחָה, so Ⓛ auch Ez 27₃₁, קָרְחָא (Ⓑ u. MSS): קרח, BL 461j; Sam. *qurʾå*; mhe.; ja. קָרְחוּתָא; sam. (BCh. LOT 2, 585); sy. *qurḥᵉtā* u. *qᵉrāḥūtā*; cp. *qwrḥʾ*; nach AASOR 40, 1972, 24 würde auch n. l. mo. קרחה (Akropolis von Dibon) dazugehören (Mesa 21), doch ist das ungewiss: KAI Nr. 181 l *Qeriḥō*; TSSI 1, S. 76 l *Qarḥō*: sf. קָרְחָתֵךְ: (absichtlich hergestellte) **Glatze**: — 1. a) als Zeichen der Trauer Am 8₁₀ Js 3₂₄ 15₂ 22₁₂ Mi 1₁₆ Jr 47₅ 48₃₇ Ez 7₁₈ 27₃₁; Lit. s. bei קרח; in Abwehr heidnischen Brauches u. entsprechender Vorstellungen verboten: α) allgemein für den עַם קָדוֹשׁ Dt 14₁; β) für

Priester Lv 21₅; b) an Formen der קָ׳ lassen sich unterscheiden: e. Stirnglatze Dt 14₁, e. rundgeschorene Randglatze Lv 21₅, so Elliger Lev. 261 (:: Kutsch Trauerbräuche und Selbstminderungsriten im AT [ThSt 78, Zürich 1965] 26: ganzes Abscheren); die völlige Glatze Am 8₁₀, s. Wolff BK XIV/2 379; — 2. Wendungen: c. בּוֹא Jr 47₅, c. עלה hif. Am 8₁₀, c. קָרָא Js 22₁₂, c. קָרַח Lv 21₅, hif. Ez 27₃₁, c. רחב hif. Mi 1₁₆, c. שִׂים Dt 14₁. †

קָרְחִי: Sam. (aq)qārāʾi: — 1. gntl v. PN קֹרַח: a) sg. הַקָּרְחִי Ex 6₂₄ Nu 26₅₈ 1C 9₃₁; b) pl. הַקָּרְחִים 1C 9₁₉ 26₁; בְּנֵי הַקָּרְחִי 1C 26₁₉, בְּנֵי הַקָּרְחִים 2C 20₁₉; — 2. הַקָּרְחִים als Bezeichnung v. Benjaminiten 1C 12₇, s. Rudolph Chr. 104: es liegt ein unbekanntes n. l. zugrunde, cf. קֹרַח :: G οἱ Κορῖται (GB). †

קָרַחַת: קרח, BL 477z; Sam. qārắt; mhe.; ja. קָרַחוּתָא: sf. קָרַחְתּוֹ: **kahle Stelle**: a) hinten am Kopf Lv 13₄₂f; b) auf der Rückseite von Gewebe, Gewirk oder Leder Lv 13₅₅; zu a) und b) :: גַּבַּחַת. †

***קְרִי**: I קרה, BL 457p oder 458x; Sam. qēri; mhe.: 1) Zufall, 2) Pollution = ja. קִרְיָא; sam. קרי; DSS (KQT 195, CD 20, 29): הלך קרי ב; sy. ar. F *קֶרֶה: קְרִי: (feindliche) **Begegnung**: הָלַךְ קְרִי עִם Lv 26₂₁.₂₃ und הָלַךְ בְּקֶרִי עִם 26₂₄.₂₇.₄₀f widerstreben, sich widersetzen; הָלַךְ בַּחֲמַת־קֶרִי עִם Lv 26₂₈ grimmig widerstreben, sich grimmig widersetzen. †

***קָרִיא**: I קרא, BL 470n; Sam. pl. qarjāʾi (cf. BCh. LOT 5, 213 § 4. 3. 8); mhe. DSS (KQT 195): pl. cs. קְרִ(י)אֵי: **Berufene** Nu 1₁₆ K (Q cf. G קְרוּאֵי), 16₂ 26₉ Q (K קְרוּאֵי); קְ׳ הָעֵדָה Nu 1₁₆ 26₉; קְ׳ מ עֵד zur Versammlung Berufene 16₂. †

קְרִיאָה: I קרא, BL 471r; mhe.: 1) Rufen, 2) Lesen, Rezitieren = קִרְיָה; Ram. Hatra *קרי, sg. cs. קרת Anrufung (DISO 266); sy. qᵉrājtā Geschrei, Anrufung, Lesung; md. qrita (MdD 416a) Ruf, Berufung, Einladung; ar. qirāʾat Rezitation (d. Qoran), Lesen, Lesung: הַקְּרִיאָה (c. קָרָא) **Verkündigung**, **Botschaft** Jon 3₂ (G κήρυγμα). †

קִרְיָה = קֶרֶת, gemeinsame und je verschieden erweiterte Grdf. ist qar, s. Nöldeke BS 62[1] u. NB 131; ferner J. Blau UF 11, 1979, 57f; ausgehend von קִרְיָה, abgeleitet von קרה (BL 457p), wird als Grdb. „Treffpunkt, Ort der Begegnung" angenommen (GB, Lex.[1]), doch erwägt GB auch einen Zushg. mit I קִיר, so dass der etym. Ursprung d. beiden sbst. fraglich bleiben muss; Sam. qarjå; mhe. DSS (KQT 195) קריה; ja. קִרְיָא, קִרְיְתָא קַרְתָּא Ortschaft; sam. קריה (Targ.) קרתה (BCh. LOT 2, 545); ph. pun. qrt (DISO 267), cf. n. l. קרתחדשת > Karthago (Friedrich § 214); ug. qrt u. qrjt (UT nr. 2278, Aistl. 2462, CML[2] 157a, RSP I S. 332 Nr. 503; UF 11, 1979, S. 70, 16. 19, S. 75; RSP II S. 328 Nr. 97) Stadt, cf. keilschr. ug. qa-ra-tu u. ähnl. (RSP II S. 360 Nr. 175: qa-ri-tu[m]; Ug V S. 235, 18[1]); aam. äga. palm. קריה (DISO 266); F ba., dort d. Formen in d. übrigen aram. Dialekten; asa. qrytn Dorf, Ansiedelung (Müller ZAW 75, 1963, 314); ar. qaryat Dorf, Marktflecken, kleine Stadt; cf. äg. qa-ar-ta-ʾi-ir (Albr. Voc. 35): cs. קִרְיַת, pl. קִרְיוֹת Jr 48₄₁ (> *קִרְיוֹת ?, s. Rudolph Jer.[3] 284):

I. — 1. a) **Ortschaft**, **Stadt** (GB: seltener, wohl dialekt. Ausdruck neben d. geläufigeren עִיר): Dt 2₃₆ 3₄ Js 24₁₀ 25₂f 26₅ Hab 2₈.₁₂.₁₇ Hi 39₇ Pr 10₁₅ 11₁₀ 18₁₁.₁₉ 29₈ (:: Dahood Biblica 52, 1971, 349: cj. zu *קְרִי); pl. Jr 48₄₁, s. oben; b) = יְרוּשָׁלַיִם Js 1₂₁.₂₆ 29₁ 33₂₀ Mi 4₁₀, cj. 1₁₆ ins. קִרְיָה od. קִרְיַת דָּוִד (Rudolph KAT XIII/3, 37), Ps 48₃ Kl 2₁₁ Sir 36₁₃/₁₈; c) קִרְיַת סִיחוֹן Nu 21₂₈; קְ׳ = דַּמֶּשֶׂק Jr 49₂₅, = גִּלְעָד Hos 6₈ (s. Wolff BK XIV/1[2] 155);

— 2. Besondere Ausdrücke, bzw. Verbindungen: a) die erregte, lärmende, freudige Stadt: ק׳ הֹמָה 1K 1$_{41}$, c. המם nif. 1K 1$_{45}$, ק׳ הָמוֹן Hi 39$_{7}$, ק׳ עַלִּיזָה Js 22$_{2}$ 32$_{13}$, c. עָלַץ Pr 11$_{10}$; b) die befestigte, feste Stadt: ק׳ בְצוּרָה Js 25$_{2}$, ק׳ עֹז Pr 18$_{19}$, ק׳ עֻזּוֹ Pr 10$_{15}$ 18$_{11}$; cf. ק׳ נִשְׂגָּבָה die ragende Stadt Js 26$_{5}$; c) weitere Wendungen: c. הָיָה (לֹא) Dt 2$_{36}$ 3$_{4}$, c. חָזָה Js 33$_{20}$, c. חָנָה Js 29$_{1}$, c. יָצָא מִן Mi 4$_{10}$, c. יָרֵא Js 25$_{3}$, c. כון pol. Hab 2$_{12}$, c. לָכַד Jr 48$_{41}$, c. עזב pu. Jr 49$_{25}$, c. II פוח hif. Pr 29$_{8}$, c. קרא nif. Js 1$_{26}$, c. שִׂים לְ Js 25$_{2}$, c. שבר nif. Js 24$_{10}$, c. שחח hif. Js 26$_{5}$.

II. קִרְיָה Stadt in n. l. (Borée 87f): — 1. קִרְיַת אַרְבַּע (G πόλις Αρβοχ, π. Αρβεκ u. ä. ↗ GB): Gn 23$_{2}$ Jos 15$_{13.54}$ 20$_{7}$ 21$_{11}$ u. ק׳ הָאַרְבַּע Gn 35$_{27}$ Neh 11$_{25}$: „Stadt der Vier"; urspr. Bedtg. d. Namens umstritten, Versuche: a) aus 4 Quartieren vereinigt ? (Lex.[1]); b) in Beziehung mit den 4 Clans, die nach 1C 2$_{18f}$ von Kaleb hervorgingen (Lipiński VT 24, 1974, 48-50 mit Hinweis auf Palmyra als Stadt der „vier Stämme" *ʾrbʿ pḥdyʾ*, αἱ τέσσαρες φυλαί), cf. BHH 956; c) „Stadt der Riesen", cf. Jos 15$_{13}$ 21$_{11}$ ↗ II עֲנָק (V. Fritz Israel in der Wüste, 1970, 81[12]), später = Hebron Jos 14$_{15}$ Ri 1$_{10}$, = *Ğ. er-Rumēde* bei *el-Chalil*, s. BHH l. c.; GTT § 736; — 2. קִרְיַת ↗ קִרְיַת־בַּעַל יְעָרִים; — 3. קִרְיַת חֻצוֹת „Stadt der Gassen" Nu 22$_{39}$; moabit. Ort, ö. des Nordendes d. Toten Meeres, genaue Lage unbekannt, s. Noth ATD 7, 159; GTT § 447-8; nach BHH 956: ? = *Ch. el-Libb*, 12,5 Km. nö. von Dibon; G πόλις ἐπαύλεων u. danach ? cj. pr. MT קִרְיַת חֲצֵרוֹת, cf. GB, Lex.[1]; — 4. קִרְיַת יְעָרִים G πολις Ιαρειν od. Ιαρ(ε)ιμ, Καρ(ε)ιαθιαρειμ u. ä. (GB); Josph. Καριαθιαρείμ (NFJ 72); „Wälderstadt": a) alte kan. Stadt, Glied d. gibeonit. Tetrapolis (Jos 9$_{17}$); vertraglich mit Benjamin verbunden (Jos 9$_{17ff}$); später zum Gebiet von Juda gehörig (Jos 15$_{9.60}$ etc.); die Lage ist umstritten, zu den Vorschlägen s. K. J. H. Vriezen ZDPV 91, 1975, 136[3], wohl = *Deir-el-Azhar*, ca. 15 Km. wsw. von Jerusalem, so u. a. Stoebe KAT VIII/1, 149, Welten Fschr. E. Würthwein 1979, 173[17], Abel 2, 419-421, GTT § 1016, BHH 956: Jos 9$_{17}$ 18$_{14f.28}$ (txt. emend. s. BHS), Ri 18$_{12}$ 1S 6$_{21}$ 7$_{1f}$ Neh 7$_{29}$ u. danach cj. Esr 2$_{25}$ 1C 2$_{50.52f}$ 13$_{5f}$ 2C 1$_{4}$, קִרְיַת הַיְּעָרִים Jr 26$_{20}$; dieses n. l. auch gemeint mit שְׂדֵה־יָעַר Ps 132$_{6}$, s. Eissfeldt KlSchr. 3, 484; Kraus BK XV[5] 1062f; b) בַּעֲלָה Jos 15$_{9}$ 1C 13$_{6}$, בַּעֲלֵי יְהוּדָה 2S 6$_{2}$; c) קִרְיַת־בַּעַל Jos 15$_{60}$ 18$_{14}$, dies eine Mischform aus a) und b), s. Noth Jos. 110; d) nach Jos 15$_{9}$ ist b) = a), so u. a. GB, Lex.[1], BHH 956, s. bes. Priebatsch ZDPV 91, 1975, 21: a) ist der alte Name des Ortes, dem gegenüber sich b), d. i. vor allem בַּעֲלֵי יְהוּדָה als der neue u. mit dem Übergang des Ortes an Juda zusammenhängende Name nicht durchzusetzen vermochte; gegen die Identität von a) u. b) s. Noth Jos. 89f. 109f, cf. Franz Schickelberger Die Ladeerzählungen des ersten Samuel-Buches (Forschungen zur Bibel 7) 1973, 135ff; — 5. קִרְיַת סַנָּה Jos 15$_{49}$, G (S) πόλις γραμμάτων, danach u. wegen der Ergänzung im MT: הִיא דְבִיר vielfach als Fehler für קִרְיַת־סֵפֶר angesehen, so. u. a. Lex.[1] u. Gray Joshua, Judges and Ruth, 1967, 148, cf. BHS u. GTT § 319 A/5 :: Noth Jos. 92. 97 u. AbLAk 1, 205f: MT, ק׳ סַנָּה n. l. ign. in Südjuda, הִיא דְבִיר gl.; — 6. קִרְיַת־סֵפֶר „Buchstadt", G πόλις (τῶν) γραμμάτων Jos 15$_{15f}$ u. G^{A} Ri 1$_{11}$, G^{B} Καριαθσωφαρ (= קִרְיַת סֵפֶר), πόλις γραμμάτων; Jos 15$_{15f}$ Ri 1$_{11f}$ (= דְּבִ(י)ר); zu den Vorschlägen der Lokalisierung ↗ דְּבִר, ferner

Albright ArchOTSt 207ff; V. Fritz Israel in der Wüste, 1970, 105; Galling Fschr. Albright, 1971, 219; U. Lux ZDPV 90, 1974, 209[105]; auch Aharoni-Fritz-Kempinski ZDPV 91, 1975, 121[46] mit Hinweis auf M. Kochavi Tel Aviv 1, 1974, 2-33: דְּבִר = *Ḫ. er-Rabūd* südl. von Hebron. †

קְרִיּוֹת: pl. zu קִרְיָה, BL 457p; n. l.: a) קְרִיּוֹת חֶצְרוֹן, G Ασερων, „Städte (in) der Einfriedigung" (Noth Jos. 150), in Juda ↗ I חָצוֹר 4: Jos 15$_{25}$; b) קְרִיּוֹת, G Καριωθ Jr 48$_{24}$, = הַקְּרִיּוֹת G θεμέλια τῶν πόλεων αὐτῆς, V *Carioth* Am 2$_{2}$, = mo. קרית Mesa 13, = *Qurēǧāt ʿalēyān*, in Moab in ö. Teil d. Hochebene *el-Belqa* (s. Bernhardt ZDPV 76, 1960, 136-58; ferner Wolff BK XIV/2, 198); c) Jr 48$_{41}$ הַקְּרִיּוֹת appellat., ↗ קִרְיָה. †

קִרְיָתַיִם: n. l., dual v. קִרְיָה „Doppelstadt" (Noth Jos. 150); Sam. *qarjåtəm*; loc. קִרְיָתָיְמָה Ez 25$_{9}$ (Q), K קריתמה: a) in Moab Jr 48$_{1.23}$ Ez 25$_{9}$, in רְאוּבֵן Nu 32$_{37}$ Jos 13$_{19}$; שָׁוֵה קִר׳ „Ebene von Q." Gn 14$_{5}$, s. Schatz 170f = mo. קריתן (Mesa 10), = *Ch. el-Qurēje*, 10 Km. w. von *Madeba* (Kuschke ZDPV 77, 1961, 24-31 u. Fschr. Rudolph 191-94, Wüst Untersuchungen I 147, cf. Herbert Donner Einführung in die biblische Landes-und Altertumskunde, Darmstadt 1976, 69; Rudolph Jer.[3] 287 :: Abel 2, 419; GTT § 118: *Ch. el-Qurēǧāt*, 10 Km. nw. von *Dibān*; b) in נַפְתָּלִי 1C 6$_{61}$ = קַרְתָּן Jos 21$_{32}$, zur Form ? du. v. קֶרֶת = *קַרְתַּיִן s. Rudolph Chr. 62, :: Noth Jos. 116. 120. 126 cj. nach Jos 19$_{35}$: pr. רַקַּת l קַרְתָּן. †

קרם: wohl < aram. (Wagner 272); mhe. qal überziehen, eine Haut bilden, letzteres auch hif.; = ja. קְרַם, sy. *qᵉram* pe., auch pa.; md. (MdD 416a) pe. überziehen, bedecken; ar. *qirām* Decke, Teppich:

qal: pf. קָרַמְתִּי; impf. וַיִּקְרַם Ez 37$_{8}$, cj. ↗ nif.: **überziehen** (mit) c. acc. (עוֹר) Ez 37$_{6}$. †

nif: impf. cj. וַיִּקָּרֵם **überzogen werden** (mit) c. acc. (עוֹר) Ez 37$_{8}$. †

hif: impf. יקרים **einen Überzug sich bilden lassen** (über einen Teich) Sir 43$_{20}$. †

קרן: vb. denom v. קֶרֶן; mhe. hif. ein Horn hervorbringen; sam. Ex 34$_{29.35}$ nach der Handschrift J קרן, andere LA יקר etc.:

qal: pf. קָרַן: c. עוֹר פָּנָיו u. עוֹר פְּנֵי מֹשֶׁה Ex 34$_{29f.35}$: trad. c. G S T strahlen :: A κερατώδης, V *cornutus* (cf. Mose Statue von Michelangelo), danach: 1) Hörner tragen, Hörner zeigen, so Jirku ZDPV 67, 1944/5, 43-45; Sasson VT 18, 1968, 385f; Karl Jaroš Die Stellung des Elohisten zur kanaanäischen Religion (OBO 4, 1974) 132f; Derselbe ZAW 88, 1976, 275-80: eine gehörnte Gesichtsmaske tragend :: 2) u. a. Noth ATD 5, 214; TOB 190 u. bes. Childs Exodus 603. 609f: strahlen (von göttlichem Glanz); — zu 1, siehe noch sum.-bab. Darstellungen mit Hörner -kappe; ANEP 309, 513-21). †

hif: pt. מַקְרִן **Hörner tragen** Ps 69$_{32}$. †

קֶרֶן: Primärnomen, BL 456j; Sam. *qārən*, pl. cs. *qåråni* Dt 33$_{17}$; mhe. Horn, Ecke, Spitze; Strahl, Stärke etc., s. Dalman Wb. 391a; DSS (KQT 195) Horn; ja. קַרְנָא Horn, Ecke, Macht; sam. (BCh. LOT 2, 586); ug. *qrn*, du. *qrnm* (KTU 1. 12 I 30), pl. *qrnt* (KTU 1. 17 VI 22) Horn (UT nr. 2279; Aistl. 2456 :: *qrnt*: adj. pl. fem. „hornbewaffnet"; zu *qrn* s. auch RSP I S. 331 Nr. 500 α. 501. 502); akk. *qarnu(m)* (AHw. 904) Horn: a) von Tieren, als solches auch Gefäss (für Oel), s. dazu auch Salonen Hausgeräte 293ff; b) von Göttern u. a. in dem Attribut *nāš qarnī*/*nāši qarnē* (Tallqvist AKGE 144, auch Ug V S. 278 II 1 u. S. 286; cf. קרן qal); c) von verschiedenen Lebewesen; d) von Sachen u. a. abab. Rand, Saum; e) metaph. = Kraft; amor. *qarn*-Horn = Stärke als Praedikativum in PN (Huffmon 259); ↗ ba. sy. *qarnā* Horn, Signalhorn (Trompete), Zinne, Ecke, Rand, Saum; cp. *qrn*ʾ Horn, Signalhorn; md. *qarna* (MdD 403a) Horn, Haarlocke, Ecke; pun. *qrnj* = *qrn* du. + sf. 3. p. sg. (KAI Nr. 69, 5, DISO 266) Horn; palm. *qrn*ʾ Ecke (DISO l. c.); asa. n. m. *qrjn* = ar. *qurajn* (Conti 234a); äth. *qarn* (Dillm. 427f) Horn (e. Tieres), Blasinstrument, auch Symbol d. Macht; tigr. *qar(n)* (Wb. 242b) Horn; ar. *qarn* Horn (e. Tieres), Blasinstrument, Gipfel; — cf. Salonen Hipp. 78[1]: קֶרֶן „... ein Kultur- und Wanderwort, das nicht aus einer bestimmten Sprachgruppe herzuleiten ist", cf. u. a. gr. κέρας, lat. *cornu*, s. dazu ferner John Pairman Brown JSS 24, 1979, 169-173: קֶרֶן, sf. קַרְנִי, קַרְנְךָ/נֵךְ/נוֹ, קַרְנְכֶם; du. קַרְנַיִם/נָיִם u. קְרָנַיִם/נָיִם (GK § 93n, BL 571v), cs. קַרְנֵי, sf. קַרְנָיו u. קְרָנָיו, קַרְנֵינוּ, קַרְנֵיכֶם, pl. קְרָנוֹת, cs. קַרְנ(וֹ)ת, sf. קַרְנֹתָיו; zu קַרְנַיִם/ קְרָנוֹת s. Michel Grundl. heSy. 1, 70: **Horn**: — 1. eines Tieres: a) אַיִל Gn 22$_{13}$ Ez 34$_{21}$ Da 8$_{3.6f.20}$, צָפִיר Da 8$_{5.8f.21}$, רְאֵם Dt 33$_{17}$ Ps 22$_{22}$ 92$_{11}$; b) קַרְנוֹת שֵׁן wörtl. Elfenbeinhörner = Elfenbeinzähne (Zimmerli Ez. 625), bzw. Elefantenstosszähne (AuS 7, 42) Ez 27$_{15}$; c) Nachbildung aus Eisen 1K 22$_{11}$/2C 18$_{10}$ Mi 4$_{13}$, s. O. Keel Wirkmächtige Siegeszeichen im Alten Testament (OBO 5, 1974) 131; d) קֶרֶן הַיּוֹבֵל Widderhorn als Blasinstrument Jos 6$_{5}$, s. H. Seidel Horn und Trompete im alten Israel unter Berücksichtigung der „Kriegsrolle" von Qumran (Wissenschaftliche Zeitschr. d. Karl-Marx-Universität Leipzig 6, 1956/57) 589-599, bes. 592b. 593a, s. ZAW 70, 1958, 164, BHH 1259, BRL[2] 235; — 2. **Hörner** an den Altar-ecken (BRL[2] 8. 9a; Keel Bildsymb. S. 127f; BHH 63-65; R. de Langhe Biblica 40, 1959, 476ff): a) Ex 27$_{2}$ 29$_{12}$ 30$_{2f.10}$ 37$_{25f}$ 38$_{2}$ Lv 4$_{7.18.25.30.34}$ 8$_{15}$ 9$_{9}$ 16$_{18}$ Jr 17$_{1}$ Ez 43$_{15.20}$ Ps 118$_{27}$; b) als Zufluchtsort 1K 1$_{50f}$ 2$_{28}$ Am 3$_{14}$, s. Wolff BK XIV/2, 239; daher vielleicht קֶרֶן יִשְׁעִי 2S 22$_{3}$ Ps 18$_{3}$ (GB) ↗ 6 d; — 3. **Horn** (Gefäss für Oel): akk. ↗ oben; ug. *šmn b qrnh* (KTU 2. 72, 27) Oel aus seinem Horn (um zu giessen über d. Haupt, *jṣq*) s. Pardee BiOr 34, 1977, 4. 14-19, G. J. Brooke UF 11, 1979, 70. 77f; umstritten in d. Deutung ist: *qrn dbatk b*ʿ*l ymšḥ* (KTU 1. 10 II 22): das Horn deiner Stärke salbt Baal, so Kutsch Salbung als Rechtsakt im Alten Testament und im Alten Orient (BZAW 87, 1963) 8f, ähnlich Pardee UF 8, 1976, 252 u. Löwenstamm UF 10, 1978, 111-113, CML[2] 152a, cf. auch Sanmartín UF 12, 1980, 341-344: *dbat* = Haartracht: „die Hörner an deiner Haartracht ... will salben" :: Aartun WdO 4, 1968, 289 u. TOML 284f: ug. *mšḥ* zu ar. *masaḥa* berühren, reiben, betasten; — vgl. zum Allgemeinen Keel Bildsymb. 236: „Die Salbung mit Hilfe eines Ölhorns scheint eine Eigenheit des syro-palästinischen Raumes gewesen zu sein": 1S 16$_{1.13}$ 1K 1$_{39}$ ↗ 7; — 4. **Horn** = **Strahl**, ↗ קרן qal; cf. ar. *qarn* zuerst sichtbar werdender Teil der aufgehenden Sonne (Wehr 678a): Hab 3$_{4}$, s. Jörg Jeremias Theophanie (WMANT 10[2] 1977) 39[3]. 45: die vom Himmel herabglühenden Sonnenstrahlen (קַרְנַיִם) oder ? קֶרֶן = Bild des Blitzes, so TOML 170[s] :: Albright Fschr. Th. H. Robinson 14[1], Sasson VT 18, 1968, 386, K. Jaroš OBO 4, 1974, 134: ein Paar Hörner (du.), doch sehr unwahrscheinlich; — 5. **Horn** Js 5$_{1}$ = Ausläufer eines Berges, so Wildbg. BK X 168 mit Budde ZAW 50, 1932, 55 : GB: Berggipfel, Lex.[1]: Berghalde; — 6. **Horn** als Sinnbild von Kraft u. Macht: a) die 4 Hörner als Symbol der Gesamtheit der

Weltmächte Zch 2₁f, קַרְנוֹת הַגּוֹיִם vs. 4, s. Rudolph KAT XIII/4, 83; b) קֶרֶן מוֹאָב Jr 48₂₅, בַּעַל הַקְּרָנַיִם (ar.: *ḏu-l-qarnain* = Alexander der Grosse, cf. J. Leipoldt u. W. Grundmann Die Umwelt des Urchristentums III 1967, Abb. 212) Da 8₆.₂₀, cf. ug. (KTU 1. 114, 20) *bʿl qrnm w ḏnb* „der mit Hörnern und Schwanz" (von einer Gottheit *ḥbj* gesagt), s. Dietrich-Loretz-Sanmartín UF 7, 1975, 109f. 113; c) ↗ auch 7: קֶרֶן יִשְׂרָאֵל 1S 2₁₀, קֶרֶן מְשִׁיחוֹ Kl 2₃, קֶ׳ לְבֵית יִשְׂ׳ Ez 29₂₁, קֶ׳ לְדָוִד Ps 132₁₇, קַרְנֵי רְשָׁעִים : : קַרְנוֹת צַדִּיק Ps 75₁₁, קַרְנִי v. אִיּוֹב Hi 16₁₅, v. חַנָּה 1S 2₁; d) Gott ist קֶרֶן יִשְׁעִי 2S 22₃, Ps 18₃ ↗ 2 b; — 7. Wendungen: c. אָחַז בְּקֶ׳ qal 1K 1₅₁, nif. Gn 22₁₃; c. גָּדַע qal Kl 2₃, pi. Ps 75₁₁, nif. Jr 48₂₅; c. הָיָה Ex 27₂ 30₂ 38₂, cf. Js 5₁; c. זרה pi. Zch 2₂.₄; חזק בְּקֶ׳ hif. 1K 1₅₀; יָצָא pi. ↗ I ידה Zch 2₄; c. ידה אֶת־קַרְנוֹת־ Da 8₉; כָּתַב לְ קֶ׳ כִּפֶּר עַל־קֶ׳ Ex 30₁₀; (cj. עַל) pt. pass. qal Jr 17₁; לָקַח אֶת־קֶרֶן הַשֶּׁמֶן 1S 16₁₃ 1K 1₃₉; מלא pi. c. 2 acc. (קֶרֶן u. שֶׁמֶן) 1S 16₁ ↗ 3; c. מָשַׁךְ Jos 6₅ ↗ 1 d; c. נגח בְּקֶר׳ pi. Ez 34₂₁; נָתַן עַל־קַרְנוֹת Ex 29₁₂ Lv 4₇.₁₈.₂₅.₃₀.₃₄ 8₁₅ 9₉ 16₁₈; נָ׳ עַל־קַרְנוֹתָיו Ez 43₂₀ ↗ 2 a; נתן קרן ל das Horn = die Kraft geben Sir 49₅; נָשָׂא קֶרֶן אֶל Zch 2₄; עלל קֶרֶן בְּ pol. Hi 16₁₅ ↗ 6 c; c. עָשָׂה Ex 27₂ 38₂; עָ׳ קַרְנֵי בַרְזֶל 1K 22₁₁ 2C 18₁₀; c. צמח hif. ↗ 6 c; c. צפה pi. Ex 30₃ 37₂₆ ↗ 1 a; c. רום qal 1S 2₁ Ps 89₁₈ Q (K hif.), 89₂₅ 112₉, hif. הֵרִים קֶרֶן wörtl. das Horn erhöhen = stärken, s. de Boer Fschr. Zimmerli 53. 54, cf. Kraus BK XV⁵ 812: 1S 2₁₀ Ps 75₅f 92₁₁ 148₁₄ Kl 2₁₇ 1C 25₅, polal Ps 75₁₁ ↗ 6 c; c. שִׂים Mi 4₁₃; c. שבר pi. Da 8₇, nif. 8₈ ↗ 1 a; c. שוב hif. Ez 27₁₅ ↗ 1 b. †

קֶרֶן הַפּוּךְ: n. f. „Das Schminkbüchschen" (Noth N. 223, Stamm HFN 328, cf. Gradw. 80f): eine der drei Töchter des wieder in seine Rechte eingesetzten Hiob Hi 42₁₄. †

קַרְנַיִם: n. l. Am 6₁₃, dual v. קֶרֶן (s. Nr. 5 u. 6) „Doppelhörner", cf. dazu Rudolph KAT XIII/2, 221; G appell. κέρατα, Josph. Καρναΐν (NFJ 72), 1Mak 5₄₃ Καρναιν, 2Mak 12₂₁ Καρνιον, = *Šeḫ Saʿd*, 4 Km. nö. von Astharoth, s. Wolff BK XIV/2, 334f, Abel 2, 413f, GTT § 1516, BHH 935, Kellermann ZDPV 97, 1981, 46f. 50. †

קרס: cf. ? ar. *qurṣ* runder Brotfladen, (runde flache) Scheibe (Wehr 674b), cf. GB, Lex.¹, König Wb:

qal: pf. קָרְסוּ; pt. קֹרֵס: **sich krümmen** (|| כרע) Js 46₁f. †

Der. *קֶרֶס, ? קַרְסֹל.

***קֶרֶס**: קרס, BL 458s; Sam. *qērås*: pl. קְרָסִים, cs. קַרְסֵי, sf. קְרָסָיו: **Haken** (welche die Zeltbahnen der Stiftshütte [מִשְׁכָּן] miteinander verbinden) Ex 26₆.₁₁.₃₃ 35₁₁ 36₁₃.₁₈ 39₃₃, cf. BRL² 82f. †

קַרְסֹל: etym. inc., cf. GB, Primärnomen ? :: Lex.¹: קרס, zur Endg. cf. ? BL 503i, R. Meyer Gr. § 41, 8b; mhe. קַרְס/צוֹל; ja. קַרְסֻ/צְלָא; ? ug. *ḫrṣp* (UF 7, 1975, 134 Z. 27, 138) = akk. *kursinnu* (AHw. 511f) Fussknöchel(-bereich); sy. *qurṣᵉlā* Fussknöchel: dual sf. קַרְסֻלָּי, Sec. χορσελαϊ Ps 18₃₇ (Brönno 186): **Knöchel, Fussgelenk** 2S 22₃₇ Ps 18₃₇ (לֹא מָעֲדוּ). †

קרע: Sam. nur pi.; mhe., DSS (KQT 196) qal u. pi.; ja. pa. auch itpa.; md. QRA (MdD 415a) zerreissen; ar. maġribin. zerreissen (GB):

qal: pf. קָרַע, קָרְעָה, קָרַעְתָּ/תִּי, קָרְעוּ; impf. אֶקְרַע, תִּקְרַע, וַתִּקְרַע, וַיִּקְרַע, וַיִּקְרְעֵם, (וְ)אֶקְרַע, (וַ)יִּקְרְעֶהָ, sf. וַיִּקְרְעוּ, אֶקְרָעֶנָּה; imp. קִרְעוּ; inf. קָרֹעַ, cs. קְרוֹעַ, sf. קָרְעִי; pt. קֹרֵעַ, pass. קָרוּעַ, pl. קְרֻעִים, cs. קְרוּעֵי, קְרֻעֵי: — 1. **in Stücke reissen**, als Zeichen von Trauer u. Erregung (Lit. ↗ קרח): a) בֶּגֶד/בְּגָדִים Gn 37₂₉ Nu 14₆ Ri 11₃₅ 2S 1₂.₁₁ 3₃₁ 13₃₁ 1K 21₂₇ 2K 2₁₂ 5₇f 6₃₀ 11₁₄ 18₃₇ 19₁ 22₁₁.₁₉ Js 36₂₂ 37₁ Jr 36₂₄ 41₅ Jl 2₁₃ Est 4₁ 2C 23₁₃ 34₁₉.₂₇; b)

מְעִיל Hi 1_{20} 2_{12}; בֶּגֶד וּמְעִיל Esr $9_{3.5}$; שִׂמְלָה pl. Gn 37_{34} 44_{13} Jos 7_{6}; מַדָּיו 1S 4_{12}; כְּתָּנְתּוֹ 2S 13_{19}, כְּתֹנֶת הַפַּסִּים 2S 15_{32}; מִסְפָּחוֹת Ez 13_{21}; c) metaph. סְגוֹר לִבָּם den Verschluss ihrer (d. Ephraimiten) Herzkammer Hos 13_{8}, cf. Wolff BK XIV/1² 294f; Rudolph KAT XIII/1, 243f; שָׁמַיִם Js 63_{19} cf. Jörg Jeremias Theophanie (WMANT 10² 1977) 15; — 2. **zerschneiden**: eine Schriftrolle (מְגִלָּה) mit d. Messer des Schreibers Jr 36_{23}; — 3. **wegreissen**: a) c. acc. u. מִן Lv 13_{56} Ez 13_{20}; b) metaph. הַמַּמְלָכָה 1K 11_{13}, cf. 12b c. מֵעַל 11_{11}, cf. 1S 15_{28}, c. מִן 1K 14_{8}, c. מִיַּד־ 1S 28_{17} 1K $11_{12.31}$; c) abs. c. מֵעַל sich losreissen 2K 17_{21}, cj. ? pr. קָרַע prop. nif. נִקְרַע (BHK, Lex.[1]) :: Gray Kings[3] 650: er (Gott) riss los, so auch TOB s. ferner W. Dietrich Prophetie und Geschichte (FRLANT 138, 1972) 41[74]. 138; — 4. קָרַע קְרָעִים in Stücke reissen 1K 11_{30}; קָרַע לִשְׁנֵים קְרָעִים 2K 2_{12}; קָרַע לְבָבוֹ sich das Herz zerreissen (:: בִּגְדוֹ) Jl 2_{13}; קרע :: תפר Koh 3_{7}; קָרַע בַּפּוּךְ עֵינֶיהָ sich die Augen mit Stibium (?) aufreissen (damit sie grösser erscheinen) Jr 4_{30} ↗ פּוּךְ; קָרַע חַלּוֹן ein Fenster ausbrechen Jr 22_{14}, pr. MT חַלּוֹנָי prop. חַלּוֹנָיו (HAL 305a) od. חַלּוֹן (BHS), s. BRL² 79f; — ? cj. Ps 35_{15} pr. קָרְעוּ prop. קָרְאוּ od. קָרְצוּ, cf. vs. 19 (Lex.[1], BHS, Kraus BK XV⁵ 426 :: MT: sie zerreissen (TOB 1305), in Stücke reissen = (metaph.) verleumden (Dahood Psalms I 209. 214), vgl. dazu den akk. Ausdruck *karṣī akālu* „Abgekniffenes" essen = verleumden, ↗ ba. *קרץ; ähnl. lat. *verbis proscindere*, wörtl. mit Worten zerreissen = lästern (GB), cf. auch ar. *qaraʿa* II ↗ oben. †

nif: pf. נִקְרַע; impf. וַיִּקָּרַע, יִקָּרֵעַ: — 1. a) **einreissen** (מְעִיל הָאֵפוֹד) Ex 28_{32} 39_{23}; b) **abgerissen werden** (כְּנַף־מְעִילוֹ) 1S 15_{27}, cf. Diethelm Conrad ZDMG, Suppl. I 1969, 273-80; — 2. **in Stücke gerissen werden** (מִזְבֵּחַ) 1K $13_{3.5}$; — ? cj. 2K 17_{21} pr. קָרַע prop. נִקְרַע ↗ qal 3. †

cj. **hitp**: pt. מִתְקָרְעָה: **sich zerreissen** Pr 27_{9}, txt. inc. pr. וּמֶתֶק רֵעֵהוּ מֵעֲצַת־ prop. c. G וּמִתְקָרְעָה מֵעֲצֶבֶת (Lex.[1], Gemser Spr. 96, BHS) :: MT: a) und Süssigkeit des Freundes mehr als Duftholz ? (Ringgren ATD 16, 106 ↗ III עֵצָה); b) die Süsse eines Freundes ist mehr wert als der eigene Rat (TOB 1572, cf. Driver ZAW 55, 1937, 69 u. Gemser l. c. 113). †

Der. קְרָעִים.

קְרָעִים: קרע, BL 458s; mhe. קֶרַע, ja. קִרְעָא Zerreissen, Riss, Fetzen; md. *qrita* (MdD 416a) das Zerreissen, Zerfetzen: (abgerissene) **Stoffstücke**, **Lappen** 1K 11_{30f} 2K 2_{12} ↗ קרע qal 4, Pr 23_{21} c. לבשׁ hif. †

קרץ: a) mhe., DSS (KQT 196) abschneiden, abkneifen, (die Lippen) zusammenkneifen, = ja. קְרַץ (Levy 4, 388); mhe. sbst. קְרִיצָה Zusammenkneifen; ug. *qrṣ* nagen, abkneifen ? (Aistl. 2457, Aartun WdO 4, 1968, 287; RSP I S. 108 Nr. 28), cf. UT nr. 2280 *qrṣ* I beissen, 2281 *qrṣ* II formen (Ton zu einem Bild); akk. *k/garāṣu(m)*, *ḫarāṣu* II (AHw. 447f) abkneifen, u. a. Lehm (*ṭīda/ṭidda*) (bei der Schöpfung) abkneifen; sy. 1) stecken, 2) zwinkern (LS 699b); äth. *qaraṣa* (Dillm. 430) einschneiden, = tigr. (Wb. 245a) abhauen, einhauen; ar. *qaraṣa* kneifen, zwicken, cf. *qaraḍa* zerschneiden, abnagen; b) mit a) etym. verw. ?: ja. קְרִיץ u. קְרִיצְתָּא die Frühe, Morgenbruch, eig. Durchbruch der Sonne, vb. denom. קְרַץ: des Morgens früh aufstehen, etw. in der Frühe tun (Lewy 4 l. c.); sam. u. cp. קרץ; cp. קריצתא det.; sy. sbst. *qarṣūtā* Frost, *qarṣānā/qarṣīnā* Reif; cp. *qrjṣtʾ* Morgendämmerung; vb. denom. *qrṣ* in der Frühe tun:

qal: impf. יִקְרְצוּ, Sec. ικερσου Ps 35_{19} (Brönno 35); pt. קֹרֵץ: — 1. קָרַץ עַיִן Ps 35_{19} Pr 10_{10} u. קֹרֵץ בְּעֵינָיו Pr 6_{13} d. Auge(n) **zukneifen**, zwinkern (als Ausdruck von Hohn od. Spott); — 2. קָרַץ שְׂפָתָיו die Lippen **zusammenkneifen** Pr 16_{30}; d. Sinn der Gebärde ist nicht ganz sicher: sie ist entw. Ausdruck des Hämischen (GB) oder von Falschheit u. Verstellung (Ringgren ATD 16/1, 70). †

pu. (od. pass. qal): pf. קֹרַצְתִּי: **abgekniffen werden** (מֵחֹמֶר von Ton) Hi 33_6, cf. akk. ↗ oben u. Pettinato Das altorientalische Menschenbild und die sumerischen und akkadischen Schöpfungsmythen (Abh. d. Heidelb. Akad. d. Wissensch., Phil.-hist. Kl., Jahrg. 1971, 1. Abh.) S. 41f, cf. Fohrer KAT XVI 457[5]. †

Der. ? קֶרֶץ.

קֶרֶץ: ? קרץ (cf. ? BL 458s), hapleg. Jr 46_{20}; ja. קָרוֹצָא, fem. קַרְצִית der/die Beissende, Stechende, die Bremse (Levy 4, 389a); ar. *qāriṣ* beissend; stechend; schmerzend, peinigend (Wehr 675a), von einem Insekt od. auch von der Kälte gesagt, s. Lane I 2514c; die Vrss. differieren: G ἀπόσμασμα, A Σ ἐγκεντρίζων, V *stimulator*, S *ḥajlā*: Moskito, *Anopheles* (Bodenheimer 340ff), so. Lex.[1]; trad. Bremse (GB, Rudolph Jer.[3] 270 :: König Wb. 421: Stich od. Gezwicke als abstr. pr. konkr: ein peinigendes Insekt = Tarantel u. ä., BHH 1245 sub voce Mücke. †

I קַרְקַע: Primärnomen (cf. BL 481d); Sam. *qarqa*; mhe., ja. ija. קַרְקְעָא (DISO 267); sam. (BCh. LOT 2, 588); < *קַרְקַר; cf. mhe. קַרְק(וֹ)ר(וֹ)ת, c. sf. קַרְקְרוֹתֵיהֶן Boden eines Gefässes; akk. *qaqqaru(m)* (AHw. 900f) Erdboden, Gelände, Grundstück, letzteres auch ug.-akk.; cf. ar. *qarqar* od. *qariq* ebener Boden (GB): — 1. **Grund, Boden** (des Meeres) Am 9_3; — 2. **Fussboden** des Versammlungszeltes (מִשְׁכָּן) Nu 6_{17}, des Tempels 1K $6_{15f.30}$, des Thronsaales (אוּלָם הַכִּסֵּא) 1K 7_7, cj. pr. עַד־הַקַּרְקַע prop. עַד־הַקּוֹרוֹת ↗ קוֹרָה. †

II קַרְקַע, n. l. = I: loc. + art. הַקַּרְקָעָה: „der (Fuss-)Boden": im s. von Juda, im engeren od. weiteren Umkreis von *ʿĒn Qdēs* und *ʿĒn el-Qdērāt* gelegen, s. Noth Jos. 87: Jos 15_3. †

קַרְקַר Nu 24_{17}: || מחץ: cj. c. Sam. et Jr 48_{45} קָדְקֹד (BHS) :: Driver ALUOS 6, 1966-68, 45: l קִרְקֵר (ar. *qâra* fällen): niederschlagen, cf. I קרר. †

קַרְקֹר: n. l. הַקַּר', G Καρκαρ, äg. *q-r-q-r-m* (Helck Beziehungen 61): Ri 8_{10}; ign. im Ostjordanland (GTT § 573); wahrscheinlich ein Appellat. mit d. Sinn. „Wasserlöcher", „Quellen", „Brunnen", cf. ug. *qr* in dieser Bedtg. (UT nr. 2262, Aistl. 2443), so Gray Joshua, Judges and Ruth 1967, 310; die Gleichsetzung des n. l. mit Qarqar im *W. Sirḥān* (so u. a. Lex.[1]) ist ganz unsicher, s. Rösel ZDPV 92, 1976, 16. †

I קרר: מְקַרְקַר קִר Js 22_5: Deutung unsicher, GB u. Lex.[1] verzichten auf eine solche; Versuche s. Wildbg. BK X 806f: a) קִר = I קִיר u. מְקַרְקַר pt. palp. v. קרר (BL 432z. 438); mhe. קִרְקֵר niederreissen, [DSS (KQT 196): וקרקר zitiert Nu 24_{17}]: מְקַרְקַר קִר danach: er wirft nieder die Wehr; b) קִר = *קִר Lärm u. מְקַרְקַר zu √ *qrr*; mhe. קִרְקֵר gackern, schreien; ja. קַרְקֵר krähen, brüllen = sy. gackern, ar. *qarqara* rumpeln, knurren (Bauch), brüllen (Kamel), gurren (Taube), schnurren (Katze); ug. sbst. *qr* Ruf, Schrei ↗ *קִר: מְקַרְקַר קִר wörtl. einen Lärm lärmen, s. Weippert ZAW 73, 1961, 97-99; freier: Geschrei erschallen, s. Kaiser ATD 18, 112, cf. Wildbg. l. c. 805, Driver JSS 13, 1968, 47f. †

Der. ? *קִר.

II קרר: mhe. hif. abkühlen, kalt sein; ja.

pe. kalt sein, af. kühlen, kalt sein, = sy. *qar* pe. u. af.; cp. **qr* af.; md. *QRR* (MdD 416b); äth. *qᵘarara* u. caus. *ʾqᵘĕrara* (Dillm. 423f); tigr. *qarra* (Wb. 340a) frieren, sich abkühlen; ar. *qarra* kalt, kühl sein:

hif: pf. הֵקֵרָה; inf. abs. הָקִיר (Bgstr. 2 § 27 q): **kühl halten** Jr 6₇, sbj. entweder c. K בּוֹר (Lex.[1]) od. c. Q בַּיִר = בֵּיר = בְּאֵר :: Rudolph Jer.[3] 42: l Q und leitet הֵקֵרָה pr. הֵקִירָה (cf. Bgstr. 2 § 28p) von קור hif. sprudeln ab (⁊ I קור); hier auch die cj. von Tsevat HUCA 24, 1952/53, 109 zu 2K 19₂₄ Js 37₂₅: ⱱ קרר pr. קור. †

Der. קַר, קֹר, קָרָה, cj. קָרוּת, מְקֵרָה.

***קרשׁ**: akk. *qarāšu(m)* (AHw. 903a) zerschneiden, cf. abab. (Mari): *ša qa-ra-ši* Stücke/Tranchen (v. Brot), s. ARMT XII S. 10 u. Nr. 686, 3; ar. *qaraša* knirschen (mit d. Zähnen), knabbern, zerkauen.

Der. קֶרֶשׁ.

קֶרֶשׁ: *קרשׁ, BL 458s; Sam. *qērăš*; mhe., ja. קַרְשָׁא Brett, Bohle; ug. *qrš* Bedtg. u. Ableitung fraglich, Vorschläge: a) Wohnung u. ä. (UT nr. 2283, Aistl. 2461, TOML 122[e]) zu קֶרֶשׁ bzw. akk. *qarāšu*; b) Wohnsitz, eig. „das, was fest ist", zu ar. *qarisa* II gefrieren machen, kalt starr machen (Gray LoC[2] 114[3]); c) (Berg-) Massif, zu mhe. קרשׁ gerinnen (CML[2] 157b, cf. 53[5]; d) Lager < Lw. v. akk, *karāšu* (Dijkstra-de Moor UF 7, 1975. 192); akk. *qeršu(m)* (AHw. 918a) Streifen o. ä.; *quraštu* (AHw. 929a) ein Stück Fleisch: קֶרֶשׁ, sf. קַרְשֵׁךְ, pl. קְרָשִׁים, cs. קַרְשֵׁי, sf. קְרָשָׁיו: — 1. **Brett, Bretter** (aus denen der Holzbau des מִשְׁכָּן besteht) Ex 26₁₅₋₂₉ (23 ×), 35₁₁ 36₂₀₋₃₄ (22 ×), 40₁₈ Nu 3₃₆ 4₃₁, cf. Holzinger KHC IV 1903, 128: קֶרֶשׁ u. pl. eher Balken, schwere Bohlen, s. dazu auch Kl. Koch Die Priesterschrift von Exodus 25 bis Leviticus 16 (FRLANT 71, 1959) 15[1]; ferner Childs Exodus 525; — 2. קַרְשֵׁךְ Ez 27₆ als Zubehör z. Schiff; die Bedtg. ist ungewiss, die Vrss. differieren, s. Zimmerli Ez 627; Vorschläge: a) Verdeck, Deck (GB, König Wb., ZüBi, Zimmerli l. c. 624); b) Wohnraum, Häuschen (TOB 1050, cf. H. J. van Dijk Ezechiel's Prophecy on Tyre, Rome 1968, 48), Kajütenwand (Fohrer HAT 13, 1955, 153); c) Schiffsstange (Zorell), Pfosten = Mast (Kl. Koch l. c. ⁊ 1); — 3. Wendungen: c. בוא hif. Ex 39₃₃, c. עָשָׂה Ex 26₁₅.₁₈.₂₂f.₂₉ 35₁₁, cf. 10 36₂₀.₂₃.₂₅.₂₇.₂₈ Ez 27₆, c. צפה pi. Ex 26₂₉ 36₃₄, c. שִׂים Ex 40₁₈.

קֶרֶת; cf. Rabin Or 32, 1963, 125f; sam. (BCh. LOT 2, 545); Lw. v. heth. *gurta* Festung, doch ist das sehr unwahrscheinlich, ⁊ קִרְיָה dort auch die קֶרֶת entsprechenden Form aus ja. ph. pun. ug., cf. die Städtenamen *Cirta*, *Tigranocerta*: קֶרֶת: **Stadt**: — 1. Hi 29₇ Pr 8₃ 9₃.₁₄ 11₁₁; — 2. Wendungen: c. יָצָא Hi 29₇, c. יָשַׁב Pr 9₁₄, c. קָרָא 9₃, c. רום 11₁₁, c. רָנַן 8₃; ⁊ n. l. קַרְתָּה u. קַרְתָּן. †

קַרְתָּה: n. l., ? aram. Nf. v. קֶרֶת: Levitenort im Gebiete von Sebulon Jos 21₃₄; ign. vielleicht = *ʿAtlīt*, s. GTT § 337 nr. 38. †

קַרְתָּן: n. l. Levitenort in Naftali Jos 21₃₂ = קִרְיָתַיִם 1C 6₆₁, ⁊ dort b). †

***קַשְׂוָה**: (BL 604g); etym. inc.: entweder sbst. zu einer ⱱ*קשה (GB, Lex.[1]) oder Primärnomen, cf. ? König Wb. 422a; Sam. pl. *qaššot*; mhe. קְסָוָה, ja. קְסוּתָא Schale; ph. ? **qs*, pl. in d. Verbdg. *pʿl q[s]m* = gr. ἀνὴρ [ἐ]κπωματοποιός (DISO 261, cf. Harris Gr. 144); ug. *qš* || *ks* (KTU 1. 3 V 33f = 1. 4 IV 45f) Pokal, Kelch, Kanne, so CML[2] 157b; TOML 176[v]; J. MacDonald UF 11, 1979, 517 :: Aistl. 2464: Geschenk, zu akk. *qiāšum*, *qâšu* schenken (AHw. 919); doch ist das wegen d. Parallele mit *ks* weniger wahrscheinlich;

UT nr. 2286 übersetzt *qš* I nicht; äth. *qašut* (Dillm. 421) Krug; ar. *qaswat* Korb: pl. קְשָׂוֹת, cs. קְשׂוֹת, sf. קְשׂוֹתָיו: — 1. **Kanne** (für Trankopfer) Ex 25₂₉ 37₁₆ Nu 4₇ (קְשׂוֹת הַנֶּסֶךְ), 1C 28₁₇ (aus Gold) (וְהַקְּשׂוֹת für וְלַקְּ׳, s. Rudolph Chr. 186); — 2. Wendungen: c. נָתַן Nu 4₇, c. עָשָׂה Ex 25₂₉ 37₁₆. †

קְשִׂיטָה: etym. inc.: nach Levy 4, 396 zur √קשט, ar. *qasaṭa* teilen, abmessen; קְשִׂיטָה von daher eig. etwas Abgemessenes, cf. auch GB; ar. sbst. *qisṭ* Teil, Anteil, Portion (Wehr 680a), s. dazu auch Lex.[1]: *qisṭ* = 481 *dirham* = 1429 gr. (Lane 2522b); Sam. *qaššīṭå*; sam. קשיטה (BCh. LOT 2, 584); mhe. קְשִׂיטָא: 1) eine Münze, 2) ein Gewicht, 3) Lamm (Dalm. Wb. 393a, cf. Levy l. c.); nach Nr. 3 (Lamm) geben die Vrss. (ausser Σ) קְ׳ durch Lamm (G ἀμνός/ἀμνάς, V *ovis*) wieder, s. dazu Peters Das Buch Job, 1928, 499; Hölscher HAT 17, 1952, 101; Fohrer KAT XVI 541: — 1. altes (als Geld dienendes) Gewicht (de Vaux Inst. 1, 310. 314 = Lebensordnungen 1, 332), nach Herkunft u. Grösse unbekannt Gn 33₁₉ Jos 24₃₂ Hi 42₁₁ (BHH 943); — 2. Wendungen: c. נָתַן Hi 42₁₁, c. קָנָה Gn 33₁₉ Jos 24₃₂. †

קַשְׂקֶשֶׂת, BL 482e; lautmalendes Primärnomen, s. Galling VTSu 15, 1966, 162 :: GB, Lex.[1]: √ *qšš*; ar. *qašša* IV sich schuppen; he. ↗ קסס; Sam. *qašqēšət*; mhe.: pl. קַשְׂקַשִּׂים 1S 17₅ u. *קַשְׂקְשֹׂת Ez 29₄ (s. Michel Grundl. heSy. 1, 43), sf. קַשְׂקְשֹׂתֶיךָ: — 1. **Schuppe** Lv 11₉f.₁₂ Dt 14₉f Ez 29₄; — 2. שִׁרְיוֹן קַשְׂקַשִּׂים Schuppenpanzer 1S 17₅, s. Galling l. c. 161f, BRL[2] 248. †

קַשׁ: BL 453w; wohl Primärnomen, cf. BL l. c. :: GB, Lex.[1]: √ *qšš*, ↗ קשׁשׁ; Sam. *qaš*; mhe.; ja. קַשָּׁא; sy. *qeššā* u. *qeššᵉtā* Strohhalm, auch cp. **qš*; sam. (BCh. LOT 2, 585); md. *qaša* (MdD 403b) Stroh, Schilf; ar. *qašš* Stroh: — 1. **Strohstoppeln**: a) in Ziegellehm gemischt Ex 5₁₂; b) α) Beute des Windes Js 40₂₄ 41₂ Jr 13₂₄ Ps 83₁₄ Hi 13₂₅; β) von daher Bild des Leichten, Unbedeutenden Js 33₁₁ Hi 41₂₀f; c) Beute des Feuers Ex 15₇ Js 5₂₄ 47₁₄ Jl 2₅ Ob 18 Nah 1₁₀ Mal 3₁₉, zu a-c cf. AuS 3, 137; he. קַשׁ hat im akk. kein Aequivalent; in der Bedtg. entspricht *tibnu(m)* (AHw. 1354f): etym. = ↗ תֶּבֶן; — 2. Wendungen: c. אָכַל, obj. קַשׁ Js 5₂₄ Jl 2₅, כַּקַּשׁ Ex 15₇, pu. כְּקַשׁ Nah 1₁₀; c. הָיָה, קַשׁ Mal 3₁₉, כְּקַשׁ Js 47₁₄, לְקַשׁ Ob 18; c. הפך nif. לְקַשׁ Hi 41₂₀; c. חשב nif. כְּקַשׁ Hi 41₂₁; c. יָבֵשׁ Nah 1₁₀ Hi 13₂₅; c. יָלַד Js 33₁₁; c. נדף pt. nif. Js 41₂; c. נָשָׂא, כַּקַּשׁ Js 40₂₄; c. עבר pt. qal קַשׁ עוֹבֵר dahinfliegende Spreu Jr 13₂₄; c. קשׁשׁ pol. Ex 5₁₂; c. רָדַף Hi 13₂₅; c. שִׁית, כְּקַשׁ Ps 83₁₄. †

***קִשֻּׁאָה**: (BL 481a; R. Meyer Gr. § 38, 8); wohl Primärnomen :: GB, Lex.[1]: √*קשא; Sam. *qāšuwwəm*; mhe. קִשּׁוּת, pl. קִשּׁוּאִים; ja. pl. קַטֵּיָא; sam. Targ. קשואיה (he. Lw.); sy. *qaṭṭūtā*, pl. *qaṭṭajjā*; akk. *qiššû(m)*, pl. m. und f. (AHw. 923); äth. *qᵘes(a)jāt* (Dillm. 434); ar. *quṯṯāʾ*; pun. κισσον; gr. σικύη u. σίκυος (σικυός): pl. קִשֻּׁאִים (cf. Michel Grundl. heSy. 1, 36. 40): (ägyptische) Gurke (*cucumis melo chate*) Nu 11₅, s. Löw 1, 530ff; AuS 2, 283: **Posthorngurke** (*cucumis sativus* var. *chate*), VHehn 314ff, BHH 615.

קשׁב: vb. nur im He., eine unsichere arab. Etym. bei Kopf VT 8, 1958, 201f: zu *qbs* VIII Feuer entnehmen (Wehr 658b); mhe. 2 × in DSS (KQT 196 u. THAT II 689); ihe. (Ostr. Sam.): imp. 2. p. sg. oder 2. pl. *hqšb/hqšbw* (DISO 267, KAI Nr. 188); doch ist die Lesung umstritten, s. Galling ZDPV 77, 1961, 173-185, THAT II 685:

qal: impf. תִּקְשַׁבְנָה: **scharf aufmerksam**

sein (von d. Ohren der Hörenden) Js 32$_{3}$ (THAT II 685). †

hif: pf. הִקְשִׁיב, הִקְשַׁבְתָּ/תִּי, הִקְשִׁיבוּ; impf. נַקְשִׁיבָה, נַקְשִׁיב, תַּקְשִׁיב, וַיַּקְשֵׁב, יַקְשִׁ(י)ב; imp. הַקְשֵׁב, הַקְשִׁיבָה (so auch Ⓑ zu Da 9$_{19}$, Ⓛ הַקְ־), הַקְשִׁיבִי, הַקְשִׁיבוּ; inf. cs. הַקְשִׁיב; pt. מַקְשִׁיב, מַקְשִׁיבִים: (THAT II 684-689): **aufmerksam hinhören**: — 1. mit menschl. sbj.: a) abs. 1S 15$_{22}$ Js 10$_{30}$ 28$_{23}$ 34$_{1}$ 42$_{23}$ 49$_{1}$ Jr 6$_{10.17}$ 8$_{6}$ Hos 5$_{1}$ Zch 7$_{11}$ Hi 33$_{31}$, Pr 1$_{24}$ (אֵין מַקְשִׁיב), 2C 20$_{15}$ 33$_{10}$; b) c. אֶל: α) rei Jr 18$_{18}$ Neh 9$_{34}$, β) pers. Js 51$_{4}$; c) c. לְ: α) rei Js 48$_{18}$ Pr 2$_{2}$ (F 4), 4$_{20}$ 5$_{1}$ 7$_{24}$ Sir 3$_{29}$; לְקוֹל Jr 6$_{17}$ HL 8$_{13}$ s. THAT II 686; β) c. לְ + inf. Pr 4$_{1}$; d) c. עַל rei Jr 6$_{19}$ Pr 17$_{4}$ 29$_{12}$; e) c. acc. rei Jr 23$_{18}$ Hi 13$_{6}$, cf. קֶשֶׁב רַב־קָשֶׁב scharf aufmerken Js 21$_{7}$, s. Brockelm. HeSy. § 93d; — 2. sbj. אֱלֹהִים/יהוה: a) abs. Mal 3$_{16}$ Da 9$_{19}$; b) c. אֶל: α) rei Ps 142$_{7}$; β) pers. (אֵלַי) Jr 18$_{19}$; c) c. לְ: α) rei (לְקוֹל) Ps 5$_{3}$; β) pers. (לִי) Ps 55$_{3}$; d) c. בְּ rei (בְּקוֹל) Ps 66$_{19}$, 86$_{6}$ (var. לְ); c. acc. rei Ps 10$_{17}$ F 4, Ps 17$_{1}$ 61$_{2}$; — 3. sbj. אֶרֶץ וּמְלֹאָהּ abs. Mi 1$_{2}$; — 4. Besonderes: הִקְשִׁיב אֹזֶן Ps 10$_{17}$ Pr 2$_{2}$: das genaue grammat. Verständnis ist ungewiss, s. GB: entweder: a) הִקְשִׁיב caus. zu qal: das Ohr aufmerken lassen oder b) אֹזֶן acc. d. Bereiches od. d. Beziehung, cf. GK § 144m, R. Meyer Gr. § 106, 2 d, Brockelm. HeSy. § 102. †

Der. קֶשֶׁב, *קַשָּׁב, *קַשֻּׁב.

קֶשֶׁב: קשב, BL 458s: קֶשֶׁב: **Aufmerksamkeit**, Aufmerken 1K 18$_{29}$ 2K 4$_{31}$ (אֵין קֶשֶׁב), Js 21$_{7}$ c. הִקְשִׁיב, F קשב hif. 1 e. †

***קַשָּׁב**: קשב, BL 479 l: fem. קַשֶּׁבֶת: **aufmerksam**, sbj. אֹזֶן Neh 1$_{6.11}$, cf. קשב hif. 4. †

***קַשֻּׁב**: קשב, BL 480s: pl. fem. קַשֻּׁבוֹת c. לְ, **aufmerksam**, sbj. אָזְנַיִם Ps 130$_{2}$ 2C 6$_{40}$ 7$_{15}$. †

I **קשה**: mhe. pi. schwer haben, hif. hart machen, hitp. (Sam. auch Dt 1$_{17}$: nif. II = hitpa.) schwer haben, sich hart machen, adj. קָשֶׁה, DSS קשה (KQT 196), sbst. קושי u. קשי c. עורף, bzw. לבב (KQT 193. 196); ja. קְשָׁא, קְשִׁי pe. schwer sein, pa. schwer machen, Einwände erheben, af. hart machen, verstocken, Schwierigkeiten machen; auch sam. (BCh. LOT 2, 563. 585); äga. ? af. אקשה (Aḥqr 140): streiten (AP 224), Front machen (DAE 442), adj. קשה hart, schwierig (DISO 267); sy. *q^e^šā* pe. hart werden, pa./af. hart machen = cp. pa.; adj. sy. *qašjā*, cp. **qšj, qšʾ* hart, sbst. sy. *quššājā* Verhärtung, cp. *qšjw* Härte; md. *QŠA* (MdD 416b) pe. hart, steif sein, pa. caus.; adj. *q(a)šia* hart, grausam; sbst. *qašiut(a)* Härte, Grausamkeit (MdD 403b); ar. *qasā* (*qsw*) hart, streng, grausam sein; adj. *qasīj* hart, fest; sbst. *qaswat* Härte, Strenge, Grausamkeit; cf. קשח, das sinnverwandt u. vielleicht auch wurzelverw. ist, s. THAT II 689; zu קשה siehe l. c. 689-92; cf. Gerleman ZAW 92, 1980, 410ff:

qal: pf. קָשְׁתָה, קָֽשְׁתָה; impf. יִקְשֶׁה, וַיִּקֶשׁ: a) **schwer, hart sein**: יָד (v. d. Hand Jahwes) 1S 5$_{7}$, עֶבְרָה Gn 49$_{7}$, דָּבָר (Wort) 2S 19$_{44}$; b) schwer = **schwierig sein**: דָּבָר (Rechtssache) Dt 1$_{17}$ 15$_{18}$. †

nif: pt. נִקְשֶׁה: **bedrückt** Js 8$_{21}$. †

pi. (Jenni 91): impf. וַתְּקַשׁ (Sam. nif. II = hitpa.: *wtiqqašši*): **es schwer haben** (beim Gebären) Gn 35$_{16}$, vs. 17 hif. s. Jenni l. c. †

hif. (Jenni 91. 97. 100): pf. הִקְשָׁה, הִקְשִׁיתָ, הִקְשׁוּ; impf. וַיֶּקֶשׁ, אַקְשֶׁה, וַיַּקְשׁוּ, תַּקְשׁוּ; inf. sf. הַקְשֹׁתָהּ; pt. מַקְשֶׁה: (THAT II 691, Lit., ferner Rudolf Schmid Fschr. Ziegler II 93): — 1. a) **hart machen**: עֹל 1K 12$_{4}$/2C 10$_{4}$; b) **verhärten**: α) רוּחַ Dt 2$_{30}$, לֵב Ex 7$_{3}$, sbj. יהוה; לֵבָב/לֵב Ps 95$_{8}$ Pr 28$_{14}$, sbj. d. Mensch (Selbstverstokkung); c) עֹרֶף (עָרְפּוֹ, עָרְפְּכֶם, עָרְפָּם) den

Nacken hart machen = halsstarrig sein, werden Dt 10_{16} 2K 17_{14} Jr 7_{26} 17_{23} 19_{15} Pr 29_1 Neh $9_{16f.29}$ 2C 30_8 36_{13} Sir 16_{11}; ellipt. (ohne עֹרֶף) Hi 9_4; — 2. a) c. לְ c. inf.: לִשְׁאוֹל verlangt Schweres 2K 2_{10}; לְשַׁלְּחֵנוּ macht Schwierigkeiten, uns zu entlassen, sbj. פַּרְעֹה Ex 13_{15}; b) c. בְּ c. inf. בְּלִדְתָּהּ hatte eine schwere Geburt Gn 35_{17}, vs. $_{16}$ ↗ pi.

Der. קָשֶׁה, קְשִׁי.

II *קשה: Der. מִקְשָׁה, I מִקְשֶׁה.

קָשֶׁה: I קשה, BL 465f; Sam. *qāši*; mhe., DSS; äga. sy. cp. md. ar. ↗ I קשה (THAT II 689-92): קָשֶׁה; f. קָשָׁה, קְשַׁת; pl. קָשׁוֹת, קְשֵׁי: — 1. **hart, schwer**: a) יָד (Macht, Gewalt) Ri 4_{24}, עֲבֹדָה Ex 1_{14} 6_9 Dt 26_6 1K 12_4/2C 10_4 Js 14_3, מִלְחָמָה 2S 2_{17}, חֶרֶב Js 27_1, רוּחַ (Sturm) 27_8; b) קָשָׁה Schweres Ps 60_5 (zum fem. cf. GAG § 60, 1 a, Michel Grundl. heSy. 1, 33f); קְשֵׁה יוֹם der schwere Tage hat Hi 30_{25}; אִשָּׁה קְשַׁת־רוּחַ 1S 1_{15} genauer Sinn ungewiss, Vorschläge: a) eine verzweifelte Frau, cf. V *mulier infelix nimis*, s. Stoebe KAT VIII/1, 91; b) eine starkmütige, tüchtige Frau, s. Loretz BZ NF 3, 1959, 293f; c) eine eigensinnige Frau, s. TOB; (:: cj. c. G ἡ σκληρὰ ἡμέρα = קְשַׁת יוֹם); — 2. **hart, streng**: a) אִישׁ 1S 25_3, pl. 2S 3_{39}; אֲדֹנִים Js 19_4 (pl. majest. pr. sing., s. Brockelm. HeSy. § 19 c), zur Identifizierung des „harten Herrn", s. Wildbg. BK X 708; b) חָזוּת Js 21_2, קִנְאָה (Leidenschaft) HL 8_6; c) עָנָה קָשָׁה streng antworten 1S 20_{10} 1K 12_{13}/2C 10_{13}; דִּבֵּר אֵת קָשׁוֹת harte Worte reden mit Gn $42_{7.30}$ (Sam. *qāšot*; sam. [קשיא]ת); שָׁלוּחַ קָשָׁה אֶל mit harten Worten gesandt zu 1K 14_6; — 3. (cf. קשה hif. 1 c): a) עֹרֶף קָשֶׁה Halsstarrigkeit Dt 31_{27}; קְשֵׁה עֹרֶף halsstarrig Ex 32_9 $33_{3.5}$ 34_9 Dt $9_{6.13}$; > קָשֶׁה Js 48_4; blosses קָשֶׁה ohne עֹרֶף auch im Ausdruck דַּרְכָּם הַקָּשָׁה ihr halsstarriger Wandel Ri 2_{19}, s. THAT II 691; b) קְשֵׁי־לֵב mit verhärtetem Herzen, eig. Verhärtete am Herzen Ez 3_7 (|| חִזְקֵי־מֵצַח); — 4. **schwer, schwierig**: דָּבָר קָשֶׁה eine schwierige Angelegenheit (:: קָטֹן eine geringfügige) Ex 18_{26}; — 5. hart > **frech**: קְשֵׁי פָנִים Ez 2_4 (|| חִזְקֵי־לֵב) :: Greenberg VTSu 29, 1978, 134: schamlos. †

קשח: ar. *qasaḥa* hart sein; sab. קשח Härte, Grausamkeit, cf. GB:

hif: pf. הִקְשִׁיחַ; impf. תַּקְשִׁיחַ: — 1. **hart behandeln**, c. acc. Hi 39_{16} cj. pr. הִקְשִׁיחַ lies c. MSS תַּקְשִׁיחַ; — 2. **verhärten** (לֵב) Js 63_{17}; cf. יקשיח Sir 30_{12} (Rand). †

***קשט**: mhe. pi. putzen, hif. herrichten, hitp. sich putzen; ja. pa. putzen, geraderichten, itpa. sich putzen; cf. כשט af. schön handeln; ? äga. haf. הקשט vorbereiten, anordnen (DISO 267); palm. pa. Erfolg haben (DISO l. c.), ↗ ferner ba. קשט; cf. ar. *qasaṭa* Unrecht tun, Gerechtigkeit üben, sbst. *qisṭ* Wahrheit, Gerechtigkeit, s. Nöldeke NB 98. 132, Wagner 274.

Der. קֹשֶׁט.

קֹשֶׁט: *קשט, BL 460i. 580t. 213t; aLw. (Wagner 274): **Wahrheit** Pr 22_{21} (= he. ↗ אֱמֶת); cf. Cody Biblica 61, 1980,423f. †

קֹשֶׁט: aLw. (Wagner 273, Nöldeke NB 132f, Lex.[1]; cf. VG I S. 156 d α: Fernprogressivassimilation, < קֶשֶׁת); ja. קַשְׁטָא :: Tsevat HUCA 24, 1952/53, 114: he. nomen actionis (cf. BL 462 l) **Bogenschiessen** Ps 60_6. †

קְשִׁי: I קשה, BL 458x, 576g. 577h; Sam. *qāši*; mhe. sbst. DSS, sy. cp. md. ar. ↗ I קשה: **Halsstarrigkeit** (↗ קָשֶׁה 3 a) Dt 9_{27}. †

קִשְׁיוֹן: äg. *q-ś-n* (ETL I Nr. 37); transkr. *qa-śú-na* (Helck Beziehungen 130): n. l. in Issachar Jos 19_{20}, Levitenstadt 21_{28}; cj. 1C 6_{57} pr. קֶדֶשׁ l קִשְׁיוֹן; zur Lokalisierung, s. GTT § 330, 8: der Name erhalten in *Qeisūn* nö. von *Indūr*; aber wohl = *T*.

el-ʿAǧǧul, eine Gleichsetzung, die Noth Jos. 129 nicht bietet: genaue Lage unbekannt; nach Gray Joshua, Judges and Ruth, 1967, 178 hängt קִשְׁיוֹן mit n. fl. קִישׁוֹן zusammen, s. auch BHH 957. †

קשׁר: mhe. qal knüpfen, verknüpfen, pi. zusammenbinden, nif. hitp. sich zusammenziehen, sich anhängen, DSS (KQT 196: CD 13, 19 pt. nif. „gebunden"); ? wurzelverw. mit ↗ I קצר u. den dort genannten sem. Entsprechungen; akk. *kašāru(m)*, *kešēru* (AHw. 461b) wiederherstellen, ↗ כשׁר:

qal: pf. קָשַׁר, קָשַׁר, קָשַׁרְתִּי, קְשַׁרְתֶּם, sf. קְשַׁרְתָּם; impf. (וַ)תִּקְשֹׁר/שָׁר־, וַיִּקְשֹׁר/שָׁר־, תִּקְשְׁרֵי, וַיִּקְשְׁרוּ, sf. תִּקְשְׁרֶנּוּ; imp. sf. קָשְׁרֵם; pt. pl. קֹשְׁרִים, pass. fem. קְשׁוּרָה, pl. קְשֻׁרִים: — 1. **anbinden**: a) c. acc. (d. Krokodil) Hi 40_{29}; b) c. עַל an etwas Gn 38_{28} Dt 6_8 11_{18} Jr 51_{63} Pr 3_3 6_{21} 7_3; c) c. acc. u. בְּ Jos $2_{18.21}$ Hi 39_{10}; d) metaph. c. בְּ, pt. pass. gebunden an Gn 44_{30} Pr 22_{15}; — 2. a) קָשַׁר עַל **verbunden, verschworen sein** gegen 1S $22_{8.13}$ 1K 15_{27} 16_9 2K 10_9 $15_{10.25}$ 21_{23f} Am 7_{10} (s. Wolff BK XIV/2, 357), 2C 24_{21} 33_{24f}; b) cj. קָשַׁר אַחֲרֵי Jr 12_6 pr. קָרְאוּ אַחֲרֶיךָ מָלֵא prop. קָשְׁרוּ אַ׳ כֻּלָּם (Rudolph Jer.[3] 80, BHS, Weiser ATD 20, 100) :: MT: ZüBi, TOB; c) קָשַׁר קֶשֶׁר עַל eine Verschwörung machen gegen 2K 14_{19} 15_{30} 2C 25_{27} Sir 13_{12}; abs. קָ׳ קֶשֶׁר 1K 16_{20} 2K 12_{21} 15_{15}; קָשַׁר sich verschwören 1K 16_{16} Neh 4_2; d) קָשַׁר עִם verbunden, verschworen sein mit 2S 15_{31}; — 3. pt. pass.: **stark**, **robust** (Tiere) Gn 30_{42}, cf. ar. *qaswarat* stark, robust (GB); — 4. Besonderes: Sir 7_8: אל תקשור, G μὴ καταδεσμεύσῃς, Sinn unklar: Vorschläge: a) freveln (Smend), b) beschliessen (Lex.[1]), c) sich verwickeln (ZüBi), d) erneuern, wörtl. zusammenbinden (TOB). †

nif: pf. נִקְשְׁרָה; impf. וַתִּקָּשֵׁר: — 1. c. בְּ (נֶפֶשׁ . . . בְּנֶפֶשׁ) **sich binden** an 1S 18_1, s. Stoebe KAT VIII/1, 341: sich herzlich verbunden fühlen; — 2. **zusammengefügt sein** (הַחוֹמָה) Neh 3_{38}. †

pi. (Jenni 189): impf. תְּקַשֵּׁר, 2. f. sf. תְּקַשְּׁרִים: — 1. **binden**, **knüpfen** (obj. ↗ מַעֲדַנּוֹת) Hi 38_{31}; — 2. **umbinden**, **gürten mit** (c. acc. pers.) Js 49_{18}. †

pu: pt. f. pl. מְקֻשָּׁרוֹת: **robust** (Tiere) Gn 30_{41}, ↗ qal 3. †

cj. **hif**: impf. pr. תַּקְשִׁירוּ l תַּקְדִּישׁוּ (↗ קדשׁ hif. 4 a): als Verschwörung bezeichnen Js 8_{13} :: Driver JThS 6, 1955, 82ff: ähnlich auch Kaiser ATD 17^3 92 für verwickelt halten :: ATD 17^5 184 für einen Verschwörer halten. †

hitp: pf. הִתְקַשְּׁרוּ; impf. וַיִּתְקַשֵּׁר; pt. pl. מִתְקַשְּׁרִים: **sich miteinander verschwören** (gegen) c. אֶל 2K 9_{14}, c. עַל 2C 24_{25f}. †

Der. קֶשֶׁר, קִשֻּׁרִים.

קֶשֶׁר: קשׁר, BL 457q; mhe. Knoten, Gelenk; Zusammenziehung, Kruste; Ordnung, Verband; DSS (KQT 196) CD 13, 10: חרצובות קשריהם Bande ihrer Fesseln (Maier 1, 63, cf. Lohse 95 ad Dam. XIII 10); ? ihe. הקשר (Lkš 5, 8), doch ist die Lesung ganz unsicher, s. DISO 268, KAI Nr. 195, TSSI 1, 43. 44; ja. קושרתא Gürtel; äg. *ga-sa-ru* Ring (Albr. Voc. 55): קֶשֶׁר, sf. קִשְׁרוֹ: — 1. **Vereinigung**, **Verschwörung**: 2S 15_{12} 2K 11_{14}/2C 23_{13} Js 8_{12} :: Driver JThS 6, 1955, 82ff: verwickelte Sache > Schwierigkeit, danach Kaiser ATD 17^3 92: Verwicklung (:: ATD 17^5 184 Verschwörung); קָשַׁר קֶשֶׁר ↗ קשׁר qal 2 c; c. מָצָא aufdecken 2K 17_4 Jr 11_9; c. נָתַן als Verschwörung bezeichnen Sir 11_{31} :: Smend: Ruchlosigkeit anhängen ↗ קשׁר qal 4; cj. Js 8_{14} pr. לְמִקְדָּשׁ, Vorschläge: a) לְמוֹקֵשׁ (Duhm Das Buch Jesaia[4], 1922, 84; BHK[3]; b) מַקְשִׁיר Grund von Schwierigkeit (Driver l. c. 83 :: ATD 17^5 184^4 לְמַקְשִׁיר = zum Verschwörer), Grund der Verwicklung (Kaiser l. c.), BHS; > מִקְשָׁר Verschwörung Wildbg. BK X 334. 335; cj. Ez 22_{25} pr. קֶשֶׁר נְבִיאֶיהָ l c. G אֲשֶׁר נְשִׂיאֶיהָ (BHS); — 2. Wendungen, soweit nicht unter 1 genannt: c. אָמַר Js 8_{12} 2C 23_{13}, c. הָיָה 2S 15_{12}, c. קָרָא 2K 11_{14}.

קִשֻּׁרִים, pltt: קשר, BL 481x; mhe. קִשּׁוּר; ja. קִשּׁוּרָא Zusammenbinden, Vereinigen: cs. cj. Hi 8_{14} קִשֻּׁרֵי, sf. קִשֻּׁרֶיהָ: — 1. **Bänder, Brustbinden** (der Frau) Js 3_{20} Jr 2_{32} ↗ Js 49_{18} (קשר pi.); — 2. **Sommerfäden** ↗ קַיִט, cj. Hi 8_{14}. †

קשׁשׁ: wohl **A.** und sicher **B.** denom. v. קַשׁ, so auch mhe., ja. קוֹשֵׁשׁ dürre Kräuter sammeln; sam. (BCh. LOT 2, 585); sy. *qaš* (Stroh u. Holz) sammeln; mit der bei GB, Lex.[1] erwähnten √ *qšš* (ja. sy. cp. md.) dürfte dagegen kein Zushg. bestehen, wohl auch nicht mit ug. *qṯṯ* (KTU 1. 2 IV 27, UT nr. 2290, Aistl. 2468) u. *qṯqṯ* (KTU 1. 114, 5) herausreissen, zerreissen, s. Dietrich-Loretz-Sanmartín (UF 7, 1975, 112, mit Lit.), CML[2] 157b: ar. *qaṯṯa*:

A. Zef 2_1:

qal: imp. קוֹשׁוּ;

hitpo: imp. הִתְקוֹשְׁשׁוּ, G συνάχθητε καὶ συνδέθητε, Σ συλλέγητε σύνετε (l ? σύνιτε), S *ʾetkanšw*/*ʾetkannašw wēʾtasrw* Versammelt und verbindet euch, V *convenite congregamini*, ähnl. T, s. dazu auch Rudolph KAT XIII/3, 271 u. Keller CAT XIb 197; Rudolph l. c. auch zu dem Fragment התקו (DJD I S. 80 Nr. 15, 2): a) α) nach den Vrss. ist die gewöhnliche Übers. des MT: Nehmt euch zusammen und sammelt euch (ZüBi), Rafft euch zusammen und bleibt zusammengerafft (Elliger ATD 25^6 68), ähnl. Keller l. c.; wörtlicher Gerleman Zephanja, 1942, 24: Kommt wie Strohhalm zusammen, ja werdet wie Strohhalm; etwas anders S. 69: Häuft euch wie Stroh, ja werdet wie Stroh; ähnlich TOB 1209: häuft euch auf, häuft euch; β) קשׁשׁ verw. mit קשה = hart sein; Übers.: Macht euch hart und steht fest (Gray VT 3, 1953, 404-407); b) cj., ältere: הִתְקַדְּשׁוּ וְקֹדֶשׁוּ הִתְבּוֹשְׁשׁוּ וָבוֹשׁוּ; jüngere: α) Rudolph l. c.: lies קוֹשׁוּ (ohne dag.), √ zu ar. *qawisa* „einen krummen Rücken haben", *taqawwasa* „gekrümmt, gebückt sein", Übers. Bücket euch und krümmt den Rücken; β) Sabottka Zephanja, 1972, 60: vb. קוֹשׁ Nf. zu יקשׁ, נקשׁ, Übers. Stellt nur weiterhin Fallen und werdet darin gefangen. Gegenüber den cj. von b) ist a α zu bevorzugen;

B. pol: (Sam. pi. Ex 5_{12} *alqaššəš*, Nu 15_{32f} *amqaššəš*) pf. קֹשְׁשׁוּ; inf. cs. קֹשֵׁשׁ; pt. מְקֹשֵׁשׁ, f. מְקֹשֶׁשֶׁת: (Stoppeln) **auflesen** Ex $5_{7.12}$; (Holzstücke) **sammeln** Nu 15_{32f} 1K $17_{10.12}$. †

קֶשֶׁת: Primärnomen, BL 450g; Sam. *qāšət*; mhe., DSS (KQT 196); ja. קַשְׁתָּא; sam. (BCh. LOT 2, 583); aam. äga. *qšt*(ʾ), auch c. sf.; ? pun. *qšt* (DISO 268); ug. *qšt* (UT nr. 2287, Aistl. 2466, cf. RSP I S. 258 Nr. 349, S. 332-34 Nr. 504-506, RSP II S. 29 Nr. 54); akk. *qaštu(m)* (AHw. 906f), E. Salonen Die Waffen der alten Mesopotamier Stud. Or. 33, 1965 39-42; sbst. in Ebla *qà-šù*, s. G. Pettinato Old Canaanite Cuneiform Texts of the Third Millenium, Undena Publications, Malibu (USA.) 1979, 12; sy. *qeštā*; cp. *qštʾ*; md. *qašta* (MdD 404a); äth. *qast* (Dillm. 433f); ar. *qaus*; pl. *ʾaqwās* u. *qusīy*, *qisīy*: קֶשֶׁת, Sec. κασθ Ps 46_{10} (Brönno 125), קָשֶׁת, sf. קַשְׁתִּי, קַשְׁתְּךָ/תֵּךְ, קַשְׁתּוֹ, קַשְׁתָּם; pl. קְשָׁתוֹת (BL 614, R. Meyer Gr. § 57, 1), sf. קַשְּׁתֹתָיו, Var. Ⓑ קַשְּׁתֹתָיו Js 5_{28}, קַשְּׁתוֹתָם, קַשְּׁתֹתֵיהֶם (dag. dir., s. Bgstr. 1 § 10w, R. Meyer Gr. § 14, 2c), 2S 1_{22} נָשׂוֹג = נָסוֹג nif. inf. abs. (↗ סוג nif., cf. BHS): **Bogen, Waffe** (BRL[2] 49f; ANEP 3. 185. 368. 626 etc.; Keel Bildsymb. Nr. 121; Derselbe

Der Bogen als Herrschaftssymbol (ZDPV 93, 1977, 141-177); AuS 6, 330f; BHH 264. 267; Y. Yadin Art of Warfare, 2 vols, 1963, cf. Vol. I 46ff, 62-64, 80-83: — 1. **Bogen** (Waffe) des Jägers Gn 27$_{3}$ Js 7$_{24}$; — 2. Waffe des Kriegers Zch 9$_{10}$ 10$_{4}$ Hos 2$_{20}$; קֶ׳ נְחוּשָׁה eherner Bogen 2S 22$_{35}$/Ps 18$_{35}$ Hi 20$_{24}$ (:: Dahood Psalms I 103. 115, Pope Job 153: wunderbarer Bogen, √ *nḥš*); קֶ׳ גִּבּוֹרִים 1S 2$_{4}$ Js 21$_{17}$, קֶ׳ מִלְחָמָה Zch 9$_{10}$ 10$_{4}$; — 3. קֶשֶׁת neben anderen Waffen: a) חֶרֶב Gn 48$_{22}$ Jos 24$_{12}$ 1S 18$_{4}$ 2K 6$_{22}$ Hos 2$_{20}$; b) חֵץ Js 7$_{24}$ 2K 13$_{15}$ Ez 39$_{3.9}$ Ps 11$_{2}$ Kl 3$_{12}$ 1C 12$_{2}$; c) כִּידוֹן Jr 6$_{23}$ 50$_{42}$; d) חֲנִית Ps 46$_{10}$; e) תְּלִי Gn 27$_{3}$; f) מָגֵן 2C 14$_{7}$ 17$_{17}$; g) בְּנֵי קֶשֶׁת אַבְנֵי קֶלַע Hi 41$_{20}$; h) קֶ׳ in einer Reihe von Waffen 2C 26$_{14}$; — 4. Besonderes: a) מִקֶּשֶׁת ohne Bogen(schuss) Js 22$_{3}$, s. Wildbg. BK X 804. 806; b) רִשְׁפֵי קֶ׳ Brände des Bogens = Pfeile Ps 76$_{4}$, ↗ I רֶשֶׁף; c) וַתֵּשֶׁב בְּאֵיתָן קַשְׁתּוֹ doch blieb fest sein Bogen Gn 49$_{24}$, so ZüBi, TOB, cf. H. J. Zobel Stammesspruch und Geschichte (BZAW 95, 1965) 5 :: al. cj.; d) מְטַחֲוֵי קֶ׳ Bogenschussweite Gn 21$_{16}$, ↗ טחה, cf. Westermann BK I/2, 412. 418; e) cj. Js 66$_{19}$ pr. מֹשְׁכֵי קֶשֶׁת prop. מֶשֶׁךְ וְרֹשׁ, cf. G u. Westermann ATD 19, 336; — 5. (metaph.) Jahwes Bogen in den Wolken (Regenbogen) Gn 9$_{13f.16}$ (Westermann BK I/1, 634), Ez 1$_{28}$ Sir 43$_{11}$ 50$_{7}$; — 6. Wendungen: a) spezifische, d. h. zu קֶ׳ gehörende: דָּרַךְ (↗ דרך qal 2) Zch 9$_{13}$ Ps 7$_{13}$ 11$_{2}$ 37$_{14}$ Kl 2$_{4}$ 3$_{12}$, cf. Jr 9$_{2}$; דֹּרֵךְ קַשְׁתּוֹ Jr 51$_{3}$ (txt. emend.), דֹּרְכֵי קֶ׳ Jr 46$_{9}$ 50$_{14.29}$ 1C 5$_{18}$ 8$_{40}$ 2C 14$_{7}$; קֶ׳ דְּרוּכָה Js 21$_{15}$, pl. Js 5$_{28}$; ירה בַּקֶּ׳ hif. 1S 31$_{3}$ 1C 10$_{3}$; כון pol. Ps 7$_{13}$, hif. 2C 26$_{14}$; מָשַׁךְ בַּקֶּ׳ 1K 22$_{34}$ 2C 18$_{33}$; נחת pi. herabdrücken, spannen 2S 22$_{35}$/Ps 18$_{35}$; נֹשְׁקֵי קֶ׳ 1C 12$_{2}$ 2C 17$_{17}$, cf. Ps 78$_{9}$ ↗ II נשק; ערה הַקֶּ׳ pi. (txt. emend.) Hab 3$_{9}$; רכב יָד עַל־הַקֶּ׳ hif. 2K 13$_{16}$ ↗ רכב hif.; רֹמֵה קֶ׳ Jr 4$_{29}$, רוֹמֵי קֶ׳ Ps 78$_{9}$ ↗ I רמה; קֶ׳ רְמִיָּה Ho 7$_{16}$ Ps 78$_{57}$ (↗ 6 b); תֹּפֵשׂ הַקֶּ׳ Am 2$_{15}$ ↗ תפשׂ; — cj. Gn 21$_{20}$ pr. רֹבֶה קַשָּׁת prop, cf. Vrss. רֹבֵה קֶשֶׁת (BHS), s. Westermann BK I/2, 412; b) Nicht spezifisch zu קֶ׳ gehörende Wendungen: בּוֹא בַקֶּ׳ Js 7$_{24}$; (לֹא) בָּטַח בַּקֶּ׳ Ps 44$_{7}$; ברח בֶּן־קֶשֶׁת hif. (לֹא) Hi 41$_{20}$; גרשׁ (לֹא) בַקֶּ׳ pi. Jos 24$_{12}$; חזק קֶ׳ hif. Jr 6$_{23}$ 50$_{42}$, pl. Neh 4$_{10}$; חלף הַקֶּ׳ hif. Hi 29$_{20}$ ↗ I חלף; חָלַף c. קֶ׳ als sbj. Hi 20$_{24}$ ↗ II חלף; חָתַת (חַתִּים) 1S 2$_{4}$, pi. חִתְּתָה Jr 51$_{56}$ (cj. pr. קַשְּׁתוֹתָם prop. קַשְּׁתָם, s. BHS); ישׁע בְּקֶ׳ hif. (לֹא) Hos 1$_{7}$; פרת nif., c. קֶ׳ als sbj. Zch 10$_{4}$; למד ... קֶ׳ pi. 2S 1$_{18}$, s. Eissfeldt KlSchr. 3, 354-58; לָקַח בַּקֶּ׳ Gn 48$_{22}$, לָקַח קֶ׳ 2K 13$_{15}$; מלא יָד בַּקֶּ׳ pi. 2K 9$_{24}$; נכה הַקֶּ׳ hif. Ez 39$_{3}$; נָשָׂא הַקֶּ׳ Gn 27$_{3}$; נשׁק בְּקֶ׳ hif. Ez 39$_{9}$; נָתַן הַקֶּ׳ (כְּקַשׁ) Js 41$_{2}$; עמד עִם ... קַשְּׁתֹתֵיהֶם hif. Neh 4$_{7}$; רטשׁ pi. Js 13$_{18}$ (cj. pr. pi. lies pu. et pr. קְשָׁתוֹת l קַשְּׁתוֹת, s. Wildbg. BK X 501. 504); קֶ׳ רְמִיָּה Hos 7$_{16}$ Ps 78$_{57}$ (↗ I רְמִיָּה); שׁוּג = סוּג nif. (inf. נָסוֹג) 2S 1$_{22}$ ↗ oben; שָׁבָה בַקֶּ׳ 2K 6$_{22}$; שָׁבַר (אֶת־) קֶ׳ Jr 49$_{35}$ Hos 1$_{5}$ 2$_{20}$; שׁבר קֶ׳ pi. Ps 46$_{10}$ u. רִשְׁפֵי־קֶ׳ Ps 76$_{4}$ ↗ oben 4 b, nif. Ps 37$_{15}$; c) Wendungen zu 5: c. הָיָה Ez 1$_{28}$, c. נָתַן Gn 9$_{13}$, c. ראה qal (obj. קשׁת) Sir 43$_{11}$, nif. Gn 9$_{14}$ Sir 50$_{7}$. †
Der. קַשָּׁת, cf. קֹשֶׁט.

קַשָּׁת: Der. v. קֶשֶׁת, BL 479 l; Sam. *qāšət*, liest also קֶשֶׁת; mhe., ja. קַשָּׁתָא, palm. *qšṭʾ* (DISO 268); sy. *qaššātā*: **Bogenschütze** Gn 21$_{20}$, cj. pr. קַשָּׁת prop. קֶשֶׁת ↗ קֶשֶׁת 6 a. †

[**קתה***: n. l. יָקְתְאֵל.]

ר

ר, רֵישׁ, Sam. *rīš* (BCh LOT 5,265), G Ps 118/119 ρης, gr. ῥῶ, sy. *rēš*, äth. *re'es*, ar. *ra*, ug. keilschr. *ra* (BASOR 160, 23); Bildwert: Kopf (Driver SWr. 163); später Zahlzeichen für 200. Es ist phonetisch ein Zungen *-r*, entspricht in G ρ. Nach der Theorie der Masoreten kann ר nicht verdoppelt werden; aber ר מָרַּת Pr 14$_{10}$, כָּרַּת u. שָׁרֵּךְ Ez 16$_{4}$, הַרְּאִיתֶם 1S 10$_{24}$ (GK § 22s, BL 222s). ר assimiliert sich den volgenden Konsonanten: כִּכָּר (VG I § 61 c) oder eine Verdoppelung wird mit ר dissimiliert: כַּרְכֹּב, סַרְעַפָּה (VG I pag. 254f). Wechselt ausserhebr. mit ל: בְּלִיַּעַל, חֲלָצַיִם; mit נ: בֵּן, II זרם, שְׁנַיִם; in neuhebr. mit ל: (?) II צהר/צהל, u. mit נ: בחר, גהר, זרח, נחם (Nöldeke NB 139f).

ראה: mhe., DSS (KQT 197); mo. (Mesa 4.7, s. DISO 268); inc. רית (Mesa 12, s. KAI II S. 175; TSSI 1, 79f. Lit.); asa. *r'j* (Conti 235a); äth. *rĕ'ĕja* (Dillm. 296); ar. *ra'ā* (*r'j*), die Bedtg. stets „sehen" u. ä., = ר חזה (aram.); ug. *ḥdw/j* (UT nr. 839, Aistl. 905, cf. Ginsberg HeWf 71-73); akk. *amāru* (AHw. 40ff):

qal (1129 ×): pf. רָאָה, רָאֲתָה, רָאָתָה, רָאִ(י)תָ(ה) Sec. *ραειθα Ps 35$_{22}$ (Brönno 19), רָאִית, רָאִיתִי, רָאוּ, רְאִיתֶם/תֶן, הַרְּאִיתֶם (dag. dir., Bgstr. 1 § 10 v.w, cf. BL 426), רָאִינוּ; sf. רָאֲתְךָ, רָאָם, רָאָה, רָאָהוּ, רָאֲךָ, רָאוּךָ, רְאוּנִי, רְאִיתִיהָ, רְאִיתִיךָ/תִיו, רְאִיתַנִי, רָאוּהוּ; pf. pass. רֻאּוּ Ⓑ, רֻאוּ Ⓛ Hi 33$_{21}$, s. Bgstr. 1 § 10n, Bgstr. 2 § 15c; impf. (וַ)יִּרְאֶה, וַיִּרְא Hi 42$_{16}$ (Q וַיִּרְאֶה, K וַיִּרְא), יִרְאֶה Sec. ερα Ps 49$_{11}$ (Brönno 25), ιερε Ps 49$_{10}$ (Brönno 407), וַיַּרְא (BL 224f = hif. impf.), יֵרֶא (BL 408e), יֵרֶא Gn 41$_{33}$ (BL 425), (וַ)תֵּרֶא, (וַ)תִּרְאֶה, תֵּרֶאה, תִּרְאֶה, (וַתִּרְאֶה K) Jr 3$_{7}$, וַתֵּרֶאה Da 1$_{13}$ (BL 425, sed. pc. MSS ־ֶה), תִּרְאִי, (וַ)תִּרְאֶינָה, יִרְאוּן, (וַ)יִּרְאוּ, (וָ)אֵרֶא, (וָ)אֶרְאֶה, (וַ)נִּרְאֶה, (וַ)תִּרְאוּ, תִּרְאֶינָּה Mi 7$_{10}$ (BL 426), נֵרֶא Js 41$_{23}$ (Q נִרְאֶה, K נִרְא, s. Westermann ATD 19, 69[3], BHS); sf. יִרְאַנִי/אֲנִי (Bgstr. 2 § 5g), יִרְאֵם, יִרְאֶנָּה, יִרְאֶהָ, יִרְאֵהוּ, תִּרְאֵנִי/אֵהוּ, וַתִּרְאַנִי (Bgstr. 2, l. c.), תִּרְאֶנּוּ, אֶרְאֵם, אֶרְאֶנּוּ, אֶרְאֶךָּ, וָאֶרְאֵךְ Nu 23$_{13}$, נִרְאֵהוּ, תִּרְאוּנִי, יִרְאוּהָ, יִרְאֵהוּ, יִרְאוּנִי; imp. רְאֵה, רְאִי, רְאוּ, רְאֶינָה; inf. abs. רָאֹה, רָאוֹ, רָאוֹת Js 42$_{20}$ (BL 426), cs. רְאֹה Gn 48$_{11}$ (BL 426), רְאֹ(וֹ)ת, רַאֲוָה־ Ez 28$_{17}$ (GK § 75n, BL 426); sf. רְאֹ(וֹ)תִי, רְאֹתְךָ, רְאוֹתֶךָ, רְאֹ(וֹ)תוֹ/תָהּ, רְאוֹתְכֶם, רְאֹ(וֹ)תָם; pt. רֹ(וֹ)אֶה, f. רֹאָה, cs. רֹאֵה, sf. רֹאִי Gn 16$_{13}$, רֹאֲנִי Js 47$_{10}$ (BL 588 l), רֹאֵנוּ; pl. רֹאִים, f. רֹאֹ(וֹ)ת, cs. רֹאֵי, sf. רֹאַי, רֹאֶיךָ, רֹאַיִךְ, רֹאָיו, רֹאֶיהָ, רֹאֵיהֶם, pass. f. pl. רְאֻיוֹת: (THAT II 692-701, Lit.): — 1. (mit den Augen) **sehen**: a) abs. מֵרְאֹת als dass er sehen konnte Gn 27$_{1}$; c. יָכֹל לִרְאוֹת aufsehen Ps 40$_{13}$, s. Kraus BK XV[5] 457; c. שָׂבַע satt werden (das Auge) vom Sehen Koh 1$_{8}$; mit den Augen (בְּעֵינֶיךָ) Dt 32$_{7}$; b) mit עַיִן, עֵינַיִם als sbj. Js 64$_{3}$ (obj. אֱלֹהִים einen Gott); mit anderen u. verschiedenen obj. Ps 35$_{21}$ Hi 13$_{1}$ 28$_{10}$ u. ö; cf. עֵין רֹאִי das Auge dessen, der mich sieht, bzw. mich sehen will Hi 7$_{8}$; c) sbj. אֶרֶץ Ps 97$_{4}$, יָם Ps 114$_{3}$; — 2. רָאָה **sehen** || יָדַע erkennen Js 6_9, selber sehen || erfahren Lv 5_1, selber sehen || merken 1S 26_{12}, s. dazu auch Seeligmann Fschr. Zimmerli 427f, wo die Parallelität von Sehen und Erkennen betont ist, cf. Ex 16_{6f} Js 5_{19} 29_{15} Hi 11_{11} Koh 6_5, ferner die Imp. דַּע דְּעִי וּרְאֵה 1S 24_{12} 25_{17} 2S 24_{13} 1K 20_{22}, רְאוּ וּדְעוּ וּרְאִי 1S 25_{17} Jr 2_{19} (cf. 2_{23}), 1S 23_{23} u. דְּעוּ וּרְאוּ 1S 12_{17} 14_{38} 1K 20_7 2K 5_7; ↗ unten 9 b; — 3. **sehen**: a) c. לְ pers. Ps 64_6 (pr. לָמוֹ c. V iuxta hebr. u. S prop. לָנוּ, BHS), c. acc. rei ersehen (אָוֶן) Ps 66_{18}; b) רָאָה לַעֵינַיִם 1S 16_7 auf das Augenfällige sehen (Lex.[1]), wörtl. nach den Augen sehen, s. Stoebe KAT VIII/1, 300f. 304 (:: לַלֵּבָב); c) c. 2 acc. sehen, dass jmd od. etw. so und so ist Gn 7_1 Ps 37_{25} Hi 5_3; d) c. כָּאֵלֶּה Js 66_8, כָּהֵנָּה Gn 41_{19}; e) c. acc. u. כְּ etw. für jmdn (כַּאֲנָשִׁים) ansehen Ri 9_{36}; — 4. Objekt v. רָאָה ist ein selbständiger Satz, asyndetisch: מָה רְאִיתֶם עָשִׂיתִי was ihr mich habt tun sehen Ri 9_{48}; — 5. Objekt v. רָאָה ist ein selbständiger Satz, syndetisch: a) mit כִּי (Joüon § 157d) sehen, dass: α) Gn 38_{14} Dt $32_{36.39}$ Ri 20_{41} Hi 2_{13} u. ö.; β) das Subjekt des כִּי-Satzes steht oft als Objekt von רָאָה: כִּי טוֹב Gn $1_{4.10.12.18.21.25}$, cf. Gn 6_2 Ex 2_2 Js 22_9 Ps 25_{19}; Pr 23_{31} אַל־תֵּרֶא יַיִן כִּי יִתְאַדָּם Besieh nicht den Wein, wie er so rot spielt (Gemser Spr.[2] 86) :: Driver JSS 9, 1964, 348f: reichlich trinken (vb. רוה); b) mit שֶׁ Koh 2_{13}; c) לְ c. inf. (vorangestelltes) Objekt von רָאָה Kl 3_{34-36}: das hat der Herr (אֲדֹנָי) nicht gesehen = das hat ihn nicht gekümmert, s. Rudolph KAT XVII/1-3, 229; —6. a) erspähen, **entdecken** Js 28_4 (sbj. הָרֹאֶה), Hos 9_{10}, cf. Wolff BK XIV/1[2] 207.212; HL 3_3; b) kennen Dt 33_9 Hi 8_{18}, ↗ oben 2; c) **ansehen**, **betrachten** Gn 11_5 Nu 21_8 1S 28_{12}, Hi 41_{26} zum MT אֶת־כָּל־גָּבֹהַּ יִרְאֶה alles Hohe sieht er an (sbj. Leviathan), s. Veronica Kubina Die Gottesreden im Buche Hiob, Freiburg i. Br., 1979, 104 :: al. cj. אֹתוֹ ... יִירָא, so u. a. Fohrer KAT XVI 526. 527, auch BHK (nicht BHS); d) **sich kümmern** um Gn 39_{23} 1S 15_{35} Js 5_{12}; Gott Ex 4_{31} Ps 91_4 31_8; abs. 10_{11} 35_{22}; beabsichtigen (מָה רָאִיתָ) Gn 20_{10}, s. Westerm. BK I/2, 387; e) רָאָה הֲ nachsehen ob Ex 4_{18} HL 6_{11b}, רָאָה מָה zusehen, was ? 1S 19_3, s. Stoebe KAT VIII/1, 355.356, 2C 19_6, cf. רָאָה בַּמֶּה zusehen worin/womit ? Ri 16_5; f) רָאָה אַחֲרֵי Gn 16_{13} MT הֲגַם הֲלֹם רָאִיתִי אַחֲרֵי רֹאִי u. a. von Rad ATD 2-4[9] 148: Habe ich auch hier dem nachgesehen, der mich geschaut hat, cf. ZüBi, TOB :: Westermann BK I/2, 279 pr. הֲלֹם prop. אֱלֹהִים; zum Ganzen s. auch Booij VT 30, 1980, 1-7; g) Einzelnes: α) הֲרֹאֶה אַתָּה Siehst du ? 2S 15_{27} im Sinne einer Mahnung: Pass auf! od. Lausche aufmerksam! so Hoftijzer VT 21, 1971, 606-609, cf. Hertzberg ATD 10[2] 279; β) גַּם אָנֹכִי הִנֵּה רָאִיתִי Jr 7_{11}, der genaue Sinn ist ungewiss: G καὶ ἐγὼ ἰδοὺ ἑώρακα, V *ego ego sum ego vidi*, S *ʾēnā hāʾ ḥēzēt* (*ḥzjt*); zu den neueren Vorschlägen s. Volz Jer.[2] 1928, 92: u. a. 1) auch ich sehe, bin doch nicht blind, cf. H. Weippert BZAW 132, 1973, 28[9], Rudolph Jer.[3] 50; 2) ja, so habe ich es erfahren; 3) ja, auch ich sehe es so an, cf. TOB; 4) so habe auch ich mein Urteil (Volz l. c. 87); — 7. רָאָה (**mit Gefühlsbewegung**) **sehen** (THAT II 694, cf. Brockelm. HeSy § 106a, Mesa 4.7): a) c. בְּ: α) sich ansehen Gn 34_1 HL 3_{11} 6_{11}; den Blick auf jmdn/etw. haften lassen Ps 64_6 Hi 3_9 20_{17}; β) mit Freude betrachten 1S 6_{19} Koh 2_1; γ) sich weiden an (bes. über d. Untergang d. Feinde) Ob $_{12}$ Ps 22_{18} 37_{34} 54_9 112_8, cf. äga. חזה ב (AP 30, 17) u. kan. *amāru ina balāṭi* freudig